Daniel Defoe
Gesammelte Werke

PROBITAS LAU DATUR ET ALGET
Mr: Daniel De Foe
Author of the True born Englishman

Daniel Defoe

Gesammelte Werke

Aus dem Englischen von Paul Baudisch, Ernst Betz,
Carl Kolb und Hannelore Novak

Anaconda

Lizenzausgabe mit freundlicher Genehmigung der Carl Hanser Verlag GmbH & Co. KG, München

Der Abdruck von *Ein Bericht vom Pestjahr* erfolgt mit freundlicher Genehmigung der Aufbau Verlag GmbH & Co. KG.

Die Übersetzung erschien erstmals 1965 als Band 296 der Sammlung Dieterich im Carl Ed. Schünemann Verlag, Bremen. Sammlung Dieterich ist eine Marke der Aufbau Verlag GmbH & Co. KG

Mit einem Frontispiz von Michael van der Gucht

Orthografie und Interpunktion wurden auf neue Rechtschreibung umgestellt.

Die Deutsche Nationalbibliothek verzeichnet diese Publikation in der Deutschen Nationalbibliografie; detaillierte bibliografische Daten sind im Internet unter http://dnb.d-nb.de abrufbar.

Umschlagmotiv: Daniel Defoe (1660–1731),
Radierung nach Michael van der Gucht (1706) / Bridgeman Images
Umschlaggestaltung: Druckfrei. Dagmar Herrmann, Bad Honnef
Satz und Layout: www.paque.de
Druck und Bindung: GGP Media GmbH, Pößneck
ISBN 978-3-7306-0970-5
www.anacondaverlag.de

Inhalt

Das Leben
und die unerhörten Abenteuer des

ROBINSON CRUSOE,

eines Seemanns aus York,

*der achtundzwanzig Jahre lang ganz allein auf
einer unbewohnten Insel vor der Küste von Amerika lebte,
nahe der Mündung des großen Orinokostroms,
wohin er durch einen Schiffbruch verschlagen worden war,
bei dem alle Mann außer ihm umkamen.*

*Mit einem Bericht, wie er zuletzt auf
ebenso merkwürdige Weise durch Piraten befreit wurde.
Von ihm selbst beschrieben.*

Aus dem Englischen von Hannelore Novak

Vorrede

Wenn jemals die Geschichte von den Abenteuern eines Privatmanns es verlohnt hat, öffentlich bekannt gemacht zu werden, und wenn je eine solche Erzählung bei ihrem Erscheinen des allgemeinen Beifalls gewiss sein konnte, so ist das nach der Meinung des Herausgebers mit diesem Bericht der Fall.

Die wundersamen Vorfälle im Leben dieses Mannes übertreffen (so meint der Herausgeber) alles, was an derlei Begebenheiten zu finden ist, ja, das Leben eines einzelnen Menschen scheint für eine so große Vielfalt der Erlebnisse kaum hinzureichen.

Die Geschichte ist mit Ernst, mit Zurückhaltung und mit Bemühen erzählt, die Ereignisse aus christlichem Geist auf jene Ziele hin auszurichten, die den verständigen Menschen stets am wichtigsten sind, nämlich der Unterweisung der anderen durch das eigene Beispiel und dem Lobpreis und der Rechtfertigung der göttlichen Vorsehung, deren Weisheit sich in allen unseren unterschiedlichen Lebensumständen bekundet, wie immer es zu diesen gekommen sein mag.

Der Herausgeber hält das Ganze für den getreuen Bericht wirklicher Begebenheiten und kann keine Anzeichen einer freien Erfindung darin entdecken; er ist aber gleichwohl davon überzeugt, dass der Leser, da alle solche Bücher rasch verschlungen werden, aus dieser wahren Geschichte keinen geringeren Gewinn, was seine Unterhaltung und Belehrung anbetrifft, ziehen wird als aus einer erdichteten. Und somit glaubt er durch seine Veröffentlichung, ohne weitere Empfehlungen an das lesende Publikum nötig zu haben, diesem einen großen Dienst zu erweisen.

Ich wurde im Jahr 1632 in der Stadt York geboren, von guter Familie, die aber nicht aus diesem Land stammte, denn mein Vater war ein Ausländer aus Bremen. Zuerst hatte er sich in Hull niedergelassen, wo er als Kaufmann einiges Vermögen erwarb. Später verließ er sein Geschäft, zog nach York und holte sich von dort meine Mutter zur Ehefrau, deren Angehörige, eine sehr gute und in der Gegend angesehene Familie, sich Robinson nannte, und mich hieß man daher Robinson Kreutznaer; aber durch das gewöhnliche Verderben der Wörter in England nennt man uns jetzt und nennen wir uns selber und schreiben uns Crusoe, und so haben mich auch meine Kameraden immer gerufen.

Ich hatte zwei ältere Brüder, von denen der eine Oberstleutnant und in einem englischen Infanterieregiment in Flandern war, früher befehligt von dem berühmten Obersten Lockhart; in der Schlacht gegen die Spanier bei Dünkirchen verlor er sein Leben. Was aus meinem zweiten Bruder geworden ist, erfuhr ich ebenso wenig, wie mein Vater oder meine Mutter je erfuhren, was aus mir geworden war.

Da man mich als den dritten Sohn der Familie in keine Lehre gegeben hatte, füllte mein Kopf sich bald mit abenteuerlichen Vorstellungen. Mein Vater, der schon sehr alt war, hatte mich gewissenhaft erzogen, so viel man eben durch eine Erziehung zu Hause und in der öffentlichen Schule auf dem Land gewöhnlich lernen kann, und wollte einen Juristen aus mir machen; aber ich hatte nichts anderes im Kopf, als zur See zu fahren, und diese Begierde trieb mich gegen den Willen, ja gegen den Befehl meines Vaters und gegen alles Bitten und Zureden meiner Mutter und anderer wohlmeinender Freunde dermaßen stark, dass in einer so leidenschaftlichen Neigung, die mich später geradewegs in das mir verhängte Leben voller Elend führen sollte, ein dämonischer Zwang zu liegen schien.

Mein Vater, ein kluger und gesetzter Mann, riet mir von meinen Absichten, die er im Voraus ahnte, mit ernsthaften und vortrefflichen Ratschlägen ab. Eines Morgens rief er mich in sein Zimmer, worin er an der Gicht krank lag, und machte mir über diesen Gegenstand heftige Vorhaltungen. Er fragte mich, was für Ursachen außer der Lust am Wandern ich habe, um meines Vaters Haus und das Land meiner Geburt zu verlassen, wo mir die Zukunft offenstehe und ich alle Aussicht habe, durch Fleiß und Arbeit mein Glück zu machen und dabei noch ein angenehmes und leichtes Leben zu führen. Er sagte, nur Leute in verzweifelten Umständen oder aber solche, die es weiter als ihre Mitmenschen bringen wollten, wagten sich auf der Suche nach Abenteuern in die weite Welt hinein, um durch Unternehmungen, abseits von den gewohnten Wegen, zu großem Reichtum oder zu ungemeinem Ruhm zu gelangen; derlei Dinge seien aber für mich entweder allzu hoch oder gar zu weit unter mir; ich gehöre einmal dem Mittelstand an, genauer gesagt, der oberen Schicht des niederen Lebenskreises, die er in langer Erfahrung als den besten Stand der Welt befunden habe, als den Stand, welcher der menschlichen Glückseligkeit am günstigsten sei, da man in ihm weder dem Elend, der Härte, der Mühsal und der Plage des Handwerker- und Tagelöhnerdaseins noch auch dem Hochmut, der Üppigkeit, dem Ehrgeiz und der Missgunst der höheren Stände unterworfen sei. Ich solle mir nur einmal Glück und Wohlergehen des Mittelstandes aus dem einen Gesichtswinkel vor Augen führen, dass er nämlich der Stand sei, den alle anderen Menschen beneideten; dass Könige wieder und wieder die bitteren Folgen ihres Loses, zu großen Dingen geboren zu sein, beklagt und gewünscht hätten, selbst in die Mitte zwischen die beiden Extreme, das Große und das Geringe, gesetzt worden zu sein; und dass der weise Mann des Alten Testaments selbst Zeugnis dafür gegeben habe, dass der Mittelstand das rechte Maß an wahrer Glückseligkeit vorstelle, als er darum betete, von Armut wie von Reichtum verschont zu bleiben.

Er hieß mich, nur genau achtzuhaben, so würde ich immer finden, dass der höhere und der niedere Stand der Menschheit sich gemeinsam in die Unglücksfälle des Lebens teilten; dass dagegen den mittleren das Missgeschick am ehesten verschone; dass er also nicht in gleicher Weise wie die beiden anderen Stände den Wechselfällen des Schicksals ausgesetzt sei, ja, darüber hinaus auch nicht den mancherlei Gebrechen an Leib und Seele wie jene, die teils durch ihr lasterhaftes Leben, ihre Üppigkeit und Unmäßigkeit, teils durch harte Fron, durch den Mangel am Nötigsten und durch schlechte und karge Kost sich in Krankheit und Ungemach stürzen, als die natürlichen Folgen ihrer jeweiligen Lebensweise; ich würde bemerken, dass eine solche mittlere Stellung in der Welt wie geschaffen sei für alle Tugenden und für alle Annehmlichkeiten; dass Frieden und Reichtum ihre Diener, Mäßigkeit, Zurückhaltung, Ruhe, Gesundheit, Geselligkeit, jede erbauliche Zerstreuung und jeder wünschenswerte Zeitvertreib ihre Segnungen seien; auf diesem Mittelweg gingen die Menschen still und gemächlich durch die Welt und bequem aus ihr wieder hinaus, ohne dass sie durch die mühevolle Arbeit ihrer Hände und durch das Zermartern ihres Kopfs sich in Ungelegenheiten brächten, ohne dass sie sich für das tägliche Brot in ein Sklavendasein verkaufen müssten, weder ermattet von schwierigen Verhältnissen, welche die Seele des Friedens und den Leib der Ruhe berauben, noch verzehrt vom rasenden Neid oder dem heimlich brennenden Ehrgeiz nach großen Dingen; nein, leicht und mühelos glitten sie vielmehr durch die Welt, verständig die Süße des Lebens ohne seine Bitternis genießend und im vollen Bewusstsein ihres Glücks, dessen sie jeden Tag immer mehr innewerden.

Hierauf drang er ernst und nachdrücklich in mich, nicht den jungen Draufgänger zu spielen, mich nicht selber in ein Elend zu stürzen, von dem die Natur und die Lebensstellung, in die ich hineingeboren war, mich gesichert zu haben schienen; ich hätte es ja nicht not, mir mein Brot zu verdienen; er wolle schon für mich sorgen und mir einen erfolgreichen Anfang in jener Lebensweise ermöglichen, welche er mir eben angeraten. Sollte es mir auch dann nicht wohl und glücklich ergehen, so könnten nur mein Geschick oder meine eigene Schuld die Ursache dafür sein, er werde es nicht zu verantworten haben, da er seine Pflicht erfüllt und mich vor Unternehmungen gewarnt habe, die mir, wie er wisse, nur Schaden bringen konnten; mit einem Wort, so gewiss er als ein Freund für mich sorgen wolle, wofern ich bliebe und mich nach seinen Anweisungen zu Hause einrichtete, ebenso gewiss werde er nicht zu meinem Unheil beitragen und mich zum Weglaufen gar noch ermutigen. Zum Abschluss hielt er mir das Beispiel meines älteren Bruders vor Augen, den er durch ebenso dringliche und ernste Ermahnungen davon abzuhalten gesucht hatte, in den Krieg der Niederlande zu ziehen, gegen dessen hitzige Begierde, ins Feld zu gehen, er aber nichts hatte ausrichten können, und dort sei er denn auch erschossen worden; und ob er gleich, sagte mein Vater, niemals aufhören wolle, für mich zu beten, so getraue er sich doch, mir vorauszusagen, dass Gott einen so unverständigen Schritt, wie ich ihn vorhätte, nicht segnen werde und dass ich dereinst genug Muße fände, über die Verachtung seines Rats nachzusinnen, aber vielleicht keinen Menschen mehr, um mir zu helfen oder zu raten.

Bei diesem letzten Teil seiner Rede, der wahrlich prophetisch war, obwohl mein Vater das gewisslich nicht vermuten konnte, ich sage, bei diesem letzten Teil seiner Rede bemerkte ich, wie ihm die Tränen in Menge über sein Gesicht stürzten, besonders als er das Schicksal meines in der Schlacht gebliebenen Bruders erinnerte; und als er davon sprach, wie ich Muße zur Reue haben werde, aber keinen, der mir hilfreich zur Seite stünde, da war er so bewegt, dass er im Wort abbrach und zu mir sagte, er könne für jetzt nicht weitersprechen.

Diese Rede ging mir sehr nahe, und in der Tat, wem hätte sie nicht das Herz bewegt? Ich beschloss, nicht weiter ans Reisen zu denken, sondern nach dem Wunsch meines Vaters mich zu Hause einzurichten. Aber ach! In wenigen Tagen waren alle guten Vorsätze verflogen, und um weiteren verdrießlichen Ermahnungen meines Vaters aus dem Weg zu gehen, nahm ich mir – kurz und gut – einige Wochen darauf vor, einfach von daheim auszureißen. Dennoch handelte ich nicht so überhastet, wie mich die erste Hitze des Entschlusses verleiten wollte, sondern nahm eines Tages meine Mutter, da sie besser aufgelegt schien als gewöhnlich, beiseite und erklärte ihr, meine Gedanken seien so völlig darauf versessen, die Welt zu sehen, dass ich mich niemals mit genügender Kraft an eine andere Sache machen und standhaft dabei bleiben könne; mein Vater solle mir darum lieber zu meinem Entschluss seine Zustimmung geben als mich zwingen, ohne diese fortzugehen. Achtzehn Jahre sei ich jetzt alt, zu alt, um noch zu einem Kaufmann oder Advokaten in die Lehre zu gehen; und wenn ich's auch täte, so würde ich niemals, das sei gewiss, die volle Zeit bei ihm aushalten, sondern sicherlich noch vor Beendigung der Lehrzeit meinem Meister entlaufen und zur See gehen; sie solle meinen Vater doch dazu bewegen, mir wenigstens eine Reise in die Fremde zu verstatten: Käme ich dann nach Hause zurück und es hätte mir nicht gefallen, so wolle ich nicht wieder fortgehen und die Zeit, die ich verloren hätte, mit doppeltem Fleiß wieder einzubringen versprechen.

Diese Worte versetzten meine Mutter in große Aufregung. Sie erklärte mir, sie wisse für sicher, dass es vergebliche Mühe sei, mit meinem Vater über diesen Gegenstand noch einmal zu sprechen; er wüsste zu genau, was zu meinem Besten sei, als dass er seine Zustimmung einem für mich so schädlichen Vorhaben geben werde, und es müsse sie sehr wundernehmen, wie ich denn überhaupt noch an dergleichen denken möchte nach einem solchen Gespräch, in dem mein Vater doch, wie ihr wohl bekannt sei, so freundlich und gütig mir zugeredet habe. Kurz, wenn ich mich selber ins Elend stürzen wolle, so gebe es keinen Rat für mich; doch sollte ich versichert sein, dass ich ihrer beider Einwilligung dazu niemals erlangen werde. Wenn ich mir vorgesetzt habe, in mein Verderben zu laufen, so werde sie nicht ihre Hand noch dazu reichen, und nie solle ich sagen dürfen, dass meine Mutter etwas erlaubt habe, was mein Vater verboten hatte.

Obwohl meine Mutter sich weigerte, mit meinem Vater über meine Pläne zu sprechen, hat sie ihm dennoch, wie ich später erfuhr, den ganzen Diskurs hinterbracht; mein Vater zeigte große Bekümmernis und sagte mit einem Seufzer zu ihr: »Wie könnte der Junge glücklich werden, wollte er nur zu Hause bleiben. Geht er aber in die Fremde, so wird er der unglücklichste Mensch unter der Sonne sein: Ich kann ihm meine Zustimmung nicht geben.«

Es verging noch beinahe ein ganzes Jahr nach dieser Auseinandersetzung, ehe ich von zu Hause ausriss, obschon ich die ganze Zeit hindurch gegenüber allen Vorstellungen, mich doch in einem Beruf einzurichten, hartnäckig taub blieb und obschon ich meinen Eltern häufig vorhielt, warum sie sich so starr gegen meinen Entschluss sperrten, zu dem mich doch meine innerste Neigung treibe, wie sie wohl wüssten. Eines Tages aber, da ich durch Zufall nach Hull gekommen war und ohne alle Absicht, gerade damals wegzulaufen – als ich, wie gesagt, eines Tages in Hull war und einer meiner Kameraden, der auf seines Vaters Schiff nach London fahren sollte, mir zuredete, doch mit ihnen zu fahren, wobei er eines der gewöhnlichen Lockmittel der Seeleute anwandte und sagte, die Fahrt sollte mich nicht einen Heller kosten, da fragte ich weder Vater noch Mutter um Erlaubnis, sandte ihnen auch keine Nachricht, sondern ließ es darauf ankommen, ob sie es erfuhren oder nicht; ich bat nicht um den göttlichen und nicht um den väterlichen Segen, überlegte weder Umstände noch Folgen, sondern begab mich den 1. September 1651 zu einer, Gott weiß es, unglückseligen Stunde, an Bord eines nach London bestimmten Schiffes. Niemals haben wohl die Missgeschicke eines jungen Abenteurers früher angefangen oder länger gedauert als die meinen. Das Schiff hatte noch kaum den Fluss Humber verlassen, da begann auch schon der Wind heftig zu stürmen und die Wellen erhoben sich furchterregend; da ich niemals zuvor auf See gewesen, wurde mein Körper unaussprechlich krank und mein Gemüt zu Tode erschrocken. Jetzt fing ich wohl an, ernstlich über das nachzudenken, was ich getan hatte, und einzusehen, wie gerecht mich nun der Richtspruch des Himmels ereile dafür, dass ich schlechter Mensch meines Vaters Haus verlassen und den schuldigen Gehorsam meinen Eltern gegenüber versäumt hatte. Alle guten Worte meiner Eltern, des Vaters Tränen und der Mutter eindringliches Zureden, kamen mir jetzt frisch ins Gedächtnis; und mein Gewissen, das damals noch nicht so verstockt war wie später, warf mir auf das Heftigste vor, dass ich allen guten Rat in den Wind geschlagen und meine Pflichten gegen Gott und meinen Vater missachtet hatte. Inzwischen tobte der Sturm immer heftiger, und die See, auf der ich noch nie zuvor gewesen war, ging sehr hoch, obwohl es ein Nichts war im Vergleich zu Unwettern, wie ich sie später oftmals erleben sollte, ja nicht einmal im Vergleich zu dem, was ich wenige Tage darauf durchmachen musste. Aber es war doch schlimm genug, um mich tief zu bewegen, war ich doch ein ganz frisch gebackener Seemann, welcher dergleichen noch nie gesehen hatte. Ich erwartete von jeder Welle, dass sie uns verschlingen werde, und sooft das Schiff vermeintlich in den Abgrund des Meeres hinunterstürzte, glaubte ich nicht anders, als dass es nicht wieder emportauchen werde; in meiner Todesangst tat ich viele Gelübde, dass ich, wollte Gott mich nur dies eine Mal verschonen und mich jemals meinen Fuß wieder auf trockenes Land setzen lassen, geradenwegs nach Hause zu meinem Vater, meiner Lebtage aber auf kein Schiff mehr gehen würde. Ich würde seinen Rat befolgen und mich nie wieder selbst in ein so großes Elend stürzen. Jetzt erkannte ich klar, wie recht er mit allen seinen Ausführungen über den Mittelstand gehabt hatte, ich sah, wie ruhig und bequem er seine Tage hingebracht hatte, wie er nie Stürmen zur See noch Unruhen zu Lande ausgesetzt gewesen war, und ich beschloss, wie ein wahrer verlorener Sohn reuevoll in meines Vaters Haus zurückzukehren.

Derlei klugen und einsichtigen Gedanken hing ich die ganze Zeit über nach, solange der Sturm dauerte und sogar noch ein wenig darüber hinaus; am nächsten Tag aber waren Wind und See ruhiger, auch hatte ich angefangen, mich an den Seegang zu gewöhnen. Wohl blieb ich den ganzen Tag über sehr ernst, zumal ich noch leicht seekrank war; aber gegen die Nacht zu klärte das Wetter sich auf, der Wind legte sich, und es folgte ein schöner lieblicher Abend; vollkommen klar ging die Sonne unter und am nächsten Morgen ebenso wieder auf, es gab wenig oder gar keinen Wind, die See war glatt, die Sonne schien darauf: Ich meinte, noch nie etwas Schöneres gesehen zu haben.

Ich hatte die Nacht gut geschlafen, war nicht länger seekrank, sondern guter Dinge, und schaute staunend auf das Meer, das tags zuvor noch wild und schreckenerregend gewesen war, jetzt aber, so kurze Zeit danach, wieder so ruhig und freundlich sein konnte. Und damit meine guten Vorsätze nur ja nicht ausgeführt werden, kommt diesen Augenblick mein Kamerad, der mich zur See verführt hat, zu mir, klopft mir auf die Schulter und sagt: »Nun, Bob, wie hast du's überstanden? Ich wette, du hast dich gefürchtet letzte Nacht, als diese Mütze voll Wind blies?« – »Mütze voll Wind?«, sage ich. »Ein schrecklicher Sturm war das.« – »Ein Sturm, du Narr!«, erwidert er. »Das nennst du einen Sturm? Das war überhaupt nichts. Gib uns nur ein gutes Schiff und eine weite See, und wir lachen über so einen kleinen Windstoß! Aber du bist ja nur ein Süßwassermatrose, Bob; komm, machen wir uns ein Glas Punsch und vergessen wir die Sache. Was sagst du zu diesem herrlichen Wetter?«

Um es kurz zu machen mit diesem traurigen Teil meiner Geschichte: Es begab sich alles nach alter Seemannsweise, der Punsch wurde fertig, ich betrank mich und ersäufte in der Schlechtigkeit dieser einzigen Nacht meine ganze Reue, alle meine Einsichten über mein vergangenes Betragen und alle guten Vorsätze für die Zukunft. Mit einem Wort: Wie die See, kaum hatte der Sturm nachgelassen, zu ihrer glatten Oberfläche und gleichmäßigen Stille zurückgekehrt war, so vergaß ich, nachdem die Unruhe meiner Gedanken sich gelegt hatte, nachdem ich nicht länger in Angst und Schrecken davor lebte, vom Meer verschlungen zu werden, und nachdem die Flut meiner früheren Begierden zurückgekehrt war – so vergaß ich völlig Gelübde und Versprechen, die ich in der Verzweiflung getan hatte. Zwar wurde ich zwischendurch immer wieder einmal nachdenklich, und die ernsten Gedanken schickten sich, wie es so geht, von Zeit zu Zeit an wiederzukommen; aber ich schüttelte sie ab und hütete mich vor ihnen wie vor der Pest; und indem ich mich fest ans Trinken und an die lustige Gesellschaft hielt, wurde ich bald Herr dieser Anfälle, wie ich das nannte, und in fünf oder sechs Tagen hatte ich einen so vollkommenen Sieg über mein Gewissen errungen, wie nur irgendein junger Mann es sich wünschen konnte, der entschlossen war, sich nicht von seinem Gewissen stören zu lassen. Aber noch wartete eine zweite Prüfung auf mich; wie es die Vorsehung in solchen Fällen zu halten pflegt, wollte sie auch mir nicht die kleinste Ausrede offenlassen. Hatte ich schon die erste Prüfung nicht zu meiner Errettung genützt, die nächste sollte wenigstens der Art sein, dass selbst der schlechteste und abgefeimteste Schelm unter uns sowohl die Größe der Gefahr als auch der Göttlichen Barmherzigkeit erkennen musste.

Am sechsten Tag unserer Reise gelangten wir vor die Reede von Yarmouth; wegen des widrigen Windes und der stillen See hatten wir seit dem Sturm nur eine kurze Strecke zurückgelegt. Hier mussten wir vor Anker gehen, und hier blieben wir, weil der Wind noch immer ungünstig, nämlich aus Südwesten blies, sieben oder acht Tage, und in dieser Zeit kamen noch viele andere Schiffe von Newcastle vor dieselbe Reede als an den Ankerplatz, wo die Schifte gewöhnlich auf guten Wind für die Fahrt flussaufwärts warten konnten.

Wir wären dort nicht so lange geblieben, sondern mit der Flut allmählich den Fluss hinaufgerückt, wenn nicht der Wind allzu stark und, nachdem wir vier oder fünf Tage festgelegen hatten, eher noch stärker geblasen hätte. Da man diese Reede für ebenso sicher hält wie einen Hafen, da der Ankergrund gut und unser Ankertau sehr stark war, waren unsere Leute unbesorgt, fürchteten nicht im Mindesten eine Gefahr, sondern verbrachten die Zeit nach Seemannsweise mit Schlaf und Fröhlichkeit. Am Morgen des achten Tages aber wuchs der Wind beträchtlich, und wir hatten alle Hände voll zu tun, die Topmaststangen zu streichen und alles niet- und nagelfest zu machen, damit das Schiff so ruhig als möglich vor Anker läge. Gegen Mittag ging die See dann wirklich sehr hoch, unser Schiff tauchte vornüber, etliche Brecher schlugen über das Deck, und ein- oder zweimal schien es uns nicht anders, als ob der Anker im Grund wiche; darauf ließ der Kapitän den Notanker auswerfen, sodass wir nun mit zwei Ankern voraus lagen; auch wurden die Ankertaue länger hinausgelassen.

Der Sturm war jetzt erschrecklich angeschwollen, und nun nahm ich sogar in den Gesichtern unserer Matrosen Angst und Entsetzen wahr. Den Kapitän, so eifrig er auch darauf bedacht war, das Schiff zu erhalten, hörte ich doch, wie er neben mir in seiner Kabine aus- und einging, leise zu sich selber sagen: »Der Herr sei uns gnädig, wir sind alle verloren, wir werden alle umkommen«, und dergleichen mehr. Während des ersten Durcheinanders lag ich ganz still und wie betäubt in meiner Kabine, die sich unterm Steuerstock befand, und ich kann selber nicht beschreiben, wie mir zumute war: Ich konnte nicht gut zu meiner vorigen Reue zurückkehren, die ich augenscheinlich mit Füßen getreten und gegen die ich mich derart verstockt gezeigt hatte. Auch meinte ich, die Bitterkeit des Todes sei schon überstanden, es werde wie beim ersten auch dieses Mal nicht so schlimm werden. Aber als der Kapitän, wie ich eben berichtete, an mir vorbeiging und sagte, wir wären alle verloren, da erschrak ich zu Tode. Ich stürzte aus der Kabine und blickte um mich; ach, solch einen grässlichen Anblick hatte ich zeitlebens nicht vor Augen bekommen: Wellen, hoch wie Berge, schlugen alle drei oder vier Minuten über unserem Schiff zusammen; wenn ich dann wieder etwas sehen konnte, erblickte ich rings um uns nichts als Jammer und Not. Zwei unweit von uns vor Anker gegangene Schiffe hatten, weil sie zu schwer beladen waren, ihre Mastbäume kappen und über Bord werfen müssen; und unsere Leute schrien, dass ein Schiff, das etwa eine Meile uns voraus vor Anker gelegen hatte, gesunken sei. Zwei andere Schiffe waren von ihren Ankern abgetrieben und aus der Reede hinaus auf gut Glück oder Unglück ins offene Meer gelaufen, und das ohne einen einzigen stehenden Mast. Die leichten Schiffe hatten es noch am besten, sie schlingerten nicht so stark; doch auch von denen trieben zwei oder drei ziellos herum, jagten nahe an uns vorbei und liefen aufs offene Meer hinaus, nur das Sprietsegel vor dem Wind.

Gegen Abend ersuchten der Bootsmann und der Maat den Kapitän, er möge ihnen erlauben, den Fockmast abzuhauen, wozu er zuerst seine Zustimmung verweigern wollte; aber als der Bootsmann schwor, das Schiff werde sonst sinken, war er einverstanden; und als sie den Fockmast abgehauen hatten, stand der Großmast so unsicher da und erschütterte das Schiff, dass sie auch ihn umhauen und über Bord werfen mussten.

Jeder mag selber beurteilen, in was für einem Zustand ich bei alledem gewesen, ich, der Neuling, der dazu erst vor Kurzem und bei viel geringerem Anlass solche Angst ausgestanden hatte. Doch wenn ich heute, aus so weiter Entfernung, meine damaligen Gedanken noch richtig wiedergeben kann, dann war mein Entsetzen darüber, dass ich so rasch von meinen früheren Überzeugungen mich abgewandt und dem ersten gottlosen Entschluss wieder zugekehrt hatte, wohl zehnmal so groß als meine Angst vor dem Tod selbst; und dies, zusammen mit dem Schrecken des Sturms, brachte mich in eine Verfassung, die ich mit Worten nicht zu beschreiben vermag. Aber das Ärgste stand mir noch bevor; der Sturm hielt mit einer Wut an, dass die Seeleute selber gestanden, Ärgeres noch nicht erlebt zu haben. Unser Schiff war gut, aber es war schwer beladen und schwankte dermaßen, dass die Matrosen etliche Mal schrien: »Da, ein Leck!« Es war nur gut für mich, dass ich nicht wusste, was sie mit einem »Leck« meinten, bis ich's später von ihnen erfragte. Mittlerweile war der Sturm so übermächtig geworden, dass ich etwas sah, was man nicht oft zu sehen bekommt: Der Kapitän, der Bootsmann und noch einige, die verständiger waren als die anderen, waren ins Gebet versunken, da sie jeden Augenblick damit rechneten, dass das Schiff sinken werde. Mitten in der Nacht und mitten in unserer Verzweiflung schrie einer der Matrosen, der eben hinuntergestiegen war, um nachzusehen, wir hätten ein Leck bekommen, ein anderer sagte, es seien schon vier Fuß Wasser unten im Laderaum. Sofort wurden alle zu den Pumpen gerufen. Bei diesem Wort war mir, als ersterbe mir das Herz im Leib, und ich sank rücklings vom Bettrand, auf dem ich gesessen hatte, in die Kajüte hinein. Aber die Leute hoben mich auf und sagten, wenn ich schon vorher zu nichts nutze gewesen wäre, so könnte ich doch so gut pumpen wie jeder andere; darauf nahm ich mich zusammen, ging zur Pumpe und arbeitete nach Kräften. Unter dieser Arbeit bemerkte der Kapitän einige leichte Kohlenschiffe, welche, da sie während des Sturms nicht vor Anker bleiben konnten, in See stechen und dabei in unsere Nähe kommen mussten, und er befahl, zum Zeichen unserer Not einen Schuss abzufeuern. Da ich nicht im Geringsten wusste, was das bedeuten solle, war ich so erschrocken, dass ich dachte, das Schiff wäre geborsten oder sonst etwas Fürchterliches geschehen. Mit einem Wort, ich fiel vor Schrecken in Ohnmacht. Weil aber zu dieser Zeit jeder nur an sich selber denken konnte, kümmerte sich keiner um mich, sondern ein anderer Bootsknecht trat an die Pumpe und schob mich mit dem Fuß zur Seite in der Meinung, ich sei tot; und es dauerte geraume Zeit, ehe ich wieder zu mir kam.

Wir arbeiteten mit aller Kraft, aber da das Wasser immer höher stieg, wurde schnell offenbar, dass das Schiff sinken müsse; und obgleich der Sturm jetzt ein wenig nachließ, konnte sich das Schiff doch nicht mehr lang genug über Wasser halten, als dass wir einen Hafen hätten anlaufen können; daher ließ der Kapitän weiter um Hilfe feuern, und ein leichteres Schiff, das den Sturm gerade vor uns ausgehalten hatte, setzte ein Boot aus, um uns zu Hilfe zu kommen. Unter größter Gefahr gelangte das Boot in unsere Nähe, aber wir konnten nicht hineinsteigen, noch auch konnte das Boot am Schiff anlegen, bis schließlich unsere Leute der Besatzung, die aus Leibeskräften ruderte und ihr Leben wagte, um unseres zu retten, über das Heck ein Seil mit einer Boje daran zuwarfen und dasselbe sehr lang schleifen ließen; mit großer Mühe und Gefahr konnten die Männer im Boot endlich das Seil erreichen, und wir zogen sie bis dicht ans Heck heran und stiegen alle hinein. Nachdem wir alle dort angelangt waren, bemerkten wir sogleich, dass es weder ihnen noch uns gelingen werde, das andere Schiff zu erreichen; wir kamen überein, das Boot treiben zu lassen und es nur so viel als möglich gegen das Ufer zu steuern, und unser Kapitän versprach, dass er das Boot, sollte es an der Küste zerschellen, ihrem Kapitän ersetzen wolle. Teils gerudert und teils getrieben, fuhr unser Boot in nördlicher Richtung an der Küste entlang bis fast nach Winterton Ness.

Noch waren wir keine Viertelstunde von unserem Schiff entfernt, da sahen wir es sinken, und ich begriff zum ersten Mal, was es heißt, wenn ein Schiff auf hoher See absäuft. Ich gestehe, ich wagte kaum, die Augen aufzuschlagen, als die Matrosen mir sagten, dass das Schiff untergehe; denn von dem Augenblick an, da sie mich in das Boot mehr hineingeworfen hatten, als dass ich selber hineingestiegen wäre, lag mein Herz wie tot in mir, teils wegen des überstandenen Schreckens, teils wegen der Qualen meines Gewissens und wegen der Befürchtungen vor meiner ungewissen Zukunft.

Während in dieser ungewissen Lage die Männer an den Rudern sich abarbeiteten, um uns an die Küste heranzubringen, sahen wir, sooft das Boot oben auf den Wellen saß und sich uns die Küste zeigte, dort viele Leute am Strand hin- und herlaufen, die uns helfen wollten, sobald wir erst einmal in der Nähe wären. Aber wir kamen nur langsam vorwärts und erreichten das Ufer erst hinter dem Leuchtturm von Winterton, wo die Küste westlich gegen Cromer abfällt und wo das hohe Ufer so die Heftigkeit des Sturms ein wenig milderte. Hier ruderten wir hinein und gelangten alle, wenn auch nicht ohne große Schwierigkeit, wohlbehalten an Land, und von da gingen wir dann zu Fuß nach Yarmouth, woselbst wir unglücklichen Schiffbrüchigen sowohl vom Magistrat der Stadt, der uns gute Quartiere anwies, als auch von Privatkaufleuten und Schiffseigentümern mit vieler Nächstenliebe versorgt wurden. Man gab uns auch genügend Geld für die Reise nach London oder zurück nach Hull, je nach unserem Belieben.

Hätte ich damals Verstand genug gehabt, nach Hull zu fahren und heimzugehen, ich wäre glücklich geworden, und mein Vater hätte, nach dem Gleichnis unseres Heilands, wohl auch das gemästete Kalb für mich geschlachtet; denn zuerst wusste er nichts anderes, als dass das Schiff, in dem ich von Hull abgefahren, auf der Reede vor Yarmouth gesunken sei, und erst geraume Zeit später erhielt er die Gewissheit, dass ich nicht ertrunken war.

Aber mein Unstern trieb mich mit unwiderstehlicher Gewalt weiter, und obwohl mich meine Vernunft und mein besseres Urteil oft genug zur Umkehr mahnten, hatte ich doch keine Kraft dazu. Ich weiß nicht, wie ich es nennen soll, und ich will auch nicht eben behaupten, ein geheimes, allmächtiges Schicksal treibe uns, zu Werkzeugen unseres eigenen Verderbens zu werden und, selbst wo es drohend vor uns steht, gewissermaßen mit offenen Augen in unseren Untergang hineinzulaufen. Jedenfalls konnte wohl nur ein unabwendbarer, vom Schicksal verhängter Unstern, dem zu entfliehen mir nicht möglich war, mich gegen alle ruhigeren Überlegungen und gegen die Beweise meiner innersten Gedanken und der beiden deutlichen Lehren, die mir bei meinem ersten Versuch erteilt worden waren, zu einem solchen Entschluss bringen.

Mein Kamerad, der Sohn des Kapitäns, der zu meiner früheren Verstockung mitgeholfen, war jetzt noch gedrückter als ich. Das erste Mal, als er nach unserer Ankunft in Yarmouth mit mir sprach – das war erst zwei oder drei Tage später, denn wir waren in verschiedenen Herbergen untergebracht –, als wir uns, sage ich, zum ersten Mal wiedersahen, schien mir sein Ton verändert; melancholisch den Kopf schüttelnd, fragte er mich, wie es mir gehe, und erzählte seinem Vater, wer ich sei und dass ich diese Fahrt nur probeweise mitgemacht habe, um dann weiter die Welt zu bereisen. Da wandte sich sein Vater mit einem ernsten und bekümmerten Ausdruck mir zu und sagte: »Junger Mann, Ihr solltet nie wieder zur See gehen, sondern dies für ein sichtbares und offenkundiges Zeichen nehmen, dass Ihr zum Seefahrer nicht geboren seid.« – »Warum, Herr?«, sagte ich. »Wollt Ihr denn auch nicht wieder zur See fahren?« – »Das ist etwas anderes«, sagte er, »es ist mein Beruf und daher meine Pflicht. Aber da Ihr diese Reise nur zur Probe gemacht habt, so seht Ihr wohl, was für einen Vorgeschmack Euch der Himmel gegeben hat von dem Geschick, das Euch, wenn Ihr darauf besteht, noch erwartet. Vielleicht habt überhaupt Ihr, wie Jonas auf dem Schiff nach Tarsis, dies Unglück über uns gebracht. Sagt mir«, fuhr er fort, »was ist Euer

Beruf? Und aus welchen Gründen seid Ihr aufs Meer gegangen?« Darauf erzählte ich ihm einiges aus meinem Leben; als ich geendet hatte, überkam ihn ein seltsam leidenschaftlicher Anfall von Zorn und Wut. »Was habe ich getan«, sagte er, »dass so ein verfluchter Bösewicht auf mein Schiff gekommen ist? Nicht um tausend Pfund wollte ich meinen Fuß noch einmal mit dir zusammen in ein Schiff setzen.« Es war das, wie ich schon sagte, ein Ausbruch seines Gemüts, das noch durch den Kummer über seinen Verlust verstört war, doch ging er darin weiter, als seine Befugnisse mir gegenüber ihm erlaubt hätten. Späterhin redete er wieder sehr ruhig und ernst mit mir, ermahnte mich, zu meinem Vater heimzugehen und das Schicksal nicht noch einmal herauszufordern. Ich solle nur die sichtbare Hand des Himmels gegen mich erkennen, »und, junger Mann«, fuhr er fort, »glaubt mir, wenn Ihr nicht umkehrt, so werdet Ihr überall, wohin Ihr auch geht, nichts als Unglück und Enttäuschung erleben, bis Eures Vaters Worte an Euch erfüllt sind«.

Wir trennten uns bald danach, denn ich antwortete ihm nur kurz und sah ihn auch später nicht wieder. Wohin er ging, weiß ich nicht. Ich selber reiste, da ich etwas Geld in der Tasche hatte, auf dem Landweg nach London und hatte dort wie auch unterwegs manchen Kampf mit mir selber zu bestehen, welchen Lebensweg ich einschlagen und ob ich nach Haus oder aber aufs Meer gehen sollte.

Bei dem Gedanken an die Heimkehr stellte meinen besten inneren Regungen die Scham sich entgegen; sogleich dachte ich daran, wie die Nachbarn über mich lachen würden und wie ich selber mich schämen würde, nicht nur meinem Vater und meiner Mutter, sondern jedermann unter die Augen zu kommen; seither habe ich oft bemerkt, wie ungereimt und unverständig gemeinhin die Haltung der Menschen, besonders der jungen, der Vernunft gegenüber ist, die sie doch in solchen Fällen führen sollte: dass sie sich zwar nicht schämen zu sündigen, wohl aber die Sünden zu bereuen; dass sie sich nicht ihrer Handlungen schämen, deretwegen sie zu Recht für Narren geachtet werden, wohl aber der Umkehr, die ihnen doch allein den Namen eines verständigen Mannes wieder eintragen könnte.

In diesem Zustand verharrte ich indes noch einige Zeit und wusste nicht recht, was ich anfangen und was für eine Lebensweise ich wählen sollte. Mein Widerwille gegen eine Heimkehr war noch immer unbezwingbar; und nachdem ich eine Weile in London gelebt hatte, vergaß ich die ausgestandene Not, und mit ihr verschwand auch die ohnehin geringe Lust, nach Hause zu gehen, bis ich schließlich jeden Gedanken daran verjagte und mich nach einer Reisegelegenheit umsah.

Der böse Geist, der mich zuerst von meines Vaters Haus trieb, der mir den unreifen und kindischen Gedanken eingab, mein Glück in der Fremde zu suchen, der meine Sinne so einnahm, dass ich jedem guten Rat, allem Zureden, ja den Befehlen meines Vaters gegenüber taub geworden war – eben dieser böse Geist, oder was es sonst gewesen sein mag, führte mich zu dem unseligsten aller Unternehmen, und so begab ich mich an Bord eines nach Afrika segelnden Schiffes oder, wie die Seeleute ein solches gemeinhin nennen, eines Guineafahrers.

Es war mein großes Missgeschick, dass ich mich in allen diesen Abenteuern nicht als Matrose anheuern ließ; hätte ich dabei vielleicht auch mehr arbeiten müssen als sonst, so hätte ich doch die Pflichten und den Dienst eines Matrosen erlernt und mich vielleicht mit der Zeit zum Maat oder Steuermann oder gar zum Kapitän emporgearbeitet. Allein wie mein Schicksal mich immer das Falsche tun hieß, so ging's auch hier; weil ich Geld in der Tasche und gute Kleider am Leib hatte, ging ich immer nur als Gentleman an Bord, sodass ich auf dem Schiff nichts zu tun hatte und auch nichts lernte.

Zum Glück geriet ich in London anfangs in recht gute Gesellschaft, was einem jungen, ganz auf sich gestellten Burschen wie mir nicht immer geschieht; meistens ist der Teufel schnell mit einer Fußangel bei der Hand. Doch mir ging's besser. Ich lernte einen Kapitän kennen, der gerade von Guinea kam und, da er guten Erfolg dort gehabt hatte, wieder hinwollte. Da er nun an meinem Umgang, der zu der Zeit nicht uneben war, Gefallen fand und von mir hörte, dass ich gern die Welt sehen wollte, bedeutete er mir, wenn ich Lust hätte, mit ihm zu gehen, dann sollte es mich nichts kosten; ich könnte mit ihm an seiner Tafel essen und in seiner Kajüte schlafen, und wenn ich etwas an Waren mitnehmen wollte, so würde er für ein vorteilhaftes Geschäft schon sorgen; vielleicht werde mich das zu weiterem Handel ermutigen.

Ich nahm das Angebot an, schloss eine enge Freundschaft mit diesem Kapitän, der ein ehrlicher, aufrichtiger Mann war, und trat die Reise mit ihm an. Ich nahm ein kleines Kapitälchen mit, das sich aber durch die selbstlose Redlichkeit meines Freundes beträchtlich vermehrte; ich hatte nämlich etwa 40 Pfund Sterling nach Anweisung des Kapitäns in verschiedenem Kleinkram angelegt. Diese 40 Pfund hatte ich mithilfe einiger Verwandter zusammengebracht, mit denen ich deshalb korrespondierte und die wahrscheinlich meinen Vater oder wenigstens meine Mutter dazu überredet hatten, so viel zu meinem ersten Unternehmen beizusteuern.

Dies war von allen meinen Reisen die einzige, die man erfolgreich nennen könnte, was ich der Anständigkeit und Ehrlichkeit meines Freundes,

des Kapitäns, zu verdanken hatte, unter dem ich mir auch eine ziemliche Kenntnis der Mathematik und der Schifffahrtsregeln erwarb, ich lernte, wie man den Kurs eines Schiffes bestimmt, wie man eine Standortsberechnung macht, und auch sonst mancherlei, was ein Seemann wissen muss: Denn wie es ihm Freude machte zu lehren, so machte es mir auch Freude zu lernen. Die Reise machte sowohl einen Seemann als auch einen Kaufmann aus mir, brachte ich doch 5 Pfund und 9 Unzen Goldstaub nach Hause, die mir in London nach meiner Rückkehr fast 300 Pfund Sterling eintrugen. Und dieser Erfolg füllte mir den Kopf mit hochfliegenden Gedanken, die mich seither ins Unglück gebracht haben.

Freilich hatte ich selbst auf dieser Reise manche Not auszustehen, vor allem weil ich ständig krank war, da mich die unmäßige Hitze des Klimas in ein heftiges Fieber geworfen hatte; denn wir handelten vor allem an der Küste, und zwar zwischen dem 15. nördlichen Breitengrad bis hinunter zum Äquator.

Ich galt nun als ein alter Guineafahrer, und da zu meinem großen Unglück mein Freund bald nach unserer Rückkehr starb, beschloss ich, noch einmal die gleiche Reise zu machen, und schiffte mich auf demselben Schiff wieder ein, zusammen mit einem, der auf der vorigen Reise sein Maat gewesen war und jetzt das Kommando über das Schiff hatte. Es war die unseligste Reise, die je ein Mensch unternommen hat; denn obwohl ich von meinem neu erworbenen Reichtum nur etwa 100 Pfund mitnahm, 200 Pfund aber bei der Witwe meines Freundes ließ, die es aufrichtig mit mir meinte, geriet ich doch auf dieser Fahrt in das schrecklichste Unglück. Es begann damit, dass unser Schiff, das Kurs auf die Kanarischen Inseln hielt oder vielmehr zwischen diesen Inseln und der Küste von Afrika durchsteuern wollte, im Morgengrauen von einem türkischen Seeräuber aus Salé aufgebracht wurde, der mit vollen Segeln hinter uns herjagte. Wir spannten alles auf, was auf unseren Masten und Rahen nur Platz fand, um ihm aus den Augen zu kommen; da wir aber merkten, dass der Seeräuber ausholte und uns in wenigen Stunden sicherlich eingeholt haben würde, richteten wir uns auf einen Kampf ein. Unser Schiff hatte 12, der türkische Bluthund jedoch 18 Geschütze. Gegen drei Uhr nachmittags war er hinter uns, und da er aus Versehen anstatt quer an unserem Heck, wie er wohl im Sinn gehabt hatte, gerade an unserem Halbdeck vorbeidrehte, richteten wir acht von unseren Geschützen auf ihn und feuerten eine Breitseite ab, die ihn abgieren ließ, allerdings erst, nachdem er unser Feuer erwidert und die fast 200 Mann, die er an Bord hatte, uns mit einer Salve aus ihren Musketen hatte überschütten lassen. Dennoch wurde keiner von uns verwundet, da wir alle in Deckung blieben.

Darauf machte er Anstalten zu einem neuen Gefecht, wir zur Verteidigung; diesmal aber legte er an der anderen Seite bei uns an, 60 Mann enterten und begannen sofort, auf die Decks und das Takelwerk einzuschlagen und einzuhacken. Wir hießen sie mit Musketen, Picken, Pulverkisten und dergleichen willkommen und jagten sie zweimal vom Verdeck. Allein, damit ich diesen traurigen Teil unserer Geschichte nur kurz mache, als unser Schiff nun ganz kampfunfähig, drei Männer getötet und acht verwundet waren, mussten wir uns ergeben und wurden alle gefangen nach Salé, einem Hafen der Mohren, geschleppt.

Man behandelte mich dort gar nicht so schlecht, wie ich anfangs befürchtet hatte, auch wurde ich nicht wie die anderen ins Innere des Landes und an den kaiserlichen Hof geschleppt, sondern der Räuberkapitän behielt mich als den ihm zustehenden Teil der Beute und machte mich, der ich jung und hurtig und für seine Zwecke geschickt war, zu seinem Sklaven. Die plötzliche Veränderung meiner Umstände von einem Kaufmann zu einem armseligen Sklaven hatte mich völlig überwältigt. Jetzt fiel mir wieder ein, was mein Vater mir prophezeit hatte, dass ich nämlich ins Elend geraten und niemanden finden würde, mir zu helfen, und ich meinte, das alles hätte sich nun erfüllt und es könnte nicht mehr schlechter kommen; nun sei ich allein in Gottes Hand und ohne seine Gnade ganz verloren. Aber ach! Dies war erst ein Vorgeschmack weit größeren Elends, wie man aus der Fortsetzung meiner Geschichte bald erfahren wird.

Da mich nun mein neuer Patron oder Herr in sein Haus genommen hatte, hoffte ich, er würde mich auch mitnehmen, wenn er wieder zur See ging; vielleicht brächte dann ihn seinerseits ein spanisches oder portugiesisches Kriegsschiff auf, und ich käme bei dieser Gelegenheit wieder auf freien Fuß. Aber diese Hoffnung wurde bald zerstört, denn wenn er zur See ging, ließ er mich an Land zurück, damit ich seinen kleinen Garten betreute und die üblichen Sklavendienste im Haus verrichtete; kam er dagegen von seiner Kreuzfahrt nach Haus, so musste ich in der Kajüte schlafen und das Schiff hüten.

Hier sann ich nun über nichts anderes nach, als ob und auf welche Weise ich fliehen könnte, aber es kam mir auch nicht das Geringste in den Sinn. Es gab keinen Weg, der die Möglichkeit einer Flucht wahrscheinlich hätte erscheinen lassen, hatte ich doch keine Menschenseele, der ich mich anvertrauen und mit der ich mich aufs Meer hinaus hätte wagen können. Da war kein Mitsklave, kein anderer Engländer, Irländer oder Schottländer, nur ich ganz allein; so hatte ich denn zwei Jahre lang immer die süße Vorstellung, aber nie die geringste tatsächliche Möglichkeit einer Flucht.

Nach ungefähr zwei Jahren ereignete sich jedoch ein seltsamer Vorfall, der mir die alten Gedanken an eine Flucht wieder frisch in den Kopf setzte. Mein Patron lag dazumal länger als sonst zu Hause, ohne sein Schiff instand zu setzen, was, wie ich hörte, auf Geldmangel zurückzuführen war; derweil fuhr er regelmäßig ein- oder zweimal die Woche, manchmal auch öfter, wenn das Wetter gut war, mit der Schiffspinasse auf die Reede hinaus zum Fischen. Er ließ sich dabei immer von mir und einem jungen Morisken rudern, wir unterhielten ihn gut, und ich war sehr geschickt beim Fischefangen, sodass er mich manchmal mit einem Mohren, einem Verwandten von ihm, und dem Jungen, den sie den »Moresco« nannten, hinausschickte, um eine Mahlzeit Fische für ihn zu holen.

Als wir eines ruhigen, stillen Morgens zum Fischen ausfuhren, stieg ein so dichter Nebel auf, dass wir, obgleich keine halbe Seemeile von ihr entfernt, die Küste doch ganz aus den Augen verloren; wir ruderten aufs Geratewohl den ganzen Tag und die ganze Nacht und fanden am nächsten Morgen, dass wir seewärts statt landwärts gefahren waren und nun wenigstens zwei Seemeilen vor der Küste hielten. Dennoch kamen wir heil nach Hause, wenn auch mit Mühe und nicht ohne Gefahr, denn der Morgenwind wehte sehr kräftig, und vor allem waren wir beide ausgehungert.

Durch diesen Unfall gewarnt, beschloss unser Patron, künftig vorsichtiger zu sein; und da er das Beiboot unseres von ihm aufgebrachten Schiffes noch neben dem seinen liegen hatte, beschloss er, nie wieder ohne Kompass und etwas Proviant fischen zu fahren. Er befahl daher seinem Schiffszimmermann, ebenfalls einem englischen Sklaven, ein kleines Wohnhaus oder eine Kajüte in der Mitte des Beibootes zu bauen, wie auf einer Barke, mit genug Platz dahinter, um zu steuern und die Großschoten einzuholen, und mit Platz davor für ein oder zwei Mann, welche die Segel hissen und wenden könnten. Das Boot hatte ein sogenanntes Hammelkeulensegel, der Klüverbaum hing über dem Dach der Kajüte, die sehr schmal und niedrig war, gerade groß genug, dass der Patron und ein oder zwei Sklaven drin liegen konnten und dass dazu Esstisch und mehrere Kästchen Platz fanden, die von ihm ausgesuchte Getränke enthielten, vor allem aber Brot, Reis und Kaffee.

Mit diesem Boot fuhren wir nun häufig fischen, und da ich sehr geschickt dabei war, fuhr er nie ohne mich aus. Einmal hatte er sich vorgenommen, zum Vergnügen oder auch nur zum Fischfang mit zwei oder drei vornehmen Mohren aus dem Ort hinauszufahren, und hatte außerordentliche Vorbereitungen dafür getroffen; in der Nacht hatte er daher mehr Proviant als sonst an Bord schaffen lassen und mir befohlen, drei Flinten mit Pulver und

Schrot bereitzuhalten, denn er wollte sich nicht nur mit Fischen, sondern auch mit Vogelschießen vergnügen.

Ich machte alles fertig, wie er's befohlen hatte, und wartete am nächsten Morgen mit dem sauber gewaschenen Boot auf ihn, Flaggen und Wimpel waren gehisst, alles war bereit zum Empfang der Gäste. Nach einiger Zeit kam jedoch der Patron allein und sagte, seine Gäste hätten geschäftehalber absagen müssen, ich sollte aber mit dem Mohren und dem kleinen Jungen zum Fischen hinausfahren, denn seine Freunde würden den Abend bei ihm speisen; ich sollte mit meinem Fang so schnell als möglich zurückkehren. Ich machte mich also auf.

In diesem Augenblick befielen mich wieder meine früheren Fluchtgedanken; denn ich sah, dass ich das kleine Schiff bald in meiner Gewalt haben könnte. Als mein Herr gegangen war, traf ich alle Anstalten, nicht zum Fischfang, sondern zu einer Reise, wenn ich auch nicht wusste und auch nicht überlegte, wohin ich mich wenden sollte; nur fort von hier, wohin, das galt mir gleich.

Meine erste Sorge war, wie ich dem Mohren auf gute Art befehlen konnte, noch mehr zu unserem Unterhalt an Bord zu schaffen. Ich sagte ihm also, es schicke sich nicht für uns, von unseres Herrn Brot zu essen; er gab mir recht, und so holte er einen großen Korb mit Zwieback, wie sie ihn dort backen, und drei Krüge mit frischem Wasser an Bord. Ich wusste, wo des Patrons Flaschenkiste stand, die dem Aussehen nach aus einer englischen Beute stammen musste, und während der Mohr an Land war, schleppte ich sie ins Boot und verstaute sie, als ob sie für unseren Patron hierhergebracht worden wäre; auch einen großen Klumpen Bienenwachs, über 50 Pfund schwer, verstaute ich im Boot, dazu ein Knäuel Segeldraht oder Bindfaden, ein Beil, Säge und Hammer, alles Dinge, die uns später sehr nützlich waren, besonders das Wachs, aus dem wir Kerzen machten. Noch einmal hielt ich den Mohren zum Narren, und wieder ließ er sich in unschuldiger Weise übertölpeln. Sein Name war Ismael, sie riefen ihn aber Muly oder Moely; also rief ich ihn und sagte: »Muly, wir haben die Flinten des Patrons an Bord, kannst du nicht etwas Pulver und Schrot holen? Vielleicht laufen uns ein paar Alken (eine Art großer Seevögel) über den Weg, und ich weiß, dass der Patron Muniton im Schiff liegen hat.« – »Ja«, sagt er, »ich will es holen«, und wirklich brachte er einen großen Lederbeutel, gefüllt mit etwa anderthalb Pfund Pulver oder mehr, einen anderen mit fünf oder sechs Pfund Schrot, dazu einige Kugeln; dann packte er alles miteinander ins Boot. Zur gleichen Zeit hatte ich in der großen Kabine noch etwas Pulver von meinem Herrn gefunden, welches ich nun in eine der großen Flaschen aus der Kiste füllte;

was darin gewesen war, leerte ich in eine andere Flasche. Mit allem Nötigen versehen, verließen wir also den Hafen, um zu fischen. Das Kastell in der Hafeneinfahrt kannte uns und beachtete uns daher nicht. Wir waren noch keine englische Meile vom Hafen entfernt, da holten wir die Segel ein und begannen zu angeln. Der Wind blies, meinem Wunsch entgegen, von Nordnordost; wäre er nämlich von Süden gekommen, so hätte ich hoffen dürfen, die spanische Küste oder zumindest die Bucht von Cádiz zu erreichen; aber ich war fest entschlossen, der Wind wehe nun, woher er wolle, aus diesem grässlichen Ort zu entfliehen und alles Übrige dem Schicksal zu überlassen.

Nachdem wir einige Zeit gefischt, aber nichts gefangen hatten – denn wenn etwas bei mir anbiss, zog ich's doch nicht herauf, damit der Mohr es nicht bemerke –, sagte ich zu diesem: »So geht es nicht, das wird unserem Patron nicht genügen, wir müssen weiter hinaus.« Der Mohr, nichts Böses ahnend, stimmte zu, und da er vorn im Boot stand, setzte er die Segel; ich aber, der ich das Ruder hielt, steuerte das Boot eine gute Seemeile weiter hinaus und drehte es dann, als ob es wieder zum Fischen gehen sollte; dann gab ich dem Jungen das Steuer, lief nach vorn zum Mohren, tat so, als ob ich mich hinter ihm nach etwas bückte, fasste ihn unversehens mit dem Arm unter seinen Kniekehlen und warf ihn über Bord und ins Meer; er kam gleich wieder hoch, denn er schwamm wie ein Korken, rief mir zu und flehte mich an, ihn aufzunehmen, er wolle mit mir durch die ganze Welt gehen. Er schwamm so kräftig hinter dem Boot her, dass er mich bald erreicht haben musste, zumal wir nur wenig Wind hatten; also ging ich in die Kabine, holte eine von den Vogelflinten, richtete sie auf ihn und rief ihm zu, ich hätte ihm bisher nichts zuleide getan und wollte es auch weiter so halten, wofern er sich meinem Geheiß fügte. »Du kannst gut genug schwimmen«, sagte ich, »die See ist ruhig, du kannst das Ufer erreichen, schwimm nur immer darauf los, so will ich dir nichts tun. Wenn du aber ans Boot herankommst, schieße ich dir durch den Kopf, denn ich bin entschlossen, meine Freiheit zu haben.« Darauf kehrte er um und schwamm auf die Küste zu, und ich zweifle nicht, dass er sie erreicht hat, denn er war ein ausgezeichneter Schwimmer.

Ich hätte ja auch den Mohren mit mir nehmen und dafür den Jungen über Bord werfen können, aber ich traute dem Mohren nicht. Als er weg war, wandte ich mich zu dem Jungen, der Xury hieß, und sagte: »Xury, wenn du mir treu bleibst, will ich einen großen Mann aus dir machen, wenn du dir aber nicht ins Gesicht schlägst zum Zeichen, dass du mir treu sein willst« – das heißt, bei Mohammed und seines Vaters Bart schwören –, »muss ich auch dich ins Meer werfen.« Der Junge lächelte mich an und redete so unschuldig, dass ich ihm nicht misstrauen konnte; er schwor, mir treu zu dienen und mit mir durch die ganze weite Welt zu gehen.

Solange der schwimmende Mohr noch in Sicht war, hielt ich Kurs aufs offene Meer hinaus und segelte hart am Wind, um sie glauben zu machen, wir segelten auf die Meerenge zwischen Afrika und Spanien zu, was ja ohnedies jeder vernünftige Mensch annehmen musste; denn wer hätte glauben können, wir seien südwärts gesegelt auf die Küste der Barbaren zu, wo ganze Völker von Schwarzen uns mit ihren Kanus umzingeln und schließlich umbringen würden und wo wir uns nicht an Land wagen könnten, ohne von wilden Tieren oder noch wilderen Menschen ohne Erbarmen verschlungen zu werden?

Allein sobald es am Abend dunkel geworden war, änderte ich meinen Kurs und steuerte geradewegs Süd zu Ost, immer etwas nach Osten geneigt, damit ich an der Küste blieb, die See war glatt, der Wind blies kräftig, ich machte daher so gute Fahrt, dass ich am nächsten Nachmittag gegen drei Uhr, als ich zum ersten Mal Land sichtete, mindestens 150 Meilen südlich von Salé sein musste, weit entfernt bereits vom Gebiet des Kaisers von Marokko oder irgendeines anderen Königs; denn wir sahen keinen Menschen.

Aber der Schrecken vor den Mohren und die Angst, ihnen wieder in die Hände zu fallen, lagen mir noch so in den Knochen, dass ich nicht einhalten noch vor Anker oder an Land gehen wollte; da der Wind günstig blieb, segelte ich auf diese Art noch weitere fünf Tage. Dann drehte sich der Wind nach Süden, und ich nahm an, dass die Mauren, sofern sie mir Schiffe nachgeschickt hätten, nunmehr die Verfolgung aufgeben würden. Also wagte ich mich an die Küste heran und ging in der Mündung eines kleinen Flusses vor Anker, ohne über dessen Lage und Beschaffenheit Bescheid zu wissen, ohne den Breitengrad, das Land, das Volk oder den Namen des Flusses zu kennen. Ich sah keinen Menschen noch wünschte ich, einen zu sehen. Was uns jedoch vor allem fehlte, war frisches Wasser. Als wir in die Bucht kamen, war es Abend, und so beschlossen wir, bei Einbruch der Dunkelheit an Land zu schwimmen und die Gegend zu erkunden. Aber kaum war es Nacht, so hörten wir einen grässlichen Lärm: Bellen, Brüllen und Heulen von wilden Tieren, die wir nicht kannten, sodass der arme Junge vor Angst fast umkam und mich inständig bat, ja nicht vor Tag an Land zu gehen. »Gut, Xury«, sagte ich, »dann gehe ich nicht, aber bei Tag treffen wir vielleicht auf Menschen, die für uns noch gefährlicher sind als diese Löwen.« – »Dann geben wir ihnen das Schussgewehr«, sagte Xury lachend, »und machen sie weglaufen.« So war das Englisch, das Xury aus den Unterhaltungen mit uns Sklaven gelernt hatte. Ich war froh, dass der Junge wieder lustig war, und gab ihm einen Schluck aus der Kiste des Patrons. Xury hatte mich gut beraten, ich folgte ihm, wir ließen unseren kleinen Anker fallen und lagen die ganze Nacht über still; ich sage still, denn wir taten kein Auge zu! Nach zwei oder drei Stunden sahen wir nämlich riesige Tiere von allerhand Gattung, deren Namen wir nicht kannten, ans Ufer kommen und ins Wasser springen, sich wälzen und suhlen und waschen, um sich abzukühlen; dabei machten sie ein so grässliches Gebrüll und Geheul, wie ich dergleichen mein Lebtag nicht gehört hatte.

Xury war zu Tode erschrocken, und mir erging es nicht besser; aber unser Entsetzen stieg noch, als wir eines dieser Ungeheuer auf unser Boot zuschwimmen hörten; wir konnten es nicht sehen, aber wir bemerkten an seinem Schnauben, dass es eine ungeheure, wilde, grimmige Bestie sein musste. Xury sagte, es sei ein Löwe, und vielleicht war es auch wirklich einer; der arme Junge schrie, ich solle doch den Anker lichten und wegrudern. »Nein, Xury«, sagte ich, »wir können unser Ankertau mit der Boje länger ausziehen und weiter aufs Meer hinausgehen, sie kommen uns nicht nach.« Kaum hatte ich das gesagt, so sah ich das Untier (was immer es auch sein mochte) zwei Ruderlängen von mir auftauchen, was mich nicht wenig erschreckte; doch lief ich eilends zur Kajüte, nahm meine Flinte und schoss auf die Bestie, die augenblicks umkehrte und ans Ufer schwamm.

Der entsetzliche Lärm, das fürchterliche Schreien und Heulen, das sich nach diesem Schuss am Ufer wie auch weiter drinnen im Land erhob, ist nicht zu beschreiben; dergleichen hatten diese Bestien vielleicht noch nie gehört. Jedenfalls war ich nun völlig davon überzeugt, dass wir des Nachts an Land nichts verloren hätten; ob es tagsüber ratsam sei, war eine andere Frage, denn es war nicht weniger gefährlich, in die Hände der Wilden als unter die Löwen und Tiger zu fallen; vor beidem war uns zumindest gleich bange. Wie dem auch sei, wir waren gezwungen, an irgendeiner Stelle an Land zu gehen und frisches Wasser zu holen, hatten wir doch keine Viertelpinte mehr im Boot; wann und wo wir das tun sollten, darum ging es nun. Xury sagte, ich sollte ihn mit einem Krug an Land gehen lassen, er wolle schon Wasser auftreiben und mir bringen. Ich fragte ihn, warum nicht umgekehrt ich gehen und er im Boot bleiben sollte; darauf antwortete er so treuherzig, dass ich ihn ein für alle Mal lieb gewann. Er sagte: »Wenn wild Mann kommt, mich essen, du gehst weg.« – »Xury«, sagte ich, »wir gehen zusammen weg, und wenn wilde Männer kommen, töten wir sie, sie sollen keinen von uns essen.« Darauf gab ich Xury ein Stück Zwieback und einen Schluck aus der schon erwähnten Flaschenkiste des Patrons; wir holten das Boot so nahe an die Küste, als wir für richtig hielten, und wateten an Land mit nichts als unseren Waffen und zwei Wasserkrügen in Händen.

Ich getraute mich nicht, das Boot aus den Augen zu lassen, aus Angst, es könnten Wilde in ihren Kanus den Fluss herunterkommen; der Junge aber gewahrte eine kleine Senke, etwa eine Meile landeinwärts, und lief dahin, und nach einer Weile erblickte ich ihn wieder, wie er zurückgerannt kam. Ich dachte schon, er werde von einem Wilden verfolgt, und lief ihm entgegen, um ihm zu helfen, aber als ich näher war, sah ich etwas über seine Schulter hängen; ein Tier nämlich, das er geschossen hatte; es sah wie ein Hase aus, aber von anderer Farbe und mit längeren Läufen. Wir waren sehr froh darüber, das Fleisch war ausgezeichnet; noch schöner aber war die Nachricht, dass Xury frisches Wasser gefunden hatte und keinem Wilden dabei begegnet war.

Später fanden wir freilich heraus, dass wir gar nicht so weit nach Wasser hätten suchen müssen; wir brauchten nur von der Bucht, in der wir vor Anker lagen, ein wenig flussaufwärts gehen, da war das Wasser nach verlaufener Flut, die ohnedem nicht weit hinaufreichte, frisch genug, so füllten wir unsere Krüge, taten uns gütlich an unserem Hasenbraten und machten uns auf den Weg, da wir in dieser Gegend bisher keine menschlichen Fußstapfen wahrgenommen hatten.

Da ich schon früher einmal an dieser Küste gewesen war, war mir wohl bekannt, dass die Kanarischen und auch die Kapverdischen Inseln nicht weit von da ablägen. Aber weil ich keine Instrumente hatte, um unseren Breitengrad zu berechnen, und auch nicht genau wusste oder mich erinnerte, auf welchem Breitengrad diese Inseln lagen, hatte ich keine Vorstellung, wo ich nach ihnen ausschauen oder in welcher Richtung ich Kurs auf sie halten sollte, sonst wäre es mir wohl leicht geworden, sie zu finden. So hatte ich nur die Hoffnung, dass wir, wenn wir uns immer entlang der Küste hielten bis dorthin, wo die englischen Handelsschiffe liegen, einem dieser Schiffe auf seinem üblichen Handelsweg begegnen und uns von ihm aufnehmen lassen könnten.

Nach meiner Berechnung musste die Gegend, wo ich mich befand, jenes Gebiet sein, das zwischen der Herrschaft des Kaisers von Marokko und der der Schwarzen liegt, ein wüstes, nur von wilden Tieren bewohntes Landstück, da die Schwarzen aus Furcht vor den Mohren weiter südwärts gezogen waren, die Mohren wiederum sich wegen der Unfruchtbarkeit der Gegend hier nicht ansiedeln mochten. Beide hatten es vermutlich vor allem der ungeheuren Anzahl von Löwen, Tigern, Leoparden und anderen wilden Bestien wegen verlassen, die sich da aufhielten, sodass die Mohren es nur zur Jagd brauchen, zu der dann immer gleichsam eine Armee von 2000 bis 3000 Mann aufbricht. Und wirklich sahen wir die 100 Meilen, die wir diese

Küste entlangfuhren, tagsüber nichts als weites, unbewohntes Land und hörten des Nachts nichts als das Heulen und Brüllen der wilden Tiere.

Ein- oder zweimal vermeinte ich, bei Tageslicht den Pik von Teneriffa erkennen zu können, den höchsten Gipfel des Teneriffagebirges auf den Kanarischen Inseln, und es trieb mich gewaltig, die Fahrt dahin zu wagen; nachdem ich es zweimal versucht hatte, ungünstige Winde mich aber immer wieder zurückwarfen, die See auch zu hoch ging für mein kleines Schiff, beschloss ich, bei meinem ersten Plan zu bleiben und mich weiter entlang der Küste zu halten.

Nachdem wir diese Gegend verlassen hatten, musste ich noch öfters landen, um frisches Wasser zu holen. Besonders einmal gingen wir am frühen Morgen vor einer ziemlich hohen Landspitze vor Anker und blieben dort liegen, um die eben beginnende Ebbe abzuwarten; da rief plötzlich Xury, der sich anscheinend viel eifriger umsah als ich, mich leise an und sagte, wir täten gut daran, uns etwas von der Küste zu entfernen. »Denn sieh nur«, sagte er, »was dort bei dem kleinen Hügel für ein grässliches Untier liegt und schläft.« Ich folgte mit den Augen seinem ausgestreckten Finger und sah ein in der Tat fürchterliches Ungeheuer, es war ein riesiger Löwe, der da am Ufer lag, im Schatten einer Felswand, die gleichsam über ihm hing. »Xury«, sagte ich, »geh ans Ufer und töte ihn.« Der Junge sah erschrocken drein und sagte: »Ich töten! Er isst mich, ein Beiß.« Mit einem Bissen, meinte er. Ich drang nicht weiter in ihn, sondern hieß ihn nur still liegen, nahm unsere große Flinte, die fast so groß wie eine Muskete war, lud sie mit einem tüchtigen Schuss Pulver und zwei Stück Eisen; dann legte ich sie nieder. In die andere Flinte tat ich zwei Musketenkugeln, und in die dritte, denn wir hatten drei, steckte ich fünf kleinere Kugeln. Mit der ersten Flinte zielte ich ganz scharf auf seinen Kopf, allein er hielt einen Fuß ein wenig über die Nase, sodass das Eisen den Fuß am Knie traf und den Knochen zerschlug. Zuerst fuhr er knurrend auf, als er aber merkte, dass sein Fuß gebrochen war, stürzte er wieder hin, erhob sich dann auf drei Beinen und stieß das furchtbarste Geheul aus, das ich je gehört habe. Ich war ein wenig bestürzt, dass ich ihn nicht am Kopf getroffen hatte, ergriff sogleich die zweite Flinte, und obwohl er fortzuhinken begann, schoss ich und traf ihn diesmal in den Kopf, und hatte meine Lust daran, wie er niedersank und nicht mehr viel Lärm machte, sondern ums Leben kämpfend dalag. Jetzt fasste Xury sich ein Herz und wollte ans Ufer. »Geh nur«, sagte ich; da sprang er ins Wasser, hielt die kleine Flinte in einer Hand und schwamm mit der anderen Hand ans Ufer, ging ganz nahe an das Vieh heran, hielt ihm das Mundstück der Flinte ins Ohr und schoss ihm noch einmal in den Kopf, und das gab dem Löwen den Rest.

Nun, das war etwas für die Jagdlust, aber nichts für den Hunger, und mir war sehr leid um die drei Ladungen Pulver und Schrot für ein Tier, das uns zu nichts nütze war. Doch Xury sagte, er wollte etwas von ihm haben; er kam also an Bord und bat mich um das Beil. »Wozu, Xury?«, sagte ich. »Sein Kopf ich abschneiden«, erwiderte er. Seinen Kopf abschneiden konnte er aber nicht, er musste sich mit einem Fuß begnügen und brachte ihn zum Boot, der Fuß war ungeheuer groß.

Ich überlegte, ob nicht das Fell uns auf die eine oder andere Art noch nützlich sein könnte, und beschloss, es dem Löwen, wenn möglich, abzuziehen. Xury und ich machten uns also ans Werk; aber Xury verstand das Handwerk viel besser als ich, der ich nur schlecht damit zurechtkam. Wir hatten alle beide den ganzen Tag damit zu tun, bis wir ihm endlich die Haut ganz abgezogen hatten. Wir breiteten das Fell auf dem Dach unserer Kajüte aus, in zwei Tagen war es von der Sonne getrocknet, und ich verwendete es später als Unterdecke.

Nach diesem Aufenthalt segelten wir zehn oder zwölf Tage beständig in Richtung Süden, waren sparsam mit unserem Proviant, der rasch zur Neige ging, und landeten nur, wenn wir kein frisches Wasser mehr hatten. Mein Plan war, den Fluss Gambia oder den Senegal zu erreichen, das heißt also etwa das Gebiet von Kap Verde, wo ich hoffte, auf europäische Schiffe zu stoßen. Sollte mir das nicht glücken, so blieb mir nichts übrig, als mich auf die Suche nach den Inseln zu machen oder dort unter den Negern elend umzukommen. Ich wusste, dass alle Schiffe von Europa, die entweder nach der Küste von Guinea oder nach Brasilien oder nach Ostindien fuhren, das Kap oder die Inseln besuchten; kurz, ich setzte mein Schicksal allein auf diesen einen Punkt: Entweder ich traf auf ein Schiff, oder ich musste zugrunde gehen.

Nachdem ich meinem Entschluss, wie ich schon gesagt habe, weitere zehn Tage lang gefolgt war, begann ich zu merken, dass das Land bewohnt war. An zwei oder drei Orten, wo wir vorbeisegelten, sahen wir Menschen am Ufer stehen und nach uns Ausschau halten; wir sahen auch, dass sie kohlrabenschwarz und splitternackt waren. Einmal wollte ich gern an die Küste zu ihnen gehen, aber Xury riet mir besser und sagte: »Nicht geh, nicht geh.« Dennoch fuhr ich jetzt näher am Ufer entlang, damit ich mit ihnen reden könnte, und ich sah, wie sie ein gutes Stück Weges hinter mir herliefen, auch dass sie keine Waffen trugen, bis auf einen, der einen langen, dünnen Stock hatte, eine Lanze, wie Xury sagte, mit denen die Eingeborenen sehr geschickt und zielsicher umgehen können. So blieb ich in einiger Entfernung, unterhielt mich aber mit ihnen, so gut es ging, durch Zeichen, gab ihnen vor allem zu verstehen, dass wir gern etwas zu essen hatten. Sie winkten mir, ich sollte das Boot anhalten, so würden sie mir Speise bringen; darauf setzte ich mein Segel etwas tiefer und legte bei, und zwei von ihnen rannten landeinwärts, kamen nach weniger als einer halben Stunde wieder zurück und brachten zwei Stücke gedörrtes Fleisch und etwas Getreide, wie es bei ihnen dort wächst, aber wir kannten weder das eine noch das andere. Dennoch hätten wir es gern angenommen, wussten aber nicht, wie wir dazu kommen sollten, da ich nicht geneigt war, mich zu ihnen an Land zu wagen, und sie auch nicht weniger Angst vor uns hatten. Sie fanden jedoch einen für beide Teile annehmbaren Weg, indem sie nämlich das Essen an den Strand brachten und dort niederlegten, sich selber aber entfernten und warteten, bis wir alles an Bord gebracht hatten. Erst dann kamen sie wieder in unsere Nähe.

Wir bedankten uns durch Zeichen, denn wir besaßen nichts, was wir ihnen hätten geben können; doch bot sich den Augenblick eine prächtige Gelegenheit, ihnen einen Gefallen zu erweisen. Während wir nämlich noch am Strand lagen, kamen zwei große Raubtiere, von denen das eine, wie uns schien, das andere mit großer Wut verfolgte, von den Hügeln herunter ans Meer gelaufen. Ob es das männliche Tier war, das das weibliche verfolgte, ob sie einander zum Spaß oder im Ernst jagten, konnten wir nicht erkennen, ebenso wenig als wir wussten, ob dies ein gewöhnlicher oder ein ungewöhnlicher Vorfall war; es schien aber doch das Letztere der Fall. Denn erstens pflegen derlei Raubtiere nur bei Nacht aufzutauchen, und zweitens waren die Schwarzen, besonders die Frauen, darüber furchtbar erschrocken. Der Mann mit der Lanze oder dem Wurfspieß in der Hand blieb stehen, aber alle anderen flohen; die zwei Raubtiere freilich machten keine Miene, die Schwarzen zu überfallen, sondern stürzten sich geradewegs ins Wasser, tauchten unter und schwammen umher, als ob sie zu ihrem Vergnügen hergekommen wären. Schließlich kam das eine der beiden Tiere näher ans Boot, als ich erwartet hatte; ich war aber auf der Hut und hatte in aller Eile meine Flinte geladen und Xury gebeten, mit den beiden anderen ein Gleiches zu tun; als das Untier nahe genug herangekommen war, feuerte ich und schoss es mitten durch den Kopf. Sofort ging es unter, tauchte aber gleich wieder in die Höhe und taumelte im Todeskampf auf und nieder. Es arbeitete sich ans Ufer heran, aber die tödliche Wunde und das viele verschluckte Seewasser machten ihm, ehe es noch aufs Trockene kam, den Garaus.

Die Bestürzung der armen Geschöpfe über den Knall und das Feuer aus meiner Flinte ist nicht zu beschreiben; einige kamen vor Angst dem Sterben nahe und stürzten vor Schreck wie tot zu Boden. Aber als sie sahen, dass das Raubtier untergegangen und verreckt war, und ich ihnen mit Zeichen bedeutete, dass sie wieder an den Strand kommen könnten, da fassten sie sich ein Herz, kamen herbei und begannen, nach dem Tier zu suchen. Ich entdeckte es an seinem Blut, das das Wasser färbte; und mithilfe eines Seils, das ich um seinen Leib wand und den Schwarzen zuwarf, zogen sie es an Land. Da fand sich's, dass es ein ungemein schöner, herrlich gefleckter Leopard war; und die Neger streckten ihre Hände in die Höhe vor Verwunderung darüber, womit ich ihn wohl getötet hätte.

Das zweite Raubtier war, erschreckt vom Feuerstrahl und vom Knall der Büchse, ans Ufer geschwommen und geradewegs zurück in die Berge gelaufen, aus denen sie gekommen waren (doch konnte ich auf die Entfernung nicht erkennen, was das für ein Tier war). Ich merkte gleich, dass den Negern das Wasser im Mund zusammenlief nach dem Fleisch der Bestie, also beschloss ich, ihnen das Fleisch als Geschenk zu überlassen; wir verständigten uns durch Zeichen, und sie waren mir sehr dankbar, fielen augenblicklich darüber her, und obwohl sie keine Messer hatten, zogen sie ihm doch mit einem gespitzten Holz rasch und geschickt das Fell ab, viel rascher, als wir es vermocht hätten. Sie boten mir Fleisch an, ich lehnte ab und tat so, als wollte ich's ihnen verehren, deutete aber auf das Fell, das sie mir willig überließen; außerdem brachten sie mir noch viel mehr Esswaren aus ihren Vorräten, die ich zwar nicht kannte, aber doch mit Dank annahm. Dann bat ich durch Zeichen um Wasser, hielt ihnen einen meiner Krüge umgekehrt entgegen, um ihnen zu zeigen, dass er leer war und dass ich ihn gern gefüllt hätte. Sofort riefen sie einige von ihnen herbei, und es tauchten zwei Weiber auf, die ein großes irdenes und, wie ich vermute, in der Sonne gebranntes Gefäß trugen; das stellten sie, wie sie es schon früher getan hatten, für mich hin, und ich sandte Xury mit allen drei Krügen an Land, um sie zu füllen. Diese Weiber waren ebenso wie die Männer splitternackt.

Nun war ich mit Wurzeln, Getreide und Wasser wohl versehen; also verließ ich meine freundlichen Neger und fuhr elf Tage lang immer geradeaus, ohne ans Ufer zu gehen, bis ich zu einem Punkt kam, wo sich das Land, in einer Entfernung von vier oder fünf Seemeilen vor mir, weit ins Meer hinaus erstreckte. Da das Meer ganz ruhig war, hielt ich mich weit draußen, um den Punkt zu umsegeln. Endlich, nachdem ich in einem Abstand von ungefähr zwei Meilen die Spitze umfahren hatte, sah ich deutlich auch auf der Seeseite Land, woraus ich schloss, dass jenes unfehlbar das Kap Verde und dieses daher die nach ihm so benannten Kapverdischen Inseln seien. Sie waren jedoch noch weit weg, und ich wusste nicht, was ich nunmehr tun sollte; wenn mich nämlich plötzlich ein starker Wind erfasste, so konnte ich leicht alle beide verfehlen.

In diesem Zwiespalt ging ich sehr nachdenklich in die Kabine und setzte mich hin, als Xury, den ich ans Ruder gestellt hatte, plötzlich aus vollem Hals schrie: »Herr, Herr! Ein Schiff mit ein Segel!« Der törichte Junge war außer sich vor Angst, weil er glaubte, das könnte nur ein Schiff unseres gewesenen Herrn sein, das uns verfolgte, obwohl ich doch wusste, dass die Mohren uns nicht mehr schaden konnten. Ich sprang aus der Kabine und sah augenblicklich nicht nur das Schiff, sondern auch, was für eines es war, nämlich ein portugiesisches, welches meiner Mutmaßung nach auf der Fahrt nach Guinea war, um Negersklaven zu holen. Als ich seinen Kurs jedoch näher betrachtete, merkte ich wohl, dass das nicht seine Absicht war und dass es keine Miene machte, sich der Küste zu nähern; darum hielt ich mit allen Kräften aufs offene Meer zu, damit ich, wenn das möglich wäre, mit ihnen sprechen könnte.

Aber ich sah bald, dass ich sie mit meiner ganzen Segelkraft nicht erreichen konnte, dass sie fort sein würden, ehe ich ihnen auch nur ein Zeichen geben konnte; nach äußerster und doch vergeblicher Anstrengung begann ich eben zu verzweifeln, da erblickten sie mich, so schien es, mithilfe ihrer Ferngläser, und sahen auch, dass es ein europäisches Boot war, das zu einem verunglückten Schiff gehören musste; also holten sie einige Segel ein und ließen mich aufholen. Ich fasste Mut, und da ich meines Patrons Flagge noch besaß, ließ ich sie zum Zeichen meiner Not in die Luft steigen, feuerte auch meine Flinte ab, was sie beides bemerkten, wobei sie mir nachher erzählten, dass sie zwar nicht den Schuss gehört, wohl aber den Rauch gesehen hatten. Auf diese Notzeichen hin waren sie menschlich genug, beizudrehen und auf mich zu warten, und nach etwa drei Stunden lag ich neben ihnen.

Sie fragten mich, wer ich sei, auf Portugiesisch, Spanisch und Französisch, aber ich verstand keine von den drei Sprachen; endlich fragte mich ein schottischer Matrose, der mit an Bord war, und ich antwortete ihm, ich sei ein Engländer und aus der Sklaverei bei den Mohren in Salé geflohen; darauf hießen sie mich an Bord kommen und nahmen mich und meine Habe freundlich auf.

Es war, wie sich jeder vorstellen kann, eine unaussprechliche Freude für mich, dergestalt aus einem, wie ich meinte, völlig elenden, ja fast hoffnungslosen Zustand wie dem vorigen erlöst zu sein; zum Dank für meine Errettung bot ich sogleich alles, was ich besaß, dem Kapitän des Schiffes. Doch der erwiderte mir großzügig, er werde nichts von mir annehmen, sondern alles, was ich besaß, sollte mir nach unserer Ankunft in Brasilien sicher ausgehändigt werden. »Denn«, so sagte er, »ich habe Euer Leben nur zu den Bedingungen gerettet, zu denen ich selber gerettet zu werden wünschte, und es kann eines Tages sehr wohl mein Schicksal sein, in den gleichen Umständen aufgelesen zu werden; außerdem«, fuhr er fort, »wenn ich Euch schon nach Brasilien bringe, so weit entfernt von Eurer Heimat, Ihr würdet verhungern, wenn ich Euch alles wegnähme, was Ihr noch habt; damit würde ich Euch das Leben, das ich gerettet habe, nur wieder nehmen. Nein, nein, *Seignior Inglese* (Herr Engländer)«, sagte er, »ich werde Euch umsonst dahin bringen, und was Ihr besitzt, soll Euch den Lebensunterhalt in Brasilien und die Heimreise gewinnen helfen.«

Der Kapitän war ebenso gütig in seinem Versprechen wie pünktlich in dessen Erfüllung; er untersagte den Matrosen, meine Sachen auch nur anzurühren; dann nahm er alles zu sich in Verwahrung und gab mir ein genaues Verzeichnis, damit ich alles, sogar meine drei irdenen Krüge, wieder zurückbekäme.

Was mein Boot betrifft, so bemerkte er gleich, dass es nicht schlecht war, er sagte mir, er würde es gern für das Schiff kaufen, und fragte mich, was ich dafür verlangte. Ich antwortete, er sei in jeder Hinsicht so großzügig zu mir gewesen, dass ich keinen Preis für das Boot nennen, sondern denselben gänzlich ihm überlassen wollte; darauf sagte er, er wollte es mir schriftlich geben, dass ich in Brasilien 80 spanische Goldstücke dafür erhalten sollte, und wenn dort jemand noch mehr dafür böte, wollte er mir den Rest noch draufzahlen. Überdies offerierte er 60 spanische Goldstücke für meinen Jungen, den Xury, die ich ungern annahm, nicht weil ich Xury dem Kapitän nicht gönnte, sondern weil es mir schwerfiel, des armen Jungen Freiheit zu verkaufen, wo er mir so treu geholfen hatte, meine eigene zu erringen. Als ich dem Kapitän meine Bedenken mitteilte, fand er sie nicht unbillig, schlug mir aber als Lösung einen Mittelweg vor, nämlich, sich dem Jungen zu verpflichten, ihn freizugeben, sobald er zehn Jahre bei ihm gedient habe und ein Christ geworden sei; zu diesen Bedingungen und weil Xury selber Lust zu der Sache hatte, überließ ich ihn denn dem Kapitän.

Wir hatten bis Brasilien eine sehr gute Fahrt und kamen rund zweiundzwanzig Tage danach in der *Baía de Todos os Santos* oder Allerheiligenbucht an. Und nun war ich wieder einmal aus den allerelendesten Umständen errettet und musste überlegen, was ich als Nächstes mit mir anfangen wollte.

Der großzügigen Behandlung, die mir der Kapitän zuteilwerden ließ, kann ich nicht oft genug gedenken: Er wollte für meine Passage keinen Heller, gab mir zwanzig Dukaten für das Leopardenfell, vierzig für das Löwenfell, das ich in meinem Boot gehabt hatte, er veranlasste, dass mein gesamter Besitz, den ich im Schiff gehabt hatte, mir pünktlich ausgehändigt wurde. Was ich verkaufen wollte, kaufte er, wie zum Beispiel die Flaschenkiste, zwei von meinen Flinten, ein Stück von dem Wachsklumpen (denn aus dem Rest hatte ich Kerzen gemacht), mit einem Wort, mein Hab und Gut brachte mir einen Erlös von 220 spanischen Goldstücken, und mit diesem Grundkapital ging ich in Brasilien an Land.

Ich war noch nicht lange dort, da empfahl mich der Kapitän an das Haus eines ebenso ehrlichen Mannes wie er selber, der ein *Ingenio*, wie sie es nannten, besaß, das heißt, eine Zuckerpflanzung nebst einer Zuckersiederei. Bei diesem Mann lebte ich einige Zeit und machte mich vertraut mit dem Pflanzen und Kochen des Zuckers; und da ich sah, wie gut die Zuckerpflanzer lebten und wie rasch sie reich wurden, beschloss ich, falls ich nur die Erlaubnis dazu bekäme, einer der Ihren zu werden und bis dahin herauszufinden, wie ich das Geld, das ich in London zurückgelassen hatte, hieherholen könnte. Zu diesem Zweck ließ ich mich durch eine Art Urkunde naturalisieren, erwarb so viel unbebautes Land, als mein Geldbeutel mir gestattete, und machte einen Voranschlag, wie ich das aus England zu erwartende Geld richtig bei der Pflanzung und Ansiedlung verwenden könnte.

Ich hatte einen Nachbarn, einen Portugiesen aus Lissabon, doch von englischen Eltern geboren, mit Namen Wells, der in ganz ähnlichen Verhältnissen war wie ich. Ich nenne ihn Nachbar, weil seine Pflanzung neben der meinen lag und weil wir gut miteinander auskamen. Mein Kapital war, wie auch seines, nur gering; und die ersten zwei Jahre lang pflanzten wir eigentlich nur fürs Essen. Langsam jedoch ging es bergauf mit uns, das Land brachte genügend Ertrag, dass wir im dritten Jahr bereits etwas Tabak anpflanzen konnten, auch richtete jeder von uns ein großes Stück Feld für das nächste Jahr zum Anbau von Zuckerrohr her. Aber beide brauchten wir dringend fremde Hilfe, und nun merkte ich erst deutlich, wie falsch es gewesen war, mich von Xury, meinem Jungen, zu trennen.

Aber ach, es war kein Wunder, dass ich, der ich immer alles falsch machte, auch hier nicht das Richtige getroffen hatte, mir blieb nichts übrig, als weiterzumachen; ich hatte mich auf eine Tätigkeit eingelassen, zu der ich wenig Anlage hatte, die der von mir geliebten Lebensart zuwiderlief. Nicht dafür hatte ich schließlich meines Vaters Haus verlassen und seinen guten Rat in den Wind geschlagen, ja, ich war auf dem besten Weg, in eben jenen Mittelstand oder in die obere Hälfte des niederen Standes einzutreten, wozu mir mein Vater so eindringlich geraten hatte, und wenn ich so weiterlebte, so hätte ich ebenso gut zu Hause bleiben können und mich nicht in der Welt herumzuschlagen brauchen, wie ich es getan hatte; oft pflegte ich zu mir selber zu sagen, dass ich alles das genauso gut unter meinen Freunden in England hätte tun können und mich zu solchem Zweck nicht 5000 Meilen weit weg begeben musste, zu Fremden und Wilden in die Wüste und in eine solche Entfernung von zu Hause, dass niemals auch nur die mindeste Kunde aus jenem Teil der Welt, wo man mich kannte, zu mir dringen konnte.

Solcherart betrachtete ich meine derzeitige Lage mit dem größten Bedauern. Ich hatte keinen Menschen, mit dem ich umgehen konnte, außer dann und wann meinen Nachbarn, keine andere Arbeit als die meiner Hände; ich verglich mich öfter mit einem Mann, der auf eine einsame Insel verschlagen war und dort keinen Menschen hatte als nur sich selber. Aber wie recht geschah mir, und wie sollten alle Menschen bedenken, wenn sie ihren gegenwärtigen Zustand mit einem anderen, ärgeren vergleichen, dass der Himmel sie vielleicht wirklich einmal in diesen anderen Zustand versetzen wird, sodass sie durch Erfahrung lernen, wie glücklich sie vorher hätten sein können – ich sage, wie recht geschah mir, dass das wahrhaft einsame Leben auf einer völlig verlassenen Insel mir vom Schicksal beschieden wurde, mir, der ich dieses Leben so oft und mit so wenig Berechtigung mit dem Leben verglich, das ich damals führte und das mich, wenn ich nur dabei geblieben wäre, aller Wahrscheinlichkeit nach zu großer Wohlhabenheit und großem Reichtum geführt hätte.

Ich hatte meine Pflanzung schon einigermaßen nach meinen Vorstellungen eingerichtet, ehe mein guter Freund, der Kapitän, der mich aus dem Meer aufgelesen hatte, wieder abreiste; das Schiff hatte nämlich mit dem Laden und Reisevorbereitungen an die drei Monate gebraucht. Als ich dem Kapitän von dem kleinen Kapital erzählte, das ich in London zurückgelassen hatte, gab er mir folgenden freundlichen und aufrichtigen Rat: »*Seignior Inglese*«, sagte er, denn so nannte er mich immer, »wenn Ihr mir Briefe mitgeben wollt und eine förmliche Vollmacht nebst Order an die Person, die Euer Geld in London verwahrt, sie solle nämlich Eure Barschaft nach Lissabon an von mir zu bestimmende Personen senden, und zwar in Form von Waren, wie sie in diesem Land gebraucht werden, so werde ich Euch den Erlös daraus, so Gott will, bei meiner Rückkehr überbringen. Weil aber alle menschlichen Dinge dem Wechsel und allerhand Unstern unterworfen sind, würde ich an Eurer Stelle die Order nur für hundert Pfund Sterling ausfertigen, was, wie Ihr sagt, die Hälfte Eures Kapitals ist. Kommt dieses glücklich an, so mögt Ihr den Rest auf dieselbe Weise nachkommen lassen; schlägt es fehl, so ist Euch doch noch die Hälfte des Kapitals geblieben.«

Das war ein so vernünftiger und allem Ansehen nach guter Rat, dass ich nicht anders als davon überzeugt sein konnte; also schrieb ich Briefe an die Dame, bei der ich mein Geld gelassen hatte, nebst einer Vollmacht für den Kapitän, wie er sie gewünscht hatte.

Ich gab der englischen Kapitänswitwe einen ausführlichen Bericht aller meiner Abenteuer, über Sklaverei, Flucht und wie ich den portugiesischen Kapitän auf See getroffen hatte, beschrieb ihr, wie gut er zu mir gewesen war und in welcher Lage ich mich zurzeit befand, nebst allen anderen nötigen Angaben wegen meines Geldes, das sie mir schicken sollte; und als mein ehrlicher Kapitän in Lissabon angekommen war, fand er Gelegenheit, über einige dort ansässige englische Kaufleute nicht nur die Order, sondern auch einen ausführlichen Bericht über mein Schicksal nach London an einen Kaufmann zu schicken, der alles richtig der Witwe hinterbrachte. Darauf händigte sie ihm das Geld aus und legte aus ihrer eigenen Tasche noch ein ansehnliches Geschenk für den Kapitän dazu, zum Dank für seine an mir erzeigte Menschlichkeit und Güte.

Der Londoner Kaufmann legte meine 100 Pfund in englischen Waren an, die der Kapitän ihm vorher bezeichnet hatte, und sandte sie ihm geradewegs nach Lissabon, und dieser brachte alles glücklich und unbeschädigt nach Brasilien. Ohne mein Zutun (denn ich war noch zu jung, um zu wissen, was mir mangelte) hatte der Kapitän auch noch allerhand Werkzeug, eiserne Geräte und anderen Hausrat schicken lassen, was ich alles auf meiner Pflanzung bestens verwenden konnte.

Als die Waren ankamen, hielt ich mein Glück für gemacht und war voll Freude; und mein guter Anwalt, der Kapitän, hatte außerdem die fünf Pfund, die meine Freundin ihm zum Geschenk gemacht hatte, dazu verwendet, einen Diener für mich auf sechs Jahre anzuwerben und mitzubringen, und wollte durchaus keine Entschädigung von mir annehmen außer ein wenig Tabak, den ich ihm aufdrängen konnte mit dem Hinweis, er stamme von meiner eigenen Pflanzung.

Das war noch nicht alles; da meine Waren alles englische Erzeugnisse waren, Tuche, Wollstoffe, schwere Wolldecken und andere besonders wertvolle und hier nicht leicht erhältliche Dinge, so fand ich Gelegenheit, sie äußerst vorteilhaft zu verkaufen; ich kann sagen, ich erzielte mehr als den vierfachen Wert der Ladung und war nun meinem armen Nachbarn, was die Zukunft meiner Pflanzung anbelangte, weit überlegen; als Erstes kaufte ich mir einen schwarzen Sklaven und mietete einen europäischen Diener noch dazu; ich meine, noch einen außer dem, den mir der Kapitän von Lissabon mitgebracht hatte.

Wie aber schlecht genutzter Reichtum nicht selten die Ursache größten Elends wird, so ging es auch mit mir. Im folgenden Jahr hatte ich von meiner Pflanzung große Einnahmen. Auf meinem eigenen Boden erntete ich 50 große Rollen Tabak, nicht gerechnet, was ich meinen Nachbarn für ihren

Bedarf überlassen hatte; und diese 50 Rollen, von denen jede über 112 Pfund wog, wurden gut gebeizt gelagert, bis die Flotte aus Lissabon zurück war. Da nun dergestalt mein Geschäft und mein Reichtum an Umfang zunahmen, füllte mein Kopf sich langsam mit Unternehmungen und Projekten, die über meine Verhältnisse gingen; wie das in der Tat häufig der Ruin guter Kaufleute ist.

Hätte ich mich mit meinen damaligen Verhältnissen zufriedengegeben, ich wäre sicher in den Genuss all jener Annehmlichkeiten gekommen, um derentwillen mir mein Vater so dringend ein ruhiges, zurückgezogenes Leben empfohlen und mir so verständig beschrieben hatte, wie der Mittelstand des Lebens voll von derlei Bequemlichkeiten sei. Aber andere Dinge warteten meiner, und es war mir bestimmt, der Schmied meines eigenen Unglücks zu werden, meine Schuld vor Gott zu vergrößern und die Reue über mich selber zu verdoppeln, wozu es mir in meinem künftigen Elend an Muße nicht fehlen sollte. Alle meine Verirrungen entsprangen der Hartnäckigkeit, mit der ich an meiner törichten Neigung, in der Welt umherzuschweifen, festhielt und ihr auch dort nachgab, wo sie den günstigsten Aussichten zuwiderlief, mir selber durch gerades und zielstrebiges Trachten nach jenen Lebensumständen und Prospekten, welche Natur und Vorsehung mir im Verein angeboten hatten, zu einem ehrlichen Wohlergehen zu verhelfen, wie es meine Pflicht gewesen wäre. Wie damals, als ich meinen Eltern davongelaufen war, konnte ich auch jetzt nicht still sitzen, sondern musste fort, und ich sagte meiner guten Zukunft als wohlhabender und erfolgreicher Pflanzer Ade, nur weil ich in maßloser Begierde schneller steigen wollte, als die Natur der Dinge es zuließ; und so stürzte ich mich selber wieder in den tiefsten Abgrund menschlichen Elends, in den je, ohne den letzten Rest Leben und Gesundheit einzubüßen, ein Mensch gefallen ist.

Um denn in der gehörigen Reihenfolge zu den Einzelheiten dieses Teils meiner Geschichte zu kommen, so kann der Leser sich denken, dass ich jetzt, nach fast vier Jahren, die ich in Brasilien gelebt hatte und in denen ich ein erfolgreicher Pflanzer geworden war, nicht nur die Sprache gelernt, sondern sowohl unter den mir benachbarten Pflanzern als auch unter den Kaufleuten von St. Salvador, unserem Hafen, viele Freunde und Bekannte gefunden hatte. In manchem Gespräch hatte ich ihnen von meinen zwei Reisen an die Küste von Guinea erzählt, vom Handel mit den Schwarzen, und wie leicht es sei, an dieser Küste im Tausch gegen Kleinigkeiten wie Glasperlen, Spielzeug, Messer, Scheren, Beile, Glasstücke und dergleichen nicht nur Goldstaub, guineisches Getreide, Elefantenzähne usw. einzuhandeln, sondern auch viele Neger zur Sklavenarbeit in Brasilien. Sie hörten meinen Erzählungen über diese Dinge immer sehr aufmerksam zu, besonders wenn ich über den Handel mit Negern sprach, welcher Handel damals noch nicht weit gediehen und außerdem nur mit Assientos, das sind besondere Genehmigungen der Könige von Spanien und Portugal, ausgeübt werden durfte und von ihnen besteuert wurde, sodass die wenigen Neger, die überhaupt herüberkamen, außerordentlich teuer waren.

Als ich einmal in Gesellschaft einiger Kaufleute und Pflanzer aus meiner Bekanntschaft sehr angelegentlich über diese Dinge gesprochen hatte, besuchten mich drei von ihnen am nächsten Morgen und sagten, sie hätten gründlich über meine Worte von gestern Abend nachgedacht und kämen nun zu mir, um mir im Geheimen einen Vorschlag zu machen; nachdem ich ihnen Stillschweigen gelobt hatte, erklärten sie mir ihre Absicht, ein Schiff nach Guinea auszurüsten; sie alle hätten Pflanzungen wie ich, und an nichts fehle es ihnen so sehr als an Sklaven. Wie die Dinge lagen, konnte man daraus keinen eigentlichen Handel machen, da man die Neger ja nicht öffentlich verkaufen durfte; sie wollten also nur eine einzige Reise für ihren Bedarf machen, um die Neger insgeheim hierherzubringen und sie dann auf ihren eigenen Pflanzungen unterzubringen; mit einem Wort: Die Frage war, ob ich als ihr Beauftragter mit dem Schiff nach Guinea fahren und dort den Kauf in die Wege leiten wollte. Mir selber boten sie einen dem ihren entsprechenden Anteil an den Negern, ohne dass ich einen Teil zum Kapital beizusteuern brauchte.

Das wäre zugegebenermaßen ein gutes Angebot gewesen für jemand, der sich nicht um eine eigene Niederlassung und Pflanzung hätte kümmern müssen, die sich blühend entwickelte und auf der ein ansehnliches Kapital lag. Aber ich, der ich nur dabeibleiben, der ich nur drei oder vier Jahre auf diese Art weitermachen, mir die anderen 100 Pfund von England schicken lassen musste, sodass ich es mit dieser kleinen Zugabe nach einiger Zeit gewiss auf drei- oder viertausend Pfund Sterling gebracht hätte, und auch das wäre noch gewachsen – für mich bedeutete der Gedanke an eine solche Reise das Allerverkehrteste, was ein Mann in solchen Umständen sich überhaupt einfallen lassen kann.

Aber ich, dazu geboren, um mich selber ins Verderben zu bringen, ich konnte diesem Angebot ebenso wenig widerstehen, wie ich einst meine abenteuerlichen Reisepläne hatte aufgeben können, als meines Vaters guter Rat an mir verloren war. Kurz, ich sagte ihnen, ich ginge von Herzen gern, wenn sie es nur übernehmen wollten, sich in meiner Abwesenheit um meine Pflanzung zu kümmern und sie, sollte mir etwas zustoßen, meinem Willen gemäß zu verwalten. Das versprachen sie und verpflichteten sich schriftlich und unter Eid dazu, und ich machte ein förmliches Testament, in dem ich meine Pflanzung und meine gesamte bewegliche Habe im Fall meines Todes dem Schiffskapitän vermachte, der mir das Leben gerettet hatte, mit der Bedingung, dass er damit wie angegeben verfahre, nämlich die eine Hälfte des Ertrags als sein Eigentum betrachte, die andere aber nach England verschiffe.

Kurz, ich traf alle erdenklichen Maßnahmen, um meinen Besitz zu sichern und meine Pflanzung zu erhalten; hätte ich nur halb so viel Vorsicht auf mein eigenes Schicksal verwandt, hätte ich mir klargemacht, was ich tun sollte und was nicht, ich hätte gewiss einem so wohl prosperierenden Eigentum, einer so vielversprechenden Zukunft nicht wegen einer ungewissen Seereise mit allen ihren Gefahren den Rücken gekehrt, ganz abgesehen davon, dass ich wohl Grund hatte, um für mich im Besonderen Unglück zu erwarten.

Aber es trieb mich vorwärts, blindlings folgte ich einer Grille mehr als meiner Vernunft; als nun das Schiff gemäß der Verabredung ausgerüstet, die Ladung an Bord gebracht und alles bereit war, ging ich in einer abermals unglücklichen Stunde an Bord: es war der 1. September 1659, der achte Jahrestag meines ersten Aufbruchs, als ich Vater und Mutter verlassen hatte als ein Aufsässiger gegen sie und ein Narr gegen mich selber.

Unser Schiff hatte etwa 120 Tonnen Fracht, 6 Kanonen und 14 Mann, nicht gerechnet den Kapitän, seinen Jungen und mich. Wir führten keine großen Güter mit uns, sondern nur Kleinkram für den Handel mit den Negern, wie Glasperlen, Glasstücke, Muscheln und ähnlichen Krimskrams, kleine Spiegel, Messer, Scheren, Beile und dergleichen.

Am gleichen Tag, da ich an Bord ging, setzten wir noch die Segel und steuerten die Küste entlang in nördlicher Richtung, mit der Absicht, bei 10 oder 12 Grad nördlicher Breite Afrika anzupeilen, was damals wohl der übliche Kurs war. Das Wetter war sehr gut, nur ungewöhnlich heiß, solange wir unserer Küste entlangfuhren, bis wir schließlich auf die Höhe von Kap St. Augustino kamen, von wo wir Kurs aufs offene Meer nahmen und das Land aus den Augen verloren. Wir hielten zuerst auf die Insel Fernando de Noronha zu, Kurs Nordost zu Ost, und ließen diese östlich liegen. Auf diesem Kurs passierten wir nach etwa zwölf Tagen den Äquator; unsere letzte Standortberechnung zeigte uns auf 7 Grad 22 Minuten nördlicher Breite, als uns plötzlich ein heftiger Tornado oder Hurrikan völlig aus der Richtung brachte. Er begann aus Südosten, sprang um nach Nordwesten und setzte sich dann in Nordost fest, von wo er mit so furchtbarer Wut blies, dass wir zwölf Tage lang nichts anderes tun konnten, als uns, immer vor ihm weglaufend, treiben zu lassen, wohin es dem Schicksal und der Wut der Winde beliebte; ich brauche wohl nicht zu sagen, dass ich in diesen Tagen stündlich damit rechnete, von der See verschlungen zu werden; und es hoffte auch kein anderer auf dem Schiff, mit dem Leben davonzukommen.

In dieser Not starb zu all dem Schrecken des Sturms noch einer von unseren Leuten am hitzigen Fieber, und einen anderen samt dem Jungen spülten die Wellen über Bord. Gegen den zwölften Tag wurde das Wetter ein wenig ruhiger, der Kapitän machte, so gut es ging, eine Berechnung und fand, dass wir auf etwa 11 Grad nördlicher Breite, aber 22 Längengrade weiter westlich vom Kap St. Augustino standen. Seiner Rechnung nach waren wir also auf die Küste von Guayana oder Nordbrasilien zugetrieben, über den Amazonenfluss hinaus gegen den Orinoko, der gemeinhin nur der Große Strom genannt wird; der Kapitän beriet nun mit mir, welchen Kurs wir nehmen sollten, denn das Schiff war leck und übel zugerichtet, und er wollte geradewegs zurück nach Brasilien segeln.

Ich war durchaus dagegen; wir studierten zusammen die Karten der amerikanischen Küste und kamen zu dem Schluss, es sei hier kein bewohntes Land vorhanden, zu dem wir Zuflucht nehmen könnten, ehe wir nicht in den Kreis der Karibischen Inseln kämen. Also hielten wir Kurs auf Barbados, was wir, wenn wir in die offene See hinaussteuerten und die Enge der Bay oder des Golfs von Mexiko vermieden, in fünfzehn Tagen, so hofften wir, leicht erreichen konnten; hingegen war es weder uns noch dem Schiff möglich, ohne einigen Beistand uns direkt auf den Weg nach Afrika zu machen. Wir änderten also unseren Kurs und steuerten Nordwest zu West, um so eine unserer englischen Inseln zu erreichen und dort Hilfe zu finden. Aber es war uns anders bestimmt, denn unter 12 Grad 18 Minuten nördlicher Breite überfiel uns ein neuer Sturm, der uns mit solcher Gewalt westwärts jagte und uns von allen gewohnten Handelswegen der Menschen so weit abtrieb, dass wir auch im Falle unserer Rettung aus der Seenot eher Aussicht gehabt hätten, von den Wilden gefressen zu werden, als jemals wieder in unser eigenes Land zurückzugelangen.

In dieser Not, der Wind blies immer mit unverminderter Heftigkeit, rief am frühen Morgen einer unserer Männer plötzlich: »Land!« Kaum waren wir alle, in der Hoffnung zu sehen, wo wir denn in Gottes Namen wären, aus den Kajüten gestürzt, da fuhr das Schiff auf eine Sandbank auf, und weil seine Fahrt so jählings gehemmt wurde, stürzte die See mit einer Gewalt darüber her, dass wir meinten, es sei um uns geschehen, und uns augenblicklich unter Deck verkrochen, um nur vor dem Schaum und der Gischt Schutz zu suchen.

Wer niemals selber in Seenot gewesen ist, kann die Bestürzung der Menschen in einer solchen Lage weder beschreiben noch sich vorstellen; wir wussten nicht, wo wir uns befanden, auf welches Land es uns verschlagen hatte, ob es eine Insel oder das Festland war, bewohnt oder unbewohnt; und da die Wut des Sturms immer noch anhielt, wenn auch nun ein wenig verringert, konnten wir nicht hoffen, dass das Schiff, ohne in Stücke zu bersten, sich länger als ein paar Minuten halten würde, wofern nicht der Wind durch ein Wunder noch umgesprungen wäre. Wir saßen also da, sahen einander an und warteten jeden Augenblick auf den Tod, ein jeder bereitete sich auf seine Art auf die andere Welt vor; denn mehr konnten wir in unserer Lage nicht mehr tun, wo es unser einziger Trost blieb, dass gegen alle Erwartung das Schiff noch nicht geborsten war und dass, wie der Kapitän sagte, der Wind nachzulassen begann.

Obschon wir zu bemerken meinten, dass der Wind ein wenig abzuflauen beginne, schwebten wir doch, weil das Schiff in den Sand gestoßen war und so fest darin saß, dass wir es nicht wieder flottmachen konnten, in einer erbärmlichen Lage, und wir konnten nichts anderes tun, als unser Leben zu retten versuchen, so gut es ging. Gerade vor dem Sturm hatten wir ein Boot am Heck ausgesetzt, aber das war erst durch häufiges Stoßen gegen das Steuerruder leck geworden, dann hatte es sich losgerissen und war entweder gesunken oder aufs offene Meer getrieben, sodass wir nicht mehr darauf zählen konnten; wir hatten wohl noch ein anderes Boot an Bord, aber wie konnte man es ins Wasser bringen? Allein, da half kein Disputieren, das Schiff musste jeden Augenblick in Stücke gehen, ja einige behaupteten, es sei schon geborsten.

In dieser Not packte unser Steuermann das Boot, mithilfe der anderen Männer brachte er es über Bord, wir fielen alle hinein, elf Mann im Ganzen, und gaben uns in Gottes Hand und in die Gewalt der wilden See; der Sturm hatte zwar ziemlich nachgelassen, aber die See brandete furchtbar hoch über das Ufer und machte dem Beinamen »der wild Zee«, wie die Holländer sagen, alle Ehre.

Unsere Lage war jetzt völlig verzweifelt, denn wir alle sahen, dass die See zu hoch ging, als dass unser Boot standhalten konnte, und dass wir daher unfehlbar ertrinken müssten. Segel konnten wir nicht setzen, denn erstens hatten wir keine, und selbst wenn wir zweitens welche gehabt hätten, so hätten wir doch nichts damit anfangen können; so ruderten wir auf das Land zu, schweren Herzens, als ginge es zu unserer Hinrichtung; wussten wir doch alle, dass das Boot, sobald es sich dem Ufer näherte, von der Brandung in tausend Stücke zerschmettert würde. Wir empfahlen unsere Seelen inbrünstig dem gnädigen Gott, und als der Wind uns zum Ufer trieb, beschleunigten wir mit eigenen Händen unseren Untergang, indem wir aus Leibeskräften ruderten.

Wir wussten nicht, war das Ufer felsig oder sandig, steil oder flach; der einzige Schatten von Hoffnung, den wir vernünftigerweise noch haben konnten, war, dass wir vielleicht in eine Bucht oder Flussmündung geraten und unser Boot mit viel Glück da hineintreiben könnten, sodass wir unter dem Wind an Land und vielleicht in ruhiges Wasser kämen. Aber als wir näher und näher ruderten, kam nichts dergleichen zum Vorschein, sondern was wir vom Land erblickten, war noch fürchterlicher als das Meer.

Nachdem wir unserer Berechnung nach etwa eineinhalb Seemeilen gerudert oder vielmehr getrieben waren, kam eine rasende, berghohe Welle von hinten über uns her und verhieß uns nichts Besseres als den sicheren Gnadenstoß. Mit einem Wort, sie erfasste uns mit solcher Gewalt, dass das Boot sofort umschlug, und ließ uns, die wir gleichzeitig vom Boot und auch voneinander getrennt wurden, kaum genug Atem, »O Gott!« zu rufen, sondern in einem Augenblick wurden wir alle vom Meer verschlungen.

Nichts kann die Verwirrung meiner Gedanken in dem Augenblick beschreiben, als ich fühlte, dass ich unterging; denn obgleich ich ein guter Schwimmer war, konnte ich mich doch nicht genügend lange aus dem Wasserschwall befreien, um Atem zu holen, bis die Welle, die mich eine gute Strecke ans Ufer getrieben oder eher geworfen hatte, sich verzehrt hatte und zurückflutete. Fast trocken, dazu aber halbtot wegen des vielen Meerwassers, das ich geschluckt hatte, lag ich am Strand. Immerhin hatte ich noch genug Geistesgegenwart und auch Atem, dass ich, nun dem Festland näher als erwartet, rasch auf die Beine kam und mich bemühte, so schnell als möglich ans Land zu gelangen, bevor die nächste Welle kam und mich zurückriss. Aber ich erkannte bald, dass ich dem nicht entgehen konnte; denn hoch wie ein großer Hügel sah ich die See hinter mir herkommen, ein wütender Feind, dem zu wehren ich weder Mittel noch Kräfte hatte; ich konnte nur den Atem anhalten, nach Möglichkeit obenauf bleiben und mich, so gut es ging, aufs Land zu halten. Meine größte Sorge war, dass die See, die mich beim Anlaufen weit auf das Ufer zu trüge, beim Zurücklaufen mich nicht mit sich fortriss.

Die Welle, die jetzt über mich kam, begrub mich sofort 20 bis 30 Fuß tief in sich, und ich fühlte, dass ich mit großer Kraft und Geschwindigkeit eine sehr weite Strecke landeinwärts getrieben wurde; ich hielt den Atem an und bemühte mich nach besten Kräften, noch weiter vorwärtszukommen. Eben, als ich vor Atemhalten am Bersten war, fühlte ich zu meiner großen

Erleichterung, dass ich in die Höhe kam und Kopf und Hände schon aus dem Wasser waren; und ob ich mich gleich kaum zwei Sekunden so halten konnte, half es mir doch sehr und gab mir Atem und neuen Mut. Wieder wurde ich eine gute Weile im Wasser begraben, aber nicht allzu lange, sodass ich's aushielt; und sobald ich spürte, dass die Wasser sich verlaufen hatten und zurückzufluten begannen, stemmte ich mich mit aller Macht gegen die rückflutende Woge und fühlte wieder Grund unter den Füßen. Ich blieb ein paar Augenblicke reglos, um Luft zu schnappen und das Wasser von mir ablaufen zu lassen, dann gab ich Fersengeld und lief mit aller Kraft, die ich noch hatte, weiter landeinwärts. Allein auch dies rettete mich nicht vor dem Grimm der rasenden See, die sich von Neuem auf mich stürzte und mich noch zweimal erfasste und mit sich riss wie vorher, da der Strand an dieser Stelle sehr flach war.

Beim letzten Mal wäre es beinahe um mich geschehen gewesen; denn die See, die mich herumwirbelte wie zuvor, trieb oder vielmehr schleuderte mich mit solcher Gewalt gegen eine Klippe, dass ich bewusst- und hilflos liegen blieb. Ich hatte einen so heftigen Stoß gegen Brust und Seite erhalten, dass mir der Atem gleichsam zum Hals herausfuhr; und wäre die Flut gleich wiedergekommen, ich wäre unfehlbar im Wasser erstickt. Aber kurz vor der Rückkehr der Wellen kam ich ein wenig zu mir, und als ich sah, dass ich wieder überrollt werden sollte, beschloss ich, mich an ein Stück des Felsens ganz fest anzuklammern und, wenn möglich, meinen Atem anzuhalten, bis die Welle wieder zurückging; da aber die Wellen hier in der Nähe des Ufers nicht mehr gar so hoch waren wie zuerst, konnte ich meinen Halt bewahren, bis der erste Anprall vorbei war, und wagte dann den nächsten Lauf, der mich so nah ans Ufer brachte, dass die nächste Welle, ob sie gleich über mir zusammenschlug, mich doch nicht fortzuspülen vermochte, und der nächste Lauf brachte mich endlich ans feste Land, wo ich mit großer Freude die Strandhügel hinaufkletterte und mich ins Gras setzte, endlich der Gefahr und dem Zugriff des Wassers entzogen.

So war ich jetzt wohlbehalten und sicher an Land und blickte zum Himmel empor und dankte Gott, dass er mein Leben, das noch vor wenigen Minuten verloren schien, gerettet hatte. Ich glaube, es ist unmöglich, getreu nach dem Leben Entzücken und Jubel der Seele zu beschreiben, wenn sie, so kann ich wohl sagen, aus dem Grab zurückgeholt worden ist; und ich wundere mich heute nicht mehr über den Brauch, einem armen Sünder, der mit dem Strick um den Hals schon auf der Leiter steht und eben hinuntergestoßen werden soll, aber plötzlich begnadigt wird – ich sage, ich wundere mich nicht, dass man ihm alsdann durch einen Barbier im gleichen Augenblick, da er die Nachricht erfährt, die Adern öffnen lässt, damit der Schreck ihm nicht die Lebensgeister aus dem Herz treibt und ihn überwältigt; denn wie das Sprichwort sagt: »Jähe Freude trifft zuerst, als wär's ein Schmerz.« Ich ging am Strand auf und ab, meine Hände und, ich kann wohl sagen, mein ganzes Selbst emporgehoben, gänzlich aufgegangen in der Betrachtung meiner Errettung. Ich machte tausenderlei Gebärden und Bewegungen, die ich nicht beschreiben kann, ich betrachtete das Los meiner Kameraden, die alle ertrunken waren, und wie außer mir keine lebende Seele gerettet war; denn was meine Kameraden anbelangt, so sah ich auch später keine Spur mehr von ihnen, ausgenommen drei Hüte, eine Mütze und zwei ungleiche Schuhe.

Als ich meine Augen auf das gestrandete Schiff richtete, gingen Gischt und Brandung so hoch, dass ich es kaum sehen konnte, es war so weit weg, dass ich dachte: O Gott, wie bin ich nur glücklich hierhergekommen?

Nachdem ich mein Gemüt so durch Betrachtung der annehmlichen Seite meines Zustands getröstet hatte, blickte ich in die Runde, um zu sehen, wie der Ort beschaffen war, an den ich verschlagen worden, und was ich als Nächstes anfangen sollte. Aber da schwand mein Mut gleich wieder, und ich bemerkte wohl, dass dies, mit einem Wort, eine furchtbare Errettung sei; denn ich war nass, hatte keine trockenen Kleider, nichts zu essen oder zu trinken, um mich daran zu laben, noch hatte ich andere und bessere Aussichten, als hungers zu sterben oder von wilden Tieren verschlungen zu werden; besonders beunruhigte mich, dass ich keinerlei Waffe hatte, weder um Wildbret für meine Notdurft zu jagen und zu erlegen, noch um mich gegen andere Tiere zu verteidigen, die mich vielleicht ihrerseits zur Stillung ihrer Notdurft töten wollten. Mit einem Wort, ich hatte nichts als ein Messer, eine Tabakspfeife und etwas Tabak in einer Dose; das war mein ganzer Vorrat. Darüber geriet ich in solche Verzweiflung, dass ich eine Weile lang herumlief wie ein Wahnsinniger. Als die Nacht hereinbrach, wurde mir das Herz vollends schwer bei der Vorstellung, wie mir's wohl gehen würde, wenn etwa Raubtiere hier heimisch wären, die ja immer des Nachts auf Beute auszugehen pflegen.

Mir fiel nichts Besseres ein, als auf einen dicht bewachsenen, tannenähnlichen, aber dornigen Baum zu klettern, der nicht weit von mir entfernt stand, und ich beschloss, die Nacht da oben zu verbringen und erst am Morgen mir weiter auszumalen, was für eines Todes ich wohl sterben würde, denn am Leben zu bleiben, hatte ich keine Hoffnung. Vorher ging ich noch etwa eine Achtelmeile landeinwärts und suchte nach frischem Wasser; zu meiner großen Freude fand ich auch welches, und nachdem ich getrunken und gegen den Hunger etwas Tabak in den Mund gesteckt hatte, kehrte ich zum Baum zurück, stieg hinauf und versuchte, mich oben so einzurichten, dass ich im Schlaf nicht herunterfallen würde. Dann schnitt ich mir noch einen kurzen Stock, wie ein Prügel, zu meiner Verteidigung ab, bezog mein Nest und fiel, da ich sehr müde war, sofort in tiefen Schlaf und schlief so gut, wie schwerlich ein anderer in meiner Lage hätte schlafen können, und war am nächsten Morgen so erquickt, wie ich meiner Erinnerung nach nur jemals bei einer solchen Gelegenheit gewesen war.

Als ich erwachte, war es heller Tag, das Wetter schön, der Sturm beruhigt, sodass die See nicht mehr tobte und brauste wie gestern. Was mich aber am meisten wunderte, war, dass das Schiff in der Nacht von seinem vorigen Platz im Sand von der Flut aufgehoben und fast bis an den schon erwähnten Felsen, an dem ich mich beim Aufprall so sehr zerschunden hatte, heraufgetrieben worden war. Da es nun nur mehr etwa eine englische Meile von meinem Ufer entfernt war und noch immer aufrecht zu liegen schien, wäre ich gern an Bord gegangen, damit ich wenigstens etliche für mich nötige Dinge daraus bergen könnte.

Als ich von meiner Schlafstelle auf dem Baum heruntergeklettert war, blickte ich wieder um mich, und das Erste, was mir auffiel, war das Boot, das so lag, wie Wind und See es an Land geworfen hatten, und zwar etwa zwei Meilen zur rechten Hand. Ich ging den Strand entlang, so weit ich konnte, auf das Boot zu, stieß aber auf einen Wasserarm oder eine Wasserzunge, die, etwa eine halbe Meile breit, zwischen mir und dem Boot lag; ich kehrte also für diesmal wieder um, da mir mehr daran lag, auf das Schiff zu kommen und dort etwas für meinen Unterhalt zu finden.

Am frühen Nachmittag war die See ganz ruhig und Ebbe bis weit hinaus, sodass ich bis auf eine Viertelmeile an das Schiff herankommen konnte; und hier ergriff mich der Schmerz von Neuem, denn ich sah deutlich, dass wir, wären wir nur an Bord geblieben, alle geborgen gewesen, das heißt alle sicher an Land gekommen wären und dass ich dann nicht so unglücklich geworden wäre, abgeschnitten von allen Hilfsmitteln und allem menschlichen Umgang, wie ich es jetzt war. Darüber kamen mir wieder die Tränen in die Augen, aber weil mir damit wenig geholfen war, beschloss ich, wenn irgend möglich, auf das Schiff zu gelangen; ich zog also meine Kleider aus, zumal das Wetter entsetzlich heiß war, und ging ins Wasser. Als ich endlich bei dem Schiff angekommen war, ergab sich die noch größere Schwierigkeit, wie ich an Bord kommen sollte, denn das Schiff lag fest auf Grund und ragte hoch aus dem Wasser, und ich fand in Reichweite nirgends einen Halt. Ich schwamm zweimal rund herum, und beim zweiten Mal gewahrte ich ein dünnes Ende Tau, von dem es mich wunderte, dass ich es nicht schon zu Anfang entdeckt hatte, so tief von den Bugketten herunterhängen, dass ich es, wenn auch mit großer Mühe, zu fassen bekam und mit seiner Hilfe auf die Vorderback hinaufgelangte. Hier fand ich, dass das Schiff leck war, es hatte eine Menge Wasser unten im Laderaum und lag an einer Bank von hartem Sand oder vielmehr von hartem Erdreich, sodass das Heck hoch über das Wasser ragte, der Bug aber fast im Wasser lag, daher war das Achterdeck frei und trocken mit allem, was darauf war. Man kann sich denken, dass ich als Erstes forschte und nachsah, was verdorben und was noch gut war; ich fand gleich, dass der ganze Vorrat des Schiffes trocken und vom Wasser unberührt geblieben war, und da es mir an Appetit nicht fehlte, ging ich in die Brotkammer, stopfte meine Taschen voll Zwieback und aß im Weiterstöbern, denn ich durfte keine Zeit verlieren. Außerdem fand ich in der großen Kabine noch etwas Rum, und ich tat einen guten Zug, hatte auch wirklich eine Stärkung nötig für das, was mir noch bevorstand. Jetzt fehlte mir nichts mehr als ein Boot, um mich mit allerhand Sachen auszurüsten, die ich, meiner Voraussicht nach, notwendig brauchen würde.

Nun, es nutzte nichts, einfach still zu sitzen und sich etwas zu wünschen. Aber Not macht erfinderisch. Wir hatten einige Segelstangen auf Vorrat, dazu zwei oder drei dicke, hölzerne Sparren sowie ein oder zwei Ersatztopmasten; diese beschloss ich jetzt zu verwenden, warf so viele über Bord, als ich bei ihrem Gewicht nur heben konnte, und band sie, jedes einzeln, mit Tauen fest, damit sie mir nicht wegtrieben; danach kletterte ich von Bord, zog sie zu mir her, band dann vier davon an beiden Enden in der Form eines Floßes so fest aneinander, als ich nur konnte, und legte zwei oder drei kurze Planken kreuzweise darüber. Nun konnte ich zwar bequem darauf gehen, doch war das Floß noch zu leicht, um auch größere Gewichte zu tragen; also machte ich mich abermals ans Werk, sägte mit der Zimmermannssäge einen Topmast in drei gleiche Teile und befestigte diese an dem Floß. Das kostete mich freilich viel Schweiß und harte Arbeit; allein die Hoffnung, mich mit dem nötigsten Bedarf ausrüsten zu können, verlieh mir eine Kraft und eine Stärke, wie ich sie sonst nicht gehabt hätte.

Mein Floß war schließlich stark genug, um jede vernünftige Last aushalten zu können. So war es meine nächste Sorge, was ich als Nutzlast verladen sollte und wie ich meine Ladung davor bewahren konnte, ins Salzwasser getaucht zu werden. Ich zerbrach mir nicht lange den Kopf und schichtete zuerst einmal alle Planken und Bretter, deren ich habhaft werden konnte, auf mein Floß. Dann nahm ich die drei Matrosenkisten, die ich erbrochen und ausgeleert hatte, und ließ sie auf das Floß hinunter. In sie wollte ich alles stecken, was nach meiner Überlegung mir am nötigsten war: Die erste füllte ich mit Proviant, und zwar mit Brot, Reis, drei Stücken holländischem Käse, fünf Stücken von getrocknetem Ziegenfleisch, von dem wir oftmals gegessen hatten, und schließlich auch mit einem Rest von europäischem Getreide, das wir als Futter für unsere jetzt umgekommenen Hühner mitgenommen hatten. Es war ein Gemisch von Gerste und Weizen, und später an Land entdeckte ich zu meiner großen Enttäuschung, dass die Ratten alles gefressen oder verdorben hatten. An Getränken fand ich einige Kisten mit Flaschen aus dem Besitz unseres Kapitäns, und darin ein wenig Likör und, alles in allem, fünf oder sechs Gallonen Arrak; diese stellte ich einfach für sich aufs Floß, es war weder nötig, sie in die Kisten zu geben, noch gab es Platz genug dafür. Während ich so beschäftigt war, begann die Flut zu steigen, wenn auch nur langsam, und ich musste zu meinem großen Ärger mit ansehen, wie Rock, Hemd und Weste, die ich im Sand am Ufer zurückgelassen hatte, mir davonschwammen; ich war nur in meinen kurzen, über dem Knie offenen Leinenhosen und in Strümpfen an Bord geschwommen. Diese Entdeckung brachte mich darauf, nach Kleidern zu suchen, ich fand auch genug, nahm aber nur, was ich jetzt brauchen konnte, denn ich hatte noch andere, wichtigere Dinge im Auge: vor allem Werkzeug für die Arbeit an Land. Nach langem Suchen fand ich die Kiste des Schiffszimmermanns, damals in der Tat eine nützliche Beute und für mich wertvoller als eine ganze Schiffsladung voll Gold; ich senkte sie, wie sie war, auf das Floß hinab und verlor keine Zeit damit, sie zu öffnen, denn ich wusste ungefähr, was sie enthielt.

Als Nächstes kümmerte ich mich um Waffen und Munition. In der großen Kabine hingen zwei sehr gute Vogelflinten und zwei Pistolen; diese sicherte ich mir zuerst, samt einigen Pulverhörnern, einem kleinen Sack mit Bleikugeln und zwei alten rostigen Schwertern. Ich wusste, dass drei Fässer mit Pulver auf dem Schiff waren, aber nicht, wo unser Stückmeister sie untergebracht hatte. Nach längerem Suchen fanden jedoch auch sie sich, zwei waren trocken und gut, das dritte war nass geworden. Die beiden guten ließ ich samt den Waffen aufs Floß hinunter. Nun schien mir, ich hätte genug geladen, und ich überlegte, wie ich ohne Segel, Ruder oder Steuer an die Küste käme, wo doch eine Handvoll Wind meine ganze Steuerkunst umblasen musste.

Dreierlei gab mir Mut: erstens eine glatte, ruhige See; zweitens die nach dem Ufer auflaufende Flut; und drittens, dass der schwache Wind mich zum Strand hinwehte. So stach ich, nachdem ich noch zwei oder drei zerbrochene Ruder gefunden hatte, die zu dem Boot gehörten, und außer den Werkzeugen in der Kiste noch zwei Sägen, eine Axt und einen Hammer, mit meiner Fracht in See. Etwa eine halbe Meile weit schwamm mein Floß vortrefflich, nur dass es nicht gerade auf die Stelle zuhielt, wo ich zuvor gelandet war, sodass ich eine Strömung vermutete und folglich hoffte, eine Bucht oder einen Fluss hier zu finden, den ich als Hafen benutzen konnte, um dort mit meiner Ladung an Land zu gehen.

Es war, wie ich dachte; eine kleine Bucht tauchte vor mir auf, ich merkte, dass eine kräftige Strömung mit der Flut hineindrängte, und so steuerte ich mein Floß so gut als möglich in der Mitte der Strömung. Allein hier hätte ich fast einen zweiten Schiffbruch erlitten, worüber mir das Herz wohl gebrochen wäre; denn da ich die Küste gar nicht kannte, lief mein Floß mit einem Ende auf eine Sandbank auf, und weil das andere Ende keinen Grund hatte, fehlte nicht viel, und meine ganze Fracht wäre auf das Ende, das noch flott war, hingerutscht und ins Wasser gefallen. Ich tat mein Äußerstes, die Kisten festzuhalten, indem ich mich mit dem Rücken gegen sie stemmte, konnte aber mit meiner ganzen Kraft das Floß nicht flottmachen, noch durfte ich es wagen, meine Stellung zu verändern. Also hielt ich die Kisten mit aller Macht und stand auf diese Art fast eine halbe Stunde, bis langsam die Flut immer höher stieg und die beiden Enden meines Floßes auf gleiche Höhe brachte; und ein wenig später, das Wasser stieg noch immer, war mein Floß wieder flott. Ich stieß es mit dem Ruder in die schiffbare Flussmitte, trieb weiter hinauf und fand mich schließlich in der Mündung eines kleinen Flusses, mit Land zu beiden Seiten, und einer starken, flussaufwärts treibenden Strömung. Ich suchte die beiden Ufer nach einem geeigneten Landeplatz ab, denn ich wollte nicht zu weit den Fluss hinauffahren, hoffte ich doch, mit der Zeit ein Schiff auf dem Meer zu entdecken, und wollte deshalb lieber möglichst nahe an der Küste bleiben.

Endlich erspähte ich eine kleine Bucht, am rechten Ufer des Flusses, wo ich mein Floß mit großer Mühe und Beschwerlichkeit hinleitete und der ich schließlich so nahe kam, dass ich mit meinem Ruder den Grund erreichen und das Floß gerade hineinstoßen konnte. Allein hier wäre meine ganze Ladung fast wieder ins Wasser gefallen, denn da das Ufer steil, das heißt abschüssig war, sah ich keine Stelle, wo ich hätte landen können, ohne dass das Floß mit dem vorderen Ende aufgelaufen und mit dem anderen so tief ins Wasser gesunken wäre, dass meine Fracht wieder in Gefahr gekommen wäre. Ich konnte also nichts tun, als abzuwarten, bis die Flut am höchsten stand, und inzwischen das Floß mit dem Ruder als Anker nahe am Ufer zu halten, nahe bei einer flachen Stelle, von der ich hoffte, dass das Wasser sie bald überschwemmen würde; und das tat es auch. Sobald das Wasser hoch genug gestiegen war (denn mein Floß hatte etwa einen Fuß Tiefgang), stieß ich es auf diese flache Stelle und machte es dort fest, indem ich meine beiden zerbrochenen Ruder in den Grund bohrte, und zwar das eine an dem einen Ende, das andere am anderen Ende; und so blieb ich liegen, bis das Wasser wieder ablief und das Floß samt Ladung wohlbehalten an Land zurückließ.

Meine nächste Aufgabe war, das Land auszukundschaften und einen geeigneten Platz für meine Wohnung zu finden, wo ich auch mein Hab und Gut verstauen und vor allen erdenklichen Zufällen in Sicherheit bringen konnte. Noch wusste ich nicht, wo ich war – ob auf dem Kontinent oder auf einer Insel, ob die Gegend bewohnt oder unbewohnt war, ob Gefahr von wilden Tieren drohte oder nicht. In einer Entfernung von nicht mehr als einer Meile erhob sich ein steiler und hoher Hügel, der einige andere Hügel, die nördlich von ihm in einer Reihe standen, zu überragen schien. Ich nahm also eine von den Vogelflinten, dazu eine Pistole und ein Pulverhorn, und so bewaffnet, machte ich mich auf, den Gipfel dieses Hügels zu erforschen, wo ich, nachdem ich mühsam und beschwerlich den Gipfel erklommen hatte, zu meiner großen Bestürzung mein Schicksal als endgültig erkannte: dass ich nämlich auf einer Insel gestrandet war, die rundherum vom Meer umgeben war, kein Land in Sicht, mit Ausnahme einiger Klippen in weiter Entfernung und zweier Inseln, die noch kleiner waren als diese und etwa drei Seemeilen gegen Westen lagen.

Ich sah auch, dass die Insel, auf der ich mich befand, wüst und unfruchtbar und, wie ich mit gutem Grund annehmen konnte, nur von wilden Tieren bewohnt war, von denen mir aber keines zu Gesicht kam; dagegen sah ich eine Menge Federvieh, dessen verschiedene Arten mir aber nicht bekannt waren, sodass ich nicht wusste, welche von ihnen, falls ich einen Vogel erlegte, ich essen konnte oder nicht. Auf dem Rückweg schoss ich einen großen Vogel, den ich auf einem Baum am Rand eines großen Waldes sitzen sah. Ich glaube, es war der erste Schuss, der hier fiel seit Erschaffung der Welt; denn kaum hatte ich gefeuert, da erhob sich von allen Seiten des Waldes eine zahllose Schar von Vögeln der verschiedensten Art, jeder krächzte und schnatterte auf seine eigene Weise, aber ich kannte keinen einzigen von ihnen. Den von mir geschossenen hielt ich seiner Farbe und dem Schnabel nach für eine Art Habicht, aber er hatte weder ungewöhnlich große Fänge noch Klauen; das Fleisch schmeckte nach Aas und war nicht zu genießen.

Mit dieser Entdeckung gab ich mich zufrieden, kehrte zum Floß zurück und fing an, meine Fracht an Land zu schaffen, wozu ich den ganzen restlichen Tag brauchte. Was ich in der Nacht mit mir anfangen und wo ich schlafen sollte, wusste ich nicht; mir graute davor, auf der ebenen Erde zu liegen, da ich fürchtete, wilde Tiere möchten mich verschlingen; obwohl ich später herausfand, dass diese Angst gänzlich unbegründet war.

Nichtsdestoweniger verbarrikadierte ich mich, so gut es ging, rundherum mit den Kisten und Brettern, die ich an Land gebracht hatte, und baute mir eine Art Hütte als Nachtlager. Wie ich mich mit Essen versorgen könnte, war mir noch nicht klar; immerhin hatte ich zwei oder drei hasenähnliche Geschöpfe aus dem Wald laufen sehen, wo ich den Vogel geschossen hatte.

Ich begann nun zu überlegen, dass ich noch viele Dinge aus dem Schiff holen könnte, die mir später nützen würden, vor allem Tauwerk und Segel und andere Dinge, die ich an Land schaffen konnte; also beschloss ich, wenn möglich, eine zweite Reise an Bord des Schiffes zu unternehmen; und da ich wohl wusste, dass der nächste Sturm das Schiff in alle Windrichtungen zerblasen würde, beschloss ich, alles andere hintanzusetzen, bis ich aus dem Schiff geholt hätte, was nicht niet- und nagelfest war. Dann berief ich einen Rat ein – in meinen Gedanken nämlich –, um zu entscheiden, ob ich mit dem Floß zurückkehren sollte, aber das erwies sich als undurchführbar; ich beschloss also, wie beim ersten Mal bei Ebbe hinzugehen, nur zog ich diesmal schon in meiner Behausung die Kleider aus und behielt nichts am Leib als ein buntes Hemd, ein paar leinene Hosen und flache Schuhe.

Ich ging an Bord wie zuvor und baute ein zweites Floß; da ich nun Erfahrung hatte, machte ich es nicht mehr so unbehilflich wie das erste und überlud es auch nicht mehr, brachte aber gleichwohl einige nützliche Dinge damit an Land. Als Erstes fand ich in der Hütte des Schiffszimmermanns zwei oder drei Säcke voll Nägel und Stifte, einen großen Schraubenzieher, ein oder zwei Dutzend Beile und vor allem jenen höchst nützlichen Gegenstand, den man Schleifstein nennt; alle diese Dinge sicherte ich mir, dazu Verschiedenes, was dem Stückmeister gehört hatte, besonders zwei oder drei eiserne Brechstangen, zwei Fässer mit Musketenkugeln, sieben Musketen, noch eine Vogelflinte und einen kleinen zusätzlichen Pulvervorrat, dazu einen umfangreichen Beutel voll Schrot und eine große Rolle gewalzten Bleis; aber diese waren so schwer, dass ich sie nicht über Bord heben konnte.

Außerdem nahm ich alle Kleider an mich, die ich finden konnte, sowie ein Ersatztoppsegel, eine Hängematte und etwas Bettzeug; damit belud ich mein zweites Floß und brachte zu meiner großen Befriedigung alles wohlbehalten an Land.

Während meiner Abwesenheit vom Land machte ich mir Sorgen, dass inzwischen meine Vorräte von wilden Tieren aufgefressen werden könnten. Aber bei meiner Rückkehr fand ich keine Spur eines Besuchers, nur dass ein Geschöpf, das wie eine Wildkatze aussah, auf einer der Kisten saß; als ich darauf zuging, lief sie ein Stück weit, dann hielt sie an; gleichmütig saß sie da, ohne die geringste Furcht, und blickte mir voll ins Gesicht, als ob sie Lust hätte, meine Bekanntschaft zu machen. Ich legte meine Flinte auf sie an, aber sie verstand das nicht, sondern blieb gänzlich unbeeindruckt sitzen und machte auch nicht im Geringsten Miene davonzulaufen. Darauf warf ich ihr ein Stück Zwieback zu, obwohl ich selber nicht allzu viel davon hatte, denn mein Vorrat war nicht groß. Dennoch, sage ich, ließ ich ein Stück für sie übrig, und sie schlich darauf zu, roch daran und fraß es, und es schien ihr zu schmecken, denn sie sah mich an, als ob sie mehr wollte; allein ich bedankte mich, konnte ich doch selber nichts mehr entbehren, und so zog sie ab.

Nachdem nun meine zweite Ladung an Land gebracht war, hätte ich die Pulverfässer gern aufgemacht und das Pulver in Päckchen verpackt, denn die großen Fässer waren mir im Ganzen zu schwer zu transportieren. Zuerst jedoch ging ich daran, mir aus Segeln und Pfählen, die ich zu diesem Zweck geschnitten hatte, ein Zelt zu bauen, und in dieses Zelt brachte ich alles, was im Regen oder in der Sonne, wie ich wusste, Schaden nehmen konnte; alle die leeren Kisten und Fässer türmte ich rund um das Zelt auf, um mich gegen jeden unvorhergesehenen Angriff von Mensch oder Tier zu sichern.

Als dies geschehen war, vermachte ich den Eingang des Zelts von innen mit einigen Brettern, außen stellte ich eine leere Kiste aufrecht auf dem schmalen Ende davor, breitete eine vom Schiff mitgebrachte Pritsche auf den Boden, legte meine beiden Pistolen ans Kopfende und meine Flinte der Länge nach daneben, und so ging ich zum ersten Mal zu Bett und schlief sehr ruhig die ganze Nacht hindurch; denn ich war sehr müde und schläfrig, da ich die Nacht zuvor wenig geschlafen und den ganzen Tag über fest gearbeitet hatte, um die Sachen alle vom Schiff herunter und an Land zu schaffen.

Ich glaube, ich hatte nun das größte Lager von Dingen aller Art, das jemals für einen einzelnen Menschen angelegt worden ist. Aber ich hatte noch nicht genug. Solange nämlich das Schiff in seiner derzeitigen Lage aufrecht stand, glaubte ich herausholen zu müssen, was nur herauszuholen war; ich ging also jeden Tag bei Ebbe wieder an Bord und holte das eine oder andre heraus. Besonders bei der dritten Fahrt trug ich, so viel ich konnte, von dem Tauwerk weg, auch alle Stricke und das Segelgarn, ein Stück Ersatzleinwand, womit man im Notfall die Segel ausbessern konnte, sowie das Fass voll nassen Pulvers: Mit einem Wort, ich schleppte alle Segel ohne Ausnahme weg, nur dass ich gezwungen war, sie in Stücke zu zerschneiden und immer nur so viel auf einmal zu nehmen, als ich gerade noch tragen konnte; sie sollten ja nicht mehr zum Segeln dienen, sondern nur noch als gewöhnliche Leinwand.

Was mich aber noch mehr freute, war, dass ich zu guter Letzt, nachdem ich schon fünf oder sechs solcher Fahrten unternommen und auf dem Schiff nichts mehr zu finden erwartet hatte, was der Mühe wert gewesen wäre, mich damit herumzuplagen – ich sage, zu guter Letzt fand ich noch ein großes Oxhoft Brot, drei ansehnliche Fässer Rum oder Weingeist, eine Büchse Zucker und ein Fass feines Mehl; das überraschte mich sehr, denn ich hatte nicht erwartet, noch Proviant zu finden, der nicht vom Wasser verdorben war. Sogleich leerte ich das Brot aus dem Oxhoft und wickelte es Stück für Stück in Segeltuchlappen, die ich ausgeschnitten hatte, und auch das brachte ich alles wohlbehalten an Land.

Am nächsten Tag ging ich wieder auf Fahrt. Nachdem ich alles vom Schiff weggeschleppt hatte, was nicht niet- und nagelfest war, machte ich mich nun an die Ankertaue. Ich hieb das große Tau in Stücke, die ich wegtragen konnte, und schaffte zwei Kabel und eine Trosse samt allem Eisenwerk, dessen ich habhaft werden konnte, an Land. Dann hieb ich die große Blinde und die Besanrah herunter und alles, was ich für den Bau eines großen Floßes gebrauchen konnte, belud dieses Floß dann mit all den schweren Sachen und stieß ab. Aber mein guter Stern fing jetzt an, mich zu verlassen, denn das Floß war so unbehilflich und so überladen, dass ich es in der kleinen Bucht, wo ich bisher stets mit meiner Fracht gelandet war, nicht so gut lenken konnte wie die anderen. Es schlug um und warf mich und meine ganze Fracht ins Wasser; mir selbst geschah nicht viel, denn ich war nahe an der Küste; aber von meiner Ladung ging ein guter Teil verloren, vor allem das Eisenwerk, von dem ich mir viel Nutzen versprochen hatte. Immerhin konnte ich bei beginnender Ebbe die meisten Kabelstücke herausziehen und sogar einiges von dem Eisen, wenn auch mit unsäglicher Mühe, denn ich war gezwungen, immer wieder danach zu tauchen, eine Arbeit, die mich außerordentlich anstrengte. Nach diesem Abenteuer begab ich mich wieder jeden Tag an Bord und holte, was noch zu holen war.

Ich war nun dreizehn Tage hier an Land und war elfmal an Bord des Schiffes gewesen, und in dieser Zeit hatte ich so viel weggeschleppt, als nur ein Mensch mit zwei Händen wegschleppen kann; obschon ich überzeugt bin, hätte das gute Wetter angehalten, dass ich dann noch das ganze Schiff Stück für Stück fortgeschafft hätte. Aber als ich mich anschickte, zum zwölften Mal an Bord zu gehen, merkte ich, dass Wind aufkam; dennoch schwamm ich bei Ebbe an Bord, und obwohl ich die Kajüte bereits so gründlich durchstöbert hatte, dass ich dort nichts mehr zu finden hoffte, entdeckte ich doch noch ein Kästchen mit Schubladen darin, in deren einer ich zwei oder drei Schermesser und ein paar große Scheren nebst zehn oder zwölf guten Messern und Gabeln fand; in einer anderen Schublade fand ich bei sechsunddreißig Pfund baren Geldes, teils europäische, teils brasilianische Münze, einige spanische Goldstücke, auch einige Gold- und Silbermünzen.

Beim Anblick dieses Geldes lächelte ich bei mir selber. »Du Gift«, sagte ich laut, »wozu bist du nun gut? Für mich bist du nicht einmal so viel wert, dass ich dich vom Boden aufhebe. Eines von diesen Messern ist so viel wert wie dieser ganze Haufen; ich habe keine Verwendung für dich, bleib, wo du bist, und geh unter als eine Kreatur, die nicht wert ist, gerettet zu werden!« Ich überdachte die Sache aber noch einmal und nahm das Geld doch mit und wickelte es in ein Stück Segeltuch. Dann wollte ich mich an die Herstellung eines weiteren Floßes machen, aber noch unter meinen Vorbereitungen bemerkte ich, wie sich der Himmel mit Wolken überzog, der Wind stärker wurde; und nach einer Viertelstunde blies er schon kräftig vom Land her. Da merkte ich wohl, dass es vergebliche Liebesmüh sein würde, ein Floß zu bauen, wenn der Wind vom Land her blies, und dass ich mich selber nun fortmachen sollte, bevor die Flut käme, weil ich sonst die Küste vielleicht überhaupt nicht mehr zu erreichen vermöchte. Ich ließ mich also ins Wasser hinunter und schwamm über die Furt, die sich zwischen dem Schiff und den Sandbänken öffnete, und sogar das war ziemlich schwierig, einesteils wegen des Gewichts der Sachen, die ich mit mir führte, andernteils wegen der Unruhe des Wassers, denn der Wind kam sehr schnell auf, und bevor noch die Flut hoch stand, blies Sturm.

Aber ich war heimgekommen zu meinem kleinen Zelt, wo ich nun lag, all meinen Reichtum wohlgeborgen um mich her. Die ganze Nacht hindurch stürmte es kräftig, und als ich am Morgen Ausschau hielt, siehe da, da war kein Schiff mehr zu sehen. Ich war etwas bestürzt, tröstete mich aber mit dem beruhigenden Gedanken, dass ich weder Zeit verloren noch Mühe gespart hatte, um alles aus dem Schiff zu holen, was mir einmal nützlich sein konnte, und dass ich, selbst wenn mir mehr Zeit geblieben wäre, dort kaum noch etwas zum Mitnehmen gefunden hätte.

Ich ließ nun alle Gedanken an das Schiff und das, was drinnen war, völlig fahren; vielleicht mochte später noch etwas von dem Wrack an Land treiben, wie es in der Tat auch mit einigen Gegenständen geschah, aber es war nicht viel Brauchbares mehr dabei.

Meine Gedanken waren stattdessen völlig damit beschäftigt, wie ich mich selber gegen Wilde, wenn sich welche zeigen sollten, oder gegen Raubtiere, wenn solche auf der Insel vorhanden waren, schützen konnte. Ich ließ mir eine Menge Gedanken durch den Kopf gehen, wie ich einen solchen Schutz bewerkstelligen könne und welche Art von Wohnung ich mir bauen sollte, ob eine Höhle unter der Erde oder ein Zelt über der Erde; schließlich entschloss ich mich zu beidem, und es ist wohl nicht unangebracht, dem Leser hier eine Beschreibung zu geben.

Ich merkte bald, dass der Ort, wo ich mich jetzt befand, sich für eine Niederlassung nicht eignete, vor allem deshalb, weil der Boden hier, nicht weit vom Meer, morastig und daher meiner Meinung nach nicht gesund war, noch mehr aber, weil es kein frisches Wasser in der Nähe gab. Also beschloss ich, ein gesünderes und geeigneteres Stück Land ausfindig zu machen.

Ich berücksichtigte dabei verschiedene Dinge, die ich in meiner Lage für nötig und angemessen hielt: erstens gesunde Luft und frisches Wasser, wie eben erwähnt; zweitens Schutz vor der Glut der Sonne; drittens Sicherheit vor räuberischen Kreaturen, sei es nun Mensch oder Tier; viertens Ausblick auf die See, damit ich, sollte mir Gott einmal ein Schiff unter die Augen kommen lassen, keine Gelegenheit zu meiner Befreiung versäumte; denn die Hoffnung darauf konnte ich mir noch nicht gänzlich aus dem Kopf schlagen.

Auf der Suche nach einem solchen geeigneten Ort fand ich eine kleine flache Stelle an der Flanke eines Hügels, dessen Vorderseite gegen diese Stelle hin steil wie eine Hauswand abfiel, sodass vom Gipfel nichts zu mir herunterkommen konnte. Der Felsen hatte an der Seite eine Einbuchtung, ähnlich einer Tür oder einem Eingang zu einer Höhle; aber eine richtige Höhle gab es in dem ganzen Felsen nicht.

Auf der Grasfläche gerade vor dieser Einbuchtung beschloss ich nun, mein Zelt aufzuschlagen. Diese Fläche war nicht über hundert Yard breit und etwa doppelt so lang und lag vor mir wie ein Anger, und am Rand fiel sie unregelmäßig ab zu den Niederungen des Strandes. Diese Stelle befand sich an der Nordnordwestseite des Hügels, sodass ich den ganzen Tag vor der Hitze geschützt war, bis die Sonne im Südwesten stand, was in diesen Gegenden aber erst kurz vor dem Untergehen der Fall ist.

Ehe ich mein Zelt aufschlug, zog ich vor der Vertiefung einen Halbkreis mit einem Halbmesser von etwa zehn Yard vom Felsen aus und einem Durchmesser von etwa zwanzig Yard vom einen Ende zum anderen.

In den Halbkreis steckte ich zwei Reihen kräftiger Stangen, die ich fest in die Erde trieb, bis sie wie Pfähle dastanden. Das dickere Ende war vom Grund etwa fünfeinhalb Fuß entfernt und oben zugespitzt. Die beiden Reihen hatten voneinander einen Abstand von etwa sechs Zoll.

Dann nahm ich die noch auf dem Schiff zerhauenen Kabelstücke und legte sie reihenweise, eins aufs andere, innerhalb des Halbkreises bis oben hin zwischen den Pfahlreihen, und von innen spreizte ich andere Stangen, etwa zweieinhalb Fuß hoch, wie Streben gegen die Pfähle. Dieser Zaun war so stark, dass weder Mensch noch Tier hindurch- oder darüber hinwegkonnte. Das kostete mich viel Zeit und Mühe, besonders die Pfähle im Wald zu hauen, sie an Ort und Stelle zu schaffen und in den Boden zu treiben.

Als Eingang zu meiner Wohnung machte ich nicht eine Tür, sondern eine kurze Leiter, auf der man hinüber- und herübersteigen konnte; wenn ich drinnen war, zog ich die Leiter über die Palisade zu mir zurück und war meiner Meinung nach auf diese Weise gegen alle Welt umzäunt und verschanzt, daher schlief ich die ganze Nacht in aller Ruhe, was ich sonst nicht getan hätte, obwohl sich später herausstellte, dass diese ganze Vorsorge gegen Feinde, die mich vielleicht gefährden konnten, nicht nötig gewesen wäre.

In diese Umzäunung oder Einfriedung schleppte ich nun mit unendlicher Mühe alle meine Reichtümer, meinen Proviant, die Munition und das Werkzeug, das ich schon aufgezählt habe. Dann errichtete ich ein großes Zelt, das ich, um mich vor den in einem Teil des Jahres in diesen Gegenden sehr heftigen Regenfällen zu schützen, doppelt machte, das heißt, ich machte ein kleineres Zelt innen und ein größeres darüber und bedeckte das letztere mit einem großen Stück Persenning, das ich unter den Segeln gefunden hatte.

Während der nächsten Zeit legte ich mich nicht mehr auf die Pritsche, die ich an Land gebracht, sondern in die Hängematte, die in der Tat vortrefflich war und vordem unserem Steuermann gehört hatte.

In dieses Zelt brachte ich alle meine Vorräte und alles, was keine Feuchtigkeit vertrug, und sobald ich mein Hab und Gut dergestalt eingeschlossen hatte, vermachte ich den Eingang, der bisher noch offen geblieben war, und kam und ging von nun an, wie ich schon sagte, mithilfe jener kurzen Leiter.

Als dies alles verrichtet war, begann ich, mich in den Felsen hineinzuwühlen, trug alle Erde und Steine, die ich ausgrub, durch mein Zelt hindurch und schüttete sie innen vor meinem Zaun auf, wie man es für Terrassen macht, sodass der Boden innerhalb des Zaunes sich um etwa eineinhalb Fuß hob. Auf diese Art schuf ich mir gerade hinter meinem Zelt eine Höhle, die mir als Keller zu meinem Haus diente.

Es kostete mich viel Arbeit und manchen Tag, ehe ich all diese Dinge vollendet hatte, und ich muss daher auf etwas anderes zurückkommen, was meine Gedanken in Anspruch nahm. Als ich nämlich gerade meinen Plan für den Bau von Zelt und Keller entwarf, geschah es, dass aus einer dicken, dunklen Wolke ein Regenguss hervorbrach, dazu ein jäher Blitz, gefolgt von einem starken Donnerschlag, wie es sich für gewöhnlich begibt. Ich erschrak nicht so sehr über den Blitz als über einen Gedanken, der mir seinerseits mit der jähen Gewalt des Blitzes in den Sinn kam: Ach, mein Pulver! Das Herz sank mir im Leib bei der Vorstellung, wie mit einem Schlag mein ganzes Pulver in die Luft gehen konnte, von dem doch, wie ich dachte, nicht nur meine Verteidigung, sondern auch meine Ernährung völlig abhing. Meine eigene Gefahr ängstigte mich dabei nicht so sehr, obwohl, hätte das Pulver Feuer gefangen, mir auf dieser Welt nichts mehr wehgetan hätte.

So großen Eindruck machte dieser Vorfall auf mich, dass ich, nachdem der Sturm vorüber war, alle meine Arbeit, das sämtliche Bauen und Schanzen links liegen ließ und daran ging, Beutel und Schachteln zu verfertigen und dahinein das Pulver in kleinen Partien zu verteilen, in der Hoffnung, es möchte so, wenn auch ein Unglück geschähe, doch nicht das ganze Pulver auf einmal Feuer fangen oder sich eine Portion an der anderen entzünden. Nach etwa vierzehn Tagen Arbeit war ich fertig, und ich glaube, das Pulver, alles in allem mögen es wohl an die 240 Pfund gewesen sein, war in nicht weniger als hundert Päckchen aufgeteilt. Wegen des Fasses mit dem nassen Pulver war mir nicht bange, also stellte ich es in meinen neuen Keller, in meine Küche, wie ich es nannte, und das übrige versteckte ich rundherum in Felslöchern, damit keine Feuchtigkeit darankommen konnte, und bezeichnete sorgfältig die Stellen, wo ich es verborgen hatte. In der Zwischenzeit ging ich wenigstens einmal täglich mit meiner Flinte spazieren, sowohl zum Zeitvertreib als auch um zu sehen, ob ich etwas Essbares schießen könnte, und auch um nach und nach zu erfahren, was denn die Insel an Gewächsen hervorbrachte. Gleich bei meinem ersten Ausgang entdeckte ich zu meinem großen Vergnügen wilde Ziegen; allein bald zeigte sich, dass ein Pferdefuß dabei war, das heißt, die Ziegen waren so scheu, so listig und so schnell auf den Beinen, dass es die größte Mühe von der Welt machte, an sie heranzukommen. Ich ließ mich jedoch nicht entmutigen, zweifelte auch nicht, hier und dort ein Stück davon vor die Flinte zu bekommen, wie es denn auch bald geschah; denn nachdem ich ihre Schlupfwinkel erst gefunden hatte, lauerte ich ihnen auf folgende Weise auf: Ich hatte nämlich beobachtet, dass die Ziegen, wenn sie mich unten in den Tälern sahen, in schrecklicher Furcht davonsprangen, auch wenn sie oben auf den Felsen waren; grasten sie dagegen in den Tälern und ich war oben auf den Felsen, so bemerkten sie mich nicht, woraus ich schloss, dass dem Bau ihres Auges nach ihr Blick nur nach unten gerichtet sein konnte, sodass sie Gegenstände, die sich oberhalb von ihnen befanden, nur schwer wahrnehmen konnten. Also hielt ich mich später an die Methode, immer zuerst auf die Felsen zu klettern, um über ihnen zu sein, und machte auf diese Weise gute Beute. Gleich beim ersten Schuss auf diese Geschöpfe tötete ich eine Geiß, die ein kleines Zicklein bei sich hatte, das sie säugte. Das schmerzte mich sehr; aber als das alte Tier fiel, blieb das Junge stocksteif neben ihr stehen, bis ich kam und es aufnahm, und nicht nur das; denn als ich die Alte auf den Schultern wegtrug, trabte das Kitzlein hinter mir drein bis zu meinem Zwinger, worauf ich die Geiß niederlegte und das Kitzlein in meinen Armen über den Zaun trug in der Hoffnung, es zahm aufzuziehen. Aber es wollte nicht fressen, so musste ich es denn töten und selber aufessen; diese beiden versorgten mich längere Zeit mit Fleisch, denn ich aß sparsam und schonte meine Vorräte, das Brot besonders, so gut es nur ging.

Nachdem ich nun meine Wohnung eingerichtet hatte, hielt ich es für unbedingt nötig, für eine Feuerstelle wie auch für Brennholz zu sorgen; wie ich das angefangen, auch wie ich meinen Keller erweitert und was ich sonst noch für Anstalten machte, davon werde ich an seinem Ort ausführlich berichten. Zuerst aber muss ich über mich selber berichten, über meinen Zustand und meine Gedanken über das Leben, welche, wie man sich vorstellen kann, nicht wenig zahlreich waren.

Meine gegenwärtigen Aussichten waren trüb; denn da ich nicht nur schiffbrüchig auf diese Insel geworfen, sondern auch durch den schweren Sturm, wie erwähnt, ganz vom Kurs unserer geplanten Reise abgekommen und nun einen langen Weg, nämlich mehrere Hundert Meilen von den üblichen Handelslinien der Menschen entfernt war, so hatte ich wohl Ursache zu glauben, es sei der Wille des Himmels, dass ich an einem so verlassenen Ort und in einem so verlassenen Zustand mein Leben endigen sollte. Sooft ich mir das vor Augen stellte, rann mir ein Strom von Tränen übers Gesicht, und bisweilen haderte ich mit mir selber darüber, warum denn die Vorsehung ihre Geschöpfe dem Verderben ausliefere und ins Elend stoße, so ganz aller Hilfe beraubt und tief gebeugt, dass es kaum vernünftig genannt werden könnte, für ein solches Leben auch noch dankbar zu sein.

Aber stets regte sich etwas in mir, das mir befahl, diesen Gedanken Einhalt zu gebieten und mir Vorwürfe zu machen. Eines Tages vor allem, als ich mit der Flinte in der Hand und in Gedanken an meine gegenwärtige Lage versunken am Meer auf und abging, hielt mein Verstand mir die Dinge von der anderen Seite vor wie folgt: »Gut, du bist in einer verzweifelten Lage, das ist wahr, aber bedenke, wo deine Gefährten geblieben sind! Seid ihr nicht zu elft in das Boot gestiegen? Wo sind die anderen zehn? Warum sind nicht sie gerettet und du verloren? Warum wurdest gerade du ausgewählt? Wo ist es besser, hier oder dort?« – und dabei zeigte ich aufs Meer. Bei allen Übeln muss man auch das Gute bedenken, das in ihnen steckt, und das Ärgere, das hätte eintreten können.

Darauf bedachte ich wieder, wie wohl ich mit allem Nötigen versorgt war und was mich dagegen erwartet hätte, wenn, wie es unter hunderttausend Fällen nur einmal geschieht, das Schiff von der Stelle, wo es gescheitert, nicht ab- und so nahe ans Ufer getrieben wäre, dass ich genug Zeit hatte, alle diese Dinge herauszuholen. Wie hätte es wohl um mich gestanden, wenn ich in dem Zustand hätte weiterleben müssen, in dem ich zuerst an Land gekommen war, ohne das Nötigste zum Leben und ohne die Mittel, es zu erwerben? Vor allem, sagte ich laut zu mir selber, was hätte ich ohne Flinte tun sollen, ohne Munition, ohne Werkzeug, um irgendetwas zu verfertigen oder damit zu arbeiten, ohne Kleider, Bett, Zelt und jede Bedeckung? Von alledem hatte ich jetzt einen ausreichenden Vorrat, und ich war imstande, derart vorzusorgen, dass ich, war das Pulver einmal verschossen, auch ohne Flinte würde leben können. So hatte ich denn einige Aussicht, keine Not zu leiden, solange ich lebte, denn ich überlegte von Anfang an, wie ich mich gegen Zufälle verwahren und für die Zeit versorgen könnte, wo nicht nur die Munition ausgegangen wäre, sondern auch meine Gesundheit und Kraft abgenommen hätten.

Ich gestehe, dass ich bis dahin nicht daran gedacht hatte, meine Munition könnte jemals mit einem einzigen Schlag zerstört, ich meine, das Pulver durch einen Blitz in die Luft gejagt werden, und deshalb war ich so bestürzt, als es wirklich blitzte und donnerte, wie ich schon beschrieben habe.

Da ich mich nun anschicke, die traurige Erzählung von einem einsamen und stummen Leben, dergleichen vielleicht auf der Welt noch nie gehört worden ist, zu beginnen, will ich noch einmal von vorn anfangen und eines nach dem andern in der rechten Reihenfolge berichten. Meiner Rechnung nach war es der 30. September, an dem ich auf die schon beschriebene Art und Weise den ersten Fuß auf dieses wüste Eiland setzte; die Sonne, bei uns gerade im Herbstäquinoktium, stand über meinem Scheitel, denn, wie ich berechnet hatte, musste ich mich unter 9 Grad 22 Minuten nördlicher Breite befinden.

Nachdem ich zehn oder zwölf Tage hier gewesen war, fiel mir ein, ich möchte aus Mangel an Papier, Feder und Tinte jede Zeitrechnung verlieren und endlich den Sonntag nicht mehr vom Werktag unterscheiden können. Dies zu verhüten, schnitt ich in großen Buchstaben mit meinem Messer in einen dicken Pfahl: »Hier an Land gekommen den 30. Sept. 1659«, zimmerte ein großes Kreuz daraus und stellte es am Ufer dort auf, wo ich zuerst gelandet war. An den Seiten des viereckigen Pfahls schnitt ich täglich mit meinem Messer eine Kerbe ein, und jede siebente Kerbe war zweimal so lang wie die anderen, und die Kerbe für jeden ersten Tag eines Monats war doppelt so lang wie die Sonntagskerbe. So führte ich meinen Kalender oder meine wöchentliche, monatliche und jährliche Zeitrechnung.

Ferner ist zu bedenken, dass unter den vielen Dingen, die ich auf den verschiedenen bereits erwähnten Fahrten zu dem Schiff aus diesem herausgeholt hatte, manches von geringem Wert, was für mich aber doch höchst nützlich war und was ich oben zu beschreiben nur vergessen habe; besonders Federn, Tinte, Papier, einige Bündel Schriften aus dem Besitz des Kapitäns, des Steuermanns und des Stückmeisters, drei oder vier Kompasse, etliche mathematische Instrumente, Sonnenuhren, Ferngläser, Seekarten, Logbücher. Das alles hatte ich zusammengerafft, ob ich es nun brauchen konnte oder nicht; ich fand auch drei sehr gute Bibeln, die mit meiner Sendung aus England gekommen waren und die ich zu meinen anderen Sachen gepackt hatte; auch einige portugiesische Bücher, darunter zwei oder drei papistische Gebetbücher, und noch etliche andere Bücher, die ich alle sorgfältig aufhob. Auch darf ich nicht vergessen, dass wir einen Hund und zwei Katzen an Bord gehabt hatten, von deren außerordentlichem Schicksal ich an gegebenem Ort vielleicht noch berichten kann. Ich nahm beide Katzen mit mir, der Hund aber sprang von selber über Bord und schwamm an Land, einen Tag nachdem ich meine erste Fracht an Land brachte, und war mir viele Jahre lang ein treuer Diener. Mir fehlte nichts, was er mir nicht sogleich herbeigeholt hätte, auch keine Gesellschaft, die er mir nicht hätte ersetzen können; ich hätte nur gewünscht, dass er mit mir redete, aber so weit reichten auch seine Fähigkeiten nicht. Wie ich schon sagte, fand ich Federn, Tinte und Papier, ich ging äußerst sparsam damit um, und es wird sich weisen, dass ich, solange meine Tinte reichte, alles pünktlich aufschrieb, aber als sie ausgegangen war, war es auch mit meiner Genauigkeit aus, denn so viel ich es auch versuchte, ich brachte keine Tinte zustande.

Nun sah ich, dass mir doch noch vieles fehlte, ungeachtet all der Dinge, die ich zusammengerafft hatte; Tinte war das eine, dann Spaten, Haue und Schaufel, um Erde umzugraben und wegzuschaffen, dann Stecknadeln, Nähnadeln und Zwirn; was Leinwand betrifft, so lernte ich sie bald ohne Schwierigkeit entbehren.

Dieser Mangel an Werkzeug machte jede Arbeit, die ich begann, schwierig und langwierig, und es dauerte fast ein ganzes Jahr, bis ich meinen kleinen Bezirk oder meine befestigte Wohnung völlig umzäunt hatte. Ich brauchte viel Zeit, bis ich die Pfähle oder Stecken, die so schwer waren, dass ich sie gerade noch heben konnte, im Wald ab- und zurechtgehauen, und noch länger, bis ich sie nach Haus geschleppt hatte, sodass ich manchmal zwei Tage zum Hauen und Heimtragen eines einzigen Pfahls brauchte, und einen dritten Tag dazu, ihn in den Boden zu treiben; zu diesem Zweck verwandte ich anfangs ein schweres Stück Holz, später verfiel ich auf eine der eisernen Brechstangen, aber auch damit war das Hineintreiben der Pfähle oder Pfosten eine mühselige und langwierige Arbeit.

Doch was brauchte ich mich über die ermüdende Arbeit zu grämen, wo ich doch so viel Zeit dafür hatte, als ich wollte? Es wartete auch, nach Beendigung dieser, keine andere Arbeit auf mich, soweit ich sehen konnte, außer die Insel auf der Suche nach Nahrung zu durchstreifen, was ich mehr oder weniger jeden Tag tat.

Ich begann nun, meine Lage und den Zustand, in den ich geraten war, ernsthaft zu überlegen, und machte eine schriftliche Übersicht über die Sachlage, weniger um sie irgendwelchen Nachkommen zu überlassen, denn es sah nicht so aus, als ob ich viele Erben haben würde, sondern vielmehr um meine Gedanken, die sich täglich damit abquälten und mein Gemüt belasteten, zu befreien. Und da meine Vernunft langsam Herr über meinen Kleinmut wurde, tröstete ich mich selber, so gut ich konnte, und setzte das Gute dem Übel gegenüber, damit ich meinen gegenwärtigen Zustand von einem noch schlimmeren unterscheiden könnte; ich setzte also ganz unparteiisch, wie Soll und Haben, die Annehmlichkeiten meiner Lage den Leiden und Mühseligkeiten entgegen, und zwar wie folgt:

ÜBEL	GUT
Ich bin auf eine einsame Insel verschlagen, ohne Hoffnung, je wieder fortzukommen.	Aber ich bin doch am Leben und nicht ertrunken wie alle meine Kameraden.
Ich bin ausgesondert, unter allen Menschen zu lauter Unglück ausgewählt.	Aber ich wurde auch unter der ganzen Schiffsbesatzung ausgesondert, um dem Tod zu entgehen, und Er, der mich auf wunderbare Weise vom Tod errettet hat, kann mir auch aus diesem Zustand helfen.
Ich bin von allen Menschen getrennt, ein Einsiedler, verbannt aus aller menschlichen Gesellschaft.	Aber ich bin doch nicht hungers gestorben und verdorben an einem unfruchtbaren Ort, der keine Nahrung bietet.
Ich habe keine Kleider, mich zu bedecken.	Aber ich bin in einem heißen Landstrich, wo ich kaum Kleider tragen könnte, auch wenn ich welche hätte.

Ich habe nichts, um mich gegen Überfälle von wilden Tieren oder Menschen zu schützen.	Aber ich bin auf eine Insel verschlagen worden, wo ich keine wilden Tiere erblicke, die mir schaden könnten, wie ich solche an der Küste von Afrika gesehen. Und wie wär's mir ergangen, wenn ich dort Schiffbruch erlitten hätte?
Ich habe keine Menschenseele, zu der ich sprechen und bei der ich Trost finden könnte.	Aber Gott sandte das Schiff auf wunderbare Weise so nahe an die Küste, dass ich mir viele nötige Dinge daraus holen konnte, durch die ich versorgt bin oder mit deren Hilfe ich mich werde versorgen können, solange ich lebe.

Alles in allem war das ein unanzweifelbares Zeugnis dafür, dass es kaum einen Zustand auf der Welt gibt, und sei er noch so elend, der neben dem Üblen nicht auch etwas Gutes hat, dafür man dankbar sein kann; und lasst dies eine Mahnung sein aus der Erfahrung von einem, der in das größte Elend geraten, das es auf dieser Welt gibt: dass wir nämlich in jeder Lage noch etwas finden können, das uns Trost gibt und das wir bei der Aufzählung von Gut und Böse auf die Habenseite setzen dürfen.

Nachdem ich nun mein Gemüt ein wenig mit meinem Zustand versöhnt und auch darauf verzichtet hatte, weiterhin gar so fleißig aufs Meer nach einem Schiff zu spähen, ich sage, nachdem ich diese Dinge aufgegeben hatte, fing ich an, mir mein Leben einzurichten und mir alles so bequem wie möglich zu machen.

Meine Wohnung habe ich bereits beschrieben, dass sie nämlich aus einem Zelt im Schatten eines Hügels bestand, umgeben mit einem starken Zaun aus Pfosten und Tauen, den ich besser einen Wall nenne, denn ich schichtete an der Außenseite etwa zwei Fuß dick Torfstücke auf, und nach einiger Zeit, es wird nach etwa anderthalb Jahren gewesen sein, lehnte ich von diesem Wall aus lange Sparren gegen den Felsen und bedeckte sie mit Zweigen und anderen Dingen, wie ich sie eben finden konnte, um den Regen abzuhalten, der zu gewissen Zeiten des Jahres sehr heftig fiel.

Ich habe schon beschrieben, wie ich alle meine Besitztümer in die Einfriedung und in den Keller gebracht, den ich hinter mir gegraben. Aber ich muss noch erwähnen, dass dies anfänglich ein wirrer Haufen von allerhand Sachen war, der, da alles ohne Ordnung durcheinanderlag, so viel Raum für sich beanspruchte, dass ich mich kaum umdrehen konnte; deshalb ging ich daran, meinen Keller zu vergrößern und weiter in den Felsen vorzudringen, denn es war ein lockeres, sandiges Gestein, das meiner Bemühung leicht nachgab; und als ich so weit war, dass ich mich vor Raubtieren sicher fühlte, arbeitete ich mich seitwärts rechter Hand in den Felsen hinein, wandte mich dann wieder nach rechts, grub mich ins Freie und machte mir so außerhalb meiner Umzäunung oder Festung einen Ausgang.

Auf diese Weise hatte ich nicht nur einen Ein- und Ausstieg, ja eigentlich einen Hintereingang zu meinem Zelt und meinem Lager, sondern auch Raum genug, um meine Sachen ordentlich zu verstauen.

Und nun ging ich daran, mir solche Dinge zu verfertigen, die ich am dringendsten brauchte, wie vor allem einen Stuhl und einen Tisch, denn ohne diese konnte ich die wenigen Annehmlichkeiten, die ich auf der Welt hatte, nicht genießen: Ohne Tisch konnte ich weder mit Vergnügen schreiben noch essen noch eine ganze Reihe anderer Dinge tun.

Also ging ich ans Werk; und hier muss ich anmerken, dass, gleichwie Vernunft das Wesen und der Ursprung der Mathematik ist, so auch ein jeder Mensch imstande sein sollte, durch Abwägung und Abmessung jeden Dinges nach der Vernunft sowie durch verständiges Urteil mit der Zeit ein jedes Handwerk zu meistern. Ich hatte mein Lebtag kein Werkzeug in der Hand gehabt und fand gleichwohl, dass ich mit der Zeit, durch Mühe, Fleiß und Findigkeit alles anfertigen konnte, was ich brauchte, vor allem wenn ich das richtige Werkzeug hatte. Vieles brachte ich auch ganz ohne Werkzeug zustande, manches wiederum mit keinem anderen Werkzeug als Axt und Beil, was wohl nie zuvor auf diese Art gemacht worden war, alles aber mit unendlicher Mühe. Wenn ich zum Beispiel ein Brett brauchte, blieb mir nichts anderes übrig, als einen Baum zu fällen, ihn mit der Schmalseite vor mir aufzustellen und auf beiden Seiten mit der Axt flach zu behauen, bis er dünn wie eine Planke war, und ihn dann mit dem Beil zu glätten. Auf diese Art konnte ich aus einem Baum freilich nur ein Brett machen, aber dagegen hatte ich kein anderes Mittel als die Geduld, ebenso wenig wie ich eines gegen den ungeheuren Aufwand an Zeit und Mühe besaß, den mich die Herstellung einer Planke oder eines Brettes kostete. Aber meine Zeit und meine Mühe waren nicht viel wert, und ich konnte das eine so gut damit anfangen wie etwas anderes.

Zuerst machte ich mir, wie schon gesagt, einen Tisch und einen Stuhl, und zwar aus den kurzen Brettern, die ich auf meinem Floß vom Schiff gebracht hatte. Als ich dann einige Bretter in der oben beschriebenen Weise bearbeitet hatte, machte ich anderthalb Fuß breite Simse, eines über dem anderen die ganze Kellerwand entlang, um Werkzeug, Nägel, Eisenwerk daraufzulegen und um, mit einem Wort, jedem Ding seinen geräumigen Platz zu geben, sodass ich es leicht erreichen konnte; in die Felswand schlug ich Pflöcke, um daran meine Flinten und alles, was sich aufhängen ließ, aufzuhängen.

Wer jetzt meinen Keller gesehen hätte, hätte ihn für ein Hauptmagazin aller lebensnotwendigen Dinge halten können; alles lag griffbereit da, und es machte mir viel Vergnügen, alle Dinge so geordnet und vor allem meinen Vorrat an allem Notwendigen so groß zu sehen.

Zu diesem Zeitpunkt fing ich erstmals an, Buch über meine tägliche Beschäftigung zu führen, denn am Anfang war ich in zu großer Unruhe gewesen, nicht allein wegen der Arbeit, sondern wegen der Unordnung meines Gemüts, und so wären viele abgeschmackte Sachen hineingekommen. Zum Beispiel hätte ich schreiben müssen: »30. Sept. Nachdem ich an Land gekommen und dem Ertrinken entronnen und als Erstes die große Menge von Salzwasser, die in meinen Magen geraten war, wieder ausgebrochen und mich ein wenig erholt hatte, lief ich, anstatt Gott für meine Errettung zu danken, auf dem Strand auf und ab und rang die Hände und schlug mir auf den Kopf und ins Gesicht und jammerte über mein Elend und schrie: ›Ich bin verloren! Verloren!‹, bis ich mich müde und schwach auf den Boden legen musste, um auszuruhen, aber nicht zu schlafen wagte aus Angst, von wilden Tieren verschlungen zu werden.«

Wiederum einige Tage später, nachdem ich bereits an Bord des Schiffes gewesen und alles noch irgendwie Brauchbare herausgeholt hatte, konnte ich mich nicht zurückhalten, sondern stieg auf den Gipfel eines Hügels in der Hoffnung, auf dem Meer ein Schiff zu entdecken; dann bildete ich mir ein, ich sähe weit in der Entfernung ein Segel, schwelgte schon in der Hoffnung, und wenn ich dann fest darauf gestarrt und mich fast blind geschaut hatte, hatte ich es völlig verloren, und dann setzte ich mich nieder und weinte wie ein Kind und vergrößerte so mein Unglück noch durch meine Torheit.

Aber jetzt, da ich über diese Dinge einigermaßen hinweggekommen war, mir Haushalt und Wohnung aufgebaut, Tisch und Stuhl angefertigt und alles so behaglich als möglich eingerichtet hatte, jetzt begann ich, mein Tagebuch zu führen, von dem ich hier eine Abschrift geben will (obgleich darin alle diese Einzelheiten noch einmal erzählt werden), so weit es nämlich reicht; denn als ich keine Tinte mehr hatte, war ich gezwungen, damit aufzuhören.

Das Tagebuch

30. September 1659. Ich, der arme, unglückliche Robinson Crusoe, habe während eines fürchterlichen Sturms auf hoher See Schiffbruch erlitten und wurde an die Küste dieses trostlosen, unglückseligen Eilands verschlagen, das ich die ›Insel der Verzweiflung‹ getauft habe. Ich bin als Einziger von der ganzen Schiffsbesatzung dem Ertrinken entronnen, wäre aber auch selber fast umgekommen.

Den Rest dieses Tages verbrachte ich damit, mich über die unglückliche Lage zu grämen, in die ich geraten war, d. h., ich hatte weder Nahrung noch Wohnung noch Kleider oder Waffen, auch keinen Zufluchtsort, ich verzweifelte an meiner Rettung und sah nichts als den Tod vor mir, ob mich nun Raubtiere verschlingen, Wilde erschlagen oder der Hunger töten würde. Beim Herannahen der Nacht begab ich mich aus Angst vor wilden Tieren zum Schlafen auf einen Baum und schlief fest, obwohl es die ganze Nacht regnete.

1. Oktober. Am Morgen sah ich zu meiner großen Überraschung, dass die Flut das Schiff gehoben und viel näher an die Küste herangetrieben hatte, was einerseits einen Trost für mich bedeutete; denn da es nicht geborsten war, sondern aufrecht dastand, konnte ich hoffen, bei Nachlassen des Windes an Bord gelangen und etwas Nahrung und andere höchst notwendige Dinge zu meiner Hilfe herausholen zu können; andererseits aber ergriff mich von Neuem der Schmerz über den Verlust meiner Kameraden, die, wenn wir alle an Bord geblieben wären, das Schiff hätten retten können, wie ich glaubte, oder wenigstens nicht alle ertrunken wären; und hätten die Männer sich retten können, so hätten wir vielleicht aus den Trümmern des Schiffes ein Boot gebaut, um damit an einen anderen Teil der Welt zu gelangen. Ich verbrachte einen großen Teil des Tages damit, mich mit diesen Gedanken abzuquälen; da ich aber endlich sah, dass das Schiff fast auf dem Trockenen lag, lief ich so weit als möglich auf dem Sand hinaus und schwamm dann an Bord; auch an diesem Tag regnete es fort, aber ganz ohne Wind.

Vom 1. bis zum 24. Oktober. Alle diese Tage verbrachte ich damit, in vielen Fahrten nach dem Schiff so viel, als nur ging, daraus zu holen und jedes Mal während der Flutzeit das Erreichbare auf Flößen an Land zu bringen. Wieder viel Regen, wenn auch mit kurzen Pausen von schönem Wetter; es schien die Regenzeit zu sein.

20. Oktober. Ich kenterte mit meinem Floß und allem, was darauf war, doch weil das Wasser niedrig stand und die meisten Sachen ziemlich schwer wogen, konnte ich bei Ebbe vieles davon wieder herausholen.

25. Oktober. Es regnete die ganze Nacht und den ganzen Tag, dazwischen einige Windstöße, und als der Wind noch etwas stärker ging als zu vor, barst das Schiff in Stücke, nichts war mehr davon zu sehen als das Wrack, und auch das nur bei Ebbe. Diesen Tag verbrachte ich damit, alle Sachen, die ich geborgen hatte, unter Dach und Fach zu bringen, damit der Regen sie nicht verderbe.

26. Oktober. Ich wanderte fast den ganzen Tag den Strand entlang, um einen geeigneten Platz für meine Wohnung zu finden; dabei war ich vor allem darum besorgt, wie ich mich vor nächtlichen Überfällen schützen könnte, sei es von Mensch oder Tier. Gegen Abend entschied ich mich für einen günstigen Platz unter einem Felsen und steckte einen Halbkreis für meinen Lagerplatz ab, den ich mit einem Palisadenring, einer Mauer oder einem Wall aus einer Doppelreihe von Pfählen befestigen wollte, innen mit Kabeltauen verstärkt, außen mit Rasenstücken belegt.

Vom 26. bis zum 30. Oktober mühte ich mich ab, um alle meine Sachen in die neue Wohnung zu bringen, obwohl es zeitweise sehr stark regnete.

Am Morgen des 31. Oktober machte ich mich mit meiner Flinte auf und ging weiter ins Innere der Insel, um mich nach Nahrung umzusehen und das Land auszukundschaften. Dabei schoss ich eine Geiß, und das Kitzlein lief mir bis nach Hause nach, aber weil es nicht fressen wollte, musste ich es später auch töten.

1. November. Ich schlug mein Zelt unter dem Felsen auf und schlief darin die erste Nacht, nachdem ich es groß genug gemacht, auch Stecken in die Erde getrieben hatte, um meine Hängematte daran aufzuhängen.

2. November. Ich stapelte die Kisten und Bretter und alles Bauholz, aus dem ich meine Flöße gemacht hatte, aufeinander und baute damit knapp innerhalb des Platzes, den ich für meine Befestigungsanlage abgesteckt hatte, einen Schutzwall um mich.

3. November. Ich ging mit meiner Flinte aus und schoss zwei entenartige Vögel, die sich als recht schmackhaft erwiesen. Am Nachmittag ging ich daran, mir einen Tisch anzufertigen.

4. November. An diesem Morgen begann ich, mir eine bestimmte Zeit für die Arbeit festzulegen, für die Rundgänge mit der Flinte, fürs Schlafen und für die Muße, nämlich so: Jeden Morgen ging ich, wenn es nicht regnete, zwei oder drei Stunden mit der Flinte aus, dann arbeitete ich bis gegen elf Uhr, hernach aß ich, was da war, von zwölf bis zwei legte ich mich wegen der übermäßigen Hitze zum Schlafen nieder, und dann am Abend arbeitete ich wieder. Die Arbeitszeit dieses und des nächsten Tages verwendete ich gänzlich auf die Anfertigung meines Tisches, denn ich war vorerst nur ein armer Stümper, wenn auch Zeit und Notwendigkeit mich bald darauf auf natürliche Weise zu einem Meister machten, wie das wohl jedem in meiner Lage geschehen wäre.

5. *November.* An diesem Tag ging ich mit Hund und Flinte aus und tötete eine Wildkatze, deren Fell schön weich, deren Fleisch aber ungenießbar war; jedem erlegten Tier zog ich das Fell ab und hob es auf. Als ich an den Strand zurückkam, sah ich dort viele Arten von Seevögeln, die ich nicht kannte, war aber überrascht, ja fast erschrocken über zwei oder drei Seehunde, die, während ich sie noch anstarrte und nicht gleich begriff, was das für Tiere waren, ins Wasser plumpsten und mir für diesmal entwischten.

6. November. Nach meinem Morgenspaziergang ging ich wieder an die Arbeit und machte den Tisch fertig, aber er gefiel mir nicht besonders; doch dauerte es nicht lang, bis ich es besser konnte.

7. November. Das gute Wetter wurde jetzt langsam beständig.

Den 7., 8., 9., 10. und einen Teil des 12. Novembers (der 11. war nämlich ein Sonntag) verbrachte ich nur damit, mir einen Stuhl anzufertigen, nach vielem Hin und Her hatte er schließlich eine erträgliche Form, aber er gefiel mir nicht, und noch unter der Arbeit zerlegte ich ihn mehrmals wieder in Stücke. *NB.* Ich versäumte es bald, die Sonntage zu halten, denn weil ich vergessen hatte, eine entsprechende Kerbe an meinem Pfosten zu machen, wusste ich nicht mehr, was jeweils für ein Wochentag war.

13. November. Heute fiel Regen, der mich sehr erfrischte und das Erdreich abkühlte. Der Regen kam begleitet von fürchterlichem Donner und Blitz, was mir eine Heidenangst um mein Pulver einjagte; sobald alles vorüber war, beschloss ich, meinen Pulvervorrat in möglichst viele kleine Päckchen zu verteilen, um ihn so vor Gefahr zu bewahren.

14., 15. und 16. November. Diese drei Tage verbrachte ich damit, kleine viereckige Kisten oder Kästchen zu machen, die nicht mehr als ein oder höchstens zwei Pfund Pulver aufnehmen sollten; dann füllte ich das Pulver hinein und verstaute alles an möglichst sicheren und möglichst weit voneinander entfernten Stellen. An einem dieser Tage schoss ich einen großen Vogel, der sehr gut schmeckte, von dem ich aber nicht weiß, wie ich ihn nennen soll.

17. November. Heute fing ich an, hinter meinem Zelt in den Felsen hineinzugraben, um Platz für meine weitere Bequemlichkeit zu haben. *NB.* Drei Sachen fehlten mir bei dieser Arbeit besonders, nämlich eine Spitzhacke, eine Schaufel und ein Schubkarren oder Korb. Also hörte ich auf zu arbeiten und überlegte, wie ich diesem Mangel abhelfen und mir einiges Werkzeug verfertigen könnte. Statt der Spitzhacke nahm ich ein Hebeisen, das sich recht gut eignete, nur zu schwer war. Aber das Nächste war eine Schaufel oder ein Spaten; einen solchen brauchte ich so nötig, dass ich ohne ihn wirklich nichts ausrichten konnte, aber ich wusste nicht, woraus ihn machen.

18. November. Als ich am nächsten Tag den Wald durchforschte, fand ich einen Baum von ähnlicher Art wie der, den sie in Brasilien wegen seiner ungemeinen Härte Eisenbaum nennen; mit großer Mühe hieb ich von diesem Baum ein Stück ab, wobei ich fast meine Axt verdarb, und schleppte es mit nicht geringer Mühe heim, denn es war sehr schwer.

Wegen der außerordentlichen Härte des Holzes brauchte ich zu dieser Arbeit geraume Zeit, aber ich konnte mir nicht anders helfen, als dass ich das Holz, Stückchen für Stückchen, in die Form einer Schaufel oder eines Spatens brachte. Der Handgriff sah genauso aus wie bei uns in England, nur hatte das Blatt vorn keinen eisernen Beschlag, sodass es nicht so lange halten konnte; doch für die Zwecke, wozu ich es brauchte, leistete es mir gute Dienste. Freilich glaube ich nicht, dass jemals eine Schaufel auf diese Art gemacht worden ist oder so viel Zeit zu ihrer Herstellung beansprucht hat.

Immer noch war ich ungenügend ausgerüstet, denn mir fehlte ein Korb oder ein Schubkarren; ich hatte keinerlei Zweige, die sich zu einem Geflecht hätten biegen lassen, oder hatte zumindest noch nichts dergleichen gefunden, sodass ich unter keinen Umständen einen Korb zustande bringen konnte; den Schubkarren betreffend, glaubte ich, wohl alles machen zu können außer den Rädern, aber das verstand ich nicht und wusste auch nicht, wie ich's angehen sollte, außerdem hatte ich keine Möglichkeit, die Eisenbolzen zu der Spindel oder Achse anzufertigen, worin das Rad laufen sollte. Also gab ich's auf, und um die Erde, die ich aus der Höhle herausgeschafft hatte, wegzutragen, machte ich mir ein Ding, das aussah wie ein Trog, wie ihn die Handlanger der Maurer zum Mörteltragen verwenden.

Das fiel mir nicht so schwer wie die Schaufel; und doch kosteten mich diese Arbeiten, zusammen mit dem vergeblichen Versuch, einen Schubkarren zu machen, volle vier Tage – immer ausgenommen dabei meinen Spaziergang mit der Flinte, den ich selten unterließ und von dem ich auch selten ohne etwas Essbares nach Hause kam.

23. November. Während ich meine Werkzeuge anfertigte, hatte meine übrige Arbeit stillgelegen; nun, da die Geräte fertig waren, fuhr ich damit fort, arbeitete jeden Tag so viel, als Kraft und Zeit mir erlaubten, und verbrachte achtzehn Tage ganz allein damit, meine Höhle weiter und tiefer zu graben, damit sie meine Sachen bequem aufnehmen könnte.

NB. Die ganze Zeit über arbeitete ich daran, diesen Raum oder Keller so geräumig zu machen, dass er mir bequem als Lager oder Magazin, als Küche, Essraum und Keller dienen konnte; mein Wohnzimmer blieb das Zelt. Nur regnete es in der Regenzeit manchmal so heftig, dass ich mich vor der Nässe nicht schützen konnte, was mich später dazu veranlasste, die ganze Fläche innerhalb meines Zaunes mit langen Pfosten in der Form von Sparren, die ich gegen den Felsen spreizte, zu bedecken und diese mit Binsen und breiten Blättern von Bäumen wie ein Strohdach zu belegen.

10. *Dezember.* Ich hielt meine Höhle oder mein Gewölbe schon für vollendet, als plötzlich (ich hatte es wohl zu groß gemacht) ein großer Haufen Erde von oben und von der Seite herabstürzte, so viel, dass ich heftig erschrak, und das nicht ohne Ursache; denn wäre ich darunter gewesen, ich hätte keinen Totengräber mehr gebraucht. Nach diesem Unfall musste ich einen großen Teil der Arbeit noch einmal machen, ich musste nämlich die ganze lose Erde hinausschaffen und, noch wichtiger, die obere Wölbung stützen, um zu verhindern, dass noch mehr herunterkam.

11. *Dezember.* An diesem Tag machte ich mich demgemäß gleich an die Arbeit und richtete zwei Pfosten oder Stützen aufrecht bis zur Decke auf, oben darüber legte ich kreuzweise zwei Bretter. Am nächsten Tag war ich damit fertig; darauf errichtete ich noch mehr solcher Stützen mit Brettern obendrauf und hatte nach etwa einer Woche die ganze Wölbung abgesichert, und die reihenweise aufgestellten Pfosten halfen mir, mein Haus in verschiedene Räume abzuteilen.

17. *Dezember.* Von diesem Tag bis zum 20. Dezember befestigte ich Borde an der Wand, schlug Nägel in die Pfosten, um alles, was hängen sollte, daran aufzuhängen, und hatte innen nun langsam einige Ordnung.

20. *Dezember.* Nun schleppte ich alles in die Höhle und begann, mein Haus einzurichten; ich fügte einige Bretter in der Art einer Anrichte zusammen, um meine Lebensmittel auszubreiten, aber langsam wurden mir die Bretter knapp; auch machte ich mir noch einen Tisch.

24. *Dezember.* Viel Regen die ganze Nacht und den ganzen Tag; konnte nicht hinausgehen.

25. *Dezember.* Den ganzen Tag Regen.

26. *Dezember.* Kein Regen, und die Erde ist viel kühler und angenehmer als vorher.

27. *Dezember.* Habe eine junge Ziege erlegt und eine andere lahm geschossen, sodass ich sie fangen und an einem Strick heimführen konnte; daheim verband und schiente ich den Lauf, der gebrochen war. *NB.* Ich pflegte sie so gut, dass sie am Leben blieb, und auch der Lauf wurde gesund und wieder so stark wie vorher; durch meine lange Pflege war sie zahm geworden, äste nun auf dem Rasen vor meiner Tür und wollte nicht weglaufen. Das brachte

mich zum ersten Mal auf den Gedanken, mir einige zahme Tiere aufzuziehen, damit ich, wenn Pulver und Blei einmal ganz verschossen wären, doch noch zu essen hätte.

28., 29., 30. Dezember. Große Hitze und kein Luftzug, ich ging also nicht aus dem Haus, nur am Abend, um für Nahrung zu sorgen; diese Zeit benutzte ich dazu, in meiner Wohnung meine Sachen in Ordnung zu bringen.

1. Januar. Noch immer sehr heiß; aber ich ging früh und abends mit meiner Flinte aus dem Haus und legte mich zu Mittag nieder. An diesem Abend drang ich tiefer in die Täler vor, die weiter im Innern der Insel liegen, und fand dabei eine Menge Ziegen, die aber sehr scheu waren und schwer zu beschleichen; ich beschloss aber zu versuchen, ob nicht der Hund sie herunterhetzen könnte.

2. Januar. Den nächsten Tag ging ich daher mit dem Hund hin und hetzte ihn auf die Ziegen; aber das war ein Irrtum, denn die Ziegen wandten sich alle gegen ihn, und er erkannte die ihm drohende Gefahr nur zu gut und wagte sich darum nicht in ihre Nähe.

3. Januar. Ich begann nun mit meinem Zaun oder Wall und beabsichtigte, weil mir noch immer vor Überfällen graute, ihn recht dicht und stark zu machen.

NB. Da ich diesen Wall schon vorher beschrieben habe, lasse ich absichtlich aus, was darüber im Tagebuch steht; es genügt zu sagen, dass ich vom 3. Januar bis zum 14. April ununterbrochen daran gearbeitet habe, ihn zu vollenden und zu vervollkommnen, obwohl er nur etwa 24 Yard lang war, ein Halbkreis von einem Punkt des Felsens zu einem anderen, der etwa acht Yard vom ersten entfernt war; der Eingang zur Höhle befand sich gerade in der Mitte dahinter.

Diese ganze Zeit über arbeitete ich sehr schwer, obwohl mich der Regen tagelang, ja manchmal wochenlang behinderte; aber ich meinte, ich wäre so lange nicht völlig in Sicherheit, als der Wall nicht fertig war. Und es ist kaum zu glauben, welch unaussprechliche Mühe ich mit allem hatte, besonders damit, die Pfeiler aus dem Wald herbeizuschleppen und sie in den Boden zu treiben, hatte ich sie doch viel größer gemacht als nötig.

Als der Wall fertig und von außen zusätzlich mit einem Rasenwall umgeben war, überzeugte ich mich, dass, wenn irgendjemand hier an dieser Küste landen sollte, er doch nichts einer Wohnung Ähnliches entdecken könnte; und das war sehr wohlgetan, wie sich später bei einer bemerkenswerten Gelegenheit zeigen wird.

Während dieser Zeit machte ich jeden Tag, wenn der Regen es zuließ, meinen Rundgang durch die Wälder nach Wildbret und entdeckte auf diesen Spaziergängen häufig das eine oder andere, das mir nützen konnte; so fand ich eine Art von wilden Tauben, die nicht wie unsere Holztauben in Bäumen nisten, sondern eher wie die Haustauben in Löchern im Felsen; ich nahm einige Junge und bemühte mich, sie zu zähmen. Es gelang mir, aber als sie größer wurden, flogen sie alle davon, wahrscheinlich aus Mangel an Nahrung, denn ich hatte nichts, was ich ihnen geben konnte; immerhin entdeckte ich häufig ihre Nester und nahm die Jungen aus, deren Fleisch sehr lecker war.

Nun, da ich meine Haushaltsgeschäfte führte, fand ich, dass mir noch vieles fehlte, wovon ich zunächst dachte, ich könnte es unmöglich selber machen, was denn in einigen Fällen auch zutraf; zum Beispiel gelang es mir nie, ein Fass mit Reifen zu beschlagen. Ich hatte zwar, wie schon gesagt, ein oder zwei kleine Fässer, aber es wollte mir durchaus nicht glücken, selber eines danach anzufertigen, obwohl ich viele Wochen damit zubrachte, weder konnte ich die Böden einsetzen noch die Dauben so dicht aneinanderfügen, dass sie das Wasser hielten: So gab ich's schließlich auf.

Als Nächstes hätte ich dringend Kerzen gebraucht; sobald es nämlich dunkel wurde, d. h. gewöhnlich gegen sieben Uhr, war ich gezwungen, zu Bett zu gehen. Ich erinnerte mich an den Wachsklumpen, aus dem ich während meines afrikanischen Abenteuers Kerzen gemacht; aber jetzt hatte ich nichts dergleichen. Ich konnte mir nur so helfen, dass ich eine Ziege schoss, den Talg aufbewahrte und mir daraus und aus einer kleinen, in der Sonne getrockneten Lehmschüssel, in die ich noch etwas Werg als Docht gesteckt hatte, eine Lampe bastelte. So hatte ich Licht, wenn auch kein so helles und stetiges wie von einer Kerze. Mitten in allen diese Arbeiten geschah es, dass ich beim Durchstöbern meiner Sachen einen kleinen Beutel fand, der, wie schon erwähnt, mit Korn als Futter für die Hühner gefüllt war, nicht für die Reise, sondern von früher her, wie ich annahm, als das Schiff von Lissabon gekommen war. Den kleinen Rest Korn, der noch in dem Beutel gewesen, hatten die Ratten gefressen, und ich fand nur Hülsen und Staub darin; da ich den Beutel zu einem anderen Zweck verwenden wollte, ich glaube, um Pulver hineinzutun, als ich es damals aus Angst vor Blitzen aufteilte, oder für etwas Ähnliches, schüttelte ich die Getreidehülsen an einer Seite meiner Befestigung unter dem Felsen aus.

Das war kurz vor der oben erwähnten großen Regenzeit, als ich das Zeug wegwarf, und ich achtete nicht weiter darauf, erinnerte mich nicht einmal mehr daran, dass ich hier etwas weggeworfen hatte. Da sah ich ungefähr einen Monat später plötzlich einige wenige Sprossen von etwas Grünem aus der Erde schießen, was ich für irgendein Gewächs hielt, das ich vorher nicht gesehen hatte, aber wie erstaunt und verwundert war ich, als ich nach kurzer Zeit zehn oder zwölf Ähren herauskommen sah, die nichts anderes waren als grüne Gerste, genau von der Art wie unsere europäische, ja, wie unsere englische Gerste.

Es ist unmöglich, das Erstaunen und die Verwirrung meiner Gedanken bei diesem Anblick zu beschreiben. Ich hatte bisher ohne jeden religiösen Glauben gehandelt, hatte überhaupt wenig Begriff von Religion im Kopf und hatte mithin auch alles, was mir begegnet war, als bloßen Zufall genommen oder, wie man leichthin sagt, »wie es Gott gefällt«, ohne jemals nachzudenken, welches wohl das Ziel der Vorsehung in diesen Dingen wäre, welches der göttliche Plan in der Lenkung der Ereignisse auf dieser Welt. Aber als ich hier in einem Klima, das, wie ich wusste, dem Getreide nicht günstig war, Gerste wachsen sah, von der ich noch dazu nicht wusste, wie sie hierhergekommen war, da fühlte ich mich seltsam erschüttert, und ich begann zu glauben, dass Gott dieses Korn auf wunderbare Weise ohne ausgestreuten Samen hatte wachsen lassen, ganz allein zu meinem Unterhalt an diesem öden, unseligen Ort.

Der Vorfall ging mir nicht wenig zu Herzen und füllte meine Augen mit Tränen, und ich begann, mich glücklich zu preisen, dass ein solches Wunder der Natur meinetwegen geschehen sei; und noch seltsamer wurde mir zumute, als ich unweit davon am Rand des Felsens noch weitere vereinzelte Halme stehen sah, die sich später als Reishalme erwiesen und die ich auch gleich erkannte, weil ich solche schon während meines Aufenthaltes in Afrika gesehen hatte. Nicht nur, dass ich glaubte, die Vorsehung hätte diese Halme einzig und allein zu meinem Unterhalt wachsen lassen, ich zweifelte auch nicht daran, dass noch mehr davon zu finden sein müsste, also durchstreifte ich den ganzen mir schon bekannten Teil der Insel und spähte scharf in jede Ecke und unter jeden Felsen, um noch mehr zu entdecken, fand aber nichts. Endlich fiel mir ein, dass ich ja den Beutel mit Hühnerfutter auf dieser Stelle ausgeschüttelt hatte, und da ließ das Erstaunen über das Wunder langsam nach; und ich muss gestehen, dass auch meine Dankbarkeit der göttlichen Vorsehung gegenüber bedeutend nachzulassen begann, als ich entdeckte, dass nichts Außerordentliches an der Erscheinung war. Gleichwohl hätte ich für eine solch seltsame und unvorhersehbare Fügung nicht minder dankbar sein sollen als für ein Wunder, denn es war ja in der Tat das Wirken der Vorsehung, die es so angeordnet oder gefügt hatte, dass zehn oder zwölf Getreidekörner unversehrt blieben (wo doch die Ratten das Übrige vernichtet hatten), als wären sie vom Himmel gefallen, ebenso, dass ich sie gerade auf diese besondere Stelle schüttete, im Schatten dieses hohen Felsens, wo sie sogleich aufgehen konnten. Hätte ich sie hingegen damals irgendwo anders hingeschüttet, sie wären verbrannt und zugrunde gegangen. Man darf mir glauben, dass ich die Ähren dieses Getreides, als es reif war, also ungefähr Ende Juni, mit äußerster Sorgfalt erntete. Ich verwahrte jedes einzelne Korn und beschloss, sie alle miteinander wieder auszusäen, und hoffte, mit der Zeit so viel zu ernten, dass ich mit Brot versorgt wäre. Allein es währte bis ins vierte Jahr, ehe ich mir erlauben konnte, auch nur das geringste Körnchen davon zu essen, und auch dann musste ich noch sparsam sein, wie ich an seinem Platz berichten werde. Die erste Saat ging mir fast ganz verloren, weil ich nicht den rechten Zeitpunkt für die Aussaat gewählt hatte, ich hatte nämlich gerade vor der Trockenzeit gesät, sodass gar nichts aufging, oder doch nicht so, wie es sonst aufgegangen wäre; doch davon später.

Außer der Gerste hatte ich, wie schon gesagt, zwanzig oder dreißig Reishalme, die ich mit derselben Sorgfalt aufbewahrte und zu dem gleichen Gebrauch bestimmte, nämlich Brot oder überhaupt Essen daraus zu machen; ich fand einen Weg zu kochen, ohne zu backen, obwohl ich auch das nach einiger Zeit lernte. Nun zurück zu meinem Tagebuch.

Diese drei oder vier Monate hindurch arbeitete ich außerordentlich schwer, um meinen Wall fertigzubringen; am 14. April war er fertig. Ich hatte es so eingerichtet, dass man nicht durch eine Tür, sondern mit einer Leiter über den Wall ins Innere gelangte, damit von außen keine Spur meiner Wohnung zu sehen wäre.

16. April. Nun war die Leiter fertig, also stieg ich mit ihr auf den Wall, zog sie hinter mir herauf und ließ sie auf der Innenseite hinunter. Auf diese Art war ich völlig eingeschlossen; innen hatte ich Raum genug, und von außen konnte nichts zu mir dringen, ohne vorher über die Mauer gestiegen zu sein.

Gerade am Tag nach Beendigung des Walls wäre mein ganzes Werk um ein Haar zerstört, ich selber getötet worden. Die Sache war die: Als ich gerade innerhalb des Walls hinter meinem Zelt am Eingang der Höhle beschäftigt war, wurde ich durch ein wahrhaft fürchterliches Ereignis in Angst und Schrecken versetzt: Plötzlich sah ich nämlich, wie Erdreich vom Dach meiner Höhle und vom Rand des Hügels über meinem Kopf herabbröckelte, und hörte, wie zwei von den Pfosten, die ich in der Höhle aufgestellt hatte, entsetzlich krachten. Ich war zu Tod erschrocken, konnte mir aber die wirkliche Ursache nicht denken, sondern glaubte nur, das Gewölbe meiner Höhle wäre am Einstürzen, wie das mit einem Teil schon früher geschehen war, und vor lauter Angst, lebendig begraben zu werden, stürzte ich zu meiner Leiter, hielt mich aber auch dort nicht für sicher, sondern kletterte über den Wall, aus Furcht, Stücke des Hügels möchten auf mich herabstürzen; kaum hatte ich festen Boden unter den Füßen, als ich erkannte, dass es sich um ein furchtbares Erdbeben handelte, denn der Boden, auf dem ich stand, bebte dreimal in Zwischenräumen von etwa acht Minuten mit derartigen Stößen, wie sie das stärkste Bauwerk, das man sich auf der Welt denken konnte, über den Haufen hätte werfen können; und vom Gipfel eines Felsens, der etwa eine halbe Meile von mir in Richtung aufs Meer hin gelegen war, fiel ein großes Stück herunter mit einem so gewaltigen Lärm, wie ich in meinem Leben noch nicht gehört hatte. Ich bemerkte auch, dass das Meer selber durch das Beben in heftige Bewegung geraten war; die Stöße unter Wasser waren wohl noch stärker als die auf der Insel.

Nie hatte ich etwas Ähnliches erlebt, auch nie mit einem, der desgleichen erlebt hatte, darüber gesprochen, sodass ich dermaßen bestürzt war, dass ich wie tot oder betäubt war; von der Bewegung der Erde wurde mir übel wie einem, der auf See hin- und hergeschaukelt wird; aber der Lärm des herunterstürzenden Felsens machte mich gleichsam wieder munter, riss mich aus meiner Betäubung und erfüllte mich mit Schrecken, und ich dachte nichts anderes, als dass der Hügel auf mein Zelt stürzen und all mein Hab und Gut unter sich begraben würde; und darüber sank vor Schrecken das Herz in mir zum zweiten Mal.

Nachdem der dritte Stoß vorbei war, spürte ich eine Weile nichts mehr, fasste wieder Mut, hatte aber doch nicht das Herz, wieder über den Wall zu steigen, aus Angst, lebendig begraben zu werden, sondern blieb still auf dem Boden sitzen, niedergeschlagen und trostlos, und wusste nicht, was ich anfangen sollte. Die ganze Zeit über hatte ich nicht den geringsten ernsthaften frommen Gedanken, nichts als das übliche »Herr, erbarme dich meiner!«, und als alles vorüber war, verging mir auch das.

Wie ich so dasaß, bemerkte ich, dass der Himmel verzogen und wolkig wurde, als wollte es regnen; kurz darauf erhob sich nach und nach der Wind, und in weniger als einer halben Stunde blies der fürchterlichste Orkan. Das Meer war im Nu mit Gischt und Schaum bedeckt, das Ufer von der Brandung überflutet, die Bäume wurden mit den Wurzeln herausgerissen; es war ein schrecklicher Sturm, der an die drei Stunden dauerte, danach wurde es ruhiger, und nach zwei weiteren Stunden war es ganz windstill und begann, sehr stark zu regnen.

Die ganze Zeit über war ich zutiefst verängstigt und verzweifelt am Boden gesessen, bis mir plötzlich einfiel, dass Wind und Regen eine Folge des Erdbebens, das Erdbeben selber also aus und vorbei sein müsste und ich mich jetzt wieder in meinen Keller wagen dürfte. Bei diesem Gedanken ermunterte ich mich ein wenig, und da der Regen das seine zu meiner Überzeugung beitrug, ging ich hinein und setzte mich ins Zelt, aber der Regen war so heftig, dass er mein Zelt fast zum Einfallen brachte. Ich musste also in meine Höhle gehen, ob mir gleich angst und bange war, sie möchte mir auf den Kopf fallen.

Der heftige Regen nötigte mich zu einer neuen Arbeit, ich musste nämlich in meine neu gebaute Schanze ein Loch hauen, durch welches wie durch eine Rinne das Wasser ablaufen konnte, das sonst meinen Keller ersäuft hätte. Nachdem ich einige Zeit in der Höhle gesessen hatte und keine weiteren Erdbebenstöße gefolgt waren, wurde ich zuversichtlicher; und um meine Lebensgeister, die eine Stärkung in der Tat dringend nötig hatten, etwas aufzufrischen, ging ich in meine kleine Speisekammer und nahm einen bescheidenen Schluck Rum, mit dem ich allerdings sowohl jetzt als auch sonst immer recht sparsam umging, denn ich wusste, wenn dieser einmal zu Ende war, gab es keinen mehr.

Es regnete die ganze Nacht und einen guten Teil des nächsten Tages, sodass ich das Haus nicht verlassen konnte. Da ich mich nun aber wieder etwas gefasst hatte, begann ich zu überlegen, was am besten zu tun wäre, und kam zu dem Schluss, dass ich, wenn diese Insel häufig von Erdbeben heimgesucht würde, unmöglich in einer Höhle leben konnte, sondern daran denken müsste, mir eine Hütte im Freien zu bauen und sie mit einem Wall zu umgeben, wie ich ihn hier gebaut hatte, um mich vor wilden Tieren oder Menschen zu schützen; bliebe ich dagegen hier, so meinte ich, würde ich sicher früher oder später lebendig begraben.

Unter solchen Überlegungen beschloss ich, das Zelt zu entfernen von dem Platz, wo es jetzt stand, nämlich unter einem überhängenden Vorsprung des Felsens, der beim nächsten Erdbeben mit Sicherheit auf mein Zelt fallen würde.

Und ich verbrachte die nächsten beiden Tage, den 19. und 20. April mit Nachdenken, wie und wohin ich meine Wohnung versetzen sollte.

Die Angst, lebendigen Leibes von der Erde verschlungen zu werden, ließ mich nie ruhig schlafen, aber fast ebenso groß war meine Furcht, ohne jede Umzäunung im Freien zu liegen. Und wenn ich um mich blickte und sah, wie alles geschickt verborgen und in guter Ordnung dalag, wie sicher vor jeder Gefahr, so war mir der Gedanke an Übersiedlung sehr zuwider.

Inzwischen fiel mir auch ein, dass ein solches Unternehmen viel Zeit in Anspruch nehmen würde und dass ich mich damit bescheiden musste zu bleiben, wo ich war, bis ich ein Lager für mich gebaut und so weit gesichert hatte, um dahin ziehen zu können. Mit dieser Entscheidung gab ich mich für eine Weile zufrieden und beschloss dann, mir in größter Eile einen Zaun aus Pfosten, Kabelstücken usw., kreisförmig wie zuvor, zu bauen und nach Beendigung des Zauns mein Zelt innerhalb desselben aufzustellen. Bis ich alles fertig und zum Umzug bereit hätte, wollte ich auf gut Glück bleiben, wo ich war. Das war *am 21. April.*

22. April. Am nächsten Morgen überlegte ich, wie mein Entschluss ins Werk zu setzen wäre, war aber in großer Bedrängnis wegen der Werkzeuge; ich hatte zwar drei große Äxte und eine Menge Beile (wir hatten nämlich Beile für den Handel mit den Indianern geladen), allein sie waren beim Fällen und Behauen des knorrigen, harten Holzes stumpf geworden und hatten Scharten bekommen, und ob ich gleich einen Schleifstein hatte, konnte ich ihn doch nicht drehen und daher auch meine Werkzeuge nicht schleifen. Diese Angelegenheit kostete mich so viel Nachdenken, wie ein Staatsmann auf eine Frage der großen Politik oder ein Richter für ein Urteil über Leben und Tod eines Menschen aufgewendet haben würde. Schließlich verfiel ich darauf, ein Rad zu bauen und es durch einen Strick mit dem Fuß in Bewegung zu setzen, dergestalt, dass ich beide Hände frei hätte. *NB.* Ich hatte nichts dergleichen in England jemals gesehen, zumindest nicht aufgemerkt, wie es gehandhabt wurde, obwohl ich später beobachtete, dass es doch etwas ganz Alltägliches ist; überdies war mein Schleifstein sehr groß und sehr schwer. Es dauerte eine volle Woche, bis ich meine Maschine zur Vollendung brachte.

28. und 29. April. Während dieser beiden Tage schärfte ich mein Werkzeug; die Schleifmaschine arbeitete recht gut.

30. April. Da ich bemerkte, dass mein Brot seit Langem zur Neige ging, machte ich einen Überschlag und setzte meine Tagesrationen herunter auf einen Zwieback pro Tag; aber das Herz wurde mir schwer dabei.

1. Mai. Als ich am Morgen, es war gerade Ebbe, auf das Meer hinausblickte, sah ich etwas ungewöhnlich Großes am Strand liegen, dem Ansehen nach ein Fass; als ich hinkam, fand ich ein kleines Fass mit zwei oder drei Trümmern vom Wrack des Schiffes, die der letzte Orkan an Land geschwemmt hatte, und als ich zum Wrack selber hinschaute, schien es mir höher aus dem Wasser zu ragen als vorher. Ich untersuchte das Fass, das an den Strand geschwemmt worden war, erkannte es bald als Pulverfass, das aber Wasser gezogen hatte, wodurch das Pulver so hart wie Stein geworden war. Dennoch rollte ich es vorerst einmal weiter an Land und lief dann auf dem Sand so nahe als möglich an das Schiffswrack heran, um nach mehr zu suchen.

Als ich zum Schiff hinunterkam, fand ich seine Lage auffallend verändert. Das Vorderteil, zuvor im Sand eingegraben, war um mindestens sechs Fuß gehoben, und das Heck, das in Stücke geborsten war und schon bald nachdem ich es zum letzten Mal durchsucht hatte, durch den Anprall der Wellen vom übrigen Schiffsrumpf sich gelöst hatte, lag jetzt gleichsam umgedreht da, auf die Seite gestürzt, und der Sand war neben dem Heck so hoch aufgetürmt, dass ich dort, wo sich vorher eine große Wasserfläche befand, sodass ich nur schwimmend näher als eine Viertelmeile an das Schiff herankonnte, jetzt dagegen bei Ebbe zu Fuß bis dicht ans Schiff herangehen konnte. Ich war zuerst überrascht davon, kam aber bald zu dem Schluss, dies müsse vom Erdbeben herrühren, dessen Gewalt das Schiff noch weiter aufgebrochen hatte, sodass nun viele Sachen täglich an den Strand geschwemmt wurden, die die See freispülte und Wind und Wasser nach und nach ans Ufer trieben.

Dadurch kam ich ganz ab von meinen Übersiedlungsplänen. Ich war den ganzen Tag lang mit Versuchen geschäftig, in das Schiff hineinzukommen, erkannte freilich bald, dass ich mir nichts davon versprechen konnte, denn das Schiff war inwendig völlig mit Sand vollgestopft. Da ich jedoch gelernt hatte, in keiner Lage zu verzweifeln, beschloss ich, in Stücke zu hauen, was ich nur konnte, da mir alles, was ich vom Schiff losmachen konnte, sicher auf irgendeine Art einmal nützen würde.

3. *Mai.* Ich machte mich mit meiner Säge an die Arbeit und sägte einen Balken durch, der, wie ich glaubte, einen Teil des oberen oder Achterdecks zusammenhielt; als ich ihn durchgesägt hatte, räumte ich, so gut ich konnte, den Sand von der Seite weg, wo er am höchsten lag; doch dann kam die Flut, und ich musste die Arbeit für diesmal aufgeben.

4. *Mai.* Ich ging fischen, fing aber keinen Fisch, den ich mich zu essen getraute. Als ich schließlich, meines Sports überdrüssig geworden, heimgehen wollte, fing ich einen jungen Delfin. Ich hatte mir eine lange Schnur aus Segelgarn angefertigt, besaß aber keine Haken; trotzdem fing ich oft genug so viel Fische, als ich nur essen konnte. Ich ließ sie immer in der Sonne trocknen, um sie dann gedörrt zu verspeisen.

5. *Mai.* Arbeitete auf dem Wrack, sägte abermals einen Balken durch und löste drei Fichtenplanken vom Deck, die ich zusammenband und an Land treiben ließ, sobald die Flut einsetzte.

6. *Mai.* Arbeitete auf dem Wrack, holte einige eiserne Bolzen heraus und anderes Eisenwerk. Ich mühte mich sehr ab, kam ganz erschöpft nach Haus und dachte daran, die Sache aufzugeben.

7. *Mai.* Ging wieder aufs Wrack, aber ohne Absicht zu arbeiten, fand jedoch das Schiff unter seinem eigenen Gewicht zusammengebrochen, da die Balken ja durchgesägt waren, sodass einzelne Teile des Schiffs lose zu sein

schienen; die Innenseite des Lagerraums lag so offen da, dass ich hineinsehen konnte, sie war aber fast ganz mit Wasser und Sand gefüllt.

8. Mai. Ging zum Wrack, diesmal mit einem Hebeisen, um das Deck aufzubrechen, das jetzt von Wasser und Sand fast frei war. Ich brach zwei Planken heraus und brachte sie wieder mit der Flut an Land; das Hebeisen ließ ich für den nächsten Tag an Bord.

9. Mai. Ging zum Wrack und stemmte mir mit dem Hebeisen einen Weg in den Rumpf, spürte einige Fässer, lockerte sie mit dem Hebeisen, konnte sie aber nicht aufbrechen; ich spürte auch die Rolle englischen Bleis und war imstande, sie zu bewegen, aber sie war zu schwer, um sie wegzuschaffen.

10., 11., 12., 13., 14. Mai. Ging jeden Tag zum Wrack und holte eine Menge Bauholz, Bretter und Planken und zwei bis drei Zentner Eisen heraus.

15. Mai. Ich nahm zwei Beile mit, um zu versuchen, ob ich nicht ein Stück von der Bleirolle abschneiden könnte, indem ich die Schneide des einen Beils ansetzte und mit dem anderen hineintrieb. Aber da die Rolle ungefähr eineinhalb Fuß tief im Wasser lag, konnte ich keinen rechten Schlag zum Hineintreiben des Beils anbringen.

16. Mai. Es hatte die ganze Nacht kräftig geblasen, und der Anprall des Wassers schien das Wrack noch weiter zertrümmert zu haben. Ich hatte mich jedoch so lang im Wald aufgehalten, um Tauben für meine Tafel zu schießen, dass die Flut mich ereilte und ich heute gar nicht ans Schiff kommen konnte.

17. Mai. Ich erblickte etliche Trümmer vom Wrack, die in großer Entfernung, mindestens zwei Meilen von hier, an Land geschwemmt worden waren. Ich beschloss nachzusehen, was es war, und fand ein Stück vom Bug, aber zu schwer für mich, um es fortzuschaffen.

24. Mai. Bis heute jeden Tag auf dem Schiff gearbeitet, mit großer Mühe konnte ich einige Sachen mit dem Hebeisen so weit lockern, dass die nächste kräftige Flut einige Fässer und zwei Matrosenkisten herausspülte. Da jedoch der Wind vom Land wegblies, gelangte nichts an den Strand, außer etwas Bauholz und ein Oxhoft mit brasilianischem Schweinefleisch, das aber von Sand und Salzwasser verdorben war.

Meine Arbeit setzte ich Tag für Tag fort bis zum *15. Juni*, mit Ausnahme jener Zeit, die ich brauchte, um Essen zu beschaffen, was ich mir aber während dieses Teils meiner Beschäftigung immer für die Flutzeit vorbehielt, damit ich bei Ebbe bereit wäre. Inzwischen hatte ich bereits genug Bauholz, Planken und Eisen herausgeholt, um ein tüchtiges Boot bauen zu können, wenn ich nur gewusst hätte, wie; auch brachte ich, stückweise und nach und nach, an die 100 Pfund Blei an Land.

16. Juni. Bei einem Spaziergang an den Strand hinunter fand ich eine große Schildkröte. Es war die erste, die ich hier erblickte, aber daran war anscheinend nur mein Missgeschick schuld, nicht der Ort noch ihre Seltenheit; wäre ich nämlich zufällig auf die andere Seite der Insel geraten, ich hätte, wie ich später entdeckte, täglich Hunderte davon haben können; hätte sie vielleicht aber auch teuer bezahlen müssen.

17. Juni. Verbrachte den Tag mit dem Kochen der Schildkröte; sie hatte drei Schock Eier im Leibe, und ihr Fleisch war für mich zu jener Zeit das saftigste und schmackhafteste, was ich in meinem Leben gekostet, da ich seit meiner Landung an diesem gräulichen Ort kein Fleisch als nur das von Ziegen und Vögeln gehabt hatte.

18. Juni. Den ganzen Tag Regen, und ich blieb zu Haus. Der Regen kam mir diesmal kalt vor, und ich fröstelte, was, wie ich wusste, in diesen Breiten ungewöhnlich war.

19. Juni. Sehr krank, Schüttelfrost, als gäbe es kaltes Wetter.

20. Juni. Die ganze Nacht nicht geschlafen, heftige Schmerzen im Kopf, Fieber.

21. Juni. Sehr krank, fast zu Tode erschrocken vor lauter Besorgnis über meinen unglückseligen Zustand, dass ich hier krank liege, und keine Hilfe da; betete zu Gott, zum ersten Mal seit dem Sturm vor Hull, wusste aber kaum, was ich sagte noch warum ich es sagte, meine Gedanken waren ganz verwirrt.

22. Juni. Etwas besser, aber fürchterliche Angst vor Krankheit.

23. Juni. Wieder sehr übel, kalter Schüttelfrost, dann heftige Kopfschmerzen.

24. Juni. Viel besser.

25. Juni. Sehr heftiges Fieber; der Anfall dauerte sieben Stunden, Kälte und Hitze mit mattem Schweiß hinterher.

26. Juni. Besser; und weil ich nichts zu essen hatte, griff ich zur Flinte, war aber ganz schwach. Ich tötete immerhin eine Geiß und schleppte sie mühsam nach Haus, briet ein Stück und aß es; lieber hätte ich es gedünstet und Brühe daraus gemacht, hatte aber keinen Topf.

27. Juni. Wieder Fieber, so heftig, dass ich den ganzen Tag im Bett blieb und nichts aß und nichts trank. Ich hätte vor Durst sterben können, war aber zu schwach, um aufzustehen und mir Trinkwasser zu holen. Wieder betete ich zu Gott, war aber schwindlig im Kopf, und wenn mir der Verstand wiederkam, war ich so unwissend, dass ich nichts zu sagen wusste; ich lag nur da und rief: »Herr, schau herunter auf mich, Herr, sei mir gnädig, Herr, erbarme dich meiner!« Ich glaube, ich habe zwei oder drei Stunden lang nichts anderes getan, bis der Anfall vorbei war, und dann schlief ich ein und erwachte erst spät in der Nacht; als ich erwachte, fühlte ich mich sehr erholt, aber schwach und furchtbar durstig. Ich hatte nun in meiner ganzen Wohnung kein Wasser, also war ich gezwungen, bis zum Morgen liegen zu bleiben, und schlief wieder ein. Während meines zweiten Schlafs hatte ich folgenden entsetzlichen Traum:

Mir schien, ich säße außerhalb meines Walls auf der Erde, dort, wo ich während des Sturms nach dem Erdbeben gesessen, und sähe aus einer großen, dunklen Wolke und in einer breiten Feuerzunge einen Mann herabsteigen und den Boden betreten. Er selber war über und über so hell wie eine Flamme, sodass ich seinen Anblick kaum ertragen konnte; sein Gesicht war unaussprechlich furchtbar, mit Worten nicht zu beschreiben. Als er mit seinen Füßen die Erde betrat, schien der Boden zu zittern, wie damals vor dem Erdbeben, und die ganze Luft schien zu meinem Entsetzen von Flammenblitzen erfüllt.

Kaum hatte er die Erde betreten, so schritt er auf mich zu, in der Hand einen langen Speer oder eine ähnliche Waffe, um mich zu töten; und als er in einiger Entfernung auf einer Erhöhung angelangt war, redete er mich an, oder ich hörte eine so furchtbare Stimme, dass ich ihre Schrecklichkeit nicht beschreiben kann. Alles, was ich verstand, war dieses: »Da ich sehe, dass alle diese Dinge dich nicht zur Reue bewogen haben, so sollst du nun sterben.« Bei diesen Worten war mir, als hebe er den Speer in seiner Hand auf, um mich zu töten.

Keiner, der jemals diesen Bericht lesen sollte, wird erwarten, dass ich imstande wäre, das Grauen meiner Seele über dies entsetzliche Gesicht zu beschreiben; ich meine, wenn es auch nur im Traum geschah, so erschreckte es mich doch auch im Traum unsäglich. Ebenso wenig ist es mir möglich, den Eindruck zu beschreiben, der mir in der Seele blieb, als ich erwachte und merkte, dass es nur ein Traum war.

Ich hatte, leider, keinerlei Kenntnis von Gott; was ich in meines Vaters vortrefflichem Unterricht gelernt hatte, das war nach acht Jahren ununterbrochenen, ruchlosen Seelebens und durch den ständigen Umgang mit meinesgleichen, lauter leichtfertigen und im höchsten Maße gottvergessenen Burschen also, alles vertan und vergessen. Ich kann mich nicht erinnern, während dieser ganzen Zeit auch nur einen Gedanken an Gott im Himmel oder an den inwendigen Zustand meiner Seele verschwendet zu haben; sondern eine Stumpfheit der Seele, ohne Verlangen nach dem Guten und ohne Empfindung des Bösen, hatte völlig von mir Besitz ergriffen, und ich war ein so völlig verstockter, gedankenloser, gottloser Bube, wie man ihn unter gewöhnlichen Seeleuten nur finden kann, ich kannte keine Gottesfurcht in Gefahr noch Dankbarkeit gegen Gott bei der Errettung.

Das wird man mir umso eher glauben, wenn ich dem bisherigen Bericht meiner Geschichte noch hinzufüge, dass ich in all dem mannigfachen Unglück, das mir bis auf den heutigen Tag zugestoßen war, kein einziges Mal daran gedacht hatte, die Hand Gottes darin zu sehen oder eine gerechte Strafe für meine Sünden, für mein halsstarriges Benehmen gegen meinen Vater oder für meine gegenwärtigen, großen Sünden, oder überhaupt eine Züchtigung für den gesamten Verlauf meines gottlosen Lebens. Als ich mich auf jener verzweifelten Fahrt an dem wüsten Gestade von Afrika befand, dachte ich nicht einmal im Traum darüber nach, was aus mir werden sollte, tat auch nicht einen Seufzer zu Gott, er möge mir den Weg zeigen oder mich vor den Gefahren beschirmen, die mich sichtbarlich von allen Seiten umgaben, sowohl von Raubtieren als auch von grausamen Wilden; sondern ich dachte einfach nicht an Gott und die Vorsehung und folgte wie ein vernunftloses Tier einfach dem Trieb der Natur und den Eingebungen des gesunden Menschenverstandes, und auch das nicht immer.

Als ich damals gerettet und von dem portugiesischen Kapitän an Bord genommen und so gut, gerecht, ehrenvoll und edelmütig von ihm behandelt wurde, kam mir nicht im Mindesten Dankbarkeit gegen Gott in den Sinn. Auch als ich schiffbrüchig, ganz elend und dem Ertrinken nahe auf diese Insel geriet, war ich weit entfernt davon, Reue zu empfinden, sah mein Unglück auch nicht für ein göttliches Gericht an, sondern sagte nur oft zu mir selber, ich sei eben ein armer Hund, zu dauerndem Unglück geboren.

Als ich zuerst hier an die Küste kam und sah, dass die ganze Mannschaft ertrunken und nur ich verschont geblieben war, da wurde ich zwar von einer Art Verzückung erfasst, von einer Bewegung der Seele, aus der, hätte die Gnade Gottes mir beigestanden, vielleicht aufrichtige Dankbarkeit geworden wäre; aber dieses Gefühl endete, wo es begann, es blieb bei einem ganz gewöhnlichen Freudenrausch, wie ich es wohl nennen darf, darüber, dass ich noch am Leben war, ohne allen Gedanken an die Güte jener Vorsehung, die mich erhalten, die mich unter allen dazu ausgewählt hatten, am Leben zu bleiben, da alle anderen untergingen; ohne mich zu fragen, warum denn die Vorsehung so gütig gegen mich gewesen. Es war genau dieselbe, ganz gewöhnliche Art von Freude, die die Seeleute immer empfinden, wenn sie aus einem Schiffbruch heil an Land geborgen werden, und die sie gleichsam im nächsten Punsch ersäufen und die sie vergessen, sobald erst alles vorbei ist; und so war es auch mein ganzes Leben lang gewesen.

Auch als mir später nach reiflicher Überlegung mein Zustand so recht zu Bewusstsein kam, wie ich an diesen fürchterlichen Ort verschlagen war, unerreichbar weit von allen Menschen, ohne alle Hoffnung auf Hilfe oder Aussicht auf Erlösung – auch hier verging mir jede Trauer, kaum dass ich eine Möglichkeit sah, am Leben zu bleiben und nicht vor Hunger sterben und umkommen zu müssen; gleich nahm ich wieder alles auf die leichte Schulter, machte mich an die Arbeiten, die zu meiner Erhaltung und Versorgung nötig waren, und war weit davon entfernt, meine Lage als ein Gericht des Himmels oder den Finger Gottes gegen mich zu bejammern; dergleichen Gedanken gingen mir nur sehr selten durch den Kopf.

Das Sprießen der Getreidehalme, wie im Tagebuch erwähnt, hatte mich zuerst ein wenig beeindruckt und ernste Gedanken in mir erweckt, solange ich nämlich glaubte, dass ein Wunder mit im Spiel war; aber sobald mein Wunderglauben zerstört war, verschwand auch, wie schon berichtet, der Eindruck, den die Sache auf mich gemacht hatte.

Ganz ebenso beim Erdbeben; obwohl nichts seiner Natur nach fürchterlicher war und zugleich unmittelbarer hindeutete auf die unsichtbare Macht, die allein solche Dinge lenkt, so war doch, der erste Schrecken kaum vorüber, auch seine Wirkung auf mich sogleich verflogen. Ich hatte nicht mehr Begriff von Gott und seinem Gericht, als ob ich mich in den allerglücklichsten Umständen befunden hätte, geschweige denn, dass ich daran gedacht hätte, mein gegenwärtiges Kreuz könnte von seiner Hand geschickt sein.

Aber nun, da ich anfing, krank zu werden, und in meiner Muße das Bild der Todesnöte sich mir vor Augen stellte, nun, da meine Lebensgeister sich unter der Last der schweren Krankheit neigten und die Natur von der Gewalt des Fiebers erschöpft war, nun erwachte mein Gewissen langsam aus seinem langen Schlummer, und ich begann, mir Vorwürfe wegen meines bisherigen Lebens zu machen, in dem ich durch eine ungewöhnliche Gottlosigkeit Gottes Gerechtigkeit so deutlich gereizt hatte, mich mit ungewöhnlichen Schicksalsschlägen heimzusuchen und in so rachsüchtiger Weise mit mir zu verfahren.

Diese Gedanken bedrückten mich den zweiten und dritten Tag meiner Krankheit und zwangen mir in der Heftigkeit meines Fiebers als auch meiner Gewissensbisse Worte ab, die einem Gebet zu Gott glichen, obwohl ich das nicht eigentlich ein wunsch- und hoffnungsvolles Beten nennen kann; es war die Stimme bloßer Angst und Furcht. Meine Gedanken waren verwirrt, meine Schuld lag mir schwer auf der Seele, und das Grausen davor, in einem derart elenden Zustand zu sterben, trieb mir bei der bloßen Vorstellung das Blut in den Kopf. Ich weiß nicht, was mir in dieser Unruhe des Herzens auf die Zunge kam, aber es waren am ehesten Ausrufe wie: »Herr, was bin ich für ein elendes Geschöpf! Wenn ich krank werde, muss ich sicher hilflos sterben, was soll nun aus mir werden?« Dann brachen mir die Tränen aus den Augen, und ich konnte lange Zeit nichts mehr sagen.

Mittlerweile kam mir der gute Rat meines Vaters wieder in den Sinn, ebenso seine Prophezeiung, die ich am Anfang dieser Geschichte erwähnt habe, dass nämlich, würde ich bei meinem verrückten Vorsatz bleiben, Gott mich nicht segnen werde und ich später Muße genug erhielte, über die Verachtung seines Rates nachzudenken, wenn vielleicht niemand zu meinem Beistand da wäre. »Jetzt«, sagte ich laut, »erfüllen sich meines teuren Vaters Worte an mir: Ich bin in die Hand der göttlichen Gerechtigkeit gefallen, und niemand ist da, mir zu helfen oder mich zu hören. Ich habe den Rat der Vorsehung verschmäht, die mich in ihrer Barmherzigkeit in Vermögensverhältnisse oder in einen Lebensstand gesetzt hat, worin ich glücklich und beweglich hätte leben können. Aber weder wollte ich von selber einsehen noch die Segnungen meines Standes am Beispiel meiner Eltern erkennen; in Gram über meine Torheit habe ich sie zurückgelassen, und nun ist die Reihe an mir, über die Folgen meiner Handlung zu trauern. Ich wies Hilfe und Beistand jener zurück, die mich in die Welt setzten und mir den Weg bereitet hätten, und nun muss ich mit Schwierigkeiten kämpfen, die Menschenkraft übersteigen, und habe nicht Beistand noch Hilfe, Trost oder Rat.« Dann rief ich aus: »Herr, sei meine Zuflucht, denn ich bin in großer Not.«

Das war das erste Gebet, wenn man es so nennen kann, das ich seit vielen Jahren getan. Aber zurück zu meinem Tagebuch.

28. Juni. Nachdem der Schlaf, den ich gehabt, mich ein wenig erquickt hatte und der Anfall ganz vorbeigegangen war, stand ich auf, und obgleich Furcht und Entsetzen über meinen Traum sehr groß waren, überlegte ich doch, dass der Fieberanfall am nächsten Tag wiederkehren möchte und ich daher die Zeit nutzen sollte, um etwas zu meiner Stärkung und Erfrischung zusammenzutragen, wenn ich wieder krank wäre. Als Erstes füllte ich eine große, viereckige Flasche mit Wasser und stellte sie in Reichweite des Bettes auf den Tisch; um dem Wasser die Kälte und seine verseuchende Eigenschaft zu nehmen, goss ich den vierten Teil einer Pinte Rum hinein und schüttelte beides durcheinander. Hernach langte ich mir ein Stück Ziegenfleisch und briet es auf Kohlen, konnte aber nur wenig essen. Ich ging ein wenig auf und ab, war aber sehr schwach und gleichzeitig sehr traurig und niedergeschlagen durch das Bewusstsein meiner jämmerlichen Lage, fürchtete auch, die Krankheit möchte den anderen Tag wiederkommen. Am Abend machte ich mir eine Mahlzeit aus drei Schildkröteneiern, die ich in der Asche briet und sie, wie wir es nennen, »in der Schale« aß; und dies war, soweit ich mich erinnern konnte, in meinem Leben der erste Bissen, zu dem ich Gott um seinen Segen bat.

Nachdem ich gegessen hatte, versuchte ich auszugehen, fand mich aber so schwach, dass ich kaum die Flinte halten konnte (ohne sie ging ich niemals aus dem Haus); daher ging ich nur ein paar Schritte und setzte mich dann auf den Boden und blickte dabei auf das Meer hinaus, das sehr ruhig und glatt vor mir lag. Als ich so dasaß, gingen mir ungefähr folgende Gedanken durch den Kopf: Was ist diese Erde, was ist dieses Meer, von dem ich so viel gesehen habe? Woraus sind sie geschaffen? Und was bin ich, was sind all die anderen Geschöpfe, die wilden und die zahmen, die menschlichen und die tierischen? Woher kommen wir?

Es ist gewiss, dass uns alle eine geheime Kraft gemacht, die Erde und Meer, Luft und Himmel geschaffen hat. Und welche ist das?

Daraus folgte ganz natürlich, dass Gott es ist, der alles geschaffen hat. Gut, dann war aber die weitere Folgerung seltsam, dass Gott, wenn er alle Dinge geschaffen hat, auch alle Dinge regiert und lenkt und alles, was dazugehört; denn die Kraft, die alle Dinge hat erschaffen können, muss sicherlich auch Gewalt haben, sie zu regieren und zu führen.

Wenn dem so ist, dann kann im großen Umkreis seiner Werke nichts geschehen ohne sein Wissen oder seinen Willen.

Und wenn nichts ohne Sein Wissen geschieht, so weiß Er auch, dass ich hier bin, und zwar in einem erbärmlichen Zustand; und wenn nichts geschieht ohne Seinen Willen, so hat Er gewollt, dass das alles über mich komme.

Mir fiel nichts ein, was diesen Schlussfolgerungen widersprochen hätte; also glaubte ich umso fester, es könne nicht anders sein, als dass Gott selber dieses Unglück über mich verhängt hätte, durch Seinen Willen wäre ich in diese elende Lage gebracht, durch Ihn, der allein die Macht hat, nicht nur über mich, sondern über alles, was in der Welt geschieht. Daraus folgte aber sogleich:

Warum hat Gott mir das angetan? Was habe ich getan, dass Er mir so begegnet?

Bei dieser Frage gab mir mein Gewissen sogleich einen Verweis, als hätte ich Gott gelästert, und mich dünkte, ich hörte eine Stimme zu mir sagen: »ELENDER! Du fragst noch, was du getan hast? Blick nur zurück auf dein schrecklich vergeudetes Leben, und frage dich selber, was du *nicht* getan hast; frage, warum du nicht lang zuvor schon vernichtet wurdest? Warum bist du nicht auf der Reede von Yarmouth ertrunken? Nicht im Kampf getötet worden, als das Schiff von den Seeräubern aus Salé gekapert wurde? Nicht von den Raubtieren an der Küste Afrikas verschlungen worden? Oder *hier* ertrunken, als die ganze Mannschaft umkam außer dir? Und du fragst noch: ›Was habe ich getan?‹«

Ich war von diesen Gedanken wie betäubt, ja wie vom Donner gerührt, ich konnte kein Wort sagen, konnte mir selber keine Antwort geben, sondern erhob mich nachdenklich und traurig, ging zurück in meine Klause und stieg über den Zaun, als ob ich zu Bett gehen wollte, aber meine Gedanken waren in trauriger Verwirrung, und ich hatte keine Lust zu schlafen; also setzte ich mich in meinen Stuhl und zündete meine Lampe an, da es schon dunkelte. Nun, da die Angst vor einer Wiederkehr des Fiebers mir wieder sehr zusetzte, fiel mir ein, dass die Brasilianer gegen fast alle Krankheiten keine andere Medizin nahmen als ihren Tabak; und ich hatte in einer Kiste gerade eine Rolle Tabak, die gut gebeizt war, auch anderen Tabak, aber noch grün und nicht gut gebeizt.

Ich handelte ohne Zweifel auf Eingebung des Himmels; denn in dieser Kiste fand ich ein Heilmittel für den Leib wie auch eines für die Seele. Ich öffnete die Kiste und fand, was ich suchte, nämlich den Tabak; und da die paar Bücher, die ich geborgen hatte, auch darin lagen, nahm ich eine der Bibeln heraus, die ich früher erwähnt und in welche hineinzublicken ich bis dahin weder Muße noch auch Neigung gefunden hatte; ich hob sie also heraus und trug sowohl Tabak als auch Bibel mit mir zu Tisch.

Ich wusste nicht, auf welche Art ich den Tabak für meinen Zustand verwenden sollte, auch nicht, ob er wirklich gut dafür war; aber ich machte verschiedene Versuche damit, entschlossen, so oder so eine Wirkung zu erzielen. Zuerst nahm ich ein Stück eines Blattes in den Mund und kaute es, wovon mir sogleich im Hirn ganz dumm wurde; der Tabak war nämlich noch frisch und stark, und ich war nicht daran gewöhnt. Dann nahm ich ein anderes Stück, legte es ein oder zwei Stunden in Rum und beschloss, beim Schlafengehen einen Schluck davon zu trinken. Endlich verbrannte ich etwas Tabak auf einer Kohlenpfanne und hielt meine Nase ganz nah über den Rauch, solange ich es wegen der Hitze und der drohenden Erstickung nur aushalten konnte.

In den Pausen der Behandlung nahm ich die Bibel und begann zu lesen, aber mein Kopf war, im Augenblick wenigstens, zu verwirrt vom Tabak, als dass er dazu imstande gewesen wäre. Ich hatte das Buch nur so aufs Geratewohl aufgeschlagen, und die ersten Worte, auf die meine Augen fielen, waren folgende: *Rufe mich an in der Not, so will ich dich erretten, und du sollst mich preisen.*

Diese Worte passten sehr gut auf meinen Fall, und sie machten schon damals, als ich sie las, ziemlichen Eindruck auf mich, wenn auch noch nicht so stark wie später; denn was von »errettet« dastand, das wollte sich auf mich sozusagen nicht reimen. Rettung war so fern, ja unmöglich nach meiner Beurteilung der Lage, dass ich zu reden anfing wie die Kinder Israels, als ihnen Fleisch zum Essen versprochen wurde: *Kann Gott mitten in der Wüste den Tisch decken?* Also sagte ich: »Sollte Gott selber mich von diesem Ort erretten können?« Und da es noch viele Jahre dauern sollte, ehe Hoffnung sich zeigte, so hielt ich meine Rettung lange Zeit für unmöglich. Dennoch beeindruckten die Worte mich sehr, und ich dachte oft darüber nach. Inzwischen war es spät geworden, und der Tabak hatte mir, wie schon gesagt, den Kopf benebelt, dass ich schläfrig wurde; ich ließ also die Lampe in der Höhle brennen für den Fall, dass ich in der Nacht etwas brauchen sollte, und ging zu Bett. Doch ehe ich mich hinlegte, tat ich, was ich noch nie in meinem Leben getan hatte. Ich kniete nieder und bat Gott um Erfüllung Seines Versprechens, dass Er mich erretten wolle, wenn ich Ihn anriefe am Tage der Not. Nachdem mein gebrochenes und unvollkommenes Gebet zu Ende war, trank ich den Rum, in den ich den Tabak getaucht hatte, wovon er so streng und stark geworden war, dass ich ihn kaum hinunterbrachte; darauf ging ich sofort zu Bett. Ich merkte sogleich, wie der Rum mir gewaltig zu Kopf stieg, fiel aber in einen tiefen Schlaf und erwachte nicht eher, als bis es der Sonne nach ungefähr drei Uhr am Nachmittag des nächsten Tages war, ja ich glaube bis heute fest, ich hätte den ganzen folgenden Tag und die folgende Nacht durchgeschlafen bis drei Uhr am übernächsten Tag; ich wüsste sonst nicht, wie ich in meiner Berechnung der Wochentage einen Tag verlieren konnte, wie sich's einige Jahre später herausstellte. Hätte ich ihn nämlich durch das zweimalige Überqueren des Äquators verloren, so wäre es mehr als nur ein Tag gewesen. Gewiss aber ist, dass mir aus meiner Rechnung ein Tag abhandenkam und ich nie begriff, wie das geschehen konnte.

Das sei so oder anders, beim Erwachen fühlte ich mich jedenfalls sehr viel besser, und meine Lebensgeister waren frisch und munter. Als ich aufstand, fand ich mich kräftiger als den Tag vorher, mein Magen war besser, denn ich war hungrig; kurz, ich hatte den folgenden Tag keinen Fieberanfall, sondern fühlte mich weiterhin viel besser. Das war am *29. des Monats.*

Der 30. war ein guter Jagdtag für mich, ich ging mit der Flinte aus, wagte mich aber nicht zu weit weg. Ich schoss ein Paar Wasservögel, eine Art Wildgänse, und brachte sie heim, hatte aber keinen rechten Appetit darauf; lieber aß ich ein paar Schildkröteneier, die sehr gut waren. Am Abend nahm ich wieder die Arznei, die mir meiner Meinung nach am Vortag so wohl bekommen war, nämlich den in Rum getauchten Tabak. Nur nahm ich nicht so viel wie beim ersten Mal, kaute auch kein Tabaksblatt und hielt meinen Kopf nicht mehr über den Rauch. Aber am nächsten Tag, es war der 1. Juli, ging es mir nicht so gut, wie ich gehofft hatte; ich hatte wieder etwas Schüttelfrost, aber es war nicht arg.

2. *Juli.* Ich nahm die Arznei wieder auf alle drei Arten, wurde zuerst ganz betäubt wie beim ersten Mal, trank aber dann die doppelte Menge.

3. *Juli.* Nun war das Fieber wirklich überstanden, obwohl ich erst nach einigen Wochen wieder ganz zu Kräften kam. Während der Zeit meiner Genesung bewegten meine Gedanken sich sehr oft um diese Stelle: *Ich will dich erretten,* und die Unmöglichkeit meiner Errettung lag mir auf der Seele und hinderte mich, sie zu erhoffen. Aber während ich mich selber mit solchen Gedanken quälte, fiel mir ein, dass ich so viel über eine Errettung aus meiner Hauptnot brütete und darüber der Rettung nicht achtete, die mir schon zuteilgeworden war, und ich musste mich gleichsam selber fragen: Bin ich nicht, und zwar auf wunderbare Weise, aus der Krankheit errettet worden? Aus dem elendesten Zustand, den man sich nur vorstellen kann und vor dem mir so sehr graute? Und wie war meine Antwort? Habe ich meinen Teil dafür getan? Gott hatte mich errettet, aber ich hatte ihn nicht gepriesen; das heißt, ich habe das nicht als Rettung anerkannt und mich nicht dankbar dafür gezeigt, wie also dürfte ich größere Errettung erhoffen.

Dies ging mir sehr zu Herzen; augenblicklich kniete ich nieder und dankte Gott mit lauter Stimme für die Genesung aus meiner Krankheit.

4. *Juli.* Am Morgen nahm ich die Bibel zur Hand, begann beim Neuen Testament und fing an, ernstlich darin zu lesen, auch nahm ich mir vor, jeden Morgen und jeden Abend eine Weile zu lesen, ohne mich an eine bestimmte Anzahl von Kapiteln zu binden, sondern eben nur so lang, wie meine Gedanken dabei bleiben wollten. Ich hatte dieses fromme Werk noch nicht lange mit Ernst betrieben, als schon mein Herz tiefer und aufrichtiger betrübt war über die Gottlosigkeit meines früheren Lebens als ehedem. Mein Traum kam mir wieder vor Augen, und die Worte *Alle diese Dinge haben dich nicht zur Reue bewogen* gingen mir wieder und wieder durch den Kopf. Inbrünstig flehte ich zu Gott, er möge mir Reue schicken, da fügte es die Vorsehung, dass ich an diesem Tag beim Bibellesen auf die Worte stieß: *Den hat Gott durch seine rechte Hand erhöht zu einem Fürsten und Heiland, zu geben Reue und Vergebung der Sünden.* Ich warf das Buch hin und erhob mein Herz wie auch meine Hände in freudiger Verzückung empor zum Himmel und rief mit lauter Stimme: »Jesus, du Sohn Davids, Jesus, du erhöhter Fürst und Heiland, gib du mir Reue!«

Das war das erste Mal in meinem Leben, dass ich nach dem wahren Verstand des Wortes sagen durfte, ein Gebet gesprochen zu haben; denn nun betete ich mit dem Bewusstsein meiner Lage, mit einer wahren, aus der Bibel geschöpften Hoffnung, gegründet auf die Verheißung des Wortes Gottes; und von da an, so darf ich sagen, wuchs in mir die Hoffnung, Gott werde mich erhören.

Nun begann ich, die oben erwähnten Worte *Rufe mich an, und ich werde dich erretten* in einer anderen Weise auszulegen als jemals zuvor; unter Errettung hatte ich nämlich bisher nichts anderes verstanden als nur die Befreiung aus meinem derzeitigen Gefängnis, denn obwohl ich sicherlich Raum genug hatte, so war die Insel doch für mich ein Gefängnis, das schlimmste, das es auf der Welt gab; jetzt aber lernte ich, die Worte in einem anderen Sinn zu nehmen. Jetzt blickte ich auf mein voriges Leben mit solchem Grausen zurück, und meine Sünden schienen so grässlich, dass meine Seele nichts von Gott erflehte als nur die Erlösung von der Last der Schuld, die mich ganz zu Boden drückte. Mein einsames Leben war mir nun ein Nichts, ich dachte nicht mehr daran, ich betete nicht einmal mehr, daraus erlöst zu werden; es verblasste ganz im Vergleich mit meiner Schuld. Und ich füge das hier hinzu, um jedem, der die Geschichte lesen sollte, zu versichern, dass er, wenn er je auf den wahren Sinn der Dinge kommt, die Erlösung von der Sünde für einen viel größeren Segen halten wird als die Erlösung von den Leiden.

Aber ich breche hier ab und kehre wieder zu meinem Tagebuch zurück.

Mein Zustand wurde nun, wenn auch nicht weniger elend für meinen Leib, so doch viel leichter für meine Seele. Durch fortgesetztes Lesen in der Bibel und Beten zu Gott wurden meine Gedanken auf höhere Dinge gerichtet, wovon ich viel Trost erfuhr, der mir bisher ganz unbekannt gewesen; als nun Kraft und Gesundheit sich wieder einstellten, ging ich daran, mich mit allem zu versorgen, was ich brauchte, und mein Leben so regelmäßig als möglich einzurichten.

Vom 4. bis 14. Juli war ich hauptsächlich damit beschäftigt, mit meiner Flinte, immer nur kurze Zeit auf einmal, umherzuwandern wie ein Mensch, der nach ausgestandener Krankheit seine Kräfte langsam wieder sammelt; man kann sich kaum vorstellen, wie mitgenommen und schwach ich war. Die Arznei, die ich angewendet hatte, war völlig neu und hatte wahrscheinlich noch nie dazu gedient, Fieber zu heilen, auch kann ich sie nach meiner Erfahrung nicht empfehlen. Obwohl sie zwar das Fieber vertrieb, hatte die Arznei doch zu meiner Schwächung beigetragen; denn ich hatte noch einige Zeit lang häufig Nerven- und Gliederkrämpfe.

Ich zog daraus im Besonderen auch die Lehre, dass meiner Gesundheit nichts abträglicher sein konnte als ein Aufenthalt im Freien während der Regenzeit, besonders wenn der Regen von Sturm und Orkanen begleitet war. Da der Regen, der in der trockenen Jahreszeit fiel, fast immer von solchen Stürmen begleitet war, so fand ich, dass dieser Regen viel gefährlicher war als jener, der im September und Oktober fiel.

Ich war nun über zehn Monate auf dieser unseligen Insel; jede Möglichkeit einer Befreiung aus meiner Lage schien völlig geschwunden, und ich war fest davon überzeugt, dass kein menschliches Geschöpf jemals seinen Fuß auf diese Insel gesetzt hatte. Da ich nun, wie ich meinte, meine Wohnung ganz nach meinem Sinn gesichert hatte, spürte ich ein großes Verlangen danach, die Insel gründlicher zu erforschen und zu sehen, welche anderen mir bis jetzt unbekannten Gewächse ich darauf entdecken konnte.

Es war am 15. Juli, dass ich eine genauere Besichtigung der ganzen Insel unternahm. Zuerst ging ich weiter den Bach hinauf, wo ich, wie bekannt, meine Flöße an Land gebracht hatte; als ich etwa zwei Meilen hinausgewandert war, fand ich, dass die Flut nicht höher als bis hierher stieg und dass der Bach hier nicht mehr breiter war als ein kleines Rinnsal von fließendem Wasser, sehr frisch und gut. Jetzt allerdings, in der Trockenzeit, floss an einigen Stellen kaum noch Wasser, zumindest nicht so viel, dass man eine Strömung hätte bemerken können.

Am Ufer dieses Bächleins lagen anmutige Savannen oder Wiesen, eben, weich und dicht mit Gras bedeckt; und weiter oben gegen die Anhöhe, wo, wie zu vermuten, das Wasser nie hinkam, fand ich eine ziemliche Menge grünen Tabaks, der in großen, dicken Stängeln aufschoss. Auch verschiedene andere Pflanzen wuchsen da, die ich nicht kannte und deren Eigenheit ich nicht verstand, die aber wohl auch ihre eigentümlichen, mir aber unbekannten Tugenden haben mochten.

Ich suchte nach der Kassawawurzel, aus der die Indianer unter diesem ganzen Himmelsstrich ihr Brot machen, konnte aber keine finden. Große Aloepflanzen sah ich wohl, verstand mich aber damals noch nicht auf sie. Auch Zuckerrohr sah ich, aber wild und unvollkommen aus Mangel an Pflege. Für jetzt gab ich mich mit diesen Entdeckungen zufrieden und grübelte auf dem Heimweg darüber, auf welche Art ich den Wert und Nutzen der Früchte oder Pflanzen, die ich hier entdeckt hatte, ausfindig machen könnte, kam aber zu keinem Schluss. In Brasilien hatte ich nämlich, um es kurz zu sagen, so wenige Beobachtungen gemacht, dass ich nur wenig von den Gewächsen des Feldes wusste, zumindest sehr wenig, was mir in meinem Elend irgendwie nutzen konnte.

Am folgenden Tag, dem 16. Juli, ging ich wieder den gleichen Weg, und als ich etwas weiter als tags zuvor gekommen war, fand ich, dass Bächlein und Wiesen endeten und die Gegend nun immer waldiger wurde. Hier fand ich verschiedene Früchte, vor allem Melonen am Boden im Überfluss sowie Trauben auf den Bäumen. Die Reben hatten die Bäume überwuchert, und die Trauben waren jetzt in voller Reife, saftig und süß. Das war eine überraschende Entdeckung, die mich ungemein erfreute; aber meine Erfahrung mahnte mich, nur sparsam von den Trauben zu essen, denn ich erinnerte mich, dass während der Zeit, als ich in der Barbarei war, einige von unseren englischen Landsleuten, die dort als Sklaven lebten, vom Traubenessen Fieber und Durchfall bekommen hatten und schließlich daran gestorben waren. Aber ich fand eine gute Verwendung für diese Trauben, nämlich, sie in der Sonne zu dörren oder zu trocknen und dann aufzubewahren wie Rosinen oder Zibeben, die, wie ich hoffte, und mit Recht hoffte, gesund und angenehm zu essen sein würden, wenn es keine frischen Trauben mehr gab.

Ich brachte den ganzen Abend dort zu und ging nicht zu meiner Wohnung zurück, was übrigens, nebenbei gesagt, die erste Nacht war, die ich außer Haus verbrachte. In dieser Nacht richtete ich mich zum Schlafen ein wie in der ersten Nacht auf der Insel: Ich stieg in einen Baum, und dort schlief ich sehr gut; am nächsten Morgen setzte ich meine Entdeckungsreise fort und wanderte an die vier Meilen weiter, nach der Länge des Tals zu urteilen, und hielt mich immer genau nach Norden, von einer Hügelkette im Süden und einer im Norden begleitet. Am Ende meiner Wanderung kam ich zu einer Lichtung, von wo aus das Land gegen Westen hin abzufallen schien. Eine kleine Quelle mit frischem Wasser, die aus der Seite des Hügels neben mir entsprang, lief in die andere Richtung, nämlich gegen Osten. Das Land war so frisch, so grün, so blühend, alle Dinge in stetem Grün und Frühlingsglanz, dass es einem gepflegten Garten glich.

Ich stieg ein Stück die eine Seite dieses köstlichen Tals hinab und blickte mit heimlichem Vergnügen darüber hin (wenn auch vermischt mit meinen üblichen trübsinnigen Gedanken). Zu denken, dass das alles mir gehörte, dass ich unstreitig Herr und König über dies Land war und ein Anrecht auf seinen Besitz hatte! Und wenn ich es hätte mitnehmen können, so wäre es ebenso wohl mein verbrieftes Erbgut geworden wie das irgendeines Gutsherrn in ganz England. Ich sah Kakaobäume im Überfluss, Orangen, Limonen- und Zitronenbäume; aber alle wuchsen wild, und nur wenige trugen Frucht, zumindest damals nicht. Immerhin waren die grünen Limonen, die ich sammelte, nicht nur sehr angenehm zu essen, sondern auch sehr gesund; ich mischte ihren Saft später mit Wasser zu einem sehr gesunden, kühlen und erfrischenden Getränk.

Nun, fand ich, hätte ich genug aufzusammeln und heimzutragen, und ich beschloss, einen Vorrat von Trauben wie auch von Limonen und Zitronen anzulegen, um mich für die nasse Jahreszeit zu versorgen, die, wie ich wusste, nahe war.

Zu diesem Zweck trug ich an einer Stelle einen großen Haufen Trauben zusammen, an einer anderen einen kleineren Haufen und eine Menge Zitronen und Limonen an einem dritten Ort. Einige wenige von jeder Sorte nahm ich mit mir und machte mich auf den Heimweg, und ich beschloss, mit einem Beutel oder Sack oder was ich sonst anfertigen konnte, wiederzukommen und den Rest heimzuschaffen.

Nachdem ich also drei Tage auf Reisen gewesen war, kam ich wieder nach Haus, denn so muss ich mein Zelt und meine Höhle jetzt wohl nennen. Aber noch ehe ich ankam, waren die Trauben verdorben, ihre eigene Fülle und das Gewicht des Saftes hatten sie zerdrückt und zerquetscht, und nun waren sie wenig oder gar nicht mehr zu gebrauchen. Die Limonen zwar waren noch gut, aber davon hatte ich nur wenige tragen können.

Am nächsten Tag, es war der 19., ging ich mit zwei kleinen Beuteln wieder zurück, die ich inzwischen angefertigt hatte, um meine Ernte einzubringen. Aber als ich zu meinem Traubenhaufen kam, fand ich zu meiner Überraschung die Trauben, die beim Pflücken so voll und schön gewesen waren, nun über den ganzen Platz verstreut, zertreten und zerfetzt, einige hier, die anderen dort, auch war eine Menge aufgefressen und verschlungen. Daraus schloss ich, es müsse in der Nähe wilde Tiere geben, die über meine Vorräte gekommen waren; welcher Art jedoch, wusste ich nicht.

Weil ich also sah, dass man die Trauben nicht in Haufen legen, aber auch nicht in einem Sack heimtragen konnte, weil sie das eine Mal geraubt und das andere Mal von ihrem eigenen Gewicht zerdrückt würden, verfiel ich auf ein anderes Mittel: Ich sammelte eine Menge Trauben und hängte sie an die äußeren Zweige der Bäume zum Trocknen und Dörren in die Sonne. Von den Limonen und Zitronen trug ich so viele heim, als mein Rücken nur tragen konnte.

Als ich von der Reise wieder daheim war, hielt ich mir mit viel Vergnügen die Fruchtbarkeit jenes Tales vor Augen, seine anmutige Lage, die Geborgenheit vor den Stürmen an der Küste, den Wald, und ich kam zu der Einsicht, dass ich meine jetzige Wohnung an einem Ort aufgeschlagen hatte, der wohl der schlechteste im ganzen Land war. Daraufhin begann ich, eine Übersiedlung zu erwägen und nach einem Ort zu suchen, der ebenso sicher wäre als mein jetziger, zugleich aber, wenn möglich, in jenem lieblichen, fruchtbaren Teil der Insel gelegen.

Dieser Plan ging mir lang im Kopf herum, und ich war zeitweise, verführt von der Anmut der Gegend, ganz von ihm besessen. Als ich's aber näher überlegte und bedachte, dass ich jetzt an der Küste wohnte, wo es doch wenigstens möglich war, dass etwas sich zu meinem Vorteil ereignete und dass durch dasselbe Schicksal, das mich hierher verschlagen, vielleicht ein anderer Unglücklicher an diesen Ort geriete – wenn es auch wenig wahrscheinlich war, dass dergleichen jemals geschah –, so bedeutete doch ein derartiger Rückzug in die Hügel und Wälder des Inneren der Insel von vornherein die Ergebung in meine Knechtschaft, und jede Hilfe oder Rettung wäre dadurch nicht nur unwahrscheinlich, sondern unmöglich gemacht. Ich durfte also unter gar keinen Umständen wegziehen.

Dessen ungeachtet war ich in jene Gegend so verliebt, dass ich den restlichen Teil des Monats Juli über viele Zeit dort verbrachte. Und wenn ich auch nach reiflicher Überlegung beschlossen hatte, nicht zu übersiedeln, baute ich mir dort dennoch eine Art Laube und umgab sie in einigem Abstand mit einem starken Zaun und einer doppelten Hecke, so hoch, wie ich reichen konnte, gut mit Pfählen gestützt und mit Buschwerk abgedichtet. Hier schlief ich ganz sicher, manchmal zwei oder drei Nächte hintereinander, und stieg immer mit einer Leiter ein, wie bei meiner richtigen Wohnung; so konnte ich mir einbilden, ich besäße ein Landhaus und eine Villa am Meer. Diese Arbeit beschäftigte mich bis Ende August. Mein Zaun war eben fertig, und ich begann, die Früchte meiner Arbeit zu genießen, als die Regenzeit einsetzte und mich auf meine alte Wohnung beschränkte; denn obwohl ich auch hier aus Segeltuch ein Zelt errichtet und gut überzogen hatte, fehlte mir doch der Schutz, den der Hügel vor den Stürmen gewährte, und auch die Höhle dahinter, um mich zurückzuziehen, wenn der Regen sehr heftig war.

Ungefähr Anfang August, wie gesagt, war meine Laube fertig, und ich machte es mir langsam darin gemütlich. Am dritten August bemerkte ich, dass die Trauben, die ich aufgehängt hatte, gut getrocknet und tatsächlich von der Sonne in vorzügliche Rosinen verwandelt worden waren. Ich begann, sie von den Bäumen zu nehmen, und das war gut so, denn der darauffolgende Regen hätte sie unfehlbar verdorben und mich um den besten Teil meines Wintervorrats gebracht. Ich hatte ungefähr zweihundert große Bündel Trauben. Kaum hatte ich sie alle heruntergenommen und die meisten heim in meinen Keller getragen, als es zu regnen anfing und von da an, es war der 14. August, mehr oder weniger jeden Tag regnete bis Mitte Oktober, und zwar manchmal so gewaltig, dass ich tagelang keinen Fuß aus meiner Höhle setzen konnte.

Um diese Zeit wurde ich durch unerwarteten Familienzuwachs überrascht. Ich war recht betroffen gewesen über den Verlust einer meiner Katzen, die von mir weggelaufen und, wie ich meinte, umgekommen war. Ich hatte von ihr nichts mehr gesehen und gehört, bis sie zu meinem Erstaunen gegen Ende August mit drei Jungen heimkam. Das kam mir umso seltsamer vor, als ich zwar einmal mit meiner Flinte eine Wildkatze, wie ich es nannte, getötet, sie aber für gänzlich verschieden von unseren europäischen Katzen gehalten hatte. Diese Jungen hier waren jedoch genau von der gleichen Art Hauskatzen wie meine alte. Da zudem meine beiden Katzen Weibchen waren, musste ich den Vorfall in der Tat für sehr sonderbar halten. Allein von diesen drei Katzen wurde ich hernach derart mit Katzen gesegnet, dass ich sie wie Ungeziefer oder Raubtiere töten und nach Kräften von meinem Haus wegscheuchen musste.

Vom 14. bis zum 26. August regnete es ununterbrochen, sodass ich nicht ausgehen konnte und mich sorgfältig davor hütete, nass zu werden. Während dieses Arrests ging mein Proviant langsam zur Neige, ich wagte mich daher zweimal aus dem Haus und erlegte einmal eine Ziege, und am letzten Tag, dem 26., fand ich eine große Schildkröte, für mich ein wahrer Leckerbissen. Meine Mahlzeiten waren folgendermaßen eingeteilt: Zum Frühstück aß ich eine Traube Rosinen, zu Mittag ein Stück Ziegenfleisch oder Schildkröte, geröstet, denn unglücklicherweise hatte ich kein Geschirr, um etwas zu kochen oder zu dünsten; und zwei oder drei Schildkröteneier zum Nachtmahl.

Während mich also der Regen im Hause festhielt, arbeitete ich täglich zwei bis drei Stunden an der Vergrößerung meiner Höhle und bohrte mich nach und nach auf einer Seite aus dem Hügel hinaus. Hier machte ich eine Tür oder einen Ausgang, der außerhalb meiner Einzäunung oder Mauer lag, und ging nun hier ein und aus. Aber mir war nicht wohl dabei, dass ich so offen dalag; so wie ich es vorher eingerichtet hatte, war ich völlig abgeschlossen gewesen, jetzt aber lag ich ungeschützt da, offen für alles, was da kommen wollte. Immerhin hatte ich noch kein Lebewesen entdeckt, das ich hätte fürchten müssen, das größte Geschöpf, das ich bisher auf der Insel gesehen, war nämlich eine Ziege.

30. September. Heute jährte sich der Unglückstag meiner Landung. Ich zählte die Kerben an meinem Pfosten zusammen und fand, dass ich dreihundertfünfundsechzig Tage an Land war. An diesem Tag hielt ich einen strengen Fastentag und wählte ihn aus zu frommen Übungen. Ich warf mich in tiefster Demut zur Erde nieder, beichtete Gott meine Sünden, erkannte sein gerechtes Gericht über mich und flehte ihn an, mir Gnade zu erweisen durch Jesum Christum; und da ich zwölf Stunden, bis nach Sonnenuntergang, keinen Bissen zu mir genommen hatte, aß ich jetzt einen Zwieback und einen Bund Trauben, ging zu Bett und beschloss so den Tag, wie ich ihn angefangen hatte. Ich hatte die ganze Zeit über keinen Sonntag gehalten, denn da ich zuerst keine Gottesfurcht im Herzen hegte, hatte ich es nach einiger Zeit unterlassen, die Wochen durch eine längere Kerbe für den Sonntag voneinander zu trennen, und ich wusste demnach selbst nicht mehr genau, was gestern oder heute für ein Wochentag sei; jetzt aber, da ich, wie oben bemerkt, die Kerben zusammenzählte, kam ein Jahr heraus. Dieses teilte ich in Wochen und setzte jeden siebenten Tag einen Sonntag. Am Ende meiner Rechnung fand ich allerdings, dass ich mich um einen Tag oder zwei vertan hatte.

Kurz danach fing meine Tinte an, zur Neige zu gehen, und so fand ich mich darein, sie nur mehr sparsam zu verwenden und nur mehr die wichtigsten Ereignisse in meinem Leben aufzuschreiben, ohne auch die täglichen Kleinigkeiten alle festzuhalten.

Allmählich lernte ich, die regelmäßige Widerkehr der nassen und trockenen Jahreszeiten zu unterscheiden und mich entsprechend auf sie vorzubereiten. Doch musste ich für alle meine Erfahrungen vorher Lehrgeld zahlen, und was ich jetzt erzählen will, war einer der entmutigendsten Versuche, die ich jemals machte. Ich hatte, wie erwähnt, jene wenigen Ähren von Gerste und Reis aufbewahrt, die so überraschend, wie ich geglaubt hatte, von selbst aufgegangen waren; es mögen etwa dreißig Reisstängel und zwanzig Gerstenähren gewesen sein; und nun, nach dem Regen, da die Sonne sich nach Süden hin von mir entfernte, hielt ich die Zeit der Saat für gekommen.

Ich grub also, so gut ich konnte, mit meiner hölzernen Schaufel ein Stück Erdreich um, teilte es in zwei Hälften und säte mein Korn; aber beim Säen fiel mir von ungefähr ein, ich sollte vielleicht nicht alles auf einmal säen, da ich ja die rechte Zeit der Einsaat nicht kannte. Also säte ich nur etwa zwei Drittel der Saat aus und behielt von jeder Sorte eine Handvoll zurück.

Später erwies es sich als ein großes Glück, dass ich das getan hatte; denn nicht ein Korn ging auf aus dieser Aussaat, weil die Erde in den trockenen Monaten, die darauf folgten, keinen Regen erhielt und so keine Feuchtigkeit hatte, um das Wachstum zu fördern, und so ging bis zur nächsten Regenzeit überhaupt nichts auf; da schoss es freilich dann auf, als wäre es frisch gesät.

Als ich sah, dass meine erste Saat nicht aufging, wofür ich der Dürre die Schuld gab, suchte ich nach einem feuchteren Grund für einen neuen Versuch, grub ein Stück Erde in der Nähe meines Landhauses um und säte nun den Rest meines Korns im Februar aus, kurz vor der Frühlings-Tagundnachtgleiche. Und diese Saat, die in den Regenmonaten März und April reichlich bewässert wurde, ging sehr gut auf und trug reiche Ernte; doch da ich nur mehr wenig Korn übrig gehabt und nicht gewagt hatte, alles auszusäen, war schließlich der Ertrag nur gering, und meine gesamte Ernte belief sich auf etwa einen Achtelscheffel von jeder Sorte.

Immerhin wurde ich durch diese Versuche zum Meister in dem Geschäft und wusste nun genau, wann die rechte Zeit zum Säen war und dass ich mich darauf einrichten konnte, zweimal im Jahr zu säen und zu ernten.

Während das Korn wuchs, machte ich eine kleine Entdeckung, die mir später von Nutzen war. Sobald die Regenzeit vorbei war und das Wetter sich gesetzt hatte, also etwa im Monat November, ging ich über Land in meine Laube, wo ich trotz einer Abwesenheit von mehreren Monaten alles so vorfand, wie ich's verlassen hatte. Die Einfriedung oder der doppelte Zaun, den ich gemacht hatte, war nicht nur fest und unversehrt, auch die Stecken, die ich von Bäumen aus der Umgebung abgeschnitten hatte, hatten alle ausgeschlagen und trugen jetzt lange Zweige, wie Weiden im ersten Jahr, nachdem sie beschnitten sind; wohl wusste ich nicht, wie die Bäume hießen, von denen ich die Stecken abgeschnitten hatte, aber ich war überrascht, und zwar sehr angenehm überrascht, die jungen Bäume wachsen zu sehen. Ich beschnitt sie und ließ alle möglichst gleichmäßig wachsen, und es ist kaum zu glauben, was für ein schönes Ansehen sie innerhalb von drei Jahren gewannen; denn obgleich die Hecke einen Kreis von ungefähr 25 Yard im Durchmesser bildete, so hatten die Bäume, wie ich sie wohl nennen darf, diesen Raum bald überdacht und gewährten mir nun in der Trockenzeit vollkommenen Schatten, darunter ich bequem logieren konnte.

Ich beschloss daher, noch mehr Stecken zu schneiden und mir eine ebensolche Hecke in einem Halbkreis rund um meinen Wall anzulegen, den meiner ersten Wohnung, meine ich. Gesagt, getan. Ich pflanzte diese Stecken oder Bäume in einer doppelten Reihe etwa acht Yard von meinem ersten Zaun entfernt, und sie schlugen sogleich aus und bildeten zuerst ein schönes Dach über meiner Wohnung und späterhin auch einen guten Schutz für meine Verteidigung, wie ich an seiner Stelle berichten werde.

Ich fand nun heraus, dass die Jahreszeiten hier im Allgemeinen nicht wie in Europa in Sommer und Winter, sondern in Regenzeiten und Trockenzeiten eingeteilt waren, und zwar gewöhnlich in dieser Reihenfolge:

Halber Februar März Halber April	Regnerisch, die Sonne steht in oder nahe der Tagundnachtgleiche.
Halber April Mai Juni Juli Halber August	Trocken, die Sonne steht nördlich des Äquators.
Halber August September Halber Oktober	Regen, die Sonne wendet sich wieder zurück.
Halber Oktober November Dezember Januar Halber Februar	Trocken, die Sonne steht dann südlich des Äquators.

Die Regenzeit war manchmal länger oder kürzer, je nachdem, wie der Wind gerade wehte; aber so habe ich's im Allgemeinen beobachtet. Nachdem ich aus eigener Erfahrung gelernt hatte, was ein Aufenthalt im Freien während des Regens für üble Folgen hatte, trug ich Vorsorge, alles Nötige rechtzeitig bei der Hand zu haben, damit ich dann nicht gezwungen wäre hinauszugehen, und blieb während der nassen Monate so viel als möglich daheim.

Es gab zurzeit viel Arbeit für mich (die auch zu den Umständen gut passte); denn da war eine große Anzahl von Dingen, die ich nicht anders als mit viel Mühe und stetigem Fleiß anzufertigen vermochte. Vor allem hatte ich auf alle möglichen Arten versucht, mir einen Korb zu machen, aber die Zweige, die ich zu dem Zweck auftreiben konnte, erwiesen sich als zu spröde, sodass nichts mit ihnen anzufangen war. Jetzt kam es mir sehr zustatten, dass ich als Knabe ein großes Vergnügen daran gehabt hatte, bei einem Korbmacher in der Stadt, in der mein Vater lebte, zu stehen und ihm zuzusehen, wie er sein Flechtwerk machte; und da ich, wie Knaben meistens sind, sehr dienstfertig war und ihm bei seiner Arbeit scharf auf die Finger schaute, manchmal auch selber mit Hand anlegte, hatte ich auf diese Weise die Kunst völlig begriffen. Was mir fehlte, war nur das Material. Da fiel mir ein, dass die Zweige des Baumes, aus dem ich meine austreibenden Stecken geschnitten, vielleicht ebenso zäh sein möchten als die Zweige der Sal-, Korb- und Trauerweiden in England, und ich entschloss mich zu einem Versuch.

Am folgenden Tag machte ich mich daher auf den Weg zu meinem Landhaus, wie ich es nannte, schnitt einige von den dünneren Zweigen ab und fand sie zu meinem Vorhaben so geeignet, wie ich nur wünschen konnte. Also kam ich das nächste Mal ausgerüstet mit einem Beil, um eine größere Menge von ihnen abzuschneiden, was auch bald geschehen war, da ich nicht weit darum gehen musste. Darauf hängte ich die Zweige innerhalb meines Kreises oder Zaunes zum Trocknen auf, trug sie, als sie die richtige Beschaffenheit hatten, in meinen Keller und flocht daselbst in der nächsten Regenzeit, so gut ich konnte, eine große Anzahl von Körben, sowohl um Erde darin fortzuschaffen als auch andere Sachen darin zu tragen oder hineinzulegen. Wenn sie mir auch nicht allzu geschickt gerieten, so waren sie für meinen Zweck doch gut genug, ich achtete daher auch später immer darauf, dass sie mir niemals ausgingen. Als meine Korbwaren sich abnutzten, machte ich mehr, vor allem machte ich starke, tiefe Körbe, um mein Getreide anstatt in Säcken darin aufzubewahren, falls ich einmal eine größere Menge ernten sollte.

Nachdem ich diese Schwierigkeit gemeistert, allerdings auch eine Unmenge Zeit darauf verwendet hatte, zerbrach ich mir den Kopf, wie zwei weiteren Mängeln abzuhelfen wäre. Ich hatte keine Gefäße, um irgendetwas Flüssiges aufzubewahren, bis auf zwei kleine Fässer, die aber noch fast ganz mit Rum gefüllt waren, und einige Glasflaschen, manche von der üblichen Größe, einige viereckige Kistenflaschen für die Aufbewahrung von Wasser, Branntwein usw. Doch hatte ich nicht einmal einen Topf, um etwas darin zu kochen, außer einem großen Kessel, den ich aus dem Schiff geborgen, der aber zu groß war für den gedachten Zweck, nämlich Fleischbrühe zu machen oder Fleisch zu dünsten. Das Zweite, was ich gern gehabt hätte, war eine Tabakspfeife, aber es wollte mir nicht gelingen, eine anzufertigen; schließlich fand sich aber auch hierfür Rat. Den ganzen Sommer oder die trockene Zeit brachte ich damit zu, die zweite Reihe von Stecken oder Pfeilern zu pflanzen und Körbe zu flechten; danach nahm mir ein anderes Geschäft mehr Zeit weg, als ich jemals glaubte, erübrigen zu können.

Wie schon erwähnt, hatte ich große Lust, die ganze Insel zu besichtigen, war auch schon den Bach hinaufgewandert und weiter bis zu dem Ort, wo ich meine Laube gebaut und von wo ich einen Ausblick gegen die See auf der anderen Seite der Küste hatte. Nun beschloss ich, quer über die Insel bis an die Küste auf der anderen Seite zu wandern. Ich nahm also meine Flinte, ein

Beil, meinen Hund, und einen größeren Vorrat an Pulver und Schrot als üblich, steckte zwei Schiffszwiebäcke und ein großes Bündel Rosinen als Proviant in meinen Beutel und machte mich auf die Reise. Als ich das Tal, in dem meine schon erwähnte Laube stand, hinter mir gelassen hatte, bekam ich gegen Westen das Meer in Sicht, und da die Luft an diesem Tag sehr klar war, nahm ich ganz deutlich Land aus, ob Insel oder Festland, konnte ich nicht sagen, aber es lag sehr hoch und erstreckte sich in großer Entfernung von West nach Westsüdwest; nach meiner Schätzung war es nicht weniger als fünfzehn bis zwanzig Seemeilen entfernt.

Ich konnte nicht sagen, was für ein Teil der Welt das wäre, ich wusste nur, dass es zu Amerika gehören, und zwar, wie ich aus meinen Beobachtungen schloss, in der Nähe der spanischen Kolonien liegen musste, vielleicht ganz von Wilden bevölkert, sodass es mir, wäre ich dort gelandet, schlimmer ergangen wäre als hier. Das versöhnte mich mit dem Willen der Vorsehung, die ich nun anerkannte und von der ich glaubte, sie hätte alles zu meinem Besten geordnet; ich sage, damit beruhigte sich mein Gemüt, und ich quälte mich nicht mehr mit dem fruchtlosen Wunsch, dort drüben zu sein.

Nachdem ich ein wenig über die Angelegenheit nachgedacht hatte, sagte ich mir, dass, sofern dieses Land die spanische Küste wäre, ich doch sicherlich früher oder später ein Schiff in die eine oder andere Richtung fahren sehen müsste; wenn nicht, dann musste dieses Land die wilde Küste zwischen den spanischen Ländern und Brasilien sein, wo allerdings die ärgsten unter den Wilden hausen, nämlich Kannibalen oder Menschenfresser, welche alle Menschen, die ihnen in die Hände fallen, totschlagen und verschlingen.

In diesen Gedanken spazierte ich sehr gemächlich weiter; ich fand diese Seite der Insel, wo ich jetzt war, viel angenehmer als meine, die Savannen oder offenen Wiesen anmutig, mit Blumen und Gräsern geschmückt, und überall schönes, lichtes Gehölz. Ich sah eine Menge Papageien und hätte gern einen gefangen und ihm, wenn möglich, das Sprechen beigebracht. Nach einiger Bemühung fing ich auch wirklich einen jungen Papagei, indem ich ihn nämlich mit einem Stock herunterschlug und, als er sich erholt hatte, mit nach Haus nahm; aber es dauerte einige Jahre, bis ich ihn zum Sprechen brachte. Schließlich jedoch hatte er gelernt, mich ganz zutraulich bei meinem Namen zu nennen, und der kleine Zwischenfall, der sich daran knüpfte, wird, so geringfügig er auch war, doch an seinem Ort den Leser erheitern.

Meine Reise gefiel mir ungemein. In den Bodensenken fand ich Hasen, wie ich gedacht hatte, und Füchse, die sich aber von den Arten, die ich kannte, sehr unterschieden. Obwohl ich einige davon erlegte, konnte ich mich doch nicht überwinden, sie zu essen. Aber ich konnte es mir erlauben, wählerisch zu sein; denn mit Nahrung, und zwar der allerbesten, war ich reichlich versehen, besonders mit drei Sorten, nämlich Ziegen, Tauben und Schildkröten; dazu kamen noch meine Trauben, sodass auch der Markt von Leadenhall, im Verhältnis zur Zahl der Tischgenossen, mir die Tafel nicht besser hätte bestellen können. Wenn meine Lage auch elend genug war, so hatte ich doch jeden Grund, dankbar zu sein dafür, dass ich nicht Hunger leiden musste, sondern alles, sogar Leckerbissen, reichlich hatte.

Ich legte auf dieser Reise nie mehr als zwei Meilen am Tag zurück, oder so ungefähr, machte aber so viele Neben- und Umwege, um zu sehen, ob ich nichts entdecken konnte, dass ich immer sehr müde an dem Ort ankam, an dem ich jeweils die Nacht verbringen wollte. Dann schlief ich entweder auf einem Baum, oder ich baute mit einer Reihe von Stecken, die ich senkrecht in den Boden steckte oder von einem Baum zum andern legte, einen Zaun um mich herum, dass mir kein wildes Tier auf den Hals käme, ohne mich aufzuwecken.

Sobald ich die Küste erreichte, sah ich mit Erstaunen, dass ich mich wirklich auf dem schlechtesten Teil der Insel angesiedelt hatte; denn hier war der Boden buchstäblich bedeckt von unzähligen Schildkröten, während mir auf der anderen Seite in eineinhalb Jahren nur drei über den Weg gelaufen waren. Auch wimmelte es hier von Vögeln der verschiedensten Art, von denen ich einige schon, andere noch nicht gesehen hatte, und viele von ihnen waren außerordentlich wohlschmeckend, aber bis auf die Pinguine kannte ich ihre Namen nicht.

Ich hätte so viel schießen können, wie ich wollte, ging aber mit Pulver und Blei sehr sparsam um und hätte daher lieber eine wilde Ziege erlegt, mit der ich länger auskommen konnte. Obwohl es hier viel mehr Ziegen gab als auf meiner Seite der Insel, kam man doch viel schwerer an sie heran, weil das Land flach und eben war und sie mich daher viel früher sahen als auf den Hügeln.

Ich gebe zu, dass diese Seite der Insel viel angenehmer war als meine, aber ich hatte dennoch nicht die geringste Lust überzusiedeln. Da ich meine Wohnung nun einmal an ihrem Ort aufgeschlagen, hatte ich mich daran gewöhnt, und die Zeit über, die ich hier war, schien mir, ich wäre auf Reisen und fort von daheim. Inzwischen wanderte ich die Küste entlang etwa zwölf Meilen gegen Osten, stieß dann einen kräftigen Pfahl zum Zeichen in die Erde und beschloss, mich heimwärts zu wenden; die nächste Reise sollte mich östlich von meiner Wohnung auf die andere Seite der Insel führen, und so rundherum, bis ich wieder zu diesem Pfahl käme. Doch davon später.

Ich schlug einen anderen Rückweg ein; denn ich meinte, ich könnte die Insel so gut überblicken, dass ich nach dem Aussehen der Landschaft meine alte Wohnung leicht finden würde. Aber das war ein Irrtum. Als ich etwa zwei oder drei Meilen gegangen war, fand ich mich plötzlich in einem sehr breiten Tal, das von bewaldeten Hügeln so dicht umschlossen war, dass ich meine Richtung nur am Stand der Sonne erkennen konnte, und auch das nur dann, wenn ich ihren Stand zu dieser Tageszeit ganz genau kannte.

Zu meinem weiteren Unglück war das Wetter in den drei oder vier Tagen, die ich in diesem Tal verbrachte, diesig und trüb; da ich die Sonne nicht sehen konnte, war mir sehr unbehaglich zumute. Schließlich musste ich wieder zum Meer zurück, meinen Pfosten suchen und dann den gleichen Weg heimgehen, auf dem ich gekommen war. Ich legte täglich nur eine kurze Strecke zurück, denn das Wetter war außerordentlich heiß und meine Flinte, Munition, Beil und anderes Gepäck sehr schwer.

Auf der Heimreise scheuchte mein Hund ein Ziegenkitz auf und stellte es, und ich lief hinterher, um es zu ergreifen, fing es und rettete es lebendig aus den Zähnen des Hundes. Ich wollte es unbedingt nach Haus bringen, hatte ich mir doch oft vorgestellt, nach aller Möglichkeit ein oder zwei Kitzlein zu fangen und eine Zucht von zahmen Ziegen anzulegen, die mich, wenn Pulver und Blei erst ganz verschossen wären, mit Nahrung versorgen konnten.

Ich machte dem kleinen Geschöpf ein Halsband und führte es an einer Leine aus Segelgarn, das ich immer bei mir trug, nicht ohne Mühe bis zu meiner Laube, wo ich es einschloss und zurückließ, denn nach etwa einem Monat Abwesenheit brannte ich darauf, daheim zu sein. Ich kann nicht sagen, wie glücklich ich war, wieder in meiner alten Höhle zu sein und in meiner Hängematte zu liegen. Diese kleine Fußreise ohne feste Unterkunft war mir so unbehaglich gewesen, dass mir dagegen mein eigenes Haus, wie ich's nannte, im Vergleich dazu wie eine rechte Heimat erschien. Alles war hier so bequem eingerichtet, dass ich beschloss, mein Haus nie wieder für längere Zeit zu verlassen, solange mein Schicksal mich auf der Insel festhielt.

Ich blieb eine Woche hier, um mich von meiner langen Reise zu erholen und auszuruhen; die meiste Zeit verbrachte ich mit einem sehr dringenden Geschäft, nämlich meinem Papagei, der bereits sehr zahm und zutraulich geworden war, einen Käfig zu bauen. Dann dachte ich an das arme Zicklein, das ich in der kleinen Einfriedung angepflockt hatte, und ich beschloss, hinzugehen und es nach Haus zu holen und es vor allem zu füttern. Ich machte mich daher auf und fand's, wo ich es gelassen hatte, denn es konnte nicht heraus, sondern war fast vor Hunger gestorben, also ging ich und schnitt Zweige ab von Bäumen und Sträuchern, was ich nur finden konnte, und warf sie ihm vor, und nachdem es gefressen hatte, wollte ich es wieder an der Leine fortführen. Aber der Hunger hatte es so zahm gemacht, dass ich es nicht anbinden brauchte, sondern es folgte mir wie ein Hund, und als ich es weiter fleißig fütterte, wurde das Tierchen so zutraulich, zahm und zärtlich, dass es von der Zeit an zu meinen Hausgenossen gehörte und nie mehr von mir fortwollte.

Nun war die regnerische Zeit der Herbst-Tagundnachtgleiche gekommen, und ich beging den 30. *September* in derselben feierlichen Art wie früher, da es der Jahrestag meiner Landung auf der Insel war, auf der ich, mit ebenso wenig Aussicht auf Befreiung wie am ersten Tag, nunmehr schon zwei ganze Jahre lebte. Ich verbrachte den ganzen Tag in demütiger und dankbarer Betrachtung der vielen wunderbaren Gnadenbezeugungen, mit denen ich in meiner Einsamkeit bedacht worden und ohne die ich tausendmal elender gewesen wäre. Ich dankte Gott demütig und aus ganzem Herzen, dass er mich gelehrt hatte, in der Einsamkeit glücklicher zu sein als umgeben von Menschen und mitten in den Freuden der Welt; ich dankte ihm, dass er mir für die Leiden der Einsamkeit und die Entbehrung der menschlichen Gesellschaft reichlich Ersatz gegeben hatte durch seine Gegenwart, und indem er meine Seele an seiner Gnade teilnehmen ließ, mich stützte und tröstete und ermunterte, hienieden allein auf seine Fürsorge zu vertrauen und auf seine ewige Gegenwart im Jenseits zu hoffen. Jetzt erst begann ich, deutlich zu empfinden, um wie viel glücklicher, trotz all seines Elends, das Leben war, das ich jetzt führte, als mein voriger ruch- und gottloser, verdammter Wandel. Nun änderten sich meine Sorgen wie auch meine Freuden, ja meine Begierden wandelten sich, meine Neigungen wechselten ihr Ziel, und die Dinge, an denen ich Vergnügen fand, waren ganz anders als zu der Zeit, da ich hier ankam, oder auch während der letzten beiden Jahre.

Früher, wenn ich ausging, um zu jagen oder das Land zu erforschen, hatte mich oft plötzlich Seelenangst über meinen Zustand überfallen, das Herz im Leib wollte mir brechen bei dem Gedanken an die Wälder, Berge und Einöden, in denen ich lebte, gefangen und eingesperrt von den unendlichen Schranken und Riegeln des Ozeans, hoffnungslos mitten in einer unbewohnten Wildnis. Inmitten der größten Gemütsruhe konnte mich das wie ein Sturm überfallen, dass ich die Hände rang und weinte wie ein Kind. Manchmal ergriff es mich unter der Arbeit, dass ich mich auf den Boden setzte und seufzte und ein oder zwei Stunden lang vor mich hinsah. Und das war noch viel ärger für mich; denn wenn ich in Tränen ausbrechen oder mir in Worten Luft machen konnte, so ging es vorüber, und der Schmerz ließ nach, weil er sich selber bald erschöpfte.

Nun aber begann ich, mich in neuen Gedanken zu üben; täglich las ich das Wort Gottes und wandte alle Tröstungen desselben auf meinen gegenwärtigen Zustand an. Als ich eines Morgens sehr bekümmert war, öffnete ich die Bibel bei dieser Stelle: *Niemals will ich dich verlassen noch versäumen.* Sogleich dachte ich, diese Worte wären auf mich gemünzt; denn warum sonst sollten sie mir gerade in dem Augenblick unterkommen, da ich, als von Gott und den Menschen verlassen, über meine Lage jammerte? »Gut denn«, sagte ich, »wenn Gott mich nicht verlässt, was kann es schon schaden oder was liegt daran, wenn die ganze Welt mich verlässt, da ja hingegen, wenn ich die ganze Welt gewönne, die Gnade und den Segen Gottes aber verlöre, dieser Verlust mit nichts zu vergleichen wäre?«

Von diesem Augenblick an dachte ich in meinem Sinn, dass es für mich möglich sei, in diesem verlassenen, einsamen Zustand glücklicher zu sein als wahrscheinlich jemals in irgendeiner anderen Lebenslage auf dieser Welt; und in dieser Vorstellung begann ich, Gott dafür zu danken, dass er mich an diesen Ort gebracht hatte.

Ich weiß nicht, was es war, aber irgendetwas erschütterte meine Seele bei diesem Gedanken, und ich wagte nicht, die Worte auszusprechen. »Wie kannst du nur so ein Heuchler sein«, sagte ich ganz laut zu mir selber, »dass du Dankbarkeit vortäuschst für einen Zustand, aus dem befreit zu werden du aus ganzem Herzen beten möchtest, sosehr du dich auch bemühst, zufrieden damit zu sein!« Also hielt ich inne. Aber obgleich ich somit Gott nicht für mein Hiersein danken konnte, so dankte ich ihm doch ernsthaft dafür, dass er, durch welche harten Schicksalsschläge auch immer, meine Augen geöffnet und mich mein früheres Leben hatte erkennen lassen, mich auch dazu gebracht hatte, meine frühere Ruchlosigkeit zu beklagen und zu bereuen. Niemals öffnete oder schloss ich die Bibel, ohne dass meine Seele tief in mir Gott dafür pries, dass er meinen Freund in England ohne alle Anweisungen von mir die Bibel zu meinen Sachen hatte packen lassen und er mir später geholfen hatte, sie aus dem Schiffswrack zu bergen.

Auf diese Weise und in solcher Gemütsverfassung begann ich mein drittes Jahr; und ob ich schon dem Leser nicht, wie im ersten Jahr, mit einer besonderen Aufzählung aller meiner Arbeiten beschwerlich fallen möchte, so darf ich im Allgemeinen doch bemerken, dass ich selten müßig war. Entsprechend den verschiedenen Arbeiten, die täglich zu erledigen waren, hatte ich meine Zeit gleichmäßig eingeteilt, wie zuvörderst für meine Pflicht gegen Gott und das Lesen der Schrift, wofür ich dreimal täglich eine bestimmte Zeit festgesetzt hatte; zweitens für die Nahrungssuche mit der Flinte, die mich meistens, wenn es nicht regnete, jeden Morgen bis zu drei Stunden in

Anspruch nahm; drittens für das Einteilen, Zurichten, Aufbewahren und Kochen dessen, was ich zu meinem Unterhalt getötet oder erlegt hatte. Damit ging ein großer Teil des Tages hin, denn man muss auch bedenken, dass in der Mitte des Tages, wenn die Sonne im Zenit stand, die Hitze so groß war, dass man nicht aus dem Haus gehen konnte, sodass vier Stunden am Abend alles war, was ich zur Arbeit erübrigen konnte; ausnahmsweise nur vertauschte ich Jagd- und Arbeitszeit und ging morgens an die Arbeit und abends auf die Jagd.

Zu dieser kurzen Zeit, die mir für die Arbeit blieb, möge man auch die große Schwierigkeit und Mühsal derselben zählen sowie die vielen Stunden, die mir aus Mangel an Werkzeug, Hilfe und Erfahrung verloren gingen. Zum Beispiel brauchte ich volle zweiundvierzig Tage, um mir ein Brett für ein langes Gesims zu machen, das ich in meiner Höhle brauchte, während zwei Schreiner mit ihren Werkzeugen und einer Sägegrube in einem halben Tag aus demselben Baum sechs Bretter gemacht haben würden.

Die Sache war die: Der Baum, den ich fällte, musste groß sein, da ich ein breites Brett brauchte. Ganze drei Tage gingen hin mit dem Fällen, zwei weitere damit, die Äste abzuhauen und den Baum zu einem Balken oder Bauholz zurechtzuschneiden. Mit endlosem Hacken und Hauen zerschlug ich die beiden Seiten in Späne, bis der Stamm leicht genug war, um sich bewegen zu lassen; dann wendete ich ihn um und arbeitete die eine Seite vom einen Ende zum andern so glatt und flach wie ein Brett; dann drehte ich ihn wieder um und bearbeitete die andere Seite, bis die Planke auf beiden Seiten glatt und nicht dicker als drei Zoll war. Jeder kann sich vorstellen, wie viel Arbeit ein solches Stück meine zwei Hände kostete; aber mit Arbeit und Geduld brachte ich dieses und noch viele andere Dinge zustande. Ich möchte nur im Besonderen noch bemerken, um die Ursache dafür zu zeigen, warum so viel Zeit mit so wenig Arbeit verging, dass nämlich alles, was mit den richtigen Werkzeugen und einiger Hilfe ein Nichts gewesen wäre, unendlich viel Mühsal und unglaublich viel Zeit kostete, da ich ganz allein mit meinen beiden Händen werkte.

Nichtsdestoweniger erreichte ich mit Fleiß und Geduld vieles, ja eigentlich alles, was meine Umstände erforderten, wie man im Folgenden sehen wird.

Im November und Dezember erwartete ich meine Gersten- und Reisernte. Die Fläche, die ich dafür umgegraben und gedüngt hatte, war nicht groß, denn wie ich schon sagte, hatte ich von beidem nicht mehr als einen Achtelscheffel voll Saat gehabt, eine ganze Ernte hatte ich ja durch das Säen in der trockenen Jahreszeit eingebüßt. Aber jetzt, da meine Ernte gut zu werden versprach, musste ich plötzlich wieder befürchten, sie zu verlieren. Feinde waren aufgetaucht, und zwar Feinde von unterschiedlichster Sorte, die ich kaum fernzuhalten vermochte: erstlich Ziegen und wilde Geschöpfe, von mir Hasen genannt, die, nachdem sie einmal den süßen Wohlgeschmack der jungen Triebe gekostet hatten, Tag und Nacht darin lagen, sobald das Getreide aufgetrieben, und es dermaßen abfraßen, dass die Sprossen keine Zeit fanden, zu Halmen aufzuschießen.

Dagegen sah ich keinen Ausweg, als ein Gehege darum zu bauen, was mir umso mehr Mühe machte, als es in Eile geschehen musste. Da mein Ackerland, der Menge der Aussaat entsprechend, aber nur klein war, ließ sich's in drei Wochen eng umzäunen; dabei schoss ich tagsüber einige dieser ungebetenen Gäste und setzte des Nachts meinen Hund zur Wache aus, indem ich ihn an einen Pflock beim Eingang anband, wo er nun stand und die ganze Nacht bellte; auf solche Art mieden die Feinde in kurzer Zeit den Ort, und das Korn wuchs kräftig und gut und schickte sich an zu reifen.

Wie jedoch die Vierfüßer mich schädigten, als das Korn im Halm stand, also taten die Zweifüßer, nämlich die Vögel, als es in Ähren stand; denn als ich einmal hinging, um zu sehen, wie es wuchs, da fand ich mein kleines Feld von ich weiß nicht wie vielen verschiedenen Vögeln umgeben, die dastanden, als lauerten sie darauf, dass ich wieder wegginge. Sofort pfefferte ich eine Ladung unter sie (denn ich trug mein Gewehr immer bei mir). Kaum hatte ich geschossen, da stieg eine Wolke von Vögeln aus dem Korn auf, die ich zuerst gar nicht gesehen hatte.

Dies schmerzte mich sehr, denn ich sah voraus, dass sie mich in wenigen Tagen um meine ganze Hoffnung bringen würden, dass ich Hunger leiden müsste und nie eine Ernte erhalten würde, und ich wusste nicht, was tun. Aber ich war entschlossen, mein Korn nicht zu verlieren, und wenn ich Tag und Nacht Wache stehen musste. Zuerst sah ich einmal nach, wie viel Schaden angerichtet worden war, und fand, dass sie schon viel verdorben hatten, weil es ihnen aber noch zu grün war, war der Schaden doch nicht so groß, sodass aus dem Rest, wenn er nur gerettet werden konnte, noch eine gute Ernte zu werden versprach.

Ich blieb stehen, um meine Flinte zu laden, und sah beim Weggehen ganz deutlich die Diebe rund um mich herum auf den Bäumen sitzen, als ob sie warteten, bis ich fort wäre; und so war es auch wirklich. Denn als ich mich zum Schein ein wenig entfernte, fielen sie, kaum war ich außer Sicht, einer nach dem andern wieder über das Korn her. Das brachte mich so auf, dass ich mich nicht zurückhalten konnte, bis noch mehr kämen, wusste ich doch, dass jedes Körnlein, das sie jetzt fraßen, für mich sozusagen ein verlorener Brotlaib war; also eilte ich zum Gehege und erschoss drei von ihnen. Mehr hatte ich nicht gewollt; ich hob sie auf und tat mit ihnen, was man mit öffentlichen Dieben in England tut: Ich hängte sie nämlich zur Abschreckung der anderen an Schnüren auf. Man würde kaum für möglich halten, was das für eine Wirkung hatte; die Vögel mieden von jetzt an nicht nur das Getreidefeld, sondern sie verließen, kurz gesagt, diesen ganzen Teil der Insel und ließen sich, solange meine Vogelscheuchen hier hingen, nicht wieder blicken.

Man kann sich denken, wie recht mir das war, und gegen Ende Dezember, in unserem zweiten Herbst, brachte ich mein Korn glücklich ein.

Ich hatte bald wieder meine liebe Not, eine Sense oder Sichel anzufertigen, um das Korn zu schneiden; es blieb mir nichts übrig, als mir eine Sichel aus den breiten Degen oder Hirschfängern zu machen, die ich aus dem Schiff geborgen hatte. Meine erste Ernte war allerdings bescheiden, und so machte auch das Mähen keine sonderliche Mühe; ich schnitt es auf meine Weise, nämlich nur die Ähren, trug sie in einem großen Korb, den ich gemacht hatte, nach Hause und rieb sie mit den Händen leer. Nach vollendeter Ernte fand ich, dass ich aus meinem Viertelscheffel an Saat fast zwei Scheffel Reis und über zweieinhalb Scheffel Gerste gewonnen hatte, wenigstens meiner Schätzung nach, denn damals hatte ich noch kein Maß.

Das war mir eine große Ermutigung, und ich sah voraus, dass Gott mich eines Tages mit Brot versorgen würde. Doch gleich fand ich mich in neuer Verwirrung, denn weder wusste ich, wie ich mein Korn mahlen und Mehl daraus machen, noch, wie ich es von der Spreu reinigen und aussondern, noch auch, wie ich aus Mehl Brot machen und wie ich's endlich backen sollte. Diese Schwierigkeiten sowie der Wunsch, mir ständigen Vorrat und Nachschub an Brot zu sichern, brachte mich zu dem Entschluss, von dieser Ernte nichts anzugreifen, sondern alles aufzubewahren für die Saat des nächsten Jahres; inzwischen wollte ich meinen ganzen Verstand und alle Arbeitsstunden darauf verwenden, um das große Werk des Brotbackens vorzubereiten.

Jetzt konnte ich in Wahrheit sagen, dass ich fürs tägliche Brot arbeitete; ist es doch recht seltsam und haben wohl wenige Leute bisher überlegt, was für eine Unzahl von Kleinigkeiten nötig ist, um mit Pflanzen, Ernten, Säubern, Kneten und Backen dieses eine Ding, das Brot, zu erzeugen.

Ich freilich, der ich in den bloßen Naturzustand zurückgeworfen worden war, ich empfand dies zu meiner Entmutigung jeden Tag stärker, auch nachdem ich die erste Handvoll von dem Saatkorn geerntet hatte, das, wie ich sagte, unerwartet, ja zu meiner großen Überraschung aufgeschossen war.

Erstlich hatte ich keinen Pflug, um die Erde umzuackern, noch einen Spaten oder eine Schaufel, sie umzugraben. Gut, dieses Hindernis überwand ich, indem ich, wie schon berichtet, eine Schaufel aus Holz anfertigte, aber diese Schaufel ließ sich bei der Arbeit doch recht hölzern an, und wenn ich zu ihrer Anfertigung gleich manchen Tag gebraucht hatte, so nützte sie sich doch, da sie keinen Eisenbeschlag trug, umso schneller ab und machte mir die Arbeit schwerer, den Erfolg dagegen geringer.

Aber ich fand mich damit ab, war zufrieden, dass ich wenigstens mit Geduld etwas erreichen konnte, und nahm die schlechte Ausführung der Arbeit eben hin. Als das Korn ausgesät war, hatte ich wiederum keine Egge, sondern musste selber übers Feld gehen und einen großen und schweren Baumast hinter mir herziehen, um die Erde wenigstens aufzukratzen, wie man es wohl nennen könnte, anstatt sie zu harken oder zu eggen.

Nachdem das Korn aufgeschossen und hochgewachsen war, hätte ich abermals viele Dinge gebraucht, die mir fehlten, wie schon gesagt, um es zu umzäunen, zu sichern, zu mähen und abzuernten, in der Sonne trocknen zu lassen und heimzutragen, zu dreschen, von der Spreu zu sondern und zu verwahren. Dazu fehlte mir eine Mühle zum Mahlen, Siebe, um es zu säubern, Hefe und Salz, um Brot zu machen, und ein Ofen zum Backen; gleichwohl kam ich, wie man noch sehen wird, ohne alle diese Dinge aus, und das Korn war ein unschätzbarer Trost und Vorteil für mich. Ich hatte sehr viel Arbeit und Mühe damit, aber dagegen konnte man nichts machen; auch war meine Zeit nicht völlig damit verloren, denn da ich sie eingeteilt hatte, ging nur ein bestimmter Teil eines jeden Tages für diese Arbeiten auf. Da ich beschlossen hatte, das Korn nicht anzurühren, bis ich eine größere Menge davon hatte, konnte ich die nächsten sechs Monate völlig damit zubringen, mich mit Fleiß und Erfindungen mit allen Geräten auszurüsten, die zur Ausführung aller jener Handlungen nötig waren, mit deren Hilfe ich das Korn (wenn ich es einmal hatte) mir nutzbar machen konnte.

Vor allen Dingen musste ich noch mehr Boden bearbeiten, da ich jetzt Saat genug hatte für einen Morgen Land. Vorher arbeitete ich wenigstens eine Woche an der Herstellung eines Spatens, der aber am Ende so stümperhaft ausfiel, dazu so schwer, dass ich doppelte Arbeit mit ihm hatte. Doch auch damit wurde ich fertig; ich säte meine Saat auf zwei großen, ebenen Ackerflächen, so nahe als möglich bei meinem Haus, und umzäunte sie mit einer starken Hecke; dazu verwendete ich wieder Stecken aus jenem schon früher verwendeten Holz, von dem ich wusste, dass es austreiben würde, sodass ich in Jahresfrist mit einer lebenden Hecke rechnen konnte, die nur wenig ausgebessert werden musste. Zu dieser Arbeit brauchte ich nicht weniger als drei Monate, weil ein großer Teil der Zeit in die nasse Jahreszeit fiel und ich daher nicht aus dem Haus gehen konnte.

Daheim, das heißt, wenn es regnete und ich nicht ausgehen konnte, hatte ich folgende Arbeiten zu verrichten – man beachte dabei, dass ich beim Arbeiten mich die ganze Zeit über damit vergnügte, mit dem Papagei zu sprechen und ihn sprechen zu lehren; und ich brachte ihm schnell bei, seinen eigenen Namen zu begreifen und ihn endlich auch laut auszusprechen, nämlich POLL, das erste Wort, das ich auf dieser Insel jemals aus fremdem Mund gehört hatte. Das war allerdings nicht meine Arbeit, sondern nur ein Zeitvertreib, da ich jetzt, wie gesagt, ein wichtiges Geschäft vor mir hatte: Ich hatte lange darüber nachgedacht, wie ich auf die eine oder andere Art mir irdene Geschirre machen könnte, deren ich dringend bedurfte, ohne zu wissen, wie ich dazu kommen sollte. In Anbetracht des überaus heißen Klimas zweifelte ich nicht, dass ich, wenn ich nur einen geeigneten Lehm fände, ein solches Gefäß zurechtstümpern könnte, das, in der Sonne getrocknet, hart und stark genug würde, um damit hantieren zu können und alles darin unterzubringen, was trocken war und trocken bleiben sollte. Weil mir dergleichen zur Zubereitung des Korns, Mehls usw., worauf ich eben aus war, fehlte, beschloss ich, einige große Gefäße zu machen, die wie Krüge dastehen und alles fassen sollten, was man in sie hineinschüttete.

Der Leser würde mich bedauern oder vielleicht über mich lachen, wollte ich erzählen, was ich alles mit dem Lehm anstellte, was für seltsame, unförmige und hässliche Gestalten ich schuf, wie viele von ihnen ein- und auseinanderfielen, weil der Lehm nicht fest genug war, um sein eigenes Gewicht zu tragen, wie viele zersprangen, weil sie zu früh der Sonne ausgesetzt wurden, und wie viele in Stücke fielen, wenn ich sie nur von der Stelle rücken wollte, sowohl bevor als nachdem sie getrocknet waren – mit einem Wort, wie ich, nachdem ich nach schwerer Mühe endlich Lehm gefunden, ihn ausgegraben, angemacht, heimgebracht und bearbeitet hatte, im Lauf von zwei Monaten nicht mehr als zwei große, hässliche, irdene Dinger zustande brachte, Töpfe kann ich sie kaum nennen.

Die beiden nun, die in der Sonne sehr trocken und hart gebrannt waren, hob ich vorsichtig auf und setzte sie in zwei große, geflochtene Körbe, die ich eigens zu diesem Zweck gemacht hatte, damit sie nicht zerbrachen; und in den Zwischenraum zwischen Topf und Korb stopfte ich Reis- und Gerstenstroh. Und da diese beiden Gefäße immer trocken bleiben sollten, hoffte ich, ich könnte später mein Korn und, wenn das Korn zerstoßen war, auch mein Mehl darin aufbewahren. Während mir die großen Töpfe derart missraten waren, gelangen mir doch mehrere kleine Gefäße weit besser, nämlich kleine runde Gefäße, flache Schüsseln, kleine Krüge und Kännchen und was mir sonst von der Hand ging, und die Sonne brannte sie erstaunlich hart.

Allein mit allen diesen Dingen hatte ich mein Ziel noch nicht erreicht, nämlich ein irdenes Gefäß zu bekommen, das Flüssigkeit halten könnte und feuerfest wäre, wozu bis jetzt noch keines taugte. Eines Tages jedoch, als ich ein ziemlich großes Feuer gemacht hatte, um meine Mahlzeit zu kochen, fand ich, als ich das Feuer nach getaner Arbeit löschte, eine Scherbe von einem meiner irdenen Töpfe darin, hart gebrannt wie Stein und rot wie ein Ziegel. Ich war angenehm überrascht und sagte zu mir selber, wenn sie sich in Scherben brennen lassen, dann wohl auch im Ganzen.

Darauf begann ich zu überlegen, wie ich das Feuer anlegen müsste, um Töpfe darin zu brennen. Ich verstand mich nicht auf Brennöfen, worin die Töpfer ihre Ware brennen, noch aufs Glasieren, obwohl ich Blei dazu gehabt hätte. Ich stellte jedenfalls drei große Näpfe und zwei oder drei Töpfe säulenartig übereinander, legte rundherum Brennholz und darunter viel heiße Asche, nährte das Feuer mit frischem Brennstoff von außen und von oben so lange, bis ich sah, dass die Töpfe drinnen feuerrot glühten, aber nicht zersprangen. Nachdem ich sie so deutlich rot gesehen hatte, ließ ich sie weitere fünf bis sechs Stunden in der Hitze stehen, bis ich merkte, dass einer davon zwar keine Sprünge bekam, aber zerfloss oder zerlief, denn der mit dem Lehm vermischte Sand schmolz in der großen Hitze und wäre zu Glase zerronnen, wenn ich noch weiter geheizt hätte. Also verminderte ich das Feuer nach und nach, bis die Töpfe ihre Röte langsam verloren, wachte darüber die ganze Nacht, damit das Feuer nicht zu schnell ausginge, und hatte dafür am Morgen drei sehr gute, um nicht zu sagen schöne Schalen und zwei irdene Töpfe, so hart gebrannt, wie man nur wünschen konnte; einer von ihnen war noch dazu von dem geschmolzenen Sand glasiert.

Ich kann nicht sagen, dass ich nach diesem Versuch noch weiter Mangel an irdenem Geschirr gelitten hätte, muss aber zugeben, dass die Gefäße, was die Form betrifft, sehr mittelmäßig ausfielen, wie man es sich leicht vorstellen kann; denn ich machte sie nicht anders als Kinder ihre Erdkuchen oder als eine Frau, die eine Pastete machen will und nie gelernt hat, wie man einen Teig anrührt.

Sicher hat sich nie ein Mensch über eine Kleinigkeit so sehr gefreut wie ich, als ich fand, dass ich ein Gefäß gemacht hatte, das das Feuer aushielt. Kaum konnte ich erwarten, dass sie kalt waren, um eines von ihnen gleich wieder mit Wasser gefüllt aufs Feuer zu setzen und Fleisch zu kochen, welches trefflich geriet; aus einem Stück Kitzfleisch machte ich mir eine ausgezeichnete Brühe, obwohl mir Hafermehl und andere Zutaten fehlten, um sie so gut zu machen, wie ich's gern gehabt hätte.

Meine nächste Sorge war, wie ich mir einen steinernen Mörser zum Kornstampfen schaffen könnte; kein Gedanke daran, mit nur einem Paar Hände zu einer solchen Vervollkommnung der Kunstfertigkeit zu gelangen, um mir eine Mühle zu bauen. Gerade diesem Mangel abzuhelfen war aber besonders schwierig, denn von allen Handwerkskünsten in der Welt war ich für das des Steinmetzen ganz besonders ungeschickt, auch hatte ich gar keine Werkzeuge dazu. Tagelang suchte ich nach einem Stein, der groß genug wäre, um ihn auszuhöhlen und als Mörser herzurichten, aber ich konnte keinen finden, außer im festen Felsen selber, wo ich ihn nicht herausgraben oder -schlagen konnte; auch waren die Felsen dieser Insel nicht hart genug, sondern aus lockerem Sandstein, der weder das Gewicht eines schweren Stößels aushalten noch das Korn zerstoßen konnte, ohne es mit Sand zu vermischen. Nachdem ich also viel Zeit damit verloren hatte, einen Stein zu suchen, gab ich es auf und beschloss, stattdessen mich nach einem großen Klotz Hartholz umzusehen, den ich wirklich viel leichter fand. Ich nahm also einen, der so groß war, dass ich ihn gerade noch bewegen konnte, rundete ihn ab, hieb ihn mit Axt und Beil außen zurecht und höhlte ihn schließlich aus mit unsäglicher Mühe und unter Zuhilfenahme des Feuers, so wie die Indianer in Brasilien ihre Kanus machen. Darauf zimmerte ich aus dem sogenannten Eisenholz einen schweren Stampfer oder Stößel und verwahrte beide Dinge ordentlich bis zu meiner nächsten Ernte, damit ich dann mein Korn in Mehl zerreiben oder eher zerstampfen konnte, um Brot daraus zu machen.

Eine weitere Schwierigkeit war es, ein Sieb oder eine Reiter zu machen, um das Mehl von Kleie und Hülsen zu sondern, da sonst nichts aus meinem Brot werden konnte. Das war eine so schwierige Sache, dass ich kaum daran zu denken wagte; denn natürlich fehlte mir auch hierzu das Allernötigste, nämlich feines Leinen oder Stoff, um das Mehl zu reitern. Und hier stand ich nun monatelang und konnte nicht weiter, ich wusste überhaupt nicht, was tun; außer Lumpen und Fetzen war kein Leinen mehr übrig. Ich hatte wohl Ziegenhaar, wusste aber nicht, wie es spinnen und weben, und hätte ich's auch gewusst: Das Werkzeug hätte mir gefehlt. Als einziger Ausweg fiel mir schließlich ein, dass sich unter den Matrosenkleidern, die ich aus dem Wrack geborgen, auch einige Halstücher aus Kattun oder Nessel befanden; aus einigen von ihnen machte ich drei kleine Siebe, die für meine Arbeit gut genug waren und mit denen ich mich einige Jahre lang behalf; was ich später machte, werde ich an seinem Platz berichten.

Nun kam die Reihe ans Backen und wie ich überhaupt Brot machen wollte, wenn ich einmal Korn hätte; denn erstens hatte ich keine Hefe; doch weil diesem Mangel in keiner Weise abzuhelfen war, so hielt ich mich auch nicht lange dabei auf; aber wegen eines Ofens war ich in großer Sorge. Endlich fand ich auch hier einen Ausweg, und zwar folgenden: Ich machte etliche irdene Gefäße, sehr breit, aber nicht tief, das heißt, gegen zwei Fuß im Durchmesser und nicht über neun Zoll tief; diese brannte ich im Feuer, wie ich's mit den anderen getan hatte, und legte sie beiseite. Wenn ich nun backen wollte, machte ich auf dem Herd, den ich mit einigen viereckigen Ziegeln aus meiner eigenen Erzeugung und Brennerei (ich dürfte sie vielleicht nicht eben viereckig nennen) gepflastert hatte, ein großes Feuer.

Wenn das Brennholz so ziemlich zu Asche oder Glut verbrannt war, breitete ich es auf dem Herd aus, bis er bedeckt war, und ließ es dort liegen, bis der Herd ganz heiß war. Dann fegte ich die Asche weg, legte meinen Laib oder meine Laibe darauf, stülpte die Töpfe darüber und häufte die ganze Asche an der Außenseite der Töpfe auf, um die Hitze zu halten und zu vergrößern. Auf diese Art buk ich meine Laibe so gut wie im besten Ofen der Welt und wurde nach kurzer Zeit sogar ein richtiger Kuchenbäcker, denn ich machte mir aus dem Reis allerhand Kuchen und Pudding; nur die Pasteten ließ ich bleiben, denn ich hätte sie ohnehin mit nichts anderem füllen können als mit Vogel- oder Ziegenfleisch.

Man braucht sich nicht darüber wundern, dass alle diese Dinge mich fast das ganze dritte Jahr meines Aufenthaltes auf der Insel in Anspruch nahmen. Immerhin musste ich ja zwischendurch auch die neue Ernte und meinen Haushalt besorgen; denn ich schnitt mein Korn zur rechten Zeit, brachte es heim, so gut ich konnte, und legte es noch in den Ähren in meine großen Körbe, bis ich Zeit hatte, es auszureiben; zum Dreschen fehlten mir sowohl die Tenne, als auch ein Dreschflegel.

Und nun, da mein Vorrat an Korn zugenommen hatte, musste ich wirklich daran denken, mir eine größere Scheuer zu bauen. Ich brauchte Platz, um meine Ernte zu verwahren, denn die Vermehrung des Korns warf so viel ab, dass ich an die zwanzig Scheffel Gerste und ebenso viel Reis, wenn nicht mehr, einheimste, ich brauchte mir also keine Zurückhaltung aufzuerlegen, auch war mein Brot schon lang ausgegangen. Ich beschloss also herauszufinden, welche Menge ausreichend sein würde für ein ganzes Jahr, und dann nur mehr einmal im Jahr zu säen.

Im Ganzen stellte sich's heraus, dass ich vierzig Scheffel Gerste und Reis mehr hatte, als ich in einem Jahr verzehren konnte. Daher beschloss ich, jedes Jahr immer nur so viel zu säen wie im letzten, und hoffte, dass eine derartige Menge völlig ausreichen würde, mich mit Brot und anderen Dingen zu versorgen.

Während ich mit diesen Arbeiten beschäftigt war, irrten meine Gedanken, wie man sich vorstellen kann, sehr oft zu dem Land hinüber, das ich von der anderen Seite der Insel aus gesehen hatte, und es fehlte mir nicht an dem heimlichen Wunsch, an jenes Ufer zu gelangen. Ich meinte, wenn ich nur einmal auf dem festen Land und in einer bewohnten Gegend wäre, so würde ich schon das eine oder andere Mittel finden, weiter und vielleicht in die Freiheit zu gelangen.

Dabei dachte ich nicht daran, was für Gefahren in derartigen Unternehmungen lauerten, wie ich in die Hände der Wilden fallen könnte, die vielleicht noch ärger waren als die Löwen und Tiger Afrikas. Wäre ich nur erst einmal in ihrer Macht, so stünde es wohl tausend zu eins, dass ich getötet und vielleicht gar gegessen würde; ich hatte nämlich gehört, dass die Menschen an der karibischen Küste Kannibalen oder Menschenfresser seien, und nach meinen Berechnungen konnte ich nicht weit von dieser Küste entfernt sein. Aber auch angenommen, sie waren keine Kannibalen, so konnten sie mich doch töten, wie sie es mit vielen Europäern getan, die in ihre Hände gefallen, auch wenn sie zu zehnt oder zu zwanzigst kamen; wie viel mehr dann mich, der ich allein war und mich nur wenig oder gar nicht verteidigen konnte. Alle diese Gefahren, wie gesagt, die ich gründlich hätte bedenken sollen und die mir hinterher auch alle einfielen, kamen mir zuerst nicht in den Sinn, sondern ich zerbrach mir nur immer heftiger den Kopf darüber, wie ich das jenseitige Ufer erreichen könnte.

Jetzt hätte ich mir meinen Jungen, den Xury, und die lange Schaluppe mit dem Gigsegel gewünscht, in der ich über 1000 Meilen an der Küste Afrikas entlang gefahren war, aber das war vergebene Liebesmüh. Dann kam mir der Gedanke, nach unserem Beiboot zu sehen, das, wie erwähnt, bei unserem Schiffbruch von dem Sturm weit auf den Strand heraufgetrieben worden. Es lag noch fast, aber nicht ganz genau an eben der Stelle, wo es zuerst gelegen hatte. Die Gewalt der Wellen und des Windes hatte es beinahe umgedreht und gegen einen hohen Wall aus grobem Sand geschleudert; nur dass es nicht wie früher im Wasser lag.

Wenn ich nur Hilfe gehabt hätte, um es auszubessern und ins Wasser zu schieben, das Boot wäre noch gut genug gewesen, und ich hätte damit leicht nach Brasilien zurücksegeln können. Freilich hätte ich voraussehen müssen, dass ich es allein ebenso wenig umdrehen und wieder auf Kiel setzen könnte als die Insel von ihrem Platz bewegen. Dennoch lief ich in den Wald und hieb mir Hebebäume und Walzen zurecht, schleppte alles zum Boot, um zu sehen, wie weit ich käme, und redete mir ein, dass ich, wäre das Boot nur erst umgedreht, den Schaden, den es genommen, leicht selber ausbessern könnte, dass es hernach ein ausgezeichnetes Boot wäre und ich mich ohne Weiteres damit auf das Meer wagen dürfte.

Ich sparte bei dieser fruchtlosen Plackerei gewiss keine Mühe und brachte schätzungsweise drei oder vier Wochen damit hin. Schließlich sah ich ein, dass ich das Boot allein mit meiner bescheidenen Kraft nicht heben konnte, und begann, den Sand darunter wegzugraben, um es so zum Umstürzen zu bringen, und spreizte Holzpflöcke darunter, um es beim Fallen zu stützen. Aber auch als das getan war, vermochte ich das Boot weder aufzurichten noch darunterzukommen, viel weniger, es zum Wasser hinzuschieben; so war ich gezwungen, es aufzugeben. Aber obgleich ich wegen des Bootes alle Hoffnung aufgeben musste, wuchs meine Sehnsucht nach dem Festland immer mehr, statt dass sie abnahm, da es doch unmöglich schien, diesen Wunsch zu verwirklichen.

Das brachte mich endlich auf den Gedanken, ob es nicht möglich wäre, mir ein Kanu oder eine Piroge zu machen, wie die Eingeborenen jener Gegenden sie anfertigen, auch ohne Werkzeuge und, wie man auch sagen könnte, ohne hilfreiche Hände, nämlich aus dem glatten Stamm eines großen Baumes. Das hielt ich nicht nur für möglich, sondern für ganz leicht, und der Gedanke, ein solches Boot anzufertigen, kitzelte mich ebenso sehr wie die Vorstellung, um wie viel mehr Erfahrung ich dazu mitbrächte als jemals ein Neger oder Indianer. Dabei bedachte ich aber nicht die besonderen Schwierigkeiten, unter denen ich mehr als die Indianer zu leiden hatte, hauptsächlich jeden Mangel an Hilfe, um das Boot von Ort und Stelle ins Wasser zu schaffen, ein Hindernis, das für mich weit schwieriger zu überwinden war als für die Indianer der Mangel an Werkzeug; denn was nützte es mir, wenn ich im Wald einen großen Baum ausgewählt, ihn mit viel Mühe umgeschnitten, mit meinen Geräten die Außenseite in die Form eines Bootes zurechtgehauen und geglättet, das Innere hohl gebrannt und geschürft und so schließlich ein Boot daraus gemacht hatte, wenn ich nach so viel Mühe es einfach dort lassen musste, wo ich's gefunden, weil ich doch nicht imstande war, es ins Wasser zu schaffen?

Man sollte meinen, ich müsste bei dieser Bootsbauerei entweder völlig meinen Verstand verloren oder aber als Erstes daran gedacht haben, wie ich das Boot ins Wasser bringen könnte; aber meine Gedanken waren so sehr von dieser Fahrt übers Meer besessen, dass ich nicht einmal überlegte, wie ich das Boot vom Land fortschaffen würde; es wäre allerdings für mich wirklich leichter gewesen, das Boot über 45 Meilen auf See zu steuern als es über etwa 45 Faden von der Stelle, wo es lag, ins Wasser zu schaffen.

Bei diesem Boot ging ich wie ein rechter Narr ans Werk und nicht wie ein Mann, der seine fünf Sinne beisammenhat. Vor lauter Freude über meinen Plan machte ich mir keine Gedanken darüber, ob ich auch fähig wäre, ihn auszuführen; nicht dass ich nicht oft an die Schwierigkeit gedacht hätte, mein Boot zu Wasser zu bringen; aber ich gab mich mit der närrischen Antwort zufrieden, die ich mir selber gab: »Wir wollen es zuerst einmal bauen, was gilt's, ich finde dann schon Mittel und Wege, es von der Stelle zu bewegen.«

Dies war wahrlich der verkehrte Weg; doch mein Eigensinn behielt die Oberhand, und ich machte mich ans Werk. Ich fällte eine Zeder; ich bezweifle sehr, dass Salomon jemals eine derartige zum Bau seines Tempels in Jerusalem zur Verfügung hatte. Sie hatte am dickeren Ende nächst dem Stumpf einen Durchmesser von fünf Fuß zehn Zoll, und nach zweiundzwanzig Fuß Länge hatte sie noch immer einen Durchmesser von vier Fuß elf Zoll, wo sie dann dünner wurde und sich in Äste ausbreitete. Diesen Baum zu fällen kostete mich unsägliche Mühe; ganze zwanzig Tage hackte ich unten am dicksten Teil herum; weitere vierzehn Tage brauchte ich, um die Äste und Zweige und den weitläufigen Gipfel abzuhauen, die ich alle mit Axt und Beil und unter grässlicher Mühe abschlagen musste; darauf ging ein Monat hin, um ihm die rechte Form zu geben und das Äußere ebenmäßig zu glätten und so etwas wie den Kiel eines Bootes zustande zu bringen, damit es später ordentlich ausrecht auf dem Wasser schwimmen möge. An die drei Monate brauchte ich zur Ausarbeitung der Innenseite, sodass ein vollkommenes Boot daraus würde. Dies tat ich ohne Feuer, nur mit Schlägel und Meißel und vermöge härtester Arbeit, bis ich doch eine annehmbare Piroge zuwege gebracht hatte, groß genug für sechsundzwanzig Männer, daher auch groß genug, um mich und meine gesamte Habe aufzunehmen.

Als ich mein Werk vollbracht hatte, freute ich mich von Herzen. Das Boot war wirklich viel größer als jedes Kanu oder jede Piroge aus einem einzigen Baum, die ich in meinem Leben gesehen hatte. Es hatte mich, wie man sich denken kann, manchen sauren Schlag gekostet, und nun blieb nichts übrig, als es zu Wasser zu setzen; und hätte ich's wirklich zu Wasser gebracht, ich hätte ohne Frage die verrückteste und unwahrscheinlichste Reise unternommen, die jemals ein Mensch getan.

Aber alle meine Versuche, das Boot zu Wasser zu bringen, schlugen fehl, sie kosteten mich nur unsäglichen Schweiß. Das Boot lag hundert Yard vom Wasser weg, nicht mehr. Aber das erste Ungemach war, dass es hinter einem kleinen Hügel an dem Bach lag; gut, um diesem Hindernis zu begegnen, beschloss ich, Erde wegzuschaufeln und auf diese Weise einen Abhang zu schaffen. Ich fing's auch an und hatte eine entsetzliche Arbeit damit; aber wer scheut die Mühe, wenn er die Befreiung vor sich sieht? Doch als ich damit fertig und dieses Hindernis beseitigt war, war noch alles beim Alten, denn ich konnte das Kanu genauso wenig bewegen wie vorher das Beiboot.

Hierauf maß ich die Entfernung und beschloss, einen Graben oder Kanal zu graben und so das Wasser zum Kanu zu bringen, wenn ich schon nicht das Kanu zum Wasser bringen konnte. Gut, ich machte mich daran, aber als ich die Sache genau betrachtete und überschlug, wie breit und wie tief die Rinnen gegraben werden müssten und wie ich das Erdreich fortschaffen könnte, da fand ich, dass ich allein mit meinen zwei Händen etwa zehn bis zwölf Jahre gebraucht hätte, da das Ufer so hoch lag, dass der Graben am äußeren Ende wenigstens zwanzig Fuß tiefer hätte sein müssen; also gab ich schließlich widerstrebend auch diesen Versuch auf.

Das schmerzte mich sehr, und nun sah ich ein, wenn auch zu spät, wie töricht es ist, ein Werk zu beginnen, bevor wir die Kosten kennen und bevor wir recht erwogen haben, ob unsere Kräfte dem auch gewachsen sind.

Mitten in dieser Arbeit ging mein viertes Jahr auf der Insel zu Ende, und ich beging den Jahrestag mit der üblichen Andacht und Erhebung; denn durch das fortgesetzte Studium und die ernsthafte Betrachtung von Gottes Wort sowie durch den Beistand seiner Gnade war ich zu einer ganz anderen Erkenntnis gelangt als früher. Ich hatte von den Dingen einen anderen Begriff und blickte nun auf die Welt als einen weit entfernten Gegenstand, mit dem mich nichts verband, weder Hoffnung noch Begierde; mit einem Wort, ich hatte nichts zu tun mit ihr, noch würde ich jemals wieder etwas mit ihr zu tun haben. Die Welt erschien mir so, wie sie uns wohl dereinst in der Ewigkeit vorkommen mag, nämlich als ein Ort, an dem wir gewohnt haben, von dem wir aber ausgezogen sind, und ich konnte zu ihr sagen wie Vater Abraham zum reichen Mann: *Es ist zwischen uns eine große Kluft befestigt.*

Erstlich war ich hier fern von allen Verführungen der Welt. Ich kannte weder Augen- noch Fleischeslust noch hoffärtiges Leben. Ich kannte keine Begierde, denn ich hatte alles, was ich hier genießen konnte; ich war Herr über das ganze Gut, und wenn es mir gefiel, konnte ich mich König oder Kaiser nennen über das ganze Land, das in meinem Besitz war. Ich hatte keine Rivalen, keine Nebenbuhler, keinen, der sich um Herrschaft und Befehl mit mir hätte streiten wollen. Ich hätte ganze Schiffsladungen voll Korn aufbringen können; aber da ich keine Verwendung dafür hatte, ließ ich eben nur so viel wachsen, wie meine Notdurft verlangte. Ich hatte Schildkröten im Überfluss, konnte aber nicht mehr brauchen als dann und wann einmal eine. Ich hatte genug Bauholz, um eine ganze Flotte daraus zu bauen. Ich hatte genug Trauben, um daraus so viel Wein zu machen oder so viel Rosinen daraus zu trocknen, dass ich ebendiese Flotte damit hätte beladen können.

Doch wertvoll für mich war nur das, was ich verwerten konnte. Ich hatte genug zu essen und alle andere Notdurft, was nützte mir alles Übrige? Schoss ich mehr Wildbret, als ich verzehren konnte, so mussten der Hund es fressen oder die Würmer. Wenn ich mehr Korn säte, als ich essen konnte, so verdarb es. Die Bäume, die ich fällte, lagen auf dem Boden und verfaulten, ich konnte sie nur als Brennholz verwenden, und das brauchte ich nur, um mir Nahrung zu bereiten.

Mit einem Wort, Natur und Erfahrung lehrten mich nach gehörigem Nachsinnen, dass das Gute auf der Welt nur so weit gut ist, als wir es brauchen können; und wenn wir auch für andere einen noch so großen Haufen zusammenscharren, wir haben davon gerade so viel, als wir brauchen können, und nicht mehr. Der gierigste Geizkragen auf der ganzen Welt wäre von seinem Laster kuriert worden, wäre er nur in meine Lage gekommen, der ich unendlich mehr besaß, als ich gebrauchen konnte. Ich hatte keinen Raum für Wünsche, außer nach einigen Dingen, die ich nicht hatte, und das waren nur Kleinigkeiten, wenn für mich auch sehr nützliche. Ich hatte, wie beschrieben, einen Packen voll Geld, Gold und Silber, zusammen an die sechsunddreißig Pfund Sterling. Aber ach! Da lag nun das schmutzige, erbärmliche, nutzlose Zeug; ich hatte keine Verwendung dafür. Und ich dachte oft, wie ich gern eine Handvoll davon für zwölf Dutzend Tabakspfeifen hergegeben hätte oder für eine Handmühle, um mein Korn darin zu mahlen; ja, ich hätte alles hingegeben für etwas Rüben- und Möhrensamen, wie man ihn in England für Sixpence bekommt, oder für eine Handvoll Erbsen und Bohnen oder für eine Flasche Tinte. So aber hatte ich nicht den geringsten Nutzen oder Vorteil davon, es lag da in einer Lade und wurde schimmlig von der Feuchtigkeit des Kellers in der nassen Jahreszeit. Und hätte ich die Lade voll Diamanten gehabt, es wäre nicht anders gewesen; sie hätten keinen Wert für mich besessen, weil ich sie zu nichts gebrauchen konnte.

Ich hatte mir mein Leben nun viel bequemer eingerichtet, als es anfänglich gewesen war, behaglicher sowohl für mein Gemüt als auch für meinen Körper. Oft setzte ich mich voller Dankbarkeit zum Essen nieder und bewunderte die Hand der göttlichen Vorsehung, die mir auf solche Art den Tisch in der Wüste gedeckt. Ich lernte, meinen Zustand mehr von der hellen als von der düsteren Seite aus zu betrachten, mehr das zu bedenken, was mich erfreute, als das, was mir mangelte, und derlei Betrachtungen gaben mir manchmal ein heimliches und ganz unbeschreibliches Glücksgefühl, dessen ich hier erwähnen will, um es all jenen Unzufriedenen vor Augen zu führen, die nicht mit Behagen genießen können, was Gott ihnen gegeben hat, weil sie immer nur sehen und begehren, was Gott ihnen nicht gegeben hat. Unsere ganze Unzufriedenheit über das, was uns fehlt, schien mir nur daraus zu entstehen, dass wir nicht dankbar genug sind für das, was wir besitzen.

Eine andere Überlegung war mir eine große Hilfe und würde zweifellos jedem anderen in meiner Lage helfen; ich verglich nämlich meine gegenwärtigen Verhältnisse mit meinen anfänglichen Erwartungen, die sicherlich auch eingetroffen wären, hätte es Gottes Vorsehung nicht in wunderbarer Weise so gefügt, dass das Schiff näher an die Küste getrieben wurde, sodass ich nicht nur zu ihm hingelangen, sondern auch alles, was ich daraus barg, zu meiner Erleichterung und Stärkung an Land bringen konnte. Sonst hätte es mir sowohl an Werkzeugen zur Arbeit gefehlt als auch an Waffen zu meiner Verteidigung sowie an Pulver und Blei, um mir Nahrung zu beschaffen. Ich verbrachte ganze Stunden, um nicht zu sagen Tage damit, mir in den lebhaftesten Farben mein Los auszumalen, wenn ich nichts aus dem Schiff hätte holen können; wie ich mir außer Fischen und Schildkröten durchaus keine Nahrung hätte beschaffen können und wie ich, da ich diese erst nach geraumer Zeit gefunden, gleich zu Anfang verhungert wäre. Und wäre ich nicht gestorben, so hätte ich doch gelebt wie ein bloßer Wilder; wenn ich auch auf irgendeine Art eine Ziege oder einen Vogel erlegt hätte, so hätte ich sie doch nicht öffnen und ausweiden noch das Fleisch von der Haut und den Eingeweiden trennen, es auch nicht klein schneiden können, sondern hätte es wie ein Raubtier mit meinen Zähnen benagen und mit meinen Klauen zerreißen müssen.

Diese Überlegungen machten mir die Güte der Vorsehung gegen mich erst richtig deutlich, und Dankbarkeit erfüllte mich für meinen gegenwärtigen Zustand mit all seinem Unglück und Ungemach. Und auch hier möchte ich wieder diejenigen, die im Unglück so leicht sagen: »Ist irgendein Elend dem meinen gleich?«, zum Nachdenken mahnen. Sie mögen sich nur vor Augen halten, wie schlecht es andern Menschen ergeht und um wie viel schlechter es ihnen ergangen wäre, hätte es der Vorsehung gefallen.

Noch eine andere Überlegung half mir, mein Gemüt mit Hoffnung zu erfüllen: nämlich meinen Zustand mit dem zu vergleichen, den ich verdient und daher mit Recht von der Vorsehung zu gewärtigen gehabt hätte. Ich hatte ein ruchloses Leben geführt, gänzlich entblößt von Erkenntnis oder Furcht Gottes. Vater und Mutter hatten mich zwar gut erzogen, sie hatten in ihren frühen Bemühungen nicht verfehlt, mir fromme Ehrfurcht vor Gott und ein Gefühl für meine Pflichten und für Wesen und Sinn meines Daseins einzuimpfen. Aber ach! Da ich schon früh dem Seefahrerleben verfallen war, die von allen Lebensarten am wenigsten gottesfürchtige, obwohl seine Schrecken einem immer drohend vor Augen stehen – ich sage, da ich diesem Leben und ebenso der Gesellschaft der Seefahrer schon früh verfallen war, wurde der Rest an religiöser Empfindung, den ich noch gehabt hatte, von meinen Tischgenossen hinweggelacht oder ging mir verloren durch eine Verachtung der Gefahr noch im Angesicht des Todes, an die ich mich endlich selber gewöhnte, weil ich so lange keine Gelegenheit hatte, mit anderen als meinesgleichen Umgang zu pflegen, oder irgendetwas, das gut war oder um Gutes bemüht.

Ich war so bar alles Guten und jedes Begriffs davon, was ich war und was ich sein sollte, dass ich den größten Gnadenbezeugungen, die ich erfuhr, wie meiner Flucht aus Salé, meiner Aufnahme durch den portugiesischen Kapitän, meiner glücklichen Ansiedlung in Brasilien, der Ankunft meiner Fracht aus England und so weiter – dass mir bei dem allen nicht ein einziges Mal das Wort »Gott sei gedankt« in den Sinn oder in den Mund gekommen war; ich hatte auch in der größten Not keinen Gedanken an ihn gewendet noch gesagt: »Herr, erbarme Dich meiner!«, hatte auch den Namen Gottes nie anders erwähnt als beim Fluchen und Lästern.

Viele Monate lang lagen mir, wie schon berichtet, quälende Bedenken wegen meines bisherigen ruchlosen und verhärteten Lebens auf der Seele, und wenn ich um mich blickte und sah, mit welcher Fürsorge Gott seit meiner Ankunft an diesem Ort sich meiner angenommen, wie er sich mir stets gnädig erwiesen, wie er mich nicht nur weit milder gestraft, als meine Bosheit verdient hätte, sondern reichlich für mich gesorgt hatte, so wuchs in mir die Hoffnung, meine Reue sei angenommen, und Gott habe noch mehr Gnade für mich aufbewahrt.

Mit dergleichen Gedanken brachte ich mein Gemüt nicht nur dazu, mich in meiner jetzigen Lage in den Willen Gottes zu ergeben, sondern sogar zu einer aufrichtigen Dankbarkeit für diesen Zustand wie auch zu der Einsicht, dass ich, der ich immerhin noch am Leben war, mich nicht beklagen durfte, da mir die verdiente Strafe für meine Sünden erspart geblieben war, dass ich im Genuss vieler Gnadenerweise war, die ich an diesem Ort niemals hätte erwarten können, dass ich nie mehr meinen Zustand bejammern, sondern ihn preisen und täglich danksagen sollte für mein tägliches Brot, das nur eine Fülle von Wundern mir hatte bereiten können. Ich brauchte nur zu bedenken, dass ich wahrlich durch ein Wunder gespeist worden war, nicht geringer als die Speisung des Elias durch die Raben, ja, durch eine ganze Reihe von Wundern und dass ich schwerlich in diesem unwirtlichen Teil der Welt einen Ort hätte nennen können, an den verschlagen zu werden vorteilhafter gewesen wäre: einen Ort, an dem ich zwar zu meinem Leidwesen keine menschliche Gesellschaft angetroffen, der aber dafür auch keine Raubtiere beherbergte, keine rasenden Tiger und Wölfe, die mein Leben bedrohten, noch giftige Pflanzen oder Tiere, deren Genuss mir Schaden gebracht hätte, noch auch Wilde, die mich ermordet und verschlungen hätten.

Mit einem Wort, gleichwie mein Leben auf der einen Seite voll Beschwernis war, so war es doch auf der anderen Seite voll Gnade; zu einem glücklichen Leben fehlte mir nichts als die Fähigkeit, Gottes Güte gegen mich und seine ständige Fürsorge in dieser Lage zu meinem täglichen Trost zu machen; und nachdem ich mich hierin fleißig geübt und gebessert hatte, ging ich hin und war nicht länger traurig.

Ich war nun schon so lange hier, dass viele Dinge, die ich zu meiner Erleichterung an Land gebracht hatte, entweder ganz zu Ende gegangen oder doch sehr abgenutzt und fast verbraucht waren.

Meine Tinte, wie berichtet, war schon lang zu Ende, bis auf einen kleinen Rest, den ich mit Wasser wieder und wieder streckte, bis sie so blass war, dass sie kaum noch eine schwarze Spur auf dem Papier zurückließ. Solange dieser Rest vorhielt, verwendete ich ihn dazu, um diejenigen Tage des Monats festzuhalten, an denen mir Merkwürdiges zugestoßen war. Dabei, so erinnere ich mich, zeigte sich bei der Zusammenstellung der Begebenheiten aus meiner Vergangenheit eine merkwürdige Übereinstimmung der Tage, an denen mir die verschiedenen Schicksalsfügungen zugestoßen waren; wäre ich abergläubisch genug gewesen, bestimmte Tage als Glücks- oder Unglückstage zu betrachten, so hätte ich wohl alle Ursache gehabt, in einer solchen Koinzidenz die Bestätigung meines Wunderglaubens zu erblicken.

Erstlich stellte ich fest, dass an eben dem Tag, da ich von meinem Vater und meinen Freunden weg und nach Hull gelaufen war, um zur See zu gehen, hernach das Kriegsschiff aus Salé mich gefangen nahm und zum Sklaven machte.

Am gleichen Tag, an dem ich auf der Reede von Yarmouth mich aus dem gesunkenen Schiff rettete, flüchtete ich das Jahr darauf mit dem Boot aus Salé.

Am gleichen Tag des Jahres, an dem ich geboren wurde, nämlich dem 30. September, wurde sechsundzwanzig Jahre später mein Leben so wunderbar gerettet, als ich an diese Insel verschlagen wurde, sodass mein gottloses wie auch mein einsames Leben beide am gleichen Tag anfingen.

Das Nächste, was mir nach der Tinte ausging, war das Brot, ich meine den Zwieback, den ich aus dem Schiff geholt hatte; mit diesem war ich sparsam umgegangen, hatte mir über ein Jahr lang jeden Tag nur ein Stück zugestanden, und dennoch war ich fast ein Jahr gänzlich ohne Brot, bevor ich mein eigenes Korn ernten konnte, ja, ich hatte dafür, dass ich überhaupt welches erntete, noch alle Ursache zur Dankbarkeit, da die Art, wie ich's erreichte, ans Wunderbare grenzte, wie ich schon berichtet habe.

Auch meine Kleidung begann, bedenklich zu verfallen: Leinen hatte ich schon lange keines mehr, bis auf etliche gewürfelte Hemden, die ich in den Kisten der anderen Matrosen gefunden und sorgfältig aufbewahrt hatte. Da ich oft nicht mehr als ein Hemd am Leib tragen konnte, war es mir eine sehr große Hilfe, dass ich unter all den Mannskleidern aus dem Schiff fast drei Dutzend Hemden gefunden hatte. Auch einige dicke Matrosenwachmäntel waren darunter gewesen, die noch gut, aber zu heiß zum Tragen waren. Es ist wohl richtig, dass die Hitze so mäßig war, dass man eigentlich keine Kleider gebraucht hätte, aber ich konnte nicht ganz nackt gehen, selbst wenn ich dazu geneigt gewesen wäre, was ich doch nicht war. Aber ich vermochte nicht einmal den Gedanken daran zu ertragen, obwohl ich ganz allein war.

Der eigentliche Grund, warum ich nicht ganz nackt gehen konnte, war, dass ich die Glut der Sonne nackt weniger gut ertragen konnte als mit leichter Bekleidung. Die Hitze verbrannte oft meine Haut; trug ich aber ein Hemd, dann entstand darunter ein leichter Luftzug, und so war mir mit Hemd doppelt so kühl als ohne. Ebenso wenig vermochte ich in der Sonnenhitze ohne Hut oder Mütze auszugehen, da diese Glut mir mit ihrer hierorts üblichen Heftigkeit sogleich das heftigste Kopfweh verursacht haben würde, wenn ich sie ohne Hut oder Mütze auf den bloßen Kopf hätte treffen lassen; mit dem Hut auf dem Kopf dagegen konnte ich jederzeit hinausgehen.

Ich war also darauf bedacht, die wenigen Lumpen, die ich noch hatte und die ich Kleider nannte, in Ordnung zu bringen. Die Kamisole waren alle aufgetragen, und meine Aufgabe war nun zu versuchen, ob ich aus den großen Wachmänteln, die ich bei mir hatte, und aus dem anderen Stoff, den ich noch hatte, Jacken zusammenflicken könnte. Also verlegte ich mich aufs Schneidern oder vielmehr aufs Pfuschen, denn was herauskam, war ein erbärmliches Machwerk. Immerhin gelangen mir zwei oder drei neue Kamisole, die, so hoffte ich, schon eine Weile halten würden; die Hosen blieben vorläufig aber wirklich nur ein jämmerlicher Versuch.

Ich erwähnte bereits, dass ich die Felle von allen erlegten Tieren aufbewahrte, von den vierfüßigen, meine ich. Ich hatte sie auf Stecken in der Sonne ausgespannt, wodurch einige so trocken und hart wurden, dass man sie zu nichts mehr gebrauchen konnte, andere dagegen schienen noch recht gut verwendbar zu sein. Als Erstes machte ich daraus eine große Mütze für meinen Kopf, die Haare nach außen, um den Regen abfließen zu lassen. Sie geriet mir so wohl, dass ich mir darauf einen ganzen Anzug aus diesen Fellen anfertigte, das heißt, ein Kamisol und ein Paar offener Kniehosen, beide sehr weit, denn sie sollten mich eher kühlen als warm halten. Ich muss freilich zugeben, dass sie sehr ungeschickt gemacht waren; denn wie ich ein schlechter Zimmermann war, so war ich auch ein schlechter Schneider. Immerhin leisteten sie mir doch gute Dienste, und wenn ich einmal draußen vom Regen überrascht wurde, so lief das Wasser über die haarige Außenseite meines Anzugs ab, und ich blieb immer vollständig trocken.

Hierauf verwandte ich viel Mühe und Zeit auf die Anfertigung eines Schirms. Ich brauchte ihn wirklich nötig, hatte auch große Lust, mir einen zu machen. In Brasilien hatte ich welche gesehen, wo sie bei der großen dort herrschenden Hitze sehr nützlich sind, und die Hitze kam mir hier zumindest ebenso groß, wenn nicht größer vor, da ich näher dem Äquator war. Zudem musste ich viel Zeit außer Haus verbringen, der Schirm wäre mir also sowohl gegen den Regen als auch gegen die Hitze sehr willkommen gewesen. Es kostete mich die größte Mühe von der Welt und dauerte sehr lange, bis ich etwas Schirmähnliches zustande brachte; ja, sogar als ich schon meinte, es diesmal getroffen zu haben, verdarb ich wieder zwei oder drei, bis mir schließlich einer glückte. Zuletzt aber brachte ich einen zustande, der für beide Zwecke passte. Die Hauptschwierigkeit war, ihn so zu machen, dass ich ihn auch schließen konnte. Aufspannen ließ er sich wohl, aber wenn ich ihn nicht auch zusammenfalten konnte, hätte ich ihn nur immer über dem Kopf tragen müssen, und das war auch nichts Rechtes. Endlich aber gelang mir einer nach Wunsch, wie gesagt, und ich überzog ihn mit Fell, die Haare auswärts, dass der Regen davon ablief wie von einem Wetterdach, und auch die Sonne hielt er so gut ab, dass ich nun in der heißesten Zeit bequemer im Freien sein konnte als früher in der kühlsten, und wenn ich ihn nicht mehr brauchte, konnte ich ihn schließen und unterm Arm tragen.

Auf diese Weise lebte ich sehr vergnügt, und seit ich mich völlig in den Willen Gottes ergeben und mich in seine Vorsehung gefügt hatte, war mein Gemüt ganz ruhig geworden. So hatte ich's besser, als wenn ich in menschlicher Gesellschaft gelebt hätte, denn sobald ich den Mangel an einem solchen Umgang bedauerte, fragte ich mich selber, ob der Umgang mit meinen eigenen Gedanken oder, wie ich hoffentlich sagen darf, mit Gott selber in meinen andächtigen Stoßgebeten nicht besser war als alle Freuden an menschlicher Geselligkeit in dieser Welt.

Ich kann nicht sagen, dass mir in den nächsten fünf Jahren irgendetwas Besonderes zugestoßen wäre. Mein Leben ging weiter wie zuvor, in der gleichen Art und an dem gleichen Ort. Meine Hauptbeschäftigung war, neben der jährlichen Arbeit des Gerste- und Reispflanzens und des Dörrens der Trauben, wovon ich immer gerade so viel speicherte, dass ich genug Vorrat für ein Jahr im Voraus hatte – ich sage, neben dieser jährlichen Arbeit und der täglichen Arbeit, mit meiner Flinte auszugehen, hatte ich die eine Hauptbeschäftigung, mir ein Kanu zu bauen, das ich schließlich zustande brachte und durch Ausgraben eines Kanals von sechs Fuß Breite und vier Fuß Tiefe eine halbe Meile weit bis zu der kleinen Bucht hinabschaffte. Was das erste Kanu betrifft, das so riesengroß geworden, weil ich vorher nicht, wie ich hätte tun sollen, überlegt hatte, wie ich's zu Wasser bringen konnte, so konnte ich es weder zum Wasser bringen noch das Wasser zu ihm und war also gezwungen, es liegen zu lassen, wo es lag, als Warntafel, das nächste Mal klüger zu sein. Und in der Tat war ich das nächste Mal vorsichtiger, und obwohl ich keinen geeigneten Baum auftreiben konnte, und auch einen wenig tauglichen, nur an einer Stelle, die vom Wasser nicht weniger weit entfernt war als, wie ich sagte, eine halbe Meile, sah ich aber doch, dass es möglich war, und also gab ich nicht auf. Und obwohl ich fast zwei Jahre daran werkte, war mir doch nicht leid um meine Mühe, denn ich hatte nun gegründete Hoffnung, endlich ein seetüchtiges Boot zu besitzen.

Obgleich meine kleine Piroge jetzt fertig war, entsprach ihre Gestalt doch gar nicht den Plänen, um derentwillen ich das Werk begonnen hatte, nämlich mich mit ihr aufs etwa vierzig Meilen entfernte Festland zu wagen. Die Kleinheit meines Bootes machte all diesen Plänen ein Ende, und ich schlug sie mir aus dem Kopf. Aber da ich nun ein Boot hatte, beschloss ich, wenigstens rund um die Insel zu segeln, denn da ich, wie schon beschrieben, die andere Seite der Insel über Land besuchte, hatten die Entdeckungen, die ich auf dieser kleinen Reise gemacht, meine Begierde geweckt, noch andere Teile der Küste kennenzulernen. Nun, da ich ein Boot hatte, dachte ich an nichts anderes mehr als an eine Umsegelung der Insel.

Zu diesem Zweck und damit alles wohl überlegt und bedacht sei, zimmerte ich einen kleinen Mast für mein Boot und machte ein Segel aus einigen Stücken des Schiffssegels, wovon ich noch einen großen Vorrat hatte.

Als Mast und Segel angebracht waren, machte ich eine Probefahrt und fand, dass das Boot sehr gut lief. Nun brachte ich an jedem Ende des Bootes kleine Laden und Kästen an, um Munition, Proviant und was ich sonst brauchte, darin unterbringen und vor Regen und Wasserspritzern trocken zu bewahren; inwendig höhlte ich mir eine lange, schmale Rinne aus, um meine Flinte hineinzulegen, und machte eine Klappe darüber, um auch sie trocken zu halten.

Am Heck des Bootes steckte ich meinen Sonnenschirm in ein Loch, sodass er wie ein Mast über meinem Kopf stand und mich wie ein Sonnendach vor der Hitze schützte. Nun unternahm ich ab und zu kleine Seefahrten, fuhr jedoch nie weit hinaus, entfernte mich auch nie länger von der kleinen Bucht. Endlich aber ergriff mich die Begierde, den ganzen Umkreis meines kleinen Königreichs in Augenschein zu nehmen; ich beschloss, mich auf die Fahrt zu machen, und rüstete mein Schiff entsprechend aus, bestückte es mit zwei Dutzend Gerstenlaiben (die ich besser Kuchen nennen sollte), mit einem irdenen Topf voll geröstetem Reis, wovon ich häufig zu essen pflegte, mit einer kleinen Flasche Rum, einer halben Ziege sowie mit Pulver und Blei, um mehr davon zu erlegen, und zwei großen Wachmänteln, welche ich, wie oben erwähnt, aus den Matrosenkisten erbeutet hatte; den einen verwendete ich, um darauf zu liegen, und den anderen, um mich zuzudecken.

Es war der sechste November im sechsten Jahr meiner Herrschaft oder meiner Gefangenschaft, wie man will, als ich meine Reise antrat, und sie dauerte viel länger als erwartet; denn obwohl die Insel selber nicht sehr groß war, fand ich doch an ihrem östlichen Teil ein großes Felsriff, das sich gegen zwei Seemeilen ins Meer hinaus erstreckte, einige Klippen lagen über dem Wasser, einige unterhalb, und darüber hinaus eine Sandbank, die noch einmal eine Meile trocken ins Meer hineinragte, sodass ich weit ins Meer hinausmusste, um diesen Punkt zu umfahren. Beim ersten Anblick des Hindernisses wollte ich schon mein Vorhaben aufgeben und umkehren, weil ich nicht wusste, wie weit ich mich in die offene See hinauswagen müsste, und weil ich vor allem zweifelte, wie ich wieder zurückkäme. Also ging ich vor Anker (denn ich hatte mir aus einem zerbrochenen Bootshaken vom Schiff einen Anker zurechtgemacht).

Als das Boot festlag, nahm ich meine Flinte und ging an Land, kletterte auf einen Hügel, von dem aus ich hoffte, die Spitze übersehen zu können, wie es auch tatsächlich der Fall war, und beschloss daraufhin, die Sache zu wagen.

Als ich so von dem Hügel, auf dem ich stand, aufs Meer hinausblickte, bemerkte ich eine starke, ja reißende Strömung, die nach Osten hin ganz nahe an der Spitze vorbeilief. Ich gab umso mehr darauf acht, als ich sah, dass sie gefährlich sein könnte. Wenn ich hineingeriete, könnte ich durch ihre Kraft leicht aufs offene Meer vertragen werden und die Insel nicht mehr erreichen. Und in der Tat, wäre ich nicht vorher auf diesen Hügel gestiegen, ich glaube, es wäre mir so gegangen, denn auf der anderen Seite der Insel gab es die gleiche Strömung, nur dass sie nicht so nahe am Ufer verlief. Direkt an der Küste bemerkte ich auch eine starke Gegenströmung, sodass ich nur aus der ersten Strömung herauskommen musste, und schon wäre ich mitten in der Gegenströmung.

Hier blieb ich nun zwei Tage liegen, weil der Wind recht kräftig aus Ostsüdost blies, also der Strömung entgegen und daher an der Spitze des Riffs eine starke Brandung verursachte, sodass es für mich weder ratsam war, mich der Brandung wegen zu nahe am Ufer zu halten, noch, mich der Strömung wegen zu weit aufs offene Meer hinauszuwagen.

Am Morgen des dritten Tages, der Wind hatte sich über Nacht gelegt, die See war ruhig, wagte ich mich hinaus. Allein mein Beispiel mag auch diesmal allen voreiligen und unwissenden Seefahrern zur Warnung dienen; denn kaum hatte ich die Spitze erreicht und war noch keine Bootslänge vom Ufer entfernt, da fand ich mich plötzlich in sehr tiefem Wasser und in einer Strömung, die reißend war wie ein Mühlbach: Sie riss mein Boot mit solcher Gewalt mit sich fort, dass es mir nicht gelang, es am Rand der Strömung zu halten, sondern ich wurde immer weiter von der Gegenströmung zu meiner Linken weggetrieben. Kein Luftzug kam mir zu Hilfe, und meine Ruderei nützte mir gar nichts. Jetzt hielt ich mich für verloren; denn da es eine Strömung auf beiden Seiten der Insel gab, wusste ich, dass sie sich in einigen Seemeilen Entfernung miteinander vereinigen müssten, und dann wäre es gänzlich um mich geschehen. Ich sah aber keine Möglichkeit, das zu vermeiden, und hatte schon meinen Untergang vor Augen, nicht durch das Meer, denn das war ganz ruhig, sondern durch den Hunger. Ich hatte zwar am Strand noch eine Schildkröte gefunden, so groß, dass ich sie kaum aufheben konnte, und sie ins Boot gezerrt, hatte auch einen großen Krug voll frischen Wassers, eines meiner irdenen Gefäße nämlich; aber was half mir das alles, wenn ich auf das weite Meer getrieben wurde, wo sicherlich tausend Meilen weit keine Küste, kein Festland noch eine Insel zu finden war?

Nun erkannte ich, wie leicht es für die göttliche Vorsehung ist, einen Menschen aus einem elenden Zustand in einen noch elenderen zu versetzen. Nun blickte ich auf meine verlassene, einsame Insel zurück als auf den lieblichsten Ort in der Welt, und alles Glück, nach dem mein Herz verlangte, war, nur wieder dort zu sein. Ich streckte die Hände in Sehnsucht danach aus. »O glückliches Eiland«, rief ich, »nie soll ich dich wiedersehen! O ich unglückliches Geschöpf«, sagte ich, »was soll aus mir werden?«

Dann warf ich mir mein undankbares Wesen vor und dass ich mich über meinen verlassenen Zustand beklagt hatte. Was hätte ich jetzt darum gegeben, wieder dort an Land zu sein! Also sehen wir nie die wahre Beschaffenheit unseres Zustandes ein, bis er uns durch sein Gegenteil verdeutlicht wird, und wissen nicht zu schätzen, was wir genießen, bis wir es entbehren. Es ist kaum möglich, die Verzweiflung zu beschreiben, in der ich mich jetzt befand, da ich abgetrieben wurde von meiner geliebten Insel (denn als das erschien sie mir jetzt), hinaus in den weiten Ozean, schon an die zwei Seemeilen weit, ohne jede Hoffnung, sie je wieder zu erreichen. Dennoch arbeitete ich hart, bis meine Kraft fast erschöpft war, und hielt mein Boot, so gut es ging, nach Norden an jener Seite der Strömung, wo die Gegenströmung verlief. Da, gegen Mittag, als die Sonne den Zenit überschritten hatte, fühlte ich plötzlich ein Lüftchen an meinem Gesicht, das aus Südsüdosten aufsprang. Das machte mir wieder ein wenig Mut, besonders als nach etwa einer halben Stunde schon eine hübsche kleine Brise aufkam. Inzwischen war ich von der Insel schon erschreckend weit abgetrieben, und wäre die kleinste Wetterwolke aufgetaucht, ich wäre noch aus anderer Ursache umgekommen; denn ich hatte keinen Kompass an Bord und hätte niemals wieder den Weg zur Insel gefunden, wenn ich sie auch nur einen Augenblick aus der Sicht verloren hätte. Aber da das Wetter klar blieb, stellte ich meinen Mast in die Höhe, zog das Segel auf und hielt mich so gut als möglich nach Norden, um aus der Strömung herauszukommen.

Gerade als ich Mast und Segel gesetzt und das Boot in Fahrt gebracht hatte, sah ich an der Klarheit des Wassers, dass eine Veränderung der Strömung nahe war. Wo nämlich die Strömung stark war, war das Wasser trüb; aber als ich merkte, dass das Wasser klar wurde, da ließ auch die Strömung nach, und bald sah ich im Osten, in etwa einer halben Meile, wie die See gegen etliche Klippen brandete. Diese Klippen, so fand ich, zwangen die Strömung, sich zu teilen, und während der Hauptstrom gegen Süden weiterging und die Klippen im Nordosten ließ, wurde der andere vom Widerstand der Felsen zurückgetrieben und erzeugte nun eine starke Gegenströmung, die mit Gewalt gegen Nordwesten zurückfloss.

Wer schon einmal auf der Galgenleiter gestanden und im letzten Augenblick begnadigt oder aus Räuberhänden gerettet wurde in dem Augenblick, da er sterben sollte, oder wer immer in solchen äußersten Gefahren sich schon befand, der wird sich vorstellen können, welche Freude mich jetzt überwältigte und wie froh ich mein Boot in diese Gegenströmung lenkte und wie froh ich auch, da der Wind wieder auffrischte, mein Segel setzte, da dann das Boot fröhlich vor dem Wind und mit einer starken Flut oder Gegenströmung auf die Insel zufuhr.

Diese Gegenströmung brachte mich der Insel wieder um eine Seemeile näher, aber etwa zwei Seemeilen nördlich von der Stelle, wo mich der Strom zuerst abgetrieben hatte, sodass ich beim Näherkommen feststellte, ich läge jetzt vor der nördlichen Seite, gegenüber jener Seite also, von der ich abgefahren war.

Als ich mithilfe dieser Gegenströmung etwas mehr als eine Seemeile auf die Insel zu gemacht hatte, sah ich, dass sie nachließ und mich nicht weitertrug. Immerhin fand ich, dass das Wasser zwischen den beiden großen Strömungen, nämlich der südlichen, die mich abgetrieben hatte, und der nördlichen, die etwa eine Seemeile entfernt an der anderen Seite lief – dass also das Wasser hier im Kielwasser der Insel ruhig und reglos war, und da ich noch immer eine günstige Brise hatte, fuhr ich gerade auf die Insel zu, wenn auch langsamer als vorher.

Gegen vier Uhr am Nachmittag, als ich nur mehr eine Seemeile von der Insel entfernt war, entdeckte ich die Felsspitze, die Schuld an meinem Unglück trug, da sie sich nämlich, wie zuvor beschrieben, gegen Süden streckte und die Strömung so noch mehr südwärts getrieben und dadurch wie natürlich einen Gegenstrom nordwärts erzeugt hatte. Dieser war sehr stark, lief aber nicht in die Richtung, wo mein Kurs hinging, nämlich nach Westen, sondern scharf nach Norden. Doch fuhr ich bei frischem Wind quer durch diese Gegenströmung hindurch gegen Nordwesten, kam nach etwa einer Stunde in die Nähe der Küste in ruhiges Wasser und stieg an Land.

Als ich wieder festen Boden unter den Füßen hatte, fiel ich auf die Knie, dankte Gott für meine Errettung und beschloss, nie mehr an eine Befreiung vermittelst des Bootes zu denken. Darauf erfrischte ich mich mit den Dingen, die ich bei mir hatte, brachte mein Boot hart ans Ufer in eine kleine Bucht, die ich unter Bäumen erspäht hatte, und legte mich hin, um zu schlafen, da ich von der Mühe und Anspannung der Reise völlig erschöpft war.

Ich machte mir nun einige Sorgen darüber, wie ich mit meinem Boot heimkommen sollte. Ich hatte so viel Gefahr ausgestanden und wusste zu genau, was ich zu befürchten hätte, als dass ich auch nur daran dachte, auf dem gleichen Weg heimzukehren. Wie es auf der anderen, nämlich der westlichen Seite aussah, wusste ich nicht, hatte auch keine Lust zu weiteren Abenteuern. Daher beschloss ich am Morgen, der Küste entlang nach Westen zu wandern und mich nach einer Bucht umzusehen, wo ich mein Fahrzeug in Sicherheit bringen konnte, um es zur Verfügung zu haben, wann immer ich es brauchte. Nach etwa drei Meilen kam ich zu einer günstigen Bucht, die etwa eine Meile tief war und immer schmaler wurde, bis sie sich zu einem kleinen Fluss oder Bach verengte. Das war ein sehr bequemer Hafen für mein Boot, in dem es wie in einem eigens dafür hergerichteten kleinen Dock liegen konnte. Hier lief ich ein, und nachdem ich das Boot festgemacht hatte, ging ich an Land, um mich umzusehen, wo ich sei.

Bald erkannte ich, dass ich nicht weit entfernt war von jener Stelle, die ich ehedem erreicht hatte, als ich zu Fuß die Insel durchquerte. Also nahm ich nichts aus meinem Boot außer Flinte und Schirm, denn es war glühend heiß, und machte mich auf den Weg. Nach einer Fahrt, wie ich sie hinter mir hatte, kam mir dieser Weg sehr angenehm vor; gegen Abend erreichte ich meine alte Hütte, wo ich alles so fand, wie ich's zurückgelassen hatte. Da ich die Hütte zu meinem »Landhaus« gemacht hatte, hielt ich sie immer in guter Ordnung.

Ich stieg über den Zaun und streckte im Schatten meine Glieder aus, denn ich war sehr ermattet, und schlief sofort ein. Allein ein jeder, der meine Geschichte gelesen hat, mag sich meine Bestürzung vorstellen, als eine Stimme in meinen Schlaf drang, die mehrmals hintereinander meinen Namen rief: »Robin, Robin, Robin Crusoe, armer Robin Crusoe, wo bist du, Robin Crusoe? Wo bist du? Wo bist du gewesen?«

Anfangs war ich in einem totenähnlichen Schlaf befangen, ermüdet vom vielen Rudern oder Paddeln, wie man es auch nennt, in der ersten Hälfte des Tages und vom Marsch in der zweiten; daher erwachte ich nicht völlig, sondern dämmerte zwischen Schlaf und Wachen so dahin, als träumte mir, dass jemand mit mir spräche. Aber als die Stimme fortfuhr, »Robin Crusoe! Robin Crusoe!« zu rufen, wurde ich endlich hell wach und erschrak zuerst fürchterlich und sprang in höchster Bestürzung auf. Kaum jedoch waren meine Augen richtig offen, da sah ich Poll, meinen Papagei, oben auf der Hecke sitzen, und sogleich begriff ich, dass er es war, der mit mir gesprochen hatte; denn in eben diesem kläglichen Tonfall hatte ich mit ihm gesprochen und ihn sprechen gelehrt, und er hatte es so gut gelernt, dass er oft auf meinem Finger saß und seinen Schnabel an mein Gesicht drückte und dabei schrie: »Amer Robin Crusoe, wo bist du? Wo bist du gewesen? Wie kommst du her?«, und andere Sachen, die ich ihm beigebracht hatte.

Obwohl ich nun wusste, dass es der Papagei war und auch sonst gar niemand sein konnte, dauerte es doch eine Weile, bis ich mich wieder beruhigt hatte. Vor allem wunderte ich mich, wie der Vogel hierhergelangt war, und dann, warum er sich gerade hier aufgehalten hatte und nirgends sonst; schließlich fand ich mich damit ab, dass es niemand anderer als mein ehrlicher Poll gewesen, und kam darüber hinweg. Dann streckte ich die Hand aus und rief ihn bei seinem Namen, Poll, und das freundliche Tier kam zu mir und setzte sich wie früher auf meinen Daumen und schwatzte immer weiter: »Armer Robin Crusoe, und wie kam ich her? Und wo war ich gewesen?«, wie von Freude überwältigt, mich wiederzusehen; und so trug ich ihn mit nach Hause.

Nun hatte ich für eine Weile genug von der Seefahrerei und war einige Tage lang vollauf damit beschäftigt, still zu sitzen und die ausgestandene Gefahr zu überdenken. Ich hätte das Boot sehr gern wieder auf meiner Seite der Insel gehabt, wusste aber nicht, wie ich das anstellen sollte. Was die Ostseite der Insel betraf, so hatte ich sie ja umfahren und wusste nun zur Genüge, dass ich mich dort nicht wieder herumtreiben durfte. Bei dem bloßen Gedanken daran sank mir das Herz und fror mir das Blut in den Adern. Die andere Seite der Insel dagegen war mir gänzlich unbekannt. Aber angenommen, die Strömung lief mit derselben Kraft auf die Küste zu wie auf dieser Seite von ihr weg, so möchte ich die gleiche Gefahr laufen, vom Strom wieder mitgerissen und diesmal auf die Insel geworfen zu werden, wie ich zuerst von ihr weggetragen worden war. Nach diesen Überlegungen gab ich mich damit zufrieden, ohne Boot zu sein, obwohl ich so viele Monate gebraucht hatte, um es anzufertigen, und noch mehr, um es zu Wasser zu bringen.

In dieser Gemütsruhe verharrte ich fast ein Jahr und lebte, wie man sich vorstellen kann, still und einsam vor mich hin, und da ich meine Lage nun mit Fassung betrachtete und mich freudig ganz dem Willen der Vorsehung ergab, so wäre mein Leben in jeder Hinsicht glücklich zu nennen gewesen; nur fehlte es mir an Gesellschaft.

Mittlerweile lernte ich in all den Handfertigkeiten viel dazu, welche die Notwendigkeit mich zu üben zwang, und mit der Zeit konnte ich zur Not einen ganz guten Zimmermann abgeben, besonders wenn man überlegt, wie wenig Werkzeug ich hatte. Außerdem brachte ich es zu unerwarteter Meisterschaft in meiner Töpferei, ich verfiel auf den guten Gedanken, eine Töpferscheibe zu Hilfe zu nehmen, und so ging's ungleich leichter und besser. Nun wurden die Gefäße rund und wohlgeformt, während sie zuvor gar gräulich anzusehen waren. Aber ich glaube, ich bildete mir auf keine meiner Arbeiten mehr ein oder freute mich über irgendetwas mehr als darüber, dass es mir gelungen war, eine Tabakspfeife zu machen. Zwar war es nur ein hässliches, ungestaltes Ding, als es fertig war, auch nur rot gebrannt wie meine übrige Töpferware, aber sie war doch hart und fest und zog gut, und ich war sehr zufrieden damit, denn ich war immer ans Rauchen gewöhnt gewesen; auf dem Schiff hätten zwar Pfeifen gelegen, aber zuerst hatte ich nicht an sie gedacht, ich wusste ja nicht, dass es Tabak gab auf der Insel; und als ich das Schiff später noch einmal durchsuchte, konnte ich nicht mehr an die Pfeifen herankommen.

Auch in meiner Korbmacherei machte ich gute Fortschritte, ich fertigte mir eine Menge von nützlichen Körben an, so gut es eben ging, sie waren zwar nicht sehr hübsch, aber doch bequem und geschickt, um meine Sachen darin aufzuheben oder nach Haus zu tragen. Wenn ich zum Beispiel draußen eine Ziege erledigt hatte, konnte ich sie an einen Baum aufhängen, streifen, zurichten und in Stücke schneiden und sie dann im Korb heimtragen; genauso eine Schildkröte: sie aufschneiden, die Eier herausnehmen und ein oder zwei Stücke Fleisch abschneiden, was genug war für mich, und dieses im Korb nach Haus tragen und den Rest liegen lassen. In den großen, tiefen Körben verwahrte ich das Korn, das ich immer ausrieb, sobald es trocken war, dann reinigte und in die Körbe füllte.

Jetzt fiel mir auch auf, dass mein Pulver empfindlich abnahm. Diesem Mangel konnte ich auf keine Weise abhelfen, daher begann ich ernsthaft zu überlegen, was ich tun sollte, wenn das Pulver erst zu Ende wäre, das heißt, wie ich dann noch Ziegen erlegen könnte. Wie erwähnt, hatte ich im dritten Jahr meines Aufenthalts hier ein junges Zicklein gefangen und gezähmt, und ich hoffte, einen Bock dazuzubekommen. Das wollte mir aber durchaus nicht gelingen, bis eine alte Ziege daraus geworden war; ich brachte es nie fertig, sie zu schlachten, bis sie alters starb.

Aber nun, im elften Jahr meines Aufenthalts auf der Insel, da meine Munition, wie ich sagte, zur Neige ging, überlegte ich Tag und Nacht, auf welche Weise ich die Ziegen mit Fallen und Schlingen lebendig fangen könnte; vor allem hätte ich gern eine Ziege gehabt, die mit Jungen trächtig war.

Zu diesem Zweck legte ich Schlingen aus, damit sie sich darin verfangen sollten, und ich glaube, dass mehr als einmal eine hineinging, aber meine Stricke taugten nichts, denn ich hatte keine Drähte, und so fand ich sie immer zerrissen und nur den Köder gefressen.

Schließlich beschloss ich, es mit einer Fallgrube zu versuchen. An den Orten, wo meinen Beobachtungen nach die Ziegen gern ästen, grub ich verschieden große Löcher in die Erde und legte Flechtwerk darauf, das ich mit einem großen Gewicht beschwerte. Öfters streute ich auch Gerstenähren und trockenen Reis darüber, ohne die Falle zu legen, und ich konnte an den Spuren deutlich sehen, dass die Ziegen hineingegangen waren und das Korn gefressen hatten. Schließlich stellte ich drei Fallen in einer Nacht, aber als ich am Morgen hinkam, standen noch alle, nur der Köder war fort; das war sehr entmutigend. Nichtsdestoweniger arbeitete ich weiter an meinen Fallen, und um den Leser nicht mit Einzelheiten zu belästigen: Eines Morgens fand ich in einer von ihnen einen großen alten Bock, und in der anderen drei Kitze, ein männliches und zwei weibliche.

Mit dem Alten wusste ich nichts anzufangen, er war so wild, dass ich mich nicht zu ihm in die Grube getraute, das heißt, nicht mit der Hoffnung, ihn lebend herauszubringen, worum mir's eben zu tun war. Ich hätte ihn töten können, aber das war nicht meine Absicht, hätte mir auch nichts genützt. So ließ ich ihn laufen, und er sauste davon, wie wenn er aus Angst von Sinnen wäre. Ich hatte ganz vergessen, was mir erst später einfiel, dass nämlich der Hunger einen Löwen zahm macht. Hätte ich ihn dort drei oder vier Tage ohne Nahrung stehen lassen und ihm dann ein wenig Wasser zum Trinken gebracht und dann ein wenig Korn, er wäre so zahm geworden wie eines der Kitze, denn Ziegen sind sehr lenkbare Tiere, wenn sie nur richtig behandelt werden.

Allein ich ließ ihn für diesmal laufen, weil ich's nicht besser verstand; dann ging ich zu den drei Kitzen, nahm sie nacheinander heraus und band sie mit Stricken zusammen und brachte sie nicht ohne Mühe alle nach Hause.

Es dauerte eine ganze Weile, bis sie fressen wollten, aber ich warf ihnen ein wenig von dem süßen Korn vor, da konnten sie nicht widerstehen und wurden langsam zahm. Ich sah nun wohl, dass ich, wenn ich ohne Pulver und Blei genügend mit Fleisch versorgt sein wollte, nur die Möglichkeit hatte, mir eine Anzahl von Ziegen zu zähmen und sie rund um meine Behausung zu halten wie eine Schafherde.

Aber dann fiel mir ein, dass ich die zahmen von den wilden getrennt halten müsste, sonst würden sie, wenn sie ausgewachsen waren, wieder mit den wilden weglaufen. Das einzige Mittel dazu war, ein dicht umzäuntes Stück Land einzurichten, gut abgeschlossen mit einer Hecke oder mit Pfählen, und die Ziegen so ganz sicher drinnen zu halten, damit weder die von drinnen heraus- noch die von draußen hereinkönnten.

Das war eine mächtige Aufgabe für ein einziges Paar Hände. Da ich aber sah, dass es nicht anders ging, suchte ich als Erstes ein geeignetes Stück Land, wo sie genug Gras und Wasser zum Trinken und Schutz vor der Sonne finden konnten.

Wer sich auf dergleichen Einfriedungen versteht, wird mich nicht gerade für klug halten, wenn ich sage, dass ich ein ebenes, offenes Stück Wiesengrund oder eine Savanne (wie unsere Landsleute in den westlichen Kolonien dazu sagen) dafür ausgewählt hatte, mit zwei oder drei kleinen Quellen frischen Wassers darin, an dem einen Ende ein dichtes Gehölz; ich sage, sie werden lächeln, wenn ich erzähle, dass ich die Einzäunung dieses Landstücks derart angelegt hatte, dass meine Hecke oder mein Pfahlwerk mindestens zwei Meilen lang hätte werden müssen. Doch bestand meine größte Torheit nicht darin, dass ich einen so riesigen Zaun bauen wollte; denn auch wenn er zehn Meilen lang gewesen, hätte ich wahrscheinlich auch dafür Zeit genug gehabt. Aber ich überlegte nicht, dass in einem so großen Gebiet meine Ziegen ebenso wild bleiben würden, als wenn sie die ganze Insel gehabt hätten, und dass der Jagdgrund so groß geworden wäre, dass ich schwerlich jemals eine gefangen hätte.

Meine Hecke war schon begonnen und an die fünfzig Yard weit gediehen, wenn ich mich recht erinnere, als mir dieser Gedanke durch den Kopf fuhr; den Augenblick hielt ich inne und beschloss, für den Anfang eine Fläche von 150 Yard in der Länge und 100 Yard in der Breite einzuzäunen, ein Gebiet, das wohl alle Ziegen fassen sollte, die ich in der nächsten Zeit hätte; und sollte meine Herde sich vergrößern, konnte ich die Hürde ja immer noch erweitern.

Das war einigermaßen vernünftig, und ich machte mich aus Leibeskräften an die Arbeit. Um das erste Stück einzuhegen, brauchte ich etwa drei Monate, und als ich so weit war, pflockte ich die drei Kitze an der besten Stelle an und ließ sie so nahe als möglich bei mir weiden, um sie zutraulich zu machen. Oft ging ich auch und brachte ihnen Gerstenähren oder eine Handvoll Reis und fütterte sie aus der Hand, und als meine Umzäunung beendet war und ich sie freiließ, liefen sie auf und ab hinter mir her und blökten um eine Handvoll Korn.

Das kam mir gelegen, und nach knapp eineinhalb Jahren hatte ich eine Herde von etwa zwölf Ziegen, alte und junge. Nach weiteren zwei Jahren hatte ich dreiundvierzig, ohne die, die ich herausgenommen und für meine Küche geschlachtet hatte. Hernach umzäunte ich fünf verschiedene Grundstücke, um sie dort weiden zu lassen, mit kleinen Hürden, um sie hineinzutreiben und bequem wieder herauszufangen, da die Gatter von einem Pferch in den anderen führten.

Aber das war nicht alles, denn jetzt hatte ich nicht nur Ziegenfleisch nach Herzenslust, sondern auch Milch, woran ich am Anfang wirklich nicht einmal gedacht hatte und worüber ich, als ich darauf kam, überaus angenehm überrascht war. Nun richtete ich mir eine Meierei ein und hatte täglich ein bis zwei Gallonen Milch. Und gleichwie die Natur jedem Geschöpf sein Futter anweist und es zugleich lehrt, wie es zu nutzen wäre, also meinte auch ich, der ich nie eine Kuh, geschweige denn eine Ziege gemolken oder gesehen hatte, wie man Butter oder Käse macht – also machte auch ich, ganz fertig und geschickt, wenn schon nach manchen fehlgeschlagenen Versuchen, schließlich beides, Butter und Käse, sodass ich von da an immer damit versorgt war.

Wie barmherzig kann doch unser Schöpfer seine Geschöpfe behandeln, selbst in Lagen, da sie sich zum Untergang verurteilt sehen! Wie kann er doch das schwerste Los versüßen und uns Ursache geben, ihm für Kerker und Gefängnis Preis und Dank zu sagen! Was für ein Tisch war hier für mich in der Wildnis gedeckt, wo ich anfangs nicht anderes gewärtigen konnte, als hungers zu sterben.

Es hätte manchen Sauertopf zum Lachen gebracht, hätte er mich und meine kleine Familie zu Tisch niedersitzen sehen. Da war meine Majestät, der Fürst und König über das ganze Eiland; ich war absoluter Herr über die Leben meiner sämtlichen Untertanen, ich konnte hängen, vierteilen, Freiheit geben und wieder nehmen, und unter allen meinen Untertanen war kein einziger Rebell.

Man musste mich auch sehen, wenn ich wie ein König speiste, ganz allein, gewartet nur von meinen Dienern. Poll, gleichsam mein Favorit, hatte als Einziger die Erlaubnis, mit mir zu sprechen. Mein Hund, der sehr alt und wunderlich geworden war und nicht seinesgleichen gefunden hatte, um sich fortzupflanzen, saß immer zu meiner Rechten, und zwei Katzen saßen, die eine auf der einen, die andere auf der anderen Seite des Tisches und harrten jeden Bissens aus meiner Hand, den ich ihnen dann und wann als Zeichen meiner besonderen Gnade hinwarf.

Das waren übrigens nicht die beiden Katzen, die ich am Anfang an Land gebracht hatte, denn beide waren schon tot, und ich hatte sie eigenhändig in der Nähe meiner Wohnung begraben. Die eine von ihnen hatte sich unter Mitwirkung ich weiß nicht was für einer Kreatur vermehrt, und diese beiden hatte ich nun zahm aufgezogen, während der Rest wild in den Wäldern streunte und mir schließlich beschwerlich wurde, denn sie kamen oft in mein Haus und plünderten mich, bis ich schließlich gezwungen war, auf sie zu schießen, wobei ich viele von ihnen tötete; endlich ließen sie mich in Ruhe. Mit solcher Aufwartung und in solchem Überfluss lebte ich also; und man konnte nicht sagen, dass mir etwas gefehlt hätte, außer Gesellschaft, und davon sollte ich kurze Zeit darauf fast mehr, als mir lieb war, bekommen.

Ich war, wie schon gesagt, recht begierig danach, mein Boot zur Verfügung zu haben, hatte aber keine Lust, mich erneut in Gefahr zu begeben; daher saß ich manchmal und überlegte, wie ich es um die Insel herumbekommen könnte. Zu anderen Zeiten war ich wieder ganz glücklich ohne das Boot. Eine seltsame Unruhe trieb mich zu der Spitze der Insel, wo ich, wie berichtet, bei meinem letzten Streifzug auf den Hügel gestiegen war, um nach dem Verlauf der Küste und nach der Richtung der Strömung Ausschau zu halten, damit ich wüsste, was zu tun wäre. Meine Begierde wurde von Tag zu Tag stärker, und schließlich beschloss ich, an Land dem Ufer folgend, mich dorthin zu begeben. Das tat ich auch. Wäre dabei irgendjemand in

England einem Menschen wie mir begegnet, er wäre entweder sehr erschrocken oder in lautes Gelächter ausgebrochen; wie ich denn selber, wenn ich zuweilen still hielt und mich betrachtete, nicht anders konnte, als zu lächeln bei der Vorstellung, ich sollte in diesem Aufzug und in dieser Kleidung durch Yorkshire reisen. Man möge folgende Darstellung meines Aufzugs sich vor Augen halten:

Ich trug eine große, hohe, unförmige Mütze aus Ziegenfell, mit einem Lappen, der hinten hinunterhing, um mich vor der Sonne zu schützen und mir den Regen nicht in den Nacken laufen zu lassen, denn in diesem Klima war nichts schädlicher als Regen unter den Kleidern auf der bloßen Haut.

Ferner trug ich eine kurze Jacke aus Ziegenfell, deren Kanten mir bis zur Mitte der Schenkel hinunterreichten, und ein Paar offene Kniehosen aus dem gleichen Stoff. Die Hosen hatte ich aus dem Fell eines alten Bocks gemacht, dessen Haare so lang waren, dass sie mir auf beiden Seiten wie enge Unterhosen bis zum halben Bein hingen. Strümpfe und Schuhe hatte ich keine, hatte mir aber stattdessen ein paar Dinger gemacht, von denen ich selber nicht weiß, wie ich sie nennen soll, so etwas wie Halbstiefel, die ich mir über die Füße zog und an der Seite verschnürte wie Gamaschen. Sie waren, wie auch alle meine übrigen Kleider, von barbarischer Form.

Überdies trug ich einen breiten Gürtel aus getrocknetem Ziegenfell, das ich anstatt mit Schnallen mit Riemen aus dem gleichen Stoff zusammenhielt; daran hingen zu beiden Seiten in der Art eines Degenbehälters nicht etwa Degen und Schwert, sondern eine kleine Säge und ein Beil, das eine an der einen, das andere an der anderen Seite. Ein anderes, aber schmaleres Ledergehänge, auf die gleiche Art befestigt, hing mir von der Schulter, an dessen Ende unter meiner linken Schulter zwei ebenfalls ziegenlederne Beutel; der eine fasste mein Pulver, der andere mein Blei. Auf dem Rücken trug ich meinen Korb, über die Schulter meine Flinte und über meinem Kopf den großen, unförmigen, hässlichen Schirm aus Ziegenfell, der mir aber immerhin nächst der Flinte am wenigsten entbehrlich war. Was mein Gesicht betrifft, so war seine Farbe gar nicht so mulattenschwarz, wie man es von einem Mann annehmen könnte, der sich gar nicht in Acht nahm und zwischen dem neunten oder zehnten Grad beim Äquator lebte.

Meinen Bart hatte ich zuerst wachsen lassen, bis er einen Viertelyard lang war. Da ich aber Scheren und Balbiermesser genug hatte, schnitt ich ihn ziemlich kurz, bis auf das, was auf der Oberlippe wuchs; dort hatte ich ihn zu einem langen Paar muselmanischer Knebel gezogen, wie ich sie einige Türken in Salé hatte tragen sehen; denn die Mohren trugen keinen solchen Bart, nur die Türken. Die Moustaches wären zwar nicht lang genug gewesen, um meinen Hut daran aufzuhängen; aber sie waren ungeheuerlich genug, dass man sie in England für erschrecklich gehalten hätte.

Aber alles das nur nebenbei; denn mein damaliges Publikum war so wenig zahlreich, dass das Aussehen meiner Gestalt durchaus nicht ins Gewicht fiel; also lasse ich's dabei bewenden. In diesem Aufzug begann ich meine neue Reise und war fünf oder sechs Tage unterwegs. Anfangs wanderte ich den Strand entlang bis genau zu der Stelle, wo ich zuerst mit meinem Boot vor Anker gegangen war, um auf den Hügel zu klettern. Da ich jetzt auf kein Boot achten musste, ging ich über Land auf einem kürzeren Weg bis zu derselben Höhe, auf der ich damals gewesen. Als ich jetzt auf die vorstehende Felsspitze blickte, die ich damals, wie bekannt, mit meinem Boot umsegeln musste, war ich sehr überrascht zu sehen, dass die See ganz glatt und ruhig war, kein Wirbel, kein Strudel, keine Bewegung, nicht mehr als an irgendeiner anderen Stelle.

Das konnte ich mir überhaupt nicht erklären, und so beschloss ich, eine Zeit lang zu beobachten und zu sehen, ob nicht die Gezeiten von Flut und Ebbe etwas damit zu tun hätten; und ich merkte bald, wie es zuging, dass nämlich die Ebbe, die von Westen kommend auf das reißende Gewässer eines großen Flusses am Ufer traf, die Strömung verursachte; und dass diese Strömung, je nachdem, ob der Wind stärker von Westen oder von Norden blies, weiter entfernt oder näher von der Küste verlief. Als ich nämlich bis gegen Abend gewartet und dann bei ablaufender Ebbe auf den Felsen gestiegen war, sah ich sie wieder so deutlich wie zuvor, nur dass sie weiter entfernt war, etwa eine halbe Seemeile vor der Küste; damals dagegen war sie ganz nahe an der Küste verlaufen und hatte mich und mein Kanu mit sich gerissen, was zu einer anderen Tageszeit nicht geschehen wäre.

Diese Beobachtung überzeugte mich, dass ich nichts anderes tun brauchte, als den Ablauf der Gezeiten zu verfolgen, um mein Boot leicht um die Insel herumzubringen. Aber als ich meinen Plan in die Tat umsetzen wollte, wurde mein Gemüt bei der Erinnerung an die ausgestandene Gefahr von einem derartigen Entsetzen erfasst, dass ich nicht mehr in Ruhe daran denken konnte. Ich fasste im Gegenteil einen Entschluss, der mir sicherer vorkam, wenn auch mit bedeutend mehr Mühe verbunden, mir nämlich eine andere Piroge oder ein Kanu zu bauen, dergestalt, dass ich ein Boot für die eine Seite der Insel hätte und ein zweites für die andere.

Man muss bedenken, dass ich nun zwei Güter, wie ich sie nannte, auf der Insel mein Eigen nannte. Das eine war meine kleine Festung unter dem Felsen, mit dem Zelt und dem Wall rundherum, mit dem Keller dahinter, den ich mit der Zeit vergrößert und in verschiedene Abteile und Kellerräume, einen in den anderen übergehend, getrennt hatte. Eines von diesen Abteilen, das größte und trockenste, das auch eine Tür jenseits meines Walls oder der Befestigungsanlage hatte, das heißt jenseits der Stelle, wo mein Wall auf den Hügel traf, eines also war angefüllt mit den großen irdenen Gefäßen, die ich schon beschrieben habe, und mit vierzehn oder fünfzehn großen Körben, deren jeder an die sechs bis sieben Scheffel fasste und in denen ich meinen Proviant aufbewahrte, besonders das Korn, einiges davon noch am Halm, vom Stroh kurz abgeschnitten, und das andere schon von meinen Händen ausgerieben. Was nun den Wall anbelangt, der, wie bekannt, aus Stecken oder Pfählen gemacht war, so wuchsen die Stecken alle wie Bäume und waren inzwischen so groß und breit und dicht geworden, dass nichts auch nur im Geringsten auf eine dahinter verborgene Wohnung deutete.

Unfern meiner Behausung, nur etwas weiter landeinwärts und in einer Senke, lagen meine beiden Kornfelder, die ich fleißig bearbeitete und besäte und die mir fleißig ihre Ernte brachten, wenn die Zeit dafür gekommen war; und wenn ich jemals mehr Korn brauchte, so lag der passende Boden dafür gleich nebenan.

Daneben hatte ich mein Landhaus, und auch dort war schon alles in recht gutem Stand. Als Erstes hatte ich da meine kleine Sommerlaube, wie ich sie nannte, die ich immer in Ordnung hielt, das heißt, ich sorgte dafür, dass die Hecke, die die Laube umgab, immer die gleiche Höhe hatte und dass die Leiter immer an der inwendigen Seite blieb. Ich beschnitt die Bäume, die zuerst nichts anderes als meine Stecken waren, jetzt aber fest und hoch gewachsen standen. Und zwar beschnitt ich sie so, dass sie sich ausbreiten und dicht werden und einen angenehmen Schatten geben konnten, was sie schließlich auch wunschgemäß taten. Mittendrin stand, immer aufgeschlagen, mein Zelt, es bestand aus einem über vier Pfosten, die zu diesem Zwecke eingeschlagen worden, gespannten Stück Segeltuch, das ich immer sogleich wieder ausbesserte. Darunter hatte ich mir ein Lager aus Tierhäuten und anderen weichen Sachen zurechtgemacht und ein aus dem Schiff gerettetes Laken daraufgelegt, wie wir's auf See gewöhnt waren, und darüber einen Wachmantel zum Zudecken. Hier nun schlug ich meine Sommerresidenz auf, wann immer ich Ursache hatte, mich von meinem Hauptwohnsitz zu entfernen.

Dahinter schlossen sich die Gehege für mein Vieh an, das heißt für meine Ziegen. Und da ich mir eine unvorstellbare Mühe gegeben hatte, das Land einzuzäunen und abzuschließen, war ich stets sehr darauf bedacht, den Zaun heil und ganz zu wissen, damit die Ziegen nicht durchbrechen könnten, sodass ich mich niemals entfernte, ohne mit unendlicher Arbeit die Hecke von außen ganz dicht mit kleinen Stecken verstärkt zu haben, einer so eng neben dem andern, dass es mehr ein Zaun wurde als eine Hecke. Man konnte kaum noch eine Hand dazwischen stecken, weshalb diese Umzäunung später als die Stecken heranwuchsen, was schon in der nächsten Regenzeit geschah, so stark, ja stärker, als jede Mauer wurde.

Das mag für mich bezeugen, dass ich nicht faul war und dass ich keine Mühe sparte, um alles zu vollbringen, wie es für mein Wohlbefinden nötig war. Ich betrachtete meine Zucht von zahmen Tieren vor meiner Haustür als eine lebende Speisekammer für Fleisch, Milch, Butter und Käse, die so lang ausreichte, als ich an diesem Ort leben sollte, und wenn es vierzig Jahre wären, und überlegte darum, dass ich, um die Tiere in Reichweite zu haben und zu behalten, nur meinen Zaun zu einem solchen Grad der Vollendung zu bringen brauchte, dass sie beisammenbleiben mussten. Nun, das tat ich denn auch mit solchem Erfolg, dass ich von den Stecken, als sie zu wachsen begannen, einige wieder herausreißen musste, weil sie zu dicht gesetzt waren.

Hier gediehen auch meine Trauben, von denen ich für meinen Wintervorrat an Rosinen abhängig war und die ich immer mit der größten Sorgfalt verwahrte, waren sie doch die feinsten Leckerbissen meines ganzen Speisezettels. Auch waren sie nicht nur wohlschmeckend, sondern auch natürlich, bekömmlich, nahrhaft und im höchsten Grad erfrischend.

Weil mein Landhaus nun auf dem halben Weg zwischen meiner Hauptwohnung und dem Ufer lag, wo ich mein Boot festgemacht hatte, machte ich hier auf meiner Reise meistens Station, pflegte ich doch mein Boot nun häufig zu besuchen und alles Zubehör in guter Ordnung zu halten. Manchmal fuhr ich zu meiner Unterhaltung ein wenig mit dem Kanu aus, machte aber keine abenteuerlichen Fahrten und entfernte mich kaum einen Steinwurf weit von der Küste, aus Angst, wider Willen noch einmal von der Strömung oder dem Wind mitgerissen zu werden oder vor irgendeinem anderen Unglück. Doch nun komme ich zu einem neuen Abschnitt meines Lebens.

Eines Tages, da ich gegen Mittag zu meinem Boot ging, gewahrte ich zu meiner größten Bestürzung am Strand den Abdruck eines nackten, menschlichen Fußes, der im Sand ganz deutlich zu sehen war. Ich stand da wie vom Donner gerührt oder als hätte ich ein Gespenst gesehen; ich horchte, ich blickte um mich, aber es war nichts zu hören noch zu sehen. Ich stieg auf eine Erhöhung, um weiter zu sehen, ich ging den Strand auf und ab, aber es war umsonst, ich sah nichts als nur diese eine Spur. Ich trat wieder näher, um zu sehen, ob noch andere Spuren dabei wären, und um zu prüfen, ob ich mir das nicht alles eingebildet hätte. Aber für eine Einbildung war nicht

Raum, denn da war der Fußtritt, ganz deutlich, Zehen, Fersen und alles Übrige; wie der Mensch hierherkam, wusste ich nicht und konnte ich mir nicht im Entferntesten vorstellen. Mit unzähligen, durcheinanderwirbelnden Gedanken, wie ein vollkommen verwirrter Mensch, ja außer mir selber, kam ich heim zu meiner Festung, ohne dass ich, wie man sagt, den Boden unter den Füßen gespürt hätte. Ich war zu Tode erschrocken, blickte mich alle zwei oder drei Schritte um, ließ mich von jedem Busch und Baum narren, vermutete hinter jedem Baumstumpf in der Entfernung einen Mann. Unmöglich zu beschreiben, in wie vielen verschiedenen Gestalten meine Einbildung mir die Dinge darstellte und wie viele wilde Ideen jeden Augenblick durch meinen Kopf schossen und was für seltsame, verrückte Einfälle mir unterwegs in den Sinn kamen.

Als ich meine Burg erreichte, denn so nannte ich meine Wohnung von da an, flüchtete ich mich hinein wie ein Verfolgter. Ob ich über die anfänglich errichtete Leiter oder durch das Loch im Felsen, das ich Tür nannte, hineinging, kann ich mich nicht erinnern; auch am nächsten Morgen wusste ich's schon nicht mehr, denn nie war ein gejagter Hase schneller in sein Versteck noch ein Fuchs schneller in seinen Bau geflohen als ich in meinen Unterschlupf. Die ganze Nacht tat ich kein Auge zu; je weiter ich vom Anlass meiner Furcht entfernt war, desto ärger wurden meine Wahnvorstellungen, was ziemlich im Gegensatz zu der Natur der Dinge zu stehen scheint und auch zu dem üblichen Verhalten erschreckter Geschöpfe. Meine eigenen furchtbaren Wahnvorstellungen bedrängten mich jedoch so sehr, dass ich nur die grässlichsten Bilder vor mir sah, obwohl ich nun weit genug von der Stelle weg war. Manchmal meinte ich, es wäre der Teufel, und die Vernunft bestärkte mich in diesem Verdacht; denn wie könnte je ein menschliches Wesen an diesen Ort gelangen? Wo wäre das Schiff, das es gebracht hat? Wo die Spuren anderer Fußtritte? Und wie hätte ein einzelner Mensch überhaupt herkommen können? Aber dann überlegte ich wieder, warum der Teufel ausgerechnet an einem solchen Ort Menschengestalt annehmen sollte, wo er keine andere Verwendung dafür hätte, als diese Fußspur zu hinterlassen, und auch das eigentlich ohne Sinn und Zweck, denn er konnte nicht sicher sein, dass ich sie bemerken würde. Hier schien der Teufel der Dümmere gewesen zu sein. Ich überlegte, dass der Teufel tausend bessere Möglichkeiten gehabt hätte, mich zu erschrecken, als mit diesem einzelnen Fußtritt. Schließlich lebte ich an der entgegengesetzten Seite der Insel, und er würde nicht so einfältig sein, eine Spur an einer Stelle zu hinterlassen, wo es zehntausend zu eins stand, dass ich sie nie sehen würde, und noch dazu im Sand, wo die erstbeste hohe Welle bei starkem Wind die Spur völlig auslöschen würde. Alles das wollte sich mit der Tatsache selber und mit allen Vorstellungen, die wir sonst von der Schlauheit des Teufels haben, nicht zusammenreimen.

Noch mehrere solche Dinge brachten mich schließlich völlig von dem Argwohn ab, es sei der Teufel gewesen. Sogleich schloss ich also, es müsste eine noch gefährlichere Kreatur sein, vielleicht einer von den Wilden vom Festland gegenüber der Insel, die in ihren Kanus in See gestochen und von Strömungen oder ungünstigen Winden an die Insel verschlagen worden wären, die auch an der Küste gewesen, aber wieder umgekehrt wären, auf einen Aufenthalt auf dieser verlassenen Insel vielleicht ebenso wenig begierig wie ich auf ihre Gesellschaft. Während diese Gedanken mir im Kopf herumfuhren, dankte ich Gott, dass ich nicht drüben gewesen und sie nicht mein Boot gesehen hatten, woraus sie auf Einwohner in dieser Gegend hätten schließen und mich vielleicht aufstöbern können. Dann überfiel mich wieder eine entsetzliche Angst, sie möchten mein Boot doch gefunden und bemerkt haben, dass hier Menschen lebten, und wenn das zuträfe, so würden sie sicher in größerer Anzahl wiederkommen und mich verschlingen; und wenn es ihnen vielleicht auch nicht gelänge, mich selber zu finden, so würden sie doch meine Festung entdecken, mein sämtliches Korn zerstören, meine zahme Ziegenherde wegschleppen und mich auf diese Art vor Hunger umkommen lassen.

Solcherart vertrieb meine Furcht alle meine christlichen Hoffnungen; mein früheres Gottvertrauen, das gegründet war auf so viele Beweise seiner Güte gegen mich, verschwand, als ob er, der mich auf wunderbare Art bisher genährt, die mir durch seine Macht geschenkte Nahrung nicht durch seine Güte weiter erhalten könnte. Ich warf mir meinen Leichtsinn vor, dass ich jedes Jahr nur immer so viel Korn gesät hatte, als ich bis zur nächsten Ernte brauchte, als ob nichts dazwischenkommen und mich hindern könnte, die nächste Ernte einzubringen. Dieser Vorwurf schien mir so richtig, dass ich beschloss, mir in Zukunft einen Kornvorrat anzulegen, der für zwei oder drei Jahre im Voraus reichte, sodass ich, komme, was da wolle, nicht aus Mangel an Brot zugrunde ginge.

Wie seltsam spielt doch die Vorsehung mit dem Leben des Menschen! Und von welchen geheimen, veränderlichen Quellen werden die Gefühle gelenkt, bald so, bald anders, je nachdem die Umstände sich ändern! Was wir heute lieben, hassen wir morgen; heute suchen wir, was wir morgen fliehen; heute begehren wir, was wir morgen fürchten, ja, bei dessen bloßer Vorstellung zittern wir schon. Das erwies sich damals an mir auf die allerdeutlichste Art; denn ich, dessen einzige Betrübnis bisher es war, von aller menschlichen Gesellschaft verbannt und allein zu sein, nur umgeben von dem grenzenlosen Ozean, abgeschnitten von den Menschen und zu einem, wie ich es nannte, stummen Leben verdammt wie einer, den der Himmel nicht für würdig hält, zu den Lebendigen gezählt zu werden oder unter seinen übrigen Geschöpfen zu erscheinen, sodass es mir wie eine Erweckung von den Toten erschienen wäre, ein Wesen von meiner eigenen Art zu sehen, und wie die größte Gnade, die mir der Himmel nächst der ewigen Seligkeit gewähren konnte, ich, sage ich, sollte nun vor Furcht erzittern bei der Vorstellung, einen Menschen zu sehen, und in die Erde versinken vor dem bloßen Schatten oder stummen Erscheinen eines Mannes, der seinen Fuß auf die Insel gesetzt!

So wechselvoll ist das Leben der Menschen! Später, da ich mich vom ersten Schrecken ein wenig erholt hatte, fand ich darin Anlass zu manchen Betrachtungen; ich überlegte, dass dies nun eben die Lebensart sei, die die unendlich weise und gütige Vorsehung Gottes für mich bestimmt hatte, dass ich die Ziele seiner göttlichen Weisheit in allen diesen Dingen nicht voraussehen konnte und mich daher gegen seine Herrschaft nicht auflehnen durfte, ich, sein Geschöpf, mit dem nach seinem unumschränkten Willen zu schalten und zu walten er durch seine Schöpfung ein unbestreitbares Recht hatte. Da ich, sein Geschöpf, ihn beleidigt hatte, so hatte er dementsprechend als mein Richter das Recht, mich zu jener Strafe zu verurteilen, die er für die richtige hielt; mir kam es zu, mich seinem Zorn demütig zu unterwerfen, weil ich gegen ihn gesündigt hatte.

Darauf bedachte ich, dass Gott, der nicht allein gerecht, sondern auch allmächtig war und der es zuerst für angemessen gehalten hatte, mich zu bestrafen und zu betrüben, gleicherweise die Macht hatte, mich zu erretten. Wenn er dies jedoch nicht für angemessen hielt, so war es meine unbezweifelbare Pflicht, mich voll und ganz seinem Willen zu unterwerfen; andererseits war es auch meine Pflicht, auf ihn zu hoffen und zu ihm zu beten und die Anordnungen und Verfügungen seiner täglichen Fürsorge in stiller Gelassenheit zu erwarten.

Solche Gedanken beschäftigten mich viele Stunden, Tage, ja, ich kann sagen, Wochen und Monate. Dabei darf ich einen besonderen Erfolg meiner Grübeleien über diesen Anlass nicht verschweigen; als ich nämlich eines Morgens früh im Bett lag, voller Gedanken über die Gefahr, in die mich das Auftauchen der Wilden gebracht hatte und wodurch ich ganz aus der Fassung geriet, da kamen mir die Worte der Schrift in den Sinn: *Rufe mich an in der Zeit der Not, so will ich dich erretten, und du sollst mich preisen.*

Darauf erhob ich mich freudig aus dem Bett, und nicht nur war mein Herz getröstet, sondern ich fühlte mich auch angeleitet und ermuntert, ernstlich zu Gott um meine Befreiung zu beten. Als ich gebetet hatte, nahm ich meine Bibel, öffnete sie, und die ersten Worte, die mir in die Augen fielen, waren: *Harre des Herrn und sei guten Mutes, und er wird dein Herz stärken; harre, sage ich, des Herrn.* Es ist nicht zu sagen, wie viel Trost mir das gab. Zur Antwort legte ich von Dank erfüllt das Buch hin und war, wenigstens in diesem Augenblick, nicht länger betrübt. Mitten in den vorigen Gedanken, Ängsten und Betrachtungen fiel mir eines Tages ein, das alles könnte doch nur ein Hirngespinst gewesen sein und dieser Fußstapfen vielleicht mein eigener, als ich von meinem Boot ans Land gestiegen. Das gab mir wieder mehr Mut, und ich fing an, mir einzureden, es sei nichts dahinter, es sei nichts als mein eigener Fuß, denn warum sollte ich auf dem Weg vom Boot nicht dorthin gekommen sein, ebenso gut wie jetzt auf dem Weg zum Boot? Schließlich, sagte ich mir, konnte ich unmöglich sicher sagen, wo ich hingetreten sei und wo nicht. Wenn dies wirklich nur mein eigener Fußtritt war, so hätte ich mich aufgeführt wie jene Narren, die Geschichten von Gespenstern und Geistererscheinungen erfinden wollen und selber am meisten darüber erschrecken.

Also fasste ich Mut und wagte mich wieder aus meinem Bau; drei Tage und Nächte hatte ich mich nämlich nicht aus dem Haus gerührt. Langsam begann ich auch, Mangel an Nahrung zu leiden, denn außer ein wenig Gerstenkuchen und Wasser hatte ich nichts zu Haus. Außerdem wusste ich, dass meine Ziegen gemolken werden wollten, womit ich mir sonst des Abends die Zeit vertrieb; die armen Tiere waren deswegen schon sehr übel dran, einige wären wirklich beinahe eingegangen und ihre Milch weggetrocknet.

Da ich mir nun selber Mut machte mit dem Glauben, dass diese Spur nichts als der Abdruck meines eigenen Fußes gewesen sei und man also mit Recht von mir sagen könnte, ich hätte mich vor meinem eigenen Schatten entsetzt, wagte ich mich wieder aus dem Haus und ging zu meinem Sommersitz, um die Herde zu melken. Aber jeder, der mich gesehen hätte, wie ich ängstlich dahinschlich, mich dauernd umdrehte, wie ich jeden Augenblick drauf und dran war, meinen Korb niederzulegen und um mein Leben zu laufen, der hätte meinen müssen, ich werde von schlechtem Gewissen gejagt oder ich hätte, wie es ja auch wirklich war, erst vor Kurzem eine fürchterliche Angst ausgestanden.

Als ich aber derart ein paar Tage lang gewandert war und nichts Verdächtiges bemerkt hatte, wurde ich wieder kühner und dachte, dass alles nur in meiner Einbildung bestanden hätte. Ich war aber nicht völlig überzeugt, bis ich nicht noch einmal am Ufer gewesen und den Fußtritt gesehen und an meinem eigenen gemessen hatte, um an der Ähnlichkeit und der gleichen

Größe festzustellen, dass es mein eigener Fußtritt war. Aber als ich an Ort und Stelle anlangte, erkannte ich erstens ganz deutlich, dass ich bei der Lage meines Bootes niemals an diesem Teil des Strandes gewesen sein konnte; und als ich zum andern die Spur mit meinem eigenen Fuß verglich, fand ich, dass mein Fuß bei Weitem kleiner war. Diese beiden Beobachtungen füllten meinen Kopf mit neuen Wahnvorstellungen und beunruhigten und verwirrten mich im höchsten Grad. Ich bekam einen Schüttelfrost wie im Fieber und eilte heim in der festen Überzeugung, dass ein Mann oder mehrere Männer hier am Strand gewesen sein müssten oder dass, kurz gesagt, die Insel bewohnt sei und ich mich auf jede Überraschung gefasst machen müsste. Wie ich mich dagegen schützen sollte, das wusste ich nicht.

Zu welch lächerlichen Entschlüssen der Mensch greift, wenn die Angst ihn gepackt hat! Sie beraubt einen aller Mittel, die sonst die Vernunft zum Trost anbietet. Das Erste, was mir einfiel, war, alle meine Zäune niederzureißen und mein zahmes Vieh in die Wälder zu treiben, damit der Feind es nicht finde und die Insel nicht ihret- oder anderer Beute wegen häufiger besuche. Dann kam mir der einfältige Gedanke, meine beiden Kornfelder umzugraben, damit sie nicht dergleichen Gewächs hier fänden und dadurch vielleicht zu häufigerem Kommen angeregt würden. Endlich wollte ich meine Laube und mein Zelt zerstören, damit sie nicht die Spur einer Wohnung fänden und davon verlockt würden, weiterzusuchen und die Bewohner aufzuspüren.

Das waren die Gedanken, die mir in der ersten Nacht nach meiner Heimkehr durch den Kopf gingen, als die Sorgen, die mich überfallen hatten, noch frisch waren und mein Kopf vom Schrecken wüst und wirr, wie schon beschrieben. Auf die Art ist die Furcht vor der Gefahr zehntausendmal schrecklicher als die Gefahr selber, wenn sie vor einem steht, und die Last der Angst wiegt viel schwerer als das Übel, vor dem man sich ängstigt; und, schlimmer noch, meine bisherige Ergebung in mein Schicksal gab mir in meiner neuen Lage nicht den Trost, den ich erwartet hatte. Ich glich, so dachte ich, dem König Saul, der nicht nur beklagte, dass die Philister über ihn gekommen, sondern auch, dass Gott ihn verlassen habe. Diesmal griff ich auch nicht zu den beiden einzig rechten Mitteln, um die Ruhe meines Gemüts wiederherzustellen: nämlich in meiner Verzweiflung Gott anzuflehen und auf seine Vorsehung zu vertrauen, so wie ich sonst um Schutz und Erlösung gebetet hatte. Hätte ich es getan, so hätte ich die neue Überraschung wenigstens mutiger ertragen und vielleicht mit mehr Festigkeit durchgestanden.

Meine verworrenen Gedanken hielten mich die ganze Nacht über wach. Am Morgen fiel ich schließlich in Schlaf, und weil ich durch die Unruhe sehr ermüdet und erschöpft war, schlief ich gut und fest und erwachte ruhiger, als ich zuvor gewesen. Nun begann ich, die Sache mit größerer Gelassenheit zu überlegen, und kam nach heftigem Streitgespräch mit mir selber zu dem Schluss, dass diese Insel, so ungemein anmutig, furchtbar und vom festen Land nicht mehr als auf Sichtweite entfernt, eben doch nicht so völlig verlassen sein konnte, wie ich mir eingebildet hatte; dass es zwar keine ständigen Einwohner gab, die hier an Ort und Stelle lebten, dass aber doch manchmal Menschen in Booten vom jenseitigen Ufer kämen, sei es mit Absicht, sei es, weil ungünstige Winde sie hierhergetrieben.

Fünfzehn Jahre lebte ich nun hier, und noch niemals hatte ich den Schatten oder die Gestalt eines Menschen hier gesehen; falls sie wirklich irgendwann einmal hierhergetrieben würden, so war es doch wahrscheinlich, dass sie wieder fortgingen, sobald sie konnten, da sie es bis heute nicht für zweckmäßig gehalten hatten, sich hier anzusiedeln.

Wovon mir also die meiste Gefahr drohte, das war eine dieser zufälligen Landungen herumirrender Menschen vom Festland. Doch da sie vermutlich wider ihren Willen hierher verschlagen wurden, blieben sie nicht hier, sondern eilten weg, so schnell es ging, blieben selten über Nacht auf der Insel, außer sie benötigten die Hilfe des Tageslichts und der Gezeiten zur Rückfahrt. Ich hatte also nichts anderes zu tun, als mir einen sicheren Zufluchtsort zu suchen für den Fall, dass Wilde hier landen sollten.

Nun begann ich ernstlich zu bereuen, dass ich meine Höhle so sehr erweitert und noch eine Tür außerhalb der Befestigung hinzugefügt hatte, welche Tür, wie schon gesagt, jenseits der Stelle lag, wo mein Wall an den Felsen stieß. Nach reiflicher Überlegung beschloss ich daher, mir einen zweiten Festungsring zu bauen, wieder in Form eines Halbkreises und in einiger Entfernung vom ersten Wall, gerade dort, wo ich, wie berichtet, ungefähr vor zwölf Jahren eine Doppelreihe von Bäumen gepflanzt hatte. Diese Bäume waren sehr eng gesetzt worden, man musste nur mehr einige wenige Stecken dazwischenschlagen, um ihn noch dicker und stärker zu machen, so war mein Wall bald fertig.

Nun hatte ich einen doppelten Wall; der äußere von beiden war verstärkt mit Bauholz, altem Tauwerk und allem erdenklichen Zeug, um ihn besonders widerstandsfähig zu machen; er hatte sieben kleine Löcher, jedes ungefähr groß genug, um einen Arm durchzustrecken. An der Innenseite verstärkte ich den Wall bis in etwa zehn Fuß Höhe, indem ich viel Erde aus meiner Höhle schaffte und sie am Fuß des Walls feststampfte. Durch die sieben Löcher gelang es mir, die sieben Musketen zu stecken, die ich, wie berichtet, aus dem Schiff an Land gebracht hatte; die Musketen pflanzte ich wie Kanonen auf eine Art von Gestellen, wie auf Lafetten, sodass ich innerhalb von zwei Minuten alle sieben Musketen abfeuern konnte. An diesem Wall arbeitete ich manchen langen Monat, aber solange er nicht fertig war, fühlte ich mich nicht geborgen.

Als die Arbeit beendet war, bepflanzte ich den Boden außerhalb meines Walls nach allen Richtungen hin mit Stecklingen oder Reisern aus jenem weidenartigen Holz, das so leicht ausschlug, und zwar so dicht, dass ich, glaube ich, an die zwanzigtausend Zweige einsetzte. Ich ließ jedoch zwischen ihnen und meinem Wall einen ziemlich großen Abstand, damit ich jeden Feind sofort sehen, er hingegen nicht den Schutz der jungen Bäume zu einer Annäherung an meinen äußeren Wall ausnützen konnte.

Auf diese Art hatte ich nach etwa zwei Jahren ein dichtes Gehölz, und nach fünf oder sechs Jahren bereits einen Wald vor meiner Behausung, so außerordentlich dicht und stark, dass er in der Tat völlig undurchdringlich war. Kein Mensch auf der ganzen Welt hätte irgendetwas dahinter vermutet, am allerwenigsten eine Wohnung. Was den Weg anlangt, den ich mir selber für den Ein- und Ausgang gelassen, hatte ich keine Öffnung gemacht, sondern benutzte zwei Leitern; die eine führte zu einem niederen Felsvorsprung, der dann einwärts ging und Raum gab, um eine weitere Leiter darauf aufzustellen. Wenn diese beiden Leitern heruntergenommen waren, konnte mir keine lebende Seele in die Nähe kommen, ohne sich selber in Gefahr zu begeben, und wenn es auch einer gelungen wäre herunterzukommen, so stände sie auch nur außerhalb von meinem äußeren Wall.

So traf ich alle Maßnahmen, die mir der Menschenverstand zu meiner Erhaltung eingab, und es wird sich später noch erweisen, dass ich nicht unrecht daran getan hatte, obwohl ich zu damaliger Zeit nichts anderes voraussah, als was meine Furcht mir eingab.

Während dieser Tätigkeit vernachlässigte ich doch nicht gänzlich meine anderen Arbeiten. Besonders kümmerte ich mich um meine kleine Ziegenherde, die mich ja nicht nur bestens in jedem Betracht versorgte, indem sie mich schon jetzt ernährte, ohne dass ich Pulver und Blei verbrauchen musste, sondern mir auch das ermüdende Jagen der wilden Ziegen ersparte, und es wäre mir sehr leid gewesen, diesen Vorteil zu verlieren und mit der Zucht von vorn anfangen zu müssen.

Nach langem Nachdenken fielen mir nur zwei Wege ein, um mir die zahmen Ziegen zu erhalten: Der eine war, an einem geeigneten Ort eine Höhle zu graben und sie jede Nacht da hineinzutreiben; und der andere, sie auf zwei oder drei kleinen Weidegründen, die weit voneinander entfernt und möglichst gut verborgen waren, einzuzäunen. In jeder Einfriedung könnte ich etwa ein halbes Dutzend Junge halten; wenn daher also der ganzen Herde ein Unglück zustoßen sollte, so könnte ich doch mit wenig Zeit und Mühe eine neue Herde aufziehen. Obwohl es sehr viel Zeit und Arbeit verschlingen würde, hielt ich doch den letzteren für den vernünftigsten Plan.

Ich suchte einige Zeit nach den am besten versteckten Orten auf der Insel und wählte schließlich einen Platz, der so verborgen lag, wie ich es nur wünschen konnte. Es war ein kleiner, feuchter Grund mitten im dichten Gehölz, wo ich mich, wie berichtet, auf dem Rückweg von der Ostseite der Insel schon einmal fast verirrt hatte. Hier also fand ich eine Lichtung, die etwa drei Morgen groß war und von Gehölz so dicht umgeben, dass es beinahe eine natürliche Einzäunung darstellte. Zumindest kostete sie mich längst nicht so viel Arbeit wie die anderen Einfriedungen, an denen ich schwer gearbeitet hatte.

Ich machte mich sogleich ans Werk und hatte das Grundstück in weniger als einem Monat rundherum eingezäunt, sodass mein Rudel oder meine Herde Ziegen, wie man will, die gar nicht so wild waren, wie man zuerst hätte glauben können, darin ganz sicher war. Dann trieb ich ohne Verzug zehn junge Ziegen und zwei Böcke hinein, und als sie drinnen waren, verbesserte ich den Zaun weiter, bis er ebenso fest war wie die anderen, wozu ich mir jedoch Zeit ließ und daher weit länger brauchte.

Alle diese Plage hatte ich mir aus Schrecken über die *eine* menschliche Fußspur angetan, die ich erblickt hatte, hatte ich doch bis jetzt keine menschliche Kreatur sich der Insel nähern sehen und lebte schon zwei Jahre in der gleichen Unruhe, die mein Leben weit weniger angenehm machte, als es zuvor gewesen, wie sich jeder denken kann, der weiß, was es heißt, unter dem ständigen Druck der Menschenfurcht zu leben. Zudem muss ich gestehen, dass die Verwirrung meines Gemüts einen sehr großen Einfluss auf meine frommen Gedanken hatte, denn Angst und Entsetzen davor, in die Hände der Wilden und Kannibalen zu fallen, bedrückten meinen Geist so sehr, dass ich selten wirklich bereit war, mich an meinen Schöpfer zu wenden, zumindest nicht mit jener gelassenen Ruhe und Ergebenheit der Seele, wie ich es gewohnt war. Ich betete eher zu Gott wie einer, der in schwerem Leid und Trübsal ist, umgeben von Gefahr, und jede Nacht damit rechnet, noch vor dem Morgen getötet und verschlungen zu werden. Aus eigener Erfahrung kann ich bezeugen, dass man mit einem ruhigen, dankerfüllten und liebevollen Herzen viel besser betet als in Angst und Verwirrung und dass ein Mann, der in Angst vor einer drohenden Gefahr lebt, seiner Pflicht, zu Gott zu beten, ebenso wenig auf erbauliche Art nachkommen kann als ein anderer seiner Pflicht, Buße zu tun, wenn er auf dem Krankenbett liegt.

Diese Unruhe verstört das Gemüt wie jene andere den Körper; und die Unruhe der Seele muss notwendigerweise ein ebensolches Hindernis sein als die Schwachheit des Leibes, ja ein noch größeres, da das Gebet zu Gott eigentlich eine Handlung der Seele ist und nicht eine des Leibes.

Doch weiter. Nachdem ich also einen kleinen Teil meiner Herde in Sicherheit gebracht hatte, durchstreifte ich die ganze Insel und suchte nach einem anderen, ebenso verborgenen Platz, um einen zweiten ähnlichen Stall anzulegen. Da ich einmal so weit nach Westen gegangen war wie noch nie und aufs Meer hinausblickte, vermeinte ich in großer Entfernung auf See ein Boot zu sehen. Nun hatte ich zwar in einer Seemannskiste einige Ferngläser gefunden und aus dem Schiff geborgen, trug aber keines bei mir, und was ich sah, war so weit weg, dass ich nicht wusste, was ich daraus machen sollte, obwohl ich hinschaute, bis meine Augen nicht mehr konnten. Ich weiß nicht, ob es ein Boot war oder keins. Als ich vom Hügel herabstieg, konnte ich jedenfalls nichts mehr sehen, drum gab ich's auf, beschloss aber, künftig immer ein Fernglas bei mir zu tragen.

Kaum war ich die Anhöhe herab bis an die Spitze der Insel gekommen, wo ich tatsächlich bisher noch niemals gewesen war, so wurde mir plötzlich klar, dass der Anblick einer menschlichen Fußspur auf meiner Insel gar nichts so Seltenes wäre, wie ich geglaubt hatte, und dass nur eine besondere Fügung der Vorsehung mich an jene Seite der Insel verschlagen hatte, wohin die Wilden nicht kamen; sonst hätte ich schnell erfahren, dass für Kanus, die vom Festland kamen und zufällig zu weit aufs Meer hinausgeraten waren, nichts natürlicher war, als schnell diese Insel als Hafen anzulaufen. Auch schienen sie einander öfter zu treffen und in den Kanus miteinander zu kämpfen, und die Sieger führten ihre Gefangenen an diesen Strand, wo sie, da sie alle Kannibalen waren, dieselben ihren grässlichen Sitten gemäß töteten und verzehrten; doch davon später.

Kaum war ich, wie gesagt, vom Hügel herunter an den Strand gekommen, an die Südwestspitze der Insel also, da geriet ich in die tiefste Verwunderung und Bestürzung. Unmöglich, das Entsetzen meiner Seele zu beschreiben, als ich den Strand bedeckt sah mit Hirnschalen, Händen, Füßen und anderen menschlichen Gebeinen. Vor allem fiel mir eine Stelle auf, wo Feuer gemacht und ein Kreis in die Erde gegraben war, wie eine Kochgrube, wo diese Scheusale sich anscheinend zu ihrem unmenschlichen Mahl, bestehend aus den Leibern ihrer Mitmenschen, niedergelassen hatten.

Ich war von diesem Anblick so entsetzt, dass ich lange Zeit nicht an meine eigene Gefahr dachte. Meine ganze Furcht war überdeckt von der Vorstellung eines derartigen Abgrunds an unmenschlicher, höllischer

Grausamkeit und von dem Grauen darüber, dass die menschliche Natur so abscheulich aus der Art schlagen könne. Zwar hatte ich manchmal davon reden hören, war aber nie selber in so greifbare Nähe der Kannibalen geraten. Kurz, ich wandte mein Gesicht von dem grässlichen Schauspiel ab, mir wurde übel, und fast wäre ich in Ohnmacht gefallen, wenn die Natur sich nicht selber durch ein ungewöhnlich heftiges Erbrechen geholfen hätte. Davon wurde mir ein wenig leichter, aber ich konnte diesen Ort keinen Augenblick länger ertragen; also kletterte ich in größter Eile den Hügel wieder hinauf und trat den Heimweg an.

Als ich aus diesem Teil der Insel erst ein wenig herausgekommen war, stand ich still wie in Bestürzung, fasste mich aber wieder und blickte mit der innigsten Ergriffenheit nach oben, und in einer Flut von Tränen aus meinen Augen sagte ich Gott Dank dafür, dass er mich in einem Teil der Erde hatte zur Welt kommen lassen, wo ich von solchen grässlichen Kreaturen unterschieden war; dass er mir, der ich meine gegenwärtige Lage für höchst elend gehalten hatte, so viele Wohltaten darin erwies, dass ich immer noch mehr Grund zur Dankbarkeit als Grund zur Klage hatte; besonders aber, dass ich in diesem Elend mit der Erkenntnis seiner selber getröstet und der Hoffnung auf seine Gnade gestärkt worden war, eine Seligkeit, die mir alles schon ausgestandene oder noch zu erwartende Unglück reichlich aufwog.

In so dankbarer Bewegung kam ich heim in meine Burg und fühlte mich jetzt sicherer als je zuvor, denn ich bemerkte, dass diese Ungeheuer niemals hierherkamen, um auf der Insel selber nach Beute zu suchen; nein, sie suchten und erwarteten hier nichts, da sie ohne Zweifel oft in dem waldigen Teil der Insel gewesen, ohne etwas zu finden, was ihren Zwecken dienlich war. Schließlich war ich nun fast achtzehn Jahre hier, ohne je die geringste menschliche Spur entdeckt zu haben; und völlig verborgen, wie ich war, könnte ich wohl noch einmal so lange hier leben, wofern ich mich ihnen nicht selbst zeigte, wozu ich ja keine Veranlassung hatte. Alles, was ich zu tun hatte, war, mich so lange völlig verborgen zu halten, bis bessere Geschöpfe als diese Kannibalen mir zu Gesicht kämen, und mich jenen dann zu entdecken. Aber ich empfand einen derartigen Ekel vor den Wilden, von denen ich berichtet habe, vor ihrer grässlichen und unmenschlichen Gewohnheit, einander zu verschlingen und aufzufressen, dass ich ganz nachdenklich und schwermütig wurde und mich die nächsten zwei Jahre lang still auf meinen Bezirk einschränkte. Wenn ich sage, meinen Bezirk, so meine ich damit meine drei Anwesen, nämlich meine Burg, meinen Landsitz, den ich auch meine Laube nannte, und die Hürden im Wald, welche mich aber nur als Einfriedung für meine Ziegen kümmerten. Der Abscheu, den die Natur mir vor diesen teuflischen Wilden eingab, war so groß, dass ich ihren Anblick ebenso fürchtete wie den des Teufels selber. Die ganze Zeit über besuchte ich kein einziges Mal mein Boot, sondern plante eher, mir ein neues zu machen, denn ich mochte nicht an einen neuen Versuch denken, das Boot rund um die Insel zu bringen. Sollte ich nämlich diesen Kreaturen auf See begegnen und dabei in ihre Hände fallen, so wusste ich, was mir bevorstand.

Allein die Zeit und die Zuversicht, dass ich nicht Gefahr lief, von diesen Menschen entdeckt zu werden, nahmen langsam Angst und Unruhe von mir, und ich lebte wieder so gelassen wie früher, nur mit dem Unterschied, dass ich vorsichtiger war und meine Augen offener hielt als zuvor, für den Fall, dass ich von einem von ihnen gesehen werden sollte. Vor allem beim Schießen war ich sehr vorsichtig, damit nicht etwa Wilde, die zufällig auf der Insel wären, den Knall hörten. Nun erst kam es mir zugute, dass ich mich mit einer Herde von zahmen Ziegen ausgerüstet hatte und sie nicht mehr in den Wäldern jagen musste. Wenn ich nach diesem Ereignis einige von den wilden Ziegen fangen wollte, so tat ich es wie schon früher mithilfe von Schlingen und Fallgruben. Dadurch hatte ich die ganzen zwei Jahre, meiner Erinnerung nach, mein Gewehr kein einziges Mal abgefeuert, obgleich ich es immer bei mir trug; und da ich drei Pistolen auf dem Schiff geborgen hatte, trug ich auch diese, oder wenigstens zwei davon, in meinen Ziegenledergürtel gesteckt, immer mit mir. Außerdem schliff ich einen der großen Hirschfänger aus dem Schiff und machte mir auch für ihn ein besonderes Gehänge, sodass ich nun, wenn man zu meiner früheren Selbstbeschreibung im Einzelnen die zwei Pistolen und das große, breite Schwert hinzufügt, das mir seitwärts ohne Scheide vom Gürtel hing, bei meinen Ausgängen einen wahrlich furchteinflößenden Anblick bot.

So ging die Zeit gleichmäßig dahin, wie gesagt, und abgesehen von meinen Vorsichtsmaßnahmen schien ich meine vorige friedliche und stille Lebensweise wieder aufgenommen zu haben. Alles zeigte mir immer deutlicher, wie weit ich von einem elenden Zustand entfernt war im Vergleich mit anderen, und verglichen mit dem, was Gott über mich hätte verhängen können, hätte es ihm so gefallen. Dabei fiel mir ein, wie wenig doch die Menschen über ihre Lebensumstände klagen würden, wenn sie ihren Zustand mit anderen, schlimmeren vergleichen und Gott dankbar sein wollten, anstatt sich immer nur an denen zu messen, denen es besser geht, und dadurch ihr Murren und Klagen zu vermehren.

Da mir in meiner gegenwärtigen Lage nun wirklich kaum noch etwas fehlte, so glaubte ich, dass die Angst vor den Wilden und die Sorge um meine eigene Sicherheit meine Erfindungsgabe für den Haushalt getrübt hätten. So hatte ich einen Plan fallen lassen, an den ich einmal vielleicht allzu viel Gedanken verwandt hatte, nämlich zu versuchen, ob ich aus der Gerste nicht etwas Malz gewinnen und mir daraus Bier brauen könnte. Das war nun wirklich ein närrischer Einfall, und ich warf mir oft selber meine Einfältigkeit vor, denn ich sah voraus, dass es mir an vielen notwendigen Dingen dazu fehlte, die ich mir durchaus nicht anschaffen konnte: erstens Fässer, um das Bier aufzubewahren, etwas, das mir, wie schon gesagt, nie hatte gelingen wollen, so viele Tage, Wochen, ja Monate ich auch darauf verwandt hatte – aber umsonst. Ferner hatte ich keinen Hopfen, um das Bier haltbar zu machen, keine Hefe zum Gären, keinen Topf oder Kessel zum Sieden. Aber trotz alldem, wären mir diese Ereignisse nicht dazwischengekommen, ich meine die Angst und das Entsetzen über die Wilden, ich hätte es angefangen und vielleicht auch zu Ende gebracht, weil ich selten etwas unverrichteter Dinge wieder aufgab, was ich mir einmal in den Kopf gesetzt hatte. Jetzt aber hatte ich anderes im Sinn. Tag und Nacht konnte ich nur denken, wie ich etliche von diesen Ungeheuern bei ihrer grausamen, blutigen Unterhaltung töten und womöglich ihr zum Töten hierhergebrachtes Opfer retten könnte. Ich würde ein viel dickeres Buch, als dieses sein will, mit der Beschreibung aller meiner geplanten oder vielmehr in meinem Kopf bebrüteten Anschläge füllen, wie ich diese Kreaturen töten oder sie wenigstens so erschrecken wollte, dass sie nicht mehr hierherkämen. Aber es waren lauter Fehlgeburten, und ich durfte mir nichts davon versprechen, wenn ich mich nicht selber unter sie wagte. Und was vermochte *ein* Mann gegen sie alle, die vielleicht zu zwanzigst oder zu dreißigst kamen mit ihren Lanzen, Bogen und Pfeilen, mit denen sie ein Ziel ebenso sicher trafen als ich mit meinem Gewehr?

Manchmal wollte ich eine Grube unter ihrer Feuerstelle graben und fünf oder sechs Pfund Pulver hineinlegen, welches beim Anzünden des Feuers ebenfalls Feuer fangen und die ganze Umgebung in die Luft jagen würde. Aber erstens hätte ich nur sehr ungern so viel Pulver an sie verschwendet, zumal mein Vorrat nun auf ein Fässlein zusammengeschrumpft war. Dann konnte ich auch nicht sicher sein, ob es zur rechten Zeit losgehen und sie erwischen würde. Im besten Fall würde es nicht mehr Schaden anrichten, als ihnen ein wenig Feuer um die Ohren blasen und sie erschrecken, aber nicht genug, um sie für immer von diesem Ort zu vertreiben; also ließ ich diesen Plan fallen und beschloss, mich lieber an einem geeigneten Platz mit meinen drei Flinten in den Hinterhalt zu legen, alle doppelt geladen, und dann in ihr blutiges Fest hineinzupfeffern, sobald ich sicher war, mit jedem Schuss wenigstens zwei oder drei zu töten oder zu verwunden. Sodann wollte ich ihnen mit meinen drei Pistolen und meinem Schwert auf den Leib rücken, und wenn sie auch zwanzig wären, ich würde sie alle niedermachen. Diese Vorstellung hielt meine Gedanken wochenlang gefangen, und ich war so erfüllt davon, dass ich öfter davon träumte, und manchmal war ich im Schlaf gerade im Begriff, fest unter sie hineinzuknallen.

In der Einbildung ging ich so weit, dass ich einige Tage damit verbrachte, nach geeigneten Plätzen für einen solchen Hinterhalt zu suchen, um sie zu beobachten. Auch ging ich häufig zu der Stelle selber, die mir inzwischen vertrauter geworden war, und wenn mein Gemüt derartig mit Rachegedanken und mit der Vorstellung erfüllt war, zwanzig oder dreißig von ihnen mit dem Schwert niederzumetzeln, wie man wohl sagen kann, so verscheuchte das Entsetzen, das ich an diesem Ort angesichts der Spuren der einander verschlingenden barbarischen Bösewichter empfand, wieder ein wenig meinen Groll.

Genug, endlich fand ich am Abhang des Hügels eine Stelle, wo ich in Ruhe warten konnte, bis ich eines ihrer Boote kommen sah, um mich dann, noch ehe sie das Ufer erreicht hatten, von ihnen unbemerkt ins Dickicht zurückzuziehen und darin in einer geräumigen Höhlung mich gut zu verbergen. Dort könnte ich sitzen und ihre blutigen Handlungen beobachten und ihre Köpfe aufs Ziel nehmen, sobald sie so eng beisammensaßen, dass es fast unmöglich war, sie zu verfehlen, ohne auf den ersten Schuss gleich drei oder vier zu verwunden.

Von hier aus wollte ich also meinen Anschlag ausführen, und dementsprechend machte ich zwei Musketen und meine gewöhnliche Jagdflinte zurecht. Die beiden Musketen lud ich jede mit ein paar Bleistücken und vier oder fünf kleineren Kugeln, etwa in der Größe von Pistolenkugeln, die Vogelflinte aber mit einer Handvoll gröbsten Schrots; auch meine Pistolen lud ich mit je vier Kugeln. Solcherart ausgerüstet, mit Munition gut versorgt auch für eine zweite und dritte Ladung, machte ich mich zu dieser Expedition fertig.

Da jetzt mein Plan feststand und in der Einbildung auch schon so gut wie ausgeführt war, ging ich jeden Morgen auf den Gipfel des Hügels, der von meiner Burg, wie ich es nannte, drei Meilen oder mehr entfernt war, um zu sehen, ob ich nicht ein Boot auf See beobachten konnte, das sich der Insel näherte oder auf diese zuhielt. Allein ich wurde dieser strengen Pflicht bald müde, nachdem ich zwei oder drei Monate ständig Ausschau gehalten, aber jedes Mal ohne die kleinste Entdeckung zurückgekommen war, weil sich die ganze Zeit über weder vor noch auf dem Strand noch auf dem weiten Ozean das Geringste gezeigt hatte, so weit meine Augen oder mein Fernglas in jede Richtung reichten.

Solange ich meine tägliche Wachtour auf den Hügel machte, so lange blieb ich auch fest bei meinem Plan, und mein Gemüt war durchaus in der richtigen Verfassung für eine derart unbarmherzige Hinrichtung von zwanzig oder dreißig nackten Wilden, eines Verbrechens wegen, das ich in meinen Gedanken noch gar nicht weiter untersucht hatte, nicht weiter zumindest, als mein Abscheu gegen den widernatürlichen Brauch dieser Eingeborenen entbrannt war. Dabei hatte es allem Anschein nach die Vorsehung selber in ihrer weisen Anordnung der Welt geduldet, dass diese Wilden keinen anderen Führer hatten als ihre abscheulichen und verderbten Leidenschaften und folglich vielleicht schon seit undenklichen Zeiten solche grässlichen Dinge begingen und solch fürchterliche Gewohnheiten ausübten, wie sie nur eine vom Himmel völlig verlassene und von höllischer Verwirrung getriebene Natur ihnen eingeben konnte. Aber nun, da ich, wie gesagt, der fruchtlosen Gänge müde wurde, die ich so lange Zeit und so weit jeden Morgen vergeblich unternommen hatte, änderte sich nun auch meine Meinung über das ganze Unternehmen überhaupt, und ich begann, mit kühleren und gesetzteren Gedanken zu betrachten, worein ich mich da einlassen wollte, mit welchem Fug und Recht ich mich zum Richter und Rächer über diese Männer aufwerfen und sie zu Verbrechern erklären durfte, sie, die der Himmel doch so lange ungestraft ihre Handlungen hatte vollbringen lassen und ihnen gleichsam erlaubt hatte, dass sie aneinander zum Vollstrecker seines Urteils würden. Wie weit hatten sich diese Leute an mir vergangen und mit was für einem Recht mischte ich mich in ihre Streitigkeiten, wenn sie einer des anderen Blut vergossen? Manchmal stritt ich mit mir selber wie folgt: Wie kann ich wissen, wie Gott selber in diesem besonderen Fall urteilt? Es ist gewiss, dass diese Leute ihre Handlungen nicht als ein Verbrechen begehen, ihr eigenes Gewissen verweist es ihnen nicht, ihr Gemüt macht ihnen keine Vorwürfe. Sie wissen nicht, dass es Sünden sind, und begehen sie also auch nicht wie wir fast alle Sünden, in Auflehnung gegen die göttliche Gerechtigkeit. Sie halten es ebenso wenig für ein Verbrechen, einen im Krieg Gefangenen umzubringen, wie wir, einen Ochsen zu schlachten, sie essen Menschenfleisch, wie wir Hammelfleisch essen.

Nachdem ich ein wenig darüber nachgedacht hatte, kam ich zu dem Schluss, dass ich sicherlich im Unrecht wäre, dass diese Menschen nicht Mörder waren in dem Verstand, wie ich sie vorher in meinen Gedanken verurteilt hatte, nicht mehr wenigstens als jene Christen, die oft die in der Schlacht gemachten Gefangenen niedersäbeln, ja noch öfter und bei jeder

Gelegenheit ganze Scharen von Menschen ohne Pardon über die Klinge springen lassen, auch wenn diese ihre Waffen schon weggeworfen und sich ergeben haben.

Als Nächstes fiel mir ein, dass diese Menschen, wenn auch ihr Betragen untereinander viehisch und unmenschlich war, mir doch nichts getan hatten; ihre Sitten gingen mich nichts an. Wenn sie etwas gegen mich unternahmen oder wenn ich es für meine Selbsterhaltung für nötig hielt, sie zu überfallen, dann mochte es noch hingehen. Da ich aber nicht in ihrer Gewalt war, sie gar nichts von mir wussten und daher keine bösen Absichten gegen mich haben konnten, hatte auch ich kein Recht, auf sie loszugehen. Sonst wäre ja auch das barbarische Benehmen der Spanier in Amerika gerechtfertigt, die Millionen von Menschen umbrachten, welche, wenn sie auch Götzendiener und Barbaren waren und manchen blutigen und barbarischen Brauch hatten wie eben jenen, ihren Götzen lebendige Menschen zu opfern, doch den Spaniern nicht das Mindeste getan hatten. Heute sprechen ja sogar die Spanier selber, wie auch alle anderen christlichen Völker in Europa, nur mit dem größten Abscheu und Entsetzen von ihrer Ausrottung des Menschen in diesem Land als von einer bloßen Schlächterei, einer blutigen und unnatürlichen Grausamkeit, die weder vor Gott noch vor den Menschen zu rechtfertigen ist und deretwegen der bloße Name eines Spaniers allen menschlich gesinnten oder mit christlichem Mitleid begabten Völkern zum Schrecken und Entsetzen gereicht, genauso als täte sich das Königreich Spanien besonders hervor in der Erzeugung einer Art von Menschen ohne alle Grundsätze der Liebe und ohne das geringste Erbarmen mit den Unglücklichen, was doch überall als das Kennzeichen einer edlen Gesinnung gilt. Derlei Überlegungen hießen mich innehalten und schließlich mein Vorhaben ganz aufgeben. Nach und nach ließ ich meinen Anschlag fahren und sah ein, dass ich Unrecht gehabt hatte mit meinem Entschluss, die Wilden anzugreifen; dass es mir nicht zukam, mich mit ihnen einzulassen, außer sie griffen mich zuerst an. Dem musste ich freilich zuvorkommen; würde ich aber entdeckt und angegriffen, so wüsste ich schon, was ich zu tun hätte.

Andererseits sagte ich mir auch, dass dies kaum der Weg zu meiner Rettung wäre, sondern nur zu meinem Untergang und völligen Verderben; denn wenn ich nicht völlig sicher war, nicht nur jeden, der zu der Zeit gerade hier an Land war, zu töten, sondern auch jeden, der jemals später hier landen sollte, entginge mir auch nur ein einziger von ihnen und erzählte seinen Landsleuten, was geschehen war, so würden sie zu Tausenden herüberkommen, den Tod ihrer Kameraden zu rächen, und ich würde mir den sicheren Untergang ohne Not auf den Hals ziehen.

Im Großen und Ganzen schloss ich daher, dass ich es weder vor meinem Gewissen noch vor meiner Vernunft verantworten könnte, mich in diese Angelegenheit einzumischen. Meine Aufgabe war es, mich mit allen Mitteln vor ihnen verborgen zu halten und nicht die geringste Spur zu hinterlassen, die sie auf den Gedanken bringen konnte, auf dieser Insel ein lebendiges Geschöpf, ein menschliches, meine ich, zu vermuten.

Die Stimme der Religion vereinte sich hier mit der Stimme der Klugheit, und ich war nun auf jede Weise überzeugt, dass es nicht meine Aufgabe war, blutdürstige Pläne für die Vernichtung dieser unschuldigen Geschöpfe auszuhecken, unschuldig zumindest in Bezug auf mich. Was die Verbrechen angeht, deren sie sich gegeneinander schuldig machten, so hatte ich nichts damit zu tun; das waren Verbrechen ihres Volkes, und ich musste sie der Gerechtigkeit Gottes überlassen, der der Herr über alle Völker ist und weiß, wie er durch Bestrafung eines ganzen Volkes Vergeltung übt für dessen Sünden und wie er öffentliches Gericht hält über die, die öffentlich gesündigt haben, so wie er es für gut befindet.

Das war mir nun so klar, dass ich über nichts glücklicher war als darüber, von einer Handlung abgebracht worden zu sein, die ich, hätte ich sie begangen, jetzt aus vielen Ursachen für keine kleinere Sünde halten musste als die des vorsätzlichen Mordes. Ich dankte Gott aus tiefster Demut auf den Knien, dass er mich solcherart vor Blutschuld bewahrt, ich flehte ihn an, mich durch den Schutz seiner Vorsehung davor zu behüten, in die Hände der Barbaren zu fallen und mich auch keine Hand an sie legen zu lassen, ich hätte denn einen deutlichen Befehl des Himmels zur Verteidigung meines eigenen Lebens erhalten.

In dieser Gemütsverfassung verharrte ich darauf fast ein Jahr, und so wenig verlangte ich nach einer Gelegenheit, diese armen Teufel zu überfallen, dass ich die ganze Zeit über nicht einmal auf den Hügel hinaufstieg, um zu sehen, ob einer von ihnen in Sicht wäre, oder um festzustellen, ob welche von ihnen an Land gekommen seien oder nicht. Ich wollte mich nicht der Versuchung aussetzen, meine schlimmen Pläne gegen sie zu erneuern oder eine womöglich sich bietende Gelegenheit zu einem Überfall auf sie auszunützen. Das Einzige, was ich tat, war, mein Boot von der anderen Seite der Insel wegzuholen, an die östlichste Spitze der ganzen Insel zu führen und dort in einer kleinen Bucht, die ich unter einigen hohen Klippen gefunden hatte, festzumachen, wo die Wilden, wie ich bemerkt hatte, sich wegen der Strömungen nicht hinwagten oder wohin sie jedenfalls, aus welchen Gründen auch immer, nicht kamen. Zusammen mit dem Boot schaffte ich auch alles Zubehör fort, das ich vorher dort gelassen hatte, obwohl das für die

Reise allein nicht notwendig gewesen wäre, nämlich den Mast und das Segel, die ich dafür angefertigt hatte, und einen Gegenstand, der einem Anker ähnlich war, obwohl er eigentlich weder Anker noch Ankerhaken genannt werden konnte; aber es war jedenfalls das Beste, was ich in der Art zustande brachte. Alle diese Dinge nahm ich mit mir, damit auch nicht der Schatten eines Bootes oder überhaupt einer menschlichen Ansiedlung auf der Insel zurückblieb.

Überdies lebte ich jetzt, wie gesagt, zurückgezogener als je, kam selten aus meinem Zelt heraus, außer um meinen gewöhnlichen Geschäften nachzugehen: meine Ziegen zu melken und nach meiner kleinen Herde im Wald zu sehen, was ganz ungefährlich war, da dieser Wald sich auf der entgegengesetzten Seite der Insel befand. Es ist ganz sicher, dass die Wilden, die manchmal die Insel heimsuchten, nicht mit den Gedanken herkamen, hier etwas zu finden, sie entfernten sich daher auch nie vom Strand; und ich zweifle nicht, dass sie schon öfter gelandet waren, nachdem mich die Furcht vor ihnen vorsichtig gemacht hatte, ebenso wie auch vorher. Mit Entsetzen malte ich mir noch im Nachhinein aus, wie es mir ergangen wäre, wäre ich plötzlich auf sie gestoßen und von ihnen entdeckt worden, als ich noch nackt und erst mit einer einzigen Flinte bewaffnet, die aber auch oft nur mit wenig Schrot geladen war, spähend und forschend die ganze Insel durchstreift hatte, um zu sehen, was noch zu holen war. In welche Bestürzung wäre ich geraten, hätte ich damals anstatt der menschlichen Fußspur fünfzehn oder zwanzig Wilde zu Gesicht bekommen, die mir nachsetzten und denen ich bei ihrer Geschwindigkeit unmöglich hätte entkommen können!

Bei derlei Vorstellungen sank mir oft das Herz in der Brust, und mein Gemüt geriet in solche Unruhe, dass ich mich lange nicht erholen konnte. Denn was hätte ich tun können? Ich wäre nicht nur ganz unfähig gewesen, ihnen Widerstand zu leisten, sondern hätte wohl nicht einmal Geistesgegenwart genug gehabt, um das in meiner Macht Stehende zu tun, viel weniger das, was mir jetzt nach so viel Überlegungen und Vorbereitungen zu tun möglich war. Nach ernsthafter Betrachtung der Dinge wurde ich manchmal recht melancholisch, und das pflegte eine gute Weile anzuhalten; endlich aber ergab ich mich ganz der Dankbarkeit gegen die Vorsehung, die mich aus so viel unerkannten Gefahren errettet und mich vor Schaden behütet, den ich aus eigenen Kräften nicht von mir hätte abwenden können, hatte ich doch von einer solchen Bedrohung nichts gewusst noch sie im Mindesten für möglich gehalten.

Das erneuerte bei mir eine Betrachtung, die mir in früheren Zeiten, als ich zum ersten Mal gesehen hatte, wie gnädig sich der Himmel in den Fährnissen des Lebens unser annimmt, öfter in den Sinn gekommen war: Wie wunderbarlich wir errettet werden, wenn wir oft gar nichts von der Gefahr wissen, wie, wenn wir dem Sprichwort nach zwischen Tür und Angel stecken und nicht wissen, welchen Weg einschlagen, ein heimlicher Wink uns hierhin weist, wenn wir dorthin gehen wollen. Ja, wenn Vernunft, eigene Neigung und vielleicht unsere Geschäfte uns zu dem anderen Weg raten, so wird doch eine seltsame Einwirkung auf unser Gemüt, deren Ursprung wir nicht kennen noch auch die darunter verborgene Macht, uns zwingen, diesen Weg zu wählen; und im Nachhinein wird sich's zeigen, dass wir auf dem Weg, den wir hätten gehen wollen und nach unserer Meinung auch hätten gehen sollen, ins Verderben gelaufen wären. Aufgrund dieser und mancher ähnlicher Überlegung machte ich es mir später zur Regel, dass ich, sofern ich einen dieser heimlichen Winke oder Einflüsse auf mein Gemüt verspürte, das eine oder andere zu tun oder zu lassen oder um einen oder einen anderen Weg einzuschlagen, niemals verfehlte, einer solchen heimlichen Eingebung zu folgen, selbst wo ich keinen anderen Grund dafür wusste als einen solchen Einfluss oder Wink in meinem Gemüt. Ich könnte für den guten Erfolg solchen Verhaltens viele Beispiele aus dem Verlauf meines Lebens aufführen, vor allem aber aus den letzten Jahren meines Aufenthalts auf dieser unseligen Insel; ganz abgesehen von vielen früheren Gelegenheiten, auf die ich achtgegeben hätte, hätte ich damals schon mit denselben Augen gesehen wie heute. Aber zum Klugwerden ist es nie zu spät, und ich kann allen überlegenden Menschen, deren Leben von so außerordentlichen oder auch weniger außerordentlichen Ereignissen gefüllt ist wie das meine, nur raten, solche geheimen Winke der Vorsehung nicht in den Wind zu schlagen. Von welch unsichtbarem Geist sie auch kommen mögen, darüber will ich nicht reden und kann es wohl auch nicht erklären, aber gewiss sind diese Dinge ein Beweis für den Umgang der Geister miteinander und die heimliche Gemeinschaft zwischen den unkörperlichen und den körperlichen Geistern, und zwar ein Beweis, der nicht widerlegt werden kann. Ich werde noch Gelegenheit haben, aus dem weiteren Verlauf meines einsamen Aufenthalts an diesem traurigen Ort einige höchst bemerkenswerte Beispiele hierzu anzuführen.

Ich glaube, dass der Leser meines Werkes sich nicht wundert, wenn ich bekenne, dass die Ängste, die dauernde Gefahr, in der ich lebte, und die Sorgen, die mich jetzt bedrückten, allen meinen Erfindungen und Verrichtungen, mit denen ich mein weiteres Leben angenehmer und behaglicher zu machen dachte, ein Ende gesetzt hatten. Die Sorge um meine Sicherheit bedrückte mich jetzt mehr als die Sorge um meine Nahrung. Ich hatte nicht mehr das Herz, einen Nagel einzuschlagen oder einen Stecken entzweizubrechen, aus Angst, man könnte den Lärm hören. Aus dem gleichen Grund getraute ich mich auch nicht, einen Schuss abzufeuern, und vor allem wagte ich es kaum, Feuer zu machen, damit nicht der Rauch, der tagsüber in großer Entfernung sichtbar ist, mich verriete. Daher verlegte ich alle Geschäfte, zu denen ich Feuer brauchte, wie das Brennen von Töpfen und Pfeifen usw., in meine neue Behausung im Wald, wo ich zu meiner unsagbaren Erleichterung nach einiger Zeit einen ganz natürlichen Keller in der Erde entdeckt hatte, der sehr tief hineinging und in den sich gewiss kein Wilder, und sollte er auch gerade davorstehen, hineinwagen würde noch sonst ein Mensch, der nicht gleich mir nichts so nötig hatte wie einen sicheren Unterschlupf.

Der Eingang zu dieser Höhle befand sich am Fuß eines großen Felsens, wo ich durch bloßen Zufall (so würde ich sagen, hätte ich nicht mehr als genug Ursache, solche Dinge der Vorsehung zuzuschreiben) einige dicke Äste abhieb, um Holzkohle daraus zu machen; ehe ich jedoch fortfahre, will ich zuvor berichten, warum ich Holzkohle machte. Der Grund war folgender:

Wie schon gesagt, scheute ich mich, bei meiner Wohnung Rauch zu machen; da ich aber nicht leben konnte, ohne mir Brot zu backen und Fleisch zu dünsten usw., beschloss ich, hier an Ort und Stelle etwas Holz unter Torf brennen zu lassen, wie ich es in England gesehen, bis es zu Holzkohle oder trockener Kohle geworden war. Darauf löschte ich das Feuer und verwahrte die Kohle, um sie heimzutragen und alle die Arbeiten damit zu verrichten, zu denen ich Feuer brauchte, ohne dass ich mich wegen des Rauches sorgen musste.

Doch so viel nur nebenbei. Als ich hier nun etwas Holz abschnitt, bemerkte ich hinter einem sehr dicken Ast im niederen Gestrüpp oder Unterholz eine Art Höhlung. Die Neugier trieb mich hineinzugehen. Als ich mit einiger Mühe zur Öffnung vorgedrungen war, fand ich, dass sie ziemlich groß war, das heißt groß genug, dass ich und vielleicht noch einer neben mir aufrecht darin stehen konnten. Allein ich muss bekennen, ich kam viel schneller wieder heraus als hinein, denn kaum spähte ich tiefer in das Loch, das völlig schwarz war, hinein, so sah ich zwei große funkelnde Augen, ob vom Satan oder von einem Menschen, das riet ich nicht. Diese Augen blinkten wie zwei Sterne, weil das schwache Licht vom Einlass zur Höhle gerade auf sie fiel und sich in ihnen spiegelte.

Immerhin erholte ich mich nach einer Weile, hieß mich selber tausendfach einen Narren und sagte mir, dass einer, der sich vor dem Anblick des Teufels fürchtete, nicht imstande wäre, zwanzig Jahre ganz allein auf einer Insel zu leben, und dass ich ruhig glauben dürfte, in dieser Höhle nichts zu finden, das schrecklicher war als ich selber. Darauf nahm ich meinen Mut zusammen und zugleich eine frische Fackel in die Hand und schlüpfte wieder hinein, mit dem brennenden Stecken in meiner Hand. Aber ich hatte keine drei Schritte gemacht, da erschrak ich wieder genauso wie vorher, denn ich hörte einen sehr lauten Seufzer, wie von einem Mann, der Schmerzen hat; dann folgten gebrochene Laute, wie von halb gemurmelten Worten, und dann wieder ein tiefer Seufzer. Ich trat zurück und fühlte solche Angst, dass mir der kalte Schweiß ausbrach, und hätte ich einen Hut aufgehabt, ich kann nicht beschwören, dass meine Haare ihn nicht hochgehoben hätten. Doch fasste ich wieder Mut, so gut es ging, und richtete mich ein wenig auf mit der Überlegung, Gott sei allmächtig und allgegenwärtig und könne mich überall schützen; darauf schritt ich erneut vorwärts und erblickte beim Schein der Fackel, die ich über meinen Kopf hielt, einen ungeheuer großen, scheußlichen alten Ziegenbock auf der Erde liegen, der eben sein Testament machte, wie wir sagen, der in den letzten Zügen lag und aus Altersschwäche am Verenden war. Ich stieß ihn ein wenig an, um zu sehen, ob ich ihn hinausbringen könnte, und er bemühte sich auch aufzustehen, war aber zu schwach dazu. Da dachte ich mir, er könne ebenso gut hier liegen bleiben, denn wenn er mich schon so erschreckt hatte, so würde er gewiss, solange noch etwas Leben in ihm war, auch jeden Wilden, der sich hereinwagen sollte, genauso erschrecken.

Nun hatte ich mich von meinem Entsetzen erholt und begann, mich umzuschauen, und ich fand, dass die Höhle nur klein, das heißt etwa zwölf Fuß tief und von ganz unregelmäßiger Gestalt war, weder rund noch viereckig, da keine Menschenhand daran gerührt, sondern die Natur allein sie so geschaffen hatte. Ich bemerkte auch ganz hinten ein Loch, das noch tiefer hinunterführte, aber so niedrig war, dass ich nur auf Händen und Füßen hätte hineinkriechen können, ohne zu wissen, wohin. Da ich keine Kerze hatte, verschob ich's auf später, beschloss aber, am nächsten Tag, ausgerüstet mit Kerzen und einem Feuerzeug, das ich mir aus dem Schloss einer Muskete und etwas faulem Holz in der Zündpfanne machen würde, wiederzukommen.

Am nächsten Tag kam ich also zurück, ausgerüstet mit sechs Kerzen, wie ich sie aus Ziegentalg zu machen pflegte. In jenem niedrigen Loch musste ich auf allen vieren kriechen, wie gesagt, und zwar etwa zehn Yard, was, nebenbei bemerkt, ein ziemlich kühnes Unterfangen war, da ich nicht wusste, wie weit es ging noch was dahinter kam. Als ich durch die Enge hindurch war, fand ich, dass die Decke höher wurde, ich glaube an die zwanzig Fuß hoch, und niemals, so darf ich wohl sagen, hatte ich auf dieser Insel einen herrlicheren Anblick erlebt als jetzt, da ich an den Wänden und der Decke dieses Kellers oder Gewölbes hochblickte; die Wände spiegelten das Licht meiner zwei Kerzen wohl hunderttausendfach wider. Was eigentlich in dem Felsen war, ob Diamanten oder andere Edelsteine oder Gold, wie ich zu glauben geneigt war, das wusste ich nicht.

Der Ort, an dem ich mich jetzt befand, war eine so anmutige Höhle oder Grotte, wie man sich nur vorstellen kann, obgleich es völlig finster war. Der Boden war trocken und eben und von einer Art feinem, lockerem Sand bedeckt, ohne dass ich auf ihm ein ekliges oder giftiges Tier entdecken konnte. Die Wände und Decken waren weder feucht noch dampften sie. Das einzig Beschwerliche war der Eingang, was mir jedoch, der ich einen sicheren Ort, ja eine Zuflucht suchte, gerade recht kam; ich war deshalb über meine Entdeckung von Herzen erfreut und beschloss, ohne Zögern einige Sachen, um die mir am meisten bang war, hierherzubringen, besonders meinen Pulvervorrat und alle meine übrigen Waffen, nämlich noch zwei Vogelflinten, von denen ich drei im Ganzen hatte, und drei Musketen, von denen ich im Ganzen acht hatte. In meiner Burg behielt ich also nur fünf zurück, die als Kanonen schussfertig an meinem äußeren Wall standen, im Notfall aber auch herausgenommen werden konnten.

Bei dieser Gelegenheit, als ich die Munition übersiedelte, öffnete ich auch das Fass, das ich nass aus der See gefischt hatte, und fand, dass das Wasser an jeder Seite nur etwa drei bis vier Zoll tief eingedrungen war und dann eine harte Rinde gebildet hatte, hinter der das Innere unversehrt geblieben war wie ein Kern in der Schale. In der Mitte des Fässchens waren mir also noch gut sechzig Pfund vom besten Pulver geblieben, eine Entdeckung, die mir damals sehr zupasskam. Das alles trug ich in die Höhle, denn aus Angst vor Überraschungen jeder Art behielt ich nie mehr als zwei oder drei Pfund Pulver bei mir in der Burg; auch alles Blei, das mir für Kugeln noch geblieben war, schleppte ich dorthin.

Ich kam mir jetzt selber vor wie einer von den alten Riesen, die der Sage nach in tiefen Höhlen und Felsschründen, für alle unzugänglich, hausen; denn ich bildete mir ein, dass auch fünfhundert Wilde, die Jagd auf mich machten, mich hier nicht aufspüren konnten oder, wenn sie mich fänden, sich nicht unterstehen würden, mich anzugreifen.

Der alte Bock, den ich in der Höhle in den letzten Zügen angetroffen hatte, starb am Tag nach meiner Entdeckung am Eingang derselben, und ich fand es viel leichter, an Ort und Stelle ein Loch zu graben, ihn dort hineinzuwerfen und mit Erde zu bedecken, als ihn hinauszuschleppen; also begrub ich ihn, um meiner Nase den Gestank zu ersparen.

Mein Aufenthalt auf der Insel ging nun ins dreiundzwanzigste Jahr, und ich hatte mich derart an den Ort und an diese Lebensart gewöhnt, dass ich, wäre ich nur sicher gewesen, von den Wilden nicht gestört zu werden, ohne Murren den Rest meiner Zeit hier verbracht hätte bis zum letzten Augenblick, bis ich mich hingelegt und meinen Geist aufgegeben hätte wie der alte Bock in der Höhle. Ich hatte mir auch allmählich den einen und anderen Zeitvertreib verschafft, sodass mir die Zeit um vieles angenehmer verging als vorher. Erstens hatte ich, wie schon gesagt, meinem Poll das Sprechen beigebracht, und er tat's so vertraulich und schwatzte so deutlich und vernehmlich, dass ich viel Vergnügen daran hatte. Er lebte nicht weniger als sechsundzwanzig Jahre mit mir, und wie lange er nachher noch gelebt hat, kann ich nicht sagen, wiewohl die Brasilianer glauben, dass diese Vögel hundert Jahre alt werden. Vielleicht ist der arme Poll noch immer am Leben und ruft nach dem armen Robin Crusoe bis auf den heutigen Tag. Ich wünsche keinem Engländer das Unglück, dahin zu kommen und ihn zu hören; geschähe es aber, er würde sicher glauben, es sei der Teufel. Mein Hund war mir ein angenehmer und lieber Gefährte in nicht weniger als sechzehn Jahren, bis er vor Alter starb. Was meine Katzen angeht, so hatten sie sich, wie schon berichtet, derart vermehrt, dass ich zuerst gezwungen war, einige von ihnen zu erschießen, damit sie nicht mich und all meine Habe auffräßen; endlich aber, als die beiden alten, die mit mir gekommen, gestorben waren und ich die anderen immer weggescheucht, ihnen auch gar nichts zu fressen gegeben hatte, verliefen sie sich alle wild in den Wald, ausgenommen zwei oder drei Günstlinge, die ich zahm hielt und deren Junge, wenn sie welche hatten, ich immer ersäufte; die drei aber blieben ein Teil meiner Familie. Außerdem hielt ich mir immer zwei oder drei Hauskitze, die mir aus der Hand zu fressen gelernt hatten; auch hatte ich noch zwei andere Papageien, die recht geschickt sprechen und »Robin Crusoe!« rufen konnten, aber keiner so gut wie mein erster. Ich gab mir freilich auch nicht so viel Mühe mit ihnen, wie ich mir mit ihm gegeben hatte. Ich besaß überdies einige zahme Seevögel, ihren Namen weiß ich nicht, die ich am Strand gefangen und deren Flügel ich beschnitten hatte; da nun die kleinen Stecken, die ich außerhalb meiner Burgmauer eingesetzt hatte, zu einem dichten Gehölz aufgeschossen waren, so hüpften die Vögel darauf herum und brüteten zu meiner Freude auch Junge aus, sodass ich also, wie oben gesagt, mit meiner jetzigen Lebensweise recht zufrieden zu sein anfing, wäre ich nur von der Angst vor den Wilden erlöst worden.

Allein die Vorsehung hatte es anders beschlossen, und es mag für die, die meine Geschichte zu Gesicht bekommen, nicht gänzlich ohne Nutzen sein, die Lehre daraus zu ziehen, wie oft im Lauf unseres Lebens nämlich jenes Übel, das wir am meisten meiden und das uns, wenn es uns dennoch heimsucht, höchst schrecklich ist, ich sage, wie jenes Übel oft zum rechten Mittel und zum Tor für unsere Errettung wird, durch welches allein wir aus der Betrübnis, in die wir gefallen sind, herausgelangen können. Ich könnte aus meinem vielfältig verschlungenen Lebenslauf vielerlei Beispiele dafür angeben; aber nie wurde die Erfahrung deutlicher als in den letzten Jahren meines einsamen Aufenthalts auf dieser Insel.

Es war im Dezember meines, wie oben schon gesagt, dreiundzwanzigsten Jahres, also zur Zeit der südlichen Sonnenwende; denn Winter kann ich es nicht nennen. Da war die Zeit meiner Ernte, und ich hatte ziemlich viel Arbeit auf dem Feld. Als ich eines Tages früh am Morgen hinausging, noch bevor es richtig hell war, erblickte ich zu meiner Bestürzung den Widerschein eines Feuers an der Küste, etwa zwei Meilen gegen das Ende der Insel hin entfernt, wo ich zwar, wie berichtet, schon Wilde bemerkt hatte; aber das Feuer war nicht an der anderen Seite, sondern zu meinem Entsetzen auf meiner eigenen Seite der Insel.

Ich war bei diesem Anblick zutiefst erschrocken, lief schnell zurück in mein Wäldchen und wagte mich nicht hinaus, aus Furcht, überfallen zu werden. Doch auch hier hatte ich keine Ruhe, fürchtete ich doch, die Wilden möchten, insofern sie beim Herumstreifen auf der Insel mein noch stehendes oder schon geschnittenes Korn oder irgendetwas anderes von meinen Werken und Anlagen entdecken, daraus auf die Anwesenheit von Menschen auf dieser Insel schließen und nicht eher ruhen, als bis sie mich gefunden hätten. In dieser Not eilte ich geradewegs zu meiner Burg zurück, zog die Leiter hinter mir hoch und sorgte dafür, dass draußen alles so wild und natürlich wie nur möglich aussah.

Darauf rüstete ich drinnen alles zur Verteidigung. Ich lud alle meine Kanonen, wie ich sie nannte, das heißt also meine Musketen, die hinter der neuen Befestigung aufgestellt waren, und alle meine Pistolen, und beschloss, mich bis zum letzten Atemzug zu verteidigen, wobei ich nicht vergaß, mich ernstlich dem Schutz Gottes zu empfehlen und ein inniges Gebet zu ihm zu senden, er möge mich aus den Händen der Barbaren erretten. In solcher Verfassung verharrte ich zwei Stunden; dann aber wurde ich sehr ungeduldig und hätte gern erfahren, was draußen vor sich ging, denn Spione konnte ich ja leider keine aussenden.

Nachdem ich darum noch eine Weile unschlüssig gesessen und gegrübelt hatte, was ich in dieser Lage tun sollte, konnte ich es nicht länger ertragen, hier in Ungewissheit still zu sitzen. Also legte ich meine Leiter an den Hügel an, dort wo ein ebener Vorsprung war, zog sie hinter mir hoch, legte sie wieder an und stieg so auf den Gipfel des Hügels. Dann holte ich das Fernglas hervor, das ich zu diesem Behelf mitgenommen hatte, legte mich flach auf den Bauch nieder und schaute auf die bekannte Stelle; sogleich erblickte ich nicht weniger als neun nackte Wilde rund um ein kleines Feuer sitzen, das sie angezündet hatten, nicht um sich zu wärmen, denn das hatten sie bei der außerordentlichen Hitze nicht nötig, sondern um ihr barbarisches Fressen aus Menschenfleisch zuzubereiten, das sie mit sich gebracht halten, ob lebend oder tot, konnte ich nicht ausmachen.

Sie hatten zwei Kanus bei sich, die sie auf den Strand gezogen hatten; und da gerade Ebbe war, so dachte ich, sie wollten für ihre Rückkehr die Flut abwarten und dann wegfahren. Man kann sich kaum vorstellen, in welche Bestürzung dieser Anblick mich versetzte, besonders da sie an meine Seite der Insel gekommen waren, und noch dazu so nahe. Doch als ich erkannte, dass sie immer mit der Strömung der Ebbe ankamen, wurde mein Gemüt später wieder etwas ruhiger, zufrieden darüber, dass ich wenigstens während der Flutzeit mich sicher außerhalb meines Hauses bewegen konnte, falls sie nicht schon vorher gelandet waren. Nach dieser Entdeckung machte ich mich mit etwas mehr Gelassenheit an meine Erntearbeit.

Wie ich erwartet hatte, so geschah es auch: Sobald die Flut nach Westen dahinrollte, sah ich sie alle in die Boote hüpfen und wegrudern (oder paddeln, wie wir es nennen). Ich habe vergessen zu sagen, dass sie eine Stunde oder länger vor ihrer Abfahrt zu tanzen anfingen, und ich konnte ihre Stellungen und Gebärden durch mein Fernglas gut erkennen. Ich erkannte jedoch nur, dass sie splitternackt waren und nicht den kleinsten Lappen auf dem Leib trugen; ob es Männer oder Frauen waren, konnte ich dagegen auch bei schärfster Beobachtung nicht erkennen.

Kaum sah ich sie in die Boote steigen und wegfahren, hängte ich mir zwei Flinten über die Schulter, steckte zwei Pistolen in den Gürtel und mein großes Schwert ohne Scheide an die Seite und lief, so schnell ich nur konnte, zu dem Hügel hin, von dem aus ich sie zuerst erblickt hatte. Sobald ich dort angelangt war, was allerdings erst nach zwei Stunden geschah (mit Waffen behängt, wie ich war, kam ich nicht so schnell vorwärts), entdeckte ich, dass noch drei andere Kanus mit Wilden ebenfalls hier gewesen waren, und als ich weiter ausschaute, sah ich sie alle zusammen auf See und auf das Festland zuhalten.

Das war für mich ein grässlicher Anblick, besonders als ich hernach unten am Strand die schrecklichen Spuren ihrer grausamen Taten sah, die sie hinterlassen hatten, nämlich Blut, Knochen, Fleischteile von menschlichen

Körpern, welche diese Ungeheuer mit Fröhlichkeit, Tanzen und Springen verschlungen und gefressen hatten. Was ich hier erblickte, erfüllte mich dermaßen mit Empörung, dass ich nur noch darauf sann, wie ich die nächsten, die mir hier unter die Augen kämen, über den Haufen schießen könnte, und seien es noch so viele.

Ich glaubte nun ganz sicher, dass ihre derartigen Besuche auf der Insel nicht häufig waren; wirklich dauerte es auch fünfzehn Monate, bevor wieder einer von ihnen am Strand auftauchte, das heißt, ich sah die ganze Zeit über weder sie selber noch Fußspuren oder andere Zeichen von ihnen. In der Regenzeit wagen sie sich sicher nicht hinaus, zumindest nicht so weit. Dennoch schwebte ich die ganze Zeit über in Unruhe, da ich dauernd fürchtete, sie möchten mir unversehens über den Hals kommen. Daraus mag man ersehen, um wie viel schlimmer die Erwartung eines Unglücks ist als das Unglück selber, besonders wenn man Vermutung und Angst nicht abschütteln kann.

Die ganze Zeit hindurch hegte ich Mordgedanken und verbrachte die meisten Stunden, die ich besser hätte anwenden können, mit Pläneschmieden, wie ich sie, sobald sie nur wieder zum Vorschein kämen, umzingeln und überfallen würde, besonders im Falle sie, wie beim letzten Mal, in zwei Gruppen aufgeteilt waren. Dabei bedachte ich nicht, dass ich, hätte ich eine Gruppe von, sagen wir, zehn oder zwölf getötet, den nächsten Tag, Woche oder Monat, wieder neue töten musste, dann wieder neue und dann wieder, und so *ad infinitum*, bis ich schließlich kein geringerer Mörder wäre als die Wilden mit ihrer Menschenfresserei, ja vielleicht ein noch viel größerer.

Ich verbrachte nun meine Tage in großer Unruhe und Herzensangst, da ich immer damit rechnete, den einen oder anderen Tag in die Hände dieser erbarmungslosen Kreaturen zu fallen. Wagte ich mich einmal aus dem Haus, so nicht, ohne mit der denkbar größten Vorsicht und Behutsamkeit um mich zu spähen. Nun erkannte ich zu meiner Genugtuung, was für ein Glück es war, dass ich mich mit einer zahmen Herde oder einem Rudel von Ziegen versehen hatte; denn ich wagte um keinen Preis jetzt mein Gewehr abzufeuern, vor allem nicht in der Nähe jener Seite der Insel, wo sie meistens ankamen, damit ich sie nur ja nicht auf mich aufmerksam machte. Denn gesetzt auch den Fall, sie wären das eine Mal vor mir geflohen, so wären sie doch sicher in wenigen Tagen mit ein paar Hundert Kanus zurückgekommen, und dann wusste ich, was mir bevorstand. Indessen vergingen ein weiteres Jahr und drei Monate, ehe ich wieder etwas von ihnen zu sehen bekam. Dann aber sah ich sie wieder, wie ich gleich berichten werde. Sie mögen in der Zwischenzeit wohl ein- oder zweimal hier gewesen sein; im Mai meines vierundzwanzigsten Jahres aber, wenn ich richtig rechnete, hatte ich eine recht aufregende Begegnung mit ihnen. Doch davon an seinem Ort.

Die Verwirrung meines Gemüts in jenen fünfzehn oder sechzehn Monaten war sehr groß. Ich schlief unruhig, hatte grässliche Träume und fuhr in der Nacht oftmals aus dem Schlaf auf. Tagsüber bedrückten mich schwere Sorgen, und in der Nacht träumte mir häufig, wie ich die Wilden erschlug und auch wie ich so etwas verantworten könnte; aber lassen wir das alles einmal beiseite. Es war Mitte Mai, am 16., glaube ich, wenn mein armseliger hölzerner Kalender mich nicht täuschte (ich machte nämlich noch immer die Kerben in den Pfosten) – ich sage, es war der 16. Mai, und den ganzen Tag über blies ein starker Sturm, mit viel Blitz und Donner, und darauf folgte eine recht böse Nacht. An die genauen Umstände kann ich mich nicht mehr erinnern, aber ich las gerade in der Bibel und war von ernsthaften Gedanken über meinen gegenwärtigen Zustand erfüllt, als der Knall einer Kanone, die meiner Ansicht nach auf See abgefeuert worden war, mich in Bestürzung versetzte.

Das war freilich eine Überraschung von ganz anderer Art als alles, was ich bisher erlebt hatte, und sie gab meinen Gedanken auch sogleich eine ganz andere Richtung. In größter Eile sprang ich auf, warf im Nu meine Leiter auf den Felsvorsprung, zog sie hinter mir hoch, stellte sie noch einmal auf und erreichte den Gipfel des Hügels gerade in dem Augenblick, als das Aufblitzen des Feuers mich auf den zweiten Schuss horchen hieß, den ich auch eine halbe Minute später hörte und an dessen Klang ich erkannte, dass er von jenem Teil der See kam, wohin die Strömung mich mit meinem Boot einmal abgetrieben hatte.

Sogleich dachte ich, dass hier ein Schiff in Seenot sein müsste und dass dieses sich in Gesellschaft befände, dass ein anderes Schiff also in der Nähe sei und dass die Schüsse als Notzeichen abgefeuert wurden, um Hilfe herbeizuholen. Immerhin hatte ich in diesem Augenblick Geistesgegenwart genug zu überlegen, dass, wenn schon ich nicht ihnen, so doch sie vielleicht mir helfen könnten. Also raffte ich geschwind so viel trockenes Holz zusammen, als ich konnte, machte einen ziemlich großen Haufen und steckte ihn auf dem Gipfel des Hügels in Brand. Das Holz war dürr und brannte lichterloh, und obgleich der Wind außerordentlich stark blies, brannte der Haufen doch ganz nieder: War wirklich etwas wie ein Schiff in der Nähe, so musste die Besatzung das Feuer sehen, dessen war ich gewiss. Und zweifellos sahen sie es auch, denn sobald mein Feuer aufflammte, hörte ich noch einen Schuss, und darauf noch etliche, alle aus derselben Richtung. Ich schürte das Feuer die ganze Nacht, bis der Tag anbrach, und da der Morgen heraufdämmerte und die Luft wieder aufklarte, sah ich genau östlich von der Insel etwas auf See, ob es ein Schiff unter Segel oder ein Wrack war, konnte ich auch mit meinem Glas nicht unterscheiden. Die Entfernung war zu groß und das Wetter auch noch ein wenig trüb. Aber irgendetwas war da jedenfalls draußen auf See.

Den ganzen Tag über hielt ich fleißig danach Ausschau, und bald erkannte ich, dass es sich nicht bewegte, also meinte ich, es liege vor Anker, und da ich, wie man sich vorstellen kann, äußerst begierig war, Näheres zu erfahren, nahm ich mein Gewehr zur Hand und eilte auf das Südende der Insel zu den Klippen, wo ich damals von der Strömung fortgerissen worden war. Als ich hinaufkam, konnte ich, da das Wetter jetzt völlig klar war, zu meinem großen Schmerz deutlich das Wrack eines Schiffes sehen, das in der Nacht auf jene verborgenen Klippen aufgelaufen war, die ich damals entdeckt hatte, als ich selber mit meinem Boot draußen war, und die, weil sie die Heftigkeit der Strömung gebrochen und einen Gegenstrom erzeugt hatten, eben die Ursache gewesen waren, dass ich aus der verzweifeltsten und elendesten Lage wieder gerettet wurde, in die ich in meinem Leben jemals geraten.

Was des einen Menschen Rettung, ist des anderen Untergang; denn offenbar waren diese Männer, wer sie auch sein mochten, da sie sich hier nicht auskannten und die Klippen ganz unter Wasser waren, in der Nacht, als der Wind hart aus Ost zu Ostnordost blies, auf die Klippen aufgelaufen. Hätten sie, was ich nicht glauben kann, die Insel gesehen, sie hätten sich gewiss bemüht, mit ihren Booten sich an die Küste zu retten. So aber brachte mich ihr Notschießen auf verschiedene Gedanken, besonders da ich mir einbildete, sie hätten mein Feuer gesehen. Erstlich stellte ich mir vor, dass sie beim Anblick meines Lichts in ihre Boote gestiegen seien und sich bemüht hätten, die Küste zu erreichen; da aber die See hoch ging, mussten sie wohl gekentert sein. Ein anderes Mal stellte ich mir vor, sie hätten ihr Boot schon vorher verloren, wie das oft geschieht, besonders wenn die Brecher über dem Schiff zusammenschlagen, wodurch die Mannschaft oft gezwungen wird, ihr Boot in Stücke zu hauen und es manchmal sogar mit eigenen Händen über Bord zu werfen. Dann wieder glaubte ich, sie wären in Begleitung eines oder mehrerer anderer Schiffe gefahren, welche auf ihre Notzeichen hin sie aufgenommen und mit sich geführt hätten; und wieder ein andermal bildete ich mir ein, sie wären alle in ihren Booten aufs Meer gefahren und in den großen Ozean hinausgetragen worden, wo sie nichts anderes als Elend und Tod erwartete und wo sie jetzt vielleicht schon am Verhungern wären und nahe daran, sich gegenseitig aufzufressen.

Nun, das waren lauter Mutmaßungen, und in meiner Lage blieb mir nichts anderes zu tun, als das Unglück dieser armen Männer zu betrachten und Mitleid mit ihnen zu haben, was auf mich wenigstens die gute Wirkung hatte, dass ich mehr und mehr Ursache fand, Gott zu danken, dass er mich in meinem verlassenen Zustand so glücklich und reichlich versorgt hatte und dass er von zwei Schiffsmannschaften, die bisher in diesem Teil der Welt Schiffbruch erlitten, kein Leben verschont hatte als nur das meine. Auch hieran erkannte ich wieder, wie selten uns die göttliche Vorsehung in ein so niederes Leben oder ein so großes Elend wirft, dass wir nicht noch dies oder jenes haben, wofür wir dankbar sein dürfen, und dass wir nicht andere Menschen in noch übleren Umständen sehen als uns selber.

Das traf sicher auf jene Männer zu, für deren Rettung nicht ein Gran Hoffnung mehr bestand. Nach vernünftigem Ermessen konnte man nur annehmen, dass sie alle umgekommen waren, die Möglichkeit ausgenommen, dass ein Begleitschiff sie aufgenommen hatte, und das war sehr unwahrscheinlich, denn ich sah nirgends auch nur die Spur eines solchen Schiffes.

Auch wenn ich mich noch so sehr anstrengte, könnte ich in Worten nicht ausdrücken, welch sehnliche Begierde, welch heißes Verlangen mein Herz bei diesem Anblick erfüllte, sodass es mir manchmal entfuhr: »Ach, wäre doch nur einer oder zwei, nein, ach nur ein Einziger aus dem ganzen Schiff gerettet worden und zu mir gekommen, dass ich endlich einen Gefährten hätte, einen Leidensgenossen, mit dem ich reden und umgehen könnte!« In der ganzen Zeit meines einsamen Lebens hatte ich nie eine so starke und heftige Begierde nach der Gesellschaft anderer Menschen gehegt, nie den völligen Mangel daran so sehr bedauert.

Es gibt geheime Antriebe unserer Gefühle, die, sobald sie erst einmal durch einen uns vor Augen gebrachten Gegenstand geweckt werden (oder auch durch einen Gegenstand, der uns zwar nicht vor Augen ist, aber durch die Einbildungskraft der Seele gegenwärtig wird), dann durch ihre Gewalt unsere Seele zu einem derart heftigen Verlangen nach diesem Gegenstand bewegen, dass ein Verzicht ganz unerträglich wird.

Von der Art war mein ernstlicher Wunsch, es möchte ein Einziger wenigstens mit dem Leben davongekommen sein. »Ach, wäre es doch nur ein Einziger!« Ich glaube, ich wiederholte diese Worte tausendmal: »Ach, wäre es doch nur ein Einziger!«, und mein Verlangen war so groß, dass meine Hände, wenn ich diese Worte aussprach, sich ineinander verschlangen und meine Finger sich so an meine Handflächen pressten, dass sie etwas Weiches, das ich etwa zwischen den Fingern gehabt, ohne Absicht zerdrückt hätten, und die Zähne in meinem Schädel waren so fest aufeinandergeschlagen, dass ich sie eine Zeit lang gar nicht auseinanderbrachte.

Mögen die Gelehrten diese Dinge erklären, ihre Ursachen und ihre Erscheinungen begründen; alles, was ich für sie tun kann, ist, die bloße Tatsache zu beschreiben, die mich allerdings sehr in Erstaunen versetzte, konnte ich mir doch die Sache durchaus nicht erklären. Ohne Zweifel war es die Wirkung heißer Wünsche und starker Einbildungen, die in meinem Kopf entstanden waren, als ich mir vorstellte, wie viel Trost der Umgang mit einem meiner christlichen Mitmenschen mir gegeben hätte.

Aber es sollte nicht sein; entweder mein Schicksal oder ihres oder unser aller Schicksal erlaubte es nicht, und bis ins letzte Jahr meines Aufenthalts auf der Insel erfuhr ich nicht, ob einer aus dem Schiff gerettet worden war oder nicht, und hatte nur den Schmerz, einige Tage später die Leiche eines ertrunkenen Schiffsjungen an jener Spitze der Insel zu entdecken, die dem Wrack am nächsten lag. Er hatte keine andere Kleidung an als nur eine Seemannsjoppe, ein Paar offener, leinener Kniehosen und ein Leinenhemd, nichts, woran ich hätte erkennen können, was für ein Landsmann er war. Im Seesack hatte er nichts außer zwei spanischen Goldstücken und eine Tabakspfeife, die für mich zehnmal so viel Wert hatte als das Geld.

Die See war jetzt ruhig, und ich hatte große Lust, mich in meinem Boot an das Wrack heranzuwagen, denn ich zweifelte nicht, an Bord manches Nützliche zu finden, aber das drängte mich nicht so sehr wie die stille Hoffnung, es möchte noch Leben an Bord sein, das ich nicht nur zu retten, sondern durch dessen Rettung ich auch für mich selber Trost und Beistand zu erlangen vermochte. Dieser Gedanke saß mir so fest im Herzen, dass ich Tag und Nacht nicht ruhig war, bis ich mit meinem Boot an Bord fuhr; ich vertraute mich der göttlichen Vorsehung an, denn ich fühlte einen so starken Drang in meiner Seele, dass ich ihm nicht widerstehen konnte, sondern glauben musste, er komme von einer unsichtbaren Macht und ich würde mir selber schaden, wenn ich nicht hinführe.

Unter dem Eindruck dieser Vorstellung eilte ich zu meiner Burg zurück und bereitete alles für meine Reise vor, nahm einen Vorrat an Brot, einen großen Topf mit frischem Wasser, einen Kompass zum Steuern, eine Rumflasche, denn ich hatte noch immer eine ziemliche Menge davon, und einen Korb mit Rosinen mit. Mit allem Notwendigen beladen, ging ich zu meinem Boot hinunter, goss das Wasser heraus und brachte es zu Wasser, lud meine ganze Fracht hinein und kehrte zurück, um noch mehr zu holen. Meine zweite Ladung bestand aus einem großen Beutel voll Reis, dem Schirm, den ich über meinem Kopf wegen des Schattens aufspannte, noch einem Topf voll frischem Wasser und etwa zwei Dutzend von meinen kleinen Gerstenlaiben oder -kuchen, mehr noch als vorher, nebst einer Flasche mit Ziegenmilch und einem Käse. Das alles schleppte ich mit viel Mühe und Schweiß in mein Boot; dann flehte ich zu Gott, er möge meine Reise lenken, und stieß ab, ruderte oder paddelte mit dem Kanu die Küste entlang und kam endlich an das äußerste Nordnordostende der Insel. Jetzt sollte ich in das große Weltmeer hinausstechen, und es war die Frage, ob ich es wagen wollte oder nicht. Ich blickte auf die reißenden Strömungen, die ständig an beiden Seiten der Insel in einiger Entfernung vorbeiliefen, die Erinnerung an die Gefahr, in der ich gewesen, machte mich schaudern, und ich wollte schier verzagen, da ich voraussah, dass ich, sobald ich in einen dieser beiden Ströme geriete, weit aufs Meer hinausgetrieben, vielleicht ganz außer Reich- und Sichtweite der Insel verschlagen würde, sodass ich dann, da mein Boot nur klein war, beim Aufkommen der leisesten Brise unfehlbar verloren wäre.

Derlei Gedanken bedrückten mich so sehr, dass ich mein Vorhaben schon aufgeben wollte. Ich machte mein Boot in einer schmalen Bucht am Ufer fest, sprang heraus und setzte mich auf eine kleine Bodenerhebung, nachdenklich und bekümmert, wegen meiner Reise zwischen Furcht und Verlangen schwankend. Als ich da so grübelte, bemerkte ich, dass die Gezeiten gewechselt hatten und die Flut jetzt im Kommen war, wodurch meine Abfahrt für etliche Stunden verhindert wurde. Darauf fiel mir sogleich ein, dass ich mich auf den höchsten erreichbaren Punkt begeben und, so gut es ging, beobachten sollte, in welcher Richtung die Gezeiten und die Strömungen bei auflaufender Flut verliefen, um herauszufinden, ob ich, wenn ich schon auf der einen Seite hinausgetrieben würde, nicht erwarten konnte, auf der anderen Seite mit derselben reißenden Strömung wieder zurückgetrieben zu werden. Kaum kam mir dieser Gedanke in den Sinn, fiel mir auch schon ein kleiner Hügel auf, der die See zu beiden Seiten überblickte und von dem aus ich eine deutliche Sicht auf die Richtungen der Gezeiten und Strömungen hatte und sehen konnte, wie ich den Rückweg nehmen sollte. Hier sah ich auch, dass die Strömung der Ebbe von der südlichen Spitze der Insel ihren Ausgang nahm, während die Strömung der Flut nahe an der Nordküste vorbeiging, sodass ich mich auf dem Rückweg also nur im Norden der Insel zu halten brauchte, dann konnte mir weiter nichts geschehen.

Durch meine Beobachtungen ermutigt, beschloss ich, am nächsten Morgen mit der ersten Flut hinauszufahren, und nachdem ich die Nacht über im Kanu unter den großen Wachmänteln, die ich schon beschrieben habe, geschlafen hatte, fuhr ich am Morgen aus. Anfangs steuerte ich genau nach Norden ein wenig seewärts, bis ich spürte, wie mich der nach Osten gerichtete Strom mit großer Schnelligkeit trug und mit sich riss, wenn schon nicht so schnell wie damals die südliche Strömung, sodass ich die Herrschaft über das Boot nicht verlor. Da ich mit meinem Ruder kräftig steuern konnte, fuhr ich mit kräftiger Fahrt geradewegs auf das Wrack zu, und in weniger als zwei Stunden war ich am Ziel.

Dort bot sich mir ein trauriger Anblick: Das Schiff, der Bauart nach ein spanisches, stak zwischen zwei Klippen fest. Heck und Achterdeck waren von den Wellen völlig zertrümmert, das Vorderdeck, ebenfalls in den Klippen eingekeilt, musste mit großer Gewalt darauf gestoßen sein, denn Großmast und Vordermast waren über Bord gegangen, das heißt dicht über Deck abgebrochen. Das Bugspriet war noch ganz, Gallionen und Bug schienen fest. Als ich näher herankam, erschien oben ein Hund, der bei meinem Anblick laut heulte und bellte, und als ich ihn rief, sprang er ins Wasser und schwamm auf mich zu, und ich nahm ihn, halb tot vor Hunger und Durst, ins Boot herein. Ich gab ihm ein Stück von meinem Gerstenbrot, und er schlang es hinunter wie ein reißender Wolf, der vierzehn Tage im Schnee gehungert hat. Dann gab ich dem armen Vieh frisches Wasser, das er, hätte ich ihn nur gelassen, bis zum Platzen geschlappt hätte.

Darauf stieg ich an Bord. Das Erste, was ich sah, waren zwei Ertrunkene, die in der Kombüse lagen und einander fest umschlungen hielten. Daraus schloss ich, und so war es wohl auch, dass, als das Schiff hier auflief, die See bei diesem Sturm so hoch gegangen und unablässig über das Schiff hereingebrochen sein müsse, dass die Männer es nicht länger aushalten konnten und in dem dauernden Einbruch des Wassers erstickten, nicht anders, als wären sie unter Wasser gewesen. Außer dem Hund war auf dem Schiff nichts mehr lebendig, und soviel ich sehen konnte, war die ganze Ladung vom Wasser verdorben. Tiefer unten im Laderaum lagen einige Fässer mit Flüssigkeit, ob Wein oder Branntwein, konnte ich nicht erkennen. Nachdem das Wasser bei der Ebbe abgeflossen war, konnte ich sie unten sehen, aber wegen ihrer Schwere nichts mit ihnen anfangen. Ich sah auch einige Kisten, die wohl den Matrosen gehört hatten; zwei davon schleppte ich ins Boot, ohne vorher zu prüfen, was drin war.

Wäre das Schiffsheck festgesessen und das Vorderdeck geborsten, ich bin überzeugt, dass ich dann einen guten Fang getan hätte, denn nach dem zu schließen, was ich in den beiden Kisten fand, musste das Schiff wertvolle Ladung an Bord gehabt haben, und wofern ich nach dem Kurs, den es steuerte, urteilen darf, so fuhr es wohl von Buenos Aires oder dem Río de la Plata im südlichen Teil Amerikas über Brasilien hinaus nach Havanna in den Golf von Mexiko und darauf vielleicht nach Spanien. Ohne Zweifel beherbergte das Schiff einen großen Schatz, der aber jetzt keinem Menschen mehr nützte; und wie es dem Rest der Mannschaft ergangen, wusste ich damals nicht.

Neben den beiden Kisten fand ich noch ein kleines Fass mit etwa zwanzig Gallonen Inhalt, das ich nur mit großer Mühe in mein Boot schaffte. In einer Kabine fanden sich einige Musketen und ein großes Pulverhorn mit etwa vier Pfund Pulver darin; für die Musketen hatte ich keine Verwendung, deshalb ließ ich sie liegen, aber das Pulverhorn nahm ich mit. Desgleichen nahm ich eine Feuerschaufel und eine Zange mit, Dinge, die ich dringend benötigte, ebenso zwei kleine Kupferkessel, einen kupfernen Topf, um Schokolade zu machen, und einen Bratrost; mit dieser Fracht machte ich mich, weil die Flut auflief, auf den Rückweg, und am selben Abend, etwa eine Stunde nach Einbruch der Dunkelheit, erreichte ich müde und völlig erschöpft die Insel. Die Nacht schlief ich im Boot, und am nächsten Morgen beschloss ich, die geborgenen Sachen nicht heim in meine Burg zu tragen, sondern in meinem neuen Keller zu verwahren. Nachdem ich mich ein wenig erfrischt hatte, brachte ich die Ladung an Land und begann nun, sie genauer zu untersuchen. Das Fass mit Flüssigkeit enthielt, so fand ich, eine Art Rum, aber anders, als wir ihn in Brasilien hatten, mit einem Wort, er war nicht gut. Als ich aber daran ging, die Kisten zu öffnen, fand ich einige Dinge, die mir von großem Nutzen waren: zum Beispiel in der einen Kiste einen schönen, sehr eigenartigen Flaschenkasten, der gefüllt war mit einer Sorte von feinem, vorzüglichem Magenbitter. In jede Flasche gingen etwa drei Pinten hinein, und jede hatte einen Silberbeschlag. Weiter fand ich zwei Töpfe mit kandierten Früchten in Sirup und vorzüglichem Zuckerwerk, die ebenfalls so fest verschlossen waren, dass das Salzwasser ihnen nicht hatte schaden können; dann zwei andere von der gleichen Sorte, die vom Wasser aber verdorben waren; dann einige sehr schöne Hemden, die mir höchst willkommen waren, und etwa eineinhalb Dutzend weiße Leinentaschentücher und farbige Halstücher, welche Ersteren mir auch sehr willkommen waren, weil es sehr erfrischend war, sich an einem heißen Tag das Gesicht damit zu wischen. Als ich zum Boden der Kisten gelangt war, fand ich drei große Beutel mit spanischen Dollars darin, insgesamt etwa elfhundert Goldstücke. In einem der Beutel lagen überdies, in Papier gewickelt, sechs Golddublonen und einige Goldklumpen oder -barren, die zusammen wohl gegen ein Pfund wiegen mochten.

In der zweiten Kiste fand ich einige Kleidungsstücke, die aber nicht viel wert waren. Den Umständen nach zu schließen hatten sie dem Stückmeister gehört, obwohl kein Pulver darin war, außer etwa zwei Pfund feinen, glasierten Pulvers, das in drei kleinen Flaschen abgefüllt war, wie ich vermutete, dazu gedacht, bei Gelegenheit Vogelflinten zu laden. Im Großen und Ganzen erbeutete ich auf dieser Reise nicht viel, was mir nutzen konnte. Für das Geld hatte ich schon gar keine Verwendung, es war mir so viel wie der Staub unter den Füßen, und ich hätte es alles hingegeben für drei oder vier Paar englischer Schuhe und Strümpfe, die ich notwendig gebraucht, aber nun schon seit vielen Jahren nicht an meinen Füßen gehabt hatte. Ich besaß jetzt zwei Paar Schuhe, die ich den zwei Ertrunkenen im Wrack von den Füßen gezogen hatte, und in einer der beiden Kisten fand ich auch noch zwei weitere Paare, die mir sehr willkommen waren, sie glichen aber nicht unseren englischen Schuhen, weder an Nutzen noch an Annehmlichkeit; so etwas nannten wir eher Pumps als Schuhe. In der zweiten Kiste fand ich etwa fünfzig spanische Dollar in Realen, aber kein Gold; sie hatte also, so vermutete ich, einem ärmeren Mann gehört als die andere, die wahrscheinlich einem Offizier zugehörte.

Nun, ich schleppte das Geld jedenfalls heim in meinen Keller und verwahrte es genauso wie das andere, das ich von unserem eigenen Schiff geborgen hatte. Aber es war jammerschade, so sagte ich mir, dass ich an den anderen Teil des Schiffes nicht hatte herankommen können, ich hätte sonst unfehlbar mein Kanu etliche Male mit Gold beladen, und dieses hätte hier, vorausgesetzt, ich sollte jemals nach England kommen, sicher gelegen, bis ich es mir hätte holen können.

Nachdem ich schließlich alle meine Sachen an Land gebracht und wohl verwahrt hatte, ging ich zu meinem Boot und ruderte oder paddelte damit die Küste entlang bis zu seinem alten Hafen. Dort machte ich das Boot fest und eilte auf dem kürzesten Weg zu meiner alten Wohnung, wo ich alles ruhig und wohlbehalten vorfand. Nun begann ich, mich ein wenig zu erholen, lebte wieder nach meiner alten Weise und kümmerte mich um meine Familienangelegenheiten. Eine Zeit lang ließ ich mir's gut gehen, nur war ich wachsamer als sonst, hielt öfter Ausschau und ging nicht viel aus dem Bau, und wenn ich weiter herumstreifte, so nur im östlichen Teil der Insel, wo ich ziemlich sicher sein konnte, dass die Wilden nie hinkämen, und wo ich nicht so viele Vorsichtsmaßnahmen und nicht so viele Waffen und Munition mitzuschleppen brauchte, als wenn ich in die andere Richtung ging.

In dieser Art und Weise verbrachte ich zwei weitere Jahre. Allein mein unseliger Kopf, der mich immer daran erinnerte, dass er dazu geboren war, meinen Körper ins Unglück zu stürzen, mein Kopf war diese ganzen zwei Jahre über mit Plänen und Absichten gefüllt, wie ich nach Möglichkeit von der Insel wegkommen könnte. Bisweilen plante ich eine weitere Reise zu dem Wrack, obwohl die Vernunft mir sagte, dass dort nichts mehr zu holen war, was die Gefährlichkeit einer solchen Reise lohnte. Dann plante ich bald diesen, bald jenen Streifzug, und hätte ich das Boot bei mir gehabt, mit dem ich von Salé geflohen war, ich glaube, ich hätte mich aufs Meer gewagt und wäre damit losgesegelt, wohin, das galt mir gleich.

Ich war in allen meinen Lebenslagen immer gleichsam ein Denkmal für jene, die mit der allgemeinen Seuche der Menschheit behaftet sind, aus der, wie ich wohl wissen muss, gewisslich die Hälfte allen Elends entspringt: Ich meine, dass sie mit dem Stand, in den Gott und die Natur sie gesetzt haben, nicht zufrieden sind. Ich will hier gar nicht wieder auf meinen früheren Zustand zurückkommen, den vortrefflichen Rat meines Vaters, dessen Nichtbefolgung meine Erbsünde, wie man es nennen könnte, ausmachte. Meine späteren und ganz ähnlichen Fehler bildeten entsprechend die Ursachen meiner jetzigen elenden Lage; denn hätte die Vorsehung, die mich in Brasilien einen so guten Anfang als Pflanzer hatte finden lassen, mich mit Selbstbescheidung gesegnet, und hätte ich mich mit einem schrittweisen Vorwärtskommen begnügt, ich wäre in der Zeit, die ich jetzt auf der Insel verbrachte, bereits zu einem der angesehensten Pflanzer in ganz Brasilien geworden, ja, ich bin überzeugt, ich wäre bei den großen Fortschritten, die ich in der kurzen Zeit meiner Anwesenheit dort gemacht hatte, und durch das leicht abzusehende weitere Gedeihen meiner Geschäfte, wenn ich dort geblieben wäre, bald an die hunderttausend Goldmoidores wert gewesen. Und was trieb mich denn, ein gesichertes Vermögen und eine wohlhabende Pflanzung, die ständig wuchs und sich vergrößerte, im Stich zu lassen, um als Schiffsaufseher nach Guinea zu fahren und von dort Neger zu holen, während Geduld und Zeit unser Kapital daheim so weit vermehrt hätten, dass wir die Neger vor unserer eigenen Tür denen hätten abkaufen können, deren Geschäft es eben war, sie herzuschaffen? Und hätten sie auch ein wenig mehr gekostet, so war der Preisunterschied doch in keiner Weise ein so gefährliches Sparen wert.

Aber wie solche Torheit eben gewöhnlich das Schicksal junger Heißsporne ist, so ist das Nachdenken über diese Verrücktheiten die gewöhnliche Übung der reiferen Jahre, wenn die Erfahrung teuer genug erkauft wurde. So erging es jetzt auch mir; und doch hatte dieser Fehler in meinem Gemüt so tiefe Wurzeln geschlagen, dass ich auch jetzt mich mit meiner gegenwärtigen Lage nicht zufriedengab, sondern immer auf Mittel und Wege sann, um von diesem Ort zu entfliehen. Damit der Leser nun den übrigen Teil meiner Geschichte mit umso größerem Vergnügen zu Ende bringe, mag es nicht unangebracht sein zu berichten, was ich mir über meinen törichten Fluchtplan zunächst für Vorstellungen machte und wie und mit welchem Plan ich dann handelte.

Man stelle sich vor, wie ich mich nach meiner letzten Reise zum Wrack in meine Burg zurückgezogen hatte: Meine Fregatte lag wie gewöhnlich sicher und wohlgeborgen im Hafen, und mein voriger Zustand war in etwa wiederhergestellt. Ich hatte jetzt zwar mehr Geld als zuvor, war aber darum keineswegs reicher, denn ich hatte für das Geld nicht mehr Verwendung als die Indianer in Peru vor Ankunft der Spanier.

Es war in einer dieser regnerischen Nächte im März, im vierundzwanzigsten Jahr, seit ich meinen Fuß auf diese einsame Insel gesetzt hatte; ich lag wach in meinem Bett, das heißt in meiner Hängematte, erfreute mich bester Gesundheit, hatte keine Schmerzen, keine Krankheiten, kein leibliches Unbehagen und auch kein seelisches, wenigstens nicht mehr als sonst; ich konnte aber durchaus nicht die Augen zutun, um zu schlafen, keinen Augenblick die ganze Nacht lang, es sei denn, man könnte das Folgende Schlaf nennen:

Es ist ebenso unmöglich wie nutzlos, die unzähligen Scharen von Gedanken niederzuschreiben, die zu dieser Nachtzeit auf der großen Verkehrsstraße des Gehirns, dem Gedächtnis, hin- und herschossen: Ich durchlief die ganze Geschichte meines Lebens *en miniature* oder abgekürzt, wie man es nennen könnte, bis zu meiner Ankunft auf der Insel, und dann auch den Teil meines Lebens seit der Ankunft auf der Insel. In den Betrachtungen über mein bisheriges Schicksal auf der Insel verglich ich den glücklichen Zustand während der ersten Jahre meines Hierseins mit dem Leben in Angst, Schrecken und Kummer, das ich seit der Entdeckung jener Fußspur im Sand geführt hatte; nicht dass ich glaubte, die Wilden wären vorher nie hier gewesen, sie mögen wohl zu Hunderten an den Strand gekommen sein, aber ich hatte nichts davon gewusst und hatte mich daher auch nicht daran ängstigen können. Meine Zufriedenheit war ungetrübt, obschon die Gefahr die gleiche war; in Unkenntnis der Gefahr war ich glücklich, als ob ich ihr niemals ausgesetzt gewesen wäre. Das brachte meine Gedanken auf verschiedene zweckdienliche Überlegungen, vor allem darauf, wie unendlich gütig die Vorsehung doch sei, dass sie der Wahrnehmung und dem Wissen der Menschheit so enge Grenzen gesetzt hatte. Obwohl der Mensch durch tausend Gefahren mitten hindurchgeht, deren Anblick, würden sie ihm entdeckt, sein Gemüt verwirren und seinen Mut niederdrücken musste, so bleibt er doch heiter und ruhig, weil die Ereignisse seinen Augen verborgen bleiben und er von den ihn umgebenden Gefahren nichts weiß.

Derlei Gedanken hatten mich eine Weile beschäftigt, bis ich anfing, ernsthaft über die wirkliche Gefahr nachzudenken, in der ich auf dieser Insel so viele Jahre geschwebt hatte, und wie ich in der größten Sicherheit und

Gemütsruhe dabei herumgewandert war, während vielleicht nur der Kamm eines Hügels, ein großer Baum oder die zufällig herannahende Nacht zwischen mir und dem fürchterlichsten Schicksal gestanden hatten, nämlich den Kannibalen oder Wilden in die Hände zu fallen, die mich nicht anders betrachtet hätten als ich eine Ziege oder eine Schildkröte und die sich ebenso wenig ein Gewissen daraus gemacht hätten, mich zu töten und zu verschlingen, als ich bei einer Taube oder einem Brachvogel. Ich würde mir selber Unrecht tun, wollte ich sagen, dass ich meinem mächtigen Beschützer, dessen besonderem Schutz ich alle diese mir nicht einmal bekannten Errettungen in tiefer Demut zuschrieb, nicht meinen aufrichtigsten Dank abgestattet hätte; ohne ihn wäre ich unfehlbar in die unbarmherzigen Hände der Wilden gefallen.

Als diese Gedanken vorübergezogen waren, blieb mein Kopf eine Weile damit beschäftigt, die Natur dieser erbärmlichen Kreaturen, ich meine dieser Wilden, zu betrachten und wie es doch zugehen möge, dass der weise Beherrscher aller Dinge einige seiner Geschöpfe einer solchen Unmenschlichkeit überlasse, ja einer Handlungsweise, die noch unter der der Tiere stand, nämlich ihresgleichen zu verschlingen. Aber obwohl solche Überlegungen, wenigstens damals, nur auf fruchtlose Spekulationen hinausliefen, hätte ich doch zumindest gern herausgefunden, in welchem Teil der Welt die Wilden lebten, wie weit entfernt die Küste war, von der sie herüberkamen, aus welchem Grund sie sich so weit von ihrer Heimat fortwagten, was für eine Art von Fahrzeugen sie benutzten und warum ich nicht ebenso gut imstande sein sollte hinüberzufahren, wie sie hierherzusegeln. Ich zerbrach mir keinen Augenblick den Kopf darüber, was ich tun sollte, sobald ich einmal drüben wäre, was aus mir werden wollte, wenn ich in die Hände der Wilden fiele, oder wie ich ihnen entfliehen sollte, wenn sie mir nach dem Leben trachteten. Ich dachte auch nicht daran, wie ich überhaupt die Küste erreichen konnte, ohne von dem einen oder anderen Wilden angegriffen zu werden, wo mir dann keine Möglichkeit zur Rettung blieb; und gesetzt, ich würde wirklich nicht in ihre Hände fallen, wo ich denn Nahrung hernehmen und welchen Kurs ich überhaupt steuern sollte. Alles dies fiel mir gar nicht ein, mein Kopf war wie besessen von dem *einen* Gedanken, wie ich in meinem Boot zum Festland hinüberkommen könnte. Ich betrachtete meinen gegenwärtigen Zustand als den allerelendesten, der sich denken ließ, und so, als ob mir überhaupt nichts Schlimmeres zustoßen könne als der Tod. Hatte ich nur einmal das Ufer des Festlands erreicht, so fände ich vielleicht Hilfe oder könnte die Küste entlangsegeln wie damals an der Küste Afrikas, bis ich zu einem unbewohnten Land käme und mich von da weiter durchschlagen könnte. Vielleicht begegnete ich auch einem christlichen Schiff, das mich aufnehmen könnte, und käme es wirklich zum Schlimmsten, so würde ich eben sterben und so meinem Jammer ein für alle Mal ein Ende machen. Man beachte, dass diese Gedanken die Ausgeburt eines verwirrten Gemüts und einer ungeduldigen Natur waren, welche fast zur Verzweiflung getrieben worden war durch das lange andauernde Elend und durch die Enttäuschung, die ich an Bord des Wracks hatte erleben müssen, wo ich so nahe daran gewesen war, das zu erhalten, wonach ich mich so lange gesehnt hatte: nämlich einen Menschen, mit dem ich reden konnte, und zugleich einigen Unterricht über den Ort, wo ich lebte, und über die möglichen Mittel und Wege zu meiner Rettung; diese Gedanken, sage ich, hatten mich völlig verstört. Meine Seelenruhe, meine Ergebung in den Willen der Vorsehung, meine ruhige Erwartung dessen, was der Himmel über mich beschlossen hatte, schienen mit einem Mal wie weggeblasen, und ich war nicht imstande, meine Gedanken anderswohin zu lenken als auf diesen Plan einer Reise nach dem Festland, der mich mit solcher Gewalt, mit einem so heißen Verlangen überfiel, dass ich nicht widerstehen konnte.

Nachdem diese Vorstellungen mein Gehirn zwei Stunden oder noch länger mit einer solchen Heftigkeit gemustert hatten, dass mein Blut davon in Wallung geriet und mein Puls so schnell schlug wie im Fieber, alles als Folge meiner außerordentlichen Gemütsbewegung – danach also warf mich die Natur, wie von den bloßen Vorstellungen erschöpft und ermattet, in einen tiefen Schlaf. Man möchte meinen, ich hätte von meinen Plänen auch noch geträumt; doch nicht im Geringsten, auch von nichts Ähnlichem; sondern mir träumte, ich habe eines Morgens wie gewöhnlich meine Burg verlassen, als ich am Ufer zwei Kanus und elf Wilde an Land kommen sah, die einen anderen Wilden mit sich führten, den sie umbringen und verzehren wollten. Plötzlich sei der Wilde, den sie töten wollten, ausgebrochen und um sein Leben gerannt. Und ich dachte im Schlaf, dass er auf das kleine, dichte Gehölz vor meiner Festung zugelaufen kam, um sich hier zu verstecken. Wie ich nun sah, dass er allein war und die anderen ihm nicht bis hierher gefolgt waren, zeigte ich mich ihm, lächelte ihm zu und ermutigte ihn; er kniete nieder und schien mich um Hilfe anzuflehen; darauf wies ich ihm meine Leiter, hieß ihn hinaufsteigen und führte ihn in meine Höhle, und er wurde mein Diener. Sobald ich den Burschen bei mir hatte, sagte ich zu mir selber: »Nun kann ich mich getrost aufs Festland hinüberwagen, denn dieser Bursche wird mir als Führer dienen und mir sagen, was ich tun und wo ich Nahrung suchen, welche Plätze ich dagegen aus Furcht, verschlungen zu werden, meiden sollte. Er wird mich anweisen, wohin ich gehen kann und wohin nicht.« Mit diesem Gedanken erwachte ich und hatte über die Fluchtmöglichkeiten, die mir der Traum gezeigt, eine solch unaussprechliche Freude, dass meine Enttäuschung, da ich wieder zu mir kam und fand, dass es nur ein Traum war, ebenso stark in die andere Richtung wirkte und mich in eine tiefe Mutlosigkeit warf.

Dessen ungeachtet kam ich jedoch zu dem Schluss, dass der einzige Weg, die Flucht zu wagen, für mich darin bestand, mich, wenn möglich, eines Wilden zu bemächtigen, am besten eines ihrer Gefangenen, den sie zu ihrer Mahlzeit bestimmt und zum Abschlachten hierhergebracht hatten. Doch dabei ergab sich wieder die Schwierigkeit, dass ich für mein Vorhaben den ganzen Haufen auf einmal angreifen und niedermachen musste. Und dies war nicht nur ein verzweifelter Anschlag, der leicht misslingen konnte, sondern ich hatte auch große Bedenken, ob ich zu einem derartigen Vorgehen überhaupt berechtigt wäre, und das Herz erbebte mir bei dem Gedanken an so viel Blutvergießen, sei es auch zu meiner Befreiung. Ich brauche die Einwände, die mir früher dagegen einfielen, nicht zu wiederholen, denn sie hatten sich nicht verändert. Aber obwohl ich nun noch andere Gründe vorbringen konnte, nämlich dass diese Wilden meine Todfeinde seien und mich verschlingen würden, wenn sie nur könnten, dass es im höchsten Grad Selbsterhaltung war, mich aus diesem dem Tode gleichen Leben zu erretten, und dass ich mich dabei ebenso verteidigte, als wenn sie mich wirklich angegriffen hätten, und so weiter – ich sage, obwohl das alles für mich sprach, war mir doch der Gedanke, für meine Befreiung so viel Blut vergießen zu müssen, überaus schrecklich, und ich konnte mich lange Zeit nicht damit befreunden.

Nach vielen inneren Kämpfen mit mir selber und großem Kummer über alle diese in meinem Kopf auf und ab wogenden Gedanken und Gründe bekam doch schließlich und endlich mein dringendes Verlangen nach Freiheit die Oberhand, und ich beschloss, wenn irgend möglich, einen der Wilden in meine Macht zu bekommen, koste es, was es wolle. Als Nächstes überlegte ich, wie ich's anzufangen hätte, und dazu brauchte es in der Tat viel Kopfzerbrechen. Da mir indes kein taugliches Mittel einfallen wollte, beschloss ich, ständig wachsam zu sein, um so zu bemerken, wann sie wieder an Land kämen, es im Übrigen aber dem Zufall anheimzustellen, die dem Anlass entsprechenden Maßnahmen zu ergreifen, und ansonsten dem Schicksal seinen Lauf zu lassen.

Mit diesem festen Vorsatz ging ich so oft als möglich auf Kundschaft, und zwar so oft, dass ich schließlich von Herzen genug davon hatte, denn ich lauerte schon über eineinhalb Jahre und ging die ganze Zeit über fast jeden

Tag bis zur Westspitze und zur südwestlichen Ecke der Insel, um nach Kanus Ausschau zu halten, ohne dass sich eines hätte blicken lassen. Das war ziemlich entmutigend und versetzte mich in Unruhe, obwohl ich nicht sagen könnte, dass mir deshalb, wie das früher öfter geschehen war, die Lust dazu vergangen wäre. Im Gegenteil, je länger sich's hinauszog, umso eifriger wurde ich; mit einem Wort, meine anfängliche Sorgfalt, den Anblick der Wilden und meine Entdeckung durch sie zu vermeiden, war keineswegs so groß gewesen wie jetzt meine Begierde, ihnen auf den Leib zu rücken.

Außerdem bildete ich mir ein, ich könnte einen, ja auch zwei oder drei Wilde, wenn ich sie nur erst hätte, so weit bändigen, dass sie meine Sklaven würden und alles täten, was ich ihnen befahl, und dass ich sie dennoch hindern könnte, mir jemals etwas anzutun. Lange Zeit ergötzte ich mich an dieser Vorstellung, aber nichts geschah, nichts wurde aus allen meinen Ideen und Plänen, denn lange Zeit ließ sich kein Wilder am Strand blicken.

So hatte ich anderthalb Jahre lang meine Pläne im Kopf gewälzt, und sie hatten sich durch langes Grübeln und aus Mangel an Gelegenheit, sie in die Tat umzusetzen, fast wieder in Nichts aufgelöst, da sah ich eines Morgens zu meiner großen Überraschung nicht weniger als fünf Kanus nebeneinander am Strand, alle auf meiner Seite der Insel; die dazugehörigen Menschen waren an Land gegangen und nicht zu sehen. Ihre große Anzahl störte meine Pläne, denn da ich so viele Boote sah und da mir bekannt war, dass sie immer zu viert oder zu sechst oder manchmal zu noch mehreren in einem Boot kamen, wusste ich nicht, was ich davon halten noch wie ich als Einzelner ihrer zwanzig oder dreißig angreifen sollte. So verhielt ich mich zunächst ruhig, blieb ratlos und verstimmt in meiner Burg, bereitete mich inzwischen jedoch wie vorgesehen auf einen Angriff vor und hielt mich für den Notfall zur Handlung bereit. Nachdem ich eine gute Weile gewartet und gelauscht hatte, ob sie keine Geräusche machten, wurde ich schließlich sehr ungeduldig; ich lehnte meine Flinten unten an die Leiter an und kletterte wie gewohnt in zwei Absätzen zum Gipfel des Hügels hinauf, stellte mich aber so, dass mein Kopf nicht über den Hügel hinausragte, damit sie mich ja nicht erblicken möchten. Von hier aus entdeckte ich mithilfe meines Fernglases, dass sie nicht weniger als dreißig an der Zahl waren, ein Feuer angezündet und ihre Mahlzeit bereitet hatten. Ich wusste nicht, wie sie das Fleisch gekocht hatten noch was es war; aber sie tanzten alle mit Gott weiß wie vielen barbarischen Gebärden und Figuren auf ihre Art rund um das Feuer.

Als ich so auf sie hinschaute, sah ich durch mein Perspektiv, wie zwei arme Teufel aus den Booten, wo sie anscheinend gelegen hatten, herausgezerrt und zur Schlachtbank geschleppt wurden. Einen davon sah ich sogleich zu

Boden stürzen. Er war wohl mit einem Prügel oder hölzernem Schwert niedergeschlagen worden, wie es ihre Art war, und zwei oder drei andere fielen gleich über ihn her und schnitten ihn auf für ihre Küche, während man das zweite Opfer daneben stehen ließ, bis die Reihe an ihn kam. Diesen Augenblick ersah sich der arme Mensch ein wenig Freiheit, die Natur erfüllte ihn mit Hoffnung aufs Überleben, er stürzte davon und rannte mit unglaublicher Schnelligkeit das Ufer entlang gerade auf mich zu, das heißt gegen den Teil der Küste hin, wo meine Wohnung lag.

Ich muss gestehen, dass ich furchtbar erschrak, als ich merkte, dass er auf mich zuhielt, besonders da, wie ich glaubte, der ganze Haufe hinter ihm her war. Nun sollte wohl jener Teil meines Traums in Erfüllung gehen, dass er in meinem Gehölz Zuflucht suchen wollte; nur konnte ich unter keinen Umständen damit rechnen, dass auch der Rest des Traums sich erfüllte, dass nämlich die anderen Wilden ihn nicht verfolgen und daselbst finden würden. Ich blieb, wo ich war, fasste jedoch wieder Mut, da ich sah, dass nicht mehr als drei Mann ihm folgten, und noch mehr freute es mich zu sehen, dass er ihnen im Laufen weit überlegen war und Vorsprung gewann, sodass er, wenn er's nur eine halbe Stunde aushalten konnte, ihnen leicht entkommen müsste.

Nun lief zwischen ihm und meiner Burg jener kleine Fluss, den ich im ersten Teil meiner Geschichte oft erwähnt habe, in dessen Mündung ich meine Fracht aus dem gescheiterten Schiff an Land gebracht hatte; über diesen musste er nun schwimmen, das sah ich deutlich, oder sie würden den armen Schelm fangen. Sobald der Flüchtling dort angekommen war, tat er, als wäre das gar nichts, sprang hinein, obwohl die Flut gerade hoch stand, schwamm mit etwa dreißig Stößen herüber, stieg ans Ufer und rannte mit außerordentlicher Kraft und Schnelligkeit weiter. Als die anderen drei ans Wasser kamen, merkte ich, dass nur zwei schwimmen konnten, der Dritte aber nicht, denn er blieb drüben, sah den anderen nach und ging nicht weiter, um bald darauf langsam zurückzutraben – und das war sein Glück, wie sich herausstellte.

Ich beobachtete, wie die beiden Verfolger mehr als doppelt so lange zur Überquerung des Flusses brauchten als der vor ihnen Flüchtende. Da überkam mich heiß und ganz unwiderstehlich der Gedanke, jetzt sei die Gelegenheit gekommen, einen Diener und vielleicht einen Kameraden und Gehilfen zu erwerben. Die Vorsehung schien mich deutlich zur Rettung des armen Geschöpfs zu rufen. Sogleich stieg ich in größter Eile die Leiter herunter, ergriff meine zwei Flinten, die beide am Fuß der Leiter lehnten, wie oben beschrieben, stieg sodann mit der gleichen Geschwindigkeit wieder auf den Hügel hinauf und lief in Richtung auf das Meer zu, und da es bergab ging und ich den Weg abschnitt, gelang es mir, zwischen Verfolger und Verfolgten zu kommen. Laut rief ich den Flüchtenden an. Der blickte zurück, erschrak aber anfangs vor mir ebenso sehr wie vor den anderen; ich jedoch winkte ihm mit der Hand, er möge nur zurückkommen, und ging gleichzeitig den beiden anderen entgegen. Dann stürzte ich mich plötzlich auf den vordersten und schlug ihn mit dem Schaft meiner Flinte zu Boden; ich hütete mich zu feuern, damit die anderen nichts hörten (obwohl auf diese Entfernung nicht leicht etwas zu hören war, und da sie auch den Rauch nicht sehen konnten, hätten sie wahrscheinlich nicht gewusst, was daraus machen). Als ich den Burschen niedergeschlagen hatte, blieb der andere Verfolger wie erschreckt stehen, und ich eilte rasch auf ihn zu; da ich jedoch näher kam, sah ich, wie er mit Pfeil und Bogen auf mich zielte. Ich war daher gezwungen, als Erster zu schießen, tat das auch und tötete ihn mit dem ersten Schuss. Der arme Flüchtling war stehen geblieben, und ob er gleich seine beiden Feinde fallen sehen und für tot halten musste, war er dennoch dermaßen entsetzt über Feuer und Knall meines Rohrs, dass er stocksteif stehen blieb und nicht vor- und nicht rückwärtsging, obwohl man ihm anmerken konnte, dass er mehr zum Fliehen als zum Herkommen geneigt war. Ich rief in wieder an und machte Zeichen, er möge doch näher kommen. Das verstand er und kam auch wirklich näher, blieb stehen, ging wieder ein Stück, blieb wieder stehen, und ich sah, dass er vor Angst bebte, als würde er gefangen und wie seine beiden Feinde ebenfalls getötet werden. Wieder bedeutete ich ihm, näher zu kommen, machte alle möglichen Gebärden der Ermutigung, die mir nur einfielen, und er rückte näher und näher, kniete dabei aber alle zehn oder zwölf Schritte nieder zum Zeichen der Dankbarkeit, dass ich ihm das Leben gerettet hatte. Ich lächelte ihm zu, blickte freundlich und winkte ihn noch näher heran; schließlich trat er ganz dicht zu mir, kniete wieder hin, küsste den Boden, legte seinen Kopf auf die Erde, nahm meinen Fuß und setzte ihn auf seinen Kopf. Das tat er anscheinend zum Zeichen, dass er auf ewig mein Sklave sein wollte; ich hob ihn auf, war freundlich zu ihm und ermunterte ihn, so gut ich es vermochte. Allein auf uns wartete Arbeit, denn ich bemerkte, dass der Wilde, den ich niedergeschlagen hatte, nicht tot, sondern nur vom Schlag bewusstlos war und jetzt wieder zu sich kam; ich zeigte mit der Hand auf ihn und zeigte dem Wilden an, dass sein Feind nicht tot war. Daraufhin sagte er einige Worte zu mir, die ich zwar nicht verstand, die mir aber lieblich in den Ohren klangen, waren es doch die ersten menschlichen Laute, die ich außer meinen eigenen seit mehr als fünfundzwanzig Jahren gehört hatte. Freilich war jetzt nicht Zeit für solche Betrachtungen: Der zu Boden geschlagene Wilde hatte sich so weit erholt, dass er aufrecht dasaß, und ich merkte, wie meinem Wilden langsam bang wurde. Ich sah das und richtete mein anderes Gewehr auf den Mann, so als wollte ich ihn erschießen; darauf gab mir mein Wilder, denn so will ich ihn nennen, durch Gebärden zu verstehen, ich möchte ihm doch mein Schwert leihen, das nackt von meiner Seite hing. Ich gab's ihm, und kaum hatte er es in Händen, da stürzte er sich auf seinen Feind und hieb ihm mit einem einzigen Streich so geschickt den Kopf ab, wie es kein deutscher Henker schneller und besser hätte tun können. Das kam mir seltsam vor, musste ich doch glauben, er habe nie zuvor in seinem Leben ein anderes Schwert gesehen als ihre hölzernen. Wie ich aber später erfuhr, machen sie ihre hölzernen Schwerter so scharf, so schwer, und das Holz ist so hart, dass sie einen Schädel oder einen Arm auf einen Streich abhauen können. Nachdem er das getan hatte, kam er zum Zeichen des Sieges lachend zu mir zurück und brachte mir das Schwert, das er unter vielen mir unverständlichen Gebärden zusammen mit dem Kopf des Wilden, den er getötet hatte, gerade vor meine Füße legte.

Am meisten staunte er darüber, wie ich den anderen Indianer auf solche Entfernung hatte töten können; er zeigte auf ihn und bat mich mit Gebärden, zu ihm gehen zu dürfen, was ich ihm, so gut ich konnte, wieder mit Gebärden erlaubte. Als er zu ihm hinkam, blieb er wie versteinert stehen, schaute ihn an, drehte ihn zuerst auf die eine, dann auf die andere Seite und schaute auf die Wunde, die die Kugel gemacht. Anscheinend war es ein Loch mitten in der Brust, aus der nicht viel Blut gekommen war; er musste innerlich verblutet sein, denn er war mausetot. Darauf nahm mein Wilder seine Pfeile und seinen Bogen auf und kam zurück. Ich wandte mich zum Gehen und bedeutete ihm, mir zu folgen, denn es könnten noch mehr Feinde nachkommen.

Darauf machte wieder er mir ein Zeichen, er wolle die beiden im Sand verscharren, damit die anderen sie nicht fänden, falls sie nachkämen. Ich zeigte ihm an, ich sei damit einverstanden. Er stürzte sich auf die Arbeit und hatte im Nu mit seinen Händen ein Loch in den Sand gegraben, groß genug, um den ersten darin zu vergraben, dann zerrte er ihn hinein und bedeckte ihn, und mit dem anderen tat er das Gleiche. Ich glaube, er hatte sie beide in einer Viertelstunde vergraben. Dann rief ich ihn zurück und führte ihn mit mir, aber nicht in meine Burg, sondern zu meiner Höhle am jenseitigen Ende der Insel; ich ließ also den anderen Teil des Traums, dass er nämlich in meinem Gehölz Zuflucht gesucht hätte, nicht in Erfüllung gehen. Hier gab ich ihm Brot und ein Bündel gedörrter Trauben zu essen, nebst einem Trunk

Wasser, dessen er nach seinem schnellen Lauf wirklich dringend bedurfte. Nachdem ich ihn gelabt hatte, winkte ich ihm, er möge sich hinlegen und schlafen, und zeigte dabei auf einen Platz, wo ich einen großen Haufen Reisstroh aufgeschüttet und ein Laken darübergebreitet hatte, auf dem ich selber manchmal zu schlafen pflegte; und der arme Schelm legte sich hin und fiel sogleich in Schlaf.

Er war ein hübscher, anmutiger Bursche, gut gewachsen, mit geraden, kräftigen, nicht zu groben Gliedern, groß und wohlgestalt und meiner Schätzung nach sechsundzwanzig Jahre alt. Sein Gesichtsausdruck war gutmütig, keineswegs grausam oder trotzig, sondern in seinem Gesicht lag etwas sehr Männliches, und doch hatte er auch alle Weichheit und Sanftmut eines Europäers, besonders wenn er lächelte. Sein Haar war lang und schwarz, nicht kraus und wollig, seine Stirn hoch und breit, die Augen sprühten vor Lebhaftigkeit und funkelten vor Glanz. Die Farbe seiner Haut war nicht schwarz, nur sehr dunkel, aber nicht von der hässlichen, eklig gelblichen Dunkelheit wie bei den Brasilianern und Virginiern und anderen Eingeborenen Amerikas, vielmehr von einer Art glänzendem dunklen Oliv, das etwas sehr Anmutiges hatte, sich aber nicht leicht beschreiben lässt. Das Gesicht war rund und voll, die Nase klein, aber nicht flach wie bei den Negern, der Mund sehr hübsch, schmale Lippen, gut gewachsene, schöne Zähne, weiß wie Elfenbein. Nachdem er eine halbe Stunde mehr gedöst als geschlafen hatte, wachte er auf und kam aus der Höhle zu mir heraus. Ich hatte eben meine Ziegen gemolken, die sich gerade nebenan in dem Pferch aufhielten. Als er mich erblickte, lief er auf mich zu und warf sich erneut mit allen erdenklichen Zeichen der Demut und Dankbarkeit neben meinem Fuß auf die Erde und setzte meinen anderen Fuß wieder auf seinen Kopf, wie er schon vorher getan hatte. Darauf bezeigte er mir auf jede mögliche Art seine Unterwerfung, Dienstbereitschaft und Ehrerbietung, woraus ich entnehmen sollte, dass er mir Zeit seines Lebens zu dienen bereit sei. Ich verstand ihn in vielen Dingen und ließ ihn auch merken, dass ich mit ihm zufrieden war; kurz darauf fing ich an, mit ihm zu sprechen und ihn mit mir sprechen zu lehren. Als Erstes gab ich ihm zu verstehen, sein Name solle Freitag sein, weil ich ihm an diesem Tag das Leben gerettet hatte. Ich nannte ihn so zur Erinnerung an diesen Tag; ebenso lehrte ich ihn das Wort »Herr« sagen und bedeutete ihm, das sei mein Name; desgleichen lehrte ich ihn die Worte »ja« und »nein« sagen und erklärte ihm ihre Bedeutung. Darauf gab ich ihm ein wenig Milch in einem irdenen Topf, trank vor seinen Augen davon und tunkte mein Brot ein, dann gab ich ihm ein Stück Brot, um das Gleiche zu tun; das begriff er schnell und machte mir Zeichen, dass es ihm gut schmecke.

Ich blieb die ganze Nacht mit ihm hier. Sobald es aber tagte, hieß ich ihn mit mir gehen und deutete ihm an, dass ich ihm Kleider geben wollte, worüber er sehr erfreut schien, denn er war splitternackt. Als wir an der Stelle vorbeikamen, wo er die beiden Männer eingescharrt hatte, wies er genau darauf hin, zeigte mir die Zeichen, die er gemacht hatte, um sie wiederzufinden, und riet mir durch seine Gebärden, wir sollten sie doch wieder ausgraben und essen. Hierüber zeigte ich mich nun sehr böse, drückte meinen Abscheu aus, tat so, als wollte ich mich schon bei dem bloßen Gedanken daran übergeben, und winkte ihm mit der Hand weiterzugehen, was er auch sogleich ganz unterwürfig tat. Dann führte ich ihn hinauf auf den Hügel, um zu sehen, ob seine Feinde fort wären; ich zog mein Fernglas heraus und sah deutlich den Platz, wo sie gewesen, aber keine Spur mehr von ihnen oder von ihren Booten, woraus ich schloss, sie wären abgefahren und hätten ihre zwei Kameraden im Stich gelassen, ohne weiter nach ihnen zu suchen.

Aber ich gab mich nicht zufrieden mit dieser Entdeckung, denn jetzt hatte ich mehr Mut und folglich auch mehr Neugier. Ich nahm also meinen Mann Freitag mit mir, gab ihm das Schwert in die Hand zu dem Bogen und Pfeil auf seinem Rücken, mit denen er, wie ich merkte, sehr gut umgehen konnte; dazu hieß ich ihn eine Flinte für mich tragen, zwei trug ich selber, und so marschierten wir auf den Ort zu, wo diese Kreaturen gehaust hatten, denn ich wollte jetzt mehr über sie erfahren. Doch als wir uns näherten, stockte mir das Blut in den Adern, und das Herz sank mir in der Brust bei dem grässlichen Schauspiel; es war in der Tat ein entsetzlicher Anblick, zumindest für mich, denn Freitag schien sich nichts draus zu machen: Die Stelle war übersät mit Menschenknochen, die Erde von ihrem Blut gefärbt, große Fleischfetzen lagen überall herum, halb angebissen, zerfetzt und geröstet, kurz, mit allen Anzeichen des Siegesfestes, das die Wilden nach Überwindung ihrer Feinde hier veranstaltet hatten. Ich sah drei Hirnschalen, fünf Hände, die Knochen von drei oder vier Beinen und Füßen sowie von allen übrigen Teilen des Körpers. Freitag erklärte mir durch Zeichen, dass sie vier Gefangene zum Schmaus mitgebracht hatten; drei davon wären nun verspeist, und er, dabei zeigte er auf sich selber, sei der vierte. Zwischen ihnen und dem Nachbarkönig, dessen Untertan er gewesen, hätte eine Schlacht stattgefunden, sie hätten eine große Anzahl von Gefangenen gemacht, die von ihren jeweiligen Überwindern an verschiedene Plätze gebracht worden seien, um als Festmahlzeit zu dienen, wie es eben mit denen geschehen, die diese Ungeheuer hierhergebracht hatten.

Ich hieß Freitag, alle Hirnschalen, Knochen, Fleischfetzen und was sonst noch da war, einzusammeln, auf einen Haufen zu legen, ein großes Feuer darunter zu machen und alles zu Asche zu verbrennen. Wohl sah ich, dass Freitag noch immer das Wasser im Mund zusammenlief nach diesem Fleisch und dass er seiner Natur nach noch immer der gleiche Kannibale war. Allein ich bezeugte bei dem bloßen Gedanken daran und der kleinsten Spur davon einen solchen Abscheu, dass er seinem Wunsch nicht nachzukommen wagte. Ich hatte ihn schon merken lassen, ich würde ihn über den Haufen schießen, sollte er damit anfangen.

Nach verrichteter Arbeit kehrten wir heim zu unserer Burg, und nun begann ich, meinen Freitag zu versorgen. Als Erstes gab ich ihm ein paar leinene Hosen aus der Kiste des armen Stückmeisters, die ich, wie berichtet, im Wrack gefunden hatte, und die ihm nach kleiner Änderung gut standen. Dann machte ich ihm, so gut ich konnte, eine Jacke aus Ziegenfell, ich war nämlich mittlerweile ein passabler Schneider geworden. Außerdem verehrte ich ihm noch eine Mütze, die ich aus Hasenfell gemacht hatte, sehr bequem, um nicht zu sagen elegant. Also war er für den Anfang gut eingekleidet, und er war sehr stolz darauf, ebenso gut gekleidet zu sein wie sein Herr. Am Anfang stellte er sich zwar noch recht ungeschickt an, vor allem das Hosentragen war ihm ganz ungewohnt, und die Ärmel der Jacke zwickten ihn an den Achseln und unterm Arm; doch als ich an der Stelle, über die er am meisten klagte, ein wenig nachgeholfen und er sich auch daran gewöhnt hatte, fühlte er sich recht wohl darin.

Als ich am nächsten Tag mit ihm in meine Hütte heimkehrte, überlegte ich, wo ich ihn unterbringen sollte. Damit er nun gut aufgehoben sei und nicht das Geringste zu befürchten hätte, schlug ich auf dem freien Platz zwischen den beiden Befestigungsringen, innerhalb des zweiten und außerhalb des ersten, ein kleines Zelt für ihn auf, und da man von dort aus einen Eingang oder ein Tor in meine Höhle hatte, machte ich einen richtigen Türrahmen und aus Dielen eine Tür dazu und stellte sie im Durchgang etwas innerhalb des Eingangs auf. Ich machte die Tür so, dass sie nach innen aufging, verbarrikadierte sie in der Nacht und nahm auch meine Leitern mit mir hinein, sodass Freitag auf keine Weise innerhalb meines inneren Walls gelangen konnte, ohne beim Darüberklettern so viel Lärm zu machen, dass ich davon auf jeden Fall erwachte. Mein erster Wall war nun völlig mit den langen Stangen bedeckt, die auch mein Zelt überdachten; sie waren an die Flanke des Hügels angelegt und selber wieder mit kleinen Zweigen und einer dicken Schicht Reisstroh belegt, das stark war wie Schilf; über das Loch oder die Stelle, die ich mir für meinen Ausgang mit der Leiter frei gelassen, hatte ich eine Art Falltür gelegt, die von außen, falls es jemand versucht hätte, gar nicht aufgegangen, sondern nur mit großem Getöse heruntergefallen wäre; was die Waffen angeht, so nahm ich sie des Nachts alle zu mir herein.

Aber es hätte dieser ganzen Vorsicht nicht bedurft, denn nie hatte wohl ein Mensch einen treueren, redlicheren und liebevolleren Diener als ich in Freitag. Er kannte keinen Eigensinn, keine Halsstarrigkeit noch Hinterlist, nur Freundlichkeit und Unverdrossenheit; mit seinem Gemüt hing er an mir wie ein Kind an seinem Vater, und ich darf wohl sagen, er hätte im Notfall sein Leben hingegeben, um meines zu retten. Die vielen Beweise, die er mir dafür gab, nahmen mir alle Zweifel und überzeugten mich bald, dass ich seinetwegen keine Vorsichtsmaßnahmen wegen meiner Sicherheit zu treffen brauchte.

Dies gab mir häufig Anlass zu der verwunderten Betrachtung, dass Gott, wenn es ihm auch in seiner Weisheit und in der Herrschaft über seine Schöpfung gefiel, einem so großen Teil seiner Geschöpfe den besten Gebrauch ihrer Seelenkräfte und -geschicklichkeiten vorzuenthalten, er sie doch ausgestattet hatte mit den gleichen Kräften, der gleichen Vernunft, den gleichen Leidenschaften, den gleichen Gefühlen der Sanftmut und Höflichkeit, der nämlichen Empfindung und Zurückweisung des Bösen, dem gleichen Sinn für Dankbarkeit, Aufrichtigkeit, Treue, allen den Fähigkeiten, Gutes zu tun und Gutes zu empfangen, die er uns Christen gegeben hat; und wofern es ihm gefällt, diesen Geschöpfen eine Gelegenheit zur Ausübung ihrer Neigungen zu schicken, so sind sie dazu ebenso willig, ja noch williger für den rechten Gebrauch dieser Gaben als wir. Das machte mich manchmal recht melancholisch, wenn ich bedachte, einen wie schlechten Gebrauch wir von unseren Fähigkeiten bei den verschiedenen Gelegenheiten machen, obwohl wir noch dazu erleuchtet wurden von diesem großen Licht der Erkenntnis, dem göttlichen Geist, und durch die Kenntnis seines Wortes, die uns zusätzlich zu unserer Vernunft dazu gegeben worden. Warum also hatte es Gott gefallen, die rettende Erkenntnis vor so vielen Millionen Seelen geheim zu halten, die, wenn ich nach unserem armen Wilden urteile, einen viel besseren Gebrauch als wir davon gemacht hätten?

Auf diese Weise wurde ich manchmal dazu verführt, dem freien Willen der Vorsehung allzu nahe zu treten und gleichsam die Gerechtigkeit einer so willkürlichen Ordnung der Dinge anzuzweifeln, die das Licht einigen verbarg und anderen enthüllte und doch von den beiden die gleiche Pflichterfüllung erwartete. Jedoch verstummte ich sogleich und gebot meinen Gedanken mit der Vorstellung Einhalt, dass wir erstens nicht wüssten, nach welchem Licht und Gesetz diese Geschöpfe verurteilt würden, sondern, da Gott notwendigerweise und durch die Natur seines Wesens unendlich heilig und gerecht ist, so konnte es nicht anders sein, als dass sie, wenn sie dazu verdammt würden, ihn ewig zu entbehren, doch gegen das Licht gesündigt hatten, dass, wie die Schrift sagt, in sich selber Gesetz ist, und gegen solche Gebote, die ihr eigenes Gewissen als gerecht anerkennt, wenn auch der Grund davon uns nicht geoffenbart wurde; und dass wir zweitens alle Lehm in der Hand des Töpfers sind und daher kein Gefäß zu ihm sagen kann: »Warum hast du mich so geformt?«

Aber um wieder auf meinen neuen Gefährten zurückzukommen: Ich hatte meine helle Freude an ihm, und ich bemühte mich sehr, ihn alle Dinge zu lehren, die ihn mir nützlich, geschickt und hilfreich machten. Vor allem lehrte ich ihn, zu sprechen und mich zu verstehen, wenn ich sprach, und er war der begabteste Schüler, den es jemals gab, und war vor allem so fröhlich, so fleißig und so froh, wenn er mich nur ein wenig verstehen oder mich dazu bringen konnte, ihn zu verstehen, dass es eine rechte Lust für mich war, mit ihm zu reden. Mein Leben wurde jetzt wieder so leicht und angenehm, dass ich anfing, mir selber zu sagen, wäre ich nur vor weiteren Wilden sicher, es gelte mir gleich, sollte ich auch zu meinen Lebzeiten nicht mehr von diesem Ort loskommen.

Zwei oder drei Tage nach meiner Rückkehr in die Burg dachte ich, ich sollte Freitag, um ihn von seiner gräulichen Ernährungsweise und seinem kannibalischen Geschmack abzubringen, anderes Fleisch zu kosten geben; daher nahm ich ihn eines Morgens mit mir in den Wald. Ich hatte zwar die Absicht, ein Zicklein aus meiner eigenen Herde zu schießen, allei, da ich unterwegs eine Ziege im Schatten liegen und zwei Junge danebensitzen sah, packte ich Freitag am Arm, sagte: »Halt, bleib stehen!«, und bedeutete ihm, sich nicht zu rühren; darauf legte ich mein Gewehr an und schoss eines der Jungen. Aber der arme Teufel, der zwar gesehen hatte, wie ich aus der Entfernung seinen Feind, den Wilden, getötet hatte, aber nicht begriff und sich nicht vorstellen konnte, wie es zugegangen, war sehr bestürzt, zitterte und bebte und schaute so erschrocken drein, dass ich dachte, er würde umfallen. Er hatte das Kitzlein nicht gesehen, auf das ich schoss, hatte auch nicht bemerkt, dass ich's getötet hatte, sondern riss sein Wams auf, um zu fühlen, ob er nicht verwundet sei, und war offenbar völlig überzeugt, ich wollte ihn umbringen, denn er kam zu mir und kniete nieder und umschlang meine Knie und sagte eine Menge Sachen, die ich nicht verstand, aber ich konnte wohl sehen, dass er mich bat, ihn zu verschonen.

Es gelang mir bald, ihn zu überzeugen, dass ich ihm nichts antun wollte. Ich nahm ihn bei der Hand, lachte ihm zu, zeigte auf das getötete Kitz und bedeutete ihm, hinzulaufen und es zu holen. Er ging hin, und während er sich noch wunderte und hin- und herschaute, wie ich das Tier wohl getötet hatte, lud ich meine Flinte wieder und erblickte gleich darauf einen großen Vogel, einem Habicht ähnlich, der in Schussweite auf einem Baum saß. Damit Freitag also nun ein wenig begriff, was ich tat, rief ich ihn wieder zu mir, zeigte auf den Vogel, der in Wirklichkeit ein Papagei war, obwohl ich ihn für einen Habicht gehalten hatte, zeigte also auf den Papagei und auf meine Flinte, dann auf den Boden unterhalb des Papageis, um ihm begreiflich zu machen, dass ich den Vogel herunterschießen und töten würde. Dann gab ich Feuer und hieß ihn achtgeben, und sofort als er den Papagei herunterfallen sah, stand er wieder ganz erschrocken da, ohne darauf zu achten, was ich gesagt hatte. Er wunderte sich besonders darüber, dass er mich nichts in die Flinte hatte hineinstecken sehen, daher dachte er, es müsse ein wunderbares, Tod und Vernichtung sprühendes Wesen darin sein, das Menschen, Tiere, Vögel, alles in der Nähe und in der Weite treffen und töten könnte, und von der Bestürzung darüber konnte er sich lange nicht erholen. Wenn ich ihn gelassen hätte, ich glaube, er hätte mich und meine Flinte angebetet. Das Gewehr wollte er noch Tage später nicht einmal anrühren, aber wenn er allein war, so sprach er zu ihm und redete auf das Gewehr ein, was jedoch, wie er mir später gestand, nur eine Bitte an das Gewehr war, ihn nicht zu töten.

Nachdem der erste Schrecken vorbei war, hieß ich ihn laufen und den geschossenen Vogel holen. Er tat's, blieb aber eine Weile aus, denn der Papagei, der nicht völlig tot war, war von der Stelle, wohin er gefallen war, noch ein gutes Stück weggeflattert. Freitag fand ihn jedoch, hob ihn auf und brachte ihn zu mir, und weil ich seine Unwissenheit wegen des Gewehrs vorher bemerkt hatte, nutzte ich die Gelegenheit, die Flinte wieder zu laden und ihn nicht zusehen zu lassen, um für ein sich bietendes Ziel schussfertig zu sein, aber es zeigte sich nichts. So nahm ich schließlich das Zicklein heim, streifte ihm am Abend das Fell ab und zerlegte es, so gut ich konnte, und da ich für diesen Zweck einen Topf hatte, kochte oder dünstete ich etwas von dem Fleisch und machte eine sehr gute Brühe daraus. Nachdem ich zu essen angefangen hatte, gab ich meinem Mann etwas; er zeigte sich erfreut darüber, und es schien ihm zu schmecken. Aber es befremdete ihn sehr, mich Salz dazu essen zu sehen; er deutete mir durch Zeichen, dass Salz nicht gut zu essen sei, steckte etwas Salz in seinen Mund und tat, als ekelte ihm davor, spie es aus und spuckte darauf und spülte seinen Mund danach mit frischem Wasser aus. Dagegen nahm ich etwas Fleisch, aber ohne Salz, in den Mund und tat, als spie ich es aus und spuckte darauf aus wegen Mangel an Salz, so wie er wegen des Salzes getan hatte. Aber es nützte nichts, er wollte sein

Fleisch oder seine Suppe nie salzen, wenigstens noch eine lange Zeit nicht und auch später nur wenig.

Nachdem ich ihn so mit gekochtem Fleisch und mit Brühe gefüttert hatte, beschloss ich, ihn den nächsten Tagen mit einem Stück Kitzbraten zu traktieren. Zu diesem Zweck hängte ich das Fleisch auf einem Strick vor das Feuer, wie ich bei manchen Leuten in England gesehen hatte, steckte auf jeder Seite des Feuers einen Stecken in die Erde, legte oben einen anderen quer darüber und knüpfte den Strick an diesen obersten Querstecken, sodass das Fleisch sich ständig drehte. Freitag bewunderte das sehr; als er das Fleisch aber erst gekostet hatte, zeigte er mir auf so viele Arten seinen Beifall, dass ich nicht umhinkonnte, ihn zu verstehen; schließlich sagte er, er wolle nie wieder Menschenfleisch essen, was ich mit Freuden hörte.

Am nächsten Tag trug ich ihm Arbeit auf, ließ ihn etwas Korn ausklopfen und nach meiner Art reitern, wie ich das zuvor schon beschrieben habe, und er war darin bald ebenso geschickt wie ich, besonders nachdem er den Zweck der Verrichtung erkannt hatte, dass beides nämlich zum Brotbacken diente. Nachdem ich ihn beim Brotmachen und auch beim Backen hatte zuschauen lassen, war Freitag in kurzer Zeit fähig, die ganze Arbeit für mich zu tun, und er tat es so gut wie ich selber.

Jetzt fing ich zu überlegen an, dass ich, da ich nun zwei Mäuler zu stopfen hätte statt einem, auch mehr Boden für meine Ernte bereiten und eine größere Menge Korn säen musste als bisher. Ich steckte also ein größeres Grundstück ab und begann, den Zaun auf die gleiche Art zu bauen wie früher, und Freitag arbeitete nicht nur sehr willig und tüchtig mit mir, sondern auch sehr vergnügt. Ich sagte ihm, es geschehe, um mehr Brot zu machen, weil er nun bei mir war und damit wir genug für uns beide hätten. Darüber zeigte er sich sehr gerührt und gab mir zu verstehen, er glaube, ich hätte seinetwegen viel mehr Mühe als meinetwegen; er wolle umso mehr für mich arbeiten, ich möge ihm nur befehlen.

Dies war das angenehmste Jahr von allen, die ich an diesem Ort verbrachte; Freitag konnte bald recht gut sprechen, er kannte die Namen von fast allen Dingen, die ich brauchte, und von jedem Ort, an den ich ihn senden konnte; er schwatzte auch viel mit mir, sodass ich, kurz gesagt, nun wieder etwas Verwendung für meine Zunge hatte, die beinahe schon rostig geworden war. Neben dem Vergnügen, mit ihm zu reden, hatte ich auch meine Freude an dem Burschen selber; seine einfache, unverstellte Aufrichtigkeit offenbarte sich mir von Tag zu Tag deutlicher, und ich gewann ihn richtig lieb, und auch ihm, glaube ich, war ich lieber als jemals ein anderes Geschöpf in seinem ganzen Leben.

Eines Tages wollte ich ihn auf die Probe stellen, ob er wohl eine große Sehnsucht nach seiner Heimat hätte, und da ich ihm so gut Englisch beigebracht hatte, dass er fast jede Frage beantworten konnte, fragte ich ihn, ob das Volk, zu dem er gehörte, denn niemals in einem Kampf obsiege. Darauf lächelte er und sagte: »O ja, wir kämpfen immer die Besseren.« Damit wollte er sagen, dass sie in jedem Kampf Sieger blieben; und so entwickelte sich das folgende Gespräch: »Ihr bleibt immer Sieger«, sagte ich, »wie kommt's dann, dass du gefangen wurdest?«

Freitag. Mein Volk schlägt sehr, für alles das.

Herr. Wieso schlägt? Wenn dein Volk sie schlägt, warum wurdest du dann gefangen?

Freitag. Sie viel mehr als mein Volk, an dem Ort, wo ich bin. Sie nehmen eins, zwei, drei, vier und mich. Mein Volk schlägt sie auf anderem Ort, wo ich nicht bin; dort mein Volk nehmen eins, zwei, viel Tausend.

Herr. Aber warum haben dann deine Leute dich nicht aus den Händen der Feinde gerettet?

Freitag. Sie schleppen ein, zwei, drei und mich und machen gehen in Kanu; mein Volk hat nicht Kanu dann.

Herr. Gut, Freitag, und was macht dein Volk mit seinen Gefangenen, schleppen sie sie fort und essen sie, wie die anderen es taten?

Freitag. Ja, mein Volk isst auch Menschen, isst alle auf.

Herr. Wo schleppen sie sie hin?

Freitag. Dort, wo sie wollen.

Herr. Kommen sie auch hierher?

Freitag. Ja, ja, kommen auch hierher, kommen anderer Ort.

Herr. Warst du mit ihnen hier?

Freitag. Ja, ich war hier. (Er zeigte auf die nordwestliche Seite der Insel, die anscheinend ihre Seite war.)

Daraus entnahm ich also, dass mein Mann Freitag früher unter den Wilden gewesen, die an dem jenseitigen Teil der Insel zu landen pflegten, um die gleichen menschenfresserischen Mahlzeiten abzuhalten, deretwegen auch er hergebracht worden war. Und einige Zeit später, als ich mir ein Herz fasste und ihn auf die andere Inselseite führte, die ich vorher erwähnt habe, da erkannte er die Stelle und erzählte mir, er sei einmal hier gewesen, als sie zwanzig Männer, zwei Frauen und ein Kind aufgegessen hätten; er konnte nicht auf Englisch bis zwanzig zählen, darum legte er entsprechend viele Steine in eine Reihe und ließ mich zählen.

Ich gebe unser Gespräch deshalb hier wieder, weil es eine Überleitung zu den folgenden Begebenheiten bildet. Nachdem ich das Gespräch mit ihm geführt hatte, fragte ich ihn, wie weit es von unserer Insel zur Küste sei und ob nicht viele Kanus zugrunde gingen. Er sagte mir, es bestehe keine Gefahr und kein Kanu sei jemals zugrunde gegangen; nur gebe es ein wenig weiter draußen auf dem Meer eine Strömung und immer Wind, am Morgen in die eine Richtung, am Nachmittag in die andere.

Ich glaubte zuerst, er meinte die Strömungen der Gezeiten, das Auflaufen und Abfließen des Wassers. Später aber wurde mir klar, dass sie von der großen Mündungsströmung des mächtigen Flusses Orinoko verursacht wurde, in dessen Mündung oder Golf, wie ich später erfuhr, unsere Insel lag. Das Land, das ich im Westen und Nordwesten erblickte, war die große Insel Trinidad, die im Norden der Strommündung lag. Ich stellte Freitag tausend Fragen, über das Land, die Bewohner, die See, die Küste und was für Völkerstämme dort lebten. Er erzählte mir alles, was er wusste, und mit der größten Offenheit, die sich nur denken lässt. Ich fragte ihn um die Namen verschiedener Völker von seiner Rasse, erfuhr aber nur den Namen: »Karibs«, woraus ich leicht schloss, es seien die Kariben gemeint, die nach unseren Landkarten von der Mündung des Orinokoflusses bis nach Guayana und weiter bis St. Marta leben. Er erzählte mir auch, dass weit über den Mond hinaus, das hieß wohl, wo der Mond untergeht, also im Westen seines Landes, weiße, bärtige Männer wie ich lebten, und er zeigte auf meinen großen Schnauzbart, dessen ich schon früher gedacht habe. Sie hätten »viel Mann« erschlagen, so sagte er; daraus entnahm ich, dass er die Spanier meinte, deren Grausamkeiten in Amerika damals in allen Ländern berüchtigt waren und überall vom Vater auf den Sohn weiter überliefert wurden.

Als ich ihn fragte, wie ich von der Insel fort und zu diesen weißen Männern gelangen könnte, sagte er mir, ja, ja, ich sollte in »zwei Kanu« fahren; ich verstand nicht, was er meinte, und konnte ihn auch nicht dazu bringen, mir zu beschreiben, was er mit »zwei Kanu« meinte, bis ich schließlich mit viel Mühe begriff, er meinte ein großes Boot, so groß wie zwei Kanus.

Dieser Teil meiner Unterhaltung mit Freitag freute mich sehr, und von da an hegte ich wieder einige Hoffnung, ich möchte über kurz oder lang eine Gelegenheit finden, von dieser Insel zu entkommen, und der arme Wilde möchte mir dabei gute Dienste leisten.

In der langen Zeit, die Freitag nun bei mir war und zu sprechen und mich zu verstehen gelernt hatte, hatte ich nicht versäumt, den Grund für die Erkenntnis Gottes in ihm zu legen. So fragte ich ihn einmal, wer ihn gemacht habe. Der arme Tropf verstand mich gar nicht, sondern glaubte, ich hätte ihn nach seinem Vater gefragt. Da griff ich's von einer anderen Seite an und fragte ihn, wer die See gemacht hatte, die Erde, über die wir gingen, die Hügel und die Wälder; er sagte, das sei der alte Benamucki, der über allem herrsche. Er konnte über diese große Persönlichkeit nichts anderes sagen, als dass sie sehr alt sei; viel älter, sagte er, als die See oder das Land, als der Mond oder die Sterne. Dann fragte ich ihn, wenn dieser alte Mann alle Dinge gemacht habe, warum dann nicht alle Dinge ihn verehrten. Darauf blickte er sehr ernsthaft und versetzte mit einem ganz unschuldigen Gesicht: »Alle Dinge sagen ›Oh‹ zu ihm.« Ich fragte ihn, ob die Leute, die in seiner Heimat starben, irgendwo hingingen. Ja, sagte er, sie gingen alle zu Benamucki; dann fragte ich ihn, ob die, die sie auffräßen, auch zu ihm gingen; ja, sagte er.

Von da an begann ich, ihn in der Erkenntnis des wahren Gottes zu unterweisen. Ich sagte ihm, dass der große Schöpfer aller Dinge hier oben lebe, und zeigte in den Himmel; dass er die Welt regiere mit derselben Kraft und Weisheit, mit der er sie erschaffen hatte; dass er allmächtig war, alles für uns tun konnte, alles von uns nehmen konnte; und so öffnete ich ihm nach und nach die Augen. Er lauschte mit großer Aufmerksamkeit und nahm es freudig auf, als ich von Jesu Christo sprach, der gesandt war, um uns zu erlösen, und wie wir zu Gott beten sollten und er uns erhören könne, sogar da oben im Himmel. Eines Tages sagte er zu mir, dass unser Gott, der uns noch hinter der Sonne hören konnte, viel größer sein musste als ihr Benamucki, der nur ein Stück weiter lebe und nichts hören könne, wenn man nicht auf die drei großen Berge klettere, wo er wohnte, um mit ihm zu sprechen. Ich fragte ihn, ob er jemals dahin gegangen sei, um mit ihm zu sprechen; nein, sagte er, junge Männer gingen niemals zu ihm, keiner ging hin außer den alten Männern, die er Oowokaki nannte, ihre Geistlichen oder Priester, wie er's mir erklärte, und sie gingen hin, um Oh zu sagen (so nannte er ihr Beten), und dann kamen sie wieder zurück und berichteten, was Benamucki gesagt hatte. Daraus ersah ich, dass auch unter den blindesten und unwissendsten Heiden auf der ganzen Welt die Pfaffenlist regiert und dass der schlaue Kniff, einen Geheimkult einzurichten, um der Geistlichkeit die Verehrung des Volkes zu erhalten, nicht nur in der römischen Religion, sondern vielleicht bei allen Religionen der Erde zu finden ist, sogar bei den barbarischsten und viehischsten Wilden.

Ich bemühte mich, meinem Mann Freitag diesen Betrug vor Augen zu führen, und sagte ihm, die Vorspiegelung der alten Männer, in die Berge zu gehen und ihrem Gott Benamucki Oh zu sagen, wäre der reine Schwindel, und seine Worte, die sie von dort mitbrachten, erst recht; bekämen sie aber wirklich eine Antwort oder sprächen sie dort mit irgendjemand, so müsste das ein böser Geist sein. Darauf begann ich ein langes Gespräch mit ihm über den Teufel, seinen Ursprung, seine Rebellionen gegen Gott, seine Feindschaft mit den Menschen, die Ursache davon und wie er sich im finsteren Teil der Welt eingerichtet hatte und sich dort anstelle des wahren Gottes als einen Gott anbeten ließ; ich sprach von den vielen Listen und Ränken, die er anwendet, um die Menschheit ins Verderben zu stürzen, von seinem heimlichen Zugang zu unseren Neigungen, Begierden und Leidenschaften und wie er seine Fallen unseren Neigungen so anpassen kann, dass wir zu unseren eigenen Verführern werden und aus eigener Wahl in unser Verderben rennen.

Ich fand es schwieriger, seinem Gemüt den rechten Begriff des Teufels einzuprägen als den rechten Begriff vom Dasein eines Gottes. Die Natur selber half mir bei meiner Beweisführung, sobald ich ihm die Notwendigkeit einer großen ersten Ursache, einer unumschränkten obersten Herrschaft dartat, einer heimlich lenkenden Vorsehung und wie es nur billig und recht sei, ihm, der uns gemacht, Ehrfurcht zu erweisen usw. Aber nichts dergleichen fand sich bei der Lehre von einem bösen Geist, von seinem Ursprung, seinem Wesen und seiner Natur und vor allem seiner Neigung, Böses zu tun und uns dazu zu verleiten. Der arme Mensch trieb mich einmal durch eine natürliche und ganz unschuldige Frage so in die Enge, dass ich kaum wusste, was ich ihm antworten sollte. Ich hatte ihm viel von der Gewalt Gottes gesprochen, von seiner Allmacht, seinem Abscheu vor der Sünde, wie er den Missetätern ein verzehrendes Feuer ist, wie er, der uns alle geschaffen hatte, uns und die ganze Welt auch in einem Augenblick zerstören konnte; und Freitag hörte mir die ganze Zeit über mit großem Ernst zu.

Darauf erklärte ich ihm, wie der Teufel ein Feind Gottes in den Herzen der Menschen sei und wie er alle Bosheit und List anwende, um die guten Absichten der Vorsehung zu stören und das Reich Christi auf dieser Welt zu vernichten; und so weiter. »Gut«, sagte Freitag, »aber du sagst, Gott ist so stark, so groß, ist er nicht viel stark, viel Macht als Teufel?« – »Ja, ja«, sagte ich, »Freitag, Gott ist stärker als der Teufel, Gott ist über dem Teufel, und deshalb beten wir zu Gott, er möge ihn unter seine Füße treten und uns stärken, damit wir seinen Versuchungen widerstehen und seine feurigen Pfeile löschen.« – »Aber«, sagte er darauf, »wenn Gott viel stark, viel Macht als Teufel, warum Gott tötet nicht Teufel, damit nichts Böses mehr tut?« Über diese Frage war ich seltsam überrascht, schließlich war ich zwar ein reifer Mann, aber ein junger Theologe und nicht erzogen, um einen Kasuisten oder einen gewiegten Auflöser von so kniffligen Fragen abzugeben. Zuerst wusste ich gar nicht, was ich sagen sollte, ich tat, als hätte ich ihn nicht verstanden, und fragte ihn, was er gesagt habe. Aber Freitag war zu begierig auf eine Antwort, um die Frage zu vergessen; er wiederholte sie also in der gleichen gebrochenen Sprache wie oben. Inzwischen hatte ich mich ein wenig gefangen und sagte: »Gott wird ihn zuletzt gründlich strafen; er wird fürs Jüngste Gericht bewahrt und wird dann in den bodenlosen Abgrund geworfen und zum ewigen Feuer verdammt.« Doch damit war Freitag nicht zufrieden, sondern er wandte sich zu mir, wiederholte meine Worte und sagte: »Zuletzt vorbehalten! Verstehe ich nicht. Aber warum den Teufel nicht jetzt töten, nicht viel früher?« – »Ebenso gut kannst du mich fragen«, sagte ich, »warum Gott nicht dich und mich tötet, wenn wir ihn hier mit Missetaten beleidigen. Wir bleiben aber verschont, damit wir bereuen und damit uns vergeben wird.« Darauf grübelte er ein wenig. »Gut, gut«, sagte er wieder, sehr bewegt, »das ist gut: So du, ich, Teufel, alle böse, alle verschont, bereuen, Gott vergibt allen.« Da hatte er mich wieder ganz aus dem Konzept gebracht, und ich ersah daraus, wie das bloß natürliche Denken vernünftige Wesen zwar zu der Erkenntnis Gottes führt und sie die dem höchsten Wesen, nämlich Gott, schuldige Unterwerfung und Anbetung lehrt, dass aber nichts als nur die göttliche Offenbarung einem die Erkenntnis Jesu Christi gibt, als unserem Erlöser und Mittler des neuen Bundes und als unserem Fürsprecher vor Gottes Thron. Ich sage, nichts als nur eine Offenbarung vom Himmel kann das in unserer Seele erwecken, und daher sind das Evangelium von unserem Herrn und Heiland Jesus Christus, ich meine das Wort Gottes, und der Heilige Geist, der als Führer und Heiligmacher seinem Volk verheißen ist, die unentbehrlichen und notwendigen Lehrer der menschlichen Seele, die allein sie in der allein selig machenden Erkenntnis Gottes und in den Heilsmitteln zu unterweisen vermögen.

Ich brach deshalb das gegenwärtige Gespräch zwischen mir und meinem Diener ab und erhob mich hastig, als wollte ich schnell hinausgehen. Dann schickte ich ihn wegen irgendetwas ein gutes Stück weg und betete ernstlich zu Gott, er möchte mich fähig machen, diesen armen Wilden gründlich und heilsam zu unterweisen, er möge diesem unwissenden Geschöpf den Beistand seines Geistes verleihen, damit er das Licht der Erkenntnis Gottes in Christo annehme und sich mit ihm versöhne; er möge meine Zunge lenken, ihm so von Wort Gottes zu reden, dass sein Gewissen überzeugt, seine Augen geöffnet und seine Seele gerettet würden. Als er wieder zurückkam, begann ich eine lange Unterhaltung über die Erlösung der Menschheit durch den Heiland der Welt, über die Lehre des Evangeliums, die vom Himmel gekommen, nämlich Buße zu tun und an unseren Herrn Jesum Christum zu glauben. Darauf erklärte ich ihm, so gut ich konnte, warum unser gesegneter Erlöser nicht die Natur der Engel, sondern den Samen Abrahams angenommen und weshalb aus diesem Grund die gefallenen Engel der Erlösung nicht teilhaftig würden, dass er nur gekommen sei zur Rettung für die verlorenen Schafe aus dem Hause Israel und so weiter.

Gott weiß, dass ich mehr guten Willen als Wissen hatte bei allem, was ich zu des armen Menschen Unterweisung begann, und ich muss bekennen, dass ich, wie wahrscheinlich alle, die auf solchem Grund ihre Unterweisung aufbauen, sehr bald fand, wie ich durch deutliche Erklärung der Dinge in Wahrheit mich selber bildete und lehrte in vielen Dingen, die ich entweder vorher nicht gewusst oder bis dahin nicht überlegt hatte, die mir aber jetzt, da ich mich zur Unterrichtung des armen Wilden darein vertiefte, ganz von selber in den Sinn kamen. Ich hatte danach auch viel mehr Liebe, mich in solche Beteuerungen zu versenken, als jemals zuvor, darum hatte ich wohl, mochte der arme wilde Schelm mir sonst von Nutzen sein oder nicht, in jedem Falle große Ursache, für seine Ankunft dankbar zu sein. Mein Kummer wurde mir leichter, meine Wohnung wurde mir überaus angenehm und vergnüglich, und wenn ich überlegte, dass ich in diesem einsamen Leben, auf das ich beschränkt war, nicht nur dazu bekehrt worden war, zum Himmel aufzublicken und nach der Hand zu suchen, die mich hierhergebracht hatte, sondern nun von der Vorsehung auch noch zum Instrument auserwählt war, das Leben und, soviel ich sehen konnte, auch die Seele dieses armen Wilden zu retten und ihm einen wahren Begriff von der Religion und der christlichen Lehre beizubringen, damit er Jesum Christum erkennen möchte, in dem das ewige Leben ist – ich sage, wenn ich all das überlegte, durchdrang eine heimliche Freude meine ganze Seele, und ich frohlockte jetzt mehr als einmal darüber, dass ich an diesen Ort geraten war, was ich doch früher so oft für das schlimmste Unglück gehalten hatte, das mich je hätte befallen können.

In so dankbarer Stimmung brachte ich meine ganze Zeit zu, und der Umgang mit Freitag war derart, dass die drei Jahre, die wir hier zusammen verbrachten, uns in ungetrübtem Glück vergingen, wenn so etwas wie ein vollkommenes Glück auf Erden überhaupt möglich ist. Der Wilde war nun ein guter Christ geworden, ein besserer als ich, ob ich gleich Ursache habe, zu hoffen und Gott dafür zu danken, dass wir beide in gleichem Grad bußfertig waren und in gleichem Grad den Trost der Bußfertigen genossen. Wir hatten das Wort Gottes bei uns zum Lesen, und sein Geist war zu unserer Belehrung nicht weiter entfernt, als wenn wir in England gewesen wären.

Ich las ihm viel aus der Bibel vor und bemühte mich immer, so gut ich konnte, ihm den Sinn dessen zu erklären, was ich gelesen hatte; und er wieder machte mich durch sein ernsthaftes Fragen und Forschen, wie ich schon früher sagte, zu einem viel besseren Schriftgelehrten, als ich je durch mein eigenes Lesen geworden wäre. Noch etwas anderes muss ich aus der Erfahrung dieses meines zurückgezogenen Lebens berichten, was für eine unendliche und unaussprechliche Gnade es nämlich ist, dass die Erkenntnis Gottes und die Lehre von der Erlösung durch unsern Heiland Jesus Christus so deutlich in der Schrift aufgezeichnet ist, so leicht aufgenommen und verstanden werden kann, dass das bloße Lesen der Schrift mich schon befähigt hatte, meine Pflicht zu begreifen, mich gerade an das große Werk der tiefen Reue über meine Sünden zu machen und im Vertrauen auf unseren Heiland für dieses und das ewige Leben unablässig an meiner Besserung zu arbeiten und Gottes Geboten zu folgen, und das begriff ohne jeden Lehrer oder Vormund – ohne einen menschlichen, meine ich. Derselbe einfache Unterricht war völlig genügend, um dieses wilde Geschöpf zu erleuchten und ihn zu einem solchen Christen zu machen, wie ich nur wenige in meinem Leben kennengelernt habe.

Aller Disput, Zank, Streit und Hader, der sich in der Welt um der Religion willen erhoben hatte, alle die Spitzfindigkeiten der Doktrinen oder Kirchenordnungen waren völlig nutzlos für uns wie auch, soviel ich sehen kann, für die ganze Welt. Wir hatten den sichersten Führer in den Himmel, nämlich Gottes Wort, und wir hatten, Gott sei gelobt, den tröstlichen Zuspruch des Heiligen Geistes, der uns durch sein Wort lehrte und unterwies, uns zur Wahrheit führte und uns beide gehorsam und willig machte, sein Wort aufzunehmen; und ich kann nicht verstehen, was uns das größte Wissen über die verschiedenen religiösen Streitpunkte, das in der Welt so viel Verwirrung anrichtet, genutzt hätte, auch wenn wir dieses Wissen hätten erlangen können; doch ich will jetzt wieder in meiner Geschichte fortfahren und alles der Reihe nach berichten.

Nachdem Freitag und ich uns besser kennengelernt hatten, er schon fast alles verstand, was ich zu ihm sagte, und fließend, wenn auch in gebrochenem Englisch, mit mir sprach, erzählte ich ihm meine eigene Geschichte, oder wenigstens das, was sich auf meine Ankunft an diesem Ort bezog, und wie und seit wann ich hier lebte. Ich offenbarte ihm das Geheimnis, denn das war es für ihn, von Pulver und Kugel, und lehrte ihn schießen; ich gab ihm ein Messer, wovon er ganz begeistert war, und ich machte ihm einen Gürtel mit einer Säbeltasche daran, wie wir sie in England für die Hirschfänger haben, und dahinein steckte ich ihm anstatt eines Hirschfängers ein Beil, das nicht nur bei manchen Gelegenheiten als Waffe, sondern auch zu anderen Dingen sehr nützlich war.

Ich beschrieb ihm Europa und im Besonderen England, wo ich herkam; wie wir dort lebten, wie wir den Gottesdienst hielten, wie wir miteinander umgingen und wie wir auf Schiffen in allen Teilen der Welt Handel trieben. Ich erzählte ihm von dem Wrack, auf dem ich gewesen, und führte ihn so nahe als möglich an die Stelle heran, wo es lag; es war inzwischen freilich längst völlig geborsten und untergegangen.

Ich zeigte ihm auch die Trümmer von dem Boot, das wir bei unserem Rettungsversuch verloren hatten und das ich damals mit meiner ganzen Kraft nicht hatte bewegen können; jetzt war es schon ganz zerfallen. Als Freitag dieses Boot sah, stand er eine Weile in Gedanken versunken da und sagte gar nichts; ich fragte ihn, worüber er nachdenke; schließlich sagte er: »Ich sehen, wie diese Boot kommen an Ort, wo mein Volk.«

Längere Zeit verstand ich gar nichts; aber als ich weiter in ihn drang, begriff ich, dass ein Boot wie dieses von der Strömung des Wassers, wie er erklärte, in seinem Land ans Ufer getrieben worden war. Sogleich dachte ich, dass irgendein europäisches Schiff an ihrer Küste gestrandet sein müsse, das Boot aber losgerissen und an den Strand getrieben wäre. Ich war aber so dumm, dass ich nicht einmal daran dachte, es könnten Menschen aus jenem Wrack sich darauf gerettet haben; noch viel weniger daran, was aus ihnen geworden sein möchte; also fragte ich ihn nur, wie denn das Boot ausgesehen habe.

Freitag beschrieb mir das Boot sehr genau, aber erst als er mit Wärme hinzufügte: »Wir retten die weißen Mann von Ertrinken«, ging mir ein Licht auf. Sofort fragte ich ihn, ob denn weiße Mann, wie er sie nannte, im Boot gewesen seien. »Ja«, sagte er, »das Boot voll weiße Mann.« Ich fragte ihn, wie viele es gewesen seien; da zählte er an den Fingern siebzehn auf. Ich fragte ihn, was aus ihnen geworden sei; er sagte: »Sie leben, sie wohnen mit mein Volk.«

Das brachte mich auf ganz neue Gedanken, denn ich dachte sofort, sie könnten Leute von dem Schiff sein, das an meiner Insel, wie ich sie jetzt nannte, gestrandet war, und die, nachdem das Schiff auf die Klippen geworfen wurde und sie sahen, dass sie hier sicher verloren wären, sich in ihrem Boot gerettet hatten und an der öden Küste bei den Wilden gelandet waren.

Darauf fragte ich ihn noch eindringlicher, was aus ihnen geworden wäre. Er versicherte mir, dass sie bei ihnen lebten; dass sie nun gegen vier Jahre dort verbracht hätten; dass die Wilden sie allein ließen und ihnen zu essen gäben. Ich fragte ihn, wie es denn käme, dass sie sie nicht getötet und aufgefressen hätten. Er sagte: »Nein, sie machen Bruder mit ihnen«, das heißt, soviel ich verstand, sie hätten Frieden geschlossen; dann fügte er hinzu: »Sie essen nicht Mann, nur wenn sie Krieg machen«, das heißt, sie fraßen keine Menschen als die, mit denen sie gekämpft und die sie in der Schlacht gefangen hatten.

Längere Zeit nach diesem Gespräch standen wir einmal auf dem Gipfel jenes Hügels auf der östlichen Seite der Insel, von dem aus, wie gesagt, ich an einem klaren Tag das Festland oder den amerikanischen Kontinent gesehen hatte. Da auch jetzt das Wetter klar war, blickte Freitag scharf nach dem Festland hinüber und fing plötzlich wie in freudiger Überraschung zu springen und zu tanzen an und rief mich, der ich etwas abseits stand, laut zu ihm. Ich fragte ihn, was los wäre. »O Freude!«, sagte er. »Da sieh mein Land, da mein Volk!«

Ich sah, wie eine große Freude sich in seinem Gesicht ausbreitete; seine Augen glänzten, man konnte ihm eine seltsame Aufregung ansehen, als ob er gerne wieder in seiner Heimat wäre. Das machte mich sehr nachdenklich, und es war mir mit meinem Diener Freitag nicht mehr so wohl wie früher. Ich zweifelte nicht, dass Freitag, wenn er zu seinem eigenen Volk zurückkehren könnte, seine ganze Religion ebenso vergessen würde wie seine Pflicht gegen mich; offenherzig, wie er war, würde er seinen Landsleuten von mir berichten und mit hundert oder zweihundert von ihnen zurückkommen, um ein Festessen aus mir machen, das er ebenso genießen würde wie die Festessen, die sie aus ihren im Krieg gefangenen Feinden machten.

Aber ich tat dem ehrlichen Burschen sehr unrecht, was ich nachher tief bereute. Da aber mein Argwohn jetzt noch zunahm und mehrere Wochen lang anhielt, war ich vorsichtiger und nicht so vertraulich und freundlich mit ihm wie bisher; und auch darin war ich sicherlich im Unrecht, denn der ehrliche, dankbare Mensch hatte gewiss keinen derartigen Gedanken, sondern dachte und handelte immer nur nach den besten Grundsätzen als frommer Christ und als dankbarer Freund, wie sich's später zu meiner völligen Beruhigung erwies.

Solange aber mein Verdacht anhielt, darf man mir glauben, dass ich ihn jeden Tag gründlich ausfragte, ob ich nicht mehr von den neuen Absichten erfahren könnte, die ich in ihm vermutete. Aber alles, was er sagte, war so aufrichtig und unschuldig, dass mein Verdacht keine Nahrung fand, und so war ich trotz aller Besorgtheit schließlich wieder ganz auf seiner Seite. Auch bemerkte er nicht im Geringsten meine Unruhe, konnte also auch nicht die Absicht haben, mich zu täuschen.

Als wir eines Tages wieder diesen Hügel hinaufgingen, aber wegen des dunstigen Wetters das Festland nicht sehen konnten, rief ich ihn zu mir und sagte: »Freitag, möchtest du nicht wieder in deine Heimat, zu deinem Volk zurück?« – »Ja«, sagte er. »Oh, ich bin so froh bei mein Volk.« – »Was würdest du dort tun?«, sagte ich. »Würdest du wieder roh und wild werden, Menschenfleisch essen und ein Wilder sein wie zuvor?« Hierüber schien er ganz bekümmert, schüttelte den Kopf und sagte: »Nein, nein, Freitag sagt ihnen, gut leben, Gott beten, sagt ihnen, Brot essen, Tierfleisch, Milch, nicht Mensch.« – »Wie aber«, sagte ich, »wenn sie dich dann totschlagen?« Er blickte ernst vor sich hin und sagte dann: »Nein, sie töten nicht mich, sie gern Liebe lernen.« Damit meinte er, sie würden gern von ihm lernen. Er fügte hinzu, sie hätten viel von den bärtigen Männern, die im Boot gekommen waren, gelernt.

Dann fragte ich ihn, ob er zu ihnen zurückkehren wollte. Darauf lächelte er und sagte, er könne nicht so weit schwimmen. Ich sagte, ich würde ein Kanu für ihn machen. Darauf sagte er, er würde nur mit mir zurückkehren. »Wenn ich gehe«, sagte ich, »so werden sie mich fressen, wenn ich dort bin.« – »Nein, nein«, sagte er, »ich mache sie dich nicht essen; ich mache sie dich sehr lieben.« Er meinte, er würde ihnen erzählen, wie ich seine Feinde getötet und sein Leben gerettet hatte, und so würden sie mich um seinetwillen lieben. Dann beschrieb er, wie freundlich sie zu den siebzehn Weißmännern oder Bartmännern, wie er sie nannte, gewesen seien.

Ich gestehe es, von da an hatte ich gute Lust, mich hinüberzuwagen und zu sehen, ob ich nicht zu diesen bärtigen Männern stoßen könnte, die ohne Zweifel Spanier oder Portugiesen waren; wenn wir nur einmal dort waren, würden wir ohne Zweifel einen Weg finden, uns zu retten, da wir ja auf dem festen Land und in einer ganzen Gesellschaft wären; jedenfalls leichter als von hier aus, einer vierzig Meilen von der Küste entfernten Insel, und ganz allein und ohne Beistand. Daher nahm ich mir nach einigen Tagen Freitag in einem Gespräch wieder vor und sagte ihm, ich würde ihm ein Boot geben, mit dem er heim zu seinem Volk fahren könnte; ich führte ihn daher zu meiner Fregatte auf der anderen Seite der Insel, schöpfte das Wasser heraus, denn ich hielt sie immer unter Wasser, und wir stiegen beide hinein.

Ich sah, dass er ein sehr geschickter Ruderer war und das Boot fast ebenso schnell und gewandt dahinlaufen ließ wie ich. Sobald er darinsaß, sagte ich: »Nun, wie steht's, Freitag, sollen wir zu deinem Volk fahren?« Er blickte mich groß an, als ich das sagte, wahrscheinlich deshalb, weil er das Boot für eine solche Reise für zu klein hielt. Dann sagte ich ihm, dass ich ein größeres hätte; am nächsten Tag ging ich also zu der Stelle, wo das Boot lag, das ich zuerst gemacht hatte, das ich aber nicht ins Wasser hatte bringen können. Er sagte, dieses wäre groß genug; aber da ich mich nicht darum gekümmert, sondern es zwei- oder dreiundzwanzig Jahre hier liegen gelassen hatte, war es in der Sonne gedörrt und gesprungen und überhaupt ganz verwahrlost. Freitag meinte, dass ein solches Boot leicht ausreiche und »viel genug Essen, Trinken, Brot« aufnehmen könne, wie er sich eben ausdrückte.

Ich war damals kurzum so fest entschlossen, mit ihm auf das Festland überzusetzen, dass ich ihm sagte, wir würden ein anderes, ebenso großes Boot machen, und er sollte darin heimfahren. Darauf sagte er kein Wort, sondern blickte nur sehr ernst und traurig vor sich hin. Ich fragte ihn, was er denn hätte. Darauf fragte er mich: »Warum du böse mit Freitag? Was ich getan?« Ich fragte ihn, was er meinte, und sagte, ich wäre überhaupt nicht böse mit ihm. »Nicht böse! Nicht böse!«, sagte er und wiederholte diese Worte mehrere Male. »Warum du sendest Freitag weg heim zu mein Volk?« – »Aber Freitag«, erwiderte ich, »hast du denn nicht gesagt, dass du gern bei ihnen wärst?« – »Ja, ja«, sagte er, »gern beide dort, nicht gern Freitag dort, nicht Herr dort.« Mit einem Wort, er wollte durchaus nicht ohne mich heimgehen. »Ich soll hingehen! Freitag«, sagte ich, »was soll ich dort tun?« Darauf wandte er sich rasch zu mir: »Du tust sehr viel gut«, antwortete er, »du lernst wilde Mann gut sein, brav, zahm Mann; du lernst sie Gott kennen, Gott beten, und Leben ist neu Leben.« – »Ach, Freitag«, sagte ich, »du weißt nicht, was du sagst, ich bin selber nur ein unwissender Mensch.« – »Ja, ja«, erwiderte er, »du lernst mich gut, du lernst sie gut.« – »Nein, nein, Freitag«, sagte ich, »du sollst ohne mich gehen, mich hier allein leben lassen wie zuvor.« Darauf blickte er wieder sehr betrübt drein, lief nach einem von den Beilen, die er gewöhnlich trug, nahm es hastig auf, kam und gab es mir. »Was soll ich damit tun?«, sage ich zu ihm. »Du nimmst, töte Freitag«, antwortete er. »Warum soll ich dich töten?«, fragte ich darauf. Schnell gab er zurück: »Warum du schickst Freitag weg? Nimm, töte Freitag, schicke nicht weg.« Dies sagte er mit solchem Ernst, dass ihm Tränen in den Augen standen. Mit einem Wort, ich entdeckte in ihm eine so innige Liebe zu mir und einen so festen Charakter, dass ich damals versprach, ich würde ihn niemals von mir wegschicken, wenn er selber bleiben wollte.

Wie ich nun im Ganzen in unseren Gesprächen seine feste Neigung zu mir erkannte und dass nichts ihn von mir trennen würde, so fand ich auch, dass die Ursache seines Verlangens nach der Heimat in seiner heißen Liebe zu seinem Volk lag und in seiner Hoffnung, dass ich Gutes bei ihnen wirken möchte, ein Unterfangen, das ich mir nicht zutraute und auch keinen Gedanken, keine Neigung und keine Begierde dazu hatte. Dagegen hatte ich immer heftiger den Wunsch, von hier wegzukommen, bestärkt noch von den Nachrichten, die ich im Gespräch mit Freitag erhalten hatte, dass nämlich siebzehn bärtige Männer dort wären. Ich machte mich daher ohne Zögern ans Werk, um mit Freitag einen großen, passenden Baum zu suchen und zu fällen, daraus eine große Piroge oder ein Kanu zu machen und darin die Reise zu wagen. Es gab auf der Insel genug Bäume, dass man eine Flotte hätte bauen können, nicht nur aus Pirogen und Kanus, sondern sogar aus seetüchtigen großen Schiffen. Aber das Wichtigste war, einen Baum zu finden, der so nahe am Wasser stand, dass wir ihn, wenn er fertig war, hineinschaffen könnten und dass der alte Fehler nicht wiederholt würde.

Schließlich wählte Freitag einen Baum aus, denn ich merkte, dass er viel besser wusste als ich, welche Art Holz dafür geeignet war; ich könnte auch bis auf den heutigen Tag nicht sagen, was das für ein Baum war, den wir da umlegten, außer dass er sehr dem Holz glich, das wir Gelbholz nennen, oder zwischen diesem und dem Nicaraguaholz lag, denn es hatte eine sehr ähnliche Farbe und einen ähnlichen Geruch. Freitag hielt es für das Beste, den Stamm mit Feuer auszuhöhlen, um ein Boot daraus zu machen; aber ich zeigte ihm, wie viel leichter wir ihn mit unseren Werkzeugen aushöhlen könnten, wobei er sich wieder recht geschickt zeigte, als ich ihm erst vorgemacht hatte. Nach etwa einem Monat harter Arbeit waren wir damit fertig und hatten es recht hübsch gemacht, besonders da wir mit den Äxten, deren richtigen Gebrauch ich ihm zeigte, der Außenseite die völlige Form eines Bootes gegeben hatten. Es kostete uns gleichwohl noch an die vierzehn Tage, das Boot sozusagen Zoll für Zoll über große Walzen ins Wasser zu schieben. Aber als es endlich flott war, hätten zwanzig Mann unschwer Platz darin gefunden.

Als das Boot im Wasser war, sah ich überrascht, wie geschickt und gewandt mein Diener Freitag das Boot ungeachtet seiner Größe lenken, wenden und rudern konnte; ich fragte ihn darum, was er meinte und ob wir uns hinüberwagen könnten. »Ja«, sagte er, »er wagen es damit sehr gut, auch wenn groß Wind.« Ich hatte jedoch noch einen anderen Plan, von dem er nichts wusste, nämlich Mast und Segel zu verfertigen und das Boot mit einem Anker und einem Ankertau zu versehen. Ein Mast war leicht zu haben, ich brauchte nur einen jungen Zedernstamm auszuwählen, den ich in der Nähe stehen sah und von denen es hier eine Menge gab. Dann ließ ich Freitag ihn umhauen und nach meinen Anweisungen zurechthauen. Für das Segel aber musste ich selber sorgen. Ich wusste, dass ich noch genug alte Segel hatte, oder eher Fetzen von alten Segeln, aber da sie nun schon sechsundzwanzig Jahre hier lagen und ich nicht darauf geachtet hatte, sie gut zu verwahren (schließlich dachte ich nicht, dass ich noch einmal Verwendung für sie hätte!), nahm ich an, dass sie alle verfault waren, was für die meisten auch zutraf. Immerhin fand ich noch zwei ziemlich gute Stücke und machte mich an die Arbeit, und mit sehr viel Anstrengung und langwierigem, mühevollem Sticheln, ich hatte nämlich keine Nadeln, machte ich schließlich ein dreieckiges, gräuliches Ding daraus, etwas, das man bei uns in England

Gigsegel heißt, mit einem Klüverbaum unten und einer kurzen Spiere oben, womit bei uns meistens die Beiboote fahren und womit ich am besten umgehen konnte; dieses Segel war nämlich ähnlich jenem auf dem Boot, mit dem ich, wie im ersten Teil meiner Geschichte berichtet, aus der Barbarei geflohen.

Diese letzte Arbeit, nämlich mein Boot mit Mast und Takelage zu versehen, nahm mich fast zwei Monate lang in Anspruch, denn ich vervollständigte beides noch durch ein kleines Stag und ein Segel oder Vorsegel dazu, falls wir etwa ganz scharf am Wind kreuzen müssten; ja noch mehr, ich befestigte auch ein Ruder am Heck des Bootes, um damit zu steuern. Obwohl ich selber nur ein ungeschickter Seefahrer war, kannte ich doch den Nutzen, ja die Notwendigkeit eines solchen Dinges und machte mich deshalb mit so viel Fleiß an die Arbeit, dass ich's schließlich zustande brachte; rechnet man die vielen ungeschickten und misslungenen Versuche dazu, so arbeitete ich, glaube ich, daran ebenso lang wie am ganzen Boot.

Nachdem ich schließlich auch damit fertig war, lehrte ich meinen Diener Freitag alles, was zur Schifffahrt gehört. Obwohl er nämlich ein Boot sehr gut mit einem Ruder lenken konnte, verstand er doch nichts von Segel und Steuer und war höchst erstaunt, als er sah, wie ich das Boot auf See mit dem Steuer hin und her lenkte und wie das Segel sich blähte und sich in dieser oder jener Richtung füllte, je nach dem Kurs, den wir fuhren; ich sage, als er das sah, stand er wie vor den Kopf geschlagen. Doch mit ein wenig Übung wurden ihm diese Dinge alle bald vertraut, und er wurde ein ausgezeichneter Seemann; nur den Kompass begriff er nicht, und ich konnte ihm die Sache auch nicht verständlich machen. Da das Wetter in dieser Gegend aber nur selten wolkig war, es auch selten oder nie Nebel gab, konnte man den Kompass leicht entbehren, denn in der Nacht sah man die Sterne und bei Tag die Küste, ausgenommen in der Regenzeit, aber da trieb sich ohnehin niemand draußen herum, weder auf dem Wasser noch auf dem Land.

Inzwischen war das siebenundzwanzigste Jahr meiner Gefangenschaft auf dieser Insel angebrochen, obgleich vielleicht die letzten drei Jahre, die dieses Geschöpf mit mir verbrachte, nicht mitgezählt werden sollten, da mein Leben dadurch ganz anders geworden war als früher. Ich beging die Jahrestage meiner Landung noch immer mit derselben Dankbarkeit gegen Gott für seine Wohltaten wie den ersten, und hatte ich schon anfangs Grund genug dazu gehabt, so jetzt gewiss noch mehr, wo ich so viele Beweise der göttlichen Fürsorge erhalten und dazu noch die Hoffnung hatte, nun wirklich und bald errettet zu werden. Ich hatte in meinem Gemüt nämlich den überaus deutlichen Eindruck, dass meine Befreiung nahe bevorstand und dass ich kein Jahr mehr auf dieser Insel verbringen sollte. Dessen ungeachtet führte ich meinen Haushalt fort, grub, pflanzte, umzäunte wie gewöhnlich, sammelte und trocknete meine Trauben und besorgte wie bisher alles Nötige.

Inzwischen kam mir die Regenzeit auf den Hals, in der ich mich mehr als sonst zu Hause aufhielt. Ich hatte unser neues Schiff verstaut, so gut es ging, indem wir es nämlich den Fluss, wo ich zu Anfang, wie berichtet, mit meinen Flößen vom Schiff gelandet war, hinaufführten und bei Flut an Land zogen. Daraus ließ ich Freitag ein kleines Dock graben, gerade groß genug, dass unser Boot drin liegen konnte, und tief genug, um es leicht wieder flottzumachen. Und als die Flut abgelaufen war, warfen wir einen starken Damm auf, damit kein Wasser hineindringen konnte; so lag es auch bei Flut trocken. Um auch den Regen abzuhalten, überdeckten wir's mit vielen Zweigen, so dicht, dass es fast wie ein Haus überdacht war, und so warteten wir auf die Monate November und Dezember, welche ich für mein Abenteuer bestimmt hatte.

Als die schöne Jahreszeit wieder eingezogen, kehrten mit dem guten Wetter auch meine Pläne zurück, und ich machte mich täglich auf die Abreise gefasst. Als Erstes legte ich eine bestimmte Menge an Nahrungsmitteln zur Seite als Vorrat für unsere Reise; in einer Woche oder in vierzehn Tagen sollte das Dock geöffnet und unser Boot zu Wasser gelassen werden. Eines Morgens nun, da ich in Vorbereitungen begriffen war, rief ich Freitag und bat ihn, an den Strand zu gehen und nach Schildkröten zu suchen, die wir meistens sowohl der Eier als auch des Fleisches wegen einmal die Woche aßen. Freitag war noch nicht lang gegangen, da kam er auch schon zurückgelaufen, stürzte über meinen äußeren Wall oder die Einzäunung wie einer, der keinen Boden mehr unter den Füßen fühlt noch auch die Stufen, über die er steigt; und bevor ich etwas sagen konnte, rief er mir zu: »O Herr! O Herr! O Trauer! O schlecht!« – »Was ist denn los, Freitag?«, sagte ich. »Oh, da drüben, dort«, sagte er, »ein, zwei, drei Kanu! Ein, zwei, drei!« Da ich seine Art zu zählen kannte, schloss ich, es wären sechs; aber als ich ihn genauer fragte, stellte sich heraus, es seien doch nur drei. »Nun gut, Freitag«, sagte ich, »sei nicht bang!«, und machte ihm Mut, so gut es ging. Aber ich sah, dass der arme Bursche vor Schrecken ganz außer sich war, er glaubte nicht anders, als dass sie seinetwegen gekommen wären, dass sie ihn in Stücke schneiden und essen würden; und der arme Bursche zitterte so, dass ich gar nicht wusste, was ich mit ihm anfangen sollte. Ich tröstete ihn, so gut ich konnte, und sagte ihm, mir drohe ebenso viel Gefahr als ihm, und sie würden mich ebenso fressen wie ihn. »Aber«, sagte ich, »wir müssen uns entschließen, Freitag, mit ihnen zu kämpfen. Kannst du kämpfen, Freitag?« – »Ich schießen«, erwiderte er, »aber da kommen viel große Menge.« – »Das tut nichts«, sagte ich, »unsere Gewehre werden denen, die wir nicht treffen, eine große Furcht einjagen.« Ich fragte ihn also, ob er wohl entschlossen sei, mich zu verteidigen, wofern ich das Gleiche für ihn tun wollte, und bei mir stehen und meinen Anweisungen folgen werde. Er erwiderte: »Ich sterbe, wenn du sagst, sterben, Herr.« Also ging ich, holte einen tüchtigen Schluck Rum und gab ihn ihm, denn ich hatte so gut damit gehaushaltet, dass immer noch eine Menge übrig war. Als er getrunken hatte, hieß ich ihn die zwei Vogelflinten nehmen, die wir immer trugen, und lud sie mit schwerem Schrot, so groß wie kleine Pistolenkugeln; darauf nahm ich vier Musketen und lud jede mit zwei Stück und fünf kleinen Kugeln. Meine beiden Pistolen lud ich mit Patronen, hängte mein großes Schwert wie gewöhnlich unverhüllt an meine Seite und gab Freitag seine Axt.

Als ich mich so weit gerüstet hatte, nahm ich mein Fernglas und stieg auf den Hügel, um zu sehen, ob ich etwas entdecken könnte. Durch mein Glas sah ich sehr schnell, dass 21 Wilde hier waren, drei Gefangene und drei Kanus; allem Anschein nach hatten sie ein Siegesmahl mit diesen drei Menschenleibern vor, einen wahrlich barbarischen Schmaus; irgendetwas Ungewöhnliches konnte ich sonst jedoch nicht entdecken.

Ich bemerkte sogleich, dass sie nicht an derselben Stelle gelandet waren wie damals, als Freitag ihnen entkommen war, sondern näher bei meiner Bucht, wo der Strand flach war und ein dichtes Gehölz fast bis hinunter ans Wasser reichte. Diese Tatsache, zusammen mit dem Abscheu vor dem unmenschlichen Zweck ihres Unternehmens, erfüllte mich mit solcher Empörung, dass ich wieder zu Freitag hinunterstieg und ihm sagte, ich sei entschlossen, zu ihnen hinzugehen und sie alle zu töten, und ich fragte ihn, ob er mir beistehen wolle. Freitag hatte seine Furcht jetzt überwunden, der Schluck Rum seine Lebensgeister wieder gehoben, er war sehr munter und sagte mir wie zuvor, er sei bereit, für mich zu sterben, wenn ich's verlangte.

Im ersten Zorn nahm ich zuerst die geladenen Waffen und teilte sie zwischen uns auf: Freitag gab ich eine Pistole, damit er sie in seinen Gürtel steckte, und drei Flinten, um sie über die Schulter zu hängen; ich selber nahm eine Pistole und die anderen drei Flinten, und so ausgerüstet, machten wir uns auf den Weg. Ich hatte eine kleine Flasche mit Rum in den Sack gesteckt und Freitag einen großen Beutel mit Pulver und Blei gegeben und ihm befohlen, sich dicht hinter mir zu halten, nicht herumzulaufen oder zu schießen oder irgendetwas zu tun, bevor ich's ihm sagte, und vorher ja kein einziges Wort zu reden. In dieser Ordnung machten wir einen Umweg nach rechts von fast einer Meile, um sowohl über den Bach als auch in den Wald zu gelangen und so auf Schussweite an sie heranzukommen, ohne von ihnen bemerkt zu werden, was nicht schwer war, wie ich durchs Fernglas gesehen hatte.

Aber während des Marsches stiegen meine früheren Überlegungen wieder in mir auf, und mein Entschluss geriet ins Wanken. Nicht etwa dass ich mich vor ihrer Überzahl gefürchtet hätte; denn da es lauter nackte, unbewaffnete Wilde waren, so war ich ihnen ohne Zweifel überlegen, selbst wenn ich allein gewesen wäre. Ich musste mich jedoch wieder fragen, mit welchem Grund, mit welcher Berechtigung, ja vor allem mit welcher Notwendigkeit ich denn handelte, wenn ich hinging und meine Hände mit ihrem Blut befleckte und Menschen überfiel, die mir weder Böses getan hatten noch Böses im Schilde führten, deren barbarische Sitten ihr eigenes Unglück waren als ein deutliches Zeichen, dass Gott sich von ihnen abgewendet und sie zusammen mit den anderen Völkern dieser Gegend einer solchen Dummheit und unmenschlichen Rohheit überlassen hatte. Gott aber hatte mich nicht als Richter über ihre Handlungen gesetzt, noch weniger als rächenden Arm seiner Gerechtigkeit; wenn es ihm einmal beliebte, würde er wohl die Sache in seine eigene Hand nehmen und die von einem ganzen Volk begangenen Verbrechen auch an dem ganzen Volk rächen; mich aber ging die Sache vorher nichts an. Freitag war vielleicht noch gerechtfertigt, denn er war ihr erklärter Feind, er befand sich im Kriegszustand mit diesen Leuten, er durfte sie also wohl angreifen; aber das Gleiche galt nicht für mich. Diese Gedanken gingen mir auf dem ganzen Weg so heftig im Kopf herum, dass ich mir vornahm, ich wollte hingehen und sie belauern, um ihr barbarisches Fest zu beobachten, und sodann nur auf Gottes Eingebung hin handeln; sollte sich aber nichts ereignen, was mir einen deutlichen Wink dazu gab, so wollte ich mich nicht einmischen.

Mit diesem Entschluss betrat ich den Wald und ging so vorsichtig und leise wie möglich, und Freitag folgte dicht auf meinen Fersen, bis hinüber zum Waldrand auf jener Seite, die ihnen am nächsten war. Nur ein kleines Stück Waldes lag noch zwischen ihnen und mir. Hier rief ich Freitag leise herbei, zeigte ihm einen großen Baum, der hart am Waldrand stand, und hieß ihn dort hingehen und mir Nachricht bringen, ob er von dort aus deutlich sehen könnte, was sie trieben. Das tat er und kam sogleich mit der Nachricht zurück, sie könnten von da aus ganz genau beobachtet werden; sie säßen alle ums Feuer herum und verzehrten das Fleisch eines Gefangenen; ein anderer läge gebunden im Sand, ein wenig von ihnen entfernt, um, so sagten sie, als Nächster geschlachtet zu werden. Seine Worte entzündeten mir das Herz im Leib. Freitag sagte weiter, dieser Gefangene sei keiner von seinem Volk, sondern einer der bärtigen Männer, von denen er mir erzählt, die in ihrem Boot in sein Land gekommen waren. Entsetzen erfasste mich, als er von einem weißen, bärtigen Mann sprach. Ich ging zum Baum und sah durch mein Glas ganz deutlich einen weißen Mann am Strand liegen; Hände und Füße waren ihm mit Schilf oder Binsen gebunden; er war wirklich ein Europäer, und er hatte Kleider an.

Ein anderer Baum, hinter dem sich dichtes Gestrüpp dahinzog, lag noch etwa 50 Yard näher bei den Wilden als der Platz, wo ich stand, und ich bemerkte, dass ich über einen kleinen Umweg ungesehen dahin kommen könnte und dann nur noch auf halbe Schussweite von ihnen entfernt wäre. Also hielt ich meinen Zorn zurück, und obgleich ich im höchsten Grad aufgebracht war, ging ich etwa zwanzig Schritte zurück und schlich hinter den Büschen den ganzen Weg bis zum Baum; dann erreichte ich eine kleine Anhöhe, die etwa 80 Yard von ihnen entfernt war und von wo aus ich alles deutlich sehen konnte.

Es war kein Augenblick mehr zu verlieren. Neunzehn der grässlichen Ungeheuer hockten eng beisammen auf dem Boden und hatten eben zwei von ihnen losgeschickt, um den armen Christen zu schlachten und ihn dann wohl Stück für Stück ans Feuer zu bringen. Jetzt beugten die beiden sich nieder, um ihm die Fesseln an den Füßen zu lösen. Ich wandte mich zu Freitag und sagte: »Nun, Freitag, tu, was ich dir sage.« Freitag erwiderte, das wolle er tun. »Dann, Freitag«, sagte ich, »folge mir in allem, was du mich tun siehst, versäume nichts.« Darauf legte ich eine Muskete und eine Flinte auf die Erde, und Freitag tat das Gleiche. Mit der anderen Muskete zielte ich auf die Wilden und hieß ihn das Gleiche tun; dann fragte ich ihn, ob er fertig sei, und er sagte Ja. »Dann gib Feuer«, sagte ich, und im selben Augenblick brannte auch ich los.

Freitag hatte viel besser getroffen als ich, denn er hatte auf seiner Seite zwei von ihnen getötet und drei verwundet, während ich nur einen getötet und zwei verwundet hatte. Man kann sich leicht vorstellen, dass die Wilden nun in fürchterliche Bestürzung gerieten. Alle, die nicht getroffen waren, sprangen auf die Füße, wussten aber nicht gleich, wohin sie laufen oder schauen sollten, denn sie begriffen nicht, von welcher Seite ihr Verderben kam. Freitag hielt seine Augen fest auf mich gerichtet, da ich ihn ja gebeten hatte, immer das Gleiche zu tun wie ich. Sobald der erste Schuss gefallen war, warf ich mein Gewehr hin und nahm die Vogelflinte auf, und Freitag tat das Gleiche; ich spannte und legte an, Freitag auch. »Fertig, Freitag?«, fragte ich. »Ja«, antwortete er. »Dann Feuer, in Gottes Namen«, rief ich, und mit diesen Worten schoss ich zum zweiten Mal mitten in die entsetzten Wilden hinein, Freitag desgleichen. Da unsere Flinten, wie erwähnt, mit Grobschrot oder kleinen Pistolenkugeln geladen waren, so fielen nur zwei, aber viele wurden verwundet, sie liefen heulend und kreischend herum wie Verrückte, mit Blut überströmt, die meisten von ihnen schwer getroffen; drei von ihnen brachen gleich darauf zusammen, waren aber nicht ganz tot.

»Nun, Freitag«, sagte ich, legte die abgeschossene Flinte hin und nahm die geladene Muskete auf, »folge mir!« Das tat er auch mit großer Courage. Darauf stürzte ich aus dem Wald und zeigte mich den Wilden, und Freitag folgte mir auf dem Fuß. Sobald ich bemerkte, dass sie mich gesehen hatten, brüllte ich, so laut ich konnte, und ließ Freitag das Gleiche tun. Dann lief ich, so schnell es ging (was, nebenbei bemerkt, nicht sehr schnell war, da ich die schweren Waffen trug), lief also gerade auf das arme Opfer zu, welches zwischen dem Platz, wo sie gesessen hatten, und dem Meer auf dem Strand lag. Die beiden Schlächter, die sich eben über ihn hermachen wollten, hatten ihn aus Bestürzung über unsere erste Salve liegen lassen, waren in panischer Angst zum Ufer geflohen und in ein Kanu gesprungen, und noch drei andere hatten den gleichen Weg genommen. Ich wandte mich zu Freitag und befahl ihm, vorauszulaufen und auf sie zu schießen. Er verstand mich sofort, lief etwa vierzig Yard, um in ihre Nähe zu kommen, und schoss unter sie hinein, und ich dachte, er hätte sie alle getötet, denn ich sah alle im Boot über den Haufen fallen. Zwei davon standen allerdings geschwind wieder auf; aber immerhin hatte er zwei getötet und einen dritten verwundet, der nun auf dem Boden des Bootes lag, als wäre er tot.

Während mein Diener Freitag auf sie feuerte, zog ich mein Messer heraus und zerschnitt die Stricke des armen Opfers, löste seine Hände und Füße, hob ihn auf und fragte ihn auf Portugiesisch, was er sei. Darauf antwortete er auf Lateinisch: »Christianus.« Er war aber so schwach und hinfällig, dass er kaum stehen und sprechen konnte; da nahm ich meine Flasche aus dem Sack und reichte sie ihm und bedeutete ihm, er möge trinken, was er auch tat; dann gab ich ihm ein Stück Brot, das er aß; dann fragte ich ihn, was für ein Landsmann er sei, und er antwortete: »Espagnole.« Da er sich ein wenig erholt hatte, deutete er mir durch alle möglichen Gebärden an, wie tief er für seine Befreiung in meiner Schuld sei. »Seignior«, sagte ich und kratzte mein ganzes Spanisch zusammen, »wir wollen uns später besprechen. Doch jetzt lasst uns kämpfen. Wenn Ihr noch ein wenig Kraft in Euch habt, dann nehmt hier Pistole und Schwert und schlagt um Euch, so gut Ihr könnt.« Dankbar nahm er beides entgegen, und kaum hatte er die Waffen in Händen, so rannte er los, als hätten sie ihm neue Kraft verliehen, stürzte wie eine Furie auf seine Mörder und hatte in einem Augenblick zwei von ihnen in Stücke gehauen. Freilich waren die armen Teufel, da das Ganze sie ja überrascht hatte, vom Knall unserer Gewehre so entsetzt, dass sie aus lauter Angst und Schrecken umfielen und zum Fliehen nicht mehr Kraft hatten, als ihr Fleisch unseren Kugeln Widerstand leisten konnte. So verhielt es sich mit jenen fünfen, auf die Freitag im Boot geschossen hatte; drei von ihnen fielen nämlich durch den Schuss, die anderen zwei hatte der Schreck umgeworfen.

Noch immer hielt ich mein Rohr schussbereit in der Hand, ich wollte jederzeit zum Feuern bereit sein, weil ich dem Spanier meine Pistole und meinen Säbel gegeben hatte. Daher rief ich Freitag zu, er möge zu jenem Baum laufen, von wo aus wir zuerst gefeuert hatten, und die abgeschossenen Waffen herholen, was er mit großer Geschwindigkeit tat. Dann gab ich ihm meine Muskete, setzte mich nieder, lud alle Stücke wieder und wies die anderen an, zu mir zu kommen, wenn sie Waffen brauchten. Während ich die Gewehre lud, entspann sich ein heftiges Handgemenge zwischen dem Spanier und einem von den Wilden, der mit einem ihrer großen hölzernen Schwerter auf ihn eindrang, mit derselben Waffe, mit der der Spanier zuerst getötet werden sollte, wäre ich nicht dazwischengekommen. Der Spanier, der ein so beherzter und tapferer Kerl war, wie man sich nur vorstellen kann, obschon noch schwach, hatte dem Indianer lange standgehalten und ihm zwei große Wunden in den Kopf geschlagen. Der Wilde aber, ein starker, kräftiger Bursche, hatte den Spanier umschlungen, ihn als den Schwächeren niedergeworfen und war eben dabei, ihm das Schwert aus der Hand zu winden, als der Spanier, der schon unterlag, klugerweise das Schwert fahren ließ, die Pistole aus dem Gürtel zog, dem Wilden durch den Leib schoss und ihn auf der Stelle tötete, bevor ich ihm noch zu Hilfe eilen konnte.

Freitag, der jetzt sich selber überlassen war, verfolgte die fliehenden Wilden ohne eine andere Waffe in der Hand als sein Beil. Doch auch damit gab er's jenen dreien, die, wie ich schon sagte, zuerst verwundet und gefallen waren, und er gab auch allen anderen den Rest, die er nur erwischen konnte. Als der Spanier um ein Gewehr zu mir kam, gab ich ihm eine Vogelflinte, mit der er zwei von den Wilden verfolgte und beide verwundete. Da er aber nicht imstande war zu laufen, entkamen sie ihm beide in den Wald, wo Freitag sie verfolgte und einen von ihnen tötete; aber der andere war ihm zu schnell, und obgleich verwundet, sprang er ins Wasser und schwamm mit ganzer Kraft jenen beiden nach, die im Kanu geflohen waren, sodass also drei in dem Boot waren samt einem Verwundeten, von dem wir nicht wussten, ob er tot war oder nicht. Die genaue Aufstellung, die Übrigen betreffend, sieht so aus:

3 getötet durch unsere erste Salve vom Baum aus;
2 beim nächsten Schuss getötet;
2 getötet durch Freitag im Boot;
2 getötet durch dito, aus der Zahl derer, die zuerst nur verwundet waren;
1 getötet durch dito, im Wald;
3 getötet vom Spanier;
4 da und dort verwundet hingestürzt und an ihren Wunden gestorben oder von Freitag auf der Flucht niedergemacht;
4 im Boot entkommen, einer davon verwundet, wenn nicht tot;
21 alles in allem.

Die im Kanu Geflohenen ruderten aus Leibeskräften, um uns aus dem Schuss zu kommen, und wiewohl Freitag ihnen noch zwei- oder dreimal nachschoss, war, soviel ich sehen konnte, keiner getroffen. Freitag hätte gern eines der Kanus genommen, um sie zu verfolgen, und auch mir machte ihr Entkommen einige Sorgen, denn sie würden ihr Volk benachrichtigen und dann vielleicht mit zwei- oder dreihundert Kanus wiederkommen und uns durch ihre Übermacht vernichten. Ich gab also meine Zustimmung, ihnen auf See nachzusetzen, lief zu einem der Kanus und sprang hinein und hieß Freitag mir folgen. Als ich aber im Kanu war, fand ich zu meiner Überraschung noch ein anderes unglückliches Opfer lebend am Boden liegen, wie der Spanier an Händen und Füßen zur Schlachtung gebunden und halb tot vor Angst, weil er ja nicht wusste, was vorging, denn er war an Genick und Fersen so fest gebunden, dass er nicht über den Rand des Bootes hatte blicken können, und er war so lang gefesselt gewesen, dass in der Tat nur wenig Leben mehr in ihm war.

Sofort zerschnitt ich die Fesseln aus Schilf oder Binsen, womit sie ihn gebunden hatten, und wollte ihm aufhelfen. Aber er konnte weder stehen noch sprechen, sondern wimmerte nur ganz erbärmlich, vielleicht in dem Glauben, man habe ihn jetzt losgemacht, um ihn zu töten.

Als Freitag hinzukam, hieß ich ihn mit ihm sprechen und ihm seine Befreiung ankündigen, nahm auch die Flasche aus dem Sack und ließ ihn einen Schluck daraus tun, was ihn, zusammen mit der Nachricht von seiner Errettung, deutlich belebte, sodass er sich im Boot aufrichtete. Als jedoch Freitag ihn sprechen gehört und in sein Gesicht geblickt hatte, da bot sich mir ein Anblick, der wohl jeden zu Tränen gerührt hätte: Freitag begann, ihn zu küssen, zu umarmen und ihn zu drücken, er schrie, lachte, rief, sprang umher, tanzte, sang und schrie wieder und rang die Hände, schlug sich auf Gesicht und Haupt, dann sang und sprang er wieder herum wie ein völlig Irrsinniger. Es dauerte einige Zeit, bis ich ihn überhaupt dazu brachte, zu reden und mir zu sagen, was denn los war; doch als er wieder ein wenig zu sich gekommen war, sagte er, es sei sein Vater!

Es fällt mir nicht leicht, meine Rührung zu beschreiben, als ich den armen Wilden in solcher Verzückung und kindlicher Liebe sah beim Anblick seines vom Tode erretteten Vaters. Die außerordentlichen Ausbrüche seiner Zärtlichkeit, die darauf folgten, lassen sich wohl gar nicht schildern. Freitag sprang immer wieder ins Boot hinein und wieder heraus, und wenn er zu ihm hineinlief, saß er neben ihm nieder, machte sein Wams auf und legte den Kopf des Vaters an seinen Busen, gleichsam als wollte er ihm Kraft geben; so trieb er es wohl eine halbe Stunde lang. Dann nahm er seine Arme und seine Fußgelenke, die von den Fesseln ganz steif und starr geworden waren, und wärmte und rieb sie zwischen seinen Händen; als ich bemerkte, worum es ging, gab ich ihm etwas Rum aus meiner Flasche zum Einreiben, und das bekam dem Alten sehr gut.

Dieses Ereignis hielt uns davon ab, den geflohenen Wilden, die jetzt schon fast außer Sicht waren, im Kanu nachzusetzen; zu unserem Glück, denn innerhalb von zwei Stunden, ehe sie noch den vierten Teil ihres Weges zurückgelegt haben konnten, kam ein so heftiger Wind auf und blies die ganze Nacht so heftig, noch dazu aus Nordwesten, also ihnen entgegen, dass ich nicht glauben konnte, ihr Boot würde es überstehen oder sie würden jemals ihre Küste erreichen.

Aber um wieder auf Freitag zu kommen, so war er so sehr um seinen Vater besorgt, dass ich es lange nicht übers Herz brachte, ihn wegzurufen. Nach einer Weile aber meinte ich, er könnte jetzt wohl eine Weile von ihm ablassen, und rief ihn zu mir, und er kam lachend und springend und im höchsten Grad vergnügt herbeigelaufen. Ich fragte ihn, ob er seinem Vater etwas Brot gegeben habe. Darauf schüttelte er den Kopf und sagte: »Nein. Schlechter Hund isst alles selbst auf.« Da reichte ich ihm aus einem Beutel, den ich zu diesem Zweck immer bei mir trug, eine Schnitte Brot, gab ihm auch ein Stück für ihn selber, aber er wollte nichts anrühren, sondern brachte alles seinem Vater. In meinem Sack hatte ich noch zwei oder drei Bündel Rosinen, und auch davon gab ich ihm eine Handvoll für seinen Vater. Kaum hatte er ihm diese Rosinen gebracht, so sah ich ihn aus dem Boot stürzen und davonlaufen wie verhext. So schnell sauste er dahin, denn er war der schnellste Bursche, den ich jemals gesehen hatte, ich sage, er lief mit solcher Geschwindigkeit, dass er in einem Augenblick außer Sicht war. Obwohl ich hinter ihm rief und schrie, es half nichts, weg war er; eine Viertelstunde danach sah ich ihn zurückkommen, wenn auch nicht so schnell wie vorher, und als er näher herangekommen war, erkannte ich, dass er langsamer lief, weil er etwas in der Hand trug.

Da er bei mir anlangte, merkte ich, dass er bis nach Haus gelaufen war nach einem irdenen Krug oder Topf, um seinem Vater frisches Wasser zu bringen, und dass er auch noch zwei Kuchen oder Laibe Brot mitgebracht hatte. Das Brot gab er mir, das Wasser wollte er zu seinem Vater tragen; da ich aber sehr durstig war, tat auch ich einen Zug. Das Wasser belebte seinen Vater mehr als aller Rum und Branntwein, den ich ihm zuvor gegeben hatte: Er war fast ohnmächtig gewesen vor Durst.

Als sein Vater getrunken hatte, rief ich Freitag und fragte ihn, ob noch etwas Wasser übrig sei; er sagte Ja. Damit schickte ich ihn zu dem armen Spanier, der Wasser ebenso nötig hatte wie sein Vater; auch eines der Brote, die Freitag gebracht hatte, sandte ich dem Spanier, der wirklich sehr schwach war und sich jetzt im Gras unter dem Schatten eines Baumes ausruhte. Seine Glieder waren ganz steif und geschwollen von den festen Stricken, mit denen er gefesselt gewesen war. Freitag kam nun mit dem Wasser zu ihm hin, und als ich sah, dass er sich aufsetzte und trank, das Brot nahm und zu essen begann, ging ich zu ihm und gab ihm eine Handvoll Rosinen. Da blickte er auf und sah mir mit so viel Dankbarkeit und Ergebenheit ins Gesicht, als ein Menschenantlitz nur ausdrücken kann; jedoch obgleich er tapfer gekämpft hatte, war er doch so erschöpft, dass er sich nicht auf den Füßen halten konnte. Er versuchte es zwei- oder dreimal, war aber nicht dazu imstande, seine Knöchel waren geschwollen und schmerzten; so hieß ich ihn still sitzen und befahl Freitag, ihm die Knöchel zu reiben und mit Rum zu waschen, wie er es bei seinem Vater getan.

Ich beobachtete, wie der gute, zärtliche Bursche, solange er bei dem Spanier war, alle zwei Minuten, wenn nicht noch öfter den Kopf umdrehte, um zu sehen, ob sein Vater noch an eben dem Ort und in eben der Stellung war, wie er ihn verlassen hatte. Und als er ihn plötzlich nicht mehr sah, sprang er auf, ohne ein Wort zu sagen, und flog mit einer Schnelligkeit zu ihm hin, dass seine Füße beim Laufen kaum den Boden zu berühren schienen. Wie er aber dort ankam und sah, dass sein Vater sich nur niedergelegt hatte, um seine Glieder auszustrecken, kam er sogleich wieder zurück. Nun redete ich dem Spanier zu, er möge sich von Freitag aufhelfen und zum Boot führen und sodann in unsere Wohnung bringen lassen, wo ich ihn pflegen wolle. Aber Freitag, dieser starke, kräftige Kerl, nahm den Spanier einfach auf den Rücken und schleppte ihn zum Boot, setzte ihn dort sehr vorsichtig mit den Füßen nach innen auf den Bootsrand, hob ihn dann erst ganz hinein und setzte ihn neben seinen Vater. Sogleich sprang er wieder heraus, stieß das Boot vom Land ab und ruderte es schneller, als ich gehen konnte, die Küste entlang, obwohl ein starker Wind ging. Auf die Art brachte er die beiden sicher in unsere Bucht; dann ließ er sie im Boot und lief weg, um das andere Kanu zu holen. Als er an mir vorbeikam, redete ich ihn an und fragte ihn, wohin er ginge. Darauf erwiderte er: »Geht holen mehr Boote«, und weg war er wie der Wind; denn das ist gewiss, dass nie ein Mensch oder ein Pferd es ihm im Laufen gleichtaten, und er hatte das andere Kanu fast so schnell in die Bucht gebracht, als ich an Land dahin gekommen war. So setzte er mich über und ging dann hin, um unseren neuen Gästen aus dem Boot zu helfen. Das gelang ihm auch, aber keiner von ihnen konnte gehen, sodass der arme Freitag nicht wusste, was er anfangen sollte.

Ich überlegte rasch, was hier zu tun wäre, und rief dann Freitag zu, er möge sie am Ufer niedersitzen lassen und zu mir kommen. Schnell hatte ich eine Art Tragbahre gemacht, um sie daraufzulegen, und Freitag und ich trugen sie zusammen darauf fort. Aber als wir vor unserem Wall oder unserer Schanze ankamen, wussten wir noch weniger Rat als vorher; denn es war unmöglich, sie hinüberzuschaffen, und ich wollte den Wall auf keinen Fall niederreißen. Daher machte ich mich wieder an die Arbeit, und in zwei Stunden hatten Freitag und ich ein recht ordentliches Zelt aufgestellt, bedeckt mit alten Segeln und darüber mit Baumzweigen belegt. Das Zelt stand auf dem Platz zwischen der äußeren Einfriedung und dem jungen, von mir gepflanzten Gehölz. Wir machten ihnen auch zwei Betten aus dem, was ich eben zur Hand hatte, nämlich aus gutem Reisstroh, und legten auf jedes Bett ein Leintuch zum Daraufliegen und eines zum Zudecken.

Nun war meine Insel bevölkert, ich fühlte mich mit Untertanen reichlich gesegnet und stellte mir zum Spaß oft vor, wie sehr ich doch einem König glich. Erstens einmal war das ganze Land einzig und allein mein Eigentum, sodass ich ein unbezweifelbares Anrecht auf seine Herrschaft hatte. Zweitens war mein Volk mir völlig ergeben, ich war der absolute Herrscher und Gesetzgeber; sie alle hatten mir ihr Leben zu verdanken, und sie waren bereit, ihr Leben für mich hinzugeben, sollte die Notwendigkeit dazu sich ergeben. Merkwürdig war auch, dass wir nur drei Untertanen hatten, aber auch drei verschiedene Religionen. Mein Diener Freitag war Protestant, sein Vater ein Heide und Kannibale, und der Spanier war ein Papist; aber ich gewährte Gewissensfreiheit in meinem Reich. Doch das nur nebenbei.

Sobald ich meine beiden schwachen, geretteten Gefangenen unter Dach und in Sicherheit und zu Bett gebracht hatte, begann ich, mir Gedanken über ihre Ernährung zu machen.

Als Erstes befahl ich Freitag, aus meiner eigenen Herde eine einjährige Ziege, zwischen Kitz und ausgewachsener Geiß, zum Schlachten herauszunehmen. Darauf schnitt ich das hintere Viertel heraus, hackte es in kleine Stücke, ließ es von Freitag kochen und dünsten, und ich kann versichern, dass meine Untertanen mit dem Fleisch und der Kraftbrühe, in die ich auch noch etwas Gerste und Reis getan hatte, eine ausgezeichnete Mahlzeit erhielten. Ich hatte draußen im Freien gekocht, denn innerhalb meiner inneren Befestigung machte ich niemals Feuer. Darauf trug ich alles in das neue Zelt, und nachdem ich dort einen Tisch aufgestellt hatte, setzte ich mich zu ihnen, aß selber auch mit und ermunterte und ermutigte sie, so gut ich konnte, wobei Freitag mir als Dolmetsch diente, besonders seinem Vater gegenüber, aber auch für den Spanier, der mit der Sprache der Wilden recht gut vertraut war.

Nach beendetem Mittag- oder vielmehr Abendessen befahl ich Freitag, eines unserer Kanus zu nehmen und damit unsere Musketen und anderen Waffen zu holen, die wir aus Zeitmangel auf dem Schlachtfeld zurückgelassen hatten. Am nächsten Tag schickte ich ihn die Leichen der Wilden begraben, die ohne Schutz in der Sonne lagen und bald Ekel erregen würden. Auch befahl ich ihm, die grässlichen und, wie ich wusste, ziemlich reichlichen Überbleibsel ihres barbarischen Festes zu beseitigen, eine Arbeit, die ich mir selber nicht zumuten wollte. Ich konnte nicht einmal den Anblick ertragen, wenn ich dort vorbeikam. Aber Freitag führte alles pünktlich aus und löschte jede Spur eines Aufenthalts der Wilden, sodass ich später, als ich wieder einmal hinkam, die Stelle nur noch mithilfe jener Ausläufer des Waldes ausmachen konnte.

Darauf begann ich ein kleines Gespräch mit meinen beiden neuen Untertanen. Als Erstes ließ ich Freitag seinen Vater ausfragen, was er über die Flucht der Wilden im Kanu denke und ob wir wohl damit rechnen müssten, dass sie mit erdrückender Übermacht zurückkämen. Zuerst meinte er, dass die Wilden in diesem Boot den Sturm, der die ganze Nacht über geblasen hatte, niemals überleben konnten, sondern notwendig ertrunken oder südwärts an jene Küsten verschlagen worden wären, wo sie ebenso sicher aufgefressen würden, wie sie bei einem Schiffbruch ertrinken mussten. Was sie allerdings beginnen würden, falls sie ihre Küste sicher erreichten, wusste er nicht zu sagen; seiner Meinung nach aber hatten die Art und Weise unseres Angriffs, der Lärm und das Feuer sie so furchtbar erschreckt, dass sie, so glaubte er, ihren Leuten sagen würden, ihre Gefährten seien durch Donner und Blitz und nicht durch Menschenhand erschlagen, und die beiden, die ihnen erschienen seien (nämlich Freitag und ich) seien zwei himmlische

Geister oder Furien gewesen, herabgesandt, um sie zu vernichten, nicht aber Menschen mit Waffen in der Hand. Dies, so sagte er, wisse er ganz bestimmt, denn das habe er sie in ihrer Sprache einander zubrüllen hören; sie konnten in der Tat unmöglich begreifen, wie ein Mensch Feuer schießen und Donner sprechen und aus der Entfernung töten könne, ohne die Hand zu heben, wie wir es getan. Und der alte Wilde hatte recht, denn wie ich später von anderer Seite erfuhr, wagten die Wilden sich hernach nie mehr auf meine Insel herüber. Der Bericht, den die vier Männer gaben (sie hatten sich anscheinend doch aus dem Sturm retten können), entsetzte sie so sehr, dass sie nun meinten, wer immer sich auf diese verzauberte Insel wage, würde von den Göttern im Feuer vernichtet.

Das wusste ich allerdings damals nicht und schwebte deshalb noch eine Zeit lang in ständiger Angst, war auch zusammen mit meiner Armee höchst wachsam, obwohl ich es jetzt, da wir zu viert waren, auch mit hundert Wilden auf freiem Feld jederzeit aufgenommen hätte. Da sich aber keine Kanus mehr zeigten, verlor sich die Angst vor ihrem neuerlichen Erscheinen, und ich begann, mich wieder mit meinen früheren Plänen für eine Reise nach dem Festland zu befassen, zumal auch Freitags Vater mir versicherte, dass sein Volk mich um seinetwillen jederzeit gut aufnehmen würde.

Nach einem ernsthaften Gespräch mit dem Spanier stellte ich meine Pläne jedoch vorläufig wieder zurück; dabei erfuhr ich nämlich, dass außer ihm noch sechzehn Landsleute von ihm und auch Portugiesen Schiffbruch erlitten und sich an diese Küste gerettet hätten, dass sie dort zwar mit den Wilden in Frieden hausten, aber die größten Schwierigkeiten hätten, sich mit dem Notwendigsten zu versorgen, ja sich überhaupt am Leben zu erhalten. Ich fragte ihn aus über die Einzelheiten ihrer Reise und erfuhr, dass sie mit einem spanischen Schiff auf der Fahrt vom Río de la Plata nach Havanna gewesen, ihre Fracht, hauptsächlich aus Häuten und aus Silber bestehend, dort ausladen und dafür an europäischen Waren hätten aufnehmen sollen, was sie dort finden konnten. Sie hatten fünf portugiesische Matrosen an Bord, die sie aus einem schiffbrüchigen Schiff aufgenommen hatten; fünf von ihren eigenen Männern waren beim Untergang ihres Schiffs ertrunken, die andern konnten sich nur unter unsäglichen Mühen und Gefahren retten und erreichten, vor Hunger halb tot, die Küste der Kannibalen, wo sie jeden Augenblick damit rechnen mussten, verschlungen zu werden.

Er sagte mir auch, sie hätten wohl einige Waffen bei sich, die aber aus Mangel an Pulver und Blei vollkommen nutzlos waren: Das hochgehende Meer hatte ihr Pulver ganz verdorben bis auf einen kleinen Rest, den sie gleich nach ihrer Landung bei der Beschaffung von Nahrung aufgebraucht hatten.

Ich fragte ihn, was er wohl meinte, dass aus ihnen dort werden möchte, und ob sie noch keinen Plan zur Flucht gefasst hätten. Er sagte, sie hätten darüber öfters beratschlagt, aber da sie weder ein Schiff noch die Gerätschaften besaßen, eines zu bauen, noch auch irgendeinen Proviant, so endeten ihre Versammlungen immer in Tränen und Verzweiflung.

Ich fragte ihn, wie sie wohl seiner Meinung nach einen Vorschlag von mir aufnehmen würden, der vielleicht zu einer erfolgreichen Flucht führen könnte, und ob die Sache, wenn sie alle hier wären, nicht doch recht aussichtsreich wäre. Ich sagte ihm auch ganz offen, dass ich vor allem fürchtete, sie würden mich verraten und mein Vertrauen missbrauchen, wenn ich mein Leben in ihre Hand legte. Dankbarkeit sei keine den Menschen angeborene Tugend, die Menschen richteten sich in ihren Handlungen durchaus nicht immer nach den Wohltaten, die sie empfangen haben, sondern nach den Vorteilen, die sie sich erhofften. Ich sagte ihm, ich würde es sehr hart finden, erst als Werkzeug zu ihrer Errettung zu dienen und danach in Neuspanien zum Gefangenen gemacht zu werden, wo jeder Engländer sicher sein konnte, aufgeopfert zu werden, gleichgültig was für ein Not- oder Zufall ihn dahin brachte; lieber ließe ich mich den Wilden ausliefern und lebendig auffressen, als in die unbarmherzigen Klauen der Priester zu fallen und vor die Inquisition geschleppt zu werden. Ansonsten, so fügte ich hinzu, sei ich überzeugt, wir könnten, wenn sie erst alle hier wären, mit so vielen hilfreichen Händen ein Schiff bauen, groß genug, uns alle aufzunehmen und entweder südwärts nach Brasilien oder nordwärts zu den Inseln oder zur spanischen Küste zu führen; sollten sie mich aber, nachdem ich ihnen Waffen anvertraut hatte, zum Dank dafür mit Gewalt zu ihrem Volk schleppen, so wäre meine Güte übel belohnt und meine Lage schlimmer als zuvor.

Er antwortete mir darauf ebenso aufrichtig wie vernünftig, ihr Zustand sei ein so elender und sie nähmen sich ihn so sehr zu Herzen, dass sie seiner Meinung nach schon den Gedanken daran, einem Menschen übel zu begegnen, der zu ihrer Errettung beitragen sollte, mit Abscheu von sich weisen würden; wenn es mir recht wäre, würde er zusammen mit dem alten Mann zu ihnen hinüberfahren, mit ihnen verhandeln und wieder zurückkehren und mir ihre Antwort bringen. Er wollte es ihnen auf ihren feierlichen Eid hin zur Bedingung machen, dass sie einzig und allein meine Führung, als ihres Kommandanten und Kapitäns, anerkennen sollten, er wollte sie auf die heiligen Sakramente und das Evangelium schwören lassen, mir treu zu sein und in dasjenige Christenland zu fahren, das ich bestimmen würde, und in kein anderes und sich in allem und jedem meinen Befehlen zu unterwerfen, bis sie in dem von mir bestimmten Land sicher gelandet wären; zu diesem Ende wollte er mir einen von ihnen unterschriebenen Kontrakt mitbringen.

Darauf sagte er, er wolle mir selber als Erster geloben, nie, solange er lebe, von meiner Seite zu weichen, bis ich's ihm nicht befehle, und zu mir zu halten bis zum letzten Blutstropfen, sollten seine Landsleute jemals auch nur im Geringsten ihren Schwur brechen.

Sie wären aber alle, so sagte er, gesittete und anständige Leute, die sich in der größten erdenklichen Not befänden, ohne Waffen und Kleider, wie sie waren, ohne Nahrung, auf Gedeih und Verderb den Wilden ausgeliefert, ohne jede Hoffnung auf Rückkehr in ihre Heimat; wollte ich mich nur für ihre Rettung verwenden, so sei er überzeugt, sie würden für mich leben und sterben.

Auf diese Versicherung hin beschloss ich, das Abenteuer ihrer Rettung nach aller Möglichkeit zu wagen und den alten Wilden und den Spanier zu Verhandlungen hinüberzuschicken. Doch als wir alles zur Abfahrt bereithatten, brachte der Spanier selber einen Einwand vor, aus dem einerseits so viel Klugheit, andererseits aber auch so viel Aufrichtigkeit sprach, dass ich ihm nur zustimmen konnte; seinem Rat folgend, verschob ich also die Befreiung seiner Kameraden um wenigstens ein halbes Jahr. Der Grund dafür war folgender:

Der Spanier hatte nun etwa einen Monat mit uns gelebt, und ich hatte ihm in dieser Zeit gezeigt, auf welche Art ich mithilfe der Vorsehung für meinen Unterhalt gesorgt hatte. Dabei hatte er auch bemerkt, welchen Vorrat an Reis und Getreide ich angelegt hatte, der zwar für mich allein mehr als genügend war, für meine nun auf vier Köpfe angewachsene Familie aber nur bei größter Sparsamkeit ausreichte; sollten nun seine Landsleute noch zusätzlich herüberkommen, von denen, wie er sagte, noch vierzehn am Leben waren, so wäre mein Vorrat erst recht zu knapp. Keinesfalls würde er aber ausreichen, um das Schiff, das wir bauen wollten, für eine Reise nach irgendeiner der christlichen Kolonien in Amerika zu verproviantieren.

Er sagte darauf, er halte es für ratsam, ihn und die beiden anderen noch mehr Land umgraben und anbauen zu lassen, und zwar so viel, als ich an Saat nur erübrigen konnte; wir sollten die nächste Ernte abwarten, um genug Korn für seine Landsleute zu haben, wenn sie erst einmal hier wären; der Hunger möchte sie sonst zur Unzufriedenheit und zu der Meinung verführen, sie seien nicht wirklich gerettet worden, sondern nur aus einer Not in die andere geraten. »Ihr wisst«, sagte er, »dass die Kinder Israels frohlockten über ihre Errettung aus Ägypten, dann aber gegen den, der sie errettet, gegen Gott selber murrten, als sie in der Wüste kein Brot mehr hatten.«

Seine Warnung war so angemessen und sein Rat so gut, dass ich mit seinem Vorschlag einverstanden war, angetan von seiner Treue. Entsprechend machten wir uns zu viert ans Graben, so gut es mit den hölzernen Spaten, mit denen wir ausgerüstet waren, eben ging, und in Monatsfrist, da gerade die Saatzeit begann, hatten wir so viel Land umgegraben und gereinigt, dass wir 22 Scheffel Gerste und 16 Maß Reis aussäen konnten, mit einem Wort, alles Getreide, das wir erübrigen konnten. Wir behielten nicht einmal genug Gerste für unsere eigene Nahrung zurück in den sechs Monaten, die wir noch auf die neue Ernte warten mussten, das heißt, von der Zeit an gerechnet, wo wir das Saatkorn beiseitelegten; man darf nämlich nicht glauben, dass die Saat in dieser Gegend sechs Monate unter der Erde liegen muss.

Da unsere Gesellschaft nun groß genug und unsere Zahl ausreichend war, um uns die Wilden (sie wären denn in großer Überzahl gekommen) nicht mehr fürchten zu lassen, streiften wir frei durch die Insel, sooft sich eine Gelegenheit dazu bot. Und da wir alle unsere Flucht oder Rettung im Auge hatten, war es uns oder zumindest mir unmöglich, nicht auf Mittel dazu zu sinnen. Zu diesem Zweck markierte ich mehrere Bäume, die ich für unser Werk für geeignet hielt, und ließ sie von Freitag und seinem Vater fällen; dann hieß ich den Spanier, dem ich meine Pläne in dieser Angelegenheit anvertraute, ihre Arbeit zu überwachen und zu leiten. Ich zeigte ihnen, mit welch unendlicher Mühe ich aus einem großen Baum einzelne Bretter gehauen hatte, und ließ sie das Gleiche tun, bis sie etwa ein Dutzend großer Planken aus gutem Eichenholz angefertigt hatten, jede an die zwei Fuß breit, fünfunddreißig Fuß lang und zwischen zwei und vier Zoll dick. Was für eine entsetzliche Plackerei das war, kann sich jeder selber vorstellen.

Zur gleichen Zeit vergrößerte ich meine kleine Herde von zahmen Ziegen, so gut ich nur konnte, und schickte zu diesem Zweck den einen Tag Freitag und den Spanier auf die Jagd, den nächsten Tag ging ich selber zusammen mit Freitag; wir wechselten uns ab, und auf diese Art fingen wir über 20 Kitze, die wir mit den anderen zusammen aufziehen konnten. Sooft wir ein Muttertier schossen, verschonten wir die Jungen und steckten sie zu unserer Herde. Vor allem aber kam jetzt die Zeit, in der die Trauben getrocknet werden mussten, und ich ließ eine so ungeheure Menge in der Sonne aufhängen, dass wir in Alicante, wo die Sonnenrosinen getrocknet werden, sechzig oder achtzig Fässer damit hätten füllen können; zusammen mit dem Brot bildeten die Rosinen ja den Hauptbestandteil unserer Nahrung, keine schlechte Nahrung, wie ich versichern kann, da sie zu ihrem Wohlgeschmack auch noch außerordentlich nahrhaft sind.

Es kam die Ernte, und unser Getreide stand recht gut. Zwar war es nicht der reichste Ertrag, den ich auf dieser Insel erlebt hatte, aber es war jedenfalls so viel, wie wir brauchten. Aus unseren 22 Scheffeln Gerste ernteten und droschen wir ungefähr 220 Scheffel, ähnlich war das Verhältnis beim Reis, sodass wir bis zur nächsten Ernte reichlich zu leben hatten, wären auch alle sechzehn Spanier schon bei mir auf der Insel gewesen; ja, sogar im Falle wir schon reisefertig gewesen wären, hätten wir unser Schiff zur Genüge mit Nahrungsmitteln ausrüsten können, um uns an irgendeinen Ort der Welt oder nach Amerika zu bringen.

Nachdem wir auf diese Art unseren Kornvorrat unter Dach und Fach gebracht hatten, verlegten wir uns aufs Korbflechten und verfertigten große Körbe, um das Korn darin aufzubewahren. Der Spanier war dabei besonders flink und geschickt und hielt mir oft vor, dass ich derlei Flechtwerk nicht auch zur Befestigung verwandt hatte; doch sah ich dazu keine Notwendigkeit.

Nun, da ich für die zu erwartenden Gäste reichlich mit Nahrung ausgerüstet war, gab ich dem Spanier Urlaub für eine Reise nach dem Festland, um zu sehen, was er mit seinen zurückgebliebenen Gefährten anfangen könne. Ich gab ihm den strikten Befehl schriftlich mit, keinen herüberzubringen, der nicht zuerst in seiner und des alten Wilden Gegenwart geschworen hatte, jene auf der Insel befindliche Person, als welche so gütig gewesen, ihnen jemand zu ihrer Befreiung zu schicken, in keinerlei Weise zu schädigen, zu bekämpfen oder anzugreifen, sondern ihr hingegen vielmehr beizustehen und sie gegen alle etwaigen Angriffe zu verteidigen; wo immer sie auch hinfuhren, sollten sie sich überall völlig der Führung dieser Person unterwerfen. Das alles sollte schriftlich aufgesetzt und von ihnen eigenhändig unterzeichnet werden. Wie das geschehen sollte, da sie ja weder Tinte noch Feder hatten, danach fragten wir allerdings nicht.

Mit diesen Anweisungen machten sich der Spanier und der alte Wilde, Freitags Vater, in einem jener Kanus auf den Weg, in dem sie hierhergekommen oder eher von den Wilden zum Fraß hierhergeschleppt worden waren.

Ich gab jedem von ihnen eine Muskete mit Zündstein und Pulver und Blei für acht Ladungen und ermahnte sie, sparsam damit umzugehen und nur im äußersten Notfall davon Gebrauch zu machen.

Alle diese Vorbereitungen traf ich mit Lust, war es doch das Erste, was seit nunmehr 27 Jahren und einigen Tagen im Hinblick auf meine Befreiung geschah. Ich gab ihnen einen Vorrat von Brot und getrockneten Trauben mit, der für sie selber viele Tage, für alle ihre Landsleute ungefähr acht Tage ausreichen sollte; darauf wünschte ich ihnen ein gute Reise und sah sie abfahren, nachdem wir uns noch über ein Signal verständigt hatten, das sie bei ihrer Rückkehr aufhängen sollten und an dem ich sie dann schon in einiger Entfernung erkennen könnte, bevor sie noch an Land gingen.

Bei gutem Wind fuhren sie davon, im Monat Oktober, an dem Tag, da meiner Rechnung nach Vollmond war; was aber die genaue Berechnung der Tage betrifft, so konnte ich sie, nachdem ich sie einmal verloren hatte, nie wiederfinden; nicht einmal die Anzahl der Jahre hatte ich so genau eingetragen, dass ich sicher sein konnte, mich nicht zu täuschen, obwohl sich später bei Prüfung meiner Rechnung ergab, dass ich die Jahre richtig gezählt hatte.

Nicht weniger als acht Tage hatte ich bereits auf sie gewartet, als ein seltsames und unerhörtes Ereignis dazwischenkam, desgleichen man in der Geschichte wohl noch nie vernommen. Denn als ich eines Morgens noch in tiefem Schlaf in meiner Hütte lag, kam mein Diener Freitag zu mir hereingelaufen und brüllte: »Herr, Herr, sie sind kommen, sie sind kommen!«

Ich sprang auf, fuhr, so schnell ich konnte, in meine Kleider, und unbekümmert um jede Gefahr stürzte ich hinaus und durch mein Wäldchen, das sich nebenbei inzwischen zu einem dichten Gehölz ausgewachsen hatte; ich sage, unbekümmert um jede Gefahr stürzte ich hinaus und gegen meine Gewohnheit ganz ohne Waffen. Allein wie erschrak ich, als ich einen Blick aufs Meer hinauswarf und sogleich in etwa eineinhalb Seemeilen Entfernung ein Boot sah, das auf die Küste zuhielt; es hatte ein Gigsegel gesetzt, wie sie das nennen, und eine frische Brise trieb es rasch herein; zugleich merkte ich aber auch, dass es nicht aus der Richtung kam, wo das Festland lag, sondern vom südlichen Ende der Insel her. Sogleich rief ich Freitag herein und hieß ihn sich gut versteckt halten, das wären nicht die Leute, die wir erwarteten, und wir könnten jetzt noch nicht wissen, ob wir Freunde oder Feinde vor uns hätten.

Als Nächstes holte ich mein Perspektiv, um zu sehen, was ich von ihnen zu halten hätte, zog dann die Leiter heraus und stieg mit ihrer Hilfe zum Gipfel des Hügels hinauf, was ich immer tat, wenn etwas meine Besorgnis erregte. Von dort oben konnte man alles viel besser überblicken, ohne selber entdeckt zu werden.

Kaum hatte ich meinen Fuß auf den Gipfel des Hügels gesetzt, als ich ganz deutlich ein Schiff ausmachte, das in einer Entfernung von etwa zweieinhalb Seemeilen südsüdöstlich von mir, aber nicht mehr als anderthalb Seemeilen von der Küste vor Anker lag. Meiner Beobachtung nach schien es sich ganz eindeutig um ein englisches Schiff zu handeln, und auch das Boot erwies sich als ein englisches Beiboot.

Ich kann nicht beschreiben, in welche Verwirrung ich nun geriet. Zwar erweckte der Anblick eines Schiffes, noch dazu eines, von dem ich mit gutem Grund annehmen durfte, dass es von meinen Landsleuten und demnach von Freunden bemannt wäre, eine unaussprechliche Freude in mir; dennoch bedrückten mich heimliche und schwer zu bestimmende Zweifel, die mir rieten, auf der Hut zu sein. Ich fragte mich vor allem, was ein englisches Schiff wohl in diesem Teil der Welt verloren hätte, denn hier vorbei führte kein Hin- oder Rückweg zu irgendeinem Erdenwinkel, wo die Engländer Handel trieben, und ich wusste, es hatte keine Stürme gegeben, die sie in Not gebracht und hierher hätten verschlagen können. Wenn sie wirklich Engländer waren, dann kamen sie höchst wahrscheinlich nicht in guten Absichten an diese Küste; für mich war es in jedem Falle besser zu bleiben, wo ich war, als in die Hände von Dieben und Mördern zu fallen.

Verachte mir niemand die heimlichen Winke und Warnungen vor der Gefahr, die einem manchmal erteilt werden, wenn man vielleicht auch zuerst keine Möglichkeit sieht, wie sie Gestalt annehmen könnten. Dass uns solche Winke und Warnungen erteilt werden, werden wohl nur wenige leugnen, die überhaupt die Dinge um sich beobachten. Auch dass hier bestimmte Botschaften aus einer unsichtbaren Welt und Zeichen von der Verbindung der Geister miteinander vorliegen, ist nicht zu bezweifeln, und da ihr Ziel zu sein scheint, uns vor Gefahr zu warnen, warum sollten wir nicht annehmen, dass solche Winke von einem freundlichen Wesen kommen, sei es nun von höchstem oder von geringem und untergeordnetem Rang, und dass sie uns also zu unserem Besten gegeben werden?

Der gegenwärtige Fall bewies mehr als deutlich die Billigkeit dieser Überlegung, denn hätte mich die heimliche Warnung, sie mochte stammen, woher sie wollte, nicht zur Vorsicht gemahnt, ich wäre unfehlbar verloren gewesen und hätte mich in einer bei Weitem schlechteren Lage befunden als zuvor, wie man sogleich ersehen wird.

Ich hatte nicht lange in meiner Stellung ausgeharrt, da sah ich, wie das Boot sich dem Ufer näherte, als hielten die Menschen Ausschau nach einer Bucht, in die sie zu bequemer Landung hineinrudern könnten. Da sie jedoch nicht weit genug heraufkamen, entdeckten sie die kleine Furt nicht, in der ich früher meine Flöße an Land gebracht, sondern ließen ihr Boot etwa eine halbe Meile von mir entfernt auf den Strand laufen; zu meinem Glück! Sonst wären sie sozusagen gerade vor meiner Haustür gelandet, hätten mich bald aus meiner Burg verjagt und mir vielleicht all mein Hab und Gut geraubt.

Als sie gelandet waren, erkannte ich sie ganz deutlich als Engländer, zumindest die meisten von ihnen; einen oder zwei hielt ich für Holländer, was aber, wie sich später zeigte, ein Irrtum war. Alles in allem waren sie elf Mann, drei davon trugen keine Waffen und waren, wie mir schien, gefesselt; nachdem die ersten vier oder fünf auf den Strand gesprungen waren, holten sie diese drei als Gefangene aus dem Boot. Ich konnte erkennen, wie einer von den dreien in höchst leidenschaftlichen Gebärden flehentliche Bitten ausdrückte, Jammer und Verzweiflung und ganz außer sich schien. Die beiden andern hoben ein ums andere Mal ihre Hände in die Höhe, wie ich ausnehmen konnte, und schienen freilich auch bekümmert, aber nicht in einem solchen Maß wie der erste.

Ich war von diesem Anblick ganz verstört und konnte mir nicht erklären, was das bedeutete. Da rief Freitag mir auf Englisch zu, so gut er es eben verstand: »O Herr! Du siehst, englisch Mann isst Gefangene als gut als wilde Mann.« – »Aber Freitag«, sagte ich, »glaubst du denn im Ernst, dass sie sie fressen werden?« – »Ja«, erwiderte er, »sie werden sie essen.« – »Nein, nein«, entgegnete ich, »ich fürchte, sie wollen sie wahrhaftig umbringen, aber du kannst dich darauf verlassen, dass sie sie nicht fressen werden.«

Inzwischen war mir noch immer nicht klar geworden, was es mit dieser Szene auf sich hatte. Zitternd vor Entsetzen über den bösen Anblick stand ich da und erwartete jeden Augenblick die Ermordung der drei Gefangenen, ja, einmal sah ich einen dieser Schurken schon seinen Arm heben und mit einem Entermesser, wie die Seeleute das nennen, oder einem Schwert zum Streich gegen einen dieser armen Unglücklichen ausholen, jeden Augenblick musste ich fürchten, ihn fallen zu sehen, und darüber wollte das ganze Blut meines Leibes in meinen Adern zu Eis erstarren.

Jetzt wünschte ich mir von Herzen meinen Spanier herbei wie auch den Wilden, der mit ihm gefahren, oder dass ich wenigstens irgendeine Möglichkeit gehabt hätte, mich ungesehen bis auf Schussweite anzuschleichen, um die drei Männer vielleicht zu retten, denn ich sah, dass sie keine Feuerwaffen bei sich trugen. Doch es kam anders, als ich gedacht hatte.

Nachdem ich die empörende Behandlung mit angesehen hatte, die den drei Männern durch die unverschämten Matrosen zuteilgeworden war, beobachtete ich, wie diese Burschen sich nun auf der Insel verstreuten, als wollten sie die Gegend besichtigen. Ich sah nun, dass die drei Männer Freiheit hatten zu gehen, wohin sie nur wollten; sie setzten sich jedoch alle drei sehr nachdenklich auf die Erde nieder und sahen ganz verzweifelt drein.

Das rief mir jene Szene ins Gedächtnis, wie ich selber zum ersten Mal diesen Strand betreten und begonnen hatte, mich umzusehen, wie ich mich für verloren gehalten, wie ich fassungslos um mich geblickt und die ganze

Nacht aus lauter Angst, von wilden Tieren verschlungen zu werden, in einem Baum verbracht hatte.

Gleichwie ich in jener Nacht noch nichts von der Hilfe wusste, die mir dadurch zuteilwerden sollte, dass das Schiff dank der Vorsehung durch Sturm und Flut näher ans Ufer getrieben wurde, sodass ich auf so lange Zeit hin ernährt und erhalten wurde, ebenso wussten auch diese drei unglücklichen, verlassenen Menschen nichts davon, wie sicher ihre Befreiung und Errettung bevorstand, wie nahe sie ihnen war und wie sie wirklich und wahrhaftig schon geborgen waren in eben dem Augenblick, da sie sich für verloren, ihre Lage für verzweifelt hielten.

Ein so kurzes Stück Weges können wir auf dieser Welt nur vor uns sehen und haben daher alle Ursache, freudig dem großen Schöpfer der Welt zu vertrauen, dass er seine Geschöpfe nie völlig in Verlassenheit sinken lässt, dass sie auch im größten Elend noch etwas haben, um dafür dankbar zu sein, dass sie ihrer Befreiung oft näher sind, als sie ahnen, ja dass sie gerade durch jene Dinge gerettet werden, die zu ihrem Untergang zu führen schienen.

Diese Leute waren gerade zur Zeit des höchsten Standes der Flut an Land gekommen, und während sie teils mit den mitgebrachten Gefangenen verhandelten, teils umherschlenderten, um zu erforschen, an welchem Ort sie eigentlich wären, waren sie leichtsinnigerweise so lange geblieben, bis die Flut verlaufen und das Wasser beträchtlich abgeebbt war, sodass ihr Boot nun festsaß.

Sie hatten zwei Burschen im Boot zurückgelassen, die, wie sich's später ergab, ein wenig zu viel Branntwein getrunken hatten und darüber in Schlaf gefallen waren. Als der eine von ihnen indessen früher erwachte als der andere und bemerkte, dass das Boot dergestalt festsaß, dass er's allein nicht bewegen konnte, schrie er nach den Übrigen, die in der Gegend umherschwärmten, worauf sie alle sogleich zum Boot eilten, aber alle miteinander nicht imstande waren, es wieder flottzumachen; denn es war sehr schwer, und der Strand bestand auf dieser Seite aus feinem, feuchtem Sand, fast aus Treibsand.

Als echte Seeleute, die wohl die leichtsinnigsten unter den Menschen sind, gaben sie daher schnell ihre Absicht auf und trollten sich wieder landeinwärts, und ich hörte, wie einer den anderen vom Boot wegrief und laut zu ihm sagte: »Ach was, Jack, lass es doch liegen, es wird schon wieder flott werden bei der nächsten Flut!«, wodurch ich nun in der Frage, welche Landsleute sie nämlich seien, völlige Gewissheit erlangte.

Ich hatte mich die ganze Zeit völlig still verhalten, mich kein einziges Mal weiter aus meiner Burg herausgewagt als bis zu meiner Beobachtungsstelle unfern des Hügelgipfels, und ich war froh bei dem Gedanken, wie wohlverschanzt ich war. Ich wusste, es würde nicht weniger als zehn Stunden dauern, ehe das Boot wieder flott wäre, bis dahin wäre es finster, und ich hätte dann bessere Gelegenheit, ihre Bewegungen zu verfolgen und ihre Gespräche zu belauschen, falls sie welche führten.

Mittlerweile rüstete ich mich in der gewohnten Weise zum Kampf, wenn auch mit größerer Vorsicht als sonst, da ich wusste, dass ich es nun mit einem ganz anderen Feind zu tun hatte. Auch Freitag, den ich zu einem ausgezeichneten Schützen erzogen hatte, befahl ich, sich mit Waffen zu versehen; ich selber nahm zwei Vogelflinten und gab ihm drei Musketen. Meine Erscheinung war in der Tat äußerst grimmig: Ich hatte meinen Furcht einflößenden Mantel aus Bocksfell an, darüber die große Mütze, die ich schon beschrieben, ein großes Schwert an meiner Seite, zwei Pistolen im Gürtel und ein Gewehr auf jeder Schulter.

Mein Plan war, wie gesagt, nichts zu unternehmen, bis es dunkel war. Allein gegen zwei Uhr, zur heißesten Zeit des Tages, merkte ich, dass sie sich alle in den Wäldern verlaufen und wahrscheinlich schlafen gelegt hatten. Die drei armen unglücklichen Männer dagegen, die vor Angst über ihre Zukunft nicht schlafen konnten, saßen etwa eine Viertelmeile von mir entfernt unter dem Laubdach eines großen Baumes, wo sie, wie mir schien, von den anderen nicht gesehen werden konnten.

Daraufhin beschloss ich, mich ihnen zu entdecken und Näheres über ihr Schicksal zu erfahren. Ich machte mich also in dem oben geschilderten Aufzug unverweilt auf den Weg, mein Diener Freitag hielt sich in einiger Entfernung hinter mir, auch er der Waffen wegen so furchterregend wie ich, obwohl er im Ganzen kein so bedrohliches, gespensthaftes Aussehen hatte wie ich.

Ich schlich mich so nahe an sie heran, als es möglich war, ohne entdeckt zu werden, und bevor einer von ihnen mich noch sah, rief ich ihnen laut auf Spanisch zu: »Gentlemen, wer seid Ihr?«

Auf diesen Laut hin fuhren sie auf, erschraken aber noch zehnmal mehr über meinen Anblick und meine ungeschlachte Erscheinung. Sie antworteten mit keiner Silbe, sondern machten, wie ich zu bemerken meinte, Anstalten, vor mir zu fliehen; darauf redete ich sie auf Englisch an und sagte: »Gentlemen, entsetzt Euch nicht vor mir! Vielleicht ist ein Freund Euch näher, als Ihr denkt.« – »Den müsste uns der Himmel selbst gesandt haben«, sagte einer von ihnen mit tiefem Ernst zu mir und nahm gleichzeitig den Hut vor mir ab, »denn menschliche Hilfe kann uns hier nicht mehr erreichen.« – »Alle Hilfe kommt vom Himmel, Herr«, erwiderte ich. »Aber wollet doch einem Fremden sagen, wie Euch zu helfen wäre, denn wie mir scheint, seid Ihr in großem Unglück. Ich sah Euch bei Eurer Landung, sah, wie Ihr jene Flegel, die Euch begleitet, um Gnade anzuflehen schient und wie einer darauf sein Schwert hob, um Euch zu töten.«

Tränen liefen ihm über sein Gesicht herunter, und zitternd und in höchster Bestürzung versetzte der arme Mann: »Rede ich mit Gott oder mit einem Menschen! Ist es ein wirklicher Mensch oder ein Engel?« – »Darüber seid ganz unbesorgt, mein Herr«, sagte ich, »denn hätte Gott einen Engel zu Eurer Befreiung gesandt, er käme wohl in besseren Kleidern und anderen Waffen, als Ihr hier an mir seht; ich bitte Euch, legt Eure Furcht ab, ich bin ein Mensch, ein Engländer, und, wie Ihr seht, bereit, Euch zu helfen. Ich habe nur einen Diener, aber wir haben Waffen und Munition. Sagt mir freiheraus: Wie können wir Euch helfen? Wie ist Eure Geschichte?«

»Unsere Geschichte«, versetzte er, »mein Herr, ist zu lang, als dass wir sie erzählen könnten, da unsere Mörder so nahe. Doch kurz gesagt, mein Herr, ich war der Kommandant dieses Schiffs, und meine Männer haben gegen mich gemeutert; mit knapper Not nur ließen sie sich davon abbringen, mich zu ermorden. Schließlich haben sie mich und diese beiden Männer, der eine mein Steuermann, der andere ein Passagier, an diesem verlassenen Ort ausgesetzt, wo wir nichts als den Tod vor uns sahen, da wir die Insel für unbewohnt hielten, und noch jetzt nicht wissen, was wir davon denken sollen.«

»Wo sind diese Schurken, Eure Feinde«, fragte ich, »wisst Ihr, wohin sie gegangen sind?« – »Dort liegen sie«, versetzte er und zeigte dabei auf ein Dickicht von Bäumen, »und das Herz bebt mir aus Furcht, sie möchten uns gesehen und Euch sprechen gehört haben; wenn dem nämlich so ist, so werden sie uns unfehlbar alle ermorden.«

»Haben sie irgendwelche Feuerwaffen?«, fragte ich. Er antwortete, sie hätten nur zwei Flinten, und eine davon sei im Boot liegen geblieben. »Gut denn«, erwiderte ich, »überlasst das Übrige nur mir; ich sehe, dass sie alle schlafen, und so ist es ein Leichtes, sie alle zu töten; oder sollen wir sie lieber gefangen nehmen?« Darauf sagte er, es wären zwei ganz verwegene Burschen darunter, welchen Gnade zu erweisen nicht ratsam sei; wären aber einmal diese beiden beiseitegeschafft, so glaubte er, dass die anderen sich auf ihre Pflicht besinnen würden. Ich fragte ihn, welches die beiden wären. Er antwortete, er könnte sie mir auf diese Entfernung nicht beschreiben; er würde aber meinen Befehlen in allen Stücken gehorchen.« – »Gut«, sagte ich, »so wollen wir uns aus ihrem Gehör- und Gesichtskreis zurückziehen, damit wir sie nicht wecken, und alsdann weiter beratschlagen.« Darauf gingen sie bereitwillig mit mir zurück, bis der Wald uns vor ihnen verbarg. »Seht, mein Herr«, sagte ich, »wenn ich mich für Eure Befreiung verwende, seid Ihr dann bereit, auf zwei Bedingungen einzugehen?« Er kam meinen Vorschlägen jedoch zuvor und sagte, dass beides, er und das Schiff, wäre es nur wieder zurückerobert, gänzlich und in allen Punkten nur meinem Willen und Befehl unterworfen sein sollten; könnten wir das Schiff nicht zurückerobern, so wolle er doch mit mir leben und sterben, in welchen Teil der Welt ich ihn auch schicken würde; die beiden anderen Männer versprachen das Gleiche.

»Gut«, sagte ich, »ich habe nur zwei Bedingungen: erstens, dass Ihr Euch, solange Ihr auf dieser Insel mit mir seid, keinerlei Befehlsgewalt anmaßt; wenn ich Waffen in Eure Hände gebe, so sollt Ihr sie mir jederzeit wieder ausliefern, weder mir selbst noch dem Meinigen auf dieser Insel Schaden zufügen und Euch in dieser Zeit völlig unter meinen Befehl stellen. Zweitens, dass Ihr, wenn Ihr das Schiff jetzt oder in Zukunft zurückerobert, mich und meinen Diener Freitag unentgeltlich nach England bringt.«

Darauf gab er mir alle Versicherungen, die Erfindung und Aufrichtigkeit eines Mannes nur ersinnen könne, dass er diese höchst billigen Forderungen erfüllen würde, mir überdies sein Leben zu danken hätte und dies bei jeder Gelegenheit bezeugen wollte, solange er lebte.

»Nun gut«, sagte ich, »hier sind drei Musketen für Euch, daneben Pulver und Blei; was meint Ihr, was jetzt als Nächstes geschehen soll?« Darauf bezeugte er mir auf jede mögliche Weise seine Dankbarkeit, wollte sich im Übrigen aber ganz meiner Führung unterwerfen. Ich antwortete ihm, dass meiner Meinung nach jede Unternehmung gefährlich, dass aber das beste Mittel, auf das ich denken könnte, dies wäre, auf sie zu schießen, so wie sie dalägen; würde einer bei der ersten Salve nicht getötet und wollte sich ergeben, so könnte man ihn pardonieren und es im Übrigen der göttlichen Vorsehung anheimstellen, wie sie den Schuss lenke.

Darauf antwortete er recht bescheiden, er würde sie, ließe es sich vermeiden, nur ungern töten; zwei von ihnen seien allerdings unverbesserliche Bösewichte, ja die Anstifter der ganzen Meuterei auf dem Schiff, und sollten sie entkommen, so sei es erst recht um uns geschehen; denn sie würden an Bord zurückkehren, die ganze Kompanie herholen und uns alle vernichten. »Wohlan«, erwiderte ich, »die Notwendigkeit rechtfertigt meinen Plan, denn das ist der einzige Weg, um unser Leben zu erhalten.« Da ich jedoch bemerkte, dass er noch immer davor zurückschreckte, Blut zu vergießen, sagte ich ihm, sie möchten doch selber hingehen und tun, was sie für das Richtige hielten.

Mitten in diesem Gespräch hörten wir, wie einige von den Männern erwachten, und gleich darauf sahen wir auch schon zwei auf den Beinen. Ich fragte ihn, ob die beiden jene Männer wären, die seinem Bericht nach die Meuterei angeführt hatten. Nein, sagte er. »Nun gut denn«, versetzte ich, »so mögt Ihr sie immer laufen lassen, die Vorsehung scheint sie in der Absicht geweckt zu haben, sie zu retten. Wenn aber jetzt«, fuhr ich fort, »die Übrigen entwischen, dann ist's Eure Schuld.«

Hierdurch ermutigt, nahm er die Muskete, die ich ihm gegeben hatte, zur Hand, steckte eine Pistole in seinen Gürtel, und seine beiden Gefährten taten desgleichen, sodass nun jeder ein Gewehr in der Hand hatte. Seine beiden Begleiter, die vorausgingen, verursachten dabei einiges Geräusch, worauf einer der Meuterer, der wach lag, sich umdrehte, und als er sie kommen sah, laut nach den anderen rief. Aber da war es schon zu spät; im gleichen Augenblick, da er zu schreien begann, schossen sie, ich meine die beiden Männer, während der Kapitän selber seinen Schuss klüglich noch aufsparte. Sie hatten auf die Anführer der Meuterer so gut gezielt, dass der eine von ihnen auf der Stelle getötet, der andere schwer verwundet wurde. Da er aber nicht tot war, sprang er auf die Füße und rief die anderen laut zu Hilfe. Doch der Kapitän trat zu ihm hin und kündigte ihm an, nun sei es zu spät, nach Hilfe zu rufen, er solle lieber Gott um Vergebung seiner Schurkereien anflehen, und mit diesen Worten schlug er ihn mit dem Kolben seiner Muskete nieder, dass ihm das Reden für immer verging. Noch waren ihrer drei vorhanden, einer davon ebenfalls leicht verwundet. Inzwischen war aber auch ich hinzugekommen, und da sie die Gefahr erkannten und sahen, dass jeder Widerstand nutzlos war, baten sie um Gnade. Der Kapitän sagte, er wolle ihnen das Leben schenken, falls sie ihm die Versicherung gäben, dass sie den Verrat, dessen sie sich schuldig gemacht, von Herzen bereuten und gelobten, ihm bei der Rückeroberung des Schiffes beizustehen und hernach mit dem Schiff nach Jamaika zu segeln, von wo sie gekommen waren. Sie gaben ihm jede Versicherung ihrer Aufrichtigkeit, die man sich nur wünschen konnte, und der Kapitän war willens, ihnen zu glauben und das Leben zu schenken, wogegen ich nichts einzuwenden hatte, nur bestand ich darauf, dass sie, solange sie auf der Insel waren, an Händen und Füßen gebunden bleiben sollten.

Unter diesen Verhandlungen hatte ich Freitag zusammen mit dem Steuermann zu dem Boot geschickt mit dem Befehl, sich seiner zu bemächtigen und ihm die Ruder und Segel wegzunehmen, was sie auch taten; nach und nach kamen auf die Schüsse hin noch drei andere Matrosen zurück, die sich (zu ihrem Glück) von den anderen getrennt hatten und allein herumgestreift waren, und als sie den Kapitän, der zuerst ihr Gefangener gewesen war, nun als Sieger vor sich sahen, ließen auch sie sich binden, und damit war unser Sieg vollkommen.

Nun blieb noch übrig, dass der Kapitän und ich uns einer mit des anderen Umständen bekannt machten. Ich begann als Erster und erzählte ihm meine ganze Geschichte, die er mit größter Aufmerksamkeit und Verwunderung anhörte, besonders der wunderbaren Art und Weise wegen, in der ich mit Lebensmitteln und Munition versorgt worden, wie denn in der Tat meine Geschichte eine einzige Kette von Wundern ist. Er war von meiner Erzählung tief bewegt; doch als er danach an sich selber dachte und wie ich allem Anschein nach gerade dazu hier erhalten worden sei, um sein Leben zu retten, da flossen ihm die Tränen übers Gesicht, und er brachte kein Wort mehr heraus.

Sobald unsere Unterredung dergestalt zu Ende gekommen war, führte ich ihn und seine beiden Männer in meine Wohnung (und zwar den Weg, den ich herausgekommen war, also über den Gipfel des Hügels), wo ich sie mit Essen und Trinken, so gut ich's eben hatte, erfrischte und ihnen alle Einrichtungen zeigte, die ich während meines langen, langen Aufenthalts an diesem Ort angefertigt hatte.

Alles, was ich ihnen vorführte und berichtete, versetzte sie in das größte Erstaunen. Der Kapitän bewunderte besonders meine Befestigungsanlage und wie vollkommen ich meinen Zufluchtsort in einem Gehölz aus Bäumen versteckt, die vor nun nahezu zwanzig Jahren gepflanzt worden; denn da die Bäume hier viel schneller wuchsen als in England, war ein kleiner Wald daraus geworden, so dicht, dass er überall völlig undurchdringlich war außer an einer Seite, wo ich mir einen kleinen, gewundenen Pfad frei gehalten hatte. Ich sagte ihm, dies sei meine Burg und Residenz, ich hätte aber wie die meisten Fürsten auch noch einen Landsitz, um mich im Notfall dahin zu retirieren; den würde ich ihm ein anderes Mal ebenfalls zeigen; im Augenblick aber sei unsere vordringlichste Aufgabe, die Rückgewinnung des Schiffes zu überlegen. Er stimmte mir darin völlig zu, gestand aber zugleich, er wisse sich durchaus keinen Rat, wie wir das anfangen sollten; noch wären 26 Mann an Bord, welche, da sie alle dieser gemeinen Verschwörung angehört, vor dem Gesetz ihr Leben verwirkt hätten; die Verzweiflung würde sie sicherlich verhärten und dazu bringen, ihr Spiel weiterzutreiben, weil sie wohl wüssten, dass ihnen, würden sie bezwungen, der Galgen gewiss sei, sobald sie England oder eine der englischen Kolonien erreicht hätten; aus diesem Grund scheine es durchaus nicht ratsam, sie mit einer so kleinen Zahl, wie wir es waren, anzugreifen.

Ich ließ mir seine Worte eine Weile durch den Kopf gehen und fand sie sehr vernünftig; es musste also schleunigst ein Entschluss gefasst werden, um erstens die Männer an Bord in eine überraschende Falle zu locken, wie sie auch zweitens daran zu hindern, dass sie hier landeten und uns vernichteten. Dabei kam mir sogleich der Gedanke, dass die Schiffsmannschaft, verwundert darüber, was aus ihren Kameraden und dem Boot wohl geworden sei, unfehlbar in kurzer Zeit in ihrem anderen Boot an Land kommen würde, um nach ihnen zu suchen, dabei würden sie wohl auch Waffen mitbringen und wären dann vielleicht zu stark für uns; das hielt auch der Kapitän für durchaus wahrscheinlich.

Darauf erklärte ich ihm, unsere nächste Aufgabe musste es sein, das am Strand liegende Boot leck zu schlagen, damit sie nicht damit wegfahren könnten; wenn wir dann alles herausgenommen hätten, könnte es ruhig liegen bleiben, weil es dann doch nicht mehr zum Schwimmen taugte. Also gingen wir zum Boot, nahmen die Waffen heraus, die an Bord geblieben, sowie alles, was wir sonst noch fanden, nämlich eine Flasche Branntwein, eine Flasche Rum, etwas Schiffszwieback, ein Horn voll Pulver und einen großen, fünf oder sechs Pfund schweren Klumpen Zucker, eingewickelt in ein Stück Leinwand; das alles war mir sehr willkommen, besonders der Branntwein und der Zucker, den ich schon viele Jahre nicht mehr gehabt hatte.

Nachdem wir alle diese Sachen an Land getragen (Ruder, Mast, Segel und Steuer hatten wir, wie gesagt, bereits aus dem Boot geholt), schlugen wir ein großes Loch in den Boden, damit sie, auch wenn sie stark genug wären, uns zu überwältigen, doch nicht mit dem Boot wegfahren könnten.

Es wollte mir, um die Wahrheit zu sagen, nicht recht einleuchten, wie wir imstande sein sollten, das Schiff zu erobern; mein Plan war vielmehr, dass wir, wenn sie ohne das Boot abfuhren, dieses ohne Zweifel wieder so weit zurechtmachen konnten, um damit nach den in Lee gelegenen Inseln zu fahren und unterwegs bei unseren Freunden, den Spaniern, vorzusprechen, deren Schicksal mir bestimmt vor Augen stand.

Nachdem wir auf diese Art unsere Vorkehrungen getroffen und zunächst mit großer Anstrengung das Boot so weit auf den Strand gezogen hatten, dass es von der Flut auch beim Höchststand nicht weggeschwemmt werden konnte, und nachdem wir außerdem ein Loch in den Boden geschlagen hatten, das sich so geschwind nicht wieder zustopfen ließ, setzten wir uns hin und berieten, was weiter geschehen sollte. Da hörten wir das Schiff ein Geschütz abfeuern und sahen, wie am Flaggenstock einen Wimpel gehisst wurde, zum Zeichen für das Boot, es möge zum Schiff zurückkommen; sie setzten vorerst kein Boot aus, feuerten aber noch mehrere Male und gaben dem Boot noch verschiedene andere Signale.

Als schließlich all ihr Feuern und Signalisieren umsonst blieb und auch kein Boot sich zeigte, sahen wir durch unsere Ferngläser, dass sie ein anderes Boot aussetzten und auf die Küste zuruderten; als sie näher kamen, erkannten wir, dass nicht weniger als zehn Männer im Boot waren, alle mit Feuerwaffen ausgerüstet.

Da das Schiff fast zwei Seemeilen vom Land entfernt war, konnten wir sie gut heranrudern sehen und die einzelnen Männer, ja sogar ihre Gesichter deutlich erkennen; die Flut hatte sie ein wenig östlich von dem anderen Boot abgetrieben, sie ruderten deshalb unter der Küste hin, um zu jener Stelle zu gelangen, wo die anderen gelandet und wo das andere Boot jetzt lag.

Auf diese Art konnten wir sie, wie gesagt, in aller Ruhe beobachten, der Kapitän konnte Person und Charakter eines jeden Mannes im Boot genau bezeichnen, und er meinte, es seien drei ganz ehrliche Burschen darunter, von denen er mit Sicherheit annehme, dass sie von den übrigen durch Drohungen und Einschüchterungen zur Meuterei verleitet worden seien.

Der Hochbootsmann dagegen, dem Anschein nach jetzt der Rangoberste unter ihnen, und alle übrigen seien so schlimm wie nur irgendeiner aus der übrigen Besatzung und ohne Zweifel zur äußersten Waghalsigkeit in ihrem neuen Unternehmen entschlossen; und der Kapitän war darum sehr besorgt, sie möchten zu stark für uns sein.

Ich lächelte ihm zu und sagte, dass Männer in unserer Lage über jede Wirkung der Furcht schon hinaus seien, da fast jeder Zustand, in den wir geraten könnten, besser sei als der, in dem wir uns jetzt fanden. So dürften wir hoffen, dass der Ausgang, sei es Tod oder Leben, in jedem Fall eine Befreiung darstelle. Ich fragte ihn, was er denn von meinen gegenwärtigen Lebensumständen halte und ob die Befreiung daraus nicht einiges Wagnis wert sei? »Und wo, mein Herr«, fuhr ich fort, »ist jetzt Euer Glaube, ich sei eigens dafür hier erhalten worden, um Euer Leben zu retten? Ich meinesteils«, sagte ich, »sehe nur eine Ungelegenheit in der ganzen Sache.« – »Und die wäre?«, fragte er. »Dass«, erwiderte ich, »wie Ihr sagt, drei oder vier ehrliche Burschen unter ihnen sind, die verschont werden sollten. Hätten sie alle zu den verruchten Aufwieglern Eurer Mannschaft gehört, so hätte ich geglaubt, die göttliche Vorsehung habe sie ausgesondert, um sie in unsere Hände fallen zu lassen. Denn verlasst Euch darauf, jeder Mann, der von ihnen hier landet, ist uns auf Leben und Tod ausgeliefert, je nachdem er sich uns gegenüber verhält.«

Da ich meine Worte mit erhobener Stimme und zuversichtlichem Blick gesprochen hatte, merkte ich, dass sie ihm wieder Mut machten, also gingen wir beherzt ans Werk. Sobald wir das Boot vom Schiff hatten abstoßen sehen, waren wir darangegangen, unsere Gefangenen voneinander zu trennen, und hatten sie auch tatsächlich an gänzlich abgesicherte Orte gebracht.

Zwei von ihnen, denen der Kapitän am wenigsten traute, sandte ich mit Freitag und einem der drei befreiten Männer zu meiner Höhle, wo sie weit genug entfernt waren, um weder gehört noch entdeckt zu werden; und selbst wenn sie sich selber befreit hätten, konnten sie nicht aus dem Wald herausfinden. Hier ließen sie sie gebunden zurück, gaben ihnen aber Mundvorrat und versprachen, ihnen, falls sie sich weiterhin ruhig verhielten, in ein oder zwei Tagen die Freiheit zu geben; sollten sie aber einen Fluchtversuch wagen, so sollte sie das ohne Gnade den Hals kosten. Sie gelobten jedoch aufrichtig, ihr Gefängnis mit Geduld zu ertragen, und waren sehr dankbar, dass man ihnen so nützliche Dinge wie Lebensmittel und Licht überlassen hatte; Freitag gab ihnen nämlich zum Trost ein paar Kerzen (solche, wie wir sie selber herstellten), und sie glaubten nicht anders, als dass er am Eingang stehe und Schildwache halte.

Die anderen Gefangenen hatten es noch besser. Zwei von ihnen waren freilich auch gefesselt, weil der Kapitän ihnen nicht ganz traute; die beiden anderen aber wurden auf des Kapitäns Empfehlung in meine Dienste genommen, nachdem sie zuvor feierlich gelobt hatten, mit uns zu leben und zu sterben. Also waren wir mit ihnen und den drei ehrlichen Männern unserer sieben, alle wohlbewaffnet, und ich zweifelte nicht daran, dass wir es sehr wohl mit den zehn Ankömmlingen aufnehmen konnten, zumal der Kapitän versichert hatte, dass auch unter ihnen noch drei oder vier anständige Burschen sich befanden.

Sobald sie die Stelle erreicht hatten, wo das andere Boot lag, zogen sie das ihrige auf den Strand und gingen alle an Land, was ich mit Vergnügen beobachtete; denn ich hatte gefürchtet, sie würden vielleicht in einiger Entfernung von der Küste mit dem Boot vor Anker gehen und ein paar Leute als Wache darin lassen, sodass wir uns seiner schwerlich bemächtigen könnten.

Sie waren noch kaum an Land, da liefen sie als Erstes alle zu dem anderen Boot, und man konnte ihnen leicht ihre Bestürzung ansehen, als sie das Boot, wie oben beschrieben, von allem geplündert fanden, was darin gewesen, und in seinem Boden ein großes Loch entdeckten. Nachdem sie eine Weile darüber gebrütet hatten, stießen sie zwei oder drei laute Schreie aus und brüllten dann aus vollem Hals, um zu sehen, ob ihre Kameraden sie nicht hörten; aber umsonst. Darauf stellten sie sich alle eng in einem Kreis auf und feuerten aus ihren Pistolen eine Salve ab, die wir in der Tat sehr gut hörten, da die Wälder von ihrem Echo widerhallten. Aber es war alles eins, denn wir waren sicher, dass jene in der Höhle nichts hören konnten, und die, die mit uns waren, sie zwar sehr gut hörten, aber nicht wagten, Antwort zu geben.

Über diese Wendung der Dinge waren sie dermaßen bestürzt, dass sie, wie sie uns später erzählten, beschlossen, alle wieder an Bord ihres Schiffes zu gehen und dort zu berichten, die Männer seien ermordet und die Schaluppe in Stücke geschlagen; sie brachten ihr Boot also unverzüglich zu Wasser und begaben sich alle wieder an Bord.

Darüber geriet nun der Kapitän in höchste Verwirrung, ja ganz außer sich, denn er glaubte nicht anders, als dass sie an Bord des Schiffes sogleich unter Segel gehen und ihre Kameraden verloren geben würden, und er möchte so wohl um sein Schiff kommen, das er noch immer wiederzugewinnen hoffte; allein im nächsten Augenblick schon musste er das Gegenteil ebenso sehr, wenn nicht mehr fürchten.

Sie waren nämlich noch nicht lang abgefahren, da sahen wir sie alle wieder zurückkommen, nur dass sie jetzt anscheinend andere Maßnahmen unter sich ausgemacht und beschlossen hatten, nämlich drei Mann im Boot zu lassen, während die übrigen an Land und weiter in die Insel hineingehen sollten, um nach ihren Gefährten zu suchen.

Das war für uns eine herbe Enttäuschung, und wir wussten nicht, was wir jetzt anfangen sollten. Es würde uns nämlich gar nichts einbringen, die sieben Mann an Land zu ergreifen; denn wenn wir dabei das Boot entkommen ließen, würden die Männer im Boot zum Schiff rudern und die andern sicherlich den Anker lichten und unter Segel gehen, sodass wir jede Hoffnung preisgeben müssten, das Schiff je zu erobern.

Allein es blieb uns nichts anderes übrig, als abzuwarten und zu sehen, was für ein Ende unser Abenteuer nehmen würde. Die sieben Mann gingen an Land, die drei übrigen, die im Boot blieben, stießen es ein ziemliches Stück vom Ufer ab und legten sich draußen vor Anker, um auf die anderen zu warten; damit war es für uns unmöglich, an die Leute im Boot heranzukommen.

Die Meuterer, die an Land gegangen waren, hielten sich dicht beieinander und marschierten auf den Gipfel des kleinen Hügels zu, unter dem meine Behausung lag; wir konnten sie ganz deutlich sehen, sie uns dagegen nicht. Es wäre uns nun sehr lieb gewesen, wären sie entweder noch näher gekommen, sodass wir auf sie hätten schießen können, oder hätten sie sich weiter entfernt, sodass auch wir aus unserem Winkel herausgekonnt hätten.

Als sie den Gipfel des Hügels erreichten, von wo aus sie weit hinein in die Täler und Wälder blicken konnten, die gegen den nordöstlichen, niedrigsten Teil der Insel lagen, da schrien und brüllten sie, bis sie müde waren. Weil sie sich dem Anschein nach weder weit vom Strand noch weit voneinander zu entfernen wagten, setzten sie sich dann alle miteinander unter einen Baum, um zu beratschlagen. Hätten sie sich, wie die andere Partie vor ihnen, zum Schlafen niedergelegt, so wäre unsere Sache einfach gewesen; so aber hatten sie zu viel Angst vor einer drohenden Gefahr, von der sie doch nicht einmal hätten sagen können, worin sie eigentlich bestand.

Während wir sie derart beratschlagen sahen, machte der Kapitän mir einen sehr vernünftigen Vorschlag: Wir sollten uns nämlich, wenn sie vielleicht eine weitere Salve abfeuern würden, damit ihre Kameraden sie hörten, in genau dem Augenblick alle auf sie stürzen, da sie alle ihre Munition verschossen hätten; sie würden sich dann gewiss ergeben, und wir könnten sie ohne jedes Blutvergießen gefangen nehmen. Der Vorschlag gefiel mir nicht übel, immer vorausgesetzt, sie feuerten erst, wenn wir nahe genug waren, um ihnen über den Hals zu kommen, ehe sie ihre Gewehre von Neuem laden konnten.

Doch nichts dergleichen geschah, und wir lauerten eine lange Weile und wussten uns keinen Rat. Endlich sagte ich zu ihnen, wir könnten meiner Ansicht nach vor Einbruch der Nacht nichts unternehmen; sollten sie dann nicht zum Boot zurückkehren, so könnten wir vielleicht Mittel und Wege finden, um zwischen sie und den Strand zu kommen; auch könnten wir dann eine List anwenden, um die im Boot befindlichen Matrosen an den Strand zu locken. Lange Zeit warteten wir ungeduldig auf ihren Aufbruch, und es war uns gar nicht wohl bei der Sache; endlich sahen wir, wie sie nach langen Beratungen alle aufsprangen und zum Wasser hinuntermarschierten. Anscheinend bedrückte sie eine derart große Angst vor den unbekannten Gefahren der Insel, dass sie beschlossen, wieder an Bord des Schiffes zu gehen, ihre Gefährten für verloren zu geben und auf ihrer geplanten Route weiterzufahren.

Sowie ich merkte, dass sie auf den Strand zuhielten, durchschaute ich den wahren Sachverhalt, dass sie nämlich ihre Suche aufgegeben hatten und sich auf den Rückweg zum Schiff machten. Als ich dem Kapitän meine Ansicht mitteilte, wäre er vor Schreck beinahe in Ohnmacht gefallen; doch in diesem Augenblick kam mir eine List, wie wir sie wieder zurücklocken könnten, in den Sinn, die auf das Vortrefflichste zu unseren Plänen stimmte.

Ich befahl Freitag und dem Steuermann des Kapitäns, über die kleine Bucht nach Westen bis zu der Stelle zu gehen, wo die Wilden damals bei Freitags Rettung gelandet waren; sobald sie nun in etwa einer halben Meile Entfernung eine kleine Anhöhe erreichten, sollten sie »Hallo!« brüllen, so laut sie nur konnten, und dort warten, bis sie merkten, dass die Meuterer sie gehört hatten. Sobald sie eine Antwort der Matrosen vernommen, sollten sie den Ruf zurückgeben und dann sich versteckt halten, eine Runde machen, immer auf die Rufe der Matrosen antworten, sie dabei so weit als möglich ins Innere der Insel und in die Wälder locken und sich schließlich auf Wegen, die ich ihnen bezeichnete, wieder zu mir durchschlagen.

Die Matrosen waren gerade dabei, ins Boot zu steigen, als Freitag und der Steuermann ihr Geschrei erhoben; sie hörten sie sogleich und gaben Antwort, liefen den Strand entlang nach Westen den Stimmen entgegen, die sie hörten. Sie waren jedoch von dem Bach aufgehalten, und da die Flut hoch stand, konnten sie nicht hinüber; sie riefen daher nach dem Boot, es solle kommen und sie übersetzen, wie ich es dann in der Tat erwartet hatte.

Als sie übergesetzt waren, beobachtete ich, dass das Boot eine ziemliche Strecke flussaufwärts fuhr, sozusagen bis zu einem kleinen Binnenhafen, und dass sie einen der drei Männer aus dem Boot holten und mit ihnen gehen hießen, im Boot selber aber, das sie an dem Stumpf eines kleinen Baumes am Ufer festgemacht hatten, nur zwei Mann beließen.

Das war es, was ich mir gewünscht hatte; augenblicklich überließen wir Freitag und den Steuermann des Kapitäns ihrem Geschäft, die Übrigen nahm ich mit mir, wir überquerten den Bach, ohne dass die beiden uns sahen, und überraschten sie, ehe sie uns gewahr wurden. Der eine lag am Ufer, der andere saß im Boot; der Bursche am Ufer versuchte zwischen Schlafen und Wachen, auf die Füße zu kommen, aber der Kapitän als der Vorderste von uns sprang auf ihn zu und schlug ihn nieder, und dann rief er dem im Boot Gebliebenen zu, er möge sich ergeben oder er sei ein toter Mann.

Es bedurfte nicht vieler Worte, um einen Einzelnen dazu zu überreden, wenn er fünf Mann über sich kommen und seinen Kameraden schon am Boden liegen sah; außerdem war dieser anscheinend einer von den dreien, die nicht so aus ganzem Herzen an der Meuterei teilgenommen hatten wie die übrige Mannschaft. Es war darum ein Leichtes, ihn nicht nur zur Ergebung zu überreden, sondern auch dazu, sich hernach ehrlich auf unsere Seite zu schlagen.

Mittlerweile hatten Freitag und der Steuermann des Kapitäns ihre Sache mit den anderen so gut gemacht, dass sie sie mit Rufen und Antworten von einem Hügel zum anderen, von einem Gehölz ins nächste gelockt hatten, bis sie sie nicht nur rechtschaffen ermattet, sondern auch in eine Gegend verschleppt hatten, von wo aus sie mit Sicherheit das Boot nicht vor Einbruch der Dunkelheit erreichen konnten. Tatsächlich waren auch unsere beiden Männer rechtschaffen müde, als sie zu uns zurückkamen.

Jetzt brauchten wir nichts anderes zu tun, als im Finstern auf sie zu warten und dann über sie herzufallen, um kurzen Prozess zu machen.

Mehrere Stunden nach Freitags Eintreffen bei uns kamen sie erst wieder zu ihrem Boot zurück. Lang bevor sie noch zu uns kamen, hörten wir schon, wie die Vordersten den Letzten zuriefen, sie sollten nachkommen, wir hörten auch, wie diese antworteten und klagten, wie lahm und müde sie seien, nicht imstande, schneller zu gehen, was denn für uns willkommene Zeitung war.

Zu guter Letzt erreichten sie ihr Boot; unmöglich aber lässt sich ihre Bestürzung beschreiben, als sie das Boot im Bach festsitzen sahen, das Wasser abgelaufen und ihre zwei Männer verschwunden. Wir konnten sie hören, wie sie einander in größtem Jammer zuriefen und einer dem anderen klagte, sie seien auf eine verhexte Insel geraten; entweder lebten Einwohner hier, dann würden sie alle umgebracht, oder aber es gäbe Teufel und Geister auf dieser Insel, und dann würden sie alle hinweggehen und verschlungen.

Wieder und wieder schrien sie und riefen ihre beiden Kameraden beim Namen, aber keine Antwort kam. Nach einiger Zeit konnten wir sie sehen, wie sie im Dämmerlicht herumliefen und ihre Hände rangen wie Männer in äußerster Verzweiflung; bisweilen gingen sie hin und setzten sich ins Boot, um auszuruhen, dann eilten sie wieder ans Ufer und gingen dort auf und ab, und so immerzu von vorn.

Meinen Leuten wäre es am liebsten gewesen, hätte ich ihnen erlaubt, sie jetzt gleich im Dunkeln zu überfallen; aber ich wollte meinen Vorteil abpassen, damit ich sie schonen konnte und nur so wenige als irgend möglich töten musste; vor allem wollte ich nicht riskieren, dass einer von unseren Männern getötet würde; denn wie ich wusste, waren die Meuterer wohlbewaffnet. Ich beschloss also, abzuwarten und zu sehen, ob sie sich nicht trennen wollten; um ihrer ganz sicher zu sein, zog ich meinen Hinterhalt enger um sie und befahl Freitag und dem Kapitän, auf ihren Händen und Füßen ganz nahe am Boden zu kriechen, damit sie nicht entdeckt würden, und ja kein Feuer auf sie zu geben, bevor sie nicht so nahe als überhaupt möglich an sie herangekommen waren.

Sie hatten nicht lang in dieser Stellung verharrt, als schon der Bootsmann, der Hauptprädelsführer der Meuterei, der sich jetzt aber als der größte und jämmerlichste Hasenfuß von allen erwies, mit zwei anderen aus der Mannschaft auf sie zuging. Als der Kapitän nun den größten Bösewicht derart in seine Hand gegeben sah, brannte er darauf, ihn anzugreifen, und hatte kaum Geduld genug, um ihn so dicht heranzulassen, bis er seiner ganz sicher war, denn sie hatten ihn bisher nur an der Sprache erkannt; als sie jedoch näher heran waren, richteten der Kapitän und Freitag sich auf und gaben Feuer.

Der Bootsmann wurde auf der Stelle getötet, der Nächste war in den Leib geschossen und fiel neben ihm hin, starb aber erst ein oder zwei Stunden später, und der Dritte gab Fersengeld.

Auf den Knall der Schüsse rückte ich augenblicklich mit meiner gesamten Armee vor, die nun aus acht Mann bestand, nämlich mir selber als dem Generalissimus, Freitag als meinem Generalleutnant, dem Kapitän und seinen zwei Männern sowie den drei Kriegsgefangenen, denen wir Waffen anvertraut hatten.

Da wir sie im Dunkeln überfielen, konnten sie unsere Anzahl nicht erkennen; ich hieß den Mann, den sie im Boot zurückgelassen und der nun einer von uns war, sie mit Namen anrufen, um zu sehen, wie man sie zum Parlamentieren und dazu bringen konnte, unsere Bedingungen anzunehmen, und es ging alles wie gewünscht: Denn man kann sich leicht vorstellen, dass Leute in ihrem Zustand bereitwillig kapitulieren würden. Der Mann rief also, so laut er konnte, einen von ihnen an: »Tom Smith! Tom Smith!« Sofort rief Tom Smith zurück: »Wer da? Robinson?«, denn er schien ihn an der Stimme erkannt zu haben. Darauf der andere: »Aye, aye, um Gottes willen, Tom Smith, werft eure Waffen hin und ergebt euch, oder ihr seid alle augenblicklich des Todes!«

»Wem müssen wir uns ergeben? Wo sind sie?«, rief Smith wieder. »Hier sind sie«, versetzte unser Mann darauf, »hier steht unser Kapitän mit fünfzig Mann, wir sind seit zwei Stunden hinter euch her; der Bootsmann ist hin, Will Freye verwundet, ich bin gefangen, und wenn ihr euch nicht ergebt, seid ihr alle verloren.«

»Wollen sie uns denn Pardon geben«, fragte Tom Smith, »wenn wir uns ergeben?« – »Ich gehe und frage, wenn ihr versprecht, euch zu ergeben«, erwiderte darauf Robinson. Also fragte er den Kapitän, und der Kapitän rief daraufhin laut: »Höre, Smith, du kennst meine Stimme, wenn ihr eure Waffen den Augenblick hinlegt und euch ergebt, so soll euch das Leben geschenkt werden, allein bis auf Will Atkins.«

Darauf schrie Will Atkins laut auf: »Um Christi willen, Kapitän, gebt mir Pardon, was habe ich getan? Die waren alle so schlecht wie ich!«, was, nebenbei bemerkt, durchaus nicht stimmte, denn dieser Will Atkins hatte anscheinend beim Ausbruch der Meuterei als Erster Hand an den Kapitän gelegt, ihn unmenschlich behandelt, ihm die Hände gebunden und eine beleidigende Sprache gegen ihn geführt. Der Kapitän jedoch erwiderte ihm, er müsse sich auf Gnade und Ungnade ergeben und auf die Barmherzigkeit des Gouverneurs hoffen, womit er mich meinte; denn alle nannten mich jetzt Gouverneur.

Mit einem Wort, sie warfen alle ihre Waffen hin und flehten um ihr Leben, und ich schickte den Matrosen, der zuerst mit ihnen verhandelt, und noch zwei andere zu ihnen, und sie wurden alle gebunden. Hierauf rückte meine große Armee von fünfzig Mann vor, welche doch, zusammen mit den drei Gefangenen, nur aus acht Mann bestand, und bemächtigte sich ihrer wie auch des Bootes; nur ich und noch ein anderer ließen uns aus Gründen der Staatsräson nicht blicken.

Unsere nächste Aufgabe war, das Boot zu reparieren und an die Eroberung des Schiffes zu denken; was den Kapitän anging, so konnte er nun in aller Ruhe mit ihnen verhandeln, er warf ihnen die Schurkerei ihres Betragens gegen ihn vor, wie äußerst gottlos ihre weiteren Absichten gewesen wären und wie ein solches Leben sie am Ende in Elend und Verzweiflung gestürzt und vielleicht sogar an den Galgen gebracht hätte.

Sie schienen alle sehr bußfertig und flehten inständig um ihr Leben; was das Letztere anlange, sagte er, so seien sie nicht seine Gefangenen, sondern die des Gouverneurs dieser Insel. Sie hätten wohl vermeint, ihn auf einer öden, unbewohnten Insel auszusetzen; Gott jedoch habe es so gefügt, dass die Insel bewohnt, der Gouverneur ein Engländer sei. Wenn es ihm gefalle, könne er sie alle aufknüpfen lassen. Da er ihnen aber Pardon gegeben, so werde er sie wohl nach England senden, damit dort nach Recht und Gerechtigkeit mit ihnen verfahren werde, außer Atkins, dem der Gouverneur sagen lasse, er möge sich auf den Tod vorbereiten, denn morgen früh würde er gehängt.

Obwohl das alles seine eigene Erfindung war, hatte es doch die gewünschte Wirkung; Atkins fiel auf die Knie und flehte den Kapitän an, er möge beim Gouverneur ein Wort für sein Leben einlegen, und die Übrigen baten ihn inständig, er möge sie doch um Gottes willen nicht nach England schicken.

Ich aber sagte mir, dass nun die Stunde unserer Befreiung geschlagen habe und dass es ein Leichtes sei, alle diese Burschen dazu zu bringen, tapfer mitzuhelfen bei der Eroberung des Schiffs. Also zog ich mich von ihnen zurück in die Dunkelheit, damit sie nicht sehen konnten, was für einen artigen Gouverneur sie hatten, und rief den Kapitän zu mir; ich tat, als riefe ich aus großer Entfernung, und einer der Männer musste darauf den Ruf wiederholen und zum Kapitän sagen: »Kapitän, der Gouverneur wünscht Euch zu sprechen.« Sogleich erwiderte der Kapitän: »Sage Seiner Exzellenz, ich komme sofort.« Das verwirrte sie vollends, und sie glaubten nicht anders, als dass der Kommandeur mit fünfzig Mann ganz in der Nähe sei.

Als der Kapitän bei mir war, eröffnete ich ihm meinen Plan zur Eroberung des Schiffs, der ihm vortrefflich gefiel, und wir beschlossen, ihn am nächsten Morgen ins Werk zu setzen.

Um aber mit größter Geschicklichkeit zu Werk zu gehen und zugleich unseres Erfolges ganz sicher zu sein, vertrat ich die Ansicht, dass wir die Gefangenen aufteilen müssten, und zwar sollte er hingehen und Atkins und noch zwei andere von den ganz Schlimmen nehmen und sie gebunden in die Höhle schicken, wo die beiden anderen Missetäter lagen; die Ausführung dieses Plans wurde Freitag und den beiden Männern übertragen, die mit dem Kapitän an Land gekommen waren.

Sie geleiteten sie also in die Höhle als in ihr Gefängnis, was in der Tat ein düsterer Ort war, zumal für Männer in ihrer Lage.

Die Übrigen schickte ich in meine Laube, wie ich sie nannte und die ich bereits weitläufig beschrieben habe; da der Ort eingezäunt, sie selber überdies gebunden waren, waren sie dort wohl sicher genug, zumal wenn man bedenkt, dass ihr Schicksal von ihrem Verhalten abhing.

Zu diesen Männern sandte ich am Morgen den Kapitän, um mit ihnen zu verhandeln und sie auszufragen, mit einem Wort, um sie zu prüfen und mir dann zu berichten, ob wir ihnen seiner Meinung nach so weit trauen konnten, dass sie mit uns an Bord gingen und uns halfen, das Schiff zu überwältigen. Er hielt ihnen das Unrecht vor, das sie ihm angetan; sprach von der Lage, in die sie geraten; der Gouverneur habe ihnen zwar die Strafe für ihr gegenwärtiges Vergehen erlassen und ihnen das Leben geschenkt, kämen sie jedoch nach England, so würden sie gewisslich alle in Ketten aufgehängt; wollten sie aber bei einem so rechtmäßigen Unternehmen wie der Eroberung des Schiffes mithelfen, so wolle er den Gouverneur dazu bringen, dass er sich für ihre Begnadigung verwende.

Man kann sich leicht denken, wie bereitwillig ein derartiger Vorschlag von Leuten in ihrer Lage angenommen wurde; sie fielen vor dem Kapitän auf die Knie und versprachen unter den schwersten Eiden, ihm bis zum letzten Blutstropfen treu zu bleiben, ihm ihr Leben zu weihen und mit ihm durch die ganze Welt zu gehen und ihn als ihren Vater zu achten, solange sie lebten.

»Gut«, erwiderte der Kapitän, »ich muss jetzt gehen und dem Gouverneur berichten, was ihr sagt, und dann sehen, was ich bei ihm für euch ausrichten kann.« Also brachte er mir Nachricht, in welcher Gemütsverfassung er sie gefunden und dass er überzeugt sei, sie würden uns treu bleiben.

Damit wir jedoch ganz sicher gingen, hieß ich ihn noch einmal zurückgehen und fünf Mann auswählen und ihnen dann sagen, sie könnten wohl sehen, dass es ihm an Mannschaft nicht fehle; er wolle diese fünf als seine Gehilfen mitnehmen, der Gouverneur aber würde die beiden anderen sowie die drei, die als Gefangene in die Burg (meine Höhle) gebracht worden waren, zum Unterpfand der Treue jener fünf als Geiseln behalten; sollten jene bei der Ausführung unseres Vorhabens sich als treulos erweisen, so würden die fünf Geiseln lebendigen Leibes und in Ketten am Strand aufgeknüpft.

Das klang bedrohlich und überzeugte sie, dass es dem Gouverneur ernst war; es blieb ihnen jedoch nichts übrig, als darauf einzugehen; und nun hatten die Gefangenen ebenso viel Ursache wie der Kapitän, die anderen fünf an ihre Pflicht zu mahnen.

Unsere Streitmacht war für die Expedition in folgender Weise geordnet: erstens der Kapitän, sein Steuermann, und der Passagier, zweitens die beiden Gefangenen von der ersten Partie, welchen ich aufs Zeugnis des Kapitäns die Freiheit gegeben und Waffen anvertraut hatte, drittens die beiden anderen, die bis jetzt gebunden in meinem Landhaus gewesen, auf die Fürsprache des Kapitäns hin aber frei gelassen worden waren, viertens die fünf, die zuletzt befreit wurden; alles in allem also zwölf Mann, außer den fünf Gefangenen, die wir als Geiseln in der Höhle behielten.

Nun fragte ich den Kapitän, ob er bereit sei, sich mit dieser Mannschaft an Bord des Schiffes zu wagen; was mich und meinen Diener Freitag betraf, so hielt ich es nicht für ratsam, dass auch wir uns entfernen und jene sieben Mann allein zurücklassen sollten; wir hatten genug damit zu tun, sie auseinanderzuhalten und mit Nahrung zu versorgen.

Die fünf in der Höhle beschloss ich gefesselt zu lassen, doch ging Freitag zweimal am Tag zu ihnen, um sie mit dem Nötigsten zu versorgen; die beiden anderen mussten ihm die Speisen eine bestimmte Strecke entgegentragen, wo Freitag sie dann abholte.

Als ich mich den beiden Geiseln zeigte, geschah es im Beisein des Kapitäns, der ihnen ankündigte, ich sei die Persönlichkeit, die im Auftrag des Gouverneurs auf sie achtgeben werde, und es sei der Wille des Gouverneurs, dass sie keinen Schritt täten ohne meine Erlaubnis, widrigenfalls man sie in die Burg führen und dort in Eisen schließen würde. Da wir nicht zuließen, dass sie mich jemals als Gouverneur sahen, trat ich jetzt als eine andere Person auf und sprach bei jeder Gelegenheit bald vom Gouverneur, bald von der Garnison, bald vom Kastell und dergleichen mehr.

Der Kapitän hatte nun keine andere Schwierigkeit mehr vor sich, als seine zwei Boote auszurüsten, in dem einen das Loch zu stopfen und die Boote zu bemannen. Seinen Passagier machte er zum Kapitän des einen Bootes und gab ihm vier Männer; er selber, sein Steuermann und fünf andere gingen ins zweite Boot. Sie machten ihre Sache so gut, dass sie gegen Mitternacht zum Schiff kamen. Sobald sie sich auf Rufweite genähert hatten, ließ er Robinson sie anrufen und ihnen erzählen, dass sie zwar Boot und Leute zurückbrächten, dass sie aber lange Zeit hätten suchen müssen und dergleichen mehr, und so schwatzte er weiter, bis sie längsseits des Schiffes waren; in dem Augenblick sprangen der Kapitän und der Steuermann mit den Gewehren voran aufs Deck hinauf, schlugen augenblicklich den zweiten Steuermann und den Schiffszimmermann mit den umgekehrten Musketen nieder, wobei ihnen ihre Leute treulich zur Hand gingen, nahmen alle Übrigen gefangen, die sich auf dem Haupt- und den Quarterdecks befanden, und fingen eben an, die Luken zuzumachen, damit die Meuterer, die unter Deck waren, nicht mehr herauskönnten, als die Mannschaft des anderen Bootes vorn bei der Fockrüste enterte und sich des Vorderdecks wie auch des Bullauges bemächtigte, das zur Kombüse führte, und die drei dort anwesenden Mann gefangen nahm.

Als das erledigt und das Deck gesichert war, befahl der Kapitän dem Steuermann, mit drei Matrosen in die Kajüte einzubrechen, wo der neue Rebellenkapitän lag. Dieser war auf den Lärm hin aufgesprungen und hatte sich, zwei Matrosen und einen Schiffsjungen mit Gewehren bewaffnet; als nun der Steuermann die Tür mit einem Brecheisen einschlug, feuerten der neue Kapitän und seine Männer tüchtig in sie hinein und verwundeten den Steuermann mit einer Musketenkugel, die ihm den Arm zerschmetterte, und verletzten noch zwei andere, töteten aber keinen.

Der Steuermann schrie um Hilfe, drang aber doch, blessiert, wie er war, weiter in die Hütte ein und schoss mit seiner Pistole dem neuen Kapitän durch den Kopf, dass die Kugel ihm zum Mund hinein und hinter einem Ohr wieder herausfuhr, sodass ihm das Reden für immer verging; darauf ergaben sich die Übrigen, und das Schiff war nun ganz und gar in unserem Besitz, ohne dass es ein weiteres Menschenleben gekostet hätte.

Sobald das Schiff auf diese Weise erobert war, ließ der Kapitän sieben Kanonenschüsse abfeuern als das mit mir verabredete Zeichen, das mich vom Erfolg seines Unternehmens benachrichtigen sollte; man wird mir glauben, dass ich mich nicht wenig über das Signal freute, da ich bis gegen zwei Uhr am Morgen am Strand gesessen und darauf gelauert hatte.

Da ich nun das Signal deutlich gehört hatte, legte ich mich hin, und weil der Tag sehr anstrengend gewesen, schlief ich tief und fest, bis mich der Knall eines Gewehrs nicht wenig verstörte. Augenblicklich fuhr ich auf und hörte, wie jemand mich »Gouverneur! Gouverneur!« rief; sogleich erkannte ich die Stimme des Kapitäns und stieg zum Gipfel des Hügels hinauf, und da stand er, zeigte aufs Schiff hin, umarmte mich und rief aus: »Mein teurer Freund und Befreier, hier habt Ihr Euer Schiff; denn es gehört ganz und gar Euch, wie auch wir und alles, was darin ist.« Ich wandte meine Augen zum

Schiff hin, und da lag es, wenig mehr als eine halbe Meile vom Strand entfernt, denn nachdem sie es in ihren Besitz gebracht, hatten sie sogleich die Anker gelichtet und waren, weil das Wetter gut war, gerade vor der Mündung des kleinen Bachs wieder vor Anker gegangen; da die Flut gerade hoch stand, war der Kapitän mit seiner Pinasse in der Nähe der Stelle angekommen, wo ich am Anfang meine Flöße entladen hatte, und war somit gerade vor meiner Tür gelandet.

Zuerst wäre ich vor Freude beinahe in Ohnmacht gefallen. Nun war meine Befreiung sichtbar in meine Hände gegeben, alles war einfach, und ein großes Schiff wartete nur darauf, mich hinzubringen, wohin es mir gefiel. Anfangs war ich eine Zeit lang nicht imstande, auch nur ein Wort als Antwort herauszubringen, und als er mich in seine Arme schloss, da hielt ich mich an ihm fest, sonst wäre ich zu Boden gestürzt.

Er sah meine Erschütterung, zog sogleich eine Flasche aus seiner Tasche und gab mir einen Schluck Kordialwasser, das er eigens für mich mitgebracht hatte; nachdem ich getrunken, setzte ich mich auf die Erde, und ob der Schluck mich gleich ein wenig zu mir selber gebracht hatte, dauerte es doch noch eine gute Weile, bevor ich ein Wort sagen konnte.

Der gute Mann war die ganze Zeit über in ebenso großer Aufregung wie ich, nur war er nicht, wie ich, davon überrascht worden. Er sagte mir tausend freundliche und sanfte Worte, um mich zu beruhigen und zu mir selber zu bringen, allein der Strom der Freude in meiner Brust war derart, dass alle meine Lebensgeister darüber in Unordnung gerieten; endlich löste sich's in Tränen, und bald darauf fand ich auch die Sprache wieder.

Nun war die Reihe an mir, ihn als meinen Retter zu umarmen, und wir frohlockten mitsammen. Ich sagte, ich sähe ihn als den Mann an, den der Himmel mir zu meiner Errettung geschickt habe, und das ganze Unternehmen schien mir eine Kette von Wundern zu sein. Ereignisse wie diese seien die Beweise dafür, dass der Finger der Vorsehung heimlich die Welt regierte, und ein Zeugnis, dass der Blick einer unsichtbaren Kraft auch in die abgelegensten Winkel der Welt sehen und den Unglücklichen Hilfe senden kann, wann immer es ihr gefällt.

Ich vergaß nicht, mein Herz in Dankbarkeit zum Himmel zu erheben: Und wer sollte auch nicht Ihn preisen, der auf wunderbare Weise für einen Menschen in solcher Wildnis und in einer solchen elenden Lage gesorgt hat und durch den, wie man bekennen muss, jegliche Hilfe und Errettung im menschlichen Leben kommt.

Nachdem wir eine Weile miteinander geredet hatten, sagte der Kapitän, er habe mir einige kleine Erfrischungen mitgebracht, wie sie das Schiff eben bieten könne und soweit die Schurken, die so lange die Herren des Schiffs gewesen, sie noch übrig gelassen hätten. Darauf rief er laut nach dem Boot und befahl seinen Leuten, die Sachen für den Gouverneur an Land zu bringen; und das war nun wahrlich ein Präsent, als ob ich nicht mit ihnen abfahren, sondern weiterhin auf der Insel verweilen sollte, während sie ohne mich reisten.

Da hatte er zunächst eine Kiste mit Flaschen voll vortrefflichen Kordialwassers und sechs große Flaschen Madeirawein (jede Flasche fasste zwei Quart); zwei Pfund des allerbesten Tabaks, zwölf gute Stücke gepökelten Rindfleisches, sechs Stück Schweinefleisch, einen Beutel mit Erbsen und etwa ein Zentner Zwieback.

Ferner brachte er mir eine Kiste Zucker, eine Kiste Mehl, einen Beutel voll Zitronen, zwei Flaschen Limonensaft und außerdem, was für mich noch tausendmal nützlicher war, ein halbes Dutzend sauberer neuer Hemden, sechs sehr gute Halstücher, zwei Paar Handschuhe, ein Paar Schuhe, einen Hut, ein Paar Strümpfe nebst einem sehr guten Anzug aus seiner eigenen Garderobe, der noch kaum getragen war: Mit einem Wort, er kleidete mich von Kopf bis Fuß neu ein.

Das war nun für einen Menschen in meinen Umständen, wie sich leicht denken lässt, ein artiges und willkommenes Geschenk; und doch war mir in meinem Leben nie etwas derart unangenehm, fremdartig und unbequem gewesen wie diese Kleider, als ich sie zum ersten Mal anzog.

Nachdem die Zeremonien vorbei und alle schönen Sachen in meine kleine Behausung getragen waren, begannen wir zu beratschlagen, was wir mit unseren Gefangenen anfangen sollten; denn es war einige Überlegung wert, ob wir es wagen sollten oder nicht, sie mit uns zu nehmen, vor allem zwei von ihnen, die uns als im höchsten Grad halsstarrig und unverbesserlich bekannt waren. Der Kapitän meinte, die beiden wären seines Wissens solche Schurken, dass jede Gnade an ihnen verloren sei, und wenn er sie je mitnähme, so müsse es in Eisen sein, als Missetäter, die in der nächsten englischen Kolonie, die wir erreichten, der Gerechtigkeit ausgehändigt würden; ich merkte, dass sich der Kapitän selber ziemliche Sorgen darüber machte.

Hierauf gab ich ihm zu verstehen, dass ich, sofern er es wünsche, mich die beiden Männer, von denen er sprach, so weit zu bringen getraute, dass sie selber darum bitten würden, auf der Insel zurückgelassen zu werden. »Das sollte mir von Herzen lieb sein!«, versetzte der Kapitän.

»Gut«, erwiderte ich, »so will ich nach ihnen schicken und an Eurer statt mit ihnen reden.« Also hieß ich Freitag und die beiden Geiseln, welche nun, weil ihre Kameraden ihr Versprechen erfüllt hatten, nicht mehr gebunden waren, nach der Höhle zu gehen, die fünf Männer, gefesselt, wie sie waren, zum Landhaus zu schaffen und sie dort zu bewachen, bis ich käme.

Nach einiger Zeit erschien ich, eingekleidet in mein neues Gewand, und hieß wieder Gouverneur wie zuvor. Als wir nun alle beisammen waren und der Kapitän sich gleichfalls eingefunden hatte, ließ ich mir die Burschen vorführen und sagte ihnen, ich hätte einen ausführlichen Bericht erhalten über ihr schurkisches Verhalten gegen den Kapitän und wie sie mit dem Schiff durch- und auf weitere Räubereien ausgehen wollten, wie aber die Vorsehung sie in ihren eigenen Schlingen gefangen hätte, und nun lägen sie in der Grube, die sie anderen gegraben.

Ich ließ sie wissen, dass das Schiff auf meinen Befehl erobert worden sei und nun vor der Küste vor Anker liege; sie könnten sich bald selber überzeugen, dass der neue Kapitän den Lohn für sein Verbrechen empfangen habe, denn bald würden sie ihn am Rahende baumeln sehen.

Was nun sie selber betreffe, so wüsste ich gern, was sie vorzubringen hätten, warum ich sie nicht als auf frischer Tat ertappte Seeräuber hinrichten lassen sollte, wozu ich, wie sie wohl nicht zweifelten, kraft meines Amtes die Macht hätte.

Darauf antwortete einer im Namen der Übrigen, sie hätten nichts weiter zu sagen, als dass der Kapitän ihnen bei der Gefangennahme das Leben versprochen und dass sie mich demütigst um Gnade bäten. Doch ich versetzte, ich wüsste nicht, was für eine Gnade ich ihnen erweisen könnte, da ich für meine Person beschlossen, die Insel mit allen meinen Männern zu verlassen und mit dem Kapitän bereits die Überfahrt nach England vereinbart habe. Der Kapitän hingegen könne sie nicht anders mit sich nach England nehmen denn als Gefangene und in Ketten, wo sie wegen Meuterei und versuchter Entführung eines Schiffs vor Gericht gestellt würden, worauf, wie sie wohl wüssten, der Galgen folgte; ich könnte also nicht sagen, was am besten für sie sei, außer sie hätten etwa die Absicht, ihr Schicksal auf dieser Insel zu versuchen; wenn sie das wünschten, so käme es mir nicht darauf an, da ich nun die Freiheit hätte, die Insel zu verlassen, und wenn sie glaubten, sie könnten hier auf der Insel zurechtkommen, so wäre ich nicht abgeneigt, ihnen das Leben zu schenken.

Sie schienen dafür sehr dankbar zu sein und sagten, sie wollten es lieber wagen hierzubleiben, als sich nach England schleppen und dort aufknüpfen zu lassen. Also ließ ich es dabei.

Der Kapitän tat jedoch, als wolle er Schwierigkeiten machen und als wage er nicht, sie hierzulassen. Darauf zeigte ich mich ein wenig verärgert über ihn und sagte ihm, sie seien meine Gefangenen, nicht die seinen; da ich ihnen diese Gnade nun zugesagt hätte, so wollte ich auch mein Wort halten; wenn er glaube, seine Zustimmung nicht geben zu können, so wollte ich sie wieder in Freiheit setzen, wo ich sie gefunden; gefiel ihm das nicht, so möge er sie nur wieder einfangen, wenn er könne.

Darauf zeigten sie sich sehr erfreut, und ich schenkte ihnen versprochenermaßen die Freiheit und hieß sie sich zurückziehen in die Wälder zu dem Ort, von dem sie kamen; ich würde ihnen, wenn sie das wollten, einige Feuerwaffen und etwas Munition zurücklassen, zusammen mit etlichen Ratschlägen, wie sie ihr Leben hier am besten einrichten könnten.

Hierauf machte ich mich fertig, um an Bord des Schiffes zu gehen, sagte dem Kapitän jedoch, weil ich diese Nacht noch hierbleiben und meine Sachen ordnen wolle, so möge er inzwischen zum Schiff fahren, dort alles bereit machen und mir am nächsten Tag das Boot zum Strand schicken; mittlerweile solle er dafür sorgen, dass der neue Kapitän, den wir erschossen hatten, auf der Rah aufgeknüpft würde, damit diese Burschen ihn sähen.

Als der Kapitän fort war, ließ ich die Männer zu mir in meine Wohnung holen und begann, ernsthaft mit ihnen über ihre Lage zu sprechen. Ich sagte ihnen, sie hätten meines Erachtens die richtige Wahl getroffen, denn hätte der Kapitän sie mitgenommen, so müssten sie ohne Zweifel hängen. Ich zeigte ihnen auch den neuen Kapitän, wie er an der Rah des Schiffs baumelte, und sagte ihnen, sie hätten nichts Besseres zu gewärtigen.

Nachdem sie alle ihre Bereitwilligkeit gezeigt hatten hierzubleiben, versprach ich, ihnen die Geschichte meines Lebens auf der Insel zu erzählen und sie in den Stand zu setzen, ihr Dasein angenehmer zu gestalten. Zu diesem Ziel gab ich ihnen einen vollständigen Bericht über die Geschichte des Ortes und wie ich hierhergekommen; wies ihnen meine Verschanzungen, die Weise, auf die ich mein Brot gemacht, mein Korn gesät, meine Trauben zu Rosinen getrocknet, mit einem Wort, alles, was nötig war, um ihnen das Leben leicht zu machen. Ich erzählte ihnen auch die Geschichte mit den sechzehn Spaniern, die zu erwarten seien, für die ich einen Brief hinterließ, und ich hieß die Burschen geloben, sie als ihresgleichen zu behandeln.

Darauf überließ ich ihnen meine Feuerwaffen, nämlich fünf Musketen, drei Vogelflinten, und dazu drei Säbel. Auch anderthalb Fass Pulver waren noch übrig, nach den ersten ein oder zwei Jahren hatte ich nur wenig gebraucht und nichts vergeudet. Ich gab ihnen auch eine Beschreibung von der Art und Weise, wie ich's mit meinen Ziegen gehalten, und wies sie an, wie sie zu melken, zu mästen und wie Butter und Käse zu machen wären.

Mit einem Wort, ich verschwieg ihnen nichts von meiner ganzen Geschichte, versprach ihnen, dem Kapitän zuzureden, dass er ihnen noch zwei

Fass Pulver und etwas Gartensamen überlasse, den ich selber, wie ich ihnen erzählte, schmerzlich entbehrt hätte; ich verehrte ihnen auch den Beutel mit Erbsen, den der Kapitän mir für die Tafel mitgebracht hatte, und hieß sie dieselben ja gewisslich säen und vermehren.

Als das alles getan war, verließ ich sie den nächsten Tag und ging an Bord des Schiffes; wir machten uns sofort segelfertig, lichteten aber den Anker diesen Abend noch nicht. Am nächsten Morgen früh kamen zwei von den fünf Männern zum Schiff geschwommen, erhoben höchst jammervoll Klage über die anderen drei und flehten, wir möchten sie um Gottes willen ins Schiff aufnehmen oder sie würden ermordet, der Kapitän möge sie doch an Bord nehmen, sollten sie auch diese Stunde noch aufgeknüpft werden.

Der Kapitän stellte sich, als könne er ohne mich nichts entscheiden; nach einigem Hin und Her jedoch und ihrem feierlichen Versprechen, sich zu bessern, wurden sie an Bord genommen und alsdann tüchtig durchgewalkt, worauf sie sich fürderhin als ehrliche und ruhige Burschen aufführten.

Kurz darauf schickten wir während der Flut das Boot mit jenen Sachen an Land, die den Männern versprochen waren, wozu der Kapitän auf meine Fürsprache hin ihre Kisten und Kleider beifügen ließ, was sie mit Dankbarkeit annahmen; ich machte ihnen noch Mut, indem ich versprach, dass ich, sollte sich je Gelegenheit finden, ihnen ein Schiff zu senden, das sie aufnehmen könnte, sie nicht vergessen würde.

Bei meinem Abschied von der Insel nahm ich zum Andenken die große Mütze aus Ziegenfell mit an Bord, die ich gemacht hatte, meinen Schirm und meinen Papagei; auch vergaß ich das schon früher erwähnte Geld nicht, das vom langen, unnützen Liegen rostig und schwarz geworden und kaum noch als Silber zu erkennen war, ehe man's nicht ein wenig gerieben und abgewischt hatte; ebenso nahm ich das Geld mit, das ich im Wrack des spanischen Schiffs gefunden.

Und so verließ ich diese Insel, nach Angabe des Schiffskalenders am 19. Dezember des Jahres 1686, nachdem ich 28 Jahre, zwei Monate und 19 Tage darauf gelebt hatte, und zwar wurde ich aus dieser zweiten Sklaverei am gleichen Tag des Monats befreit, an dem mir jene erste Flucht mit der Schaluppe vor den Mohren zu Salé geglückt war. Mit diesem Schiff langte ich nach einer langwierigen Reise am 11. Juni des Jahres 1687 nach 35-jähriger Abwesenheit in England an.

Bei meiner Ankunft in England war mir jedermann so fremd, als hätte mich mein Lebtag keine Seele dort gekannt. Meine Wohltäterin und getreue Verwalterin, in deren Obhut ich mein Geld hinterlassen, war noch am Leben, hatte aber viel Unglück in der Welt ausgestanden, war zum zweiten Mal

Witwe geworden und recht heruntergekommen. Ich redete ihr zu, sie solle sich wegen dem, was sie mir schuldete, nicht gar zu sehr grämen, und versicherte ihr, ich wolle sie nicht drängen; ich gab ihr vielmehr aus Dankbarkeit für ihre lange Fürsorge und Treue so viel von meinem bescheidenen Kapital, als ich mir leisten konnte, denn ich konnte damals selber wahrhaftig keine großen Sprünge damit machen. Ich versprach ihr aber, niemals ihre alte Freundschaft und Güte gegen mich zu vergessen, wie ich's denn auch wirklich nicht tat, sobald ich später imstande war, ihr zu helfen; doch davon an seinem Ort.

Hierauf reiste ich hinunter nach Yorkshire; allein mein Vater war tot, meine Mutter auch, die ganze Familie ausgestorben bis auf zwei Schwestern und zwei Kinder von einem meiner Brüder; und weil man mich schon lange für tot gehalten, hatte man mir keinen Anteil am Erbe aufbewahrt, sodass ich, kurz gesagt, weder Trost noch Hilfe fand; und mit dem bisschen Geld, das ich hatte, konnte ich auch nichts anfangen, was mir zu einer Stellung in der Welt verholfen hätte.

Immerhin erhielt ich einen Beweis der Dankbarkeit, den ich nicht erwartet hätte; als nämlich der Kapitän des Schiffs, den ich so glücklich errettet und dem ich gleichzeitig zu Schiff und Ladung verholfen, den Eigentümern desselben einen großmütigen Bericht gab, auf welche Weise ich Mannschaft und Schiff gerettet hatte, luden diese und einige andere beteiligten Kaufleute mich zu sich, beglückwünschten mich ausführlich zu meinem Verhalten und händigten mir ein Geschenk von fast zweihundert Pfund Sterling aus.

Allein nachdem ich meine Lebensumstände von allen Seiten betrachtet und gesehen hatte, dass ich mit diesem Geld nicht weit käme, wenn ich mich häuslich einrichten wollte in der Welt, beschloss ich, nach Lissabon zu gehen und zu sehen, ob ich nicht etwas über den Zustand meiner Plantagen in Brasilien in Erfahrung bringen könne und was aus meinem Teilhaber geworden, der mich sicherlich seit vielen Jahren schon für tot hielt.

In dieser Absicht begab ich mich auf ein Schiff nach Lissabon und kam im folgenden April dort an, zusammen mit meinem Diener Freitag, der mich auf allen diesen Reisen getreulich begleitete und sich bei jeder Gelegenheit als zuverlässiger Diener erwies.

In Lissabon angekommen, fand ich durch Nachforschungen zu meiner großen Freude meinen alten Freund, den Kapitän jenes Schiffs wieder, das mich damals bei der Küste Afrikas aus dem Meer gefischt hatte. Er war nun alt geworden, hatte das Seeleben aufgegeben und seinem Sohn, der auch kein Jüngling mehr war, das Schiff überlassen, das immer noch den Handel mit Brasilien besorgte. Der alte Mann erkannte mich nicht, und tatsächlich erkannte auch ich ihn nur mit Mühe; aber bald kamen seine Züge mir wieder ins Gedächtnis, ebenso wie er sich sogleich meiner erinnerte, als ich sagte, wer ich war.

Nach etlichen lebhaften Beteuerungen unserer alten Freundschaft erkundigte ich mich, wie man mir wohl glauben wird, angelegentlich nach meiner Pflanzung und nach meinem Teilhaber. Der alte Mann gestand, er sei seit neun Jahren nicht mehr in Brasilien gewesen, er könne mir aber versichern, dass bei seiner damaligen Abreise mein Partner noch am Leben, die beiden Mitverwalter jedoch, die ich ihm als Vertreter meiner Interessen beigegeben hatte, beide verstorben waren; dessen ungeachtet glaube er, dass ich über das Wachstum meiner Plantage die besten Nachrichten zu gewärtigen habe; denn auf die allgemeine Annahme hin, dass ich Schiffbruch erlitten habe und ertrunken sei, hätten meine Verwalter die Berechnung der Einkünfte meines Teiles der Pflanzung dem königlichen Rentmeister übergeben, welcher für den Fall, dass ich nie mehr einen Anspruch erhob, ein Drittel dem König und zwei Drittel dem Kloster des heiligen Augustinus, zugunsten der Armen und für die Bekehrung der Indianer zum katholischen Glauben, zugewiesen habe; sollte jedoch ich oder ein anderer für mich auftreten und das Erbe fordern, so sollte es wieder herausgegeben werden, bis auf die jährlichen Verbesserungen und die Einkünfte, die zu wohltätigem Zweck verteilt und nicht ersetzt würden. Er versicherte mir jedoch, dass der Verwalter der königlichen Einkünfte (des Landbesitzes) sowie der *Proviedore* oder Schatzmeister des Klosters die ganze Zeit über streng darauf geachtet hätten, dass der Abgabepflichtige, also mein Teilhaber, jedes Jahr eine genaue Aufstellung des Ertrages lieferte, wovon sie die mir zustehende Hälfte gebührend abzogen.

Ich fragte ihn, ob er nicht wisse, um wie viel der Ertrag der Pflanzung sich vermehrt habe, und ob er es wohl für der Mühe wert hielte, mich darum zu kümmern, und ob ich, wenn ich hinführe, wegen meiner Ansprüche auf den mir von Rechts wegen zustehenden Anteil nicht auf Schwierigkeit stoßen würde.

Seine Antwort lautete, er könne zwar nicht genau sagen, um wie viel die Einkünfte aus meiner Pflanzung sich vermehrt hätten; er wisse aber wohl, dass mein Teilhaber schon durch den Ertrag seiner Hälfte überaus reich geworden sei; und soviel er sich erinnere, habe er auch gehört, dass das Drittel des Königs, welches anscheinend einem anderen Kloster oder einer frommen Stiftung überlassen wurde, sich auf über 200 Moidores jährlich belaufe. Meine Ansprüche auf die Nutznießung meines Besitzes stünde nicht infrage, da ja mein Partner noch am Leben sei, um die Rechtmäßigkeit meines

Anspruchs zu bezeugen, und da mein Name auch im Grundbuch des Landes eingetragen sei; außerdem sagte er, dass die Nachfolger meiner beiden Verwalter recht ehrliche und dabei sehr wohlhabende Leute seien, und er glaube, sie würden mir nicht nur behilflich sein, wieder zu meinem Besitz zu kommen, sondern ich würde auch eine ansehnliche Summe Geldes auf meinem Konto in ihren Händen finden, den Ertrag des Gutes aus jener Zeit nämlich, da ihre Väter noch die Treuhand hatten, bevor sie, wie oben erwähnt, ihr Amt niederlegten, was seiner Erinnerung nach vor ungefähr zwölf Jahren geschehen war.

Ich zeigte mich über diesen Bericht etwas verstimmt und betroffen und fragte den alten Kapitän, wie es denn käme, dass die Verwalter auf diese Art mit meinen Gütern geschaltet hätten, obwohl er doch gewusst habe, dass ich ein Testament gemacht und ihn, den portugiesischen Kapitän, zu meinem Universalerben eingesetzt hatte und so weiter.

Das sei wohl richtig, versetzte er; weil aber kein Beweis meines Todes vorhanden war, habe er nicht als Vollstrecker handeln können, solange nicht eine sichere Nachricht von meinem Ableben eingetroffen sei. Auch habe er keine Lust gehabt, sich in so fern liegende Angelegenheiten einzumischen; zwar habe er mein Testament zu Protokoll gegeben und seinen Anspruch angemeldet; und hätte er mit Sicherheit angeben können, dass ich entweder tot oder aber noch am Leben war, so wäre er als Bevollmächtigter aufgetreten und hätte Besitz ergriffen von dem *ingenio*, wie sie eine Zuckerfabrik dort nennen, und seinen Sohn, der jetzt in Brasilien war, mit der Durchführung beauftragt.

»Aber«, fuhr der alte Mann fort, »ich habe Euch eine andere Neuigkeit mitzuteilen, die Euch vielleicht nicht so angenehm sein wird als die vorige: Weil nämlich ich und die ganze Welt Euch für tot hielten, boten Euer Teilhaber und die Verwalter mir an, mir in Eurem Namen den Ertrag der ersten sechs oder acht Jahre zu bezahlen, was ich auch erhielt; allein«, sagte er weiter, »weil zu dieser Zeit viel Unkosten entstanden wegen Vergrößerungen der Pflanzung, dem Bau eines *ingenio*, dem Ankauf von Sklaven, so war der Gewinn bei Weitem nicht so hoch wie später. Dessen ungeachtet«, sagte der alte Mann, »will ich Euch eine gewissenhafte Abrechnung aller meiner Einkünfte geben und wie ich über sie verfügt habe.«

Nachdem ich noch einige Tage mit meinem alten Freund konferiert hatte, brachte er mir ein Verzeichnis über die Einkünfte, die meine Plantage in den ersten sechs Jahren abgeworfen, unterzeichnet von meinem Teilhaber und den Kaufmännern und Treuhändern; der Ertrag war immer in Waren geliefert worden, als Tabaksrollen, Zucker in Kisten, daneben Rum, Melasse usw., als den Nebenprodukten einer Zuckerfabrik. Aus dieser Aufstellung ersah ich, dass die Einkünfte Jahr für Jahr um ein Beträchtliches stiegen; aber weil, wie oben gesagt, die Unkosten groß waren, blieb der Reingewinn anfangs nur gering. Nichtsdestoweniger zeigte mir der alte Mann, dass er mir 470 Moidores in Gold schuldete, überdies 60 Kisten Zucker und 15 doppelte Rollen Tabak, die in seinem Schiff zugrunde gegangen waren, da er etwa elf Jahre nach meiner Abfahrt aus Brasilien auf dem Rückweg nach Lissabon Schiffbruch erlitten hatte.

Darauf begann der gute Mann, über sein Unglück zu klagen und wie er gezwungen gewesen sei, mein Geld anzugreifen, um seine Verluste zu decken und sich einen Anteil an einem neuen Schiff zu kaufen. »Jedoch, mein alter Freund«, sagte er, »Ihr dürft in Eurer Not deshalb keinen Mangel leiden. Sobald mein Sohn zurück ist, sollt Ihr völlig zufriedengestellt werden.«

Hierauf langte er nach einem alten Beutel, zählte mir 160 portugiesische Moidores in Gold hin, gab mir ein Schriftstück, in dem er mir einen Anspruch auf das Schiff zuerkannte, auf dem sein Sohn nach Brasilien gefahren und das zu einem Viertel ihm selber, zu einem anderen Viertel seinem Sohn gehörte, und händigte mir beides aus als Sicherheit für den Rest seiner Schuld.

Die Ehrlichkeit und Freundschaft des armen Alten rührten mich zu sehr, als dass ich dies hätte geschehen lassen, ich konnte mich auch in Gedanken daran, was er alles für mich getan, wie er mich aus dem Meer gefischt, wie großmütig er mir in allen Dingen begegnet und wie er sich vor allem jetzt als treuer Freund erwiesen hatte, bei seinen Reden des Weinens kaum enthalten. Daher fragte ich ihn, ob seine Umstände ihm erlaubten, so viel Geld auf einmal zu entbehren, und ob es ihn nicht in Verlegenheit bringe. Er versetzte, er könne nicht leugnen, dass es ihm nicht eben leichtfalle; doch es sei mein Geld, und ich brauche es wohl noch nötiger als er.

Alles, was der gute Mann vorbrachte, war so voll Herzlichkeit, dass ich, während er sprach, kaum die Tränen zurückhalten konnte. Kurz, ich nahm 100 von den Moidores und rief nach Tinte und Feder, um ihm eine Quittung zu schreiben. Dann gab ich ihm den Rest zurück und versprach, ihm auch diese 100 zu erstatten, wenn ich erst wieder im Besitz der Pflanzung sei, ein Versprechen, das ich später auch einlöste. Was die Kaufurkunde über seinen Anteil am Schiff seines Sohnes anging, so wollte ich sie unter keinen Umständen annehmen; wenn ich Geld brauchte, so sei er, wie ich wohl wusste, ehrlich genug, um es mir zu geben; brauchte ich aber keines und erhielte alles, was er mir Ursache zu hoffen gegeben hatte, so wollte ich keinen Pfennig mehr von ihm verlangen.

Als das besprochen war, fing der alte Mann an, mich zu fragen, ob er mir nicht erklären solle, wie und auf welche Weise ich meinen Anspruch auf meine Pflanzung geltend machen könne. Ich antwortete, ich dächte daran, selber hinüberzufahren. Hierauf versetzte er, das möge ich halten, wie es mir gefiele; bliebe ich aber hier, so gäbe es genug Mittel und Wege, um mein Recht zu suchen und sogleich in den Genuss meiner Einkünfte zu gelangen. Und weil im Fluss bei Lissabon gerade Schiffe zur Abfahrt nach Brasilien bereitlagen, ließ er meinen Namen zusammen mit seiner beglaubigten Unterschrift in ein öffentliches Register eintragen zusammen mit seiner beschworenen Versicherung, dass ich noch am Leben und dieselbe Person sei, welche vormals Land erworben hatte für die Anlegung der oben erwähnten Plantage.

Nachdem diese Angabe ordnungsgemäß von einem Notar bezeugt und eine Vollmacht darüber ausgestellt war, hieß er mich die Letztere zusammen mit einem Brief von seiner Hand an einen ihm bekannten, drüben ansäßigen Kaufmann senden und bat mich, so lange bei ihm zu logieren, bis Antwort zurückkam.

Nie wurde ein Geschäft rechtschaffener abgewickelt als das meinige gemäß meiner Vollmacht; denn in weniger als sieben Monaten erhielt ich von den Erben meiner Treuhänder, den Kaufleuten, auf deren Rechnung ich zur See gegangen war, ein dickes Paket, das folgende besondere Briefe und Schriftstücke enthielt:

Erstens die laufende Abrechnung über den Ertrag meiner Farm oder Plantage von dem Jahr an, da ihre Väter mit meinem alten portugiesischen Kapitän den Abschluss über sechs Jahre getätigt hatten; der Saldo schloss mit 1174 Moidores zu meinen Gunsten.

Zweitens eine Abrechnung über weitere vier Jahre, in denen sie den Besitz in ihrer Hand behielten, bevor noch die Regierung die Verwaltung beanspruchte mit der Begründung, dass es sich um den Besitz einer unauffindbaren und daher, wie sie es nannten, im bürgerlichen Sinn toten Person handle; da der Wert der Pflanzung inzwischen gestiegen war, belief sich der Saldo auf 38.892 Cruzados, das sind 3241 Moidores.

Drittens lag die Abrechnung des Priors der Augustiner dabei, die über vierzehn Jahre lang den Profit eingezogen hatten; zwar hatte er keine Aufstellung über die an das Hospital überwiesenen Beträge gemacht, dafür aber ehrlich angegeben, er hätte 872 Moidores in Händen, die noch nicht verteilt wären und die er also meinem Konto gutschreiben lassen wolle. Was freilich das Drittel des Königs betraf, so kam davon nichts zurück.

Anbei lag auch ein Schreiben meines Teilhabers, darin er mir herzlich dazu gratulierte, dass ich noch am Leben sei, und mir eine Abrechnung darüber gab, wie das Gut zugenommen habe und was es jährlich eintrug, samt einer besonderen Liste der Felder oder Morgen, die es umfasste, wie sie bebaut wurden und wie viel Sklaven darauf arbeiteten; überdies hatte er zweiundzwanzig Kreuze zum Segen hingemalt und dazu geschrieben, er habe ebenso viele Ave-Marias zur Heiligen Jungfrau gebetet zum Dank dafür, dass ich am Leben sei. Er lud mich sehr herzlich ein, hinüberzukommen und mein Eigentum in Besitz zu nehmen, inzwischen aber ihm Order zu geben, wem er, falls ich nicht selber erschiene, meine Güter aushändigen solle.

Zum Schluss bot er mir seine und seiner Familie warme und aufrichtige Freundschaft an und schickte mir als Präsent sieben feine Leopardenfelle, welche ihm wahrscheinlich von einem anderen Schiff, das er dorthin gesandt und das offenbar eine glücklichere Reise gemacht hatte als ich, aus Afrika gebracht worden waren. Außerdem schickte er mir fünf Kisten voll besten Konfekts nebst hundert ungeprägten Goldstücken, nicht ganz so groß wie Moidores.

Mit der gleichen Flotte schickten meine beiden Kaufmannstreuhänder mir 1200 Kisten Zucker, 800 Rollen Tabak und den Rest der Abrechnung in Gold.

Nun allerdings konnte ich wahrhaftig sagen, der Ausgang, den es mit Hiob genommen, sei besser gewesen als der Anfang. Unmöglich ist es, die heftige Bewegung meines Herzens beim Durchlesen dieser Briefe zu beschreiben, und besonders als ich sah, dass mein ganzer Reichtum schon vor der Tür stand; denn da die brasilianischen Schiffe immer in ganzen Flotten segeln, hatten eben jene Schiffe, die meine Briefe brachten, zugleich auch meine Güter mitgeführt, und die Waren lagen wohlbehalten im Fluss, bevor noch die Briefe in meine Hand gelangten. Mit einem Wort, ich erbleichte und mir wurde elend, und wäre der alte Mann nicht um ein Kordialwasser gelaufen, ich glaube, die unmäßige, jähe Freude hätte meine Natur überwältigt, und ich wäre auf der Stelle gestorben.

Und auch danach war ich noch einige Stunden lang ganz krank, bis man nach einem Arzt sandte, der mir, nachdem er etwas über die wahre Ursache meiner Krankheit erfahren hatte, einen Aderlass verordnete, worauf mir leichter wurde und ich mich bald erholte; ich bin aber völlig überzeugt, dass ich gestorben wäre, hätte man den Lebensgeistern nicht auf diese Weise Luft gemacht.

Nun war ich mit einem Schlag Herr über mehr als 5000 Pfund Sterling in Geld geworden und besaß in Brasilien ein Landgut, wie ich es wohl nennen darf, das mir im Jahr 1000 Pfund eintrug, ebenso sicher wie das beste Gut in

England. Mit einem Wort, ich war nun in einer Lage, in die ich mich kaum zu finden wusste, noch auch, wie ich sie recht genießen sollte.

Das Erste, was ich tat, war, meinen ursprünglichen Wohltäter, den guten alten Kapitän, zu belohnen, der zuerst in meiner Not barmherzig zu mir gewesen, gütig am Anfang und aufrichtig am Ende. Ich zeigte ihm alles, was mir geschickt worden, und sagte ihm, ich hätte es nächst der göttlichen Vorsehung, die alles so gefügt, ihm zu verdanken, und nun sei die Reihe an mir, mich erkenntlich zu zeigen, und ich wolle ihm alles hundertfach vergelten. Also gab ich ihm erstlich die von ihm empfangenen 100 Moidores wieder, schickte dann nach einem Notar und ließ eine endgültige Verzichterklärung oder Quittung über die 470 Moidores ausfertigen, welche mir zu schulden der Kapitän eindeutig und nachdrücklich erklärt hatte; darauf ließ ich eine Vollmacht ausstellen, kraft deren ich ihn zum Empfänger des jährlichen Ertrags meiner Pflanzung ernannte und meinen Teilhaber gleichzeitig anwies, mit ihm abzurechnen und alle Sendungen mit den gewöhnlichen Schiffen in meinem Namen an ihn zu leiten; eine angefügte Klausel bestimmte, dass er sein Lebtag aus dem Ertrag der Waren 100 Moidores beziehen sollte und nach ihm sein Sohn jährlich 50 Moidores, ebenfalls auf Lebenszeit. Und so hatte ich denn für meinen alten Mann gesorgt.

Nun musste ich überlegen, wohin ich als Nächstes meine Schritte lenken und was ich mit dem Gut anfangen sollte, das die Vorsehung auf diese Art in meine Hand gegeben; und ich hatte in der Tat jetzt mehr Sorgen am Hals als in meinem Einsiedlerleben auf der Insel, wo ich nicht mehr brauchte, als ich hatte, und nicht mehr hatte, als ich brauchte; nun aber hatte ich eine große Last auf mir, und meine Aufgabe war, sie sicherzustellen. Jetzt hatte ich keine Höhle, um mein Geld darin zu verstecken, keinen Ort, wo es ohne Schloss und Riegel hätte liegen dürfen, bis es schwarz und schimmlig wurde, ehe ein Mensch es anrührte; im Gegenteil, ich wusste nicht, wo es verbergen, wem es anvertrauen. Mein alter Schiffspatron, der Kapitän, war ein wahrhaft ehrlicher Mann, und er war jetzt meine einzige Zuflucht.

Als Nächstes schienen meine Interessen in Brasilien mich abzuberufen; allein ich wusste nicht, wie ich mich dazu entschließen sollte, ehe nicht meine Angelegenheiten geregelt und mein Besitz in sicheren Händen zurückgelassen war. Zuerst dachte ich an meine alte Freundin, die Witwe, deren Redlichkeit und Treue gegen mich erprobt waren; aber sie war hoch in Jahren und recht arm, und ich konnte nicht wissen, ob sie nicht vielleicht in Schulden steckte; es blieb mir also mit einem Wort nichts anderes übrig, als selber nach England zurückzugehen und mein Kapital mit mir zu nehmen.

Es vergingen jedoch etliche Monate, bis ich mich dazu entschloss; da ich nun den alten Kapitän, meinen früheren Wohltäter, vollauf und zu seiner Zufriedenheit belohnt hatte, gedachte ich auch meiner armen Witwe, deren Mann mein erster Wohltäter gewesen war und die, solange sie dazu imstande war, sich als meine getreue Hof- und Lehrmeisterin erwiesen hatte. Das Nächste, was ich daher unternahm, war, einen Kaufmann in Lissabon zu bitten, seinem Korrespondenten zu schreiben, er möge ihr nicht nur einen Wechsel ausstellen, sondern sie auch ausfindig machen, ihr 100 Pfund Sterling in Geld von mir aushändigen, mit ihr reden und sie in ihrer Armut trösten mit der Versicherung, dass sie, sollte ich am Leben bleiben, noch mehr von mir empfangen würde. Gleichzeitig sandte ich an jede meiner beiden Schwestern auf dem Land 100 Pfund, weil sie zwar nicht gerade im Elend lebten, aber doch auch nicht in den besten Umständen; eine von ihnen war verheiratet gewesen und war nun verwitwet, die andere hatte zwar einen Ehemann, der aber nicht so gut zu ihr war, wie er hätte sein sollen.

Allein unter allen meinen Verwandten und Bekannten konnte ich keinen finden, dem ich das Gros meines Vermögens anzuvertrauen gewagt hätte, sodass ich nach Brasilien segeln und meine Angelegenheiten hätte geordnet zurücklassen können; darüber machte ich mir große Sorgen.

Einmal hatte ich die Absicht gehabt, nach Brasilien zu gehen und mich dort niederzulassen, da ich dort ja sozusagen schon eingebürgert war; jedoch hatte ich einige Bedenken religiöser Art, die mich unmerklich zurückhielten; ich werde gleich darauf zurückkommen. Doch es war nicht vorab die Religion, die mich im Augenblick von der Reise abhielt; denn so wie ich damals keine Skrupel gehabt, mich öffentlich zur Religion des Landes zu bekennen, so hatte ich auch jetzt keine. Doch seit ich mir neuerdings mehr Gedanken machte als früher und mir vorstellte, wie ich unter ihnen leben und sterben sollte, fing es an, mich zu reuen, dass ich mich als Papisten ausgegeben, und ich zweifelte, ob das die beste Religion zum Sterben sei.

Doch war das, wie gesagt, nicht die Hauptursache, die mich von der Reise nach Brasilien abhielt, sondern vielmehr dies, dass ich in der Tat nicht wusste, bei wem ich mein Kapital hinterlassen sollte. Also beschloss ich schließlich, damit nach England zu gehen, wo ich, wie ich hoffte, nach meiner Ankunft schon einen Bekannten kennenlernen oder einen Verwandten ausfindig machen würde, der mir treu wäre; meinem Beschluss folgend, rüstete ich mich daher mit meinem gesamten Vermögen zur Reise nach England.

Da nun die Flotte eben wieder nach Brasilien abfahren und ich alles für eine spätere Heimkehr vorbereiten wollte, beschloss ich, zunächst die von drüben erhaltenen gewissenhaften und getreuen Rechnungsberichte gehörig zu beantworten. Als Erstem schrieb ich dem Prior des Augustinerklosters einen Brief voll von Danksagungen für seinen redlichen Handel und bot ihm die bisher noch nicht verteilten 872 Moidores an, wovon meinem Willen gemäß 500 ans Kloster und 372 an die Armen nach seinem Ermessen zu verteilen wären, empfahl mich den Gebeten der guten Padres und dergleichen mehr.

Hierauf schrieb ich einen Brief des Danks an meine beiden Treuhänder und bezeugte ihnen so viel Anerkennung, wie ihre Aufrichtigkeit und Redlichkeit es forderten; was Geschenke für sie anging, so waren sie weit darüber hinaus, irgendetwas zu benötigen.

Endlich schrieb ich an meinen Teilhaber, dankte ihm für seinen Eifer bei der Verbesserung der Pflanzung und für seine Redlichkeit bei der Vergrößerung der Anlagen, gab ihm Anweisungen für die künftige Verwaltung meines Anteils in Übereinstimmung mit den Vollmachten, mit denen ich den alten Kapitän ausgestattet hatte, und an den er alles, was mir gebührte, überweisen sollte, bis er weitere Order von mir bekäme; versicherte ihn meiner Absicht, nicht nur zu ihm hinüberzukommen, sondern mich auch für den Rest meines Lebens drüben niederzulassen. Hierzu fügte ich ein hübsches Geschenk von etlichen italienischen Seiden für seine Eheliebste und seine beiden Töchter, von deren Dasein der Sohn des Kapitäns mir berichtet hatte; des Weiteren zwei Stück feinen englischen Tuchs, das Beste, das ich in Lissabon auftreiben konnte, fünf Stück schwarzen Fries und etliche kostbare brabantische Spitzen.

Nachdem ich dergestalt meine Angelegenheiten geregelt, mein Frachtgut verkauft und alle meine Waren in gute Wechsel verwandelt hatte, fragte sich's nun, welchen Weg ich nach England nehmen sollte. Zwar war ich wahrlich ans Meer gewöhnt, aber doch hatte ich damals eine seltsame Abneigung dagegen, zur See nach England zu fahren; und obwohl ich keinen Grund dafür angeben konnte, nahm mein Widerwille derart stark zu, dass ich, unerachtet mein Gepäck schon eingeschifft war, doch wieder meine Meinung änderte, und das nicht nur ein-, sondern zwei- und dreimal.

Wohl hatte ich auf meinen Seereisen viel Unglück erlitten, und es mag sein, dass das zu meiner Abneigung beitrug; dennoch rate ich jedem Menschen, den starken Trieb des eigenen Gemüts, der sich in solchen Fällen regt, nicht zu verachten. Zwei von den Schiffen, die ich speziell für meine Reise im Auge hatte, ich meine, ausgewählt vor allen anderen, indem ich an Bord des einen bereits meine Sachen geladen und mit dem Kapitän des anderen eine Absprache getroffen hatte, ich sage, zwei von diesen Schiffen verunglückten. Das eine wurde von algerischen Seeräubern gekapert, das andere aber scheiterte an den Klippen von Torbay, und alle Mann ertranken bis auf drei; sodass ich also mit jedem dieser Schiffe ins Unglück geraten wäre, auf welchem mehr, ist schwer zu sagen.

Während ich mich derart in meinen Gedanken abquälte, redete mir mein alter Ratgeber, dem ich alles anzuvertrauen pflegte, ernstlich zu, nicht zu Wasser zu reisen, sondern entweder zu Land bis A Coruña und dann quer über die Bucht bis La Rochelle, von wo ich eine leichte und sichere Reise über Land nach Paris und weiter nach Calais und Dover hätte; oder aber nach Madrid hinaufzugehen und weiter die ganze Reise zu Land durch Frankreich zu machen.

Mit einem Wort, ich war so sehr gegen jede Reise zu Wasser eingenommen, ausgenommen gegen die von Calais nach Dover, dass ich beschloss, den ganzen Weg über Land zu machen; da ich nicht in Eile war und mir's aufs Geld nicht ankam, war dies der bei Weitem angenehmere Weg. Um ihn noch angenehmer zu machen, fand mein alter Kapitän einen englischen Gentleman, den Sohn eines Kaufmanns aus Lissabon, welcher Lust hatte, mit mir zu reisen; dazu fanden wir noch zwei weitere englische Kaufleute, desgleich zwei junge Portugiesen, die aber nur nach Paris wollten. Alles in allem waren wir also sechs und hatten fünf Diener, da die beiden Kaufleute und die beiden Portugiesen sich, da es billiger kam, mit je einem Diener behalfen; ich meinesteils nahm einen englischen Matrosen als Lohndiener auf, zusätzlich zu meinem Diener Freitag, der allzu landfremd war, als dass er die Stelle eines Dieners auf der Reise hätte voll ausfüllen können.

So brach ich denn von Lissabon auf; da unsere Gesellschaft wohlberitten und -bewaffnet war, bildeten wir eine kleine Truppe, zu deren Hauptmann ernannt zu werden ich die Ehre hatte, sowohl weil ich der Älteste war, als auch weil ich über zwei Diener verfügte und überhaupt die ganze Reise veranstaltet hatte.

Gleichwie ich den Leser nie mit meinen Seetagebüchern beschwert habe, werde ich es auch mit einem Landtagebuch nicht anders halten; einige Abenteuer aber, die uns auf unserer langwierigen und beschwerlichen Reise begegneten, sollen nicht unerwähnt bleiben.

In Madrid angelangt, wollten wir, da wir alle fremd waren, in Spanien einige Zeit verweilen, um den spanischen Hof zu sehen und alles, was sonst noch sehenswert war; doch da der Sommer schon zu Ende ging, brachen wir bald in Eile auf und verließen Madrid ungefähr um die Mitte des Oktobers. Als wir jedoch die Grenze von Navarra erreichten, machte man uns unterwegs in einigen Städten bange mit der Nachricht, auf der französischen Seite des Gebirges sei bereits so viel Schnee gefallen, dass mehrere Reisende gezwungen wurden, wieder nach Pamplona zurückzukehren, nachdem sie unter größter Gefahr vergeblich versucht hatten, das Gebirge zu übersteigen.

Bei unserer Ankunft in Pamplona fanden wir's auch wirklich so, und mir, der ich an warme Witterung gewöhnt war, ja an Landstriche, wo wir kaum die Kleider auf dem Leib ertragen konnten, mir war die Kälte ganz unerträglich; und das Ungemach war kaum größer als die Überraschung, da wir doch erst vor zehn Tagen Altkastilien verlassen hatten, wo das Wetter nicht nur warm, sondern sehr heiß gewesen war, und nun plötzlich den Wind aus dem Pyrenäengebirge zu spüren bekamen, so scharf, so durchdringend kalt, dass es nicht auszuhalten war und unsere Finger und Zehen Gefahr liefen, vor Kälte zu erstarren und zu erfrieren.

Der arme Freitag erschrak ordentlich, als er die ganz mit Schnee bedeckten Berge erblickte und das kalte Wetter verspürte; dergleichen hatte er in seinem Leben noch nicht gesehen oder gespürt.

Nach unserer Ankunft in Pamplona schneite es zu allem Überfluss mit solcher Heftigkeit und so lange fort, dass die Leute sagten, der Winter käme vor der Zeit und die schon vorher schlechten Wege seien nun gänzlich unpassierbar. Kurz gesagt, der Schnee lag stellenweise so hoch, dass wir nicht durchkommen konnten, und da er nicht, wie in nördlichen Ländern, hart gefroren war, konnte sich keiner hinauswagen, ohne Gefahr zu laufen, bei jedem Schritt lebendig begraben zu werden. Nicht weniger als 20 Tage saßen wir in Pamplona, und als ich sah, dass der Winter herankam und sich keine Aussicht auf Besserung zeigte (denn es war in der Tat der strengste Winter über Europa seit Menschengedenken), schlug ich vor, wir sollten alle nach Fuenterrabia reisen und dort das Schiff nach Bordeaux nehmen, was nur eine kurze Reise sei.

Während wir noch darüber beratschlagten, trafen vier Franzosen ein, welche auf der französischen Seite des Passes ebenso aufgehalten worden waren wie wir auf der spanischen, dann jedoch einen Bergführer ausfindig gemacht hatten, der sie nahe der Spitze des Languedoc durch die Ebene und dann übers Gebirge geführt hatte, auf Wegen, auf denen der Schnee sie nicht übermäßig inkommodiert hätte, wo sie aber auf Schnee in größeren Mengen gestoßen waren, da war er ihrer Erzählung nach hart genug gefroren, um sie und ihre Rosse zu tragen.

Wir schickten nach diesem Bergführer und hörten von ihm, er getraue sich, uns denselben Weg zu führen, wo wir vom Schnee nichts zu fürchten hätten, wenn wir nur genügend bewaffnet wären, um uns gegen Raubtiere wehren zu können; denn, so sagte er, bei so heftigen Schneefällen ließen sich am Fuß des Gebirges häufig Wölfe sehen, rasend vor Hunger, weil die Erde von Schnee bedeckt war. Wir antworteten ihm, wir seien gut genug gerüstet, um derartigen Kreaturen zu begegnen, wofern er uns nur vor einer Art zweibeiniger Wölfe beschirmen könne, von denen wir Berichten zufolge besonders auf der französischen Seite des Gebirges am meisten zu fürchten hätten.

Er beteuerte, es habe auf dem Weg, den wir nehmen würden, deswegen keine Gefahr; wir wurden uns also rasch einig, ihm zu folgen, zwölf weitere Gentlemen, teils Franzosen, teils Spanier, schlossen sich mit ihren Dienern uns an, welche die Reise versucht hatten, aber umkehren mussten.

Wir brachen also alle mit unserem Führer am 15. November von Pamplona auf. Zu meiner Verwunderung ritten wir nicht vorwärts, sondern etwa 20 Meilen lang geradewegs die Straße zurück, die wir von Madrid gekommen waren. Nachdem wir zwei Flüsse passiert und die Ebene erreicht hatten, befanden wir uns wieder in warmer Luft, lieblicher Landschaft, und kein Schnee war mehr zu sehen. Ganz plötzlich aber schlug unser Führer sich nach links und näherte sich dem Gebirge von einer anderen Seite; und obgleich die Berge und Klüfte in der Tat ein grimmiges Ansehen boten, machte er so viele Umwege und Abkürzungen und führte uns so viele verschlungene Pfade, dass wir, ehe wir's uns versahen, den Kamm des Gebirges überschritten hatten, ohne unterm Schnee allzu sehr gelitten zu haben. Mit einem Mal zeigte er hinunter auf die lieblichen und fruchtbaren Provinzen Languedoc und Gascogne, die grün und blühend dalagen, freilich in weiter Ferne, und wir hatten daher noch manch raues Stück Weges vor uns.

Es wurde uns allen jedoch ein wenig unbehaglich zumute, als es plötzlich einen Tag und eine Nacht so heftig schneite, dass wir nicht weiterkonnten. Doch der Bergführer sprach uns Mut zu und meinte, bald wäre alles vorbei, wie es denn wirklich jeden Tag tiefer hinab und weiter nach Norden ging als zuvor; wir verließen uns also auf ihn und zogen weiter.

Es war etwa zwei Stunden vor Einbruch der Nacht, der Führer ritt etwas vor uns und war gerade nicht in Sicht, da fuhren aus einem Hohlweg, an den ein dichter Wald anschloss, drei ungeheure Wölfe und hinter ihnen ein Bär heraus; zwei von den Wölfen stürzten sich auf den Führer, und wäre er nur eine halbe Meile vor uns gewesen, sie hätten ihn in der Tat verschlungen, ehe wir ihm hätten helfen können. Einer von ihnen fiel das Pferd an, der andere den Mann mit solcher Gewalt, dass dieser nicht Zeit oder Geistesgegenwart genug hatte, seine Pistole zu ziehen, sondern nur gellend nach uns brüllte und schrie. Da mein Diener Freitag mir am nächsten ritt, hieß ich ihn hinreiten und sehen, was es gebe; sobald Freitag den Mann zu Gesicht bekam, schrie er so laut wie der andere: »O Herr! O Herr!«, aber als verwegener Bursch, der er war, sprengte er nahe zu dem armen Mann hin und schoss den Wolf, der ihn gepackt hatte, durch den Kopf.

Es war ein Glück für den armen Mann, dass mein Freitag dazukam; denn weil ihm derlei Bestien noch von der Heimat her bekannt waren, fürchtete er sich nicht, sondern ritt dicht heran und erschoss ihn wie beschrieben, während einer von uns sicherlich aus größerer Entfernung geschossen und dabei vielleicht entweder den Wolf verfehlt oder gar den Mann getroffen hätte.

Allein es hätte genügt, um einen kühneren Mann als mich zu erschrecken, ja, es entsetzte in der Tat unsere ganze Gesellschaft, als sich auf den Knall von Freitags Pistole zu beiden Seiten des Weges das allergräulichste Wolfsgeheul erhob, vom Widerhall der Berge doppelt zurückgeworfen, dass uns schien, als gäbe es hier eine ungeheure Menge von Wölfen; und wahrscheinlich waren es auch wirklich nicht so wenige, dass wir nicht Ursache hatten, uns zu fürchten.

Wie dem auch sei, als Freitag den einen Wolf getötet hatte, ließ der andere, der das Pferd angefallen, sogleich von diesem ab und floh. Glücklicherweise hatte er sich am Kopf festgebissen, wo ihm der Beschlag an den Zügeln zwischen die Zähne gekommen war, sodass dem Pferd nicht viel geschah. Der Mann aber war übel dran, da ihn die grimmige Bestie zweimal gebissen, einmal in den Arm, das zweite Mal etwas über dem Knie, und er wollte eben von seinem sich bäumenden Pferd herabstürzen, als Freitag dazukam und den Wolf erschoss.

Man kann sich leicht denken, wie wir beim Knall von Freitags Pistole alle unsere Schritte beschleunigten und so schnell hinritten, als der Weg, der sehr schlecht war, uns nur erlaubte, um zu sehen, was da vor sich ging. Sobald wir die Bäume, die uns vorher die Aussicht versperrten, hinter uns gelassen, sahen wir deutlich, was vorgefallen war und wie Freitag den armen Führer befreit hatte, obschon wir nicht gleich erkennen konnten, was für ein Tier er da umgebracht hatte.

Niemals ist wohl ein Kampf so mutig unternommen und so kurzweilig ausgeführt worden als der, der nun zwischen Freitag und dem Bären stattfand und der uns alle, wenn wir auch zuerst erschraken und für Freitag fürchteten, höchlichst ergötzte: Der Bär ist ein plumpes, unbeholfenes Tier, nicht so leicht auf den Füßen wie der leichte und bewegliche Wolf, und er hat zwei besondere Eigenschaften, die im Allgemeinen seine Handlungen bestimmen. Erstlich fällt er für gewöhnlich Menschen nicht an, ich sage, für gewöhnlich, weil ich nicht sagen kann, wozu übermächtiger Hunger ihn treiben kann, wie etwa jetzt, da das Erdreich überall mit Schnee bedeckt war; Menschen fällt er also für gewöhnlich nicht an, außer sie attackieren ihn zuerst; vielmehr ist man, wenn man ihm im Wald begegnet und ihn nicht beachtet, vollständig vor ihm sicher. Man muss aber höllisch aufpassen, dass man ihn höflich behandelt, und ihm aus dem Weg gehen; denn er ist ein sehr kitzliger Herr und würde keinem Fürsten ausweichen. Wenn man tatsächlich Angst vor ihm hat, so ist es am besten, in eine andere Richtung zu blicken und einfach weiterzugehen. Stutzt man nämlich, bleibt man stehen und sieht ihn fest an, so hält er das für einen Schimpf; wirft oder stößt man aber gar etwas nach ihm, und es trifft ihn, wäre es auch nur ein kleiner Stecken so lang wie ein Finger, so hält er sich für beleidigt und denkt an nichts anderes mehr als daran, seine Rache zu verfolgen; seine verletzte Ehre muss wiederhergestellt werden. Dies ist seine erste Charaktereigenschaft. Die andere besteht darin, dass er, einmal beleidigt, seinen Beleidiger Tag und Nacht nicht mehr verlässt, sondern immerzu hinter ihm her ist, bis er seine Rache hat.

Mein Diener Freitag hatte den Führer befreit, und als wir hinzukamen, half er ihm gerade vom Pferd herunter. Der Mann war verletzt und erschrocken zugleich, und in der Tat das Letzte mehr als das Erste. Da sahen wir plötzlich den Bären aus dem Wald heraustrotten, ein ungeheures Tier, bei Weitem das größte, das ich jemals gesehen. Bei seinem Anblick erschraken wir alle; aber als Freitag ihn gewahr wurde, konnte man seine rechte Freude und Beherztheit an seinen Gebärden erkennen. »Oh! Oh! Oh!«, sagte Freitag dreimal und zeigte auf den Bären. »O Herr! Du mir erlauben! Ich schütteln Hand mit ihm, ich mach dich gut lachen.«

Ich wunderte mich, ihn so vergnügt zu sehen. »Du Narr, du«, sagte ich, »er wird dich auffressen.« – »Mich auffressen! Mich auffressen!«, wiederholte Freitag ein paarmal. »Ich esse ihn auf. Ich mache dich gut lachen, ihr bleibt alle hier, ich euch zeigen gut lachen.« Also setzt er sich nieder, streift im Nu seine Stiefel ab, zieht ein Paar Pumps an, wie wir die flachen Schuhe nennen, die sie tragen und die er in seiner Tasche bei sich trug, gibt meinem anderen Knecht sein Pferd und flitzt mit seinem Gewehr so schnell weg wie der Wind.

Der Bär trabte friedlich weiter und begehrte niemandem etwas zu tun, bis Freitag ziemlich nahe bei ihm war und ihm zurief, gleich als könnte der Bär ihn verstehen: »Hör du, hör du, ich spreche mit dir!« Wir folgten in einiger Entfernung; seit wir nämlich die gascognische Seite des Gebirges heruntergestiegen waren, befanden wir uns in einer weiten, ausgedehnten Waldlandschaft, ziemlich eben und recht hell, wenn auch hie und da von verstreuten Gruppen von Bäumen unterbrochen.

Freitag, der dem Bären, wie wir sagen, *in puncto* Geschwindigkeit das Wasser reichen konnte, war bald auf gleicher Höhe mit ihm, nahm einen großen Stein auf, warf ihn und traf den Bären gerade am Kopf; damit richtete er zwar nicht mehr Schaden an, als hätte er ihn gegen eine Mauer geworfen, aber er erreichte damit sein Ziel; der Schlingel war so frei von jeder Furcht, dass er es nur tat, um den Bären dazu zu bringen, ihm zu folgen, und uns »Lachen zu zeigen«, wie er das nannte.

Sobald der Bär den Stein gespürt und seinen Mann erblickt hat, dreht er sich um und kommt mit teuflisch langen Sätzen hinter ihm her und schiebt sich mit derart erstaunlicher Geschwindigkeit daher, dass ein Pferd dabei in einen mittleren Galopp gefallen wäre; Freitag läuft weg und hält seinen Kurs auf uns zu, als suche er Hilfe; deshalb beschlossen wir, alle zugleich auf den Bären zu schießen und meinen Diener zu retten, obwohl ich von Herzen böse auf ihn war, dass er das Tier, das vorher seine eigenen Straßen gewandert, uns jetzt wieder auf den Hals brachte; besonders verdross es mich, dass er den Bären auf uns gehetzt hatte und selber davonlief. Ich rief ihm daher zu: »Du Hund«, sagte ich, »ist das dein Lachenmachen? Komm her und nimm dein Pferd, damit wir das Biest erschießen können.« Er hörte mich und rief zurück: »Nicht schießen, nicht schießen, still stehen, du bekommen viel Lachen.« Und weil der flinke Geselle immer zwei Schritte lief für einen Schritt des Bären, machte er dicht vor uns plötzlich kehrt, und als er eine große Eiche erblickte, die ihm für seine Zwecke geeignet erschien, winkte er uns, ihm zu folgen; nachdem er sein Gewehr in etwa fünf oder sechs Yard Entfernung vom Fuß des Baumes auf den Boden gelegt hatte, sauste er mit doppelter Geschwindigkeit behände den Baum hinauf.

Der Bär war bald beim Baum angelangt, und wir folgten dem Schauspiel in einiger Entfernung. Zuerst blieb er bei der Flinte stehen, schnupperte daran, ließ sie aber liegen und kletterte ungeachtet seiner ungeheuren Schwere geschickt wie eine Katze den Baum hinauf. Ich war entsetzt über die vermeintliche Torheit meines Mannes und konnte für mein Leben nichts Lustiges daran finden; als wir jedoch den Bären den Baum hinaufklettern sahen, ritten wir alle näher.

Als wir beim Baum anlangten, sahen wir Freitag auf dem dünnen Ende eines breiten Baumastes hocken und den Bären auf dem halben Weg zu ihm; sobald der Bär bis dorthin gerutscht war, wo der Ast schwächer wurde, rief Freitag uns zu: »Ha! Nun schaut mich den Bären tanzen lernen!«, und begann, zu hüpfen und den Ast zu schütteln, wovon der Bär ins Schwanken geriet, innehielt und sich umsah, wie er wohl wieder zurückkönne; hierüber mussten wir freilich von Herzen lachen. Allein Freitag hatte sein Spiel mit ihm noch lange nicht beendet; da er den Bären jetzt stillhalten sah, rief er ihm wieder zu, als meinte er, der Bär könne Englisch: »Was, du kommst nicht näher? Ei, so komm doch näher!«, und hörte auf, den Ast zu beuteln; und der Bär, als hätte er verstanden, was Freitag sagte, kroch ein wenig näher, bis Freitag wieder zu springen anfing und der Bär wieder innehielt.

Wir dachten, jetzt wäre der rechte Augenblick, ihn durch den Kopf zu schießen, und ich rief Freitag zu, er möge stillhalten, wir würden dem Bären den Rest geben. Aber Freitag schrie und bat uns inständig: »O bitte! O bitte! Nicht schießen, ich schießen, wenn so weit!«, wenn es so weit ist, wollte er sagen. Nun, um die Sache kurz zu machen, Freitag tanzte so viel herum und der Bär stand so unsicher da, dass wir wahrlich genug zu lachen hatten, uns aber noch immer nicht denken konnten, was der Bursche noch weiter vorhatte. Zuerst meinten wir, seine Absicht wäre, den Bären herunterzuschütteln, merkten aber bald, dass der Bär viel zu schlau dazu war, denn er wagte sich nie so weit hinaus, dass er herunterfallen konnte, sondern klammerte sich mit seinen breiten Pfoten und Klauen fest, sodass wir uns nicht vorstellen konnten, wie das ausgehen und was der Witz davon schließlich sein sollte.

Doch Freitag benahm uns schnell die Zweifel; als er nämlich sah, dass der Bär sich fest an den Ast klammerte und sich nicht weiter hinauslocken ließ, sagte er: »Gut, gut! Du gehst nicht weiter, dann ich gehe, ich gehe. Du kommst nicht zu mir, ich gehe, komme zu dir!« Hierauf rutschte er hinaus zum dünnsten Ende des Astes, das sich unter seinem Gewicht bog, legte sich langsam darauf nieder und glitt den Ast entlang herunter, bis er tief genug war, um auf die Füße zu springen; dann lief er zu seiner Flinte, nahm sie auf und stand still.

»Nun gut«, sagte ich zu ihm, »Freitag, was willst du jetzt tun? Warum erschießt du ihn nicht?« – »Nicht schießen«, erwiderte Freitag, »noch nicht, ich schießen jetzt, ich nicht treffen; ich bleiben, gibt noch ein Lachen!« Und das gab es in der Tat, wie man sogleich sehen wird; denn als der Bär seinen Feind nicht mehr sah, rutschte er auf dem Ast zurück, auf dem er stand, aber er kam sehr langsam und blickte sich bei jedem Tritt um, und so kletterte er rückwärts, bis er am Stamm des Baumes war, dann sehr langsam den Baum herunter, wieder mit dem Hinterteil voran, indem er sich mit den Klauen anklammerte und immer nur einen Fuß auf einmal setzte. In dieser Stellung, gerade bevor der Bär seine Hinterfüße auf die Erde setzen konnte, trat Freitag dicht zu ihm hin, stieß ihm den Lauf seiner Pistole ins Ohr und schoss ihn mausetot.

Darauf drehte der Schelm sich um, um zu sehen, ob wir nicht lachten, und als er unseren Gesichtern ansah, dass es uns gefallen hatte, fing er selber laut zu lachen an. »So wir töten Bär in mein Land«, sagte er. »So tötet ihr sie also«, erwiderte ich, »allerdings ohne Gewehr?« – »Ja«, versetzte er, »ohne Gewehre, aber schießen große, sehr lange Pfeile.«

Das war nun wahrlich ein vergnüglicher Zeitvertreib gewesen, allein wir befanden uns noch immer in einer wilden Gegend, unser Führer war arg verwundet, und wir wussten nicht recht, was wir anfangen sollten; das Geheul der Wölfe ging mir sehr im Kopf herum, und wahrlich, mit Ausnahme jenes Gebrülls, das ich einmal an der afrikanischen Küste gehört und worüber ich schon vordem einiges berichtet, habe ich niemals etwas gehört, was mich derart mit Entsetzen erfüllt hätte.

Solche Gründe und das Nahen der Nacht trieben uns fort, sonst wären wir sicherlich Freitags Vorschlag gefolgt und hätten dieser ungeheuren Kreatur das Fell abgezogen, was die Mühe wohl wert gewesen wäre; aber wir hatten noch drei Seemeilen zu reiten, und der Führer trieb uns an, also ließen wir den Bären zurück und setzten unsere Reise fort.

Der Boden war noch immer mit Schnee bedeckt, obwohl er nicht so hoch lag und nicht so gefährlich war wie oben auf dem Gebirge. Wie wir später hörten, war übrigens das räuberische Getier, vom Hunger zur Nahrungssuche gezwungen, hinunter in die Wälder bis ins flache Land vorgedrungen und hatte in den Dörfern großen Schaden angerichtet, wo sie die Landleute überfallen, viele von ihren Schafen und Pferden und sogar einige Menschen getötet hatten.

Noch hatten wir eine gefährliche Stelle zu passieren, von welcher der Bergführer uns sagte, dass wir, wenn überhaupt noch Wölfe sich in der Gegend herumtrieben, sie dort antreffen würden; dieser Ort war eine kleine Ebene, rundherum von Gehölz umgeben, durch das ein langer, schmaler Hohlweg oder Engpass führte, den wir benutzen mussten, um durch den Wald und dann zu dem Dorf zu kommen, in dem wir übernachten wollten.

Etwa eine halbe Stunde vor Sonnenuntergang betraten wir den ersten Abschnitt des Waldes, und kurz nach Sonnenuntergang gelangten wir auf die Ebene. In diesem ersten Gehölz war uns nichts begegnet, außer dass wir auf einer kleinen Lichtung mitten im Wald, die nicht über drei Achtelmeilen lang war, fünf starke Wölfe über die Straße traben sahen, spornstreichs einer hinter dem anderen, als ob sie hinter einer Beute her wären und sie schon im Auge hätten; sie beachteten uns jedoch nicht und waren in wenigen Augenblicken unseren Blicken entschwunden.

Darauf mahnte uns der Führer, der, nebenbei gesagt, ein jämmerlicher Angsthase war, wir möchten uns bereithalten, da er glaube, wir hätten ihrer noch mehr zu gewärtigen.

Wir hielten daher unsere Gewehre schussbereit und die Augen offen, sahen aber keine Wölfe mehr, bis wir diesen Wald, der über eine halbe Seemeile lang war, passierten und die Ebene erreichten; sobald wir diese betreten hatten, hatten wir allerdings Ursache genug, uns umzusehen. Das Erste, was uns ins Auge fiel, war ein armes totes Pferd, das die Wölfe gerissen hatten, und mindestens ein Dutzend dieser Bestien machte sich daran zu schaffen, Fressen konnte man das nicht nennen, denn da sie das ganze Fleisch schon verschlungen hatten, benagten sie jetzt nur mehr die Knochen.

Es schien uns nicht ratsam, sie in ihrer Mahlzeit zu stören, und auch sie beachteten uns nicht weiter; Freitag hätte gern auf sie gefeuert, aber ich erlaubte es ihm unter keinen Umständen, da ich fürchtete, wir würden noch mehr zu tun bekommen, als wir dachten. Wir waren noch nicht halbwegs über die Ebene, da hörten wir im Gehölz zur Linken die Wölfe ganz fürchterlich heulen, und kurz darauf sahen wir an die hundert Wölfe geradenwegs uns entgegenstürzen, alle in einem Rudel, die meisten in einer Linie, wohlgeordnet wie eine von erfahrenen Offizieren geführte Armee. Ich hatte wenig Vorstellung, wie wir sie empfangen sollten, hielt es aber für das Beste, uns zu einer geschlossenen Linie zusammenzuziehen, was wir denn auch sogleich taten. Damit beim Feuern keine allzu langen Pausen entstünden, befahl ich, dass nur jeder zweite Mann schießen sollte und dass diejenigen, die nicht geschossen hatten, sich sofort für die zweite Salve bereithielten, falls Wölfe weiter vorrückten, und dass die, die zuerst gefeuert hatten, sich nicht mit dem Laden ihrer Gewehre aufhalten, sondern mit ihren Pistolen bereitstehen sollten; wir führten nämlich ein jeder ein Gewehr und ein Paar Pistolen. Auf diese Art und Weise konnten wir sechs Salven abgeben, immer die Hälfte von uns auf einmal. Allein das war gar nicht nötig, denn auf die erste Salve hin blieb der Feind stehen, entsetzt vom Knall wie auch von dem Feuer. Viere waren in den Kopf getroffen und sanken nieder, mehrere andere wurden verwundet und rannten bluttriefend weg, wie wir auf dem Schnee erkennen konnten. Ich bemerkte, dass sie zwar stehen blieben, aber nicht auch gleich zurückwichen; da fiel mir ein, dass ich einmal gehört hatte, dass sich auch die grimmigsten Bestien über die Stimme des Menschen entsetzen, und so ließ ich unsere ganze Kompanie schreien und brüllen, so laut wir nur konnten. Und wirklich, diese Ansicht ist nicht ganz falsch, denn auf unser Gebrüll hin begannen sie, sich umzudrehen und abzuziehen; darauf ließ ich eine zweite Salve abfeuern, die sie im Galopp in den Wald hineintrieb.

Das gab uns Gelegenheit, unsere Büchsen wieder zu laden, was wir, um keine Zeit zu verlieren, im Reiten besorgten; kaum aber hatten wir unsere Gewehre geladen und uns selber in Bereitschaft gesetzt, so hörten wir aus dem gleichen Wald zu unserer Linken ein fürchterliches Geheul, nur war es diesmal weiter vorn auf dem Weg, den wir zu reiten hatten.

Die Nacht brach eben an, das Licht wurde trüb, mithin waren wir desto schlimmer daran. Bei zunehmendem Getöse konnten wir leicht erkennen, dass es wieder diese Höllenhunde waren, die derart jaulten und heulten. Mit einem Mal konnten wir zwei oder drei Haufen von Wölfen unterscheiden, einen zu unserer Linken, einen hinter uns und einen vor uns, sodass wir richtiggehend von ihnen umzingelt schienen. Doch da sie uns nicht angriffen, setzten wir unseren Weg fort, so schnell unsere Pferde nur laufen konnten, wobei auf diesem holperigen Weg allerdings nur ein guter, starker Trab herauskam. In solcher Verfassung erblickten wir den Eingang jenes Waldes, den wir am anderen Ende der Ebene noch durchqueren mussten. Aber wie sehr erschraken wir, als wir im Näherkommen gerade am Eingang des Hohlwegs oder Engpasses einen brodelnden Haufen von Wölfen halten sahen.

Plötzlich hörten wir von einer anderen Waldlichtung her den Knall einer Büchse, wir wandten unsere Augen dahin und sahen ein Ross mit Zaum und Sattel schnell wie der Wind herausstürzen und sechzehn oder siebzehn Wölfe in voller Geschwindigkeit hinter ihm drein. Das Pferd hatte zwar einen Vorsprung, allein wir glaubten nicht, dass es ihn behalten konnte. Und es gab keinen Zweifel, dass die Wölfe es endlich einholen würden, was gewiss auch geschehen ist.

Denn jetzt bot sich uns ein grässlicher Anblick: Als wir bis zu der Schneise hinritten, wo das Pferd herausgesprungen war, da erblickten wir den Kadaver eines zweiten Pferdes und die Leichen zweier Männer, die von diesen räuberischen Bestien zerrissen waren. Einer von den beiden war ohne Zweifel der Mann gewesen, den wir den Schuss abfeuern hörten; denn neben ihm lag noch das abgeschossene Gewehr; was aber den Mann betrifft, so waren sein Kopf und Oberkörper schon aufgefressen.

Das erfüllte uns mit Grauen, und wir wussten nicht, wohin uns wenden, doch die Bestien entschieden für uns. Augenblicklich drängten sie sich um uns in der Hoffnung auf Beute, und ich glaube fest, es waren ihrer an die dreihundert. Zu unserem großen Glück lagen am Eingang des Waldes, doch etwas weiter entfernt davon, etliche große Baumstämme, die im letzten Sommer gefällt worden waren und nun, wie ich annahm, aufs Wegführen warteten. Ich führte meine kleine Truppe zu diesen Baumstämmen, hieß sie alle absteigen und in einer Linie hinter einem langen Baumstamm Aufstellung nehmen; wir benutzten den Baum vor uns als Brustwehr und standen nun in einem Dreieck oder mit drei Fronten da, die Pferde eingeschlossen in der Mitte.

So handelten wir und taten gut daran; denn niemals sah man einen grimmigeren Überfall, als diese Bestien hier auf uns machten. Sie näherten sich mit einer Art von Geknurr (und stiegen auf das Bauholz, das, wie gesagt, unsere Brustwehr bildete), als wollten sie sich auf ihre Beute stürzen. Es scheint, als hätte vor allem der Anblick der Pferde hinter uns als die Beute, auf die sie es hauptsächlich abgesehen hatten, sie in Wut versetzt. Nun befahl ich meiner Truppe zu feuern, und zwar, wie zuvor, immer jeder zweite Mann; sie zielten so sicher, dass sie gleich mit der ersten Salve etliche Wölfe erlegten. Doch waren wir gezwungen, ohne Unterbrechung weiterzufeuern, da uns die Wölfe wie die Teufel ansprangen und die hinteren die vorderen vorwärtstrieben.

Nach der zweiten Salve aus unseren Flinten meinten wir, sie würden ein wenig innehalten, und ich hoffte schon, sie würden sich verziehen. Aber es dauerte nur einen Augenblick, und schon rückten andere vor; also gaben wir zwei neue Salven aus unseren Pistolen ab, und ich bin sicher, wir haben mit unseren vier Salven siebzehn oder achtzehn Wölfe getötet und doppelt so viele lahm geschossen, und dennoch setzten sie wieder von Neuem an.

Ich wollte unseren letzten Schuss nicht gern so schnell verschießen, rief daher meinen Diener, nicht meinen Mann Freitag, denn der hatte Besseres zu tun, er hatte nämlich während unseres Scharmützels mit der größten Behändigkeit, die man sich vorstellen kann, seine eigene und meine Flinte geladen; ich rief, sage ich, meinen anderen Diener, gab ihm ein Horn voll Pulver und hieß ihn über die ganze Länge des Baumstammes einen Strich Pulver streuen, und nicht zu schmal. Das tat er auch und hatte gerade noch Zeit zum Weglaufen, als schon die Wölfe wieder anstürmten und einige auch hinaufkletterten; da drückte ich eine ungeladene Pistole dicht am Pulver ab und steckte so das Lauffeuer an. Die Wölfe, die auf dem Baumstamm standen, wurden davon versengt, und sechs oder sieben fielen oder sprangen eher wegen der Gewalt und dem Schrecken des Feuers mitten unter uns hinein; den Augenblick hatten wir sie erledigt, und die übrigen entsetzten sich so sehr vor den Flammen, die in der Nacht noch fürchterlicher aussahen, dass sie sich ein wenig zurückzogen.

Nun ließ ich unseren letzten Schuss in einer Salve losbrennen, und darauf erhoben wir ein großes Geschrei. Auf das hin machten die Wölfe kehrt, wir wagten augenblicklich einen Ausfall und stürzten uns auf etwa zwanzig lahm geschossene Untiere, welche auf der Erde zappelten, und gaben ihnen mit dem Degen den Rest. Das brachte uns den erwarteten Erfolg, denn ihr Jaulen und Winseln verstanden ihre Gefährten nur allzu gut, sodass sie alle die Flucht ergriffen und uns verließen.

Alles in allem hatten wir etwa ein Schock von ihnen getötet, und wäre es helllichter Tag gewesen, ich glaube, es wären viel mehr geworden. Nachdem unsere Feinde also die Walstatt verlassen hatten, ritten wir weiter, denn wir hatten noch immer fast eine Seemeile vor uns. Unterwegs hörten wir mehrere Male die räuberischen Bestien im Wald heulen und bellen, und manchmal glaubten wir auch, einige von ihnen zu sehen, aber da der Schnee unsere Augen blendete, waren wir nicht ganz sicher. Nach Verlauf einer Stunde etwa gelangten wir in die Stadt, wo wir nächtigen sollten, und trafen dort alle in höchster Angst und voll in Waffen; anscheinend waren auch dort in der vergangenen Nacht Wölfe und einige Bären eingebrochen und hatten alles in Furcht und Schrecken versetzt, und sie mussten jetzt Tag und Nacht Wache stehen, vor allem bei Nacht, um ihr Vieh und um sich selber zu erhalten.

Am anderen Morgen war unser Führer so schwach, seine Glieder von den beiden Wunden so geschwollen, dass er nicht weiterkonnte; wir waren daher gezwungen, an Ort und Stelle einen neuen Führer bis nach Toulouse zu nehmen, wo wir warme Luft fanden, anmutiges, fruchtbares Land und wo wir keinen Schnee, keine Wölfe oder dergleichen mehr sahen. Als wir in Toulouse unsere Abenteuer erzählten, sagten die Leute, Derartiges sei in dem großen Wald am Fuß des Gebirges durchaus nicht ungewöhnlich, besonders wenn Schnee liege. Sie erkundigten sich aber sehr ausführlich nach unserem Führer, wer es sich wohl zugetraut habe, uns in dieser strengen Jahreszeit einen solchen Weg zu führen; sie meinten, es sei ein Wunder, dass wir nicht allesamt zerrissen worden seien. Als wir ihnen unsere Aufstellung beschrieben hatten und wie die Pferde in der Mitte gehalten, da schalten sie uns heftig und sagten, es sei fünfzig zu eins gestanden, dass wir alle umkommen würden, denn der Anblick der Pferde als ihrer Beute war es, der die Wölfe so wild gemacht hatte. Für gewöhnlich scheuten sie sich schon vor einem Gewehr, aber der außerordentliche Hunger, der sie zum Rasen getrieben, und die Gier nach dem Pferdefleisch habe sie blind gemacht gegen die Gefahr, und wären wir ihrer nicht durch fortgesetztes Schießen und schließlich durch die List mit dem Pulverstrich Herr geworden, sie hätten uns sehr wahrscheinlich alle in Stücke gerissen. Wären wir dagegen auf dem Rücken der Pferde sitzen geblieben und hätten als Reiter auf sie gefeuert, so hätten sie die Pferde, mit den Menschen auf ihren Rücken, nicht so sehr als die ihnen zukommende Beute angesehen wie sonst. Endlich sagten sie uns noch, dass die Wölfe, wenn wir uns zusammengehalten und die Pferde ihnen überlassen hätten, so begierig gewesen wären, sie zu verschlingen, dass wir wohl ohne Schaden davongekommen wären, zumal wir Feuerwaffen bei uns hatten und so viele waren. Ich für mein Teil hatte niemals in meinem Leben eine Gefahr so stark empfunden; beim Anblick dieser dreihundert Teufel, die mit grässlichem Geheul und aufgesperrtem Rachen auf uns losstürzten, an einem Ort, wo wir ganz ohne Schutz und Zuflucht waren – bei diesem Anblick hatte ich mich für verloren gegeben. Nun, ich meine, ich kann darauf verzichten, jemals wieder dieses Gebirge zu überqueren; lieber würde ich wohl zur See fahren, und seien es tausend Seemeilen, und sollte ich auch jede Woche einen Sturm auszustehen haben.

Von meiner Reise durch Frankreich weiß ich nichts Besonderes zu berichten, was nicht auch andere Reisende schon beschrieben haben, und zwar weit besser, als ich es tun könnte. Ich reiste von Toulouse nach Paris, erreichte ohne nennenswerten Aufenthalt Calais und landete nach einer frostigen Reise am 14. Januar glücklich in Dover.

Nun war ich am Ausgangspunkt meiner Reisen angelangt, in Kurzem hatte ich meinen neu erworbenen Reichtum sicher in Händen, da die mitgebrachten Wechsel sofort bar eingelöst wurden.

Mein bester Ratgeber und Anwalt war meine gute, alte Witwe, welche aus Dankbarkeit für das Geld, das ich ihr geschickt, auch nicht die größten Sorgen und Mühen für mich scheute. Ich vertraute ihr in allen Stücken so vollkommen, dass ich wegen der Sicherheit meines Besitzes ganz ruhig war, und in der Tat war die makellose Rechtschaffenheit dieser gutherzigen Frau von Anfang bis zum Ende ein großes Glück für mich gewesen.

Jetzt dachte ich also daran, mein Vermögen in den Händen dieser Frau zurückzulassen und mich über Lissabon weiter nach Brasilien einzuschiffen; doch stellten sich mir bald andere Bedenken in den Weg, und zwar wegen der Religion. Da mir nämlich in der Fremde, vor allem aber in meiner Einsamkeit auf der Insel Zweifel an der römischen Religion gekommen waren, so begriff ich, dass es nicht das Richtige für mich sei, nach Brasilien zu gehen, noch weniger mich dort anzusiedeln, es sei denn, ich könne mich entschließen, ohne Rückhalt die römisch-katholische Religion anzunehmen; oder ich sei andererseits bereit, mich meinen Grundsätzen zu opfern, ein Märtyrer für meine Religion zu werden und in den Händen der Inquisition zu sterben. Nach reiflicher Überlegung entschied ich mich dafür, zu Hause zu bleiben und bei Gelegenheit meine Pflanzung zu verkaufen.

In diesem Sinn schrieb ich meinem alten Freund in Lissabon und bekam zur Antwort, dass er sie dort leicht losschlagen könne; sollte ich aber damit einverstanden sein, dass er in meinem Namen den beiden Kaufleuten ein

Angebot machte, den Nachfolgern meiner Treuhänder, die in Brasilien lebten und den Wert der Pflanzung genau abschätzen konnten, die an Ort und Stelle lebten, sehr reich seien, wie ich selber wusste, und die seines Erachtens große Lust hätten, meine Pflanzung zu kaufen, kurzum, so zweifelte er nicht, dass ich 4000 oder 5000 spanische Goldstücke mehr herausschlagen könne.

Ich gab also meine Zustimmung, beauftragte ihn damit, ihnen die Pflanzung anzubieten (was er auch tat), und bekam nach etwa acht Monaten bei der Rückkehr des Schiffes durch ihn die Nachricht, sie hätten das Angebot angenommen und einem ihrer Korrespondenten in Lissabon 33.000 spanische Goldstücke als Bezahlung übersandt.

Dafür unterzeichnete ich nun meinerseits den Kaufvertrag, wie er mir von Lissabon zuging, und sandte ihn meinem alten Mann, der mir den Erlös in Wechseln über 32.700 Goldstücken hierher überwies, vorbehaltlich der jährlichen Zahlung von 100 Moidores an ihn selber, den alten Mann, solange er lebte, und danach von jährlich 50 Moidores an seinen Sohn, wie ich sie ihnen versprochen hatte und wofür die Pflanzung als für einen Erbzins gutstehen musste. So habe ich nun den ersten Teil eines an Zufällen und Abenteuern reichen Lebens berichtet, eines Lebens, von der Vorsehung so buntscheckig gestaltet und von einer Vielfalt, wie es in der Welt wohl nicht leicht zu finden sein wird: töricht begann es, ging aber weit glücklicher aus, als irgendein Teil davon mich jemals hätte hoffen lassen.

Jeder wird glauben, dass ich nun, überhäuft von Glück, wie ich war, nicht mehr an weitere Abenteuer dachte. Und so wäre es auch gewesen, hätten nicht noch andere Umstände mitgesprochen. Doch ich war das Wanderleben nun einmal gewöhnt, hatte keine Familie, wenige Verwandte, und trotz meines Reichtums hatte ich nicht viele Bekanntschaften gemacht; und obwohl ich meinen Besitz in Brasilien verkauft hatte, konnte ich mir das Land doch nicht aus dem Kopf schlagen und hatte große Lust darauf, wieder auszufliegen. Vor allem empfand ich eine unwiderstehliche Begierde, meine Insel wiederzusehen und zu erfahren, ob die armen Spanier dort lebten und wie die Taugenichtse, die ich zurückgelassen, ihnen begegnet waren.

Meine getreue Freundin, die Witwe, riet mir ernstlich davon ab, und sie vermochte so viel über mich, dass sie mich sieben Jahre lang vom Davonlaufen abhielt. In dieser Zeit nahm ich meine beiden Neffen, die Kinder eines meiner Brüder, in meine Obhut. Den älteren, der ein wenig eigenes Geld hatte, erzog ich als Gentleman und setzte ihm für den Fall meines Todes als Zugabe zu seinem eigenen Vermögen eine Leibrente aus. Den anderen gab ich zu dem Kapitän eines Schiffes, und da er nach fünf Jahren zu einem verständigen, kühnen, unternehmenden Jüngling geworden, gab ich ihm ein tüchtiges Schiff und schickte ihn zur See; und dieser junge Bursche überredete später sogar mich selber, so alt ich war, zu weiteren Abenteuern.

Mittlerweile ließ ich mich hier einigermaßen häuslich nieder; zum Ersten heiratete ich, und zwar weder zu meinem Schaden noch Missvergnügen, und hatte drei Kinder, zwei Söhne und eine Tochter; doch als mein Weib starb und mein Neffe von einer Reise nach Spanien mit gutem Erfolg nach Hause kam, da gewannen meine Neigung, in die Fremde zu gehen, und sein stetes Zureden die Oberhand, sodass ich mich als privater Kaufmann auf sein Schiff nach Ostindien begab. Das war im Jahr 1694.

Auf dieser Fahrt besuchte ich meine neue Kolonie auf der Insel, sah meine Nachfolger, die Spanier, und ließ mir alles über ihr Leben berichten und über die Schurken, die ich dort zurückgelassen; wie sie anfänglich die armen Spanier verächtlich behandelten, wie sie später sich einigten, zerstritten, wieder vereinigten, sich trennten und wie die Spanier zuletzt gezwungen waren, mit Gewalt gegen sie vorzugehen, wie die Spanier sie unterworfen und wie anständig sie sie danach behandelt. Wenn man darauf einginge, wär's eine Geschichte, ebenso vielfältig und voll wunderbarer Ereignisse wie meine eigene, besonders was ihre Gefechte mit den Kariben betrifft, die mehrere Male auf der Insel gelandet waren; die Verbesserungen, die sie auf der Insel einführten, und wie fünf von ihnen sich aufs Festland gewagt und elf männliche und fünf weibliche Gefangene mitgebracht hatten, von denen ich bei meiner Ankunft schon an die zwanzig kleine Kinder auf der Insel vorfand.

Hier blieb ich etwa zwanzig Tage und ließ allerhand notwendige Dinge bei ihnen zurück, vor allem Waffen, Pulver, Schrot, Kleider, Werkzeuge und zwei Handwerker, die ich von England mitgebracht hatte, nämlich einen Tischler und einen Schmied.

Überdies teilte ich das Land unter ihnen auf, behielt mir selber das Eigentum an der ganzen Insel vor, wies aber jedem von ihnen das Stück an, das er sich wünschte; und nachdem ich alles mit ihnen geordnet und sie dazu verpflichtet hatte, den Platz nicht zu verlassen, nahm ich Abschied.

Von dort fuhr ich nach Brasilien, kaufte eine Barke und schickte sie mit noch mehr Volk zu der Insel, und neben anderen notwendigen Dingen sandte ich ihnen auch sieben Weibspersonen, die mir zur Arbeit geeignet schienen oder auch als Weiber für die, die sie nehmen wollten. Den Engländern aber versprach ich, ihnen etliche Weiber aus England zu senden, zusammen mit einer guten Ladung von Dingen, die sie brauchen würden, wenn sie sich auf Pflanzungen legen wollten, wie es hernach auch geschah.

Die Burschen waren denn auch redlich und fleißig, nachdem sie einmal den Herrn gespürt und ihren eigenen Grund und Boden zugewiesen bekommen hatten. Aus Brasilien schickte ich ihnen schließlich noch fünf Kühe, drei davon mit Kälbern trächtig, und mehrere Schafe und Schweine, die sich bei meiner Rückkunft beträchtlich vermehrt hatten.

Aber alle diese Dinge samt einem Bericht, wie dreihundert Kariben kamen und sie überfielen und ihre Pflanzungen zerstörten und wie sie zweimal mit allen dreihundert kämpften, zuerst besiegt und drei von ihnen getötet wurden; wie aber endlich ein Sturm die Kanus ihrer Feinde zerstörte und sie die übrigen fast ohne Ausnahme aushungerten oder sonst umbrachten, wie sie ihre Pflanzungen wieder eroberten und in Besitz nahmen, wie sie noch immer auf der Insel leben – alles das, zusammen mit einigen höchst seltsamen Ereignissen aus meinen eigenen Abenteuern in den nächsten zehn Jahren, werde ich vielleicht künftig in einem weiteren Buch berichten.

Die weiteren Abenteuer des

ROBINSON CRUSOE

oder der zweite und letzte Teil seines Lebens und die unerhörten Berichte von seinen Reisen um drei Viertel der Erde.

Von ihm selbst erzählt.

Aus dem Englischen von Paul Baudisch

Vorrede

Der Erfolg, den der erste Teil dieses Buches überall in der Leserwelt gefunden hat, war nicht mehr als die gebührende Anerkennung der staunenerregenden Vielfalt seines Inhalts und der angenehmen Weise seiner Darbietung.

Alle Bemühungen missgünstiger Leute, dem Buch den Vorwurf zu machen, es sei doch nur ein Roman, in ihm nach Irrtümern in der Geografie zu suchen, nach Unstimmigkeiten in der Erzählung und nach Widersprüchen in den mitgeteilten Tatsachen, haben sich als fruchtlos erwiesen und als ebenso ohnmächtig wie boshaft.

Die erbauliche Explikation jedes einzelnen Vorfalls, die religiösen und nützlichen Lehren, die in jedem einzelnen Teil des Buches gezogen werden, sind Beweis genug für die redliche Absicht, die uns bei der Veröffentlichung geleitet hat, und genügt, um auch alle die Abschnitte, die man als Erfindung oder Gleichnis bezeichnen könnte, zu rechtfertigen.

Der zweite Teil ist, wenn man dem Herausgeber seine Meinung hingehen lässt, in jeder Hinsicht (und das ganz gegen die sonstigen Gepflogenheiten bei Fortsetzungen) ebenso unterhaltsam wie der erste; er enthält ebenso seltsame und verwunderungswürdige Begebenheiten und eine nicht geringere Vielfalt davon. Auch die Nutzanwendungen sind nicht weniger ernst und angemessen, und der einfache wie der gebildete Leser wird sie zweifellos ebenso lehrreich und unterhaltend finden. Gerade das macht eine Kürzung dieses Buches so besonders ärgerlich, wie es überdies schändlich und lächerlich ist; denn es liegt auf der Hand, dass die Nachdrucker bei ihrem Bemühen, das Buch zusammenzustreichen, was vielleicht den Preis herabzusetzen scheint, es aller dieser Betrachtungen berauben, der religiösen wie der moralischen, die nicht allein die eigentliche Zierde des Werkes ausmachen, sondern vor allem für den unermesslichen Nutzen des Lesers berechnet sind.

So entkleiden sie das Werk seines glänzendsten Schmucks; und während sie zur gleichen Zeit dem Autor vorhalten, er habe seine Geschichte frei erfunden, tilgen sie die guten Lehren, welche allein den verständigen und wohlmeinenden Menschen diese freie Erfindung empfehlen können.

Das Unrecht, das solche Leute dem Eigentümer des Buches zufügen, wird von jedem anständigen Mann verabscheut werden, und der Herausgeber fordert sie hiermit auf, sie möchten doch den Unterschied zwischen solchen Praktiken und einem gewöhnlichen Straßenraub oder Einbruch zeigen.

Können sie aber in der Art des Verbrechens keinen Unterschied nachweisen, so werden sie auch Mühe mit dem Nachweis haben, warum dann ein Unterschied in der Bestrafung gemacht werden solle. Er seinerseits will jedenfalls dafür einstehen, dass es an ihm nicht fehlen sollte, ihnen Gerechtigkeit widerfahren zu lassen.

Jene hausbackene, so häufig verwendete Redensart, nämlich dass man nicht mehr loswird, was einem in Fleisch und Blut übergegangen ist, hat sich nie gründlicher bewahrheitet als in der Geschichte meines Lebens. Jeder würde meinen, dass nach fünfunddreißig Leidensjahren und einer Vielzahl unglücklicher Umstände, wie nur wenige Menschen sie, wenn je, durchgemacht haben, und nach nahezu sieben Jahren des Friedens und der Freude im Vollgenuss aller guten Dinge, gealtert und an einem Zeitpunkt angelangt, da man mir wohl am ehesten zugetraut haben würde, ich hätte ein jegliches Stadium reifen Lebens ausgekostet und müsse wissen, was am besten geeignet sei, einen Menschen restlos glücklich zu machen, ich sage, nach alledem würde jeder gemeint haben, dass die angeborene Wanderlust, die ich in dem Bericht über meinen ersten Auszug in die weite Welt geschildert habe, erschöpft, ihr flüchtiges Element verdunstet oder wenigstens kondensiert sei und ich im Alter von 61 Jahren ein wenig dazu neigen könnte, zu Hause zu bleiben, da ich es wohl endgültig satthaben dürfte, noch einmal Leben und Besitz aufs Spiel zu setzen.

Ja, darüber hinaus fehlte mir auch der übliche Anlass, in der Fremde auf Abenteuer auszugehen, weil ich kein Vermögen zu erwerben, nichts zu suchen hatte: Wenn ich zehntausend Pfund gewonnen hätte, so wäre ich darum nicht reicher gewesen, weil ich bereits das Nötige für mich und die Meinen besaß und mein Besitz sichtlich zunahm; da meine Familie nicht groß war, konnte ich die Erträgnisse meines Vermögens gar nicht ausgeben, es sei denn, ich hätte mich auf eine kostspielige Lebensweise eingelassen, mir viel Gefolge, Dienerschaft, Equipagen, Vergnügungen und dergleichen geleistet, lauter unnützes Zeug, das mir gar nicht in den Sinn kam oder mich lockte, sodass ich wahrlich nichts anderes zu tun hatte, als still zu sitzen, vollauf zu genießen, was mein Eigen war, und es täglich unter meinen Händen anwachsen zu sehen.

Aber das alles hatte keinen Einfluss auf mich oder zumindest nicht genügend Einfluss, um dem starken Hang, wieder in die Fremde zu ziehen, der wie ein chronisches Leiden über mir hing, zu widerstehen; besonders ging mir ständig der Wunsch im Kopf herum, meine neue Pflanzung auf der Insel und die Kolonie, die ich dort zurückgelassen hatte, wiederzusehen. Nächtelang träumte ich von ihm, und den ganzen Tag beschäftigte sich mit ihm meine Fantasie, er beherrschte alle meine Gedanken, und meine Einbildungskraft war ihm so gänzlich verfallen, dass ich im Schlaf von ihm redete, kurz, nichts vermochte ihn aus meinem Gehirn zu verscheuchen, er drängte sich sogar dermaßen gewaltsam in die Reden ein, die ich führte, dass ich zu einem lästigen Gesellschafter wurde; ich konnte über nichts anderes mehr sprechen, alles, was ich sagte, kreiste um ein und dieselbe Frage, bis zur reinen Impertinenz, und ich merkte es selber nur allzu genau.

Oft habe ich urteilsfähige Männer sagen hören, dass all das Getue, das die Welt mit Gespenstern und Geistererscheinungen hermacht, allein nur auf starke Einbildungskraft und das mächtige Wirken der Fantasie in den Köpfen der Geisterseher zurückzuführen sei, dass es unselig wandelnde Geister, Spukphänomene und dergleichen gar nicht gebe, dass ein liebevolles Verweilen bei den früheren Gesprächen mit verstorbenen Freunden sie ihnen so lebhaft wieder vor Augen führe, dass sie sich einzubilden imstande seien, sie sähen sie, sie redeten mit ihnen und erhielten Antwort, obwohl doch das alles eitel Schatten und blauer Dunst sei und sie eigentlich von der Sache nichts verstünden.

Ich für mein Teil weiß bis zu dieser Stunde nicht, ob es so etwas wie Geistererscheinungen, Gespenster oder Tote, die nachts umgehen, wirklich gibt oder ob an den Geschichten, die man uns erzählt, etwas daran ist, anders als dass sie von Blähungen, krankhafter Gemütsverfassung oder verirrten Einbildungen herrührten; eines aber weiß ich: Meine Einbildungskraft steigerte sich zu so abstrusen Höhen, versetzte mich in so ekstatische Wallungen (oder wie sonst ich es nennen mag), dass ich mich oft tatsächlich an Ort und Stelle in meine alte Burg hinter den Bäumen versetzt fühlte, meinen alten Spanier, Freitags Vater und die ruchlosen Seeleute, die ich auf der Insel zurückgelassen hatte, vor mir sah; ja, ich bildete mir ein, mit ihnen zu sprechen, und betrachtete sie, obwohl ich hellwach war, so steten Blicks, als stünden sie leibhaftig vor mir, und da geschah es oft, dass ich vor den Gestalten erschrak, die meine Fantasie heraufbeschworen hatte. Einmal im Schlummer berichteten mir der erste Spanier und Freitags Vater von der Schurkerei der drei Piraten so lebhaft, dass es geradezu verwunderlich war; sie erzählten mir, wie sie auf barbarische Weise versucht hätten, sämtliche Spanier umzubringen, und dass sie die gesammelten Vorräte in Brand steckten, eigens zu dem Zweck, die anderen dem Hungertod preiszugeben, Dinge, die ich nie gehört hatte und die denn auch in der Tat nicht alle stimmten; aber in meiner Vorstellungskraft war das alles so lebenswarm und lebenswirklich, dass zu der Stunde, da ich sie sah, nichts mich von der Überzeugung hätte abbringen können, es sei wahr oder werde sich als wahr erweisen – desgleichen, wie entrüstet ich war, als der Spanier sich bei mir beklagte, und wie ich alsdann über sie zu Gericht saß und befahl, alle drei aufzuhängen. Was wirklich dahintersteckte, wird sich an gegebenem Ort zeigen: Wie auch immer ich dazu gekommen sein mochte, mir solche Traumbilder auszumalen, und was für eine geheime Verwirrung meiner Geister auch immer sie veranlasst haben mochte, so war doch sehr vieles davon wahr. Ich betone, wie gesagt, dass der Traum nichts buchstäblich und besonders Wahres enthielt; aber die allgemeinen Voraussetzungen waren so zutreffend, das schändliche Benehmen dieser drei verhärteten Spitzbuben dergestalt und um so vieles schlimmer gewesen, als ich's beschreiben könnte, dass der Traum nur allzu große Ähnlichkeit mit den Tatsachen hatte, und da ich sie nachher streng würde bestrafen lassen, so wäre ich, hätte ich sie aufgeknüpft, durchaus im Recht gewesen und hätte es vor den Geboten Gottes wie der Menschen verantworten können.

Aber um zu meiner Geschichte zurückzukehren: In dieser Gemütsverfassung hatte ich etliche Jahre verbracht. Kein Genuss, keine angenehme Stunde, keine erfreuliche Zerstreuung, denen nicht einiges davon beigemischt gewesen wäre, sodass meine Frau, da sie meine Gedanken so völlig darauf erpicht sah, eines Abends allen Ernstes zu mir sagte, ihrer festen Überzeugung nach sei ich von einem geheimen, mächtigen Impuls der Vorsehung besessen, der mir den Entschluss eingeblasen habe, mich wieder dorthin zu begeben, und sie meine, dass mich doch nichts am Fortgehen hindere als die Bindung an Weib und Kinder. Freilich, sagte sie, könne sie sich eine Trennung von mir nicht vorstellen, aber da sie sicher sei, ich würde, wäre sie tot und begraben, mich sogleich auf den Weg machen, wolle sie, da es von höheren Mächten verordnet zu sein scheine, nicht das einzige Hindernis sein; wenn ich's für angebracht hielte und entschlossen sei aufzubrechen … Jetzt merkte sie, dass ich ihren Worten eifrig lauschte und sie sehr ernst ansah, also geriet sie ein wenig in Verwirrung und verstummte. Ich fragte sie, warum sie nicht fortfahre und ausspreche, was sie zu sagen habe, aber ich sah, dass ihr schwer ums Herz war und die Tränen in den Augen standen. »Heraus mit der Sprache, liebe Frau«, sagte ich. »Ist es dein Wunsch, dass ich mich auf den Weg mache?« – »Nein«, erwiderte sie liebevoll, »bei Weitem nicht. Aber wenn du entschlossen bist, auf Reisen zu gehen«, sagte sie, »will ich eher mit dir mitkommen als dir ein Hindernis sein. Ich halte es zwar angesichts deiner Jahre und deines Gesundheitszustandes für recht unsinnig, aber wenn es sein muss«, sagte sie weinend, »werde ich dich nicht verlassen, denn so der Himmel es will, musst du gehorchen, da gibt es kein Sträuben, und wenn der Himmel es dir zur Pflicht macht, in die Fremde zu ziehen, wird er auch mir die Pflicht auferlegen, dir zu folgen, oder auf andere Weise mit mir verfahren, damit ich dir nicht länger im Weg sei.«

Dieses liebevolle Verhalten meiner Frau brachte mich ein wenig zur Besinnung, und ich begann, mir zu überlegen, was mit mir los sei. Ich zähmte meine ausschweifende Fantasie und redete mir bedächtig zu: wie ich denn nach sechzig Jahren und nach einem an Leid und Missgeschick überaus reichen Leben, das zuletzt in so frohe und wohlige Bahnen gemündet hatte, wie ich denn, sage ich, dazu käme, mich in neue Gefahren zu stürzen und mich auf Abenteuer einzulassen, die nur der Jugend und Armut geziemen.

Mit diesen Gedanken im Kopf überlegte ich mir meine Verpflichtungen, dass ich eine Gattin hatte, ein Kind und dass meine Gattin mit einem zweiten schwanger ging, dass ich alles besaß, was die Welt mir schenken konnte, und es nicht nötig hatte, aus Gewinnsucht ein Risiko einzugehen, dass meine Jahre sich dem Ende zuneigten und ich lieber daran denken sollte, das Errungene zurückzulassen, statt es vermehren zu wollen, dass die Vermutung meiner Frau, es sei ein vom Himmel gesandter Impuls und es wäre meine Pflicht, ihm zu gehorchen, mir gar nicht einleuchten wollte; also wehrte ich mich nach vielen solchen und ähnlichen Erwägungen gegen die Übermacht meiner Einbildungskraft, redete mir's aus, wie das wohl ein jeder in ähnlichem Fall zuwege bringen kann, wenn er nur will, und wurde, mit einem Wort, der Anwandlungen Herr. Ich tröstete mich mit den Argumenten, die mir in den Sinn kamen und an denen es meine gegenwärtige Lage nicht ermangeln ließ; insbesondere aber, und das erachtete ich als die wirksamste Methode, nahm ich mir vor, mich durch andere Dinge abzulenken und mich auf eine Unternehmung einzulassen, die mir alle weiteren Exkursionen jener Art verleiden würde; ich hatte nämlich festgestellt, dass es mich hauptsächlich dann überkam, wenn ich faulenzte, nichts zu tun und auch nichts Wichtiges in allernächster Zukunft zu erwarten hatte.

Zu diesem Zweck erwarb ich einen kleinen Bauernhof in der Grafschaft Bedford und beschloss, dorthin zu übersiedeln. Das Wohnhaus war recht bequem und das umliegende Ackerland sehr verbesserungsfähig: Das entsprach in vieler Hinsicht meinen Neigungen, die es mir zu einem Vergnügen machten, den Boden zu bebauen, Pflanzen zu züchten, das Erdreich zu düngen, das Ganze zu leiten. Vor allem blieb mir hier im Binnenland die Berührung mit Schiffen, Seeleuten und Dingen erspart, die an entlegene Weltgegenden erinnern.

Mit einem Wort, ich ließ mich mit meiner Familie auf meinem Hof nieder, kaufte mir Pflüge, Harken, einen zweirädrigen Karren, einen Wagen,

Pferde, Kühe, Schafe, und indem ich mich ernstlich an die Arbeit machte, wurde ich binnen eines halben Jahrs zu einem regelrechten Gutsherrn. Meine Gedanken waren zur Gänze von meinen verschiedenen Aufgaben in Anspruch genommen, als da waren, die Dienstboten zu beaufsichtigen, Ackerland urbar zu machen, Zäune zu errichten, Pflanzen anzubauen etc., und ich führte, wie mir schien, das angenehmste Leben, das die Natur zu gewähren oder ein stets dem Unglück preisgegebener Mensch sich als Otium zu wünschen vermag.

Ich bestellte meinen eigenen Grund und Boden, brauchte keine Pacht zu zahlen, wurde durch keinerlei Vorschriften behindert; ich konnte nach Belieben und Gutdünken hier einen Baum pflanzen, dort einen Baum fällen: Was ich pflanzte, kam mir selber, und was ich verbesserte, meiner Familie zugute. Und da ich mich solchermaßen aller Gedanken an neue Wanderungen entschlagen hatte, bereitete mir das irdische Dasein in keinem seiner Bereiche mehr auch nur das mindeste Unbehagen. In der Tat glaubte ich, endlich jene goldene Mitte zu genießen, die mein Vater mir so dringend ans Herz gelegt hatte, und eine Art von paradiesischem Leben zu führen, wie der Dichter es beschreibt, wenn er vom Landleben spricht:

> Frei von Sorgen, frei von bösen Dingen,
> Alter kennt kein Leid, Jugend keine Schlingen.

Inmitten all dieser Glückseligkeit aber riss mich ein Schlag der unerforschlichen Vorsehung sogleich wieder aus meiner Bahn und stürzte mich nicht nur in einen unausweichlichen und unheilbaren Zwiespalt, sondern führte in der Folge einen tiefen Rückfall in die Wanderlust herbei, welche, da sie mir, wie ich wohl sagen darf, in den Knochen steckte, sehr bald wieder ihren früheren Einfluss zurückgewann und wie das Symptom eines heftigen Leidens mit unwiderstehlicher Wucht auf mich zukam, sodass nichts anderes mehr auf mich Eindruck machen konnte. Dieser Schlag war der Verlust meiner Frau.

Es ist nicht meine Sache, hier eine Elegie auf meine Frau zu verfassen, ihre Vorzüge hervorzuheben und durch eine schmeichelhafte Grabrede dem schönen Geschlecht zu hofieren. Sie war, mit wenigen Worten sei es gesagt, die Hauptstütze aller meiner Unternehmungen, der Mittelpunkt aller meiner Geschäfte, die Mittlerin gewesen, die mich durch ihre Umsicht von dem so überaus überspannten und verderblichen Projekt, das, wie ich oben gesagt habe, in meinem Kopf umhergespukt, abgebracht und in den glücklichen Zirkel geführt hatte, in dem ich mich jetzt bewegte, und hatte mehr dazu beigetragen, meine stets in die Ferne schweifenden Geister zu zügeln, als einer Mutter Tränen, eines Vaters Belehrungen, eines Freundes Ratschlag oder all mein eigenes Urteilsvermögen je hätten bewerkstelligen können. Gern lauschte ich ihrem Schluchzen und fügte mich ihren Bitten, und als ich sie verlor, war ich aufs Äußerste verzweifelt und ganz und gar um meine Fassung gebracht.

Als sie dahin war, sah die Welt rings um mich her erschreckend aus. Ich fühlte mich in ihr so fremd wie ehemals in Brasilien, als ich dort zum ersten Mal an Land gegangen war, und so allein wie auf meiner Insel (abgesehen von dem Beistand, den meine Dienstboten mir leisteten). Ich wusste weder, was ich tun, noch, was ich lassen sollte. Ich sah die Menschen rund um mich her geschäftig am Werk, die einen, um mühsam ihr tägliches Brot zu verdienen, die anderen, um ihren Besitz mit abscheulichen Ausschweifungen oder leeren Vergnügungen zu vergeuden, gleichermaßen erbarmungswürdig, weil das Ziel, das sie sich setzen, ihnen stets entfleucht: Der vergnügungssüchtige Mensch übersättigt sich tagtäglich an seinen Lastern und häuft Anlass zur Sorge, zur vergeblichen Reue – der arbeitsame Mensch verbraucht seine Kräfte im täglichen Kampf ums Brot, um die Stärke zu bewahren, die sein Werkzeug ist, bewegt sich also in einem täglichen Kreislauf der Sorgen, lebt nur, um zu arbeiten, und arbeitet nur, um zu leben, als ob das tägliche Brot der einzige Zweck mühsamen Lebens und ein mühsames Leben der einzige Weg zum täglichen Brot wäre.

Das erinnerte mich nun wieder an das Leben, das ich in meinem Reich, auf meiner Insel geführt hatte, wo ich gar nicht dran dachte, mehr Mais anzubauen, weil ich ihn nicht brauchte, und nicht mehr Ziegen züchtete, weil ich keine Verwendung für sie hatte, wo das Geld in der Lade lag, bis es verschimmelte und kaum einmal in zwanzig Jahren der Ehre teilhaftig wurde, von mir eines Blickes gewürdigt zu werden.

Dies alles, hätte ich's zu Ende gedacht, wie sich's gehörte und wie Vernunft und Religion es von mir verlangten, würde mich gelehrt haben, dass man, um restlos glücklich zu sein, über die irdischen Genüsse hinausgehen müsse und dass etwas vorhanden sei, das sicherlich als Urgrund und Beschluss des Daseins zu gelten habe, überlegen all jenen anderen Dingen, etwas, das man diesseits des Grabes entweder besitzen oder zumindest erhoffen müsse.

Aber meine kluge Beraterin war dahin, ich war wie ein Schiff ohne Steuermann, das nur vor dem Wind treiben kann. Meine Gedanken verirrten sich sogleich wieder in die früheren Bahnen, die Lockung fremdländischer Abenteuer verdrehte mir den Kopf, und all die angenehm harmlose Freude an meinem Hof, an meinem Garten, an meinem Vieh und an meiner Familie, die mich zuvor völlig beherrscht hatte, bedeutete mir nichts mehr, schmeckte mir nicht mehr, war wie Musik für einen, der kein Gehör hat, oder Nahrung für den, dessen Zunge gelähmt ist: Mit einem Wort, ich beschloss, die Landwirtschaft an den Nagel zu hängen, meinen Hof zu verpachten und nach London zurückzukehren, und wenige Monate später war es denn auch so weit.

Als ich nach London kam, fühlte ich mich genauso unbehaglich wie vorher. Mir gefiel es dort nicht, ich hatte dort nichts anderes zu tun, als umherzuschlendern, ein Müßiggänger, von dem man mit Recht behaupten darf, er sei in Gottes Schöpfung restlos überflüssig und seinen Mitmenschen mache es keinen Deut aus, ob er lebe oder tot sei. Außerdem war mir just diese Lebensweise am gründlichsten zuwider, mir, der ich in all meinen Tagen an ein tätiges Leben gewöhnt gewesen, und ich sagte mir oft: »Müßiggang ist die wahre Hefe des Lebens.« Meiner Meinung war ich weit besser beschäftigt gewesen, als ich sechsundzwanzig Tage brauchte, um mir einen Plankentisch zurechtzuzimmern.

Es war nun Anfang des Jahres 1693, als mein Neffe, den ich, wie schon früher erwähnt, für den Seemannsberuf erzogen und als Befehlshaber eines Schiffes bestellt hatte, von einer kurzen Fahrt nach Bilbao, seiner ersten, zurückkehrte. Er suchte mich auf und erzählte mir, Kaufleute aus seinem Bekanntenkreis hätten ihm vorgeschlagen, in ihrem Auftrag eine private Handelsreise nach Ostindien und China zu unternehmen. »Und nun, Oheim«, fuhr er fort, »wenn du mich begleiten willst, verpflichte ich mich, dich an deiner alten Niederlassung auf der Insel abzusetzen, weil wir brasilianische Häfen anzulaufen haben.«

Nichts könnte deutlicher ein künftiges Dasein und die Existenz einer unsichtbaren Welt beweisen als das Zusammentreffen zusätzlicher Anlässe mit Vorstellungen, die wir uns selber in aller Stille gemacht und keinem Menschen auf Gottes Erdboden anvertraut haben.

Mein Neffe wusste gar nicht, wie weit meine krankhafte Wanderlust sich schon wieder meiner bemächtigt hatte, und ich wusste nicht, was er im Sinn hatte, als ich just an dem Morgen, bevor er zu mir kam, unter recht schlimmer Verwirrung und nach gründlicher Überprüfung sämtlicher Umstände diesen Entschluss gefasst hatte, nämlich nach Lissabon zu reisen, mich mit meinem früheren Seekapitän zu beraten und, wenn es sich als verständig und durchführbar erwiese, wieder in See zu stechen, die Insel aufzusuchen und nachzusehen, was dort aus meinen Leuten geworden war. Ich hatte mit dem Gedanken gespielt, die Insel zu bevölkern, Ansiedler aus der Heimat mitzunehmen, mir eine Besitzurkunde zu beschaffen und was dergleichen

Pläne mehr sind, als mittendrin, wie gesagt, mein Neffe mit seinem Projekt hereinplatzte, mich auf der Fahrt nach Ostindien dort abzusetzen.

Ich schwieg eine Weile und sah ihm fest ins Gesicht. »Welcher Teufel«, sagte ich sodann, »hat dich mit diesem unglückseligen Auftrag zu mir geschickt?« Zuerst machte mein Neffe große Augen, als sei er weidlich erschrocken; aber als er merkte, dass mir sein Vorschlag nicht gänzlich missfiel, fasste er sich. »Ich hoffe sehr, dass es kein unglückseliger Vorschlag sei«, erwiderte er. »Ich möchte doch annehmen, dass es Euch Freude machen würde, Eure neu gegründete Kolonie wiederzusehen, wo Ihr einst glücklicher regiert habt als die meisten Eurer Monarchenbrüder auf dieser Welt.«

Mit einem Wort, der Plan passte so vorzüglich zu meiner Gemütsstimmung, das heißt der Besessenheit, der ich unterworfen war und die ich bereits ausführlich geschildert habe, dass ich ihm kurzerhand erklärte, wenn er sich mit den Kaufleuten einige, würde ich mitkommen, könne ihm aber nicht versprechen, ihn weiter als bis zu meiner Insel zu begleiten. »Aber, Sir«, sagte er daraufhin, »hoffentlich wollt Ihr nicht wieder dort zurückgelassen werden.« – »Nun«, antwortete ich, »kannst du mich denn nicht auf dem Rückweg abholen?« Er machte mich darauf aufmerksam, dass die Kaufleute ihm nicht erlauben würden, mit einem so wertvoll befrachteten Schiff einen Umweg zu machen, der vier Wochen oder vielleicht sogar drei bis vier Monate dauern würde. »Außerdem, Sir – wenn ich scheiterte und gar nicht mehr wiederkehrte, würdet Ihr just wieder in dieselbe Lage geraten, in der Ihr Euch schon einmal befunden habt.«

Das klang sehr vernünftig. Aber wir fanden einen Ausweg: eine in ihre Bestandteile zerlegte Schaluppe an Bord zu schaffen und sie dann mithilfe einiger Zimmerleute, die wir mitnehmen würden, auf der Insel wieder zusammenzusetzen und binnen wenigen Tagen seetüchtig zu machen.

Ich brauchte nicht lange, um einen Entschluss zu fassen. Das Drängen meines Neffen gesellte sich so wirksam zu meinen Neigungen, dass mir nichts mehr hinderlich entgegentreten konnte; andererseits hatte ich auch, da meine Frau tot war, keinen Menschen mehr, dem so viel an mir gelegen hätte, dass es ihm der Mühe wert gewesen, mir zu- oder abzureden, mit Ausnahme meiner guten, alten Freundin, der Witwe, die mich ernstlich ermahnte, mein Alter, meinen Wohlstand und die unnützen Gefahren einer Reise zu bedenken – und vor allem an meine kleinen Kinder zu denken. Aber das alles nützte nichts; eine unwiderstehliche Reiselust hatte sich meiner bemächtigt, und ich sagte zu ihr, meiner Meinung nach sei dieser Impuls so ungewöhnlich, dass es gewissermaßen hieße, der Vorsehung zu trotzen, wenn ich versuchte, zu Hause zu bleiben. Daraufhin ließ sie von ihren Vorhaltungen ab und war mir behilflich, nicht nur alle erforderlichen Vorkehrungen für die Reise zu treffen, sondern auch meine Familienangelegenheiten für die Dauer meiner Abwesenheit zu ordnen und für die Erziehung der Kinder zu sorgen.

Zu diesem Zweck verfasste ich ein Testament und verfügte über mein Vermögen zugunsten meiner Kinder und legte es in zuverlässige Hände, sodass ich unbesorgt und sicher sein durfte, es werde ihnen Gerechtigkeit widerfahren, was auch immer mit mir geschehen mochte. Was die Erziehung betraf, so überließ ich dieses Problem der braven Witwe und setzte ihr auch eine hinlängliche Summe für ihren Unterhalt aus. Sie hat es reichlich verdient. Keine leibliche Mutter hätte sich eifriger oder sachkundiger um die Erziehung der Kinder kümmern können, und da sie noch am Leben war, als ich wiederkam, habe ich's erlebt, mich bei ihr bedanken zu dürfen.

Mein Neffe hielt sich bereit, Anfang Januar 1695 auszulaufen, und ich begab mich zusammen mit meinem Diener Freitag am 8. in den Downs an Bord. Neben der oben erwähnten Schaluppe hatte ich eine recht umfangreiche Ladung aller möglichen Gebrauchsgegenstände für meine Kolonie bei mir, die ich, falls ich sie in keinem guten Zustand anträfe, ihrem Schicksal zu überlassen gedachte.

Erst einmal aber nahm ich einige Bedienstete mit. Sie sollten sich dort niederlassen oder wenigstens während meines Aufenthalts für meine Rechnung tätig zu sein, falls sie nicht bleiben wollten, je nach ihrem Belieben. Insbesondere waren es zwei Zimmerleute, ein Schmied und ein sehr geschickter, einfallsreicher Bursche, von Beruf Böttcher, aber auch in allen anderen Hantierungen bewandert, denn er verstand es, Wagenräder und Handmühlen zum Zermahlen der Maiskörner anzufertigen, war ein guter Drechsler und Töpfer, wusste alles herzustellen, was aus Ton oder Holz herzustellen ist, mit einem Wort, wir nannten ihn unseren Alleskönner.

Überdies hatte ich einen Schneider bei mir, der sich ursprünglich erbötig gemacht hatte, als Passagier nach Ostindien mitzukommen, sich aber nachher bereit erklärte, auf unserer neuen Pflanzung zu bleiben. Er erwies sich als ein sehr gewandter Mann, wie man sich ihn nicht besser hätte wünschen können, nicht nur in seinem, sondern auch in vielen anderen Gewerben. Wie ich schon früher bemerkt habe, macht die Not uns zu allem geschickt.

Meine Fracht bestand, soweit ich mich entsinnen kann, da ich über die Einzelheiten nicht Buch geführt habe, aus einem ausreichenden Leinenvorrat und dünnem Wollstoff in genügender Menge, um die Spanier, die ich dort anzutreffen erwartete, meiner Berechnung nach auf sieben Jahre hinaus bequem mit Kleidung zu versorgen. Wenn ich mich recht erinnere, so waren die Bekleidungsgegenstände, die ich für sie mitnahm, Handschuhe, Hüte, Schuhe, Strümpfe und was sie sonst brauchen mochten, mehr als 200 Pfund wert, einschließlich einiger Bettgestelle mit Bettzeug und diverser Haushaltsgeräte, besonders Küchenutensilien wie Töpfe, Kessel, Zinn, Messing etc., desgleichen für nahezu weitere hundert Pfund Eisenwaren, Nägel, Werkzeuge jeglicher Art, Haspen, Haken, Scharniere und was mir noch so an erforderlichen Dingen einfallen wollte.

Außerdem nahm ich hundert Schusswaffen mit, Musketen, Pulver und Zündschnur nebst einigen Pistolen, einer beträchtlichen Menge Schrot jeglichen Kalibers und zwei Messingkanonen. Weil ich nicht wusste, auf was für Zeiten und Notstände ich mich gefasst machen musste, hatte ich hundert Fass Pulver bei mir, dazu Degen, Entermesser und die Eisenteile etlicher Piken und Hellebarden, sodass wir, kurz gesagt, über ein mit allen erdenklichen Waren versehenes Lager verfugten. Meinen Neffen veranlasste ich, zwei kleine Achterdeckgeschütze mehr mitzuführen als gewöhnlich, um sie im Notfall auf der Insel zurückzulassen, damit wir dort nach unserer Ankunft eine Festung bauen und sie zur Abwehr aller möglichen Feinde bemannen könnten, und ich rechnete denn auch damit, dass wir das alles und noch mehr brauchen würden, wenn wir unseren Besitztitel geltend machen wollten (wie es sich im Verlauf dieser Geschichte zeigen wird).

Auf dieser Fahrt begegneten mir nicht so viele Unglücksfälle, wie ich's gewöhnt gewesen war. Deshalb werde ich weniger oft Anlass haben, den Leser zu unterbrechen, der vielleicht ungeduldig wird und gern hören möchte, wie es meiner Kolonie ergangen ist. Aber etliche Zwischenfälle, Gegenwind und schlechtes Wetter blieben mir nicht erspart und gestalteten die Reise langwieriger, als ich anfangs erwartet hatte. Ich, der ich nie mehr als eine einzige Seereise unternommen hatte, nämlich die nach Guinea (die ich nun gewissermaßen wiederholte, soweit es die ersten Pläne betraf), begann mir einzubilden, meiner harre das gleiche Missgeschick. Ich sei, sagte ich mir, geboren, mich nie an Land zufriedenzugeben und dennoch auf See stets Pech zu haben.

Widrige Winde trieben uns nordwärts, und wir waren gezwungen, in den irischen Hafen Galway einzulaufen, wo wir zweiundzwanzig Tage lang vor Anker lagen, um auf günstigen Wind zu warten. Das einzig Versöhnliche dabei war, dass Proviant dort für billiges Geld in Hülle und Fülle zu haben war. Während wir stilllagen, brauchten wir unsere Schiffsvorräte nicht anzutasten, sondern konnten sie vielmehr ergänzen. Ich nahm denn auch mehrere lebende Schweine, zwei Kühe und ihre Kälber an Bord und hatte vor, sie, wenn ich eine gute Überfahrt hätte, auf meiner Insel auszusetzen: Aber wir wurden durch die Umstände gezwungen, anderweitig über sie zu verfügen.

Am 5. Februar stachen wir in See und hatten ein paar Tage lang recht guten Rückenwind. Soweit ich mich erinnere, mochte es um den 20. Februar spät abends gewesen sein, als der wachhabende Maat in die Achterhütte kam und uns meldete, er habe Flammen aufzucken sehen und einen Kanonenschuss gehört. Er war mit seinem Bericht noch nicht fertig, da kam ein Schiffsjunge herein und teilte uns mit, der Bootsmann habe einen zweiten Schuss vernommen. Das bewog uns alle, aufs Quarterdeck hinauszustürzen. Eine Weile hörten wir gar nichts; nach einigen Minuten aber erblickten wir einen hellen Lichtschein und stellten fest, es müsse in einiger Entfernung ein gewaltiger Brand wüten. Sogleich zogen wir unsere Berechnungen zurate und kamen überein, es könne sich nicht um festes Land handeln, jedenfalls nicht auf fünfhundert Meilen hinaus, da das Feuer in Westnordwest lag. Daraus folgerten wir, es müsse ein brennendes Schiff auf hoher See sein, und da wir kurz zuvor Kanonenschüsse gehört hatten, sagten wir uns, es könne nicht weit entfernt sein. Wir hielten genau auf den Feuerschein zu, und sehr bald waren wir überzeugt, dass wir es finden würden, weil das Licht immer heller wurde, je weiter wir segelten, obwohl wir zufolge des nebligen Wetters eine Zeit lang nichts anderes sehen konnten als die Helligkeit. Nach etwa halbstündiger Fahrt bei günstigem, wenn auch nicht starkem Wind sahen wir deutlich, dass es ein großes Schiff war, das mitten im Meer lag und brannte.

Diese Katastrophe ging mir sehr zu Herzen, mochte ich auch die Leute nicht kennen, die sie betraf. Ich erinnerte mich nämlich an meine früheren Erlebnisse und in welchem Zustand ich mich befunden hatte, als mich der portugiesische Kapitän an Bord nahm, und wie die Lage der armen Teufel auf diesem Fahrzeug noch weit beklagenswerter sein musste, wenn sie von keinem Schwesterschiff begleitet waren. Daraufhin erteilte ich unverzüglich Befehl, kurz nacheinander fünf Kanonenschüsse abzufeuern, damit wir ihnen womöglich verkündeten, Hilfe sei unterwegs und sie möchten versuchen, in ihre Rettungsboote zu gehen. Da es finstere Nacht war, konnten zwar wir das Schiff, sie aber nicht uns sehen.

Erst einmal drehten wir bei, wie das andere Schiff vor dem Wind lenzend, und warteten auf den Anbruch des Tages, als urplötzlich zu unserem Entsetzen, obwohl wir allen Grund gehabt hätten, darauf gefasst zu sein, das Schiff in die Luft flog, und sofort, das heißt binnen wenigen Minuten das Feuer erlosch und der Rest des Fahrzeugs unterging. Das war ein schrecklicher und betrüblicher Anblick, vor allem wegen der armen Menschen, die, wie ich annahm, entweder insgesamt mit dem Schiff zugrunde gegangen waren oder sich in ihrem Boot mitten auf dem Ozean in äußerster Not befanden: Weil es finster war, konnte ich sie auf keinen Fall sehen. Um ihnen aber, so gut es ging, die Richtung zu weisen, ließ ich an allen möglichen Ecken unseres Schiffes und soweit der Vorrat reichte, Laternen hissen und die ganze Nacht hindurch Geschütze feuern, um ihnen dadurch mitzuteilen, es sei ein Fahrzeug in der Nähe.

Gegen acht Uhr morgens entdeckten wir mithilfe unserer Ferngläser die Boote des gesunkenen Schiffes; es waren ihrer zwei, beide dicht gedrängt voller Menschen, beide lagen tief im Wasser. Wir sahen, dass sie eifrig ruderten, weil sie Gegenwind hatten, dass sie uns erblickt hatten und sich anstrengten, unsere Aufmerksamkeit zu erregen.

Sogleich entfalteten wir unsere Flagge, um ihnen mitzuteilen, dass wir sie sahen, hängten einen zusammengerollten Wimpel aus als ein Zeichen für sie, an Bord zu kommen, setzten sodann mehr Segel und hielten geradenwegs auf sie zu. Nach einer knappen halben Stunde hatten wir sie erreicht und nahmen sie kurzerhand alle an Bord, nicht weniger als vierundsechzig Männer, Frauen und Kinder, denn es waren sehr viele Passagiere darunter.

Es stellte sich heraus, dass wir es mit einem französischen 300 Tonnen schweren Kauffahrer zu tun hatten, der von Quebec am Kanadafluss heimwärts gesegelt war. Der Kapitän schilderte ausführlich den Hergang des Unglücks, wie das Feuer zufolge der Nachlässigkeit des Rudergängers im Steuerraum ausgebrochen, aber auf seine Hilferufe hin im Nu, wie jedermann glaubte, gelöscht worden war, als sich plötzlich zeigte, dass einige Funken des ersten Brandes sich in einen Winkel verirrt hatten, so schwer erreichbar, dass man sie nicht unschädlich machen konnte, bevor sie zwischen die Balken gekrochen und unter Deck bis in den Laderaum gewandert waren, allem Eifer und aller Geschicklichkeit spottend, die man aufzubieten vermochte.

Da war ihnen denn nichts anderes übrig geblieben, als in die Boote zu gehen, die zu ihrem Trost ziemlich geräumig waren – das große Beiboot und eine große Schaluppe nebst einem kleinen Skiff, das ihnen nicht viel nützte, abgesehen davon, dass sie es mit etwas Frischwasser und Proviant beladen konnten, nachdem sie sich aus den Flammen gerettet hatten. Freilich war ihre Hoffnung gering, mit dem Leben davonzukommen, wenn sie in so weiter Entfernung vom Land in die Boote gingen, aber da sie nun einmal, wie sie mit Recht sagten, dem Feuer entronnen waren, bestand die Möglichkeit, dass zufällig ein Schiff sich in der Nähe befinde und sie an Bord nehme. Sie besaßen Segel, Ruder und einen Kompass und schickten sich an, nach besten Kräften Kurs auf Neufundland zu nehmen, bei recht günstigem Wind, einer sachten Brise aus Südost bei Ost. Der Proviant und das Wasser würden, wenn sie bis an die Grenze des Verhungerns und Verdurstens sparsam mit ihnen umgingen, etwa für zwölf Tage reichen. Der Kapitän hatte, wie er sagte, gehofft, in dieser Zeit, wenn ihnen kein schlechtes Wetter und kein Gegenwind in die Quere kämen, bis an die Sandbänke vor Neufundland zu gelangen und dort vielleicht einige Fische zu fangen, die ihnen als Nahrung dienen würden, bis sie an Land gehen könnten. Aber auch im besten Fall war das Risiko außerordentlich groß – zum Beispiel dass Stürme sie überfielen und die Boote zum Sinken brachten, dass Regen und Kälte ihre Glieder lähmten, dass widrige Winde sie aufhielten und dem Hungerstod preisgaben – so groß, dass es schon ein wahres Wunder gewesen wäre, wenn sie sich in Sicherheit gebracht hätten.

Mitten in ihren Erwägungen erzählte mir der Kapitän mit Tränen in den Augen, als jedermann die Hoffnung aufgegeben hatte und schier verzweifeln wollte, wurden sie plötzlich von der Freude überwältigt, einen und nachher vier weitere Kanonenschüsse zu vernehmen. Das waren die fünf Schüsse, die ich beim ersten Anblick des Lichtscheins hatte abfeuern lassen. Da fassten sie neuen Mut und wussten, wie es ja denn auch, siehe weiter oben, meine Absicht gewesen war, nämlich dass ein Schiff in der Nähe sei, um ihnen beizuspringen.

Als sie die Schüsse hörten, holten sie Stengen und Segel ein; da der Lärm aus dem Westen kam, beschlossen sie, bis zum Morgengrauen still zu liegen. Einige Zeit später, als sie keine Schüsse mehr hörten, feuerten sie drei Musketen ab, in ziemlich großen Abständen, aber diese Schüsse hörten wir nicht, weil der Wind ungünstig war.

Abermals nach einer Weile waren sie noch angenehmer überrascht, als sie unsere Laternen sahen und die Kanonen hörten, die ich, wie gesagt, die restliche Nacht hindurch hatte abfeuern lassen; da machten sie sich daran, uns entgegenzurudern, damit wir sie schneller erreichten, und schließlich merkten sie zu ihrer unsäglichen Freude, dass wir sie gesichtet hatten.

Es übersteigt meine Kräfte, die verschiedenen Gebärden, die sonderbaren Ausbrüche, die Vielfalt der Haltungen zu schildern, zu denen diese armen Menschen sich hinreißen ließen, um ihrer Herzensfreude über eine so unerwartete Rettung Ausdruck zu verleihen. Kummer und Angst lassen sich leicht beschreiben; Seufzer, Tränen, Stöhnen und einige wenige Kopf- und Handbewegungen machen die Summe ihrer Varianten aus. Ein Übermaß an Jubel jedoch, eine freudige Überraschung bringt tausend Extravaganzen mit sich: Manche brachen in Tränen aus, manche tobten und rauften sich die Haare, manche benahmen sich schlechtweg wie Verrückte, manche liefen auf dem Schiff umher und stampften mit den Füßen auf, andere wieder rangen die Hände – etliche tanzten, etliche sangen, die einen lachten, die anderen, in weit größerer Zahl, weinten, viele waren wie gelähmt und brachten kein Wort über die Lippen – andere übergaben sich, mehrere fielen in Ohnmacht oder waren einer Ohnmacht nahe – und einige wenige bekreuzigten sich und dankten dem Herrgott.

Ich will keinem Unrecht tun, es mochten viele unter ihnen gewesen sein, die sich hinterher bedankten, aber die Aufregung war anfangs so groß, dass sie sie nicht bemeistern konnten; sie gerieten in Ekstase, in eine Art von Raserei, und nur wenige blieben gefasst und ernst in ihrer Freude.

Vielleicht mochte in unserem Fall der besondere Umstand ihrer Volkszugehörigkeit eine Rolle gespielt haben, ich meine, dass sie Franzosen waren, denen man nachsagt, ihr Temperament sei beweglicher, heftiger und lebhafter und ihre Veranlagung launischer als bei anderen Nationen. Ich bin nicht genügend philosophisch geschult, um die Causa zu entscheiden, aber nichts, was ich je erlebt hatte, hätte sich mit diesen Delirien messen können. Der Freudentaumel, der sich einst des armen Freitag, meines treuen Wilden, bemächtigt hatte, als er seinen Vater in dem Boot vorfand, kam ihnen in etwa am nächsten und die Überraschung des Kapitäns und seiner beiden Gefährten, als ich sie vor den Schurken rettete, die sie auf der Insel ausgesetzt hatten, einigermaßen in die Nähe, aber nichts ließ sich mit ihnen vergleichen, nicht, was ich an Freitag, noch auch, was ich anderwärts in meinem Leben beobachtet hatte.

Es ist weiterhin bemerkenswert, dass diese Übersteigerungen in der von mir erwähnten Vielfalt sich nicht nur bei verschiedenen Personen zeigten, sondern vielmehr sehr oft bei ein und derselben Person in rascher Folge. Den Mann, der in der einen Minute stumm, gleichsam verblödet und wirr vor sich hinstarrte, sahen wir in der nächsten Minute tanzen und laut juchzen wie ein Marktschreier, und abermals nach einer Minute raufte er sich die Haare oder zerriss seine Kleider und trat sie mit Füßen wie ein Wahnsinniger; wenige Augenblicke später, siehe, da flossen seine Tränen, dann wurde ihm übel, dann fiel er in Ohnmacht und wäre nach einer Weile gestorben, wenn man ihm nicht Hilfe geleistet hätte. So verhielt es sich nicht nur mit zweien oder dreien, mit zehn und zwanzig, sondern mit der Mehrzahl von ihnen, und wenn ich mich recht entsinne, musste unser Wundarzt etwa dreißig Personen zur Ader lassen.

Es befanden sich zwei Geistliche unter ihnen, der eine alt, der andere jung, und seltsamerweise trieb es der alte Mann am ärgsten. Sowie er den Fuß an Bord unseres Schiffes gesetzt hatte und sich in Sicherheit sah, fiel er wie ein Toter um; nicht das geringste Lebenszeichen war ihm anzumerken. Unser Wundarzt wandte sogleich die geeigneten Mittel an, um ihn wiederzubeleben, und war der Einzige von uns allen, der ihn nicht für tot hielt. Schließlich öffnete er eine Vene in seinem Arm, nachdem er zuerst die Stelle gerieben und geknetet hatte, um sie möglichst zu erwärmen, woraufhin das Blut, das anfangs nur tröpfelte, recht ungehindert zu fließen begann. Drei Minuten später schlug der Mann die Augen auf, und etwa eine Viertelstunde nachher fand er die Sprache wieder, erholte sich zusehends und machte einen gesunden Eindruck. Nachdem die Blutung gestillt worden war, spazierte er umher, sagte zu uns, er sei wohlauf, trank einen Schluck stärkenden Likörs, den der Arzt ihm verabreichte, und war, wie wir es nannten, wieder ganz bei sich. Ungefähr eine Viertelstunde später jedoch kamen sie in die Kabine zu dem Wundarzt gelaufen, der soeben eine ohnmächtige Französin zur Ader ließ, und meldeten, der Priester habe den Verstand verloren. Offenbar hatte er angefangen, über den jähen Glückswechsel nachzugrübeln, und war dadurch in einen Freudenrausch versetzt worden; seine Lebensgeister wirbelten hastiger durcheinander, als die Blutgefäße sie zu befördern vermochten, das Blut wurde heiß und fiebrig, und der Mann war fürs Irrenhaus so reif wie nur irgendeiner, der je dort gelandet ist. Angesichts seines Zustandes wollte der Wundarzt ihn nicht noch einmal zur Ader lassen, sondern verabreichte ihm eine einschläfernde Arznei, die nach einiger Zeit zu wirken begann. Am nächsten Morgen erwachte er völlig gefasst und wohlauf.

Der jüngere Priester wusste sich vortrefflich zu beherrschen und lieferte ein Beispiel ernster, maßvoller Gesinnung. Als er an Bord kam, warf er sich flach zu Boden, um dem Himmel für seine Errettung zu danken: Dabei kam ich ihm in die Quere, weil ich annahm, er sei ohnmächtig geworden. Er aber bedankte sich gelassen, wies darauf hin, dass er im Begriff sei, Gott für seine Errettung zu danken, und bat mich, ihn für einige Minuten in Ruhe zu lassen; er werde sodann nicht versäumen, nächst seinem Schöpfer auch mir zu danken.

Mir tat es von Herzen leid, dass ich ihn belästigt hatte, und ich entfernte mich nicht nur, sondern hielt auch noch andere davon ab, ihn zu stören. Etwa drei Minuten lang oder noch etwas länger verharrte er in dieser Stellung, kam dann zu mir, wie er's versprochen hatte, und dankte mir sehr ernsthaft und eifrig, aber mit Tränen in den Augen dafür, dass ich, mit göttlichem Beistand, ihm und so vielen unglücklichen Geschöpfen das Leben gerettet hatte. Ich erwiderte, es stehe mir nicht an, ihn zu ermahnen, er möge lieber seinem Schöpfer danken als mir, fügte jedoch hinzu, es sei ja wohl nichts anderes geschehen, als Vernunft und Menschlichkeit allen Menschen auferlegten, und wir hätten ebenso viel Grund wie er, uns bei dem lieben Gott dafür zu bedanken, dass er uns so große Gnade erwiesen und uns erlaubt habe, so viele seiner Geschöpfe an seiner Barmherzigkeit teilhaben zu lassen.

Von nun an widmete sich der junge Priester seinen Landsleuten, gab sich Mühe, sie zu trösten, redete ihnen gut zu, bearbeitete sie mit Argumenten und Bitten und tat sein Äußerstes, um sie zur Besinnung zu bringen. Bei einigen glückte es ihm, wenn auch andere für einige Zeit restlos die Selbstbeherrschung verloren hatten.

Ich kann es mir nicht versagen, diese Anmerkung zu Papier zu bringen, weil sie vielleicht so manchem, in dessen Hände sie gerät, behilflich sein mag, sich in dem Übermaß seiner Leidenschaften zurechtzufinden. Wenn schon ein Freudentaumel die Menschen so weit über die Grenzen ihres Verstandes hinauszutreiben vermag, wohin werden uns nicht die Exzesse der Wut, des Zorns und einer erbitterten Seele führen? In der Tat sah ich hier einen Grund, auf Wallungen jeder Art recht sehr zu achten, mögen sie durch Freude und Befriedigung, mögen sie durch Kummer und Zorn verursacht sein.

Am ersten Tag führte das überspannte Betragen unserer Gäste einiges Durcheinander mit sich, aber nachdem wir ihnen, soweit unser Schiffsraum es gestattete, Unterkunft bereitet und sie sich, wie es bei den meisten der Fall war, gründlich ausgeschlafen hatten, waren sie am nächsten Tag Leute von ganz anderem Schlag.

Sie ließen es weder an guten Manieren noch an Erkenntlichkeit für die erwiesene Güte mangeln; wie man weiß, neigen in dieser Hinsicht die Franzosen von Natur aus eher zum Extrem. Der Kapitän und einer der Priester wünschten, mit mir und meinem Neffen, dem Befehlshaber, zu sprechen, um gemeinsam mit uns zu überlegen, was mit ihnen geschehen solle. Zuerst erklärten sie, da wir ihnen das Leben gerettet, sei all ihre Habe nur ein geringes Entgelt für die Güte, die wir ihnen erwiesen hatten. Der Kapitän erwähnte, dass sie in ihren Booten etwas hastig zusammengerafftes Geld nebst etlichen Wertgegenständen mitgebracht hätten, und wenn wir's entgegennehmen wollten, seien sie beauftragt, uns dieses alles anzubieten. Sie wünschten nur, unterwegs an Land gesetzt zu werden, an einer Küste, von der aus sie eine Überfahrt nach Frankreich erwirken könnten.

Mein Neffe war dafür, erst einmal das Geld zu nehmen und sich nachher zu überlegen, was mit ihnen zu geschehen habe, aber ich wies ihn zurecht. Ich wusste ja, was es heißt, an einem fremden Gestade an Land gesetzt zu werden. Wenn der portugiesische Kapitän, der mich auf hoher See an Bord geholt hatte, mich so bedient und mir alles, was ich besaß, als Lohn für sein Rettungswerk abgeknöpft hätte, wäre ich verhungert oder in Brasilien genauso ein Sklave gewesen wie in der Berberei (nur nicht gerade an einen Mohammedaner verkauft). Und der Portugiese ist vielleicht kein viel besserer Kapitän als der Türke, wenn nicht in manchen Fällen ein viel schlechterer.

Infolgedessen sagte ich zu dem französischen Kapitän, wir hätten sie ja nun freilich in ihrer Not bei uns aufgenommen, aber dazu seien wir als ihre Mitmenschen schlechthin verpflichtet gewesen, und wir würden uns keine andere Behandlung wünschen, wenn wir in eine ähnliche oder andersgeartete Notlage gerieten; wir hätten für sie nur getan, was sie, unserer festen Überzeugung nach, für uns getan haben würden, wenn wir uns an ihrer Stelle befunden hätten; wir hätten sie aufgenommen, um sie zu retten, nicht um sie auszuplündern, und es wäre reine Barbarei, ihnen das wenige wegzunehmen, das sie den Flammen entrissen hatten, sie sodann an Land zu setzen und im Stich zu lassen, das hieße sie zuerst vor dem Tod erretten und sie dann mutwillig umbringen, sie vor dem Ertrinken bewahren und sie dem Verhungern preisgeben: Deshalb würde ich nicht zulassen, dass man sie auch nur der kleinsten Kleinigkeit beraube. Was die Frage betreffe, sie an Land zu setzen, so sei das, sagte ich, für uns mit erheblichen Schwierigkeiten verbunden, da unser Schiff nach Ostindien segle; obwohl wir ziemlich weit westwärts von unserem Kurs abgetrieben worden waren – vielleicht durch eine Fügung des Himmels, der sie erretten wollte –, sei es uns nicht möglich, aus besonderem Anlass freiwillig die Route zu ändern, so wie dies denn auch mein Neffe, der Kapitän, vor den Befrachtern nicht verantworten könnte, denen gegenüber er sich durch eine Charterpartie verpflichtet habe, Kurs auf Brasilien zu nehmen. Meines Wissens könnten wir für sie nicht mehr tun, als eine Begegnung mit anderen Schiffen anzustreben, die sich auf der Heimfahrt aus Westindien befinden, und den Schiffbrüchigen auf diese Weise womöglich eine Passage nach England oder Frankreich zu verschaffen.

Der erste Teil meines Vorschlags war so edelmütig und gütig, dass ihnen nichts anderes übrig blieb, als mir dankbar zu sein, aber der Gedanke, nach Ostindien mitgeschleppt zu werden, versetzte sie, besonders die Passagiere, in große Bestürzung. Sie baten mich, da ich doch ohnedies schon, bevor ich auf sie gestoßen, so weit nach West abgekommen war, wenigstens denselben Kurs bis zu den Bänken von Neufundland zu halten, wo ich wahrscheinlich einem Schiff oder einer Schaluppe begegnen würde, die sie alsdann mieten könnten, um sich nach Kanada befördern zu lassen, wo sie herkamen.

Ich hielt dieses Verlangen für berechtigt und war folglich geneigt, ihm zuzustimmen. Ich überlegte mir, diese ganze Gesellschaft nach Ostindien mitzunehmen, würde nicht nur den armen Leuten eine unerträgliche Zumutung sein, sondern noch außerdem unsere gesamten Vorräte verschlingen und dadurch unsere Reise gefährden. Ich hielt es also nicht für einen Verstoß gegen die Charterpartie, sondern für eine durch einen unvorhergesehenen Zwischenfall bedingte Notwendigkeit, an der niemand uns die Schuld geben konnte, weil die Gebote Gottes und der Natur uns nicht erlaubt hätten, Menschen in so erbärmlicher Not zurückzuweisen, und weil der Verlauf der Dinge sowie auch die Achtung vor uns selber und vor den armen Teufeln uns verpflichteten, sie irgendwo zu ihrem Heil an Land zu setzen – also erklärte ich mich bereit, sie nach Neufundland zu befördern, wenn Wind und Wetter es gestatteten, und wenn nicht, sie nach Martinico im westindischen Archipel zu bringen.

Der Wind blies weiterhin frisch aus östlicher Richtung, aber das Wetter war ziemlich gut. Da nun aber schon seit Langem die Winde aus den Punkten zwischen Nordost und Südost wehten, entgingen uns mehrere Gelegenheiten, unsere Gäste nach Frankreich zu schicken. Wir begegneten etlichen nach Europa bestimmten Schiffen (zwei davon segelten unter französischer Flagge und kamen von St. Christopher), aber sie hatten so lange schon gegen den Wind kreuzen müssen, dass sie keine Passagiere an Bord zu nehmen wagten aus Furcht, es würde an Proviant sowohl für sie selber als auch für die Gäste fehlen. Also mussten wir unverrichteter Dinge weitersegeln. Ungefähr nach einer Woche erreichten wir die Bänke von Neufundland, wo wir (um meine Geschichte abzukürzen) alle unsere Franzosen in ein Barkschiff verfrachteten, das sie dortselbst auf hoher See charterten, damit es sie an Land setze und nachher, sobald sie sich mit frischem Proviant versorgt hatten, nach Frankreich befördere. Wenn ich sage, dass alle Franzosen von Bord gingen, darf ich nicht zu erwähnen vergessen, dass der junge Priester (von dem die Rede war), nachdem er gehört hatte, wir seien nach Ostindien unterwegs, den Wunsch äußerte, uns zu begleiten und an der Koromandelküste an Land gesetzt zu werden. Damit war ich gern einverstanden, weil mir der Mann ganz außerordentlich gut gefiel, und zwar, wie sich später zeigen wird, mit Recht. Auch vier Seeleute heuerten bei uns an und erwiesen sich als sehr brauchbare Gesellen.

Von hier aus nahmen wir Kurs auf Westindien, und nachdem wir insgesamt etwa zwanzig Tage lang zwischen Süd und Süd zu Ost gesteuert hatten, zuweilen mit wenig oder gar keinem Wind, stießen wir abermals auf einen würdigen Gegenstand unserer Menschenliebe, der fast so beklagenswert dran war wie der vorige.

Es war unter 27 Grad 5 Minuten nördlicher Länge und am 19. März des Jahres 1695, als wir auf unserem Kurs Südost und zu Süd ein Segel sichteten. Wir merkten sehr bald, dass es sich um ein großes Fahrzeug handelte und dass es auf uns zukam, konnten aber zuerst aus seinem Anblick nicht recht klug werden, bis wir aus geringerem Abstand entdeckten, dass es seine

Großstenge, seinen Fockmast und sein Bugspriet eingebüßt hatte. Gleich darauf feuerte es als Notsignal einen Kanonenschuss ab. Das Wetter war ziemlich gut, frische Brise aus Nordnordwest, und sehr bald konnten wir uns mit der Besatzung verständigen.

Es stellte sich heraus, dass es ein Schiff aus Bristol war, auf der Heimfahrt von Barbados; wenige Tage zuvor aber war es, noch gar nicht segelklar, durch einen schrecklichen Hurrikan von der Reede abgetrieben worden, während der Kapitän und der erste Steuermann beide an Land gegangen waren, sodass man, abgesehen von den Schrecken des Sturms, nur in recht unzureichendem Maß über geschulte Kräfte verfügte, die das Schiff in die Heimat steuern sollten. Jetzt befanden sie sich schon seit neun Wochen auf hoher See und waren, nachdem der Hurrikan sich davongemacht hatte, abermals in einen fürchterlichen Sturm geraten, der sie wer weiß wie weit in westlicher Richtung verschlug und sie, wie oben erwähnt, ihrer Masten beraubte. Sie berichteten, sie hätten gehofft, die Bahamainseln zu sichten, seien aber sodann wieder durch eine starke Kühlte aus Nordnordwest (dieselbe, die noch immer herrschte) nach Südost getrieben worden, und da sie über keine andere Leinwand verfügten als ein Hauptsegel und eine Art von Rahsegel an einem Hilfsfockmast, den sie errichtet hatten, konnten sie nicht dicht am Wind segeln, sondern mussten versuchen, auf die Kanarischen Inseln zuzuhalten.

Am allerschlimmsten aber war, dass sie aus Mangel an Vorräten schon halb verhungert waren, ganz abgesehen von den ausgestandenen Strapazen. Brot und Fleisch waren zur Neige gegangen, nicht eine Unze an Bord zurückgeblieben, und zwar schon seit elf Tagen; zu ihrem Trost war das Frischwasser nicht zur Gänze verbraucht, und sie besaßen noch etwa eine halbe Tonne Mehl, reichlich Zucker, wenn auch die Sukkaden oder Süßigkeiten, die sie anfangs besessen hatten, längst aufgezehrt waren, und überdies sieben Fässchen Rum.

Es waren auch ein junger Mann und seine Mutter nebst einer Dienerin als Passagiere an Bord. Zu ihrem Unglück hatten sie sich, in der Meinung, das Schiff sei segelklar, am Abend vor Ausbruch des Hurrikans an Bord begeben, und da sie keine eigenen Vorräte besaßen, waren sie noch beklagenswerter daran als die anderen, denn wir dürfen sicher sein, dass die Seeleute, selber in eine so schlimme Notlage versetzt, kein Mitleid mit den armen Passagieren hatten; diese befanden sich denn auch in einem Zustand, dessen Erbärmlichkeit schwer zu beschreiben ist.

Davon würde ich vielleicht gar nichts erfahren haben, wenn nicht meine Neugier, da das Wetter schön war und der Wind nachgelassen hatte, mich bewogen hätte, an Bord des anderen Schiffes zu gehen. Der zweite Steuermann, der jetzt das Kommando führte, war bei uns an Bord gewesen und hatte mir nun allerdings berichtet, sie hätten in ihrer Großkajüte drei Passagiere bei sich, die sich in einem jämmerlichen Zustand befänden. »Nein«, fügte er hinzu, »ich befürchte, dass sie gestorben sind, denn ich habe seit über zwei Tagen nichts mehr von ihnen gehört und wagte nicht, mich nach ihnen zu erkundigen«, sagte er, »weil ich ihnen nicht unter die Arme greifen konnte.«

Sogleich gingen wir daran, ihnen so viel Lebensmittel zu schenken, wie wir selber entbehren konnten, und ich hätte sie sogar gegen den Wunsch meines Neffen zur Gänze verproviantiert, auch wenn wir dadurch genötigt gewesen wären, uns selber in Virginia oder anderswo an der amerikanischen Küste mit neuen Vorräten zu versorgen; aber so weit zu gehen, erwies sich als überflüssig.

Nun aber drohte ihnen eine neue Gefahr; sie hatten Angst, zu viel zu essen, auch von dem Wenigen, das wir ihnen vorsetzten. Der Steuermann oder Kapitän hatte in seinem Boot sechs Mann mitgebracht, aber diese armen Wichte sahen aus wie Skelette und waren so schwach, dass sie kaum ihre Ruder handhaben konnten. Der Steuermann selber war schwer krank und halb verhungert; er erklärte, er habe nichts vor der Mannschaft vorausgehabt und jeden Brosamen mit ihr geteilt.

Ich ermahnte ihn, vorsichtig zuzugreifen, ließ ihm aber sogleich etwas auftischen, und er hatte keine drei Bissen gegessen, da wurde ihm übel und unwohl. Er hielt inne, und unser Wundarzt mischte ihm etwas in eine Brühe, die, wie er sagte, nahrhaft und zugleich heilkräftig sein würde. Nachdem er sie zu sich genommen hatte, ging es ihm besser. Inzwischen hatte ich die Leute nicht vernachlässigt. Auch sie bekamen etwas zu essen, und die armen Geschöpfe schlangen es geradezu hinunter, sie waren so hungrig, dass sie sich selber und ihre Gier nicht zügeln konnten, und zwei von ihnen aßen so gefräßig, dass sie am darauffolgenden Morgen in Lebensgefahr schwebten.

Ich fand den Anblick dieser Menschen tief erschütternd, er erinnerte mich daran, wie fürchterlich meine Aussichten gewesen waren, als ich auf der Insel an Land stieg, allwo ich weder den kleinsten Bissen Nahrung oder auch nur die geringste Chance hatte, Nahrung zu finden, ganz abgesehen von der stündlichen Furcht, anderen Lebewesen als Nahrung zu dienen. Aber während der Steuermann mir den jämmerlichen Zustand schilderte, in dem sich die Schiffsbesatzung befand, konnte ich den Gedanken an die drei armen Wesen in der Großkajüte nicht loswerden, von denen er erzählt, nämlich Mutter, Sohn und Magd, von denen er zwei bis drei Tage lang nichts mehr gehört und die er, wie er zu gestehen schien, restlos vernachlässigt hatte, weil seine eigene

Not und die seiner Leute so groß gewesen war. Daraus glaubte ich zu ersehen, dass man den Passagieren überhaupt nichts zu essen gegeben hatte, und nahm an, sie müssten alle drei zugrunde gegangen sein und vielleicht tot auf dem Fußboden oder Deck der Kajüte umherliegen.

Während ich den Steuermann, den wir nun Kapitän titulierten, nebst seinen sechs Begleitern an Bord unseres Fahrzeugs bewirtete, vergaß ich auch nicht die übrige ausgehungerte Besatzung, die an Bord des anderen Schiffes zurückgeblieben war, sondern schickte mich an, sie aufzusuchen. Ich befahl meinem Steuermann und zwölf seiner Leute, einen Sack Brot und vier oder fünf Brocken Kochfleisch mitzunehmen. Unser Arzt schärfte den Leuten ein, während ihres Aufenthaltes an Bord des anderen Schiffes das Fleisch zu kochen und in der Kombüse Wache zu halten, damit die Hungrigen es nicht roh äßen oder es aus dem Topf holten, bevor es richtig gar war, und sodann einem jeden nur ganz wenig auf einmal vorzusetzen; durch diese Vorsichtsmaßnahme behütete er die Leute, die sich ansonsten mit der Nahrung umgebracht hätten, die ihnen verabreicht wurde, um ihnen das Leben zu retten.

Gleichzeitig befahl ich dem Steuermann, in die Großkajüte zu gehen und nachzusehen, wie es um die armen Passagiere bestellt sei, sie, falls sie noch lebten, zu trösten und ihnen eine geeignete Erfrischung zu reichen, der Arzt gab ihm in einem Krug etwas von der eigens zubereiteten Brühe mit, die er dem bei uns an Bord bewirteten Steuermann vorgesetzt hatte und die, wie er nicht bezweifelte, auch die anderen nach und nach kurieren werde.

Damit gab ich mich nicht zufrieden. Wie gesagt, drängte es mich, den Schauplatz des Elends, den, wie ich wusste, jenes Schiff bieten würde, mit eigenen Augen zu sehen, lebendigeren Anblicks, als ein Bericht ihn hätte vermitteln können, und zusammen mit dem Kapitän, wie wir ihn jetzt nannten, folgte ich in ihrem Beiboot hinterher.

Die armen Menschen an Bord versuchten in hellem Aufruhr, das Fleisch aus dem Kochtopf zu angeln, bevor es gar war, aber mein Steuermann, dem erteilten Befehl gehorchend, ließ die Tür zur Kombüse streng bewachen, und nachdem der Mann, den er dorthin postiert hatte, alle erdenklichen Mahnungen zur Geduld erschöpft hatte, verwehrte er den Hungrigen mit Gewalt den Zutritt. Er ließ jedoch einige Zwiebackbrocken in den Topf tunken und in Fleischsaft aufweichen und verteilte sie unter die Leute, um ihren Magen zu besänftigen; er wies darauf hin, dass er um ihrer eigenen Sicherheit wegen gezwungen sei, ihnen immer nur ganz wenig auf einmal zu geben. Aber es war vergebliche Liebesmüh; wäre nicht ich an Bord gekommen und hätte ihren eigenen Kapitän und ihre Offiziere mitgebracht, die ihnen mit guten Worten zuredeten und außerdem drohten, ihnen nichts mehr zu geben, würden sie, wie ich glaube, gewaltsam in die Kombüse eingedrungen sein und das Fleisch vom Herd gerissen haben. Worte haben denn auch wirklich nur geringe Gewalt über einen hungrigen Bauch. Indessen glückte es uns, sie zu beruhigen. Beim ersten Mal fütterten wir sie behutsam und nach und nach, das nächste Mal bekamen sie mehr, zuletzt durften sie sich satt essen und waren recht gut dran.

Das Elend der armen Passagiere in der Kajüte jedoch war von weit größerem Ausmaß. Da die Schiffsbesatzung selber so knapp an Lebensmitteln gewesen war, hatte sie ihnen, wie ich mit Recht vermutete, anfangs nur sehr wenig und zuletzt überhaupt nichts mehr zu essen gegeben, sodass sie sechs bis sieben Tage lang, wie man sagen könnte, gänzlich ohne Nahrung gewesen waren und sich mehrere Tage zuvor mit sehr Wenigem hatten begnügen müssen. Die arme Mutter, die, wie meine Leute berichteten, eine verständige und wohlerzogene Dame war, hatte sich, was sie nur konnte, ihrem Sohn zuliebe vom Munde abgespart, sodass sie schließlich in völlige Entkräftigung verfiel: Als unser Steuermann zu ihr hineinging, saß sie auf dem Fußboden oder Deck mit dem Rücken gegen die Seitenwand zwischen zwei festgezurrten Stühlen, den Kopf zwischen den Schultern eingesunken, wie ein Leichnam, wenn auch noch nicht ganz tot. Mein Steuermann bemühte sich redlich, sie aufzurütteln und ihr Mut zu machen; mit einem Löffel versuchte er, ihr etwas Brühe einzuflößen. Sie öffnete die Lippen und hob die eine Hand, konnte aber nicht sprechen; doch verstand sie, was er sagte, und gab ihm durch Zeichen zu verstehen, dass es für sie zu spät sei. Sie zeigte auf ihr Kind, als ob sie sagen wolle, man möge sich seiner annehmen.

Trotzdem versuchte der Steuermann, von dem Anblick tief betroffen, abermals, ihr etwas Brühe in den Mund zu träufeln, und er meinte, es sei ihm geglückt, ihr zwei bis drei Löffel voll einzuflößen, obschon ich bezweifle, dass er seiner Sache sicher war; auf jeden Fall war's zu spät, und sie starb noch in derselben Nacht.

Der junge Mann, den seine zärtliche Mutter um den Preis ihres Lebens vor dem Tod bewahrt hatte, war noch nicht am Ende seiner Kräfte angelangt, obwohl er wie aufgebahrt in seinem Bett lag und kaum noch ein Fünkchen Leben in sich hatte. In seinem Mund steckte der Zipfel eines alten Handschuhs – den Rest hatte er verzehrt. Aber da er jung und bei Weitem noch nicht so entkräftet war wie seine Mutter, konnte der Steuermann ihn dazu bewegen, ein wenig Suppe zu schlucken, und er begann, sichtlich wieder zum Leben zu erwachen; freilich, als man ihm eine Weile später noch einmal zwei bis drei Löffel voll verabreichte, wurde ihm übel, und er gab alles wieder von sich.

Nun aber hieß es sich um die arme Magd kümmern. Sie lag der Länge nach auf dem Deck dicht neben ihrer Herrin, wie ein Mensch, der soeben durch einen Schlagfluss zu Boden gestreckt worden ist und um sein Leben ringt. Ihre Glieder waren verkrümmt, die eine Hand umkrampfte ein Stuhlbein, sie hielt sich dermaßen fest, dass wir Mühe hatten, den Griff der Finger zu lockern. Den anderen Arm hatte sie um den Kopf geschlungen und beide Füße gegen das Gestell des Kajütentisches gestemmt, kurz, sie lag genauso da wie ein Mensch in seinen letzten Zügen und war doch ebenfalls noch am Leben.

Das arme Wesen war nicht nur halb verhungert und von Todesfurcht geplagt, sondern auch, wie die Leute uns nachher erzählten, verzweifelt über das Schicksal ihrer Herrin, die sie seit zwei bis drei Tagen im Sterben liegen sah und die sie inniglich liebte.

Wir wussten nicht, was wir mit der armen Frau anfangen sollten. Nachdem unser Arzt, ein sehr kundiger und erfahrener Mann, sie mit großer Hingabe wieder ins Leben zurückgerufen, hatte er seine liebe Not mit ihrem seelischen Zustand, denn sie war, wie sich sogleich zeigen wird, noch eine beträchtliche Zeit hindurch geradezu von Sinnen.

Wer auch immer dieses Memorandum liest, möge bedenken, dass Seereisen nicht dasselbe sind wie eine Fahrt über Land, da man doch zuweilen acht oder vierzehn Tage lang an ein und demselben Ort verweilen kann. Unsere Aufgabe war es, dieser notleidenden Schiffsbesatzung zu helfen, nicht aber ihretwegen stillzuliegen, und obwohl sie sich bereit erklärten, ein paar Tage lang denselben Kurs zu steuern wie wir – ja, wie hätten wir uns denn auch bei geringster Leinwand der Geschwindigkeit eines mastenlosen Fahrzeugs anpassen können? Immerhin fügten wir uns den Bitten des Kapitäns, verweilten drei oder vier Tage an Ort und Stelle und halfen ihm, eine Großstenge und eine Marsstenge an seinem Hilfsfockmast anzubringen. Nachdem wir ihm sodann fünf Fässer Rindfleisch, ein Fass Pökelfleisch, zwei Oxhofte Zwieback und eine angemessene Menge Mehl, Erbsen und was wir sonst noch erübrigen konnten, überreicht und uns dafür von ihm drei Fässchen Zucker, etwas Rum und etliche Dublonen hatten geben lassen, verließen wir ihn und nahmen auf ihr eigenes Verlangen den Priester, den Burschen, die Magd und all ihre Habe mit.

Der junge Mann, etwa siebzehn Jahre alt, ein hübscher, gut erzogener, bescheidener und verständiger Jüngling, war tief betrübt durch den Tod seiner Mutter. Er hatte noch außerdem, wie es schien, wenige Monate zuvor auf Barbados seinen Vater verloren. Er bat den Wundarzt, ein gutes Wort bei mir einzulegen, damit ich mich bereitfände, ihn mitzunehmen, weil, wie er sagte, jene grausamen Menschen seine Mutter gemeuchelt hätten, und das hatten sie denn auch getan, freilich nur dadurch, dass sie es unterließen, ihr zu helfen; schließlich hätten sie doch für die arme hilflose Witwe ein paar Bissen erübrigen können, die sie zwar gerade nur am Leben erhalten, ihr aber vielleicht das Leben gerettet hätten. Jedoch der Hunger kennt keine Freunde, keine Verwandten, keine Gerechtigkeit, kein Recht: Deshalb ist er grausam und erbarmungslos.

Der Arzt sagte ihm, wie fern das Ziel unserer Reise sei, dass er Gefahr laufe, sich allzu weit von seinen Freunden zu entfernen und vielleicht in eine fast so schlimme Lage zu geraten, wie er sie soeben überstanden hatte, das heißt, einsam auf der Welt zu verhungern. Er entgegnete, es sei ihm gleichgültig, wohin wir segelten, wenn er nur von der fürchterlichen Sippe befreit würde, in deren Mitte er sich befand: Der Kapitän (damit meinte er mich, da er von meinem Neffen nichts wusste) habe ihm das Leben gerettet und werde ihm sicherlich nichts zuleide tun, und was die Magd betreffe, so würde sie, wenn sie wieder zu sich käme, von Herzen dankbar sein; so möchten wir denn sie beide mitnehmen, wohin auch immer unser Weg uns führe. Der Wundarzt legte mir den Fall so ernstlich dar, dass ich mich erweichen ließ. Wir nahmen die beiden nebst ihrer gesamten Habe an Bord, mit Ausnahme von elf Oxhoften Zucker, an die man nicht herankommen konnte. Da der junge Mann einen Frachtbrief besaß, ließ ich seinen Kapitän ein Schriftstück unterschreiben, in welchem er sich verpflichtete, gleich bei seiner Ankunft in Bristol einen dortigen Kaufmann namens Rogers aufzusuchen, mit dem der junge Mann, wie er sagte, verwandt war, und ihm einen von mir geschriebenen Brief sowie all die Ware auszuhändigen, die der verstorbenen Witwe gehört hatte. Dazu dürfte es freilich nie gekommen sein. Ich habe nicht erfahren können, ob das Schiff je in Bristol eingelaufen sei. Sehr wahrscheinlich ist es auf hoher See verschollen. Es war ja so schlimm daran und so weit von jeder Küste entfernt, dass ich der Meinung bin, der erste Sturm, dem es nachher begegnete, müsse sein Schicksal besiegelt haben, weil es, als wir uns von ihm trennten, undicht und im Laderaum beschädigt war.

Ich befand mich jetzt unter 19 Grad 32 Minuten westlicher Länge, und die Reise war, was das Wetter betraf, bisher recht leidlich vonstattengegangen, obwohl wir anfangs viel Gegenwind gehabt hatten. Ich will niemanden mit den kleinen Widrigkeiten belästigen, die uns auf dem restlichen Weg der Wind, das Wetter, die Meeresströmungen etc. bereiteten, sondern um der späteren Ereignisse willen meine Geschichte verkürzen und nur bemerken, dass ich am 10. April 1695 meine frühere Wohnstätte, die Insel, erreicht habe. Nicht ohne Mühe fand ich die Stelle: Da ich zuvor in Richtung Brasilien an der Süd- und Ostseite gekommen und gegangen war, wir aber jetzt zwischen dem Festland und der Insel aufkreuzten und keine Landkarte besaßen, erkannte ich sie nicht wieder und wusste nicht, ob sie es sei oder nicht.

Wir irrten lange umher und gingen auf mehrere Inseln in der Mündung des breiten Stroms Orinoko an Land, aber keine war die richtige. Nur eines lehrte mich diese Kreuz- und Querfahrt längs der Küsten, nämlich dass ich mich früher gröblich geirrt hatte und dass der angebliche Kontinent, den ich von meiner Insel aus erblickt hatte, gar keiner war, sondern eine lang gestreckte Insel oder vielmehr eine Inselkette, die von dem einen Ende der weitläufigen Flussmündung zum anderen reichte. Die Wilden, die auf meiner Insel auftauchten, waren eigentlich gar keine sogenannten Kariben, sondern Insulaner und ähnliche Barbaren gewesen, die in geringerer Entfernung von uns ansässig waren.

Kurz, ich besuchte mehrere dieser Inseln vergebens; manche waren bewohnt, andere nicht. Auf einer von ihnen traf ich einige Spanier an und dachte, sie hausten hier, aber als ich mich mit ihnen unterhielt, erfuhr ich, dass sie in einem kleinen Flüsschen ganz in der Nähe eine Schaluppe liegen hatten. Sie waren hier an Land gegangen, um Salz zu sieden und womöglich ein paar Perlmuscheln zu fangen, waren aber auf der Insel Trinidad zu Hause, die weiter nördlich auf dem 10. und 11. Längengrad liegt.

Aber nachdem wir schließlich, zuweilen mit dem Schiff, zuweilen mit der *chaloupe* des Franzosen, die wir recht brauchbar gefunden und folglich mit Zustimmung unserer Gäste behalten hatten, von einer Insel zur anderen gefahren waren, stieß ich endlich auf das Südufer meiner Insel und erkannte sehr bald die Konturen wieder. Also verankerte ich das Schiff mit der Breitseite nach dem kleinen Fluss zu, wo ich früher einmal gewohnt hatte.

Sowie ich die Gegend erblickte, ließ ich Freitag holen und fragte ihn, ob er wisse, wo er sich befinde. Er sah sich um und klatschte dann sogleich in die Hände. »O ja, ach dort, o ja, ach dort!«, rief er aus, zeigte auf unsere frühere Wohnstätte und begann, wie ein Verrückter zu tanzen und zu kapriolieren. Nur mit Mühe konnte ich ihn davon abhalten, ins Wasser zu springen und an Land zu schwimmen.

»Nun, Freitag«, sagte ich, »glaubst du, dass wir jemanden vorfinden werden? Und was meinst du – werden wir deinen Vater wiedersehen?« Eine ziemliche Weile lang stand er stumm und stocksteif da, aber als ich seinen Vater erwähnte, sah der arme, herzensgute Kerl recht niedergeschlagen drein, und ich sah, dass ihm die Tränen reichlich über die Wangen liefen. »Was ist los, Freitag?«, fragte ich ihn. »Bist du betrübt, weil du deinen Vater wiedersehen sollst?« – »Nein, nein«, erwiderte er kopfschüttelnd, »nicht sehen ihn mehr, nicht mehr ihn wiedersehen.« – »Ja, warum denn, Freitag?«, sagte ich. »Woher weißt du es?« – »O nein, o nein«, sagte Freitag, »er schon längst gestorben, schon längst. Er ein alter Mann.« – »Nun, nun, Freitag«, entgegnete ich, »das weißt du nicht. Aber werden wir andere vorfinden?« Er scheint schärfere Augen zu haben als ich, er zeigt auf die Anhöhe oberhalb meines früheren Hauses, und obwohl wir eine halbe Meile weit entfernt liegen, ruft er aus: »Wir sehen! Wir sehen! Ja, wir sehen dort viel Menschen, und dort, und dort …« Ich strengte mich an, konnte aber niemanden sehen, nicht einmal durchs Fernglas, vermutlich aus dem einfachen Grund, weil ich die Stelle nicht fand, denn der Kerl hatte recht, wie sich am nächsten Tag bei näherer Erkundigung zeigte: Es waren ihrer insgesamt fünf bis sechs Mann, die das Schiff betrachteten und nicht wussten, was sie von uns halten sollten.

Sowie Freitag behauptet hatte, Leute zu sehen, ließ ich die englische Flagge hissen und drei Kanonenschüsse abfeuern, um ihnen mitzuteilen, dass wir Freunde seien. Nach ungefähr einer Viertelstunde sahen wir neben dem Flüsschen Rauch aufsteigen. Ich beorderte sogleich ein Boot zu Wasser, nahm Freitag mit und steuerte unter einer weißen oder Parlamentärflagge geradenwegs auf die Küste zu. Ich hatte auch den bereits erwähnten jungen Ordensbruder bei mir, dem ich mein Leben auf der Insel und alles, was mich und die anderen betraf, die dort zurückgeblieben waren, ausführlich geschildert hatte und der infolgedessen äußerst begierig war, mich begleiten zu dürfen. Hinzu kamen etwa sechzehn wohlbewaffnete Leute, für den Fall, dass wir neuen Gästen begegneten, die wir nicht kannten; aber wir brauchten unsere Waffen nicht anzuwenden.

Als wir mit der Flut nahe ihrem Höchststand ans Ufer kamen, ruderten wir sogleich den gleichen Fluss hinauf, und der erste Mensch, auf den mein Blick fiel, war der Spanier, dem ich das Leben gerettet hatte und dessen Gesichtszüge ich ohne Weiteres wiedererkannte; seine Kleidung werde ich später beschreiben. Ich gab Befehl, dass erst einmal keiner außer mir an Land zu gehen habe, aber Freitag war nicht zu halten: Der herzensgute Mann hatte nämlich seinen Vater erspäht, der ziemlich weit abseits stand, sodass ich ihn nicht sehen konnte, und wenn man ihn nicht hätte an Land gehen lassen, wäre er glatt über Bord gesprungen. Kaum hatte er festen Boden unter den Füßen, da eilte er auf seinen Vater zu wie ein vom Bogen geschnellter Pfeil. Ein jeder hätte wohl trotz festesten Entschlusses Tränen vergossen beim Anblick des Freudentaumels, der den armen Kerl befiel, als er bei seinem Vater angelangt war – wie er ihn umarmte, ihn küsste, sein Gesicht streichelte, ihn auf die Arme nahm und ihn ansah, ihn auf einen Baumstamm setzte und sich zu ihm legte, sodann aufstand und ihn betrachtete, so wie man ein seltsames Bild betrachten würde, eine volle Viertelstunde lang – wie er sich abermals zu Boden warf, seine Beine streichelte und küsste und wieder aufsprang, um ihn anzustarren: Man hätte meinen können, der Kerl sei verhext. Aber wie er sich am nächsten Tag gebärdete, ja, da hätten die Hühner gelacht. Frühmorgens spazierte er mit seinem Vater mehrere Stunden lang am Ufer auf und ab, hielt ihn stets bei der Hand, als wäre es eine Dame gewesen. Ab und zu holte er etwas für ihn aus dem Boot, ein Stück Zucker, einen Schluck Branntwein, einen Zwieback oder sonst was Gutes. Nachmittags machte sich seine Freude in noch ganz anderen Possen Luft. Er setzte den alten Mann auf die Erde und tanzte um ihn herum, mit allerlei komischen Hopsern und Gesten; unterdessen redete er unablässig auf ihn ein und erzählte ihm zu seiner Belustigung alle möglichen Geschichten, mal die eine, mal die andere, von seinen Fahrten, von seinen Erlebnissen in der Fremde. Kurz, wenn man in unserem Erdteil bei den Christen ebenso viel Sohnesliebe zu den Eltern anträfe, würde man sich versucht fühlen zu behaupten, es wäre dann kaum ein fünftes Gebot vonnöten.

Aber das ist eine Abschweifung. Ich kehre zu unserer Landung zurück. Es würde kein Ende nehmen, wollte ich alle die Zeremonien und Höflichkeitsbeweise aufzählen, mit denen die Spanier mich empfingen. Der erste Spanier, den ich, wie gesagt, gut kannte, war derselbe, dem ich das Leben gerettet hatte. In Begleitung eines zweiten näherte er sich, gleichfalls mit einer Parlamentärflagge versehen, dem Boot. Nicht nur dass er mich anfangs nicht wiedererkannte, er verfiel auch gar nicht auf den Gedanken, dass ich es sein könnte, der da erschienen war – bis ich ihn anredete. »Seignior«, sagte ich auf Portugiesisch zu ihm, »erkennt Ihr mich nicht wieder?« Da sagte er kein Wort, sondern reichte seine Muskete dem Mann, der ihn begleitete, breitete die Arme aus, sagte etwas auf Spanisch, das ich nicht genau verstehen konnte, kam heran und umarmte mich, beteuerte, es sei doch unentschuldbar von ihm, ein Gesicht nicht wiedererkannt zu haben, das ihm einmal wie das eines vom Himmel zu seiner Rettung entsandten Engels erschienen sei, fügte eine Fülle äußerst schöner Redensarten hinzu, wie das jeder wohlerzogene Spanier stets versteht, und bedeutete schließlich seinem Begleiter mit einer Handbewegung, er möge die Kameraden holen. Dann fragte er mich, ob ich Lust hätte, zu meiner alten Behausung zu wandern. Dort würde er mich wieder in den Besitz meines früheren Eigentums setzen, und ich sollte sehen, dass nur geringe Verbesserungen vorgenommen worden seien. Also folgte ich ihm, aber ach, ich hätte die Stelle nicht wiedergefunden, so als wäre ich niemals dort gewesen, denn sie hatten so viele Bäume gepflanzt, den einen dicht neben dem anderen, und im Lauf von zehn Jahren waren diese Bäume so hoch herangewachsen, dass das Haus, um es kurz zu sagen, nur noch auf gewundenen Umwegen und unter Vermeidung zahlreicher Sackgassen zu erreichen war und nur sie selber sich in dem Labyrinth zurechtfanden, das sie angelegt hatten.

Ich fragte ihn, was sie veranlasst habe, sich so gründlich zu verschanzen. Er erwiderte, ich würde schon zugeben, dass es vonnöten gewesen sei, wenn sie mir erst einmal berichteten, wie sie ihre Zeit seit ihrer Ankunft auf der Insel zugebracht hatten, besonders nachdem ihnen das Unglück widerfahren war, mich bei ihrer Rückkehr nicht mehr vorzufinden. Er betonte, er habe, als er hörte, ich sei an Bord eines schönen Schiffs, sehr zu meiner Zufriedenheit, davongesegelt, nicht umhingekonnt, mir den glücklichen Zufall zu gönnen. Oft sei er fest überzeugt gewesen, er werde mich irgendwann einmal wiedersehen. Aber nichts, das ihn je in seinem Leben befiel, sagte er, sei für ihn so überraschend und betrüblich gewesen wie die Enttäuschung, die sich seiner bemächtigte, als er auf die Insel zurückkehrte und feststellen musste, dass ich nicht mehr da war.

Was die drei Barbaren betraf (so nannte er sie), die zurückgeblieben waren und über die er mir, wie er sagte, Weitläufiges zu berichten habe, hätten die Spanier sich unter den Wilden weit sicherer gedünkt, nur dass ihre Anzahl so klein war. »Und«, fügte er hinzu, »wären sie stark genug gewesen, dann wären wir allesamt schon längst im Fegefeuer gelandet« – damit schlug er ein Kreuz vor seiner Brust. »Aber, Sir«, fuhr er fort, »Ihr werdet hoffentlich nicht ungehalten sein, wenn ich Euch sage, dass wir uns zu unserem eigenen Schutz genötigt sahen, sie zu entwaffnen und untertänig zu machen, da sie sich nicht damit bescheiden wollten, unsere Herren zu sein, sondern uns kalten Blutes ermordet hätten.« Ich erwiderte, dass ich just dieses lebhaft befürchtet hatte, als ich sie auf der Insel zurückließ, und nichts habe mir mehr Sorge bereitet, als dass sie, die Spanier, noch nicht zurückgekehrt waren; andernfalls hätte ich ihnen alle Vorräte und Waffen übergeben und die drei unter das Joch gezwungen, das sie verdienten. Wenn aber sie es bereits besorgt hätten, sei ich sehr froh und weit davon entfernt, etwas dagegen einzuwenden, da ich genau wisse, dass wir es hier mit störrischen, zügellosen Schurken zu tun hätten, denen jede Missetat zuzutrauen sei.

Ich war noch nicht fertig, da kehrte der Mann zurück, den er weggeschickt hatte, und hatte elf weitere Männer bei sich. Ihrer Kleidung nach konnte man unmöglich erraten, welcher Nation sie angehörten, aber er machte sowohl ihnen als auch mir die Verhältnisse klar. Zuerst wandte er sich zu mir, zeigte auf sie und sagte: »Dies, Sir, sind einige der Herren, die Euch ihr Leben verdanken.« Dann drehte er sich zu ihnen um, deutete auf mich und teilte ihnen mit, wer ich sei, worauf sie alle, einer nach dem anderen, vor mich hintraten, nicht als ob sie Seeleute und gewöhnliches Volk gewesen wären und ich desgleichen, sondern vielmehr als wären sie Abgesandte des hohen Adels und ich ein Monarch oder stolzer Eroberer gewesen, solchermaßen war ihr Betragen bis ins Äußerste entgegenkommend und höflich und dennoch mit einem männlichen, majestätischen Ernst vermischt, der ihnen gut anstand, kurz, sie waren um so vieles manierlicher als ich, dass ich kaum wusste, wie ich ihre Artigkeiten entgegennehmen, geschweige denn, sie erwidern solle.

Die Chronik ihrer Ankunft auf der Insel nach meiner Abfahrt und ihrer Erlebnisse dortselbst ist so bemerkenswert und enthält so viele Zwischenfälle, zu deren Verständnis der erste Teil meiner Erzählung beitragen und die sich in den meisten Einzelheiten auf den von mir bereits erstatteten Bericht beziehen werden, dass ich sie nicht ohne ehrliches Vergnügen der Lektüre meiner Nachfahren unterbreiten will.

Ich will nicht länger die Geschichte mit einer Wiedergabe in der ersten Person Singularis belassen, die mir zehntausend »Ich sagte« und »Er sagte« und »Ich fuhr fort« und »Er fügte hinzu« und dergleichen aufbürden würde, sondern die Fakten historisch zusammenfassen, soweit ich sie der Erinnerung an all das, was die Leute mir erzählten, und an die Lehren meines Umgangs mit ihnen und der Örtlichkeit entnehmen kann.

Um meiner Aufgabe bündig und möglichst verständlich gerecht zu werden, muss ich auf die Umstände zurückgreifen, unter denen ich die Insel verlassen habe und in welchen die Personen sich befanden, von denen die Rede ist. Und ich muss erst einmal wiederholen, dass ich Freitags Vater und den Spanier, die beiden, die von den Wilden bedroht worden waren und mir ihr Leben verdankten, weggeschickt hatte. Also, wie gesagt, ich hatte sie in einem großen Kanu zu dem vermeintlichen Festland entsandt, damit sie die Gefährten des Spaniers holten, die er dort zurückgelassen, sie vor einer ähnlichen Kalamität bewahrten, wie sie ihn befallen hatte, ihnen für den Augenblick zu Hilfe kämen und auch damit wir sodann vielleicht gemeinsam einen Weg finden würden, der uns aus unserer Notlage befreite.

Als ich sie wegschickte, hatte ich nicht die geringste Aussicht oder Hoffnung auf meine eigene Errettung, ebenso wenig wie zwanzig Jahre zuvor, geschweige denn, dass ich hätte vorausahnen können, was sich nachher ereignete, ich meine das englische Schiff, das die Küste anlief, um mich wegzuholen, und es musste für die beiden allerdings eine sehr große Überraschung sein, als sie bei ihrer Rückkehr nicht nur entdeckten, dass ich weg war, sondern noch außerdem drei Fremdlinge antrafen, im Besitz all meiner Habe, die ich zurückgelassen hatte und die ansonsten ihnen zugefallen wäre.

Zuallererst aber erkundigte ich mich, um dort beginnen zu können, wo ich aufgehört hatte, nach ihren eigenen Erlebnissen und bat meinen Spanier, mir genau den Verlauf seiner Bootsfahrt zu den Gefährten zu schildern, nachdem ich ihn losgeschickt hatte, sie zu holen. Er erwiderte, es sei da nichts Unterhaltsames zu berichten, weil ihnen unterwegs bei sehr ruhigem Wetter und glatter See nichts Merkwürdiges begegnete; was seine Landsleute betreffe, so dürfe man wohl überzeugt sein, dass sie sich vor Freude kaum zu fassen wussten. (Er scheint der wichtigste Mann in ihrer Mitte gewesen zu sein, da der Kapitän des Fahrzeugs, mit dem sie Schiffbruch erlitten hatten, schon seit geraumer Zeit tot war.) Sie seien, sagte er, über seinen Anblick umso erstaunter gewesen, als sie wussten, dass er Wilden in die Hände gefallen war, welche ihrer festen Überzeugung nach ihn genauso wie alle übrigen Gefangenen auffressen würden. Als er ihnen seine Errettung schilderte und ihnen mitteilte, wie man ihn instand gesetzt habe, sie zu holen, da glaubten sie zu träumen und wunderten sich, sagten sie, so höchlichst, wie Josefs Brüder sich gewundert hatten, als er sich zu erkennen gab und ihnen von seinen Ehren am Hof des Pharao erzählte: Aber als er ihnen die Waffen, das Pulver, das Blei und die Vorräte zeigte, die er für ihre Fahrt oder Reise mitgebracht hatte, kamen sie wieder zur Besinnung, freuten sich gebührend mit ihm über ihre Errettung und schickten sich unverzüglich an aufzubrechen.

Ihre erste Sorge war, sich Kanus zu beschaffen, und da sahen sie sich genötigt, nicht allzu streng auf dem Pfad der Redlichkeit zu bleiben, sondern sich an den freundlich gesinnten Wilden zu versündigen und unter dem Vorwand, sie wollten auf Fischfang gehen oder eine kleine Vergnügungstour unternehmen, zwei große Kanus oder Periaguas zu leihen.

Am nächsten Morgen fuhren sie los. Offenbar bedurfte es keiner Vorbereitungen, weil sie ja weder Gepäck noch Kleidung oder Proviant noch irgendetwas auf der Welt besaßen, außer was sie am Leib trugen und ein paar essbaren Wurzeln, aus denen sie ihr Brot zubereitet hatten.

Alles in allem waren sie drei Wochen lang weg, und während dieser Zeit wurde mir, wie ich im anderen Teil berichtet habe, zu ihrem Unglück Gelegenheit geboten, in die Heimat zu segeln und an meiner Stelle drei der frechsten, verhärtetsten, hemmungslosesten, abscheulichsten Schurken zurückzulassen, wie kein Mensch sie sich ärger hätte vorstellen können, ein großer Kummer und eine schwere Enttäuschung für die armen Spanier, dessen darf man gewiss sein.

Nur insofern verhielten die üblen Gesellen sich anständig, als sie den Spaniern meinen Brief und die Vorräte aushändigten, so wie ich's ihnen befohlen hatte; auch gaben sie ihnen den langen Zettel mit den Weisungen, die ich hinterlassen hatte und welche die besonderen Methoden meines Haushalts und meiner Lebensführung betrafen, die Art und Weise, wie ich mein Brot buk, zahme Ziegen züchtete und meinen Mais pflanzte, wie ich meine Weinbeeren dörrte, meine Töpfe anfertigte, mit einem Wort, jegliche meiner Verrichtungen. Da ich's fleißig aufgeschrieben hatte, gaben sie es den Spaniern, deren zwei recht gut Englisch verstanden, und sie weigerten sich keineswegs, den Spaniern auch alles andere zur Verfügung zu stellen, denn eine Zeit lang vertrugen sie sich sehr gut mit ihnen. Sie gewährten ihnen Zutritt ins Haus oder in die Höhle, führten ein durchaus geselliges Leben, und der oberste Spanier, der meine Gewohnheiten ziemlich genau studiert hatte, besorgte zusammen mit Freitags Vater alle ihre häuslichen Angelegenheiten, weil nämlich sie, die Engländer, keinen Finger rührten, vielmehr nichts anderes taten, als auf der Insel umherzustreifen, Papageien zu schießen und Schildkröten zu fangen, und wenn sie sodann abends nach Hause kamen, bereiteten ihnen die Spanier das Essen zu.

Damit würden die Spanier sich zufriedengegeben haben, wenn bloß die anderen sie in Ruhe gelassen hätten. Dazu aber wollten die Herren Engländer sich nicht bereitfinden. Nein, so vergönnt der Neidhammel seinem Nebenmann auch den Bissen nicht, den er selber verschmäht. Trotzdem waren die Meinungsverschiedenheiten anfangs recht nebensächlicher Art und verdienen es gar nicht, erwähnt zu werden, führten aber zuletzt zu einem offenen Bruch. Es begann mit aller erdenklichen Grobheit und Unverschämtheit, ohne Grund, ohne Anlass, wider die Natur und sogar den gesunden Menschenverstand, und obwohl den ersten Bericht die Spanier selbst lieferten, die ich als Ankläger bezeichnen darf, so konnten doch die Kerle, als ich sie ins Gebet nahm, kein einziges Wörtchen ableugnen.

Aber bevor ich auf die Einzelheiten dieses Kapitels eingehe, muss ich eine Lücke in meiner früheren Erzählung ausfüllen. Ich habe nämlich vergessen, neben allem anderen zu erwähnen, dass an Bord unseres Schiffes, gerade als wir den Anker lichteten, um Segel zu setzen, ein kleiner Streit entbrannte, der, wie ich einen Augenblick lang befürchtete, zu einer zweiten Meuterei auszuarten drohte und denn auch nicht eher gestillt werden konnte, als bis der Kapitän, seinen Mut zusammennehmend und uns alle zu Hilfe rufend, mit Gewalt die Widersacher voneinander trennte. Zwei der unverbesserlichsten Kerle ließ er in Eisen legen, und da sie bei den früheren Unruhen zu den Rädelsführern gezählt und beim zweiten Mal einige hässliche, gefährliche Bemerkungen hatten fallen lassen, drohte er ihnen, sie in Ketten nach England zu befördern und sie dort als Meuterer, die sich des Schiffes bemächtigen wollten, aufhängen zu lassen.

Das schien, obwohl es gar nicht ernst gemeint war, einigen anderen Leuten an Bord eine Heidenangst einzujagen, und sie redeten den übrigen ein, der Kapitän traktiere sie nur vorläufig mit guten Worten: Wenn sie aber erst einmal in einen englischen Hafen eingelaufen waren, würde er sie alle hinter Schloss und Riegel setzen und die Todesstrafe gegen sie beantragen.

Davon erfuhr der Steuermann. Er unterrichtete uns sogleich. Nun wurde der Wunsch geäußert, ich, der ich bei ihnen noch immer als ein großer Mann galt, möchte zusammen mit dem Steuermann nach unten gehen, die Leute beschwichtigen und ihnen versprechen, wenn sie sich von nun an gut benähmen, würde ihnen alles, was sie früher getan, verziehen sein. Ich fügte mich diesem Wunsch, und nachdem ich ihnen mein Ehrenwort gegeben hatte, schienen sie beruhigt zu sein, zumal ich dafür sorgte, dass die beiden in Eisen gelegten Matrosen freigelassen und begnadigt wurden.

Diese Meuterei aber hatte uns gezwungen, die ganze Nacht vor Anker zu liegen. Auch der Wind hatte nachgelassen. Am nächsten Morgen stellte sich heraus, dass unsere beiden Leute, die in Eisen gelegt worden waren, je eine Muskete und auch noch etliche andere Waffen gestohlen hatten. Wie viel Pulver und Blei sie besaßen, wussten wir nicht. Und so hatten sie sich denn der Pinasse bemächtigt, die noch nicht hochgehievt worden war, und sich zu ihren Spießgesellen an Land davongemacht.

Kaum hatten wir's entdeckt, da befahl ich, das Beiboot mit dem Steuermann und zwölf Matrosen zu Wasser zu lassen, und schon fuhren sie los, um die Spitzbuben zu suchen, aber sie konnten weder die zwei noch die anderen drei finden, weil sie allesamt, als sie das Boot herankommen sahen, in die Wälder geflüchtet waren. Der Steuermann war einen Augenblick lang entschlossen, zur Strafe für ihre Schurkereien die Pflanzungen zu vernichten sowie sämtliche Haushaltsgeräte und Möbel zu verbrennen, damit sie ganz auf sich selber angewiesen sein würden. Da ihm aber kein diesbezüglicher Befehl erteilt worden war, nahm er davon Abstand, ließ alles so bestehen, wie er's vorgefunden hatte, nahm nur die Pinasse mit und kehrte ohne die Ausreißer an Bord zurück.

Durch diese zwei Mann waren es nun ihrer fünf geworden, aber die anderen drei waren um so vieles niederträchtiger, dass sie die beiden Neuankömmlinge, nachdem sie zwei bis drei Tage mit ihnen beisammen gewesen waren, vor die Tür setzten und ihrem Schicksal überließen, nichts mehr mit ihnen zu tun haben wollten, noch auch eine ziemliche Weile lang zu bewegen waren, ihnen etwas zu essen zu geben. (Die Spanier waren noch nicht zurückgekehrt.)

Als die Spanier an Land kamen, nahmen die Dinge ihren Lauf. Die Spanier redeten den drei englischen Rüpeln zu, ihre beiden Landsleute wieder in Gnaden aufzunehmen, damit sie, wie sie sagten, alle miteinander eine einträchtige Familie wären, aber die drei wollten davon nichts wissen. So lebten denn nun die beiden armen Teufel für sich, und da sie merkten, nur Fleiß und Eifer würden ihnen das Leben bequemer machen, schlugen sie ihre Zelte am Nordufer der Insel auf, aber ein wenig mehr gegen Westen zu, um vor den Wilden in Sicherheit zu sein, die stets an den östlichen Gestaden der Insel zu landen pflegten.

Hier bauten sie zwei Hütten, die eine, um darin zu wohnen, die andere als Vorratsraum, und da die Spanier ihnen ein bisschen Mais zur Aussaat und vor allem einige der Erbsen, die ich ihnen hinterlassen, geschenkt hatten, gruben sie das Erdreich um, bepflanzten und umzäunten es nach dem von mir gesetzten Vorbild. Von nun an ging es ihnen recht gut. Die erste Maisernte war herangereift, und obwohl sie aus Zeitmangel bisher nur ein kleines Stück Land urbar gemacht hatten, genügte der Ertrag, um sie mit Brot zu versorgen. Der eine von ihnen war an Bord des Schiffes Kochsmaat gewesen und verstand es, Suppen, Puddings und sonstige Gerichte zuzubereiten, in dem Maße, wie der Reis und die Milch und das bisschen erjagte Fleisch es ihm erlaubten.

Sie erfreuten sich dieses kleinen Wohlstands, aber da erschienen die drei entmenschten Schurken, noch dazu Landsleute, aus reinem Übermut und um sie zu kränken, erschienen, sage ich, und setzten ihnen mit wüsten Drohungen zu. Die Insel gehöre ihnen, da der Gouverneur (damit war ich gemeint) sie ihnen übereignet habe, also habe niemand ein Anrecht auf sie, und dass der Teufel sie hole, wenn sie auf fremden Boden Häuser bauten, ohne Pacht und Miete zu zahlen.

Zuerst hielten die beiden das Ganze für einen Scherz, baten sie, einzutreten und sich umzusehen, was für schöne Häuser sie da errichtet hätten, und nur zu sagen, was sie an Pachtzins verlangten; der eine fügte fröhlich hinzu, wenn sie Grundherren seien, würden sie ihnen hoffentlich als ihren Pächtern, die Häuser errichteten und den Boden verbesserten, nach Gutsherrensitte eine langjährige Pachtfrist bewilligen, und da möchten sie doch bitte gleich einen Schreiber holen, damit er das Schriftstück aufsetze. Einer der drei aber erklärte fluchend und erbost, sie würden gleich sehen, dass das kein Scherz sei. Flugs läuft er zu einem etwas abseits gelegenen Feuer, das die ehrlichen Leute angezündet haben, um ihre Essen zuzubereiten, greift nach einem brennenden Holzscheit, schmettert es gegen die Außenwand der Hütte und setzt sie denn auch in Brand, und sie würde binnen wenigen

Minuten zu Asche werden, wenn nicht einer der beiden anderen hinzustürzte, den Kerl beiseitestieße und die Flammen mit den Füßen erstickte, noch dazu nicht ohne große Mühe.

Darüber, dass der ehrliche Geselle ihn weggestoßen hatte, war der Kerl so wütend, dass er mit einem Stock in der Hand auf ihn losging. Wäre der also Bedrohte nicht mit einer behänden Wendung dem Schlag ausgewichen und in die Hütte gerannt, hätte er gleich auf der Stelle ins Gras gebissen. Als sein Gefährte sah, welche Gefahr ihnen drohte, lief er ihm nach, und sogleich kehrten sie beide mit ihren Musketen zurück. Der Mann, der mit dem Stock angegriffen worden war, schlug mit dem Kolben seiner Muskete den Burschen nieder, der den Streit angezettelt hatte, und zwar so flink, dass die beiden anderen ihrem Kameraden nicht zu Hilfe eilen konnten. Als er und sein Gefährte die Gegner herankommen sahen, traten sie ihnen Schulter an Schulter entgegen, richteten das andere Ende ihrer Waffen auf sie und hießen sie, sich ja nicht näher heranzuwagen.

Auch die anderen waren bewaffnet, aber einer der beiden ehrlichen Gesellen, dreister als sein Kamerad und durch die Gefahr zur Verzweiflung gebracht, erklärte laut, wenn sie Hand oder Fuß bewegten, würden sie des Todes sein. Kühnlich forderte er sie auf, die Waffen niederzulegen. Freilich legten sie nicht eben die Waffen nieder, aber als sie den Mann so entschlossen sahen, ließen sie sich zu Verhandlungen herbei. Unsere beiden Biedermänner erlaubten ihnen, den Verwundeten mitzunehmen und sich davonzuscheren, und der Kerl schien denn auch ganz ordentlich etwas abbekommen zu haben. Aber es war sehr falsch von ihnen, dass sie nicht die Gelegenheit ausnützten, die Kerle zu entwaffnen, wie sie das ohne Weiteres hätten tun können, sodann unverzüglich zu den Spaniern zu gehen und zu berichten, wie die drei Schurken sie behandelt hatten. Jetzt nämlich brüteten die drei nichts als Rache, und das bekamen die beiden anderen tagtäglich zu spüren.

Um aber dieses Kapitel nicht mit einer Schilderung ihrer geringeren Bübereien zu überladen, wie zum Beispiel, dass sie ihnen den Mais zertrampelten, drei junge Geißlein und eine Ziege erschossen, welche die armen Teufel herangezüchtet hatten, und sie mit einem Wort bei Tag und bei Nacht auf die eine oder andere Weise plagten, sei nur erwähnt, dass die beiden Männer eines Tages nicht mehr ein noch aus wussten und beschlossen, ihren Gegnern, sowie sich eine günstige Gelegenheit bieten würde, auf den Pelz zu rücken. Zu diesem Zweck nahmen sie sich vor, sich zur Burg zu begeben, wie sie meine frühere Behausung nannten, in der die drei Spitzbuben und die Spanier gemeinsam hausten, mit der vorläufigen Absicht, die Feinde zu einem ehrlichen Kampf herauszufordern und die Spanier zu bitten, sie möchten als Augenzeugen für ehrliches Spiel sorgen. Also erhoben sie sich frühmorgens vor Tagesanbruch und gingen hin, riefen die Engländer bei ihren Namen und sagten zu dem Spanier, der ihre Rufe beantwortete, sie wünschten mit ihnen zu sprechen.

Zufälligerweise hatten am Tag zuvor zwei Spanier im Wald einen der beiden Engländer getroffen, die ich der Unterscheidung halber als die ehrlichen bezeichne, und der Mann hatte sich bei den Spaniern tief bekümmert über die barbarische Behandlung beklagt, die ihnen seitens ihrer drei Landsleute zuteilgeworden sei, wie sie ihnen ihre Pflanzung zerstört, den Mais, den sie mit so viel Schweiß herangezüchtet, zertrampelt und die Milchziege mit ihren drei Geißlein erschossen, sie damit also ihres Lebensunterhalts beraubt hätten, sodass sie, wenn nicht er und seine Freunde, womit die Spanier gemeint waren, ihnen wieder Hilfe gewährten, rein verhungern müssten. Als die Spanier abends nach Hause kamen und sie alle zu Tisch saßen, nahm er sich die Freiheit, den drei Engländern, wenn auch in sehr behutsamen und manierlichen Wendungen, Vorwürfe zu machen und sie zu fragen, wie sie denn so grausam sein könnten: Bei den beiden anderen handle es sich doch um harmlose Leute, die niemandem etwas zuleide täten und nur darum bemüht seien, sich mit ihrer Hände Arbeit zu ernähren; dass sie es so weit gebracht hatten, habe ihnen viel Mühe gekostet.

Einer der Engländer erwiderte barsch: Was sie denn hier zu suchen hätten? Sie seien ohne Erlaubnis an Land gekommen und hätten kein Recht, auf der Insel zu bauen und zu pflanzen, es sei nicht ihr Grund und Boden. »Aber, Seignior Inglese«, sagte der Spanier gelassen, »sollen sie verhungern?« Der Engländer, eine richtig raubeinige Teerjacke, entgegnete: Ob sie verhungerten oder der Teufel sie hole, so dürften sie doch weder pflanzen noch bauen. »Ja, was sollen sie denn machen, Seignior?«, fragte der Spanier. Einer der beiden anderen Rüpel antwortete: »Machen? Gottverdammich, sie sollen unsere Knechte sein und für uns arbeiten.« – »Wie könnt Ihr das von ihnen erwarten?«, sagte der Spanier. »Ihr habt sie nicht mit Eurem Geld erworben, also habt Ihr kein Recht, sie wie Sklaven zu behandeln.« Der Engländer erwiderte, die Insel gehöre ihnen, der Gouverneur habe sie ihnen übereignet und kein Mensch außer ihnen habe hier etwas zu suchen, und sogleich schwor er bei seinem Schöpfer, dass sie hingehen und alle neu gebauten Hütten niederbrennen würden, da solle keiner auf ihrem Grund und Boden bauen.

»Aber, Seignior«, sagte der Spanier, »mit der gleichen Begründung könntet Ihr auch uns als Eure Sklaven betrachten.« – »Und ob!«, sagte der Frechling. »So wird es kommen, bevor wir mit euch fertig sind!« Wobei er nicht vergaß, in die geeigneten Pausen seiner Antwort zwei bis drei Gottverdammich einzulegen. Der Spanier lächelte nur und schwieg. Dieser kleine Diskurs aber hatte sie in Rage versetzt, und einer von ihnen, ich glaube, er hieß Will Atkins, stand auf und sagte zu einem der anderen: »Komm, Jack, wir wollen hingehen und wieder mit ihnen anbinden, ja, wir werden ihre Burg demolieren, dafür stehe ich ein, sie sollen uns keine Kolonie auf unsere Ländereien setzen.«

Daraufhin marschierten sie los, jeder Mann mit einer Flinte, einer Pistole und einem Degen bewaffnet, und murmelten untereinander auf die unverschämteste Weise, wie sie auch mit den Spaniern verfahren würden, wenn sich erst einmal dazu Gelegenheit böte, aber die Spanier verstanden, wie es scheint, nicht alle Einzelheiten, sondern merkten nur im Allgemeinen, dass jene ihnen mit schwerer Vergeltung drohten, weil sie für die beiden Engländer Partei ergriffen hatten.

Wo sie hingingen oder wie sie jenen Abend verbrachten, wussten die Spanier, wie sie sagten, nicht. Anscheinend irrten sie einen großen Teil der Nacht hindurch in der Gegend umher und legten sich dann unter dem Dach zur Ruhe, das ich meine Laube zu nennen pflegte. Da sie müde waren, verschliefen sie. Sie hatten nämlich vorgehabt, bis Mitternacht zu warten und sodann die beiden armen Wichte im Schlaf zu überrumpeln, mit der Absicht, wie sie später gestanden, die Hütte anzuzünden und die Insassen entweder in den Flammen umkommen zu lassen oder sie, wenn sie ins Freie flüchteten, zu ermorden, und da ein böser Vorsatz kein gutes Ruhekissen ist, wundert es mich, dass er sie nicht wach gehalten hat.

Da jedoch die beiden anderen, wie gesagt, gleichfalls einen Anschlag planten, wenn auch nicht mit dem schändlichen Vorsatz, zu brennen und zu morden, ergab es sich zum Glück für alle Beteiligten, dass sie bereits fort waren, bevor die blutgierigen Schurken vor ihren Hütten erschienen.

Als sie hinkamen und niemanden vorfanden, rief Atkins, der offenbar der Unternehmungslustigste war, seinen Kameraden zu: »Ha, Jack, hier haben wir das Nest, aber gottverdammich, die Vögel sind ausgeflogen.« Sie überlegten sich eine Weile, was denn wohl die beiden veranlasst haben mochte, so früh schon auszugehen, und meinten sogleich, die Spanier müssten sie gewarnt haben. Daraufhin reichten sie einander die Hand und gelobten, sich an den Spaniern zu rächen. Sowie sie diesen blutigen Handel geschlossen hatten, fielen sie über die Behausung der armen Leute her. Freilich zündeten sie nichts an, aber sie rissen die beiden Häuschen ein und zerstörten sie so gründlich, dass nicht ein einziger Pfosten stehen blieb; dann zertrümmerten sie sämtliche Haushaltsgeräte und verstreuten sie in weitem

Umkreis, sodass die armen Leute nachher einige ihrer Sachen eine Meile von ihrer Wohnstatt entfernt antrafen.

Als das geschehen war, rissen sie alle die jungen Bäume aus, welche die Armen gepflanzt hatten, warfen einen Zaun um, den jene errichtet hatten, um das Vieh und den Mais zu schützen, mit einem Wort, sie versahen ihr Geschäft so meisterhaft, wie es eine Horde plündernder Tartaren nicht besser hätte besorgen können.

Zu diesem Zeitpunkt hatten sich die beiden Männer bereits auf den Weg gemacht, um ihre Gegner zu suchen, und waren entschlossen, sich wo auch immer zum Kampf zu stellen, obwohl sie zu zweit gegen drei waren, sodass, wären sie einander begegnet, sicherlich viel Blut geflossen wäre, weil sie alle miteinander, das muss man ihnen lassen, lauter stämmige, entschlossene Gesellen waren.

Die Vorsehung aber ließ es sich eifriger angelegen sein, sie voneinander zu trennen, als sie bemüht waren, einander zu begegnen. Just so, als wichen sie einander aus, waren die drei dorthin, die zwei hierher gewandert. Und als nachher die zwei zu ihrer Behausung zurückkehrten, um die Gegner dort zu suchen, waren die drei schon wieder nach Hause gerannt. Gleich werden wir sehen, wie die einen und wie die anderen sich verhalten haben. Als die drei gleich wilden Tieren angerückt kamen, erhitzt von der Zerstörungswut, die ihr Werk entfesselt hatte, berichteten sie den Spaniern aus Hohn und Prahlerei, was sie getan. Einer von ihnen trat vor einen der Spanier hin, als wären sie zwei verspielte Knaben gewesen, packte den Hut, den der Mann aufhatte, drehte ihn herum, lachte ihm hämisch ins Gesicht und sagte zu ihm: »Und Ihr, Seignior Jack, werdet von derselben Soße kosten, wenn Ihr Euch nicht manierlicher benehmt.« Der Spanier, der zwar ein stiller, höflicher Mann, aber so mutig war, wie man's nicht besser wünschen könnte, desgleichen kräftig und gut gebaut, sah den anderen eine Weile fest an, trat dann an ihn heran und schlug ihn, da er keine Waffe zur Hand hatte, mit einem einzigen Faustschlag zu Boden, so wie man einen Ochsen mit einem Schlächterbeil fällt, woraufhin einer der Schurken, genauso unverschämt wie der erste, unverzüglich seine Pistole auf den Spanier abfeuerte; die Kugeln verfehlten nun freilich ihr Ziel und fegten dem Mann durchs Haar, aber eine von ihnen streifte das Ohrläppchen, das heftig zu bluten begann. Der Spanier glaubte, schlimmer verletzt zu sein, als es eigentlich der Fall war, und da geriet er nun in Hitze, während er bis dahin äußerste Ruhe bewahrt hatte. Entschlossen, ganze Arbeit zu tun, bückte er sich, um dem Kerl, den er zu Boden geschlagen hatte, die Muskete wegzunehmen und ihn totzuschießen, und er würde denn auch abgedrückt haben, wenn nicht die übrigen Spanier aus der Höhle herbeigeeilt wären, ihm zugerufen hätten, nicht zu schießen, bedachtsam eingegriffen, die beiden anderen Engländer gepackt und sie entwaffnet hätten.

Als sie nun entwaffnet waren und merkten, dass sie sich nicht nur ihre Landsleute, sondern auch sämtliche Spanier zu Feinden gemacht hatten, verrauchte ihr Zorn, und sie versuchten mit freundlicheren Reden, ihre Waffen zurückzuerhalten. Die Spanier jedoch, die sich überlegten, dass diese drei mit ihren beiden Landsleuten in Fehde lagen und dass es keine bessere Methode gäbe, die Gegner einander vom Leib zu halten, sagten zu ihnen, sie würden ihnen nichts zuleide tun und seien bereit, ihnen wie bisher zu helfen und mit ihnen umzugehen, sofern sie sich friedlich verhielten; aber es könne keine Rede davon sein, ihnen ihre Waffen zurückzugeben, solange sie so fest entschlossen schienen, sich in böser Absicht gegen ihre Landsleute zu kehren, und sogar drohten, sie alle zu versklaven.

Der Vernunft Gehör zu schenken, vermochten die Spitzbuben ebenso wenig, wie mit Vernunft zu handeln. Als man ihnen ihre Waffe vorenthielt, fingen sie an zu toben und zu rasen wie die Verrückten und stießen wüste Drohungen aus, obwohl sie ja gar nicht bewaffnet waren. Die Spanier aber, ihre Drohungen verachtend, ermahnten sie, sich ja vorzusehen und ihren Pflanzungen oder dem Vieh keinen Schaden zuzufügen, denn andernfalls würden sie sie wie Raubtiere totschießen oder, wenn sie ihnen lebend in die Hände fielen, ganz gewiss aufhängen. Aber auch dadurch wurden ihre erhitzten Gemüter nicht im Mindesten abgekühlt, vielmehr entfernten sie sich tobend und fluchend wie höllische Furien. Kaum waren sie weg, da kehrten jene anderen beiden Männer zurück. Sie waren gleichfalls sehr aufgeregt und wütend, wenn auch berechtigterweise. Da sie zu Hause, wie oben erwähnt, alles zerstört und vernichtet vorgefunden hatten, kann man sich leicht vorstellen, dass sie reichlichen Grund hatten, erbittert zu sein. Sie kamen kaum dazu, ihre Geschichte zu erzählen, so eifrig waren die Spanier darauf aus, ihnen die ihre zu erzählen. Und es war doch recht sonderbar, dass drei Mann neunzehn kujonierten, ohne dafür bestraft zu werden.

Freilich verachteten die Spanier sie und nahmen, besonders nachdem sie sie entwaffnet hatten, ihre Drohungen auf die leichte Schulter; die beiden Engländer jedoch beschlossen, es ihnen heimzuzahlen, mochte es auch noch so viel Mühe kosten, sie aufzustöbern.

Auch hier jedoch mischten sich die Spanier ein und erklärten, da sie, die Spanier, sie entwaffnet hätten, könnten sie nicht dulden, dass sie, die Engländer, sie mit Schusswaffen verfolgten und vielleicht töteten. »Aber«, fügte der würdige Spanier hinzu, der das Amt eines Gouverneurs bekleidete, »wenn ihr es uns überlasst, werden wir sie zwingen, ihr Unrecht zu sühnen. Ohne Zweifel werden sie wieder angelaufen kommen, sobald ihr Zorn verraucht ist, da sie ohne unseren Beistand nicht ihr Leben fristen können. Wir versprechen euch, keinen Frieden mit ihnen zu schließen, bevor sie euch nicht volle Genugtuung geleistet haben. Unter dieser Bedingung werdet ihr uns hoffentlich versprechen, ihnen nicht mit Gewalt zu begegnen, es sei denn in Notwehr.«

Recht ungern und widerwillig fügten sich die beiden Engländer, aber die Spanier beteuerten, sie täten dieses nur, um Blutvergießen zu verhüten und endlich Ordnung zu schaffen. »Denn«, sagten sie, »wir sind unserer nicht sehr viele, hier ist Raum genug für uns alle, und es wäre jammerschade, wollten wir nicht gute Freunde sein.« Schließlich stimmten sie zu. Da ihre Behausung zerstört war, wohnten sie einige Tage lang bei den Spaniern und harrten der kommenden Dinge.

Nach etwa fünf Tagen kehrten die drei Vagabunden, des Umherziehens müde und halb verhungert, da sie die ganze Zeit hauptsächlich von Schildkröteneiern gelebt hatten, ins Wäldchen zurück. Als sie meinen Spanier, der, wie gesagt, gewissermaßen das Amt eines Gouverneurs bekleidete, samt zwei Begleitern am Flussufer umherspazieren sahen, näherten sie sich ihm in sehr unterwürfiger, demütiger Haltung und baten, wieder in den Schoß der Gemeinschaft aufgenommen zu werden. Die Spanier behandelten sie höflich, wiesen jedoch darauf hin, dass sie sich ihren Landsleuten gegenüber so unmenschlich und ihnen (den Spaniern) gegenüber so grob benommen hätten, dass sie, die drei Spanier, keinen Entschluss fassen könnten, ohne die beiden Engländer und die anderen Mitglieder der Gemeinschaft zurate zu ziehen; jedoch würden sie sich jetzt zu ihnen begeben, um die Sache zu besprechen, und sie, die Bittsteller, würden in einer halben Stunde Bescheid erhalten. Man darf annehmen, dass sie recht schlimm dran waren: Da sie eine halbe Stunde warten sollten, baten sie, man möge ihnen unterdessen etwas Brot schicken, was denn auch geschah; sie erhielten darüber hinaus ein großes Stück Ziegenfleisch und einen gesottenen Papagei und verzehrten das alles mit herzhaftem Appetit, weil sie eben recht hungrig waren.

Nach halbstündiger Beratung wurden sie hinzugezogen, und es entspann sich eine weitläufige Debatte. Ihre beiden Landsleute beschuldigten sie, die Früchte mühsamer Arbeit zerstört und ihnen nach dem Leben getrachtet zu haben, Vergehen, die sie schon früher eingestanden hatten und folglich jetzt nicht ableugnen konnten. Im Großen und Ganzen spielten die Spanier eine Mittlerrolle. Da sie zuvor die beiden Engländer verpflichtet hatten, die drei, solange sie nackt und unbewaffnet waren, zu schonen, verpflichteten sie jetzt die drei, hinzugehen und die beiden zerstörten Hütten wiederaufzubauen, die eine in gleichem, die andere in etwas größerem Umfang, ferner anstelle der umgestürzten Zäune neue zu errichten und anstelle der ausgerissenen Bäume neue zu pflanzen, den zertrampelten Maisacker frisch umzugraben, mit einem Wort, alles wieder in den früheren Zustand zu versetzen, soweit das im Bereich des Möglichen lag; zur Gänze war's ja nicht möglich, denn wie hätte man die verlorene Wachstumszeit für den Mais, die Bäume und die Hecken einbringen sollen?

Nun denn, sie fügten sich dem Spruch, und da man sie reichlich mit Proviant versorgte, benahmen sie sich recht ordentlich, und das gemeinschaftliche Leben verlief wieder in freundschaftlichen und angenehmen Bahnen, bis auf einen Umstand: Die drei Kerle waren nicht dazu zu bewegen, selber mit Hand anzulegen, nämlich für den eigenen Bedarf, es sei denn, ab und zu einmal, just wie es ihnen gefiel. Die Spanier erklärten sich bereit, sie zu ernähren, sofern sie nur gesellig und freundlich mit ihnen zusammenlebten, da mochten sie dann nach Herzenslust herumlungern und faulenzen. Und nachdem das Zusammenleben sich etwa ein bis zwei Monate lang recht gut bewährt hatte, gaben ihnen die Spanier ihre Waffen zurück und erlaubten ihnen, so unbehindert wie zuvor auf der Insel umherzuschweifen.

Es dauerte nicht länger als eine Woche, nachdem sie ihre Waffen zurückerhalten und ihr Landstreicherdasein wiederaufgenommen hatten, bis die undankbaren Kreaturen so unverschämt und beschwerlich wurden wie zuvor. Sehr bald darauf trat ein Ereignis ein, das die Sicherheit aller Beteiligten gefährdete, sodass sie schlechterdings gezwungen waren, privaten Groll beiseitezuschieben und sich ihrer Haut zu wehren.

Eines Nachts begab es sich, dass der spanische Gouverneur, wie ich ihn nenne, das heißt, der Spanier, dem ich das Leben gerettet und der jetzt gegenüber den anderen als Kommandant oder Anführer oder Statthalter zu gelten hatte, von Unruhe geplagt wurde und um keinen Preis einschlafen konnte. Wie er mir nachher erzählt hat, fühlte er sich körperlich durchaus wohl, aber in seinem Kopf ging es drunter und drüber: Immerzu sah er mit seinem inneren Auge Menschen einander befehden und totschlagen, war jedoch hellwach und konnte um keinen Preis einschlafen. Nachdem er sich eine Zeit lang hin und her gewälzt hatte, wurde er immer unruhiger und beschloss aufzustehen. Da sie, weil sie ihrer so viele waren, auf dick mit Ziegenfellen bedeckten Lagerstätten schliefen und nicht so, wie ehemals ich, der einsame Mann, in Hängematten oder auf Schiffspritschen, brauchten sie, wenn sie aufstehen wollten, nur die Füße auf den Boden zu setzen und vielleicht einen Rock, wie er nun eben aussehen mochte, anzuziehen und in die Sandalen zu schlüpfen, und da waren sie schon bereit, sich nach Gutdünken, wohin auch immer, auf den Weg zu machen.

Als er sich solchermaßen erhoben hatte, blickte er ins Freie hinaus, aber da es draußen finster war, konnte er nichts sehen; außerdem verwehrten ihm die Bäume, die ich, wie ich's in meinem ersten Bericht geschildert habe, gepflanzt hatte und die inzwischen in die Höhe geschossen waren, den Ausblick, sodass er nur nach oben schauen und feststellen konnte, es sei eine sternklare Nacht. Er hörte keinerlei Geräusch, kehrte um und legte sich wieder aufs Ohr. Aber vergebens, er konnte nicht einschlafen und auch nicht zur Ruhe kommen. Seine Gedanken wirbelten wirr durcheinander, und er wusste nicht, warum.

Da er mit dem Ausstehen und Umherwandern, mit seinem Gehen und Kommen einigen Lärm gemacht hatte, wachte nun einer der Übrigen auf und fragte, was los sei. Der Gouverneur schilderte ihm seinen wunderlichen Zustand. »Was Ihr nicht sagt!«, erwiderte der andere Spanier. »So etwas, glaubt mir, darf man nicht auf die leichte Schulter nehmen. Bestimmt ist in unserer Nähe etwas Böses im Gang.« Und sogleich fragte er: »Wo sind die Engländer?« – »Alle in ihren Hütten«, lautete die Antwort. »Da haben wir nichts zu befürchten.« Die Spanier hatten das Hauptgemach für sich behalten und den drei Engländern eine andere Unterkunft zugewiesen. Seit ihrer Meuterei mussten sie abseits hausen und konnten den anderen nicht gefährlich werden. »Nun denn«, sagte der Spanier, »da steckt etwas dahinter, das lehrt mich meine eigene Erfahrung. Ich bin überzeugt, dass unsere verleiblichten Geister mit den nichtverleiblichten, welche die unsichtbare Welt bevölkern, Umgang halten und von ihnen über das eine oder andere unterrichtet werden. Solche freundliche Botschaft soll uns nützen, vorausgesetzt, dass wir sie zu deuten wissen. Kommt«, sagte er, »gehen wir und sehen wir uns um. Und wenn wir nichts finden, das unsere Mühe rechtfertigt, werde ich Euch eine Geschichte erzählen, die Euch zeigen wird, wie berechtigt mein Vorschlag war.«

Mit einem Wort, sie schickten sich an, den Hügel zu ersteigen, auf den ich oft hinaufgeklettert war; da sie jedoch nicht einsam wie ich, sondern stark und in guter Gesellschaft waren, verzichteten sie auf die von mir stets geübten Vorsichtsmaßnahmen, nämlich die Leiter hinaufzusteigen, sie dann hinterherzuziehen und das zweite Stadium bis ganz oben zurückzulegen, und begaben sich stattdessen unbekümmert und achtlos zu dem kleinen Gehölz. Von dort aus aber erblickten sie zu ihrer Überraschung in recht geringem Abstand einen Lichtschein wie von einem Feuer und hörten menschliche Stimmen, nicht eine oder zwei, sondern eine große Zahl.

Wann auch immer ich auf Wilde gestoßen war, die auf der Insel an Land gingen, hatte ich mir stets größte Mühe gegeben, ihnen zu verheimlichen, dass sie bewohnt sei, und wenn sie es gelegentlich entdeckten, waren sie so tief betroffen, dass sie, soweit sie entwischten, kaum imstande sein würden, genauen Bericht zu erstatten, zumal wir uns so schnell wie möglich aus dem Staub machten. Es waren auch nie welche entronnen, die mich gesehen hatten und es hätten weitersagen können, bis auf die drei Wilden bei unserer letzten Begegnung, die ins Boot sprangen und von denen ich befürchtet hatte, sie würden nach Hause rudern und Beistand holen.

Ob die Flucht dieser drei Gesellen daran schuld war, dass jetzt eine so große Schar auf der Insel erschien, oder ob sie ahnungslos und rein zufällig auf einem ihrer üblichen blutrünstigen Streifzüge hierher verschlagen worden waren, ließ sich wohl nicht entscheiden. Aber wie dem auch sei: Unsere Freunde hätten alles daransetzen müssen, entweder sich zu verstecken, so als hätten sie die Eindringlinge überhaupt nicht erblickt (ganz zu schweigen davon, dass sie ihnen auf keinen Fall verraten durften, die Insel sei bewohnt), oder so gründlich über sie herzufallen, dass nicht ein Einziger unter ihnen entrinne. Letzteres wäre nur möglich gewesen, wenn sie sich zwischen sie und ihre Boote gedrängt hätten. Diese Geistesgegenwart aber fehlte ihnen, und dadurch gingen sie für einige Zeit ihres Wohnfriedens verlustig.

Wir brauchen nicht zu bezweifeln, dass der Gouverneur und sein Begleiter, über den Anblick entsetzt, unverzüglich umgekehrt sind, ihre Gefährten wach gerüttelt und ihnen die Gefahr geschildert haben, die ihnen allen drohte, und dass diese ihrerseits erschraken: Aber sie waren nicht zu bewegen, im Schutz ihres Obdachs zu bleiben, nein, sie mussten alle ins Freie rennen, um selber nachzusehen, was da im Gang sei.

Freilich, solange es finster war, hatten sie nichts zu befürchten und hatten stundenlang reichlich Gelegenheit, die Eindringlinge im Schein der drei Feuer zu beobachten, die sie in Abständen angezündet hatten. Was sie dort machten, wussten sie nicht – was sie selber machen sollten, wussten sie nicht. Erstens waren die Feinde viel zu zahlreich, zweitens hatten sie sich nicht an ein und derselben Stelle versammelt, sondern waren gruppenweise an verschiedenen Stellen gelandet.

Bei diesem Anblick waren die Spanier nicht wenig bestürzt, und als sie sahen, dass die Kerle nach allen Richtungen hin übers Ufer schwärmten, bezweifelten sie nicht, dass früher oder später einige von ihnen auf ihre Behausung stoßen oder anderswo Spuren menschlicher Niederlassung finden würden. Auch um ihre Ziegenherde waren sie äußerst besorgt: Ihr Verlust würde sie geradezu dem Hungertod preisgegeben haben. Also beschlossen sie erst einmal, drei Mann, nämlich zwei Spanier und einen Engländer, noch vor dem

Morgengrauen mit dem Auftrag loszuschicken, sämtliche Ziegen in das tiefe Tal, in dem die Höhle lag, und notfalls in die Höhle selbst zu treiben.

Hätten sie die Wilden auf einem Haufen versammelt und einigermaßen von ihren Booten entfernt gesehen, dann würden sie sich nicht gescheut haben, wenn es ihrer an die hundert gewesen wären, sie anzugreifen; davon konnte nun keine Rede sein, weil einige bis zu zwei Meilen von den anderen entfernt waren und, wie sich später zeigte, zwei verschiedenen Völkerschaften angehörten.

Nachdem sie lange über ihre Lage und den einzuschlagenden Kurs nachgedacht und sich den Kopf zermartert hatten, beschlossen sie endlich, den alten Wilden, Freitags Vater, solange es noch finster war, als Späher loszuschicken, damit er womöglich etwas erfahre, was sie anging, weshalb die Leute erschienen waren und was sie vorhatten. Dazu erklärte der alte Mann sich schnell bereit, zog sich nackt aus, wie es bei den meisten Wilden Sitte ist, und machte sich auf den Weg. Nachdem ein bis zwei Stunden verstrichen waren, kehrte er zurück und meldete, er habe sich unerkannt zwischen ihnen bewegt und festgestellt, dass es sich um zwei miteinander verfeindete Stämme handelte, zwei Völkerschaften, die gegeneinander Krieg führten und soeben in ihrer Heimat eine große Schlacht ausgefochten hatten. Nachdem jede Seite mehrere Gefangene gemacht hatte, waren sie durch einen reinen Zufall beide auf derselben Insel gelandet, um dort die Gefangenen aufzufressen und sich zu vergnügen. Dass sie aber von ungefähr in die gleiche Gegend geraten waren, versalzte ihnen das Vergnügen. Sie seien, sagte Freitags Vater, in Wut entbrannt und würden seiner Meinung nach bei Tagesanbruch übereinander herfallen, jedoch habe er keine Anzeichen dafür bemerkt, dass sie wüssten, außer ihnen befänden sich auch noch andere menschliche Wesen auf dieser Insel. Kaum hatte er seine Geschichte zu Ende erzählt, da gab ein ungewöhnlicher Lärm zu verstehen, dass die beiden kleinen Armeen in ein blutiges Gefecht verwickelt waren.

Mit dem Aufgebot aller Argumente, die ihm nur einfallen wollten, überredete Freitags Vater unsere braven Leute, sich still zu verhalten und sich ja nicht blicken zu lassen. Davon, sagte er, hänge ihre Sicherheit ab, sie brauchten sich nur mäuschenstill zu verhalten, dann würden die Wilden einander weidlich totschlagen und die Überlebenden sich davonmachen. Und das bewahrheitete sich denn auch aufs Tüttelchen. Die Engländer aber konnte man nicht zur Vernunft bringen. Ihre Neugier war um so vieles stärker als ihre Bedachtsamkeit, dass sie hinauslaufen und sich die Schlacht ansehen mussten. Immerhin ließen auch sie einige Vorsicht walten, nämlich sie zeigten sich nicht offen in der Tür ihrer Behausung, sondern gingen tiefer in den

Wald hinein und suchten sich eine günstige Stelle aus, von der aus sie ungefährdet den Kämpfenden bei ihrem Geschäft zuschauen konnten, ohne, wie sie meinten, selber gesehen zu werden. Die Wilden aber scheinen sie, wie wir nachher erfahren werden, dennoch erblickt zu haben.

Der Kampf war sehr erbittert, und wenn ich den Engländern glauben durfte, so sagte einer von ihnen, er habe beobachtet, dass manche der Männer äußerst tapfer, von unüberwindlichem Kampfgeist und großer Gewandtheit in der Kampfführung gewesen seien. Die Schlacht, sagten sie, habe zwei Stunden gedauert, bevor sich erraten ließ, welches Lager den Kürzeren ziehen werde; dann aber habe die Partei, die unserer Behausung näher war, sich allmählich als schwächer erwiesen, und noch eine Weile später hätten einige von ihnen die Flucht ergriffen. Da waren unsere Leute abermals tief bestürzt, weil sie befürchteten, es könnte einer dieser Flüchtlinge in dem Wäldchen vor der Behausung Zuflucht suchen und sie auf diese Weise unabsichtlich entdecken, und das könnte sodann auch für die Verfolger gelten, die hinter ihnen her sein würden. Daraufhin beschlossen sie, sich bewaffnet hinter die Umwallung zu postieren und, sowie sich jemand in das Wäldchen verirrte, sogleich auszufallen und ihn zu töten, damit möglichst keiner entrinne, um den anderen Bericht zu erstatten. Gleichzeitig wurde befohlen, nur die Degen oder Musketenkolben anzuwenden, nicht aber die Schusswaffen, um jeden Lärm zu vermeiden.

Es kam so, wie sie's erwartet hatten. Drei Mann aus der geschlagenen Armee versuchten, durch Flucht ihr Leben zu retten. Sie wateten durch den Fluss und kamen gerannt, ohne zu wissen, wo sie sich befanden, rein nur, um in dem dichten Wald Unterschlupf zu finden. Der Späher, den die Spanier ausgesandt hatten, meldete den Vorgang und fügte zur großen Befriedigung unserer Leute hinzu, die Sieger hätten die Flüchtenden nicht verfolgt und auch nicht gesehen, wohin sie sich wandten. Daraufhin wollte der spanische Gouverneur, ein humaner Mann, nicht zulassen, dass man die drei Flüchtlinge ums Leben bringe, sondern schickte drei Mann auf den Hügel hinauf und befahl ihnen, einen Bogen zu schlagen, sich von hinten an die Wilden heranzuschleichen, sie zu überrumpeln und gefangen zu nehmen. So geschah es denn auch. Die Überreste des besiegten Stammes flohen in ihre Kanus und ruderten aufs Meer hinaus, die Sieger zogen sich zurück, ohne die Verfolgung überhaupt oder in größerem Maßstab aufzunehmen, schlossen sich vielmehr zu einer dichten Schar zusammen, stießen zweimal ein lautes, gellendes Geschrei aus, das wohl als Triumphgeschrei zu gelten hatte, und damit war der Kampf beendet. Noch am selben Tag, gegen drei Uhr nachmittags, marschierten auch sie zu ihren Kanus, und so hatten nun die Spanier ihre Insel wieder für sich allein, der Schreck war verflogen, und mehrere Jahre lang bekamen sie keine Wilden mehr zu Gesicht.

Als die Eindringlinge allesamt verschwunden waren, wagten sich die Spanier aus ihrem Versteck hervor und besichtigten das Schlachtfeld. Sie fanden etwa zweiunddreißig Tote vor. Manche waren mit langen Pfeilen erschossen worden, deren einige noch in den Leichen steckten, die meisten aber mit großen Holzschwertern niedergemacht worden. Sechzehn oder siebzehn solcher Schwerter waren nebst zahlreichen Bogen und ebenso vielen Pfeilen auf dem Kampfplatz zurückgeblieben. Es waren das seltsam schwere, unhandliche Waffen. Stark mussten die Männer sein, die sie zu führen wussten. Viele der mit dem Schwert Erschlagenen hatten zerschmetterte Schädel, etliche auch gebrochene Arme und Beine; daraus ging deutlich hervor, dass diese Menschen mit unsagbarer Wut und Erbitterung kämpfen. Wir fanden nicht einen einzigen, der nicht mausetot gewesen wäre. Es ist Sitte, entweder dem Feind gründlich den Garaus zu machen oder die Verwundeten mitzuschleppen.

Die glückliche Wendung wirkte auf unsere Engländer eine Zeit lang ziemlich ernüchternd. Der Anblick hatte sie mit Entsetzen erfüllt, und auch ihnen erschienen die Folgen äußerst schrecklich, falls sie je in die Gewalt dieser Kreaturen geraten sollten, die sie nicht nur als Feinde niedermachen, sondern zum Verzehr töten würden, so wie wir unser Vieh schlachten. Und sie gestanden mir, der Gedanke, wie ein Rind oder ein Hammel aufgefressen zu werden (obwohl es ihnen ja erst nach dem Tod widerfahren würde), habe etwas so Grauenhaftes, dass sich ihnen geradezu der Magen umdrehte und ihnen übel wurde; sie waren dermaßen erschüttert, dass sie wochenlang nicht recht zur Besinnung kamen.

Also wirkte, wie gesagt, der Vorfall auch auf die drei englischen Rüpel ernüchternd, von denen die Rede war, und eine ziemliche Weile nachher waren sie sehr gefügig, beteiligten sich an den gemeinsamen Verrichtungen der Gemeinschaft, pflanzten, säten, ernteten und begannen, sich an das Landleben zu gewöhnen. Einige Zeit später aber verfielen sie auf ein Gehaben, das ihnen große Unannehmlichkeiten zuzog.

Sie hatten, wie ich schon erwähnt habe, drei Wilde gefangen genommen, und da das drei stämmige, kräftige junge Burschen waren, machten sie sie zu ihren Sklaven und brachten ihnen bei, für sie zu arbeiten; und als Sklaven bewährten sie sich recht gut. Aber die Herren Engländer versäumten die Maßnahmen, die ich bei meinem guten Freitag angewendet hatte, nämlich ihnen zuerst einmal grundsätzlich klarzumachen, dass sie ihnen das Leben gerettet hatten, sie sodann in den vernünftigen Grundsätzen des Lebens, insbesondere aber der Religion zu unterweisen und sie durch freundliche Behandlung und eifriges Zureden zu zivilisieren und zu zähmen. Nichts von alledem. So wie sie ihnen tagtäglich zu essen gaben, wiesen sie ihnen tagtäglich ihre Arbeit zu, und die armen Teufel mussten sich reichlich plagen. Auf diese Weise aber konnten sie es nie erreichen, dass ihre Diener ihnen eifrig geholfen und für sie gekämpft haben würden, wie ich das von meinem Freitag erwarten durfte, der mir so treu war wie das Fleisch auf meinen Knochen.

Aber um auf die Schicksale der Gemeinschaft zurückzukommen: Da sie nun untereinander wieder gut Freund geworden waren, weil, wie oben gesagt, die gemeinsame Gefahr für eine wirksame Aussöhnung gesorgt hatte, begannen sie, ihre allgemeine Lage zu erwägen, und die erste Frage lautete, ob sie nicht, da die Wilden just diesen Teil der Insel heimzusuchen pflegten und es entlegenere und abgeschiedenere Gegenden gab, die für ihre Lebensweise ebenso gut geeignet und gar noch vorteilhafter sein würden, ihren Wohnsitz anderswohin verlegen und sich an einem Ort niederlassen sollten, der ihre Sicherheit und vor allem die ihrer Herden und Äcker besser verbürgte.

Nach langer Debatte wurde beschlossen, nicht wegzuziehen, aus dem einfachen Grund, weil sie hofften, irgendwann einmal wieder etwas von ihrem Gouverneur (damit war ich gemeint) zu hören; wenn ich nun jemanden beauftragte, sie aufzusuchen, würde ich ihn sicherlich an dieses Ufer verweisen, und so er dann die zerstörte Behausung vorfände, würde er annehmen müssen, die Wilden hätten (so argumentierte man) uns alle umgebracht, wir seien verschollen, und auf diese Weise würden wir des neuen Nachschubs verlustig gehen.

Was die Saat und das Vieh betraf, so wurden sie sich darüber einig, beides in das Tal zu verlegen, in dem meine Höhle lag, wo es wirklich genug Spielraum und geeignetes Acker- und Weideland gab. Aber nach reiflicher Überlegung verwarfen sie auch diesen Plan zur Hälfte und beschlossen, nur einen Teil ihres Viehs in jenes Tal zu treiben und nur einen Teil von ihrem Mais dort anzubauen: Ginge der eine Teil verloren, würde der andere gerettet sein. Und in einer Hinsicht übten sie zum Glück recht große Vorsicht: Die drei Wilden, die sie gefangen genommen hatten, durften nichts von den neuen Pflanzungen oder dem im Tal weidenden Vieh erfahren, geschweige denn von der Höhle, die man für den Notfall als sichere Zuflucht bereithielt. Sie hatten dort auch zwei Pulverfässer eingelagert, die ich bei meiner Abreise zurückgelassen.

Obwohl sie davon Abstand nahmen, ihren Wohnsitz anderswohin zu verlegen, beschlossen sie, die von mir angelegten Befestigungen, Wall und Gehölz, zu verstärken und das Haus noch wirksamer abzuschirmen, weil sie begriffen hatten, dass davon ihre Sicherheit abhing. Da ich rundum in ziemlich großem Umkreis vor dem Eingang zu meinem Gemach Bäume gepflanzt oder vielmehr Schösslinge in die Erde gesteckt hatte, die mit der Zeit zu Bäumen heranwuchsen, setzten sie das Werk fort und bepflanzten das ganze Gelände von meinem Baumbestand an bis hinunter ans Flussufer, wo ich, wie gesagt, meine Flöße zu vertäuen pflegte, ja sogar bis in den Schlick hinaus, den die Flut angeschwemmt hatte, sodass überhaupt kein Anlegeplatz mehr vorhanden war und auch keine Spur davon, dass es hier jemals einen gegeben habe. Sie trugen außerdem Sorge, im Allgemeinen größere und längere Schösslinge jener Baumarten zu wählen, die, wie ich bereits erwähnt habe, sehr schnell in die Höhe schießen, und pflanzten sie so dicht, dass nach drei bis vier Jahren kein Blick mehr tiefer in die Siedlung hätte eindringen können. Die Bäume, die ich gepflanzt hatte, waren inzwischen so dick geworden wie ein Mannsschenkel, und zwischen dieselben setzten sie so viele andere, niedrigere, und zwar so dicht, dass sie dastanden wie eine Palisade, eine Meile breit, fast unmöglich zu durchstoßen. Und es hätte schon einer kleinen Armee bedurft, um sie zu fällen, denn kaum ein Hündchen konnte sich hindurchschlängeln, so eng standen die Stämme beieinander.

Aber das war noch nicht alles. Ebenso verfuhren sie auf dem Gelände zur Rechten und zur Linken und ringsumher bis auf den Gipfel des Hügels hinauf, ließen keinen Platz, nicht einmal für sich selber, es sei denn über die Leiter, die man gegen den Hang stellte, dann emporzog und wieder von der ersten Etappe bis zum Gipfel platzierte, dergestalt, dass, wenn die Leiter eingezogen war, nur ein geflügeltes oder Zauberwesen an sie hätte herankommen können.

Das war vortrefflich ersonnen, nicht im Mindesten anders, als sie es später sehr wohl zu verwenden wussten, sodass ich mich abermals in meiner Überzeugung bestärkt sah, die menschliche Voraussicht sei durch die Macht der Vorsehung nicht nur gerechtfertigt, sondern auch zweifellos auf den Weg ihres Wirkens gelenkt: Ich bin der festen Meinung, wenn wir aufmerksamer ihrer Stimme lauschten, würden wir so manches Missgeschick abwenden, dem unser Leben jetzt durch unsere eigene Versäumnis unterworfen ist. Aber dieses nur nebenbei.

Ich kehre zu der Geschichte zurück. Zwei Jahre lebten sie in völliger Zurückgezogenheit, unbehelligt von Besuchen der Wilden. Freilich wurden sie eines Tages durch einen blinden Alarm in große Aufregung versetzt. Etliche Spanier hatten sich frühmorgens an das Westufer oder vielmehr das äußerste Ende der Insel begeben (übrigens war das die Gegend, die ich aus Furcht, entdeckt zu werden, geflissentlich vermied) und dort zu ihrer Bestürzung etwa zwanzig Kanus mit Indianern auf die Küste zukommen sehen.

Schleunigst eilten sie nach Hause und schlugen Lärm. Sie und ihre Kameraden hielten sich den ganzen Tag und auch den nächsten versteckt und gingen nur des Nachts aus, um Beobachtungen anzustellen. Aber zu ihrem Glück hatten sie sich geirrt. Wohin auch immer die Wilden unterwegs gewesen sein mochten, so landeten sie jedenfalls nicht auf der Insel, sondern hatten etwas anderes vor.

Und nun kam es wieder zu einem Zusammenstoß mit den drei Engländern. Einer von ihnen, ein jähzorniger Geselle, wütend über einen der drei Sklaven (die sie sich, wie erwähnt, angeeignet hatten), weil der Bursche irgendeine ihm aufgetragene Arbeit nicht zu voller Zufriedenheit ausgeführt hatte und ein wenig schwer von Begriff war, zog ein Beil aus der Hüftschlaufe, in der er es mitführte, und fiel über den armen Wilden her, nicht um ihn zu züchtigen, sondern um ihn zu erschlagen. Als einer der Spanier in der Nähe sah, wie er mit dem Beil barbarisch ausholte, nach dem Kopf zielte, aber die Schulter traf, sodass er meinte, dem armen Teufel sei der Arm abgehackt worden, lief er hin, bat ihn, doch den armen Mann nicht umzubringen, und trat zwischen ihn und den Wilden, um das Unheil zu verhüten.

Der Kerl, dadurch nur noch mehr erbost, schlug mit dem Beil auf den Spanier ein und schwor, er werde ihn genauso bedienen, wie er's dem Wilden zugedacht hatte. Der Spanier, der auf seiner Hut war, wich dem gezielten Schlag aus, und mit einer Schaufel, die er in der Hand hielt (alle arbeiteten sie gerade auf ihrem Maisfeld), schlug er den Rüpel zu Boden. Gleichzeitig eilte ein anderer Engländer seinem Kameraden zu Hilfe und fällte den Spanier. Sodann kamen zwei weitere Spanier gelaufen, um ihrem Landsmann zu helfen, und wurden von dem dritten Engländer überfallen. Keiner von ihnen war mit Schusswaffen oder anderen Waffen als Beilen und sonstigem Werkzeug versehen, bis auf diesen dritten Engländer; mit einem meiner alten, rostigen Entermesser ging er auf die zwei letzten Spanier los und verwundete sie alle beide. Dieses Handgemenge versetzte die gesamte Gemeinschaft in Aufruhr, andere Spanier strömten hinzu und nahmen die drei Engländer gefangen. Nun fragte es sich, was mit ihnen geschehen sollte. Sie hatten so oft gemeutert, waren so unbändig, so desperat und überdies so faul, dass man nicht wusste, wie man sich ihnen gegenüber zu verhalten habe. Ihre Bosheit kannte keine Grenzen, und sie scheuten sich nicht, wem auch immer das Schlimmste anzutun, sodass man, kurz gesagt, in ihrer Nähe seines Lebens nicht sicher war.

Der Spanier, der das Kommando führte, erklärte ihnen unverblümt, wenn sie seinem Volk angehörten, würde er sie aufhängen lassen. Gesetze und Gouverneure seien dazu da, die Gesellschaft zu schützen, und wer eine Gefahr für die Gesellschaft darstelle, müsse aus ihr ausgestoßen werden. Da sie jedoch Engländer seien und da sie alle der Großmut und Güte eines Engländers ihre Rettung und ihr Leben verdankten, wolle er sie mit denkbar großer Milde behandeln und sie dem Urteilsspruch der beiden anderen Engländer, ihrer Landsleute, unterwerfen.

Einer der beiden ehrlichen Engländer stand auf und sagte, sie wünschten, dass man es nicht ihnen überlassen möge. »Denn ich bin überzeugt«, sagte er, »wir müssten sie an den Galgen befördern.« Damit berichtete er, wie Will Atkins, einer der drei, vorgeschlagen hatte, alle die fünf Engländer möchten sich zusammentun und sämtliche Spanier im Schlaf ermorden.

Als das der spanische Gouverneur vernahm, sagte er zu William Atkins: »Wie denn, Seignior Atkins, Ihr wollt uns alle ermorden? Was habt Ihr dazu zu sagen?« Dieser verhärtete Bösewicht war so weit davon entfernt, sich aufs Leugnen zu verlegen, dass er vielmehr erwiderte, es sei wahr, und der Teufel möge ihn holen, wenn es nicht so weit käme, bevor sie mit ihnen fertig wären. »Nun aber, Seignior Atkins«, erwiderte der Spanier, »was haben wir Euch getan, dass Ihr uns umbringen wollt? Und was müssen wir tun, um zu verhindern, dass Ihr uns umbringt? Müssen wir Euch umbringen, bevor Ihr uns umbringt? Warum wollt Ihr uns dazu zwingen, Seignior Atkins«, sagte der Spanier mit einem gelassenen Lächeln.

Darüber, dass der Spanier sich aus der Sache einen Scherz machte, war Atkins so wütend, dass er, hätten nicht drei Mann ihn festgehalten und wäre er nicht obendrein unbewaffnet gewesen, sicherlich versucht haben würde, den Spanier inmitten der vielen Anwesenden zu töten.

Dieses hirnverbrannte Verhalten nötigte sie, ernsthaft zu erwägen, was zu tun sei. Die beiden Engländer und der Spanier, der den armen Wilden gerettet hatte, waren dafür, einen der drei als warnendes Beispiel für die anderen aufzuknüpfen, und zwar ihn, der zweimal drauf und dran gewesen war, mit seinem Beil einen Mord zu begehen. Man durfte sogar mit gutem Grund annehmen, es sei ihm in dem einen Fall geglückt. Die Wunde, die der arme Wilde davongetragen hatte, verursachte ihm so starke Beschwerden, dass man befürchtete, er werde nicht mit dem Leben davonkommen.

Aber der kommandierende Spanier sagte nach wie vor Nein, ein Engländer sei es gewesen, der ihnen allen das Leben gerettet hatte, und er werde nie zugeben, dass ein Engländer vom Leben zum Tod befördert werde, hätte er auch die Hälfte von ihnen ermordet; nein, sagte er, wenn ihm selber ein

Engländer den Todesstoß versetzt hätte und ihm noch ein Augenblick vergönnt wäre, um etwas zu sagen, sollte es nichts anderes sein als die Bitte, ihn zu begnadigen.

Auf diesem Standpunkt beharrte der Mann so entschieden, dass ihm niemand zu widersprechen wagte, und da ein barmherziger Rat, wenn er so ernsthaft und dringend empfohlen wird, selten ohne Gehör verhallt, gaben sie alle klein bei. Nun aber hieß es erwägen, was zu geschehen habe, um das Unheil abzuwehren, das die Schurken im Sinn hatten. Alle, einschließlich des Gouverneurs, waren sich darüber einig, dass man Maßnahmen ergreifen müsse, um die Gesellschaft vor Gefahren zu schützen. Nach langer Debatte einigte man sich darauf, sie erst einmal zu entwaffnen, ihnen weder eine Flinte noch Pulver und Blei noch einen Degen oder sonst eine Waffe zu belassen und sie sodann aus der Gemeinschaft auszustoßen. Sie mochten leben, wo und wie sie wollten, allein für sich, aber niemand, weder Engländer noch Spanier, dürfe mit ihnen umgehen, mit ihnen reden oder irgendetwas mit ihnen zu tun haben. Es sei ihnen verboten, sich über einen gewissen Abstand hinaus dem Ort zu nähern, wo die anderen wohnten, und wenn sie sich unterstünden, etwas anzustellen, zum Beispiel das Eigentum der Gemeinschaft, Ernten, Häuser, Zäune und Vieh, zu beschädigen, niederzubrennen, zu töten oder zu zerstören, würden sie des Todes sein und man würde sie, wo auch immer man ihrer habhaft werde, erbarmungslos erschießen.

Der Gouverneur, ein sehr humaner Mann, dachte über den Urteilsspruch nach, überlegte sich's eine Weile und sagte sodann zu den beiden Engländern: »Halt, ihr müsst bedenken, dass es lange dauern wird, bevor sie Mais ernten und eigenes Vieh heranzüchten können, und wir dürfen sie nicht verhungern lassen. Also müssen wir sie mit Proviant versorgen.« Demzufolge wurde dem Dekret die Bestimmung hinzugefügt, ihnen Mais für acht Monate (da sie alsdann, wie man annahm, so weit sein würden, eigenen zu ernten) und auch Saatgut, ferner sechs Milchziegen, vier Ziegenböcke und sechs Geißlein (sowohl für ihren momentanen Unterhalt als auch für künftigen Vorrat) und darüber hinaus Ackergerät und Werkzeug, nämlich sechs Beile, eine Axt, eine Säge und dergleichen, mitzugeben. Nichts aber von alledem sollten sie erhalten, sofern sie nicht feierlich gelobten, keinem der Spanier oder englischen Landsleute fürderhin ein Leid anzutun oder einen Schaden zuzufügen.

Solchermaßen wurden sie aus der Gemeinschaft ausgestoßen und sollten sich durchschlagen, so gut sie konnten. Mürrisch und widerborstig zogen sie ab, wollten im Grunde weder bleiben noch gehen, aber da es keine Abhilfe gab, schickten sie sich an, nach einer geeigneten Örtlichkeit Ausschau zu halten, wo sie sich niederlassen wollten, um für sich allein zu leben und sich von den Früchten ihres Fleißes zu ernähren. Sie erhielten gewisse Vorräte, aber keine Waffen.

Etwa vier bis fünf Tage später kehrten sie zurück, um zusätzliche Lebensmittel zu holen, und berichteten dem Gouverneur, wo sie ihre Zelte aufgeschlagen und ein Areal für die Behausung und das Ackerland abgesteckt hatten. Es war das allerdings ein sehr geeigneter Platz, am entferntesten Ende der Insel, gegen Nordost zu, ungefähr in der Nähe der Küste, an der ich auf meiner ersten Fahrt gelandet, als ich bei dem Versuch, die Insel zu umrunden, Gott weiß wohin aufs Meer hinausgetrieben worden war.

Dort errichteten sie zwei hübsche Hütten, und zwar auf dieselbe Art und Weise, wie ich zuwege gegangen war, das heißt an einem Hügelhang, an drei Seiten bereits von Bäumen umgeben, sodass sie nur noch weitere Bäume zu pflanzen brauchten, um vor fremden Blicken geschützt zu sein (so nicht jemand eigens den Zugang suchte). Sie begehrten getrocknete Ziegenfelle für ihre Betten und erhielten sie denn auch. Und nachdem sie ihr Wort verpfändet hatten, dass sie die anderen nicht belästigen noch ihre Pflanzungen beschädigen würden, gab man ihnen abermals etliche Beile und sonstiges Werkzeug, das man erübrigen konnte, desgleichen auch Erbsen, Gerste und Reis zur Aussaat, mit einem Wort, alles, was sie verlangten, bis auf Waffen und Munition.

Etwa sechs Monate lang hausten sie abgesondert von den früheren Gefährten und hatten die erste Ernte eingebracht, obschon diese recht spärlich war, weil sie nur ein kleines Stück Land bebaut hatten. Da sie ganz auf sich selber angewiesen waren, hatten sie alle Hände voll zu tun. Tische, Töpfe und dergleichen anzufertigen, ging vollends über ihr Vermögen, damit wurden sie nicht fertig. Und als die Regenzeit kam, fehlte ihnen eine Erdhöhle, sodass sie ihren Mais nicht trocken lagern konnten und er Gefahr lief zu verfaulen. Da wurden sie aber recht klein, kamen angelaufen und baten die Spanier um Hilfe, die ihnen diese denn auch bereitwillig gewährten. Binnen vier Tagen schaufelten sie ein großes Loch in den Hügelhang, groß genug, um den Mais und andere Früchte sicher zu verwahren, aber verglichen mit meiner Siedlung war das alles im besten Fall recht ärmlich, zumal die Spanier inzwischen das von mir Errichtete erheblich vergrößert und durch mehrere neue Räumlichkeiten ergänzt hatten.

Etwa ein Dreivierteljahr nach dieser Trennung verfielen die Halunken auf neuen Unfug, der im Verein mit den schon früher von ihnen begangenen Missetaten viel Unheil auf sie herabbeschwor und um ein Haar die ganze Kolonie zugrunde gerichtet hätte. Allem Anschein nach begannen die drei

Spießgesellen, des arbeitsreichen Lebens, das sie führten, überdrüssig zu werden, umso mehr, als keine Aussicht darauf bestand, dass ihre Verhältnisse sich bessern würden. Da kamen sie auf den kühnen Einfall, eine Expedition zu dem Festland zu unternehmen, wo die Wilden hergekommen waren, und zu versuchen, ob es ihnen nicht gelänge, unter den dortigen Eingeborenen Gefangene zu machen, sie nach Hause mitzunehmen und den mühsamen Teil ihrer Arbeit auf sie abzuwälzen.

Der Plan wäre gar nicht so ungeheuerlich gewesen, wenn sie sich mit ihm zufriedengegeben hätten. Aber sie konnten nichts tun, sich nicht rühren, ohne dass entweder schon der Entwurf oder nachher seine Durchführung zum Scheitern verurteilt gewesen wäre. Wenn ich offen meine Meinung sagen darf, scheinen sie mir unter einem Bannfluch des Himmels gestanden zu haben. Wenn wir nicht einräumen wollen, dass sichtbarer Fluch sichtbares Verbrechen verfolge, wie sollten wir dann den Lauf der Ereignisse mit der göttlichen Gerechtigkeit in Einklang bringen? Es war ganz offenbar eine Ahndung ihrer früheren Verbrechen der Meuterei und Seeräuberei gewesen, die sie in ihren jämmerlichen Zustand versetzt hatte. Des Weiteren hatten sie ihre Missetaten nicht im Geringsten bereut, sondern neue begangen, wie zum Beispiel die Grausamkeit, einen armen Sklaven schwer zu verletzen, weil er die Weisungen, die man ihm erteilte, nicht verstehen wollte oder nicht verstehen konnte, ihn auf eine Weise zu verwunden, dass er ohne Zweifel fürs ganze Leben zum Krüppel wurde, noch dazu in der Wildnis, wo weder Arzt noch Arznei zu haben waren, um seine Wunde zu heilen; hinzu kam jedoch etwas viel Schlimmeres, nämlich die mörderische Absicht oder, um dem Ausmaß des Verbrechens gerecht zu werden, der Mordversuch gegenüber den Spaniern – denn als solcher hat er sich erwiesen, wenn man ihren späteren Plan in Betracht zieht, sie kalten Blutes zu ermorden, und zwar im Schlaf.

Aber ich enthalte mich weiterer Bemerkungen und kehre zu meiner Geschichte zurück. Eines Morgens kamen die drei Gesellen zu den Spaniern und ersuchten ganz bescheiden um eine Unterredung. Die Spanier hörten sich bereitwillig an, was sie zu sagen hatten, nämlich dass sie ihr bisheriges Leben satthätten, dass sie nicht geschickt genug seien, um die erforderlichen Gebrauchsgegenstände anzufertigen, und dass sie, wie sich gezeigt hatte, ohne fremde Hilfe glattweg verhungern müssten. Wenn aber die Spanier ihnen gestatteten, eines der Kanus zu nehmen, in denen sie angekommen waren, und ihnen die zur Abwehr nötigen Waffen nebst Munition gewähren wollten, würden sie übers Meer fahren und anderswo ihr Glück suchen und so die Spanier der Mühe entheben, sie mit Nahrung zu versorgen.

Die Spanier waren nur allzu froh, sie loszuwerden, machten sie jedoch ehrlich darauf aufmerksam, dass sie dem sicheren Untergang entgegengingen. Sie, die Spanier, hätten just drüben auf dem Festland so viel Ungemach erlitten, dass sie ihnen, ohne Propheten zu sein, voraussagen könnten, sie würden dort verhungern oder ermordet werden. Also sollten sie sich's überlegen.

Die Männer erwiderten dreist, auch wenn sie hierblieben, würden sie verhungern, weil sie nicht arbeiten könnten und auch nicht arbeiten wollten. Anderswo zu verhungern, laufe auf das Gleiche hinaus, und wenn man sie umbrächte, würde es eben das Ende sein, sie hätten weder Weib noch Kind, die ihnen nachtrauern würden. Kurz, sie beharrten eindringlich auf ihrer Forderung und erklärten, sie würden auf jeden Fall losziehen, ob sie nun Waffen erhielten oder nicht.

Die Spanier erwiderten äußerst freundlich: Wenn sie entschlossen seien, sich auf den Weg zu machen, sollten sie nicht nackt von dannen gehen, außerstande, sich zu verteidigen. Obwohl sie, die Spanier, Schusswaffen nur schwer entbehren könnten, da sie selber ihrer nicht genug besäßen, würden sie ihnen dennoch zwei Musketen, eine Pistole und ein Entermesser und außerdem noch jedem Mann ein Beil zukommen lassen. Das müsse ihrer Meinung nach reichen.

Um es kurz zu sagen, die Engländer gingen auf diesen Vorschlag ein, und nachdem sie frisch gebackenes Brot für einen Monat und so viel Ziegenfleisch erhalten hatten, wie sie nur immer in sich hineinstopfen konnten, desgleichen auch einen großen Korb mit getrockneten Weinbeeren, einen Krug mit frischem Wasser und ein lebendes Schlachtgeißlein, brachen sie kühn in einem Kanu zur Fahrt übers Meer auf, dort, wo es mindestens 40 Meilen breit war.

Das Boot war recht groß, hätte ohne Weiteres fünfzehn bis zwanzig Mann aufnehmen können und war infolgedessen schwer zu handhaben; aber da sie günstigen Wind hatten und mit der Ebbe segelten, kamen sie gut voran. Aus einer langen Stange hatten sie sich einen Mast und aus vier großen getrockneten Ziegenfellen, die sie aneinandernähten oder miteinander verknoteten, ein Segel angefertigt, und dahin ging's frohgemut. Die Spanier riefen ihnen »Buen viaje!« nach, und keiner rechnete damit, sie jemals wiederzusehen.

Oft sagten die Spanier zueinander und zu den beiden ehrlichen Engländern, die zurückgeblieben waren, wie still und behaglich sie jetzt lebten, da die drei Unruhestifter weg waren. Der Gedanke, dass sie zurückkehren könnten, lag ihnen so fern wie nur irgendetwas, als, siehe da, nach Verlauf von zweiundzwanzig Tagen einer der Engländer bei der Feldarbeit drei fremde Gestalten mit Flinten auf der Schulter aus der Ferne herankommen sah.

Schnell läuft der Mann weg, als wäre er behext, tritt erschrocken und erstaunt vor den kommandierenden Spanier hin und meldet, es sei jetzt um sie alle geschehen, Fremdlinge seien auf der Insel gelandet, er wisse nicht, wer. Der Spanier überlegt eine Weile und fragt ihn: »Was soll das heißen, dass Ihr nicht wisst, wer? Es müssen doch wohl Wilde sein.« – »Nein«, erwiderte der Engländer, »sie sind bekleidet und bewaffnet.« – »Ja, warum seid Ihr dann gar so besorgt?«, sagte der Spanier. »Wenn es keine Wilden sind, müssen es Freunde sein, denn es gibt kein Christenvolk auf der Erde, das uns nicht eher Gutes tun würde als Leids.«

Während sie sich solchermaßen unterhielten, kamen die drei Engländer heran, blieben am Rand des neu gepflanzten Wäldchens stehen und riefen Hallo. Sogleich erkannte man ihre Stimme, also hörte man auf, sich zu wundern. Jetzt aber galt das Staunen einer anderen Frage, nämlich: Was mochte geschehen sein, was hatte die drei veranlasst zurückzukehren?

Es dauerte nicht lang, da holte man die Leute und fragte sie, wo sie gewesen seien und was sie gemacht hätten; sie erstatteten ausführlich Bericht, nämlich wie sie binnen zwei Tagen oder noch früher Land gesichtet hatten: Da aber die Bevölkerung durch ihr Kommen aufgescheucht worden war und bereitstand, sie mit Pfeil und Bogen zu bekämpfen, wagten sie sich nicht an Land, sondern segelten sechs oder sieben Stunden lang nordwärts, bis sie wieder offenes Meer erreicht hatten; daraus entnahmen sie, dass das Land, das von unserer Insel aus zu sehen war, kein Festland, sondern gleichfalls eine Insel sei. Als sie aufs offene Meer hinauskamen, erblickten sie rechter Hand gegen Norden zu wieder eine Insel und mehrere Inseln gegen Westen zu, und da sie fest entschlossen waren, irgendwo an Land zu gehen, steuerten sie auf eine der westlich gelegenen Inseln zu und legten an. Die Einwohner begegneten ihnen sehr höflich und freundlich, gaben ihnen Wurzeln und getrocknete Fische zu essen und machten einen recht umgänglichen Eindruck. Die Frauen wie die Männer ließen sich's angelegen sein, sie zu bewirten, und schleppten auf ihren Köpfen die Nahrung von Weitem herbei.

Dort blieben sie vier Tage lang. Durch Zeichen erkundigten sie sich, so gut es ging, was für Völkerschaften hier und dort hausten, und erfuhren von mehreren wilden und gefürchteten Stämmen, die fast überall ansässig und, wie man ihnen durch Zeichen zu verstehen gab, Menschenfresser waren. Die Eingeborenen selber beteuerten, dass sie Menschen nur dann verzehrten, wenn sie sie im Krieg gefangen hatten. Dann freilich veranstalteten sie, wie sie zugaben, ein großes Fest und aßen die Gefangenen auf.

Die Engländer fragten, wann ein solches Festmahl stattgefunden habe, und sie erwiderten, vor etwa zwei Monden, indem sie zuerst auf den Mond und dann auf zwei Finger zeigten. Ihr Großkönig habe zweihundert Kriegsgefangene in seinem Besitz, die man jetzt reichlich füttere, um sie für das nächste Fest zu mästen. Die Engländer hätten diese Gefangenen gerne gesehen, aber die anderen missverstanden ihre Gebärden und meinten, sie wollten selber einige mitnehmen, um sie unterwegs zu verzehren. Also zeigten sie eifrig in die Richtung des Sonnenuntergangs und dann in die des Sonnenaufgangs. Das bedeutete, dass sie ihnen am nächsten Morgen bei Sonnenaufgang etliche Gefangene bringen würden, und so kamen sie denn auch am nächsten Morgen mit fünf Frauen und elf Männern anmarschiert und offerierten sie den Engländern, damit sie sie auf ihre Fahrt mitnähmen, so wie wir ebenso viele Kühe und Ochsen in eine Hafenstadt treiben würden, um ein Schiff zu verproviantieren.

So roh und barbarisch die Kerle zu Hause gewesen waren, drehte sich ihnen dennoch bei diesem Anblick der Magen um, und sie wussten nicht, was sie machen sollten. Das Geschenk abzulehnen, wäre die größte Beleidigung der wilden Honoratioren gewesen, die es ihnen darbrachten. Und was sie mit ihnen anfangen sollten, das wussten sie nicht. Nach einiger Hin- und Widerrede aber beschlossen sie, das Geschenk anzunehmen, und gaben dafür den Wilden eines ihrer Beile, einen alten Schlüssel, ein Messer und sechs bis sieben Kugeln, womit sie, obwohl sie ihren Zweck nicht begriffen, höchlichst zufrieden waren. Dann fesselten sie, die Eingeborenen, den armen Wesen die Hände auf dem Rücken und schleppten sie ins Boot.

Die Engländer mussten sich nun so schnell wie möglich davonmachen, sonst würden die edlen Spender bestimmt erwartet haben, dass sie zwei oder drei der Gefangenen schon am nächsten Morgen schlachteten und vielleicht sogar ihre Gastfreunde einluden.

Nachdem sie sich mit all den Respekts- und Dankesbezeigungen verabschiedet hatten, wie sie zwischen Menschen gewechselt werden können, die kein Wort von dem verstehen, was der andere sagt, legten sie mit ihrem Boot ab und kehrten zu der ersten Insel zurück, wo sie acht ihrer Gefangenen freiließen, da es ihrer für ihre Zweck zu viele waren.

Unterwegs versuchten sie, sich mit ihren Gefangenen zu verständigen, aber es war glatt unmöglich, ihnen irgendetwas beizubringen. Was auch immer sie sagten oder ihnen schenkten oder für sie taten, stets wurde es so gedeutet, als wollten sie nun darangehen, sie abzuschlachten. Zuerst einmal nahmen sie ihnen die Fesseln ab, aber da erhoben die armen Geschöpfe ein lautes Wehgeschrei, besonders die Frauen, als hätten sie soeben das Messer an der Gurgel gespürt. Sie meinten nämlich sofort, man nehme ihnen die Fesseln nur mit der Absicht ab, sie zu töten.

Wenn sie ihnen etwas zu essen gaben, war's dasselbe; da meinten sie, es geschehe aus Furcht, sie könnten vom Fleisch fallen und fürs Schlachten nicht fett genug sein. Wenn sie einen oder eine von ihnen genauer ansahen, schloss daraus der oder die Betreffende, sie wollten sehen, ob er oder sie der oder die Fetteste sei und am reifsten fürs Schlachtmesser. Auch als sie sie nach Hause mitnahmen und immerzu freundlich und gut behandelten, erwarteten sie nach wie vor jeden Tag, ihren neuen Herren zu Mittag oder abends aufgetischt zu werden.

Nachdem die drei Wanderer diese seltsame Geschichte (sozusagen ihr Reisetagebuch) erzählt hatten, fragte sie der Spanier, wo ihre neue Sippe sich befinde, und als er hörte, sie hätten sie an Land gebracht und in eine der Hütten gesteckt und seien gekommen, um Nahrung für sie zu erbitten, beschlossen die Spanier und die beiden anderen Engländer, das heißt, die gesamte Kolonie, miteinander hinzugehen und sie sich anzusehen, und das geschah denn auch, und Freitags Vater schloss sich an.

Als man in die Hütte kam, saßen sie gefesselt umher. Die Engländer hatten ihnen an Land wieder die Hände auf den Rücken festgebunden, damit sie sich nicht des Bootes bemächtigten und entwischten. Da saßen sie also, wie gesagt, splitternackt auf der Erde. Erst einmal drei Männer, stämmige, hübsche Burschen, gut gebaut, mit geraden Gliedern, dreißig bis fünfunddreißig Jahre alt, sodann fünf Frauen, davon zwei vielleicht zwischen dreißig und vierzig, zwei andere nicht älter als vier- oder fünfundzwanzig, und die fünfte ein großes, hübsches Mädchen im Alter von etwa sechzehn oder siebzehn Jahren. Die Frauen waren an Gestalt und Gesichtszügen erfreulichen Anblicks, nur sehr braun, und zwei von ihnen würden, wären sie weißhäutig gewesen, selbst in London als Schönheiten gegolten haben. Sie sahen nicht nur gut aus, sondern benahmen sich auch sehr züchtig, besonders nachher, nachdem man sie eingekleidet hatte (sofern, offen gestanden, von Kleidung die Rede sein konnte). Aber darauf kommen wir später zurück.

Unsere Spanier fanden, wie man sich leicht denken kann, dieses Bild nicht eben behaglich. Um ihrem guten Leumund gerecht zu werden, muss ich betonen, dass sie äußerst wohlgesittete Männer waren, von ruhigem, gemessenem Temperament und so gutmütig, wie ich's nur je erlebt habe – ganz besonders aber, wie sich sofort zeigen wird, von höchstem Anstand: Ich sage, dass es ein sehr unbehagliches Bild war, drei nackte Männer und fünf nackte Frauen aneinandergefesselt und in dem jämmerlichsten Zustand zu sehen, in den ein menschliches Wesen geraten kann, nämlich jeden Augenblick erwarten zu müssen, dass man sie wegschleppe und ihnen den Schädel einschlage und sie dann aufesse wie ein als Leckerbissen geschlachtetes Kalb.

Zuerst einmal beauftragten sie den alten Indianer, Freitags Vater, hineinzugehen und nachzusehen, ob er den einen oder anderen kenne, und sodann auch festzustellen, ob er ihre Sprache verstehe. Sowie der alte Mann die Hütte betrat, musterte er sie ernsthaft der Reihe nach, konnte aber keines der Gesichter wiedererkennen. Auch verstanden sie weder ein Wort von dem, was er sagte, noch ein einziges seiner Zeichen – mit Ausnahme einer Frau.

Diese Ausnahme freilich genügte zu dem angestrebten Zweck, nämlich die Armen davon zu überzeugen, dass die Männer, in deren Gewalt sie geraten waren, Christen seien, welche die Menschenfresserei verabscheuen, und dass sie nicht zu befürchten brauchten, abgeschlachtet zu werden. Kaum hatten sie sich dessen vergewissert, da legten sie so große Freude an den Tag, und zwar auf so wunderliche und vielfältige Art, dass es schwer zu beschreiben ist. Sie schienen nämlich verschiedenen Völkerschaften anzugehören.

Sodann musste die Frau, die als Dolmetscherin diente, sie fragen, ob sie bereit seien, den Männern, die sie, um ihnen das Leben zu retten, mitgenommen hatten, als Sklaven zu dienen und für sie zu arbeiten. Daraufhin fingen sie allesamt zu tanzen an, und nach einer Weile hob der eine dieses, der andere jenes auf, was ihm gerade zur Hand kam, um es auf die Achsel zu legen und damit anzudeuten, dass sie arbeitswillig seien.

Der Gouverneur, der sich sagte, die Anwesenheit der Frauen müsse früher oder später zu Misshelligkeiten führen, Streitigkeiten und vielleicht sogar Blutvergießen heraufbeschwören, fragte die drei Engländer, was sie mit den Frauen im Sinne hätten und wie sie sie zu behandeln gedächten, als Sklavinnen oder als Weiber. Einer der Engländer erwiderte dreist und unverdrossen: sowohl als auch. Da sagte der Gouverneur: »Ich will es euch nicht verwehren, weil ihr in dieser Beziehung eure eigenen Herren seid, aber eines halte ich für recht und billig, um Ruhestörung und Zank unter euch zu verhüten, und nur aus diesem einen Grund für wünschenswert, nämlich dass ihr euch alle verpflichtet, jeder, der eine dieser Frauen zur Kebse oder zum Weib nimmt, werde nur eine nehmen, und nachdem er sie auserwählt hat, dürfe kein anderer sie anrühren. Obwohl wir euch nicht nach kirchlichem Gebot trauen können, ist es doch ratsam, dass für die Dauer eures Aufenthalts auf dieser Insel die Frau, die irgendeiner von euch zum Weib nimmt, von dem Mann ernährt werde, der sie zum Weib genommen hat, und als seine Ehefrau zu gelten habe, ich meine, solange er hier auf unserer Insel weilt, und kein anderer möge etwas mit ihr zu tun haben.« Das alles fanden sie so gerecht, dass sie ohne Weiteres zustimmten.

Dann fragten die Engländer die Spanier, ob sie die Absicht hätten, eine der Frauen in ihre Gemeinschaft aufzunehmen. Jeder einzelne aber antwortete mit einem entschiedenen Nein. Etliche sagten, sie hätten Ehefrauen in Spanien, andere wieder mochten keine Frauen, die nicht christlich getauft sind, und alle miteinander erklärten, sie würden keine anrühren: Eine so beispielhafte Rechtschaffenheit habe ich auf allen meinen Reisen nie wieder angetroffen. Die fünf Engländer hingegen (um mich kurz zu fassen) nahmen sich ein jeder ein Weib, das heißt vorübergehend, und bildeten also eine neue Lebensgemeinschaft, denn die Spanier und Freitags Vater blieben in meiner früheren Behausung, die sie innen beträchtlich vergrößert hatten. Die drei Sklaven, die bei dem jüngsten Gefecht zwischen den wilden Stämmen gefangen genommen worden waren, wohnten bei ihnen. Das waren die Leute, welche den Bestand der Kolonie sicherten, die anderen mit Nahrung versorgten und ihnen behilflich waren, soweit es in ihren Kräften stand und soweit sie es für nötig hielten.

Verwunderlich ist dabei nur, dass fünf so widerborstige und unverträgliche Gesellen sich in Bezug auf die Frauen einig werden konnten, dass nicht zwei von ihnen sich auf ein und dieselbe stürzten, besonders da zwei oder drei der Frauen unvergleichlich hübscher waren als die anderen. Aber sie wählten eine gute Methode, um Zwistigkeiten vorzubeugen: Sie setzten die fünf Weiber in eine der Hütten, begaben sich in die andere und losten darum, wer als Erster zu wählen habe.

Der Mann, dem das Los die erste Wahl zugesprochen hatte, ging allein in die Hütte, in der die armen nackten Geschöpfe versammelt waren, und suchte sich die aus, die ihm behagte, und da lohnt es sich zu beachten, dass er, der als Erster daran war, sich die hässlichste und älteste unter den fünf Frauen aussuchte. Das erregte bei den anderen große Heiterkeit, und sogar die Spanier lachten darüber. Aber der Bursche war klüger als seine Kumpane und überlegte sich, dass sie von ihren Helferinnen Fleiß und Arbeitswilligkeit genauso erwarteten wie jegliches andere, und sie entpuppte sich als das beste Eheweib von allen.

Als die armen Frauen so in einer Reihe warteten und erleben mussten, wie eine nach der anderen weggeholt wurde, wurde ihnen wieder angst und bange, und sie glaubten steif und fest, jetzt heiße es in den Kochtopf wandern. Als folglich der englische Seemann hereinkam und eine von ihnen wegholte, stimmten die übrigen ein Jammergeschrei an, hielten sie zurück und verabschiedeten sich von ihr mit so viel Kummer und so viel Liebe, dass das härteste Herz von der Welt geschmolzen wäre. Der Engländer konnte sie nicht von dem Gedanken abbringen, dass ihnen der Tod drohe, er musste den alten Mann, Freitags Vater, herbeirufen, der ihnen unverzüglich mitteilte, die fünf Männer, die sie nacheinander wegholten, hätten sie zu ihren Gesponsen ausersehen.

Als die Prozedur zu Ende geführt war und die Bangnis der Frauen ein wenig nachgelassen hatte, legten die Spanier mit Hand an, und binnen wenigen Stunden hatte ein jeder seine neue Hütte oder zumindest ein Zelt, um gesondert darin zu wohnen. Die beiden vorhandenen Hütten waren nämlich mit Werkzeug, Haushaltsgeräten und Vorräten angefüllt. Die drei Ruhestörer hatten sich ein Stück weiter weg, die zwei Ehrenmänner mehr in der Nähe angesiedelt, wenn auch beide Parteien am Nordufer der Insel, sodass sie nach wie vor voneinander getrennt waren. So war denn meine Insel an drei Stellen bevölkert und gewissermaßen das Fundament dreier Ortschaften errichtet.

Und hier ist die Feststellung am Platz, dass, wie es so oft in der Welt geschieht (welche Zwecke die göttliche Vorsehung mit diesem Schema bezweckt, weiß ich nicht), die beiden ehrlichen Gesellen die schlechtesten Weiber, die drei Halunken aber, die kaum den Henkerstrick verdienten, zu nichts taugten und weder zu ihrem eigenen noch zu fremdem Nutzen auf der Welt zu sein schienen, drei gescheite, achtsame und gelehrige Helferinnen erwischt hatten. Nicht etwa dass die beiden ersteren es an Charakter oder gutem Willen hätten fehlen lassen, denn alle fünf waren eifrig, still, geduldig, unterwürfig, weit eher Sklavinnen als Ehefrauen; ich meine nur, dass sie nicht alle gleich tüchtig, anstellig und fleißig oder gleich sauber und adrett waren.

Ich muss mir eine weitere Bemerkung erlauben, zur Ehre emsigen Fleißes einerseits und zur Schande träger, nachlässiger, faulenzerischer Veranlagung andererseits: Als ich auf die Insel zurückkehrte und die verschiedenen Verbesserungen, die Pflanzungen, die Verwaltung in den drei Kolonien besichtigte, hatten die zwei Braven die drei anderen so weit überholt, dass gar kein Vergleich mehr möglich war. Freilich hatten beide Parteien nur so viel Land mit Mais bebaut, wie für den Unterhalt nötig war, aus dem einfachen Grund, weil meiner Meinung nach die Natur gebietet, nicht sinnloserweise mehr anzubauen, als die Not erfordert, aber gleich auf den ersten Blick fielen die Unterschiede in der Rodung, in der Beackerung, in der Gestaltung der Zäune und eigentlich auch in allem anderen sogleich ins Auge.

Die beiden Männer hatten rund um ihre Hütten zahllose junge Bäume gepflanzt, sodass, wenn man sich der Siedlung näherte, nichts zu sehen war außer einem Wäldchen, und obwohl ihnen ihre Pflanzung zweimal zerstört worden war, einmal durch ihre eigenen Landsleute, ein andermal durch den Feind (wie wir das an geeigneter Stelle erfahren werden), hatten sie alles wiederaufgebaut, und alles blühte und gedieh aufs Beste. Sie hatten Reben in säuberlichen Reihen gepflanzt und einen richtigen Weinberg angelegt, obwohl sie dergleichen in ihrem ganzen Leben nie gesehen; und da sie die Weinstöcke gut angeordnet hatten, ernteten sie saftigere Trauben als ihre Rivalen. Ferner hatten sie in der Tiefe des Waldes eine Zuflucht geschaffen. Es gab dort zwar keine natürliche Höhle, wie ich eine entdeckt hatte, aber sie hatten mit unermüdlichem Fleiß und ihrer Hände Arbeit eine künstliche gegraben, in der sie sodann, als das Unheil über sie hereinbrach, Weib und Kind in Sicherheit brachten, sodass sie nicht gefunden werden konnten. Dadurch, dass sie unzählige Pfosten und Stangen aus dem Holz der Bäume, die, wie gesagt, so schnell heranwuchsen, in die Erde rammten, hatten sie den Wald unpassierbar gemacht bis auf einige wenige Stellen, wo sie über die äußere Pallisade kletterten und sodann den von ihnen selber gebahnten Pfaden folgten.

Was die drei Taugenichtse betraf, wie ich sie mit Recht nenne, obwohl sie dank ihrer neuen Siedlung im Vergleich zu früheren Tagen zivilisierter geworden und nicht mehr so unverträglich waren, da ihnen nicht mehr so oft Gelegenheit dazu geboten wurde, so hatte doch eine der treuesten Gefährtinnen liederlicher Gesinnung sie nicht verlassen, und ihr Name ist Faulheit. Freilich pflanzten sie Mais und errichteten Zäune, aber Salomos Worte waren nie besser gerechtfertigt worden als durch sie: »Ich ging am Acker des Faulen vorüber, und er stand voll Disteln.« Als die Spanier ihre Ernte besichtigen kamen, konnten sie dieselbe an manchen Stellen vor lauter Unkraut nicht sehen. Der Zaun wies mehrere Lücken auf, dort waren die Wildziegen eingedrungen und hatten den Mais aufgefressen. Vielleicht hatte man hier und da einen dürren Busch dazwischengeklemmt, aber das hieß nur das Tor schließen, wenn das Pferd aus dem Stall ist. Wohingegen man bei den anderen überall den Spuren des Fleißes begegnete und Erfolg sah in allem, was sie anpackten. Nirgendwo auf ihren Maisfeldern war Unkraut und in keinem der Zäune eine Lücke zu sehen. Sie bewahrheiteten ihrerseits Salomos an anderer Stelle geäußerte Worte: »Des Fleißigen Hand macht reich.« Denn alles blühte und gedieh unter ihren Händen, und sie besaßen drinnen wie draußen alles in Hülle und Fülle, hatten mehr zahmes Vieh auf der Weide, mehr Geräte und Gebrauchsgegenstände in den vier Wänden, und doch zugleich auch mehr Vergnügen und Zerstreuung.

Freilich waren die Frauen der drei sehr geschickt und im Haushalt sehr reinlich, und da sie von einem der anderen Engländer, der, wie gesagt, an Bord des Schiffes Kochsmaat gewesen war, die englische Art der Speisenzubereitung gelernt hatten, versahen sie ihre Ehemänner mit appetitlichen und guten Gerichten, während es der Frau des Kochsmaats nicht beizubringen war; aber da übernahm diese Sorge der Mann. Die Männer der drei guten Köchinnen aber lungerten umher, sammelten Schildkröteneier, fingen Vögel und Fische, mit einem Wort, sie waren zu allem bereit, nur nicht zur Arbeit, und demgemäß fristeten sie ihr Dasein. Die Fleißigen führten ein behagliches Wohlleben, die Faulen ein hartes und ärmliches Leben. Und so ist es, allgemein gesprochen, meiner Meinung nach überall auf der Welt.

Jetzt aber komme ich zu einem Ereignis, das sich von allem unterscheidet, was bis dahin ihnen oder mir je widerfahren war, und die Geschichte hatte folgenden Ursprung.

Eines Tages landeten frühmorgens fünf bis sechs Kanus mit Indianern oder Wilden, man mag sie nennen, wie man will. Und wir brauchen nicht zu bezweifeln, dass sie wie immer darauf aus waren, ihre Sklaven zu verzehren. Damit aber waren inzwischen die Spanier und auch unsere Leute so vertraut geworden, dass sie zum Unterschied von mir keineswegs in Panik gerieten. Da die Erfahrung sie gelehrt hatte, dass sie nichts weiter zu tun hätten, als sich still zu verhalten, und dass die Wilden, wenn sie sie nicht erblickten, nach verrichtetem Werk ruhig wieder abziehen würden, weil sie ja noch immer nicht im Geringsten ahnten, die Insel sei besiedelt – ich sage, durch diese Erfahrung belehrt, verständigten sie ganz einfach die Einwohner aller drei Kolonien und ermahnten sie, sich nicht ins Freie zu wagen, sich nicht blicken zu lassen, aber einen Späher zu entsenden, damit er ihnen melde, wann die Boote wieder in See stachen.

Das war zweifellos richtig; aber ein verhängnisvoller Zufall machte alle die guten Vorsichtsmaßnahmen zunichte und ließ die Wilden wissen, dass auf der Insel Einwohner lebten, ein Verhängnis, das zuletzt fast die gesamte Kolonie ins Verderben gestürzt hat. Nachdem die Kanus sich entfernt hatten, sahen die Spanier sich um, und einige von ihnen gingen aus Neugier zu dem Lagerplatz der Wilden, weil sie wissen wollten, was sich dort abgespielt hatte. Dort stießen sie zu ihrer großen Überraschung auf drei Wilde, die zurückgeblieben waren und schlafend auf der Erde lagen. Man nahm an, sie hätten sich an ihrem unmenschlichen Mahl so übermäßig gesättigt, dass sie wie satte Tiere eingeschlafen waren und sich nicht rührten, als die anderen abfuhren, oder sie hätten sich im Wald verirrt und nicht rechtzeitig zurückgefunden, um mitgenommen zu werden.

Die Spanier waren über diesen Anblick sehr verwundert und wussten nicht, was sie machen sollten. Zufällig befand sich der spanische Gouverneur bei ihnen. Sie fragten ihn um Rat, aber auch er gestand offen, dass er nicht wisse, was zu tun sei. Sklaven hätten sie schon genug, und sie umzubringen, ja, dazu hatte keiner Lust. Der spanische Gouverneur hat mir erzählt, es wäre ihnen nicht im Traum eingefallen, unschuldiges Blut zu vergießen. Die armen Teufel hatten ihnen nichts getan, hatten nicht einmal ihr Eigentum beschädigt, und sie meinten, sie hätten keinen zulässigen Grund, ihnen böse zu sein und ihnen das Leben zu nehmen.

Hier muss ich, um diesen Spaniern gerecht zu werden, bemerken, dass ich – mögen die Berichte über spanische Grausamkeiten in Mexiko und Peru dahingestellt bleiben – nie in einem fremden Land siebzehn Männern welcher Nationalität auch immer begegnet bin, die so allgemein bescheiden, maßvoll, tugendhaft, so überaus gutherzig und so höflich gewesen wären wie diese Spanier. Grausamkeit war ihrem innersten Wesen fremd, auch Unmenschlichkeit, Barbarei und Jähzorn; dabei aber waren sie alle sehr tapfer und hochgemut.

Ihre Mäßigung und Gelassenheit hatten sie bewiesen, als sie sich das unerträgliche Benehmen der drei Engländer gefallen ließen; ihren Gerechtigkeitssinn und ihre Menschlichkeit bewiesen sie, wie oben erwähnt, im Fall der Wilden. Nach längerer Beratung meinten sie, es wäre vielleicht das Beste, wenn sie sich weiterhin still verhielten, bis die drei sich gleichfalls entfernt haben würden, aber da fiel dem Gouverneur ein, dass die Wilden kein Boot zur Verfügung hatten. Wenn man sie frei auf der Insel umherschweifen ließe, würden sie sicherlich die Anwesenheit menschlicher Wesen entdecken, und das wäre sodann für sie alle das Verderben.

Folglich kehrten sie um, und da lagen die drei Kerle noch immer in tiefstem Schlummer. Sie beschlossen, sie aufzuwecken und gefangen zu nehmen, und das geschah denn auch. Die armen Teufel erschraken gewaltig, als sie überfallen und gefesselt wurden. So wie damals die Frauen befürchteten sie, man werde sie totschlagen und auffressen, weil allem Anschein nach diese Völker sich einbilden, alle Welt habe wie sie die Gewohnheit, Menschenfleisch zu verzehren. Sehr schnell aber wurden sie eines Besseren belehrt, und man schleppte sie weg.

Ein Glück für die Spanier, dass sie die drei Indianer nicht in ihre Burg brachten, ich meine in meinen Palast am Hügelhang. Sie führten sie zuerst in die Laube, von der aus sie die wichtigste Landarbeit zu dirigieren pflegten (den Maisanbau, die Ziegenzucht etc.), und nachher zur Behausung der beiden Engländer.

Dort ließ man sie arbeiten, wenngleich es nicht viel für sie zu tun gab; und ob es nun daran lag, dass man sie nicht scharf genug bewachte, oder daran, dass man sich einbildete, die Leute würden sich ja doch nicht davonwagen, kurz und gut, einer von ihnen lief weg, schlug sich in die Büsche und wurde nicht mehr gesehen.

Man hatte guten Grund zu der Annahme, dass er kurz nachher die Insel verlassen habe, und zwar mit den Booten oder Kanus anderer Indianer, die drei bis vier Wochen später an Land gingen und nach Abschluss ihrer üblichen Festlichkeiten nach zwei Tagen wieder davonsegelten. Dieser Gedanke jagte den Spaniern einen großen Schreck ein. Sie sagten sich, nicht ohne Grund, der Bursche werde, sobald er sich wieder im Kreis seiner Stammesgenossen geborgen fühlte, ganz bestimmt erzählen, dass auf der Insel Menschen wohnten, desgleichen auch, wie wenige und wie schwach sie seien. Man hatte ihm, wie ich schon zuvor erwähnte, und das war ein großes Glück, die Kopfzahl der Siedler nicht verraten, auch nicht, wo sie wohnten. Ebenso wenig hatte er jemals ihre Schusswaffen zu sehen oder einen Schuss zu hören bekommen, geschweige denn, dass sie ihm einen ihrer Schlupfwinkel gezeigt hätten, wie zum Beispiel die Höhle im Tal oder die neue Zufluchtsstätte, welche die beiden Engländer angelegt hatten.

Etwa zwei Monate später erhielten sie den ersten Beweis dafür, dass der Flüchtling seine Leute benachrichtigt hatte. Sechs Kanus mit je ungefähr sieben oder acht oder zehn Wilden an Bord kamen am Nordufer der Insel, wo sie sich noch nie hatten blicken lassen, entlanggerudert und landeten etwa eine Stunde nach Sonnenuntergang an einer geeigneten Stelle, etwa eine Meile von der Behausung der beiden Engländer entfernt, in welcher der entsprungene Sklave gefangen gehalten worden war. Wie der spanische Gouverneur betont hat: Wären sie alle dort versammelt gewesen, dann hätte der Vorfall keine so schädlichen Folgen gehabt, weil wohl kein einziger Eindringling entronnen wäre. Nun aber sah es übler aus: Zwei Mann gegen fünfzig, das war eine allzu schlechte Chance. Die beiden Engländer durften von Glück sagen, dass sie sie schon aus einer Entfernung von etwa einer Meile herankommen sahen, sodass über eine Stunde verging, bevor sie landeten, und da auch der Landungsplatz eine Meile von den Hütten entfernt lag, würde es eine Weile dauern, bevor sie ihnen auf den Leib rückten. Da sie mit gutem Grund annehmen mussten, der entsprungene Indianer habe sie verraten, fesselten sie erst einmal seine beiden Kameraden, die zurückgeblieben waren, und beauftragten zwei von den drei Männern, die sie zusammen mit den Weibern in ihre Behausung aufgenommen und die sich als sehr treu erwiesen hatten, die gefesselten Sklaven und die zwei Ehefrauen nebst allem, was sie tragen konnten, in die oben von mir erwähnte Waldeszuflucht zu geleiten, dort die beiden Burschen an Händen und Füßen zu binden und weitere Weisungen abzuwarten.

Das Nächste war (da sie inzwischen gesehen hatten, wie die Wilden an Land gingen und geradenwegs auf sie zusteuerten), dass sie die Umzäunung öffneten, in der ihre Milchziegen weideten, und die Tiere in den Wald jagten, damit die Indianer dächten, es handle sich um wilde Ziegen. Der Lump aber, der sich bei ihnen befand, war zu schlau und erklärte ihnen alle Zusammenhänge – deshalb rückten sie ohne Zögern heran.

Nachdem die angstbebenden armen Teufel ihre Frauen und ihre Habe in Sicherheit gebracht hatten, schickten sie den dritten der Sklaven, die zusammen mit den Frauen auf die Insel gebracht worden waren und der sich zufällig bei ihnen befand, zu den Spaniern, damit er sie schleunigst alarmiere und um sofortigen Beistand ersuche. Unterdessen nahmen sie ihre Waffen und was sie an Munition besaßen, und retirierten in die Richtung ihrer Waldeszuflucht, in der die Frauen untergebracht worden waren, hielten Abstand, aber doch so, dass sie womöglich sehen konnten, welchen Weg die Wilden einschlugen.

Sie waren noch nicht weit gekommen, da sahen sie von einer Anhöhe aus die kleine Schar der Feinde geradenwegs auf ihre Behausung zusteuern, sahen einen Augenblick später, zu ihrem Kummer und ihrer Kränkung, sämtliche Hütten mit allem Haushaltsgerät in Flammen aufgehen; es war das für sie ein schwerer und wenigstens auf einige Zeit hinaus nicht wiedergutzumachender Verlust. Eine Weile behaupteten sie ihren Posten, bis sie merkten, dass die Indianer wie wilde Tiere überallhin ausschwärmten und an allen nur erdenklichen Plätzen nach Beute, insbesondere aber nach den Menschen suchten, über deren Existenz sie, wie sich jetzt deutlich zeigte, unterrichtet waren.

Da das die beiden Engländer sahen, fühlten sie sich nicht mehr sicher, weil sehr wahrscheinlich einige Wilde, vielleicht sogar in größerer Anzahl, den Weg zu ihnen finden würden. Deshalb hielten sie einen weiteren Rückzug um etwa eine halbe Meile für geboten, in der Annahme, wie es sich denn auch später begab, dass, je weiter sie sich entfernten, desto weniger Feinde auf einem Haufen beisammen sein würden.

Zunächst machten sie am Zugang zu einem sehr dicht bewachsenen Teil des Waldes halt, wo ein alter Baumstamm stand, hohl und von ungewöhnlichem Umfang.

Dort hatten sie noch nicht lange gestanden, als zwei der Wilden geradenwegs auf sie zugelaufen kamen, als hätten sie sie bereits erspäht und wollten sie überfallen. Ein Stück weiter hinten tauchten drei Kumpane auf, zuletzt noch fünf andere, alle in der gleichen Richtung. Darüber hinaus sahen sie in größerem Abstand noch sieben oder acht weitere Indianer in eine andere

Richtung laufen, mit einem Wort, sie rannten kreuz und quer durch den Wald wie Jäger, die das Wild aufscheuchen wollen.

Die armen Teufel waren nun in großer Bedrängnis. Sollten sie standhalten und sich wehren, oder sollten sie die Flucht ergreifen? Nach kurzer Überlegung aber sagten sie sich, wenn die Wilden, bevor Hilfe kam, die Gegend so gründlich durchstreiften, würden sie vielleicht die Zuflucht im Wald entdecken, und dann würde alles verloren sein. Also beschlossen sie standzuhalten: Und wenn sie es mit allzu vielen Feinden zu tun bekämen, würden sie in den Wipfel des Baumes hinaufklettern. Von dort aus hofften sie zuversichtlich, sich wehren zu können, solange die Munition reichte und solange der Baum nicht in Brand gesteckt wurde, auch wenn sämtliche Wilden, die an Land gegangen waren, ihrer fünfzig an der Zahl, sie angriffen.

Nachdem sie diesen Entschluss gefasst hatten, überlegten sie sich, ob sie auf die beiden ersten schießen oder auf die anderen drei warten und damit die Vorhut von den fünf Nachzüglern trennen sollten, und sie nahmen sich vor, die beiden ersten vorüberziehen zu lassen, es sei denn, sie würden sie auf dem Baum erspähen und zum Angriff übergehen. Die beiden ersten Wilden bestätigten die Richtigkeit dieses Vorhabens, indem sie vom Weg abwichen und sich einem anderen Teil des Waldes zuwandten. Die Dreier- und Fünfergruppe jedoch kamen geradenwegs auf den Baum zu, als ob sie gewusst hätten, dass dort die Engländer sich versteckt hielten.

Da sie sie schnurstracks im Gänsemarsch herankommen sahen, beschlossen sie, sie der Reihe nach aufs Korn zu nehmen, und da sie immer nur eine Muskete abzufeuern gedachten, würde vielleicht schon der erste Schuss die drei Vordersten treffen. Zu diesem Zweck lud der vorausbestimmte Schütze drei bis vier kleine Kugeln in sein Gewehr, und da ihm ein Loch im Baumstamm gewissermaßen eine schöne Schießscharte bot, brachte er seine Waffe in Anschlag, ohne gesehen zu werden, und wartete, bis sie auf etwa dreißig Meter an den Baum herangekommen sein würden, damit er sein Ziel nicht verfehle.

Während sie warteten und die Wilden heranrückten, sahen sie deutlich, dass einer der drei der entsprungene Sklave war. Beide erkannten ihn wieder. Ihn wollten sie auf keinen Fall entwischen lassen, auch wenn sie beide Feuer geben müssten, also machte sich auch der andere schussbereit, damit jener, wenn er nicht auf den ersten Schuss fiele, sogleich einen zweiten aufgepfeffert bekäme.

Aber der Erste war ein viel zu guter Schütze, als dass er sein Ziel verfehlt hätte. Da die Wilden sich dicht hintereinander hielten, mit einem Wort, in einer Reihe mit geringem Abstand, drückte er ab und traf zwei von ihnen unmittelbar. Der erste, durch den Kopf geschossen, war auf der Stelle tot, der zweite, der entlaufene Indianer, erhielt einen Schuss in die Brust und fiel um, war aber nicht sofort tot, und der dritte trug einen kleinen Kratzer an der Achsel davon, vielleicht durch die Kugel, die den zweiten durchbohrt hatte. Da er fürchterlich erschrak, obwohl er gar nicht schwer verletzt war, setzte er sich auf die Erde und begann, ganz abscheulich zu schreien und zu wimmern.

Die fünf, die ihm folgten, mehr durch den Lärm erschreckt, als dass sie sich der Gefahr bewusst gewesen wären, blieben zuerst einmal stehen. Der Flintenknall wurde durch den Wald um ein Vielfaches verstärkt. Das Echo wanderte donnernd hin und her, überall flogen kreischend die Vögel auf, jeder mit seinem besonderen Laut, je nach seiner Art, so wie ich es damals erlebt habe, als ich den ersten Schuss abgab, der wohl je auf diesem Stück Erde, seit es eine Insel geworden, gefallen war.

Da nach einer Weile aber wieder tiefe Stille eintrat und sie nicht wussten, was los sei, marschierten sie unbekümmert weiter, bis sie zu der Stelle kamen, wo ihre Gefährten in recht erbärmlichem Zustand auf der Erde lagen. Nun beugten sich die armen, unwissenden Geschöpfe, ohne zu ahnen, dass sie dem gleichen Missgeschick preisgegeben waren, Kopf an Kopf über den Verwundeten, redeten auf ihn ein und fragten ihn, wie man annehmen darf, auf welche Weise er denn zu Schaden gekommen sei. Er (so kann man es sich ohne Weiteres vorstellen) berichtete, ein Feuerstrahl und gleich darauf ein Donnerschlag aus der Hand ihrer Götter habe die beiden anderen getötet und ihn verwundet. Dies, sage ich, ist eine durchaus vernünftige Annahme, denn nichts könnte gewisser sein, als dass sie nicht nur weit und breit keinen Menschen sahen, sondern auch noch nie in ihrem Leben einen Schuss gehört oder von der Existenz einer Schusswaffe gehört hatten; sie wussten nicht, dass es möglich sei, mit Feuer und Blei aus der Entfernung ein Lebewesen zu töten, sonst würden sie, wie man vermuten darf, nicht so sorglos dagestanden und das Los ihrer Gefährten bestaunt haben, ohne um das eigene Leben zu bangen.

Unseren beiden Freunden jedoch tat es, wie sie mir gestanden haben, bitter leid, so viele unschuldige Wesen töten zu müssen, die gleichzeitig keine Ahnung hatten, in welcher Gefahr sie schwebten. Aber da sie alle ihre Feinde solchermaßen in ihre Gewalt gegeben sahen und der erste inzwischen seine Waffe frisch geladen hatte, beschlossen sie, beide zugleich ihre Ladungen abzufeuern. Nachdem sie sich in gegenseitigem Einvernehmen ausgesucht hatten, auf wen sie zielen wollten, drückten sie gemeinsam ab und töteten oder verwundeten vier von ihnen; der fünfte, zu Tode erschrocken, wenn auch nicht verwundet, fiel mit den übrigen, sodass unsere Leute, als sie sie alle fallen sahen, meinten, sie hätten sie alle getötet.

Die Überzeugung, dass die Wilden allesamt tot seien, bewog unsere beiden Freunde, kühn vom Baum herunterzuklettern, bevor sie ihre Musketen frisch geladen hatten, und das war ein Fehlgriff. Sie waren einigermaßen überrascht, als sie hinkamen und sahen, dass nicht weniger als vier der Gesellen noch lebten, davon zwei nur wenig verletzt und einer überhaupt nicht. Das nötigte sie, mit den Kolben über sie herzufallen. Zuerst versicherten sie sich des entsprungenen Sklaven, der das ganze Unheil angerichtet hatte, sodann eines zweiten, der am Knie verwundet worden war, und erlösten sie von ihrem Leid. Dann kam der unversehrt Gebliebene auf seinen Knien angekrochen, reckte die Hände zum Himmel und bat, erbärmlich stöhnend, mit Gebärden und Zeichen um sein Leben. Was er sagte, konnten sie natürlich nicht verstehen.

Sie bedeuteten ihm jedoch durch Zeichen, er möge sich am Fuß eines benachbarten Baumes hinsetzen. Einer der beiden Engländer fesselte ihm mit einem Strick, den er dank einem großen Zufall in der Tasche hatte, zuerst die fest aneinandergepressten Füße und dann die Hände auf dem Rücken, und so ließen sie ihn zurück. Schleunigst machten sie sich jetzt auf die Suche nach den beiden anderen, die vorausmarschiert waren. Sie befürchteten, diese und vielleicht noch mehrere, die sich zu ihnen gesellten, könnten das Versteck im Wald finden, in dem ihre Frauen und die restliche Habe untergebracht waren. Einmal bekamen sie die beiden zu Gesicht, freilich in recht großer Entfernung, sahen aber zu ihrer Genugtuung, dass sie ein Tal zum Meer hin durchquerten, entgegengesetzt der Richtung, die zu der Waldeszuflucht führte. Da sie nun in dieser Hinsicht beruhigt waren, kehrten sie zu dem Baum zurück, an dessen Wurzeln sie ihren Gefangenen zurückgelassen hatten. Aber siehe da, seine Kameraden mussten ihn befreit haben. Er war weg, und die beiden Strickenden, mit denen er gefesselt gewesen war, lagen auf der Erde.

Unsere Freunde waren nun ebenso besorgt wie zuvor, da sie nicht wussten, welche Maßnahmen sie treffen sollten oder wie nahe der Feind sein mochte und in welcher Anzahl. Also beschlossen sie nachzusehen, ob in der Höhle alles in Ordnung sei, und die Frauen zu beruhigen, die sicherlich vor Angst zitterten. Ob auch die Wilden ihre Landsleute waren, hatten sie dennoch eine Heidenangst vor ihnen, vielleicht umso mehr, weil sie sie so gründlich kannten.

Als sie hinkamen, zeigte sich, dass die Wilden im Wald umhergestreunt waren, aber die Zuflucht nicht entdeckt hatten. Sie war in der Tat unzugänglich, weil die Bäume so dicht beieinanderstanden, dass keiner sie finden konnte, dem nicht der Weg gezeigt wurde, und die Wilden kannten ihn nicht. Infolgedessen fanden unsere Freunde alles unversehrt vor, abgesehen davon, dass die Weiber vor Angst zitterten. Während sie sich dort aufhielten, kamen ihnen zu ihrem großen Trost sieben Spanier zu Hilfe. Die übrigen zehn hatten sich zusammen mit ihren Sklaven und dem alten Freitag, ich meine Freitags Vater, geschlossen aufgemacht, um ihr Vieh und ihren Mais in der Nähe der sogenannten Laube zu verteidigen, für den Fall, dass die Wilden auch diese Gegend unsicher gemacht hätten; aber sie waren nicht so weit gekommen. In Gesellschaft der sieben Spanier befand sich einer der drei Wilden, die sie, wie gesagt, schon früher gefangen genommen hatten, und sie hatten den Indianer bei sich, der an Händen und Füßen gefesselt von den Engländern unter dem Baum zurückgelassen worden war. Anscheinend waren sie dort vorbeigekommen, hatten die sieben toten Wilden auf der Erde liegen sehen und den achten losgebunden, um ihn mitzunehmen. Freilich waren sie nun genötigt, ihn wieder zu fesseln, so wie die beiden anderen, die dageblieben waren, als der dritte davonlief.

Nun begannen ihnen die Gefangenen zur Last zu fallen. Sie befürchteten, sie würden ihnen entwischen, und waren schon entschlossen, sie allesamt umzubringen; das hielten sie um ihrer eigenen Sicherheit willen für unbedingt nötig. Der spanische Gouverneur jedoch wollte sich nicht damit einverstanden erklären. Er befahl, sie erst einmal in meine alte Höhle im Tal zu schicken und sie dort von zwei Spaniern bewachen und auch ernähren zu lassen. So geschah es denn auch. Über Nacht wurden sie an Händen und Füßen gefesselt.

Durch die Ankunft der Spanier fühlten sich die beiden Engländer dermaßen ermutigt, dass sie sich nicht damit abfinden wollten, noch länger in dem Schlupfwinkel zu bleiben. Mit fünf Spaniern und einem Waffenarsenal von vier Musketen, einer Pistole, zwei dicken Schlagstöcken zogen sie los, um die Wilden aufzustöbern. Zuerst gelangten sie zu dem hohlen Baum, wo die von ihnen getöteten Feinde lagen. Es zeigte sich, dass etliche Kameraden der Gefallenen bis hierher vorgedrungen sein mussten, denn sie hatten offensichtlich versucht, sie wegzuschleppen, hatten zwei ein Stück des Weges mitgeschleift, sie aber dann liegen lassen. Sodann marschierten unsere Freunde weiter bis zu der Anhöhe, auf der sie stehen geblieben waren, um mit anzusehen, wie ihr Wohnlager in Flammen aufging. Zähneknirschend sahen sie auch jetzt noch die Trümmer rauchen. Weit und breit aber ließen sich keine Indianer blicken. Da beschlossen sie, sich, wenn auch mit aller gebotenen Vorsicht, näher an die zerstörte Pflanzung heranzuwagen, aber kurz bevor sie dort angelangt waren, kam das Meeresufer in Sicht, und da sahen sie ganz deutlich, wie die Wilden wieder in ihre Kanus gingen, um sich davonzumachen.

Zuerst tat es ihnen leid, dass sie nicht mehr an sie herankommen konnten, um ihnen zum Abschied eines aufzubrennen. Im Großen und Ganzen aber waren sie froh, sie los zu sein.

Da die armen Engländer jetzt zum zweiten Mal zugrunde gerichtet und alle ihre erfolgreichen Bemühungen zunichtegemacht worden waren, taten die anderen sich zusammen, um ihnen beim Wiederaufbau zu helfen und sie mit notwendigen Vorräten zu versehen. Die drei Landsleute, die bis dahin noch nie auch nur die geringste Neigung gezeigt hatten, etwas Gutes zu tun, kamen trotzdem, als sie von der Katastrophe erfuhren (da sie weit abseits gegen Osten zu hausten, hatten sie nichts gemerkt), herbeigeeilt, um Hilfe und Beistand anzubieten. In aller Freundschaft legten sie mehrere Tage lang mit Hand an, um die Hütten wiederaufzurichten und das Allernötigste herbeizuschaffen. Und so dauerte es gar nicht lang, bis unsere Freunde wieder fest auf den Beinen waren.

Etwa zwei Tage später wurde ihnen eine weitere Genugtuung zuteil. Drei leere Indianerkanus drifteten an Land, und in einiger Entfernung schwammen zwei Ertrunkene im Meer. Mit gutem Grund durfte man vermuten, die Wilden seien auf hoher See in einen Sturm geraten, der mehrere ihrer Boote zum Kentern brachte. Es hatte nämlich in der Nacht nach ihrer Abfahrt ein starker Wind geweht.

Andererseits war wohl trotz des Missgeschicks, das die einen oder anderen ereilt hatte, eine genügende Anzahl entronnen, um zu Hause zu berichten, was sie zuwege gebracht hatten, und auch, was ihnen widerfahren war, und ihnen Appetit zu machen auf eine neue ähnliche Expedition, die zu unternehmen sie allem Anschein nach entschlossen waren; da würden sie dann aber in einer Stärke angerückt kommen, die ihnen gestatten sollte, jeden Widerstand zu brechen. Abgesehen von den Auskünften, die der entsprungene Sklave ihnen erteilt hatte, wussten sie ja aus eigener Anschauung gar nichts über die Bewohner der Insel; nie hatten sie einen von ihnen zu Gesicht bekommen, und da ihr Augenzeuge tot war, hatten sie niemanden mehr, der ihre Vermutungen bestätigen oder entkräften konnte.

Es vergingen fünf bis sechs Monate, bevor unsere Freunde wieder etwas von den Wilden hörten. Unterdessen hofften sie, sie würden entweder ihr früheres Pech vergessen oder die Hoffnung auf mehr Glück aufgegeben haben, als urplötzlich eine Furcht einjagende Flotte von nicht weniger als achtundzwanzig Kanus angesegelt kam. Die Feinde waren mit Pfeil und Bogen, schweren Keulen, Holzschwertern und ähnlichen Kampfgeräten bewaffnet, und ihre Kopfzahl versetzte unsere Freunde in größte Bestürzung.

Da die Wilden abends an der östlichsten Ecke der Insel an Land gingen, hatten unsere Leute die ganze Nacht zur Verfügung, um Rat zu halten und sich zu überlegen, was zu tun sei. Da sie wussten, dass es schon zuvor ihre einzige Rettung gewesen – und es jetzt angesichts der Übermacht erst recht war –, nämlich sich zu verstecken, beschlossen sie, erst einmal die für die beiden Engländer neu errichteten Hütten niederzureißen und ihre Ziegen in die alte Höhle zu treiben. Sie nahmen an, die Wilden würden gleich nach Tagesanbruch hierhermarschieren, um das alte Spiel zu wiederholen (obwohl sie diesmal nicht in einem Abstand von zwei Meilen gelandet waren).

Sodann trieben sie die in der Nähe der alten Laube, wie ich sie getauft hatte, weidenden Ziegenherden, die den Spaniern gehörten, in den Wald, kurz, sie verwischten, so gut es ging, die Spuren menschlicher Siedlung. Am nächsten Morgen postierten sie sich in aller Frühe *in corpore* vor die Pflanzung der beiden Engländer und harrten der kommenden Dinge. Ihre Vermutung erwies sich als richtig. Die neuen Eindringlinge ließen ihre Kanus am Ostufer der Insel zurück und kamen längs der Küste anmarschiert, geradenwegs auf die schon früher von ihnen geplünderte Siedlung zu, zweihundertfünfzig Mann stark, soweit unsere Leute es abschätzen konnten. Unsere Streitkräfte waren in der Tat sehr klein. Und was noch schlimmer war: Es gab nicht einmal genug Waffen für sämtliche kampffähigen Männer. Die Gesamtliste scheint folgendermaßen ausgesehen zu haben. Erst einmal die Mannschaft:

17 Spanier,
5 Engländer,
1 alter Freitag (Freitags Vater),
3 Sklaven, Begleiter der Frauen, treu ergeben,
3 weitere Sklaven, die bei den Spaniern wohnten.

An Waffen für sie waren vorhanden:

11 Musketen,
5 Pistolen,
3 Vogelflinten,
5 Musketen oder Vogelflinten, die ich den meuternden Seeleuten abgenommen hatte,
2 Degen,
3 alte Hellebarden.

Den Sklaven gaben sie weder Musketen noch Flinten, wohl aber einem jeden eine Hellebarde oder einen Schlagstock, an dessen einem Ende ein langer eiserner Dorn befestigt war, desgleichen ein Beil, an der Hüfte zu tragen. Auch unsere Leute waren mit Beilen versehen. Zwei erhielten Pfeil und Bogen, Waffen, welche die Spanier anlässlich jenes ersten, von mir schon erwähnten Gefechtes erbeutet hatten, als die Indianer untereinander kämpften. Auch den Frauen wurden Beile zugeteilt.

Der spanische Gouverneur, den ich so oft geschildert habe, übernahm den Oberbefehl, und sein nächster Untergebener war William Atkins, ein trotz seiner abscheulich bösartigen Sinnesart äußerst waghalsiger und tapferer Mann. Die Wilden kamen gleich Löwen angestürmt, und unsere Leute befanden sich leider Gottes in keiner günstigen Position. Immerhin hatte man Will Atkins, der sich als ein sehr brauchbarer Bursche erwies, mit sechs Mann als eine Vorhut in ein kleines Dickicht postiert, mit der Weisung, die ersten Reihen des Feindes vorbeizulassen, die Gewehre auf das Gros abzufeuern und dann so behände wie nur möglich im Bogen hinter den Rücken der Spanier zu retirieren, die gleichfalls einen dichten Baumbestand vor sich hatten.

Die Wilden kamen in einem losen Haufen an, ohne jegliche Marschordnung, und W. Atkins ließ ihrer etwa fünfzig vorbei. Als er sodann sah, dass die übrigen sich dichter geschart hatten, befahl er dreien seiner Leute, das Feuer zu eröffnen, nachdem er ihre Musketen mit je sechs bis sieben Kugeln geladen hatte, die ungefähr so groß waren wie dicke Pistolenkugeln. Wie viele fielen oder verwundet wurden, wusste man nicht, aber unter den Wilden herrschte eine unsägliche Bestürzung und ebenso großes Staunen. Dass sie einen so fürchterlichen Lärm vernahmen und ihre Männer tot oder verwundet zu Boden stürzen sahen, ohne dass jemand zu sehen gewesen wäre, der es verschuldet hatte, erfüllte sie mit äußerstem Entsetzen. Mitten in ihre Verwirrung hinein, dort wo ihre Reihen am dichtesten waren, feuerten W. Atkins und seine anderen drei Myrmidonen ihre Waffen ab, und binnen einer knappen Minute waren auch die drei ersten wieder so weit, eine dritte Salve krachen zu lassen.

Hätten W. Atkins und seine Leute sich weisungsgemäß sogleich nach dem Feuerüberfall zurückgezogen oder wären die übrigen Verteidiger zur Hand gewesen, um den Feind mit einem unablässigen Kugelhagel zu überschütten, würde es gelungen sein, die Wilden in die Flucht zu schlagen. Ihre Angst rührte ja vornehmlich daher, dass sie sich einbildeten, ihre Götter töteten sie mit Donner und Blitz, weil niemand zu sehen war, dem sie die Schuld zuschieben konnten. Aber da unser W. Atkins, statt zu retirieren, an Ort und Stelle verweilte, um frisch zu laden, entdeckten sie den Betrug. Etliche Wilde, die unsere

Leute aus einiger Entfernung erspäht hatten, fielen ihnen in den Rücken, und obwohl Atkins und seine Mannen auch auf sie zwei bis drei Mal das Feuer eröffneten und mehr als zwanzig von ihnen töteten, während sie sich gleichzeitig so schnell wie möglich in den Wald zurückzogen, verwundeten die Wilden mit ihren Pfeilen Atkins selbst und töteten einen seiner Landsleute sowie nachher auch einen Spanier und einen der indianischen Sklaven, die zusammen mit den Frauen auf die Insel gekommen waren; dieser Sklave war ein sehr tapferer Mann gewesen, hatte sich verzweifelt gewehrt und eigenhändig fünf Feinde zur Strecke gebracht, obwohl er keine anderen Waffen besaß als einen eisenbeschlagenen Stock und ein Beil.

Unsere hart bedrängten Leute (Atkins verwundet, zwei andere tot) zogen sich auf eine bewaldete Anhöhe zurück, und auch die Spanier traten den Rückzug an, nachdem sie drei Salven abgegeben hatten. Die Zahl der Feinde war so groß und ihr Mut so verzweifelt, dass sie, obwohl über fünfzig Mann gefallen und ebenso viele oder noch mehr verwundet worden waren, die Gefahr nicht scheuten und auf unsere Leute eindrangen, ihre Pfeile wie eine Wolke schleudernd. Es zeigte sich auch, dass die Verwundeten, sofern sie nicht außer Gefecht gesetzt waren, vor lauter Empörung wie die Irren fochten.

Als unsere Leute retirierten, ließen sie ihre Toten, den Engländer und den Spanier, zurück, und als die Wilden bei den Toten angelangt waren, fielen sie auf eine abscheulich barbarische Art mit Keulen und Holzschwertern über sie her, brachen ihnen die Arm- und Beinknochen und zerschmetterten ihnen den Schädel. Aber als sie sahen, dass unsere Leute verschwunden waren, hatten sie offenbar keine Lust, die Verfolgung aufzunehmen, sondern versammelten sich, wie das bei ihnen Sitte zu sein scheint, in einen weiten Kreis und erhoben zum Zeichen des Sieges zweimal ein lautes Geschrei. Nachher aber mussten sie zu ihrer Betrübnis erleben, dass mehrere ihrer Verwundeten zu Boden stürzten und an schierem Blutverlust starben.

Nachdem der spanische Gouverneur seine kleine Schar auf einer Anhöhe in Sicherheit gebracht hatte, wollte Atkins, obwohl er verwundet war, ihn bewegen, sogleich loszumarschieren und den Feind unverzüglich wieder anzugreifen. Der Spanier jedoch erwiderte: »Seignior Atkins, Ihr seht, wie ihre Verwundeten sich schlagen. Lassen wir sie bis morgen früh ungeschoren. Da werden dann alle diese Verwundeten steif und lahm und durch den Blutverlust geschwächt sein, und wir werden es mit einer geringeren Zahl von Feinden zu tun haben.«

Der Rat war gut, aber Will Atkins entgegnete munter: »Das stimmt, Seignior, und es trifft auch auf mich zu. Deshalb möchte ich weitermachen, solange ich noch warm bin.« – »Nun, Seignior Atkins«, sagte der Spanier, »Ihr habt Euch tapfer geschlagen und das Eure geleistet. Wenn Ihr nicht mitkommen könnt, werden wir für Euch kämpfen, aber ich halte es für das Beste, bis morgen zu warten.« Also warteten sie.

Da jedoch die Nacht mondhell war und unsere Freunde sahen, dass unter den Wilden große Unordnung herrschte und sie laut schreiend eilig zwischen ihren Toten und Verwundeten hin und her liefen, beschlossen sie, noch in derselben Nacht über sie herzufallen, besonders wenn es ihnen glücken würde, auch nur eine einzige Salve abzugeben, bevor sie entdeckt wurden; und die Gelegenheit dazu war vorhanden. Einer der beiden Engländer, in deren Wohngebiet der Kampf begonnen hatte, führte sie zwischen den Wäldern und der Küste westwärts; als sie sich dann kurz gegen Süden wandten, kamen sie so nahe an die dichtesten Reihen der zur Ruhe gelagerten Feinde heran, dass acht von ihnen, bevor sie gesehen oder gehört worden waren, das Feuer eröffnen konnten und schreckliche Verheerungen anrichteten; eine halbe Minute später jagten acht andere ihre Salve hinterher, Kleinschrot in solcher Menge, dass zahllose Feinde getötet und verwundet wurden, ohne zu wissen, wer sie überfallen hatte oder wohin sie sich in ihrer Not wenden sollten.

Nach einem neuerlichen, blitzschnellen Angriff beschlossen die Spanier, drei Gruppen zu bilden und gemeinsam von verschiedenen Seiten her auf den Feind loszugehen. Jede Gruppe umfasste acht Personen, also waren es insgesamt 24, davon 22 Männer und die 2 Frauen, die, nebenbei gesagt, mit dem Mut der Verzweiflung kämpften.

Die Schusswaffen wurden gleichmäßig auf die drei Gruppen aufgeteilt, ebenso auch die Hellebarden und Schlagstöcke. Man hätte gern die Frauen nach hinten geschickt, aber sie erklärten, dass sie fest entschlossen seien, an der Seite ihrer Ehegatten zu fallen. Nachdem unsere Freunde ihre geringen Streitkräfte solchermaßen umgruppiert hatten, verließen sie den Schutz der Bäume und marschierten, aus vollem Hals johlend und schreiend, geradenwegs auf den Feind zu. Die Wilden standen eng beisammen und wussten nicht aus noch ein, da sie das Kampfgeschrei unserer Leute gleichzeitig von drei Seiten her erschallen hörten. Wenn sie uns gesehen hätten, würden sie sich sofort zur Wehr gesetzt haben: Und sowie wir nahe genug herangekommen waren und sie uns erblickt hatten, schossen sie einige Pfeile ab, und der arme alte Freitag wurde verwundet, wenn auch nicht lebensgefährlich. Unsere Leute aber ließen ihnen keine Zeit, eröffneten aus drei Richtungen her ein heftiges Feuer, fielen sodann mit den Kolben ihrer Musketen, ihren Degen, ihren eisenbeschlagenen Stöcken und ihren Beilen über sie her und setzten ihnen so gründlich zu, dass sie ein jammervolles Wehgeschrei erhoben und heulend nach allen Seiten hin die Flucht ergriffen, um das nackte Leben zu retten.

Unsere Leute waren des Blutvergießens müde. In den beiden Scharmützeln hatten sie etwa 180 Wilde getötet oder verwundet. Der Rest, aus Angst völlig von Sinnen, stob über Stock und Stein davon, so schnell behände Füße sie tragen wollten, und da wir uns keine rechte Mühe gaben, sie zu verfolgen, erreichten sie alle miteinander das Meeresufer, wo sie gelandet waren und wo ihre Kanus lagen. Aber ihr Missgeschick war noch nicht zu Ende. In dieser Nacht wehte vom Meer her ein schrecklicher Sturmwind, sodass sie unmöglich in See stechen konnten, ja, der Sturm hörte nicht auf, bis frühmorgens die Flut einsetzte und die meisten Kanus durch die Brandung so hoch auf den Strand hinaufschwemmte, dass es unendlicher Anstrengungen bedurft hätte, sie wieder flottzumachen. Etliche zerschellten auch an den Uferfelsen oder aneinander.

Sosehr unsere Leute über ihren Sieg frohlockten, kamen sie in dieser Nacht doch kaum zur Ruhe. Nachdem sie sich, so gut es ging, erfrischt hatten, beschlossen sie, zu jenem Inselufer zu marschieren, auf dem die Wilden Zuflucht gesucht hatten, und nachzuschauen, in welcher Lage sie sich befanden. Notgedrungen führte ihr Weg sie am Kampfplatz vorbei, und dort fanden sie mehrere der armen Geschöpfe vor, die noch nicht ganz tot, aber nicht mehr am Leben zu erhalten waren, ein Anblick, der großmütigen Seelen recht unerfreulich sein musste. Denn der wahrhaft große Mann, ob auch das Gesetz der Schlacht ihn zwingt, seinen Gegner zu vernichten, hat keine Freude an dessen Elend.

In diesem Fall jedoch bedurfte es keiner Befehle. Die Wilden, die sie bei sich hatten, ihre Sklaven, machten mit ihren Beilen den armen Teufeln den Garaus.

Schließlich kam der Strand in Sicht, auf dem die noch elendigeren Überreste des zersprengten Heeres haltgemacht hatten. Es schienen ihrer noch etwa hundert Mann zu sein. Die meisten saßen im Sand, hatten die Knie bis an den Mund hochgezogen und den Kopf in die Hände gestützt, die auf den Knien ruhten.

Als unsere Leute bis auf zwei Schussweiten an sie herangekommen waren, befahl der spanische Gouverneur zwei Musketen ohne Kugel abzufeuern, um sie aufzuscheuchen. Er wollte aus ihrem Verhalten ersehen, was er zu erwarten habe, nämlich ob sie noch kampfwillig oder so entmutigt seien, dass sie sich geschlagen gaben, und dementsprechend verfahren.

Die Kriegslist glückte. Sowie die Wilden den ersten Schuss hörten und das Mündungsfeuer des zweiten erblickten, da sprangen sie in denkbar großer Bestürzung auf, und als unsere Leute schnell auf sie zukamen, liefen sie schreiend und wimmernd davon. Sie stimmten ein Geheul an, dass unseren Leuten unbegreiflich war und das sie auch noch nie vernommen hatten. So rannten sie bergan ins Innere der Insel.

Anfangs wäre es unseren Freunden lieber gewesen, das Wetter hätte sich beruhigt und den Indianern ermöglicht, in See zu stechen, aber da hatten sie sich noch nicht überlegt, was das bedeutet hätte: Wahrscheinlich wären die Feinde dann in so gewaltigen Scharen wiedergekommen, dass jeder Widerstand vergeblich gewesen sein würde, oder zumindest so zahlreich und so oft, dass nach einiger Zeit die Insel verödet und ihre Bewohner dem Hungertod ausgeliefert gewesen wären. Deshalb erwies sich Will Atkins, der ihnen trotz seiner Verwundung nicht von der Seite gewichen war, als der beste Ratgeber: Er schlug vor, die Gelegenheit beim Schopf zu packen, den Feinden den Weg zu ihren Booten abzuschneiden und ihnen damit zu verwehren, jemals wiederzukehren und die Insel heimzusuchen.

Das wurde lange hin und her erwogen. Manche waren dagegen, weil sie es für gefährlich hielten, die armen Wichte in die Wälder zu jagen und zu einem desperaten Dasein zu zwingen. Da würden sie dann hinter ihnen her sein müssen wie hinter wilden Tieren, würden sich gar nicht mehr an die Arbeit wagen, würden erleben, dass ihre Felder immer wieder geplündert und die zahmen Ziegen geraubt wurden, kurz, sie würden aus der Bedrängnis gar nicht mehr herauskommen.

Will Atkins entgegnete, es sei besser, mit hundert Mann zu tun zu haben als mit hundert Stämmen: Folglich müsse man nicht nur die Boote zerstören, sondern auch die Eindringlinge ausrotten, so sie nicht selber ausgerottet werden wollten. Mit einem Wort, er zeigte ihnen so deutlich, wie unumgänglich sein Vorhaben sei, dass sie schließlich alle ihre Zustimmung erteilten. Unverzüglich machten sie sich ans Werk, sammelten dürres Holz und versuchten, einige der Boote in Brand zu stecken, aber dieselben waren so nass, dass sie nicht brennen wollten; immerhin zerstörten die Flammen den oberen Teil, sodass sie sehr bald nicht mehr geeignet waren, auf dem Wasser zu schwimmen und als Fahrzeuge zu dienen. Als die Indianer sahen, was unsere Freunde vorhatten, kamen etliche aus dem Wald gerannt, wagten sich so nahe wie nur möglich heran, knieten nieder und riefen: »Oa, oa, waramokoa!«, und noch einige andere Worte ihrer Sprache, die unseren Freunden völlig unverständlich waren. Ihren jammervollen Gebärden und seltsamen Wehklagen aber war leicht zu entnehmen, dass sie flehentlich baten, man möge ihre Boote schonen; sie würden sich sogleich davonmachen und nie mehr wiederkehren.

Unsere Leute aber waren nun fest überzeugt, dass ihnen, wenn sie sich selber und ihre Kolonie vor dem Untergang bewahren wollten, nichts übrig bleibe, als den Eindringlingen die Heimkehr zu verwehren, im Hinblick darauf, dass die Kolonie dem sicheren Verderben geweiht sein würde, so es auch nur einem einzigen gelänge, in die Heimat zurückzukehren und dort Bericht zu erstatten. Also gaben sie ihnen zu verstehen, dass sie keine Gnade walten lassen könnten, fielen über die Kanus her und zerstörten jedes einzelne, das nicht der Sturm schon zuvor zerstört hatte. Als die Wilden dieses sahen, erhoben sie in der Tiefe des Waldes ein abscheuliches Geschrei, das weithin zu vernehmen war. Sodann liefen sie wie von Sinnen kreuz und quer durch die Gegend, sodass unsere Leute, um es mit einem Wort zu sagen, eigentlich nicht wussten, was sie mit ihnen anfangen sollten.

Außerdem hatten die Spanier bei all ihrer Umsicht nicht bedacht, dass sie, bevor sie diese Menschen zur Verzweiflung trieben, gleichzeitig ihre Pflanzungen besser hätten bewachen müssen. Freilich hatten sie ihr Vieh weggetrieben, freilich entdeckten die Indianer weder ihren hauptsächlichen Schlupfwinkel, ich meine meine alte Burg auf dem Hügel, noch auch die Höhle im Tal, wohl aber meine Felder rund um die Laube: Dort legten sie sämtliche Zäune um, zertrampelten die Maisstauden, rissen die Weinstöcke mit den fast schon reifen Trauben aus und fügten unseren Leuten einen unberechenbaren Schaden zu, ohne dass sie selber davon auch nur für einen Pfifferling Nutzen gehabt hätten.

Wenngleich unsere Freunde durchaus in der Lage waren, es jederzeit mit ihnen aufzunehmen, mussten sie darauf verzichten, sie zu verfolgen oder sie aufzustöbern und zur Strecke zu bringen. So wie sie unseren Leuten, wenn diese einen Einzelnen aufspürten, allzu schnellfüßig waren, so wagten unsere Leute sich nicht einzeln in den Wald, aus Furcht, von einer Überzahl umzingelt zu werden. Das einzig Gute war, dass sie keine Waffen besaßen. Es waren ihnen nämlich keine Pfeile für ihre Bogen geblieben; auch verfügten sie über keinen Werkstoff, um welche zu schnitzen, noch auch über scharfes Werkzeug oder sonstige Waffen.

Ihre Not war groß und in der Tat beklagenswert, aber auch unsere Freunde waren durch den Überfall in eine schlimme Lage geraten. Wenn auch ihre Unterkünfte unversehrt geblieben waren, so hatten doch die Wilden alle Vorräte und auch die neuen Ernten vernichtet, und sie wussten nicht, was sie tun oder wohin sie sich wenden sollten. Ihre letzte Reserve waren die Herden, die im Tal vor der Höhle weideten, und das bisschen Mais, das dort wuchs, nebst der Pflanzung der drei Engländer – William Atkins' und seiner Kameraden: Übrigens waren es ihrer jetzt nur noch zwei, da der dritte durch einen Pfeil getötet worden war, der ihn am Kopf dicht unterhalb der Schläfe traf, sodass er keinen Laut mehr über die Lippen bringen konnte. Ich finde es bemerkenswert, dass das just jener barbarische Geselle war, der den armen Sklaven mit seinem Beil verwundet und nachher die Absicht gehegt hatte, sämtliche Spanier zu ermorden.

Meiner Meinung nach waren sie schlimmer dran als ich zu der Zeit, nachdem ich die Gersten- und Reiskörner gefunden und gelernt hatte, Mais und Vieh zu züchten, denn sie hatten es jetzt sozusagen mit hundert hungrigen Wölfen zu tun, die auf der Insel umherstreunten und alles verschlingen würden, dessen sie habhaft werden konnten, selber aber nur sehr schwer aufzuspüren waren.

Als sie sich über ihre Lage klar geworden waren, beschlossen sie erst einmal, die Wilden womöglich in südwestlicher Richtung in die entlegenste Gegend der Insel zu treiben, damit, wenn weitere Indianer landeten, sie einander nicht finden würden. Dann würden sie tagtäglich auf sie Jagd machen und so viele wie nur möglich zur Strecke bringen, bis ihre Anzahl sich vermindert hatte. Wenn es ihnen schließlich glückte, die Überlebenden zu zähmen und ihnen etwas Nützliches beizubringen, würden sie ihnen Mais schenken und sie lehren, Ackerbau zu treiben und von ihrer Hände Arbeit zu leben.

Zu diesem Zweck verfolgten sie sie und jagten ihnen mit ihren Schusswaffen einen so gewaltigen Schreck ein, dass nach wenigen Tagen, wenn sie auf einen Indianer schossen, ohne ihn zu treffen, der arme Teufel vor lauter Angst umfiel. So groß war ihr Entsetzen, dass sie Hals über Kopf davonrannten, immer weiter und weiter, unaufhaltsam, während unsere Leute ihnen nachsetzten und fast jeden Tag den einen oder anderen töteten oder verwundeten, bis sie sich schließlich in so unwirtliche Wälder und Einöden verkrochen hatten, dass sie aus Mangel an Nahrung in bitterste Not gerieten. Viele wurden nachher tot aufgefunden, unverletzt, aber verhungert.

Als unsere Leute dieses mit ansehen mussten, wurden ihre Herzen weich und von Mitleid erfüllt. Das galt insbesondere für den spanischen Gouverneur, den edelsten, großmütigsten Menschen, dem ich je in meinem ganzen Leben begegnet bin. Er schlug vor, womöglich einen der Wilden gefangen zu nehmen und ihm begreiflich zu machen, was sie im Sinn hätten, damit er als Dolmetscher zu seinen Stammesgenossen zurückkehren könne. Dann würde sich zeigen, ob sie so weit zur Räson zu bringen wären, dass man sich auf sie verlassen und ihnen das Leben schenken dürfe, ohne selber Schaden befürchten zu müssen.

Es dauerte eine Weile, bevor es gelang, einen zu erwischen. Zuletzt aber wurde einer, der sehr geschwächt und schon halb verhungert war, überrumpelt und gefangen genommen. Zuerst war er trotzig und wollte weder essen noch trinken, aber als er sah, dass man ihn gut behandelte, ihn bewirtete und ihm nichts zuleide tat, wurde er mit der Zeit gefügig und kam zur Besinnung.

Man führte ihn mit dem alten Freitag zusammen, der sich oft mit ihm unterhielt und ihm sagte, wie doch die weißen Männer nichts anderes vorhätten, als ihnen allen zu helfen, ihnen nicht nur das Leben zu retten, sondern ihnen sogar einen Teil der Insel als Wohnort zuzuweisen, vorausgesetzt, dass sie sich verbürgten, in ihren Grenzen zu verbleiben, diese nicht zu überschreiten und anderen weder Unrecht noch Ungemach zuzufügen. Alsdann würde man ihnen Mais geben, damit sie ihn anpflanzten und Brot daraus bereiteten, desgleichen etwas Brot für den unmittelbaren Bedarf. Der alte Freitag forderte den Mann auf, sich zu seinen Landsleuten zu begeben, mit ihnen zu sprechen, sich anzuhören, was sie zu sagen hatten, und ihnen zu versichern: Wenn sie sich nicht unverzüglich mit diesem Vorschlag einverstanden erklärten, sei es um sie geschehen.

Kaum hatten die armen Teufel, deren Zahl auf etwa siebenunddreißig zusammengeschrumpft war, mit Zittern und Zagen das Angebot der Spanier empfangen, da stimmten sie freudig zu und baten um ein wenig Nahrung. Zwölf Spanier und zwei Engländer, schwer bewaffnet und von drei indianischen Sklaven und dem alten Freitag begleitet, marschierten zu dem Lagerplatz der Wilden. Die drei indianischen Sklaven führten eine Menge Brot, Fladen aus gekochtem und in der Sonne gedörrtem Reis und drei lebende Ziegen bei sich. Die Wilden wurden aufgefordert, sich auf einem Hügelhang niederzulassen, dort hockten sie sich auf den Boden, verzehrten dankbar den Proviant und hielten getreulich Wort: Von nun an überschritten sie die ihnen gesetzten Grenzen nur dann, wenn die Not sie zwang, Lebensmittel und Weisungen zu erbitten, und dort hausten sie, als ich auf die Insel kam. Ich ging hin, um sie mir anzusehen.

Sie hatten gelernt, Mais anzubauen, Brot zu backen, Ziegen zu züchten und sie zu melken. Es fehlte ihnen nichts außer Weiber, da wären sie bald zu einer Völkerschaft herangewachsen. Ihr Bezirk war eine Landzunge am südöstlichen Ende der Insel, mit hohen Felsen im Hintergrund, flach und offen gegen das Meer zu. Der Boden war reichlich, gut und fruchtbar. Ihre Ländereien maßen etwa anderthalb Meilen der Breite und drei bis vier Meilen der Länge nach.

Unsere Leute lehrten sie, hölzerne Spaten anzufertigen, so wie ich sie mir selber angefertigt hatte, und schenkten ihnen insgesamt zwölf Beile und drei bis vier Messer, und dort lebten sie nun, die unterwürfigsten, harmlosesten Geschöpfe, von denen man je gehört hat.

Von nun an bis zu meiner Ankunft erfreute sich die Kolonie ungetrübten Friedens, also etwas über zwei Jahre lang. Freilich landeten ab und zu einige Wilde mit ihren Kanus, um ihre naturwidrigen Siegesfeste zu feiern, aber da sie aus den verschiedensten Völkerschaften stammten und vielleicht noch nie von ihren Vorgängern und ihrem Schicksal gehört hatten, dachten sie nicht daran, sich nach ihnen zu erkundigen oder sie zu suchen. Übrigens wäre es ihnen schwergefallen, sie zu finden.

So glaube ich denn, alles berichtet zu haben, was unseren Freunden bis zu meiner Rückkehr widerfahren war, wenigstens soweit es erwähnenswert ist. Die Indianer oder Wilden hatten sie auf vortreffliche Weise zivilisiert: Sie besuchten sie des Öfteren, untersagten ihnen jedoch bei Strafe des Todes, den Besuch zu erwidern, da sie nicht wieder ihre Siedlung verraten sehen wollten.

Eines finde ich recht bemerkenswert, nämlich dass sie den Wilden beigebracht hatten, Flechtwerk oder Körbe herzustellen, und sehr bald übertrafen die Lehrlinge ihre Meister. Sie stellten aus Flechtwerk eine Fülle sinnreicher Gegenstände her: insbesondere alle Arten von Körben, Sieben, Vogelkäfigen, Behältern etc., desgleichen auch Stühle zum Sitzen, Schemel, Bettgestelle, Liegesofas und noch viele andere Dinge, kurz, sie waren in solcher Tätigkeit äußerst erfindungsreich, nachdem man ihnen erst einmal die Grundzüge eingetrichtert hatte.

Meine Ankunft machte ihnen besonders viel Freude, weil wir sie jetzt mit Messern, Scheren, Spaten, Schaufeln, Breithacken und ähnlichen Bedarfsgegenständen versorgen konnten.

Diese Geräte wussten sie so geschickt anzuwenden, dass sie schließlich ihre Hütten oder unsere Häuser nach einem sehr schönen Plan errichteten: rundherum schichtweise angeordnetes Flechtwerk ineinander verwoben und verknotet. Das war ein hervorragender Einfall. Zwar sah es sehr sonderbar aus, bot aber ausgezeichneten Schutz gegen die Hitze und gegen alle Arten von Ungeziefer. Unsere Leute waren dermaßen begeistert, dass sie die Wilden kommen ließen und sie beauftragten, auch für sie solche Hütten zu errichten. Deshalb sahen die beiden Siedlungen der Engländer, als ich sie besichtigen kam, von Weitem so aus, als lebten sie alle wie die Bienen in runden Körben. Will Atkins, der sich zu einem sehr fleißigen, nützlichen und nüchternen Mann entwickelt hatte, bewohnte eine solche Flechtwerkhütte, wie man sie, glaube ich, noch nie gesehen hat. Mit meinen Schritten gemessen, betrug der äußere Umfang 120 Schritt. Die Wände waren dicht geflochten wie Korbgeflecht, sie bestanden aus 32 Tafeln oder Rechtecken, waren sehr widerstandsfähig und etwa sieben Fuß hoch. In der Mitte stand ein weiteres Bauwerk, nicht mehr als 22 Schritt im Umkreis messend, aber fester gebaut, achteckig seiner Form nach. An den acht Ecken hatte unser Baumeister acht sehr kräftige Pfosten errichtet und oben derbe, mit Holzpflöcken verdübelte Planken gelegt, auf denen sich eine Pyramide aus acht Dachbalken erhob, sehr schön anzusehen, das darf man mir glauben, und auch gut zusammengefügt, obwohl er keine Nägel, sondern nur ein paar aus dem von mir zurückgelassenen alten Eisen angefertigte Bolzen besessen hatte. Ja, der Mann zeigte sich äußerst geschickt in verschiedenen Dingen, in denen er keineswegs bewandert gewesen war. Er richtete sich eine Esse ein mit einem hölzernen Blasebalg, um das Feuer anzufachen, fertigte Holzkohle an und hämmerte aus einer der eisernen Brechstangen einen leidlich brauchbaren Amboss zurecht. Auf diese Weise stellte er vielerlei Sachen her, besonders aber Haken, Krampen und Bolzen, Stifte und Angeln. Aber um zu dem Haus zurückzukehren: Nachdem er das Innendach geteert hatte, füllte er die Zwischenräume zwischen den Dachbalken mit fest verknotetem Flechtwerk, überdachte das Ganze so sinnreich mit Reisstroh und obendrein mit breiten Blättern, dass das Haus so trocken war, als hätte er's mit Ziegeln oder Schiefer gedeckt. Freilich gestand er, dass das Flechtwerk die Wilden für ihn angefertigt hatten.

Der äußere Umkreis umgab das innere Gemach wie ein Schuppen. Lange Balken führten von den zweiunddreißig Ecken zu den etwa zwanzig Fuß entfernten Stützpfosten des Innenbaus, sodass innerhalb der äußeren und außerhalb der inneren Wand ein fast zwanzig Fuß breiter Raum frei blieb, wie ein Gang.

Den Innenraum hatte er mithilfe des gleichen, nur feiner geflochtenen Korbwerks in sechs Gemächer eingeteilt, die je zwei Türen hatten – eine, die ins Vorgemach am Eingang zu dem Hauptgebäude, eine zweite, die auf den runden Gang führte, sodass auch dieser Gang in sechs gleiche Teile zerfiel, die nicht nur als Aufenthaltsräume, sondern auch dazu dienten, alle für den täglichen Gebrauch der Familie nötigen Vorräte einzulagern. Da diese sechs Räume nicht den ganzen Umfang beanspruchten, waren die übrigen Räumlichkeiten des äußeren Zirkels folgendermaßen angeordnet: Sowie man die Tür zu dem äußeren Zirkel durchschritten hatte, hatte man eine kurze, gerade Passage zur Tür des Innenbaus vor sich, aber zu beiden Seiten eine geflochtene Wand mit je einer Tür, durch die man zuerst in einen großen Lagerraum gelangte, der zwanzig Fuß breit und etwa dreißig Fuß lang war, sodann in einen anderen, nicht ganz so langen Raum. Der äußere Zirkel enthielt folglich zehn hübsche Räumlichkeiten; sechs davon waren nur durch die Gemächer des Innenbaus zu erreichen und dienten als Vorratskammer oder Nebenräume der entsprechenden Gemächer des inneren Rondells – hinzu kamen vier große Lagerschuppen oder Scheunen oder wie man sie nennen mag, die ineinandergingen, je zwei zu beiden Seiten der Passage, die von der Außentür zu dem Innenbau führte.

Ich glaube, nirgendwo auf Erden ward je ein so kunstvolles Geflecht, noch auch ein so wohlersonnenes Gebäude, geschweige denn eine so vollendete Konstruktion gesehen. In diesem gewaltigen Bienenkorb wohnten drei Familien, das heißt, Will Atkins und sein Kamerad sowie die Witwe des Getöteten mit ihren drei Kindern (sie war offenbar schwanger gewesen, als er im Kampf fiel). Die beiden zögerten nicht, ihr ihren vollen Anteil an allem und jedem zu gewähren, ich meine am Mais, an der Milch, an den Trauben etc., auch dann, wenn sie ein Geißlein geschlachtet oder auf dem Strand eine Schildkröte gefunden hatten, sodass sie alle recht gut lebten, obwohl sie, wie ich bereits angemerkt habe, nicht so fleißig waren wie ihre beiden Landsleute.

Eines aber darf nicht außer Acht gelassen werden: Mit der Religion scheint es meines Wissens bei ihnen schlecht bestellt gewesen zu sein. Freilich erinnerten sie einander oft an die Existenz Gottes, nämlich dadurch, dass sie nach üblicher Seemannsart bei seinem Namen fluchten, aber die armen, unwissenden Indianerinnen hatten wenig Nutzen davon, dass sie Christen geheiratet hatten (so müssen wir sie nun einmal nennen). Da die Herren selber so wenig über den Herrgott wussten, waren sie völlig außerstande, sich mit ihren Frauen über Gott oder andere religiöse Fragen zu unterhalten.

Das Äußerste an Vorteil, von dem ich sagen kann, dass die Weiber es eingehandelt hatten, war das eine, nämlich dass sie recht gut englisch sprechen lernten und dass auch ihre Kinder, alles in allem an die zwanzig, vom ersten Augenblick an, da sie redeten, englisch sprachen, wenn auch anfangs so wie ihre Mütter recht gebrochen. Als ich hinkam, war keines der Kinder älter als sechs Jahre, denn es waren nicht viel mehr als sieben Jahre vergangen, seit man die fünf Indianerinnen auf die Insel gebracht hatte. Alle fünf aber waren sehr fruchtbar gewesen, alle hatten sie Kinder, mehr oder weniger an der Zahl. Ich glaube, die Frau des Kochsmaats ging mit ihrem sechsten schwanger. Und die Mütter waren allesamt brave Frauen, gesittet, still, arbeitsam, bescheiden und anständig, untereinander sehr hilfreich und ihren Herren (Ehemänner mag ich sie nicht nennen) treu ergeben. Es mangelte ihnen nichts anderes, als im christlichen Glauben unterwiesen und rechtmäßig getraut zu werden. Zum Glück wurde einige Zeit später beides verwirklicht, durch meine Vermittlung oder zumindest als Folge meiner Rückkehr auf die Insel.

Nachdem ich nun über die Kolonie im Allgemeinen und so manches über meine fünf entlaufenen Landsleute berichtet habe, muss ich auch ein paar Worte über die Spanier sagen, die den Kern der Gemeinschaft bildeten und deren Geschichte einige gleichfalls recht bemerkenswerte Vorfälle enthält.

Ich führte zahlreiche Gespräche mit ihnen über ihre Erlebnisse unter den wilden Indianern. Sie erzählten mir, dortzulande hätten sie keinerlei Beispiele von Fleiß oder Geschicklichkeit entdeckt, es sei das ein armes, notleidendes, bekümmertes Menschenhäuflein; auch wenn man ihnen die erforderlichen Mittel in die Hand gegeben hätte, würden sie, so versunken waren sie in ihrer Verzweiflung und so erdrückt von dem Gewicht ihres Missgeschicks, doch nur ans Verhungern gedacht haben. Einer von ihnen, ein ernster und sehr verständiger Mann, sagte zu mir, seiner Überzeugung nach hätten sie unrecht gehabt; der Kluge gebe sich nicht seinem Elend preis, sondern bediene sich stets der Hilfe, welche die Vernunft erbietet, sowohl was das tägliche Brot als auch was eine bessere Zukunft betrifft. Kummer sei das unsinnigste, unwichtigste Gefühl von der Welt, da es sich nur auf vergangene Dinge beziehe, die man im Allgemeinen weder zurückrufen noch ungeschehen machen kann, nicht aber in die Zukunft blicke und auch gar nichts wissen wolle von der Hoffnung, aus der Not errettet zu werden, vielmehr diese Not eher noch vermehre, als ein Heilmittel vorzuschlagen. Bei diesem Anlass zitierte er ein spanisches Sprichwort. Ich kann es zwar nicht mit seinen eigenen Worten wiedergeben, erinnere mich aber, dass ich es folgendermaßen in meine Muttersprache übersetzt habe:

In trouble to be troubl'd
Is to have your trouble doubl'd.
(Wer sich in Sorge Sorgen macht
Verdoppelt seiner Sorgen Macht.)

Dann erging er sich in Bemerkungen über all die kleinen Verbesserungen, die ich in meiner Einsamkeit durchgeführt hatte, meinen unermüdlichen Fleiß, wie er sich ausdrückte, und wie ich einen Zustand, der anfangs tausendmal schlimmer gewesen als der ihre, so zu gestalten wusste, dass er schließlich weit erfreulicher gewesen sei als der ihre selbst am heutigen Tag, da sie alle wieder beisammen waren. Er hielt es für bemerkenswert, dass Engländer, wenn sie in Not gerieten, größere Geistesgegenwart an den Tag legten als irgendein Volk, dem er je begegnet sei. Sein eigenes unglückliches Volk und die Portugiesen verstünden es am allerwenigsten, sich gegen ein Missgeschick zu wehren: Wenn in der Gefahr die gemeinsame Anstrengung zu Ende ist, geben sie sich sogleich der Verzweiflung hin, strecken alle viere von sich und sterben, ohne ihre Gedanken wachzurütteln, um einen geeigneten Ausweg zu finden.

Ich erwiderte, ihr und mein Fall seien doch sehr voneinander verschieden gewesen. Sie seien ohne das Allernötigste an Land gespült worden, ohne Proviant und ohne Vorräte. Ich freilich hätte unter dem Nachteil und Unbehagen gelitten, allein zu sein. Die Sachen jedoch, die mir die Vorsehung durch das unerwartete Scheitern des Schiffes in die Hände spielte, seien mir eine so gewaltige Hilfe gewesen, dass auch jeder beliebige andere Mensch sich ermuntert gefühlt haben würde, genauso fleißig ans Werk zu gehen wie ich. »Seignior«, sagte der Spanier, »wären wir armen Spanier an Eurer Stelle gewesen, würden wir nicht halb so viel Gerätschaft aus dem Schiffsbauch geholt haben. Ach nein«, sagte er, »nie hätten wir ein Floß zustande gebracht oder das Floß ohne Boot oder Segel an Land bugsiert, und wie viel weniger hätten wir ausgerichtet«, fügte er hinzu, »wenn einer von uns allein gewesen wäre!« Nun denn, ich bat ihn, mir keine Komplimente zu machen und lieber den Bericht über ihre Landung an jener fernen Küste fortzusetzen. Er erzählte mir, sie seien leider an einem Gestade gelandet, das zwar bewohnt, aber so gut wie jeder Nahrung bar war; wären sie nur so vernünftig gewesen, wieder in See zu stechen und zu einer in der Nähe befindlichen Insel weiterzufahren, dann würden sie dort reichlich Nahrung, wenn auch keine Bewohner vorgefunden haben. Wie sie gehört hatten, gab es eine solche nahrungsreiche, aber menschenleere Insel, das heißt, die Spanier von Trinidad waren des Öfteren dort gelandet und hatten mehrere Male Ziegen und Schweine ausgesetzt, die sich alsdann in so gewaltigen Mengen vermehrten, und wo es zugleich Schildkröten und Seevögel in solcher Fülle gab, dass es ihnen wahrlich nicht an Fleisch gemangelt hätte (wenn auch an Brot). Hier hingegen mussten sie sich mit ein paar Wurzeln und Kräutern ernähren, die ihnen fremd waren und auch keine Kraft enthielten und die ihnen die Wilden noch dazu in recht spärlicher Menge zugutekommen ließen, weil sie sie gar nicht besser hätten bewirten können, es sei denn, sie wären Kannibalen geworden und hätten Menschenfleisch verzehrt, das in jenem Land als Leckerbissen gilt.

Sie schilderten mir, wie sie auf vielerlei Wegen versucht hatten, die Wilden, unter denen sie lebten, zu zivilisieren und ihnen vernünftige Sitten und Gebräuche für den täglichen Ablauf des Lebens beizubringen: vergebens. Die Wilden fanden diese Versuche in höchstem Grad unberechtigt. Ihnen wollte nicht einleuchten, dass die Bettler, die bei ihnen Hilfe und Unterhalt suchten, sich als Lehrmeister ihrer Ernährer aufspielten, und sie waren offenbar der Meinung, keiner habe andere zu belehren, so er nicht ohne sie sein Leben fristen kann.

Ausführlich schilderten mir die Spanier die bittere Not, in die sie geraten waren, wie sie an manchen Tagen überhaupt nichts zu essen hatten, weil nun einmal die Bewohner dieser Insel träger sind und deshalb, wie mit gutem Grund anzunehmen ist, weniger Lebensmittel besitzen als andere Stämme oder Völkerschaften in demselben Erdteil. Immerhin zeigte sich, dass ihre Wilden weniger beutegierig und gefräßig waren als die besser mit Nahrung versorgten Landsleute auf anderen Inseln.

Ferner wiesen sie darauf hin, wie man doch einsehen müsse, dass die göttliche Vorsehung den Lauf der Dinge mit unendlicher Weisheit und Güte lenke – das habe sich just an ihrem Fall gezeigt. Hätten sie sich nämlich durch die Entbehrungen, unter denen sie litten, und die Unfruchtbarkeit des Landstrichs, in den sie verschlagen worden waren, dazu verleiten lassen, sich auf die Suche nach einer wohnlicheren Gegend zu machen, dann wären sie nicht zur Stelle gewesen, als in meiner Person der Retter zu Hilfe kam.

Dann schilderten sie mir, wie die Wilden, unter denen sie lebten, von ihnen verlangt hatten, sie auf ihren Kriegszügen zu begleiten. Allerdings: Wenn sie nicht das verhängnisvolle Pech gehabt hätten, ihre Munition zu verlieren, wären sie mit ihren Schusswaffen nicht nur ihren Freunden von Nutzen, sondern bei Freund wie Feind gefürchtet gewesen. Ohne Pulver und Blei jedoch und dennoch nicht in der Lage, ihren Wirten mit triftigen Gründen die Gefolgschaft zu verweigern, waren sie auf dem Kampfplatz schlimmer dran als die Wilden selbst. Weder besaßen sie Pfeil und Bogen, noch wussten sie mit den Waffen umzugehen, welche die Wilden ihnen liehen, sodass ihnen nichts übrig blieb, als sich wehrlos den Pfeilen des Gegners preiszugeben, bis sie dicht an ihn herangerückt waren. Dann allerdings leisteten ihnen ihre drei Hellebarden gute Dienste. Oft trieben sie mit diesen Hellebarden und spitzen Stöcken in den Mündungen ihrer Musketen eine ganze kleine Heerschar zu Paaren. Trotz alledem wurden sie zuweilen von einer Übermacht umzingelt und durch den Pfeilhagel aufs Ärgste bedroht, bis sie schließlich auf den Einfall kamen, sich große Holzschilde anzufertigen, die sie mit den Fellen wilder Tiere, deren Namen sie gar nicht kannten, überzogen; diese Schilde schützten sie vor den Pfeilen der wilden Indianer. Nichtsdestoweniger schwebten sie oft in Lebensgefahr. Einmal wurden ihrer fünf Mann von den Wilden niedergeknüppelt und bei dieser Gelegenheit gefangen genommen, nämlich der Spanier, den ich gerettet habe. Sie hatten anfangs geglaubt, er sei tot. Als sie jedoch nachher erfuhren, er sei lebend gefangen genommen worden, waren sie über alle Maßen bekümmert und hätten gern ihr Leben geopfert, um ihn zu befreien.

Sie erzählten mir, wie ihre Kameraden ihnen zu Hilfe eilten, einen Schutzwall bildeten und sie verteidigten, bis sie aus ihrer Ohnmacht erwachten, alle bis auf den Totgeglaubten, und wie sie sich sodann mithilfe ihrer Hellebarden und Flinten, dicht geschart in einer Reihe, ihren Weg durch eine Ansammlung von über tausend Wilden bahnten, alles niederschlugen, was sich ihnen entgegenstellte, einen stolzen Sieg über ihre Feinde erringend, aber in tiefe Betrübnis versetzt durch den Verlust eines Freundes, den die Gegenpartei lebend angetroffen und zusammen mit etlichen anderen Gefangenen weggeschleppt hatte (wie es in meinem früheren Bericht zu lesen steht).

Eifrig schilderten sie mir die freudige Überraschung, die sich ihrer bemächtigte, als sie ihren Freund und Schicksalsgenossen zurückkehren sahen, von dem sie angenommen hatten, wilde Bestien schlimmster Art, nämlich wilde Menschen hätten ihn aufgefressen, und wie sie sich immer mehr wunderten, als er von seinem Auftrag erzählte und berichtete, es lebe in der Nähe ein Christenmensch, der vollends in der Lage sei – auch human genug –, zu ihrer Rettung tätig beizutragen.

Sie beschrieben, wie sie über den Anblick des Proviants staunten, den ich mitgeschickt hatte, über die Brotlaibe, lauter Sachen, die sie seit ihrer Ankunft an diesem öden Ufer nicht mehr zu Gesicht bekommen hatten, wie oft sie das Brot mit dem Kreuzzeichen segneten als ein Manna vom Himmel und wie sehr es ihre Lebensgeister kräftigte, als sie von ihm kosteten und auch von den anderen Köstlichkeiten, die ihnen willkommene Speise waren. Schließlich hätten sie mir auch gern die Freude geschildert, die sie beim Anblick eines bemannten Bootes befiel, welches sie zu dem Mann und dem Ort bringen sollte, von wo all diese lang entbehrten Schätze kamen, aber sie sagten, das sei unmöglich mit Worten auszudrücken. Da ihre übermäßige Freude sie ganz natürlich zu unziemlichen Extravaganzen trieb, könnten sie dieses Delirium nicht anders bezeichnen, als indem sie sagten, es habe an hellen Wahnsinn gegrenzt, da sie anders ihren Gefühlen gar nicht hätten Luft machen können. Bei dem einen habe es sich so, bei dem anderen anders geäußert. Manche seien vor freudiger Überraschung in Tränen ausgebrochen, andere wie von Sinnen gewesen, wieder andere auf der Stelle in Ohnmacht gefallen. Ich war tief erschüttert und fühlte mich an meines lieben Freitags Ekstase bei der Begegnung mit seinem Vater und an die Verzückungen der armen Schiffbrüchigen erinnert, die ich an Bord genommen hatte, nachdem ihr Fahrzeug in Flammen aufgegangen war, an die Freude des Steuermanns, als er sich just dort gerettet sah, wo er glaubte, zugrunde gehen zu müssen, und an meine eigene Freude, als ich ein stolzes Schiff herannahen sah, das mich nach 28-jähriger Verbannung in meine Heimat befördern sollte: Umso empfänglicher war ich für den Bericht dieser armen Menschen, umso tiefer ging er mir zu Herzen.

Nachdem ich nun den Stand der Dinge geschildert habe, so wie ich ihn vorgefunden, muss ich der Hauptsache nach erwähnen, was ich für diese Leute getan und in welchem Zustand ich sie zurückgelassen habe. Ihrer und auch meiner Meinung nach würden die Wilden ihnen keine Unannehmlichkeiten mehr bereiten, oder sie würden, wenn es dazu käme, sich ihrer leicht erwehren können, da sie jetzt doppelt so viele Köpfe zählten als zuvor; folglich machten sie sich in diesem Punkt keine Sorgen. Dann unterhielt ich mich ernsthaft mit dem Spanier, den ich Gouverneur nenne, über ihren weiteren Aufenthalt auf der Insel. Da ich nicht gekommen war, um den einen oder anderen oder sie alle wegzuholen, wäre es unbillig gewesen, etliche mitzunehmen und andere zurückzulassen, die dann in verminderter Stärke keine Lust mehr haben würden, auf der Insel zu bleiben.

Nein, sagte ich, es sei vielmehr meine Absicht, ihnen den weiteren Aufenthalt zu erleichtern. Ich teilte ihnen mit, dass ich Waren aller Art für sie beschafft, dass ich mir die größte Mühe gegeben, sie mit allen zu ihrer Bequemlichkeit und auch ihrer Verteidigung notwendigen Gegenständen zu versorgen, und dass ich überdies die und die besonderen Personen eigens zu dem Zweck mitgebracht hatte, dass sie sowohl die Mannschaftsstärke der Kolonie vermehrten als auch durch ihre so überaus nützlichen, handwerklichen Kenntnisse den Siedlern auf jenen Gebieten behilflich seien, auf denen ihnen gegenwärtig die erforderlichen Kräfte mangelten.

Als ich so zu ihnen redete, waren sie alle versammelt, und bevor ich ihnen die mitgebrachten Vorräte übergab, fragte ich einen nach dem anderen, ob er die anfänglichen Animositäten, die zwischen ihnen geherrscht, gänzlich vergessen und begraben habe. Ich forderte sie auf, einander die Hand zu reichen und sich auf einen engen Bund der Freundschaft und Interessen zu verpflichten, damit künftighin von Missverständnissen oder Eifersüchteleien nicht mehr die Rede sein könne.

Will Atkins erklärte äußerst freimütig und gut gelaunt, sie hätten alle miteinander genug durchmachen müssen, um bedeutend nüchterner geworden zu sein, und hätten zu viel Feinde, als dass sie nicht untereinander gut Freund sein sollten. Er für sein Teil wolle mit ihnen leben und sterben. Weit entfernt, böse Anschläge auf die Spanier zu planen, gebe er sogar zu, dass sie ihm nichts angetan hatten, was nicht durch seine eigenen Tollheiten notwendig geworden wäre, nichts, was nicht er in ihrem Fall – und vielleicht in viel üblerem Ausmaß – getan haben würde. Wenn sie es wünschten, sei er gern bereit, sie wegen seiner törichten und brutalen Handlungsweise um Verzeihung zu bitten, und durchaus gewillt und begierig, mit ihnen auf freundschaftlichem Fuß, in fester Bundesbrüderschaft zu verharren: Sie davon zu überzeugen, werde er alles tun, was in seiner Macht stehe. Was die Rückkehr nach England betreffe, so spiele es für ihn gar keine Rolle, wenn bis dahin noch zwanzig Jahre vergingen.

Die Spanier sagten, sie hätten allerdings (wie sie es mir schon berichtet hatten) anfangs Will Atkins und seine beiden Landsleute wegen ihres schlechten Benehmens entwaffnet und aus der Gemeinschaft ausgestoßen, und sie baten mich zu bestätigen, dass sie dazu gezwungen gewesen seien. Will Atkins aber habe sich seither in dem Kampf gegen die Wilden und auch bei anderen Gelegenheiten so tapfer verhalten und so viel Treue und Besorgnis gegenüber dem allgemeinen Wohl der Kolonie an den Tag gelegt, dass sie schon längst alten Groll begraben hätten und der Meinung seien, er verdiene es wie nur irgendeiner, dass man ihm Waffen anvertraue und ihm notwendige Bedarfsgegenstände liefere. Ihre Zufriedenheit hätten sie dadurch bekundet, dass sie ihm den zweiten Befehlsrang gleich nach dem Gouverneur verliehen. Und da sie zu ihm und allen seinen Landsleuten restloses Vertrauen hegten, räumten sie gern ein, dass sie dieses Vertrauen in jeder Weise verdienten, wie nur immer ein Ehrenmann Wertschätzung und Vertrauen verdient habe. Von Herzen begrüßten sie die Gelegenheit, mir zu beteuern, dass es zwischen ihnen nie wieder auch nur die geringsten Interessengegensätze geben werde.

Zur Feier dieser ehrlichen und offenen Freundschaftserklärung beraumten wir für den nächsten Tag ein gemeinsames Essen an, und es wurde denn auch wirklich ein prächtiges Festmahl. Ich ließ den Schiffskoch und seinen Maat an Land kommen und das Essen zubereiten; der frühere Kochsmaat, der auf der Insel lebte, war ihnen dabei behilflich. Wir holten aus dem Schiffsproviant sechs ordentliche Rindfleischstücke und vier Schweinefleischbrocken nebst unserer Punschschüssel und den entsprechenden Zutaten. Insbesondere ließ ich zehn Flaschen französischen Rotwein und zehn Flaschen englisches Bier auffahren, Köstlichkeiten, von denen weder die Spanier noch die Engländer seit Jahren gekostet hatten und die ihnen, wie man annehmen darf, große Freude bereiteten.

Die Spanier steuerten vier ganze Geißlein bei, die über dem Feuer geröstet wurden. Drei davon schickten wir in einem fest verschlossenen Behälter an Bord des Schiffs, damit die Seeleute sich an frischem Fleisch vom Land ebenso ergötzten, wie wir an ihrem Pökelfleisch aus dem Schiffsvorrat.

Nach beendetem Festmahl, in dessen Verlauf wir uns arglos verlustiert hatten, breitete ich meine Waren aus, und damit es bei der Verteilung zu keinen Zwistigkeiten komme, zeigte ich ihnen, dass der Vorrat für alle reichte. Ein jeder sollte zum Beispiel den gleichen Anteil an Kleidungsstoffen erhalten, das heißt die gleiche Menge an fertigen Produkten je nach Maß. Zuerst verteilte ich genügend Leinwand, um jeden Einzelnen mit vier Hemden zu versorgen (nachher wurden es auf Bitten der Spanier sechs). Darüber freuten sie sich gewaltig. Sie hatten ja längst vergessen, was ein Hemd ist, wie man es trägt und wie wohl das tut.

Den bereits erwähnten dünnen englischen Stoff teilte ich so ein, dass erst einmal ein jeder einen leichten kittelartigen Rock erhielt, der meiner Meinung nach für die heiße Jahreszeit am geeignetsten war – kühl und lose –, und stellte ihnen anheim, dieses Kleidungsstück, sobald es abgenutzt sein würde, je nach Belieben aus dem Reservevorrat zu erneuern. Dasselbe galt für Schuhe, Strümpfe, Mützen etc.

Ich kann gar nicht schildern, wie alle diese armen Menschen vor Vergnügen und Zufriedenheit strahlten, als sie sahen, wie sehr ich mich um ihr Wohlergehen bemüht und wie reichlich ich sie versorgt hatte. Sie sagten, ich sei zu ihnen wie ein Vater, und der Gedanke, in einem so entfernten Erdenwinkel einen Gönner wie mich zu haben, lasse sie vergessen, dass sie in der Einöde zurückbleiben würden. Freiwillig verpflichteten sie sich reihum, die Insel nicht ohne meine Zustimmung zu verlassen.

Dann machte ich sie mit den Personen bekannt, die ich mitgebracht hatte, mit dem Schneider, dem Schmied und den beiden Zimmerleuten, lauter sehr nützlichen Helfern, vor allem aber mit meinem Tausendsassa, der ihnen mehr Nutzen bringen würde, als sie sich's in ihren kühnsten Träumen hätten wünschen können. Der Schneider, um seinen guten Willen zu bezeigen, ging sogleich an die Arbeit und nähte ihnen allen, mit meiner Erlaubnis, erst einmal je ein Hemd. Außerdem brachte er den Frauen bei, was Nähte und Stiche sind und wie man mit der Nadel umgeht. Sie mussten ihm helfen, die Hemden für ihre Ehemänner und auch alle Übrigen anzufertigen.

Was die Zimmerleute betraf, so brauche ich gar nicht zu erwähnen, wie nützlich sie sich machten. Sie nahmen alle die von mir angefertigten, plumpen, unhandlichen Möbel auseinander und stellten bequeme Tische, Schemel, Bettgestelle, Schränke, Truhen, Wandborde und alles dieser Art her, was unsere Freunde sich nur immer wünschten.

Um ihnen zu zeigen, wie die Natur ursprünglich den Handwerker hervorbringt, führte ich die Zimmerleute zu Will Atkins' Korbhaus, wie ich's nannte. Beide gaben zu, dass sie noch nie ein Beispiel so ursprünglicher Erfindungsgabe gesehen hatten, noch nie auch ein so regelmäßiges und so geschickt gefügtes Bauwerk, zumindest in seiner Art. Der eine dachte eine Weile nach, drehte sich dann zu mir und sagte: »Ich bin sicher, dass dieser Mann uns nicht braucht. Man muss ihm nur das Werkzeug geben.«

Sodann kramte ich das Werkzeug hervor, gab jedem Einzelnen eine Grabschaufel, einen Spaten und eine Harke, denn wir hatten weder Eggen noch Pflüge, und jeder Siedlung eine Breithacke, ein Stemmeisen, eine Zimmeraxt und eine Säge, stets mit dem Hinweis, wenn eines der Geräte abgenutzt oder zerbrochen sein würde, solle es ohne Weiteres aus dem allgemeinen Vorrat ersetzt werden, den ich zurückzulassen gedachte.

Nägel, Haspen, Angeln, Hämmer, Meißel, Messer, Scheren und alle möglichen Arten von Werkzeugen und Eisenwaren bekamen sie je nach Wunsch ohne genaue Rechnung zugeteilt, denn es würde ja keiner mehr verlangt haben, als er brauchte, und ein Narr müsste sein, wer aus welchem Grund auch immer diese wertvollen Dinge vergeudete oder verdürbe. Dem Schmied ließ ich zwei Tonnen unbearbeitetes Eisen zurück.

Mein Lager an Waffen und Pulver war so groß, ja mehr als reichlich, dass sie nicht anders konnten, als in Beifall auszubrechen. Jetzt waren sie in der Lage, gelegentlich so umherzuwandern wie ehemals ich, mit einer Muskete auf jeder Schulter, jetzt konnten sie es mit tausend Wilden aufnehmen, sofern ihre Stellung auch nur einigermaßen günstig war (woran man gleichfalls nicht zu zweifeln brauchte).

Ich brachte den jungen Mann, dessen Mutter verhungert war, und auch die Magd mit an Land. Sie war eine ernste, wohlerzogene, fromme junge Person und benahm sich so unanstößig, dass jeder ein gutes Wort für sie übrig hatte. Freilich führte sie in unserer Mitte ein recht unfrohes Leben, da sie die einzige Frau an Bord war, aber sie ertrug es mit Geduld. Nach einer Weile, als sie alles auf meiner Insel so gut geordnet und aufs Schönste gediehen sahen und sich überlegten, dass sie in Ostindien nichts zu tun hatten und auch keinen Menschen kannten, also gar keinen Grund hatten, die weite Fahrt mitzumachen, aus dieser Erwägung heraus, sage ich, kamen sie beide zu mir und baten um die Erlaubnis, auf der Insel zu bleiben und sich meiner Familie, wie sie sie nannten, anzuschließen.

Damit war ich gern einverstanden. Sie bekamen ein kleines Stück Land zugewiesen, auf dem sie drei Häuser oder Hütten errichteten und das sie mit einem geflochtenen Zaun umgaben, gleich einer Palisade, nach dem Beispiel Will Atkins', an dessen Pflanzung das Grundstück grenzte. Die Hütten waren so eingerichtet, dass jeder von ihnen über einen gesonderten Wohnraum verfügte. Die mittlere Hütte diente als Vorratsraum, auch wurde dort gekocht und gegessen. Die beiden anderen Engländer verlegten ihre Wohnstätte in dieselbe Gegend, und so war nun die Insel in drei Kolonien eingeteilt. Erstens die Spanier mit dem alten Freitag und den ersten Sklaven in meiner früheren Behausung am Hügelhang: Das war, mit einem Wort, die Hauptstadt. Sie hatten sie so gründlich erweitert, sowohl am Hang selbst als auch unter dem Gestein, dass sie sich frei bewegen konnten, obwohl sie aufs Beste verborgen waren. Noch nie hat es in welchem Erdteil auch immer ein so hübsches und meiner Meinung nach so wohlbehütetes Walddorf gegeben. Ich glaube allen Ernstes, tausend Mann hätten einen Monat lang auf der Insel umherstreifen mögen, ohne es zu finden (wenn sie nichts von seiner Existenz wussten und sich nicht eigens auf die Suche machten). Die Bäume standen so dicht beieinander und waren so sehr ineinander verfitzt, dass man sie erst hätte fällen müssen, um die Siedlung zu entdecken – abgesehen von den zwei schmalen Zugängen, die auch nicht leicht zu finden waren. Der eine lag unten am Ufer des Flüsschens, und von dort waren es noch zweihundert Ellen bis zum Haus – der andere oben in doppelter Leiterhöhe, wie ich's schon früher beschrieben habe. Auch den Gipfel des Hügels hatten sie dicht bepflanzt, sodass auch dieser Wald mehr als einen Acker Landes umfasste, rasch wachsender Baumbestand, der jeden Einblick verwehrte, mit einem einzigen, nicht leicht zu entdeckenden, engen Pfad zwischen zwei Stämmen, der hier als Zugang diente.

Die zweite Kolonie war die des W. Atkins, dort wohnten vier Familien englischer Hausväter – ich meine die vier Engländer, die ich seinerzeit zurückgelassen hatte – mit Weib und Kind, drei indianische Sklaven, die Witwe und die Kinder des gefallenen Engländers, der junge Mann und die Magd, aus der, nebenbei gesagt, noch vor unserer Abreise gleichfalls eine Ehefrau wurde; desgleichen die beiden Zimmerleute und der Schneider, die ich mitgebracht hatte, ebenso auch der Schmied, der den Kolonisten von großem Nutzen war, besonders als Waffenschmied, und der andere Mann, den ich als einen Alleskönner bezeichnet habe und der allein fast so viel taugte wie zwanzig Mann, denn er war nicht nur einfallsreich, sondern auch sehr lustig. Ihn verheirateten wir mit der Magd, der Begleiterin des jungen Mannes.

Da wir von Heirat reden, bringt es mich natürlich auf den französischen Geistlichen, den ich mitgenommen und welcher der von mir auf hoher See geretteten Schiffsgesellschaft angehört hatte. Freilich war er ein römischer Katholik, und es wird vielleicht bei manchen Lesern Anstoß erregen, wenn ich in der Folge Gutes über einen Mann berichte, den ich zunächst einmal (um ihn ins rechte Licht zu setzen) mit Worten vorstellen muss, die ihm bei Protestanten sehr zum Nachteil gereichen werden: Erstens war er ein Papist, zweitens ein päpstlicher Kleriker und drittens ein französischer Kleriker.

Aber die Gerechtigkeit verlangt von mir, ihm den Leumund zu schenken, der ihm gebührt, und ich muss sagen, er war ein ernster, nüchterner, frommer und tiefreligiöser Mann, genau in seiner Lebensweise, rückhaltlos in seiner Nächstenliebe und beispielhaft in fast allem, was er tat. Was also kann man dagegen einwenden, dass ich für den Wert eines solchen Menschen empfänglich war, ungeachtet seiner Konfession – ob ich auch vielleicht genauso wie mancher andere, der diese Zeilen lesen wird, der Meinung sein mag, er habe sich verirrt.

Gleich nachdem er sich bereit erklärt hatte, mich nach Ostindien zu begleiten, hatte ich allen Grund, an dem Gespräch mit ihm außerordentlichen Gefallen zu finden. Erst einmal schnitt er das Thema Religion an – auf die denkbar entgegenkommendste Weise.

»Sir«, sagte er, »Ihr habt mir nicht nur mit dem Beistand Gottes –« (dabei bekreuzigte er sich) »– das Leben gerettet, sondern mir darüber hinaus gestattet, Euch auf dieser Fahrt zu begleiten, mich in Eure Gemeinschaft aufgenommen und mir jetzt Gelegenheit geboten, frei von der Leber weg zu reden. Nun denn, Sir«, fuhr er fort, »von meinem Gewand könnt Ihr auf meinen Glauben schließen, und ich errate den Euren, weil Ihr der englischen Nation angehört. Ich mag es für meine Pflicht halten – und sie ist es denn auch ohne Zweifel –, bei jeder Gelegenheit aufs Äußerste bemüht zu sein, so viele Seelen wie nur möglich zur Erkenntnis der Wahrheit zu bringen und zur katholischen Lehre zu bekehren. Da ich mich jedoch mit Eurer Erlaubnis an Bord dieses Schiffes befinde und Eurer Gemeinschaft angehöre, nötigen mich die gerechte Rücksicht auf Eure Güte sowie der Anstand und die guten Manieren, mich Eurer Verfügungsgewalt zu unterwerfen: Infolgedessen werde ich mich ohne Eure Genehmigung auf keinerlei religiöse Debatten einlassen, die sich um Meinungsverschiedenheiten drehen – es sei denn, wie gesagt, in den Grenzen, die Ihr bestimmt.«

Ich erwiderte, seine Haltung sei so bescheiden, dass ich nicht umhinkönne, ihr Beifall zu spenden. Freilich seien wir sogenannte Ketzer: Er aber sei nicht der erste Katholik, mit dem ich mich unterhalten hatte, ohne dass es mir Unannehmlichkeiten bereitet oder die Fragen allzu hitzig zugespitzt hätte. Er dürfe nicht glauben, dass man ihn schlechter behandeln werde, weil er andere Anschauungen hege, und wenn wir uns über diese Anschauungen nicht ohne gegenseitigen Groll zu unterhalten wüssten, liege es an ihm, nicht an uns.

Er entgegnete, dass sich seiner Meinung nach unsere Gespräche ohne Weiteres von Disputen säuberlich trennen ließen. Es sei nicht seine Sache, bei jedem Gedankenaustausch Prinzip gegen Prinzip zu setzen, und es wäre ihm lieb, wenn ich ihn eher als einen Gentleman behandelte denn als einen *religieux*. Sollte ich ihm wann auch immer erlauben, über religiöse Fragen zu sprechen, würde er sich gern meinem Wunsch fügen. Er bezweifle nicht, dass ich ihm dann auch erlauben würde, seine Meinung, so gut er könne, zu verteidigen. Ohne meine Erlaubnis jedoch werde er mir nichts dergleichen zumuten.

Er fügte hinzu, dass er auch fürderhin, wie es ihm als dem Priester und Christenmenschen von Amts wegen und auch *privatim* gezieme, alles tun wolle, um das Wohl des Schiffes und die Sicherheit der an Bord befindlichen Menschen und Habe zu fördern; und obgleich wir uns vielleicht seinen Fürbitten nicht anschließen würden und er nicht zusammen *mit* uns beten könne, hoffe er, *für* uns bitten zu dürfen: Das beabsichtige er bei jeder Gelegenheit zu tun. So redeten wir miteinander, und er benahm sich nicht nur äußerst entgegenkommend wie ein richtiger Gentleman, sondern war auch, wenn ich es sagen darf, ein sehr kluger und, wie ich glaube, sehr gebildeter Mann.

Er gab mir einen unterhaltsamen Bericht über sein Leben und seine zahlreichen merkwürdigen Erlebnisse, die vielen Abenteuer, die ihm in den wenigen Jahren, seit er durch die Welt pilgerte, zugestoßen waren. Ganz besonders bemerkenswert war, dass er auf seiner jetzigen Seereise das Unglück gehabt hatte, sich fünfmal einzuschiffen und fünfmal von Bord gehen zu müssen und nie den Hafen zu erreichen, den irgendeines der Schiffe, auf denen er sich befand, ursprünglich hätte anlaufen sollen. Zuerst wollte er nach Martinique und ging in Saint-Malo an Bord eines Schiffes mit dieser Destination. Das Schiff aber, durch schlechtes Wetter gezwungen, Lissabon anzulaufen, stieß in der Mündung des Flusses Tejo auf Grund, wurde beschädigt und musste an Ort und Stelle seine Ladung löschen. Da ein portugiesisches Schiff segelfertig im Hafen lag und nach Madeira bestimmt war, ging er an Bord, in der Annahme, er werde dortselbst ohne Mühe ein Fahrzeug finden, das nach Martinique segelte. Der Kapitän des portugiesischen Schiffes aber war ein recht mittelmäßiger Seemann, er kam vom Kurs ab und landete in Faial. Dort fand er guten Absatz für seine Ladung, die aus Mais bestand. Deshalb beschloss er, gar nicht erst nach Madeira zu segeln, sondern auf der Insel Maio Salz zu laden und Neufundland anzusteuern. Unserem Freund blieb nichts übrig, als mitzufahren, und sie hatten eine recht gute Reise bis zu den »Bänken« (so heißen die Sandinseln und Untiefen, wo der Fischfang gedeiht). Da sie dort einem französischen Schiff begegneten, das aus Frankreich nach Quebec am Kanada-Strom und sodann nach Martinique bestimmt war, um Vorräte zu befördern, glaubte er, jetzt eine Gelegenheit zu haben, seinen anfänglichen Plan durchzuführen: Aber als er nach Quebec kam, starb der Kapitän, und das Schiff blieb liegen. Die nächste Fahrt sollte nun nach Frankreich gehen, und zwar an Bord jenes Schiffes, das auf hoher See ein Raub der Flammen wurde. Seither war er, wie gesagt, mit uns nach Ostindien unterwegs. So also hatte er fünfmal sein Reiseziel verfehlt, alles, wie ich sagen darf, im Verlauf einer einzigen Reise – ganz abgesehen von vielerlei Erlebnissen, die ich später zu erwähnen Gelegenheit haben werde.

Aber ich will mich nicht in anderer Leute Lebensbeschreibungen verlieren, die mit meiner nichts zu tun haben. Kehren wir zu den Ereignissen zurück, die sich auf der Insel abgespielt haben. Eines Morgens suchte er mich auf (während unseres Aufenthalts auf der Insel wohnte er bei uns), und es geschah zufällig just in dem Augenblick, da ich mich anschickte, die Kolonie der Engländer zu besuchen, die am entferntesten Ende der Insel lag: Wie gesagt, er suchte mich auf und teilte mir mit sehr ernster Miene mit, dass er schon seit zwei bis drei Tagen eine Gelegenheit herbeiwünsche, mit mir zu sprechen. Hoffentlich werde mir, was er zu sagen habe, nicht missfallen. Seiner Meinung nach entspreche es in gewissem Maß meinen eigenen Absichten, nämlich der Sorge um das Wohlergehen der neuen Kolonie, und würde ihr vielleicht, wenigstens in höherem Grad, als das seiner Meinung nach bisher der Fall gewesen sei, den Segen Gottes erwirken.

Bei seinen letzten Worten sah ich ein wenig verwundert drein und erwiderte etwas schroff: »Wie kann man behaupten, Sir, dass uns der Segen Gottes gefehlt habe, nachdem wir Zeugen so viel sichtlichen Beistands und wunderbarer Errettungen waren, die ich Euch ausführlich geschildert habe?«

»Wenn es Euch beliebte, Sir«, sagte er mit unendlicher Bescheidenheit und dennoch sehr entschlossen, »mich anzuhören, würdet Ihr keinen Anlass mehr haben, mir zu zürnen, geschweige denn, mir zu unterstellen, ich wollte den wunderbaren Beistand des Himmels leugnen. Ich hoffe um Euretwillen, dass Euch der Segen Gottes gewiss sei. Eure Pläne sind vortrefflich und werden zu einem guten Ende führen. Aber, Sir, wenn sie noch vortrefflicher wären, als selbst Ihr es ermöglichen könnt, mag es doch manche unter euch geben, deren Handlungsweise nicht ebenso rechtens ist: Ihr wisst, dass in der Geschichte der Kinder Israels ein einziger Achan im Lager genügte, um ihnen den Segen Gottes zu entziehen, sodass er seine Hand gegen sie kehrte und ihrer sechsunddreißig, obschon nicht an dem Verbrechen beteiligt, Gegenstand der göttlichen Rache wurden und die Last der Bestrafung tragen mussten.«

Diese Worte gingen mir zu Herzen. Ich fände, sagte ich, seine Schlussfolgerung richtig und seine Absicht so redlich und in ihrer Art so fromm, dass ich bereute, ihn unterbrochen zu haben, und ihn ersuchte fortzufahren. Da jedoch das, was wir beide zu sagen hatten, allem Anschein nach eine geraume Zeit beanspruchen würde, sagte ich ihm, dass ich zur Pflanzung der Engländer aufbrechen wolle, und bat ihn, mich zu begleiten: Unterwegs könnten wir das Gespräch fortsetzen. Dazu sei er, sagte er, gern bereit, umso eher, als die Angelegenheit, über die er mit mir sprechen wolle, sich zum Teil dortselbst abspiele. Also machten wir uns auf die Strümpfe, und ich ersuchte ihn dringend, mir ganz ungescheut und offen zu gestehen, was er auf dem Herzen habe.

»Nun denn, Sir«, sagte er, »erlaubt mir bitte einige wenige Thesen anzuführen, auf die sich meine weiteren Bemerkungen gründen werden – nur damit wir uns über die allgemeinen Grundsätze einigen, mögen wir auch in den praktischen Einzelheiten verschiedener Meinung sein. Obwohl in einigen Glaubensartikeln unsere Meinungen auseinandergehen – und dass dem so ist, finde ich sehr bedauerlich, besonders, wie sich nachher zeigen wird, in dem vorliegenden Fall –, gibt es doch, Sir, erst einmal einige allgemeine Prinzipien, die wir gemeinsam bejahen, nämlich dass ein Gott im Himmel sei und dass wir uns an diesem Gott, der uns allgemeine Regeln für unsere Dienste und unseren Gehorsam auferlegt hat, nicht willentlich und bewusst versündigen sollten, sei es dadurch, dass wir seine Gebote missachten, sei es dadurch, dass wir etwas tun, das er uns ausdrücklich verboten hat. Mögen unsere verschiedenen Glaubensbekenntnisse lauten, wie sie wollen – einen allgemeinen Grundsatz räumen wir alle bereitwilligst ein: dass für gewöhnlich der Segen Gottes nicht dem Sünder zuteilwird, der dreist gegen seine Gebote verstößt. Jeder fromme Christ wird eifrig zu verhindern trachten, dass die seiner Obhut anvertrauten Menschen Gott und seine Gebote restlos vernachlässigen. Dass Eure Leute Protestanten sind, entbindet mich nicht der Pflicht, um ihr Seelenheil besorgt zu sein und danach zu trachten – wenn es an mich herantritt –, dass die Entfremdung und Feindseligkeit zwischen ihnen und ihrem Schöpfer so gering wie nur möglich sei, besonders wenn Ihr mir erlaubt, mich so weit in Eure Kreise einzumischen.«

Noch konnte ich mir nicht vorstellen, worauf er abziele. Ich hielte, sagte ich, alles, was er gesagt, für richtig und sei ihm dankbar dafür, dass er so innig um uns besorgt sei. Er möge mir bitte die Einzelheiten des Übels erklären, das ihm aufgefallen war, damit ich wie Josua, um bei seinem Gleichnis zu bleiben, den Anlass des Fluchs austilgte.

»Nun denn, Sir«, antwortete er, »ich will mich der Freiheit bedienen, die Ihr mir einräumt. Wenn ich recht habe, sind es drei Dinge, die dem Segen Gottes im Weg stehen und die beseitigt zu sehen, mich Euret- und meinetwillen herzlich freuen würde. Und, Sir«, fuhr er fort, »ich gebe mich der Hoffnung hin, dass Ihr mir in allen drei Punkten zustimmen werdet, sowie ich sie aufgezählt habe, zumal ich Euch davon überzeugen werde, dass jeder einzelne mit größter Leichtigkeit und sehr zu Eurer Zufriedenheit bereinigt werden kann.«

Er ließ mir keine Zeit, ihm mit neuen Artigkeiten zu kommen, sondern fuhr fort: »Erstens, Sir, haben wir hier vier Engländer, die sich indianische Frauen ausgesucht und sie zum Weib genommen und zahlreiche Kinder mit ihnen gezeugt haben, ohne mit ihnen auf gebührliche und rechtmäßige Art verheiratet zu sein, wie es die Gesetze Gottes und der Menschen erfordern. Deshalb sind sie im Grunde genommen Ehebrecher und leben in Unkeuschheit. Ich weiß, Sir, dass Ihr einwenden werdet, es sei damals kein Geistlicher oder Priester welcher Konfession auch immer zur Stelle gewesen, um die Zeremonie zu vollziehen, noch auch habe man Feder, Tinte und Papier besessen, um einen Ehevertrag aufzusetzen und ihn von beiden Teilen unterschreiben zu lassen. Ich weiß auch, Sir, was der spanische Gouverneur zu Euch gesagt hat, ich meine die Vereinbarung, auf die er sie verpflichtet hat, als sie die Indianerinnen zum Weib nahmen, nämlich dass sie sich untereinander über ihre Wahl einigen und dann getrennte Haushalte führen würden. Nebenbei gesagt, betrifft das nicht die Ehe, es ist kein Abkommen mit den Frauen selbst, sondern nur ein Übereinkommen unter den Männern, das Zwistigkeiten verhindern soll.

Aber, Sir, das Sakrament der Ehe –« (so drückte er sich aus, weil er Katholik war) »– wurzelt nicht nur in dem wechselseitigen Einverständnis der Partner, sich zusammenzutun, sondern in der formellen und gesetzlichen Verpflichtung, wie der Ehevertrag sie enthält: Mann und Frau sind verpflichtet, einander jederzeit als eigen anzuerkennen und zu achten, der Mann ist verpflichtet, sich aller anderen Frauen zu enthalten und keinen anderen Vertrag einzugehen, solange dieser besteht, und bei jeder Gelegenheit, soweit es ihm seine Fähigkeiten erlauben, redlich für die Gattin und die Kinder zu sorgen. Die gleiche oder eine ähnliche Verpflichtung gilt auch für die Frauen, *mutatis mutandis*.

Nun denn, Sir«, fuhr er fort, »diese Männer können, wann immer es ihnen beliebt, ihre Frauen verlassen, ihre Kinder verleugnen, sie zugrunde gehen lassen, sich andere Weiber nehmen und sie heiraten, während jene noch am Leben sind.« Dann fügte er mit einiger Wärme hinzu: »Wo bleibt, Sir, bei dieser gesetzwidrigen Zügellosigkeit die Ehre Gottes? Und wie soll sein Segen Eure Bemühungen begleiten, mögen sie an und für sich noch so gut und ehrlich gemeint sein, solange diese Männer, die gegenwärtig als Eure Untertanen zu betrachten sind und Eurer uneingeschränkten Gewalt und Herrschaft unterstehen, mit Eurem Einverständnis ein unkeusches Leben führen dürfen?«

Ich muss gestehen, dass ich betroffen war, nicht nur durch die Sache selbst, sondern noch viel mehr durch die einleuchtenden Argumente, mit denen er sie unterstützte. Wenn auch kein Geistlicher zur Stelle gewesen war, so hätte doch ein formeller Vertrag, vor Zeugen geschlossen und durch beliebige Zeichen bekräftigt, durch die alle Beteiligten sich gebunden fühlten, sei es auch nur, dass sie gemeinsam einen Stab zerbrachen, ein Vertrag also, der die Männer verpflichtet, ihre Frauen jederzeit als eigen anzuerkennen und sie oder ihre Kinder nie zu verlassen, und der den Frauen ihren Gatten gegenüber die gleiche Verpflichtung auferlegt, eine rechtsgültige Eheschließung vor dem Angesicht Gottes bedeutet, und dass das nicht geschah, war ein schweres Versäumnis gewesen.

Aber ich glaubte, billigen Kaufes davonzukommen, wenn ich meinem jungen Eiferer erklärte, dass das alles sich während meiner Abwesenheit abgespielt hatte. Jetzt lebten sie schon so lange in diesen Verhältnissen, dass nichts mehr dagegen zu tun sei, auch wenn es Gott nicht gefalle. Dem Übel sei nun einmal nicht mehr abzuhelfen.

»Sir«, entgegnete er, »verzeiht mir die Freiheit, die ich mir herausnehme. Ihr habt insofern recht, als man Euch für jenes Verbrechen nicht verantwortlich machen darf, da es in Eurer Abwesenheit begangen worden ist. Aber ich flehe Euch an, schmeichelt Euch nicht, der Pflicht enthoben zu sein, *jetzt* Euer Äußerstes zu tun, um dem Zustand abzuhelfen. Möge die Vergangenheit auf wessen Schultern auch immer lasten – wie könnt Ihr anderes annehmen, als dass die Zukunft zur Gänze auf Euch lasten wird? Weil es ganz gewisslich in Eurer und nur in Eurer Macht steht, das Übel zu beseitigen.«

Ich war noch immer so dumm, ihn nicht recht zu begreifen. Ich bildete mir ein, er verlange von mir, die Paare zu trennen und Mann und Frau nicht länger miteinander leben zu lassen. Deshalb erklärte ich, so etwas komme auf keinen Fall infrage, da es die ganze Kolonie durcheinanderbringen würde. Er schien sich zu wundern, dass ich ihn so gründlich missverstanden hatte. »Nein, Sir«, sagte er, »ich meine nicht, dass Ihr sie trennen sollt. Im Gegenteil – Ihr sollt sie rechtsgültig und in aller Form trauen lassen. Und da, Sir, meine Methode, sie zu trauen, ihnen nicht so leicht schmackhaft zu machen sein mag, obwohl sie sogar nach Euren eigenen Gesetzen wirksam sein würde, so mag Eure Methode vor Gott ebenso gut sein und unter den Menschen ebenso rechtskräftig, nämlich ein schriftlicher Vertrag, von Mann und Frau und den anwesenden Zeugen unterzeichnet, ein Vertrag, den alle Gesetze Europas für gültig erklären würden.«

Ich war erstaunt, in seinen Worten so viel wahre Frömmigkeit und so viel aufrichtigen Eifer zu finden nebst einer ganz ungewöhnlichen Unvoreingenommenheit gegenüber seiner eigenen Partei oder Religion und echter Wärme in seiner Besorgnis um Menschen, die er nicht kannte und mit denen er nichts zu tun hatte und die er um jeden Preis davor bewahren wollte, gegen die Gebote Gottes zu verstoßen, dergleichen mir wirklich noch nie im Leben begegnet war. Aber als mir sein Vorschlag einfiel, sie durch einen schriftlichen Vertrag miteinander zu verheiraten, einen Vertrag, der, wie ich wusste, gültig sein würde, wälzte ich's sozusagen auf ihn ab. Ich müsse, sagte ich, zugeben, dass alles, was er gesagt hatte, zutreffend und gut gemeint sei, und sei bereit, mit den Leuten zu reden: Ich sähe aber keinen Grund, warum sie Bedenken hegen sollten, sich von ihm trauen zu lassen, da ich sehr gut wisse, die Trauung würde in England als genauso echt und gültig betrachtet werden, wie wenn sie von einem unserer eigenen Geistlichen vollzogen worden wäre. Was in der Angelegenheit nachher geschehen ist, werde ich zur gegebenen Zeit berichten.

Zunächst bat ich ihn dringend, mir zu verraten, was für eine zweite Beschwerde er vorzubringen habe. Ich sei ihm für die erste sehr verbunden und danke ihm von ganzem Herzen. Er antwortete, dass er sich genauso freimütig und unumwunden äußern wolle wie beim ersten Mal. Hoffentlich würde ich es genauso gnädig hinnehmen. Nämlich Folgendes: Obgleich meine englischen Untertanen, wie er sie nannte, seit fast sieben Jahren mit diesen Frauen zusammenlebten, hätten sie dieselben weder englisch sprechen noch englisch lesen gelehrt; dabei handle es sich doch, wie er gemerkt habe, um recht verständige und gelehrige Geschöpfe. Dennoch hätten die Männer ihnen bis zum heutigen Tage kein Tüttelchen des christlichen Glaubens beigebracht, nein, nicht einmal so viel, wie dass es einen Gott gibt oder einen Gottesdienst oder wie man Gott zu dienen habe oder dass ihre eigene Abgötterei und Anbetung eines Wesens, von dem sie nichts wüssten, falsch und ungereimt sei.

Dies sei, sagte er, eine nicht zu verantwortende Nachlässigkeit, für die der Herrgott sicherlich Rechenschaft fordern und sie zuletzt vielleicht bitterlich büßen lassen werde. Das sagte er mit viel Eifer und Wärme. »Ich bin überzeugt«, fügte er hinzu, »wenn diese Männer im Land der Wilden gelebt hätten, aus dem ihre Frauen stammen, würden die Wilden sich mehr Mühe gegeben haben, sie zum Götzendienst und zur Anbetung des Teufels zu bekehren, mehr Mühe, als irgendeiner dieser Männer, soweit ich sehen kann, aufgewendet hat, um seiner Frau die Erkenntnis des wahren Gottes beizubringen. Nun, Sir«, fuhr er fort, »obwohl ich Eure Religion nicht anerkenne und Ihr die meine ablehnt, sollten wir es doch gern sehen, wenn jemand die Teufelsdiener und Untertanen des Höllenreichs in den allgemeinen Grundsätzen des christlichen Glaubens unterrichtete, damit sie wenigstens von Gott und von einem Erlöser hörten, von der Auferstehung und einem Jenseits, von Dingen, an die wir alle glauben. Zumindest würden sie dann näher daran sein, in den Schoß der wahren Kirche einzukehren, statt sich offen zum Götzendienst und der Teufelsanbetung zu bekennen.«

Ich konnte nicht länger an mich halten. Ich schloss ihn in meine Arme und drückte ihn leidenschaftlich an meine Brust. »Wie weit«, sagte ich, »war ich doch davon entfernt, die allerwichtigste Aufgabe eines Christen zu verstehen, nämlich auf das Interesse der christlichen Kirche und das Seelenheil meiner Mitmenschen bedacht zu sein. Ich habe kaum gewusst, was dazugehört, um ein Christ zu sein.« – »Ach, Sir, das dürft Ihr nicht sagen«, entgegnete er. »Nicht Ihr seid schuld an diesem Übel.« – »Nein, aber warum habe ich es mir nie so zu Herzen genommen wie Ihr?« – »Dazu ist es noch nicht zu spät«, sagte er. »Brecht nicht vorschnell den Stab über Euch selbst.« – »Was soll denn nun geschehen?«, fragte ich. »Ihr wisst doch, dass ich die Insel wieder verlasse.« – »Erlaubt Ihr mir, mit diesen armen Menschen darüber zu reden?« – »Ja, von ganzem Herzen«, erwiderte ich. »Ich werde sie außerdem ermahnen, alles, was Ihr sagt, zu beachten.« – »Was das betrifft«, sagte er, »so müssen wir es der Gnade Christi anheimstellen. Unsere Aufgabe ist es nur, ihnen zu helfen, sie zu ermuntern, sie zu belehren, und wenn Ihr mir Eure Erlaubnis und Gott mir seinen Segen gewährt, bezweifle ich nicht, dass wir die armen, unwissenden Seelen in den großen Kreis der Christenheit heimführen werden, wenn auch nicht in den besonderen Glauben, zu dem wir alle uns bekennen – und zwar noch während Eurer Anwesenheit.« Daraufhin sagte ich: »Ihr dürft nicht nur mit meiner Erlaubnis, sondern mit meinem tausendfachen Dank rechnen.« Was sich in dieser Beziehung ereignet hat, werde ich gleichfalls an der gegebenen Stelle schildern.

Nun fragte ich ihn nach dem dritten Punkt, in dem wir zu tadeln seien. »Eigentlich«, sagte er, »ist es eine Angelegenheit der gleichen Art, und ich will mich, wenn Ihr gestattet, ebenso bündig äußern wie zuvor. Wieder handelt es sich um Eure armen Wilden, die sozusagen Eurer Herrschaft unterworfen worden sind. Es gibt eine Maxime, Sir, die von allen Christen welcher Glaubensrichtung oder angeblichen Glaubensrichtung auch immer anerkannt wird oder anerkannt werden sollte, nämlich dass die christliche Lehre mit allen möglichen Mitteln und bei jeder Gelegenheit zu verbreiten sei. Diesem Grundsatz getreu, entsendet unsere Kirche ihre Missionare nach Persien, Indien und China, unternimmt unsere Geistlichkeit, auch die höhere, bereitwillig die gefahrvollsten Reisen und lässt sich tapfer unter Mördern und Barbaren nieder, um ihnen den wahren Gott zu offenbaren und sie dem christlichen Glauben zuzuführen. Nun bietet sich Euch, Sir, hier die Möglichkeit, sechs- oder siebenunddreißig arme Wilde vom Götzendienst zur Erkenntnis Gottes, ihres Schöpfers und Erlösers, zu bekehren. Und ich wundere mich, wie Ihr eine so günstige Gelegenheit, Gutes zu tun, vorübergehen lassen könnt, eine Gelegenheit, die eigentlich um den Preis eines ganzen Lebens nicht zu teuer erkauft sein würde.«

Jetzt war ich in der Tat sprachlos und brachte kein Wort über die Lippen. Ich hatte einen Mann vor mir, der von echt christlichem Eifer für Gott und den Glauben beseelt war (mochten seine besonderen Grundsätze welcher Art auch immer sein). Mir dagegen waren solche Gedanken völlig fremd gewesen und würden mir, wie ich glaube, nicht im Traum eingefallen sein. Ich hatte diese Wilden als Sklaven betrachtet, die man entweder, falls es nötig ist, für sich arbeiten lässt oder gern in irgendeine andere Gegend der Welt befördert. Sie loszuwerden, war unsere einzige Sorge gewesen. Alle wären wir zufrieden gewesen, sie in ein beliebiges Land – nur nicht in ihre Heimat – zu schicken. Aber zur Sache. Wie gesagt, ich war verdutzt und wusste nichts zu erwidern. Er merkte meine Verwirrung und sah mich mit ernster Miene an. »Sir«, sagte er, »es wird mir sehr leidtun, wenn Ihr an meinen Worten Anstoß nehmt.« – »Nein, nein«, entgegnete ich, »ich verüble es keinem anderen als nur mir selbst. Ich bin zutiefst betroffen. Nicht nur weil ich dieses Problem nie beachtet habe, sondern auch weil ich mir überlege, wie ich es heute bewältigen soll. Ihr kennt meine Umstände, Sir. Ich bin nach Ostindien unterwegs. Kaufleute haben das Schiff befrachtet, und es hieße ihnen ein unerträgliches Unrecht antun, hier stillzuliegen, während die Mannschaft auf ihre Kosten Heuer bezieht und Proviant verzehrt. Freilich sind mir zwölf Tage bewilligt worden, und wenn ich länger bleibe, muss ich *per diem* 3 Pfund Sterling Liegegeld zahlen, aber auch diese bezahlte Liegezeit darf acht Tage nicht überschreiten. Nun bin ich bereits seit dreizehn Tagen hier. Ich sehe mich gänzlich außerstande, das Werk in Angriff zu nehmen, das Ihr mir zuweist. Es sei denn, ich würde wieder hierbleiben. Wenn sodann dieses eine Schiff verloren geht, befinde ich mich in derselben Lage, in die ich beim ersten Mal geraten war und aus der ich auf so wunderbare Weise befreit worden bin.«

Er räumte ohne Weiteres ein, dass mir die Entscheidung schwerfallen müsse, stellte mir jedoch die Gewissensfrage, ob denn nicht der Segen, siebenunddreißig Seelen zu retten, es wert sei, dass ich dafür all meine irdische Habe aufs Spiel setze. Das wollte mir nicht so leicht einleuchten wie ihm. Ich antwortete folgendermaßen: »Nun, Sir, freilich ist es von hohem Wert, ein Werkzeug in Gottes Hand zu sein und siebenunddreißig Heiden zur Erkenntnis Christi zu bekehren, aber da Ihr dem geistlichen Stand angehört und Euch der Seelsorge gewidmet habt, sodass diese Angelegenheit natürlicherweise in Euren Amtsbereich zu fallen scheint – wie kommt es also, dass nicht Ihr selber Euch erbötig macht, sie zu besorgen, statt sie mir aufhalsen zu wollen?«

Daraufhin drehte er sich, da er vorausging, zu mir um, vertrat mir den Weg und machte eine tiefe Verbeugung vor mir. »Von Herzen danke ich Gott und Euch, Sir«, sagte er, »dass Ihr mich so offensichtlich zu einem so gesegneten Werk berufen habt. Wenn Ihr seiner entbunden zu sein glaubt und es mir anvertrauen wollt, will ich's gern übernehmen, und dass mir nun zu guter Letzt eine so ruhmreiche Aufgabe winkt, betrachte ich als einen reichlichen Lohn für all die Gefahren und Schwierigkeiten einer so oft unterbrochenen und an Enttäuschungen reichen Reise.«

Als er so zu mir sprach, sah ich in seinen Zügen eine Art von Verzückung, seine Augen funkelten feurig, sein Gesicht glühte, die Farbe in seinen Wangen kam und ging, als sei er in Paroxysmen verfallen, mit einem Wort, er war von dem freudigen Gedanken entflammt, ein so frommes Werk in Angriff nehmen zu dürfen. Ich schwieg recht lange, bevor ich mich auf eine Antwort besinnen konnte, weil ich ehrlich erstaunt war, einen so aufrichtigen Eiferer vor mir zu sehen, einen Mann, der durch seinen Glaubenseifer über das Maß gewöhnlicher Menschen nicht nur seines, sondern jeden beliebigen Glaubens hinausgetrieben wurde. Aber nachdem ich eine Weile nachgedacht hatte, fragte ich ihn bedächtig, ob er es ernst meine und ob er's wagen wolle, nur wegen des Versuchs, die armen Menschen zu bekehren, sich vielleicht fürs ganze Leben auf eine unzivilisierte Insel zu verbannen: Dabei könne er schließlich nicht einmal wissen, ob es ihm glücken werde, ihnen Gutes zu tun, oder nicht.

Er sah mich an und fragte mich fast schroff, was ich unter einem Wagnis verstünde. »Ich bitte Euch, Sir, was glaubt Ihr, warum ich mich bereitgefunden habe, mit Euch nach Ostindien zu segeln?« – »Nein«, erwiderte ich, »das weiß ich nicht – es sei denn, Ihr hättet vorgehabt, den Indianern das Evangelium zu predigen.« – »Ganz ohne Zweifel«, sagte er. »Und glaubt Ihr, wenn es mir gelänge, diese siebenunddreißig Menschen zum christlichen Glauben zu bekehren, dass das vergeudete Zeit wäre, sollte es mir auch nie mehr vergönnt sein, diese Insel zu verlassen? Nein, ist denn nicht das Heil so vieler Seelen mehr wert als mein Leben oder das Leben eines Dutzend meiner Amtsbrüder? Ja, Sir«, fuhr er fort, »all mein Leben lang würde ich Christo und der gebenedeiten Jungfrau danken, wenn ich als das geringste frohe

Werkzeug dienen dürfte, die Seelen dieser armen Menschen zu retten, sollte ich auch nie mehr dieser Insel den Rücken wenden, nie mehr mein Heimatland wiedersehen. Aber da Ihr mir die Ehre erweisen wollt, dieses Werk in meine Hände zu legen – wofür ich Euch mein Leben lang in meine Gebete einschließen werde –, habe ich noch außerdem eine bescheidene Bitte an Euch.« – »Was für eine Bitte?«, fragte ich ihn. – »Nun«, erwiderte er, »ich bitte Euch, Euren Diener Freitag bei mir zurückzulassen, damit er mir als Dolmetscher zur Seite stehe, da ich mich ohne seine Hilfe nicht mit meinen Zöglingen verständigen kann.«

Ich war tief bekümmert über dieses Verlangen, weil es mir undenkbar erschien, mich von Freitag zu trennen, und zwar aus vielen Gründen. Er hatte mich auf meinen Fahrten begleitet, er war mir nicht nur treu ergeben, sondern über alle Maßen in aufrichtiger Liebe zugetan, und ich hatte beschlossen, für den wahrscheinlichsten Fall, dass er mich überlebte, ihn in meinem Testament reichlich zu bedenken. Ferner wusste ich, ein anderes Glaubensbekenntnis würde für ihn, den ich im protestantischen Glauben erzogen hatte, äußerst verwirrend sein. Nie würde er, solange er atmete, zugeben, dass sein alter Herr ein Ketzer und der ewigen Verdammnis anheimgefallen sei. Am Ende würde es gar noch den armen Teufel in seinen Grundsätzen wankend machen und ihn dem früheren Götzenkult in die Arme treiben.

Ein plötzlicher Gedanke jedoch befreite mich aus dieser Klemme, nämlich folgender Gedanke: Ich erklärte, dass ich mich unter keinen Umständen bereitfinden könne, mich von Freitag zu trennen, ob auch eine Tätigkeit, die für ihn wertvoller wäre als sein Leben, mir nicht unwichtiger erscheinen sollte als die Frage, einen Diener zu verlieren oder zu behalten. Ich sei außerdem überzeugt, Freitag würde sich nicht von mir trennen wollen, und ich könne ihn nicht dazu zwingen, ohne ihm ein offenbares Unrecht anzutun, da ich ihm versprochen hatte, ihn niemals wegzuschicken, und er mir versprochen und sich verpflichtet hatte, mich nie zu verlassen, es sei denn, ich schickte ihn weg.

Mein geistlicher Freund fand das recht besorgniserregend, weil er ja keinen vernünftigen Zugang zu den armen Menschen hatte; er verstand kein Wort ihrer Sprache, sie verstanden kein Wort der seinen. Um diese Schwierigkeit aus dem Weg zu räumen, wies ich darauf hin, dass Freitags Vater Spanisch gelernt hatte. *Er* könne als Dolmetscher tätig sein. Damit gab sich der Priester zufrieden, und nichts hätte ihn von seinem Entschluss abbringen können, auf der Insel zu bleiben, um das Bekehrungswerk durchzuführen. Die Vorsehung aber sorgte für eine andere und sehr glückliche Wendung.

Ich kehre jetzt zu dem ersten seiner Einwände zurück. Als wir bei den Engländern angelangt waren, ließ ich sie alle zusammenrufen, und nachdem ich ihnen vor Augen gehalten, was ich für sie getan, nämlich was für lebenswichtige Sachen ich ihnen beschafft hatte und wie sie verteilt worden waren (sie waren sich dessen bewusst und fühlten sich zu Dank verpflichtet), kam ich auf das schändliche Leben zu sprechen, das sie führten, betonte, dass es einem geistlichen Herrn bereits unliebsam aufgefallen sei, und hielt ihnen das Unchristliche und Gottlose ihrer Lebensweise vor Augen. Erst einmal fragte ich sie, ob sie Ehemänner oder Junggesellen seien. Es zeigte sich, dass zwei von ihnen verwitwet und die anderen drei unverheiratet waren. Ich fragte sie, ob ihr Gewissen sich damit abgefunden habe, dass sie diese Frauen zum Weib genommen, mit ihnen geschlafen, sie als Ehefrauen betrachtet und so zahlreiche Kinder mit ihnen gezeugt hatten, ohne ihnen rechtmäßig angetraut zu sein.

Alle gaben sie mir die Antwort, die ich erwartet hatte, nämlich dass kein Priester vorhanden gewesen sei, der sie hätte trauen können, dass sie dem Gouverneur versprochen hätten, die Frauen als ihre Eheweiber zu betrachten und als Eheweiber zu behandeln, und dass sie nach Lage der Dinge genauso rechtmäßig verehelicht zu sein glaubten, wie wenn sie von einem Pfarrer und mit allen Formalitäten von der Welt getraut worden wären.

Ich erwiderte, dass sie zweifellos vor dem Angesicht Gottes verehelicht und durch ihr Gewissen dazu verpflichtet seien, die Frauen als eigen anzuerkennen. Da nun aber die Menschensatzungen anders geartet seien, stehe es in ihrem Belieben, eines Tages zu behaupten, sie wären ja gar nicht getraut, und kurzerhand die armen Frauen und Kinder zu verlassen. Dann würden die armen, verzweifelten Geschöpfe, ohne Freunde, ohne Geld, sich nicht zu helfen wissen. Deshalb, sagte ich, könnte ich nichts mehr für sie tun, solange ich nicht ihrer ehrlichen Absichten gewiss sei. Vielmehr würde ich Sorge tragen, dass alles, was geschieht, nicht mehr ihnen, sondern den Frauen und Kindern zugutekomme. Und sofern sie mir nicht versicherten, dass sie gewillt seien, die Frauen zu ehelichen, hielte ich es nicht für passend, dass sie auch weiterhin wie Mann und Frau zusammenlebten. Das sei in den Augen der Menschen schändlich und vor Gott ein Stein des Anstoßes. Wenn sie in ihrer Sünde verharren, dürften sie nicht mit dem Segen des Himmels rechnen.

Alles verlief nun so, wie ich's erwartet hatte. Sie erklärten, vor allem Will Atkins, der jetzt für die anderen das Wort zu führen schien, dass sie ihre Frauen so innig liebten, als wären sie in der englischen Heimat geboren, und sie unter keinen Umständen jemals verlassen würden. Sie seien der festen Überzeugung, dass ihre Frauen so tugendhaft und so sittsam seien und nach bestem

Vermögen so viel für sie und für ihre Kinder täten, wie es nur immer einer Frau möglich wäre, und dass sie sich um keinen Preis von ihnen trennen wollten. Will Atkins fügte für sein Teil hinzu: So man ihm das Angebot machte, ihn in die Heimat zu befördern und ihm den Befehl über das beste Kriegsschiff der Flotte zu übertragen, würde er ablehnen, sofern er nicht seine Frau und die Kinder mitnehmen dürfte, und wenn es an Bord des Schiffs einen Geistlichen gäbe, würde er sich von Herzen gern auf der Stelle trauen lassen.

So war es mir gerade recht. (Der Priester war im Augenblick nicht bei mir, aber ganz in der Nähe.) Um Will Atkins weiter auf die Probe zu stellen, teilte ich ihm mit, ich hätte einen Geistlichen zur Stelle, und wenn er es aufrichtig meine, würde ich ihn am nächsten Morgen trauen lassen. Er möge sich's überlegen und mit den anderen sprechen. Er erwiderte, er selber brauche sich nichts zu überlegen, er sei froh darüber, dass ich einen Geistlichen bei mir hätte; seiner Meinung nach würden auch die anderen gern bereit sein, sich trauen zu lassen. Nun erwähnte ich, dass mein Freund Franzose sei und nicht Englisch könne, dass jedoch ich als Dolmetscher und Kirchenbeamter fungieren würde. Er fragte mich nicht einmal, ob jener Papist oder Protestant sei – vor dieser Frage hatte ich wirklich gebangt. Aber ich muss sagen, es kümmerte sich keiner darum. Also trennten wir uns, ich kehrte zu meinem Geistlichen zurück, Will Atkins begab sich zu seinen Gefährten, um mit ihnen zu sprechen. Ich bat den Franzosen, keinerlei Schritte zu tun, bevor nicht die Angelegenheit herangereift sei, und erzählte ihm, was Will Atkins mir geantwortet hatte.

Bevor ich die Siedlung verließ, kamen sie alle zu mir und sagten, sie hätten sich's reiflich überlegt, hätten mit Freuden gehört, dass sich ein Priester in meiner Gesellschaft befinde. Sie seien gern bereit, mir die von mir gewünschte Genugtuung zu bereiten und sich in aller Form trauen zu lassen, sobald es mir beliebe. Es liege ihnen fern, sich von ihren Frauen trennen zu wollen. Als sie dieselben wählten, hätten sie keine anderen als nur die allerehrlichsten Absichten gehabt. Also vereinbarte ich mit ihnen eine Zusammenkunft für den nächsten Tag. Inzwischen sollten sie ihren Frauen den Sinn des Eherechts erklären. Und nicht aus Angst vor einem Skandal, sondern aus Pflichtgefühl müssten sie sich davor hüten, sie je zu verlassen, was auch immer geschehen mochte.

Den Frauen war der Sinn der Sache leicht beizubringen, und sie waren's zufrieden, hatten freilich auch allen Grund dazu. Sie versäumten folglich nicht, sich am nächsten Morgen vollzählig in meiner Behausung einzufinden. Ich brachte meinen Geistlichen zum Vorschein. Obwohl er weder nach englischer Sitte ein Predigergewand noch nach französischer Sitte einen

Priesterhabit trug, so sah er doch immerhin mit seinen schwarzen, an eine Soutane gemahnenden Rock und der Schärpe einigermaßen wie ein Geistlicher aus. Und was seine Sprache betraf, so diente ich ihm als Dolmetscher.

Aber sein ernstes Betragen und die Bedenken, die er äußerte, da die Frauen nicht getauft waren und sich nicht zum christlichen Glauben bekannten, flößten ihnen eine außerordentlich große Achtung vor seiner Person ein. Deshalb sahen sie sich nicht veranlasst, mich zu fragen, ob er ein Kirchenmann sei oder nicht.

Eigentlich befürchtete ich, seine Bedenken würden so weit gehen, dass er sich weigerte, die Trauung überhaupt vorzunehmen – ja, ich mochte sagen, was ich wollte, er widersprach mir, wenn auch sehr bescheiden, so doch festen Sinnes, und weigerte sich zuletzt rundheraus, die Trauung vorzunehmen, solange er nicht mit den Männern und auch mit den Frauen gesprochen hatte. Das ging mir anfangs ein wenig gegen den Strich. Zuletzt aber willigte ich ein, weil ich sah, dass er's aufrichtig meinte.

Als er vor sie hintrat, teilte er ihnen mit, ich hätte ihn mit ihren Lebensumständen bekannt gemacht und auch mit ihrem Entschluss, sich trauen zu lassen. Er sei durchaus bereit, sein Amt auszuüben und sie ihrem Wunsch gemäß zu trauen, müsse sich aber zuvor die Freiheit herausnehmen, ein paar Worte mit ihnen zu sprechen. Er betonte, sie hätten die ganze Zeit in den Augen aller Unbeteiligten und auch im Sinne der gesellschaftlichen Satzungen Hurerei getrieben, und nichts als eine Trauung oder eine Trennung könne diesem Zustand ein Ende machen. Aber es liege hier im Hinblick auf das christliche Eherecht eine Schwierigkeit vor, mit der er sich noch nicht restlos abgefunden habe, nämlich die Schwierigkeit, einen Christen mit einer Wilden, einer Götzendienerin und ungetauften Heidin zu trauen. Dennoch wisse er nicht, wie man in so kurzer Frist die Frauen dazu bewegen sollte, sich taufen zu lassen oder sich zum Namen Christi zu bekennen, von dem sie wohl noch nie gehört hatten. Ohne dieses Bekenntnis aber sei eine Taufe nicht möglich.

Er sagte zu ihnen, dass er befürchte, sie selber seien recht laue Christen, wüssten nur wenig von Gott oder seinen Wegen. Deshalb könne er nicht annehmen, dass sie bisher ihren Frauen zu diesem Thema viel gesagt hätten. Aber wenn sie ihm nicht versprächen, sich um die Frauen zu bemühen, sie im christlichen Geist zu erziehen, ihnen, so gut sie könnten, die Erkenntnis Gottes, der sie geschaffen, und den Glauben an ihn sowie die Anbetung Jesu Christi, der sie erlöst hat, beizubringen, könne er sie nicht trauen. Er wolle nicht seine Hand dazu leihen, Christen mit Heiden zu trauen. Das entspräche auch nicht den Grundsätzen der christlichen Religion und sei sogar im göttlichen Gesetz ausdrücklich verboten.

Das alles hörten sie sich aufmerksam an, und ich vermittelte es getreulich, möglichst wörtlich, aus seinem Mund an ihr Ohr, fügte nur zuweilen etwas Eigenes hinzu, um sie davon zu überzeugen, dass er recht habe und dass ich mit ihm einer Meinung sei. Sorgsam unterschied ich stets zwischen dem, was ich zu sagen hatte, und den Worten des Geistlichen. Sie erklärten, was der Herr gesagt habe, treffe durchaus zu, sie seien selber nur recht laue Christen und hätten sich mit ihren Frauen noch nie über religiöse Fragen unterhalten. »Du lieber Gott, Sir!«, sagte Will Atkins. »Wie sollten wir ihnen Religionsunterricht erteilen? Wir wissen selber nichts. Und wenn wir, Sir, hingehen und ihnen etwas vom Herrgott und vom Herrn Jesus, von Himmel und Hölle erzählen wollten, würden sie uns auslachen und uns fragen, woran denn wir selber glaubten. Wenn wir dann sagten, wir glaubten steif und fest an alles, was wir da erzählten, zum Beispiel dass die Guten in den Himmel und die Schlechten in die Hölle kommen, ja, dann würden sie uns fragen, wo denn *wir* hinwollten, wir, die wir an so etwas glaubten und so schlechte Menschen seien, wie wir's auch wirklich sind. Ach, Sir, da würden sie gleich beim ersten Mal das ganze Christentum sattbekommen. Bevor man sich herausnimmt, andere belehren zu wollen, muss man selber ein bisschen Religion im Leib haben.« – »Will Atkins«, erwiderte ich, »obwohl ich befürchte, dass das, was Ihr sagt, nur allzu viel Wahres an sich hat – könntet Ihr nicht dennoch Eurer Frau erklären, dass sie sich im Irrtum befindet? Dass es einen Gott gibt und eine Religion, die besser ist als die ihre. Dass ihre Götter Götzen sind, die weder hören noch reden können. Dass es ein höchstes Wesen gibt, das alle Dinge geschaffen hat und alles, was es geschaffen hat, vernichten kann. Dass Gott die Guten belohnt und die Schlechten bestraft. Und dass wir ihm zuletzt für alles, was wir getan haben, Rechenschaft ablegen müssen. Ihr seid nicht so unwissend, dass nicht die Natur selbst Euch lehren wird, wie wahr das alles sei, und ich bin überzeugt, Ihr wisst, dass es wahr ist, und glaubt daran.«

»Das stimmt, Sir«, sagte Atkins, »aber wie sollte ich die Stirn haben, mit meiner Frau darüber zu reden: Sie wird mir ja sofort antworten, dass es nicht wahr sein kann!«

»Nicht wahr!«, rief ich aus. »Was meint Ihr damit?« – »Nun, Sir«, erwiderte er, »sie wird sagen, es *kann* nicht wahr sein, dass der Gott, von dem ich erzähle, gerecht ist oder straft und belohnt, sonst wäre ich bestraft und in die Hölle verstoßen worden, ich, der ich doch, wie sie wohl weiß, ein so schlechter Mensch war, auch zu ihr und zu allen anderen. Und hätte am Leben bleiben dürfen, ich, der ich immer das Gegenteil von dem getan habe, was ich ihr als das Gute ausmalen müsste und was ich eigentlich hätte tun müssen.«

»Offen gestanden, Atkins«, sagte ich, »ich fürchte, was du da sagst, ist nur allzu wahr.« Sodann verdolmetschte ich dem Priester, der mit Ungeduld darauf wartete, was Atkins gesagt hatte. »Ach!«, erwiderte der Priester. »Sagt ihm, dass es für ihn einen Weg gibt, der beste Lehrer seiner Frau zu werden, nämlich die Reue, denn keiner vermag Reue besser zu lehren als der reuige Sünder. Er braucht nur zu bereuen, dann wird er umso besser geeignet sein, seine Frau zu unterweisen. Dann wird er ihr sagen können, dass der alleinige Gott nicht nur das Gute und das Böse gerecht vergilt, sondern dass er auch ein barmherziger Gott ist, der voll unendlicher Güte und Langmut darauf verzichtet, die Sünder sofort zu bestrafen. Er wartet gern in Gnaden und wünscht nicht den Tod des Sünders, sondern dass er in sich gehe und am Leben bleibe. Oft lässt er böse Menschen schalten und walten und verschiebt sogar das Urteil auf den Tag der allgemeinen Vergeltung. Es ist just ein klarer Beweis für die Existenz Gottes und für ein Jenseits, dass erst in einer anderen Welt die Rechtschaffenen ihren Lohn und die Bösen ihre Strafe empfangen: Das wird ihm ein Anlass sein, seiner Frau die Lehre von der Auferstehung und dem Jüngsten Gericht zu erläutern. Möge er nur selber bereuen, dann wird er wie kein anderer seiner Frau Reue predigen können.«

Dies alles wiederholte ich in englischer Sprache. Atkins sah sehr ernst drein und war ungewöhnlich betroffen (das merkten wir deutlich). Er ließ mich kaum ausreden und sagte eifrig: »Ich weiß das alles, hoher Herr, und noch viel mehr. Aber ich bin nicht frech genug, so zu meiner Frau zu sprechen, da Gott und mein eigenes Gewissen wissen – und meine Frau es unwiderlegbar bezeugen kann –, dass ich ein Leben geführt habe, als hätte ich nie von Gott oder einem Jenseits gehört. Und wenn man mir rät zu bereuen, ach!« Er seufzte tief auf, und ich sah, dass ihm die Tränen in den Augen standen. »Für mich ist das alles vorbei.« – »Vorbei, Atkins?«, sagte ich. »Was meinst du damit?« – »Ich weiß recht gut, was ich meine«, antwortete er. »Ich meine, es ist zu spät, und das trifft leider zu.«

Wort für Wort berichtete ich meinem geistlichen Freund, was Atkins gesagt hatte. Der arme Eiferer (so muss ich ihn nennen, weil er, gleichgültig zu welchem Glauben er sich bekannte, auf recht ungewöhnliche Weise um das Seelenheil seiner Mitmenschen besorgt war, und es ließe sich schwer vorstellen, dass ihm nicht auch das Heil der eigenen Seele am Herzen gelegen haben sollte), ich sage, dieser liebevolle Eiferer konnte gleichfalls die Tränen nicht zurückdämmen; aber er fasste sich schnell und sagte zu mir: »Stellt ihm nur eine Frage: Behagt es ihm, dass es zu spät sei, oder macht es ihm Kummer und er wünschte, dem wäre nicht so?« Redlich legte ich Atkins die Frage vor, und er beantwortete sie mit Leidenschaft: »Wie könnte einem

Menschen ein Zustand behagen, der ganz sicher mit der ewigen Verdammnis enden muss?« Weit davon entfernt, Behagen an seiner Lage zu finden, sei er im Gegenteil fest davon überzeugt, sie werde ihn irgendwann einmal ins Verderben stürzen.

»Was meint Ihr damit?«, fragte ich ihn. Nun ja, erwiderte er, er fürchte, dass er sich eines schönen Tages die Gurgel durchschneiden werde, um dem Schrecken ein Ende zu machen.

Als ich das alles dem Geistlichen berichtete, schüttelte er mit höchlichst besorgter Miene den Kopf, wandte sich sogleich lebhaft zu mir und sagte: »Wenn es so um ihn steht, dürft Ihr ihm versichern, dass es nicht zu spät ist. Christus wird ihm Reue gewähren. Aber bitte erklärt ihm Folgendes: Da kein Mensch anders erlöst werden kann als durch Christum und das Verdienst seiner Passion, die ihm das göttliche Erbarmen sichert, wie könnte es dann für irgendeinen Menschen zu spät sein, der Gnade teilhaftig zu werden? Bildet er sich ein, so bitterlich sündigen zu können, dass er der Macht oder dem Bereich der göttlichen Gnade entzogen sei? Bitte sagt ihm, dass vielleicht die Stunde kommen mag, da erzürnte Gnade nicht länger duldet und Gott dem Sünder kein Gehör mehr schenkt, dass es aber für die Menschen nie zu spät ist, Gnade zu erflehen. Wir, die Diener Gottes, sind beauftragt, jederzeit im Namen Jesu Christi allen, die ehrlich bereuen, Gnade zu predigen. Also ist es nie zu spät, seine Sünden zu bereuen.«

Dies alles erzählte ich Atkins, und er hörte mir mit tiefem Ernst zu, aber das Gespräch mit den anderen schien er abgebrochen zu haben, denn er sagte zu mir, er wolle jetzt erst einmal zu seiner Frau gehen und ein paar Worte mit ihr reden; also entfernte er sich für eine Weile, während wir mit den anderen redeten. Ich merkte, dass sie allesamt in religiösen Dingen von einer stupiden Unwissenheit waren, nicht viel anders als ich zu der Zeit, da ich meinem Vater weglief. Trotzdem sträubte sich keiner von ihnen, das bisher Gesagte brav anzuhören, und alle versprachen sie feierlich, mit ihren Frauen darüber zu sprechen; auch wollten sie sich Mühe geben, sie zum christlichen Glauben zu bekehren.

Als ich dem Geistlichen ihre Antworten verdolmetschte, lächelte er mir zu, schwieg jedoch ziemlich lange. Schließlich aber sagte er kopfschüttelnd: »Wir, die wir Christo dienen, können nicht weiter gehen, als zu ermahnen und zu belehren, und wenn uns sodann die Menschen willfahren, sich dem Tadel unterwerfen und das Gelöbnis ablegen, das wir von ihnen gefordert haben, ist es damit für uns abgetan: Wir müssen ihre frommen Worte für bare Münze nehmen. Aber glaubt mir, Sir, was auch immer Ihr über das bisherige Leben des Mannes, den Ihr Will Atkins nennt, erfahren haben mögt, so ist er meiner Meinung nach der einzige aufrichtige Bekenner unter ihnen, und ich halte seine Reue für echt. Ich will auch an den anderen nicht verzweifeln, aber diesem Mann sind offenbar die Augen aufgegangen und er hat den Sinn seines bisherigen Daseins begriffen. Ich bezweifle nicht, dass, wenn er daran geht, mit seiner Frau über religiöse Fragen zu sprechen, er selber durch seine eigenen Worte auf den rechten Weg geführt werden wird. Andere belehren zu wollen, ist zuweilen die beste Methode, sich selber zu belehren. Ich habe einen Mann gekannt, der nur einen recht summarischen Begriff von Glaubensdingen hatte und in seiner Lebensführung äußerst ruchlos und lasterhaft war, aber dadurch, dass er sich um die Bekehrung eines Juden bemühte, seinen Sinn dem Guten zuwandte und sich von Grund auf besserte. Wenn der arme Atkins nur erst einmal anfängt, mit seiner Frau ernsthaft über Jesum Christum zu sprechen, dann wird er, so wahr ich hier stehe, durch die Kraft seiner eigenen Worte den rechten Weg finden, in sich gehen und bereuen. Und wer weiß, was sich daraus ergeben mag?«

Nach diesem Diskurs und nachdem sie, wie oben erwähnt, versprochen hatten, ihren Frauen den Übertritt zum christlichen Glauben nahezulegen, traute er die drei Paare, aber Will Atkins und seine Frau hatten sich noch nicht wieder blicken lassen. Mein Geistlicher wartete eine Weile, dann wurde er neugierig und hätte gern gewusst, wohin Atkins verschwunden sei. Er sagte zu mir: »Ich bitte Euch, Sir, verlassen wir Euer Labyrinth und schauen wir uns um. Ich wage zu behaupten, dass wir den armen Mann irgendwo in der Nähe antreffen werden, wie er ernsthaft mit seiner Frau spricht und ihr bereits ein bisschen Religion beizubringen versucht.« Ich war nachgerade derselben Meinung, und wir machten uns gemeinsam auf den Weg. Ich führte ihn einen Pfad entlang, der nur mir bekannt und so dicht umwuchert war, dass der Blick alle Mühe hatte, das Dickicht des Laubwerks zu durchdringen – von außen her noch schwerer als aus dem Innern ins Freie hinaus. Als wir den Waldesrand erreicht hatten, sah ich Atkins und seine rothäutige Frau im Schatten eines Busches sitzen und eifrig miteinander reden. Ich blieb stehen, bis mein Geistlicher mich eingeholt hatte. Nachdem ich ihm die beiden gezeigt hatte, verweilten wir ziemlich lange und beobachteten ihr Benehmen.

Wir sahen, wie er mit ernster Miene auf die Sonne deutete, in allen vier Himmelsrichtungen, dann auf den Erdboden, dann aufs Meer hinaus, dann auf sich selber, dann auf sie, auf den Wald, auf die Bäume. »Jetzt seht Ihr«, sagte mein geistlicher Freund, »dass meine Worte sich bewahrheiten. Der Mann predigt seiner Frau das Evangelium. Passt auf – jetzt erzählt er ihr, dass Gott ihn und sie und den Himmel, die Erde, das Meer, den Wald, die

Bäume und so weiter geschaffen hat.« – »Ich glaube, Ihr habt recht«, sagte ich. Gleich darauf sprang Will Atkins auf, kniete nieder und erhob die Hände zum Himmel. Vermutlich sagte er etwas, aber wir konnten es nicht hören, die Entfernung war zu groß. Er lag nicht länger als etwa eine halbe Minute auf den Knien, setzte sich wieder zu seiner Frau und redete wie zuvor auf sie ein. Wir merkten wohl, dass die Frau ihm aufmerksam zuhörte, wussten aber nicht, ob sie selber etwas sagte. Während der arme Wicht auf den Knien lag, sah ich reichliche Tränen an den Wangen meines Geistlichen herablaufen und konnte mich selber kaum beherrschen. Es betrübte uns sehr, dass wir nicht nahe genug waren, um zu hören, was zwischen ihnen vorging.

Wir wagten uns aber nicht näher heran, aus Furcht, sie zu stören. Also beschlossen wir, uns den Abschluss dieses stummen Zwiegesprächs aus der Ferne mit anzusehen, und es sprach auch ohne den Beistand der Stimme laut und deutlich zu uns. Wie gesagt, setzte er sich wieder zu ihr, redete ernsthaft auf sie ein, und zwei oder drei Mal sahen wir, wie er sie innig umarmte. Ein andermal zog er sein Taschentuch hervor, um ihr die Augen abzuwischen, und küsste sie nachher mit einer recht ungewöhnlichen Wärme, und nach etlichen solchen Begebenheiten geschah es urplötzlich, dass er abermals aufsprang und ihr die Hand reichte, um ihr aufzuhelfen. Nachdem er sie sodann bei der Hand ein paar Schritte weit geführt hatte, knieten sie beide nieder und verharrten ungefähr zwei Minuten lang in dieser Stellung.

Mein Freund konnte nicht länger an sich halten, er rief mit lauter Stimme aus: »Sankt Paulus! Sankt Paulus! Siehe, er betet!« Ich befürchtete, Atkins würde ihn hören, deshalb bat ich ihn, sich eine Weile zu beherrschen, damit wir das Ende eines Schauspiels mit ansähen, das, wie ich gestehen muss, das rührendste und doch auch erfreulichste war, welches ich je in meinem Leben gesehen hatte. Nun denn, er nahm sich zusammen und beherrschte sich eine Weile, aber der Gedanke, dass aus der armen Heidin eine Christin wurde, versetzte ihn in einen so heftigen Freudentaumel, dass seine Selbstbeherrschung versagte: Er weinte heiße Tränen, erhob sodann die Hände und bekreuzigte sich, stieß Worte hervor, die Gott für ein so wunderbares Ereignis danken sollten, das den Erfolg unserer Bemühungen bezeugte; manches sagte er so leise, dass ich es nicht hören konnte, anderes wieder vernehmlich auf Lateinisch oder auf Französisch. Zwei- oder dreimal unterbrachen ihn die Freudentränen und brachten ihn zum Schweigen. Wieder bat ich ihn, sich zu fassen und zusammen mit mir genauer zu beobachten, was sich vor unseren Augen abspielte. Eine Zeit lang nahm er sich zusammen. Der Auftritt war noch nicht zu Ende. Nachdem der arme Mann und seine Frau aufgestanden waren, sahen wir, dass er noch immer eifrig auf sie einredete, und ihre Gebärden verrieten uns, dass ihr das, was er sagte, zu Herzen ging: Sehr oft erhob sie die Arme zum Himmel, legte die rechte Hand an die Brust und was dergleichen Gebärden mehr sind, wie sie gewöhnlich tiefen Ernst und große Aufmerksamkeit bezeigen. Das dauerte etwa eine Viertelstunde. Dann gingen sie weg, sodass wir ihr weiteres Verhalten nicht mehr beobachten konnten.

Ich benützte dieses Intervall, um mit meinem Geistlichen zu sprechen. Zuerst einmal sagte ich ihm, ich sei froh über den Vorgang, dessen wir beide Zeugen gewesen waren. Obgleich ich in solchen Fällen alles eher als leichtgläubig sei, begänne ich allmählich zu glauben, beide, der Mann wie die Frau, meinten es ehrlich, mochten sie noch so unwissend sein. Hoffentlich werde der gute Anfang zu einem noch glücklicheren Ende führen. »Und wer weiß«, fügte ich hinzu, »ob nicht diese beiden mit der Zeit durch Belehrung und Beispiel auch einige der anderen beeinflussen werden!« – »Einige?«, sagte er und wandte sich hastig zu mir. »Nein, alle! Verlasst Euch darauf: Wenn diese beiden Wilden – denn auch er war, nach Eurem Bericht zu schließen, wenig mehr als ein Heide – sich zu Jesu Christo bekennen sollten, werden sie nicht eher ruhen und rasten, als bis sie auch alle die anderen bekehrt haben. Wahrer Glaube will sich mitteilen, und wer erst einmal ein Christ geworden ist, wird, so es in seiner Macht steht, keinen Heiden ungeschoren lassen.« Ich gab zu, dass das echt christliche Denkungsart sei und sowohl von wahrem Glaubenseifer als auch von Herzensgüte zeuge. »Aber, mein Freund«, fuhr ich fort, »erlaubt mir, auf eine Schwierigkeit hinzuweisen. Ich wüsste nicht, was auch nur im Geringsten gegen die liebevolle Besorgnis einzuwenden wäre, mit der Ihr versucht, die armen Menschen vom Heidentum zum christlichen Glauben zu bekehren. Wie aber kann Euch das ein Trost sein, solange diese selben Menschen sich nicht im Schoß der katholischen Kirche befinden, ohne die es Eurer Auffassung nach keine Erlösung gibt, und in Euren Augen reine Ketzer sind, ebenso hoffnungslos verloren wie die Heiden selbst, wenn auch aus anderen Gründen?«

Diese Frage beantwortete er mit äußerstem Freimut und christlicher Nächstenliebe folgendermaßen: »Sir, ich gehöre der römisch-katholischen Kirche und dem Orden des heiligen Benedikt an und bekenne mich zu den Grundsätzen des katholischen Glaubens. Dennoch, wenn Ihr mir Glauben schenken und mir nicht zutrauen wollt, ich sagte es nur, um Euch ein Kompliment zu machen oder aus Rücksicht auf meine Lage und Euere Artigkeiten, dennoch, sage ich, betrachte ich Euch, der Ihr Euch einen Reformierten nennt, nicht ohne Nächstenliebe. Ich wage nicht zu behaupten – obwohl ich weiß, dass es ganz allgemein unserer Ansicht entspricht –, ich wage, sage ich, nicht zu behaupten, Ihr hättet Euer Seelenheil verwirkt. Ich will auf keinen Fall der Gnade Christi so enge Grenzen setzen, dass ich mir einbildete, er könne Euch nicht auf eine für uns nicht wahrnehmbare und unerforschliche Weise in den Schoß seiner Kirche aufnehmen, und ich hoffe, dass Ihr uns die gleiche Nächstenliebe entgegenbringt. Täglich bitte ich darum, dass ihr alle zur Kirche Christi heimkehren möget, auf welche Weise auch immer der allwissende Gott euch lenken möge. Inzwischen werdet Ihr mir als einem Katholiken zutrauen, dass er zwischen einem Protestanten und einem Heiden zu unterscheiden wisse, zwischen einem Menschen, der Jesum Christum verehrt, wenn auch auf eine Weise, die nach meiner Meinung nicht dem wahren Glauben gemäß ist, und einem Wilden, einem Barbaren, der keinen Gott, keinen Christus, keinen Erlöser kennt. Und wenn Ihr nicht im Schoß der Mutter Kirche weilt, so seid Ihr doch hoffentlich näher daran, in ihn zurückzukehren, als jene, die von Gott und seiner Kirche nichts wissen. Deshalb juble ich, wenn ich diesen armen Mann, der, wie Ihr sagt, ein ruchloser Sünder und fast ein Mörder war, hinknien und Jesum Christum anbeten sehe, wie er's vermutlich getan hat, ob auch noch nicht völlig erleuchtet – weil ich glaube, dass Gott, von dem alle solche Werke ausgehen, fühlbar sein Herz anrühren und ihn, wenn er die Stunde für gekommen hält, zur vollen Erkenntnis seiner Wahrheit führen wird. Wenn Gott den armen Mann dazu bewegt, seine Frau, die unwissende Wilde, zu bekehren und zu belehren, kann ich nie und nimmer glauben, dass er selber verworfen sein sollte. Habe ich nicht allen Grund, mich zu freuen, wenn eine Seele der Erkenntnis Christi näher gebracht wird, mag sie auch nicht zu der Stunde, die ich mir wünschte, in den Schoß der katholischen Kirche zurückkehren? Überlassen wir es der Güte Christi, sein Werk zu der ihm genehmen Zeit und auf seine Art zu vollenden. Sicherlich würde ich frohlocken, wenn alle die Wilden Amerikas so wie diese arme Frau dazu bewogen werden könnten, Gott anzubeten, auch wenn sie anfangs lauter Protestanten sein würden, lieber, als dass sie im Heidentum und Götzendienst verharrten, da ich doch fest überzeugt bin, dass er, der ihnen das erste Licht gebracht hat, sie auch weiterhin mit einem Strahl seiner himmlischen Gnade erleuchten und sie in den Schoß der Kirche führen wird, zu der Stunde, die ihm gut dünkt.«

Ich wunderte mich über die Aufrichtigkeit und die Gemütsart dieses wahrhaft frommen Papisten ebenso sehr, wie mich die Kraft seiner Argumentation bedrückte. Sogleich überlegte ich mir, wenn solche Denkungsart allgemein vorherrschend wäre, würden wir alle vielleicht lauter Katholiken sein, welcher Kirche und welchem besonderen Glauben auch immer wir angehören mochten. Der Geist der Nächstenliebe würde uns alle sehr bald zu den richtigen Grundsätzen erziehen. Mit einem Wort: So wie er meinte, dergleichen Nächstenliebe werde aus uns lauter Katholiken machen, so war ich, wie ich zu ihm sagte, der Meinung, wenn alle Mitglieder seiner Kirche dergleichen Mäßigung bezeigten, würden sie alle sehr bald lauter Protestanten sein. Dabei ließen wir es bewenden, weil wir uns auf keinen Disput einlassen wollten.

Aber ich nahm ihn bei der Hand und fügte hinzu: »Lieber Freund, ich wollte, die gesamte Klerisei der katholischen Kirche wäre mit so großer Mäßigung gesegnet und Eurer Nächstenliebe teilhaftig. Ich bin durchaus Eurer Meinung, aber wenn Ihr solche Lehren in Spanien oder Italien predigen wolltet, würde man Euch sicherlich der Inquisition ausliefern.«

»Das mag stimmen«, entgegnete er, »ich weiß nicht, was sie in Spanien oder Italien tun würden, aber ich kann nicht behaupten, dass sie dank dieser Strenge bessere Christen sein würden. Ich bin nämlich sicher, dass allzu große Nächstenliebe nichts mit Ketzerei zu tun hat.«

Da nun Will Atkins und seine Frau sich entfernt hatten, hatten wir hier nichts mehr zu suchen. Wir kehrten auf unserem besonderen Pfad zurück. Sie warteten bereits darauf, aufgerufen zu werden. Ich fragte meinen geistlichen Freund, ob wir Will Atkins verraten sollten, dass wir ihn unterm Busch hatten sitzen sehen. Er war dagegen. Wir sollten aber zuerst mit ihm reden und hören, was er zu sagen habe. Also riefen wir ihn allein abseits und waren zu dritt. Ich eröffnete folgendermaßen unser Gespräch:

»Will Atkins, bitte, was für eine Erziehung habt Ihr genossen? Was war Euer Vater?«

W. A.: Ein besserer Mann, Sir, als ich es je sein werde. Mein Vater war ein Geistlicher.

R. C.: Was für eine Erziehung hat er Euch angedeihen lassen?

W. A.: Er würde mich gut erzogen haben, Sir, aber ich verachtete alle Art von Erziehung, Belehrung oder Zurechtweisung, weil ich wie ein wildes Tier war.

R. C.: Freilich sagt Salomo: Wer des Tadels nicht achtet, der gleicht einem wilden Tier.

W. A.: Ja, Sir, ein wildes Tier war ich in der Tat, ich habe meinen Vater ermordet. Um Gottes willen, Sir, sprecht nicht mehr darüber, Sir. Ich habe meinen armen Vater ermordet.

Pr.: Ha! Ein Mörder!*

* Hier zuckte der Priester zusammen (ich übersetzte ihm alles Wort für Wort) und wurde bleich. Er scheint geglaubt zu haben, Will habe tatsächlich seinen leiblichen Vater ermordet.

R. C.: Nein, nein, Sir, nicht so hab ich es aufgefasst. Will Atkins, erklärt Euch – Ihr habt doch nicht Euren leiblichen Vater mit eigenen Händen getötet!

W. A.: Nein, Sir, ich habe ihm nicht die Gurgel durchschnitten, aber ich habe ihm den Faden aller seiner Freuden abgeschnitten und seine Tage verkürzt. Ich brach ihm das Herz durch meinen Undank, mit dem ich ihm auf schändliche Weise die liebevollste, zärtlichste Behandlung lohnte, die je ein Vater seinem Kind erwiesen oder ein Kind je empfangen hat.

R. C.: Nicht um dieses Geständnis zu erpressen, habe ich mich nach Eurem Vater erkundigt. Ich bete zu Gott, er möge Euch Reue gewähren und Euch diese und alle anderen Sünden vergeben. Ich habe nur gefragt, weil ich sehe, dass Ihr zwar nicht viel Wissen besitzt, aber doch in frommen Dingen nicht so unwissend seid wie so mancher andere, dass Euch weit mehr an religiöser Lehre zu Ohren gekommen ist, als Ihr in die Tat umgesetzt habt.

W. A.: Wenn auch nicht Ihr es wart, Sir, der mir das Geständnis meiner Versündigung an meinem Vater entlockt hat, so war's mein Gewissen. Wann immer wir Gelegenheit finden, auf unser Leben zurückzublicken, bedrücken uns sicherlich zuallererst die Sünden wider unsere nachsichtigen Eltern. Die Wunden, die sie geschlagen, sind die tiefsten, und die Bürde, die sie hinterlassen, wird unter all den Sünden, die wir begehen können, am schwersten auf uns lasten.

R. C.: Ihr redet nur viel zu gefühlvoll und verständig, Atkins – ich kann es nicht ertragen.

W. A.: Ertragt es nur, mein Gebieter! Ich wage zu behaupten, Euch ist das alles fremd.

R. C: Atkins, jedes Ufer, jeder Hügel, nein, ich darf sagen, jeder Baum auf dieser Insel ist Zeuge meiner Seelenangst, die mich quält, weil ich einen guten, zärtlichen Vater undankbar und schlecht behandelt habe, einen Vater, der nach Eurer Beschreibung dem Euren ähnelte. Ich habe genauso wie Ihr, Atkins, den Vater ermordet, aber ich fürchte auch, dass meine Reue erheblich geringer ist als die Eure.*

Dies alles unterbreitete ich dem jungen Geistlichen, der tief gerührt war und zu mir sagte: »Habe ich nicht gesagt, Sir, dass dieser Mann, wenn er sich erst einmal bekehrt hat, uns allen ein Prediger sein wird? Ich sage Euch, Sir,

* Ich hätte noch mehr dazu gesagt, wenn ich meine Gefühle hätte bezähmen können, aber ich hielt die Reue dieses armen Mannes für so viel aufrichtiger als die meine, dass ich nahe daran war, das Gespräch abzubrechen und mich zurückzuziehen. Was er sagte, hatte mich in Erstaunen versetzt. Ich sagte mir: Statt dass ich ihn belehrte und unterwies, wurde er auf eine erstaunliche und unerwartete Weise zu meinem Lehrer und Präzeptor.

wenn dieser eine Mann seine Sünden aufrichtig bereut, wird man mich nicht mehr benötigen. Er wird alle Bewohner dieser Insel zum Christentum bekehren.« Nachdem ich mich ein wenig gefasst hatte, setzte ich das Gespräch mit Will Atkins fort.

»Aber, Will«, sagte ich, »wie kommt es, dass Euch der Sinn der Sache gerade jetzt zu Herzen geht?«

W. A.: Sir, Ihr habt mir eine Aufgabe übertragen, die wie ein Pfeil meine Seele durchbohrt hat. Ich habe mit meiner Frau über Gott und die Religion gesprochen, um, Eure Weisung befolgend, eine Christin aus ihr zu machen, und sie hat mir eine Predigt gehalten, wie ich sie bis an mein Lebensende nicht vergessen werde.

R. C.: Nein, nein, nicht Eure Frau hat Euch eine Predigt gehalten. Als Ihr Eurer Frau mit religiösen Argumenten kamt, hat Euer Gewissen dieselben auf Euch zurückgeschleudert.

W. A.: Ja, Sir, mit einer unwiderstehlichen Wucht.

R. C.: Bitte, Will, teilt uns mit, was sich zwischen Euch und Eurer Frau abgespielt hat. Zum Teil wissen wir es bereits.

W. A.: Sir, es ist mir nicht möglich, Euch einen vollständigen Bericht zu erstatten. Das Herz läuft mir über, und dennoch kann meine Zunge es nicht ausdrücken. Aber sie mag gesagt haben, was sie will, und obwohl ich es Euch nicht schildern kann, so will und kann ich eines sagen, nämlich dass ich entschlossen bin, mich zu bessern und meinen Lebenswandel zu ändern.

R. C.: Erzählt uns doch das eine oder andere. Wie hat es angefangen, Will? Es ist das sicherlich ein außergewöhnlicher Fall gewesen. In der Tat muss sie Euch eine gute Predigt gehalten haben, wenn die Wirkung auf Euch eine so gewaltige war.

W. A.: Zuerst legte ich ihr das Wesen unseres Eherechts dar und seine Gründe, dass Mann und Frau verpflichtet sind, ein Abkommen zu treffen, das zu brechen weder in seiner noch in ihrer Macht steht, dass anders Ordnung und Gerechtigkeit nicht gewahrt werden können. Die Männer würden ihren Frauen weglaufen und ihre Kinder im Stich lassen, sich wahllos miteinander vermischen, und es könnten weder die Familien erhalten bleiben noch die Hinterlassenschaften nach rechtmäßiger Erbfolge geregelt werden.

R. C.: Ihr redet wie ein ausgepichter Kenner des Privatrechts, Will. Konntet Ihr Eurer Frau verständlich machen, was mit Nachlassenschaft und Familie gemeint ist? Dergleichen ist den Wilden unbekannt, sie heiraten einander ohne Rücksicht auf Verwandtschaftsverhältnisse, Blutsbande oder Familienzugehörigkeit – Bruder und Schwester, ja, wie man mir erzählt hat, sogar Vater und Tochter, Sohn und Mutter.

W. A.: Ich glaube, Sir, Ihr seid schlecht unterrichtet. Meine Frau versichert mir das Gegenteil und dass sie solches verabscheuten. Vielleicht nehmen sie entferntere Verwandtschaftsgrade nicht so genau wie wir, aber meine Frau sagt, wenn es sich um die nahe Verwandtschaft handelt, von der Ihr gesprochen habt, rühre keiner den anderen an.

R. C.: Nun, was hat sie Euch geantwortet?

W. A.: Dass das, was ich sagte, ihr gut gefällt, dass es viel besser sei als in ihrem Land.

R. C.: Habt Ihr Eurer Frau erklärt, was eine Ehe bedeutet?

W. A.: Ja, freilich, damit hat das Gespräch begonnen. Ich habe sie gefragt, ob sie auf unsere Weise mit mir getraut werden will. Sie fragte, was das für eine Art und Weise sei. Ich sagte zu ihr, Gott hat die Ehe gestiftet. Und nun entspann sich in der Tat eine merkwürdige Zwiesprache, so merkwürdig, wie sie wohl noch nie ein Mann und eine Frau miteinander geführt haben.

Notabene: Dieses Gespräch zwischen W. Atkins und seiner Frau, wie ich es, gleich nachdem er mir's berichtet, schriftlich festgehalten habe, lautete folgendermaßen:

Frau: Von eurem Gott gestiftet! Ach, habt ihr einen Gott in eurem Land?

W. A.: Ja, meine Liebe, Gott ist in jedem Land.

Frau: Nicht euer Gott in meinem Land. Mein Land hat den großen alten Benamucki-Gott.

W. A.: Kind, ich bin schlecht dazu geeignet, dir zu zeigen, wer Gott ist. Gott wohnt im Himmel, er hat Himmel und Erde und das Meer und alles, was darin enthalten ist, geschaffen.

Frau: Nicht die Erde geschaffen, nein, euer Gott hat alle Erde geschaffen, nicht mein Land.*

Frau: Nicht lachen, warum auf mich lachen? Das ist nicht zu lachen.**

W. A.: Sehr wahr, in der Tat. Ich werde nicht mehr lachen, meine Liebe.

Frau: Warum sagst du, dein Gott hat alles geschaffen?

W. A.: Ja, Kind, unser Gott hat die ganze Welt erschaffen, dich und mich und alle Dinge, denn er ist der einzige wahre Gott, es gibt keine Götter neben ihm, er wohnt ewiglich im Himmel.

Frau: Warum du mir das nicht schon vor Langem erzählt?

W. A.: Richtig – aber ich war ein schlechter Mensch. Ich hatte nicht nur vergessen, dir irgendetwas zu erzählen, sondern habe selber ein gottloses Leben geführt.

* W. A. lachte ein wenig über ihre Behauptung, Gott habe nicht auch ihr Land geschaffen.

** Dieser Vorwurf war berechtigt. Anfangs nahm sie es ernster als er.

Frau: Wie, du den großen Gott in deinem Land hast, du ihn nicht kennst? Nicht Oh zu ihm sagst? Nichts Gutes für ihn tust? Das ist nicht möglich!

W. A.: Es ist leider nur allzu wahr. Wir leben trotz allem so, als gäbe es keinen Gott im Himmel oder als hätte er auf Erden keine Macht.

Frau: Aber warum Gott dich lässt so leben? Warum er dich nicht lehrt ein gutes Leben führen?

W. A.: Es ist ausschließlich unsere Schuld.

Frau: Aber du sagst, er ist groß, sehr groß, große Macht hat, totmachen kann, wenn er will. Warum Gott dich nicht totmacht, wenn du ihm nicht dienst, nicht Oh zu ihm sagst, nicht guter Mensch bist?

W. A.: Das fragst du mit Recht. Er könnte mich auf der Stelle tot umfallen lassen, und darauf müsste ich gefasst sein, weil ich ein elender Wicht war, ganz gewiss. Aber Gott ist barmherzig und behandelt uns nicht so, wie wir's verdient hätten.

Frau: Aber dann du nicht auch Gott dafür dankst?

W. A.: Nein, ich habe Gott nicht für seine Gnade gedankt, ebenso wenig, wie ich mich vor seiner Macht gefürchtet habe.

Frau: Dann ist dein Gott kein Gott. Ich nicht meine, glaube, er ist so, viel große Macht, stark. Nicht dich totmachen, obschon du ihn zornig machst.

W. A.: Wie! Soll mein ruchloses Leben dich davon abhalten, an Gott zu glauben? Was bin ich doch für ein erbärmliches Geschöpf! Und was ist es doch für eine traurige Wahrheit, dass der abscheuliche Lebenswandel der Christen die Bekehrung der Heiden verhindert!

Frau: Wie soll ich glauben, du hast viel großen Gott* dort oben und doch nicht gut tust, nichts Gutes tust? Er weiß es? Er bestimmt nicht weiß, was du tust.

W. A.: Doch, doch, er weiß und sieht alles. Er hört uns reden, sieht, was wir tun, weiß, was wir denken, auch wenn wir schweigen.

Frau: Wie? Er hört dich nicht fluchen, schimpfen, groß verdammen?

W. A.: Doch, doch – er hört alles.

Frau: Wo ist dann also die viel große Macht, so stark?

W. A.: Er ist barmherzig, mehr können wir dazu nicht sagen. Und dadurch erweist er sich als der wahre Gott. Er ist Gott und kein Mensch. Deshalb bleiben wir verschont.**

* Sie deutet in den Himmel hinauf.

** Hier berichtete uns Will Atkins, er sei entsetzt gewesen bei dem Gedanken, wie er imstande sei, seiner Frau so deutlich vorzuhalten, dass Gott unsere geheimen Gedanken und alles, was wir tun, sieht und hört und kennt, und wie er es dennoch gewagt hatte, alle die Missetaten zu begehen, deren er sich schuldig gemacht hatte.

Frau: Barmherzig! Was nennst du barmherzig?

W. A.: Er ist unser Vater und Schöpfer, er hat Mitleid mit uns, er schont uns.

Frau: Also er nie totmachen, nie zornig, wenn ihr böse seid. Dann ist er selber nicht gut oder nicht viel tüchtig.

W. A.: Doch, doch, meine Liebe, er ist von unendlicher Güte und von unendlicher Größe und auch fähig zu strafen. Manchmal, um seine Gerechtigkeit und Rache zu zeigen, lässt er seinem Zorn freien Lauf, erschlägt den Sünder und statuiert ein Exempel. Viele werden mitten in ihren Sünden dahingerafft.

Frau: Aber er hat dich noch nicht totgemacht, dann er dir vielleicht gesagt hat, dass er dich nicht totmacht, so hast du mit ihm einen Handel geschlossen, du tust Böses, er ist auf dich nicht zornig, wenn er auf andere Menschen zornig ist.

W. A.: Nein, keineswegs, alle meine Sünden sind ein Missbrauch seiner Güte, und er würde unendlich gerecht handeln, wenn er mich erschlüge, so wie er andere erschlagen hat.

Frau: Gut, und wenn er dich doch nicht totmacht, dich nicht totschlägt, was sagst du zu ihm, du ihm nicht auch für das alles dankst?

W. A.: Ich bin leider ein undankbarer, verstockter Bösewicht.

Frau: Warum? Warum hat er dich nicht viel gut, viel besser gemacht, wenn du sagst, er hat dich geschaffen.

W. A.: Er hat mich geschaffen, so wie er die ganze Welt geschaffen hat. Ich aber habe mich selbst verstümmelt, ich habe seine Güte missbraucht und bin zu einem abscheulichen Wicht geworden.

Frau: Ich wünsche, dass du mich mit Gott bekannt machst, ich werde ihn nicht zornig machen, ich werde keine schlechten, bösen Dinge tun.

Hier, sagte Will Atkins, habe ihn fast der Mut verlassen, da er hörte, wie ein armes, unwissendes Geschöpf den Wunsch äußerte, Gott kennenzulernen, und da er in seiner Erbärmlichkeit kein Wort über Gott zu ihr sagen konnte, ohne dass das Verdammungsurteil über sein eigenes Betragen ihr sogleich den Glauben als sinnlos erscheinen ließe. Ja, sie hatte doch schon erklärt, sie könne nicht an einen Gott glauben, der ihn, diesen so überaus schlechten Menschen, nicht längst bestraft habe.

W. A.: Meine Liebe, du meinst, ich sollte dich lehren, Gott kennenzulernen, nicht aber Gott mit dir bekannt machen. Er kennt dich bereits, er kennt jeden deiner Gedanken.

Frau: Wie denn? Er weiß, was ich jetzt zu dir sage? Er weiß, dass ich mir wünsche, ihn zu kennen? Wie soll er mich kennen, er, der mich geschaffen hat?

W. A.: Armes Wesen, *er* muss es dich lehren, *ich* kann es dich nicht lehren. Ich werde ihn bitten, dass er dich lehre, ihn kennenzulernen, und dass er mir verzeihe, weil ich nicht würdig bin, es dich zu lehren.

Der arme Mann war so verzweifelt, als sie von ihm verlangte, er möge sie mit Gott bekannt machen – sie wünsche, ihn kennenzulernen –, dass er, wie er sagte, niederkniete und Gott anflehte, er möge ihren Sinn mit der erlösenden Erkenntnis Jesu Christi erleuchten und ihm, Atkins, seine Sünden verzeihen und ihn das unwürdige Werkzeug sein lassen, sie in den Grundsätzen des Glaubens zu unterweisen. Sodann setzte er sich wieder zu ihr, und das Zwiegespräch ging weiter. *NB.* Das war der Augenblick, als wir ihn niederknien und die Hände zum Himmel erheben sahen.

Frau: Warum legst du das Knie hin? Warum hebst du die Hand? Was sagst du? Mit wem sprichst du? Was soll das alles bedeuten?

W. A.: Meine Liebe, ich beuge das Knie zum Zeichen meiner Unterwerfung unter ihn, der mich geschaffen hat. Ich habe Oh zu ihm gesagt, wie du es nennst – genauso wie eure Alten, von denen du mir erzählt hast, vor ihrem Götzen Benamucki –, das heißt, ich habe zu ihm gebetet.

Frau: Warum sagst du Oh zu ihm?

W. A.: Ich habe ihn gebeten, dir die Augen und den Sinn zu öffnen, damit du ihn kennenlernst und von ihm in Gnaden aufgenommen wirst.

Frau: Kann er auch das tun?

W. A.: Ja, er kann's, er kann alles.

Frau: Aber er hört jetzt, was du sagst?

W. A.: Er hat uns zu beten befohlen und hat versprochen, uns zu hören.

Frau: Dir befohlen zu beten? Wann hat er es dir befohlen? Wie hat er es dir befohlen? Wie? Hast du ihn sprechen hören?

W. A.: Nein, wir hören ihn nicht sprechen, aber er hat sich uns auf vielerlei Weise offenbart.

Hier wusste er nicht, wie er ihr begreiflich machen sollte, dass Gott sich uns durch sein Wort offenbart habe und was Gottes Wort sei: Schließlich aber erklärte er es folgendermaßen:

W. A.: Gott hat in früheren Tagen zu einigen guten Menschen geredet, sogar aus dem Himmel herab, mit schlichten Worten. Er hat gute Menschen durch seinen Geist erleuchtet. Und diese Menschen haben alle seine Gebote in einem Buch aufgeschrieben.

Frau: Das verstehe ich nicht. Wo ist das Buch?

W. A.: Ach, mein armes Wesen, ich besitze es leider nicht. Hoffentlich werde ich es irgendwann einmal beschaffen können und dir helfen, es zu lesen.

Hier umarmte er sie liebevoll, aber unsäglich bekümmert, weil er keine Bibel besaß.

Frau: Aber wie soll ich wissen, dass Gott sie gelehrt hat, das Buch zu schreiben?

W. A.: Nach der gleichen Richtschnur, die uns sagt, dass er der Herr ist.

Frau: Was für eine Richtschnur, wieso wisst ihr, dass er der Herr ist?

W. A.: Weil er nur Gutes lehrt und anbefiehlt, nur Rechtschaffenes und Heiliges, und weil er danach trachtet, uns zu vollkommen guten und auch vollkommen glücklichen Menschen zu machen. Weil er uns warnt und uns befiehlt, allem Bösen aus dem Weg zu gehen, allem, was an und für sich oder in seinen Folgen schlecht ist.

Frau: Das würde ich verstehen, das würde ich wohl einsehen. Wenn er alles Gute lehrt, alles Böse verbietet, alles Gute belohnt, alles Böse bestraft, alles schafft, alles schenkt, mich hört, wenn ich Oh zu ihm sage, wie du soeben hingehst und tust – er mich gut macht, wenn ich gut sein will, er mich verschont, mich nicht totmacht, wenn ich nicht gut bin – er, wie du sagst, das alles tut und doch großer Gott ist – dann ich denke, meine, glaube, er ist großer Gott, ich mit dir, mein Lieber, will ich auch Oh zu ihm sagen.

Hier konnte der arme Mann nicht länger an sich halten. Er hob sie vom Boden auf, ließ sie an seiner Seite niederknien und betete laut zu Gott, Er möge sie durch seinen Geist in der Erkenntnis Seiner selbst unterweisen und dass sie doch durch die Güte der Vorsehung irgendwann einmal in den Besitz einer Bibel gelange, damit sie das Gotteswort lese und aus ihm lerne, Ihn zu erkennen.

Das war der Augenblick gewesen, da wir sahen, wie er sie bei der Hand nahm und neben ihr niederkniete (siehe oben).

Nachher hatten sie anscheinend noch weitere Gespräche miteinander geführt, die aber zu lang waren, als dass ich sie hier wiedergeben könnte. Insbesondere musste er ihr versprechen, da seinem eigenen Geständnis nach sein bisheriges Leben eine ruchlose, abscheuliche Herausforderung Gottes gewesen war, sich zu bessern und Gott nicht länger zu erzürnen, damit er ihn nicht am Ende »totmache«, wie sie sich ausdrückte; dann würde sie allein zurückbleiben und Gott, den Herrn, nie besser kennenlernen – und damit er nicht nach dem Tod dem Verderben anheimfalle, das, wie er ihr erzählt hatte, den Bösen droht.

Das war ein seltsamer Bericht, den wir beide sehr rührend fanden, und der vor allem dem jungen Geistlichen zu Herzen ging. Er wunderte sich über alle Maßen, aber es tat ihm bitter leid, dass er nicht selber mit ihr reden konnte, dass er nicht Englisch konnte, um sich ihr verständlich zu machen; und da sie nur gebrochen englisch sprach, konnte er sie nicht verstehen. Jedoch wandte er sich zu mir und sagte, seiner Meinung nach müsse mit dieser Frau mehr anzufangen sein, als sie nur zu trauen. Zuerst verstand ich ihn nicht, schließlich aber erklärte er, was er meinte, nämlich dass sie getauft werden müsste.

Damit erklärte ich mich gern einverstanden. Ich war dafür, sogleich ans Werk zu gehen. »Nein, nein, Sir, halt!«, sagte er. »Obwohl ich sie unter allen Umständen getauft sehen möchte, da Will Atkins, ihr Gatte, sie wahrlich auf eine wunderbare Weise an den christlichen Glauben herangeführt und ihr richtige Begriffe von Gott, seiner Macht, seiner Gerechtigkeit, seiner Barmherzigkeit beigebracht hat, so muss ich doch einen Vorbehalt machen. Ich möchte ihn fragen, ob er mit ihr über Jesum Christum gesprochen hat, über die Erlösung der Sünder, über das Wesen des Glaubens an den Erlöser, über den Heiligen Geist, die Auferstehung, das Jüngste Gericht und das Jenseits.«

Wieder ließ ich Will Atkins rufen und fragte ihn. Der arme Kerl aber brach sogleich in Tränen aus und erwiderte, er habe das alles ihr gegenüber erwähnt, aber er selber sei ein so elendiges Geschöpf und sein Gewissen werfe ihm so unerbittlich sein grässlich gottloses Leben vor, dass er vor Furcht bebe, ihr Wissen um seine Sünden würde die Aufmerksamkeit mindern, die sie anders diesen Dingen entgegengebracht hätte, und sie veranlassen, den christlichen Glauben eher zu verschmähen als anzunehmen. Er sei jedoch, sagte er, ganz sicher, dass sie offenen Sinnes und für alle diese Lehren empfänglich wäre, ich brauchte nur selber mit ihr zu reden, dann würde sich zu meiner vollen Zufriedenheit zeigen, dass meine Mühe bei ihr nicht verloren gewesen sei.

Demgemäß ließ ich sie holen, und indem ich als Vermittler zwischen der Frau und meinem frommen Gottesmann diente, bat ich ihn, mit ihr zu beginnen. Aber so eine Predigt wurde wohl noch nie in diesen späteren Tagen der Welt von einem papistischen Priester gehalten! Ich sagte offen zu ihm, meiner Meinung nach besitze er all den Eifer, all das Wissen, all die Aufrichtigkeit eines Christen, ohne in die Irrtümer eines Katholiken zu verfallen. In meinen Augen sei er mit den römischen Bischöfen aus jener Zeit zu vergleichen, da die Kirche Roms noch nicht die geistliche Suprematie über das Gewissen der Menschen für sich in Anspruch nahm.

Mit einem Wort, er brachte die arme Frau so weit, dass sie sich zu Christo und der durch ihn bewirkten Erlösung bekannte, nicht nur verwundert und erstaunt, wie sie den ersten Begriff von einem Herrgott entgegengenommen hatte, sondern freudig und gläubig, mit einer Liebe und einem überraschenden Grad von Verständnis, wie man sie sich kaum vorstellen, geschweige denn schildern kann. Auf ihren eigenen Wunsch wurde sie getauft.

Als mein geistlicher Freund sich anschickte, sie zu taufen, bat ich ihn, die Zeremonie mit einiger Vorsicht zu vollziehen, damit der Mann nicht merke, er, der Priester, sei römisch-katholisch; Meinungsverschiedenheiten in just der Religion, die wir den anderen predigten, könnten üble Folgen haben. Er erwiderte, da ihm keine geweihte Kapelle und keine Taufgeräte zur Verfügung stünden, würde ich schon sehen, wie er's auf eine Art und Weise verrichte, die nicht einmal mir, hätte ich's nicht schon gewusst, verraten würde, dass er Katholik sei, und so geschah es denn auch. Nachdem er einige lateinische Wörter vor sich hin gemurmelt hatte, die ich nicht verstehen konnte, goss er eine ganze Schüssel Wasser auf dem Kopf der Frau aus und sagte laut auf Französisch: »Mary« – das war der Name, den ich als der Taufpate ihr auf Wunsch ihres Mannes beigelegt hatte – »ich taufe dich im Namen des Vaters, des Sohnes und des Heiligen Geistes.« Daraus konnte niemand ersehen, welchem Glaubensbekenntnis er angehörte. Nachher sprach er den Segen auf Lateinisch. Will Atkins aber hielt es für Französisch, oder er beachtete es nicht.

Darauf wurden die beiden getraut. Nach vollzogener Trauung wandte er sich zu Will Atkins und ermahnte ihn aufs Liebevollste, nicht nur in der frommen Bereitschaft, in der er sich jetzt befinde, zu verharren, sondern auch die neu errungene Überzeugung durch den Entschluss zu stützen, seinen Lebenswandel zu ändern, sagte zu ihm, eitel wäre die Behauptung, er habe seine Sünde bereut, wenn er nicht allen Verbrechen entsagte, legte ihm dar, wie Gott ihm die Ehre erwiesen habe, seine Frau zur Erkenntnis des christlichen Glaubens zu bringen, und er möge sich davor hüten, die Gnade Gottes zu beflecken; sonst würde sich zeigen, dass der Heide ein besserer Christ sei als er: der Wilde bekehrt, das Werkzeug weggeworfen.

Er sagte zu beiden noch viele fromme Dinge, empfahl sie mit wenigen Worten der Güte Gottes und segnete sie abermals. Alles, was er sagte, wiederholte ich ihnen auf Englisch, und damit war die Zeremonie vorbei. Ich glaube, das war der angenehmste, erfreulichste Tag, den ich je erlebt habe.

Aber mein geistlicher Freund gab sich noch immer nicht zufrieden. Seine Gedanken kreisten unaufhörlich um die Bekehrung der siebenunddreißig Wilden. Gern wäre er auf der Insel geblieben, um dieses Werk in Angriff zu nehmen. Ich aber überzeugte ihn davon, erstens, dass sein Vorhaben an und für sich undurchführbar sei, zweitens, dass ich dafür sorgen würde, das fromme Werk in seiner Abwesenheit zu seiner Zufriedenheit vollbringen zu lassen. Darüber allmählich mehr.

Nachdem ich solchermaßen meine Geschäfte auf der Insel fast zur Gänze bereinigt hatte, wollte ich an Bord gehen, als der junge Mann, den ich vor dem Hungertod errettet, zu mir kam und zu mir sagte, er habe gehört, dass ich einen Geistlichen bei mir hätte und die Engländer mit den Indianerinnen, die sie als ihre Frauen bezeichneten, hätte trauen lassen. Auch er plane eine eheliche Verbindung, die er gern vollzogen sehen möchte, bevor ich mich entfernte, eine Verbindung zwischen zwei Christen, die mir hoffentlich nicht zuwider sein werde.

Ich wusste, es müsse sich um die junge Frau handeln, die seiner Mutter Dienerin gewesen war, denn es gab ja keine andere Christin auf der Insel, also begann ich, ihm gut zuzureden, er möge keinen übereilten Schritt tun, nur aus dem einen Grund, weil er sich einsam fühle. Ich hielt ihm vor, dass er beträchtliches Gut und auch gute Freunde auf Erden besitze, soweit er selber und auch seine Magd es mir zu verstehen gegeben hätten – dass die Magd nicht nur arm und dienenden Standes sei, sondern außerdem ihm keineswegs ebenbürtig, nämlich sechs- oder siebenundzwanzig Jahre alt, während er nicht älter sei als siebzehn oder achtzehn – dass er sehr wahrscheinlich mit meinem Beistand eines Tages diese Wildnis verlassen und in die Heimat zurückkehren und sodann seine Wahl bereuen werde, möchte ich's doch tausend zu eins wetten – und dass der Widerwille beiden zum Nachteil geraten würde. Ich wollte noch einiges mehr sagen, aber er unterbrach mich lächelnd und erwiderte mit großer Bescheidenheit, meine Vermutung sei irrig, er habe nichts dergleichen im Sinn, seine jetzige Lage sei traurig und trostlos genug. Mit Freuden habe er vernommen, dass ich gesinnt sei, ihnen ein Wiedersehen mit der Heimat zu ermöglichen. Nichts würde ihn bewegen hierzubleiben, wenn nicht die Reise, die ich vorhätte, so weit und gefährlich wäre und ihn so gänzlich dem Bereich aller seiner Freunde entziehen würde. Von mir erwünsche er sich nichts anderes, als dass ich ihm hier auf der Insel ein kleines Stück Land zuwiese, ihm ein, zwei Sklaven und ein paar lebensnotwendige Bedarfsgegenstände schenkte, damit er sich als Pflanzer niederlassen und der schönen Stunde harren könne, da ich, falls ich je nach England zurückkehrte, ihn aus seiner Not erlösen würde. Hoffentlich würde ich in der Heimat seiner gedenken. Er beabsichtige, mir etliche Briefe an seine Freunde in London mitzugeben, um ihnen mitzuteilen, wie gut ich zu ihm gewesen sei und in welcher Weltgegend und Lage ich ihn zurückgelassen hatte. Er versprach mir: Wann auch immer ich ihn wegholen würde, sollten die Pflanzung und sämtliche von ihm durchgeführten Verbesserungen, ohne Rücksicht auf ihren Wert, zur Gänze in meinen Besitz übergehen.

Seine Rede war in Anbetracht seiner Jugend wohlgesetzt und mir umso erfreulicher, als er betonte, die Verbindung betreffe nicht ihn selbst. Ich versicherte ihm auf alle erdenkliche Weise, ich würde, wenn ich die Rückkehr nach England erlebte, alsdann seine Briefe abliefern und mich um seine Angelegenheiten kümmern, und er dürfe damit rechnen, dass ich nie vergessen würde, in welcher Lage ich ihn zurückgelassen. Noch immer aber war ich voller Ungeduld zu erfahren, wer denn die für eine eheliche Verbindung vorgesehenen Personen seien. Daraufhin sagte er, es handle sich um meinen Alleskönner und Susan, die Magd.

Als ich das vernahm, war ich angenehm überrascht, weil ich diese Verbindung für durchaus passend hielt. Den Charakter des Bräutigams habe ich bereits geschildert, und was die Magd betraf, so war sie eine sehr ehrliche Haut, bescheiden, nüchtern und fromm, besaß einen guten Verstand, war von recht erfreulichem Äußeren, wusste sich trefflich und sachlich zu äußern, stets mit Anstand und guten Manieren, nicht mundfaul, wenn es etwas zu sagen galt, und nicht unverschämt vorlaut, wenn es sie nichts anging, sehr gewandt und hausmütterlich in allen Verrichtungen, eine hervorragende Haushälterin, in der Tat dazu geeignet, die ganze Insel zu verwalten; sie wusste genau, wie sie die Leute in ihrer Umgebung zu behandeln hatte (und auch Personen höheren Ranges, wenn sie welche dort angetroffen hätte).

Nachdem uns solchermaßen diese Heirat vorgeschlagen worden war, vollzogen wir noch am selben Tag die Trauung. Da ich sozusagen als Brautvater fungierte und sie ihrem Mann zur Frau gab, schenkte ich ihr eine Mitgift: ein schönes Stück Land für die gemeinsame Siedlung. Durch diese zusätzliche Heirat und die Bitte des jungen Mannes, ihm ein kleines Besitztum auf der Insel zu bewilligen, sah ich mich veranlasst, auf der Stelle die Parzellen abzugrenzen, damit nicht später Zwistigkeiten zwischen ihnen entstünden.

Die genauere Aufteilung überließ ich Will Atkins, der sich nun allerdings zu einem äußerst ernsten, besonnenen, haushälterischen Mann entwickelt hatte. Er war in sich gegangen, war brav und fromm, und soweit ich mir in einem solchen Fall ein kategorisches Urteil erlauben darf, glaube ich fest, dass er seine Sünden aufrichtig bereut hatte.

Er verteilte das Land so gerecht und zur Zufriedenheit aller Beteiligten, dass sie mich nur noch um ein von mir ausgefertigtes Dokument baten. Ich ließ es sogleich aufsetzen und versah es mit meiner Unterschrift und meinem Siegel. In diesem Schriftstück waren die Grenzen der einzelnen Pflanzungen genau verzeichnet, mit der ausdrücklichen Feststellung, dass ich hiermit ihnen allen und jedem Einzelnen Besitz und Erbrecht für sie und ihre Erben einschließlich aller Verbesserungen übertrüge, mir selber den übrigen Teil der Insel als mein Eigentum und nach Ablauf von elf Jahren einen gewissen Pachtzins für jede besondere Siedlung vorbehielte, sofern ich oder ein Bevollmächtigter in meinem Namen erschiene, um aufgrund einer beglaubigten Abschrift des vorliegenden Dokuments den fälligen Zins zu fordern.

Was das Regime und die Gesetze betraf, die unter ihnen gelten sollten, erklärte ich, dass ich nicht imstande sei, ihnen bessere Vorschriften zu machen, als sie selber zu ersinnen imstande sein würden; sie sollten mir nur versprechen, in Eintracht und guter Nachbarschaft miteinander zu leben. Und so schickte ich mich denn an, sie zu verlassen.

Eines aber darf ich nicht vergessen. Da sie nun untereinander eine Art von Gemeinwesen gegründet und alle Hände voll zu tun hatten, war es ungereimt, dass etliche siebenunddreißig Indianer für sich in einem abgelegenen Winkel der Insel hausten, ohne rechte Beschäftigung; denn abgesehen von der Nahrungssuche, die ihnen zuweilen auch ziemlich schwerfiel, hatten sie weder einen Besitz zu verwalten noch ein Geschäft zu betreiben. Deshalb schlug ich dem spanischen Gouverneur vor, sie in Gesellschaft des alten Freitag aufzusuchen und ihnen eine Übersiedlung zu empfehlen, sei es, dass sie selber eine Pflanzung anlegten, sei es, dass die Siedler sie in ihre Dienste nähmen, sodass sie für ihre Arbeit Kost und Unterkunft erhielten, ohne absolut Sklaven zu sein. Sie mit Gewalt zu versklaven, wollte ich um keinen Preis erlauben, weil sie ihre Freiheit durch eine Kapitulation erhalten hatten und gleichsam ein Friedensvertrag geschlossen worden war, den es zu achten galt.

Sie stimmten bereitwilligst dem Vorschlag zu und folgten frohen Herzens dem Gouverneur. Drei oder vier von ihnen ließen sich Land und Ackerboden zuteilen, alle anderen aber zogen es vor, sich an die verschiedenen Siedlergemeinschaften zu verdingen. So war denn nun meine Kolonie gewissermaßen aufgegliedert: Den Spaniern gehörte meine ursprüngliche Wohnstätte, sozusagen die Hauptstadt, und ihre Pflanzungen erstreckten sich am Bach und sodann an dem kleinen Fluss entlang bis zu der oft beschriebenen Laube im Tal (und späterhin immer weiter ostwärts in dem Maß, wie sie das bebaute Areal vergrößerten); die Engländer hausten im nordöstlichen Abschnitt, dort, wo W. Atkins und seine Kameraden angefangen hatten, und arbeiteten sich allmählich in südlicher und südwestlicher Richtung an die hinteren Grenzen der spanischen Siedlung heran, aber jeder Pflanzung hatte ich so viel bei Gelegenheit urbar zu machendes Land zugeteilt, dass sie nicht genötigt waren, einander wegen Raummangels zu bedrängen.

Der ganze östliche Teil der Insel blieb unbewohnt, damit die Wilden, falls sie dort wieder einmal an Land stiegen, nur um ihre üblichen barbarischen Riten zu vollziehen, ungehindert kommen und gehen könnten. Wenn sie niemanden störten, würde niemand sie stören. Zweifellos kamen sie oft an

Land und zogen wieder ab, aber ich habe nie mehr gehört, dass sie die Siedler angegriffen oder belästigt hätten.

Nun fiel mir ein, dass ich meinem geistlichen Freund angedeutet hatte, die Bekehrung der Wilden könne vielleicht auch in seiner Abwesenheit und zu seiner vollen Zufriedenheit bewerkstelligt werden. Ich sagte zu ihm, meiner Meinung nach sei man schon jetzt auf dem besten Weg dazu: Da die Wilden unter die Christen aufgeteilt worden waren, hegte ich begründete Hoffnung, es werde gut vorangehen, wenn nur ein jeder Christ den ihm anvertrauten Seelen gegenüber seine Aufgabe wahrnähme.

Darin gab er mir recht, und er fügte hinzu: »*Wenn* sie ihre Aufgabe wahrnehmen! Wie aber wollen wir sie darauf verpflichten?« Ich schlug vor, entweder alle zusammenzurufen und ihnen einen eindeutigen Auftrag zu erteilen oder sie einzeln aufzusuchen, was er für das Bessere hielt; also teilten wir sie unter uns auf: Er sollte mit den Spaniern reden, die lauter Papisten waren, ich mit den protestantischen Engländern. Wir legten es ihnen ernstlich ans Herz, und sie mussten uns versprechen, keinen Unterschied zwischen Papist und Protestant zu machen, wenn sie die Wilden ermahnten, sich zum Christentum zu bekehren, sondern ihnen die allgemeine Lehre vom wahren Gott und unserem Erlöser, Jesu Christo, zu predigen. Desgleichen versprachen sie uns, sich untereinander nie über religiöse Fragen zu zanken oder zu entzweien.

Als ich zu W. Atkins' Haus kam (so darf ich es nennen, denn solch ein Haus oder Flechtwerkgebäude war wohl kein zweites Mal auf Gottes Erdboden anzutreffen), ich sage, als ich hinkam, zeigte sich, dass die oben erwähnte junge Frau und W. Atkins Ehegattin enge Freundinnen geworden waren und die vernünftige, fromme Magd das von Will Atkins begonnene Werk vollendet hatte. Obwohl nicht mehr als vier Tage seit den Begebenheiten, die ich geschildert habe, vergangen waren, hatte sich die neu getaufte Indianerin zu einer aufrichtigen Christin entwickelt, dergleichen mir selten bei meinen Beobachtungen in der Welt oder auch nur vom Hörensagen in meinen Gesprächen begegnet ist.

Zunächst entsann ich mich an dem Morgen, bevor ich sie aufsuchte, dass sich unter all den nützlichen Dingen, die ich bei ihnen hatte zurücklassen müssen, keine Bibel befand. Weit aufmerksamer hatte meine gute Freundin, die Witwe, sich mir gegenüber erwiesen, als sie mir aus Lissabon eine hundert Pfund schwere Fracht schickte und drei Bibeln sowie ein Gebetbuch hinzupackte. Aber die christliche Nächstenliebe der guten Frau reichte viel weiter, als sie sich's vorgestellt hatte: Jetzt sollten ihre Gaben Leuten, die sie besser zu verwenden wussten als ich, Trost und Belehrung spenden.

Ich steckte eine dieser Bibeln in die Tasche, und als ich zu Will Atkins' Obdach oder Haus kam und dort erfuhr, die junge Magd und Atkins' getaufte Ehefrau hätten sich über religiöse Fragen unterhalten (Will Atkins erzählte es mir mit großer Freude), da fragte ich, ob sie jetzt beisammen seien, und er sagte Ja. Also betrat ich das Haus, und er begleitete mich. Wir sahen die beiden Frauen in ein ernstes Gespräch vertieft. »Ach, Sir«, sagte Will Atkins, »wenn Gott einen Sünder mit dem Himmel versöhnen und eine Fremde heimholen will, braucht er dazu keinen Boten. Meine Frau hat eine neue Lehrerin bekommen. Diese junge Frau hat uns der Himmel gesandt. Sie reicht aus, um eine ganze Insel voller Heiden zu bekehren.« Die junge Frau errötete und erhob sich, um wegzugehen, aber ich bat sie, sitzen zu bleiben; ich sagte zu ihr, sie habe ein gutes Werk in Händen, und Gott werde ihr hoffentlich seinen Segen nicht vorenthalten.

Wir plauderten ein wenig. Ich sah kein Buch in ihrem Besitz, fragte sie aber nicht danach, sondern griff in die Tasche und zog meine Bibel hervor. »Hier«, sagte ich zu Atkins, »ich habe euch einen Gehilfen gebracht, den ihr vielleicht bisher entbehrt habt.« Der Mann war so verdutzt, dass es ihm eine Zeit lang die Rede verschlug. Er fasste sich jedoch, nahm das Buch in seine beiden Hände und sagte zu seiner Frau: »Hier, meine Liebe, habe ich dir nicht gesagt, dass unser Gott, obwohl er dort oben wohnt, hören kann, was wir reden? Hier ist das Buch, um das ich ihn gebeten habe, als du und ich unter dem Busch niederknieten. Jetzt hat Gott uns erhört und es uns gesandt.« Als er das gesagt hatte, geriet er in einen Freudentaumel. Vor Freude und Dankbarkeit rannen ihm die Tränen über die Wangen, und er weinte wie ein Kind.

Die Frau war sehr erstaunt und drauf und dran, sich in einen Irrtum zu verrennen, an den keiner von uns gedacht hatte. Sie glaubte nämlich, Gott habe wirklich auf die Bitte ihres Mannes das Buch gesandt. Freilich durfte man von einer göttlichen Fügung sprechen, wenn man den Zusammenhang berücksichtigte, aber ich glaube, man hätte der armen Frau leicht einreden können, es sei eigens ein Bote aus dem Himmel herabgestiegen, um dieses besondere Buch zu überbringen. Die Angelegenheit war jedoch viel zu ernst, als dass ich eine Illusion hätte Wurzel fassen lassen. Deshalb sagte ich zu der jungen Frau, wir wollten nicht der Neubekehrten, die noch unwissend sei und die Dinge nicht richtig verstanden habe, Sand in die Augen streuen, und ersuchten sie, ihr zu erklären, man könne zwar mit Recht behaupten, Gott habe unsere Bitten erhört, wenn seine Vorsehung auf ganz besondere Weise Dinge geschehen lässt, um die wir gebeten haben, aber wir erwarteten keineswegs, dass der Himmel den Beter auf wunderbare Weise belohne: Dies sei uns zu Gnaden.

Die junge Frau erfüllte sogleich unseren Wunsch, also darf ich dem Leser versichern, dass hier von Pfaffenlist nicht die Rede sein konnte, und ich hätte denn auch eine solche Gaukelei für unzulässig gehalten. Die freudige Überraschung Will Atkins' jedoch lässt sich nicht beschreiben, und bei ihm war es wahrhaftig kein Wahn. Bestimmt hat noch nie auf Gottes Erdboden ein Mensch eine Gabe so dankbar entgegengenommen wie er diese Bibel, und ich glaube auch kaum, dass sich je ein Mensch aus edleren Gründen über eine Bibel gefreut hat. Obwohl er ein äußerst verworfenes Geschöpf gewesen war, desperat, halsstarrig, jähzornig, unverschämt und ruchlos in höchstem Grad, so hat er doch uns allen eine stehende Regel geliefert, nämlich: Nie sollten Eltern es müde werden, ihre Kinder zu belehren und zu unterweisen, oder gar am Erfolg ihrer Bemühungen verzweifeln, seien die Kinder auch noch so widerspenstig, störrisch oder scheinbar für Belehrungen unempfänglich. Wenn eines Tages der Herrgott in seiner Vorsehung an ihr Gewissen rührt, besinnen sie sich jählings auf die Erziehung, die ihnen in ihrer frühen Kindheit zuteilgeworden ist: Sie ist nicht verloren, auch wenn sie viele Jahre lang geschlummert hat. Irgendwann einmal werden sie sich ihres Nutzens bewusst werden.

So erging es diesem armen Mann. So unwissend oder bar jeden Glaubens und christlichen Wissens er auch gewesen war, hatte er nun mit einem Menschen zu tun, der noch weniger wusste als er, und da merkte er, dass auch das kleinste Quäntchen Erziehung, das sein Vater ihm hatte zuteilwerden lassen und dessen er sich noch entsann, ihm jetzt von großem Nutzen war.

Unter anderem fiel ihm ein, sagte er, wie sein Vater den unsagbaren Wert der Bibel zu betonen pflegte, was für ein Privileg und Segen sie den Völkern, Familien und Einzelpersonen sei; er, Will Atkins, aber habe nie auch nur den geringsten Begriff davon gehabt, wie wertvoll sie sei, bis er nun, da er mit Heiden, Wilden und Barbaren zu reden hatte, den Beistand des schriftlichen Orakels brauchte.

Auch die junge Frau freute sich, obwohl sie und der junge Mann unter ihren Habseligkeiten an Bord des Schiffes, die noch nicht an Land geschafft worden waren, eine Bibel hatten; und da ich nun schon so oft auf diese junge Frau zu sprechen gekommen war, darf ich nicht versäumen, noch eine Geschichte zu erzählen, die von ihr und mir handelt und recht lehrreich und bemerkenswert ist.

Ich habe berichtet, in welche Not die arme junge Frau geraten, wie ihre Herrin an Bord jenes Unglücksschiffs, dem wir auf See begegneten, des Hungertodes gestorben und wie schon zuvor, da sämtliche Insassen des Fahrzeugs Not litten, die Dame, ihr Sohn und die Magd zuerst kaum beköstigt und zuletzt völlig vernachlässigt und dem Hunger preisgegeben worden waren.

Als ich mich eines Tages mit ihr über ihre bitteren Erlebnisse unterhielt, fragte ich sie, ob sie mir beschreiben könne, wie ihr zumute war, wie denn das sei, wenn man Hunger leidet, und wie es ihr selber vorgekommen sei. Sie erwiderte, sie glaube wohl, es beschreiben zu können. Und sie erzählte es mir sehr deutlich folgendermaßen:

»Zuerst, Sir, hatten wir einige Tage lang nur wenig zu essen bekommen und waren hungrig gewesen. Zuletzt aber waren wir völlig ohne Nahrung bis auf Zucker, ein bisschen Wein und ein bisschen Wasser. Am ersten Tag, nachdem ich nichts gegessen, hatte ich gegen Abend ein leeres und mulmiges Gefühl im Magen. Als die Nacht herankam, musste ich oft gähnen und wurde schläfrig. Ich legte mich in der Großkajüte auf ein Sofa, schlief drei Stunden lang und erwachte ein wenig erquickt, nachdem ich vor dem Einschlafen ein Glas Wein getrunken hatte. Nachdem ich etwa drei Stunden wach gelegen hatte und es inzwischen fünf Uhr geworden war, hatte ich wieder ein hohles Gefühl im Magen und verspürte einen leichten Brechreiz. Ich legte mich hin, konnte aber nicht einschlafen, obwohl ich mich sehr schwach fühlte. So verbrachte ich den zweiten Tag mit einem wunderlichen Wechsel von Hunger und Übelkeit und Brechreiz. In der zweiten Nacht, nachdem ich mich wieder ohne Essen, nur mit einem Schluck Wasser hatte hinlegen müssen, träumte ich, ich sei auf Barbados, und der Markt sei reichlich mit Waren versehen, und ich kaufte für meine Herrin ein und setzte mich zu Tisch und langte herzhaft zu.

Ich meinte, nun sei mein Magen so voll wie nur je nach einem guten Essen, aber als ich aufwachte und mich wieder der schlimmsten Hungersnot preisgegeben sah, sank mein Mut. Ich trank das letzte Glas Wein und tat etwas Zucker hinein, weil Zucker einigen Nährwert hat, aber da in meinem Magen die Substanz fehlte, um die Verdauung zu bedienen, hatte der Wein nur die eine Wirkung, dass mir aus dem Magen widrige Dünste in den Kopf stiegen. Wie man mir nachher gesagt hat, blieb ich eine Weile stumpf und besinnungslos liegen gleich einer Betrunkenen.

Am dritten Tag frühmorgens, nach einer Nacht voll seltsamer, wirrer, unzusammenhängender Träume, da ich eher vor mich hin gedöst als richtig geschlummert hatte, erwachte ich mit einem wütenden Heißhunger, und ich frage mich, wenn nicht meine Besinnung zurückgekehrt wäre und gesiegt hätte, ich sage, ich frage mich, so ich eine Mutter gewesen wäre und ein kleines Kind bei mir gehabt hätte, ich frage mich, ob es seines Lebens sicher gewesen wäre.

Das hielt ungefähr drei Stunden lang an. Wie mein junger Herr mir erzählt hat und es Euch jetzt bekräftigen kann, erlitt ich zweimal einen Tobsuchtsanfall wie die erstbeste Irre in Bedlam.

In diesem Zustand der Umnachtung oder Verstörtheit fiel ich hin (ob das Schlingern des Schiffes daran schuld war oder ob ich ausrutschte, weiß ich nicht) und schlug mit dem Gesicht gegen die Kante des Pritschenbetts, in dem meine Herrin lag. Sogleich schoss mir das Blut aus der Nase. Der Schiffsjunge brachte mir ein kleines Becken, ich setze mich hin und ließ das Blut fließen, und als das Blut verrann, kam ich wieder zu mir. Die Wut der Hitze oder des Fiebers und auch der Wolfshunger ließen nach.

Dann wurde mir übel, ich wollte mich übergeben, aber es ging nicht, weil ich ja nichts im Magen hatte. Nachdem ich eine Zeit lang geblutet hatte, wurde ich ohnmächtig. Alle hielten mich für tot. Bald darauf aber kam ich wieder zu mir, und nun verspürte ich im Magen einen fürchterlichen, unbeschreiblichen Schmerz, nicht so sehr eine Kolik, sondern vielmehr eine nagende, fressende Gier nach Nahrung, und gegen Abend legte es sich mit einer Art von zehrendem Wunsch oder Verlangen nach etwas Essbarem, ähnlich, meiner Vermutung nach, wie bei einer Schwangeren. Wieder trank ich einen Schluck Zuckerwasser, aber mein Magen verabscheute den Zucker und gab alles wieder von sich. Dann trank ich noch einen Schluck und behielt ihn bei mir. Und ich legte mich aufs Bett und betete innig zu Gott, er möge mich dahinraffen. Gefasst und hoffnungsvoll schlummerte ich ein Weilchen. Als ich aufwachte, glaubte ich zu sterben, umnebelt von den Dünsten aus meinem Magen. Da empfahl ich meine Seele Gott und wünschte mir ernsthaft, jemand würde mich ins Meer werfen.

Unterdessen lag meine Herrin neben mir, offenbar dem Tode nah, ertrug es aber viel geduldiger als ich und gab den letzten Bissen Brot, der übrig geblieben war, ihrem Kind, meinem jungen Herrn, der ihn nicht genommen hätte; aber sie zwang ihn, das Brot zu essen, und ich glaube, es hat ihm das Leben gerettet.

Gegen Morgen schlief ich wieder ein. Als ich erwachte, bekam ich zuerst einen heftigen Weinkrampf. Dann überfiel mich zum zweiten Mal ein wütender Heißhunger, ein wahrer Wolfshunger. Ich befand mich in einem fürchterlichen Zustand. Wäre meine Herrin tot gewesen, ich bin sicher, sosehr ich sie liebte, hätte ich von ihrem Fleisch gegessen mit so viel Behagen und so unbekümmert wie nur je von dem Fleisch eines Schlachttiers. Einoder zweimal war ich nahe daran, in meinen eigenen Arm zu beißen. Schließlich fiel mein Blick auf das Becken, das ich am Tag zuvor mit dem Blut aus meiner Nase gefüllt hatte. Ich lief hin und trank es so hastig und mit so gierigem Appetit leer, als wunderte ich mich darüber, dass bisher noch niemand sich seiner bemächtigt hatte, und befürchtete, man würde es mir jetzt entreißen.

Obwohl mich, nachdem ich's unten hatte, der Gedanke daran mit Grauen erfüllte, war der schlimmste Hunger gestillt, ich trank einen Schluck Wasser und fühlte mich einige Stunden lang erfrischt und beruhigt. Das war der vierte Tag, und so hielt ich durch bis in die Nacht hinein, da alsdann binnen drei Stunden alle die verschiedenen Zustände der Reihe nach wieder einsetzten, nämlich: Übelkeit, Schläfrigkeit, Hunger, Magenschmerzen, dann wieder ein Heißhunger, dann wieder Übelkeit, dann Tobsucht, dann ein Weinkrampf, dann wieder der gierige Hunger, alle Viertelstunden, und meine Kräfte schwanden zusehends. Nachts legte ich mich wieder ins Bett, ohne anderen Trost als die Hoffnung, morgen früh tot zu sein.

Die ganze Nacht tat ich kein Auge zu, aber der Hunger war jetzt zu einer Krankheit geworden. Ich litt an entsetzlichen Koliken, weil statt Nahrung eitel Winde in meine Eingeweide gewandert waren, und in diesem Zustand blieb ich bis zum Morgengrauen liegen, da ich mich alsdann über das Jammergeschrei meines jungen Herrn wunderte. Er rief mir zu, seine Mutter sei gestorben. Ich richtete mich ein wenig auf, da ich nicht die Kraft hatte, mich zu erheben, sah jedoch, dass sie nicht tot war, obschon sie nur sehr geringe Lebenszeichen von sich zu geben vermochte.

Dann bekam ich aus Mangel an Nahrung derartig arge Magenkrämpfe, dass ich sie nicht schildern kann, mit häufigem Brechreiz und nagendem Hunger, nur den Todesqualen vergleichbar. Just in diesem Zustand befand ich mich, als ich die Matrosen an Deck ausrufen hörte: ›Ein Segel, ein Segel!‹ – und sie johlen und umherhüpfen hörte, als hätten sie den Verstand verloren.

Ich war nicht imstande, mich zu erheben, und meine Herrin schon gar nicht. Und mein junger Herr war so übel daran, dass ich glaubte, er liege in den letzten Zügen. Deshalb konnten wir nicht einmal die Kajütentür öffnen, geschweige denn uns erkundigen, was diesen Aufruhr verursacht habe. Wir hatten auch seit zwei Tagen mit keinem Mitglied der Besatzung mehr gesprochen, nachdem man uns mitgeteilt hatte, es gebe keinen Brocken oder Bissen mehr an Bord. Nachher haben sie uns erzählt, sie hätten uns für tot gehalten.

In diesem fürchterlichen Zustand befanden wir uns, als Ihr geholt wurdet, um uns das Leben zu retten, und wie Ihr uns vorgefunden habt, Sir, das wisst Ihr genauso gut wie ich und noch viel besser.«

So lautete ihr Bericht. Ich muss gestehen, dass ich noch nie eine so genaue und so lebhafte Schilderung des Verhungerns gehört habe. Ich neige dazu, ihn für wahrheitsgetreu zu halten, weil ihn zum Teil der junge Mann bestätigen konnte, wenn auch, wie ich zugeben muss, nicht so klar und so empfindsam wie die Magd, obwohl doch allem Anschein nach seine Mutter ihr Leben geopfert hatte, um ihn vor dem Hungertod zu bewahren. Die arme Magd aber, mochte auch ihre Konstitution kräftiger gewesen sein als die ihrer Herrin, die betagter und außerdem eine schwächliche Frau war, dürfte einen härteren Kampf gekämpft haben, ich meine, die arme Magd dürfte die bitterste Not schon früher gespürt haben als ihre Herrin, die wohl, wie man annehmen muss, den letzten Bissen etwas länger behalten hat, längst nachdem sie der Magd etwas hatte zukommen lassen. Keine Frage, so wie der Fall hier geschildert worden ist: Wenn nicht unser oder ein anderes Schiff durch eine Fügung des Himmels aufgetaucht wäre, würden einige weitere Tage ihnen allen das Leben gekostet haben, sofern sie es nicht dadurch verhindert hätten, dass sie einander aufaßen. Aber auch dieses Hilfsmittel würde, wie die Dinge lagen, nicht lange gereicht haben, da sie fünfhundert Seemeilen von festem Land entfernt waren und nicht anders hätten gerettet werden können als auf die Weise, auf die es geschah und die an ein Wunder grenzte.

Hier muss ich nun aber erwähnen, dass ich es aus zahlreichen Gründen nicht für angebracht hielt, unseren Freunden von der Schaluppe zu berichten, die ich hatte zimmern lassen, damit sie sie sodann auf der Insel zusammensetzten. Ich hatte, zumindest gleich nach meiner Ankunft, so viel Keime der Zwietracht unter ihnen vorgefunden, dass ich deutlich sah: Hätte ich die Schaluppe zusammengesetzt und ihnen geschenkt, dann würden sie sich über dem geringsten Groll entzweit haben und auseinandergelaufen oder vielleicht Seeräuber geworden sein und also die Insel in eine Räuberhöhle verwandelt haben statt in eine Siedlung nüchterner und frommer Menschen, wie ich's beabsichtigt hatte. Ich hinterließ ihnen auch nicht die beiden Messingkanonen, die ich an Bord hatte, ebenso wenig wie die beiden Quarterdeckgeschütze, die mein Neffe aus dem gleichen Grund zusätzlich mitgenommen hatte. Ich hielt es für ausreichend, sie zu einem Abwehrkampf gegen alle Eindringlinge zu befähigen, wollte ihnen aber nicht die Waffen für einen Angriffskrieg liefern oder sie ermuntern loszuziehen, um andere Völker zu überfallen, ein Abenteuer, das zu guter Letzt nur ihnen selber und allen ihren Unternehmungen Verderben und Untergang eingetragen haben würde. Deshalb behielt ich die Schaluppe und die Kanonen, um sie mir auf andere Weise nutzbar zu machen, wie ich's an gegebener Stelle erwähnen werde.

Jetzt bin ich mit der Insel fertig. Ich ließ sie alle in guten Verhältnissen und blühendem Wohlstand zurück und ging am fünften Mai wieder an

Bord, nachdem ich fünfundzwanzig Tage unter meinen Freunden zugebracht hatte, und da sie alle entschlossen waren, auf der Insel zu bleiben, bis ich sie wegholen würde, versprach ich ihnen, aus Brasilien weiteren Nachschub zu senden, falls sich eine Gelegenheit dazu erbiete. Insbesondere versprach ich ihnen, einiges Vieh zu senden, zum Beispiel Schafe, Schweine und Kühe. Die beiden Kühe und Kälber, die ich aus England mitgenommen, hatten wir wegen der langen Dauer der Fahrt auf hoher See schlachten müssen, weil wir kein Heu mehr hatten, um sie zu füttern.

Am nächsten Tag, nach einem Abschiedssalut aus fünf Kanonen, setzten wir Segel und liefen nach etwa zweiundzwanzig Tagen in die Allerheiligenbucht in Brasilien ein. Unterwegs war uns nichts Bemerkenswertes widerfahren, abgesehen davon, dass wir ungefähr drei Tage nach der Abfahrt in eine Windstille gerieten; da die Strömung stark nach Ostnordost lief, gleichsam von einer Bai oder einem Golf an der Landseite angezogen, kamen wir von unserem Kurs ab, und ein- oder zweimal sichteten unsere Leute im Osten Land, aber wir konnten um keinen Preis feststellen, ob es Inseln seien oder ein Kontinent.

Aber am dritten Tag gegen Abend, bei glatter See und ruhigem Wetter, sahen wir das Meer gegen das Land hin gleichsam mit etwas Schwarzem bedeckt, ohne entdecken zu können, was es sei, bis nach einiger Zeit unser Steuermann ein Stück weit in die Wanten des Großmasts hinaufkletterte, durch ein Fernglas blickte und ausrief, es handle sich um ein Heer. Ich konnte mir nicht vorstellen, was mit einem Heer gemeint sei. Etwas voreilig schalt ich den guten Mann einen Dummkopf. »Nein, Sir«, entgegnete er, »seid mir nicht böse, denn es ist ein Heer und eine Flotte dazu. Ich glaube, dass es an die tausend Kanus sind, man kann sie dahinpaddeln sehen, und sie kommen geschwind auf uns zu.«

Nun war ich in der Tat ein wenig überrascht, ebenso wie mein Neffe, der Kapitän. Er hatte auf der Insel so schreckliche Geschichten über die Wilden mit anhören müssen, und da er diese Meere noch nie befahren hatte, wusste er nicht, was er von der Sache halten solle, sondern erklärte zwei- oder dreimal, jetzt würden wir wohl alle aufgefressen werden. Ich muss gestehen, dass es mir wenig gefiel, weil Windstille herrschte und die Strömung uns auf die Küste zutrieb. Ich ersuchte ihn aber, sich nicht zu fürchten, sondern vor Anker zu gehen, sobald wir nahe genug an die Wilden herangekommen sein würden, um mit ihnen anzubinden.

Kein Lüftchen rührte sich, und sie kamen schnell auf uns zu. Also befahl ich, vor Anker zu gehen und sämtliche Segel zu reffen. Ich sagte zu den Leuten, was die Wilden betreffe, so hätten wir nichts zu befürchten als Feuer.

Deshalb ließ ich die Boote ausschwenken und festmachen, das eine am Bug, das andere am Heck. Beide wurden wohlbemannt, und so harrten wir der kommenden Dinge. Dieses Manöver hatte seinen Zweck. Die Leute in den Booten sollten sich bereithalten, mit Schöpfkellen und Eimern zu löschen, falls die Wilden versuchten, die Schiffswand mit Feuerbränden zu bombardieren.

So also hatten wir beigedreht, und nach einer Weile waren sie bei uns angelangt. Noch nie hatte ein Christenmensch etwas so Grauenhaftes erblickt. Mein Steuermann hatte sich in der Anzahl geirrt, ich meine, als er von tausend Kanus sprach. Wir schätzten sie auf höchstens etwa hundertsechsundzwanzig, aber es waren ihrer genug. Manche führten sechszehn oder siebzehn Mann an Bord, etliche noch mehr, und die kleinsten sechs bis sieben.

Als sie näher kamen, schienen sie sich über einen Anblick zu wundern, der ihnen zweifellos noch nie begegnet war. Wie uns später klar wurde, wussten sie anfangs auch gar nicht, was sie von uns halten sollten. Aber sie rückten kühn ganz nahe heran und schienen das Schiff umrunden zu wollen. Wir befahlen unseren Leuten in den Booten, sie nicht allzu nahe heranzulassen.

Just dieser Befehl führte zu einem Gefecht, ohne dass wir's beabsichtigt hätten. Fünf oder sechs ihrer großen Kanus ruderten so dicht an unsere Pinasse heran, dass unsere Leute ihnen zuwinkten, sie möchten sich fortscheren. Das schienen sie denn auch zu begreifen. Sie wichen zurück. Auf ihrem Rückzug aber feuerten sie an die fünfzig Pfeile ab, und einer unserer Leute im Großboot wurde schwer verwundet.

Jedoch rief ich den Leuten zu, auf keinen Fall zu schießen. Wir reichten ihnen einige Planken hinunter, und der Zimmermann fertigte sogleich eine Art von Zaun an wie ein Setzbord, als Bollwerk gegen die Pfeile, falls die Wilden uns abermals beschießen sollten.

Etwa eine halbe Stunde später kamen sie alle in geschlossener Formation achtern an uns heran, ziemlich nahe, so nahe, dass wir ohne Weiteres ihre Gesichter erkennen konnten, freilich ohne zu wissen, was sie vorhatten. Ich stellte fest, dass das meine alten Freunde waren, Indianer aus demselben Stamm, mit dem ich des Öfteren zu tun gehabt hatte. Nach einer Weile ruderten sie ein Stück weiter aufs Meer hinaus, bis sie unmittelbar breitseits mit uns lagen, hielten dann geradenwegs auf uns zu und kamen so nahe heran, dass sie uns hören konnten. Daraufhin befahl ich unserer Besatzung, sich für den Fall, dass die Wilden uns wieder mit einem Pfeilhagel überschütteten, verborgen zu halten und sämtliche Geschütze frei zu machen. Aber da sie in Hörweite waren, schickte ich Freitag aufs Deck hinauf mit dem Auftrag, sie laut in ihrer Sprache zu fragen, was sie im Sinn hätten. Das tat er denn auch. Ich weiß nicht, ob sie ihn verstanden hatten. Aber kaum hatte er zu ihnen gesprochen, da drehten ihrer sechs, die in dem vordersten und nächsten Kanu saßen, jählings ab, standen auf, bückten sich und zeigten uns das nackte Hinterteil, als ob sie uns auf Englisch, mit Verlaub, hätten auffordern wollen, sie am ***. Ich weiß nicht, ob das als Hohn oder als Herausforderung, als schiere Verachtung oder als ein Zeichen für die anderen gedacht war, aber Freitag rief sogleich aus, sie würden jetzt schießen, und zu seinem Unglück behielt er recht, der arme Kerl. Sie schickten etwa 300 Pfeile los und töteten zu meinem unaussprechlichen Kummer den armen Freitag, da außer ihm kein anderer zu sehen war.

Ich war so erzürnt über den Verlust meines alten Dieners, der all meine Sorgen und meine Einsamkeit mit mir geteilt hatte, dass ich sofort fünf Kanonen mit Schrot und vier mit Kugeln laden und den Herrschaften eine Breitseite zukommen ließ, wie sie sie bestimmt noch nie in ihrem Leben gehört hatten.

Als wir das Feuer eröffneten, waren sie nicht weiter als eine Taulänge von uns entfernt, und unsere Kanoniere zielten so gut, dass gleich drei bis vier ihrer Kanus, wie wir mit gutem Grund annehmen durften, durch eine einzige Kugel versenkt wurden.

Die Frechheit, uns das Hinterteil zu zeigen, hatte mich nicht sonderlich erbost. Auch wussten wir nicht einmal, ob dies bei ihnen genauso wie bei uns als eine Gebärde äußerster Verachtung zu gelten habe. Deshalb war ich entschlossen gewesen, vier oder fünf nur mit Pulver geladene Kanonen abzufeuern, weil ich wusste, das würde ihnen einen ausreichenden Schreck einjagen. Aber als sie uns mit aller Wut, deren sie fähig waren, überfielen und noch dazu meinen armen Freitag erschossen, den ich so restlos geliebt und geschätzt und der es auch wirklich verdient hatte, fühlte ich mich nicht nur vor Gott und den Menschen zu meiner Handlungsweise berechtigt, sondern hätte gern, wenn es möglich gewesen wäre, jedes einzelne Kanu versenkt und jeden einzelnen dieser Kannibalen ertränkt.

Ich weiß übrigens nicht, wie viele wir mit unserer Breitseite getötet und wie viele wir verwundet haben, aber man hat wohl noch nie so etwas von Entsetzen und Panik unter einer so zahlreichen Menschenmenge gesehen. Alles in allem waren dreizehn bis vierzehn Kanus zerfetzt worden und gekentert, sodass die Insassen ins Wasser fielen. Die Übrigen, vor Angst von Sinnen, machten sich, so schnell sie nur konnten, davon und gaben sich wenig Mühe, die Kameraden zu retten, deren Boote in Stücke gerissen oder beschädigt worden waren. Ich nehme an, dass viele ihr Leben verloren, und über eine Stunde später, als sie alle schon weg waren, fischten unsere Leute einen armen Teufel aus dem Wasser, der schwimmend sein Leben zu retten versuchte.

Der Schrot aus unseren Geschützen musste ihrer recht viele getötet und verwundet haben, aber, kurzum, wir haben nie erfahren, wie es ihnen ergangen war. Sie flüchteten so schnell, dass wir nach ungefähr drei Stunden nur noch drei bis vier vereinzelte Kanus in der Ferne davonpaddeln sahen; die übrigen bekamen wir nicht mehr zu Gesicht. Da am selben Abend eine Brise aufkam, lichteten wir den Anker und segelten nach Brasilien.

Einen Gefangenen freilich hatten wir an Bord, aber der Kerl war so störrisch, dass er weder essen noch reden wollte, und wir alle glaubten, er müsse verhungern. Aber ich fand ein Mittel, ihn zu kurieren. Ich befahl, ihn zu greifen und ins Großboot zu setzen und ihm anzudrohen, man würde ihn, wenn er nicht den Mund aufmachte, wieder ins Wasser werfen und seinem Schicksal überlassen: Auch das nützte nichts. Also warfen sie ihn wirklich über Bord und ruderten davon. Da schwamm er hinterher – er schwamm wie ein Kork – und rief ihnen etwas in seiner Sprache zu, obwohl sie nicht ein einziges Wort von dem, was er sagte, verstehen konnten. Schließlich jedoch holten sie ihn wieder ins Boot, und von diesem Augenblick an begann er, gefügiger zu werden. (Natürlich hatte ich nie die Absicht gehegt, ihn ertrinken zu lassen.)

Nun waren wir wieder auf der Fahrt, aber mir tat das Herz weh um meinen Freitag, untröstlicher konnte kein Mensch auf Erden sein. Er fehlte mir an allen Ecken und Enden. Gern wäre ich umgekehrt und hätte mir von der Insel einen Ersatzmann geholt, aber das kam ja nicht infrage, also segelten wir weiter. Wie gesagt, hatten wir einen Gefangenen an Bord, und es dauerte ziemlich lang, bevor wir uns auch nur im Mindesten verständlich machen konnten. Mit der Zeit aber brachten ihm unsere Leute ein wenig Englisch bei, und er begann, gefügiger zu werden. Nachher fragten wir ihn, aus welchem Land er stamme, konnten aber aus seinen Auskünften nicht klug werden. Seine Redeweise war so wunderlich, so guttural, voll dumpfer Kehllaute, dass wir nie auch nur ein einziges Wort erhaschen konnten. Uns allen kam es vor, als würden sie diese Sprache ebenso gut auch dann sprechen, wenn man sie knebelte: Sie benützten denn auch weder Zähne noch Lippen noch Gaumen, sondern formten ihre Worte mit offenem Hals, so wie ein Jagdhorn seine Töne bildet. Einige Zeit später jedoch, nachdem wir ihm etliche englische Brocken eingetrichtert hatten, erzählte er uns, sie seien mit ihren Königen unterwegs gewesen, um eine große Schlacht zu schlagen. Als er von Königen sprach, fragten wir ihn: Wie viele Könige? Er erwiderte, sie gehörten »fünf Stamm« an (den Plural konnten wir ihm nicht begreiflich machen) und hätten sich gegen »zwei Stamm« zusammengetan. Wir fragten ihn, was sie veranlasst habe, sich uns zu nähern. Er sagte: »Großes Wunder ansehen.« (Hier ist anzumerken, dass alle diese Eingeborenen die grammatikalischen Formen europäischer Sprachen selten bemeistern. Das galt sogar für meinen guten Freitag.)

Und da ich nun den armen Kerl abermals erwähnt habe, muss ich zum letzten Mal von ihm Abschied nehmen: armer, redlicher Freitag! Wir bestatteten ihn so anständig und feierlich wie nur möglich, legten ihn in einen Sarg und versenkten ihn ins Meer. Ich befahl, zu seinen Ehren elf Kanonen abzufeuern. So endete das Leben des dankbarsten, treuesten, ehrlichsten und liebevollsten Dieners, dessen je ein Mensch sich rühmen durfte.

Wir segelten nun vor einem günstigen Wind nach Brasilien, und nach etwa zwölf Tagen sichteten wir Land auf fünf Grad Breite südlich des Äquators, den nordöstlichsten Zipfel dieses Teils von Amerika. Vier Tage lang folgten wir auf einem Kurs Süd zu Ost dem Gestade, sodann umrundeten wir das Kap St. Augustin und gingen drei Tage später vor der Allerheiligenbucht vor Anker, der alten Stätte meiner Rettung, dem Quell sowohl meines Glücks als auch meines Missgeschicks.

Nie war ein Schiff in dieser Gegend gelandet, dessen Kapitän weniger an Handelsgeschäfte gedacht haben würde als ich. Dennoch glückte es uns nur mit größter Mühe, Verbindung zum Festland herzustellen. Weder mein Geschäftsteilhaber selbst, der bei seinen Landsleuten eine große Rolle spielte, noch auch meine beiden Treuhänder, noch auch das Gerücht von meiner wunderbaren Errettung aus höchster Not vermochten mir diese Gunst zu verschaffen. Da erinnerte sich mein Geschäftsteilhaber daran, dass ich dem Prior des Augustinerklosters 500 Moidores und den Armen 272 gespendet hatte, begab sich ins Kloster und bat den Prior, ein gutes Wort für mich einzulegen. Der Prior suchte den Gouverneur auf und erwirkte mir die Erlaubnis, persönlich mit dem Kapitän und noch einer Person nebst acht Matrosen an Land zu gehen, aber ja nicht zu mehreren, und auch das nur unter der ausdrücklich festgelegten Bedingung, dass wir keinerlei Waren an Land brächten und auch keine Personen ohne Erlaubnis an Bord holten.

Sie achteten so streng auf die Bestimmung, keine Ware an Land zu bringen, dass ich nur mit größter Mühe die drei Ballen englische Stoffe (feines Tuch, Wolle, Leinen), die ich als Geschenk für meinen Geschäftsteilhaber mitgenommen hatte, ihrem Zweck zuführen konnte.

Er war ein sehr großzügiger, weitherziger Mann, wenn auch, gleich mir, von geringer Herkunft, und obwohl er gar nicht wusste, dass ich auch nur die mindeste Absicht hegte, ihm etwas zu schenken, schickte er mir frischen Proviant aufs Schiff, Weine und Süßigkeiten im Wert von mehr als dreißig Moidores, einschließlich guten Tabaks und drei oder vier schöner Goldmedaillen: Aber ich machte es quitt mit meinem Präsent, das, wie gesagt, aus feinem Tuch, englischer Wolle, Spitzen und bester Leinwand bestand. Außerdem lieferte ich ihm die gleiche Ware im Wert von einhundert Pfund Sterling zu sonstiger Verwendung und ersuchte ihn, die Schaluppe, die ich, wie gesagt, aus England mitgenommen hatte, zusammenzusetzen, um mit ihr die Erfrischungen zu transportieren, die ich meinen Kolonisten auf der Insel zukommen lassen wollte.

Demgemäß besorgte er Arbeitskräfte, und binnen wenigen Tagen war die Schaluppe fertig (da ich ja die Einzelteile schon vorher hatte anfertigen lassen). Dem Kapitän erteilte ich so gründliche Weisungen, dass er sein Reiseziel nicht verfehlen konnte. (Wie ich später von meinem Teilhaber erfuhr, hat er es denn auch nicht verfehlt.) Sehr bald war die wenig umfangreiche Fracht verladen. Einer unserer Matrosen, der mich an Land begleitet hatte, machte sich erbötig, mitzufahren und sich auf der Insel niederzulassen, unter der Voraussetzung, dass ich in einem Brief den spanischen Gouverneur beauftragte, ihm ein genügend großes Stück Land zuzuteilen, und ihm etwas Kleidung und Gerät für seine landwirtschaftliche Tätigkeit schenkte, auf die er sich, wie er sagte, verstand: Er war nämlich Pflanzer in Maryland gewesen – und obendrein ein Bukanier.

Ich ermunterte den braven Mann, indem ich alle seine Wünsche erfüllte. Darüber hinaus gab ich ihm den Wilden, den wir als Kriegsgefangenen an Bord mitgebracht hatten, als seinen Sklaven zu eigen und befahl dem spanischen Gouverneur, ihm ebenso wie den anderen Siedlern einen gerechten Anteil an aller Habe zu gewähren.

Als wir darangingen, unseren Matrosen auszustatten, erzählte mir mein Teilhaber, er kenne einen überaus ehrlichen Gesellen, einen brasilianischen Pflanzer, der sich das Missfallen der Kirche zugezogen habe. »Ich weiß nicht, was mit ihm los ist«, sagte er, »aber auf mein Wort, ich glaube, dass er im Grunde seines Herzens ein Ketzer ist und sich aus Furcht vor der Inquisition hat verstecken müssen.« Dieser Mann würde sich über eine Gelegenheit freuen, mit seiner Frau und seinen beiden Töchtern das Weite zu suchen. Wenn ich ihnen erlaubte, sich auf meiner Insel ansässig zu machen, und ihnen Ackerland zuteilte, würde *er* ihnen für den Anfang ein kleines Inventar zur Verfügung stellen. Die Beamten der Inquisition hätten seine bewegliche und unbewegliche Habe beschlagnahmt, und es sei ihm nichts geblieben außer ein paar Haushaltsgeräten und zwei Sklaven. »Und obwohl mir«, fügte er hinzu, »seine Grundsätze verhasst sind, möchte ich ihn nicht in ihre Hände fallen sehen. Sicherlich würde er bei lebendigem Leib verbrannt werden.«

Diese Bitte gewährte ich ihm auf der Stelle. Wir führten unseren Engländer mit ihnen zusammen und versteckten Mann, Frau und Töchter an Bord unseres Schiffes, bis die Schaluppe in See stechen würde (nachdem zuvor all ihr Besitz auf die Schaluppe verladen worden war). Nachher wurden sie außerhalb der Bucht an Bord der Schaluppe gebracht.

Unser Matrose war mit seinem neuen Teilhaber höchlichst zufrieden. An Vorräten besaßen sie ungefähr das Gleiche, auch die Anwartschaft auf ein Stück Land, aber darüber hinaus – und das war mehr wert als alles andere – etliche Zuckerrohrpflanzen und die erforderlichen Geräte, mit denen er, ich meine den Portugiesen, sehr gut umzugehen verstand.

Meinen Siedlern auf der Insel schickte ich unter anderem drei Milchkühe und fünf Kälber, etwa zweiundzwanzig Schweine, drei trächtige Säue, zwei Stuten und einen Hengst.

Für meine Spanier holte ich, meinem Versprechen getreu, drei Portugiesinnen an Bord der Schaluppe und empfahl ihnen, sie zu heiraten und gut zu behandeln. Ich hätte noch mehr Weiber herbeischaffen können, aber mir fiel ein, dass der von der Inquisition verfolgte Mann zwei Töchter hatte und nur fünf Spanier sich eine Ehefrau wünschten (die übrigen waren verheiratet, wenn auch in anderen Ländern).

Die gesamte Fracht kam unversehrt an und war, wie man sich leicht vorstellen kann, meinen alten Siedlern sehr willkommen. Mit diesem Zuwachs waren es ihrer jetzt sechzig bis siebzig Personen nebst kleinen Kindern, die es in Hülle und Fülle gab. Nach meiner Heimkehr fand ich Briefe vor, die via Lissabon nach London befördert worden waren und auf die ich sogleich zu sprechen kommen werde.

Jetzt bin ich mit meiner Insel und allem Gerede fertig. Wer den restlichen Teil meiner Erinnerungen liest, wird gut daran tun, seine Gedanken gänzlich von ihr abzuwenden und darauf gefasst zu sein, die Torheit eines alten Mannes zu betrachten, der sich nicht durch seinen eigenen Schaden, geschweige denn durch das Leid anderer Menschen hat warnen lassen, dass er sich vor solcher Torheit hüte: nicht ernüchtert durch fast vierzig Jahre des Elends und der Enttäuschungen, nicht zufrieden mit einem Wohlstand, der alle Erwartungen übersteigt, nicht zur Vorsicht erzogen durch Kummer und Not, wie sie nicht ihresgleichen haben.

Nach Ostindien zu segeln, war so unbegründet, als wollte ein Mann, der sich seiner vollen Freiheit erfreut und kein Verbrechen begangen hat, zum Schließer von Newgate gehen und ihn bitten, er möge ihn einsperren und zusammen mit den übrigen Gefangenen verhungern lassen. Wäre ich mit einem kleinen Fahrzeug geradenwegs zur Insel gesegelt, hätte ich's, so wie es mit dem anderen Schiff der Fall war, mit allen Bedarfsgegenständen für die Siedlung und meinen Leuten befrachtet, hätte ich mir bei den Behörden einen verbrieften Besitztitel auf mein Eigentum besorgt (unter der Oberhoheit Englands), hätte ich Kanonen und Munition, Gesinde und Volk mitgenommen, um von der Insel Besitz zu ergreifen, sie im Namen Englands zu befestigen und reichlich zu bevölkern, was ohne Weiteres möglich gewesen wäre, hätte ich mich dort niedergelassen und das Schiff mit einer Ladung Reis nach England gesandt, wie ich's gleichfalls binnen sechs Monaten hätte bewerkstelligen können, und meine Freunde beauftragt, es abermals mit Nachschub für uns zu befrachten, hätte ich so gehandelt und wäre selber dortgeblieben, dann würde ich wenigstens wie ein vernünftiger Mensch gehandelt haben. Aber ich war von der Wanderlust besessen und verschmähte alle Annehmlichkeiten. Ich gefiel mir in der Rolle des Gönners, der wie ein patriarchalischer Monarch auf eine hochmütig majestätische Weise für die Leute sorgt, die er dort angesiedelt hat, sie gleichsam ernährt, als wäre er der Vater der ganzen Familie wie auch der Kolonie. Aber ich habe nie auch nur vorgetäuscht, die Insel im Namen einer Regierung oder Nation zu besiedeln oder einen Fürsten anzuerkennen oder meine Leute als die Untertanen eines bestimmten Landes zu bezeichnen, ja, ich habe ihr nicht einmal einen Namen gegeben, sondern sie so zurückgelassen, wie ich sie vorgefunden hatte, keinem Menschen zu eigen, keiner Zucht oder Regierung, nur meinem Wort unterstellt, da ich zwar als Vater und Wohltäter Einfluss auf meine Freunde habe, aber weder Vollmacht noch Vermögen besitze, ihnen Befehle zu erteilen, über die Grenze ihrer freiwilligen Zustimmung hinaus. Aber auch so wär's gut gegangen, wenn ich mich entschlossen hätte dortzubleiben. Aber da ich in die Ferne schweifte und nicht mehr wiederkam, erreichten mich ihre letzten Briefe durch Vermittlung meines brasilianischen Geschäftsteilhabers. Er hatte nachher noch einmal eine Schaluppe zur Insel gesandt und mir mitgeteilt – obschon ich den Brief erst fünf Jahre später erhielt –, dass es ihnen recht schlecht gehe und dass sie mit der Länge ihres Aufenthaltes unzufrieden seien. Will Atkins sei gestorben. Fünf Spanier hätten sich auf und davon gemacht. Obwohl sie von den Wilden nicht sehr belästigt worden seien, hätten sie einige Scharmützel mit ihnen erlebt. Sie hätten ihn gebeten, mir zu schreiben, ich sollte mich doch meines Versprechens entsinnen, sie abzuholen, damit sie vor dem Tod noch einmal die Heimat wiedersähen.

Aber ich hatte mich in der Tat wieder auf eine Fahrt ins Blaue begeben, und wer weiter von mir hören will, muss sich damit abfinden, mir durch eine neue

Vielfalt von Torheiten, Bedrängnissen und wilden Abenteuern zu folgen, wobei sich deutlich zeigen wird, wie gerecht die Vorsehung ist und wie leicht der Himmel es fertigbringt, uns unsere eigenen Wünsche in den Hals zu würgen, unser stärkstes Begehren zu unserer schlimmsten Not zu wenden und uns aufs Strengste gerade mit jenen Dingen zu strafen, von denen wir uns einbilden, sie würden uns zu unserem höchsten Glück gereichen.

Kein Weiser möge sich mit der Stärke seines eigenen Urteilsvermögens schmeicheln, als sei er imstande, eine besondere Lebenslage zu wählen. Der Mensch ist ein kurzsichtiges Geschöpf, sieht nur ein kleines Stück Weges vor sich, und so wie seine Leidenschaften nicht zu seinen besten Freunden zählen, so sind seine besonderen Neigungen meist seine schlimmsten Berater.

Ich sage dies im Hinblick auf das gebieterische Verlangen, das mich von Jugend auf beherrschte, in die weite Welt hinauszuwandern, und betone es umso mehr, als sich erwies, dass dieser Hang in mir am Leben blieb, um mich für meine Sünden zu strafen. Wie es kam, die Art und Weise, die Umstände und die Folgen sind leicht chronologisch und mit den mannigfaltigsten Einzelheiten zu beschreiben: Die geheimen Zwecke der göttlichen Allmacht aber, die sie verfolgt, wenn sie uns solchermaßen erlaubt, uns mit dem Strom unserer eigenen Gelüste treiben zu lassen, wird nur jener verstehen, welcher der Stimme der Vorsehung zu lauschen und aus Gottes Gerechtigkeit und seinen eigenen Fehlern fromme Schlussfolgerungen zu ziehen vermag.

Ob es nun meine Sache war oder nicht, dahin ging's. Es ist nicht mehr an der Zeit, sich noch weiter über das Vernünftige oder Ungereimte meines Verhaltens zu verbreiten. Wenden wir uns den Ereignissen zu. Ich hatte die Reise angetreten, nun hieß es die Reise vollenden.

Hier muss ich nur noch hinzufügen, dass mein redlicher und wahrhaft frommer Priester mich verließ. Ein Schiff sollte nach Lissabon segeln, und er bat mich um Erlaubnis, mitfahren zu dürfen, da es noch immer, wie er bemerkte, sein Verhängnis sei, keine begonnene Fahrt zu beenden. Wie gut wäre es mir bekommen, wenn ich ihn begleitet hätte!

Aber dazu war es schon zu spät. Der Himmel lenkt alles zum Besten. Wenn ich mich ihm angeschlossen hätte, würde ich nie Gelegenheit gehabt haben, für so vieles dankbar zu sein, und ihr hättet nie etwas von dem zweiten Teil der Reisen und Abenteuer Robinson Crusoes gehört. Also muss ich jetzt die fruchtlosen Selbstvorwürfe beiseitelassen und meine Reise fortsetzen.

Von Brasilien segelten wir geradenwegs über den Atlantischen Ozean zum Cap de Bonne-Espérance oder, wie wir es nennen, Kap der Guten Hoffnung, und hatten eine leidlich gute Fahrt auf einem im Allgemeinen südöstlichen Kurs, ab und zu einen Sturm und auch widrige Winde; aber meine Unglücksfälle auf See waren vorbei. Meine künftigen Widerwärtigkeiten und Nöte sollten mich an Land befallen, damit sich zeige, dass die *terra firma* ebenso gut zu unserer Geißel werden kann wie das Meer, wenn es dem Himmel beliebt, der den Lauf der Dinge lenkt.

Unser Schiff befand sich auf einer Handelsreise und hatte einen Supercargo an Bord, der nach der Ankunft am Kap alle weiteren Manöver anzuordnen hatte und nur (aufgrund der Chartepartie) verpflichtet war, den Aufenthalt in den verschiedenen vorgesehenen Anlegehäfen auf eine gewisse Anzahl von Tagen zu beschränken. Das ging mich nichts an, und ich mischte mich auch nicht ein. Mein Neffe, der Kapitän, und der Supercargo ordneten das alles unter sich nach ihrem Gutdünken.

Wir blieben nicht länger am Kap liegen, als nötig war, um Frischwasser zu fassen, steuerten vielmehr, so schnell wir konnten, auf die Koromandelküste zu. Wir hatten nämlich erfahren, dass ein französisches Kriegsschiff mit fünfzig Kanonen und zwei große Kauffahrer nach Indien unterwegs seien, und da ich wusste, dass zwischen uns und Frankreich Kriegszustand herrschte, war ich ein wenig besorgt. Aber sie verfolgten ihren Kurs, und wir hörten nichts mehr von ihnen.

Ich möchte nicht meinen Bericht oder den Leser mit Ortsbeschreibungen, Logbüchern, Kompassmissweisungen, Längen, Meridiandistanzen, Passatwinden, Hafenanlagen und dergleichen belasten, mit Dingen, von denen alle Schilderungen weiter Reisen wimmeln und welche die Lektüre erschweren, ohne den Lesern zu nützen (außer den wenigen, die selber diese Gegenden aufsuchen werden).

Es genüge, die Häfen und Städte zu erwähnen, die wir anliefen, und was uns auf der Fahrt von dem einen Hafen zum anderen geschah. Zuerst legten wir an der Insel Madagaskar an. Obwohl die Bevölkerung wild und tückisch ist und insbesondere wohlbewaffnet mit Lanzen und Bogen, die sie mit unvorstellbarer Geschicklichkeit handhaben, vertrugen wir uns eine Zeit lang recht gut mit ihnen. Im Austausch gegen Kleinigkeiten, die wir ihnen schenkten, zum Beispiel Messer, Scheren etc., brachten sie uns elf schöne, fette Ochsen von mittlerer Größe, aber festem Fleisch. Wir nahmen sie gern entgegen, teils um sie sogleich als frischen Proviant zu benützen, teils um den Rest für späteren Gebrauch einzusalzen.

Nachdem wir uns mit Proviant versorgt hatten, waren wir genötigt, noch eine Weile vor Anker liegen zu bleiben, und ich, den immer eine allzu große Wissbegier dazu getrieben hatte, jeden Erdenwinkel zu durchschnüffeln, wohin auch immer ich verschlagen wurde, ließ es mir angelegen sein, so oft wie nur möglich an Land zu gehen. Eines Abends gingen wir am östlichen Ufer der Insel an Land. Die Einwohner, die übrigens sehr zahlreich sind, umdrängten uns, blieben dann aber in einiger Entfernung stehen und starrten uns an, aber da wir mit ihnen Handel getrieben hatten und gut aufgenommen worden waren, hielten wir uns nicht für gefährdet. Als wir jedoch die vielen Menschen sahen, schnitten wir von einem Baum drei Zweige ab und steckten sie in einigem Abstand von uns ins Erdreich. Das ist auf Madagaskar ein Zeichen des Friedens und der Freundschaft. Wenn die Gegenseite zustimmt, stößt sie gleichfalls drei Stäbe oder Zweige in den Boden und gibt damit zu verstehen, dass sie das Friedensangebot akzeptiere, unter den üblichen Bedingung, dass du nicht über die drei Stäbe hinaus auf sie zugehen darfst und sie sich nicht an deinen drei Stäben oder Zweigen vorbei in deine Nähe wagen dürfen, sodass du hinter deinen drei Stäben restlos geborgen bist. Der Platz zwischen deinen und ihren Stäben gilt als Markt für freien Umgang, Handel und Palaver. Betritt man diesen Platz, dann darf man keine Waffen mitnehmen, und wenn die anderen ihn betreten, stoßen sie ihre Wurfspieße und Lanzen hinter ihren drei Stäben ins Erdreich. Begegnet man ihnen aber mit Gewalt und bricht den Frieden, da laufen sie schnell zu den Stäben und greifen nach ihren Lanzen, und aus ist's mit der Waffenruhe.

Eines Abends, als wir an Land gingen, begab es sich, dass eine größere Menschenmenge als sonst an den Strand herunterkam; die Leute verhielten sich aber sehr freundlich und höflich und brachten uns Proviant, für den wir sie mit allerlei Tand entschädigten. Die Frauen brachten Milch und essbare Wurzeln und noch einiges andere, das uns willkommen war, und alles ging sehr friedlich zu. Wir errichteten aus Baumästen eine kleine Laubhütte, um an Land zu übernachten.

Ich weiß nicht, aus welchem Anlass es mir nicht behagte, die Nacht auf dem Strand zu verbringen. Da das Boot etwa einen Steinwurf vom Ufer entfernt vor Anker lag, mit zwei wachhabenden Seeleuten an Bord, ließ ich einen der beiden an Land kommen und Zweige holen, um uns auch im Boot zuzudecken, breitete sodann ein Segel auf dem Boden aus und legte mich im Boot unter dem Gezweig zur Ruhe.

Gegen zwei Uhr morgens hörten wir einen unserer Leute ein fürchterliches Geschrei erheben und rufen, um Gottes willen, wir sollten ihnen mit dem Boot zu Hilfe kommen, sie befürchteten, alle miteinander ermordet zu werden. Gleichzeitig hörte ich fünf Musketen knallen (das war die Zahl der Schusswaffen, die sie bei sich hatten), und dieses dreimal hintereinander. Anscheinend waren die hiesigen Eingeborenen nicht so leicht durch Schüsse zu erschrecken wie die Wilden in Amerika, mit denen ich zu tun gehabt hatte.

Obwohl ich nicht die leiseste Ahnung hatte, was los sei, erhob ich mich sofort, ließ das Boot an Land staken und beschloss, mit den drei Musketen, die wir an Bord hatten, zu landen, um unseren Leuten beizustehen.

Schnell näherten wir uns dem Ufer, aber unsere Leute hatten es allzu eilig. Sie sprangen Hals über Kopf ins Wasser, verfolgt von etwa drei- bis vierhundert Mann. Unsere Leute waren nur neun an der Zahl, nur fünf von ihnen mit Flinten bewaffnet; freilich hatten die übrigen Pistolen und Degen bei sich, die ihnen jedoch wenig nützten.

Sieben unserer Leute nahmen wir an Bord, und das fiel uns schwer genug, weil drei von ihnen arg verletzt waren. Das Schlimmste aber war: Als wir im Boot standen, um unsere Leute aus dem Wasser zu fischen, waren wir nicht weniger gefährdet, als sie es zuvor an Land gewesen. Die Indianer überschütteten uns mit einem so dichten Pfeilhagel, dass wir uns gezwungen sahen, den Bootsrand mit den Ruderbänken und zwei oder drei losen Brettern zu verbarrikadieren, die wir zu unserer großen Genugtuung zufällig oder dank einer Fügung des Himmels an Bord hatten.

Trotzdem: Wäre es helllichter Tag gewesen, dann hätten sie uns, kaum dass wir uns auch nur mit einem Zipfelchen zeigten, den Garaus gemacht – so gute Schützen scheinen sie zu sein. Wir konnten sie beim Mondschein ein wenig deutlicher sehen, wie sie dort auf dem Strand standen und uns mit Pfeilen beschossen. Nachdem wir unsere Waffen schussfertig gemacht hatten, versetzten wir ihnen eine Salve, die, wie aus den Jammerrufen hervorging, so manchen verwundete. Sie verharrten jedoch bis Tagesanbruch in Schlachtordnung auf dem Ufer – vermutlich um sodann besser auf uns zielen zu können.

In diesem Zustand lagen wir hinter unserer Barrikade und wussten nicht, wie wir den Anker lichten oder unser Segel setzen sollten, denn dazu hätten wir aufstehen müssen, und dann hätten sie uns mit ihren Pfeilen so tödlich sicher getroffen, wie wir mit Schrot einen Vogel auf einem Baum zu treffen verstehen. Wir entsandten Notsignale zu unserem Schiff. Obwohl wir eine Seemeile von ihm entfernt waren, verstand uns mein Neffe, der Kapitän, sogleich. Er hatte unsere Schüsse gehört und durchs Fernglas gesehen, in welcher Lage wir uns befanden und dass wir aufs Ufer gezielt hatten. Schleunigst lichtete er den Anker, näherte sich der Küste, so weit er's wagte, und schickte uns dann ein Boot mit zehn Mann zu Hilfe. Wir riefen ihnen aber zu, sie möchten nicht allzu nahe herankommen, und schilderten die Klemme, in die wir geraten waren. Sie wagten sich jedoch noch näher heran. Einer der Leute nahm das Ende eines Schlepptaus in die Hand, behielt unser Boot zwischen sich und den Feinden, damit sie ihn nicht genau sähen, und befestigte das Tau an unserem Boot. Nachdem wir das Ankertau gekappt und den Anker preisgegeben hatten, bugsierten sie uns aus dem Bereich der Pfeile, während wir uns die ganze Zeit hinter der improvisierten Barrikade verborgen hielten.

Sowie wir den Wasserstrich zwischen Schiff und Land verlassen hatten und das Schiff seine Seite dem Land zukehren konnte, lief es dicht am Ufer entlang und ließ eine Breitseite los – Eisen- und Bleiklumpen, kleine Geschosse und dergleichen nebst den großen Kanonenkugeln –, die unter den Wilden eine fürchterliche Verwüstung anrichtete.

Als wir an Bord gegangen und in Sicherheit waren, hatten wir Zeit, den Anlass des Scharmützels zu untersuchen. Unser Supercargo, der schon oft in diesen Gegenden gewesen war, brachte mich auf die Lösung des Rätsels. Er behauptete, nachdem wir mit den Inselbewohnern einen Waffenstillstand geschlossen hatten, würden sie uns ganz bestimmt nicht angegriffen haben, wenn wir sie nicht durch irgendeinen Verstoß erzürnt hätten. Schließlich stellte es sich heraus, nämlich dass eine alte Frau mit der Milch, die sie uns verkaufen wollte, hinter unsere Stäbe vorgedrungen war und ein junges Mädchen bei sich gehabt hatte, die uns einige Wurzeln und Kräuter brachte. Während die alte Frau (man wusste nicht, ob sie die Mutter der jungen war oder nicht) uns die Milch verkaufte, erlaubte sich einer unserer Leute dem Mädchen gegenüber eine grobe Zudringlichkeit, worauf die alte Frau Lärm schlug. Der Matrose aber wollte seine Beute nicht fahren lassen, er schleppte das Mädchen zwischen die Bäume, sodass die alte Frau sie, da es fast schon dunkel war, gar nicht mehr sehen konnte. Die alte Frau ging ohne sie weg und beklagte sich laut bei ihren Landsleuten, die sodann durch rasches Aufgebot binnen drei bis vier Stunden diese große Heerschar sammelten, und es war ein reines Glück gewesen, dass wir nicht alle hatten dran glauben müssen.

Einer unserer Leute war, als er aus dem Zelt stürzte, durch einen Lanzenwurf getötet worden. Die übrigen kamen mit dem Leben davon, bis auf den Burschen, der das Unheil verursacht hatte und für seinen schwarzen Schatz einen recht hohen Preis zahlen musste. Wir hörten nichts von ihm. Zwei Tage lang blieben wir trotz günstigen Windes vor der Küste liegen und gaben ihm Zeichen, ließen unser Boot mehrere Meilen weit an der Küste auf und ab segeln, doch vergebens. Wir sahen uns gezwungen, ihn seinem Schicksal zu überlassen, und wenn er allein hätte leiden müssen, wäre der Verlust nicht groß gewesen.

Ich wollte mich aber nicht zufriedengeben, ohne mich noch einmal an Land zu wagen und zu versuchen, ob es mir glückte, Näheres über ihn oder über die Feinde zu erfahren. Es war die dritte Nacht nach dem Gefecht, als es mich juckte nachzuschauen, was wir unter den Feinden angerichtet hatten und wie es mit ihnen stand. Ich wählte das Dunkel der Nacht, damit sie uns nicht wieder attackierten, aber ich hätte mich nun allerdings vergewissern müssen, dass die Leute, die mich begleiteten, unter meinem Kommando stünden, bevor ich mich auf etwas einließ, das sich ohne mein Wissen und Zutun zu einem gefährlichen und bösen Abenteuer entwickelte.

Wir, der Supercargo und ich, nahmen zwanzig stämmige Burschen mit und landeten zwei Stunden vor Mitternacht an derselben Stelle, wo in der vergangenen Nacht die Indianer aufmarschiert waren. Wir landeten just dort, weil es ja, wie gesagt, meine hauptsächliche Absicht war festzustellen, ob sie das Feld geräumt und Spuren des von uns angerichteten Schadens zurückgelassen hatten. Ferner dachte ich mir, wenn wir den einen oder anderen überrumpelten, würden wir vielleicht durch einen Austausch unseren Mann frei bekommen.

Geräuschlos landeten wir und bildeten zwei Gruppen, die eine unter dem Befehl des Bootsmanns, die andere mir unterstellt. Nichts rührte sich, nichts war zu sehen oder zu hören. Wir marschierten, mit einem gewissen Abstand zwischen den beiden Abteilungen, zum Schauplatz des Kampfes, konnten aber zuerst nichts sehen, weil es sehr finster war. Nach einer Weile stolperte der Bootsmann, der den ersten Trupp führte, über einen Leichnam, und fiel zu Boden. Da machten sie für eine Weile halt, weil sie wussten, sie seien dort angelangt, wo die Indianer Aufstellung genommen hatten, und auf mich warten wollten. Wir beschlossen stillzuhalten, bis der Mond aufgehen werde (bis dahin war es eine knappe Stunde): Dann konnten wir mühelos die von uns angerichtete Verwüstung überblicken. Wir zählten zweiunddreißig Gefallene auf der Erde. Zwei waren noch nicht ganz tot. Dem einen war ein Arm, dem anderen ein Bein und einem der Kopf abgerissen worden. Die Verwundeten hatten sie wohl mitgeschleppt.

Nachdem wir einen meiner Meinung nach vollständigen Überblick gewonnen hatten (soweit es uns möglich war), wollte ich an Bord zurückkehren; der Bootsmann aber und seine Abteilung ließen mir sagen, dass sie entschlossen seien, die indianische Siedlung aufzusuchen, wo diese Hunde, wie sie sie nannten, hausten, und forderten mich auf, mit ihnen mitzukommen. Wenn es ihnen, wie sie sich's einbildeten, gelänge, den Ort zu finden, würden sie dort zweifellos gute Beute machen und vielleicht sogar Thomas Jeffry antreffen – so hieß der Mann, der verschollen war.

Hätten sie mich um Erlaubnis gebeten, diesen Streifzug zu unternehmen, weiß ich sehr wohl, wie meine Antwort gelautet haben würde. Ich würde sie sogleich an Bord zurückbeordert haben, weil ich wusste, dass wir uns auf ein so großes Risiko nicht einlassen durften, wir, die wir ein Schiff und eine Schiffsfracht in unserer Obhut und eine Reise vor uns hatten, deren Verlauf in hohem Grad von dem Leben dieser Leute abhing; da sie mir aber sagen ließen, sie seien entschlossen loszumarschieren, und mich lediglich aufforderten, mich mit meiner Mannschaft ihnen anzuschließen, lehnte ich entschieden ab und stand auf – da ich auf der Erde gesessen hatte –, um mich ins Boot zu begeben. Ein oder zwei der Leute bedrängten mich mit der Bitte, den anderen folgen zu dürfen, und als ich diese Bitte kategorisch abschlug, begannen sie zu murren und sagten, sie stünden ja gar nicht unter meinem Befehl und würden losziehen. »Komm, Jack«, sagte einer von ihnen, »kommst du mit? Ich geh.« Jack erklärte sich dazu bereit, ein Dritter und ein Vierter folgten seinem Beispiel, mit einem Wort, alle verließen sie mich bis auf einen, den ich zum Bleiben überredete, und einen Schiffsjungen, der im Boot zurückgeblieben war. Also begaben wir uns, der Supercargo und ich, zusammen mit dem dritten Mann ans Boot, erklärten dort den anderen, wir würden auf sie warten und Sorge tragen, alle, die es überlebten, an Bord zu holen. Ich machte sie darauf aufmerksam, dass ihr Vorhaben wahnsinnig sei und dass meiner Meinung nach die meisten von ihnen das Schicksal Thomas Jeffrys teilen würden.

Sie erwiderten, waschechte Matrosen, dass sie sich dafür verbürgten, mit heiler Haut wiederzukehren, sie würden sich vorsehen etc. Also zogen sie los. Ich hatte sie angefleht, an das Schiff und die Reise zu denken, hatte betont, ihr Leben sei nicht nur ihnen zu eigen, sie trügen in gewissem Maß auch die Verantwortung für den Verlauf der Fahrt; wenn ihr Vorhaben missglückte, könnte das Schiff, weil ihre Hilfe fehlte, verloren gehen, und das könnten sie weder vor Gott noch vor den Menschen verantworten. Ich äußerte noch manches andere zu diesem Thema, hätte aber ebenso gut zu dem Großmast unseres Schiffs reden können, sie waren auf ihre Expedition versessen, gaben mir nur viel gute Worte und baten mich, nicht böse zu sein – sie würden sich vorsehen und bezweifelten nicht, in spätestens einer Stunde zurück zu sein. Die indianische Niederlassung sei, behaupteten sie, nicht weiter als eine halbe Meile entfernt. Es stellte sich aber heraus, dass es über zwei Meilen waren.

Also, wie gesagt, sie marschierten los, und obwohl es ein desperates Unternehmen war, auf das nur Wahnsinnige sich eingelassen haben würden, muss ich ihnen nachsagen, dass sie es mit ebenso viel Umsicht wie Kühnheit in Angriff nahmen. Freilich waren sie gut bewaffnet. Jeder hatte eine Flinte oder eine Muskete, ein Bajonett, eine Pistole. Manche besaßen breite Entermesser oder Hirschfänger, der Bootsmann und zwei andere hatten Kappbeile bei sich, und nebst alledem verfügten sie über insgesamt dreizehn Handgranaten. Noch nie haben auf Gottes Erdboden mutigere und besser ausgerüstete Männer ein nichtsnutzigeres Werk angepackt.

Ihre hauptsächliche Absicht war zu plündern, und sie machten sich gewaltige Hoffnungen, Gold vorzufinden, aber ein Umstand, den keiner von ihnen kannte, sollte sie mit Rachedurst erfüllen und allesamt in Teufel verwandeln. Als sie die wenigen Hütten erreichten, die nicht weiter als eine halbe Meile entfernt waren und die sie für die Hauptsiedlung gehalten hatten, waren sie schwer enttäuscht, denn es waren nicht mehr als 12 bis 13 Stück. Wo die Hauptsiedlung lag und wie groß sie war, das wussten sie nicht. Sie überlegten, was zu tun sei, und brauchten lange, um einen Entschluss zu fassen. Wenn sie nämlich über diese Hütten herfielen, mussten sie sämtlichen Insassen den Hals abschneiden, und es war zehn gegen eins zu wetten, dass einige entwischten, wegliefen und die Bewohner der Hauptniederlassung alarmierten, sodass sie, unsere Leute, dann ein ganzes Heer auf dem Hals haben würden. Wenn sie andererseits weitermarschierten und diese Indianer ungeschoren ließen (sie schliefen alle in ihren Hütten), wussten sie nicht, wo sie die Hauptniederlassung suchen sollten.

Das Letztere jedoch erschien ihnen als das Ratsamere. Deshalb beschlossen sie, die Hütten in Ruhe zu lassen und sich, so gut es eben ging, nach der Hauptsiedlung umzuschauen. Nach einer Weile stießen sie auf eine an einem Baum angebundene Kuh, die sie für einen guten Wegweiser hielten. Sie sagten sich, entweder gehöre sie zu der Siedlung, die vor ihnen lag, oder zu den Hütten, die hinter ihnen lagen, und wenn sie sie losbänden, würde sich zeigen, welche Richtung sie einschlug. Schlug sie die Richtung ein, aus der sie gekommen waren, dann hatte sie ihnen nichts zu sagen. Lief sie in die andere Richtung, dann brauchten sie ihr nur zu folgen. Also schnitten sie den Strick durch, der aus verflochtenen Pflanzenfasern bestand, und die Kuh trottete vor ihnen her. Mit einem Wort, die Kuh führte sie geradenwegs zu der Hauptniederlassung, die, wie sie berichtet haben, aus mehr als zweihundert Häusern oder Hütten bestand. In einigen dieser Hütten wohnten mehrere Familien.

Hier fanden sie alles in tiefster Stille vor, die Menschen in unbekümmerter Geborgenheit, wie nur der Schlaf und eine Gegend, die noch nie einen Feind dieser Art kennengelernt hat, sie zu schaffen vermögen. Zuerst hielten sie abermals eine Beratung ab, um zu überlegen, was zu tun sei. Mit einem Wort, sie beschlossen, sich auf drei Gruppen aufzuteilen und an drei verschiedenen Stellen der Siedlung je eine Hütte in Brand zu stecken, sodann die Menschen, die herausliefen, zu greifen und zu fesseln. Für den Fall, dass einer sich wehrte, brauchte man ihnen nicht zu sagen, was sie zu tun hätten. Nachher würden sie die übrigen Hütten durchsuchen und ausplündern. Aber sie beschlossen, erst einmal lautlos durch die Siedlung zu marschieren und nachzuschauen, welche Ausmaße sie besitze und ob sie sich an sie heranwagen sollten oder nicht.

Das geschah denn auch, und sie waren desperat genug, um sich für das Wagnis zu entschließen. Aber während sie einander zu ihrem Vorhaben ermunterten, riefen drei von ihnen, die ein wenig vorausgeeilt waren, den anderen zu, sie hätten Thomas Jeffry gefunden. Alle liefen hin, und richtig, da hing der arme Teufel mit durchschnittener Kehle nackt an einem Arm. Dicht neben dem Baum stand eine Indianerhütte, und in dieser Hütte sahen sie sechzehn oder siebzehn der Indianer sitzen, die an dem früheren Gefecht beteiligt gewesen waren; einige von ihnen hatten Schusswunden davongetragen. Unsere Leute sahen, dass sie wach waren und miteinander plauderten, kannten aber nicht ihre Anzahl.

Der Anblick ihres armen, verstümmelten Kameraden erbitterte sie dermaßen, dass sie einander gelobten, seinen Tod zu rächen, keinem Indianer, der ihnen in die Hände fiel, Pardon zu gewähren und sich sogleich an die Arbeit zu machen – doch nicht so unbesonnen, wie man es angesichts ihrer Wut und Erbitterung hätte erwarten dürfen. Erst einmal sahen sie sich nach etwas leicht Brennbarem um, aber das erwies sich nach kurzer Suche als aussichtslos. Hingegen waren die meisten Häuser sehr niedrig und mit Pflanzenfasern oder Schilf gedeckt, das auf der Insel üppig gedeiht. Also bereiteten sie ein wenig Zunder zu, wie wir's nennen, indem sie Pulver auf der flachen Hand befeuchteten, und setzten binnen einer Viertelstunde die Siedlung an vier oder fünf Ecken in Brand, vor allem die Hütte, in der die Indianer sich noch nicht schlafen gelegt hatten. Sowie die Flammen zu lodern begannen, stürzten die armen erschrockenen Geschöpfe ins Freie hinaus, um sich zu retten, aber das Schicksal ereilte sie schon an der Tür, wo unsere Seeleute sie zurückjagten. Der Bootsmann selbst erschlug einen oder zwei von ihnen mit seinem Kappbeil. Da die Hütte groß war und zahlreiche Insassen hatte, wagte er sich nicht hinein, sondern verlangte eine Handgranate und schleuderte sie durch den Eingang. Zuerst erschraken die Indianer, aber als sodann die Granate platzte, richtete sie eine so arge Verwüstung an, dass die Armen ein grässliches Geschrei erhoben.

Kurz, die meisten Indianer, die sich im offenen Teil des Hauses aufhielten, wurden durch die Granate getötet oder verwundet, bis auf zwei oder drei, die zur Tür drängten, wo der Bootsmann und zwei weitere Seeleute mit dem Bajonett im Lauf ihrer Musketen warteten und allen, die herauswollten, den

Garaus machten. Es gab aber in dieser Hütte noch ein abgesondertes Gemach, in dem der Fürst oder König oder was immer er sein mochte, sich mit mehreren anderen aufhielt. Er und seine Gefährten wurden an der Flucht gehindert, bis das Haus, das bereits in hellen Flammen stand, über ihnen einstürzte und sie gemeinsam erstickten oder verbrannten.

Inzwischen war nicht ein einziger Schuss gefallen, weil unsere Leute die Indianer nicht schneller aufwecken wollten, als sie ihrer Herr werden konnten, aber das Feuer weckte sie schnell genug. Unsere Leute blieben schön beisammen, weil der Brand (alle die Hütten waren aus leicht entzündlichem Stoff angefertigt) dermaßen zu wüten begann, dass die Gassen kaum passierbar waren, und sie, die Rächer, den einzelnen Feuersbrünsten nachgehen mussten, um ihre Opfer umso sicherer zu erwischen. So schnell das Feuer die Indianer entweder aus den brennenden Hütten jagte oder sie vor Angst ins Freie laufen ließ, standen unsere Leute bereit, sie niederzuschlagen, wobei sie einander nach wie vor mit lauten Zurufen ermahnten, Thomas Jeffrys zu gedenken.

Während das alles sich abspielte, war ich, wie ich gestehen muss, äußerst beunruhigt, besonders als ich den Widerschein der Feuersbrunst sah, die mir, da es finstere Nacht war, dicht in der Nähe zu wüten schien.

Auch mein Neffe, der Kapitän, den seine Leute, als sie das Feuer sahen, geweckt hatten, war sehr beunruhigt. Er wusste nicht, was los sei, wusste nicht, ob ich mich in Gefahr befände, insbesondere als er nun auch Schüsse vernahm, da unsere Abenteurer inzwischen von ihren Schusswaffen Gebrauch zu machen begonnen hatten. Tausend Gedanken bedrückten ihn, tausend Sorgen um mich und den Supercargo. Zuletzt – obwohl er kaum noch Leute erübrigen konnte, aber nicht wusste, ob wir nicht vielleicht in eine schlimme Notlage geraten waren – nimmt er ein weiteres Boot und fährt mit dreizehn Mann zu mir ans Ufer.

Er war äußerst erstaunt, als er mich und den Supercargo mit nur zwei Mann im Boot sitzen sah, und obzwar er sich darüber freute, dass wir wohlauf waren, brannte er genauso wie wir vor Ungeduld zu erfahren, was sich abspielte, denn der Lärm wurde immer größer und das Flammenmeer immer gewaltiger: Kurz, es wäre für jeden beliebigen Menschen von der Welt schier unmöglich gewesen, seine Neugier zu beherrschen oder nicht um die Sicherheit der Gefährten besorgt zu sein. Mit einem Wort, der Kapitän erklärte, er werde seinen Leuten zu Hilfe eilen, komme, was da wolle. Ich redete ihm, wie zuvor den Matrosen, gut zu, sprach von der Sicherheit des Schiffs, den Gefahren der Reise, den Interessen der Eigentümer und Kaufleute etc. und erklärte mich bereit, mit zwei Leuten hinzugehen und lediglich aus der Ferne zu erkunden, was im Gang sei, dann gleich wieder umzukehren und ihm Bericht zu erstatten.

Ich hatte gut reden – genauso wie zuvor: Mein Neffe erklärte rundheraus, er mache sich auf den Weg und wünschte sich nur, er hätte nicht mehr als zehn Mann an Bord zurückgelassen. Er denke nicht daran, seine Leute zu verlieren, nur weil er ihnen nicht zu Hilfe kam, lieber wolle er das Schiff, die Reise, sein Leben und alles in Kauf geben. Damit basta.

Mit einem Wort, ich konnte jetzt ebenso wenig zurückbleiben, wie ich ihn von seinem Vorhaben abhalten konnte – kurz gesagt, der Kapitän befahl zwei Matrosen, mit der Pinasse zum Schiff zu rudern und zwölf weitere Leute zu holen. Nachher sollten sechs Mann die beiden Boote bewachen und sechs Mann uns begleiten, sodass an Bord des Schiffes nur sechzehn Mann zurückblieben. Die gesamte Besatzung hatte aus fünfundsechzig Personen bestanden, von denen zwei in dem letzten Gefecht, das dieses Unheil herbeigeführt hatte, ums Leben gekommen waren.

Nachdem wir uns in Marsch gesetzt hatten, spürten wir, das mag man mir glauben, kaum den Boden unter den Füßen, und da das Feuer uns leuchtete, hielten wir uns an keine Pfade, sondern steuerten schnurstracks auf die Brandstätte zu. Wenn uns zuvor das Knallen der Schüsse überrascht hatte, so war nun das Jammergeschrei der armen Wilden von ganz anderer Art und erfüllte uns mit Entsetzen. Ich muss gestehen, dass ich nie an der Plünderung oder Erstürmung einer Stadt teilgenommen hatte. Ich hatte gehört, wie Oliver Cromwell Drogheda auf Irland eingenommen und Mann, Weib und Kind getötet, hatte von der Plünderung Magdeburgs durch den Grafen Tilly gelesen und wie dort 22.000 Menschen beiderlei Geschlechts abgeschlachtet worden waren, hatte mir aber noch nie ein Bild von der Sache selbst gemacht, und sie lässt sich auch gar nicht schildern, ebenso wenig wie das Grauen, das uns befiel, als wir's hörten.

Wir marschierten jedoch weiter und gelangen schließlich zu der Siedlung, obwohl das Feuer uns daran hinderte, die Gassen zu betreten. Das Erste, was wir zu sehen bekamen, waren die Ruinen einer Hütte oder vielmehr die Aschenreste, da das Gebäude zur Gänze ein Raub der Flammen geworden war. Dicht davor lagen, deutlich im Feuerschein sichtbar, vier tote Männer und drei tote Frauen und in dem lodernden Trümmerhaufen, wie wir vermuteten, noch etliche mehr. Kurz, es begegneten uns so erschütternde Beispiele einer ganz und gar barbarischen Raserei und einer Wut, die alle Grenzen des Menschlichen überstieg, dass wir es für unmöglich hielten, unsere Leute könnten die Schuldigen sein, oder meinten, wenn sie es angerichtet hätten, müsste jeder Einzelne den schlimmsten Tod durch Henkershand verdient haben. Aber das war nicht alles. Wir sahen weiter vorn die Feuersbrunst noch ärger wüten, und gleichermaßen wollte das Geschrei kein Ende nehmen, sodass wir in tiefste Bestürzung gerieten. Wir rückten ein bisschen weiter vor, und siehe, da kamen drei nackte Frauen, aufs Fürchterlichste schreiend, auf uns zugeflogen, als ob sie in der Tat Flügel besessen hätten, und hinter ihnen sechzehn bis siebzehn Männer, Eingeborene, ebenso erschrocken und verwirrt, verfolgt von drei unserer englischen Schlächter – ich weiß keinen besseren Namen –, die, als sie ihre Opfer nicht einzuholen vermochten, auf sie feuerten. Einer, den ihre Kugeln getroffen hatten, stürzte vor unseren Augen zu Boden. Als die übrigen uns erblickten, glaubten sie, auch wir seien ihre Feinde und würden sie ermorden. Sie erhoben ein entsetzliches Geschrei, besonders die Frauen, und zwei von ihnen fielen hin, als wären sie schon vor Angst gestorben.

Die Seele verkrampfte sich in meiner Brust, das Blut gefror mir in den Adern, und ich glaube, wenn die drei englischen Seeleute, die sie verfolgten, näher herangekommen wären, hätte ich sie durch meine Leute umbringen lassen. Wir gaben aber den armen Flüchtlingen durch Zeichen zu verstehen, dass wir ihnen nichts antun würden, und sogleich eilten sie herbei, knieten mit erhobenen Händen nieder, jämmerlich um Schonung flehend. Nachdem sie unsere guten Absichten begriffen hatten, drängten sie sich, Schutz suchend, dicht hinter uns zu einem Haufen zusammen. Ich ließ meinen Trupp mit dem Befehl zurück, niemandem etwas zuleide zu tun, sondern womöglich an unsere Matrosen heranzukommen, um sie zu fragen, welcher Teufel in sie gefahren sei und was sie vorhätten, mit einem Wort, sie abzukommandieren und ihnen klarzumachen, wenn sie bis Tagesanbruch verweilten, würden sie hunderttausend Mann am Hals haben. Ich selber, sage ich, nahm nur zwei Mann mit und warf mich ins Gewimmel der Flüchtenden, die wahrlich einen erbarmungswürdigen Anblick boten. Etliche hatten sich, als sie durchs Feuer liefen und in die glühende Asche traten, die Füße verbrannt, anderen hatten Brandwunden an den Händen. Eine Frau war in die Flammen gefallen und hatte schwere Brandwunden davongetragen, bevor sie sich aufrappeln konnte. Zwei oder drei Männer waren von den Verfolgern im Rücken und an den Schenkeln verwundet worden. Einen anderen traf eine Kugel ins Herz, und er starb zu meinen Füßen.

Gern hätte ich gewusst, wodurch das alles verursacht worden sei, aber ich konnte ja nicht verstehen, was die armen Wilden sagten. Ihren Zeichen entnahm ich, dass viele von ihnen selber den Anlass nicht kannten. Ich war dermaßen entsetzt über den schändlichen Vorgang, dass ich nicht bleiben konnte, sondern zu meinen Leuten zurückkehrte und beschloss, mich mitten durch die Flammen oder jedes andere Hindernis ins Innere der Siedlung zu wagen und um jeden Preis den Gräueln ein Ende zu setzen. Kaum war ich bei meinen Leuten angelangt, teilte ich ihnen meinen Entschluss mit und befahl ihnen, mir zu folgen, da alsdann im selben Augenblick vier Mann der Schiffsbesatzung mit dem Bootsmann an der Spitze über die Leichenhaufen herbeigestolpert kamen, über und über mit Blut und Staub bedeckt, als lechzten sie danach, noch mehr Menschen niederzumetzeln. Da rief einer meiner Leute sie an, so laut er konnte, und einer der ihren brachte sie mit viel Getue dazu, die Ohren zu spitzen, sodass sie endlich merkten, wer wir waren, und auf uns zukamen.

Sowie der Bootsmann uns erblickte, stieß er einen lauten Ruf aus wie ein Triumphgeschrei, weil er glaubte, wir wären ihm zu Hilfe geeilt, und ohne mich anzuhören, sagte er zu mir: »Herr Kapitän, hochedler Herr Kapitän, ich freue mich über Euer Kommen. Wir sind noch nicht zur Hälfte fertig. Schurkische Höllenhunde – ich werde so viele von ihnen umbringen, wie der arme Tom Haare auf seinem Kopf hat. Wir haben geschworen, keinen zu schonen, wir werden den ganzen Stamm von der Erde vertilgen.« So schnatterte er drauflos, noch dazu außer Atem nach all den Anstrengungen, und wollte mich nicht zu Wort kommen lassen.

Schließlich erhob ich die Stimme, um ihn zum Schweigen zu bringen, und sagte: »Barbarischer Hund, was habt Ihr getan? Ich dulde nicht, dass auch nur ein Mensch noch angerührt wird – bei Todesstrafe! Ich befehle Euch bei Eurem Leben, die Hände sinken zu lassen und Euch nicht von der Stelle zu rühren, sonst seid Ihr noch in dieser Minute ein toter Mann.«

»Aber, Sir«, entgegnete er, »wisst Ihr, was Ihr tut oder was sie getan haben? Wenn Ihr den Grund unserer Handlungsweise erfahren wollt, dann kommt bitte hierher.« Damit zeigte er mir den armen Teufel, der mit durchschnittener Kehle an einem Baum hing.

Ich muss gestehen, dass auch ich den Drang nach Rache verspürte. Zu einer anderen Zeit hätte ich mich vielleicht hinreißen lassen. Doch war ich der Meinung, sie hätten ihre Raserei zu weit getrieben, und dachte an Jakobs Worte zu seinen Söhnen Simeon und Levi: *Verflucht sei ihr Zorn, denn er war wild und grausam.* Nun aber war mir eine neue Aufgabe zuteilgeworden. Als die Männer, die ich bei mir hatte, ihren toten Kameraden erblickten, hatte ich ebenso viel Mühe, sie zurückzuhalten, wie es mir Mühe gemacht hätte, die anderen zu zügeln, ja, sogar mein Neffe stimmte ihnen zu und sagte vor ihnen zu mir, er sei nur besorgt, dass seine Leute übermannt werden könnten: Was die Indianer betreffe, so sollte eigentlich auch seiner Meinung nach kein einziger mit dem Leben davonkommen, sie hätten sich an der Ermordung des armen Mannes geweidet und müssten wie Mörder behandelt werden. Bei diesen Worten rannten acht Mann zusammen mit dem Bootsmann und seiner Mannschaft los, um das blutige Werk zu vollenden, und ich, der ich sah, dass es nicht in meiner Macht lag, sie zu zähmen, trat nachdenklich und traurig den Rückzug an, denn ich konnte den Anblick nicht ertragen, geschweige denn den grässlichen Lärm und die Schreie der armen Wichte, die ihnen in die Hände fielen.

Nur der Supercargo und zwei Mann begleiteten mich, mit ihnen marschierte ich zu den Booten zurück. Ich muss gestehen, dass es äußerst töricht von mir war, mich gewissermaßen allein auf den Rückweg zu machen. Da es inzwischen fast schon hell geworden war und der Alarm sich durch die ganze Gegend verbreitet hatte, waren auf der kleinen Lichtung, auf der die oben erwähnten zwölf bis dreizehn Hütten standen, vierzig mit Lanzen und Bogen bewaffnete Indianer versammelt. Durch einen reinen Zufall wich ich der Stelle aus und gelangte geradenwegs an den Strand, und da war es schon helllichter Tag. Unverzüglich stieg ich in die Pinasse ein, ging an Bord und schickte das Boot zurück, damit es den Leuten, was auch immer geschehen mochte, behilflich sei.

Zu der Zeit, als ich ans Ufer kam, merkte ich, dass das Feuer so ziemlich erloschen war und der Lärm sich gelegt hatte, aber etwa eine halbe Stunde nachdem ich an Bord gegangen war, hörte ich eine Salve und sah eine gewaltige Rauchsäule aufsteigen. Wie ich nachher erfuhr, hatten unsere Leute die Indianer überfallen, die, wie gesagt, unterwegs bei den wenigen Hütten standen, sechzehn bis siebzehn getötet und sämtliche Hütten in Brand gesteckt, aber die Frauen und Kinder ungeschoren gelassen.

In dem Augenblick, als die Pinasse ans Ufer zurückgekehrt war, tauchten allmählich unsere Leute auf dem Strand auf. Nach und nach kamen sie an, nicht in zwei Abteilungen und in geschlossener Formation, wie sie abmarschiert waren, sondern gruppenweise, auch einzeln und verstreut, sodass eine kleine Truppe entschlossener Männer ihnen allen den Rückzug hätte abschneiden können.

Aber das ganze Land zitterte vor ihnen, die Wilden waren so verwundert und überrascht und so erschrocken, dass ich glaube, ihrer hundert wären beim Anblick von nur fünfen unserer Leute davongerannt. Bei all diesen schrecklichen Vorgängen hatte kein Einziger sich erheblich zur Wehr gesetzt; die Flammen und der jähe Überfall im Dunkel der Nacht hatten sie dermaßen überrumpelt, dass sie nicht wussten, wohin sie sich wenden sollten. Flohen sie in die eine Richtung, trat ihnen eine Gruppe entgegen, flohen sie in die entgegengesetzte Richtung, eine andere, also wurden sie überall niedergemacht. Auch trug keiner unserer Leute auch nur die geringste Verletzung davon, bis auf einen, der sich den Fuß verstaucht, und einen zweiten, der sich die eine Hand arg verbrannt hatte.

Ich war sehr böse auf meinen Neffen, den Kapitän – freilich innerlich auch auf all die anderen, aber auf ihn ganz besonders, aus zweierlei Gründen: erstens, weil er seine Pflicht als Befehlshaber des Schiffes und als der für die Fahrt verantwortliche Mann hintangesetzt hatte, zweitens, weil er die Raserei seiner Leute angesichts eines so blutigen und grausamen Vorgehens eher angestachelt hatte, statt sie zu dämpfen. Mein Neffe antwortete mir sehr respektvoll, betonte aber, als er den Leichnam des armen Matrosen erblickte, den sie auf eine so grausame und barbarische Weise ermordet hatten, sei er nicht mehr Herr seiner selbst gewesen und habe seine Wallung nicht mehr dämpfen können. Er gebe zu, dass er's nicht hätte tun dürfen, er, als Befehlshaber des Schiffes, aber da er nur ein Mensch sei und die Menschennatur ihn überwältigte, habe er es nicht ertragen können. Was die übrigen Mitglieder der Besatzung betraf, so waren sie nicht mir unterstellt, und das wussten sie ganz genau. Deshalb kümmerten sie sich nicht um meinen Unwillen.

Am nächsten Tag setzten wir Segel, hörten also nichts mehr von der Geschichte. Unsere Leute waren sich nicht einig über die Zahl der von ihnen getöteten Indianer. Der eine sagte dieses, der andere jenes, aber nach ihren genauesten Berichten insgesamt zu schließen, hatten sie ungefähr einhundertfünfzig Menschen, Männer, Frauen und Kinder, umgebracht und nicht ein einziges Haus stehen lassen.

Den armen Thomas Jeffry mitzuschleppen, hätte keinen Sinn gehabt, da man ihm den Kopf zur Hälfte vom Hals getrennt hatte. Deshalb hatten sie ihn zurückgelassen, ihn nur von dem Baum heruntergeholt, an dem er mit der einen Hand gehangen.

Mochten unsere Leute ihr Vorgehen für noch so gerecht halten, ich war dagegen, und von nun an sagte ich immer wieder zu ihnen, Gott werde die Reise verfluchen, denn ich sah in all dem Blutvergießen jener Nacht die Frucht der Mordlust in ihren Herzen. Freilich war Thomas Jeffry umgebracht worden, aber er war der Angreifer gewesen, *er* hatte den Frieden gebrochen und eine junge Indianerin genotzüchtigt oder missbraucht, die unschuldsvoll und im Vertrauen auf das öffentlich geschlossene Abkommen ins Lager der Fremdlinge gekommen war.

Als wir nachher miteinander an Bord waren, verteidigte sich der Bootsmann folgendermaßen. »Es stimmt schon«, sagte er, »dass es so ausgesehen hat, als ob wir die Waffenruhe gebrochen hätten, aber eigentlich ist es gar nicht wahr. Den Kampf haben in der Nacht zuvor die Eingeborenen eröffnet, sie haben auf uns geschossen und ohne gerechten Anlass einen der unsern getötet. Als wir dann in der Lage waren, ihnen auf den Leib zu rücken, durften wir es ihnen heimzahlen. Wenn auch der arme Thomas sich einer Dirne gegenüber einige Freiheiten erlaubt hat, hätte man ihn nicht ermorden müssen, noch dazu auf eine so schurkische Art.« Sie hätten nur getan, was durchaus gerecht sei und was die Gebote Gottes gegenüber Mördern gestatteten.

Man sollte meinen, das hätte als Warnung genügen und uns davon abhalten müssen, uns unter Heiden und Barbaren zu mischen: Aber es ist nun einmal nicht möglich, die Menschen anders zu belehren als auf ihre eigenen Kosten; ihre Erfahrung scheint ihnen immer dann am meisten zu nützen, wenn sie recht teuer erkauft ist.

Wir wollten jetzt zum Persischen Golf und von dort zur Koromandelküste, aber nur in Surat anlegen. Das Hauptziel des Supercargo war der Golf von Bengalen. Wenn er dort keine ausgehende Ladung ergatterte, sollte er nach China reisen und auf dem Rückweg die Küste anlaufen.

Das erste Unglück, das uns befiel, ereignete sich im Persischen Golf. Fünf unserer Leute, die sich auf der arabischen Seite an Land gewagt hatten, wurden von Arabern umzingelt und entweder getötet oder in die Sklaverei verschleppt; ihre Bootskameraden waren außerstande, sie zu retten, und hatten gerade nur Zeit, sich selber mit dem Boot in Sicherheit zu bringen. Ich hielt ihnen vor, dass es sich hier um eine gerechte Vergeltung des Himmels handle. Der Bootsmann aber entgegnete einigermaßen hitzig, seiner Meinung nach seien meine Vorwürfe übertrieben und nicht durch die Schrift zu belegen. Er bezog sich auf das 13. Kapitel und den 4. Vers bei Lukas, wo unser Erlöser zu verstehen gebe, dass die Menschen, auf welche der Turm in Siloah fiel, keine ärgeren Sünder gewesen seien als alle anderen Galiläer. Was mich allerdings in diesem Fall zum Schweigen brachte, war der Umstand, dass keiner der fünf Matrosen, die nun verloren gegangen waren, zu jenen gehörte, die das Massaker auf Madagaskar verschuldet hatten (so nannte ich's stets, obwohl unsere Leute ungeduldig wurden, wenn sie das Wort Massaker hörten). Ja, dieser Umstand verschlug mir zunächst die Rede.

Meine häufigen Strafpredigten hatten aber weit schlimmere Folgen, als ich erwartet hatte. Der Bootsmann, der die Expedition angeführt hatte, kam eines Tages dreist zu mir und hielt mir vor, ich brächte immer wieder jene Affäre aufs Tapet, erlaubte mir ungerechte Bemerkungen und behandelte die Leute, besonders ihn, sehr schlecht. Da ich ein Passagier sei und weder Befehlsgewalt über das Schiff noch Anteil an der Ladung hätte, brauchten sie sich das nicht gefallen zu lassen. Wer weiß, vielleicht hätte ich Schlimmes im Sinn, vielleicht hätte ich mir vorgenommen, sie nach der Heimkehr in England zur Rechenschaft zu ziehen. Infolgedessen sei er entschlossen, von Bord zu gehen, wenn ich mich nicht verpflichtete, die Sache ruhen zu lassen und mich fürderhin auf keine Weise mehr mit ihm oder irgendeiner seiner Angelegenheiten zu befassen; er fühle sich nicht sicher an Bord, solange ich unter ihnen weilte.

Ich hörte ihn recht geduldig bis zu Ende an und erwiderte sodann, ich müsse zugeben, dass ich die ganze Zeit gegen das Massaker auf Madagaskar gewesen sei, denn so und nicht anders würde ich's immer nennen, und dass ich jederzeit frei meine Meinung geäußert hätte, wenn auch nicht nachdrücklicher über ihn als über die anderen. Dass ich keine Befehlsgewalt über das Schiff besitze, treffe zu, und ich verfügte auch über keinerlei Vollmachten, erlaubte mir lediglich, mich über Dinge zu äußern, die uns alle öffentlich berührten. Mein Anteil an der Ladung und mein Interesse an der Reise gingen ihn nichts an. Das Schiff sei zu einem beträchtlichen Teil mein Eigentum. Deshalb beanspruchte ich das Recht, mich noch offener zu äußern als bisher, und sei weder ihm noch sonst jemandem an Bord Rechenschaft schuldig. Inzwischen war auch ich in Hitze geraten. Er antwortete im Augenblick nur sehr wenig, und ich hielt den Fall für erledigt. Wir lagen damals auf der Reede von Bengalen. Da ich Lust hatte, mich an Land umzuschauen, begleitete ich den Supercargo im Beiboot, um mich zu zerstreuen. Als ich gegen Abend an Bord zurückkehren wollte, kam einer der Matrosen auf mich zu und sagte, ich brauchte mich nicht zum Boot hinunterzubemühen, sie hätten den Befehl erhalten, mich nicht mehr an Bord des Schiffes zu befördern. Jeder wird sich denken können, wie erstaunt ich über eine so unverschämte Mitteilung war. Ich fragte den Mann, wer ihn geheißen habe, mir die Botschaft auszurichten. Er erwiderte: der Bootsmann. Ich ließ mich auf kein Gespräch ein, ersuchte ihn nur, an Bord zu melden, er habe den Auftrag durchgeführt und ich hätte ihm keine Antwort erteilt.

Unverzüglich suchte ich den Supercargo auf, erzählte ihm von dem Vorfall und fügte hinzu, dass aller Voraussicht nach mit einer Meuterei zu rechnen sei. Ich bat ihn dringend, sich unverzüglich mit einem indischen Boot an Bord des Schiffes zu begeben und dem Kapitän Bericht zu erstatten: Aber ich hätte mir diese Benachrichtigung ersparen können. Noch bevor ich mit ihm an Land gesprochen hatte, war die Angelegenheit an Bord in vollem Gang. Der Bootsmann, der Richtkanonier, der Zimmermann, mit einem Wort, sämtliche unteren Offiziere waren, sowie ich mich mit dem Boot entfernt hatte, auf dem Achterdeck erschienen und hatten den Kapitän zu sprechen verlangt. Nach einer längeren Ansprache (der Kerl war ein guter Redner), in der er all das wiederholte, was er zu mir gesagt hatte, erklärte der Bootsmann rundheraus, da ich mich friedlich an Land begeben hätte, wollten sie nicht Hand an mich legen, wie sie es sonst getan haben würden, um mich loszuwerden. Deshalb hielten sie es für angebracht, ihm, dem Kapitän, mitzuteilen, sie würden, da sie unter seinem Befehl angeheuert hätten, ihren Dienst gut und treulich verrichten: Wenn aber nicht ich das Schiff verließe oder der Kapitän mich zwinge, das Schiff zu verlassen, würden sie alle miteinander von Bord gehen und nicht weitersegeln. Bei dem Wort »alle« wandte er sich dem Großmast zu. Das scheint ein vereinbartes Signal gewesen zu sein. Die Seeleute, die sich zusammengerottet hatten, riefen aus: »Alle Mann! Alle Mann!«

Mein Neffe, der Kapitän, war ein sehr mutiger und geistesgegenwärtiger Mann. Obwohl er, wie man mit Sicherheit annehmen darf, überrascht war, erwiderte er gelassen, er werde sich die Sache überlegen, könne aber nichts tun, bevor er mit mir darüber gesprochen habe. Er brachte einige Argumente vor, um ihnen das Unvernünftige und Ungerechte ihres Verhaltens zu zeigen, aber das nützte nichts. Sie gelobten einander vor seinen Augen mit feierlichem Handschlag, gemeinsam an Land zu gehen, falls er sich nicht verpflichte, mich nicht mehr an Bord des Schiffes zu lassen.

Das was für meinen Neffen ein harter Brocken. Er kannte seine Verpflichtungen mir gegenüber und wusste nicht, wie ich es aufnehmen würde. Deshalb begann er, ihnen freimütig zuzureden, wies darauf hin, dass ich zu einem erheblichen Teil Eigentümer des Fahrzeugs sei und dass er mich von Rechts wegen nicht aus meinem eigenen Haus weisen könne. Sie führten sich fast so schlimm auf wie der berühmte Seeräuber Kid, der an Bord eines Schiffes meuterte, den Kapitän auf einer unbewohnten Insel aussetzte und mit dem Schiff Reißaus nahm. Ließe er sie nach ihrem Belieben auf einem anderen Fahrzeug anheuern, dann würde ihnen dies, falls sie je wieder nach England zurückkehrten, teuer zu stehen kommen. Das Schiff gehöre mir, er könne mich nicht wegjagen. Lieber wolle er das Schiff und auch die Fahrt verlieren, als mich so zu kränken. Nun sei es an ihnen, sich zu entscheiden. Er werde jedenfalls an Land gehen und dort mit mir reden. Er forderte den Bootsmann auf, ihn zu begleiten. Vielleicht würden sie sich mit mir einigen können.

Alle aber lehnten diesen Vorschlag ab und sagten, sie wollten nichts mehr mit mir zu tun haben, weder an Bord noch an Land, und wenn ich an Bord käme, würden sie alle an Land gehen. »Gut denn«, sagte der Kapitän, »wenn ihr alle dieser Meinung seid, will ich allein an Land gehen und mit ihm reden.« Also suchte er mich mit dieser Nachricht auf, kurz nachdem man mir die Mitteilung des Bootsmanns ausgerichtet hatte.

Ich muss gestehen, dass ich sehr froh war, meinen Neffen vor mir zu sehen, weil ich schon befürchtet hatte, sie würden ihn am Ende gewaltsam einsperren, Segel setzen und mit dem Schiff davonfahren. Dann wäre ich völlig entblößt in einem fremden Land zurückgeblieben, jeglicher Hilfe beraubt, kurz, schlimmer daran, als ich es allein auf der Insel gewesen war.

Zu meiner Befriedigung aber waren sie sichtlich nicht so weit gegangen, und als mein Neffe mir erzählte, was sie zu ihm gesagt und wie sie geschworen und mit Handschlag bekräftigt hatten, dass sie, alle Mann, das Schiff verlassen würden, wenn man mich an Bord kommen ließe, erwiderte ich, er brauche sich keine Sorge zu machen, ich würde an Land bleiben. Ich ersuchte ihn nur, mir die notwendigsten Habseligkeiten zu schicken und mir eine ausreichende Summe Geldes zurückzulassen, dann würde ich, so gut ich könnte, den Weg in die Heimat finden.

Das war für meinen Neffen eine gewichtige Neuigkeit, aber es ließ sich nichts dran ändern, da hieß es nachgeben. Kurz, er ging an Bord und teilte den Leuten mit, sein Onkel habe sich ihrer zudringlichen Forderung gefügt und lasse seine Sachen von Bord des Schiffes holen. Diese Angelegenheit war also in ganz wenigen Stunden geordnet, die Leute kehrten zu ihrer Arbeit zurück, und ich begann, mir zu überlegen, welchen Kurs ich einschlagen sollte.

Ich befand mich jetzt allein im entferntesten Winkel der Welt, wie ich mich wohl ausdrücken darf, an die dreitausend Seemeilen weiter von England entfernt als damals auf meiner Insel. Freilich konnte ich von hier aus über Land durch das Gebiet des Moguls nach Surat, von dort aus auf dem Seeweg durch den Persischen Golf nach Basra und sodann auf dem Karawanenweg durch die arabische Wüste nach Aleppo und İskenderun, von dort aus abermals auf dem Seeweg nach Italien und also über Land nach Frankreich gelangen; das mochte dann, alles in allem, mindestens einen vollen Durchmesser des Erdballs betragen, aber wenn man es messen wollte, würde, meine ich, noch viel mehr herauskommen.

Ich sah auch noch eine andere Möglichkeit vor mir, nämlich auf eines der englischen Schiffe zu warten, die aus Aceh auf Sumatra nach Bengalen kämen, und mich nach England einzuschiffen. Da ich aber ohne jede Beziehung zur Ostindischen Kompanie hier angekommen war, würde es mir schwer fallen, ohne Erlaubnis der obersten Behörde mitzufahren, es sei denn, die Kapitäne oder die Faktoren der Kompanie erwiesen mir einen ganz großen Gefallen, und ihnen war ich völlig fremd.

Nun hatte ich also, um *ex contrario* zu sprechen, das besondere Vergnügen, das Schiff ohne mich in See stechen zu sehen, etwas, das einem Mann in meinen Umständen kaum je widerfährt, sofern nicht Piraten ein Schiff entführen und jeden, der sich nicht ihrer Schurkerei fügt, an Land setzen. Beinahe war es nun, in der einen wie in der anderen Hinsicht, dasselbe. Mein Neffe ließ mir jedoch zwei Diener zurück oder vielmehr einen Begleiter und einen Diener; der Erstere war der Schreiber des Proviantmeisters, den er beauftragte, sich mir anzuschließen, der Letztere sein persönlicher Diener. Ich fand auch gute Unterkunft im Haus einer Engländerin, in dem mehrere Kaufleute wohnten, ein paar Franzosen, zwei Italiener oder vielmehr Juden und ein Engländer. Hier wurde ich recht angenehm verköstigt. Und damit man mir nicht Übereilung vorzuwerfen habe, blieb ich über neun Monate in diesem Haus, um mir zu überlegen, welche Route ich wählen und wie ich's anstellen sollte. Ich hatte wertvolles englisches Tuch und eine beträchtliche Summe Geldes bei mir. Mein Neffe hatte mir tausend Dublonen und für den Notfall einen Kreditbrief gegeben, damit ich, was auch immer geschehe, nicht in Not geriete.

Schnell brachte ich mein Tuch an den Mann, und zwar sehr vorteilhaft, und kaufte, wie ich's ursprünglich vorgehabt hatte, einige sehr schöne Diamanten, die mir in meiner jetzigen Lage am besten dienten, weil ich nun stets meinen gesamten Besitz bei mir tragen konnte.

Nach langem Aufenthalt, nachdem man mir zahlreiche Vorschläge für meine Rückkehr nach England unterbreitet hatte, die mir jedoch alle nicht behagten, kam eines Morgens der Engländer zu mir, der unter demselben Dach wohnte und mit dem ich eine enge Freundschaft geschlossen hatte. »Landsmann«, sagte er, »ich habe Euch einen Plan vorzuschlagen, der vielleicht, so wie er meinen Gedanken entspricht, wer weiß, auch den Euren gefallen wird, sobald Ihr ihn gründlich erwogen habt.

Hier sind wir in einem von unserer Heimat sehr weit abgelegenen Weltteil gelandet, Ihr durch einen Zufall, ich aus freiem Willen, aber es ist das ein Land, wo wir, die wir etwas von Handel und Geschäften verstehen, viel Geld verdienen können. Wenn Ihr tausend Pfund zu meinen tausend Pfund hinzulegt, mieten wir ein Schiff, das erstbeste, das uns behagen mag. Ihr sollt der Kapitän und ich der Kaufmann sein. Wir unternehmen eine Handelsreise nach China. Warum müßig hier umherhocken? Die ganze Welt ist in Bewegung, sie dreht sich immerzu, alle Geschöpfe Gottes, die Himmelskörper und irdischen Dinge sind geschäftig und emsig, warum sollten wir die Hände in den Schoß legen? Drohnen auf dieser Welt sind allemal nur Männer, warum sollten wir zu ihnen zählen?«

Sein Vorschlag gefiel mir sehr gut, umso besser, weil er, wie mir schien, mit so viel Redlichkeit und so freundschaftlich vorgebracht wurde: Ich will freilich nicht behaupten, dass nicht meine lockeren und aus dem Gleichgewicht geratenen Umstände mich ohnedies geneigt gemacht hätten, ein Projekt kommerzieller Art oder eigentlich welcher Art auch immer zu begrüßen – während andererseits der Handel nicht eben mein Element war: Ich könnte jedoch vielleicht, ohne zu lügen, behaupten, wenn nicht der Handel, so sei doch das Umherschweifen mein Element gewesen. Kein Vorschlag, eine Weltgegend zu besichtigen, die ich noch nie besucht hatte, wäre mir jemals unwillkommen gewesen.

Es dauerte jedoch eine Weile, bevor wir ein Schiff erwerben konnten, das uns gefiel, und als wir das Fahrzeug hatten, war es nicht leicht, englische Seeleute anzuheuern, das heißt ihrer so viele, wie erforderlich waren, um die Reise zu bewältigen und die Matrosen fremder Herkunft anzuleiten. Nach einiger Zeit fanden wir drei Engländer, einen Steuermann, einen Bootsmann und einen Richtkanonier, desgleichen einen holländischen Zimmermann und drei portugiesische Backschaftspersonen. Mit ihnen glaubten wir gut auskommen zu können. Im Übrigen standen uns indische Seeleute, wie sie nun einmal sind, zur Verfügung.

So viele Reisende haben ihre Fahrten und Abenteuer beschrieben, dass es keinen Menschen mehr recht divertieren würde, wenn ich ausführlich von den Orten, die ich besucht, und von den Völkerschaften, die dort hausen, berichtete. Das überlasse ich anderen und verweise den Leser an die englischen Tagebücher und Reisejournale, die, wie ich sehe, in großer Anzahl veröffentlicht und in noch größerer Anzahl tagtäglich angekündigt werden. Es genüge, wenn ich erwähne, dass ich nach Aceh auf der Insel Sumatra segelte und von dort nach Siam, wo wir einige unserer Waren gegen Opium und Arrak tauschten, Ersteres ein Erzeugnis, das bei den Chinesen hohe Preise bedingt, mit einem Wort, wir segelten bis Suskan hinauf, waren acht Monate lang unterwegs, kehrten nach Bengalen zurück, und ich war mit dem Verlauf des Abenteuers sehr zufrieden. Ich habe oft beobachtet, dass unsere Landsleute in England die Agenten, welche die Kompanie nach Indien schickt, und die Kaufleute, die im Allgemeinen längere Zeit dort ansässig sind, höchlichst bewundern, weil sie so große Vermögen zusammenraffen und manchmal mit sechzig-, siebzig- oder hunderttausend Pfund in die Heimat zurückkehren.

Aber das ist kein Wunder, oder wir werden es zumindest weit eher ergründen, wenn wir bedenken, wie viele Häfen und Marktplätze dort dem freien Handel geöffnet sind, man kann sie gar nicht zählen, und da wird man sich alsdann nicht mehr wundern, vollends nicht, wenn man sich überlegt, dass auf all den Märkten und in all den Häfen, wo die englischen Schiffe auftauchen, eine so große und stetige Nachfrage nach den Produkten aller anderen Länder herrscht, dass auch Einkäufe sich lohnen und für die ausgehenden Güter anderwärts in der gleichen Gegend ein Markt vorhanden ist.

Kurz, wir hatten eine recht ergiebige Reise hinter uns, und ich erwarb mit meinem ersten Unternehmen so viel Geld und so viel Einsicht in die Methode, noch mehr zu verdienen, dass ich mich, wäre ich um zwanzig Jahre jünger gewesen, versucht gefühlt haben würde, dortzubleiben und mich gar nicht erst anderswo nach Verdienstmöglichkeiten umzuschauen. Aber was bedeutete das alles einem Menschen über sechzig, der reich genug war und, als er sich auf Reisen begab, mehr von dem restlosen Verlangen, die Welt zu sehen, getrieben worden war als von dem raffgierigen Wunsch voranzukommen? Und ich glaube in der Tat, dass ich hier mit Recht von einem rastlosen Verlangen spreche, da es sich nun einmal nicht anders verhielt: In der Heimat ließ es mir keine Ruhe, bevor ich mich auf die Strümpfe gemacht hatte, und jetzt, in der Fremde, konnte ich's nicht erwarten, in die Heimat zurückzukehren. Ich sage also, was hätte es mir bedeutet? Ich war wohlhabend und wurde auch nicht von dem Verlangen geplagt, mehr Geld zu verdienen. Deshalb war der Gewinn, den die Reise mir eingebracht hatte, durchaus kein Ansporn, der mich dazu bewogen hätte, mich auf neue Wagnisse einzulassen. Meiner Meinung nach war ich durch die geglückte Fahrt nicht einen Schritt weitergekommen, weil ich ja an den Ort meiner Abreise sozusagen wie in eine Heimat zurückgekehrt war, während mein Blick, um mit Solomo zu sprechen, »des Sehens nicht satt wurde« und nun erst recht in mir das Verlangen entfachte, umherzuwandern und mich umzuschauen. Ich befand mich in einem Erdteil, den ich zuvor nie gesehen, und insbesondere in Gegenden, von denen ich viel gehört hatte. Ich war entschlossen, so viel zu erschauen wie nur möglich: Dann glaubte ich sagen zu dürfen, ich hätte die ganze Welt gesehen, die des Sehens wert ist.

Mein Reisegefährte und ich waren jedoch verschiedener Auffassung. Das erwähne ich nicht etwa, um meinen Standpunkt zu unterstreichen, denn ich gebe zu, dass der seine berechtigter und dem Lebensende eines Kaufmanns angemessener war, der, wenn er in der Fremde Abenteuer sucht, klug daran tut, nur die Tätigkeit zu betreiben, die ihm aller Wahrscheinlichkeit nach das meiste Geld einbringen wird. Mein neuer Freund hielt sich ans Wesentliche und würde sich damit abgefunden haben, wie ein Karrengaul stets nach dem Hin und Her in das gleiche Wirtshaus zurückzutrotten, vorausgesetzt, dass er dabei, wie er sich ausdrückte, auf seine Rechnung kam. Dagegen war mein Standpunkt der eines tollen, streunenden Jünglings, dem es keine Freude macht, etwas zweimal zu sehen.

Aber das war nicht alles: Ich wurde von dem ungeduldigen Verlangen geplagt, der Heimat näher zu rücken, und war dennoch denkbar unentschlossen, welchen Weg ich wählen sollte. Während diese Beratungen und Erwägungen ihren Gang gingen, schlug in der Zwischenzeit mein stets auf neue Geschäfte versessener Freund eine Reise zu den Gewürzinseln vor, um aus Manila oder der dortigen Gegend eine Ladung Gewürznelken zu holen; diese Inseln gehörten zum Teil den Spaniern, aber den Handel trieben die Holländer. Wir segelten nicht ganz so weit, sondern begnügten uns mit Häfen, die nicht so völlig von den Holländern beherrscht wurden wie die auf Batavia, Ceylon etc. Die Vorbereitungen dauerten nicht lange. Das Schwierigste war, mich zur Teilnahme zu bewegen. Aber da sich schließlich nichts anderes bot und ich mir sagte, mich zu rühren und Handel zu treiben (zumal mit so gutem und, wie ich wohl behaupten darf, sicherem Gewinn), sei vergnüglicher und für den Geist befriedigender als das Stillsitzen, das besonders mir das Unerfreulichste im Leben war, entschloss auch ich mich zu dieser Reise, die wir erfolgreich durchführten. Wir landeten auf Borneo und mehreren Inseln, an deren Namen ich mich nicht mehr erinnern kann, und kehrten nach etwa fünf Monaten wieder. Wir verkauften unsere Gewürze, meist Nelken und etliche Muskatnüsse, an die persischen Kaufleute, die sie in den Golf beförderten, und da wir das Fünffache des Einkaufspreises erzielten, heimsten wir wirklich eine ganze Menge Geld ein.

Nachdem mein Freund die Rechnung abgeschlossen hatte, sah er mich lächelnd an. »Nun denn«, sagte er mit einer Art von liebenswürdigem Stich gegen meine indolente Veranlagung, »ist das nicht besser, als hier herumzuspazieren wie einer, der nichts zu tun hat, und die Zeit damit zu verbringen, dass man den Unverstand und die Unwissenheit der Heiden bestaunt?« – »Ja, freilich«, erwiderte ich, »das glaube ich wohl, mein Freund, und ich fange an, mich zu kaufmännischen Grundsätzen zu bekehren, aber ich muss Euch nebenbei sagen, dass Ihr nicht wisst, was Ihr tut. Wenn ich nämlich erst einmal meine Trägheit überwunden habe und mich, so alt ich auch bin, von ganzem Herzen auf den Weg mache, werde ich Euch so lange durch die Welt hin und her hetzen, bis Ihr erschöpft seid. Ich werde so eifrig dahinter her sein, dass ich Euch keinen Augenblick Ruhe gönne.«

Aber um meine Betrachtungen abzukürzen: Eine kleine Weile später lief ein holländisches Schiff aus Batavia ein, kein europäisches Kauffahrteischiff, sondern ein Küstenfahrer von ungefähr zweihundert Tonnen. Da die Mannschaft, wie sie behauptete, so kränklich war, dass der Kapitän nicht genug Leute hatte, um in See zu stechen, legte er in Bengalen auf, und da er genug Geld besaß oder aus anderen Gründen gewillt war, nach Europa zurückzukehren, gab er öffentlich bekannt, dass er sein Schiff zu verkaufen wünsche. Das kam mir eher zu Ohren als meinem Teilhaber; ich hatte große Lust, das Fahrzeug zu kaufen, also ging ich zu ihm und erzählte ihm davon. Er dachte eine Weile nach, weil auch er kein Hitzkopf war, aber nachdem er eine Zeit lang überlegt hatte, erwiderte er: »Es ist ein bisschen zu groß, doch wir wollen es nehmen.« Demgemäß erwarben wir das Schiff, einigten uns mit dem Kapitän, erlegten den Kaufpreis und nahmen es in Besitz. Wir waren entschlossen, die Besatzung zu behalten und sie zusammen mit unseren Leuten für unsere Zwecke zu verwenden. Aber ganz plötzlich war – sie hatten nämlich keine Heuer, sondern ihren Anteil am Verkaufserlös erhalten – kein Einziger mehr anzutreffen. Wir erkundigten uns überall nach ihnen und erfuhren schließlich, dass sie alle miteinander auf dem Landweg nach Agra, der großen Residenzstadt des Moguls, gezogen waren, um sich von dort über Surat auf dem Seeweg in den Persischen Golf zu begeben.

Seit Langem hatte mich nichts so innerlich geärgert, wie dass ich die Gelegenheit versäumt hatte, mich ihnen anzuschließen. Solch eine Wanderung, dachte ich mir, und in so guter Gesellschaft, die mich beschützt und zugleich auch unterhalten haben würde, hätte ganz vorzüglich zu meinem allgemeinen Plan gepasst: Ich hätte etwas von der Welt gesehen und mich zugleich auch der Heimat genähert. Aber ich war's schnell zufrieden, als ich ein paar Tage später erfuhr, was das für Burschen waren. Kurz, die Geschichte lautete folgendermaßen: Der Mann, den sie Kapitän genannt hatten, war nur der Richtkanonier und nicht der Befehlshaber des Fahrzeugs gewesen; im Verlauf einer Handelsreise waren sie an Land von den Malaien überfallen worden, die den Kapitän und drei seiner Leute töteten; daraufhin hatten diese Seeleute, elf an der Zahl, beschlossen, mit dem Schiff durchzubrennen, was sie denn auch taten. Sie segelten in den Golf von Bengalen und ließen den Steuermann mit fünf weiteren Mann an Land zurück. (Von ihnen werden wir später hören.)

Nun, mochten sie in den Besitz des Schiffes gelangt sein, wie sie wollten, wir hatten es ehrlich erworben, obwohl ich gestehen muss, dass wir die Angelegenheit nicht so genau untersucht haben, wie es unsere Pflicht gewesen wäre. Wir hatten dem angeblichen Kapitän und seinen Kumpanen keinerlei Fragen gestellt. Wenn wir sie ins Gebet genommen hätten, würden sie sicherlich gestottert, einander und vielleicht sich selber widersprochen haben, oder wir hätten auf die eine oder andere Weise Grund gehabt, misstrauisch zu werden. Der Mann aber zeigte uns einen Kaufvertrag, ausgestellt auf einen gewissen Emanuel Closterhoven (oder so ähnlich, denn ich nehme an, dass es eine Fälschung war), nannte sich bei diesem Namen, und wir konnten ihm nicht widersprechen. Und da wir überhaupt ein wenig unvorsichtig waren oder zumindest keinen Unrat witterten, schlossen wir den Handel ab.

Nachher trieben wir noch ein paar englische und holländische Matrosen auf und entschlossen uns zu einer zweiten Fahrt in südöstlicher Richtung, das heißt zu den Philippinen und Molukken. Aber um nicht diesen Teil meiner Erzählung mit Nichtigkeiten anzufüllen, da doch, was noch kommen soll, um so vieles bemerkenswerter ist, will ich kurz erwähnen, dass ich insgesamt sechs Jahre in jener Gegend zugebracht habe, von einem Hafen zum anderen hin und her gependelt bin und mit gutem Erfolg Handel getrieben habe. Jetzt, im letzten Jahr meiner Teilhaberschaft, traten wir mit dem oben erwähnten Schiff eine Reise nach China an, wollten aber zuerst nach Siam, um Reis zu kaufen.

Auf dieser Fahrt zwangen uns widrige Winde, ziemlich lange in der Straße von Malakka und zwischen den Inseln zu kreuzen, und kaum waren wir diesen schwierigen Gewässern entronnen, da zeigte sich, dass unser Schiff undicht geworden war. Bei allem Fleiß konnten wir das Leck nicht finden. Dadurch sahen wir uns genötigt, irgendeinen Hafen anzulaufen, und mein Teilhaber, der die Gegend besser kannte als ich, befahl dem Kapitän, den Kambodschafluss anzusteuern. (Ich hatte den englischen Steuermann, einen gewissen Mr Thompson, zum Kapitän befördert, da ich die Betreuung des Fahrzeugs nicht selber übernehmen wollte.) Dieser Fluss liegt an der Nordseite der großen Bucht oder des Golfs, der bis Siam reicht.

Während wir dort weilten und oft zu unserer Erquickung an Land gingen, trat eines Tages ein Engländer an mich heran. Anscheinend war er Kanoniersmaat an Bord eines englischen Ostindienfahrers, der im selben Fluss vor Anker lag, etwas weiter oben, mehr in der Nähe der Stadt Kambodscha. Was ihn hierhergeführt hatte, wussten wir nicht. Jedenfalls kam er auf mich zu und sagte auf Englisch: »Sir, Ihr seid mir und ich bin Euch fremd, aber ich habe Euch etwas zu berichten, das Euch dringend angeht.«

Ich musterte ihn eine Weile und glaubte zuerst, ihn wiederzuerkennen. Aber ich irrte mich. »Wenn es mich dringend angeht«, erwiderte ich, »nicht aber Euch selbst, was bewegt Euch dann, es mir zu berichten?« – »Die große Gefahr, in der Ihr schwebt und die Ihr, soviel ich sehe, nicht kennt.« – »Ich wüsste nicht, welche Gefahr mir drohen sollte«, sagte ich, »abgesehen davon, dass mein Schiff leckt und ich das Leck nicht finden kann. Ich beabsichtige jedoch, das Schiff morgen auf Grund zu setzen, um zu sehen, ob ich's finde.« – »Leck hin, Leck her, Sir«, sagte er, »finden oder nicht finden, Ihr werdet Euch hüten, morgen Euer Schiff auflaufen zu lassen, nachdem Ihr gehört habt, was ich zu sagen habe. Wisst Ihr, Sir«, fuhr er fort, »dass die Stadt

Kambodscha etwa fünfzehn Meilen flussaufwärts liegt? Und dass an diesem Ufer etwa fünf Meilen weiter oben zwei große englische und drei holländische Schiffe liegen?« – »Schön«, sagte ich, »was bedeutet mir das?« – »Nun, Sir«, erwiderte er, »ziemt es einem Mann, der sich wie Ihr auf solche Abenteuer eingelassen hat, in einen Hafen einzulaufen, ohne zuerst zu untersuchen, was für Schiffe sich dort befinden und ob er imstande sei, mit ihnen fertigzuwerden? Ihr bildet Euch doch wohl nicht ein, dass Ihr ihnen gewachsen seid?« – Ich fand seine Worte belustigend, aber nicht erstaunlich, weil ich mir nicht denken konnte, was gemeint sei. Ein wenig barsch sagte ich zu ihm: »Sir, es wäre mir recht, wenn Ihr Euch deutlicher äußern wolltet. Ich kann mir nicht vorstellen, was für einen Grund ich haben sollte, mich vor Schiffen der Kompanie oder vor Holländern zu fürchten? Ich komme ihnen nicht in die Quere, was können sie gegen mich einzuwenden haben?«

Er sah halb ärgerlich, halb vergnügt drein, schwieg eine Weile, lächelte jedoch. »Nun, Sir«, sagte er dann, »wenn Ihr Euch in Sicherheit wiegt, müsst Ihr's riskieren. Es tut mir leid, wenn Euer Schicksal Euch verblendet und Ihr auf guten Rat nicht hören wollt. Aber ich versichere Euch, wenn Ihr nicht unverzüglich in See stecht, werden Euch fünf voll bemannte Pinassen überfallen. Vielleicht wird man Euch, wenn man Euch greift, als Seeräuber aufhängen und die Einzelheiten erst hinterher prüfen. Ich hätte gedacht, Sir«, fügte er hinzu, »dass ich besser hätte empfangen werden müssen, da ich Euch einen so wichtigen Dienst geleistet habe.« – »Ich werde nie undankbar sein«, antwortete ich, »wenn mir jemand einen Dienst erweist oder mir freundlich begegnet, aber es geht über meinen Horizont, warum man solche Absichten gegen mich hegt. Aber da Ihr sagt, es sei keine Zeit zu verlieren und man habe Böses gegen mich im Sinn, werde ich noch in dieser Minute an Bord gehen und unverzüglich in See stechen, falls meine Leute das Leck abdichten können oder das Schiff auch ohne Ausbesserung schwimmfähig ist. Aber, Sir«, fuhr ich fort, »soll mir der Grund verborgen bleiben? Könnt Ihr die Sache nicht näher beleuchten?«

»Ich kann Euch nur einen Teil der Geschichte erzählen«, entgegnete er, »aber ich habe einen holländischen Seemann bei mir, und ich glaube, er würde zu bewegen sein, Euch den Rest zu berichten. Aber es bleibt uns kaum Zeit dazu. Kurz und gut, das erste Kapitel muss Euch bekannt sein, nämlich dass Ihr mit diesem Schiff an der Insel Sumatra angelegt habt, dass dort Euer Kapitän von Malaien ermordet worden ist, dass sodann Ihr oder etliche, die mit Euch zusammen an Bord waren, das Schiff entführt haben und seither Seeräuber geworden seid. Das ist das Fazit der Geschichte, und ich kann Euch versichern, dass man Euch allesamt als Piraten festnehmen und ohne viele Umstände hinrichten wird, denn Ihr wisst, Kauffahrteischiffe machen mit Seeräubern kurzen Prozess, wenn sie sie in die Hände bekommen.«

»Jetzt redet Ihr klar und deutlich«, sagte ich, »und ich danke Euch. Obwohl ich nicht wüsste, dass wir uns dergleichen hätten zuschulden kommen lassen, wie Ihr's erzählt, sondern das Fahrzeug auf ehrliche und rechtmäßige Weise erworben haben, werde ich doch, da, wie Ihr sagt, Unheil droht und Ihr es aufrichtig zu meinen scheint, auf meiner Hut sein.« – »Nein, Sir«, sagte er, »sprecht nicht von ›auf der Hut sein‹. Die beste Verteidigung ist, sich der Gefahr zu entziehen. Wenn Euch Euer Leben und das Leben Eurer Leute lieb ist, stecht Ihr bei Hochwasser in See, und da Ihr dann die ganze Gezeitdauer vor Euch habt, werdet Ihr weit draußen sein, bevor sie herunterkommen können, weil sie bei Hochwasser abgelegt haben. Es sind immerhin zwanzig Meilen, also stehen Euch durch den Gezeitenunterschied nahezu zwei Stunden zur Verfügung, ganz zu schweigen von der Länge des Fahrtwegs. Außerdem werden sie, da sie nicht mit Schiffen, sondern mit Booten angerückt kommen, nicht wagen, Euch weit aufs Meer hinaus zu folgen, besonders nicht wenn der Wind weht.«

»Nun«, sagte ich, »das war sehr freundlich von Euch, wie soll ich Euch's vergelten?« – »Sir«, erwiderte er, »vielleicht werdet Ihr gar nicht gewillt sein, mir's zu vergelten, weil Ihr vielleicht nicht von meiner Wahrheitsliebe überzeugt sein werdet: Ich mache Euch nämlich ein Angebot. An Bord des Schiffes ***, mit dem ich aus England gekommen bin, schuldet man mir die Heuer für neunzehn Monate, und der Holländer, den ich bei mir habe, hat sieben Monate lang keine Heuer erhalten. Wenn Ihr uns die Heuer vergütet, begleiten wir Euch. Wenn Ihr meint, mehr sei es nicht wert, werden wir mehr nicht begehren. Aber wenn wir Euch davon überzeugen können, dass wir Euch das Leben und das Schiff und das Leben aller Mann an Bord gerettet haben, wollen wir den Rest Euch überlassen.«

Damit erklärte ich mich gern einverstanden, und wir gingen sofort an Bord. Sowie ich längsseits kam, erschien mein Teilhaber, der an Bord geblieben war, auf dem Quarterdeck und rief mir mit großer Freude zu: »Oho! Oho! Wir haben das Leck gedichtet! Wir haben das Leck gedichtet!« – »Was Ihr nicht sagt!«, rief ich zurück. »Gott sei Dank! Dann lasst aber sogleich die Anker lichten!« – »Den Anker lichten?«, sagt er. »Was soll das heißen? Was ist denn los?« – »Stellt keine Fragen«, erwiderte ich, »alle Mann an Deck und die Anker gelichtet, ohne eine Sekunde zu verlieren!« – Er war verdutzt, rief aber den Kapitän und befahl, die Anker zu lichten, und obwohl die Gezeit noch nicht ganz um war, liefen wir mit einem leichten Landwind aus. Dann ging ich mit ihm in die Kajüte und erzählte ihm in großen Zügen die Geschichte, und wir ließen die beiden Männer rufen, und sie berichteten den Rest. Aber da das ziemlich viel Zeit kostete, kam, noch bevor wir fertig waren, ein Seemann an die Kajütentür und rief uns zu, der Kapitän lasse uns sagen, wir würden verfolgt. »Verfolgt?«, fragte ich. »Von wem?« – »Von fünf Schaluppen oder Beibooten«, erwiderte der Matrose, »die voll bemannt sind.« – »Schön«, sagte ich, »dann muss etwas dran sein.« Zunächst beorderte ich alle Mann an Deck und teilte ihnen mit, dass man die Absicht habe, das Schiff zu entern und uns als angebliche Piraten gefangen zu nehmen. Ich fragte sie, ob sie zu uns und unter sich zusammenhalten würden. Die Leute antworteten freudig, sie würden alle Mann mit uns leben und sterben. Dann fragte ich den Kapitän, wie wir uns am besten zur Wehr setzen würden, denn mich zu wehren, war ich fest entschlossen, auch bis zum letzten Blutstropfen. Er meinte, wir müssten sie uns, solange es ging, mit schwerem Kaliber vom Leib halten, dann so lange wie möglich mit unseren Handwaffen auf sie schießen, schließlich aber, wenn beides nichts mehr fruchtete, hinter die Bollwerke retirieren. Vielleicht hatten sie nicht das Nötige bei sich, um unsere Schotts einzuschlagen oder zu uns vorzudringen.

Inzwischen hatte der Richtkanonier die Weisung erhalten, zwei Geschütze, eines vorn und eines achtern, aus dem Zwischendeck heraufholen zu lassen, das Deck klarzumachen und sie mit Musketenkugeln und kleinen Eisenbrocken und was ihm gerade zur Hand kam, zu laden. Unterdessen aber steuerten wir unentwegt mit recht starkem Wind auf die hohe See hinaus und sahen in der Ferne die fünf Boote, große Pinassen, wie sie mit vollen Segeln hinter uns her waren.

Zwei der Boote – wir sahen durchs Fernglas, dass es Engländer waren – eilten den anderen voraus, lagen mit nahezu zwei Seemeilen an der Spitze und holten beträchtlich auf. Daraufhin gaben wir einen blinden Schuss ab, als Aufforderung beizudrehen, und hissten eine Friedensflagge, um zu zeigen, dass wir bereit seien, mit ihnen zu verhandeln. Sie aber setzten die Verfolgung fort, bis sie in Schussweite kamen. Da zogen wir die weiße Flagge ein, der sie keine Beachtung geschenkt hatten, hissten eine rote und gaben einen Schuss auf sie ab. Trotzdem rückten sie immer näher heran, bis sie so nahe lagen, dass man sie durch das Sprachrohr anrufen konnte, das wir an Bord hatten. Also riefen wir sie an und forderten sie auf, bei Gefahr ihres Lebens einzuhalten.

Es nützte nichts, sie segelten weiter und versuchten, unter unser Heck zu gelangen, um das Quarterdeck zu entern. Als wir sahen, dass sie zum Ärgsten entschlossen waren und sich auf die Stärke ihrer Nachhut verließen, befahl ich beizudrehen, sodass wir breitseits lagen, und unverzüglich aus fünf

Geschützen das Feuer zu eröffnen. Einer der Schüsse war so gut gezielt, dass er das Heck des hinteren Bootes wegriss, sodass die Insassen gezwungen waren, das Segel zu reffen und sich vorn im Bug zusammenzudrängen, um ein Kentern zu verhindern. Sie drehten bei und hatten die Nase voll. Das vordere Boot aber hielt weiter auf uns zu, und wir schickten uns an, es unter Feuer zu nehmen.

Unterdessen hatte eines der drei zurückgebliebenen Boote, schneller als die beiden anderen, das von uns außer Gefecht gesetzte Boot eingeholt, um ihm zu helfen, und wir sahen nach einer Weile, wie es die Leute an Bord nahm. Abermals riefen wir das vorderste Boot an und schlugen ihnen Waffenstillstandsverhandlungen vor. Wir begehrten zu wissen, was sie von uns wollten, bekamen aber keine Antwort. Im Gegenteil, sie schoben sich dicht unter unser Heck heran. Daraufhin ließ unser Kanonier, ein sehr behänder Mann, seine beiden Buggeschütze auffahren und gab Feuer. Als die Schüsse ihr Ziel verfehlten, riefen die Leute im Boot Hurra!, schwenkten die Mützen und rückten heran. Der Kanonier aber machte sich schnell wieder schussfertig und feuerte eine zweite Salve ab. Eine Kugel verfehlte zwar das Boot, schlug jedoch mitten in die Besatzung ein, und wir sahen deutlich, dass sie zahlreiche Opfer forderte. Darum kümmerten wir uns wenig, wendeten von Neuem und kehrten ihnen unsere Backbordseite zu, und nachdem wir drei weitere Schüsse abgegeben hatten, sahen wir, dass das Boot fast zur Gänze zerschmettert worden war; besonders das Steuer und ein Teil des Hecks waren weggerissen, deshalb holten sie sofort ihr Segel ein und gerieten in äußerste Verwirrung. Um das Maß ihres Missgeschicks vollzumachen, feuerte unser Kanonier noch einmal zwei Geschütze auf sie ab. Wo die Kugeln trafen, konnten wir nicht feststellen, aber wir sahen, dass das Boot zu sinken begann und einige Leute bereits im Wasser lagen. Daraufhin ließ ich unverzüglich unsere Pinasse, die wir dicht längsseits mitgeführt hatten, bemannen, mit dem Auftrag, womöglich einige der Schiffbrüchigen vor dem Ertrinken zu retten und schleunigst an Bord zu schaffen, denn wir sahen, dass die restlichen Boote aufzuholen begannen. Unsere Leute in der Pinasse gehorchten meinem Befehl und fischten drei Mann aus dem Wasser; der eine war schon am Ertrinken gewesen, und es dauerte eine ganze Weile, bevor wir ihn ins Leben zurückrufen konnten. Sowie die Geretteten an Bord waren, setzten wir so viel Segel wie nur möglich und fuhren weiter aufs Meer hinaus, und als die übrigen drei Boote bei den beiden ersten angelangt waren, stellten sie die Verfolgung ein.

Solchermaßen von einer Gefahr befreit, die, obzwar ich ihre Gründe nicht kannte, doch viel größer zu sein schien, als ich erwartet hatte, trug ich

Sorge, unseren Kurs zu ändern, um ja nicht zu verraten, wohin wir bestimmt waren. Also wichen wir ostwärts von der Route ab, der alle europäischen Schiffe, ob sie nach China oder sonst wohin wollen, im Handelsverkehr der europäischen Völker zu folgen pflegen.

Als wir uns endlich auf hoher See befanden, setzten wir uns mit den beiden Seeleuten zusammen und fragten sie erst einmal, was das alles bedeute, und der Holländer weihte uns sofort in das Geheimnis ein. Der Kerl, der uns das Schiff verkauft hatte, sagte er, sei weiter nichts als ein Räuber gewesen, der das Schiff entführt habe. Dann berichtete er, wie der Kapitän, dessen Namen er uns gleichfalls nannte, obschon ich mich nicht mehr auf ihn besinnen kann, zusammen mit drei Matrosen von den Eingeborenen der Malakka-Küste ermordet worden war und dass er, dieser Holländer, und vier seiner Kameraden in den Wald flüchteten, wo sie ziemlich lange umherirrten, bis zu guter Letzt er ganz allein wie durch ein Wunder mit dem Leben davonkam: Er schwamm zu einem holländischen Schiff hinaus, das, auf der Fahrt nach China dicht an der Küste entlangsegelnd, das Beiboot an Land geschickt hatte, um Frischwasser zu holen. An die Stelle, an der das Boot angelegt hatte, wagte er sich nicht heran, lief vielmehr im Schutz der Dunkelheit ein Stück weiter, sprang erst dort ins Wasser und wurde von dem Beiboot aufgefischt.

Sodann habe er sich, sagte er, nach Batavia begeben und dort zwei Mitglieder der früheren Schiffsbesatzung getroffen, die sich unterwegs von ihren Kameraden getrennt hatten. Sie berichteten, der Kerl, der mit dem Fahrzeug durchgebrannt war, habe es in Bengalen an eine Piratenbande verkauft, die nun in den umliegenden Gewässern kreuze und bereits ein englisches und zwei holländische Schiffe, alle reich beladen, gekapert habe.

Wir sahen nun, dass dieses letztere Kapitel uns selber betraf. Obwohl wir wussten, dass man uns zu Unrecht beschuldigte, hätten wir, wie mein Teilhaber treffend bemerkte, wenn wir jenen in die Hände gefallen wären, und da sie im Voraus so sehr gegen uns eingenommen waren, vergebens unsere Unschuld beteuert oder Nachsicht erhofft, besonders wenn man bedenkt, dass unsere Ankläger zugleich unsere Richter gewesen wären und wir von ihnen nichts anderes zu erwarten gehabt hätten als unerbittliche Härte, die der Zorn ihnen diktiert und eine zügellose Leidenschaft zur Geltung gebracht haben würde. Deshalb war er dafür, direkt nach Bengalen zurückzukehren, von wo wir gekommen waren, ohne in welchen Hafen auch immer einzulaufen. Dort könnten wir sodann ehrlich Rechenschaft ablegen und nachweisen, wo wir uns aufhielten, als das Schiff anlegte, wem wir es abgekauft hatten und dergleichen mehr. Und was am Allerwichtigsten sei: Sollten wir gezwungen sein, uns vor einem Gericht zu verantworten, dann würden wir einer gerechten Behandlung sicher sein und nicht befürchten müssen, erst aufgehängt und nachher gerichtet zu werden.

Eine Zeit lang war ich derselben Meinung wie er, aber nach ernstlicher Überlegung sagte ich zu ihm, nach Bengalen zurückzukehren, wäre für uns äußerst riskant, weil wir uns am falschen Ende der Straße von Malakka befanden. Sowie Alarm geschlagen wurde, würde man uns bestimmt überall auflauern, vor Batavia die Holländer, anderwärts die Engländer. Wenn man uns gleichsam auf der Flucht erwischte, würden wir uns damit selber verurteilt haben und es würde keiner weiteren Beweise bedürfen, um uns ans Messer zu liefern. Ich fragte auch den englischen Seemann um seine Meinung. Er stimmte mir zu und sagte, wir würden sicherlich aufgebracht werden.

Der Gedanke an diese Gefahr erfüllte meinen Teilhaber und die gesamte Schiffsmannschaft mit einiger Bestürzung. Unverzüglich beschlossen wir, zuerst die Küste von Tongking und dann die chinesische Küste anzusteuern, unseren ursprünglichen Plan zu verfolgen, uns des Schiffes auf irgendeine Weise zu entledigen und mit einem einheimischen Fahrzeug, wie auch immer es aussehen mochte, nach Bengalen zurückzukehren. Diese Methode wurde als die sicherste gebilligt, und wir schlugen demgemäß die Richtung nach Nordnordost ein, mehr als fünfzig Seemeilen von dem üblichen Kurs entfernt.

Das bereitete uns jedoch einige Unannehmlichkeiten. Erstens hatten wir, so weit von der Küste entfernt, stetigen Gegenwind, fast einen Passat, wie wir ihn nennen, der aus Ost und Ostnordost kam, sodass unsere Fahrt sehr lange dauerte. Wir waren aber für eine so lange Fahrt nur unzulänglich mit Lebensmitteln versorgt. Schlimmer noch! Es bestand eine gewisse Gefahr, dass eines jener englischen und holländischen Schiffe, deren Beiboote uns verfolgt hatten, dasselbe Reiseziel hatte wie wir und vor uns anlangte oder dass irgendein anderes nach China bestimmtes Schiff durch sie unterrichtet worden war und mit dem gleichen Eifer hinter uns her sein würde.

Ich muss gestehen, ich war tief beunruhigt und überlegte mir, dass ich mich noch nie in meinem bisherigen Leben in einer gefährlicheren Lage befunden hatte als just eben, da wir mit knapper Not den Booten entronnen waren. Wie übel es mir auch ergangen sein mochte, so war ich doch nie als ein Räuber verfolgt worden, hatte auch noch nie etwas getan, das die Bezeichnung unehrlich oder betrügerisch, geschweige denn diebisch verdient hätte. Hauptsächlich war ich mein eigener Feind oder, wie ich mit Recht behaupten darf, keines anderen Menschen Feind als meiner selbst gewesen: Jetzt aber sah ich mich in die denkbar schlimmste Klemme versetzt. Obwohl ich restlos unschuldig war, konnte ich meine Unschuld nicht an den

Tag bringen, und wenn man mich gegriffen hätte, dann unter dem Verdacht, ich hätte ein Verbrechen begangen, das zumindest in den Augen der Leute, mit denen ich zu tun hatte, als das übelste von allen gilt.

Deshalb war ich sehr darauf aus, mich in Sicherheit bringen, wusste aber nicht, wohin ich mich wenden, welchen Hafen oder Ort wir anlaufen sollten. Als mein Teilhaber, der anfangs viel besorgter gewesen als ich, mich so niedergeschlagen sah, begann er, mich zu trösten. Er beschrieb mir die verschiedenen Häfen längs der Küste, sagte, er wolle an der Küste von Kotschinchina oder in der Bucht von Tongking anlegen, mit der Absicht, nach Macao weiterzusegeln, einer Stadt, die früher den Portugiesen gehört hatte und in der noch immer viele europäische Familien ansässig waren. Besonders die Missionare, die nach China unterwegs sind, pflegten, wie er sagte, dort haltzumachen.

So entschieden wir uns denn für diesen Kurs und sichteten, wenn auch nach einer beschwerlichen Zickzackfahrt und mit fast erschöpften Vorräten, eines Tages frühmorgens die Küste. Da wir das jüngst erlebte Abenteuer und die Gefahr, der wir entronnen waren, nicht vergessen hatten, beschlossen wir, in einen kleinen Fluss einzulaufen, der freilich für uns tief genug war, und nachzuschauen – sei es auf dem Landweg, sei es mithilfe unserer Pinasse –, was für Schiffe in den benachbarten Häfen vor Anker lagen. Diese Vorsichtsmaßnahme war unser Glück. Wir hatten zwar anfangs im Golf von Tongking kein europäisches Schiff erblickt, aber am nächsten Morgen kamen zwei holländische Schiffe und ein drittes, das keine Flagge führte, das wir jedoch für einen Holländer hielten, in die Bucht gesegelt, fuhren in einem Abstand von etwa zwei Seemeilen an uns vorbei und hielten auf die chinesische Küste zu, und am Nachmittag folgten ihnen auf dem gleichen Kurs zwei Engländer; so glaubten wir uns hier wie dort von Feinden belagert. Die Gegend, in der wir uns befanden, war wild und barbarisch, die Einwohner waren sogar von Beruf lauter Räuber und Diebe. Freilich wollten wir von ihnen nichts anderes haben als ein wenig Proviant und hatten keine Lust, uns mit ihnen näher einzulassen: Trotzdem konnten wir uns nur mit Mühe ihrer Zudringlichkeiten und Attacken erwehren.

Wir lagen in einem schmalen Fluss vor Anker, nur wenige Meilen von seinem nördlichen Ende entfernt. Mit unserem Beiboot segelten wir am Ufer entlang in nordöstlicher Richtung zu der Landzunge, die den großen Golf von Tongking eröffnet: Und auf dieser Erkundungsfahrt entdeckten wir, wie oben erwähnt, dass wir, mit einem Wort, von Feinden umzingelt waren. Die Menschen, in deren Mitte wir uns befanden, gehörten zu den barbarischsten aller Küstenvölker. Sie standen mit keinem anderen Stamm in Verbindung und handelten nur mit Fischen, Öl und ähnlichen primitiven Produkten. Dass sie, wie gesagt, die barbarischsten aller Küstenbewohner sind, erhellt insbesondere daraus, dass sie unter anderem die Sitte haben, die Insassen eines Schiffes, welches das Pech hat, an ihrem Gestade zu scheitern, sogleich gefangen zu nehmen und zu versklaven, und es dauerte nicht lang, da bekamen wir – bei folgender Gelegenheit – einen kleinen Vorgeschmack von ihrer Herzensgüte.

Ich habe bereits erwähnt, dass unser Schiff auf hoher See undicht geworden war und dass wir das Leck nicht hatten finden können, es aber, wie gesagt, unerwarteterweise just in der glücklichen Stunde abdichten konnten, als uns die holländischen und englischen Schiffe in der Bucht von Siam beim Kragen nehmen wollten. Da uns aber das Fahrzeug nicht ganz so seetüchtig und solide vorkam, wie wir's für wünschenswert hielten, beschlossen wir, es während unseres Aufenthalts an diesem Ort auf den Strand zu setzen, alle schweren Gegenstände, die wir an Bord hatten und die nicht sehr zahlreich waren, herauszuwälzen, den Kiel zu schrubben und zu säubern und womöglich die undichten Stellen zu finden.

Nachdem wir also das Schiff erleichtert, sämtliche Geschütze und anderen beweglichen Gegenstände auf die eine Seite geschafft hatten, versuchten wir, es umzulegen, damit wir an den Kiel herankönnten. Bei nochmaliger Überlegung aber hielten wir es nicht für ratsam, es aufs Trockene zu ziehen, und wir konnten auch keine geeignete Stelle finden.

Die Einwohner, die so etwas noch nie erlebt hatten, kamen erstaunt ans Ufer gelaufen, um zuzuschauen. Als sie nun das Schiff so auf der Seite liegen und gegen das Ufer hin krängen sahen, ohne unsere Leute zu sehen, die mit ihren Booten und Gerüsten an der abgewandten Bordwand mit der Säuberung des Kiels beschäftigt waren, folgerten sie daraus nach einer Weile, das Schiff sei verschlagen worden und fest auf Grund gelaufen.

In dieser Annahme rückten sie uns nach zwei bis drei Stunden mit zehn oder zwölf großen Booten auf den Leib, mit acht und auch zehn Mann in jedem Boot, zweifellos in der Absicht, an Bord zu gehen und das Schiff zu plündern und uns, falls sie uns entdeckten, als Sklaven zu ihrem König zu schleppen oder wie auch immer sie ihn nennen mochten, denn wir wussten ja nicht, wer über sie herrschte.

Als sie am Schiff angelangt waren und ums Heck ruderten, sahen sie uns alle an der Außenseite des Kiels und der Bordwand emsig schrubben, teeren und dichten, wie es jedem Seefahrer geläufig ist.

Eine Weile starrten sie uns an, und wir, nicht wenig überrascht, konnten uns nicht denken, was sie im Sinne hatten, aber da wir nichts riskieren wollten, benützten einige von uns schnell die Gelegenheit, um an Deck zu gehen und den beschäftigten Kameraden Waffen und Munition zu reichen, damit sie sich im Notfall verteidigen könnten; und das war auch nötig. Kaum hatten sie sich eine knappe Viertelstunde lang untereinander beraten, da gelangten sie allem Anschein nach endgültig zu der Überzeugung, dass das Schiff tatsächlich als Wrack zu gelten habe, dass wir alle bemüht seien, es zu retten oder uns mithilfe unserer Boote in Sicherheit zu bringen, und als wir unsere Waffen in die Boote schafften, folgerten sie aus unserem Verhalten, dass wir versuchten, einen Teil der Fracht zu retten. Nun hielten sie es für ausgemacht, dass wir alle mit Mann und Maus ihnen gehörten, und gleichsam in Schlachtordnung stürmten sie gegen unsere Leute an.

Unsere Leute, die ihrer so viele heranrücken sahen, erschraken, weil wir in keiner günstigen Lage waren, uns zur Wehr zu setzen, und wollten von uns wissen, was sie tun sollten. Sogleich befahl ich den Leuten auf den Gerüsten, sie abzunehmen und über die Reling zu klettern, und den Leuten im Boot, rund um den Bug zu rudern und an Bord zu kommen, während wir, die wenigen, die wir uns an Bord befanden, uns mit aller Kraft bemühten, das Schiff aufzurichten. Aber weder die Leute auf den Gerüsten noch die in den Booten konnten unsere Befehle befolgen, bevor die Kotschinchinesen über sie herfielen. Zwei ihrer Bootsmannschaften enterten unser Großboot und begannen, die Leute gefangen zu nehmen.

Der Erste, den sie anpackten, war ein Engländer, ein stämmiger, kräftiger Bursche, der die Muskete, die er in der Hand hielt, auf den Boden legte, ohne sie abzufeuern, ein Verhalten, das ich töricht fand. Aber er verstand seine Sache besser, als ich es ihm hätte beibringen können. Er griff nach dem Heiden und zerrte ihn mit schierer Muskelkraft aus ihrem Boot in das unsere, nahm ihn dort bei beiden Ohren und knallte seinen Kopf so wuchtig gegen den Schandeckel, dass der Kerl ihm sogleich in den Händen verschied. Inzwischen hatte ein Holländer, der hinter ihm stand, die Muskete aufgehoben und schlug mit dem Kolben so wirksam um sich, dass er fünf Feinde, die das Boot zu entern versuchten, zu Boden streckte. Aber das war keine ausreichende Abwehr gegen dreißig bis vierzig Mann, die sich furchtlos, weil sie die Gefahr nicht kannten, ins große Beiboot stürzten, das alles in allem nur von fünfen unserer Leute verteidigt wurde. Ein Zufall aber trug unseren Leuten einen vollkommenen Sieg ein, der eher lächerlich wirkte, und zwar geschah Folgendes:

Unser Zimmermann, der sich angeschickt hatte, die Außenwand des Schiffes zu teeren und die Fugen zu kalfatern, die er zuvor mit Werg gedichtet, um alle lecken Stellen zu beseitigen, hatte soeben zwei Kessel ins Boot hinuntergelassen. Der eine war mit siedendem Teer, der andere mit Harz, Talg und Öl und sonstigen Ingredienzien gefüllt, wie die Schiffszimmerleute sie für ihre Arbeit benutzen. Der Gehilfe des Zimmermanns hielt eine große eiserne Schöpfkelle in der Hand, um die Leute zu bedienen, die mit dem brennheißen Brei arbeiteten. Zwei unserer Feinde betraten das Boot just an der Stelle, wo dieser Mann stand, nämlich im Vorderboot. Er begrüßte sie sogleich mit einer Kelle voll des siedenden Zeugs, an dem die halb nackten Wilden sich dermaßen verbrannten und verbrühten, dass sie wie zwei Stiere brüllten und rasend ins Wasser sprangen. Das sah der Zimmermann und rief aus: »Gut gemacht, Jack, davon sollen sie noch mehr haben!« Nun trat er selber vor, nahm einen Scheuerbesen, tunkte ihn in den Teertopf, und er und sein Gehilfe besprengten die Leute in den drei Booten so gründlich, dass binnen Kurzem nicht ein Einziger von den schrecklichsten Brandwunden verschont geblieben war und alle miteinander ein Geschrei erhoben, wie ich es schlimmer oder auch nur ähnlich nie vernommen hatte. Hier lohnt es sich anzumerken, dass zwar der Schmerz ganz natürlicherweise allen Menschen einen Jammerschrei entlockt, dass aber jedes Volk seine besonderen Exklamationen hat und Laute von sich gibt, die so verschieden voneinander sind wie die Sprachen. Ich kenne keine bessere Bezeichnung für das Lamento dieser Menschen als »Geheul«, keine, die dem Ton angemessener wäre. Nichts, was ich je vernommen, ähnelte so sehr dem Gelärm der Wölfe, die ich in den Wäldern an der Grenze des Languedoc hatte heulen hören.

Nie in meinem Leben hatte mir ein Sieg mehr Freude gemacht, nicht nur weil er völlig überraschend kam und wir kurz zuvor in höchster Lebensgefahr geschwebt hatten, sondern auch weil er kein Blutvergießen gefordert hatte, wenn man von dem einen Kerl absieht, den unser Seemann mit bloßen Händen erdrosselt hatte und dessen Schicksal mich betrübte. Denn ich hatte es gründlich satt, arme Wilde zu töten, sei es auch in Notwehr, weil ich wusste, dass sie ihr Vorhaben stets für berechtigt hielten und es einfach nicht besser verstehen. Mag es auch berechtigt sein, weil notwendig, denn die Natur ist von sich aus nicht unbedingt schlecht, hielt ich's doch für ein trauriges Dasein, dass wir uns immer wieder genötigt sehen, um der Selbsterhaltung willen Mitmenschen zu töten, und dieser Meinung bin ich heute noch. Lieber sogar würde ich mir vieles gefallen lassen, als ein Leben auszulöschen, sei es auch das eines Menschen, der mich überfällt.

Und ich glaube, alle nachdenklichen Köpfe, die den Wert eines Menschenlebens kennen, werden mir recht geben; zumindest würden sie es tun, wenn sie sich's ernsthaft überlegten.

Aber um zu meiner Geschichte zurückzukehren. Während dies alles sich abspielte, hatten mein Teilhaber und ich zusammen mit den an Bord befindlichen Leuten recht geschickt das Schiff fast völlig aufgerichtet, und da nun die Geschütze wieder an Ort und Stelle waren, rief der Kanonier mir zu, ich sollte unser Boot aus dem Weg beordern, er wolle das Feuer eröffnen. Ich rief zurück und befahl ihm, nicht zu schießen, der Zimmermann werde es ohne ihn schaffen. Dagegen ließ ich noch einen Pechkessel erhitzen, und das besorgte der Koch, der an Bord war. Die Feinde aber waren so entsetzt über den Empfang, den man ihnen bereitet hatte, dass sie sich nicht zum zweiten Mal heranwagten. Einige, die am weitesten entfernt waren, begannen vermutlich, als das Schiff wieder aufrecht auf dem Wasser schwamm, ihren Irrtum einzusehen und ihr Vorhaben abzublasen, da sie merkten, es verhalte sich anders, als sie erwartet hatten. So hatten wir denn dieses muntere Scharmützel gut überstanden, und da wir zwei Tage zuvor Reis, Wurzeln und Brot und etwa sechzehn schöne, fette Schweine an Bord genommen hatten, beschlossen wir, nicht länger hier liegen zu bleiben, sondern weiterzusegeln, was auch immer dabei herauskommen mochte. Wir bezweifelten nämlich nicht, dass wir schon am nächsten Tag Spitzbuben genug am Hals haben würden, vielleicht ihrer mehr, als unser Pechkessel aus dem Weg räumen könnte.

Deshalb holten wir noch am selben Abend alle unsere Sachen an Bord und waren am nächsten Morgen seeklar; da wir jetzt in einiger Entfernung vom Ufer gefechts- und fahrtbereit vor Anker lagen, machten wir uns keine großen Sorgen mehr für den Fall, dass Feinde aufgetaucht wären. Am darauffolgenden Tag setzten wir Segel, nachdem wir die Arbeit im Inneren des Schiffs beendet und festgestellt hatten, dass alle undichten Stellen ausgebessert worden waren. Eigentlich hätten wir gern Kurs auf den Golf von Tongking genommen, um uns nach den holländischen Schiffen umzuschauen, aber wir wagten es nicht, weil wir, wenn auch vor einiger Zeit, mehrere Schiffe hatten aufkreuzen sehen, also hielten wir nordöstlichen Kurs auf die Insel Formosa und hatten ebenso viel Angst, von einem holländischen oder englischen Kauffahrteischiff gesichtet zu werden, wie ein holländisches oder englisches Kauffahrteischiff im Mittelmeer vor einem algerischen Kriegsschiff zittert.

Als wir auf hoher See angelangt waren, blieben wir auf dem nordöstlichen Kurs, so als seien Manila oder die Philippinen unser Ziel. Damit wollten wir vermeiden, europäischen Schiffen zu begegnen. Dann steuerten wir nordwärts, bis wir auf 22 Grad 30 Minuten östlicher Länge waren, und auf diese Weise steuerten wir geradenwegs Formosa an, wo wir vor Anker gingen, um

Wasser und frischen Proviant an Bord zu nehmen, den die dortige, äußerst höfliche und manierliche Bevölkerung uns bereitwillig lieferte. Bei allen Vereinbarungen und Abkommen verhielten die Leute sich sehr anständig und korrekt. Das hatten wir anderen Völkern nicht nachsagen können, und es ist vielleicht auf die Überbleibsel des christlichen Glaubens zurückzuführen, den früher einmal ein protestantischer Missionar holländischer Herkunft auf der Insel gepredigt hatte – ein Beispiel für das, was ich oft beobachtet habe, nämlich dass das Christentum stets einen zivilisierenden Einfluss ausübt und dort, wo die Menschen sich zu ihm bekennen, die Sitten bessert, ob es nun zu ihrem Seelenheil beitrage oder auch nicht.

Von Formosa aus segelten wir weiter nordwärts, in stets gleichem Abstand von der chinesischen Küste, bis wir annehmen durften, wir hätten alle die chinesischen Häfen hinter uns, die für gewöhnlich von europäischen Fahrzeugen angelaufen werden. Wir wollten ihnen um keinen Preis in die Hände fallen, vor allem nicht in dieser Gegend, wo wir unter den gegebenen Umständen unweigerlich zugrunde gegangen wären; ja, so groß war meine Furcht, von ihnen aufgebracht zu werden, dass ich fest überzeugt bin, ich hätte mich lieber in die Gewalt der spanischen Inquisition begeben.

Nachdem wir nun den 30. Längengrad erreicht hatten, beschlossen wir, in den nächstbesten Handelshafen einzulaufen, und als wir auf die Küste zuhielten, kam aus einer Entfernung von zwei Seemeilen ein Boot auf uns zu, mit einem alten portugiesischen Lotsen an Bord, der uns seine Dienste anbieten wollte, weil er wusste, dass es sich um ein europäisches Schiff handelte. Darüber freuten wir uns wirklich sehr, und wir holten ihn an Bord. Ohne zu fragen, wo wir hinwollten, schickte er das Boot weg, mit dem er gekommen war.

Meiner Meinung nach lag es jetzt an uns, die Route zu wählen, und ich schlug ihm vor, uns in den Golf von Nanking zu lotsen, der am nördlichsten Teil der chinesischen Küste liegt. Der alte Mann erwiderte, er kenne den Golf von Nanking sehr gut, fragte uns jedoch lächelnd, was wir dort vorhätten.

Ich erwiderte, wir beabsichtigten, unsere Fracht zu verkaufen und chinesische Waren einzukaufen, Kaliko, Rohseide, Seidengewebe etc., und sodann umzukehren. Er meinte der für unsere Zweck am besten geeignete Hafen wäre Macao gewesen, dort hätten wir sicherlich einen zufriedenstellenden Markt für unser Opium gefunden und hätten mit unserem Geld alle möglichen Chinawaren ebenso billig einkaufen können wie in Nanking.

Da wir den alten Mann nicht von seinem Geplapper abbringen konnten – er war sehr eigensinnig und eingebildet –, erklärte ich kurzerhand, wir seien nicht nur Kaufherren, sondern auch Standesherren und hätten Lust, die große Stadt Peking und den berühmten Hof des chinesischen Monarchen zu besuchen. »Ja, dann«, sagte der alte Mann, »dann solltet Ihr nach Ningpo segeln, dort könnt Ihr Euch auf dem Fluss, der dort ins Meer mündet, bis auf fünf Meilen dem Großen Kanal nähern.« Dieser Kanal ist ein nahezu 270 Meilen langer schiffbarer Strom, der mitten durch das riesige Reich fließt, sämtliche Flüsse kreuzt, beträchtliche Bodenerhebungen mithilfe von Schleusen überwindet und nach Peking führt.

»Schön«, sagte ich, »Seignior, aber davon ist im Augenblick noch nicht die Rede. Die entscheidende Frage lautet: Könnt Ihr uns erst einmal nach Nanking lotsen? Nachher werden wir von dort aus nach Peking pilgern.« Ja, erwiderte er, dazu sei er ohne Weiteres bereit, und vor Kurzem habe ein großes holländisches Schiff diesen selben Kurs gesteuert. Ich war ein wenig bestürzt. Holländische Schiffe machten uns angst und bange, und wir wären lieber dem Teufel begegnet, wenn er uns nicht in allzu schrecklicher Gestalt erschiene. Wir hielten es für ausgemacht, dass ein Holländer unser sicheres Verderben sein würde, da wir uns nicht hätten wehren können. Alle die Handelsfahrzeuge, die diese Gewässer befahren, sind von großer Tonnage und besser bewaffnet, als wir es waren.

Der alte Mann merkte, dass ich, als er von einem holländischen Schiff sprach, ein wenig bestürzt und besorgt dreinsah, und fügte hinzu: »Sir, Ihr braucht Euch nicht vor den Holländern zu fürchten, soviel ich weiß, führen sie gegenwärtig keinen Krieg gegen Euer Land.« – »Das stimmt«, entgegnete ich, »aber ich weiß nicht, was Leute sich herausnehmen mögen, wenn sie dem Zugriff des Gesetzes entzogen sind.« – »Ei«, sagte er, »ihr seid keine Piraten, was habt ihr zu befürchten? Sicherlich wird man friedliche Kaufleute nicht belästigen.«

Wenn in meinen Adern Blut war, das bei diesen Worten nicht in mein Gesicht schoss, musste es durch einen von der Natur eigens für diesen Zweck vorgesehenen Pfropfen in den Gefäßen daran gehindert worden sein. Meine Bestürzung und Verstörtheit kann man sich kaum vorstellen. Ich vermochte sie auch nicht so gut zu verbergen, dass der alte Mann nicht stutzig geworden wäre.

»Sir«, sagte er, »ich sehe, dass meine Worte Euch beunruhigt haben. Bitte, entscheidet Ihr nach Gutdünken, welchen Weg wir einzuschlagen haben, und verlasst Euch darauf, dass ich Euch, so gut ich kann, zu Diensten stehe.« – »Nun ja, Seignior«, erwiderte ich, »ich bin allerdings noch ein bisschen unschlüssig und weiß nicht recht, wohin die Reise gehen soll, umso mehr, als Ihr von Piraten gesprochen habt. Hoffentlich gibt es in diesen Gewässern keine Seeräuber. Wir würden ihnen nicht gewachsen sein. Wie Ihr seht, haben wir nur wenige Geschütze an Bord und eine wenig zahlreiche Besatzung.«

»Ach, Sir«, sagte er, »seid unbesorgt, ich wüsste nicht, dass sich im Lauf der letzten fünfzehn Jahre Seeräuber in diesen Gewässern hätten blicken lassen, bis auf ein einziges Schiff, das, wie ich gehört habe, vor etwa einem Monat im Golf von Siam gesichtet wurde. Aber Ihr dürft gewiss sein, dass es nach Süden gesegelt ist. Es war auch kein sehr gut bewaffnetes Schiff und für seine Zwecke wenig geeignet, ursprünglich nicht als Kaperfahrzeug gebaut, sondern von einer meuternden Mannschaft entführt, nachdem der Kapitän und einige seiner Leute auf oder in der Nähe der Insel Sumatra von den Malaien ermordet worden waren.«

»Wie bitte?«, sagte ich und tat so, als wüsste ich nichts von der Sache. »Haben sie den Kapitän ermordet?« – »Nein«, antwortete er, »soviel ich weiß, hat nicht die Besatzung ihn ermordet. Aber da sie nachher mit dem Schiff Reißaus genommen hat, glaubt man allgemein, sie habe ihn an die Malaien verraten, die ihn ermordeten. Vielleicht hatte man sie sogar dazu angestiftet.« – »Dann«, sagte ich, »haben sie den Tod so sicher verdient, als hätten sie ihn eigenhändig ermordet.« – »Ja, allerdings«, sagte der alte Mann, »sie verdienen den Tod und werden ihrem Schicksal nicht entgehen, wenn sie auf ein englisches oder holländisches Schiff stoßen. Alle sind übereingekommen, den Schurken keinen Pardon zu geben, wenn sie sie erwischen.«

»Ihr sagt aber«, erwiderte ich, »der Pirat habe diese Gewässer verlassen. Wie sollte man ihn dann erwischen?« – »Ja, das stimmt – man behauptet es, aber er hat sich, wie gesagt, im Golf von Siam aufgehalten, im Kambodschafluss. Dort wurde er von einigen Holländern entdeckt, die der Mannschaft des Schiffes angehört hatten und an Land zurückgelassen worden waren, als ihre Kameraden durchbrannten, und da einige englische und holländische Handelsschiffe auf dem Fluss vor Anker lagen, hätte man ihn um ein Haar erwischt. Ja«, fuhr er fort, »wenn die vordersten Boote durch die übrigen ordentlich unterstützt worden wären, hätte man ihn ganz bestimmt aufgebracht. Als er aber nur zwei Boote in seiner Reichweite sah, drehte er bei und eröffnete das Feuer und setzte sie außer Gefecht, bevor die anderen ihnen zu Hilfe eilen konnten. Dann steuerte er aufs Meer hinaus, sodass man ihn nicht weiter verfolgen konnte. Auf diese Weise ist er entronnen. Alle aber besitzen eine so genaue Beschreibung des Schiffes, dass sie es sicherlich wiedererkennen werden, und wo auch immer sie es treffen, so haben sie geschworen, weder den Kapitän noch die Matrosen zu schonen, sondern sie vielmehr allesamt an der Rahnock aufzuhängen.«

»Wie!«, rief ich aus. »Will man sie, zu Recht oder zu Unrecht, hinrichten, sie zuerst aufknüpfen und hinterher das Urteil fällen?« – »Ach, Sir!«, sagte der alte Lotse. »Mit solchen Schurken braucht man keine Umstände zu machen, am besten, man bindet sie Rücken an Rücken und wirft sie ins Wasser, das haben sie reichlich verdient.«

Ich wusste, dass ich meinen alten Mann fest an Bord hatte und dass er mir nicht schaden konnte, also schlug ich einen barschen Ton an. »Nun denn, Seignior«, sagte ich, »das ist eben der Grund, warum ich von Euch verlange, uns nach Nanking zu lotsen und nicht nach Macao oder in andere Gewässer, die von englischen oder holländischen Schiffen befahren werden. Damit Ihr es wisst, Seignior, diese englischen und holländischen Schiffskapitäne sind lauter hitzköpfige, hochmütige, unverschämte Gesellen, die weder Gerechtigkeit kennen noch sich so zu benehmen wissen, wie die Gesetze Gottes und der Natur es gebieten. Stolz auf ihr Amt, ohne die Grenzen ihrer Machtvollkommenheit zu begreifen, würden sie glatt zu Mördern werden, um Räuber zu bestrafen, würden nicht davor zurückschrecken, über fälschlich einer Untat beschuldigte Mitmenschen herzufallen und sie ohne gehöriges Verfahren für schuldig zu erklären. Vielleicht erlebe ich's noch, dass ich den einen oder anderen zur Rechenschaft ziehe und ihm beibringe, wie Recht zu sprechen sei und dass man keinen Menschen als einen Verbrecher zu behandeln habe, solange nicht Beweise vorliegen, die ihn der Tat überführen.«

Daraufhin teilte ich ihm mit, dies sei das Schiff, auf das sie es abgesehen hätten, und schilderte ihm ausführlich das Scharmützel mit den Booten und wie töricht, wie feige sie sich verhalten hatten. Ich erzählte ihm, wie wir das Schiff käuflich erworben und wie die Holländer uns behandelt hatten. Ich nannte die Gründe, die mich veranlassten, den Bericht über die Ermordung des Kapitäns durch Malaien und die Entführung für richtig zu halten, aber es sei ein reines Hirngespinst, wenn die Herren Holländer behaupteten, die Leute wären sodann Seeräuber geworden. Dessen hätten sie sich erst einmal vergewissern müssen, bevor sie uns zu überrumpeln versuchten und uns nötigten, uns zur Wehr zu setzen. Ich fügte hinzu, für das Blut der armen Teufel, die wir dort in berechtigter Notwehr ins Jenseits befördert hatten, seien nur die übermütigen Angreifer verantwortlich.

Der alte Mann war über die Maßen verwundert und meinte, wir täten recht daran, nach Norden auszuweichen. Wenn er uns einen Rat geben dürfe, so sollten wir das Schiff in China verkaufen, was leicht zu machen sei, und dort ein anderes kaufen oder bauen lassen. »Wenn es auch kein ganz so gutes Fahrzeug sein wird«, fügte er hinzu, »so wird es doch dazu taugen, Euch und alle Eure Waren nach Bengalen oder sonst wohin zu tragen.«

Ich erklärte mich bereit, seinen Rat zu befolgen, sobald wir in einen Hafen kämen, wo ich einen Käufer für mein Schiff oder ein Fahrzeug nach meinem Geschmack fände. Er erwiderte, in Nanking würde ich Käufer genug finden, und eine chinesische Dschunke würde mir für die Rückfahrt recht gut genügen. Er wolle die Leute besorgen, die Käufer wie die Verkäufer.

»Ja, aber, Seignior«, sagte ich, »da Ihr behauptet, das Schiff sei überall wohlbekannt, würde ich, wenn ich die von Euch vorgeschlagenen Schritte tue, vielleicht dazu beitragen, ehrliche, harmlose Menschen in eine schreckliche Lage zu versetzen, und schuld daran sein, dass man sie kalten Blutes ermordet. Denn wo immer man das Schiff antrifft, wird man die Leute an Bord für schuldig halten, nur weil es dasselbe Schiff ist, und so könnte es geschehen, dass unschuldige Menschen überwältigt und ermordet werden.« – »Ei«, sagte der alte Mann, »ich werde Mittel und Wege finden, um auch dieses zu verhindern. Da ich alle die Kapitäne, von denen die Rede ist, sehr gut kenne und mit ihnen reden werde, wenn sie vorbeikommen, kann ich ihnen ohne Weiteres den wahren Sachverhalt erklären und ihnen zeigen, dass sie sich gründlich geirrt hatten – dass die ursprüngliche Besatzung zwar das Schiff entführt, aber keineswegs das Piratenhandwerk ergriffen hat – und dass es sich insbesondere hier nicht mehr um die Leute handelt, die das Schiff geraubt haben, sondern um harmlose Kaufleute, die es käuflich erworben haben, um friedlichen Handel zu treiben. Ich bin fest überzeugt, dass man mir Glauben schenken wird und zumindest künftighin behutsamer zuwege gehen wird.« – »Gut«, sagte ich, »und wollt Ihr ihnen eine Botschaft überbringen?« – »Ja, das will ich gern tun«, erwiderte er, »wenn Ihr sie mir schriftlich gebt, damit ich beweisen kann, dass sie von Euch und nicht aus meinem Kopf stammt.« Dazu erklärte ich mich gern bereit, nahm also Feder, Tinte und Papier und schilderte ausführlich den Überfall seitens der Pinassen etc., den angeblichen Grund und die ungerechte, grausame Absicht und warf zuletzt den Kapitänen vor, sie müssten sich nicht nur ihrer Handlungsweise schämen, sondern gewärtig sein, falls sie je nach England zurückkehrten und ich es erlebte, sie dort anzutreffen, teuer dafür zu büßen, sofern nicht die Gesetze meines Landes inzwischen außer Kraft getreten seien.

Der alte Mann las das Schreiben mehrmals durch und fragte mich mehrmals, ob ich dazu stünde. Ich erwiderte, ich würde dazu so lange stehen, als mir noch irgendetwas auf der Welt zu eigen bliebe, da ich das Gefühl hätte, ich würde irgendwann einmal Gelegenheit finden, es ihnen heimzuzahlen. (Leider konnten wir, als es so weit war, dieses Schreiben dem alten Lotsen nicht mitgeben, weil er bei uns blieb.) Während wir dieses Gespräch miteinander führten, nahmen wir geraden Kurs auf Nanking und gingen nach etwa dreizehn Tagen an der Südwestspitze des großen Golfs von Nanking vor Anker, wo ich übrigens durch einen Zufall erfuhr, dass zwei holländische Schiffe mir nur um eine Länge voraus waren und ich ihnen ganz gewiss in die Hände fallen würde. In dieser Notlage beriet ich mich mit meinem Teilhaber. Er war ebenso ratlos wie ich und hätte sich gern wo auch immer an Land in Sicherheit gebracht. Ich behielt einigermaßen die Fassung, fragte aber den alten Lotsen, ob wir nicht in einer Flussmündung oder einem abgelegenen Hafen landen könnten, wo ich alsdann Gelegenheit haben würde, *privatim* und ungefährdet meine Geschäfte mit den Chinesen zu betreiben. Er sagte mir, wenn ich etwa zweiundvierzig Seemeilen in südlicher Richtung weitersegelte, würde ich auf einen kleinen Hafen namens Kwintschang stoßen, wo die Missionsväter, die aus Macao kommen, an Land zu gehen pflegen, wenn sie nach China unterwegs sind, um dort den christlichen Glauben zu predigen. Europäische Schiffe, sagte er, legten niemals dort an. Wenn ich mich entschlösse, diesen Hafen anzusteuern, könnte ich mir nachher an Land überlegen, welchen weiteren Kurs ich zu wählen gedächte. Er gab zu, dass das kein guter Handelsplatz sei, abgesehen davon, dass zu bestimmten Zeiten eine Art Jahrmarkt veranstaltet werde, nämlich dann, wenn die Kaufleute aus Japan kommen, um chinesische Waren einzukaufen.

Wir kamen alle überein, umzukehren und diesen Hafen aufzusuchen. Den Namen mag ich falsch buchstabiert haben, weil ich mich nicht mehr genau auf ihn besinnen kann. Ich hatte ihn zusammen mit vielen anderen Ortsnamen in ein kleines Büchlein eingetragen, das bei einem Anlass, den ich an gegebener Stelle schildern werde, durch Wasser beschädigt wurde und verloren ging; ich erinnere mich nur, dass die chinesischen und japanischen Kaufleute, mit denen wir zu tun hatten, einen anderen Namen benützten als unser Lotse und ihn so aussprachen, wie ich's oben angeführt habe, nämlich Kwintschang.

Da wir unseren Beschluss einstimmig gefasst hatten, lichteten wir am nächsten Tag die Anker, nachdem wir nur zweimal an Land gegangen waren, um Frischwasser zu holen. Beide Male hatten uns die Einheimischen sehr höflich behandelt und uns eine Fülle von Sachen zum Kauf angeboten, ich meine Proviant, Gemüse, Wurzeln, Tee, Reis und Geflügel, aber nichts ohne Geld.

Erst nach fünf Tagen (da wir ungünstigen Wind hatten) erreichten wir den anderen Hafen, waren aber sehr zufrieden. Ich war froh und, wie ich sagen darf, dankbar, als ich ungefährdet meinen Fuß auf festen Boden setzen durfte. Wir beide, mein Teilhaber und ich, waren fest entschlossen, falls es uns gelänge, für uns und unsere Fracht auf andere, wenn auch nicht durchaus befriedigende Weise zu sorgen, nie wieder das Deck dieses Unglücksfahrzeugs zu betreten. Ja, ich muss wirklich gestehen, dass unter allen Lebenslagen, mit denen ich je einige Erfahrung gemacht habe, nichts den Menschen so tief ins Unglück stürzt, wie wenn er in ständiger Angst schwebt. Mit Recht heißt es in der Heiligen Schrift: »Des Menschen Furcht ist ein Fallstrick.« Man glaubt, mehr tot als lebendig zu sein, und die Seele ist so bedrückt, dass sie keine Linderung mehr findet. Die animalischen Lebensgeister erlöschen, und all die natürliche Kraft, welche für gewöhnlich in anderen Bedrängnissen die Menschen stützt und selbst in höchster Not bei ihnen weilt, lässt sie hier schändlich im Stich.

Unsere Angst verfehlte auch nicht ihre übliche Wirkung auf die Fantasie, indem sie jedwede Gefahr ins Maßlose steigerte und uns die englischen und holländischen Kapitäne als Unmenschen hinstellte, die nicht fähig seien, Vernunft anzunehmen oder zwischen Ehrenmännern und Schurken, zwischen einem absichtlich zu unserem Nachteil ersonnenen, trügerischen Hirngespinst und einer wahren, unverfälschten Darstellung unserer Reisen, Ziele und Absichten zu unterscheiden. Jeden verständigen Menschen hätten wir leicht davon überzeugen können, dass wir keine Piraten seien. Die Waren, die wir mitführten, der Kurs, den wir steuerten, dass wir uns überall ungescheut blicken ließen und die und die Häfen aufgesucht hatten, ja unser ganzes Verhalten, unsere geringe Stärke, die Kopfzahl der Besatzung, die wenigen Waffen und Vorräte, das alles hätte genügen müssen, um wen auch immer davon zu überzeugen, dass er es nicht mit Seeräubern zu tun habe. Das Opium und andere Waren, die wir an Bord hatten, würden beweisen, dass wir aus Bengalen kamen. Die Holländer, die die Namen aller der ehemals auf dem Schiff beschäftigten Matrosen kannten, würden ohne Weiteres feststellen können, dass wir ein Gemisch von Engländern, Portugiesen und Indern waren und nur zwei Holländer an Bord hatten. Diese und viele andere Besonderheiten würden jedem Kapitän, dem wir in die Hände fielen, klargemacht haben, dass er nicht an Seeräuber geraten sei.

Die Furcht aber, dieses blinde, sinnlose Gefühl, hatte die entgegengesetzte Wirkung und umnebelte unseren Verstand, verwirrte unsere Sinne und veranlasste die Einbildungskraft, sich tausend schreckliche Ereignisse auszumalen, die vielleicht nie eintreffen würden. Wir nahmen erst einmal an, wie es uns denn auch in der Tat berichtet worden war, die Seeleute an Bord der englischen und holländischen Schiffe, besonders die Holländer, seien dermaßen erbost, zumal wir den Angriff ihrer Boote zurückgeschlagen und die Flucht ergriffen hatten, dass sie sich gar keine Zeit lassen würden, zu untersuchen, ob wir Piraten seien oder nicht, sondern uns aufhängen würden, ohne uns anzuhören. Wir überlegten uns, dass der Augenschein gegen uns sprach und dass sie folglich eine genauere Untersuchung nicht für nötig halten würden: Erstens war's dasselbe Schiff, das einige ihrer Leute gut kannten, weil sie mit an Bord gewesen waren, zweitens hatten wir, als wir auf dem Kambodschafluss erfuhren, dass sie anrückten, die Flucht ergriffen und uns gegen ihre Boote zur Wehr gesetzt; also bezweifelten wir nicht, dass sie uns steif und fest für Seeräuber hielten, so steif und fest, wie wir vom Gegenteil überzeugt waren. Und, wie ich oft gesagt habe, ich weiß nicht, ob nicht auch ich im umgekehrten Fall an ihrer Stelle geneigt gewesen wäre, diese Begleitumstände als gültige Beweise zu erachten, und keine Bedenken gehegt hätte, die gesamte Schiffsbesatzung in Stücke zu hauen, ohne zu glauben oder vielleicht auch nur zu erwägen, was sie zu ihrer Verteidigung anführen mochten.

Aber wie dem auch sei, so sahen nun einmal unsere Befürchtungen aus, und wir beide, mein Teilhaber und ich, verbrachten kaum eine Nacht, ohne von Stricken und Rahnocks, das heißt vom Galgen, von Kämpfen und Gefangennahme, vom Töten und Sterben zu träumen; eines Nachts, da ich im Traum die Holländer entern sah und einen von ihnen zu Boden schlug, geriet ich in Raserei und hämmerte mit der Faust so wuchtig gegen die Wand meiner Kabine, dass ich mich arg verletzte, mir einige Knöchel brach und mir die Haut aufschürfte: Ich wachte nicht nur jählings auf, sondern hatte einen Augenblick lang Angst, zwei meiner Finger einzubüßen.

Darüber hinaus befürchtete ich, sie würden uns, wenn wir ihnen in die Hände gerieten, grausam behandeln. Mir fiel die Geschichte von Ambon ein. Vielleicht würden die Holländer uns foltern, so wie sie es dort mit unseren Landsleuten gemacht hatten, und einige Matrosen durch die Tortur zwingen, Verbrechen zu gestehen, die sie nie begangen hatten, zuzugeben, sie und wir alle seien Piraten gewesen; so würden sie uns mit einem Anstrich gerichtlicher Prozedur vom Leben zum Tod befördern. Dazu könnten sie sich ohne Weiteres durch die Aussicht verlocken lassen, unser Schiff und unsere Ladung zu erraffen, die alles in allem vier- bis fünftausend Pfund wert waren.

Diese Gedanken quälten meinen Teilhaber und mich bei Tag und bei Nacht. Wir zogen auch gar nicht in Betracht, dass ein Schiffskapitän nicht ermächtigt ist, so mit Gefangenen zu verfahren. Freilich würden sie, wenn sie uns folterten oder aufhängten, nach der Rückkehr in die Heimat für ihre Handlungsweise zur Rechenschaft gezogen werden, aber das bereitete mir, wie gesagt, keinerlei Befriedigung. Was würde es uns nützen? Wenn man uns erst einmal umgebracht hatte – was für eine Genugtuung würden wir davon haben, dass sie nach ihrer Heimkehr bestraft wurden?

Ich kann nicht umhin, hier die Betrachtungen zu vermerken, die ich jetzt über die Vielfalt meiner früheren Erlebnisse anzustellen begann, wie bitter es mir erschien, dass ich, der ich vierzig Jahre unter ständigen Beschwerlichkeiten verbracht und dann endlich gleichsam den Hafen erreicht hatte, auf den alle Menschen zusteuern, nämlich Ruhe und Überfluss zu genießen, mich unseligerweise freiwillig in neue Nöte begeben hatte und dass ich, der ich in meiner Jugend so vielen Gefahren entronnen war, nun im Alter am Galgen enden sollte, noch dazu in der Fremde und für ein Verbrechen, dessen ich nicht im Geringsten fähig sein würde, geschweige denn, dass ich's wirklich begangen hätte, sowie in einer Gegend und unter Umständen, wo meine Unschuld mich schwerlich vor dem Schlimmsten bewahren würde.

Nachdem ich mir das alles überlegt hatte, wandte ich mich frommeren Betrachtungen zu, und ich glaubte in dem, was geschehen war, die Hand der Vorsehung erblicken, es in diesem Licht sehen und mich unterwerfen zu müssen. Obzwar ich vor den Menschen schuldlos war, so war ich es doch bei Weitem nicht vor meinem Schöpfer. Ich sollte wohl untersuchen, was für Verbrechen in meinem Leben mir am augenfälligsten sein mochten, Verbrechen, für die ich jetzt bestraft und von einer gerechten Vorsehung gezüchtigt wurde. Diesem Urteil hatte ich mich ebenso demütig zu fügen, wie ich einen Schiffbruch hätte hinnehmen müssen, so es Gott gefallen haben würde, mich mit solch einem Unglück heimzusuchen.

Zuweilen aber machte der angeborene Mannesmut sich geltend. Dann redete ich mir gut zu und fasste den unerschütterlichen Entschluss, mich auf keinen Fall von einer Bande erbarmungsloser Halunken greifen zu lassen, die mich kalten Blutes erwürgen würden. Lieber wäre ich Wilden in die Hände gefallen, Kannibalen, als diesen Burschen, die vielleicht durch unmenschliche Foltern und Grausamkeiten ihre Wut an mir sättigen würden. Wenn ich's mit Wilden zu tun hatte, war ich stets entschlossen gewesen, mich bis zum letzten Atemzug zu wehren. Warum sollte ich's jetzt anders halten, da, zumindest mir, der Gedanke, diesen Menschen in die Hände zu fallen, erschreckender war als je zuvor der Gedanke, von Kannibalen aufgefressen zu werden? Die Wilden, um ihnen gerecht zu werden, fressen einen Menschen erst auf, wenn er tot ist, sie schlachten ihn so, wie wir einen Ochsen schlachten. Diese Leute aber, sagte ich mir, beherrschten vielerlei Künste, die grausamer sind als der Tod. Sobald diese Überlegungen die Oberhand gewannen, befiel mich eine Art von Fieber, mein Blut geriet in Wallung, und meine Augen funkelten, als sei der Kampf bereits entfesselt. Ich nahm mir vor, mich nie und nimmer auf Gnade und Ungnade zu ergeben: Ganz zuletzt, wenn ich keinen Widerstand mehr leisten konnte, würde ich das Schiff und alles, was darin war, in die Luft sprengen und ihnen nur geringe Beute gönnen, deren sie sich nachher rühmen könnten.

Je schwerer die Ängste und Wirrungen auf hoher See unser Gemüt bedrückt hatten, desto größer war unsere Befriedigung, als wir uns auf festem Boden befanden. Mein Teilhaber erzählte mir, er habe geträumt, dass eine schwere Bürde auf seinem Rücken laste, die er bergan schleppen müsse, und er habe gemerkt, dass er's nicht lange mehr aushalten werde, aber da sei der portugiesische Lotse aufgetaucht und habe ihm die Bürde abgenommen, und der Berg sei verschwunden und das Gelände vor ihm glatt und eben gewesen: Ja, so war es denn auch in der Tat – wir kamen uns vor, als hätte man uns von einer schweren Last befreit.

Mir war ein Stein vom Herzen gefallen, ich hätte es nicht länger tragen können, und, wie gesagt, wir nahmen uns vor, nie wieder mit diesem Schiff in See zu stechen. Als wir an Land gingen, besorgte uns der alte Portugiese, der jetzt unser Freund geworden war, Unterkunft und ein Lagerhaus für unsere Waren, eigentlich beides in einem: eine kleine Hütte und daneben ein Haus, alles aus Schilfrohr erbaut und mit dicken Rohrstäben umzäunt, um Diebe fernzuhalten, deren es in dieser Gegend nicht allzu wenige zu geben schien. Außerdem teilten uns die Behörden eine kleine Wachmannschaft zu, und an unserer Tür hielt ein Posten mit einer Art von Hellebarde oder Enterpike Wache; er bekam von uns täglich eine Pinte Reis und ein kleines Geldstück, das ungefähr drei Pence wert war. Auf diese Weise waren unsere Waren gut verwahrt.

Der Jahrmarkt, der für gewöhnlich an diesem Ort abgehalten wurde, war seit einiger Zeit vorbei. Es zeigte sich aber, dass drei bis vier Dschunken auf dem Fluss lagen, nebst zwei Japanern, ich meine Schiffe aus Japan, mit Waren aus China beladen. Sie waren dageblieben, weil einige japanische Kaufleute sich noch an Land befanden.

Der erste Dienst, den uns unser alter Portugiese erwies, bestand darin, dass er uns mit drei römisch-katholischen Missionaren bekannt machte, die sich schon seit geraumer Zeit in der Stadt aufhielten, um die Einwohner zum Christentum zu bekehren. (Wir fanden freilich die Früchte ihrer Bemühungen recht kläglich. Es waren traurige Christen, die aus ihrer Schule hervorgingen. Aber das ging uns nichts an.) Einer der drei war Franzose, er hieß Pater Simon, ein lustiger, gut aussehender Mann, sehr freimütig im Gespräch, nicht so ernst und gesetzt wie die beiden anderen, von denen der eine Portugiese, der andere Genuese war. Pater Simon aber war höflich, von ungezwungenen Manieren, ein angenehmer Gesellschafter. Die anderen machten einen zurückhaltenderen Eindruck, wirkten steif und streng und widmeten sich mit düsterem Eifer dem Werk, das sie hierhergeführt hatte, nämlich sich bei jeder Gelegenheit unter die Einheimischen zu mischen und mit ihnen zu reden. Wir aßen und tranken oft mit diesen drei Priestern, und obwohl ich gestehen muss, dass die sogenannte Bekehrung der Chinesen zum Christentum so weit entfernt war von einer echten Bekehrung, wie sie vonnöten ist, um Heiden dem christlichen Glauben zuzuführen, dass sie auf wenig mehr hinauszulaufen schien, als ihnen den Namen Christi und etliche Gebete an die Jungfrau Maria und ihren Sohn in einer für sie unverständlichen Sprache beizubringen (und dass sie sich bekreuzigten und dergleichen), so darf doch nicht geleugnet werden, dass diese Ordensbrüder, die wir Missionare nennen, fest überzeugt sind, ihre Zöglinge hätten das Seelenheil gefunden und ihre Erlösung ihnen zu verdanken. Deshalb scheuen sie um dieses Werkes willen nicht nur nicht die Mühsal der Reise und die Gefahren, die in der Fremde drohen, sondern oft auch den Tod nicht, einen Tod unter grässlichen Foltern. Wir würden arg der Nächstenliebe ermangeln, wenn wir, was auch immer wir von ihrer Tätigkeit und ihren Methoden halten mögen, nicht eine hohe Meinung von dem Glaubenseifer dieser Männer hegten, die so vieles aufs Spiel setzen und dabei für sich selber nicht den mindesten irdischen Vorteil zu gewärtigen haben.

Aber um zu meiner Geschichte zurückzukehren: Der französische Priester, Pater Simon, hatte von dem Vorsteher der Mission den Auftrag erhalten, nach Peking, dem Thronsitz des chinesischen Kaisers, zu reisen, und wartete nur auf die Ankunft eines zweiten Geistlichen aus Macao, der ihn begleiten sollte, und selten trafen wir uns, ohne dass er mich aufforderte, die Reise mitzumachen. Er werde mir all die prachtvollen Sehenswürdigkeiten dieses gewaltigen Reiches und unter anderem die größte Stadt der Welt zeigen, eine Stadt, der unser London und unser Paris zusammengenommen nicht ebenbürtig wären. Das war die Stadt Peking, und ich muss zugeben, dass sie sehr groß ist und von Menschen wimmelt. Da ich aber derlei Dinge mit anderen Augen betrachte als die meisten Menschen, werde ich, wenn ich im Verlauf meiner Wanderungen so weit bin, Land und Leute näher zu beleuchten, offen meine Meinung äußern.

Vorerst aber zu meinem Klosterbruder oder Missionar. Als wir eines Tages miteinander speisten und recht vergnügt waren, ließ ich mir anmerken, dass ich nicht völlig abgeneigt wäre, ihn zu begleiten, und da setzte er mir und meinem Teilhaber beharrlich zu, mit allen möglichen Argumenten versuchte er, uns zu überreden. »Ei, Pater Simon«, sagte mein Teilhaber, »warum liegt Euch so viel an unserer Gesellschaft? Ihr wisst, dass wir Ketzer sind, da dürft Ihr uns nicht lieben noch auch an dem Umgang mit uns Gefallen finden.« – »Oh!«, erwiderte er. »Vielleicht werden mit der Zeit aus Euch gute Katholiken werden. Meine Aufgabe ist es, Heiden zu bekehren, und wer weiß, ob ich nicht auch Euch bekehren werde!« – »Sehr schön, Hochwürden«, sagte ich, »da werdet Ihr uns unterwegs immerzu Predigten halten.« – »Ich werde Euch nicht zur Last fallen«, entgegnete er. »Unsere Religion verleidet uns nicht die guten Manieren. Außerdem sind wir hier gewissermaßen Landsleute, gemeinsam in diese fremde Gegend verschlagen, und ob auch Ihr Hugenotten seid und ich Katholik bin, so werden wir doch wohl zu guter Letzt lauter Christen sein. Zumindest sind wir Ehrenmänner und dürfen als solche miteinander verkehren, ohne dass der eine den anderen verdrießt.« Dieser Teil seiner Rede gefiel mir sehr gut und erinnerte mich an meinen geistlichen Freund, den ich in Brasilien zurückgelassen hatte, wenn auch Pater Simon ihm an Charakter bei Weitem nicht das Wasser reichen konnte. Denn obschon auch Pater Simon keinen sträflichen Leichtsinn an den Tag zu legen schien, so besaß er doch nicht den gleichen Schatz an Glaubenseifer, strenger Frömmigkeit und aufrichtiger Gottesliebe wie der andere brave Kleriker, von dem schon so oft die Rede gewesen ist.

Aber um ihn jetzt ein wenig beiseitezulassen (obzwar er uns nicht in Ruhe ließ und nicht aufhörte, uns in den Ohren zu liegen, wir möchten ihn doch begleiten): Wir hatten erst einmal anderes vor. Es galt, das Schiff und unsere Waren an den Mann zu bringen, und wir waren recht sehr im Zweifel, wie wir es anpacken sollten, weil wir uns an einem Ort mit sehr geringer Geschäftstätigkeit befanden. Einmal war ich schon drauf und dran, die Reise nach dem Kilamfluss oder nach Nanking zu wagen. Aber die Vorsehung schien sich nun sichtlicher denn je für unser Schicksal zu interessieren, und von Stund an wurde ich in meiner Hoffnung bestärkt, auf die eine oder andere Weise dieser Zwickmühle zu entrinnen und die Heimat wiederzusehen, wenn ich mir auch von dem Wie und Wieso keine rechte Vorstellung machen konnte: Sobald ich darüber nachzudenken begann, war mir die *Methode* völlig schleierhaft. Aber, wie gesagt, jetzt schien die Vorsehung ein helleres Licht auf unseren bisher so dunklen Weg zu werfen, und es fing damit an, dass unser alter Portugiese uns einen japanischen Kaufmann zuführte, der sich nach unseren Waren erkundigte. Erstens einmal kaufte er uns das ganze Opium ab, und zwar zu einem guten Preis. Er bezahlte das Gewicht in Gold, teils mit kleinen Münzen seiner eigenen Währung, teils mit kleinen Barren, die pro Stück ungefähr zehn bis elf Unzen wogen. Während wir mit ihm um das Opium feilschten, fiel mir ein, dass er vielleicht Lust haben würde, auch das Schiff zu erwerben, und ich ersuchte den Dolmetscher, ihm den Handel vorzuschlagen. Diesen ersten Vorschlag tat er mit einem Achselzucken ab, aber ein paar Tage später suchte er mich zusammen mit einem Missionar auf, der ihm als Dolmetscher dienen sollte, und sagte, er habe mir einen Vorschlag zu unterbreiten, nämlich folgenden. Er habe uns, bevor er daran dachte (oder den Vorschlag erhielt), das Schiff zu erwerben, eine große Menge Waren abgekauft und besitze folglich nicht mehr das nötige Geld, um das Schiff zu bezahlen. Wenn wir aber das Schiff seiner jetzigen Besatzung anvertrauten, wolle er es für eine Fahrt nach Japan dingen und es von dort mit frischer Ladung (deren Frachtkosten er vor der Abreise begleichen würde) zu den Philippinen schicken und nach der Rückkehr das Schiff kaufen. Ich hörte ihn aufmerksam an, und so heftig lag mir nach wie vor die Wanderlust im Blut, dass ich wohl oder übel mit dem Gedanken zu spielen begann, mitzukommen und über die Philippinen in die Südsee zu segeln. Demgemäß fragte ich den japanischen Kaufmann, ob er uns nicht bis zu den philippinischen Inseln dingen und uns dort aus dem Vertrag entlassen wolle. Er erwiderte, nein, dazu sei er nicht bereit, weil ihm ja auf diese Weise der Gewinn entgehen würde. Er würde uns aber, wie er sagte, nach der Rückkehr des Schiffes in Japan aus dem Vertrag entlassen. Trotzdem war ich dafür, diesen Vorschlag zu akzeptieren und selber mitzusegeln, aber mein Teilhaber, klüger als ich, brachte mich davon ab. Er legte mir die Gefahren dar, die mir sowohl vonseiten der Japaner, die ein falsches, grausames und heimtückisches Volk sind, als auch vonseiten der Spanier auf den Philippinen drohten, einer noch falscheren, noch grausameren und noch heimtückischeren Sippe.

Aber um das lange Kapitel abzuschließen: Erst einmal mussten wir den Kapitän und seine Leute fragen, ob sie gewillt seien, nach Japan zu segeln, und während ich dieses besorgte, kam der junge Mann, den mein Neffe, wie gesagt, als Reisegefährten bei mir zurückgelassen hatte, zu mir und sagte, er halte diese Reise für vielversprechend, man dürfe mit gutem Gewinn rechnen, und er würde sich freuen, wenn ich sie unternähme. Wenn nicht und wenn ich ihm die Erlaubnis erteilte, wolle er gern als Kaufmann mitfahren oder wie auch immer ich's ihm befehlen würde. Wenn er sodann jemals nach England zurückkehrte und mich dort lebend anträfe, würde er mir getreulich Rechnung legen, und ich könnte einen beliebigen Anteil an seinem Gewinn beanspruchen.

Ich trennte mich ungern von ihm, aber wenn ich mir die wirklich recht beträchtlichen Vorteile überlegte, die diese Reise einbringen konnte, und mir außerdem überlegte, dass er es wohl genauso gut schaffen werde wie jeder andere unternehmungslustige junge Mann, neigte ich dazu, ihn ziehen zu lassen. Erst einmal aber sagte ich ihm, ich müsse meinen Teilhaber zurate ziehen und würde ihm am nächsten Tag eine Antwort geben. Mein Teilhaber und ich besprachen die Angelegenheit, und mein Teilhaber machte einen sehr großzügigen Vorschlag. Er sagte zu mir: »Ihr wisst, das Schiff hat uns Unglück gebracht, und wir sind beide entschlossen, nicht mehr mit ihm zu segeln. Wenn Euer Verwalter« – so nannte er meinen jungen Mann – »die Fahrt wagen will, überlasse ich ihm meinen Anteil an dem Fahrzeug. Er möge herausholen, was er kann. Wenn wir's erleben, ihn in England wiederzusehen, und er in der Fremde Erfolg gehabt hat, soll er die Hälfte des Frachtgewinns mit uns abrechnen und die andere Hälfte behalten.«

Da mein Teilhaber meinem jungen Mann, der ihn gar nichts anging, einen so schönen Vorschlag machte, konnte ich nicht zurückstehen, und da die Besatzung sich bereit erklärte, unter ihm zu segeln, übereigneten wir ihm die Hälfte des Schiffes, nachdem er sich schriftlich verpflichtet hatte, über die andere Hälfte Rechenschaft abzulegen. Und los ging's nach Japan. Der japanische Kaufmann erwies sich ihm gegenüber als ein grundehrlicher Mann, nahm ihn in Japan unter seine Fittiche und verschaffte ihm sogar die Erlaubnis, an Land zu gehen, eine Erlaubnis, die in letzter Zeit Europäern im Allgemeinen kaum noch erteilt worden ist. Pünktlich bezahlte er die Frachtkosten, schickte ihn sodann mit japanischen und chinesischen Waren zu den Philippinen und gab ihm einen japanischen Supercargo mit, der bei den Spaniern abermals europäische Produkte und eine Menge Nelken und andere Gewürze einhandelte. Nach der Rückkehr nach Japan wurde mein junger Mann nicht nur gut bezahlt, sondern darüber hinaus, da er das Schiff nicht verkaufen wollte, von dem japanischen Kaufmann mit Waren für eigene Rechnung versorgt. Selber hatte er Gewürze mitgebracht, und mit dem Erlös kehrte er zu den Spaniern in Manila zurück, wo er seine Ladung vorteilhaft an den Mann brachte. Nachdem er sich in Manila mit einem Spanier angefreundet hatte, bekam er einen Freibrief für sein Schiff. Der Gouverneur von Manila nahm ihn in seine Dienste, beauftragte ihn, nach Acapulco in Amerika an der mexikanischen Küste zu segeln, erteilte ihm die Erlaubnis, dort an Land zu gehen, nach Mexiko zu reisen und mit allen seinen Leuten auf einem beliebigen spanischen Schiff nach Europa zurückzukehren.

Die Fahrt nach Acapulco verlief ohne Zwischenfall, und dort verkaufte er das Schiff. Da ihm außerdem gestattet worden war, über Land nach Portobelo zu reisen, fand er Mittel und Wege, mit all seinen Schätzen nach Jamaika zu gelangen. Ungefähr acht Jahre später kehrte er als reicher Mann nach England zurück, aber dazu werde ich mich an der gegebenen Stelle äußern. Inzwischen wollen wir zu unseren eigenen Geschäften zurückkehren.

Da wir nun das Schiff und seine Besatzung losgeworden waren, mussten wir uns überlegen, wie wir die beiden Leutchen belohnen sollten, die uns auf dem Kambodschafluss rechtzeitig vor dem geplanten Überfall gewarnt hatten.

Sie hatten uns wirklich einen großen Dienst erwiesen und verdienten es reichlich, dass wir sie gut behandelten, obwohl sie, nebenbei gesagt, gleichfalls zwei ausgepichte Halunken waren. Da sie uns für Piraten gehalten hatten, waren sie entschlossen gewesen, nicht nur die Pläne ihrer Kameraden zu verraten, sondern auch zusammen mit uns auf Seeraub auszugehen, und der eine von ihnen hatte nachher zugegeben, nur die Hoffnung auf reiche Beute habe ihn zu seiner Handlungsweise veranlasst. Immerhin wurde dadurch der Dienst nicht geringer, den sie uns erwiesen hatten. Da ich ihnen versprochen hatte, mich dankbar zu erweisen, befahl ich, ihnen erst einmal das Geld auszuzahlen, das man ihnen, wie sie sagten, an Bord ihrer respektiven Schiffe schuldig geblieben war, das heißt, dem Engländer die Heuer für neun Monate und dem Holländer für sieben Monate. Darüber hinaus schenkte ich einem jeden eine kleine Summe Geldes in Gold, womit sie sehr zufrieden waren. Dann beförderte ich den Engländer zum Richtkanonier an Bord des Schiffes, da der Kanonier jetzt zweiter Steuermann und Proviantmeister geworden war. Den Holländer ernannte ich zum Bootsmann. Das behagte beiden, und sie erwiesen sich als äußerst brauchbar, da sie tüchtige Seeleute und kräftige Burschen waren.

Jetzt saßen wir in China fest. Wenn ich mich schon in Bengalen verbannt und meinem Heimatland fern gefühlt hatte, in Bengalen, wo mir doch mein Geld viele Möglichkeiten der Rückkehr eröffnet haben würde, wie sollte mir nun zumute sein, da ich mich noch um etwa tausend Seemeilen weiter von zu Hause entfernt hatte und jeder Aussicht auf eine Heimkehr beraubt war?

Nur mit einem durften wir rechnen, nämlich damit, dass in etwa vier Monaten dort, wo wir uns befanden, wieder ein großer Jahrmarkt vonstattengehen werde; da würden wir alsdann in der Lage sein, alle möglichen Produkte des Landes zu kaufen und vielleicht auch eine chinesische Dschunke oder ein Fahrzeug aus Tongking zu ergattern, das uns und unsere Waren wohin auch immer befördern würde. Das behagte mir, deshalb beschloss ich zu warten. Außerdem würden wir vielleicht, da wir persönlich keinen üblen Ruf genossen, Gelegenheit haben, unsere Fracht auf ein englisches oder holländisches Schiff zu verladen und Überfahrt nach einem der Heimat näher gelegenen indischen Hafen zu finden.

Diese Hoffnungen bewogen uns auszuharren, doch um uns zu zerstreuen, unternahmen wir zwei bis drei Streifzüge ins Innere des Landes. Zuerst brachten wir zehn Tagereisen hinter uns, um uns die Stadt Nanking anzusehen, und sie ist denn auch freilich sehenswert; es heißt, dass in ihr eine Million Menschen lebten, aber das glaube ich nicht. Sie ist regelmäßig angelegt, die Straßen sind alle schnurgerade und kreuzen einander in rechtem Winkel, was dem Stadtbild zu großem Vorteil gereicht.

Aber wenn ich die erbarmungswürdige Bevölkerung dieser Länder mit der unseren vergleiche, ihre Kleidung, ihre Lebensweise, ihre Regierung, ihre Religion, ihren Reichtum und ihren Ruhm (wie manche sich ausdrücken), dann muss ich gestehen, dass das alles meiner Meinung nach gar nicht verdient, erwähnt zu werden, nicht die Mühe lohnt, beschrieben zu werden, nicht wert ist, dass künftige Leser es lesen.

Es ist recht bemerkenswert, dass wir uns über den Pomp dieser Menschen, ihre Reichtümer, ihren Prunk, ihre Zeremonien, ihre Verwaltung, ihre Manufakturen, ihren Handel und Wandel wundern, nicht etwa weil es unsere Bewunderung oder auch nur im Geringsten unsere Beachtung verdiente, sondern weil wir, da wir uns anfangs einen recht guten Begriff von der dort herrschenden Barbarei, Ungeschliffenheit und Unwissenheit gemacht haben, gar nicht erwarten, dergleichen in so entlegenen Gegenden überhaupt vorzufinden.

Wie lassen sich denn sonst ihre Bauten mit den Palästen und königlichen Residenzen Europas vergleichen? Was bedeutet ihr Handel im Vergleich zu dem weltumspannenden Kommerz Hollands, Frankreichs, Spaniens? Wie lassen sich denn ihre Städte mit den unseren an Reichtum, Stärke, bunten Trachten, üppigem Hausrat und unendlicher Vielfalt vergleichen? Was bedeuten ihre durch ein paar Dschunken oder Barken versorgten Häfen im Vergleich zu unserer Schifffahrt, unseren Handelsflotten, unseren großen und mächtigen Kriegsflotten? Unsere Stadt London beherbergt mehr Gewerbe als ihr ganzes, gewaltiges Reich. Ein einziges englisches oder französisches oder holländisches Kriegsschiff mit achtzig Kanonen würde es mit sämtlichen Schiffen Chinas aufnehmen und sie versenken. Aber das Ausmaß ihres Reichtums, ihres Handels, die Macht ihrer Regierung und die Stärke ihrer Heere finden wir überraschend, weil wir sie für heidnische Barbaren, nicht viel besser als Wilde halten und dergleichen nicht bei ihnen vorzufinden erwartet hatten: Dadurch wird ihre Größe, ihre Macht in ein vorteilhaftes Licht gerückt, während sie doch an und für sich nicht der Rede wert sind. Was ich über ihre Schifffahrt gesagt habe, gilt auch für ihre Heere und Truppen. Sämtliche Streitkräfte des Kaiserreichs, auch wenn sie zwei Millionen Mann ins Feld schickten, würden nichts anderes ausrichten, als das Land zu verwüsten und selber dabei zu verhungern. Wenn sie eine befestigte Stadt in Flandern zu belagern oder gegen eine disziplinierte Armee anzutreten hätten, würde eine einzige Schwadron deutscher Kürassiere oder französischer Kavallerie sämtliche Reiter Chinas in die Pfanne hauen. Eine Million ihres Fußvolks könnte einer unserer Infanterieabteilungen nicht die Stange halten (vorausgesetzt, sie sei so aufgestellt, dass man sie nicht umzingeln kann), wären es auch nur zwanzig Mann. Ja, ich übertreibe nicht, wenn ich behaupte, 30.000 deutsche oder englische Fußsoldaten und 10.000 französische Reiter würden mit Leichtigkeit sämtliche Streitkräfte Chinas besiegen. Was unsere befestigten Städte und die Kunst unserer Festungsbaumeister betrifft, wenn es gilt, Städte zu erstürmen oder zu verteidigen, so gibt es in China nicht eine befestigte Stadt, die auch nur einen Monat lang den Batterien und Angriffen einer europäischen Armee gewachsen wäre. Gleichzeitig könnten sämtliche Heerscharen Chinas zusammengenommen nie eine Stadt wie Dünkirchen erobern, sofern sie sie nicht aushungerten, nein, nicht einmal nach zehnjähriger Belagerung. Freilich besitzen sie Schusswaffen, aber diese Waffen sind plump, unhandlich und unzuverlässig, sie besitzen Pulver, aber es ist kraftlos, sie kennen weder Mannszucht im Feld noch Übung in den Waffen, verstehen weder anzugreifen noch sich zurückzuziehen. Deshalb muss ich gestehen, dass es mir sonderbar vorkam, als ich nach meiner Rückkehr in die Heimat unsere Leute so viel Gutes über die Macht, den Reichtum, den Glanz, die Pracht und den Handel der Chinesen sagen hörte, weil ich doch gesehen hatte und wusste, dass sie eine verächtliche Horde oder Masse unwissender, schmutziger Sklaven sind, einer Regierung unterstellt, die nur solche Menschen zu regieren vermag, mit einem Wort – denn ich bin jetzt recht sehr von meinem Plan abgeschweift –, ich sage, mit einem Wort: Wäre nicht die Entfernung nach Moskau unfassbar groß und wäre nicht das Moskowiterreich eine fast ebenso rohe, ohnmächtige und schlecht regierte Sklavenhorde, dann könnte der Moskauer Zar mit Leichtigkeit sie allesamt aus ihrem Land verjagen und sie mit einem einzigen Feldzug zu Paaren treiben, und wenn der Zar, der, wie ich seither gehört habe, an Macht gewinnt und vor der Welt als ein gewaltiger Fürst hervorzutreten beginnt, diesen Weg beschritten hätte, statt die kriegerischen Schweden anzugreifen – keine der europäischen Mächte hätte ihm's geneidet oder ihn dabei gestört –, dann würde er vielleicht schon Kaiser von China sein, statt sich bei Narwa eine Niederlage geholt zu haben, obwohl die Schweden in einer Minderzahl von eins zu sechs waren. So wie ihre Stärke und ihre Würde, so sind auch ihre Schifffahrt, ihr Handel und ihr Gewerbe unvollkommen und kraftlos im Vergleich zu den Pendants in Europa. Dasselbe gilt für ihr Wissen, ihre Gelehrsamkeit, ihre Fertigkeit in den Wissenschaften. Sie besitzen Globen und Himmelskugeln und einen Anflug von Mathematik, aber wenn man sich ihr Wissen näher ansieht, wie kurzsichtig sind da auch die klügsten unter ihren Gelehrten! Sie wissen nichts von der Bewegung der Himmelskörper, und ihre Ignoranz ist so grob, so absurd, dass sie, wenn die Sonne sich verfinstert, glauben, ein großer Drache habe sie überfallen und weggeschleppt, und sie mit sämtlichen Trommeln und Kesselpauken im ganzen Land zu lärmen beginnen, um das Ungeheuer zu verjagen, so wie wir einen Bienenschwarm in den Korb scheuchen.

Da das die einzige Abschweifung dieser Art ist, welche ich mir im Lauf meiner Reiseschilderung gestattet habe, werde ich fortan keine Länder und Völker mehr beschreiben; es geht mich nichts an und hat auch nichts mit meinem Vorhaben zu tun. Ich werde mich darauf beschränken, meine eigenen Abenteuer zu berichten, die mir ein Leben voll beispielloser Irrfahrten und ständiger Wechselfälle beschert haben und dergleichen vielleicht wenige meiner Nachfahren je gehört haben werden. Deshalb will ich nicht viel über all die gewaltigen Landschaften, Wüsten und zahlreichen Völkerschaften sagen, denen ich noch begegnen sollte, jedenfalls nicht mehr, als sich auf meine eigene Person und meine Berührung mit jener Umwelt bezieht. Ich befand mich jetzt, soweit ich's errechnen konnte, mitten in China, ungefähr auf dem dreißigsten Breitengrad nördlich des Äquators, da wir inzwischen aus Nanking zurückgekehrt waren. Ich hatte freilich Lust, mir Peking anzuschauen, eine Stadt, von der ich schon so vieles gehört hatte, und Pater Simon lag mir tagtäglich in den Ohren. Als schließlich die Stunde seines Aufbruchs festgelegt und der andere Missionar, der ihn begleiten sollte, aus Macao eingetroffen war, musste ich mich entschließen, ob ich mitkommen oder bleiben wolle. Ich verwies ihn an meinen Teilhaber und überließ es zur Gänze ihm, der sich nach einigem Zögern zu einem Ja entschloss. Also trafen wir unsere Vorbereitungen. Wir hatten es von allem Anfang an leicht, den Weg zu finden, da man uns erlaubte, im Gefolge eines der Mandarine zu reisen, die als eine Art von Vizekönigen oder Gouverneuren über die Provinz herrschen, in der sie residieren. Sie reisen mit großem Staat und ebenso großem Gefolge, und die Bevölkerung auf ihrem Weg huldigt ihnen untertänigst, obwohl sie durch sie zuweilen an den Bettelstab gebracht wird: Sie muss nämlich für ihren und ihres Anhangs Verköstigung aufkommen. Hier möchte ich insbesondere anmerken, dass wir, die wir mit der Bagage reisten, zwar aus dem Säckel des Landes ausreichenden Proviant für uns und unsere Pferde erhielten, weil wir zum Gefolge des Mandarins zählten, dass wir aber genötigt waren, alles nach dem gängigen Marktpreis zu zahlen, freilich in die Tasche des Mandarins: Sein Verwalter oder Proviantmeister versäumte nicht, pünktlich bei uns anzuklopfen. Dass man uns erlaubt hatte, uns der Reisegesellschaft des Mandarins anzuschließen, war also an und für sich recht freundlich, aber keine allzu große Gefälligkeit, sondern vielmehr für den hohen Herren äußerst vorteilhaft, wenn man bedenkt, dass außer uns noch mehr als dreißig Personen unter den gleichen Bedingungen, im Schutz seines Gefolges oder, wie man sich ausdrücken könnte, unter seinem Geleit reisten; ich sage, dass das für ihn äußerst vorteilhaft war, weil die Umgebung allen Proviant gratis lieferte und er das Geld dafür einsteckte.

Wir brauchten fünfundzwanzig Tage bis Peking, durch unendlich volkreiche, aber erbärmlich bewirtschaftete Landstriche. Erbärmlich auch die Viehzucht, die Ökonomie und die Lebensweise, obwohl sie sich so sehr ihres Fleißes rühmen – freilich nur dann erbärmlich und elendig, wenn wir, die wir zu leben verstehen, es ertragen müssten oder es mit unseren Zuständen vergleichen, nicht aber für die armen Wichte, die kein anderes Leben kennen. Der Stolz dieser Menschen ist groß und wird nur noch durch ihre Armut übertroffen, die das Elend, wie ich's nenne, vermehrt. Ich kann mich des Gedankens nicht erwehren, dass die nackten Wilden Amerikas glücklicher sind, weil sie zwar nichts besitzen, aber auch nichts begehren, während diese Menschen stolz und unverschämt und dabei in der Mehrzahl nichts als Bettler und Kulis sind. Ihre Prunksucht lässt sich nicht beschreiben und äußert sich vor allem in ihrer Kleidung und ihren Gebäuden und darin, dass sie sich mit einer Schar von Knechten oder Sklaven umgeben, sowie in der Verachtung, die sie der ganzen Welt außer sich selber entgegenbringen, einer Verachtung, die in allerhöchstem Grad lächerlich wirkt.

Ich muss gestehen, dass ich mich nachher in den Wüsten und gewaltigen Einöden der großen Tatarei viel wohler gefühlt habe als hier, und dabei sind in China die Straßen gut gepflastert, gut instand gehalten und für die Reisenden bequem. Nichts aber hätte mir peinlicher sein können als der Anblick eines so hoffärtigen, herrischen, frechen Volkes inmitten der ärgsten Einfalt und Unwissenheit, auf die ihre viel gerühmte Gescheitheit letzten Endes hinausläuft. Mein Freund, Pater Simon, und ich pflegten uns über diesen Bettlerstolz lustig zu machen. Zum Beispiel: Als wir uns etwa zehn Meilen vor der Stadt Nanking dem Haus eines Landedelmannes, wie Pater Simon ihn nannte, näherten, wurde uns erst einmal die Ehre zuteil, etwa zwei Meilen weit mit dem Herrn des Hauses zu reiten. Der Aufzug, in dem er geritten kam, war die reine Donquichotterie, eine Mischung aus Pomp und Povertät.

Das Gewand dieses ungewaschenen Granden wäre für einen Scaramouche oder Hanswurst geeignet gewesen: schmutziger Kattun, mit all dem Flitter und Putz eines Narrenkleids, als da sind Bauschärmel, Troddeln, Schlitze und Zwickel fast von oben bis unten, darunter ein Taftwams so fettig wie eine Metzgerschürze, ein Beweis dafür, dass Seine Gnaden ein ausgemachter Schlampian sein musste.

Sein Pferd war ein armes, mageres, halb verhungertes, humpelndes Geschöpf, wie man es in England für etwa dreißig bis vierzig Schilling verkaufen mag. Zwei Sklaven folgten ihm zu Fuß, um die arme Kreatur anzutreiben. Er hielt eine Peitsche in der Hand und bearbeitete den Kopf des Tieres so eifrig, wie die Sklaven ihm das Hinterteil karbatschten, und so ritt er mit etwa zehn bis zwölf Dienern an uns vorbei. Man sagte uns, er sei aus der Stadt zu seinem etwa eine halbe Meile weiter vorn gelegenen Landsitz unterwegs. Wir bewegten uns sachte voran, aber diese edle Gestalt eilte uns voraus. Als wir in einem Dorf haltmachten, um uns zu erquicken, und an dem Landsitz des großen Herren vorbeikamen, sahen wir ihn vor seiner Tür sitzen und seine Mahlzeit einnehmen. Es war das ein kleiner Garten, aber wir konnten ihn deutlich sehen, und man gab uns zu verstehen, je mehr wir ihn anglotzten, desto erfreuter werde er sein.

Er saß unter einem Baum, der einer Zwergpalme glich und wirksam seinen Kopf beschattete. Gegen Süden zu, aber gleichfalls unter dem Baum, hatte man einen Schirm aufgepflanzt, sodass dieser Winkel einen recht hübschen Eindruck machte. Er saß fett und korpulent, hingelümmelt in einem breiten Lehnstuhl und wurde von zwei Sklavinnen bedient. Zwei weitere Sklavinnen übten Ämter aus, die wohl nur wenige Herren in Europa akzeptabel finden würden, nämlich: Die eine fütterte den Junker mit einem Löffel, die andere hielt in der einen Hand den Teller und kratzte mit der anderen die Speisereste von Seiner Gnaden Bart und Wams, während das dicke Scheusal es für unter seiner Würde hielt, seine eigenen Hände zu einer dieser üblichen Verrichtungen zu leihen, die jeder König und Monarch lieber selber besorgt, als dass er sich von den tölpischen Fingern seiner Diener belästigen ließe.

Ich nahm die Gelegenheit wahr, um mir zu überlegen, was für Mühsal dem Menschen die Hoffart bereitet und wie lästig eine so schlecht bezähmte hochmütige Veranlagung einem verständigen Mann doch sein müsste. Den armen Wicht dem Behagen überlassend, dass wir ihn betrachtet hätten, als bewunderten wir seinen Prunk, während wir ihn eigentlich bemitleideten und verachteten, setzten wir unsere Reise fort. Nur Pater Simon war neugierig genug, ein wenig zu verweilen und sich zu erkundigen, was für Leckerbissen der hohe Gerichtsherr in all seinem Staat verzehren mochte. Man habe ihm, berichtete er, die Ehre erwiesen, davon zu kosten, und meiner Meinung nach war das eine Ration, die ein englischer Hofhund nicht fressen würde, wenn man sie ihm vorsetzte, nämlich: eine Portion gekochter Reis mit einer großen Zehe Knoblauch, ein kleiner, mit grünem Pfeffer gefüllter Beutel, ein anderes einheimisches Gemüse, das unserem Ingwer ähnelt, aber nach Moschus riecht und wie Mostrich schmeckt – das alles wird durcheinandergemischt und darin ein kleines Stück Hammelfleisch gekocht. So speiste Seine Gnaden, dem in einigem Abstand weitere vier bis fünf Domestiken aufwarteten. Wenn er sie schlechter ernährte als sich selbst – von den Gewürzen abgesehen –, mussten sie wirklich nicht viel zu beißen haben.

Unser Mandarin, mit dem wir reisten, war so hochgeachtet wie ein König, stets von seinem Hofstaat umgeben und so prunkvoll in seinem Auftreten, dass ich ihn kaum anders als aus der Ferne zu sehen bekam. Eines aber fiel mir auf. In seinem Gefolge gab es nicht ein einziges Pferd, das nicht schlechter ausgesehen hätte als die Packgäule unserer englischen Fuhrleute, aber sie waren so üppig mit Zierrat, Decken, Staatsgeschirr und ähnlichem Plunder geschmückt, dass man nicht sehen konnte, ob sie fett seien oder mager, mit einem Wort, es war kaum mehr zu sehen als ihre Hufe und Köpfe.

Ich war jetzt leichten Herzens, und da alle meine Sorgen und Betrübnisse, von denen ich berichtet habe, hinter mir lagen, plagten mich keine ängstlichen Gedanken mehr. Dadurch wurde mir die Reise nur umso angenehmer. Es widerfuhr mir auch kein sonderliches Unglück, abgesehen davon, dass beim Durchschreiten oder Durchwaten eines kleinen Flusses mein Pferd stürzte und mich, wie man sagt, aller Erdenschwere enthob, das heißt, mich abwarf. Das Wasser war zwar nicht tief, aber ich wurde über und über nass. Ich erwähne es nur, weil bei dieser Gelegenheit mein Taschenbuch ruiniert wurde, in das ich die Namen mehrerer Völker und Orte, die ich mir merken wollte, eingetragen hatte. Aus Unachtsamkeit ließ ich die Blätter verschimmeln, sodass nachher die Wörter nicht mehr zu entziffern waren, für mich ein großer Verlust, was die Namen etlicher Orte betrifft, an denen ich auf dieser Reise vorbeikam.

Endlich langten wir in Peking an. Ich hatte niemanden bei mir außer dem jungen Burschen, den mir mein Neffe, der Kapitän, zu meiner Bedienung mitgegeben hatte und der sich als sehr zuverlässig und emsig erwies. Mein Teilhaber hatte auch nur einen einzigen Diener bei sich, einen Landsmann. Da der portugiesische Pilot gern den kaiserlichen Hof sehen wollte, nahmen wir ihn mit, das heißt, wir trugen die Kosten seiner Reise und benutzten ihn als Dolmetscher, da er die Landessprache verstand und gut französisch sowie ein bisschen englisch sprach. In der Tat war uns der alte Mann überall von großem Nutzen. Wir weilten noch keine Woche in Peking, da kam er lachend angelaufen. »Ah, Seignior Inglese«, sagte er, »ich habe Euch etwas mitzuteilen, das Euer Herz erfreuen wird.« – »Mein Herz erfreuen?«, sagte ich. »Was mag das sein? Ich wüsste nicht, was mir in diesem Land beträchtliche Freude oder beträchtlichen Kummer machen sollte.« – »Ja, ja«, sagte der alte Mann in seinem gebrochenen Englisch. »Macht Euch Freude, mir Leid« – damit wollte er sagen, es tue ihm leid. Meine Neugier erwachte. »Warum tut es

Euch leid?«, fragte ich ihn. – »Weil Ihr mich fünfundzwanzig Tage Reise hierher mitgenommen habt und dann mir überlasst, allein zurückzukehren, aber wie soll ich nachher in meinen Hafen kommen, ohne Schiff, ohne Pferd, ohne *peccune.*« (So nannte er das Geld in seinem Küchenlatein, das uns oft zum Lachen brachte.)

Kurz, er berichtete uns, es halte sich eine große Karawane moskowitischer und polnischer Kaufleute in Peking auf und beabsichtige, in vier bis fünf Wochen auf dem Landweg nach Moskau aufzubrechen. Er sei überzeugt, wir würden die Gelegenheit ergreifen, uns anzuschließen, und ihn allein zurücklassen. Ich muss gestehen, dass mich diese Nachricht überraschte. Meine ganze Seele war mit einem Mal von einer heimlichen Wonne erfüllt, wie ich sie gar nicht beschreiben kann und nie zuvor oder nachher empfunden habe. Ziemlich lange vermochte ich kein Wort über die Lippen zu bringen, schließlich aber sagte ich zu dem alten Mann: »Woher wisst Ihr das? Ist es auch bestimmt wahr?« – »Ja«, erwiderte er, »heute früh habe ich auf der Straße einen alten Bekannten getroffen, einen Armenier – Ihr würdet ihn als einen Griechen bezeichnen –, der zu ihnen gehört. Er kommt aus Astrachan und wollte nach Tongking, wo ich ihn seinerzeit kennengelernt habe, hat sich aber anders besonnen und ist jetzt entschlossen, mit der Karawane nach Moskau und dann auf der Wolga flussabwärts nach Astrachan zu ziehen.« – »Nun, Seignior«, sagte ich, »habt keine Angst, dass man Euch allein zurücklassen wird. Wenn mir auf diese Weise die Rückkehr nach England ermöglicht wird, wird es Eure Schuld sein, so Ihr überhaupt wieder nach Macao pilgert.« Dann berieten wir miteinander, was zu tun sei. Ich fragte meinen Teilhaber, was er von der Neuigkeit halte und ob sie für seine geschäftlichen Pläne vorteilhaft sei. Er erwiderte, er werde sich durchaus nach mir richten. Er habe seine Angelegenheiten in Bengalen geordnet und sein Eigentum in so guten Händen zurückgelassen, dass er, da unsere Reise bisher nutzbringend verlaufen war und sofern er den Ertrag in chinesischer Seide, roh und gewoben, anlegen könne, sodass es die Frachtkosten lohne, gern bereit sei, nach England mitzukommen und sodann mit einem der Schiffe der Kompanie nach Bengalen zurückzukehren.

Nachdem wir diesen Entschluss gefasst hatten, kamen wir überein, unserem portugiesischen Lotsen, wenn er's wünschte, die Reise nach Moskau oder auch bis England zu zahlen. Das hätte auch noch nicht einmal als besonders großmütig gelten dürfen, wenn wir ihn nicht darüber hinaus belohnt hätten, denn der Dienst, den er uns erwiesen, war das alles wert und noch viel mehr. Er war uns nicht nur auf See ein Lotse, sondern auch an Land gleichsam ein Makler gewesen, und dass er uns den japanischen Kaufmann zugeführt, hatte uns etliche Hundert Pfund eingetragen. Also berieten wir untereinander, und da wir gewillt waren, ihm gefällig zu sein, was ja nichts anderes hieß, als ihm gerecht zu werden, ihn außerdem gern bei uns haben wollten, weil er bei allen Gelegenheiten ein äußerst nützlicher Mann war, kamen wir überein, ihm gemünztes Gold zu schenken, dessen Wert sich für uns gemeinsam, meiner Berechnung nach, auf 175 Pfund Sterling belief, und alle seine Unkosten zu bestreiten, sowohl für ihn wie für sein Pferd, mit Ausnahme eines Packpferdes, das seine Sachen tragen sollte.

Nachdem wir unter uns diese Regelung getroffen hatten, ließen wir ihn rufen, um ihm unseren Beschluss mitzuteilen. Ich wies darauf hin, dass er sich darüber beklagt habe, wir würden es ihm überlassen, die Rückreise ganz allein anzutreten, und ich müsse ihm jetzt sagen, dass wir beschlossen hätten, ihm überhaupt die Umkehr zu ersparen. Da wir entschlossen seien, mit der Karawane nach Europa zu ziehen, hätten wir beschlossen, ihn mitzunehmen. Wir hätten ihn jetzt rufen lassen, um zu erfahren, was er davon halte. Er schüttelte den Kopf und sagte, das sei eine lange Reise, und er habe keine *peccune*, um sich unterwegs zu verköstigen oder nach der Ankunft am Ziel das Leben zu fristen. Wir sagten, das wollten wir wohl glauben, und deshalb hätten wir beschlossen, etwas für ihn zu tun, um ihm zu zeigen, wie erkenntlich wir ihm für die Dienste seien, die er uns erwiesen hatte, und wie angenehm uns seine Gesellschaft sei. Dann nannte ich die Summe, die wir ihm auf der Stelle auszuzahlen beschlossen hätten und mit der er ebenso nach Gutdünken verfahren könne wie wir mit unserem Geld, und fügte hinzu, dass wir, was die Unkosten betreffe, falls er mit uns mitkommen wolle, ihn heil und sicher (so er am Leben bleibe und keinen Unfall erleide) entweder in Moskau oder in England, je nach seinem Belieben, auf unsere Kosten (ausgenommen nur die Beförderung seiner Habe) an Land setzen würden.

Als er unseren Vorschlag vernahm, war er außer sich vor Freude und erklärte sich bereit, uns über die ganze Welt zu folgen, und, kurz gesagt, so bereiteten wir uns alle auf die Reise vor. Wie mit uns aber, so verhielt es sich auch mit den übrigen Kaufleuten, sie hatten vieles zu besorgen, und statt dass wir in fünf Wochen fertig waren, vergingen vier Monate und etliche Tage, bevor alles beisammen war.

Es war nach unserer Zeitrechnung zu Beginn des Februar, als wir von Peking aufbrachen. Mein Teilhaber und der alte Lotse waren in aller Eile zu dem Hafen zurückgekehrt, den wir ursprünglich angelaufen hatten, um einiges dort gelagerte Gut zu veräußern. Ich begab mich mit einem chinesischen Kaufmann, den ich in Nanking flüchtig kennengelernt hatte und der in eigenen Geschäften nach Peking gekommen war, nach Nanking, wo ich neunzehn Rollen schönen Damast nebst etwa zweihundert Rollen sehr feiner Seide von verschiedener, zum Teil mit Gold durchwirkter Sorte kaufte; als mein Teilhaber zurückkehrte, lag alles säuberlich in Peking bereit. Außerdem kaufte ich eine große Menge Rohseide und etliche andere Waren. Der Wert unserer Fracht belief sich nur in diesen Waren auf ungefähr dreitausendfünfhundert Pfund Sterling, und um sie nebst Tee und schönem Kattun sowie drei Kamelladungen Muskatnüsse und Gewürznelken zu transportieren, waren alles in allem achtzehn Kamele nötig, abgesehen von unseren Reittieren, darüber hinaus zwei bis drei Extrapferde und zwei mit Proviant beladene Pferde; kurz, unser Gefolge bestand aus sechsundzwanzig Kamelen und Pferden.

Die Karawane war sehr groß und umfasste, soweit ich mich erinnern kann, drei- bis vierhundert Pferde und über hundertzwanzig Personen, sämtlich wohlbewaffnet und für alle Eventualitäten gerüstet: Denn so wie im Orient die Karawanen von Arabern, so werden sie hier von Tataren bedroht, die aber nicht ganz so gefährlich sind wie die Araber und auch nicht so barbarisch, wenn sie die Oberhand gewinnen.

Die Reisegesellschaft setzte sich aus Angehörigen verschiedener Völker zusammen. Hauptsächlich waren es Moskowiter, mehr als sechzig Kaufleute oder Einwohner Moskaus, unter anderem allerdings auch einige Litauer und zu unserer besonderen Genugtuung fünf Schotten, die außerdem in Geschäften sehr erfahren und recht vermögend zu sein schienen.

Nachdem wir eine Tagereise zurückgelegt hatten, riefen die Karawanenführer, fünf an der Zahl, sämtliche Kaufherren, das heißt sämtliche Reisenden mit Ausnahme der Dienerschaft zu einem, wie sie sich ausdrückten, Großrat zusammen. In dieser Ratstagung erlegte ein jeder eine gewisse Summe Geldes in eine gemeinsame Kasse, die dazu dienen sollte, unterwegs, dort, wo es nicht anders ging, Furage einzuhandeln, die Bedürfnisse der Führer zu befriedigen, Pferde zu beschaffen und dergleichen mehr. Und hier *konstituierten* sie, wie sie es nannten, die Reise, das heißt, sie ernannten Befehlshaber und Offiziere, die uns im Fall eines Angriffs antreten lassen und befehligen sollten, und übertrugen einem jeden der Reihe nach ein bestimmtes Kommando. Es waren das auch keine überflüssigen, sondern sehr nützliche Maßnahmen, wie sich unterwegs gezeigt hat und wie ich's an gegebener Stelle vermerken werde.

Diese Landesgegend ist zu beiden Seiten der Straße dicht bevölkert, es wimmelt dort von Töpfern und Tonmachern, das heißt Leuten, welche den Ton für das chinesische Porzellan aufbereiten. Eines Tages kam der portugiesische Lotse, der stets das eine oder das andere zu sagen wusste, um uns zu belustigen, lächelnd zu mir und sagte, er wolle mir die größte Rarität im ganzen Land zeigen; nach all den übellaunigen Bemerkungen, die ich über China gemacht hätte, würde ich dem Land nun zumindest nachrühmen müssen, ich hätte dort eine Sache gesehen, die nirgendwo sonst auf der Welt zu sehen ist. Ich war begierig zu erfahren, was das sei. Schließlich sagte er, es handle sich um das zur Gänze aus Porzellan erbaute Haus eines Landedelmannes. »Nun«, sagte ich, »dem mag wohl so sein. Wie groß ist es denn? Können wir es in einer Kiste auf einem Kamelrücken mitnehmen? Wenn es zu haben ist, will ich's kaufen.« – »Auf einem Kamelrücken!«, rief der alte Lotse aus und erhob beide Hände zum Himmel. »Ach, in diesem Haus wohnt eine dreißigköpfige Familie!«

Jetzt erwachte meine Neugier, und als ich hinkam, war es nun freilich vorerst etwas anderes, nämlich ein Holzhaus oder ein, wie wir's in England nennen, Fachwerkhaus, nur dass der Verputz aus Porzellanerde bestand, das heißt, das Lattengerüst war mit der Tonerde verputzt, aus der man Porzellan herstellt.

Die Außenwand, von der heißen Sonne beglänzt, war glasiert, von einem vollendeten Weiß und mit blauen Figuren bemalt, ähnlich wie das Porzellan in England, und hart, als wäre sie im Ofen gebrannt worden. Was das Innere betraf, so waren sämtliche Wände statt mit Holz mit gehärteten und bemalten Kacheln getäfelt, alle aus bestem Porzellan angefertigt und die Figuren wirklich sehr schön, von einer außerordentlichen Vielfalt der mit Gold gemischten Farben, aber so kunstvoll zusammengefügt (der Mörtel bestand gleichfalls aus Tonerde), dass man kaum sehen konnte, wo die Kacheln aneinanderstießen. Die Fußböden in den Räumen waren von derselben Beschaffenheit und so hart wie die Lehmböden, die man in England, besonders in Lincolnshire, Nottingham, Leicestershire etc. verwendet, steinhart und glatt, aber nicht gebrannt und bemalt, außer in einigen kleineren Gelassen oder Wandkammern, die anscheinend zur Gänze mit Kacheln ausgelegt waren. Die Decken, mit einem Wort der gesamte Verputz im Inneren des Hauses bestanden aus der gleichen Tonerde, und zur Krönung des Ganzen hatte man auch das Dach mit Porzellanziegeln gedeckt, die aber von einem tiefen, blanken Schwarz waren.

Das war nun in der Tat, wenn man so will, ein Porzellanhaus im buchstäblichen Sinn des Wortes, und wäre ich nicht auf Reisen gewesen, hätte ich gleich ein paar Tage bleiben mögen, um alle Einzelheiten zu besichtigen und zu untersuchen: Man sagte mir, im Garten gebe es Springbrunnen und Fischteiche, alle mit dem gleichen Material ausgelegt, und reihenweise an den Wegen schöne Statuen, zur Gänze aus Porzellanerde geformt und in einem Stück gebrannt.

Da das eine der Besonderheiten Chinas ist, darf man den Chinesen erlauben, sich ihrer zu rühmen, aber ich bin überzeugt, dass sie in ihren Berichten sehr oft übertreiben. Man erzählte mir so unglaubliche Dinge über ihre Leistungen in der Steinguterzeugung (denn um nichts anderes handelt es sich), dass ich's gar nicht wiedergeben mag, weil ich weiß, es kann nicht stimmen. Insbesondere erzählten sie von einem Meister, er habe ein Schiff mit der gesamten Takelage, den Masten und Segeln, groß genug für fünfzig Mann, aus Porzellan angefertigt. Wenn er behauptet hätte, er habe es vom Stapel gelassen und sei nach Japan gesegelt, dann freilich hätte ich vielleicht etwas dazu zu sagen gehabt; so aber wusste ich gleich, was an der Geschichte daran sei, kurz, dass der Kerl, man verzeihe mir den Ausdruck, lügt. Also lächelte ich und schwieg.

Diese wunderliche Sehenswürdigkeit war schuld daran, dass ich um zwei Stunden hinter der Karawane zurückblieb, deren Führer für den Tag mir eine Geldstrafe in der Höhe von etwa drei Schilling auferlegte und mir erklärte, wenn es drei Tagesreisen hinter der Mauer gewesen wären, so wie es jetzt drei Tagereisen vor der Mauer waren, hätte er mir das Vierfache berechnen und mich auffordern müssen, mich in der nächsten Ratssitzung zu entschuldigen. Also versprach ich ihm, von nun an ordentlicher zu sein. Tatsächlich hat sich auch nachher herausgestellt, dass die Vorschriften, die uns verpflichteten, schön beisammenzubleiben, für unsere gemeinsame Sicherheit unbedingt nötig waren.

Zwei Tage später durchschritten wir die große chinesische Mauer, die als Befestigung gegen die Tataren errichtet worden war, und es ist das allerdings eine gewaltige Anlage, die über Hügel und Berge läuft, zuweilen ohne Sinn, dort, wo die Felszacken und die Abgründe so unwegsam sind, dass kein Feind sie erklimmen oder bewältigen könnte, und wo, wenn er's könnte, keine Mauer ihn daran zu hindern vermöchte. Es heißt, ihre Länge betrage an die tausend englische Meilen, dass aber der Landstrich, den sie umgrenzt, in gerader Linie, wenn man von den Windungen und Biegungen absieht, nur die Hälfte misst. Sie ist ungefähr vier Faden hoch und an manchen Stellen ebenso dick.

Etwa eine Stunde lang rührte ich mich nicht vom Fleck, ohne gegen die Vorschriften zu verstoßen, denn so lang brauchte die Karawane, um das Tor zu durchschreiten, wie gesagt, ich machte eine Stunde lang halt, um mir die Mauer von allen Seiten zu besehen, nah und fern, ich meine, soweit sie in meinem Blickfeld lag, und der Karawanenführer, der sie als ein wahres Weltwunder gerühmt hatte, war sehr darauf versessen, meine Meinung zu hören. Ich sagte zu ihm, sie sei vortrefflich geeignet, Tataren fernzuhalten: Das verstand er nicht und hielt es für ein Kompliment. Der alte Lotse aber lachte. »Ach, Seignior Inglese«, sagte er, »Ihr sprecht in Farben.« – »In Farben?«, fragte ich. »Was soll das heißen?« – »Ei, Ihr sagt es so, dass es auf die eine Weise weiß, auf die andere schwarz aussieht, auf die eine lustig, auf die andere trist; ihm sagt Ihr, es sei eine gute Mauer, wenn es gilt, Tataren fernzuhalten, mir sagt Ihr, sie tauge zu nichts anderem, als Tataren fernzuhalten, oder sie werde eben nur Tataren fernhalten. Ich verstehe Euch, Seignior Inglese, ich verstehe Euch – aber der Seignior Chinese fasst es auf seine Weise auf.«

»Nun«, erwiderte ich, »Seignior, meint Ihr, sie würde einem Heer unserer Landsleute und seiner Artillerie widerstehen oder unseren Ingenieuren mit zwei Mineurkompanien? Würden sie sie nicht binnen zehn Tagen in Trümmer legen, sodass eine Armee in Schlachtordnung einmarschieren kann, oder sie mitsamt den Fundamenten in die Luft sprengen, sodass keine Spur von ihr zurückbleibt?« – »Sehr wohl, Sir«, sagte er, »das weiß ich.« Der Chinese wollte gern wissen, was ich gesagt hatte, und ich erlaubte dem Portugiesen, es ihm ein paar Tage später zu verraten, als wir China fast schon verlassen hatten und er sich in kurzer Zeit von uns verabschieden sollte. Aber als er erfuhr, was ich gesagt hatte, verschlug es ihm für den Rest der Reise die Rede, und solange er bei uns war, bekamen wir nichts mehr von seinen Lobgesängen auf die Macht und Größe Chinas zu hören.

Nachdem wir dieses gewaltige Nichts, das sich Mauer nennt – ähnlich wie die in Northumberland so berühmte, von den Römern errichtete Piktenmauer –, passiert hatten, merkten wir, dass das Land dünner besiedelt war und die Bevölkerung hauptsächlich in befestigten Städten und Orten wohnte, da sie Überfällen und Plünderungen seitens der Tataren ausgesetzt ist, die mit großen Heerscharen angerückt kommen, sodass die hilflosen Bauern auf dem flachen Land sich ihrer nicht erwehren können.

Und jetzt begann mir einzuleuchten, wie notwendig es war, die Karawane gut beisammenzuhalten. Wir sahen mehrere Tatarenhorden umherstreifen; aber als ich sie mit der Zeit deutlicher zu sehen bekam, wunderte ich mich eher über die Chinesen, dass sie sich von so verächtlichen Gesellen hatten besiegen lassen. Das sind nur wüste Haufen oder Horden, die sich keiner Ordnung fügen und weder Mannszucht noch Kriegskunst kennen.

Ihre Pferde sind arme, magere, halb verhungerte Geschöpfe, die nichts gelernt haben und zu nichts taugen, und das sagten wir gleich am ersten Tag, als wir sie zu Gesicht bekamen, nachdem wir den wilderen Teil des Landes betreten hatten. Unser für diesen Tag bestimmte Führer erlaubte etwa sechzehn Reiseteilnehmern, auf die Jagd zu gehen, wie er es nannte – aber was war's denn für ein Wild, das es zu jagen galt? Schafe. Immerhin, auch das mochte als Jagd gelten, denn wildere und schnellfüßigere Schafe habe ich nie in meinem Leben gesehen, obzwar sie nicht weit laufen. Sowie man ihnen nachzusetzen beginnt, ist man seiner Beute sicher. Sie treten im Allgemeinen in Herden auf, die dreißig bis vierzig Stück zählen, und bleiben, als echte Schafe, auch auf der Flucht beisammen.

Als wir uns diesem wunderlichen Zeitvertreib widmeten, begegneten uns zufällig ungefähr vierzig Tataren; ob sie so wie wir hinter den Hammeln her waren oder nach anderer Beute Ausschau hielten, weiß ich nicht; aber sowie sie uns erblickten, stieß einer von ihnen in ein Horn, das sehr laut war, aber einen recht barbarischen Klang hatte, wie ich ihn noch nie gehört und im Übrigen auch nie mehr hören möchte. Wir nahmen an, dass sie damit ihre Freunde zu Hilfe riefen, und wir irrten uns nicht. Nach einer knappen Viertelstunde tauchten in einer Entfernung von etwa einer Meile weitere vierzig oder fünfzig Reiter auf, aber da hatten wir bereits ganze Arbeit geleistet.

Zufällig befand sich einer der schottischen Kaufleute aus Moskau in unserer Mitte. Kaum hörte er das Horn, als er uns in aller Kürze erklärte, es bleibe uns nichts anderes übrig, als sofort und ohne Zeitverlust zum Angriff überzugehen. Er ordnete uns in Reih und Glied und fragte uns, ob wir zum Kampf entschlossen seien. Wir erwiderten, wir seien bereit, ihm zu folgen, also ritt er schnurstracks auf die Tataren los. Sie waren in einem wüsten Haufen versammelt, allem Anschein nach überhaupt ohne jede Gliederung, und starrten uns verblüfft an. Aber sowie sie uns vorrücken sahen, schossen sie ihre Pfeile ab, die uns jedoch zum Glück verfehlten. Offenbar hatten sie nicht schlecht gezielt, sondern nur den Abstand falsch berechnet, denn ihre Pfeile fielen dicht vor uns zu Boden, aber so gut gezielt, dass wir, wenn wir ungefähr zwanzig Meter näher bei ihnen gewesen wären, sicherlich mehrere Verwundete, wenn nicht gar einige Tote hätten beklagen müssen.

Unverzüglich machten wir halt und eröffneten, obwohl der Abstand groß war, das Feuer. Statt hölzerner Pfeile schickten wir ihnen Bleikugeln und folgten in gestrecktem Galopp unserer Salve, um mit dem Degen in der Hand über sie herzufallen, denn so hatte unser kühner Schotte, der uns befehligte, es befohlen. Freilich war er nur ein Kaufherr, aber bei dieser Gelegenheit benahm er sich so kraftvoll und tapfer und doch auch so kaltblütig, dass ich noch nie einen Mann im Gefecht gesehen habe, der für ein Kommando besser geeignet gewesen wäre. Sowie wir bei ihnen angelangt waren, feuerten wir unsere Pistolen vor ihrer Nase ab und zogen dann vom Leder, aber sie ergriffen in denkbar größter Verwirrung die Flucht; nur an unserer Rechten hielten drei von ihnen stand und bedeuteten den übrigen durch Zeichen, sie möchten doch zurückkehren. In Händen hielten sie eine Art von Krummsäbel, der Bogen hing auf ihrem Rücken. Unser tapferer Befehlshaber galoppierte, ohne dass er jemanden gebeten hätte, ihm zu folgen, dicht an sie heran, schlug mit seiner Muskete den einen aus dem Sattel, tötete den zweiten mit seiner Pistole, und der dritte nahm Reißaus. So endete das Scharmützel, freilich mit einem Missgeschick, nämlich: Die Schafe, hinter denen wir her gewesen waren, entwischten uns. Keiner der Unseren war verwundet oder getötet worden. Was die Tataren betraf, so waren ihrer fünf gefallen. Die Zahl der Verwundeten kannten wir nicht. Eines aber wussten wir: Die Hilfstruppe war dermaßen über den Knall unserer Schüsse erschrocken, dass sie die Flucht ergriff und gar nicht erst versuchte, uns anzugreifen.

Wir befanden uns noch immer auf chinesischem Territorium – deshalb waren die Tataren nicht so dreist wie nachher. Nach fünf Tagen aber kamen wir in eine ungeheure, weite, wilde Wüste, die zu durchqueren drei Tage- und drei Nachtmärsche erforderte. Das Wasser mussten wir in großen Lederschläuchen mitführen und nachts ein Lager aufschlagen, nicht anders, als es, wie man mir erzählt hat, in der arabischen Wüste Brauch ist.

Ich erkundigte mich, wem dieses Gebiet unterstellt sei, und man sagte mir, es sei ein Grenzland, gewissermaßen ein Niemandsland, gehöre zwar eigentlich zur Karakathei oder Großen Tatarei, werde jedoch dem chinesischen Kaiserreich zugerechnet. Hier aber kümmerte sich niemand darum, die Überfälle der Räuber abzuwehren, und diese Wüste galt infolgedessen als die schlimmste auf der ganzen Welt, obwohl wir einige weit größere durchwandern sollten.

Auf unserem Zug durch diese Wildnis, die mir, wie ich gestehen muss, anfangs angst und bange machte, erblickten wir zwei oder drei Mal kleine tatarische Reiterscharen. Sie schienen aber ihren eigenen Geschäften nachzugehen und keine bösen Absichten zu hegen. Und so wie es sich mit dem Mann verhielt, dem der Teufel begegnete: Wenn sie nichts von uns wollten, dann wollten auch wir nichts von ihnen; wir ließen sie ziehen.

Einmal aber kam ein Trupp ganz nahe heran, machte halt und musterte uns. Ob sie sich überlegten, was sie tun sollten, angreifen oder nicht, das wussten wir nicht; aber als wir in einiger Entfernung an ihnen vorbeizogen, bildeten wir eine aus vierzig Mann bestehende Nachhut, hielten uns bereit und ließen die Karawane etwa eine Meile weit vorausmarschieren. Nach einer Weile aber machten sich die Tataren davon, begrüßten uns jedoch zum Abschied mit fünf Pfeilen. Einer der Pfeile verwundete ein Pferd am Bein, sodass es lahmte. Am nächsten Tag mussten wir das Tier zurücklassen, und es hätte doch so dringend einen Rossarzt gebraucht. Wir rechneten mit weiteren Pfeilen, die vielleicht ihr Ziel nicht erreichen würden, bekamen aber diesmal keine Pfeile und keine Tataren mehr zu sehen.

Wir reisten nahezu einen Monat lang nach wie vor durch chinesisches Gebiet. Jetzt waren die Wege nicht mehr so gut wie früher, führten meistens durch Dörfer, die man aus Furcht vor den Beutezügen der Tataren befestigt hatte. Als wir eine dieser Ortschaften erreichten (ungefähr zweieinhalb Tagereisen bevor wir zu der Stadt Naum kamen), wollte ich ein Kamel kaufen; überall längs dieser Straße wurden Kamele und auch Pferde (wie sie nun eben aussehen mögen) verkauft, weil so viele Karawanen hier vorbeiziehen und oft Reit- und Tragtiere brauchen. Der Mann, den ich beauftragte, mir ein Kamel zu besorgen, hätte es geholt, aber ich Narr musste mich aufdrängen und ihn begleiten: Die Kamele und Pferde weideten etwa zwei Meilen weit außerhalb des Dorfes unter der Obhut bewaffneter Wächter.

Zusammen mit meinem alten Lotsen ging ich zu Fuß mit. Ich hatte, ehrlich gesagt, den Wunsch nach ein wenig Abwechslung. Als wir hinkamen, war es eine sumpfige Niederung, wie ein Park von einer ohne Mörtel oder Erde aufgehäuften Steinmauer umgeben, mit einer kleinen Wachmannschaft chinesischer Soldaten am Eingang. Nachdem ich ein Kamel gekauft und mich mit dem Verkäufer über den Preis geeinigt hatte, machte ich mich auf den Rückweg. Der Chinese, der bei mir war, führte das Kamel am Halfter, als ganz plötzlich fünf berittene Tataren auftauchten. Zwei von ihnen packten den Chinesen und nahmen ihm das Kamel weg, während die drei anderen mir und dem alten Lotsen zu Leibe rückten, weil sie uns so gut wie unbewaffnet sahen; ich hatte keine andere Waffe als meinen Degen, mit dem ich mich nur schlecht gegen drei Reiter wehren konnte. Der vorderste hielt inne, als ich vom Leder zog (denn sie sind notorische Feiglinge), ein zweiter jedoch, der von links kam, versetzte mir einen Schlag auf den Kopf, einen Schlag, den ich, da er mich glatt zu Boden streckte, erst nachher spürte, als ich zu mir kam und mich fragte, was denn mit mir los sei und wo ich mich befände. Mein nie versagender alter Lotse aber, der Portugiese (so befreit uns unerwarteterweise die Vorsehung aus Gefahren, die wir nicht voraussehen können), hatte in der Tasche eine Pistole, von der ich und auch die Tataren nichts wussten. Hätten sie es gewusst, dann würden sie uns wohl gar nicht überfallen haben, aber Feiglinge sind immer dann am kühnsten, wenn keine Gefahr droht.

Als der alte Mann mich umfallen sah, trat er mutigen Sinnes an den Kerl heran, der mich niedergeschlagen hatte, packte ihn mit der einen Hand beim Arm, zog ihn mit der anderen durch schiere Gewalt ein wenig zu sich herab und jagte ihm eine Kugel durch den Kopf, sodass der Mann tot aus dem Sattel fiel. Dann wandte er sich unverzüglich dem anderen zu, der uns, wie gesagt, angehalten hatte, und bevor dieser wieder anstürmen konnte (denn alles geschah gleichsam im Nu), schlug er mit einem Krummsäbel zu, den er stets am Gürtel trug, verfehlte den Mann, traf aber das Pferd an der Seite des Kopfes, säbelte ihm das eine Ohr ab und zerfetzte ihm die Backe: Das arme Tier, durch die schwere Wunde zur Raserei gebracht, ließ sich von seinem Reiter nicht mehr zügeln, obwohl der Bursche recht gut im Sattel saß, stob davon, entrann dem Zugriff des Lotsen, bäumte sich sodann in einiger Entfernung auf den Hinterbeinen hoch, warf den Tataren ab und fiel auf ihn drauf.

Inzwischen mischte sich der arme Chinese ein, der das Kamel verloren hatte, aber keine Waffe besaß. Als er jedoch den gestürzten Tartaren unter seinem Gaul liegen sah, lief er stracks zu ihm hin, griff nach der hässlichen, bösartigen Waffe, die der Mann am Gürtel trug und die einem Enterbeil ähnelte, ohne ein Enterbeil zu sein, entriss sie ihm und schickte sich an, ihm den Schädel einzuschlagen. Mein Freund, der Portugiese, jedoch hatte es auch noch mit dem dritten Tataren zu tun, und da er ihn weder flüchten, wie er's gehofft, noch zum Angriff übergehen, wie er's befürchtet hatte, sondern stocksteif still stehen sah, blieb er gleichfalls stehen und machte sich an seinem Pulverhorn zu schaffen, um die Pistole frisch zu laden. Kaum aber hatte der Tatar die Pistole erblickt – ob er sie für dieselbe oder für eine andere hielt, weiß ich nicht –, da nahm er Reißaus und ließ meinen Lotsen, meinen Paladin, wie ich ihn fortan nannte, als Sieger zurück.

Inzwischen war ich schon wieder ein bisschen aufgewacht (denn als ich zu mir kam, glaubte ich erst, ich hätte süß geschlummert), fragte mich aber, wie gesagt, wo ich mich befände, warum ich auf der Erde läge und was los sei. Mit einem Wort, ein paar Sekunden später, als die Besinnung wiederkehrte, verspürte ich einen heftigen Schmerz, ohne zu wissen, wo er saß. Ich fasste mir an den Kopf, und meine Hand wurde blutig. Dann fühlte ich das Kopfweh, und im nächsten Augenblick war die Erinnerung wieder da, und alles stand mir deutlich vor Augen.

Unverzüglich sprang ich auf und griff nach meinem Degen, aber es war kein Feind mehr zu sehen. Ich sah einen Tataren tot auf der Erde liegen und sein Pferd ganz still danebenstehen, und als ich meine Blicke ein Stück weiter wandern ließ, sah ich meinen Paladin und Retter, der nachgeschaut hatte, wie es dem Chinesen ergangen sei, mit dem Säbel in der Hand herankommen. Als der alte Mann mich auf den Beinen sah, lief er auf mich zu und umarmte mich voller Freude, weil er zuvor geglaubt hatte, ich sei tot, und als er das Blut sah, wollte er wissen, ob ich arg verletzt sei, aber es war nicht gar so schlimm, nichts weiter als eine ordentliche Schramme; der Schlag bereitete mir auch weiterhin kein großes Unbehagen, nur die Wunde selber tat weh und war nach zwei bis drei Tagen verheilt.

Dieser Sieg hatte uns aber keinen großen Gewinn gebracht. Wir hatten ein Kamel eingebüßt und ein Pferd erobert. Bemerkenswert war nur, dass der Chinese nach unserer Rückkehr ins Dorf das Kamel bezahlt haben wollte. Ich bestritt seinen Anspruch, und es kam zu einer Verhandlung vor dem ortsansässigen chinesischen Richter, der hier die gleiche Rolle spielte wie in England ein Friedensrichter. Um ihm gerecht zu werden, muss ich sagen, dass sein Verhalten äußerst umsichtig und unparteiisch war. Nachdem er beide Parteien angehört hatte, fragte er mit ernster Miene den Chinesen, der mit mir das Kamel kaufen gegangen war, in wessen Diensten er stehe. »Ich bin kein Diener«, erwiderte der Mann. »Ich bin mit dem Fremdling mitgegangen.« – »Auf wessen Verlangen?«, fragte der Richter. – »Auf Verlangen des Fremdlings«, antwortete der Mann – »Nun denn«, sagte der Richter, »du hast also vorübergehend im Dienst des Fremdlings gestanden, und da das Kamel seinem Diener ausgeliefert worden ist, wurde es ihm ausgeliefert, und er muss es bezahlen.«

Ich gebe zu, die Sache war so klar, dass ich nichts zu entgegnen wusste. Ich bewunderte vielmehr die gerechte Erwägung und die so überaus präzise Darstellung des Falls, und erlegte willig den Kaufpreis für das geraubte Kamel, ließ sodann ein anderes holen. Wohlgemerkt, ich ließ es holen, ich holte es nicht selber; davon hatte ich die Nase voll.

Die Stadt Naum liegt an der Grenze des chinesischen Kaiserreichs. Sie gilt als befestigt und ist es denn auch, mit den dortigen Maßstäben gemessen, denn ich wage zu behaupten, dass sämtliche Tataren aus der Karakathei, wohl Millionen an der Zahl, mit ihren Bogen und Pfeilen diese Mauern nicht bezwingen könnten; wollte man sie aber für den Fall, dass Geschütze gegen sie spielten, als stark bezeichnen, würde man sich bei allen Einsichtigen lächerlich machen.

Wir waren, wie gesagt, noch über zwei Tagesreisen von dieser Stadt entfernt, als reitende Boten in aller Eile an sämtlichen Etappen des Weges entsandt wurden, um den Karawanen und Reisenden Halt zu gebieten, bis ihnen eine bewaffnete Eskorte zu Hilfe kommen werde: Es war nämlich etwa dreißig Meilen jenseits der Stadt eine ungewöhnlich große Tatarenhorde aufgetaucht, alles in allem zehntausend Mann.

Für die Reisenden war das eine schlimme Neuigkeit, aber vonseiten des Gouverneurs sehr bedachtsam gehandelt. Wir freuten uns, als wir hörten, dass man uns eine Wache zur Verfügung stellen wolle. Demzufolge wurden uns zwei Tage später zweihundert Soldaten aus einer links von der Straße gelegenen chinesischen Garnison und dreihundert weitere aus der Stadt Naum zugeteilt, und unter ihrem Schutz zogen wir unverzagt weiter. Die Soldaten aus Naum bildeten die Vorhut, die anderen die Nachhut. In der Mitte marschierte die Karawane mit den Kamelen und dem Gepäck. In dieser Marschordnung, zum Kampf gerüstet, glaubten wir, zehntausend Tataren gewachsen zu sein, wenn sie sich heranwagten – aber als sie dann am nächsten Tag wirklich zum Vorschein kamen, war's ein anderes Bild.

Frühmorgens, nachdem wir ein schön gelegenes Städtchen namens Tschangu verlassen hatten, mussten wir mit Furt und Fähre einen Fluss überschreiten. Wenn die Tataren ein Nachrichtenwesen besessen hätten, wäre das der richtige Zeitpunkt für einen Überfall gewesen – als die Karawane das andere Ufer erreicht hatte und die Nachhut auf dem diesseitigen zurückgeblieben war. Aber sie ließen sich nicht blicken.

Etwa drei Stunden später, als wir einen ungefähr fünfzehn bis sechzehn Meilen langen Wüstenstrich betreten hatten, siehe, da verriet uns eine aufgewirbelte Staubwolke, dass Feinde in der Nähe seien, und sie waren es denn auch wirklich, denn sie kamen im Nu herangestürmt.

Die Chinesen an der Spitze des Zuges, die noch am Vortag große Töne geredet hatte, gerieten ins Wanken. Die Soldaten warfen häufige Blicke über die Achsel, bei einem Soldaten ein sicheres Zeichen dafür, dass er drauf und dran ist wegzulaufen. Mein alter Freund, der Portugiese, war derselben Meinung wie ich. Da er sich dicht in meiner Nähe befand, rief er mir zu: »Seignior Inglese, man muss diesen Burschen Mut machen, sonst sind wir alle verloren. Wenn die Tataren angreifen, werden die Hasenfüße nicht standhalten.« – »Darin gebe ich Euch recht«, erwiderte ich, »aber was soll geschehen?« – »Geschehen?«, sagte er. »Fünfzig unserer Leute rücken vor, flankieren sie rechts und links, sprechen ihnen Mut zu, dann werden sie wie tapfere Männer an der Seite tapferer Kameraden kämpfen. Andernfalls aber werden sie Mann für Mann dem Feind den Rücken kehren.« Sogleich ritt ich zu unserem Karawanenführer hin, und er war ganz genau der gleichen Meinung. Fünfzig Mann aus unserer Mitte marschierten am rechten, fünfzig Mann am linken Flügel voran, und die übrigen bildeten eine Entsatzkette. So zogen wir weiter und überließen es der zweihundert Mann starken Nachhut, die Kamele und das Gepäck zu bewachen; nur im Notfall sollten sie uns hundert Mann zu Hilfe schicken.

Mit einem Wort, die Tataren kamen angeritten, und es war eine unübersehbare Menge. Wir konnten die Zahl nicht schätzen, rechneten aber allermindestens mit zehntausend Köpfen. Zuerst näherte sich ein einzelner Trupp und überquerte vor unserer Spitze den Weg, um unsere Aufstellung zu erkunden. Da sie in Schussweite waren, befahl der Karawanenführer den beiden Flügeln, schnell vorzurücken und je eine Salve abzufeuern, was denn auch geschah. Da ritten sie davon, vermutlich um zu berichten, welchen Empfangs man gewärtig sein müsse. Der Salut schien sich ihnen recht gründlich auf den Magen gelegt zu haben, denn sie machten unverzüglich halt, steckten eine Weile die Köpfe zusammen, schwenkten dann nach links, gaben ihre Absichten auf und ließen uns für dieses Mal in Frieden. Uns war das nur recht, da wir für einen Kampf gegen eine so gewaltige Überzahl nicht gerade besonders gut gerüstet waren.

Zwei Tage später erreichten wir die Stadt Naum oder Naun. Wir bedankten uns bei dem Gouverneur für die Fürsorge, die er uns hatte angedeihen lassen, sammelten eine Geldsumme im Wert von ungefähr hundert Crowns und verteilten sie unter die Soldaten, die uns eskortiert hatten. Wir blieben einen Tag in Naum, das eine Garnisonstadt war und neunhundert Soldaten beherbergte. Aber das hatte seinen Grund darin, dass die moskowitische Grenze früher weniger weit entfernt lag als jetzt: Die Moskowiter hatten diesen Landesteil geräumt (der sich westlich der Stadt über etwa zweihundert Meilen erstreckt), weil sie ihn für allzu öde und unbrauchbar hielten, und insbesondere deshalb, weil er so überaus abgelegen und es mit Schwierigkeiten verbunden war, Truppen zu seiner Verteidigung hinzuschicken. Bis zum eigentlichen Moskowiterreich hatten wir noch immer mehr als zweitausend Meilen zu bewältigen.

Sodann durchschritten wir mehrere Flüsse und zwei schreckliche Wüsteneien. Die eine kostete uns sechzehn Tagereisen und wurde, wie gesagt, das Niemandsland genannt. Am 13. April erreichten wir die Grenze des moskowitischen Herrschaftsbereichs. Ich glaube, die erste Stadt oder Ortschaft oder Festung (wie immer man sie nennen mag), die dem Moskauer Zaren gehörte, hieß Argun und lag am westlichen Ufer des gleichnamigen Flusses.

Ich konnte mich einer tiefen Befriedigung nicht erwehren, als ich so bald schon in einem, wie ich mich ausdrückte, christlichen Land angelangt war, oder zumindest in einem von Christen beherrschten Land. Wenn auch die Moskowiter meiner Meinung nach den Namen Christen nur so eben verdienen, bekennen sie sich doch zum christlichen Glauben und sind auf ihre Weise äußerst fromm. Sicherlich wird jeder Mensch, der wie ich die Welt bereist hat und ein gewisses Maß an Denkvermögen besitzt, sicherlich wird er, sage ich, sich überlegen, was für ein Segen es sei, dort auf die Welt gekommen zu sein, wo der Name Gottes und der eines Erlösers bekannt sind, verehrt und angebetet werden, und nicht an einem Ort, wo die Einwohner, durch den Himmel seltsamen Wahnvorstellungen preisgegeben, den Teufel anbeten, sich vor Steinen und Holzklötzen in den Staub werfen, Ungeheuer, Elemente, scheußlich gestaltete Tiere und die Nachbildungen der Ungeheuer verehren: Nicht eine einzige Stadt oder Ortschaft hatten wir gesehen, die nicht die Pagoden, ihre Götzen und Tempel besessen hätte – und eine unwissende Einwohnerschaft, die sogar das Werk der eigenen Hände anbetet.

Jetzt kamen wir in eine Gegend, wo doch wenigstens nach außen hin der christliche Glaube herrschte, wo man das Knie vor Jesum beugte. Ob unwissend oder nicht, so bekannten sich hier die Menschen immerhin zur christlichen Religion, und der Name des wahren Gottes wurde angerufen und verehrt. Als ich das sah, frohlockte ich in den tiefsten Tiefen meiner Seele. Den schon erwähnten tapferen schottischen Kaufherrn begrüßte ich als Ersten mit meiner frohen Botschaft. Ich nahm ihn bei der Hand und sagte zu ihm: »Gelobt sei Gott, wir sind wieder unter Christenmenschen.« – Lächelnd erwiderte er: »Freut Euch nicht zu früh, Landsmann, diese Moskowiter sind doch nur recht wunderliche Christen, und vom Namen abgesehen, werdet Ihr wohl in den nächsten paar Monaten vom Wesen der Sache wenig zu sehen bekommen.«

»Immerhin«, entgegnete ich, »ist es besser als Heidentum und Teufelsanbeterei.« – »Nun«, meinte er, »ich will Euch etwas sagen: Mit Ausnahme der russischen Garnisonen und einiger weniger Stadtbewohner längs der Straße wird das ganze übrige Land auf eine Länge von mehr als tausend Meilen von den schlimmsten und unwissendsten Heiden bewohnt.« Und so erwies es sich denn auch.

Wir befanden uns nun auf dem umfangreichsten Stück festen Landes, falls ich auch nur ein Weniges von der Erdoberfläche verstehe, das in welcher Weltgegend auch immer anzutreffen ist. Ostwärts waren es mindestens zwölfhundert Meilen bis zum Meer, westwärts mindestens zweitausend bis zum unteren Ende der Ostsee, und über dreitausend Meilen, wenn wir dieses Meer verließen und westwärts zu den britisch-französischen Kanälen wanderten. Südwärts waren es bis zum Indischen Ozean und zum Persischen Golf volle fünftausend Meilen und etwa achthundert Meilen bis zum Eismeer im Norden; ja, wenn man manchen Leuten Glauben schenken darf, mag es in nordöstlicher Richtung überhaupt kein Wasser geben, bis man den Pol umrundet, im Nordwesten landet und also einen zusammenhängenden Kontinent hat, der weiß Gott wo mit Amerika verbunden ist. (Allerdings könnte ich verschiedene Gründe dafür anführen, dass ich das für einen Irrtum halte.)

Als wir den Herrschaftsbereich der Moskowiter betraten, hatten wir ziemlich lange, bevor wir zu einer einigermaßen beträchtlichen Stadt gelangten, eigentlich nichts anderes zu beobachten als Folgendes: Erstens, dass alle die nach Osten fließenden Ströme, soweit ich es aus den Karten ersehen konnte, die einige unserer Mitreisenden bei sich hatten, dass sie alle offensichtlich in den großen Strom Jamur oder Amur münden. Dieser Strom muss im natürlichen Verlauf der Dinge ins Gelbe oder Chinesische Meer münden. Man erzählte uns, die Mündung dieses Flusses sei mit ungeheuerlich großem, das heißt etwa drei Fuß dickem und zwanzig bis dreißig Fuß hohem Schilfrohr verstopft. Ich muss gestehen, dass ich die Geschichte nicht glaube. Aber da von Schifffahrt hier nicht die Rede sein kann – es geht kein Handel in diese Richtung, weil die Tataren, denen die Ufer gehören, nur mit Vieh handeln –, so ist denn noch niemand, von dem ich je gehört hätte, neugierig genug gewesen, um mit Booten flussabwärts zur Mündung oder mit Schiffen von der Mündung flussaufwärts zu segeln. Eines aber ist sicher, nämlich dass dieser Strom, der in genau östlicher Richtung läuft, auf dem 50. Breitengrad die Gewässer riesiger Nebenflüsse sammelt und einen Ozean finden muss, in den er sich entleert. Deshalb wissen wir, dass auf jener Breite ein Meer liegt.

Etliche Meilen nördlich dieses Stroms stößt man auf mehrere recht breite Flüsse, die so genau nach Norden fließen, wie der Amur nach Osten fließt, und sie alle vereinigen ihre Gewässer mit dem großen Strom Tartarus, so benannt nach den nördlichsten Völkerschaften der Mongolischen Tatarei, den, wie die Chinesen behaupten, ältesten Tataren auf der Welt, welche, wie unsere Geografen vermuten, mit den in der Heiligen Schrift erwähnten Gog und Magog identisch sind.

Da diese Flüsse ebenso wie alle die anderen, auf die ich noch zu sprechen kommen werde, nordwärts fließen, liegt's auf der Hand, dass das nördliche Eismeer das Festland auch auf dieser Seite begrenzt. Deshalb halte ich es nicht für vernünftig, sich einzubilden, dass das feste Land auf dieser Seite sich bis nach Amerika erstrecke oder dass es keine Verbindung zwischen den nördlichen und den östlichen Gewässern gebe. Aber darauf will ich jetzt nicht näher eingehen. Es ist mir damals aufgefallen, deshalb habe ich's an seiner Stelle erwähnt. Jetzt, als wir den Argunfluss hinter uns hatten, zogen wir in gemächlichen und mäßigen Tagesmärschen weiter und waren dem Moskauer Zaren dankbar dafür, dass er Sorge getragen hatte, an so vielen Orten wie nur möglich Städte und Festungen erbauen zu lassen, Garnisonen für seine Soldaten, ähnlich den Vorposten, welche die Römer in den entlegensten Ländern ihres Reiches errichtet hatten und die, wie ich gelesen habe, in Britannien den ganz besonderen Zweck hatten, für die Sicherheit der Handelswege zu sorgen und Reisende zu beherbergen. So verhielt es sich auch hier. Denn überall, wo wir hinkamen, waren zwar in diesen Städten und Vorposten die Garnisonen und der Gouverneur Russen christlichen Glaubens, die Bewohner des umliegenden Landes aber Heiden, die ihren Götzenbildern Opfer brachten und die Sonne, den Mond, die Sterne oder gar sämtliche Himmelskörper anbeteten. Darüber hinaus waren sie unter allen Heiden, denen ich je begegnet bin, die barbarischsten, abgesehen davon, dass sie zum Unterschied von den Wilden Amerikas kein Menschenfleisch verzehren.

Ein Beispiel dafür erhielten wir in der Gegend zwischen Arguna, wo wir moskowitisches Gebiet betreten hatten, und einer von Tartaren und Russen gemeinsam bewohnten Stadt namens Nertschinsk, eine Gegend, die eine einzige Sand- und Waldwüste darstellt, zu deren Bewältigung wir zwanzig Tage brauchten. In einem Dorf in der Nähe der letzteren Stadt trieb mich die Neugier, hinzugehen und mir die Lebensweise der Einwohner anzuschauen, die geradezu tierisch und unerträglich ist. Ich glaube, sie hatten für diesen Tag ein großes Opferfest anberaumt, denn auf einem alten Baumstumpf stand ein aus Holz geschnitzter Götze, so schrecklich anzusehen wie der Teufel, zumindest so schrecklich, wie wir uns nur immer ein Bildnis vorstellen können, das den Teufel darzustellen hätte. Sein Kopf ähnelte nicht im Geringsten dem eines Geschöpfes, das die Welt je gesehen hat: Ohren so dick wie Bockshörner und ebenso lang, Augen so groß wie eine Crownmünze, eine Nase wie ein gekrümmtes Widderhorn und ein vierkantig aufgerissenes Maul wie das eines Löwen mit grässlichen Zähnen, gekrümmt wie der untere Teil eines Papageienschnabels. Der Götze war auf die denkbar schmutzigste Weise bekleidet. Das Obergewand bestand aus Schaffellen mit der Wolle nach außen, auf dem Kopf saß eine breite Tatarenmütze, von zwei Hörnern durchstoßen. Er war ungefähr acht Fuß hoch, hatte aber weder Füße noch Beine noch auch andere proportionierte Körperteile.

Diese Vogelscheuche hatten sie am Außenrand des Dorfes aufgestellt, und als ich näher kam, waren sechzehn bis siebzehn menschliche Geschöpfe um sie versammelt; ob es Männer oder Frauen waren, konnte ich nicht feststellen, weil sie weder in der Tracht noch in der Kopfbedeckung einen Unterschied machen. Alle lagen sie rund um diesen erschreckend ungeschlachten Holzblock platt auf dem Bauch. Sie rührten sich nicht, so als ob auch sie selber aus Holz geschnitzt gewesen wären, und das hatte ich wirklich zu Anfang vermutet. Aber als ich noch ein wenig näher kam, sprangen sie auf und erhoben ein Geschrei, als wären es lauter heulende Hunde gewesen, und liefen weg, gleichsam erbost über die Störung. Ein wenig abseits des hölzernen Monstrums standen an der Tür eines Zeltes oder einer Hütte (sie sind alle aus getrockneten Schaf- oder Rinderhäuten angefertigt) drei

Schlächter. Als ich mich ihnen näherte, sah ich, dass sie lange Messer in Händen hielten und dass in der Mitte des Zeltes drei geschlachtete Schafe und ein junger Ochse oder Stier lagen. Anscheinend waren diese Tiere dem gefühllosen Götzenklotz geopfert worden, und die drei Männer waren Priester, seinem Dienst geweiht. Die siebzehn in den Staub hingestreckten Jammergestalten hatten das Opfer dargebracht und ihre Gebete vor dem Klotz verrichtet.

Ich muss gestehen, dass mich in meinem ganzen Leben nichts mehr erschüttert hat als diese Dummheit und viehische Anbetung eines Popanzes: mit ansehen zu müssen, wie Gottes herrlichstes und schönstes Geschöpf, dem er schon bei der Schöpfung so viele Vorzüge vor den übrigen Werken seiner Hand verliehen, dem er eine vernünftige Seele eingehaucht und diese Seele mit Fähigkeiten und Gaben geschmückt hat, damit es ihr gegeben sei, sowohl ihren Schöpfer zu ehren als auch von ihm geehrt zu werden, dem schlimmsten Stumpfsinn verfällt und so tief entartet, dass es sich vor einem fürchterlichen Nichts in den Staub wirft, vor einem Scheingebilde, das seine eigenen Hände herausgeputzt und aus eigenem Betreiben zu einem Schreckgespenst gestaltet und mit nichts anderem bekleidet haben als mit Lappen und Lumpen, und dass das die Frucht schierer, durch den Teufel selbst zu höllischer Andacht aufgepeitschter Unwissenheit sei, den Teufel, der (seinem Schöpfer) die Huldigung und Anbetung der Geschöpfe neidet und sie zu so rohen, ekelerregenden, schmutzigen und viehischen Handlungen verleitet, die, wie man meinen sollte, die Natur mit Entsetzen erfüllen müssten.

Aber was bedeuteten all diese Erwägungen und all die Verwunderung? So war es nun einmal, ich sah es mit meinen eigenen Augen und hatte keinen Anlass, es zu bezweifeln oder es für ganz unmöglich zu halten. Meine Verwunderung verwandelte sich in Zorn. Ich ritt an das Standbild oder Monstrum, mag man es nennen, wie man will, heran und schlug die Mütze auf seinem Kopf mitten entzwei, sodass sie an einem der Hörner herabbaumelte. Einer unserer Leute, der bei mir war, griff nach dem Schafsfell, das die Figur bedeckte, und riss es weg, aber siehe da, durchs Dorf lief ein abscheuliches Geschrei und Heulen, und zwei- bis dreihundert Menschen rückten mir auf den Leib, sodass ich froh war, mit heiler Haut davonzukommen, denn wir sahen, dass etliche mit Pfeil und Bogen bewaffnet waren. Von diesem Augenblick an aber war ich entschlossen, sie noch einmal aufzusuchen.

Unsere Karawane rastete drei Nächte lang in der Stadt, die etwa vier Meilen von dem Dorf entfernt lag, um Pferde zu besorgen, die uns fehlten, da mehrere Gäule auf den schlechten Straßen und langen Wüstenmärschen lahm geworden und von Kräften gekommen waren; also hatte ich Muße genug, meinen Plan zu verwirklichen. Ich teilte ihn dem schottischen Kaufherrn aus Moskau mit, der mir, wie oben erwähnt, hinlängliche Beweise für seine Tapferkeit geliefert hatte. Ich schilderte ihm, was ich gesehen und mit welch ehrlicher Entrüstung ich mir seither überlegt hatte, wie doch die Menschennatur so tief entarten könne. Ich sagte zu ihm, ich sei entschlossen, falls es mir glückte, nur vier bis fünf wohlbewaffnete Begleiter zu werben, hinzugehen und diesen scheußlichen, verabscheuenswürdigen Götzen zu zerstören, um ihnen zu zeigen, dass er nicht die Macht habe, sich selber zu helfen, und infolgedessen kein Gegenstand der Verehrung sein könne, zu dem man betet, geschweige denn, dass er ihnen, die ihm Opfer bringen, zu helfen vermöge.

Er lachte über mich und sagte: »Euer Eifer in allen Ehren, aber was versprecht Ihr Euch davon?« – »Gottes Ehre zu verteidigen, die durch diesen Teufelskult beleidigt wird.« – »Wie sollte denn aber Eure Tat«, erwiderte er, »Gottes Ehre verteidigen, solange die Menschen nicht wissen können, was Ihr damit gemeint habt, solange Ihr nicht mit ihnen sprechen und es ihnen erklären könnt? Sie werden über Euch herfallen und Euch, glaubt mir, davonjagen, sie sind desperate Gesellen, besonders wenn es darum geht, sich für ihren Götzendienst zu schlagen.« – »Könnten wir es nicht«, sagte ich, »nachts besorgen und dann die Gründe und Ursachen in ihrer Sprache schriftlich niederlegen?« – »Schriftlich!«, rief er aus. »Ei, es gibt bei ihnen in fünf Völkerschaften nicht einen einzigen Menschen, der weiß, was ein Brief ist oder der auch nur ein Wort in irgendeiner Sprache oder in ihrer eigenen zu lesen verstünde.« – »Erbärmliche Unwissenheit!«, sagte ich zu ihm. »Trotzdem hätte ich große Lust dazu. Vielleicht wird die Natur sie veranlassen, aus dem Vorgang gewisse Schlussfolgerungen zu ziehen, damit sie einsehen, wie viehisch es sei, solch grässliche Dinge zu verehren.« – »Hört mich an, Sir«, entgegnete er. »Wenn Euer Glaubenseifer Euch so sehr dazu treibt, müsst Ihr es wagen. Aber zunächst bitte ich Euch zu bedenken, dass diese wilden Völkerstämme gewaltsam der Herrschaft des moskowitischen Zaren unterworfen worden sind, und wenn Ihr Euren Plan durchführt, ist zehn gegen eins zu wetten, dass sie sich zu Tausenden bei dem Gouverneur von Nertschinsk beklagen und Genugtuung fordern werden. Kann er ihnen keine Genugtuung leisten, dann ist abermals zehn gegen eins zu wetten, dass sie sich erheben und dass wieder ein Krieg mit sämtlichen Tataren im ganzen Land entbrennt.«

Ich muss gestehen, dass dadurch meine Gedanken für eine Weile in neue Bahnen gelenkt wurden, aber mir ging's nach wie vor im Kopf herum, und den ganzen Tag plagte mich das Verlangen, meinen Plan durchzuführen. Gegen Abend begegnete mir zufällig der schottische Kaufherr auf einem

Spaziergang durch die Stadt und wollte mit mir sprechen. »Ich fürchte«, sagte er, »dass ich Euch von Eurem löblichen Vorhaben abgebracht habe. Das macht mir seither ein wenig Kummer, weil ich den Götzenkult genauso heftig verabscheue wie Ihr.« – »Freilich«, erwiderte ich, »habt Ihr mich ein wenig an der Durchführung irregemacht, aber den Gedanken selbst bin ich nicht losgeworden, und ich glaube, ich mach's, noch bevor wir diesen Ort verlassen, mag man mich auch den Leuten ausliefern, um ihnen Genugtuung zu geben.« – »Nein, nein«, sagte er, »Gott behüte, dass man Euch dieser Horde von Unmenschen ausliefere! Das wird man nicht tun, denn es hieße Euch glatt ermorden.« – »Nun«, entgegnete ich, »wie würden sie mich denn behandeln?« – »Behandeln!«, rief er aus. »Ich will Euch sagen, wie sie einen armen Russen behandelt haben, der sie so wie Ihr in ihrem Aberglauben gekränkt hatte und den sie gefangen nahmen. Nachdem sie ihn mit einem Pfeil lahm geschossen hatten, damit er nicht weglaufen könne, packten sie ihn, zogen ihn nackt aus, stellten ihn oben auf das Götzenbild, bildeten einen Kreis und spickten ihn am ganzen Leib mit Pfeilen, so viel ihrer hängen bleiben wollten. Nachher verbrannten sie ihn samt den Pfeilen als ein ihrem Götzen dargebrachtes Opfer.« – »War das dieser selbe Götze?« – »Ja«, antwortete er, »genau derselbe.« – »Nun«, sagte ich, »dann will ich Euch eine Geschichte erzählen.« Also berichtete ich, wie unsere Leute auf Madagaskar ein Dorf niedergebrannt und ausgeplündert, Mann, Weib und Kind getötet hatten, weil einer unserer Leute ermordet worden war (wie ich's schon ausführlich geschildert habe). Als ich fertig war, fügte ich hinzu, meiner Meinung nach müssten wir mit diesem Dorf ebenso verfahren.

Er hörte sich meine Geschichte aufmerksam an, aber als ich davon sprach, genauso mit diesem Dorf zu verfahren, sagte er: »Ihr irrt Euch sehr, es war nicht dieses Dorf, sondern ein anderes, das fast hundert Meilen entfernt liegt, aber es war derselbe Götze, denn sie tragen ihn in feierlicher Prozession durchs ganze Land.« – »Nun«, sagte ich, »dann muss der Götze bestraft werden, und ich werde die Strafe vollziehen, so ich nur noch die kommende Nacht überlebe.«

Mit einem Wort, als er mich so zum Handeln entschlossen sah, billigte er mein Vorhaben und sagte, ich dürfe mich nicht allein auf den Weg machen, er werde mich begleiten und einen seiner Landsleute, einen stämmigen Burschen, überreden, sich uns anzuschließen. »Er ist für seinen eifernden Zorn gegen solches Teufelszeug so berühmt, wie Ihr's Euch nicht besser wünschen könntet.« Mit einem Wort, er führte mir seinen Kameraden zu, einen Schotten, den er Hauptmann Richardson nannte und dem ich ausführlich berichtete, was ich gesehen, und mit wenigen Worten sagte, was ich mir vorgenommen hatte. Er erklärte sich sogleich bereit, mit mir mitzukommen, auch wenn es ihm das Leben kostete. Also kamen wir überein, nur zu dritt loszuziehen. Eigentlich hatte ich's meinem Teilhaber vorgeschlagen, aber er hatte meinen Vorschlag zurückgewiesen. Er sagte, er sei gewillt, mir vorbehaltlos und jederzeit beizustehen, wenn es sich darum handelte, meine Person zu verteidigen; ein Abenteuer dieser Art jedoch liege ihm völlig fern. Also beschlossen wir, wie gesagt, zu dritt ans Werk zu gehen und nur noch meinen Diener mitzunehmen. Um Mitternacht sollte es in aller nur erdenklichen Heimlichkeit geschehen.

Nach reiflicher Überlegung aber fanden wir uns bereit, es auf die nächste Nacht zu verschieben. Da am Morgen darauf die Karawane weiterziehen sollte, nahmen wir an, der Gouverneur würde, sobald wir seinem Machtbereich entzogen waren, den Tataren keine Genugtuung auf unsere Kosten gewähren können. Der schottische Kaufherr, in seinem Entschluss ebenso beharrlich wie in der Durchführung kühn, brachte mir ein tatarisches Gewand aus Schafsfellen und eine Mütze sowie Pfeil und Bogen und hatte das Gleiche auch für sich selber und für seinen Landsmann besorgt, damit die Leute, wenn sie uns erblickten, nicht feststellen könnten, wer da gekommen sei.

Die erste Nacht benutzten wir dazu, brennbares Material mit Alkohol, Schießpulver und ähnlichen Ingredienzien, soweit wir sie auftreiben konnten, zu vermischen, und nachdem wir eine ordentliche Menge Teer in einen kleinen Topf getan, machten wir uns etwa eine Stunde nach Einbruch der Dunkelheit auf den Weg.

Gegen elf Uhr nachts erreichten wir unser Ziel und merkten, dass die Leute keinen Verdacht geschöpft hatten und nicht ahnten, ihrem Götzen könne eine Gefahr drohen. Der Himmel war bewölkt, aber der Mond leuchtete hell genug, um uns zu zeigen, dass der Götze an derselben Stelle stand wie zuvor. Die Menschen schienen zu schlafen. Nur in dem großen Zelt, in dem die drei Priester wohnten, die ich für Metzger gehalten hatte, sahen wir Licht, und als wir uns dem Eingang näherten, hörten wir Stimmen, als wären fünf bis sechs Personen versammelt. Da sagten wir uns, wenn wir den Götzen mit unserem Zunder in Brand steckten, würden diese Leute sofort ins Freie stürzen und hinlaufen, um ihr Idol vor der Vernichtung zu bewahren, die wir ihm zugedacht hatten. Wir wussten nicht, was wir mit ihnen anfangen sollten. Einen Augenblick lang trugen wir uns mit dem Gedanken, das Götzenbild wegzuschleppen und es in einiger Entfernung zu verbrennen, aber als wir es anfassten, zeigte sich, dass es zu umfangreich war, als dass wir's hätten befördern können; also wussten wir abermals nicht ein noch aus. Der zweite Schotte war dafür, das Zelt in Brand zu stecken und die Kerle, sowie sie herauskamen, niederzuschlagen, aber damit wollte ich mich nicht einverstanden erklären. Ich war dagegen, sie zu töten, falls es sich vermeiden ließ. »Nun denn«, erwiderte der schottische Kaufherr, »ich werde Euch sagen, was wir machen. Wir versuchen, sie gefangen zu nehmen, ihnen die Hände auf dem Rücken zu fesseln und sie zuschauen zu lassen, wie ihr Götze vernichtet wird.«

Zufällig hatten wir genügend Schnur oder Packzwirn bei uns, den wir benutzt hatten, um unser Feuerwerk zu verschnüren. Also beschlossen wir, erst einmal diese Leute zu überfallen, und zwar so geräuschlos wie nur möglich. Zuerst klopften wir an, mit dem gewünschten Ergebnis: Einer der Götzendiener kam an die Tür. Sogleich griffen wir ihn, hielten ihm den Mund zu, fesselten ihm die Hände auf dem Rücken, führten ihn zu dem Götzenbild, wo wir ihn knebelten, damit er keinen Lärm schlage, banden ihm auch die Füße aneinander und ließen ihn auf der Erde liegen.

Dann warteten zwei von uns am Eingang, in der Erwartung, ein anderer werde nachschauen gehen, was los sei, aber wir warteten so lange, bis unser dritter Mann sich wieder zu uns gesellte. Da kein Mensch sich blicken ließ, klopften wir abermals sachte an den Türpfosten, und unverzüglich kamen zwei weitere Kerle heraus. Wir verfuhren mit ihnen genauso wie mit dem ersten, mussten aber alle mitkommen, um sie vor dem Götzen in einigem Abstand voneinander auf die Erde zu legen. Als wir zurückkehrten, sahen wir, dass wiederum zwei Mann aus dem Zelt erschienen waren und ein dritter hinter ihnen in der Tür stand. Wir packten die beiden und fesselten sie unverzüglich, da wich der Dritte zurück und stieß einen Warnungsruf aus. Mein Kaufherr hinter ihm her, holt ein Gemisch hervor, das wir eigens angefertigt hatten, damit es nur Rauch und Gestank verbreite, zündet es an und wirft es zwischen die Leute. Inzwischen hatten der andere Schotte und mein Diener die bereits auch an den Armen gefesselten beiden Männer zu dem Götzen geführt und sie dort zurückgelassen, damit sie sähen, ob ihr Idol sie errette – waren sodann schleunigst zu uns zurückgekehrt.

Nachdem der Zunder, den wir hineingeworfen, die Hütte mit so viel Rauch erfüllt hatte, dass die Insassen beinahe erstickten, warfen wir einen kleinen Lederbeutel mit einem Konkokt hinterher, das wie eine Kerze aufflammte, und als wir dem Lichtschein folgten, sahen wir, dass nur vier Personen zurückgeblieben waren, zwei Männer und zwei Frauen, die, wie wir vermuteten, mit einem ihrer diabolischen Opferriten beschäftigt gewesen waren. Sie machten einen zu Tode erschrockenen Eindruck, zumindest blieben sie stumpf und zitternd sitzen und konnten auch vor lauter Rauch keinen Laut von sich geben.

Mit einem Wort, wir griffen sie, fesselten sie genauso wie die anderen, und das alles völlig geräuschlos. Ich hätte erwähnen müssen, dass wir sie zuerst ins Freie schleppten, weil wir den Rauch ebenso wenig ertragen konnten wie sie. Als das erledigt war, trugen wir sie zum Götzenbild, und kaum waren wir dort angelangt, da machten wir uns ans Werk. Zuerst beschmierten wir ihn und auch seine Kleidung von oben bis unten mit Teer und einem Gemisch aus Talg und Schwefel, dann stopften wir ihm Schießpulver in die Augen, die Ohren und den Mund, schoben ihm einen dicken Brocken Zunder unter die Haube und überhäuften ihn mit all dem brennbaren Material, das wir mitgenommen hatten. Wir sahen uns um, ob noch etwas aufzutreiben sei, das die Flammen nähren würde, da fiel meinem Diener ein, dass neben dem Zelt, das wir ausgeräuchert hatten, ein Haufen trockenen Futters lag; ich kann mich nicht mehr erinnern, ob es Stroh oder Schilf war. Jedenfalls liefen sie hin, er und einer der Schotten, und holten je einen Arm voll des Zeugs. Als das geschehen war, lösten wir unseren Gefangenen die Fußfesseln, entfernten den Knebel und stellten sie unmittelbar vor den Götzen hin. Dann steckten wir ihn in Brand.

Wir warteten ungefähr eine Viertelstunde, bis das Pulver in den Augen, den Ohren und dem Mund des Götzen explodierte und, wie wir sahen, den Kopf in Stücke riss, mit einem Wort, bis nur noch ein unförmiger Holzklotz übrig blieb. Dann warfen wir das dürre Futter in die Flammen, und als wir merkten, dass sie nun auch die letzten Reste verzehren würden, dachten wir daran, uns zurückzuziehen. Der Schotte aber sagte, nein, wir dürften uns noch nicht entfernen. Diese armen, in ihrem Wahn befangenen Wichte würden sich ins Feuer stürzen und zusammen mit ihrem Götzen verbrennen. Also beschlossen wir, so lange zu bleiben, bis auch das Futter zu Asche geworden war. Dann machten wir uns davon.

Frühmorgens tauchten wir inmitten unserer Reisegefährten auf, äußerst geschäftig den Weitermarsch vorbereitend. Es hätte denn auch niemand behaupten können, wir seien anderswo als in unseren Betten gewesen, wie es von Reisenden anzunehmen ist, die ihre Kräfte für die Mühsal der bevorstehenden Tagereise sammeln.

Aber damit war es nicht zu Ende. Am darauffolgenden Tag erschien eine große Menge Landvolk, nicht nur aus dem benachbarten Dorf, sondern, wer weiß, aus hundert Dörfern vor den Toren der Stadt und verlangte in unverschämtem Ton von dem russischen Gouverneur Genugtuung dafür, dass man ihre Priester beleidigt und ihren großen Tscham-Tschi-Thaungu verbrannt hatte (einen so schwer verständlichen Namen hatten sie dem von ihnen verehrten Götzen beigelegt). Die Stadtbevölkerung war anfangs sehr bestürzt, weil die Tataren nicht weniger als dreißigtausend Köpfe zählten und in ein paar Tagen hunderttausend Mann stark sein würden.

Der russische Gouverneur schickte Boten zu ihnen, um sie zu beschwichtigen, und redete ihnen mit denkbar guten Worten zu. Er beteuerte, dass ihm von der Sache nichts bekannt und dass nicht eine Menschenseele aus seiner Garnison unterwegs gewesen sei. Der Täter könne nicht aus Nertschinsk stammen. Wenn sie ihm mitteilten, wer es sei, würde er ihn exemplarisch bestrafen. Hochmütig erwiderten sie, das ganze Land verehre den großen Tscham-Tschi-Thaungu, der in der Sonne wohne, und kein Sterblicher würde es gewagt haben, seinem Standbild Gewalt anzutun, es sei denn ein christlicher Irrgläubiger (so scheinen sie sich ausgedrückt zu haben). Deshalb erklärten sie ihm und allen Russen den Krieg, die allesamt, wie sie sagten, Irrgläubige und Christen seien.

Der Gouverneur, noch immer geduldig und nicht gewillt, es zu einem Bruch kommen oder sich die Schuld an einem Kriegsausbruch in die Schuhe schieben zu lassen, da der Zar seinen Gouverneuren strenge Weisung erteilt hatte, das eroberte Land mit Sanftheit und Höflichkeit zu verwalten, redete nach wie vor mit guten Worten auf die Rebellen ein. Schließlich berichtete er, frühmorgens habe sich eine Karawane auf den Weg nach Moskau gemacht, vielleicht habe einer der Reisenden ihnen diesen Tort angetan. Wenn sie sich damit zufriedengeben wollten, würde er Leute hinterherschicken, um den Fall zu untersuchen. Das schien sie ein wenig zu beschwichtigen. Der Gouverneur schickte reitende Boten zu uns, die uns die Lage mit allen Einzelheiten schilderten. Er gab zu verstehen, wenn einer aus unseren Reihen der Täter sei, möge er sich aus dem Staub machen. Aber auf jeden Fall sollten wir in aller Eile weiterziehen, er werde inzwischen die Aufrührer hinhalten, so gut er könne.

Das war sehr freundlich von dem russischen Gouverneur, aber als die Boten geritten kamen, da wusste kein Mensch in der Karawane etwas von der Angelegenheit, und wir, die Schuldigen, wurden am allerwenigsten verdächtigt. Niemand stellte uns auch nur die kleinste Frage. Der damalige Anführer der Karawane aber nahm sich den Wink des Gouverneurs zu Herzen, und wir marschierten ohne nennenswerten Aufenthalt zwei Tage und zwei Nächte drauflos. Dann übernachteten wir in einem Dorf namens Plothus, aber auch dort hielten wir uns nicht lange auf, sondern beeilten uns, Jarawena zu erreichen, das gleichfalls eine Kolonie des Moskauer Zaren war. Dort hofften wir in Sicherheit zu sein. Aber es ist zu beachten, dass wir zuvor für zwei bis drei Tagesmärsche in die riesige namenlose Wüste gerieten, über die ich an gegebener Stelle Näheres berichten werde. Hätten wir uns schon jetzt in ihr befunden, würden wir sehr wahrscheinlich alle zugrunde gegangen sein. Am zweiten Tag nach dem Abmarsch aus Plothus verrieten uns Staubwolken in der Ferne hinter der Karawane, dass wir verfolgt wurden. Wir waren in die Wüste eingedrungen und an einem großen See namens Schaks-Oser vorbeigezogen, als wir, die wir in westlicher Richtung marschierten, am anderen Ufer des Sees, nach Norden zu, eine gewaltige Reiterschar auftauchen sahen. Sie schlugen dieselbe Richtung ein wie wir, hatten jedoch vermutet, wir würden am Nordufer entlangziehen: Zum Glück hatten wir uns für das Südufer entschieden. Zwei Tage lang bekamen wir sie nicht mehr zu sehen. Da sie glaubten, sie hätten uns noch immer vor sich, stießen sie bis zu dem Fluss Uda vor. Weiter oben im Norden ist dieser Fluss sehr breit; an der Stelle aber, wo wir ihn erreichten, fanden wir ihn schmal und seicht.

Am dritten Tag entdeckten sie ihren Irrtum oder hatten inzwischen durch ihre Späher Nachricht erhalten und kamen gegen Abend, kurz vor Einbruch der Dunkelheit, angeritten. Wir hatten zu unserer Zufriedenheit soeben einen Lagerplatz gefunden, der uns für die Nacht gute Dienste leisten würde. Da wir uns in einer Wüste, wenn auch erst an ihrem Anfang befanden, die sich über mehr als fünfhundert Meilen erstreckte, konnten wir in keiner Ortschaften Unterkunft finden und rechneten auch mit keiner menschlichen Siedlung außer der Stadt Jarawena, die noch zwei Tagesmärsche entfernt lag. An dieser Seite aber war die Wüste spärlich bewaldet und hatte einige kleine Wasserläufe aufzuweisen, die alle in den großen Fluss Uda mündeten. In einem Engpass zwischen zwei kleinen, aber sehr dichten Gehölzen schlugen wir unser Nachtlager auf und rechneten damit, im Lauf der Nacht überfallen zu werden.

Außer uns wusste niemand, warum wir verfolgt wurden, aber da die mongolischen Tataren die Gewohnheit haben, diese Wüste in hellen Scharen zu durchstreifen, befestigen die Karawanen allnächtlich ihr Lager wie gegen bewaffnete Räuberbanden. Dass wir verfolgt wurden, war also unseren Reisegefährten nichts Neues.

Aber unter allen bisherigen Nächten hatten wir just in dieser Nacht einen besonders vorteilhaften Lagerplatz gefunden, zwischen zwei Gehölzen mit einem kleinen Bach dicht vor uns, sodass wir nur von vorn oder hinten angegriffen werden konnten. Wir trugen Sorge, unsere Front so stark wie möglich zu gestalten, indem wir unsere Packen sowie die Kamele und Pferde am diesseitigen Ufer des Baches aufreihten. An der Rückseite des Lagers fällten wir etliche Bäume.

So gegliedert, schickten wir uns an, die Nacht zu verbringen, aber der Feind fiel über uns her, bevor wir alle unsere Vorkehrungen zu Ende geführt hatten. Sie kamen nicht, wie wir's erwartet hatten, auf leisen Sohlen angeschlichen, sondern schickten drei Boten zu uns und forderten die Auslieferung der Leute, die ihre Priester geschmäht und ihren Gott Tscham-Tschi-Thaungu verbrannt hatten, damit auch sie den Feuertod erlitten. Sodann würden sie, wie sie sagten, abziehen und uns nichts zuleide tun, uns andernfalls aber alle den Feuertod erleiden lassen. Als unsere Reisegefährten dies vernahmen, sahen sie verständnislos drein und begannen, einander forschend zu mustern, um zu sehen, wer durch seine Miene ein schlechtes Gewissen verraten würde – aber keiner wollte es gewesen sein, keiner wollte es getan haben. Der Karawanenführer ließ den Tataren sagen, er sei überzeugt, keiner aus unserem Lager habe die Tat verübt, wir seien friedliche Kaufleute, in Geschäften unterwegs, wir hätten weder ihnen noch sonst jemandem etwas angetan, folglich müssten sie sich anderswo nach den Feinden umschauen, die sie beleidigt hatten, wir seien nicht diejenigen, die sie suchten. Sie sollten uns also nicht belästigen, sonst würden wir gezwungen sein, uns zur Wehr zu setzen.

Mit dieser Antwort gaben sie sich bei Weitem nicht zufrieden, vielmehr näherte sich frühmorgens bei Tagesanbruch eine vielköpfige Horde unserem Lager, aber da sie uns so gut verschanzt sahen, wagten sie sich nur bis ans Ufer des Baches, wo sie haltmachten und sich in so großer Anzahl zeigten, dass sie uns in der Tat einen ordentlichen Schreck einjagten: Denn die geringste Schätzung belief sich auf zehntausend. So hielten sie inne und betrachteten uns eine Weile, stießen dann ein wildes Geheul aus und überschütteten uns mit einem Pfeilhagel, gegen den wir aber gut gerüstet waren. Wir versteckten uns hinter unserem Gepäck, und ich kann mich nicht entsinnen, dass auch nur ein Einziger von uns verletzt worden wäre.

Einige Zeit später sahen wir sie ein wenig nach rechts schwenken und erwarteten einen Angriff an der Rückseite unseres Lagers, da kam ein schlauer Geselle, ein Kosak, wie man sie nennt, der aus Jarawena stammte und im Sold der Moskowiter stand, zu dem Anführer der Karawane und sagte zu ihm: »Ich werde alle diese Leute nach Siheilka schicken!« Das war eine mindestens vier bis fünf Tagereisen gegen Süden zu entfernte Stadt, die so ziemlich hinter uns lag. Also nimmt der Mann Pfeil und Bogen, schwingt sich in den Sattel und reitet von der Rückseite des Lagers aus geradenwegs davon, als wolle er nach Nertschinsk zurückkehren. Nachher schlägt er einen weiten Bogen und nähert sich dem Tatarenheer, als habe man ihn eigens beauftragt, ihnen eine lange Geschichte zu erzählen, nämlich dass die Leute, die den Tscham-Tschi-Thaungu verbrannt hatten, zusammen mit einer Karawane von Irrgläubigen, wie er sie nannte, nämlich Christen, nach Siheilka gezogen seien und beschlossen hätten, den Gott Schal-Isar, den die Tungusen verehren, in Brand zu stecken.

Da dieser Kerl selber ein reiner Tatar war und ihre Sprache vollkommen beherrschte, spielte er seine Rolle so gut, dass sie ihm jedes Wort glaubten, und davon ging's in höchster Eile nach Siheilka, das anscheinend fünf Tagesmärsche weiter nordwärts lag. Nach knapp drei Stunden waren sie allesamt unseren Blicken entschwunden, und wir hörten nie wieder etwas von ihnen, haben auch nie erfahren, ob sie zu dieser anderen Stadt namens Siheilka gezogen sind oder nicht.

So wanderten wir ungefährdet weiter nach Jarawena, wo eine Garnison Moskowiter lag, und rasteten dort fünf Tage lang, weil die Karawane von dem anstrengenden Marsch des vergangenen Tages und dem Mangel an Nachtruhe reichlich erschöpft war.

Hinter dieser Stadt lag eine fürchterliche Wüste, die zu durchqueren dreiundzwanzig Tagesmärsche erforderte. Hier besorgten wir uns einige Zelte, um nachts besser untergebracht zu sein, und der Karawanenführer beschaffte sechzehn landesübliche Karren oder Wagen zur Beförderung unseres Wasservorrats und Proviants. Diese Karren waren allnächtlich ein Schutzwall rund um unser Lager, sodass uns die Tataren, wenn sie wieder aufgetaucht wären – aber nicht gerade mit allzu großer Übermacht –, nichts hätten antun können.

Man wird begreifen, dass wir nach dieser langen Reise wieder sehr ruhebedürftig waren, denn in der Wüste bekamen wir weder Haus noch Baum, kaum einen Busch zu sehen, dagegen aber eine Menge Zobeljäger, wie sie genannt werden. Das sind lauter Tataren aus der mongolischen Tatarei, zu der dieser Landstrich gehört, und sie überfallen häufig kleine Karawanen, aber wir sahen sie nie in größerer Anzahl beisammen. Ich hätte gern die Zobelfelle gesehen, die sie erbeuten, konnte aber nie mit einem dieser Jäger sprechen; sie wagten sich nicht in unsere Nähe, und wir wagten nicht die geschlossene Kolonne zu verlassen, um uns ihnen zu nähern.

Nachdem wir diese Wüste bezwungen hatten, kamen wir in eine recht dicht besiedelte Gegend, das heißt, wir stießen auf Städte und Festungen mit moskowitischen Garnisonen, die der Zar dorthin verlegt hatte, um die Karawanen zu beschützen und das Land gegen die Tataren zu verteidigen, die andernfalls alle Reisenden an Leib und Gut bedroht hätten, und seine Majestät, der Zar, hat so strenge Weisungen erteilt, die Karawanen und die Kaufleute wohl zu behüten, dass, wenn sich irgendwelche Tataren in der Gegend bemerkbar machen, stets eine Abteilung Soldaten beauftragt wird, die Reisenden von einer Station zur nächsten zu geleiten.

Demzufolge bot uns der Gouverneur von Adinskoj, den aufzusuchen ich Gelegenheit hatte – durch Vermittlung des Schotten, der ihn kannte –, eine

Eskorte von fünfzig Mann an, falls wir auf dem Weg zur nächsten Station gefährdet zu sein glaubten.

Lange vorher hatte ich mir überlegt, wir würden, je mehr wir uns Europa näherten, das Land besser bevölkert und die Bevölkerung zivilisierter finden, aber ich hatte mich in beidem geirrt, denn noch hatten wir das Stammesgebiet der Tungusen zu durchqueren. Dort sahen wir die gleichen oder noch schlimmere Anzeichen für Heidentum und Barbarei als zuvor, nur dass diese Menschen, von den Moskowitern besiegt und unterjocht, nicht so gefährlich waren. An Rohheit der Sitten aber, an Götzenkult und Vielgötterei hat kein Volk auf der Welt sie je übertroffen. Alle gehen sie in Tierfelle gekleidet, und auch ihre Häuser bestehen aus Fellen. Man kann den Mann nicht von der Frau unterscheiden, weder an der Derbheit ihrer Gesichtszüge noch an ihrer Kleidung. Im Winter, wenn die Erde mit Schnee bedeckt ist, wohnen sie unter der Erde in höhlenartigen Behausungen, die miteinander durch Gänge verbunden sind.

Während die Tataren für ein ganzes Dorf oder Land ihren Tscham-Tschi-Thaungu haben, findet man hier in jeder Hütte und in jeder Höhle einen Götzen. Außerdem verehren sie die Sterne, die Sonne, das Wasser, den Schnee, mit einem Wort, alles, was sie nicht begreifen, und sie begreifen nur sehr wenig, sodass ihnen fast jedes Element, jede ungewöhnliche Erscheinung ein Anlass ist, Opfer darzubringen.

Aber ich will von nun an weder Völkerschaften noch Landstriche mehr schildern, anders als im Zusammenhang mit meiner Geschichte. Ich persönlich habe in dieser ganzen Gegend nichts Besonderes erlebt. Meiner Berechnung nach lag sie von der zuletzt erwähnten Wüste mindestens vierhundert Meilen entfernt und bestand zur Hälfte gleichfalls aus ödem Land ohne Haus oder Baum oder Busch; zwölf anstrengende Tagesmärsche brauchten wir, um diese Wüste zu durchqueren, und abermals mussten wir unseren Proviant, Wasser und Brot, selber mitführen. Zwei Tage nachdem wir diese Wüste hinter uns gebracht hatten, kamen wir nach Jenisseisk, einer moskowitischen Stadt oder Station an dem großen Strom Jenissei. Es hieß, dieser Wasserlauf trenne Europa von Asien, obwohl unsere Kartenzeichner, wie man mir erzählt hat, anderer Meinung sind. Bestimmt aber bildet er die östliche Grenze des alten Sibirien, das heute zwar nur noch eine Provinz des riesigen Moskowiterreiches darstellt, aber an und für sich an Größe dem ganzen Deutschen Reich gleichkommt.

Trotzdem sah ich, dass auch hier Unwissenheit und Heidentum vorherrschten, abgesehen von den moskowitischen Garnisonen. Das gesamte Land zwischen den Flüssen Ob und Jenissei ist so durch und durch heidnisch und die Bevölkerung so barbarisch wie die Tataren im fernsten Osten, nein, wie meines Wissens irgendeine Völkerschaft in Asien oder in Amerika. Es zeigte sich auch – und darauf habe ich die moskowitischen Gouverneure, mit denen zu sprechen ich Gelegenheit hatte, aufmerksam gemacht –, dass die armen Heiden, seit sie der moskowitischen Regierung unterstellt sind, dadurch nicht viel klüger oder näher an das Christentum herangeführt worden seien; dass dem so sei, räumten die Herren ein, erklärten aber, es gehe sie nichts an. Wenn der Zar beabsichtige, seine sibirischen oder tungusischen oder tatarischen Untertanen zu bekehren, müsse er statt Soldaten Geistliche zu ihnen schicken, und mit größerer Aufrichtigkeit, als ich erwartet hätte, fügten sie hinzu, ihrer Meinung nach gehe es ihrem Monarchen nicht so sehr darum, die Leute zum Christentum zu bekehren, als vielmehr sie seinem Zepter zu unterwerfen; Untertanen seien ihm wichtiger als Christen.

Von diesem Fluss an bis zum mächtigen Ob durchquerten wir eine wilde, brach liegende Landschaft: Ich kann nicht behaupten, dass das lauter unfruchtbarer Boden sei, nein, es fehlte nur an Menschen und guter Bewirtschaftung, denn im Übrigen handelt es sich um eine sehr freundliche, ergiebige und angenehme Gegend. Die Einwohner, denen wir begegneten, waren Heiden bis auf die in ihrer Mitte angesiedelten Russen: Ich meine jetzt die Landstriche an beiden Ufern des Ob, wohin die moskowitischen Verbrecher, soweit sie dem Galgen entgehen, verbannt werden und von wo es so gut wie kein Entrinnen gibt.

Meine eigenen Angelegenheiten begannen erst wieder eine Rolle zu spielen, als ich Tobolsk, die Hauptstadt Sibiriens, erreicht hatte, wo ich aus folgendem Grund längere Zeit verweilte.

Wir waren nun schon seit fast sieben Monaten unterwegs, und der Winter rückte mit großen Schritten heran. Mein Teilhaber und ich berieten miteinander, was nun zu tun sei, da wir nicht nach Moskau, sondern nach England wollten; deshalb überlegten wir uns, wie wir's anstellen sollten, das Endziel unserer Reise zu erreichen. Man erzählte uns von Schlitten und Rentieren, die uns zur Winterszeit über den Schnee befördern würden, und es gibt tatsächlich solche Vehikel (die Einzelheiten zu schildern, würde die Glaubwürdigkeit des Berichterstatters auf eine allzu harte Probe stellen): Mit ihrer Hilfe reisen die Russen häufiger im Winter als im Sommer, weil sie mit dem Schlitten bei Tag und bei Nacht unterwegs sein können. Der gefrorene Schnee bedeckt die gesamte Natur. Hügel, Täler, Flüsse, Seen sind alle glatt und steinhart, und man gleitet über sie hinweg, ohne Rücksicht darauf, was sich unter der Oberfläche befinde.

Aber ich hatte keinen Anlass, mir solch eine Winterreise zuzumuten. Ich wollte nach England, nicht nach Moskau, und mir standen zwei Routen zur Verfügung: entweder mit der Karawane bis Jaroslaw weiterziehen, dann westwärts nach Narwa und dem Finnischen Meerbusen abschwenken, um entweder auf dem See- oder auf dem Landweg Danzig zu erreichen, wo ich vielleicht meine chinesischen Waren vorteilhaft würde an den Mann bringen können, oder die Karawane in einem Städtchen an der Dwina verlassen, um in sechstägiger Fahrt auf dem Wasserweg nach Archangelsk und von dort mit einem Schiff nach England, Holland oder Hamburg zu gelangen.

Die eine wie die andere Route zur Winterszeit bewältigen zu wollen, wäre töricht gewesen. Was Danzig betraf, so würde die Ostsee zugefroren sein, und in jenen Gegenden zu Lande zu reisen, ist viel gefährlicher als unter den mongolischen Tataren. Und im Oktober nach Archangelsk reisen? Ja, da würden bereits alle Schiffe ausgelaufen sein: Sogar die im Sommer dort ansässigen Kaufleute ziehen sich zur Winterszeit, nachdem der Hafen leer geworden ist, nach Moskau zurück. Ich hätte in Eiseskälte mit geringem Proviant den Winter in einer verödeten Stadt zubringen müssen. Im Großen und Ganzen hielt ich's also für ratsamer, die Karawane ziehen zu lassen und an Ort und Stelle zu überwintern, nämlich in Tobolsk in Sibirien, auf dem sechzigsten Breitengrad, wo mir dreierlei zur Verfügung stand, das den kalten Winter erträglich machen würde, nämlich ein reichlicher Vorrat an Lebensmitteln, wie nun eben das Land sie zu bieten hatte, ein warmes Haus mit genug Heizmaterial und ausgezeichnete Gesellschaft. Das alles werde ich an gegebener Stelle ausführlich schildern.

Das Klima, in dem ich mich jetzt befand, war recht sehr von dem auf meiner geliebten Insel verschieden, wo ich nie gefroren hatte, außer wenn mich das Fieber plagte; dort war es mir im Gegenteil schwergefallen, überhaupt etwas auf dem Leib zu tragen, und Feuer hatte ich nur im Freien gemacht, nur so weit es nötig war, das Essen zuzubereiten etc. Jetzt ließ ich mir drei dicke Wämser nähen nebst weiten Gewändern oder Mänteln, die bis an die Füße reichten, an den Handgelenken zugeknöpft und mit Pelz gefüttert, damit sie genügend warm seien.

Was das warme Haus betraf, so muss ich gestehen, dass mir unsere englische Sitte, in jedem Zimmer Feuer zu machen, sehr missfällt: Sowie das Feuer erlischt, wird die Luft im Raum so kalt wie das Wetter, das draußen herrscht. Ich nahm mir eine Wohnung in einem schönen Stadthaus und ließ in der Mitte der sechs Zimmer einen Kamin wie einen Ofen errichten. Der Schornstein trug den Rauch in die eine Richtung, die Feuerungstür lag in der anderen, und alle Räume waren gleichmäßig warm, ohne dass man die Flammen gesehen hätte – genau so, wie man in England die Badehäuser heizt.

Auf diese Weise erzielten wir stets in sämtlichen Räumen die gleiche Temperatur und hatten es überall behaglich. Mochte es draußen noch so kalt sein, drin war es immerzu warm: Trotzdem sahen wir keine Flammen und wurden auch nie durch den Rauch inkommodiert.

Das Erstaunlichste bei alledem war, dass es möglich sein sollte, in einem Land, so barbarisch wie die meisten Gegenden Nordeuropas in der Nähe des Eismeers, nur wenige Grade von Nowaja Semlja entfernt, gute Gesellschaft zu finden.

Aber da das die Gegend ist, in die Moskau, wie schon erwähnt, seine Staatsverbrecher verbannt, wimmelte es in der Stadt von Edelleuten, Fürsten, Standesherren, Obristen, kurz, von allen nur erdenklichen Rängen des Hoch- und Landadels, des Militär- und Hofadels. Hier wohnten der berühmte Fürst Galitzin, der alte General Robostiski, etliche andere angesehene Persönlichkeiten und auch einige Damen.

Durch Vermittlung meines schottischen Kaufherrn, von dem ich mich nichtsdestoweniger trennen musste, lernte ich mehrere dieser Herren, einige von höchstem Rang, kennen, und sie statteten mir an den langen Winterabenden während meines Aufenthalts viele äußerst erfreuliche Besuche ab. Eines Abends plauderte ich mit dem Fürsten ***, einem ehemaligen Staatsminister, den der Zar aus Moskau verbannt hatte, und kam auf meinen persönlichen Fall zu sprechen. Er hatte mir eine Unmenge schöner Dinge von der Größe, der Pracht, den Herrschaftsbereichen und der unumschränkten Macht des Kaisers von Russland erzählt. Ich fiel ihm ins Wort und sagte zu ihm, ich sei ein größerer und mächtigerer Fürst, als der Moskauer Zar es je gewesen, wenn auch meine Lande nicht so umfangreich und mein Volk nicht so zahlreich seien. Der russische Adelsherr sah ein wenig verwundert drein, musterte mich forschend und wollte wissen, was damit gemeint sei.

Ich erwiderte, seine Verwunderung werde sich geben, sobald ich ihm die näheren Umstände erklärt hatte. Erstens, sagte ich, hätte ich das uneingeschränkte Verfügungsrecht über Leben und Eigentum aller meiner Untertanen, und trotz meiner absoluten Herrschaftsgewalt gebe es in allen meinen Landen nicht einen einzigen Menschen, der mit meinem Regime oder mit meiner Person unzufrieden wäre. Als er das hörte, schüttelte er den Kopf und meinte, darin überträfe ich allerdings den moskowitischen Zaren. Ich berichtete, dass aller Grund und Boden in meinem Reich mir gehöre und dass alle meine Untertanen nur meine Pächter seien, freilich Pächter nach freiem Belieben. Alle würden sie bis zum letzten Blutstropfen für mich einstehen. Noch nie sei ein Tyrann – denn ich bekannte mich dazu, ein Tyrann zu sein – bei seinen Untertanen so allgemein beliebt und doch auch so entsetzlich gefürchtet gewesen.

Nachdem ich ihn ein Weilchen mit diesen staatspolitischen Rätseln belustigt hatte, eröffnete ich ihm meinen Fall, erzählte ihm ausführlich von meinem Leben auf der Insel und wie ich's mir selber und den von mir abhängigen Menschen eingerichtet hatte, just so, wie ich's seither mit allen Einzelheiten zu Papier gebracht habe. Meine Gäste waren äußerst betroffen, besonders der Fürst, der mir seufzend erwiderte, die wahre Größe im Leben sei, Herr seiner selbst zu sein. Eine Lebensweise wie die meine würde er nicht um den Preis, Zar in Moskau zu werden, hingegeben haben. Hier in der Verbannung finde er mehr Zufriedenheit, als ihm jemals die höchste Machtstellung am Hof seines Herrschers, des Zaren, bereitet habe. Der Gipfel der Weisheit bestehe darin, unser Gemüt den Umständen anzugleichen und innerlich Ruhe zu finden, auch dann, wenn einen von außen her schlimmster Spott und Hohn bedrückt. Als er, sagte er, zum ersten Mal hier ankam, habe er sich genauso wie andere vor ihm die Haare vom Kopf und die Kleider vom Leib gerissen. Eine kurze Frist der Besinnung aber habe ihn bewogen, nicht nur die Außenwelt, sondern auch sein Inneres zu betrachten. Da habe er gefunden, dass der Menschengeist, wenn er nur erst einmal dazu gebracht wird, über den Zustand des Universums nachzudenken und zu begreifen, wie wenig diese Welt mit wahrem Glück zu tun hat, durchaus imstande sei, sich selber ein Glück zu schaffen, das ihn befriedigt und seinen besten Zwecken und Wünschen gerecht wird, ohne allzu großen Beistand vonseiten der Welt: Atemluft, das tägliche Brot, wärmende Kleidung und körperliche Bewegung, um die Gesundheit zu fördern, umfassten seiner Meinung nach so ziemlich alles, was die Welt uns zu bieten habe. Obwohl die Größe, die Macht, der Reichtum und die Freuden, die manche in dieser Welt genießen und an denen er selber teilgehabt hatte, vieles an sich hätten, das uns angenehm ist, so habe er doch die Beobachtung gemacht, dass alle diese Dinge hauptsächlich unsere gröbsten Gefühle befriedigen, zum Beispiel den Ehrgeiz, den persönlichen Stolz, die Habgier, die Eitelkeit und die Sinnlichkeit, die selber freilich nur dem schlimmsten Erbe des Menschen entsprängen, an und für sich verbrecherisch seien und die Saat aller möglichen Verbrechen in sich bärgen, aber in keiner Weise mit jenen Tugenden verwandt oder um sie besorgt seien, welche uns zu vernünftigen Geschöpfen machen, oder mit jenen Gaben, die uns als Christen auszeichnen: Jetzt, da er des eingebildeten Glücks beraubt sei, das er in der vollen Hingabe an jene Laster genossen hatte, habe er, wie er sagte, genügend Muße, ihre dunkle Seite zu betrachten und dort alle mögliche Verderbtheit zu entdecken, und jetzt sei er überzeugt, dass nur die Tugend einen Menschen wirklich weise, reich und groß macht und ihn auf den Weg zu einer höheren Glückseligkeit im Jenseits führt. Deshalb, fügte er hinzu, seien er und seine Schicksalsgenossen weit glücklicher als ihre Feinde, die im vollen Besitz des Reichtums und der Macht schwelgten, welche sie, die Verbannten, zurückgelassen hatten.

»Das alles, Sir«, fuhr er fort, »ist auch nicht etwa politisch gemeint, durch die Umstände erzwungen, die so mancher als erbärmlich bezeichnet. Wenn ich mich auch nur einigermaßen kenne, würde ich nicht nach Moskau zurückkehren, sollte auch der Zar, mein Gebieter, mich rufen und in all meine früheren Würden wiedereinsetzen, ich sage, dass ich ebenso wenig zu ihnen zurückkehren möchte, wie meine Seele wohl, wenn sie erst einmal aus dem Kerker des Leibes befreit worden ist und von dem glorreichen Zustand im Jenseits gekostet hat, Lust haben würde, in das Gefängnis aus Fleisch und Blut zurückzukehren, in das sie jetzt eingesperrt ist, und den Himmel zu verlassen, um sich mit dem Schmutz und Verbrechen menschlicher Angelegenheiten zu befassen.«

Das sagte er mit so viel Wärme, so großem Ernst und so tiefer Gemütsbewegung, die sich in seiner Miene spiegelte, dass es ganz offensichtlich die wahre Quintessenz seiner Seele war. Seine Aufrichtigkeit ließ keinem Zweifel Raum.

Ich erwiderte, ich hätte mich zwar ehemals in meinem früheren Leben dort auf der Insel für einen Monarchen gehalten, hielte aber ihn nicht nur für einen Monarchen, sondern für einen großen Eroberer, weil er seine eigenen übertriebenen Gelüste besiegt und die absolute Herrschaft über sich selber errungen habe: Wer es dazu bringt, dass seine Vernunft zur Gänze den Willen beherrscht, sei sicherlich größer als der Mann, der eine Stadt erobert. »Aber, gnädiger Herr«, sagte ich, »darf ich mir eine Frage erlauben?« – »Herzlich gern«, erwiderte er. – »Wenn man Euch die Tür zur Freiheit öffnete«, fragte ich ihn, »würdet Ihr dann nicht die Gelegenheit ergreifen, Euch aus dem Exil zu befreien?«

»Halt!«, sagte er. »Eure Frage ist spitzfindig und bedarf ernster und berechtigter Einschränkungen, wenn ich sie aufrichtig beantworten soll. Und ich will sie aus der Tiefe meines Herzens beantworten. Nichts, was mir auf dieser Welt bekannt ist, würde mich dazu bewegen, mir Befreiung aus meinem jetzigen Zustand zu wünschen, abgesehen von zwei Momenten, als da sind: erstens die Freude des Wiedersehens mit meinen Angehörigen, zweitens ein etwas wärmeres Klima. Aber ich versichere Euch feierlich, zu dem Pomp des Hofes, zu dem Glanz, der Macht, der Geschäftigkeit eines Staatsministers, zu dem Reichtum, den Lustbarkeiten und Vergnügungen eines

Höflings zurückzukehren – wenn mein Gebieter mir in diesem Augenblick sagen ließe, dass er mich in die Würden wiedereinsetzt, aus denen er mich verbannt hat, ich versichere Euch, wenn ich mich auch nur einigermaßen kenne, ich würde diese Wildnis, diese Wüsten und diese zugefrorenen Seen nicht mit dem Palast in Moskau vertauschen.«

»Aber, gnädiger Herr«, entgegnete ich, »vielleicht hat man Euch nicht nur der Freuden des Hofes, der Macht und des Reichtums beraubt, die Ihr früher genossen, vielleicht habt Ihr auch etliche Bequemlichkeiten des Lebens hinterlassen müssen, vielleicht hat man Euer Vermögen beschlagnahmt und Eure Habe geplündert, vielleicht entspricht die Versorgung, die Euch hier zuteilwird, nicht den üblichen Anforderungen des Daseins.«

»Ja«, sagte er, »so ist's, wenn Ihr mich als den hohen Herren, den Fürsten und so weiter betrachtet, der ich auch wirklich bin. Ihr habt mich aber jetzt nur als einen Menschen, ein menschliches Geschöpf zu betrachten, das sich von den anderen überhaupt nicht unterscheidet, und da kann ich denn keinen Mangel leiden, wenn nicht Krankheiten und Unpässlichkeiten mich heimsuchen. Doch um die Frage jedem Disput zu entziehen: Seht doch, wie es uns geht. Wir sind unser fünf Personen von Rang, wir leben zurückgezogen, wie es Verbannten geziemt, wir haben aus dem Schiffbruch unserer Vermögen einiges gerettet, das uns der schieren Notwendigkeit enthebt, der Nahrung nachzugehen. Aber die armen Soldaten, die hier stationiert sind, leben auch ohne diese Hilfe so gut wie wir. Sie ziehen in den Wald und jagen Zobel und Füchse. Die Arbeit eines Monats erhält sie ein Jahr lang. Da die Lebensmittel nicht teuer sind, kann man sich mühelos versorgen. Damit ist dieser Einwand abgetan.«

Ich habe nicht genug Platz, um die angenehmen Gespräche, die ich mit diesem wahrhaften großen Mann geführt habe, ausführlich wiederzugeben. Stets zeigte sich sein Gemüt so beseelt von einer überlegenen Einsicht in das Wesen der Dinge, so fest untermauert durch die Religion wie auch durch ein hohes Maß an Weisheit, dass seine Weltverachtung wirklich als so unbedingt gelten durfte, wie er's behauptete, und dass er bis zuletzt stets derselbe war, wie aus der Geschichte hervorgehen wird, die ich zu erzählen gedenke.

Ich war nun schon acht Monate in Tobolsk gewesen, und den Winter fand ich finster und schrecklich, die Kälte so heftig, dass man sich nicht hinauswagen konnte, ohne in Pelze eingehüllt zu sein und ein Stück Fell vor dem Gesicht zu haben, vielmehr eine Haube mit einem Atemloch und zwei Löchern für die Augen. Das bisschen Tageslicht, das uns gegönnt war, reichte während dreier Monate unserer Berechnung nach nicht länger als fünf, höchstens sechs Stunden täglich. Freilich wurde es nie ganz dunkel, weil die

Erde ständig mit Schnee bedeckt und das Wetter klar war. Unsere Pferde hausten (oder hungerten) unter der Erde, und was unsere Diener betraf – wir hatten ihrer drei gedungen, damit sie für unsere Pferde und für uns sorgten –, so mussten wir ihnen ab und zu die Finger und Zehen auftauen und darauf achten, dass sie nicht brandig wurden und abfielen.

In unseren vier Mauern freilich hatten wir's warm, da die Häuser dicht beieinanderstanden, die Mauern dick, die Fenster klein und die Glasscheiben doppelt waren. Unsere Nahrung bestand hauptsächlich aus Wild, das während der Jagdsaison gedörrt und gepökelt worden, aus recht gutem Brot, das aber als Zwieback gebacken war, getrocknetem Fisch verschiedener Sorten, Hammelfleisch und dem Fleisch der Büffel, das ziemlich gut schmeckt. Sämtliche Wintervorräte werden im Sommer angelegt und ordentlich eingepökelt. Unser Getränk war Wasser, mit Alkohol statt mit Branntwein vermischt, und bei festlichen Gelegenheiten Honigmet statt Wein, aber von vorzüglicher Qualität. Die Jäger, die sich bei jedem Wetter hinauswagen, brachten uns oft frisches Wildbret, das recht fett und wohlschmeckend war, manchmal auch Bärenfleisch, aus dem wir uns aber zuletzt nicht mehr viel machten. Wir hatten einen schönen Vorrat an Tee, mit dem wir unsere Freunde traktierten, mit einem Wort, wir führten, alles in allem, ein fröhliches und gutes Leben.

Inzwischen war es März geworden, die Tage wurden erheblich länger, das Wetter zumindest erträglich, also begannen die übrigen Reisenden, Schlitten zu rüsten, die sie über den Schnee tragen sollten, und alles für den Aufbruch vorzubereiten. Da ich mir aber, wie gesagt, nicht Moskau oder die Ostsee, sondern Archangelsk als Ziel gesetzt hatte, rührte ich mich vorerst nicht vom Fleck. Ich wusste, dass die Schiffe aus dem Süden nicht vor Mai oder Juni in jene Gegend steuern und dass ich Anfang August gerade zurecht kommen würde, um irgendein Fahrzeug zu finden, das sich anschickte, wieder in See zu stechen. Deshalb hatte ich es, wie gesagt, nicht so eilig wie die anderen, mit einem Wort, ich sah eine Menge Leute, nein, sämtliche Reisenden früher als ich Tobolsk verlassen. Anscheinend ziehen sie jedes Jahr von dort nach Moskau, um Handel zu treiben, das heißt, sie nehmen Felle mit und kaufen mit dem Erlös Bedarfsgegenstände, die sie nach Hause holen, um ihre Läden auszustatten. Andere führt der gleiche Zweck nach Archangelsk, aber auch diese brachen früher auf als ich, da sie sowohl auf dem Hinweg als auf dem Rückweg achthundert Meilen zu bewältigen haben.

Kurz, gegen Ende Mai schickte ich mich an zu packen, und da ging mir eine Frage durch den Kopf: Da alle diese russischen Herren zwar von dem Zaren nach Sibirien verbannt worden waren, sich aber nach ihrer Ankunft frei bewegen durften – warum machten sie sich nicht in eine andere Weltgegend auf, die ihnen behagen würde? Ich begann mir zu überlegen, was es sein mochte, das sie an einem solchen Vorhaben hinderte.

Meine Verwunderung aber hatte ein Ende, als ich der schon erwähnten Person das Thema unterbreitete und er mir Folgendes antwortete: »Bedenkt erst einmal, Sir, wo wir uns befinden, zweitens unsere Lage, ganz besonders aber die Herkunft der Verbannten. Was uns hier umgibt, ist stärker als jedes Gitter und jeder Riegel. Nach Norden hin ein unbefahrbarer Ozean, auf dem noch nie ein Schiff gesegelt noch ein Boot geschwommen – ja, hätten wir selbst das eine oder andere zur Verfügung, wüssten wir doch nicht, wohin wir uns wenden sollten. Nach jeder anderen Richtung hin müssten wir tausend Meilen weit durch das Herrschaftsgebiet des Zaren reisen, auf völlig unwegsamem Terrain, es sei denn auf den von Gouverneuren angelegten Straßen und durch die Städte, in denen ihre Garnisonen liegen. Wir könnten weder im Verborgenen vorbeiziehen noch auch das Leben fristen – also würde jeder Versuch zum Scheitern verurteilt sein.«

Dadurch war ich nun allerdings sogleich zum Schweigen gebracht. Ich sah, dass das Gefängnis, in dem sie saßen, aufs Jota so ausbruchsicher war, als hätte man sie in die Moskauer Festung eingesperrt, aber mir fiel ein, dass *ich* vielleicht das Werkzeug sein könnte, diesem vortrefflichen Mann zur Flucht zu verhelfen, und dass ich's auf jede Gefahr hin versuchen wollte, falls ich eine Möglichkeit sähe, ihn mitzunehmen. Daraufhin ergriff ich eines Abends die Gelegenheit, ihm meine Gedanken anzuvertrauen. Ich legte ihm dar, dass es mir nicht allzu schwerfallen würde, ihn zu entführen, zumal er ja im Augenblick unter keinerlei Bewachung stehe und ich nicht nach Moskau, sondern nach Archangelsk wolle; da ich mit einer Karawane reiste, folglich nicht gezwungen sein würde, in den befestigten Städten Station zu machen, sondern nachts mein Lager dort aufschlagen könne, wo es mir beliebt, vermöchten wir wohl mühelos nach Archangelsk zu gelangen, allwo ich ihm sodann unverzüglich einen Platz an Bord eines englischen oder holländischen Schiffes sichern und ihn ohne jede Gefährdung seiner Person nach Europa mitnehmen würde. Was seinen Lebensunterhalt und andere Einzelheiten betreffe, solle dies *meine* Sorge sein, bis er imstande sein würde, besser für sich zu sorgen.

Er hörte mir aufmerksam zu und sah mich mit ernster Miene an, ja, ich merkte an seiner Miene, dass meine Worte seine Lebensgeister in heftige Gärung versetzten; mehrmals wechselte er die Farbe, seine Augen röteten sich, sein Herz hämmerte, auch konnte er nicht sofort antworten, als ich fertig war und gleichsam darauf wartete, was er zu sagen habe. Nach einer kurzen Pause aber umarmte er mich und sagte: »Wie unglücklich sind wir doch, so wenig man uns auch bewacht, dass selbst die höchsten Freundschaftsbeweise für uns zu einem Fallstrick werden und wir einander in Versuchung führen! Lieber Freund«, fuhr er fort, »Euer Angebot ist so aufrichtig gemeint, es ist so voller Güte, so uneigennützig und so sehr auf meinen Vorteil zugeschnitten, dass ich recht wenig Weltkenntnis besitzen müsste, wenn ich darüber nicht staunen und zugleich anerkennen würde, wie sehr ich Euch dankbar zu sein habe. Aber habt Ihr mir geglaubt, dass ich's ehrlich meinte, als ich so oft zu Euch sagte, ich verachte die Welt? Habt Ihr geglaubt, dass ich aus ganzer Seele zu Euch rede und dass ich wirklich hier jenes Maß an Glückseligkeit erreicht habe, das mir erlaubt, mich über alles erhaben zu dünken, was die Welt mir geben oder für mich tun könnte? Habt Ihr geglaubt, dass ich's ehrlich meine, als ich zu Euch sagte, ich würde auch dann nicht zurückkehren, wenn man mich riefe und ich wieder alle die Würden bekleiden dürfte, die ich früher einmal von Gnaden des Zaren, meines Gebieters, bekleidet habe? Habt Ihr mich, mein Freund, für einen ehrlichen Menschen oder für einen prahlerischen Heuchler gehalten?« Hier hielt er inne, als wolle er hören, was ich dazu zu sagen hätte, aber ich merkte alsbald, dass er verstummt war, weil seine Lebensgeister in heftige Bewegung geraten waren, weil ein innerer Kampf in seinem edlen Herzen tobte und er nicht fortzufahren vermochte. Ich muss gestehen, dass ich mich über die Sache sowie auch über den Mann wunderte. Ich bediente mich mehrerer Argumente, die ihn veranlassen sollten, die Freiheit zu wählen: Er müsse diese Gelegenheit als ein Tor betrachten, das der Himmel ihm geöffnet habe, um ihn zu retten, als einen Fingerzeig der Vorsehung, die alle Ereignisse überwacht und ordnet, ja als ein Gebot, sich selber einen Dienst zu erweisen und sich wieder zu einem nützlichen Bürger der Welt zu machen.

Unterdessen hatte er sich gefasst. »Woher wisst Ihr, Sir«, sagte er mit Wärme, »dass es nicht statt eines Fingerzeigs der Vorsehung das Täuschungsmanöver eines anderen Werkzeugs ist, um mir in verlockendsten Farben ein scheinbares Glück als meine Befreiung hinzustellen, die in Wirklichkeit eine Schlinge sein und mich unaufhaltsam ins Verderben stürzen würde? Hier bin ich vor der Versuchung bewahrt, zu meiner früheren, erbärmlichen Größe zurückzukehren, in eine Welt, wo ich nicht sicher wäre, dass nicht alle die Samen des Hochmuts, der Ehrsucht, des Geizes und der Völlerei, die, wie ich weiß, stets in der Natur schlummern, neu erwachten und Wurzel schlügen, mit einem Wort, mich wieder überwältigen: Dann würde der glückliche Gefangene, den Ihr jetzt als den Herrn über seiner Seele Freiheit vor Euch seht, der elendige Sklave seiner eigenen Sinne sein, im vollen Genuss seiner *persönlichen* Freiheit. Verehrter Herr, erlaubt mir, lieber in dieser gesegneten Haft, fern von den Lastern des Lebens zu verharren, statt mir ein Scheinglück zu erkaufen um den Preis der freien Vernunft und auf Kosten eines jenseitigen Glücks, das ich jetzt vor Augen habe, sodann aber, wie ich befürchte, schnell aus den Augen verlieren würde, denn ich bin nur Fleisch, ein Mensch, nichts als ein Mensch, mit Leidenschaften und Neigungen, die mich genauso wie jeden anderen beherrschen und vernichten könnten: Ach, seid doch nicht mein Freund und mein Versucher in einem!«

War ich zuvor erstaunt gewesen, so verschlug es mir nun vollends die Rede, stumm stand ich da, sah ihn an und wunderte mich freilich über den Anblick, der sich mir bot. Seine Seelennot war so groß, dass er trotz des kalten Wetters in heftigen Schweiß geraten war. Ich merkte deutlich, dass er das Bedürfnis hatte, seinen Gefühlen Luft zu machen. Ich sagte schnell ein paar Worte, dass er sich's überlegen möge, ich würde ihm sodann wieder meine Aufwartung machen, und zog mich in meine Gemächer zurück.

Etwa zwei Stunden später hörte ich jemanden an oder in der Nähe der Tür meines Zimmers. Ich wollte öffnen gehen, aber er hatte sie bereits geöffnet und trat ein. »Mein Freund«, sagte er, »beinahe hättet Ihr mich in Verwirrung gestürzt, aber ich bin geheilt. Nehmt es mir nicht übel, wenn ich Euer Angebot ablehne. Seid versichert, es liegt nicht daran, dass ich mir nicht der Güte, die Euch dazu bewogen hat, bewusst wäre, und ich bin gekommen, Euch meinen aufrichtigsten Dank auszusprechen. Aber ich hoffe, mich überwunden zu haben.«

»Gnädiger Herr«, erwiderte ich, »*ich* hoffe, Ihr seid überzeugt, dass Ihr nicht einen Ruf des Himmels missachtet.« – »Sir«, sagte er, »wenn es vom Himmel käme, würde dieselbe Macht mich veranlasst haben, dem Ruf zu folgen. Ich hoffe aber und bin restlos überzeugt, dass meine *Ablehnung* vom Himmel kommt, und wenn wir voneinander Abschied nehmen, ist es mir eine unendliche Genugtuung, dass ich, wenn auch nicht als ein freier, so doch als ein nach wie vor ehrlicher Mann zurückbleibe.«

Ich hatte keine andere Wahl, als mich zu fügen und ihm zu beteuern, dass mich nichts anderes zu meinem Angebot bewogen habe als der aufrichtige Wunsch, ihm einen Dienst zu erweisen. Er umarmte mich innigst und versicherte mir, dass er sich dessen durchaus bewusst sei, und damit überreichte er mir als Geschenk einige schöne Zobelfelle, die eigentlich in Anbetracht seiner Verhältnisse viel zu wertvoll waren. Ich hätte das Geschenk zurückgewiesen, aber er ließ sich nicht abspeisen.

Am nächsten Morgen schickte ich meinen Diener zu ihm mit etwas Tee, zwei Rollen chinesischem Damast und vier kleinen japanischen Goldbarren, die insgesamt nicht mehr als ungefähr sechs Unzen wogen, aber weit weniger wert waren als die Zobelfelle: Als ich nach England kam, zeigte sich, dass sie einen Preis von nahezu zweihundert Pfund bedingten. Er nahm den Tee, eine Rolle Damast und ein Goldstück entgegen, das einen schönen japanischen Münzstempel trug und das er nur wegen des Seltenheitswertes akzeptierte; mehr wollte er nicht haben, und er ließ mir ausrichten, dass er mit mir zu sprechen wünsche.

Als ich zu ihm kam, sagte er, ich wisse ja genau, was sich zwischen uns abgespielt hatte, und er hoffe, dass ich ihm in dieser Angelegenheit nicht mehr zusetzen werde; da ich ihm jedoch ein so großmütiges Angebot gemacht hätte, fragte er mich, ob ich so gütig sein wollte, das gleiche Angebot an eine andere Person zu richten, deren Namen er mir nennen würde und an deren Schicksal er großen Anteil nehme. Ich erwiderte, dass ich nicht recht wisse, ob ich geneigt wäre, dasselbe auch für andere zu tun als für ihn, den ich besonders hoch schätzte und dessen Befreiung ich mit Freuden in die Wege geleitet haben würde. Aber wenn es ihm beliebe, mir den Namen der Person zu nennen, würde ich ihm antworten, in der Hoffnung, er werde, wenn ihm meine Antwort missfalle, nicht auch mit mir unzufrieden sein. Er sagte, es handle sich nur um seinen Sohn, der sich, obschon ich ihn nicht getroffen hätte, in der gleichen Lage befinde wie er, mehr als zweihundert Meilen von hier am anderen Ufer des Ob; wenn ich zustimmte, würde er ihn holen lassen.

Ohne Zögern erklärte ich mich bereit, ihm seine Bitte zu erfüllen, gab ihm aber weitläufig zu verstehen, dass es nur ihm zuliebe geschehe: Da ich *ihn* nicht überreden könne, würde ich ihm meinen Respekt durch die Fürsorge für seinen Sohn beweisen. Das alles aber hier zu wiederholen, wäre viel zu langweilig. Am nächsten Tag schickte er nach seinem Sohn, der nach ungefähr zwanzig Tagen mit dem Boten ankam. Er brachte sechs bis sieben Pferde mit, die mit äußerst wertvollen Fellen beladen waren.

Seine Diener führten die Pferde in die Stadt, ließen aber ihren jungen Herrn in einiger Entfernung zurück bis zum Einbruch der Dunkelheit, da er alsdann *incognito* in unser Haus kam und mir von seinem Vater vorgestellt wurde. Kurz, wir einigten uns auf die näheren Umstände unserer Reise und alle erforderlichen Einzelheiten.

Ich hatte eine erhebliche Menge Zobelfelle, schwarze Fuchsfelle, schöne Hermelinfelle und andere sehr üppige Felle gekauft, und zwar mit dem Erlös für einen Teil der Waren, die ich aus China mitgebracht, besonders für die Gewürznelken und die Muskatnüsse, die ich zum größten Teil in Tobolsk, den Rest in Archangelsk verkaufte, zu einem weit besseren Preis, als ich in London erzielt haben würde. Mein Teilhaber, der sich des guten Profits bewusst war – Handel zu treiben, war ja weit mehr *seine* Sache als die meine –, freute sich über unseren Aufenthalt, weil wir so vorteilhafte Geschäfte machten.

Anfang Juni verließ ich diesen fernen Ort, eine Stadt, von der man, wie ich glaube, in der großen Welt nur wenig gehört hat, ja, sie liegt so abseits der Handelsstraßen, dass ich nicht wüsste, wodurch sie bekannt werden sollte. Unsere Karawane war nun recht klein geworden, alles in allem nicht mehr als zweiunddreißig Pferde und Kamele, die sämtlich als mein Eigentum galten, obwohl elf von ihnen meinem neuen Gast gehörten. Es war auch ganz natürlich, dass ich mehr Diener bei mir hatte als früher, und der junge Herr galt als mein Proviantmeister. Was für ein großer Mann ich selber in den Augen meiner Umgebung war, weiß ich nicht, und ich hatte auch gar keine Lust, mich danach zu erkundigen. Jetzt mussten wir die schlimmste und weiteste Wildnis durchqueren, die uns bisher begegnet war. Ja, ich bezeichne sie als die schlimmste, weil es an manchen Stellen steil bergab ging und an anderen Stellen das Gelände sehr uneben war. Wir glaubten, ihr als einzig Gutes nachsagen zu müssen, dass wir keine Tatarenhorden oder Räuberbanden zu fürchten hätten, weil diese angeblich nie oder nur selten den Ob überschreiten, aber es zeigte sich, dass wir uns getäuscht hatten.

Mein junger Herr hatte einen treuen moskowitischen oder vielmehr sibirischen Diener bei sich, der mit der Gegend völlig vertraut war und uns über heimliche Wege führte, sodass wir den großen Städten und Ortschaften längs der Karawanenstraße wie Tjumen, Solikamsk und etlichen anderen ausweichen konnten. Das hielten wir für ratsam, weil die moskowitischen Garnisonen sehr neugierig sind und Reisende streng kontrollieren, damit nicht Verbannte angeseheneren Standes auf diesem Weg nach Moskau flüchten. So aber, da uns die Städte verschlossen waren, ging die ganze Reise durch ödes Land, und wir mussten nachts ein Lager aufschlagen und in Zelten schlafen, während wir es doch in den Ortschaften recht bequem gehabt hätten. Das nahm sich der junge Herr so sehr zu Herzen, dass er uns nicht mehr erlauben wollte, im Freien zu nächtigen, wenn Ortschaften in der Nähe lagen. Er selber lagerte mit seinen Dienern im Wald und erwartete uns nachher an einer vereinbarten Stelle.

Soeben hatten wir Europa erreicht, nachdem wir den Kamafluss überschritten hatten, der in dieser Gegend die Grenze zwischen Europa und Asien bildet. Die erste Stadt auf der europäischen Seite heißt Solikamsk, das will so viel besagen wie die große Stadt am Kamafluss. Hier glaubten wir bei der Bevölkerung, ihren Sitten, ihren Gewohnheiten, ihrer Religion und ihrem Treiben deutliche Veränderungen anzutreffen, aber wir irrten uns.

Nachdem wir die riesige Wüste durchquert hatten, die an manchen Stellen siebenhundert Meilen, dort aber, wo wir marschierten, nicht über zweihundert Meilen lang ist, nachdem wir also diese grässliche Landschaft hinter uns gebracht hatten, sahen wir nur geringe Unterschiede zwischen diesem Landstrich und der Mogul-Tatarei: die Menschen meist Heiden, wenig besser als die Wilden Amerikas, die Häuser und Hütten voller Götzenbilder und die Lebensweise durchaus barbarisch, abgesehen von den oben erwähnten Städten und den umliegenden Dörfern: Dort sind sie Christen griechischen Glaubens, haben aber ihre Religion mit so vielen Überbleibseln des Aberglaubens vermischt, dass sich dieselbe zuweilen kaum von schierer Zauberkunst und Hexerei unterscheiden lässt.

Auf unserem Marsch durch jene Waldwildnis glaubte ich eines Tages, jetzt, da wir uns eingebildet hatten, allen Gefahren entronnen zu sein, würde uns schließlich doch noch eine Räuberbande ausplündern und vielleicht sogar ermorden. Aus welcher Gegend sie stammten, ob es die umherschweifenden Horden der Ostjaken waren, eine Art von Tataren oder Wilden, die am Ufer des Ob hausen, oder die sibirischen Zobeljäger, weiß ich bis heute nicht, aber sie waren alle beritten, mit Pfeil und Bogen bewaffnet und anfangs etwa fünfundvierzig an der Zahl. Sie näherten sich uns bis auf etwa zwei Musketenschussweiten, stellten keine Fragen, umringten uns zweimal und betrachteten uns mit ernster Miene; schließlich versperrten sie uns den Weg, woraufhin wir uns in einer kargen Reihe vor unseren Kamelen aufstellten, alles in allem nicht mehr als sechzehn Mann. So also machten wir halt und beauftragten den sibirischen Diener des jungen Herren, sich zu erkundigen, wer die Leute seien und was sie wollten. Sein Herr ließ ihn umso lieber ziehen, als er befürchtete, es könnte sich um eine sibirische Truppe handeln, die man hinter ihm hergejagt hatte. Der Mann näherte sich ihnen mit einer weißen Flagge und rief sie an, doch obwohl er mehrere ihrer Sprachen oder vielmehr Dialekte beherrschte, verstand er kein Wort von dem, was sie sagten. Aber nachdem sie ihm durch Zeichen bedeutet hatten, er möge bei Gefahr seines Lebens nicht näher herankommen, vermutete er, wie er sagte, dass sie sich nicht scheuen würden, auf ihn zu schießen, wenn er weiter vorrückte, und kehrte um, nicht klüger als zuvor. Nach ihrer Tracht zu schließen, meinte er, müssten es tatarische Kalmücken oder zirkassische Horden sein, und in der großen Wildnis dürften ihrer noch viele umherstreifen, obgleich er nie gehört hatte, sie hätten sich so weit gegen Norden hin blicken lassen.

Das war uns nur ein recht geringer Trost. Aber was sollten wir dagegen tun? Zu unserer Linken erblickte ich in einer Entfernung von etwa einer

Viertelmeile ein dichtes Gehölz unweit der Straße. Ich beschloss sogleich, zu diesen Bäumen vorzurücken und uns dort, so gut es ging, zu verschanzen. Erstens rechnete ich damit, dass die Bäume uns bis zu einem gewissen Grad vor den Pfeilen schützen würden, zweitens konnten sie dort nicht in geschlossener Formation gegen uns anrennen. Eigentlich stammte der Vorschlag von meinem alten portugiesischen Lotsen, der den großen Vorzug hatte, im Augenblick höchster Gefahr stets tatbereit zu sein und geeigneter als jeder andere, uns zu führen und zu ermutigen. Unverzüglich und so schnell wie möglich marschierten wir zu dem kleinen Gehölz. Die Tataren oder Räuber – wir wussten nicht, wie wir sie nennen sollten – rührten sich nicht von der Stelle und versuchten nicht, uns an unserem Vorhaben zu hindern. Als wir hinkamen, stellten wir zu unserer großen Befriedigung fest, dass der Boden sumpfig und elastisch und an der einen Seite von einer mächtigen Quelle und ihrem Abfluss begrenzt war, der, ein Bach oder Rinnsal, sich ein Stück weiter vorn mit einem ebensolchen Gewässer vereinigte und, kurz gesagt, den Ursprung eines beträchtlichen Flusses bildete, der in seinem späteren Lauf den Namen Wjatka trägt. Die Bäume rund um diese Quelle waren nicht mehr als zweihundert an der Zahl, aber sehr dick und standen dicht beieinander. Kaum also hatten wir unseren Unterschlupf erreicht, da sahen wir, dass wir dort vor den Feinden in Sicherheit waren, es sei denn, sie säßen ab und griffen uns zu Fuß an.

Um ihnen auch diese Möglichkeit zu erschweren, ließ unser Portugiese mit unermüdlichem Eifer dicke Baumäste ansägen, sodass sie, vom Stamm nicht ganz losgetrennt, sich ineinander verfitzten und fast rund um uns her einen zusammenhängenden Zaun bildeten.

Nun warteten wir einige Stunden lang auf die Manöver des Feindes, ohne dass sie sich rührten, bis sie etwa zwei Stunden vor Einbruch der Dunkelheit schnurstracks angeritten kamen. Obwohl wir's nicht gemerkt hatten, waren Verstärkungen zu ihnen gestoßen, sodass es jetzt nahezu achtzig Berittene waren, darunter jedoch, wie wir meinten, etliche Frauen. Sie waren bis auf halbe Schussweite an unser kleines Wäldchen herangekommen, als wir einen blinden Musketenschuss abfeuerten und sie in russischer Sprache fragten, was sie von uns wollten, und sie aufforderten, uns vom Leib zu bleiben. Sie aber, als hätten sie uns nicht verstanden, ritten mit verdoppelter Wut unverdrossen auf das Wäldchen zu: Sie konnten ja nicht ahnen, dass wir so gut verbarrikadiert waren. Unser portugiesischer Lotse war jetzt, so wie er zuvor unser Ingenieur gewesen, unser Befehlshaber und befahl uns, nicht eher zu schießen, als bis sie auf Pistolenschussweite herangekommen waren. Wir sollten unserer Beute sicher sein und sorgfältig zielen. Wir baten ihn, zur rechten Zeit den Feuerbefehl zu erteilen. Er zögerte so lange, bis etliche von ihnen, als wir das Feuer eröffneten, nur noch zwei Pikenlängen von uns entfernt waren.

Wir zielten so genau (oder die Vorsehung lenkte unsere Geschosse so sicher), dass wir ihrer vierzehn töteten und mehrere andere, desgleichen einige Pferde verwundeten, da wir unsere Musketen mit mindestens zwei bis drei Kugeln geladen hatten.

Unsere Salve war für sie eine böse Überraschung; sie wichen sogleich mehr als hundert Ruten weit zurück. Inzwischen hatten wir unsere Musketen frisch geladen, und als wir sahen, dass sie diesen Abstand einhielten, machten wir einen Ausfall und fingen vier bis fünf ihrer Pferde ein, deren Reiter vermutlich gefallen waren. Als wir uns den Toten näherten, stellten wir ohne Weiteres fest, dass es sich um Tataren handelte, wussten aber nicht, aus welcher Gegend sie stammten oder was sie veranlasst hatte, einen so ungewöhnlich weiten Streifzug zu unternehmen.

Etwa eine Stunde später machten sie abermals Miene, uns anzugreifen, und ritten rund um unser Wäldchen, um nachzusehen, wo sie durchbrechen könnten. Als sie uns überall abwehrbereit fanden, zogen sie sich wieder zurück, und wir beschlossen, uns die ganze Nacht nicht aus unserer Verschanzung wegzurühren.

Wie man sich denken kann, schliefen wir nur wenig, verbrachten den größten Teil damit, unsere Stellung zu verstärken und die Zugänge zu dem Gehölz zu verbarrikadieren. Streng Wache haltend, warteten wir auf den Tagesanbruch, und als der Morgen graute, brachte er uns eine in der Tat unwillkommene Entdeckung. Die Zahl der Feinde, von denen wir angenommen hatten, der Empfang, den wir ihnen bereitet, würde sie entmutigt haben, war auf nicht weniger als dreihundert angewachsen, und sie hatten elf bis zwölf Hütten oder Zelte errichtet, als wären sie entschlossen, uns zu belagern. Dieses kleine Lager hatten sie auf freiem Feld, etwa eine Dreiviertelmeile von uns entfernt, aufgeschlagen. Wir waren wirklich überrascht, und ich muss gestehen, jetzt gab ich mich und alles, was ich besaß, verloren. Die Aussicht, meine Habe zu verlieren, ging mir nicht so nahe (obschon sie recht beträchtlich war) wie der Gedanke, gegen Ende meiner langen Wanderung, nachdem ich so zahlreiche Schwierigkeiten und Gefahren überwunden hatte, in die Hände solcher Barbaren zu fallen, noch dazu in Sichtweite des Hafens, der uns Sicherheit und Rettung versprach. Mein Teilhaber tobte vor Wut. Er erklärte, der Verlust seiner Waren würde sein Ruin sein, und er wolle lieber sterben als verhungern. Er war dafür, bis zum letzten Blutstropfen zu kämpfen.

Auch der junge Herr, tapfer wie nur je ein Mensch aus Fleisch und Blut, war für einen Kampf bis aufs Messer, und mein alter Freund, der Portugiese, meinte, so wie wir uns jetzt verschanzt hatten, würden wir uns ihrer leicht erwehren können. So verbrachten wir den ganzen Tag mit Erwägungen, was zu tun sei. Gegen Abend aber stellte sich heraus, dass die Zahl unserer Feinde noch immer zunahm, vielleicht deshalb, weil sie sich gruppenweise auf ihren Beutezügen befunden hatten. Die ersten hatten Späher entsandt, um Hilfe anzufordern und zu melden, welch reicher Gewinn winkte, und, wer weiß, vielleicht würden sie morgen noch viel zahlreicher sein. Deshalb erkundigte ich mich bei den Leuten, die wir aus Tobolsk mitgebracht hatten, ob es nicht einen anderen und geheimeren Weg gebe, auf dem wir ihnen nachts entwischen könnten, um uns entweder auf eine Stadt zurückzuziehen oder eine Eskorte zu bekommen, die uns durch die Wildnis geleiten würde.

Der sibirische Diener des jungen Herrn sagte mir, wenn wir die Absicht hätten, einen Kampf zu vermeiden und den Feinden auszuweichen, verpflichte er sich, uns im Schutz der Dunkelheit zu einem Weg zu führen, der nordwärts zur Petschora laufe. Er bezweifelte nicht, dass wir auf diesem Weg entrinnen könnten, ohne dass die Tataren Unrat witterten, fügte aber hinzu, sein Herr habe erklärt, er wolle lieber den Kampf als den Rückzug wählen. Ich erwiderte, er irre sich, sein Herr sei zu klug, um den Kampf um seiner selbst willen zu lieben; dass er tapfer sei, habe er schon bewiesen, aber er sei nicht so töricht, sechzehn oder siebzehn Mann gegen fünfhundert ins Feld führen zu wollen, sofern er nicht durch eine unvermeidliche Notlage dazu gezwungen wurde. Wenn er, der Diener, eine nächtliche Flucht für möglich halte, bleibe uns nichts übrig, als den Versuch zu wagen. Er antwortete, wenn sein Herr ihm einen entsprechenden Befehl erteilte, würde er sein Leben opfern, so er's nicht schaffte. Sehr bald hatten wir den jungen Herrn so weit, dass er, wenn auch insgeheim, den Befehl erteilte, und wir machten uns sofort daran, den Plan zu bewerkstelligen.

Sowie es zu dunkeln begann, zündeten wir erst einmal in unserem kleinen Lager ein Feuer an und sorgten dafür, dass es die ganze Nacht brennen würde, damit die Tataren meinten, wir seien noch da. Aber sobald es finster war, das heißt, sobald wir die Sterne sehen konnten (früher wollte unser Führer nicht aufbrechen), folgten wir, nachdem wir alle unsere Pferde und Kamele beladen hatten, dem neuen Pfadfinder, der, wie ich bald merkte, seinen Kurs nach dem Polar- oder Nordstern steuerte, da das Gelände in weitem Umkreis flach war.

Nach einem zweistündigen harten Marsch merkten wir, dass es noch heller wurde (es war ohnedies nicht die ganze Nacht finster), weil der Mond aufging, sodass es, kurz gesagt, heller wurde, als uns lieb war. Aber um sechs Uhr morgens hatten wir bereits an die vierzig Meilen hinter uns gebracht, obwohl wir freilich unsere Pferde fast zuschanden geritten hatten. Hier stießen wir nun auf ein russisches Dorf namens Kirmazinskoi, wo wir Rast machten. Diesen ganzen Tag sahen und hörten wir nichts von den kalmückischen Tataren. Etwa zwei Stunden nach Einbruch der Dunkelheit zogen wir wieder los und marschierten bis acht Uhr früh, wenn auch nicht so schnell wie zuvor. Gegen sieben Uhr morgens durchwateten wir ein Flüsschen namens Kirtza und gelangten zu einer schönen, großen, sehr volkreichen, von Russen bewohnten Stadt namens Ozimois. Dort erfuhren wir, dass mehrere Kalmückenhorden die Wüste durchstreift hatten, dass wir aber jetzt nichts mehr von ihnen zu befürchten hätten, und das hörten wir, wie man sich denken kann, mit großer Befriedigung. Wir mussten uns frische Pferde besorgen, und da wir Ruhe dringend brauchten, blieben wir fünf Tage lang. Mein Teilhaber und ich kamen überein, den redlichen Sibirier, der uns geführt hatte, für seine Dienste mit dem Gegenwert von zehn Pistolen zu belohnen.

In weiteren fünf Tagereisen erreichten wir Weuslima an dem Fluss Wytschegda, der in die Dwina mündet. Nun waren wir zu unserer großen Freude fast schon am Ende unseres Landweges angelangt, da man auf der Dwina in siebentägiger Fahrt Archangelsk erreichen kann. Am 3. Juli trafen wir in Lawrenskoi ein, besorgten uns zwei Lastkähne und zu unserer eigenen Bequemlichkeit eine Barke, schifften uns am Siebenten ein und kamen alle heil und gesund am Achtzehnten in Archangelsk an, nachdem wir ein Jahr, fünf Monate und drei Tage unterwegs gewesen waren, einschließlich unseres etwa achtmonatigen Aufenthalts in Tobolsk.

Sechs Wochen lang mussten wir auf die Ankunft der Schiffe warten und hätten noch länger warten müssen, wenn nicht ein Hamburger ungefähr einen Monat früher eingelaufen wäre als irgendein englisches Schiff. Nachdem wir uns überlegt hatten, dass die Stadt Hamburg vielleicht ein ebenso guter Markt für unsere Waren sein würde wie London, dingten wir Plätze für die Überfahrt, und da ich sogleich alle meine Güter an Bord schaffen ließ, war es das Natürlichste von der Welt, dass auch mein Proviantmeister an Bord ging, um sie zu hüten: Auf diese Weise hatte der junge Herr die Möglichkeit, sich verborgen zu halten. Während unseres gesamten Aufenthaltes in Archangelsk ging er kein einziges Mal an Land, um sich nur ja nicht in der Stadt blicken zu lassen, wo ihn sicherlich dieser oder jener moskowitische Kaufmann gesehen und erkannt haben würde.

Am 20. August desselben Jahres stachen wir in See und langten nach einer nicht ungewöhnlich schlechten Fahrt am 13. September auf der Elbe an.

Dort erzielten mein Teilhaber und ich sehr vorteilhafte Preise für unsere Waren, sowohl für die chinesischen als auch für die Zobelfelle etc. aus Sibirien. Nachdem wir den Erlös geteilt hatten, betrug mein Anteil 3475 Pfund, 17 Shilling, 3 Pence, trotz der großen Verluste, die wir erlitten, und der Unkosten, die wir hatten tragen müssen, nicht zu vergessen, dass in diese Summe die Diamanten im Wert von etwa sechshundert Pfund mit einbezogen waren, die ich in Bengalen gekauft hatte.

Nun verabschiedete sich der junge Herr von uns und fuhr elbaufwärts, um sich an den Wiener Hof zu begeben, wo er Gönner zu finden hoffte sowie die Gelegenheit, mit den Freunden seines Vaters, die noch am Leben weilten, in Verbindung zu treten. Er versäumte nicht, mir auf alle erdenkliche Weise seine Dankbarkeit für den Dienst zu bezeigen, den ich ihm erwiesen hatte, und zu betonen, wie sehr er sich meiner Güte gegenüber dem Fürsten, seinem Vater, bewusst sei.

Um die Geschichte zu beenden: Nach einem fast viermonatigen Aufenthalt in Hamburg begab ich mich von dort auf dem Landweg nach Den Haag, wo ich das Paketboot bestieg. Am 10. Januar 1705 kam ich in London an. Zehn Jahre und neun Monate hatte ich in der Fremde verbracht.

Und jetzt, entschlossen, mich keinen aufreibenden Mühen mehr auszusetzen, rüste ich zu der Reise, die länger dauern wird als alle die bisherigen. Ich bin zweiundsiebzig Jahre alt, habe ein unendlich abwechslungsreiches Leben hinter mich gebracht und den Wert des Otiums sowie den Segen, meine Tage in Frieden zu beschließen, zur Genüge schätzen gelernt.

Das Leben, die Abenteuer
und Piratenzüge des berühmten

KAPITÄN SINGLETON

Enthält den Bericht, wie dieser an der Küste von Madagaskar ausgesetzt wurde und sich dort niederließ, samt einer Beschreibung der Insel und ihrer Bewohner; wie er sodann in einem einfachen Kahn von dort nach dem Festland von Afrika gelangte, nebst einigen Nachrichten von den Gebräuchen und Sitten der dortigen Bevölkerung. Auch wird berichtet, auf welch wundersame Weise er von den barbarischen Eingeborenen und den wilden Tieren gerettet wurde, wie er unter den Indianern einem aus London stammenden Engländer begegnete, welch große Reichtümer er anhäufte und wie er zuletzt wieder nach England gelangte. Schließlich wird von Kapitän Singletons Rückkehr zur See Nachricht gegeben und von seinen zahlreichen Abenteuern und Piratenzügen, die er mit dem berühmten Kapitän Avery und anderen unternommen hat.

Aus dem Englischen von Carl Kolb,
durchgesehen und ergänzt von Ulrike Stange

1. Kapitel

Große Männer, deren Leben denkwürdig gewesen und deren Taten auf die Nachwelt zu kommen verdienen, pflegen in ihren Lebensbeschreibungen einen hohen Wert auf ihre Herkunft zu legen und behelligen den Leser nicht nur des Langen und Breiten mit der Geschichte der Familie, sondern auch mit der ihrer Vorfahren, solange sich von ihnen noch etwas erzählen lässt. Will ich daher methodisch zu Werke gehen, so muss ich wohl ein Gleiches tun, obgleich ich in meinem Stammbaum nicht weit zurückblicken kann, wie man bald sehen wird.

Wenn ich der Frau glauben darf, welche ich Mutter zu nennen gelehrt wurde, war ich ein kleiner Knabe von zwei Jahren, als mich an einem schönen Sommerabend ein Kindsmädchen, das mich behüten sollte, unter dem Vorwand, mich in die frische Luft zu bringen, in die Felder von Islington hinausführte. Ich war gut gekleidet und hatte außerdem ein zwölf- oder vierzehnjähriges Mädchen aus der Nachbarschaft zur Gesellschaft. Meine Wärterin – sei es durch Zufall oder Bestellung – traf mit einem Burschen (wahrscheinlich ihrem Geliebten) zusammen, der sie mit in ein Wirtshaus nahm, um sie mit Bier und Kuchen zu traktieren. Während sich das Pärchen in dieser Weise im Haus vergnügte, spielte außen das Mädchen mit mir und führte mich, ohne an etwas Böses zu denken, durch den Garten und hinten hinaus ins Feld, wo uns meine Hüterin bald sehen, bald nicht sehen konnte.

Wie es nun so gehen mag – wir begegneten, wie es scheint, einem von jenen Leuten, die sich ein Geschäft daraus machen, kleine Kinder wegzustehlen. Das war ein teuflisches Gewerbe in jenen Tagen, das zumal an gut gekleideten kleinen Kindern, bisweilen aber auch an größeren, die man in die Plantagen verkaufen konnte, geübt wurde.

Die Frau schien eine große Freude an mir zu haben, nahm mich auf die Arme, küsste mich, spielte mit mir, lockte das Mädchen immer weiter vom Haus weg, machte ihr endlich etwas weis und trug ihr auf, in das Haus zurückzukehren und meiner Wärterin zu sagen, wo sie mit dem Kleinen wäre. Eine Dame von Stand habe Neigung zu dem Kind gefasst und lasse es auf ihrem Schoß spielen; die Wärterin brauche indes nicht besorgt zu sein, da die Frau mit dem Knaben unten warte; und so, während das Mädchen dem Auftrag nachkam, machte die Dame von Stand sich mit mir aus dem Staub.

Von dieser Zeit wurde ich, wie es scheint, einer Bettlerin übergeben, die zur Betreibung ihres Gewerbes eines ganz kleinen Kindes bedurfte; und danach kam ich an eine Zigeunerin, bei der ich bis zu meinem sechsten Jahr blieb. Obgleich diese Frau mich in allen Teilen des Landes mit herumschleppte, ließ sie mich doch nie an etwas Mangel leiden, und ich nannte sie Mutter. Später sagte sie mir, dass sie nicht meine Mutter sei, sondern dass sie mich für zwölf Schillinge von einer anderen Frau gekauft habe, welche ihr mitgeteilt hätte, wie sie zu mir gekommen, und dass ich Bob Singleton hieße – nicht Robert, sondern einfach Bob, denn man schien meine wahren Taufnamen nicht zu kennen.

Es ist umsonst, hier Vermutungen aufzustellen, in welchen Schrecken wohl die nachlässige Dirne, die mich verloren, geraten war, welche Behandlung ihr von dem gerechten Zorn meiner Eltern zuteilwurde und welches Entsetzen diese bei dem Gedanken erfüllte, ihr Kind in dieser Weise entführt zu wissen; denn ich habe, wie bereits erwähnt, nie erfahren, wer meine Eltern waren, und es wäre daher eine nutzlose Abschweifung, wenn ich hier davon reden wollte.

Es begab sich indes, dass meine gute Zigeunermutter – ohne Zweifel um einiger ihrer wackeren Handlungen willen – im Lauf der Zeit gehängt wurde, und da sich dieser Vorfall zu einem Zeitpunkt ereignete, wo ich noch nicht ganz in das Landstreichergewerbe eingeweiht war, so gab natürlich das Kirchspiel, wo ich zurückgeblieben war, an dessen Namen ich mich jedoch ums Leben nicht entsinnen könnte, den nötigsten Unterhalt. Meine frühesten Rückerinnerungen beschränken sich darauf, dass ich in eine Kirchspielschule ging und dass der Geistliche des Ortes mir zu sagen pflegte, ich solle nur ein gutes Kind werden, denn wenn ich auch ein armer Knabe sei, so könne ich doch einmal mein Glück machen, wenn ich meinen Katechismus fleißig lerne und Gott fürchte.

Ich glaube, ich wurde etliche Mal von einer Stadt zur anderen transportiert – vielleicht weil die Kirchspiele den letzten Aufenthalt meiner mutmaßlichen Mutter bestritten; ich kann mich jedoch nicht mehr erinnern, ob ich dabei zu Fuß gehen musste oder fahren durfte. Die Stadt indes, welcher ich endlich verblieb, muss nicht weit vom Meer gelegen haben; denn ein Schiffseigentümer, der Neigung zu mir fasste, brachte mich zuerst nach einem Ort unfern Southampton, welcher, wie ich später erfuhr, Bussleton war. Hier machte ich bei den Zimmerleuten und anderen Handwerkern, welche ein Schiff für ihn bauten, den Handlanger, und als das Schiff fertig war, nahm er mich, ungeachtet ich noch nicht zwölf Jahre zählte, auf eine Seereise nach Neufundland mit.

Ich lebte da behaglich genug und wurde meinem Herrn so lieb, dass er mich wie seinen eigenen Sohn hielt; auch würde ich ihn gern Vater genannt haben, aber er wollte das nicht haben, weil er eigene Kinder hatte. Ich machte drei oder vier Reisen mit ihm und war bereits zu einem kräftigen Jungen herangewachsen, als wir auf dem Heimweg von Neufundland von einem algerischen Korsaren abgefangen wurden. Wenn mich mein Gedächtnis nicht täuscht, fällt dieses Ereignis in das Jahr 1695; denn ich hielt damals natürlich noch kein Tagebuch.

Dieser Unfall focht mich nicht besonders an, obgleich ich sah, dass mein Herr, der während des Kampfes eine Kopfwunde erhalten hatte, von den Sarazenen sehr misshandelt wurde – ich sage, er focht mich nicht besonders an, bis mir unglücklicherweise etwas entfuhr, was, soviel ich mich erinnere, Bezug auf die barbarische Behandlung meines Herrn hatte, worauf man mir mit einem Stock die Fußsohlen so unbarmherzig zerarbeitete, dass ich mehrere Tage weder gehen noch stehen konnte.

Doch war mir das Glück bei dieser Gelegenheit günstig, denn als der Korsar – unser Schiff als Prise im Schlepptau – angesichts der Bucht von Cadiz auf die Meerenge von Gibraltar lossteuerte, wurde er durch zwei große portugiesische Kriegsschiffe angegriffen, genommen und nach Lissabon geführt.

Da mich meine Gefangenschaft wenig kümmerte und ich überhaupt nicht wusste, welche Folgen für mich daraus hätten erwachsen können, ließ ich mir auch meine Befreiung nicht recht angelegen sein. Es war auch nicht in gleicher Weise eine Befreiung, wie ich es wohl sonst empfunden hätte, denn mein Herr, der einzige Freund, den ich auf Erden besaß, war in Lissabon an seinen Wunden gestorben, und es blieb mir daher in einem fremden Land, wo ich niemand kannte und nicht ein Wort der Landessprache reden konnte, nichts übrig, als Hungers zu sterben. Jedenfalls war mein Los so ein besseres, als ich hoffen durfte; denn als die übrigen von unserer Mannschaft ihre Freiheit und das Recht erhalten hatten hinzugehen, wohin sie wollten, blieb ich, da ich nicht wusste wohin, mehrere Tage auf dem Schiff, bis mich endlich ein Leutnant sah und Erkundigung einzog, was der junge englische Hund hier wolle und warum man ihn nicht an Land bringe.

Ich hörte dies, verstand, wenn auch nicht gerade seine Worte, so doch den Sinn derselben, und fürchtete mich sehr, denn ich wusste nicht, wo ich einen Bissen Brot herbringen sollte. Unmittelbar darauf kam auch der Steuermann des Schiffes, ein alter Matrose, der meine verdutzte Miene sah, auf mich zu und erklärte mir in gebrochenem Englisch, dass ich fortmüsse. »Aber wohin soll ich?«, sagte ich. – »Wohin du willst«, sagte er, »nach Hause, nach England, wenn du Lust hast.« – »Aber wie soll ich dahin kommen?«, sagte ich. – »Hast du denn keinen Freund?«, sagte er. – »Nein«, sagte ich, »auf der ganzen Welt keinen als den Hund dort« – ich zeigte auf den Schiffshund, der kurz zuvor ein Stück Fleisch gestohlen und damit in meine Nähe gekommen war, worauf ich es ihm abjagte und es selber verzehrte –, »er ist mir ein Freund gewesen und hat mir mein Mittagessen gebracht.«

»Nun, nun«, sagte er, »am Essen soll es dir nicht fehlen. Willst du mit mir gehen?« – »Von Herzen gern«, sagte ich. Mit einem Wort, der alte Steuermann nahm mich mit nach Hause und behandelte mich ziemlich gut, obgleich es mit dem Essen spärlich genug herging. Ich wohnte ungefähr zwei Jahre bei ihm, während welcher Zeit er sich um eine Anstellung bewarb. Er wurde auch endlich Schiffsmeister oder Steuermann auf einer unter dem Kommando des Kapitäns Don Garcia de Pimentesia de Carravallas stehenden Galeone oder Karacke, die nach Goa in Ostindien segeln sollte, und brachte mich, sobald er die Bestallung hatte, an Bord, um seinen Schiffsverschlag zu beaufsichtigen, in welchem er reichliche Vorräte von Branntwein, Zitronat, Zucker, Gewürzen und dergleichen für die eigene Bequemlichkeit während der Reise aufgehäuft hatte und später auch eine beträchtliche Menge europäischer Güter, als da waren: feine Spitzen, Leinwand, Wollstoffe und ähnliche Waren – angeblich als seinen Kleidervorrat – einlegte.

Ich war zu neu in diesem Metier, um ein Tagebuch über diese Reise zu führen, obgleich mein Herr, der für einen Portugiesen ein ganz gebildeter Mann war, mich dazu aufforderte; meine Unkenntnis der Sprache war indes ein Hindernis oder galt wenigstens als Entschuldigung. Dessen ungeachtet blickte ich aber nach einiger Zeit in seine Bücher und Karten; und da ich eine leidliche Hand schrieb, einiges Latein verstand und das Portugiesische zu radebrechen anfing, lernte ich die Anfangsgründe der Navigation, obgleich nicht so viel, als wohl für ein so begebnisreiches Leben wie das meinige hinreichend war. Kurz, ich erwarb einige wichtige Kenntnisse auf dieser Reise mit dem Portugiesen, ganz besonders die Kunst, ein durchtriebener Gauner und schlechter Matrose zu sein, denn ich glaube, ich kann sagen, die Portugiesen sind für beide Fertigkeiten die besten Lehrmeister von allen Nationen der Welt.

Wir fuhren auf unserer Reise nach Ostindien die Küste von Brasilien entlang. Nicht dass dies der gewöhnliche Weg gewesen wäre, aber unser Kapitän machte zuerst – sei es auf eigene Rechnung oder im Auftrag der bei der Expedition beteiligten Kaufleute – einen Abstecher in dieser Richtung, wo wir in der Allerheiligenbucht, oder wie sie in Portugal heißt, in dem Rio de Todos los Santos fast an hundert Tonnen Gut ablieferten und eine beträchtliche Menge Gold nebst einigen Kisten Zucker und einigen achtzig Rollen Tabak, jede mindestens zu einem Zentner, einnahmen.

Im Auftrag meines Herrn wurde ich an die Küste beordert und musste dort bald auch die Geschäfte des Kapitäns besorgen, da dieser sah, wie ich gar eifrig für den Vorteil meines Auftraggebers tätig war. Um den Kapitän für sein falsches Vertrauen zu belohnen, fand ich Mittel, mir ungefähr zwanzig Moidore von dem Gold zu sichern, d. h. zu stehlen, das von den Kaufleuten an Bord verladen wurde.

Von hier aus hatten wir eine erträglich gute Fahrt nach dem Kap der Guten Hoffnung. Mein Herr hielt mich für einen ungemein eifrigen und treuen Diener. Eifrig war ich in der Tat, von aller Treue jedoch weit entfernt, auch wenn ich allgemein zu Unrecht für treu gehalten wurde. Infolge dieses argen Irrtums gewann mich auch der Kapitän so lieb, dass er mich häufig in seinen eigenen Geschäften verwendete. Für meinen Diensteifer belohnte er mich auch durch manche Auszeichnung und gab mich für seine eigenen Bedürfnisse bei der Tafel als eine Art von Unterproviantmeister dem Proviantmeister des Schiffes bei. Es war zwar außerdem noch ein anderer Verwalter da, der das persönliche Eigentum des Kapitäns unter sich hatte, aber mir waren diejenigen Schiffsvorräte übertragen, welche dem Kapitän unter dem Titel der Nutznießung anheimfielen.

Durch solche Mittel hatte ich herrliche Gelegenheit, für den Diener meines Herrn – das heißt für mich – Sorge zu tragen und mich in genügender Weise vorzusehen, dass ich besser lebte als irgendjemand auf dem Schiff, denn der Kapitän verlangte selten etwas aus den Schiffsvorräten, ohne dass ein Teil davon für mich abfiel. Nach einer ungefähr siebenmonatigen Fahrt von Lissabon aus langten wir auf Goa an, wo wir weitere acht Monate verweilten. Mein Herr war die ganze Zeit über fast immer an Land, und ich hatte in der Tat weiter nichts zu tun, als den Portugiesen, die das treuloseste, schändlichste, anmaßendste und grausamste Volk in der ganzen Christenheit sind, ihre Schuftigkeit abzulernen.

Diebstahl, Lüge, Meineid und die schändlichste Liederlichkeit gehörten unter der Schiffsmannschaft zur Tagesordnung; und sosehr die Matrosen mit ihrem Mut prahlten, waren sie doch im Durchschnitt die hasenherzigsten Memmen, die mir je vorkamen, wie sich denn auch ihre Feigheit bei vielen Gelegenheiten offenbarte. Dessen ungeachtet fand sich jedoch auch hin und wieder einer unter ihnen, der weniger verworfen war als der Rest, und da ich hauptsächlich mit diesen verkehrte, kannte ich gegen die übrigen kein anderes Gefühl als das der tiefsten Verachtung, welche sie auch in jeder Hinsicht verdienten.

Ich passte übrigens ganz gut in eine solche Gesellschaft, denn in meinem Herzen wohnte auch nicht das mindeste Gefühl für Anstand und Religion. Ich hatte von beiden nie mehr gehört, als was mir ein guter, alter Pfarrer in meinem achten oder neunten Lebensjahr gesagt, und ich wurde bald so verderbt, als ein Mensch nur sein kann oder vielleicht je geworden ist. Ohne Zweifel war es das Schicksal, das so meine Schritte lenkte, weil es wusste, dass ich eine Aufgabe in der Welt zu erfüllen hatte, die niemand hätte erfüllen können als wer gegen alle Empfindung der Ehre und der Frömmigkeit gänzlich verhärtet war. Aber selbst in diesem Zustand der eigenen Verruchtheit blieb mir ein so entschiedener Abscheu gegen die heillose Niederträchtigkeit der Portugiesen, dass ich nicht umhin konnte, sie von Anfang an von ganzem Herzen zu hassen, ein Gefühl, das mich in meinem ganzen späteren Leben nie verlassen hat. Ihre viehischen Ausschweifungen, ihre niederträchtige Treulosigkeit gegen Fremde sowohl als unter sich, ihre hündische Kriecherei, wo man *ihnen* befahl, und die barbarische, tyrannische Unverschämtheit, wo sie zu befehlen hatten – alles das wandte mir das Herz im Leib um. Fügen wir noch den natürlichen Hass des Engländers gegen den Feigling bei, so trifft alles zusammen, was mir den Teufel und einen Portugiesen in meinem Abscheu gleich erscheinen ließ.

Dem englischen Sprichwort zufolge muss man indes, wenn man bei dem Teufel an Bord geht, mit dem Teufel segeln. Ich war einmal unter ihnen, und so musste ich mich eben unter ihnen behelfen, so gut es ging. Wie oben erwähnt, hatte mein Herr erlaubt, dass ich dem Kapitän in seinen Angelegenheiten behilflich war. Ich erfuhr jedoch später, dass der Kapitän meinem Herrn für meine Dienste monatlich einen halben Moidor bewilligte und dass er gleichzeitig meinen Namen in die Schiffsliste eingetragen hatte. Ich erwartete daher, dass bei der nächsten Soldauszahlung, die, wie es schien, alle vier Monate statthatte, von meinem Herrn auch mir etwas abgetreten würde.

Ich irrte mich jedoch in meinem Mann, denn etwas der Art fiel ihm nicht im Entferntesten ein. Er hatte mich im Unglück aufgenommen, weshalb es ihm gut dünkte, mich demgemäß zu halten und mich bestmöglich auszubeuten. Anfangs glaubte ich freilich, er hätte mir bloß aus Menschenliebe und Mitleid mit meiner kläglichen Lage Unterstützung angedeihen lassen, und als ich an Bord gebracht wurde, zweifelte ich nicht, dass mir für meine Dienstleistungen auch einiger Lohn würde.

Er dachte jedoch, wie es scheint, ganz anders, denn als ich einmal nach einem Löhnungstag einen Bekannten zu ihm schickte, um mit ihm über die Sache zu sprechen, geriet er in furchtbaren Zorn, nannte mich einen englischen Hund, einen jungen Ketzer und drohte, mich der Inquisition zu übergeben. In der Tat von allen Ehrentiteln, die sich mit den vierundzwanzig Buchstaben des Alphabets schreiben lassen, verdiente ich den eines Ketzers am allerwenigsten; denn da ich gar nichts von Religion wusste, weder von der protestantischen noch der katholischen, noch der mohammedanischen, konnte ich unmöglich ein Ketzer sein. Übrigens wäre ich, so jung wie ich war, um ein Haar in die Hände der Inquisition geraten, und hätte man mich da nach meinem Glauben gefragt, so würde ich mich sicher zu dem ersten besten, den mir die Frage nannte, bekannt haben. Hätte also die erste dahin gelautet, ob ich Protestant wäre, würde mich meine Antwort sicher zu einem Märtyrer für eine Sache gemacht haben, die mir ganz und gar ein böhmisches Dorf war.

Aber der Priester, den wir bei uns hatten, oder der Schiffskaplan, wie man ihn nannte, rettete mich; denn da er sah, dass ich in Glaubensfragen ganz unwissend war und alles tat oder sagte, was man von mir verlangte, legte er mir einige Fragen vor, welche ich so einfältig beantwortete, dass er versicherte, er bürge dafür, dass ich ein guter Katholik sei, und er hoffe, das Mittel zu werden, meine Seele zu retten. Er suchte auch ein Verdienst darin, seinen Worten Ehre zu machen, und so stutzte er mich in etwa einer Woche zu einem so guten Papisten zu, als nur einer auf dem Schiff war.

Ich erzählte ihm sodann den Vorfall mit meinem Herrn und teilte ihm mit, es wäre wahr, dass er mich, als ich mich in den kläglichsten Umständen auf dem Lissabonner Kaper befunden, aufnahm, dass ich ihm nicht genug für die Wohltat, mich an Bord dieses Schiffes gebracht zu haben, danken könne, da ich, wenn ich in Lissabon geblieben wäre, hätte Hungers sterben müssen und dergleichen; in Betracht dieser Wohltaten, erklärte ich, wollte ich ihm gern dienen, aber ich hoffte, dass er meinem Eifer eine kleine Anerkennung zuteilwerden oder dass er mich wenigstens wissen ließe, wie lange er meine Dienste noch unentgeltlich verlangte.

Aber das war alles umsonst. Weder der Geistliche noch sonst jemand konnte ihn überzeugen, dass ich nur sein Diener, nicht aber sein Sklave sei. Er behauptete das Letztere mit der Begründung, dass er mich von einem algerischen Schiff genommen hätte und ich also ein Mohammedaner wäre, der sich für einen Engländer ausgebe, um die Freiheit zu gewinnen; er wolle mich daher als einen ungläubigen Hund den Händen der Inquisition überliefern.

Dies schüchterte mich über die Maßen ein, denn ich hatte niemand, der bezeugen konnte, wer ich wäre und woher ich käme; aber der gute Pater Antonio – denn dies war sein Name – beruhigte mich in dieser Hinsicht auf eine Weise, die ich nicht verstand. Er kam nämlich eines Morgens mit ein paar Matrosen zu mir und erklärte, er wolle mich untersuchen, um sich zu überzeugen, ob ich ein Mohammedaner sei oder nicht. Ich war ebenso sehr verwundert als erschrocken, denn ich verstand von alledem nichts und konnte mir nicht denken, was man mit mir vorhatte. Ich wurde sofort entkleidet; man schien zufrieden zu sein, und Pater Antonio beruhigte mich mit der Erklärung, sie könnten jetzt alle bezeugen, dass ich kein Mohammedaner wäre. So entging ich wenigstens in dieser Hinsicht der Grausamkeit meines Herrn.

Von Stunde an war ich nun fest entschlossen, von ihm fortzulaufen, wenn es tunlich wäre. Aber dieses wollte sich nicht schicken, denn es befanden sich keine anderen Schiffe als drei Perser von Ormuz in dem Hafen, und wenn ich ans Land entwich, hätte er mich leicht wieder aufgreifen und mit Gewalt an Bord zurückbringen lassen können. Ich sah mich also auf die Geduld verwiesen, die mir jedoch bald zu Ende ging, denn von dieser Zeit an begann er mich zu misshandeln und schmälerte mir nicht nur meinen Mundvorrat, sondern peitschte mich auch wegen jeder Kleinigkeit aufs Unmenschlichste, sodass – mit einem Wort – mein Leben ein höchst elendes war.

Diese grausame Behandlung und die Unmöglichkeit, seinen Händen zu entfliehen, ließen mein Gehirn alle Arten von Unheil brüten, und ich kam endlich, nachdem ich alle anderen Mittel überlegt und als unausführbar befunden hatte, zu dem Entschluss, ihn zu ermorden. Mit diesem höllischen Vorhaben im Herzen sann ich ganze Tage und Nächte über die Möglichkeit, es zu bewerkstelligen, nach, und der Teufel schürte kräftig in meinem Innern. Aber wie es anpacken? Ich hatte weder ein Schießgewehr noch einen Degen oder eine sonstige Waffe, womit ich ihm hätte ans Leben gehen können. Ich dachte vornehmlich an Gift, wusste aber nicht, wo ich welches herbekommen konnte, oder wenn dies auch der Fall gewesen wäre, kannte ich nicht einmal die Landessprache so weit, um es fordern zu können.

So machte ich mich der Tat zu hundert und aberhundert Malen in Gedanken schuldig, aber die Vorsehung vereitelte, entweder um seinet- oder um meinetwillen, stets meine Pläne, sodass ich sie nicht auszuführen vermochte. Ich musste daher in seinen Banden bleiben, bis das Schiff, nachdem es seine Ladung eingenommen, den Heimweg nach Portugal antrat.

Ich kann nichts von dieser Fahrt erzählen, da ich, wie gesagt, kein Tagebuch führte, und erinnere mich nur noch, dass wir auf der Höhe des Kaps der Guten Hoffnung (so nennen wir es, sie nennen es Cabo de Bona Speranza) durch einen gewaltigen Sturm aus Westsüdwest zurückgeschlagen wurden, der uns sechs Tage und sechs Nächte lang ostwärts trieb, und danach, als wir noch wenige Tage vor dem Wind herliefen, warfen wir endlich an der Küste von Madagaskar Anker.

Der Sturm war so heftig gewesen, dass das Schiff bedeutenden Schaden genommen hatte und daher der Ausbesserung bedurfte, was einige Zeit erforderte. Mein Herr, der Steuermann, hatte zu diesem Zweck das Schiff in eine gute Reede gebracht, wo wir in sechsundzwanzig Faden tiefem Wasser ungefähr eine halbe Meile vom Land ab vor Anker ritten.

Während das Schiff hier lag, brach unter der Mannschaft, da man ihr einigen Soldrückstand nicht bezahlt hatte, eine Meuterei aus, die ein solches Ausmaß erreichte, dass die Mannschaft im Begriff war, den Kapitän ans Ufer zu setzen und mit dem Schiff nach Goa zurückzukehren. Ich wünschte von ganzem Herzen, dass dies geschehen möchte, denn mein Gehirn brütete Rachepläne, und ich war entschlossen, das Äußerste zu wagen. Man nahm indes von mir wenig Notiz, denn ich galt nur als ein Knabe, sonst hätte mir mein aufrührerisches Treiben, das ich ziemlich offen zur Schau stellte, schon in dieser frühen Lebensperiode einen Strick um den Hals eintragen können. Einige von den Meuterern trugen den Plan mit sich herum, den Kapitän zu ermorden; dieser erhielt jedoch Wind und brachte ein paar von der Bande zum Teil durch Geld und Versprechungen, zum Teil durch Drohungen und gewaltsame Maßregeln zu einem Geständnis der Einzelheiten des Komplotts. Die Beteiligten wurden augenblicklich festgenommen, und da einer gegen den anderen aussagte, befanden sich bald sechzehn Personen – unter ihnen auch ich – in Ketten und Banden.

Der Kapitän war über den Vorgang, der ihn mit so ernstlicher Gefahr bedroht hatte, ganz wütend, und da er im Sinn hatte, das Schiff von seinen Feinden zu säubern, wurde Gericht über uns gehalten, das uns insgesamt zum Tode verurteilte. Ich war zu jung, um auf den Gang des Prozesses zu achten, und erinnere mich nur noch, dass der Zahlmeister und einer der Kanoniere auf der Stelle gehängt wurden, während ich mit den übrigen dem gleichen Schicksal entgegensah. Ich kann nicht gerade sagen, dass diese Aussicht einen besonders tiefen Eindruck auf mich machte, denn ich kannte wenig von dieser und nichts von einer anderen Welt, obgleich ich mich noch entsinne, dass ich viel weinte.

Der Kapitän begnügte sich jedoch mit der Hinrichtung dieser beiden. Einige von den übrigen krochen zu Kreuze, versprachen für die Zukunft gutes Betragen und wurden begnadigt, aber über fünf, zu denen auch ich gehörte, lautete die Verfügung dahin, dass sie an irgendeinem Eiland ausgesetzt werden sollten. Es lag in dem Interesse meines Herrn, mir Pardon zu erwirken, was jedoch von dem Kapitän rundweg abgeschlagen wurde, indem er erklärte, dass ich, sobald ich an Bord bliebe, gehängt werden müsste; denn es wäre ihm hinterbracht worden, ich sei unter denen gewesen, welche es vorzugsweise auf seine Ermordung abgesehen hätten; es stehe daher meinem Herrn frei, für mich zu wählen, was ihm am besten dünke. Der Kapitän schien mir meine Beteiligung an dem Komplott besonders übel zu nehmen, weil er mir viel Güte erwiesen und mich, wie ich bereits erwähnte, für seinen persönlichen Dienst auserwählt hatte; und dies mochte ihn wohl veranlassen, meinem Herrn die Wahl zwischen der Hinrichtung oder der Aussetzung seines Dieners freizustellen – eine Wahl, die jenem wohl nicht schwergefallen wäre, wenn er meine wohlwollenden Gesinnungen gegen ihn gekannt hätte, die in nichts Geringerem bestanden, als ihn bei der ersten Gelegenheit zu ermorden. Ich muss daher mein damaliges Unglück für eine Fügung der Vorsehung betrachten, welche mich daran hinderte, meine Hand in Blut zu tauchen, wie mich auch dieser Umstand veranlasste, für die Folge weniger blutgierig zu sein, als es vielleicht sonst der Fall gewesen wäre. Was übrigens meine Beteiligung bei dem Mordplan gegen den Kapitän anbelangt, so war mir hierbei Unrecht geschehen, denn dieser Vorwurf galt nicht mir, sondern einem der Begnadigten, der das Glück gehabt hatte, der Entdeckung dieses Umstandes zu entgehen.

Ich sollte nun einem unabhängigen Leben anheimgegeben werden – allerdings ein Zustand, für den ich schlecht genug vorbereitet war; denn da ich schon unter der strengen Zucht des Schiffes allen meinen Leidenschaften die Zügel schießen ließ und nichts meine Tollkühnheit zu bändigen vermochte, war ich nun ganz und gar unfähig, von der Freiheit einen vernünftigen Gebrauch zu machen. Wirklich war ich auch zu jedem bösen Streich so bereit, als es nur irgendein junger Bursche sein kann, der nie einen ernsten Gedanken in seiner Seele Platz ergreifen ließ. An Erziehung fehlte es mir ja gänzlich, und alle die kleinen Szenen meines Lebens waren nur eine Reihe von Gefahren und verzweifelten Umständen gewesen. Meine Jugend oder mein Stumpfsinn ließen jedoch keinen Kummer und kein Angstgefühl in mir aufkommen, da ich die Folgen nicht zu würdigen verstand.

Freilich hatte diese gedankenlose Unbekümmertheit auch etwas Gutes; denn wenn sie mich waghalsig und zu jedem Unheil bereit machte, so hielt sie auch die Sorge und die Trostlosigkeit fern, welche sonst gern die Stunden des Unglücks begleiten und den Geist so bedrücken, dass ihm nicht die nötige Freiheit bleibt, auf Mittel zu sinnen, welche imstande sind, die Lage des Augenblicks zu verbessern. Dieses war auch wirklich bei meinen Gefährten der Fall, die sich im Augenblick der Not so verzagt benahmen, dass die Furcht, verhungern zu müssen, von wilden Tieren gefressen, umgebracht, vielleicht von Kannibalen verzehrt zu werden und dergleichen, keinem anderen Gedanken mehr Raum gab.

Ich mochte kaum siebzehn oder achtzehn Jahre zählen, als mir mein Schicksal angekündigt wurde. Ich vernahm es, ohne eine Spur von Entmutigung blicken zu lassen. Ich fragte allerdings, was mein Herr dazu sage, und erfuhr dann, dass er alles aufgeboten hätte, mich zu retten. Als man mir aber mitteilte, wie der Kapitän ihm die Wahl gelassen, mich hängen oder auf einer Insel aussetzen zu lassen, gab ich alle Hoffnung, wieder zu Gnaden angenommen zu werden, auf. Meinem Herrn wusste ich für seine Fürbitte bei dem Kapitän wenig Dank, denn es war mir wohl bekannt, dass der Grund nicht in seiner Liebe zu mir, sondern in seiner Liebe zu sich selber lag; er hätte nämlich gar zu gern den Sold, mit dem ich in der Schiffsliste stand und der sich nebst dem, was mir für den persönlichen Dienst bei dem Kapitän berechnet wurde, monatlich auf sechs Dollars belief, für mich eingestrichen.

Auf die Nachricht von der wohlwollenden Fürsprache meines Herrn bat ich um eine Unterredung mit ihm; es wurde mir jedoch bedeutet, dass dieses nur stattfinden könne, wenn er sich bequeme, zu mir herunterzukommen, da es keineswegs anginge, mich zu ihm hinaufzulassen. Als man ihm meinen Wunsch hinterbrachte, besuchte er mich. Ich fiel vor ihm auf die Knie nieder und bat ihn, mir alles, was ihm an mir missfallen hätte, zu verzeihen; denn gerade damals erfüllte der frühere Mordanschlag meine Seele mit Entsetzen, und es fehlte wenig, dass ich ihm den verbrecherischen Gedanken bekannt und mir seine Vergebung dafür erfleht hätte. Er erklärte mir, dass er alles aufgeboten hätte, um Pardon für mich zu erwirken, aber vergeblich, und so wüsste er mir keinen bessern Rat, als mich geduldig in mein Schicksal zu fügen, er wolle sich's übrigens angelegen sein lassen, falls ihnen ein portugiesisches Schiff am Kap begegne, es zu bewegen, nach uns zu spähen und uns wieder an Bord zu nehmen, wenn wir aufgefunden werden könnten.

Auf meine Bitte, mich meine Kleider mitnehmen zu lassen, meinte er, ich würde wohl wenig Kleider brauchen, denn es sei geringe Hoffnung für mich vorhanden, lange am Leben zu bleiben; er hätte gehört, die Insel, auf der wir ausgesetzt werden sollten, berge Menschenfresser (er hatte übrigens durchaus keinen Grund für diese Annahme), und so würden wir unter ihnen nicht leben können. Ich erklärte darauf, dies mache mir nicht so viel Sorge als die Gefahr des Verhungerns; denn wenn die Einwohner in der Tat Menschenfresser wären, dürften sie wohl eher uns als wir ihnen zur Speise dienen, falls man ihnen nur beikommen könnte. Die Gefahr bestände für uns nur darin, dass wir keine Waffen hätten, um uns zu verteidigen, weshalb ich ihn um weiter nichts bäte, als dass er mir ein Gewehr, einen Säbel, etwas Pulver und ein paar Kugeln geben möchte.

Er lächelte und sagte, dies könnte uns alles nichts nützen, denn wir dürften durchaus nicht hoffen, unter den vielen und blutgierigen Einwohnern der Insel unser Leben zu behalten. Ich ließ jedoch nicht ab, um ein Gewehr zu bitten, da es uns wenigstens *einen* Dienst leisten könnte, dass wir nämlich nicht auf der Stelle abgeschlachtet und verzehrt würden, bis er endlich die Erklärung abgab, er wisse nicht, ob ihm der Kapitän die Erlaubnis erteilen werde, meinem Gesuch zu willfahren, ohne die er natürlich eine derartige Vergünstigung nicht verantworten könne; er wolle indes tun, was er könne, um meiner Bitte geneigtes Gehör zu verschaffen. Er hielt Wort und schickte mir des andern Tages eine Flinte mit der Nachricht, der Kapitän wolle uns die Munition erst zukommen lassen, wenn wir alle am Strand und seine Anker gelichtet wären. Auch sandte er mir das Wenige an Kleidern, was ich noch auf dem Schiff hatte.

Zwei Tage später wurden wir alle zusammen an Land gebracht; als meine Verbrecherkumpanen erfuhren, dass ich ein Gewehr, etwas Pulver und einige Kugeln hatte, baten sie darum, das gleiche mitnehmen zu dürfen, was ihnen auch gewährt wurde; und so wurden wir an Land gesetzt und sollten uns selbst helfen.

Als wir zum ersten Mal die Insel betraten, erschraken wir nicht wenig vor dem wilden Aussehen ihrer Bewohner, obschon ihr Äußeres nicht ganz so entsetzenerregend war, wie es uns die Matrosen geschildert hatten. Als wir jedoch in nähere Berührung mit ihnen kamen, fanden wir, dass sie keine Kannibalen waren; denn es fiel ihnen nicht ein, sogleich über uns herzufallen und uns auszuzehren. Im Gegenteil kamen sie auf uns zu, setzten sich zu uns nieder und betrachteten neugierig unsere Kleider und Waffen. Auch versahen sie uns mit Nahrungsmitteln, wie sie gerade zur Hand waren, vornehmlich Wurzeln, die sie aus der Erde gegraben hatten, aber später brachten sie uns Fleisch und Geflügel in Menge.

Dies hob den Mut meiner vier Gefährten wieder bedeutend. Waren sie anfangs ganz niedergeschlagen gewesen, so wurden sie jetzt zutraulich gegen die Eingeborenen und gaben ihnen durch Zeichen zu verstehen, dass wir bei ihnen bleiben und mit ihnen leben würden, wenn wir uns einer freundlichen Behandlung vergewissern dürften. Diese Erklärung schien ihnen Freude zu machen, obgleich sie weder die Notwendigkeit kannten, welche sie uns abzwang, noch die Furcht ahnten, die wir vor ihnen hatten.

Bei weiterer Überlegung jedoch beschlossen wir, nur so lange zu bleiben, bis das Schiff die Anker lichten würde; dann wollten wir, um die Eingeborenen auf den Gedanken zu bringen, wir wären mit diesem abgesegelt, womöglich eine Gegend aufsuchen, die keine Spuren von Bewohnern zeigen würde, und dort ausharren, so gut es ginge, bis vielleicht irgendein Schiff an unsere Küste triebe.

Das Schiff blieb noch vierzehn Tage in der Bucht, um seine im letzten Sturm erlittenen Beschädigungen auszubessern und Holz und Wasser einzunehmen. Während dieser Zeit kam das Boot öfters ans Land und brachte uns einige Erfrischungen. Die Eingeborenen glaubten, wir gehörten zum Schiff, und waren ziemlich höflich. Wir wohnten in einer Art von Zelt oder vielmehr Hütte, die wir aus Zweigen gemacht hatten, und zogen uns nachts zuweilen in einen Wald zurück, der etwas abseits lag, um ihnen die Meinung beizubringen, wir wären an Bord gegangen. Indessen verrieten sie doch einen rohen, heimtückischen und bösartigen Charakter. Furcht war die Quelle ihrer Höflichkeit, und sie schienen entschlossen, sobald das Schiff abgesegelt sein würde, über uns herzufallen.

Diese Beobachtung flößte meinen Leidensgefährten die bängsten Besorgnisse ein. Einer von ihnen, ein Zimmermann, ging in seiner Angst so weit, dass er bei Nacht auf das Schiff zuschwamm, obgleich es eine Seemeile entfernt lag, und so kläglich um Aufnahme flehte, dass sich der Kapitän endlich bewegen ließ, seinem Gesuch zu willfahren, nachdem er ihn zuvor volle drei Stunden im Wasser hatte schwimmen lassen.

Freilich ließ sich auch der demütigen Unterwerfung und der Zudringlichkeit des armen Teufels nicht leicht widerstehen, er wollte gern alles mit sich anfangen, ja sogar sich hängen lassen, wenn man ihn nur wieder aufnähme. Das lange Schwimmen um das Schiff herum hatte ihn so erschöpft, dass er das Ufer unmöglich wieder erreichen konnte. Der Kapitän sah daher, dass man den Mann an Bord holen oder ertrinken lassen müsste, und da sich die ganze Mannschaft für sein gutes Betragen verbürgen wollte, gab er endlich die Erlaubnis, dass der Halbtote heraufgezogen werden durfte.

Als er an Bord war, hörte er nicht auf, bei dem Kapitän und den übrigen Offizieren für uns zu flehen; aber ersterer blieb bis zum letzten Tag unerbittlich. Als man sich zum Absegeln anschickte und der Befehl erteilt wurde, die Boote ins Schiff zu holen, kam die ganze Mannschaft vor die Schranken des Halbdecks, auf dem der Kapitän mit einigen von seinen Offizieren auf und ab ging. Der Bootsmann wurde aufgefordert, für sie zu sprechen. Er fiel vor dem Kapitän auf die Knie nieder und bat ihn in den demütigsten Ausdrücken, die vier Mann wieder an Bord zu nehmen und ihnen auf seine Bürgschaft für ihre Treue zu verzeihen oder sie lieber in Ketten zu halten, bis sie nach Lissabon kämen, und dort der Gerechtigkeit auszuliefern, als hier der Barbarei der Wilden oder dem Blutdurst der reißenden Tiere preiszugeben. Lange nahm der Kapitän gar keine Notiz von ihm; als er ihn endlich beachtete, gab er den Befehl, ihn zu verhaften, und drohte ihm mit dem Gangspill, da er für die Mannschaft gesprochen hatte.

2. Kapitel

Auf diese harte Antwort bat ein Matrose, der mehr Kühnheit besaß als die übrigen, Seine Gnaden – so redete er den Kapitän an – mit aller schuldigen Achtung, er möchte wenigstens noch einigen von der Mannschaft erlauben, an Land zu gehen, um mit ihren Gefährten zu sterben oder ihnen, wenn möglich, zu helfen, den Eingeborenen zu widerstehen. Mehr erzürnt als eingeschüchtert durch dieses Gesuch, kam der Kapitän an die Schranken des Halbdecks und antwortete, jedoch mit kluger Mäßigung (denn hätte er in rauem Ton gesprochen, würden zwei Drittel der Mannschaft, wenn nicht alle, das Schiff verlassen haben): Ihre sowohl als seine eigene Sicherheit habe ihn zu dieser Strenge genötigt; Meuterei auf einem Schiff sei dasselbe wie Hochverrat im königlichen Palast, und er könne es gegenüber seinen Oberen nicht verantworten, das ihm übergebene Schiff mit seiner Ladung Männern anzuvertrauen, welche die schlimmsten und schwärzesten Gedanken gehegt hätten; er wünschte zwar von Herzen, dass er sie irgendwo anders hätte an Land setzen lassen können, wo sie den Wilden weniger preisgegeben wären; er beabsichtige nicht ihren Untergang, denn sonst hätte er sie ebenso gut an Bord hinrichten lassen können wie die beiden andern, und er wünschte, das Verbrechen hätte in einem anderen Teil der Welt stattgefunden, wo er sie einem Zivilgericht übergeben oder bei einem christlichen Volk hätte zurücklassen können; aber besser sei es immerhin, wenn ihr Leben aufs Spiel gesetzt würde als das seinige und die Sicherheit des Schiffes, und wenn etwa einer von ihnen (wiewohl er sich nicht bewusst sei, dies von ihnen verdient zu haben) deswegen, weil er sich weigere, eine Rotte Verräter an Bord zu nehmen, welche sich, wie sie alle vernommen, zu seiner Ermordung verschworen hätten, wenn einer, sagte er, deswegen lieber das Schiff verlassen als seine Pflicht tun wolle, so werde er dies nicht hindern noch sie im Augenblick wegen ihrer Unbotmäßigkeit bestrafen, aber nie – und sollte er allein auf dem Schiff zurückbleiben –, nie werde er einwilligen, die Empörer wieder an Bord zu nehmen.

Diese an sich sehr vernünftige Rede wurde so gut und mit so viel Mäßigung vorgetragen und schloss so bestimmt mit einem Nein, dass der größte Teil der Mannschaft für den Augenblick zufriedengestellt war; aber die Komplotte und Ränke, zu denen sie Veranlassung gab, dauerten noch einige Stunden fort, und da auch der Wind gegen Abend nachließ, befahl der Kapitän, die Anker nicht vor dem folgenden Morgen zu lichten.

In der Nacht noch wandten sich dreiundzwanzig Mann, unter ihnen der Gehilfe des Geschützmeisters, der Assistent des Wundarztes und zwei Zimmerleute, mit der Bitte an den ersten Leutnant, dem Kapitän, da sie Erlaubnis hätten, zu ihren Kameraden an Land zu gehen, die Meldung zu machen, er möchte es ihnen nicht verargen, wenn sie hingingen, mit ihren Gefährten zu sterben; sie könnten in diesem äußersten Fall nicht anders handeln; denn wenn es ein Mittel gebe, das Leben ihrer Gefährten zu retten, so sei es eine Verstärkung, die es ihnen ermöglichte, sich so lange gegen die Wilden zu halten, bis sie früher oder später Gelegenheit fänden, zu entkommen und in ihr Vaterland zurückzukehren.

Der Leutnant antwortete ihnen umschweifig, er wage es nicht, über diesen Punkt mit dem Kapitän zu sprechen, und sei sehr ungehalten darüber, dass sie so wenig Achtung vor ihm hätten, um ihm so etwas zuzumuten; wenn sie jedoch entschlossen wären, ihr Vorhaben auszuführen, riete er ihnen, am Morgen beizeiten das lange Boot zu nehmen, die Erlaubnis des Kapitäns zu benutzen und einen höflichen Brief an ihn zu hinterlassen, worin sie ihn unter anderem bäten, das Boot, welches sie mitgenommen, wieder abholen zu lassen, da sie es redlich wieder zurückgeben wollten. Schließlich versprach er noch, den Anschlag vorderhand geheim zu halten.

Eine Stunde vor Tagesanbruch schifften sich die dreiundzwanzig Mann in aller Stille ein. Jeder hatte sich mit einer Flinte und einem Säbel bewaffnet; außerdem nahmen sie noch eine Anzahl Pistolen, drei Hellebarden und einen ziemlichen Vorrat an Pulver und Kugeln, alle ihre Kisten und Kleidungsstücke, Werkzeuge, Instrumente, Bücher etc. mit, aber nichts an Nahrungsmitteln außer ungefähr einem halben Hundert Brote.

Der Kapitän erfuhr ihre Abfahrt erst, nachdem sie schon die Hälfte des Weges nach der Küste zurückgelegt hatten. Alsbald rief er, da der erste Konstabler gerade krank in seiner Koje lag, den Gehilfen des Geschützmeisters, um auf die Flüchtlinge Feuer zu geben; aber zu seinem großen Ärger war der Gerufene selbst unter der Zahl der Vermissten; und eben diesem Umstand verdankten sie den großen Vorrat an Waffen und sonstigem Kriegsbedarf. Als der Kapitän sah, wie die Dinge standen, und dass nichts mehr zu machen war, machte er gute Miene zum bösen Spiel, rief die Mannschaft zusammen, sprach freundlich mit ihnen und versicherte sie seiner Zufriedenheit mit ihrer Treue und Brauchbarkeit. Er wolle zu ihrer Aufmunterung, fuhr er in seiner Rede fort, den Sold, den die Entwichenen noch zu fordern gehabt hätten, unter die Zurückgebliebenen verteilen, und er könne sich nun Glück wünschen, dass das Schiff von dem aufrührerischen Gesindel befreit sei, das nicht den geringsten Grund zur Unzufriedenheit gehabt habe.

Diese Worte fanden eine sehr gute Aufnahme, und besonders günstig war der Eindruck, den das gegebene Versprechen der Soldverteilung auf die

Mannschaft machte. Hierauf erhielt der Kapitän den oben erwähnten Brief aus den Händen seines Kajütenjungen, welchem die Entwichenen ihn, wie es schien, hinterlassen hatten. Er war so ziemlich desselben Inhalts wie ihre Bitte an den Leutnant, der ihnen seine Vermittlung verweigert hatte. Nur setzten sie am Schluss noch hinzu, da sie keine unehrliche Absicht hätten, so hätten sie nichts mitgenommen, was sie nicht ihr Eigentum nennen könnten, außer einigen Waffen und der erforderlichen Munition, so viel wie zu ihrer Verteidigung gegen die Wilden und zu der für ihren Unterhalt erforderlichen Jagd nach Vögeln und wilden Tieren unumgänglich notwendig wäre, und da sie noch beträchtliche Rückstände zu fordern hätten, hofften sie, er würde ihnen den mitgenommenen Kriegsbedarf dagegen überlassen. Was das lange Boot beträfe, auf welchem sie an Land gefahren, so wüssten sie, dass er es nicht entbehren könnte, und wären bereit, es ihm zurückzugeben; wenn er daher Leute danach aussenden wollte, so sollte diesen eine höfliche Behandlung zuteilwerden und keinem ein Leid widerfahren; auch wollten sie nicht den geringsten Versuch machen, auch nur einen von ihnen zu überreden, bei ihnen zu bleiben. Endlich baten sie den Kapitän noch demütig, er möchte ihnen zur Verteidigung und Erhaltung ihres Lebens noch ein Fässchen Pulver und sonstigen Kriegsbedarf schicken und ihnen Mast und Segel des Bootes überlassen, damit sie, wenn es ihnen möglich würde, sich selbst ein Boot irgendeiner Art zu bauen, zur See gehen könnten, um sich in eine solche Gegend der Welt zu flüchten, wie sie ihnen das Schicksal vielleicht zeigen werde.

Hierauf kam der Kapitän, der die Zurückgebliebenen durch seine Worte gewonnen hatte und mit der allgemeinen Ruhe völlig zufrieden war – denn wirklich waren es die unzufriedensten Köpfe, welche sich entfernt hatten –, wieder auf das Halbdeck und rief die Mannschaft zusammen, um ihnen den Inhalt des Briefes mitzuteilen. Wiewohl sie es nicht verdient hätten, sagte er, nachdem er ihn vorgelesen, wolle er sie doch nicht weiter bloßstellen, als sie es selbst freiwillig getan hätten, weshalb er geneigt sei, ihnen einigen Kriegsbedarf zu schicken; sie hätten zwar nur um ein Fässchen Pulver gebeten, er wolle ihnen aber zwei schicken und zudem noch Kugeln oder Blei nebst Kugelformen in entsprechender Anzahl. Ja, um ihnen zu zeigen, dass er gütiger sei, als sie es verdient hätten, gab er sogar Befehl, ihnen noch ein Fässchen Arrak und einen großen Sack voll Brot zu ihrem Unterhalt zu senden, bis sie imstande sein würden, sich selbst die nötigen Nahrungsmittel zu verschaffen.

Die übriggebliebene Mannschaft gab der Freigebigkeit des Kapitäns ihren Beifall zu erkennen, und jeder Einzelne legte noch das eine oder andere für uns bei. Gegen drei Uhr nachmittags landete die Pinasse an unserer Küste, brachte zur großen Freude aller das Genannte mit und nahm das große Boot wieder zurück. Die Mannschaft der Pinasse, für die der Kapitän nur solche gewählt hatte, von denen er überzeugt war, dass sie nicht zu uns übergehen würden, hatte den ausdrücklichen Befehl, bei Todesstrafe keinen von uns wieder mit an Bord zu nehmen; und beide Teile waren so gewissenhaft, dass wir sie nicht zum Bleiben und sie uns nicht zum Mitgehen einluden.

So war denn unsere Anzahl ziemlich groß. Wir waren im Ganzen unserer siebenundzwanzig, sehr gut bewaffnet und mit Ausnahme des Mundvorrats mit allem versehen. Wir hatten zwei Zimmerleute, einen Geschützmeister und, was so viel wert war als alles übrige, einen Wundarzt bei uns. Dieser war nämlich zu Goa bei einem Wundarzt als Gehilfe gewesen und bei uns als überzählig aufgenommen worden. Die Zimmerleute führten ihr ganzes Handwerkszeug, der Doktor seine sämtlichen Instrumente und Arzneimittel bei sich; überhaupt hatten wir eine Menge Gepäck, das heißt im Ganzen, denn im Einzelnen hatte manch einer von uns wenig mehr, als was er auf dem Leib trug, und zu dieser Klasse gehörte auch ich; aber ich hatte etwas, was keiner von allen besaß, die zweiundzwanzig goldenen Moidore, die ich mir in Brasilien angeeignet hatte, und zwei Dollars. Die beiden letzteren und einen Moidor zeigte ich, und keiner von meinen Gefährten schöpfte jemals Verdacht, ich könnte noch irgend mehr auf der Welt mein Eigentum nennen; denn alle wussten, dass ich als armer Knabe aus Mitleid aufgenommen und von meinem grausamen Herrn, dem Steuermann, gleich einem Sklaven, ja noch schlimmer als es Sklaven gewöhnlich zu haben pflegen, behandelt worden war.

Dass wir vier über die Ankunft der übrigen erfreut, ja vor Freude ganz entzückt waren, lässt sich denken. Zwar fürchteten wir anfangs, sie kämen, um uns zum Strang abzuholen, aber alsbald wurden wir durch ihre Versicherung beruhigt, dass sie das gleiche Los mit uns teilten, nur mit dem Unterschied, dass wir uns demselben gezwungen, sie aber freiwillig unterzogen hatten.

Die erste Neuigkeit, die sie uns nach der kurzen Erzählung ihrer Flucht mitteilten, war die Aufnahme unseres Gefährten an Bord. Wie er aufs Schiff gekommen war, konnten wir uns nicht vorstellen; denn er hatte sich heimlich von uns entfernt, und wir ließen uns nicht träumen, dass er so gut schwimmen könne, um sich so weit in die See zu wagen; ja wir wussten nicht einmal, dass er überhaupt schwimmen konnte, und hatten keine Ahnung von dem wahren Stand der Sache, sondern vermuteten vielmehr, er müsse in die Wälder gegangen sein, wo er entweder von wilden Tieren zerrissen oder von den Eingeborenen ermordet worden sei – eine Vermutung, die uns mit Besorgnissen aller Art erfüllte und mit der Aussicht auf das gleiche Schicksal quälte.

Als wir aber vernahmen, er sei endlich mit großer Schwierigkeit an Bord genommen worden und habe Verzeihung erhalten, wurden wir wieder ruhiger.

Da wir nun, wie ich schon sagte, durch die angekommene Verstärkung in der Lage waren, uns zu verteidigen, war unser erstes, uns gegenseitig die Hand darauf zu geben, dass wir uns nie und unter keinen Umständen voneinander trennen, sondern miteinander leben und sterben wollten, dass jedes erlegte Tier Gemeingut sein sollte und dass bei jeglichem Beginnen Stimmenmehrheit gelten müsste und bei keiner Gelegenheit auf den eigenen Entschlüssen beharrt werden dürfte, wenn sich die Mehrzahl dagegen ausspräche. Auch sollte auf beliebige Zeit ein Kapitän gewählt werden, um uns zu regieren und zu leiten, der dann, solang er im Amt stünde, bei Todesstrafe unbedingten Gehorsam fordern dürfte. Zu dieser Würde sollte jeder der Reihe nach berechtigt sein, der Kapitän jedoch in keinem einzelnen Fall ohne Wissen der übrigen und ohne die Zustimmung der Majorität handeln dürfen.

Nachdem wir diese Gesetze aufgestellt hatten, beschlossen wir, die geeigneten Maßnahmen zu ergreifen, um unseren Unterhalt zu gewinnen und deshalb mit den Bewohnern der Insel oder den Eingeborenen Unterhandlungen anzuknüpfen. Was die Lebensmittel anbelangt, so gingen sie uns anfangs freiwillig zur Hand, aber bald gerieten wir in Händel mit ihnen; denn es war ein unwissendes, räuberisches und rohes Volk, noch schlimmer als wir je eines kennengelernt hatten; und bald fanden wir, dass unsere Hauptnahrungsquelle in unseren Flinten lag, da die Insel Überfluss an Wild und Vögeln aller Art hatte.

Die Eingeborenen kümmerten sich wenig um uns. Sie fragten nicht und wussten vielleicht nicht, ob wir bei ihnen bleiben würden oder nicht, ebenso wenig war ihnen bekannt, dass unser Schiff für immer weggefahren war und uns hier so zurückgelassen hatte; denn am andern Morgen, nachdem wir das lange Boot zurückgegeben, war das Schiff südostwärts unter Segel gegangen, und nach vier Stunden hatten wir es aus den Augen verloren.

Am folgenden Tag gingen vier von uns, je zwei in verschiedener Richtung, landeinwärts, um die Gegend näher zu untersuchen. Wir fanden bald, dass das Land lieblich und fruchtbar war und hinlänglich angenehm, um dort zu leben, zugleich aber, wie schon erwähnt, von einer Menge kaum als Menschen zu bezeichnender Kreaturen bewohnt, die auf irgendeine Weise zu zivilisieren kaum gelingen würde.

Das Land hatte Überfluss an Vieh und Früchten, aber wir wussten nicht, ob wir nehmen durften, wo wir fanden; und ob wir gleich gezwungen waren, auf Nahrung auszugehen, scheuten wir uns doch, uns eine ganze Nation Dämonen auf einmal auf den Hals zu laden. Deswegen machten einige von uns den Vorschlag, eine Verständigung mit den Eingeborenen zu versuchen, um zu sehen, wie wir uns ihnen gegenüber zu verhalten hätten. Elf Mann wurden mit dieser Sendung beauftragt. Sie versahen sich gut mit Waffen und waren zu jeder Verteidigung gerüstet. Bei ihrer Rückkehr berichteten sie, dass sie einige Eingeborene gesehen hätten und dass diese sehr höflich gewesen, aber beim Anblick ihrer Flinten gewaltig erschrocken wären; denn sie hätten offenbar gewusst, was es damit für eine Bewandtnis habe.

Sie gaben den Wilden durch Zeichen zu erkennen, dass sie Nahrungsmittel zu erhalten wünschten. Hierauf entfernten sich diese und brachten Wurzeln, einige Kräuter und etwas Milch; aber es lag auf der Hand, dass sie es nicht wegzuschenken, sondern zu verkaufen gesonnen waren, indem sie durch Zeichen fragten, was man ihnen dafür geben wollte.

Die Unsrigen kamen in große Verlegenheit, denn sie hatten nichts bei sich, was sie austauschen konnten. Indessen zog einer von ihnen ein Messer hervor und zeigte es den Wilden. Sie betrachteten es mit einer Gier, als wollten sie den kleinen Finger darum geben. Sobald der Matrose dies beobachtete, war er gewillt, ein gutes Geschäft mit seinem Messer zu machen, und ließ sie lange um den Gegenstand feilschen. Einige boten ihm Wurzeln, andere Milch, endlich einer eine Ziege, für welche er die Ware denn auch losschlug. Hierauf zeigte ein anderer von unseren Leuten ein zweites Messer vor, aber die Eingeborenen hatten nichts mehr dagegen auszutauschen, was kostbar genug gewesen wäre. Nun gab einer durch Zeichen zu verstehen, dass er etwas holen wolle. Drei Stunden lang warteten unsere Leute auf seine Rückkehr. Endlich brachte er eine kleine und kurze, aber sehr fette Kuh und gab sie gegen das Messer weg.

Das war ein guter Handel, aber unglücklicherweise hatten wir keine weiteren Tauschwaren, denn wir brauchten unsere Messer ebenso sehr wie sie, und hätten wir nicht um jeden Preis Nahrungsmittel haben müssen, so hätten sich unsere Leute auch jener beiden nicht entäußert.

Bald fanden wir jedoch, dass die Wälder mit Tieren angefüllt waren, die wir, ohne uns in Verlegenheit zu setzen, töten konnten. Täglich gingen wir auf die Jagd und kehrten niemals mit leeren Händen zurück. Das war umso nötiger, als wir nichts mehr hatten, um es mit den Eingeborenen auszutauschen; und was das Geld anbelangte, so würde unser ganzer Vorrat nicht weit gereicht haben. Dessen ungeachtet hielten wir eine Versammlung, um unsere Schätze zu zählen, die dann, um desto besser damit haushalten zu können, in eine gemeinschaftliche Kasse geworfen wurden. Als die Reihe an mich kam, zog ich einen Moidor und die beiden Dollars aus der Tasche, von denen ich oben gesprochen habe.

Ich gab den Moidor deswegen her, damit mich meine Gefährten wegen der Geringfügigkeit meines Beitrags zur Kasse nicht verachten oder gar durchsuchen möchten. In der Annahme, ich sei ehrlich genug gewesen, ihnen nichts vorzuenthalten, benahmen sie sich mir gegenüber sehr höflich.

Doch unser Geld nützte uns nicht viel, denn die Eingeborenen kannten weder den Wert noch den Gebrauch desselben; auch wussten sie keinen Unterschied zwischen Gold und Silber zu machen, sodass unser Vorrat davon uns wenig geholfen hätte, wenn wir dafür hätten Lebensmittel kaufen wollen.

Unsere nächste Überlegung war, wie wir von diesem verwünschten Ort wegkommen und an einen anderen gelangen könnten. Als ich um meine Meinung gefragt wurde, sagte ich, ich wolle das ihnen überlassen, es sei mir lieber, sie ließen mich in die Wälder gehen und Nahrungsmittel suchen, als mit ihnen ratschlagen, denn ich sei mit allem einverstanden, was sie immer beginnen würden. Dies war jedoch nicht ihre Ansicht, da sie es für zu gewagt hielten, einen allein in die Wälder zu lassen; denn hatten wir auch bis jetzt in den Wäldern weder Löwen noch Tiger gesehen, so glaubten wir doch, überzeugt sein zu dürfen, dass die Insel an beiden Überfluss habe, ohne die anderen Tiere zu rechnen, die ebenso gefährlich und vielleicht noch gefährlicher waren, wie wir nachher durch unsere eigene Erfahrung belehrt wurden.

Wir hatten in den Wäldern manche Abenteuer zu bestehen, um unseren Unterhalt zu gewinnen, und stießen oft auf furchtbare Tiere, von denen wir nicht einmal die Namen kannten. Da sie aber, wie wir selbst, auf Beute ausgingen und an sich keinen Wert für uns hatten, störten wir sie so wenig als möglich.

Unsere vorhin erwähnten Beratungen liefen am Ende darauf hinaus, dass wir die Kunst unserer beiden Zimmermeister, die beinahe mit allen Arten von Werkzeugen versehen waren, zu benutzen und ein Boot zu bauen beschlossen, um damit in See zu gehen und vielleicht nach Goa zurückzukehren oder an irgendeiner Stelle zu landen, von der wir leichter fortkommen konnten. Die Vorschläge, welche in dieser Versammlung gemacht wurden, waren an sich von keiner Bedeutung, aber da sie die Vorbereitung für eine Menge merkwürdiger Begebenheiten sind, welche viele Jahre nachher unter meiner Leitung geschahen, dürfte, glaube ich, dieses Miniaturbild meiner späteren Unternehmungen nicht ganz uninteressant sein.

Gegen den Bau eines Bootes hatte ich nichts einzuwenden, und sie gingen sogleich ans Werk, stießen aber bald auf große Schwierigkeiten, wie den Mangel an Sägen, um Bretter zu schneiden, an Nägeln, Bolzen und Klammern, um die Balken zu befestigen, an Hanf, Pech und Teer, um die Spalten zu dichten und zu verstopfen usw. Endlich machte einer von uns den Vorschlag, anstatt einer Barke oder Schaluppe, oder wie sie das Boot nun nennen wollten, lieber einen großen Nachen oder Kahn zu bauen, was mit Leichtigkeit auszuführen wäre.

Dagegen wurde sogleich eingewendet, einen Kahn könne man nicht groß und stark genug machen, um damit in die offene See zu gehen, die wir doch befahren mussten, um die Küste von Malabar zu erreichen; ein Kahn sei nicht nur für die See, sondern auch für die Ladung zu schwach; wir seien nicht nur siebenundzwanzig Mann, sondern hätten auch eine Menge Gepäck und müssten zu unserer Nahrung noch weit größere Vorräte mitnehmen.

Ich hatte mir vorgenommen, bei ihrer allgemeinen Beratung nicht zu sprechen, aber da ich sah, dass meine Kameraden unschlüssig waren, was für ein Schiff und wie sie es bauen sollten, damit es für unseren Zweck geeignet wäre, sagte ich ihnen, ich hätte den Eindruck, sie seien mit ihrer Weisheit gänzlich am Ende, denn sie dürften niemals darauf rechnen, in einem Kahn, der, wenn er auch alle aufnehmen und die hohe See aushalten könnte, doch unsere Mundvorräte und namentlich das erforderliche Trinkwasser nicht fassen würde, nach Goa oder an die Küste von Malabar zu gelangen, und sie rennten mit Gewalt in ihr Verderben, wenn sie auf der Ausführung dieses Wagestücks bestünden; dessen ungeachtet aber stimmte ich dem Bau eines Kahns zu.

Sie erwiderten mir hierauf, sie sähen recht wohl die Wahrheit dessen, was ich gesagt hätte, ein, könnten aber nicht begreifen, wie ich von der Gefahr und Unmöglichkeit, auf einem Kahn fortzukommen, spräche und doch den Bau eines solchen anriete.

Ich antwortete darauf, dass es sich gar nicht darum handle, unser Entkommen auf einem Kahn zu versuchen, da noch mehr Schiffe außer dem unsrigen auf See führen und es wenige Nationen an der Meeresküste gäbe, welche auf einer so niederen Kulturstufe stünden, um nicht auf irgendeiner Art von Fahrzeug zur See zu gehen, vielmehr wäre es unsere Aufgabe, entlang der Küste der Insel (die sehr lang war) zu kreuzen und das nächste Boot, das wir finden könnten und das besser sei als das unsrige, wegzunehmen und so fort von einem zum andern, bis wir vielleicht endlich ein Schiff bekämen, mit welchem wir steuern könnten, wohin wir wollten.

»Vortrefflicher Rat!«, sagte einer von ihnen. »Bewunderungswürdiger Rat!«, rief ein anderer. »Ja, ja«, sagte der dritte (der Geschützmeister), »der englische Hund hat's nicht übel im Sinn, nur schade, dass er uns geradewegs an den Galgen führt, der Schurke hat uns da in der Tat einen wahren Teufelsrat gegeben! Auf Raub auszugehen, bis wir von einem kleinen zu einem großen Schiff kämen! Auf diese Art wären wir nichts anderes als Seeräuber, und das Ende von alldem wäre der Strick.«

»Ihr mögt uns Seeräuber nennen«, sagte ein anderer, »wenn es Euch beliebt, und wenn wir in die falschen Hände geraten, so mögen wir auch als Seeräuber behandelt werden; aber das ist mir gleichgültig. Ich will lieber ein Seeräuber oder sonst etwas sein, ja ich will lieber als Seeräuber gehängt werden, als hier verhungern, und darum meine ich, der Vorschlag ist gut.« Und nun riefen alle: »Lasst uns einen Kahn bauen!« Der Geschützmeister wurde überstimmt und gab sich zufrieden. Aber als die Versammlung aufgehoben war, trat er auf mich zu, nahm mich bei der Hand und sagte, indem er die innere Fläche derselben und mein Gesicht mit einem prüfenden Blick betrachtete, in sehr ernstem Ton: »Bursche, du wardst dazu geboren, eine Welt voll Unheil anzurichten. Du beginnst sehr jung als Seeräuber – aber hüte dich vor dem Galgen, junger Mann! Hüte dich, sage ich, denn du wirst ein arger Räuber werden.«

Ich erwiderte lachend, ich wüsste zwar nicht, was noch aus mir würde, aber wie die Dinge jetzt stünden, so hätte ich keine Skrupel, das erste beste Schiff wegzunehmen, um unsere Freiheit zu erlangen; ich wünschte nur, es wäre gleich eines da, um Jagd darauf machen zu können. Während wir noch so sprachen, sagte auf einmal einer unserer Leute, der an der Tür unserer Hütte stand, der Zimmermann rufe, wie es schien, aus der Ferne von einer Anhöhe herab: »Ein Segel! ein Segel!«

Wir sahen uns alle sogleich um, allein so hell das Wetter war, konnten wir doch nichts entdecken. Aber da der Zimmermann unaufhörlich »ein Segel, ein Segel!« rief, eilten wir nach der Anhöhe und sahen nun deutlich ein Schiff; aber es war zu weit entfernt, als dass man sich ihm durch Zeichen hätte verständlich machen können. Dessen ungeachtet zündeten wir alles Holz, das wir zusammenbringen konnten, auf dem Hügel an und machten einen möglichst starken Rauch. Der Wind ging nieder, und die Luft war beinahe ganz ruhig; aber die Segel waren voll, wie wir durch ein Fernrohr bemerkten, das der Geschützmeister bei sich hatte, und es steuerte, ohne auf unser Signal zu achten, mit dem Wind nordwärts dem Kap der Guten Hoffnung zu und nahm uns die Hoffnung.

Da wir nun keine andere Aussicht hatten, machten wir uns alsbald an den geplanten Bau unseres Kahns. Wir wählten uns einen sehr großen Baum dazu aus und fingen an, ihn mit unseren guten Äxten zu bearbeiten, deren wir im Ganzen drei hatten; aber so hart wir auch arbeiteten, dauerte es doch vier Tage, bis wir damit fertig wurden. Ich erinnere mich nicht mehr, was für eine Holzart es war oder welche Ausmaße der Kahn hatte, wohl aber sagt mir mein Gedächtnis, dass er sehr groß war und dass wir, als er bei der Probefahrt die Wellen so aufrecht und ruhig durchschnitt, eine Freude hatten, als stünde uns ein gutes Linienschiff zu Gebot.

Der Nachen war groß genug, um nicht nur die ganze Mannschaft, sondern auch noch zwei bis drei Tonnen Ladung aufzunehmen, und wir begannen deshalb zu beratschlagen, ob wir nicht geradewegs nach Goa fahren sollten; aber bei näherer Betrachtung kamen wir bald wieder von diesem Gedanken ab. Hatten wir doch Mangel an Lebensmitteln, keine Fässer für Trinkwasser, keinen Kompass zur Bestimmung der Richtung, kein Schutzdach gegen überschlagende Wogen, die uns sicherlich überrollen würden, keinen Schutz vor der Glut der Sonne usw. Wir kehrten daher zu meinem Vorschlag zurück, an unserer Küste zu kreuzen und zu sehen, was sich uns darbieten würde.

Um unsere Gelüste zu befriedigen, stachen wir eines Tages alle miteinander in See und waren bald nahe daran, sie für immer satt zu bekommen. Wir waren alle an Bord und hatten uns ungefähr eine halbe Meile vom Ufer entfernt, die See ging ziemlich hoch, obgleich es beinahe völlig windstill war, und unser Fahrzeug wälzte sich auf den Wellen, als wolle es sich zuletzt gar überwälzen. Wir strengten uns alle an, um der Küste näher zu kommen, und steuerten rasch durch die Wogen, bis der Kahn wieder ruhiger dahinglitt und wir nach harter Mühe das Land wiedergewannen.

Bald darauf kamen wir in eine große Verlegenheit. Die Eingeborenen waren ziemlich höflich und besuchten uns öfters. Eines Tages hatten sie einen Menschen bei sich, den sie als König zu verehren schienen, und pflanzten zwischen sich und uns eine lange Stange auf, die – nicht oben, sondern etwas über der Mitte – mit einer großen Quaste von Haaren, mit allerlei Kettchen, Muscheln und kleinen Stücken Metall und dergleichen verziert war. Wir erfuhren später, dass dies ein Zeichen von Freundschaft und Wohlwollen sein sollte. Sie boten uns bei dieser Gelegenheit eine Menge Lebensmittel, Vieh, Vögel, Kräuter und Wurzeln an, brachten uns aber dadurch nur in die größte Verlegenheit; denn wir hatten nichts zu verkaufen oder auszutauschen, und ihre Sachen wegzuschenken, kam ihnen ihrerseits nicht in den Sinn. Unser Geld war nur Plunder für sie, es hatte in ihren Augen nicht den mindesten Wert, und so waren wir auf dem schönsten Weg zum Hungertod. Hätten wir wenigstens einige Kinderspielsachen und etwas Flitterkram, metallene Kettchen, Puppen, Glasperlen, mit einem Wort Sachen, welche die Fracht nicht wert gewesen wären, bei uns gehabt, so würde uns dies Vieh und Lebensmittel – genug um eine Armee oder eine ganze Kriegsflotte damit versorgen zu können – verschafft haben; aber für Gold oder Silber konnten wir nichts bekommen.

Wir wussten uns nicht zu helfen. Ich war damals nur ein junger Bursche und meinte daher, wir sollten mit unseren Flinten über sie herfallen und ihnen ihr Vieh wegnehmen und sie lieber zum Teufel jagen, damit der ihren Hunger stille, als selbst verhungern. Aber ich überlegte nicht, dass wir uns dadurch am folgenden Tag zehntausend von ihnen auf den Hals laden würden und dass, wenn wir auch noch so viele niedergeschossen und die anderen dadurch zurückgeschreckt hätten, doch ihre Verzweiflung und unsere geringe Anzahl ihnen den Mut geben mussten, uns früher oder später alle zu verderben.

Während wir nun berieten, was wir beginnen sollten, sprang einer von uns, der so etwas wie ein Schmied gewesen war, plötzlich auf und fragte den Zimmermann, ob er unter seinem Handwerkszeug nicht auch eine Feile hätte. »Ja«, sagte der Zimmermann, »aber nur eine kleine.« – »Je kleiner, desto besser«, erwiderte der andere und ging sogleich an die Arbeit. Zuerst hielt er ein Stück von einem alten, zerbrochenen Meißel ins Feuer und machte sich mit Hilfe seiner Feile verschiedene Werkzeuge. Dann nahm er drei oder vier Dollars und bearbeitete sie mit einem Hammer auf einem Stein, bis sie ganz breit und dünn geschlagen waren, und schnitt sie dann zu Vögeln und allerlei Tieren aus, oder machte Arm- und Halskettchen daraus und verarbeitete sie in so mannigfaltiger Form, gerade wie sie ihm einfielen, dass es schwer ist, sie zu beschreiben.

Als er in dieser Arbeit ungefähr vierzehn Tage lang Kopf und Hände geübt hatte, stellten wir die Wirkung seines Erfindungsgeistes auf die Probe und waren bei einer anderen Zusammenkunft mit den Eingeborenen ob der Torheit des armen Volkes nicht wenig erstaunt. Für ein kleines Stück Silber, das in der Gestalt eines Vogels ausgeschnitten war, bekamen wir zwei Kühe, und wäre es ein Stück Messing gewesen, hätte es zu unserer Überraschung einen noch größeren Wert gehabt. Für eins der Armkettchen erhielten wir so viel Lebensmittel aller Art, dass sie uns in England fünfzehn bis sechzehn Pfund Sterling gekostet hätten; und so mit all den übrigen Dingen. Münzen, die keine sechs Pence wert waren, galten, wenn sie in Spielwaren umgewandelt wurden, hundert Mal so viel und verschafften uns alles, was wir nur wünschten.

Auf diese Art brachten wir über ein Jahr zu, dann aber begannen wir dieses Lebens überdrüssig zu werden und beschlossen, die Insel so bald wie möglich zu verlassen, mochte nun daraus werden, was da wollte. Wir besaßen jetzt nicht weniger als drei gute Kähne, und was die Passatwinde betraf, welche auf dem größten Teil dieser Insel sechs Monate lang von Südwest nach Nordost und die übrigen sechs Monate von Nordost nach Südwest strichen, so getrauten wir uns schon, der offenen See standzuhalten. Aber immer, wenn wir die Sache näher betrachteten, schreckte uns der Mangel an frischem Wasser vor einem solchen Wagestück zurück; denn die Entfernung ist ungeheuer, und kein Mensch auf der Erde ist fähig, die lange Reise auszuhalten, ohne Wasser zu trinken.

Da uns unsere Vernunft von dieser Fahrt abriet, standen uns nur zwei Wege offen. Wir mussten nämlich entweder eine andere Richtung nehmen und westwärts auf das Kap der Guten Hoffnung zusteuern, wo wir früher oder später irgendein Schiff aus unserem Vaterland anzutreffen hoffen durften, oder wir konnten nach dem festen Land von Afrika rudern und entweder zu Lande weiterreisen oder längs der Küste zum Roten Meer hinaufsegeln, wo wir über kurz oder lang irgendeinem Schiff von diesem oder jenem Volk begegnen mussten, das uns an Bord nähme, oder – was mir, beiläufig gesagt, nicht aus dem Sinn wollte – das wir nähmen.

Dieser Vorschlag kam von unserem erfinderischen Schmied, den wir nachher nur den Silberschmied nannten; aber der Geschützmeister erzählte uns, er sei einmal in einer Schaluppe von Malabar auf dem Roten Meer gewesen und wisse, dass wir, wenn wir diese See befühREN, entweder von den wilden Arabern getötet oder von den Türken gefangen genommen und zu Sklaven gemacht werden würden; er stimme deswegen gegen den gemachten Vorschlag.

Darauf ergriff ich wieder das Wort und sagte: »Wie mögen wir nur davon sprechen, dass uns die Araber töten oder die Türken zu Sklaven machen könnten? Sind wir nicht beinahe jedem Schiff gewachsen, das uns in diesen Gewässern begegnen könnte? Sind wir nicht imstande, anstatt genommen zu werden, es selbst zu nehmen?« – »Wohl gesprochen, Seeräuber!«, sagte der Büchsenmeister (er war es, der meine Handfläche betrachtet und mir gesagt hatte, ich käme an den Galgen). »Deine Gedanken haben doch immer dieselbe Richtung; aber mir sagt mein Gewissen, wir haben nur einen einzigen Weg vor uns.« – »Sprecht mir jetzt nicht von Seeräubern«, entgegnete ich, »denn wir müssen Seeräuber oder sonst irgendetwas werden, um auf gute Manier von diesem verwünschten Ort wegzukommen.«

Mit einem Wort, mein Vorschlag wurde angenommen. Wir beschlossen zu kreuzen und auf alles zu lauern, was wir treffen könnten. »Zuerst handelt es sich jetzt darum«, sagte ich, »ausfindig zu machen, wie weit die Bewohner dieser Insel in der Schifffahrt sind und welcher Art von Booten sie sich bedienen, und wenn sie irgendein besseres oder stärkeres Fahrzeug haben als wir, so lasst es uns ihnen wegnehmen.« Wir waren nun vor allem darauf aus, wenn möglich ein Boot mit einem Verdeck und einem Segel zu bekommen, denn ohne dieses konnten wir unsere Mundvorräte nicht aufbewahren.

Zum großen Glück hatten wir einen Matrosen bei uns, der beim Koch Gehilfe gewesen war. Er gab uns ein Mittel an, unser Rindfleisch ohne Fass und Salz gut zu erhalten. Er rieb es nämlich in der Sonne mit Salpeter ein, an welchem das Eiland Überfluss hatte. Auf diese Art hatten wir, noch ehe wir unsere Abfahrt ins Werk setzten, bald das getrocknete Fleisch von sechs bis sieben Kühen und Rindern und zehn bis zwölf Ziegen beieinander, und es war so schmackhaft, dass wir uns gar nicht mehr die Mühe gaben, es zu sieden, sondern es entweder brieten oder trocken aßen; aber immer noch blieb die große Schwierigkeit mit dem Wasser, denn wir hatten keinen Behälter dafür, noch weniger Fässer für die Seereise.

Doch da unser erstes Unternehmen nur eine Küstenfahrt sein sollte, beschlossen wir, es auf jede Gefahr hin zu wagen, und um so viel Trinkwasser als möglich mitnehmen zu können, machte unser Zimmermann einen abgesonderten Trog quer über die Mitte unseres Kahns und verschloss ihn oben mit einem Deckel, sodass wir darauf gehen konnten. Ich kann von diesem Kasten, der nahezu ein Oxhoft Wasser hielt, keine bessere Beschreibung geben, als wenn ich ihn mit jenen Fischbehältern vergleiche, die man auf den kleinen Fischerbooten in England sieht, in denen die Fische lebend aufbewahrt werden, nur mit dem Unterschied, dass jene Löcher haben, um das Salzwasser durchzulassen, und dieser ganz verschlossen war, um es abzuhalten. Ich glaube, es war dies wohl die erste Erfindung der Art zu einem solchen Gebrauch, doch die Not macht erfinderisch.

Nun bedurfte es nur noch einer kurzen Beratschlagung über unseren Reiseplan. Vorerst wollten wir also die Insel umfahren, um irgendein Fahrzeug zu erhalten, auf dem wir uns einschiffen könnten, und dann jede Gelegenheit abzupassen, um zum Festland zu gelangen. Darum beschlossen wir, uns nach der Westküste der Insel zu wenden, wo sich das Land wenigstens an einer Stelle weit nach Nordwesten erstreckt und dadurch den Weg nach der afrikanischen Küste beträchtlich verkürzt.

Nie wurde wohl eine solche Reise mit einer so verzweifelten Mannschaft gemacht; denn um uns nach einem Fahrzeug, namentlich nach einem Fahrzeug fremder Nationen umzusehen, befuhren wir gerade diejenige Seite des Eilandes, die am wenigsten besucht und also für diesen Zweck die schlechteste war. Wir nahmen indes unseren sämtlichen Mundvorrat und Kriegsbedarf, Sack und Pack an Bord und stachen in See. Unsere zwei großen Kähne waren mit Mast und Segel versehen, mit dem dritten ruderten wir, so gut es ging; aber wenn sich ein frischer Wind erhob, nahmen wir ihn ins Tau.

3. Kapitel

Mehrere Tage lang ging es munter und ohne Störungen vorwärts. Wir sahen bisweilen Eingeborene in kleinen Nachen mit dem Fischfang beschäftigt. Sie waren scheu und erschraken über unseren Anblick und ruderten eilends der Küste zu, sobald wir versuchten, uns ihnen zu nähern und mit ihnen zu sprechen. Endlich erinnerte sich einer von uns an das Zeichen der Freundschaft, nämlich die lange Stange, welche die Eingeborenen auf dem südlichen Teil der Insel für uns aufgepflanzt hatten; er brachte uns auf den Gedanken, dass sie vielleicht die Bedeutung unserer Friedensflaggen haben mochte. Wir beschlossen, den Versuch zu machen, und als wir wieder eines ihrer Fischerboote erblickten, steckten wir in dem Nachen, der keine Segel hatte, eine Stange auf und ruderten auf sie zu. Sobald sie dieses Signal sahen, machten sie halt, und als wir näherkamen, ruderten sie uns entgegen. Sie zeigten sich sehr gefällig und gaben uns einige große Fische, die wir nicht zu benennen wussten, aber sehr gut und schmackhaft fanden. Zu unserem Unglück konnten wir ihnen nichts dafür geben, aber unser Künstler, der Schmied, von dem ich bereits erzählte, schenkte ihnen zum Dank zwei dünne Silberplättchen, die er (wie oben erwähnt) aus einem Dollar geschlagen hatte. Sie hatten die Gestalt eines Diamantenvierecks, das in der einen Richtung länger als in der anderen und an einer der längsten Ecken durchbohrt war; die Eingeborenen hatten eine solche Freude daran, dass sie uns warten ließen, bis sie ihre Netze wieder ausgeworfen hatten, und uns dann so viele Fische gaben, als wir nur immer wünschten.

Mittlerweile ruhten unsere Blicke unverwandt auf ihren Booten, um zu sehen, ob wir nicht eines von ihnen brauchen könnten; aber es waren armselige Dinger: Ihre Segel bestanden aus großen Matten, mit Ausnahme eines einzigen aus Baumwollzeug, das aber schlecht genug war, und ihre Taue waren gedrehte Fasern ohne Stärke; wir hielten es deshalb für besser, uns mit unserem zu begnügen und sie in Ruhe zu lassen. Zwölf Tage lang steuerten wir nordwärts hart an der Küste hinaus, und da wir Ost- und Ostsüdostwind hatten, ging es rasch vorwärts. Städte sahen wir keine an der Küste, wohl aber Hütten auf den Felsen und überall eine Menge Neugieriger in ihrer Nähe, die, wie wir bemerkten, zusammenliefen, um uns nachzugaffen.

Es war eine seltsame Fahrt, wie nur je eine von Menschen ausgeführt wurde. Wir hatten eine Flotte von drei Schiffen und eine Armee von zwanzig bis dreißig der verwegensten Gesellen, und hätten die Eingeborenen gewusst, wer wir waren, sie würden uns übereinstimmend, was wir auch wünschten, gegeben haben, nur um uns loszuwerden.

Auf der anderen Seite waren wir so bedauernswert, als uns die Natur nur machen konnte; denn wir waren auf einer Reise und auch wieder nicht, wir strebten irgendwo und nirgendwo hin; denn obgleich wir unsere Absicht kannten, wussten wir doch in Wirklichkeit nicht, was wir gerade taten. Wir steuerten immer mehr nordwärts, und je weiter wir vordrangen, desto größer und unerträglicher wurde die Hitze. Wir waren auf dem Wasser ohne Schutz gegen Sonne und Regen; außerdem befanden wir uns ungefähr im Monat Oktober in südlicher Breite, und wie wir mit jedem Tag der Sonne näherkamen, so kam die Sonne auch uns mit jedem Tag näher, bis wir uns endlich in einer Breite von 20° befanden; und da wir ungefähr fünf bis sechs Tage vorher den Wendekreis passiert hatten, mussten wir in wenigen Tagen die Sonne im Zenit, gerade über unseren Köpfen haben.

Diese Überlegungen veranlassten uns, wieder an Land zu gehen und unsere Zelte an einem günstigen Ort aufzuschlagen, bis die größte Hitze vorüber wäre. Wir hatten indessen die Hälfte der Insel ihrer Länge nach durchmessen und waren an die Stelle gekommen, wo sich die Küste nordwestwärts zog und unseren Weg nach dem afrikanischen Festland noch weit mehr abzukürzen versprach, als wir erwartet hatten. Doch war noch immer Grund genug vorhanden, ihn auf ungefähr hundertzwanzig Seemeilen anzusetzen.

Aber die Hitze war es nicht allein, was uns an Land trieb. Auch unsere Mundvorräte gingen auf die Neige, und wir hatten nur noch für wenige Tage zu leben. Als wir nun eines Morgens früh auf die Küste lossteuerten, um frisches Wasser einzunehmen, was wir gewöhnlich alle drei oder vier Tage taten, hielten wir Rat, ob wir weiterfahren oder an diesem Ort unser Lager aufschlagen sollten; aber nach verschiedenen Betrachtungen, die ich hier nicht wiederholen will, beschlossen wir, noch einige Tage weiterzufahren, weil uns die Gegend gar nicht gefiel.

Nachdem wir mit einem frischen Südostwind ungefähr sechs Tage lang in der Richtung nach Nordwestnord gefahren waren, bemerkten wir in bedeutender Entfernung ein großes Vorgebirge oder Kap, das weit in die See vorsprang, und da wir außerordentlich begierig waren, wie es wohl jenseits dieser Landspitze aussehen möchte, beschlossen wir, sie zu umfahren, ehe wir uns an der Küste niederließen. Wir setzten also unsere Reise fort, und obgleich derselbe Wind anhielt, brauchten wir doch noch vier Tage, bis wir das Kap erreichten. Aber die Enttäuschung und die Niedergeschlagenheit, die sich jetzt unser bemächtigte, ist nicht zu beschreiben; denn als wir an die Spitze des Vorgebirges kamen, machten wir die überraschende Entdeckung, dass die Küste auf der anderen Seite ebenso weit, ja noch viel weiter zurücktrat, als sie auf der entgegengesetzten vorsprang, kurzum dass wir, wenn wir an die Küste Afrikas gelangen wollten, von hier aus abfahren mussten; denn je weiter wir vordrangen, desto breiter wurde die See, und bis zu welcher Breite sie sich noch erstrecken würde, konnten wir nicht erraten.

Während wir über diese Entdeckung nachdachten, wurden wir von Gewittern überrascht, die etwas ungewöhnlich Furchtbares für uns hatten und von heftigen Regengüssen begleitet waren. Wir eilten auf die Küste zu, gelangten unter dem Lee des Kaps in eine kleine Bucht, deren Ufer mit Bäumen überwachsen waren, und eilten, von der Hitze, dem Donner, Blitz und Regen gleich sehr erschöpft, so schnell wie möglich ans Land, wo wir ganz durchnässt ankamen.

Wir hielten unseren Zustand für höchst beklagenswert, und deshalb errichtete unser Künstler, von dem schon oft die Rede war, auf einer Anhöhe, eine Meile von der äußersten Spitze des Kaps, ein großes, hölzernes Kreuz, in das er in portugiesischer Sprache die Worte schnitzte:

»Kap der Verzweiflung. Christus erbarme dich!«

Alsbald fingen wir an, uns Hütten zu bauen, um unsere Kleider trocknen zu können; obgleich ich jung war und unerfahren in solchen Dingen, werde ich doch nie die kleine Stadt vergessen, die wir errichteten und fachgerecht befestigten (denn eine kleine Stadt konnte man sie wohl nennen). Sie steht noch jetzt so deutlich vor meinen Augen, dass ich nicht umhinkann, sie kurz zu beschreiben.

Unser Lager stand südlich von einem kleinen Fluss an der See unter dem Schutz einer steilen Anhöhe, welche, obgleich jenseits des Flusses, doch nicht mehr als fünf Minuten gegen Nordwestnord von uns entfernt lag und uns den ganzen Nachmittag über vor der Glut der Sonne schützte. Ein kleiner Bach strömte an unserem Lager vorbei und ergoss sich neben uns in die Bucht. Auf den Ebenen und Niederungen gegen Osten und Westen sahen wir eine Menge Rindvieh weiden.

Wir errichteten zwölf Hüttchen wie Lagerzelte, aber aus Ästen, die wir in den Boden schlugen und oben mit Weiden und anderen Dingen, die wir vorfinden konnten, aneinanderbanden. Im Norden waren wir durch die Bucht, im Westen durch den kleinen Bach gedeckt, und die südliche und östliche Seite befestigten wir mit einem Wall, der unsere sämtlichen Hütten beherrschte und durch seine von Nordwest quer nach Südost verlaufende Richtung unserer Stadt die Gestalt eines Dreiecks gab. Hinter dem Wall oder der Linie, wo unsere Hütten standen, hatten wir in ziemlicher Entfernung noch drei weitere Hütten. Eine von ihnen, welche etwas seitwärts stand und kleiner war als die übrigen, war aus Angst vor Gefahr lediglich zur Aufbewahrung des Pulvers bestimmt; in der zweiten, welche etwas geräumiger war, hatten wir unsere Lebensmittel und all unseren sonstigen Vorrat, und in der dritten, der größten von allen, hielten wir unsere Mahlzeiten, die wir Versammlungen nannten. Die Gegenstände, welche dabei abgehandelt wurden, waren jedoch damals zu unwichtig, um weiter darüber zu sprechen.

Es war unbedingt notwendig, mit den Eingeborenen zu verkehren, und da unser Künstler, der Schmied, die kleinen silbernen Diamantenvierecke in großer Zahl gemacht hatte, gebrauchten wir diese im Handel mit den Schwarzen, denn sie hatten in der Tat eine ausnehmende Freude daran und gaben uns eine Menge Lebensmittel dafür. Vor allem kauften wir ungefähr fünfzig Stück schwarzes Hornvieh und Ziegen, deren Fleisch unser Koch dörrte und einsalzte und für unseren großen Bedarf haltbar machte; dies war mit keinen Schwierigkeiten verbunden, da wir vorzügliches Salz und Salpeter hatten und die Sonne außerordentlich heiß brannte. Ungefähr vier Monate lang blieben wir an unserem Lagerplatz.

Die Sonne hatte den südlichen Wendekreis passiert und ging wieder rückwärts dem Punkt der Tagundnachtgleiche zu, als wir überlegten, was nun weiter zu tun sei, und beschlossen, die See von Zanguebar, wie sie die Portugiesen nennen, zu befahren und womöglich auf dem afrikanischen Festland zu landen.

Soweit wir uns den Eingeborenen verständlich machen konnten, sprachen wir mit ihnen über diesen Plan; aber alles, was wir von ihnen erfahren konnten, war, dass jenseits des Meeres ein großes Land voll Löwen liege, aber dass es ein weiter Weg bis dorthin sei. So viel wussten wir auch, dass es weit sei, aber wie weit, darüber wichen unsere Ansichten sehr voneinander ab: Einige sagten, hundertfünfzig, andere, nicht über hundert Seemeilen. Einer von uns, der eine geografische Weltkarte bei sich hatte, zeigte uns an ihrem Maßstab, dass die Entfernung nicht über achtzig Seemeilen betrüge. Einige meinten, wir würden allenthalben auf Inseln stoßen, andere, wir würden gar keine zu Gesicht bekommen. Ich für meinen Teil wusste weder das eine noch das andere und hörte gleichgültig zu, denn ich bekümmerte mich nicht darum, ob die Entfernung groß oder klein sei. Indessen erfuhren wir von einem blinden Greis, den ein Knabe umherführte, dass wir Ende August, wenn wir so lange warten wollten, mit Sicherheit den ganzen Weg über günstigen Wind und glatte See haben würden.

So ermutigend diese Nachricht war, erhoben sich doch sogleich wieder neue Bedenklichkeiten; denn um jene Zeit kehrte die Sonne schon wieder nach dem Äquator zurück, ein Umstand, der uns höchst unwillkommen sein musste. Endlich hielten wir Versammlung mit unserer ganzen Mannschaft; aber die Debatten waren zu langweilig, um ihrer besonders zu gedenken, und ich bemerke nur so viel: Als die Umfrage an den Kapitän Bob kam (denn so nannten sie mich, seitdem ich mit dem oben erwähnten Rat unter ihnen aufgetreten war), sprach ich mich für gar keine Ansicht aus und sagte, es sei für mich völlig bedeutungslos, ob wir gingen oder blieben, denn ich habe keine Heimat, und die ganze Welt sei mir gleichgültig, weshalb ich die Sache gänzlich ihrem eigenen Ermessen anheimgebe.

So viel sahen alle ein, dass ohne ein Schiff von hier aus nichts zu machen war und dass wir, wenn es uns um das Essen und Trinken ginge, keinen besseren, aber wenn wir in unser Vaterland zurückkehren wollten, keinen schlimmeren Ort in der Welt finden konnten.

Ich muss gestehen, mir gefiel die Gegend außerordentlich, und ich spürte damals einen seltsamen Drang in mir, später zurückzukehren, um hier zu wohnen. Ich sagte daher oft zu meinen Gefährten: »Hätte ich nur ein Schiff mit zwanzig Kanonen und eine Schaluppe, beide wohl bemannt, so wollte ich mir keinen besseren Ort auf der Welt wünschen, um so reich zu werden wie ein König.«

Doch um auf unsere Beratungen zurückzukommen, so liefen sie darauf hinaus, dass wir gehen sollten. Man beschloss, auf das feste Land zuzusteuern; das Wagestück war aber toll genug, denn es war die schlimmste Zeit des Jahres, um in dieser Gegend eine solche Fahrt zu unternehmen. Wie die Winde vom September bis zum März von Osten kommen, so wehen sie das ganze übrige Jahr hindurch von Westen und bliesen uns also gerade ins Gesicht, sodass wir, sobald uns eine Art Landwind etwa fünfzehn bis zwanzig Seemeilen weit – ich darf wohl sagen, weit genug, um uns auf der offenen See zu verlieren – geführt haben würde, einen steten frischen Seewind aus Westsüdwest oder Südwestwest (nie weiter von der westlichen Richtung abweichend) bekommen mussten, mit dem wir, kurz gesagt, nicht das Mindeste anfangen konnten.

Auf der anderen Seite konnte sich ein Fahrzeug, wie wir es hatten, nicht nahe genug unter den Wind legen; wäre dies der Fall gewesen, hätten wir nordnordwestwärts steuern können und wären, wie wir später fanden, unterwegs auf eine große Menge Inseln gestoßen; aber so war es uns unmöglich, etwas auszurichten, obgleich wir es versuchten und durch unsere Bemühungen uns beinahe alle ins Unglück gestürzt hätten; denn indem wir so nahe als möglich unter dem Wind nach Norden segelten, hatten wir die Gestalt und Lage der Insel Madagaskar vergessen und dachten nicht mehr daran, dass wir von der Spitze eines Vorgebirges herkamen, welches ungefähr in der Mitte des Eilandes liegt und weit westlich in die See vorspringt, und dass jetzt, nachdem wir etliche und vierzig Seemeilen in nördlicher Richtung zurückgelegt hatten, die Küste wieder um zweihundert Meilen nach Osten zurücktrat, sodass wir uns nun zwischen der Insel und dem Festland, von beiden über hundert Stunden entfernt, auf der offenen See befanden.

Sie war unter dem regelmäßigen Westwind ruhig und still, und wir fuhren ziemlich leicht vor dem Wind hin. Den kleinsten Kahn nahmen wir ins Tau und steuerten mit vollen Segeln der Küste zu. Es war eine gefährliche Fahrt, und hätte sich der leichteste Gegenwind erhoben, wären wir alle verloren gewesen, denn unsere Kähne waren tief und nicht in dem Zustand, um eine hohe See auszuhalten.

Im Ganzen dauerte die Fahrt elf Tage lang. Wir hatten schon den größten Teil unseres Mundvorrats und bereits den letzten Tropfen Wasser aufgezehrt, als wir zu unserer unbeschreiblichen Freude, wiewohl in einer Entfernung von zehn oder elf Seemeilen Land entdeckten; aber da uns ein Landwind heftig entgegenblies, dauerte es noch zwei Tage, bis wir die Küste erreichten. Wir hatten während dieser ganzen Zeit eine übermäßige Hitze auszustehen und keinen Tropfen Wasser mehr oder irgendeine andere Flüssigkeit außer einem kleinen Rest Magenwasser, das einer von unserer Gesellschaft noch in einem Flaschenkeller hatte.

Dies gab uns einen Vorgeschmack von dem, was wir erfahren hätten, wenn wir die Fahrt bei einem allzu schwachen Wind und unsicherem Wetter unternommen hätten, und schreckte uns von unserem Plan, die offene See zu befahren, wenigstens so lange ab, bis wir bessere Fahrzeuge haben würden. Wir stiegen also wieder an Land, schlugen wie zuvor ein befestigtes Lager auf und richteten uns wieder so gut als möglich ein. Wir hatten indes kaum einen Überfall zu befürchten; denn die Eingeborenen waren ausnehmend höflich und weit artiger als die Bewohner des südlichen Teils der Insel; und obgleich wir weder ihre Sprache noch sie die unsrige verstanden, fanden wir doch Mittel, ihnen begreiflich zu machen, dass wir Seefahrer und Fremdlinge wären und großen Mangel an Lebensmitteln hätten.

Der erste Beweis ihrer freundschaftlichen Gesinnung war der, dass einer von ihren Häuptlingen oder Königen, denn wir wussten nicht, wie wir sie nennen sollten, sobald sie uns an Land steigen und unsere Wohnungen aufschlagen sahen, mit fünf oder sechs Männern und einigen Frauen zu uns kam und uns fünf Ziegen und zwei junge, fette Stiere brachte, welche er uns unentgeltlich überließ. Wir boten ihnen etwas dafür an; aber der Häuptling verbot ihnen, auch nur irgendetwas zu berühren oder von uns anzunehmen. Ungefähr zwei Stunden später kam ein anderer Häuptling oder König mit vierzig bis fünfzig Mann in seinem Gefolge. Wir erschraken und legten die Hand an unsere Waffen. Als er dieses bemerkte, schickte er zwei Männer vor sich her, welche zwei lange Stangen in den Händen trugen und sie so hoch als möglich emporhielten. Wir begriffen im gleichen Augenblick, dass das ein Friedenszeichen war. Die beiden Stangen wurden dann aufgepflanzt und in den Boden gesteckt, und als der Häuptling und seine Begleiter herankamen, steckten sie alle ihre Lanzen neben den Stangen in den Boden, warfen ihre Bogen und Pfeile ab und schritten unbewaffnet auf uns zu.

Dies sollte uns davon überzeugen, dass sie als Freunde gekommen wären, worüber wir uns nicht wenig freuten; denn wir hatten nicht im Sinn, uns in Feindseligkeiten einzulassen, wenn wir es verhindern konnten. Als der Häuptling sah, dass etliche von unseren Leuten Hütten aufschlugen und unbeholfen dabei zu Werke gingen, befahl er einigen von seinen Leuten, uns an die Hand zu gehen. Alsbald mischten sich fünfzehn oder sechzehn von ihnen unter uns, um für uns zu arbeiten, und es waren wirklich bessere Arbeiter als wir, denn im Nu hatten sie drei oder vier Hütten für uns errichtet, die weit schöner als unsere waren.

Hierauf gaben sie uns Milch, Pisang, Kürbisse und eine Menge Wurzeln und Gartengewächse, welche sehr gut schmeckten. Endlich nahmen sie Abschied und weigerten sich, irgendetwas von uns anzunehmen. Einer von uns bot dem König oder Häuptling dieser Leute einen Trunk, welchen er mit Freude annahm und sodann seine Hände nach einem zweiten ausstreckte, den er gleichfalls erhielt. Von nun an versäumte er beinahe niemals, zwei bis drei Mal in der Woche zu uns zu kommen, und jedes Mal brachte er dieses oder jenes mit. Eines Tages schickte er uns sieben Stück schwarzes Rindvieh, von denen wir einige schlachteten und das Fleisch, wie früher, einsalzten und dörrten.

Hier kann ich nicht umhin, eines Umstandes zu gedenken, welcher uns nachher sehr zustattenkam, nämlich dass das Fleisch ihrer Ziegen sowie ihres Rindviehs, besonders aber das erstere, wenn es getrocknet und eingesalzen war, rot aussah und so hart und fest wurde wie das getrocknete Rindfleisch in Holland. Es war für sie ein solcher Leckerbissen, dass sie es uns nachher immer abhandeln wollten, ohne zu wissen oder auch nur zu ahnen, was es wäre; sodass sie uns für zehn bis zwölf Pfund geräuchertes und getrocknetes Rindfleisch ein ganzes Rind oder eine Kuh, oder was wir nur immer wünschten, geben wollten.

Bei dieser Gelegenheit beobachteten wir zwei Dinge, welche von wesentlichem Nutzen für uns waren. Erstens fanden wir, dass sie eine Menge irdenes Geschirr besaßen, welches sie, wie wir, zu mancherlei Zwecken gebrauchten; vor allem hatten sie lange, tiefe irdene Töpfe, welche sie in die Erde zu graben pflegten, um Trinkwasser frisch und kalt zu erhalten. Das zweite war, dass sie sich größerer Kähne bedienten als ihre Nachbarn.

Das brachte uns auf den Gedanken, nachzuforschen, ob sie nicht noch größere Fahrzeuge hätten, als wir hier sahen, oder ob nicht bei den übrigen Inselbewohnern solche vorzufinden wären. Sie deuteten uns durch Zeichen an, dass sie keine größeren Boote als die uns bereits gezeigten hätten, dass dagegen Fahrzeuge mit Deck und großen Segeln auf der anderen Seite der Insel zu finden wären. Dies veranlasste uns zu dem Entschluss, eine Küstenfahrt um die ganze Insel zu machen, und wir trafen sogleich Vorkehrungen dazu, befrachteten unseren Kahn mit Lebensmitteln, mit einem Wort, wir vertrauten uns zum dritten Mal wieder der See an.

Wir brauchten vier bis sechs Wochen zu dieser Fahrt, landeten während dieser Zeit mehrere Male, um Wasser und Mundvorrat einzunehmen, und fanden die Inselbewohner immer freigebig und höflich. Eines Morgens früh, als wir eben an der nördlichsten Spitze der Insel haltgemacht hatten, wurden wir durch den Ruf einer unserer Leute überrascht: »Ein Segel! Ein Segel!« Unmittelbar darauf entdeckten wir ein großes, ziemlich weit entferntes Schiff auf offener See. Als wir jedoch mit unseren Fernrohren danach sahen und ausfindig zu machen suchten, welcher Nation es angehören könnte, wussten wir nicht, was wir davon denken sollten; denn es hatte eine ganz ungewöhnliche Bauart, wie wir nie eines zuvor gesehen hatten. Nur das wurde uns klar, dass es sich von uns entfernte und seewärts steuerte. Wir verloren es bald aus den Augen, da wir nicht in der Lage waren, auf etwas zu jagen, und sahen es nie wieder. Unsere späteren Erfahrungen lehrten uns, dass es wohl ein arabisches Schiff gewesen sein mochte, das Güter nach der Küste von Mozambique oder Sansibar führte, dem gleichen Ort, zu dem wir, wie noch zu hören sein wird, später fuhren.

Ich führte kein Tagebuch über diese Reise, auch verstand ich damals von der Navigation nur so viel, als für das alltägliche Tun eines einfachen Matrosen nötig war; so vermag ich nicht zu sagen, auf welchem Breitengrad oder in welcher Entfernung zu anderen Orten wir uns befanden, auch nicht, wie lange oder wie weit wir an einem Tag fuhren. An etwas erinnere ich mich jedoch: Nachdem wir nämlich um die Insel herumkamen, segelten wir die Ostküste hinauf genau nach Süden, so wie wir zuvor die Westküste hinunter genau nach Norden gesegelt waren.

Ich kann mich nicht erinnern, dass sich die Eingeborenen merklich voneinander unterschieden, weder in ihrem Äußeren oder in ihren Sitten, Gewohnheiten und Waffengattungen noch in irgendetwas anderem. Auch schienen sie keinen gegenseitigen Verkehr zu unterhalten, obgleich wir auf dieser Seite nicht minder gut und freundlich als auf der anderen aufgenommen wurden.

Wir setzten unsere Fahrt nach einigen Wochen nach Süden fort, mit einigen Unterbrechungen an Land, aus Mangel an Trinkwasser und Vorräten. Eines Tages wurden wir, als wir eine ungefähr eine Stunde weiter als gewöhnlich in die See hereinragende Landspitze umschifften, durch einen Anblick überrascht, der ohne Zweifel den dabei Beteiligten ebenso unangenehm war als er uns erfreute; wir trafen nämlich auf das Wrack eines europäischen Schiffes, das an den Felsen, welche hier weit ins Meer hineinliefen, gestrandet war.

Wir konnten zur Zeit der Ebbe einen großen Teil des Wracks trocken liegen sehen, und selbst bei Flut war es nicht ganz bedeckt; auch lag es höchstens eine Stunde vom Gestade ab. Man kann sich leicht denken, dass uns unsere Neugierde veranlasste, das günstige Wetter zu nutzen und darauf loszusteuern, was denn auch durchaus keine Schwierigkeit hatte und uns kurz darauf überzeugte, dass das Schiff holländischer Bauart war und sich noch nicht sehr lange in diesem Zustand befinden konnte, denn der obere Teil vom Heck war noch fest und der Besanmast aufrecht. Das Heck schien sich zwischen dem Riff eingeklemmt und so Schutz gefunden zu haben, während alle anderen Teile zertrümmert waren.

Wir konnten an dem Wrack nichts gewahren, das mitzunehmen Zeit und Mühe gelohnt hätte; und so entschlossen wir uns zu landen und eine Weile in der Gegend zu bleiben, um zu sehen, ob wir nichts über die Geschichte des Fahrzeugs erführen; und wir hofften, nicht nur Nachricht über die Mannschaft einziehen, sondern auch Überlebende von ihr, die vielleicht mit uns in gleicher Lage waren und daher ein erwünschter Zuwachs für uns werden konnten, an der Küste auffinden zu können.

Es war ein erfreulicher Anblick, am Gestade die Spuren eines Zimmerplatzes, zum Beispiel einen Nagelblock, Gerüste, Ablaufplanken und andere Überbleibsel eines Schiffbaus, anzutreffen – lauter Dinge, die uns zu einem gleichen Werk einluden. Wir entnahmen daraus, dass die Mannschaft des gestrandeten Schiffes vielleicht in dem Boot sich ans Ufer gerettet, dort eine Barke oder Schaluppe gebaut und sich wieder zur See begeben hatte. Auf unsere Nachfrage bei den Eingeborenen, welchen Weg sie eingeschlagen hätten, deutete man die Richtung Süd und Südwest an, woraus wir folgerten, sie wären dem Kap der Guten Hoffnung zugesteuert.

Niemand wird annehmen, wir wären so einfältig, uns diesen Wink nicht zunutze zu machen und zu unserer Rettung nicht dieselbe Methode anzuwenden. Wir entschlossen uns insgesamt, zunächst den Versuch zu machen, auf die eine oder die andere Weise ein Boot zu bauen, und uns dann dem Meer anzuvertrauen, möge uns das Schicksal hinführen, wohin es wolle.

Unsere erste Aufgabe war nun, die Zimmerleute mit der Untersuchung des von den Holländern zurückgelassenen Materials zu beauftragen, damit sie das noch Brauchbare herausläsen. Sie fanden darunter besonders etwas, das uns gar gut zustattenkam – nämlich einen Pechkessel mit etwas Pech.

Als wir jedoch ans Werk gingen, stellten sich uns viele Schwierigkeiten in den Weg; denn wir hatten nur wenige Werkzeuge, keine eisernen Nägel und Klampen, keine Taue und keine Segel, sodass wir bei unserem Bauvorhaben selber in der Funktion von Schneidern, Seilern, Segelmachern tätig sein mussten, ganze zwanzig Gewerbe, von denen wir wenig oder gar nichts verstanden. Die Not ist jedoch eine gute Lehrmeisterin, und wir brachten vieles zustande, was wir früher in unserer Lage für unausführbar hielten.

Nachdem unsere zwei Zimmerleute die Ausmaße für das zu bauende Fahrzeug festgelegt hatten, forderten sie uns alle auf, das Wrack aufzuspalten und alles, was wir könnten, insbesondere aber den Besanmast, der noch ganz fest stand, herbeizuschaffen. Letzteres veranlasste viele Mühe, doch gelang es endlich, nachdem sich vierzehn von unseren Leuten über zwanzig Tage damit beschäftigt hatten.

Zu gleicher Zeit retteten wir auch eine ziemliche Menge Eisenwerk, wie Bolzen, Zapfen, Nägel etc., welches unser schon oft von mir erwähnter Künstler, der sich nachgerade zu einem sehr tüchtigen Schmied heranbildete, zu Nägeln, Ruderringen und Zapfen, wie wir sie brauchten, verarbeitete.

Aber wir bedurften auch eines Ankers, und selbst wenn wir diesen gehabt hätten, so fehlte es an dem Ankertau. Wir gaben uns indes zufrieden, mit der Hilfe der Eingeborenen aus dem Material, woraus sie ihre Matten bereiteten, Stricke zu drehen, aus denen wir eine Art Kabel oder Leine machten, die stark genug war, unser Fahrzeug am Ufer zu befestigen, womit wir uns vorderhand begnügen mussten.

Wir brachten vier Monate in emsiger Arbeit an diesem Platz zu, und nach Ablauf dieser Zeit ließen wir unser neues Fahrzeug vom Stapel. Es hatte freilich viele Mängel, aber doch war es in Betracht der Umstände so gut, als sich nur erwarten ließ.

Das neugebaute Fahrzeug war eine Art Schaluppe, die achtzehn bis zwanzig Tonnen Last führen mochte; und hätten wir Masten, Segel, eine gute Takelage und sonstige Erfordernisse gehabt, die zu einem solchen Fahrzeug gehören, so hätten wir damit fahren können, wohin wir wollten. Doch dies fehlte uns alles, und das Schlimmste dabei war, dass es uns an Teer oder Pech gebrach, um damit die Fugen zu verstreichen und den Boden zu verdichten. Wir versuchten zwar, diesem Übelstand mit einer Mischung von Öl und Talg abzuhelfen, was jedoch nicht so ganz dem Zweck entsprach; denn als wir das Schiff vom Stapel ließen, war es so leck und fasste so schnell Wasser, dass wir schon glaubten, all unsere Mühe sei umsonst gewesen. Wir konnten es nur unter großer Anstrengung schwimmend erhalten, da wir keine Pumpen hatten und es uns auch an Mitteln gebrach, solche Maschinen anzufertigen.

Endlich zeigte uns einer der eingeborenen Neger einen Baum, dessen Holz, übers Feuer gehalten, eine klebrige Flüssigkeit ausschwitzte, die fast so zäh wie Teer war und die wir durch Kochen in ein Material verwandelten, welches uns statt des Pechs diente. Es genügte unserem Zweck vollkommen, denn wir machten unser Fahrzeug so wasserdicht, dass wir des Teers recht gut entbehren konnten. Dieses Geheimnis kam mir später in manchen ähnlichen Lagen vortrefflich zustatten.

Als unser Schiff soweit fertig war, versahen wir es mit einem sehr guten Mast, wozu wir den Besanmast des Wracks verwendeten, und brachten die Segel so gut als möglich an; dann fertigten wir ein Steuer und eine Ruderpinne an und mit einem Wort, alles was unsere damalige Lage auszuführen gestattete, nahmen Mundvorrat und Wasser ein (davon so viel, als wir in Ermangelung von Fässern unterbringen konnten) und schifften uns mit dem ersten günstigen Wind ein.

Wir hatten unter solchen Streifzügen und Arbeiten fast ein weiteres Jahr zugebracht; denn es war jetzt Anfang Februar. Die Sonne belästigte uns nicht, was uns umso angenehmer war, da sonst unter diesem Himmelsstrich die Hitze unerträglich ist. Der Wind war, wie gesagt, günstig und blies nach Osten, was, wie ich später erfuhr, in jenen Gegenden bei nördlichem Sonnenstand gewöhnlich der Fall ist.

Es galt jetzt, über den Weg, den wir einschlagen sollten, einig zu werden, aber nie zeigte unsere Mannschaft eine größere Unschlüssigkeit; denn einige waren der Ansicht, man solle nach Osten und geradewegs der Küste von Malabar zusteuern, während andere, welche über die Länge dieser Fahrt ernstlicher nachdachten, über diesen Vorschlag bedenklich den Kopf schüttelten, da sie wohl wussten, dass weder unser Mundvorrat noch unser Wasser auf einer Fahrt, während der man über eine Strecke von fast zweitausend Meilen hin kein Land berührte, ausreichen könnte.

Diese Männer waren während der ganzen Zeit unserer Reise für eine Fahrt nach dem Festland von Afrika gewesen, wo es uns wenigstens an Nahrung nicht gebräche und wir darauf rechnen dürften, uns zu bereichern, mochten wir nun die Reise zu Wasser oder zu Land machen.

Wie die Dinge aber einmal standen, hatten wir keine sonderliche Wahl, denn für eine Fahrt nach Osten war die Jahreszeit die allergünstigste, und wir hätten unser Vorhaben bis in den April oder Mai hinausschieben müssen. Wir entschieden uns daher endlich, da wir Südost- und Südsüdostwind hatten und das Wetter günstig zu bleiben versprach, nach der Küste von Afrika zu steuern, ohne uns lange über die Küstenfahrt an der Insel zu streiten, obgleich der Teil, an dem wir uns befanden, gerade der ungelegenste für unsere Absicht war. Wir hielten daher nördlichen Kurs, umschifften das Kap, holten gegen Süden um und suchten unter dem Lee der Insel die Westspitze zu erreichen, die sich, wie bereits bemerkt, so weit gegen die afrikanische Küste hin erstreckte, dass unsere Fahrt dadurch fast um hundert Seemeilen abgekürzt werden musste. Als wir jedoch ungefähr eine Strecke von dreißig Seemeilen zurückgelegt hatten, stießen wir in Landnähe auf sehr veränderlichen, sogar auf richtigen Gegenwind, und so kamen wir überein, geradezu auf unser Hauptziel loszusteuern, da dann der Wind günstiger für uns war, umso mehr, als unser Fahrzeug nicht geeignet war, anders als vor dem Wind zu segeln.

Wir nahmen daher aufs Neue Wasser und andere Vorräte ein und begannen in der zweiten Hälfte des März mit mehr Mut als Klugheit, mehr Entschlossenheit als Einsicht die Fahrt nach der Küste von Afrika.

Was mich anbelangt, hegte ich keine Besorgnisse; denn wenn wir nur Land erreichten, so war es mir ziemlich gleichgültig, was für eines oder wo es war, da ich damals wenig Ausschau hielt nach dem, was noch vor mir lag, und wenig daran dachte, was mir zustoßen könnte oder auch nicht. Ich gab daher mit so wenig Überlegung, als sich von meinem Alter erwarten lässt, zu allem meine Zustimmung, wie gefährlich auch das Wagnis und wie unwahrscheinlich der Erfolg sein musste.

Die Fahrt war in Verzweiflung und Unkenntnis unternommen worden und wurde nicht mit sonderlicher Entschlossenheit und Einsicht betrieben; denn wir wussten von unserem Kurs weiter nichts, als dass wir westlich steuern müssten, mit etwa zwei oder drei Punkten gegen Norden oder Süden, und da wir nur einen kleinen Taschenkompass aus Messing hatten, der sich rein zufällig bei einem unserer Leute auffand, konnte unsere Richtung unmöglich sehr genau sein.

Der Himmel sandte uns indes fortwährend günstigen Wind, der aus Nordwestwest blies, und da eine Fahrt nach Südostost in unseren Plan passte, folgten wir getrost diesem Kurs.

Die Reise dauerte viel länger, als wir erwartet hatten; denn unser Fahrzeug hatte keine Segel, die in einem Verhältnis zu seiner Größe gestanden wären, weshalb es sehr schwerfällig segelte und nur geringe Tagesstrecken zurücklegte. Es begegnete uns nichts Besonderes auf unserer Fahrt, da wir uns weit weg von allem befanden, was eine Abwechslung hätte bieten können. Die See, auf der wir fuhren, lag abseits jeglichen Handels, da die Bewohner Madagaskars nicht mehr von den Küsten Afrikas wussten als wir selber (nämlich dass es dort viele Löwen gäbe), und so stieß uns auch auf dem ganzen Weg gar kein Fahrzeug auf, das wir hätten anrufen können.

Wir waren acht oder neun Tage unter gutem Wind gesegelt, als zu unserer großen Freude einer von unseren Leuten Land ankündigte. Wir hatten auch alle Ursache, uns über diese Entdeckung zu freuen, denn unser Wasser konnte, selbst bei knappen Rationen, nicht mehr länger als zwei bis drei Tage ausreichen. Da jedoch der Wind nachließ und es beinahe windstill wurde, erreichten wir mit unserem langsamen Segler die Küste erst gegen Abend, obgleich wir sie schon am frühen Morgen gesichtet hatten.

Aber welche traurige Täuschung, als wir landeten! Wir hatten auf den Kontinent von Afrika gerechnet und fanden weiter nichts als eine kleine, unbewohnte Insel (wenigstens konnten wir keine Bewohner zu Gesicht bekommen), auf der wir keine anderen Tiere als etliche Ziegen entdeckten, von denen wir nur drei schossen. Doch erhielten wir dadurch wieder frisches Fleisch und fanden auch sehr gutes Wasser. Es dauerte noch fünfzehn Tage, bis wir das Festland erreichten. Wir langten gerade zur rechten Zeit an, da inzwischen unser Mundvorrat aufgezehrt worden war, obgleich wir so sparsam damit zu Werke gegangen, dass in den letzten zwei Tagen jeder nur ein Nößel Wasser täglich erhielt. Zu unserer großen Freude sahen wir, wiewohl in weiter Entfernung, das Land schon am Abend vorher, und da die Nacht durch eine angenehme Brise blies, befanden wir uns am Morgen nur noch zwei Seemeilen von der Küste.

Wir trugen nun keine Bedenken, sogleich an Land zu gehen, obgleich wir mit ein wenig Geduld weiter oben vielleicht einen sehr schönen Fluss gefunden hätten. Wir erhielten indes unsere Schaluppe flott, indem wir ein paar Pfähle in den Ankergrund schlugen und das Fahrzeug mit Hilfe der Stricke, die wir, wie ich oben erwähnte, aus Matten gedreht hatten, sicher genug befestigten.

Sobald wir uns ein wenig in der Gegend umgesehen, frisches Wasser eingenommen und uns mit einigen Lebensmitteln, die jedoch hier sehr rar waren, versehen hatten, gingen wir mit unseren Vorräten wieder an Bord. Sie bestanden lediglich aus einigen Vögeln, die wir geschossen, und einer Art wildem Büffel, der zwar ein gutes Fleisch hatte, aber sehr klein war. Mit diesen Dingen an Bord segelten wir an der Küste nordnordostwärts weiter, bis wir eine Bucht oder einen Strom fänden, der landeinwärts zu irgendeiner Stadt oder einem Volk führte; denn wir hatten hinreichenden Grund, die Gegend für bewohnt zu halten, da wir mehrere Male und in allen Richtungen aus einiger Entfernung des Nachts Feuer und des Tages Rauch bemerkten.

4. Kapitel

Endlich kamen wir zu einer sehr großen Bucht, in die mehrere Flüsse mündeten, die sich alle in die See entleerten. Wir steuerten mutig in den ersten besten kleinen Fluss, und da wir einige Hütten und Eingeborene am Ufer sahen, brachten wir unser Fahrzeug in eine kleine Bucht an dem Nordufer und hoben eine lange Stange mit einem weißen Stück Tuch als Friedenszeichen in die Höhe. Wir merkten, dass wir sogleich verstanden wurden; denn alsbald kamen Männer, Frauen und Kinder – meist ganz nackt – scharenweise auf uns zu. Zunächst blieben sie verwundert stehen und starrten uns an, als wären wir Ungeheuer und hätten sie erschreckt; aber dann fanden wir, dass sie freundlich mit uns sein wollten. Das erste, was wir sodann versuchten, war, dass wir die Hände an den Mund hielten, als ob wir tränken, um ihnen zu bedeuten, dass wir Wasser zu haben wünschten. Auch dies begriffen sie sofort; denn drei von ihren Frauen und zwei Knaben eilten landeinwärts und kamen ungefähr nach einer halben Viertelstunde mit mehreren ganz hübsch geformten irdenen Töpfen zurück, die sie, wie es schien, in der Sonne getrocknet hatten. Sie waren mit Wasser gefüllt und wurden am Ufer abgesetzt, und die, welche sie gebracht hatten, traten etwas zurück, damit wir sie holen möchten, was auch geschah.

Eine Weile nachher brachten sie uns Wurzeln, Kräuter und einige Früchte, deren ich mich nicht mehr recht erinnere; da wir ihnen aber nichts zu geben hatten, fanden wir bald, dass sie sich uns gegenüber nicht so freundlich benahmen wie die Bewohner von Madagaskar. Unser Schmied setzte sich nunmehr wieder in Tätigkeit, und da wir einiges Eisen von dem Wrack des Schiffes gerettet hatten, machte er eine Menge Spielzeug, Vögel, Hunde, Stecknadeln, Haken und Ringe, während wir ihm beim Feilen an die Hand gingen und die verarbeiteten Gegenstände polierten. Als wir ihnen einiges von diesen Waren anboten, brachten sie uns Vorräte aller Art, wie Ziegen, Schweine und Kühe, sodass wir nun an Lebensmitteln keinen Mangel mehr hatten.

Wir befanden uns jetzt auf dem Festland von Afrika, aber in dem verödetsten, einsamsten und ungastlichsten Teil der Welt – selbst Grönland und Nova Zembla nicht ausgenommen – nur mit dem Unterschied, dass selbst dieser armselige Landstrich bewohnt war, obgleich es – dem Charakter einiger der Bewohner nach zu schließen – für uns besser gewesen wäre, wenn es keine Bewohner gegeben hätte.

Und hier fassten wir, trotz der Unheimlichkeit der Gegend, den verwegensten, wildesten und verzweifeltsten Entschluss, der je von einem Einzelnen oder einer Gruppe von Menschen gefasst wurde – nämlich den, unseren Weg von der Küste von Mozambique an (also dem östlichen Ozean) bis zu der Küste von Angola oder Guinea am westlichen oder atlantischen Meer mitten durch das Herz von Afrika – eine Strecke von wenigstens 1800 Meilen, zu Lande fortzusetzen – ein Weg, auf dem wir unter sengender Hitze nie bereiste Wüsten zu durchwandern hatten, ohne Wagen, Kamele oder andere Tiere als Lastenträger und immer darauf gefasst, mit einer unzählbaren Menge wilder und gefräßiger Tiere wie Löwen, Leoparden, Tigern, Schlangen und Elefanten zusammentreffen. Wir hatten den Punkt der Tagundnachtgleiche zu passieren und waren folglich mitten im Zentrum der glutheißen Zone; wir hatten im höchsten Grad verwilderten und barbarischen Völkerstämmen zu begegnen, gegen Hunger und Durst zu kämpfen; kurz, alles Schrecken, die das kühnste Herz, das je von Fleisch und Blut umschlossen war, zum Verzagen hätte bringen können.

Dessen ungeachtet entschlossen wir uns furchtlos, das Wagestück zu bestehen, und trafen demgemäß unsere Reisevorbereitungen, wie sie die Umstände gestatteten und unsere geringe Kenntnis von dem Land zu fordern schien.

Wir hatten uns schon seit einiger Zeit daran gewöhnt, auf Felsen, Kies, Gras und dem Küstensand barfuß zu gehen; da wir indes fanden, dass dies auf dem glühenden Sand des Festlandes unmöglich wäre, versahen wir uns mit einer Art von Schuhen aus den Häuten wilder Tiere. Die Haare waren die Innenseite, und die Außenseite, welche beim Trocknen in der Sonne dick und hart geworden, versprach eine lange Dauer. Mit einem Wort, wir machten uns Fußhandschuhe, so nannte ich sie (ich finde die Bezeichnung auch immer noch zutreffend), und wir fanden sie sehr angenehm und bequem.

Wir verkehrten mit einigen Eingeborenen, die sich ziemlich freundlich gegen uns benahmen, doch kann ich nicht sagen, welcher Sprache sie sich bedienten. Wir teilten ihnen, soweit wir uns ihnen verständlich machen konnten, nicht nur unsere Bedürfnisse, sondern auch unser Vorhaben mit und fragten sie nach der Beschaffenheit des im Westen liegenden Landes. Wir erfuhren jedoch wenig für unseren Zweck Brauchbares und glaubten nur daraus entnehmen zu können, dass wir dort überall auf irgendeine Art von Menschen stoßen würden und dass es dort viele große Ströme, viele Löwen und Tiger, Elefanten, wilde Katzen – womit sie, wie wir später fanden, die Zibetkatzen meinten – und sonstige Tiere gäbe.

Als wir sie fragten, ob Leute von ihnen diesen Weg schon gemacht hätten, bejahten sie es und bedeuteten uns, dass einige schon hingegangen wären, wo die Sonne schliefe (in den Westen), sie wüssten aber nicht, wo man sie finden könnte. Auf unsere Bitte, uns Führer mitzugeben, zuckten sie die Achseln, wie es die Franzosen tun, wenn sie sich scheuen, irgendetwas zu unternehmen; und auf unsere Frage hinsichtlich der Löwen und anderer wilder Tiere lachten sie und meinten, sie würden uns nichts zuleide tun, wenn wir ein Feuer anmachten und so die Bestien verscheuchten, was sich später in der Tat als richtig herausstellte.

Nach diesen Ermutigungen entschlossen wir uns zu der Reise. Es leiteten uns dabei noch andere Überlegungen, die uns, selbst wenn das Unternehmen ganz und gar unausführbar gewesen wäre, entschuldigt haben müssten. Um indes den Bericht nicht allzu ermüdend zu machen, will ich mich damit begnügen, nur einige zu nennen.

Einmal waren wir aller Mittel beraubt, unsere Befreiung auf einem anderen Weg zu bewerkstelligen; denn wir befanden uns an einer von allem europäischen Verkehr weit entfernten Küste, weshalb wir nicht daran denken durften, in diesem fernen Erdteil je von unseren Landsleuten Beistand zu erhalten. Hätten wir sodann das Wagnis unternommen, längs der Küste von Mozambique und weiter oben im Norden an dem verödeten Gestade Afrikas hinzusegeln, bis wir das Rote Meer erreichten, so bestand unsere ganze Aussicht darin, von den Arabern gefangen und an die Türken als Sklaven verkauft zu werden, ein Los, das uns wenig wünschenswerter als der Tod erschien. Ein Schiff, das uns über das große arabische Meer nach Indien geführt hätte, konnten wir nicht bauen, und ebenso wenig vermochten wir, das Kap der Guten Hoffnung zu erreichen, da der Wind in dieser Richtung zu veränderlich und das Meer in dieser Breite zu stürmisch ist. Zudem wussten wir alle, dass wir, wenn wir den Landweg einschlugen, einen der großen Flüsse, die ins Atlantische Meer strömen, treffen konnten, an dessen Ufern sich wohl Kähne zimmern lassen mochten, um uns vielleicht auf tausend Meilen den Weg zu erleichtern. Auch konnte es uns wohl nicht an Lebensmitteln gebrechen, solange wir Flinten hatten, um Wild zu schießen, und endlich mochte es, und damit stärkte sich unsere Hoffnung auf Rettung, gar leicht der Fall sein, dass jeder von uns eine Partie Gold davontrüge, die uns, wenn wir glücklich nach Hause kämen, für unsere Mühe reichlich entschädigte.

Ich kann nicht sagen, dass ich mich bei allen früheren Beratungen je sonderlich um den Wert und die Bedeutung irgendeines Unternehmens gekümmert hätte, bis die gegenwärtige zur Sprache kam. Ein Fußmarsch von zwei- oder dreitausend Meilen durch von Löwen und Tigern bevölkerte Wüsten machte jedoch, wie ich gern bekenne, mein Blut erstarren, und ich bot alles auf, meine Kameraden für meine Ansicht zu gewinnen, die, wie ich meinte, sehr gut war und darauf hinauslief, nach dem arabischen Golf oder der Ausmündung des Roten Meeres zu fahren, daselbst auf ein Schiff zu warten, deren es dort eine Menge geben musste, und das nächste beste mit Gewalt wegzunehmen, wobei wir uns nicht nur die Ladung zueignen, sondern auch die Mittel sichern konnten, jeden Ort der Welt, wohin wir nur wollten, zu erreichen.

Alle waren jedoch zu entschieden, als dass meine Beredsamkeit etwas erreicht hätte, und so fügte ich mich denn mit der Erklärung, dass ich mich unserem ersten Gesetz, das die Stimmen der Mehrheit als maßgebend anerkannte, unterwerfen wolle. Es blieb demnach bei der Landreise. Zuerst stellten wir nun eine Beobachtung an, um zu ermitteln, auf welchem Punkt der Erde wir wären, und vergewisserten uns, dass wir uns unter 12° 35' südlicher Breite befänden. Dann sahen wir auf unsere Karten, um den Punkt aufzusuchen, welcher das Ziel unseres Marschs sein sollte, und fanden diesen, wenn wir auf die Küste von Angola zugingen, zwischen dem achten und elften südlichen, wollten wir aber dem Niger zu und nach der Küste von Guinea, zwischen dem zwölften und neunzehnten nördlichen Breitengrad.

Wir entschieden uns für die Küste von Angola, die unserer Karte nach mit uns so ziemlich in gleicher Breite lag und bei genau westlichem Kurs zu erreichen war. Da man uns außerdem versichert hatte, dass wir auf unserem

Weg Flüsse anträfen, zweifelten wir nicht, dass uns die Reise dadurch sehr erleichtert werden würde, besonders wenn wir Mittel fänden, über den großen See oder das Binnenmeer zu kommen, das die Eingeborenen Coalmucoa nennen und aus welchem der Sage nach der Nil entspringt. Aber wir machten die Rechnung ohne den Wirt, wie man im Verlauf dieser Erzählung sehen wird.

Nun fragte sich's aber auch, wie unser Gepäck weiter zu schaffen wäre, ohne das wir unter keinen Umständen die Reise antreten wollten. Allein unser Pulvervorrat, von dem nicht nur die Sicherung gegen Hunger, sondern auch der Schutz gegen wilde Menschen und Tiere abhing, war eine zu schwere Last für uns in einer Gegend, wo die Sonne so heiß brannte, dass wir schon an uns selbst genug zu tragen hatten.

Wir hielten Nachfrage und erfuhren, dass die Eingeborenen von Lasttieren, das heißt von Pferden, Maultieren, Eseln oder Kamelen oder Dromedaren, gar nichts wussten; das einzige derartige Geschöpf, dessen sie sich zu diesem Zweck bedienten, war eine Art von Büffel oder zahmem Stier, wie wir auf der oben erwähnten Insel einen erlegt hatten. Sie hatten einige dieser Tiere so an die Hand gewöhnt, dass sie auf ihren Ruf hin kamen und gingen, ihre Lasten trugen und damit sogar über Flüsse und Seen schwammen, da sie sehr gute Schwimmer sind.

Aber wir verstanden nichts davon, wie man ein solches Vieh leiten oder ihm eine Last auflegen sollte, was natürlich unsere Beratungen nicht wenig verwirrte. Endlich schlug ich eine Methode vor, die nach einiger Überlegung für sehr praktisch befunden wurde. Sie bestand darin, mit einigen Eingeborenen Streit anzufangen, zehn oder zwölf zu Gefangenen zu machen, sie als Sklaven zu binden, zur Mitreise zu zwingen und ihnen unser Gepäck aufzuladen, wodurch wir außerdem noch den Vorteil erhielten, Wegweiser und Dolmetscher für unseren Verkehr mit den übrigen Bewohnern des Landes bei uns zu haben.

Mein Vorschlag fand anfangs keinen Beifall, aber die Eingeborenen gaben bald selbst Anlass, ihm beizustimmen, und Gelegenheit, ihn zur Anwendung zu bringen; denn obgleich unser kleiner Handel mit ihnen zunächst nur auf der Grundlage ihrer anfänglichen Gefälligkeit gegen uns beruhte, fanden wir doch zuletzt, dass auch Spitzbüberei dabei unterlief. Bei Gelegenheit unseres Vieheinkaufs wurde einmal einer unserer Leute, da er mit seinem Kunden nicht recht übereinkommen konnte, sehr von ihnen beleidigt; auch behielten sie das Spielzeug aus der Werkstätte unseres Künstlers, welches sie als Kaufschilling bereits hingenommen hatten, ließen durch ihre Kameraden das Vieh vor seinen Augen wieder forttreiben und lachten ihn aus. Der getäuschte Käufer schrie laut über die Gewalttätigkeit und rief einige von uns, die in der Nähe waren, um Hilfe an, weil ihm der Neger mit der Lanze zusetzte und auch wirklich einen so gut gezielten Stoß nach ihm führte, dass er wohl auf dem Platz geblieben wäre, hätte er nicht rasch einen Seitensprung gemacht und die Waffe mit der Hand abgewehrt. Er wurde dabei am Arm verwundet und geriet darüber so in Zorn, dass er nach seinem Gewehr griff und den Neger auf der Stelle niederschoss.

Die in der Nähe stehenden Schwarzen wurden einmal bei dem Blitz, dann bei dem Knall und endlich wegen ihres tot niederstürzenden Kameraden so sehr erschreckt, dass sie für eine Zeit wie blöd und versteinert dastanden. Sobald sie aber wieder ein wenig zu sich kamen, hob ein ziemlich abseits stehender ein mörderisches Geschrei an, das ein Kriegsruf zu sein schien; denn alle übrigen stimmten darin ein und rannten nach dem Platz, wo er stand, während wir, die wir die Bedeutung dieser Bewegung nicht kannten, ruhig blieben und uns wie ein Häufchen Blödsinniger gegenseitig ansahen.

Wir wurden jedoch bald unserer Ungewissheit entrissen; denn ehe zwei bis drei Minuten verstrichen, hörten wir dasselbe Geschrei rasch von einem Ort zum andern durch all die kleinen Dörfer sich verbreiten; ja, es erschallte sogar von der anderen Seite des Flusses herüber, und ehe wir's uns versahen, gewahrten wir eine Menge nackter Wilder, die von allen Seiten der Stelle zuströmten, von welcher aus der erste Schreier das Signal gegeben hatte. In weniger als einer Stunde waren, glaube ich, fünfhundert Mann von ihnen beisammen, einige mit Bogen und Pfeilen, die meisten aber mit Lanzen bewaffnet, welche sie so geschickt zu werfen wussten, dass sie damit auf ziemliche Entfernung einen Vogel im Flug trafen.

Wir hatten wenig Zeit zur Beratung, denn der Haufen mehrte sich mit jedem Augenblick, und ich bin sicher, er würde sich wohl in kurzer Zeit zu Zehntausenden gesteigert haben, wenn wir noch länger gesäumt hätten. Wir wussten indes nichts Besseres zu tun, als nach unserem Schiff zu fliehen, von wo aus wir einen guten Verteidigungskrieg führen oder auch vorrücken und den Versuch machen konnten, was ein paar Salven unseres Schrots auszurichten vermöchten.

Wir entschlossen uns zu Letzterem in der zuversichtlichen Hoffnung, dass das Feuer und das Knallen unseres Geschützes sie bald zur Flucht veranlassen würde, bildeten eine Linie und rückten beherzt auf den Feind los, während die Eingeborenen, wahrscheinlich in der Meinung, uns mit ihren Lanzen leicht vernichten zu können, sich anschickten, uns entgegenzugehen. Bevor wir in Wurfweite ihrer Lanzen waren, machten wir halt, rückten weiter auseinander, um unsere Schlachtreihe zu verlängern, und begrüßten sie mit kräftigen Schrotladungen, sodass sechzehn unserer Gegner auf der Stelle niederstürzten und weitere drei sich nur zwanzig bis dreißig Schritte weit fortzuschleppen vermochten und dann gleichfalls fielen. Wie viele leichter verwundet wurden, konnten wir natürlich nicht wissen.

Sobald wir gefeuert hatten, erhob sich ein furchtbares Geschrei oder Geheul zum Teil von denen, die verwundet, zum Teil von den anderen, welche ihre auf eine so unerhörte Weise getöteten Kameraden beklagten; nie zuvor oder auch später habe ich Ähnliches gehört.

Nachdem wir Feuer gegeben hatten, verhielten wir uns ganz ruhig, bis unsere Gewehre wieder geladen waren, und als wir bemerkten, dass sich die Feinde nicht von der Stelle rührten, suchten wir sie abermals mit einer Salve heim. Es stürzten neun Mann; denn da unsere Leute nicht mehr in so dichten Haufen standen, gaben sie nicht alle Feuer, sondern sieben hatten die Weisung erhalten, ihre Ladung nicht zu verbrauchen und, sobald die anderen ihre Gewehre abgeschossen hätten, vorzurücken, damit diese Zeit gewännen, aufs Neue zu laden.

Nach unserem zweiten Pelotonfeuer schrien wir, so laut wir konnten, und sobald die oben erwähnten sieben Mann dem Feind um etwa zwanzig Schritte nähergerückt waren, schossen sie gleichfalls ihre Gewehre ab. Die hinteren, die sich inzwischen schussfertig gemacht hatten, folgten in aller Behändigkeit, und sobald die Eingeborenen uns furchtlos auf sie zukommen sahen, ergriffen sie, als wären sie behext, mit wildem Schreien die Flucht.

Als wir auf dem Kampfplatz anlangten, sahen wir eine große Anzahl Körper auf dem Boden liegen, mehr als wir möglicherweise getötet oder verwundet haben konnten, ja sogar mehr als wir Kugeln in unseren Flinten hatten, und wir wussten nicht, was wir davon halten sollten. Endlich fanden wir jedoch, dass der Schreck sie aller Besinnung beraubt und – wie ich glaube – einige sogar ohne eine Wunde auf der ganzen Haut getötet hatte.

Als etliche von ihnen wieder zu sich kamen, krochen sie auf uns zu und beteten uns auf den Knien oder mit dem ganzen Leib auf die Erde gestreckt unter tausenderlei seltsamen Gebärden, die alle ihre Unterwürfigkeit ausdrücken sollten, an; denn sie schienen uns für Götter oder für Teufel zu halten. Es war uns indes gleichgültig, welcher von diesen Vorstellungen wir ihr Benehmen zu danken hatten, und ich kam sogleich auf den Gedanken, Vorteil daraus zu ziehen, indem wir vermöge der Rechte des Krieges nach Belieben Gefangene machen und sie zwingen konnten, mit uns zu gehen und unser Gepäck zu tragen. Alle billigten diesen Vorschlag einhellig, und wir griffen sechzig rüstige junge Burschen auf, denen wir kundtaten, dass sie uns folgen müssten, worein sie sich bereitwillig zu fügen schienen. Nun war aber die zweite Frage, wie wir uns gegen unsere Sklaven sicherstellen sollten, da sie durchaus keine Ähnlichkeit mit den Bewohnern von Madagaskar hatten, sondern heftig, rachsüchtig und hinterlistig waren. Wir durften daher keine anderen Dienste als die bloßer Sklaven von ihnen erwarten, das heißt keine Arbeit ohne Zwang und nicht länger Unterwürfigkeit, als sie durch ihre Furcht vor uns im Zaum gehalten wurden.

Ehe ich weitererzähle, muss ich dem Leser bemerken, dass ich von dieser Zeit an den Stand unserer Verhältnisse von einem ernsteren Gesichtspunkt aus zu betrachten und mich mehr um unsere Angelegenheiten zu bekümmern begann; denn obgleich ich der jüngste in der Gesellschaft war, hatte ich mich doch nachgerade überzeugt, dass es meinen Kameraden ziemlich an Entschlossenheit und Geistesgegenwart (so möchte ich es jetzt nennen) gebrach, wenn es sich um die Ausführung einer Sache handelte. Den ersten Anlass zu dieser Überzeugung gab der letzte Kampf mit den Eingeborenen; denn obgleich sie sich rasch für den Angriff und den Gebrauch der Schießgewehre entschieden hatten, begann doch ihr Mut zu sinken, als sie die Neger nicht gleich nach den ersten Schüssen fliehen sahen, und ich bin überzeugt, sie würden alle augenblicklich die Flucht ergriffen haben, wenn sie die Schaluppe zur Hand gehabt hätten.

Bei dieser Gelegenheit nahm ich es auf mich, sie zu ermutigen und zu einer zweiten Salve aufzufordern, indem ich ihnen die Versicherung gab, ich würde die Neger bald genug zum Fortlaufen bringen, wenn sie meinen Weisungen Folge leisteten. Sie wurden nun beherzter, und so geschah es denn auf mein Geheiß, dass sie bei dem zweiten Feuer einige der Ladungen in der Reserve behielten, wie ich oben erwähnte.

Nach der zweiten Salve sah ich mich in der Tat genötigt, durch ein Kommando die weiteren Schritte zu leiten. »Nun, meine Herren«, sagte ich, »lasst uns einen Schlachtruf erheben«, und brüllte dann drei Mal so kräftig hinaus, wie es unsere englischen Matrosen bei ähnlichen Gelegenheiten zu tun pflegen. »Und nun folgt mir«, sagte ich zu den sieben, die noch nicht gefeuert hatten; »ich stehe euch dafür ein, wir werden kurze Arbeit finden.« So erwies es sich auch in der Tat; denn sobald uns die Neger anrücken sahen, nahmen sie Reißaus.

Von diesem Tag an wollten sie mich nur noch Seignior Capitanio nennen, aber ich verbat mir den Seignior. »Wohlan denn«, sagte der Geschützmeister, der gut Englisch sprach, »so sollst du Kapitän Bob heißen«, und mit diesem Titel wurde ich später immer angeredet.

Nichts ist für die Portugiesen, mag man sie als Nation oder als Individuen betrachten, bezeichnender als dieser Vorfall. Wenn sie jemand ermutigt und ihnen mit gutem Beispiel vorangeht, benehmen sie sich gut genug; wenn sie aber für sich selbst handeln sollen, so verzagen sie gar bald. Diese Männer wären sicherlich vor einer Bande nackter Wilder geflohen (obgleich selbst die Flucht ihr Leben nicht hätte retten können), wenn ich nicht mit Halloh angefangen und dadurch eine Veränderung der Sachlage herbeigeführt hätte, die weit mehr geeignet war, ihren Mut zu beseelen als das Getümmel des Kampfes.

Ein derartiges Eingreifen tat später noch mehrere Male not, und ich gestehe, dass ich mich oft wunderte, woher ein Haufen Leute, die in Augenblicken der Gefahr so verzagt waren, den Mut nahmen, dem verzweifeltsten und mühseligsten Wagnis, das je unternommen wurde, entgegenzugehen.

Wir hatten indes auch zwei oder drei unermüdliche Leute in unserer Gesellschaft, die durch ihren Mut und ihre Betriebsamkeit alle übrigen aufrecht hielten und wirklich auch von Anfang an die Führung übernommen hatten. Das waren der Geschützmeister und der Schmied, welchen ich den Künstler nenne; der dritte, einer der Zimmerleute, ging auch noch an, obgleich er hinter den beiden erstgenannten weit zurückstand. Diese waren in der Tat die Seele und das Leben aller übrigen, und nur ihnen war es zu verdanken, wenn die anderen bei was immer für einer Gelegenheit Entschlossenheit zeigten. Als jene daher sahen, dass auch ich mich brauchbar zu machen anfing, wie es bei dem oben berührten Anlass der Fall war, umarmten sie mich und behandelten mich nachher stets mit besonderer Liebe.

Der Geschützmeister hatte eine gute Schule genossen und war nicht minder ein trefflicher Mathematiker als ein guter Seemann. Dem vertraulicheren Verkehr mit ihm verdanke ich die Grundlage zu dem Wissen, das ich mir später in allen für die Navigation nützlichen Kenntniszweigen, besonders aber in der Geografie, erwarb.

Meine Lernbegierde und leichte Fassungsgabe sprach ihn an, und so brachte er mir die ersten richtigen Begriffe von der Gestalt der Erde und des Meeres, der Lage der Landesteile, dem Lauf der Ströme, der Lehre der Sphären und der Bewegung der Sterne bei und gab mir dabei einen gewissermaßen systematischen Unterricht in der Astronomie, den ich später noch vertiefte.

Besonders aber erfüllte er meinen Geist mit hochstrebenden Gedanken und dem eifrigen Verlangen, alles Wissenswerte zu erlernen, indem er mir bewies, dass nichts eine bessere Vorbereitung für großartige Unternehmungen wäre als eine über die gewöhnlichen Kenntnisse des Seemanns erhabene Bildungsstufe und dass Unwissenheit dem Menschen immer nur eine niedrige Stellung anweise, während Wissen die erste Sprosse zur Leiter des Ruhmes bilde. Er schmeichelte mir stets mit meinen Anlagen, und obgleich dies meiner Eigenliebe wohltat, verfehlte es doch nicht, da ich Ehrgeiz besaß, der eben in dieser Zeit in meiner Seele aufzukeimen begann, einen unersättlichen Durst nach Wissen in mir zu wecken, sodass ich fest entschlossen war, wenn ich je nach Europa zurückkäme und mir die Mittel dazu nicht genommen wären, alles das von Grund auf zu lernen, was mich zu einem vollkommenen Seemann machen konnte. Aber ich war mir selbst gegenüber später nicht gerecht genug, als dass ich diesen Entschluss, als sich mir eine Gelegenheit dazu bot, ausgeführt hätte.

Doch kehren wir wieder zum Gang unserer Erzählung zurück. Als der Geschützmeister gesehen, welchen wesentlichen Dienst ich in dem Kampf geleistet hatte, und von meinem Vorschlag, eine Anzahl Gefangener zu machen und sie zu unserem Marsch zu verwenden, hörte, pflichtete er mir vor allen anderen bei. »Kapitän Bob«, sagte er, »ich denke, du musst unser Anführer sein; denn den ganzen Erfolg dieses Unternehmens haben wir dir zu danken.« – »Nein, nein«, entgegnete ich, »Ihr macht mir da ein Kompliment. Seid meinetwegen *Ihr* Seignior Capitanio oder gar General; ich bin zu jung dazu.« Mit einem Wort – wir alle kamen überein, ihn zu unserem Anführer zu wählen. Er wollte jedoch diese Ehre nur unter der Bedingung annehmen, dass ich sie mit ihm teilte, und da die übrigen seinen Wunsch unterstützten, musste ich mich fügen.

Das erste Geschäft, welches mir in diesem meinem neuen Kommando anheimfiel, war so schwierig, als sich nur eines denken lässt – nämlich die Behandlung der Gefangenen. Ich übernahm es jedoch gern, wie man bald hören wird. Wichtiger war übrigens die nun folgende Beratung, einmal über den einzuschlagenden Weg und dann, wie wir uns für die Reise mit Proviant versehen wollten.

Unter den Gefangenen befand sich ein hochgewachsener, schöner Bursche, dem die übrigen große Verehrung zollten und der, wie wir später erfuhren, der Sohn eines ihrer Könige war. Sein Vater war, wie es schien, bei unserer ersten Salve gefallen, und er selbst hatte einen Schuss in den Arm und einen anderen in die Hüfte erhalten. Die Hüftwunde ging tief ins Fleisch, sodass er stark blutete und infolge des Blutverlustes halb tot dalag. Der Armschuss hatte ihm das Ellenbogengelenk gesplittert, und er war durch diese beiden Wunden in einen so bedenklichen Zustand versetzt, dass wir schon im Begriff standen, ihn fortzuschaffen und dem Tod anheimzugeben, den er sicherlich auch in wenigen Tagen erlitten haben würde. Als ich jedoch bemerkte, dass ihm die Übrigen Ehrfurcht erwiesen, kam mir auf einmal der Gedanke, er könnte uns dadurch nützlich werden, dass wir ihn gewissermaßen zu einem Befehlshaber über die übrigen machten. Ich übergab ihn daher den Händen unseres Wundarztes und bedeutete dem armen Teufel so gut es ging durch Zeichen, dass wir ihn wieder gesundmachen wollten.

Dieses erweckte in den Gemütern unserer Gefangenen neue Ehrfurcht vor uns; denn sie glaubten, wir könnten sie nicht nur auf weite Entfernungen durch etwas Unsichtbares (als solches erschien ihnen unser Schrot) töten, sondern auch die Getöteten wieder lebendig machen. Der junge Prinz rief nun sechs oder sieben Wilde zu sich und sagte ihnen einige Worte, die wir nicht verstanden; aber unmittelbar darauf kamen alle sieben auf mich zu, knieten vor mir nieder, hielten ihre Hände mit bittender Gebärde in die Höhe und zeigten nach dem Platz, wo einer von denen lag, die wir getötet hatten.

Es währte einige Zeit, ehe ich oder einer von uns sie verstehen konnte. Endlich aber erhob sich einer der Neger, eilte auf den Toten zu, richtete ihn auf und deutete auf sein Auge, wo der Schuss eingedrungen war. Dann wies ein anderer auf den Wundarzt, und so fanden wir endlich, dass sie uns sagen wollten, mir möchten des Prinzen Vater gleichfalls heilen, was jedoch nicht anging, da die Kopfwunde ihn bereits getötet hatte.

Wir griffen indes diesen Wink auf und gestanden die Unzulänglichkeit unserer Kunst keineswegs ein, sondern ließen sie wissen, dass die Getöteten diejenigen wären, welche uns zuerst angefallen und gereizt hätten, und dass wir daher unter keinen Umständen geneigt wären, sie wieder lebendig zu machen; im Gegenteil, wir würden sie gleichfalls töten und nie wieder ins Leben rufen, wenn sie sich feindselig und unbotmäßig benähmen; wenn übrigens der Prinz gutwillig mit uns ginge und unseren Befehlen Folge leistete, wollten wir ihn nicht sterben lassen und seinen Arm wieder heilen. Auf diese Erklärung befahl er seinen Leuten zu gehen, einen langen Stab zu holen und auf die Erde zu legen. Als sie ihn brachten, gewahrten wir, dass es ein Pfeil war. Er nahm ihn mit der linken Hand (denn die rechte war durch die Wunde gelähmt), deutete damit gegen die Sonne, brach ihn entzwei, setzte die Spitze gegen seine Brust und überreichte sodann mir das Bruchstück. Dies war, wie ich später erfuhr, eine Beteuerung, dass die Sonne, welche sie anbeteten, ihn mit einem Pfeil in die Brust schießen sollte, wenn er je aufhöre, mein Freund zu sein; und die Weitergabe des Pfeils an mich wollte besagen, dass ich der Mann wäre, dem er es geschworen hätte. Und nie hat ein Christ seinen Eid gewissenhafter gehalten, als dieser gehalten wurde; denn der Wilde erwies sich uns manchen mühsamen Monat nachher als treuer und ergebener Diener.

Als ich ihn dem Wundarzt übergeben hatte, säuberte und verband er sogleich die Hüftwunde und fand, dass sie bloß von einem etwas tiefgehenden Streifschuss herrührte, sodass sie bald geheilt werden konnte. An dem Arm war jedoch ein Knochen in der Nähe des Ellenbogengelenks gebrochen. Er richtete denselben ein, versah das Glied mit Schienen und einer Schlinge, die er dem Neger um den Hals hing, und bedeutete ihm durch Zeichen, dass er den Arm nicht bewegen dürfe, was er denn auch so treulich befolgte, dass er sich niedersetzte und sich nicht rührte, ohne dass ihm der Wundarzt die Erlaubnis dazu gab.

Ich hatte viele Mühe, dem Neger begreiflich zu machen, was wir vorhätten und wie wir seine Leute zu benutzen beabsichtigten. Besonders schwer war es, ihn die Bedeutung einiger unserer Worte, zum Beispiel des Ja und Nein, zu lehren und ihn überhaupt mit unserer Sprache etwas bekannt zu machen. Er war indes sehr willig und bemüht, meinem Unterricht Ehre zu machen.

Leichter begriff er unsere Absicht, Mundvorrat mit uns zu nehmen; er bedeutete uns jedoch durch Zeichen, es wäre unnötig, da wir vierzig Tagesreisen weit überall auf unserem Weg hinreichend Lebensmittel finden würden. Er wusste nicht, wie er die Zahl vierzig ausdrücken sollte, da sie keine Ziffer dafür hatten und sich gegenseitig nur durch Worte darüber zu erklären vermochten. Endlich nahm jedoch einer der Neger auf seinen Befehl vierzig kleine Steine auf und legte sie der Reihe nach auf den Boden, um uns anzuzeigen, für wie viele Tagesmärsche uns der Proviant reichen würde.

Dann zeigte ich ihm unser Gepäck, welches sehr schwer war, besonders unser Pulver, Blei, Eisen, die Werkzeuge der Zimmerleute, die Seemannsinstrumente, die Flaschenkeller und anderes Gerümpel. Er nahm einiges von diesen Gegenständen in die Hand, um das Gewicht zu prüfen, schüttelte aber den Kopf darüber. Ich sagte daher unseren Leuten, sie müssten sich entschließen, das ihrige in kleinere Packen zu verteilen, um es tragbarer zu machen, was denn auch geschah und uns nötigte, unsere Koffer, elf an der Zahl, zurückzulassen.

Dann gab er uns durch Zeichen zu verstehen, dass er uns einige Büffel oder junge Stiere zum Tragen unserer Habe verschaffen wolle, indem er uns zugleich andeutete, dass sie auch uns tragen könnten, wenn wir müde wären. Doch dies winkten wir ab, wir wollten nur die Tiere, denn schließlich konnten wir sie gelegentlich verspeisen, wenn sie nicht mehr imstande wären, uns als Lastvieh zu dienen.

Ich führte ihn dann zu unserer Schaluppe und zeigte ihm, was wir dort hatten. Er war sehr erstaunt, als er des Fahrzeugs ansichtig wurde, da er nie Ähnliches früher gesehen hatte; denn die Kähne der Eingeborenen waren erbärmlicher, als mir je welche vorgekommen sind; sie hatten weder Bug noch Spiegel, bestanden aus mit Schaf- oder Ziegendärmen zusammengenähten Ziegenfellen, mit einer zähen, vielleicht aus Öl und Harz bereiteten Substanz von abscheulichem Geruch überkleistert, und waren mit einem Wort so armselig, dass ein Rindenkahn ein wahres Prachtgebäude dagegen genannt werden konnte.

Doch kehren wir wieder zu unserem Fahrzeug zurück. Wir führten unseren Prinzen dorthin und halfen ihm beim Einsteigen, wie es sein gelähmter Zustand forderte, und gaben ihm durch Zeichen zu verstehen, dass seine Leute unsere Güter, welche wir ihm zeigten, tragen müssten. Er antwortete: »Ce, Seignior« oder »Ja, Herr« (denn wir hatten ihn diese Worte nebst ihrer Bedeutung gelehrt), nahm sodann eines der Bündel auf und deutete uns an, dass er, wenn sein Arm wieder gesund sei, gleichfalls für uns tragen wolle.

Wir bezeichneten ihm nun, dass er nichts zu tragen haben solle, wenn er seine Leute zum Tragen veranlasse. Wir hatten die Gefangenen in einem engen Raum, der mit Pfählen wie mit Palisaden umschlossen worden war, verwahrt und sie mit den aus Matten gedrehten Stricken gebunden; und als wir den Prinzen wieder ans Ufer brachten, forderten wir ihn auf, sie zu fragen, ob sie gutwillig mit uns in das Land der Löwen gehen wollten. Er hielt nun eine lange Rede an sie, aus der wir entnehmen konnten, dass er ihnen erklärte, sie müssten, wenn sie uns willig begleiteten, »Ce, Seignior« sagen, indem er ihnen zugleich die Bedeutung des Wortes verdolmetschte. Sie antworteten sogleich »Ce, Seignior«, schlugen die Hände zusammen und blickten nach der Sonne auf – ein Eid der Treue, wie uns der Prinz erklärte. Dann hielt einer von ihnen eine lange Rede an den Prinzen, die er mit wunderlichen Gebärden begleitete und damit anzudeuten schien, dass sie etwas von uns wünschten, worüber sie sehr bekümmert waren. Ich fragte daher, so gut ich es vermochte, was die Leute begehrten; der Prinz gab mir darauf durch Zeichen kund, dass die Gefangenen verlangten, wir sollten gleichfalls die Hände gegen die Sonne zusammenschlagen, das heißt schwören, dass wir sie nicht töten, dass wir ihnen, damit sie nicht Hungers stürben, Chiaruck (nämlich Brot) zu essen geben und dass wir sie nicht von den Löwen fressen lassen wollten. Ich gab ihm ein solches Versprechen, was ihm jedoch nicht zu genügen schien; denn er wies nach der Sonne, schlug die Hände zusammen und bedeutete mir, dass ich es ebenso machen solle. Als ich seinem Wunsch nachkam, warfen sich die Gefangenen insgesamt zur Erde, standen wieder auf und ließen ein so wildes und abscheuliches Freudengeschrei erschallen, wie ich es nie vorher gehört hatte.

Ich glaube, es war das erste Mal in meinem Leben, dass mich irgendein religiöser Gedanke berührte; ich konnte mich einiger ernster Betrachtungen und fast der Tränen nicht erwehren, als ich daran dachte, wie glücklich ich wäre, nicht unter solchen Geschöpfen geboren zu sein und ihre Unwissenheit und Rohheit teilen zu müssen. Diese Stimmung verflog jedoch bald, und es dauerte lange, bis ich wieder eine ähnliche Anwandlung empfand.

Als diese Zeremonie vorüber war, beschäftigte uns die Sorge um Lebensmittel sowohl für die Gefangenen als für uns selbst. Wir teilten daher dem Prinzen unsere Gedanken durch Zeichen mit, worauf er uns andeutete, dass wir Mundvorrat und Lastvieh erhalten sollten, wenn wir einen der Gefangenen nach seinem Dorf gehen ließen, um den erforderlichen Bedarf herbeizuschaffen. Auf meine Bedenken versicherte er mir, ich dürfe dem Boten wohl trauen, da er gewiss nicht fortlaufen würde, und knüpfte zu größerer Beglaubigung einen Strick um seinen Hals, dessen eines Ende er mir einhändigte, um mir dadurch anzuzeigen, dass ich ihn hängen dürfte, wenn der Mann nicht wiederkäme. Ich willigte also ein; er versah den Boten mit einer Menge von Weisungen und entsandte ihn, indem er noch vorher nach der Sonne und nach dem Himmel deutete, wahrscheinlich um ihm zu sagen, in welcher Zeit er wieder zurück sein müsste.

Der Neger rannte wie toll davon und hielt nicht inne, bis wir ihn aus dem Gesicht verloren, woraus ich schloss, dass er einen weiten Weg zu machen hätte. Am anderen Morgen, noch zwei Stunden vor der festgesetzten Zeit, winkte mir der schwarze Prinz, denn so nannte ich ihn immer, mit der Hand und rief mir in seiner lärmenden Weise zu, dass ich zu ihm kommen möchte. Ich kam seiner Aufforderung nach, und nun zeigte er mir von einem kleinen Abhang, etwa zwei Meilen vor uns, einen kleinen Trieb Vieh mit mehreren Negern, indem er mir zugleich andeutete, dies wäre der Bote mit einigen anderen, welche die Tiere zu uns führten.

Zu der bezeichneten Zeit kam der Schwarze zu unseren Hütten und brachte uns eine Menge Kühe und junge Rinder, sechzehn Ziegen und vier junge zum Lasttragen gewöhnte Stiere.

5. Kapitel

So waren wir denn gehörig mit Mundvorrat versehen; aber freilich mussten wir uns statt des Brotes mit Wurzeln behelfen, was wir früher schon getan hatten. Wir begannen nun zu überlegen, wie wir große Säcke, ungefähr nach Art der Tornister beim Militär, anfertigen könnten, damit unsere Gefangenen das Gepäck leichter fortzuschaffen imstande wären. Zu diesem Zweck ließ ich die Felle der geschlachteten Ziegen in der Sonne ausspannen, wo sie in zwei Tagen so trocken wurden, als wir nur wünschen konnten; wir erhielten ein Material, das sich leicht in die für unsere bewegliche Habe erforderlichen Tornister umarbeiten ließ. Als der schwarze Prinz sah, wozu sie dienen sollten und wie bequem sie zu tragen wären, lächelte er und sandte den oben erwähnten Neger wieder fort, um Häute zu holen. Dieser kam mit zwei Eingeborenen zurück – alle drei schwer mit Fellen beladen, die weit besser als unsere getrockneten und auch von anderen Tierarten, denen wir keine Namen zu geben wussten, genommen waren.

Die beiden Begleiter des Boten brachten dem schwarzen Prinzen zwei Lanzen, wie sie die Eingeborenen im Kampf verwenden, aber schöner als gewöhnlich, von einem glänzend schwarzen Holz, ähnlich unserem Ebenholz, und an der Spitze mit einem langen Zahn eines uns unbekannten Tieres versehen, der so fest aufgesetzt, so stark, wiewohl nicht dicker als mein Daumen und am Ende so scharf war, dass ich in keinem Teil der Welt je wieder etwas Ähnliches zu Gesicht bekam.

Der Prinz wollte die Lanzen nicht annehmen, bis ich ihm die Erlaubnis dazu gäbe, und winkte ihnen, sie mir zu überreichen; ich gestattete ihm jedoch, sie selbst zu nehmen, denn ich sah wohl, dass man sich auf ihn verlassen durfte.

Als wir nun für unseren Marsch vorbereitet waren, kam der Prinz zu mir, deutete nach den verschiedenen Himmelsgegenden und befragte mich in seiner Zeichensprache, welchen Weg wir einzuschlagen gedächten. Als ich hierauf nach Westen zeigte, tat er mir kund, es gebe nicht weit im Norden einen großen Fluss, der unsere Schaluppe viele Stunden weit genau in westlicher Richtung ins Innere des Landes tragen könnte. Ich griff den Wink sogleich auf und fragte nach der Flussmündung, die er mir als eine Tagesreise entfernt angab, was nach unserer Schätzung ungefähr sieben Stunden mehr betrug. Ich vermute, dass es derselbe Fluss war, den man auf der Karte an dem nördlichsten Teil der Küste von Mozambique unter dem Namen Quilloa verzeichnet findet.

Wir berieten uns über diese Andeutung und kamen zu dem Entschluss, den Prinzen und so viele der Gefangenen, als sich unterbringen ließen, in unsere Schaluppe zu nehmen und nach dem genannten Fluss hinzusegeln, während acht von uns wohlbewaffnet den Landweg einschlagen und an dem Fluss wieder mit uns zusammentreffen sollten; denn der Prinz hatte uns den Strom von einer Anhöhe aus, wie er sich durch das Land hinzog, ganz deutlich gezeigt, da er in der nächsten Richtung nicht über sechs Meilen entfernt lag.

Die Aufgabe, den Landweg zu nehmen und die ganze Karawane anzuführen, wurde mir zuteil. Ich hatte acht Mann von uns und siebenunddreißig Gefangene bei mir, alle ohne Gepäck, denn unsere gesamte Habe befand sich noch an Bord der Schaluppe. Wir trieben die Stiere vor uns her, die wir ungemein zahm und willig fanden, denn von den Negern setzten sich gleich vier auf einmal auf ihren Rücken, ohne dass es ihnen beschwerlich wurde; auch fraßen sie aus unserer Hand, leckten uns die Füße und benahmen sich so lenksam wie Hunde.

Wir hatten auch sechs bis sieben Kühe als Schlachtvieh bei uns. Unsere Neger wussten übrigens nichts von dem Einsalzen und Trocknen des Fleisches, bis wir es ihnen zeigten, und dann gefiel ihnen diese Methode so gut, dass sie sich ihrer bedienten, solange wir Salz hatten, und es gern auf weiten Wegen herbeiholten, als es uns ausging.

Der Landweg nach dem Fluss hin wurde uns nicht sauer, und wir brauchten keinen Tag dazu, da jener, wie bereits gesagt, nicht mehr als sechs englische Meilen entfernt war, während die Schaluppe erst am fünften Tag anlangte, da sie in der Bucht widrigen Wind hatte und der vielen Krümmungen des Stroms halber einen Weg von mehr als fünfzig Meilen auf ihm zurücklegen musste.

Unsere Gefangenen verbrachten diese Zeit mit der Ausführung einer Arbeit, die ihnen die beiden Fremden, welche dem Prinzen die Lanzen brachten, gezeigt hatten; sie machten nämlich aus den Ziegenfellen Schläuche, um darin frisches Wasser tragen zu können, etwas, das uns, wie sie zu wissen schienen, auf unserer Reise sehr nützlich werden musste. Die Neger führten auch diese Aufgabe so geschickt aus, dass sich jeder, noch ehe unser Fahrzeug anlangte, aus den Fellen, welche die oben genannten Männer gebracht, einen blasenähnlichen Beutel verfertigt hatte, den er sich mittels eines drei Zoll breiten, gleichfalls aus Häuten geschnittenen Riemens wie ein Gewehr über die Schultern hängte.

Unser Prinz hatte uns die Weisung gegeben, unsere Gefangenen, um uns ihrer Treue zu versichern, zu zwei und zwei an den Handgelenken zusammenzubinden, wie man es in England bei Gefangenen mit Handschellen zu machen pflegt; und um ihnen die Notwendigkeit dieses Verfahrens nahezubringen, war von ihm selbst vieren seiner Leute der Auftrag erteilt worden, den übrigen die Bande anzulegen. Aber wir fanden sie so ehrlich und besonders gegen ihren Häuptling so gehorsam, dass wir sie, sobald wir uns eine ziemliche Strecke von ihrer Heimat entfernt hatten, frei gehen ließen, was wir schon früher getan haben würden, wenn es der Prinz nicht verwehrt hätte.

Alles Land an den Ufern des Flusses war Hochland und enthielt keine Sümpfe. Wohin wir kamen oder blickten, war sattes Grün und darauf eine Menge weidendes Vieh. Wälder gab es wenige, wenigstens nicht in unserer Nähe; weiter oben aber sahen wir Eichen, Zedern und Fichten, von denen einige ungemein hoch waren.

Der Fluss hatte ein schönes Fahrwasser, ungefähr von der Breite der Themse unter Gravesend, eine starke Ebbe und Flut, die sich bis auf sechzig Meilen landeinwärts erstreckte, und da das Flussbett sehr tief war, gebrach es uns lange nicht an Wasser. Kurz, es ging lustig mit der Flut und einem frischen Ost- und Ostnordostwind aufwärts, und wir kamen auch während der Ebbe wacker fort, da der Strom fortwährend breit und tief blieb. Als wir indes aus dem Bereich der Gezeiten kamen und es bloß mit der Eigenströmung des Flusses zu tun hatten, fanden wir diese zu stark für uns, um gegen sie anzukönnen, und wir dachten schon daran, unsere Schaluppe zu verlassen. Aber der Prinz war überhaupt nicht dieser Ansicht, denn da er fand, dass wir eine ziemliche Anzahl von Tauen an Bord hatten, forderte er alle am Ufer befindlichen Gefangenen auf, heranzukommen und das Fahrzeug vom Land aus ins Schlepptau zu nehmen. Da wir außerdem unsere Segel aufhissten, um ihnen die Arbeit zu erleichtern, brachten sie uns sehr schnell vorwärts.

Auf diese Weise kamen wir – nach unserer Berechnung – fast zweihundert Meilen stromaufwärts; aber nun verengte sich der Fluss schnell und schmolz ungefähr zu der gewöhnlichen Breite der Themse bei Windsor zusammen. Am darauffolgenden Tag gelangten wir zu einem Wasserfall, der ansehnlich genug war, um uns Schrecken einzuflößen; denn die ganze Wassermasse fiel, glaube ich, mit einem Mal ganz senkrecht über einen Abgrund von ungefähr sechzig Fuß Höhe herab und machte ein so ohrenbetäubendes Getöse, dass wir es schon zehn Meilen weiter oben hören konnten.

Hier machten wir halt und schickten unsere Gefangenen zuerst ans Ufer. Sie hatten, indem sie sich gegenseitig ablösten, sehr hart und willig gearbeitet, und die Müden wurden jedes Mal in die Schaluppe genommen und durch neue ersetzt. Hätten wir Kähne oder tragbare Boote gehabt, so hätten wir wohl noch weitere zweihundert Meilen zu Wasser zurücklegen können, aber mit unserem großen Fahrzeug war nichts mehr anzufangen.

Wir hatten auf unserem ganzen Weg eine grüne, liebliche Gegend mit vielem Vieh angetroffen; auch ließen sich, wiewohl selten, hin und wieder Menschen blicken. Aber wir machten jetzt die Erfahrung, dass unsere Gefangenen die Sprache der Einwohner ebenso wenig als wir selbst verstanden, da diese, wie es schien, einem ganz verschiedenen Volksstamm angehörten. Wilde Tiere waren uns noch nicht begegnet oder wenigstens nicht sehr nahe gekommen, drei wunderschöne Leoparden ausgenommen, welche wir zwei Tage, ehe wir den Wasserfall erreichten, an dem nördlichen Ufer des Flusses (die Gefangenen befanden sich auf der anderen Seite) gesehen hatten. Unser Geschützmeister erblickte sie zuerst und eilte nach seinem Gewehr, in welches er noch eine zusätzliche Kugel lud; dann kam er zu mir und sagte zu mir: »Nun, Kapitän Bob, wo ist Euer Prinz?« Und als ich ihn gerufen, fuhr er fort: »Sagt Euren Leuten, sie sollen sich nicht fürchten; sagt ihnen, sie werden das Ding in seiner Hand unter Blitzen mit einer dieser Bestien sprechen hören und es sie töten sehen.«

Die armen Neger schnitten trotz den Worten ihres Prinzen Gesichter, als ginge es ihnen allen ans Leben, und harrten in banger Erwartung des Ausgangs, als der Geschützmeister plötzlich Feuer gab und, da er ein sehr guter Schütze war, eines der Tiere mit zwei Schrotkugeln gerade in den Kopf traf. Sobald sich der Leopard getroffen fühlte, richtete er sich kerzengerade auf seinen Hinterfüßen auf, streckte die Vordertatzen in die Luft, machte heulend noch einige Bewegungen und sank tot zusammen, während die beiden anderen, durch das Feuer und den Knall erschreckt, die Flucht ergriffen und uns im Nu aus den Augen waren.

Die beiden Leoparden konnten jedoch nicht halb so entsetzt sein, als es unsere Gefangenen waren; denn vier oder fünf von ihnen stürzten zusammen, als wären sie getroffen worden, während mehrere andere – sei es, um uns anzubeten oder um zu flehen, dass man ihr Leben schonen möchte – auf die Knie niederfielen und die Hände nach uns ausstreckten. Wir gaben ihrem Prinzen durch Zeichen zu verstehen, er solle ihnen Mut zusprechen, was er auch tat, obgleich er viele Mühe hatte, seine Leute wieder zur Vernunft zu bringen, umso mehr, da er selbst, wiewohl er auf den Vorgang vorbereitet worden war, bei dem Fallen des Schusses so entsetzt in die Höhe fuhr, als hätte er in den Fluss springen wollen.

Als wir sahen, dass das Tier tot war, hatte ich große Lust, die Haut des Leoparden zu besitzen, und ich gab deshalb dem Prinzen durch Zeichen zu verstehen, er solle einige seiner Leute hinüberschicken und das Fell abstreifen lassen. Es bedurfte nur eines Wortes, um vier von ihnen freiwillig für den Auftrag zu gewinnen. Man entledigte sie ihrer Bande, und alsbald sprangen sie in den Fluss, schwammen hinüber und machten sich an die Arbeit. Wir hatten dem Prinzen ein Messer geschenkt, mit dem er so geschickt vier hölzerne Messer schnitzte, wie ich in meinem Leben nie etwas Ähnliches sah; und in weniger als einer Stunde brachten sie mir die herrlich gefleckte Haut des Leoparden, der so groß gewesen, dass sie von den Ohren bis zum Schwanz sieben und über den Rücken fast fünf Fuß maß. Ich brachte dieses Fell viele Jahre später mit nach London.

Wir mussten nun alle unsere Reise auf die gleiche Art fortsetzen, das heißt zu Lande, denn die Schaluppe ließ sich auf dem Fluss nicht weiter bringen und war zu schwer, als dass man sie hätte tragen können. Wir hielten zwar Rücksprache mit den Zimmerleuten, ob sich aus unserem Fahrzeug nicht drei oder vier Boote verfertigen ließen, um damit unsere Fahrt auf dem Fluss fortzusetzen; sie erklärten jedoch, dass es jedenfalls viel Zeit erfordern würde, abgesehen davon, dass es an Pech und Teer, um sie wasserdicht zu machen, wie auch an Nägeln zur Befestigung der Planken fehlte. Einer von ihnen meinte, er könnte uns, wenn wir in der Nähe des Flusses einen großen Baum fänden, in vier Mal kürzerer Zeit einen oder zwei Kähne zimmern, die für unseren Zweck recht gut die Dienste eines Bootes versehen und außerdem an Wasserfällen eine oder zwei Meilen auf den Schultern fortgeschafft werden könnten.

Wir gaben daher den Gedanken auf, unser Fahrzeug weiter zu benutzen, zogen es in eine kleine Bucht oder vielmehr in die Einmündung eines Baches, wo wir es für diejenigen, die etwa nach uns an diese Stelle kämen, befestigten, und marschierten weiter. Das Verteilen des Gepäcks, das wir unseren zahmen Büffeln und den Negern aufluden, nahm jedoch noch zwei Tage in Anspruch, da wir besonders den Schießbedarf aufs Sorgfältigste zu verwahren bedacht waren. Damit das Pulver nicht feucht würde, füllten wir es in Säckchen aus getrockneten Fellen, deren Haare nach innen gekehrt waren, und taten sie sodann in größere Säcke aus dicken und harten Büffelhäuten (hier die Haare nach außen), wodurch wir unseren Zweck so gut erreichten, dass sogar bei heftigem Regen (und wir hatten mehrere Male sehr starken und lang anhaltenden Regen) unser Pulver trocken blieb. Die Säcke bildeten unser Hauptmagazin. Außer ihnen führte noch jeder ein Viertelpfund Pulver und ein Halbpfund Blei bei sich, was für den augenblicklichen Bedarf ausreichend war; denn wir wollten uns der Hitze wegen nicht mehr, als unumgänglich notwendig war, belasten.

Wir fuhren fort, dem Strom entlang zu ziehen, und kamen daher wenig mit den Bewohnern des Landes in Berührung. Auch war, solange wir die Schaluppe mit Mundvorrat gefüllt hatten, keine Notwendigkeit vorhanden gewesen, uns in der Nachbarschaft umzusehen, aber jetzt, da wir zu Fuß gingen, kamen wir oft in die Lage, Lebensmittel herbeischaffen zu müssen. Wir machten zum ersten Mal bei einem Negerdorf halt, welches wir an dem Fluss trafen und das ungefähr fünfzig Hütten enthielt, und alsbald wurden wir von ungefähr vierhundert Männern umringt, welche die Neugierde heraustrieb. Sie wurden indes kaum unserer Neger ansichtig, als sie nach ihren Waffen eilten, weil sie einen feindlichen Überfall befürchteten. Unsere Neger belehrten sie jedoch, da sie ihre Sprache nicht verstanden, durch Zeichen, dass von ihnen nichts zu fürchten wäre, denn sie hätten keine Waffen und wären wie Gefangene zwei zu zwei aneinandergebunden; freilich folgten ihnen Leute, die vom Aufgang der Sonne herkämen, welche sie alle töten und nach Belieben wieder lebendig machen könnten; sie hätten jedoch eine friedliche Absicht und würden ihnen nichts zuleide tun. Sobald sie dies vernahmen, legten sie ihre Lanzen, Bogen und Pfeile ab, brachten zwölf lange Stangen, welche sie als Friedenssignale aufpflanzten, und verbeugten sich vor uns zum Zeichen der Unterwerfung. Sie hatten jedoch kaum unsere Bärte wahrgenommen, als sie unter ängstlichem Geschrei wieder davonliefen.

Wir benahmen uns zurückhaltend, um nicht vertraulich mit ihnen zu werden, und wenn wir uns näherten, so waren es nie mehr als zwei oder drei von uns auf einmal. Unsere Gefangenen gaben ihnen zu verstehen, dass wir Mundvorrat von ihnen zu haben wünschten, und sie brachten uns einige Stücke schwarzes Vieh; denn die Gegend wimmelte von Kühen und Büffeln, wie auch Hirsche nicht selten waren. Unser Schmied, der nun einen großen Vorrat der von ihm verfertigten Artikel besaß, gab ihnen einige Nippsachen, wie silberne und eiserne Plättchen, die in Diamanten-, Herz- und Ringform geschnitten waren, worüber sie hocherfreut waren. Wir erhielten nun auch einige Früchte und Wurzeln, die wir nicht kannten, und da sich unsere Neger diese Speise trefflich schmecken ließen, griffen wir auch zu.

Nachdem wir uns soweit mit Fleisch und Wurzeln, als wir bequem fortschaffen konnten, versehen hatten, verteilten wir die Last unter die Neger und wiesen jedem dreißig bis vierzig Pfund zu, was uns für eine so heiße Gegend schon beinahe zu viel schien. Die Neger beschwerten sich nicht im Geringsten darüber; vielmehr halfen sie einander manchmal, wenn der seltene Fall eintrat, dass einer müde wurde. Außerdem wurde ihre Last, weil sie vorzugsweise aus Mundvorrat bestand, wie Aesops Brotkorb mit jedem Tag leichter, bis wir wieder Gelegenheit fanden, das Verbrauchte zu ersetzen. Ich bemerke hierbei, dass wir ihnen, wenn sie tragen mussten, die Hände losbanden und sie zwei und zwei an einem Fuß zusammenkoppelten. Am dritten Tag nach dem Aufbruch von unserem letzten Rastort verlangte unser erster Zimmermann, dass wir haltmachen und Hütten aufschlagen sollten; denn er hatte einige Bäume ausfindig gemacht, die sich nach seiner Ansicht zur Fertigung von Kähnen eigneten. Er war der Meinung, wir hätten noch weit genug zu Fuß zu gehen, und es käme ihm nicht zu Sinn, den Weg länger zu Lande fortzusetzen, als unbedingt nötig wäre.

Wir hatten kaum Anweisungen gegeben, ein Lager aufzuschlagen, und unsere Schwarzen ihrer Bürde enthoben, als sie sich anschickten, unsere Hütten zu bauen, was sie trotz der erwähnten Bande mit überraschender Schnelligkeit zustande brachten. Auf die Bürgschaft, welche der Prinz für ihre Treue gab, nahmen wir jetzt einigen die Fesseln ab und benutzten sie zum Teil als Handlanger der Zimmerleute, wobei sie sich recht anstellig benahmen, während wir andere aussandten, um in der Nähe Lebensmittel aufzusuchen; stattdessen kamen jedoch drei von ihnen mit fünf Lanzen und zwei Bogen nebst Pfeilen zurück. Wir konnten nur mit Mühe aus ihren Erklärungen klug werden, die darauf hinausliefen, dass sie ein paar Negerfrauen in Abwesenheit ihrer Männer in ihren Höhlen überrascht und bei ihnen die Lanzen gefunden hätten und sie mitnahmen, weil Frauen und Kinder bei ihrem Anblick – wahrscheinlich da sie sie für Räuber hielten – entflohen wären. Wir machten ihnen zornige Gesichter und ließen sie durch ihren Prinzen fragen, ob sie etwa Frauen oder Kinder umgebracht hätten, denn wäre jemand ums Leben gekommen, würden wir sie gleichfalls töten. Sie beteuerten jedoch ihre Unschuld, und so schenkten wir ihnen Glauben. Sie brachten uns sofort Lanzen, Bogen und Pfeile, aber auf ein Zeichen des Prinzen hin gaben wir ihnen die Bogen und Pfeile zurück, mit der Weisung, auszuziehen und zu sehen, ob sie nicht irgendein Wild zu erlegen vermöchten; und hierbei erteilten wir ihnen zugleich das Recht der Waffen, das heißt die Erlaubnis, sich gegen jeden, der sie angriffe oder Gewalt gegen sie brauchte, zur Wehr zu setzen; friedliche Personen aber oder solche, die ihre Waffen niedergelegt, oder Frauen und Kinder dürften sie weder töten noch verletzen. Dies war überhaupt bei uns Kriegsregel.

Die beiden Neger mochten etwa zwei bis drei Stunden fort gewesen sein, als einer von ihnen in größter Hast ohne seine Bogen und Pfeile zurückkam, indem er zugleich oft den Ruf »Okoamo! Okoamo!« erschallen ließ, was wohl gleichbedeutend mit »Hilfe!« sein mochte. Die übrigen Neger sprangen auf und eilten so schnell, als es ihnen ihre Koppelbande gestatteten, ihrem Gefährten entgegen, um von ihm zu erfahren, was sich zugetragen hätte. Wir wussten nicht, was wir daraus machen sollten, und da die Miene des Prinzen auf irgendein Unheil zu deuten schien, griffen wir nach den Waffen, um für alle Fälle bereit zu sein. Die Neger kamen jedoch der Sache bald auf den Grund, denn wir sahen kurz nachher vier von ihnen mit einer Riesenladung Wildbret auf uns zukommen. Die beiden hatten nämlich ein Rudel Hirsche in der Ebene angetroffen und sich ihrer Geschosse mit einer solchen Gewandtheit bedient, dass drei Stück Wild auf dem Platz blieben; es war daher einer der Jäger zurückgekommen, um zum Fortschaffen der Braten Hilfe zu holen. Es war das erste Wildbret, das uns auf unserer ganzen Reise in den Weg gekommen war, und wir taten uns gütlich daran; auch ließ sich der Prinz zum ersten Mal bewegen, an dem in unserer Weise bereiteten Mahl teilzunehmen – ein Beispiel, welches bei den übrigen Schwarzen, die ihr Fleisch stets ganz roh verzehrt hatten, Nachahmung fand.

Jetzt wäre es uns wohl lieb gewesen, wenn wir noch mehr Bogen und Pfeile bei uns gehabt hätten; wir setzten allmählich so viel Vertrauen in unsere Neger, dass wir sie oder wenigstens einen großen Teil von ihnen oft ohne Fesseln ausziehen ließen, fest überzeugt, dass sie, wäre es auch nur aus dem einfachen Grund, weil sie ohne uns keinen Weg einzuschlagen wussten, wieder zurückkommen würden. Nur unsere Gewehre mochten wir ihnen nicht anvertrauen, und es war uns lieb, dass sie in dem Glauben lebten, es stecke irgendeine übernatürliche Kraft darin, welche das Feuer, den Rauch und den Donner hervorbrächte und auf weite Entfernung tötete, sobald wir es wünschten.

Nach acht Tagen waren drei Kähne fertig, in denen wir die weiße Mannschaft, das Gepäck, unseren Prinzen und einige Gefangene einschifften. Es mussten indes auch immer einige von uns am Ufer sein, nicht nur um die Neger zu beaufsichtigen, sondern auch um sie gegen Feinde und wilde Tiere zu verteidigen. Auf diesem Zug ereigneten sich eine Menge kleiner Zwischenfälle, die ich jedoch unmöglich in dem beschränkten Raum dieses Berichts aufzählen kann, weshalb ich mich begnüge zu bemerken, dass wir einiger Elefanten und Löwen, die uns früher nie begegnet waren, ansichtig wurden. Wir fanden, dass unsere Neger weit größere Furcht vor diesen Tieren hatten als wir – wohl hauptsächlich deshalb, weil es ihnen an Waffen, in denen sie geübt waren, nämlich Lanzen, Bogen und Pfeilen fehlte.

Wir heilten sie jedoch bald von ihrer Furcht, da wir stets mit unseren Feuergewehren zur Hand waren. Freilich konnte uns der Tod dieser Tiere wenig nützen; denn die Häute waren zu schwer zum Tragen und ihr Fleisch ungenießbar; und da wir obendrein unser Pulver sparen wollten, entschlossen wir uns, stets einige Gewehre ungeladen und nur mit Zündkraut versehen bereitzuhalten; denn das Aufblitzen von der Pfanne reichte allein schon hin, die Tiere, selbst die Löwen, zu augenblicklicher Flucht zu veranlassen. – Das Land war an den oberen Teilen des Flusses sehr bevölkert, und wir trafen fast alle zehn Meilen einen neuen Volksstamm, der in einer anderen Zunge oder doch in einem anderen Dialekt sprach, sodass sie sich gegenseitig nicht verstehen konnten. Auch gab es Vieh in Menge, besonders in der Nähe des Wassers. Am achten Tag dieser zweiten Stromfahrt kamen wir zu einem Negerdorf, deren Bewohner eine Art Korn wie Reis anpflanzten, das sehr süß schmeckte. Wir handelten uns etwas von den Eingeborenen ein, machten Kuchen und buken sie auf der Erde, die wir zuerst erhitzt und dann das Feuer weggekehrt hatten. So weit hatte es uns also nie an Nahrungsmitteln, wie wir sie nur wünschen mochten, gefehlt.

Da die Neger unsere Kähne an Stricken weiterzogen, kamen wir ziemlich schnell vorwärts. Unsere tägliche Fahrt konnte nach unserer Berechnung nicht weniger als zwanzig bis fünfundzwanzig Meilen betragen. Der tiefe Strom behielt auf dem ganzen Weg so ziemlich die gleiche Breite, bis wir am zehnten Tag an einen zweiten Wasserfall gelangten. Eine hohe Bergkette kreuzte das Flussbett, und das Wasser stürzte auf eine so seltsame Weise von einem Felsen zum anderen, dass man das Ganze eher für eine fortgesetzte Reihe von Fällen als für einen einzigen Wassersturz ansehen konnte; dabei waren die einzelnen Kaskaden bisweilen eine halbe Viertelstunde voneinander und erzeugten ein furchtbares Getöse.

Wir dachten, es wäre jetzt mit der Wasserfahrt ganz zu Ende; aber drei von uns bestiegen mit einigen Negern das Gebirge, um den Lauf des Flusses auszukundschaften, und da entdeckten wir nur ungefähr eine Viertelstunde weiter wieder ein ruhiges Fahrwasser, das dem Anschein nach so bald nicht wieder unterbrochen werden konnte. Wir legten jetzt alle Hand ans Werk, luden die Kähne aus, holten sie ans Ufer und trafen Vorkehrungen, sie weiterzuschaffen.

Eine nähere Untersuchung belehrte uns übrigens, dass es hiermit große Schwierigkeiten hatte. Unsere Zimmerleute verbrachten einen Tag damit, die Kähne von außen in einer Weise zu behauen, dass sie viel leichter wurden und doch ebenso gut wie früher zu schwimmen vermochten. Als dies geschehen war, nahmen zehn Mann einen der Kähne auf Stangen und konnten ihn so ohne große Mühe weitertragen. Ein Gleiches geschah mit den anderen Kähnen, und jedem wurde eine Ablösungsmannschaft von zehn Personen beigegeben. So brachten wir alle unsere Fahrzeuge weiter unten wieder ins Wasser. Dann wurde das Gepäck nachgeholt und eingeladen, was alles an einem Nachmittag zustande kam, und des anderen Morgens früh konnten wir unsere Reise wieder fortsetzen. Nach einer Fahrt von weiteren vier Tagen begann der Geschützmeister, der zugleich auch unser Steuermann war, zu bemerken, dass wir etwas von unserer Richtung abkämen, da der Strom ein wenig gegen Norden umböge, ein Umstand, auf den er uns aufmerksam machen zu müssen glaubte. Wir wollten indes den Vorteil einer Wasserfahrt nicht aufgeben – wenigstens so lange nicht, bis wir dazu genötigt wären, und so fuhren wir in Gottes Namen noch an die zweihundert Meilen weiter. Aber jetzt wurde das Flussbett sehr schmal und seicht; wir kamen an den Mündungen mehrerer Flüsschen und Bäche vorbei und hatten zuletzt nichts mehr als einen großen Bach vor uns.

Wir ließen uns so weit ziehen, als unsere Kähne nur immer schwimmen wollten. Dies ging noch zwei Tage an (wir sind ungefähr zwölf Tage auf diesem letzten Teil des Flusses gewesen), weil wir das Gepäck ausluden und auf die Rücken unserer Neger legten, und so hatten wir es allerdings noch eine kleine Weile bequem. Aber am Ende dieses zweiten Tages schmolz das Wasser so zusammen, dass nicht einmal eine Londoner Jolle darin hätte schwimmen können.

Wir mussten nun die Reise zu Lande fortsetzen, ohne auf eine weitere Wasserfahrt rechnen zu dürfen. Ja, wir dachten nicht einmal mehr daran und wären froh gewesen, wenn wir nur gewusst hätten, ob wir auch immer genug Wasser zum Trinken haben würden. Wir erkletterten daher jede Bergspitze, der wir nahekamen, um uns die Gegend zu betrachten und daraus entnehmen zu können, welchen Weg wir einschlagen müssten, um immer Wasser in der Nähe zu haben.

Wir marschierten indes dreißig Tage lang durch eine blühende, reichlich mit Bäumen, Flüssen und Bächen versehene, ziemlich bevölkerte Landschaft, und es erging uns dabei recht gut. Wir ließen uns Zeit, machten halt, wo es uns beliebte, und richteten überhaupt unseren Zug ganz nach unserer Bequemlichkeit, oder wie es unsere eigene und die Gesundheit unserer Dienstmänner forderte, ein.

Als wir ungefähr die Hälfte dieses Weges zurückgelegt hatten, kamen wir in ein tiefgelegenes Flachland, wo wir eine stärkere Bevölkerung als je zuvor antrafen; aber leider waren die Bewohner ein wildes, bösartiges und hinterlistiges Volk, das uns anfangs für Räuber hielt und sich zusammenscharte, um uns anzugreifen.

Der erste Eindruck auf unsere Schwarzen war der des Schreckens, und eine ungewöhnliche Furcht nahm unter ihnen überhand. Selbst unser Negerprinz war sehr verwirrt; ich lächelte ihm jedoch zu, zeigte ihm eine unserer Flinten und fragte ihn, ob er glaube, dass das Werkzeug, welches die gefleckte Katze erlegt hätte – denn so nannten sie den Leoparden in ihrer Sprache – nicht auch imstande wäre, in einem Nu eintausend dieser nackten Geschöpfe zu töten. Er lachte hierauf und versicherte, dass er das wohl glaube. »Wohlan denn«, entgegnete ich ihm, »so sage deinen Leuten, sie sollen sich vor diesem Volk nicht fürchten; denn es wird bald unseren mächtigen Arm zu fühlen bekommen, wenn es die Kühnheit hat, mit uns anzubinden.« – Wie dem aber auch sein mag, wir befanden uns einmal in der Mitte eines unabsehbaren Landes und wussten nicht, wie viele und wie große Volksstämme unsere Nachbarn waren; auch war es uns unbekannt, ob wir nicht die Freundschaft unserer nächsten Umgebung vielleicht benötigen würden, und so trugen wir unseren Negern auf, alles zu versuchen, sie günstig für uns zu stimmen.

Wir sandten daher die beiden mit Bogen und Pfeilen bewaffneten Neger nebst ein paar anderen, denen wir zwei schöne Lanzen des Prinzen in die Hand gaben, und fünf weitere, welche lange Stangen tragen mussten, voraus, ließen ihnen zehn von unseren eigenen Leuten folgen, und so ging es auf das nächste Negerdorf zu, während wir alle uns in Bereitschaft setzten, unserer Gesandtschaft im Notfall kräftigen Beistand zu leisten.

Als der Zug in die Nähe der Hütten kam, erhoben unsere Neger in ihrer gewohnten Weise ein lautes Geschrei, worauf einige Männer zum Vorschein kamen, welche den Ruf erwiderten, und bald war die ganze Einwohnerschaft, Männer, Frauen und Kinder, auf den Beinen. Unsere Schwarzen rückten näher und steckten die Stangen als das bei ihnen übliche Friedenssignal in die Erde, was jedoch von den Fremden nicht verstanden wurde. Dann legten die beiden Vordermänner ihre Bogen und Pfeile nieder, traten unbewaffnet weiter vor und gaben durch Zeichen ihre friedfertige Absicht zu erkennen. Dies schienen endlich die anderen zu verstehen; denn zwei von ihnen legten gleichfalls Bogen und Pfeile ab und kamen näher. Unsere Männer suchten auf alle nur erdenkliche Weise ihre freundschaftliche Gesinnung kundzutun und legten endlich auch die Hände auf den Mund, um dadurch anzudeuten, dass sie Lebensmittel zu haben wünschten, worauf die anderen sich gar freundlich und dienstfertig anstellten, zu ihren Kameraden zurückkehrten, eine Weile mit ihnen sprachen und dann die Kunde brachten, dass sie noch vor Sonnenuntergang Mundvorrat herbeischaffen wollten. Unsere Gesandtschaft kehrte daher sehr vergnügt über das Erreichte zurück.

Eine Stunde vor Sonnenuntergang zogen unsere Leute wieder in der früheren Ordnung aus. Wie versprochen lieferten die Eingeborenen Wildbret,

Wurzeln und die oben beschriebene reisartige Frucht und erhielten dafür einige Spielereien aus der Werkstätte des Schmieds, über die sie eine große Freude äußerten und auch für den kommenden Tag weitere Lebensmittel zu bringen versprachen.

Des anderen Tages kamen sie wieder, wiewohl in weit größerer Anzahl als früher. Es focht uns übrigens nicht besonders an, da zehn Mann mit geladenen Gewehren bereitstanden und wir alle samt und sonders kampffertig waren. Man hätte indes wohl unsere neun unter dem Banner des Friedens vorrückenden Schwarzen abfangen können, aber der Feind beachtete in seiner Hinterlist nicht die gewöhnliche Schlauheit, sondern die Schufte nahmen, sobald unsere Leute zu der Stelle, wo gestern der Verkehr stattgefunden, vorgerückt waren, ihre Bogen und Pfeile auf und jagten wie ein wütendes Heer auf die unsrigen zu. Die zehn Schützen forderten die Neger zum Rückzug auf, den sie auch in aller Eile bewerkstelligten, indem sie hinter dem Rücken der Bewaffneten Schutz suchten. Die Feinde folgten ihnen auf dem Fuße, und an die hundert Pfeile verwundeten einige unserer Schwarzen, sodass einer wie tot liegenblieb. Als sie bei den fünf in die Erde gesteckten Stangen anlangten, machten sie eine Weile halt, umringten diese, betrachteten sie und betasteten sie voll neugieriger Verwunderung. Jetzt entsandten wir einen aus unserer Mitte zu den zehn Schützen mit dem Befehl, die gewöhnliche Ladung mit einer Partie Schrot zu verstärken und auf den dichtesten Haufen Feuer zu geben, da man in dieser Weise bald mit dem Rudel fertig sein würde.

Sie machten sich demgemäß bereit; aber als sie feuern wollten, hatte die schwarze Armee ihre Stellung bei den Stangen verlassen und setzte sich gegen uns in Bewegung, obgleich sie der Umstand, dass sie hinter den Negern noch weitere Mannschaft aufgestellt sahen, zu verblüffen schien; wenn sie uns jedoch jetzt nicht verstanden, so verstanden sie uns danach noch weniger, denn sobald unsere Schützen gewahr wurden, dass der Zug gegen sie anrückte, gaben sie auf die Stelle, wo die Rotte am dichtesten stand, Feuer – was ungefähr aus einer Entfernung von hundertzwanzig Ellen geschah.

Es ist unmöglich, den Schrecken und das fürchterliche Geschrei zu beschreiben, die auf diese volle Salve folgten. Sechs fielen tot nieder, und elf oder zwölf wurden verwundet – ich meine, soviel wir erfuhren; denn der Haufe war gedrängt, und unser Schrot, wie wir es nannten, das aus kleinen Stückchen Eisen, Blei, Nägelköpfen und dem Abfall von den kunstfertigen Arbeiten unseres Schmiedes bestand, mochte wohl tüchtig unter ihnen gewettert und manchen von denen, die weiter weg standen, getroffen haben.

Die Unverletzten waren über ihre Toten und Verwundeten nicht wenig erstaunt und konnten sich nicht denken, wodurch sie verletzt worden wären, da sie weiter nichts als die Löcher in ihren Körpern zu sehen vermochten. Die Blitze und das Knallen hatte außerdem ihre Frauen und Kinder so jeder Besinnung beraubt, dass sie heulend und mit Blicken des Entsetzens wie eine Bande Verrückter umherrannten.

Doch all dies bewog sie noch nicht zur Flucht, was doch unser einziger Zweck war. Auch schien niemand vor Angst zu sterben, wie wir es beim ersten Mal beobachtet hatten; wir entschlossen uns deshalb zu einer zweiten Salve, nach der wir ihnen, wie bereits nach der ersten, wieder etwas näher auf den Leib gehen wollten. Wir hatten inzwischen auch die Reservemannschaft vorrücken lassen und gedachten jetzt, unter einem Einzelfeuer wie ein im Anschlag stehendes Peloton auf den Feind loszugehen. Alle standen in einer Reihe, und so feuerten wir – zuerst drei rechts, dann drei links und so fort, wobei wir jedes Mal einige unserer Gegner töteten oder verwundeten. Dessen ungeachtet flohen sie immer noch nicht; ja sie waren so erschreckt, dass sie nicht einmal von ihren Bogen, Pfeilen und Lanzen Gebrauch machten. Ihre Zahl schien sich sogar unter unseren Händen zu vermehren, was übrigens hauptsächlich ihrem Geschrei nach zu erkennen war. Ich forderte daher unsere Mannschaft auf, haltzumachen und abermals eine volle Salve zu geben, dann in wildem Kriegsgeschrei, wie wir bei unserem ersten Kampf taten, auf sie loszustürzen und sie mit den Musketenkolben niederzuschmettern.

Sie waren jedoch zu klug, um dies abzuwarten; denn sobald unsere Schützen Feuer gegeben hatten und wir unser Geschrei erhoben, rannten alle, Männer, Frauen und Kinder, in einer solchen Eile davon, dass wir in wenigen Augenblicken von dem ganzen Haufen nichts mehr sehen konnten als die Verwundeten, die sich da und dort schreiend aufzuhelfen suchten oder sich auf der Erde wälzten.

6. Kapitel

Wir besichtigten nun den Kampfplatz, wo wir fanden, dass wir siebenunddreißig der Landesbewohner – unter diesen auch Frauen – getötet und ungefähr vierundsechzig Männer nebst zwei Frauen so verwundet hatten, dass sie nicht mehr von dem Platz konnten. Unsere Neger erschlugen sie nachher mit feigherziger Kaltblütigkeit, worüber wir uns so sehr erzürnten, dass wir ihnen drohten, wir würden sie den Getöteten nachschicken, wenn sie sich je wieder einer solchen Tat unterfingen.

Beute war nicht viel zu holen, denn alle – Männer und Frauen – waren so nackt, wie sie auf die Welt gekommen. Einige hatten Federn in den Haaren stecken, andere eine Art von Spangen um den Hals – aber das war alles. Nur unsere Neger erbeuteten hier etwas, worüber wir selbst erfreut waren – nämlich die Bogen und Pfeile der Toten und Verwundeten, von denen sie so viel zusammenbrachten, dass sie nicht wussten, was sie damit anfangen sollten. Wir befahlen jedoch, alles aufzubewahren, weil es uns später nützlich werden konnte. Nach dem Kampf schickten wir unsere nunmehr bewaffneten Neger truppweise aus, um zu sehen, ob sie nicht Mundvorrat herbeizuschaffen vermöchten; sie brachten jedoch etwas Besseres mit, nämlich vier junge zum Lasttragen und Ziehen herangezogene Stiere, welche sie an den Schwielen ihrer Rücken erkannt zu haben schienen, da die Bewohner dieser Gegenden sich keiner Sättel für ihr Lastvieh bedienen.

Diese Tiere schafften nicht nur unseren Gefangenen große Erleichterung, sondern ermöglichten es uns, mehr Proviant mitzuführen. Unsere Neger legten ihnen tüchtige Ladungen von Fleisch und Wurzeln auf, da wir später häufigen Gebrauch von diesen Nahrungsmitteln machten.

In dem Dorf der Neger trafen wir auf einen jungen, kaum zwei Spannen großen Leoparden, der außerordentlich zahm war und wie eine Katze schnurrte, wenn man ihm den Rücken streichelte, da er, wie ich annehme, von den Schwarzen wie ein Haustier aufgezogen worden war. Der schwarze Prinz fand das Tier bei einem Besuch der verlassenen Hütten, hatte eine große Freude an ihm, gab ihm einige Stückchen Fleisch zu fressen, und nun folgte er ihm wie ein Hund.

Unter den im Kampf gebliebenen Negern war auch einer, der an einem gedrehten Darm eine dünne Goldplatte von der Größe eines halben Guldenstücks an der Stirn trug, woraus wir schlossen, dass er ein Mann von Bedeutung gewesen sein musste. Dieser Fund veranlasste uns zu den sorgfältigsten Nachforschungen, die jedoch zu keinem weiteren Resultat führten.

Von hier aus ging es wieder fünfzehn Tage lang weiter, bis wir zu einer hohen und fürchterlich anzusehenden Bergkette (die erste der Art auf unserem Marsch) gelangten, welche wir übersteigen mussten; und da wir keinen anderen Wegweiser als unseren kleinen Taschenkompass hatten, gebrach es uns ganz und gar an Hinweisen über den geeigneten Weg, sodass wir gezwungen waren, uns eben durchzuschlagen, so gut es ging. Ehe wir zu diesen Bergen kamen, stießen wir auf mehrere wilde und nackte Volksstämme, die wir jedoch viel umgänglicher und gefälliger fanden als die Teufel, die wir zu bekämpfen genötigt gewesen; und obgleich wir wenig von ihnen erfahren konnten, war doch aus ihren Gebärden zu entnehmen, dass sich jenseits des Gebirges eine Wüste befände, wo es viele Löwen und gefleckte Katzen (Leoparden) gäbe; auch bedeuteten sie uns, dass wir Wasser mit uns nehmen müssten. Bei dem letzten dieser Volksstämme versahen wir uns mit so viel Nahrungsmitteln, als wir mit uns führen konnten – natürlich ohne zu ahnen, was wir durchzumachen oder wie weit wir zu gehen hätten. Um uns jedoch über den besten Weg so gut als möglich Gewissheit zu verschaffen, schlug ich vor, bei den letzten Eingeborenen, denen wir begegneten, einige Gefangene zu machen, die uns als Wegweiser durch die Wüste, zum Tragen unseres Mundvorrats und vielleicht auch als Hilfe zur Beschaffung neuer Lebensmittel dienen sollten. Der Rat war für uns von zu entscheidendem Nutzen, als dass er verschmäht werden konnte, und als wir von den Bewohnern der Gegend durch Zeichen herausgebracht hatten, dass sich auch jenseits des Gebirges, noch ehe wir die Wüste erreichten, Bevölkerung vorfinde, beschlossen wir, uns um jeden Preis Wegweiser zu verschaffen.

Nach unserer Berechnung mochten wir nun von der Küste an die siebenhundert Meilen zurückgelegt haben. Unserem schwarzen Prinzen wurde jetzt die Armschlinge abgenommen, da er nunmehr völlig wiederhergestellt war, was ihn veranlasste, das genesene Glied seinen Landsleuten zu zeigen, die sich nicht genug darüber verwundern konnten. Auch die beiden anderen Neger begannen wieder zu genesen; ihre Wunden heilten schnell, da unser Chirurg in Behandlung solcher Zustände ungemein geschickt war.

Nachdem wir mit unsäglicher Mühe die Berge erstiegen hatten, gewannen wir einen Blick in die jenseitige Landschaft, der allerdings genügte, das kühnste Herz zaghaft zu machen. In unabsehbarer Ferne kein Baum, kein Fluss, kein Strauch – eine riesige, furchtbare Wüste, so weit das Auge reichte; nichts als glühender Sand, der, wenn der Wind blies, in so mächtigen Wolken umhertrieb, dass sie wohl imstande waren, Menschen und Vieh zu überwältigen – nirgends ein Ende, weder vor uns noch nach rechts oder links, sodass unseren Leuten der Mut sank und bereits vom Umkehren die Rede war; denn man durfte in der Tat kaum daran denken, sich über einen so schrecklichen Ort zu wagen, in dem uns nichts als der Tod vor Augen lag.

Der Anblick wirkte auf mich ebenso niederschlagend als auf die übrigen; dessen ungeachtet war mir aber der Gedanke an ein Umkehren unerträglich. Ich sagte daher unseren Leuten, wir hätten bereits siebenhundert Meilen zurückgelegt, und eine Rückkehr wäre schlimmer als der Tod; wenn sie daher glaubten, die Wüste wäre nicht zu passieren, wollten wir lieber unsere Richtung ändern und den Weg nach Süden einschlagen, um das Kap der Guten Hoffnung zu erreichen, oder nordwärts gehen, bis wir in das Nilgebiet kämen, wo wir vielleicht auf die eine oder die andere Weise Gelegenheit fänden, zu dem westlichen Meer zu gelangen, da sicherlich nicht ganz Afrika eine Wüste wäre.

Unser Geschützmeister, der, was die Ortslage betrifft, unsere Autorität war, meinte, er wisse nicht, was er zu der Kapreise sagen solle; denn es sei entsetzlich weit bis zu diesem Vorgebirge; der Weg könne von hier an nicht weniger als fünfzehnhundert Meilen betragen, und seiner Berechnung nach hätten wir jetzt den dritten Teil des Marsches nach der Küste von Angola zurückgelegt, wo wir den westlichen Ozean und somit auch Wege genug, wieder nach Hause zu kommen, finden würden. Auf der anderen Seite belehrte er uns durch seine Karten, dass bei Einschlagung der nördlichen Richtung die Westküste von Afrika über tausend Meilen weit westlich gegen das Meer vorspränge, sodass wir nachher ebenso viel oder noch mehr Land zu durchwandern hätten, das vielleicht seiner Beschaffenheit und seiner Wüsten nach dem gegenwärtigen nichts nachgäbe. Sein Vorschlag ging also dahin, es mit dieser Wüste zu versuchen, die vielleicht nicht so lang wäre, als wir fürchteten; wir sollten uns daher gehörig mit Vorräten und insbesondere mit Wasser versehen; wir könnten dann den Versuch so lange fortsetzen, bis die Hälfte unseres Wassers verbraucht wäre, da wir dann immer, wenn wir kein Ende absähen, wieder umkehren könnten.

Dieser Rat war so vernünftig, dass ihm alle beistimmten. Wir berechneten daher, dass wir für zweiundvierzig Tage Speise, aber nicht für weiter als zwanzig Tage Wasser mit uns führen könnten, obgleich wir auch voraussetzen mussten, dass es noch vor Ablauf dieser Zeit ungenießbar würde. Und so beschlossen wir, dass wir, wenn wir im Verlauf von zehn Tagen zu keinem Wasser kämen, wieder umkehren wollten; andernfalls aber gedachten wir, noch elf Tage länger weiterzugehen und erst nach Ablauf dieser Zeit an die Rückkehr zu denken, wenn sich inzwischen kein Ende der Wüste absehen ließe.

Nach dieser Übereinkunft traten wir unseren Weg talwärts an, erreichten jedoch erst am zweiten Tag das Flachland, wo wir zu unserer Entschädigung einen schönen Bach mit sehr gutem Wasser, Überfluss an Hochwild und ein hasenartiges Tier – nur nicht so behände –, dessen Fleisch sehr gut schmeckte, antrafen. Hinsichtlich der erwarteten Bevölkerung sahen wir uns jedoch getäuscht; unser Plan, noch einige Gefangene zu machen, wurde vereitelt.

Die ungeheure Menge von Hirschen und anderen Tieren, welche wir hier gewahrten, hatte, wie wir fanden, ihren Grund in der Nähe der Wüste, von der aus sie sich des Futters und Wassers wegen hierher zurückzogen. Wir versahen uns nun mit Fleisch und verschiedenartigen Wurzeln, die uns von unseren Negern namhaft gemacht wurden und statt des Brotes dienten, nahmen so viel Wasser mit, dass wir auf zwanzig Tage täglich jedem Neger eine Viertelgallone, jedem von uns drei Nößel und jedem Stier drei Viertelgallonen reichen konnten, und traten so beladen – alle in guter Gesundheit und frischen Mutes – den mühseligen Weg an. Freilich waren nicht alle der Anstrengung gleich gewachsen, und den Mangel an Wegweisern empfanden wir am schmerzlichsten.

Aber gleich beim Eintreten in die Wüste sank unser Mut bedeutend; denn der Sand war so tief und sengte unsere Füße so sehr, dass wir nach einem Marsch oder vielmehr einem Waten von ungefähr sechs oder acht Meilen ganz erschöpft waren; selbst unsere Neger legten sich nieder und keuchten wie Tiere, die über Kräften angestrengt wurden.

Wir lernten bald die Nachteile eines Aufenthalts in der Wüste kennen; denn wir waren gewöhnt gewesen, alle Nacht Hütten aufzuschlagen, unter denen wir schliefen, um uns gegen die ungesunde Nachtluft dieses heißen Himmelsstrichs zu schützen; aber hier fanden wir keinen Schutz, kein Unterkommen nach dem beschwerlichen Marsch, da weder Baum noch Strauch weit und breit zu sehen war – eine peinliche Lage, die noch durch das Geheul der Hyänen, das Brüllen der Löwen, das Schreien einer Unzahl wilder Esel und andere uns unbekannte garstige Töne, die unsere Ruhe störten, erhöht wurde.

Wir stellten jetzt Betrachtungen über unsere Unklugheit an, dass wir nicht wenigstens Pfähle mitgenommen hatten, mit denen wir uns des Nachts hätten einigermaßen verpalisadieren und so unseren Schlaf vor etwaigen Störungen schützen können. Endlich kamen wir jedoch auf ein Mittel, das uns zumindest einige Erleichterung verschaffte. Wir steckten nämlich unsere Lanzen und Bogen so in die Erde, dass sich die oberen Enden zusammenneigten, und hingen sodann unsere Röcke darüber, wodurch wir eine kümmerliche Art von Zelt erhielten. Das Leopardenfell und ein paar andere Häute breiteten wir auf den Sand und schufen uns so ein Lager, auf dem wir die erste Nacht ganz herrlich schliefen, während zwei von unseren Leuten, die anfangs alle Stunden und dann alle zwei Stunden abgelöst wurden, mit den Gewehren in der Hand Wache hielten. Diese Maßregel war sehr zweckmäßig, denn die Wüste war voll von wilden Tieren aller Art, von denen einige bis an die Umzäunung unseres Zeltes herankamen. Unsere Schildwachen hatten jedoch Befehl, uns nicht mit Schießen zu beunruhigen, sondern bloß Zündpulver abzubrennen, was gleichfalls guten Erfolg hatte, denn die Tiere flohen immer, sobald sie Feuer sahen, und setzten anderem Wild nach.

Wenn uns die Wanderung des Tages schon ermüdete, so war es noch viel mehr der Fall mit unseren Nachtherbergen. Der schwarze Prinz sagte uns daher des nächsten Morgens, er würde uns einen Ratschlag geben, und es war in der Tat ein sehr guter Ratschlag. Er sagte, wir würden alle auf diesem Zug durch die Wüste umkommen, wenn wir uns nicht für die Nacht zu schützen vermöchten. Er riet uns zu diesem Zweck, nach dem Bach zurückzukehren, wo wir das letzte Mal Nachtquartier gemacht hatten, und dort so lange zu verweilen, bis wir uns Häuser (wie er es nannte) verfertigt hätten, die wir mit uns führen und in denen wir die Nacht zubringen könnten. Da er unsere Sprache ein wenig zu verstehen anfing und wir recht wohl seine Zeichen begriffen, entzifferten wir leicht, dass er damit Matten meinte, umso mehr, da wir an besagtem Ort viel Schilf und Röhricht gesehen hatten, aus denen die Eingeborenen solche Gewebe bereiten. Mit derartigen großen Matten sollten wir unsere Hütten oder Zelte, die wir des Nachts als Schlafstellen aufschlugen, bedecken.

Da dieser Rat nicht zu verachten war, stimmten wir alle bei und entschlossen uns, auf der Stelle wieder umzukehren und einen Teil unseres Proviantgepäcks mit Matten, die uns als Schutz für die Nacht dienen konnten, zu vertauschen. Einige der behändesten unter uns legten diese Tagesreise mit weit größerer Leichtigkeit zurück als tags zuvor bei der Herreise; da wir aber nicht zu eilen hatten, blieben die übrigen noch einmal in der Wüste über Nacht und langten erst des anderen Tages an unserem früheren Rastposten an.

Auf diesem Rückweg stieß den Säumigeren aus unserer Gesellschaft etwas ungemein Überraschendes zu, was ihnen Anlass gab, in Zukunft nicht so leicht wieder an eine Trennung zu denken. Am Morgen des zweiten Tages nämlich, als sie noch keine Meile gegangen waren, gewahrten sie beim Zurücksehen, wie sich eine ungeheure Sand- oder Staubwolke in die Luft erhob, wie wir es zuweilen an heißen, staubigen Sommertagen auf der Landstraße sehen können, wenn lange Viehherden einherziehen – nur viel größer, und sie konnten deutlich bemerken, dass die Wolke, und zwar mit einer Geschwindigkeit, welche die ihrige bei Weitem überbot, hinter ihnen herkam. Sie war so groß, dass unsere Leute nicht sehen konnten, wodurch sie verursacht wurde, und vermuteten daher anfangs, es wäre eine Armee von Feinden, die ihnen nachsetzte. Bei reiferem Nachdenken leuchtete ihnen jedoch die Unmöglichkeit ein, dass irgendein Volksstamm von ihnen und ihrem Marsch Kunde erhalten haben konnte, da sie ja aus einer unbewohnten Wüste herkamen, und wenn es also eine Armee war, so musste es eine solche sein, die zufälligerweise des gleichen Weges zog. Da ihnen außerdem bekannt war, dass es keine Pferde in dieser Gegend gäbe, und die Wolke ihnen doch mit einer ungemeinen Geschwindigkeit nachrückte, kamen sie auf den Gedanken, es müsste ein mächtiges Rudel wilder Tiere sein, das an den Bergen Nahrung und Wasser suchte und bei dieser Gelegenheit sie selbst als gutes Futter verschlingen oder sie alle zertreten würde.

Diese Befürchtung veranlasste sie, genau die Richtung, der die Wolke zu folgen schien, zu beobachten, worauf sie ihr etwas nach Norden auswichen in der Hoffnung, sie möchte an ihnen vorbeiziehen; und sobald sie fünf oder sechs Minuten weit abseits waren, hielten sie an, um zu sehen, was daraus werden würde. Einer der Neger, der flinker als die übrigen war, ging ein wenig darauf zu, kam aber so schnell, als es der tiefe Sand zuließ, wieder zurück und gab durch Zeichen zu verstehen, dass es eine Herde ungeheurer Elefanten wäre.

Unsere Leute, die so etwas noch nie gesehen hatten, waren neugierig auf diesen Anblick, obgleich ihnen die Sache der Gefahr wegen nicht ganz geheuer vorkam; denn wiewohl der Elefant ein ungelenkiges und schwerfälliges Tier ist, liefen diese Tiere doch in dem tiefen Sand, der ihnen bei ihrem Gewicht nichts anhaben konnte, sehr geschwind und würden unsere Leute bald ermüdet haben, wenn erstere es für gut befunden hätten, ihnen eine größere Strecke nachzusetzen.

Der Geschützmeister war bei den Nachzüglern und hätte gar zu gern mit der Flinte am Ohr sich dem Hintersten genähert und ihm eine Kugel nachgesandt, weil er gehört hatte, dass die Haut der Elefanten kugelfest wäre; man riet ihm jedoch ab, damit sie durch den Knall nicht zur Umkehr und zur Verfolgung gereizt werden möchten, und so ließ er sich bereden, den Trupp ungestört vorbeiziehen zu lassen, was in der Lage unserer Leute gewiss auch das Klügste war.

Es waren ungeheure Tiere, zwanzig bis dreißig an der Zahl, und obgleich sie unseren Leuten oft zeigten, dass sie nicht unbemerkt geblieben waren, bogen sie doch nicht von ihrer Richtung ab oder nahmen überhaupt eine andere Notiz von ihnen, als dass sie ein wenig nach ihnen hinsahen. Wir, die wir bereits tags zuvor den Bach erreicht hatten, sahen die Staubwolke gleichfalls, achteten jedoch wenig darauf, weil wir glaubten, sie rühre von unseren Gefährten her; aber da sich die Richtung derselben um einen oder zwei Striche des Kompasses nach Südosten hinzog, während wir genau nach Osten gegangen waren, kam sie in ziemlicher Entfernung an uns vorbei, ohne dass wir etwas von den Tieren sahen, wie wir denn auch erst gegen Abend von unseren Nachzüglern erfuhren, was es damit für eine Bewandtnis hatte. Jedenfalls diente uns dieser Vorfall als

Lehre für unser Verhalten beim Überqueren einer Wüste, wie wir zu gegebener Zeit hören werden.

Wir gingen nun an unsere Arbeit, über die der schwarze Prinz, welcher selbst ein vortrefflicher Mattenmacher war, die Leitung führte. Da alle seine Leute sich gleichfalls auf diese Kunst verstanden, hatten wir bald an die hundert Matten beisammen. Jeder Neger nahm eine solche noch zu seinem Gepäck, weshalb wir nicht nötig hatten, die Mundvorräte auch nur um eine Unze zu schmälern. Desto schwieriger war es mit der Fortschaffung von sechs langen Stangen und einigen kürzeren Pfählen; aber die Neger wussten auch dafür Rat, indem sie ihr Gepäck um das Gewicht der Stangen verminderten, es an ihnen festbanden und paarweise je zwei Stangen auf den Schultern trugen. Sobald wir dies sahen, zogen wir gleichfalls einen kleinen Vorteil daraus; denn da wir drei oder vier Beutel, Schläuche genannt (ich meine die aus Fellen verfertigten Wasserbehälter) mehr hatten, als die Leute tragen konnten, legten wir jedem Paar Stangenmänner einen davon, mit Wasser gefüllt, bei und gewannen dadurch für eine weitere Tagesreise Wasser.

Als wir so unsere Arbeit zustande gebracht, nämlich die Matten angefertigt, unsere Vorräte wieder ergänzt und eine Masse kleiner Stricke aus Schilf für den gelegentlichen Gebrauch angefertigt hatten, setzten wir uns nach einer achttägigen Unterbrechung unserer Reise wieder in Bewegung. Zu unserem großen Trost fiel die Nacht vor unserem Aufbruch ein tüchtiger Regenschauer, dessen wohltätige Wirkung wir gar bald in dem Sand verspürten. Zwar reichte ein einziger Tag aus, ihn wieder zu trocknen; der Grund blieb aber doch härter und fester; auch wurden unsere Füße weniger gesengt, sodass wir an einem Tag statt der früheren sieben Meilen mit weit größerer Leichtigkeit vierzehn zurücklegten.

Wir hatten schon am Bach eine Probe mit unserem Zelt gemacht und daher alles zur Hand, sodass es beim erstmaligen Gebrauch in der Wüste in weniger als einer Stunde fertig dastand – ein innerer und äußerer Raum nebst zwei Eingängen. In dem inneren lagen wir, in dem äußeren unsere Neger, mit leichten Matten bedeckt und dem gleichen Material als Unterlage. Auch hatten wir außen einen kleinen umzäunten Platz für unsere Stiere vorgesehen, die unsere Sorgfalt recht wohl verdienten, da sie uns nicht nur sehr nützlich waren, sondern uns auch insofern gar nicht lästig wurden, weil sie ihr Futter und Wasser selber tragen mussten. Ihr Futter bestand aus einer sehr saftigen und nahrhaften, dem Pastinak ähnlichen Wurzel, welche wir überall, nur nicht in dieser schrecklichen Wüste, in Menge antrafen und die uns zu diesem Zweck von dem schwarzen Prinzen bezeichnet worden war.

Des anderen Morgens schlugen unsere Neger das Zelt wieder ab, nahmen die Pfähle heraus, und in weit kürzerer Zeit, als man zur Errichtung unserer Nachtherberge verwendet hatte, war bereits alles wieder in Bewegung. So marschierten wir acht Tage, und noch immer konnten wir kein Ende der Wüste absehen, keine Veränderung unserer Umgebung wahrnehmen – alles war wild und öde wie am Anfang. Die einzige Veränderung, die uns auffiel, bestand darin, dass der Sand nicht mehr so schwer und tief war wie in den ersten drei Tagen. Der Grund lag unserer Meinung nach in dem Umstand, dass die Winde sechs Monate im Jahr nach Westen streichen, während sie in der anderen Jahreshälfte beharrlich in östlicher Richtung wehen, und so mochte wohl der Sand nach der Gegend, wo wir herkamen, getrieben worden sein, wo des hohen Gebirges wegen die östlichen Passatwinde nicht Kraft genug hatten, ihn wieder zurückzuführen. Diese Ansicht fanden wir auch dadurch bestätigt, dass wir an dem westlichen Ende der Wüste wieder auf den gleichen tiefen Sand stießen.

Am neunten Tag unseres Wüstenzuges erreichten wir einen großen See. Man kann sich denken, mit welcher Freude uns dies erfüllte, da wir außer dem für unsere Rückkehr, falls sie notwendig werden sollte, bestimmten Wasser selbst bei der spärlichsten Verteilung nur noch einen Vorrat für zwei oder drei Tage hatten. Wir waren damit allerdings weiter gekommen, als sich voraussehen ließ; denn unsere Stiere hatten zwei oder drei Tage lang in der Wüste eine flache, distelartige Pflanze, jedoch ohne Dornen, gefunden, die ihnen den Hunger und den Durst stillte, wodurch uns so viel Wasser erspart wurde, dass es wohl auf zwei Tage weiter reichte.

Tags darauf gelangten wir an den unteren Rand des Sees – ein Glück für uns, dass wir ihn so weit südlich berührten, da sich dessen nördliches Ende gar nicht absehen ließ –, und wir marschierten drei Tage lang an seinem Ufer hin, was sehr bequem für uns war, weil es unsere Last erleichterte und wir kein Wasser mit uns führen mussten, solange es uns zur Seite lag. Aber ungeachtet dieser ungeheuren Wasserfläche fanden wir doch die Wüste nur wenig verändert – keinen Baum, kein Gras, nichts als die bereits genannte Distel und zwei bis drei weitere uns unbekannte Pflanzen, die sich jetzt in ziemlicher Menge einstellten.

Aber sosehr uns einerseits die Nachbarschaft dieses Sees erfrischte, waren wir andererseits jetzt in den Bereich einer so ungeheuren Anzahl der wildesten Bewohner gekommen, wie sie gewiss nie ein menschliches Auge erblickt hat; denn da ich fest glaube, dass seit der Sintflut nie ein Mensch oder eine Gruppe Menschen diese Wüste durchzog, bin ich der Überzeugung, dass nie ein Sterblicher eine solche Masse wilder, gefräßiger und fürchterlicher Geschöpfe beisammen gesehen hat.

Eine Tagesreise, ehe wir zu dem See gelangten, während drei Tagen, die wir seinem Ufer folgten, und auch noch sechs oder sieben Tagesmärsche nachher war der Boden mit einer unglaublichen Anzahl von Elefantenzähnen besät, und obgleich manche davon schon einige hundert Jahre daliegen mochten, zeigten sie doch so wenige Spuren einer Verwitterung, dass sie vielleicht bis an das Ende der Zeiten dort liegen mögen. Einige davon waren von ebenso unglaublichem Umfang als ihre Zahl; auch kann ich den Leser versichern, dass mehrere derselben schwer genug waren, um der Kraft des Stärksten unter uns, der sie anheben wollte, Trotz zu bieten. Da wir die Wüste über achtzig Meilen weit mit solchen Knochen besät sahen und dieses vielleicht ebenso weit oder noch viel weiter zur Rechten und zur Linken der Fall sein mochte, wären wohl tausend der größten Schiffe in der Welt nicht imstande gewesen, sie fortzuführen, worunter ich verstanden wissen möchte, dass die Menge jegliche Vorstellungskraft übersteigt. An einer Stelle trafen wir den Schädel eines Elefanten, in dem noch die Zähne staken – den größten, der mir je zu Gesicht kam. Das Fleisch und die übrigen Knochen mochten seit Jahrhunderten verwest sein, aber dessen ungeachtet waren drei unserer stärksten Leute nicht imstande, ihn von der Stelle zu rücken. Der größte Zahn mochte, glaube ich, wenigstens drei Zentner wiegen, und was noch das Merkwürdigste dabei war – ich fand, dass der Schädel, der im Ganzen vielleicht sechs Zentner wog, so gut aus Elfenbein bestand als die Zähne. Nun mag es meiner geringen Kenntnis nach wohl so sein, dass entsprechend dieser Regel auch alle übrigen Knochen des Elefanten aus Elfenbein sind; allein dagegen liefert, so meine ich, gerade mein Fund einen triftigen Einwand; denn es hätten dann auch alle anderen Knochen dieses Elefanten ebenso wie der Kopf noch übrig sein müssen.

Ich schlug unserem Geschützmeister vor, mit unseren Leuten ein wenig haltzumachen und zu versuchen, eines dieser Tiere zum Verspeisen zu erlegen, da wir jetzt bereits vierzehn Tage ohne Unterlass marschiert waren, frisches Wasser zur Hand hatten und auch nicht zu befürchten war, dass uns die Lebensmittel zu früh ausgehen würden. Ihm, der schon lange ein Augenmerk auf eine solche Jagd hatte, kam mein Ansinnen ganz gelegen; auch meinte er, es ginge vielleicht an, einige Fische aus dem See zu fangen. Wir versuchten daher zuerst, ob wir nicht einige Angelhaken anfertigen könnten, zu welchem Zweck unser Künstler wieder in Anspruch genommen wurde. Das Vorhaben brachte ihn allerdings in Verlegenheit, aber mit einiger Mühe kam er doch damit zurecht, und wir erhielten nun verschiedene

Fischarten frisch aus dem Wasser. Wie sie dahin gekommen sein mochten, weiß nur derjenige, der den See und die ganze Welt geschaffen hat; denn gewiss hatte nie zuvor eine menschliche Hand ein derartiges Tier hineingesetzt oder herausgefangen.

Wir versahen uns auf diese Weise nicht nur mit frischem Fleisch, sondern trockneten auch mehrere große Fischsorten auf eine Art, die ich nicht näher beschreiben kann, in der Sonne, wodurch unser Mundvorrat einen beträchtlichen Zuwachs erhielt; denn die Sonnenglut diente unserer Absicht so gut, dass die Tiere, auch ohne Salz, in einem Tag brauchbar, trocken und hart waren.

Wir verweilten hier fünf Tage und erlebten während dieser Zeit so viele vergnügliche Abenteuer mit den wilden Tieren der Wüste, dass sie sich hier nicht alle erzählen lassen. Besonders merkwürdig war uns die Jagd einer Löwin nach einer großen Antilope, und obgleich diese, ihrer Natur entsprechend, sehr schnell auf den Beinen war und wie der Wind an uns vorbeiflog, gab ihr doch, trotz ihres Vorsprungs von etwa dreihundert Schritten, die Muskelkraft und Lungenausdauer ihrer Feindin in nichts nach. Sie kamen in einer Entfernung von ungefähr fünf Minuten an uns vorbei, und wir sahen ihnen lange nach, bis wir sie aus den Augen verloren. Wir wurden aber überrascht, als sie nach einer Stunde kaum dreißig oder vierzig Schritte voneinander aus einer anderen Richtung wieder auf uns zukamen. Beide strengten ihre Kräfte aufs Äußerste an, als die Antilope sich plötzlich in den See stürzte und jetzt um ihr Leben schwamm, wie sie zuvor dafür gelaufen war.

Die Löwin jagte ihr nach, schwamm gleichfalls eine Weile und kehrte dann wieder um; aber als sie ans Land kam, erhob sie in der Wut, ihre Beute verloren zu haben, ein so schreckliches Gebrüll, wie ich in meinem Leben nie etwas Ähnliches gehört habe.

Morgens und abends machten wir unsere Ausflüge; über Mittag blieben wir in unseren Zelten liegen. Eines Morgens waren wir Zeugen einer anderen Jagd, die uns näher berührte als die zuvor erwähnte; denn unser schwarzer Prinz stieß bei einem Spaziergang an dem See auf ein ungeheures Krokodil, das aus dem Wasser heraus auf ihn zukam. Er war schnell auf den Beinen und flüchtete sich, so hurtig er konnte, in unsere Mitte; aber jetzt wussten wir nicht, was anfangen; denn wir hatten gehört, dass keine Kugel den festen Panzer der Bestie zu durchdringen vermöge, was wir auch insofern bestätigt fanden, dass sich das Tier um drei oder vier Schüsse unserer Leute nicht kümmerte. Unser Geschützmeister jedoch, ein kühner, waghalsiger Mann, bewahrte seine Geistesgegenwart, ging so nahe auf den Feind los, dass er ihm die Mündung seines Gewehrs in den Rachen stoßen konnte, feuerte ab und machte sich, indem er die Flinte fallen ließ, aus dem Staub. Das Untier wütete noch lange, ließ seinen Grimm an der Waffe aus, deren Lauf es mit seinen Zähnen zeichnete, und wurde dann allmählicher schwächer, bis es endlich verendete.

Unsere Neger streiften an den Ufern des Sees nach Wildbret, und es gelang ihnen auch, drei Antilopen, eine große und zwei kleine, zu erlegen. Wasservögel zeigten sich gleichfalls, aber wir kamen nie nahe genug, um einen von ihnen schießen zu können. Überhaupt waren es die einzigen Vögel, denen wir auf unserem Wüstenzug begegneten.

Wir erlegten auch zwei oder drei Zibetkatzen; ihr Fleisch war jedoch ungenießbar. Elefanten sahen wir häufig in der Ferne, und wir fanden, dass sie immer in guter Gesellschaft marschierten – das heißt in großen Haufen, die stets in einer schönen Reihe wie zur Schlacht einherzogen; wie wir hörten, ist das die Art und Weise, wie sie sich gegen ihre Feinde verteidigen; wenn sie von Löwen, Tigern, Hyänen oder anderen Tieren mit einem Angriff bedroht werden, pflanzen sie sich oft in fünf bis sechs Meilen langen Linien auf und treten alles, was ihnen in den Weg kommt, unter ihren Füßen nieder oder schlagen es mit ihren Rüsseln in Stücke oder schleudern es mit ihren Rüsseln in die Luft. Wenn daher hundert Löwen oder Tiger einherkämen und auf eine Reihe von Elefanten stießen, so müssten sie zurückweichen und sehen, wie sie rechts oder links um ihre Flanke kämen, da sie sonst unmöglich entrinnen könnten; denn obgleich der Elefant ein schwerfälliges Geschöpf ist, ist er doch mit seinem Rüssel so schnell und gewandt, dass er nie verfehlt, den schwersten Löwen damit aufzuheben, ihn in die Luft über seinen Rücken zu werfen und dann mit seinen Füßen totzutreten. Wir gewahrten mehrere solcher Schlachtlinien, von denen eine so lang war, dass wir ihr Ende gar nicht absehen konnten, und ich zweifle nicht, dass sie aus ungefähr zweitausend in Reih und Glied stehenden Elefanten zusammengesetzt war. Der Elefant ist kein Raubtier, denn er nährt sich nur von Pflanzen wie der Ochse, und trotz seiner Größe soll er sich doch für seinen Unterhalt mit einer geringeren Futtermenge als ein Pferd begnügen.

Wie ungeheuer die Anzahl dieser Tiere sein musste, lässt sich schon der erstaunlichen Menge von Zähnen entnehmen, die wir, wie ich sagte, in der Wüste sahen; und überhaupt trafen wir Hunderte von ihnen, bis uns ein einziges Tier irgendeiner anderen Klasse begegnete.

Eines Abends wurden wir sehr überrascht. Die meisten von uns lagen bereits auf ihren Matten, als unsere Schildwache hereineilte, erschreckt von dem plötzlichen Brüllen mehrerer Löwen ganz in ihrer Nähe, welche sie der Dunkelheit wegen nicht eher gesehen hatte, bis sie sich dicht bei ihr befanden. Es war, wie sich herausstellte, ein alter Löwe von ungeheurer Größe mit seiner ganzen Familie, der Löwin und drei ziemlich herangewachsenen Jungen. Eines der Jungen, die gleichfalls groß und gutgewachsen, stürzte unversehens auf einen wachestehenden Neger los, worüber dieser ungemein erschrak, laut aufschrie und in das Zelt eilte. Die andere Schildwache, die ein Gewehr besaß, hatte nicht Geistesgegenwart genug, Feuer zu geben, sondern schlug mit dem Gewehrkolben auf das Tier ein, worauf es ein wenig winselte und ihn sodann fürchterlich anzubrüllen begann. Der Mann flüchtete sich darauf ins Zelt und brachte hier alles in Bewegung. Drei von unseren Leuten nahmen ihre Gewehre auf und eilten nach der Tür, wo sie den alten Löwen an den Feuerrädern seiner Augen erkannten. Sie schossen, verfehlten jedoch das Tier oder trafen es, wie wir annahmen, zumindest nicht tödlich, denn die Bestien liefen alle davon und erhoben dabei ein grässliches Brüllen, als riefen sie um Hilfe, sodass sich eine große Anzahl von Löwen und anderen wilden Tieren, die wir nicht zu unterscheiden vermochten, um sie sammelte. Von allen Seiten vernahmen wir aber ein Lärmen, Schreien und Heulen, eine so entsetzliche Musik, als ob alle Ungetüme der Wüste unseren Lagerplatz umgäben, um uns zu verschlingen.

Wir fragten unseren schwarzen Prinzen, wie wir mit ihnen zurechtkommen könnten: »Mich machen lassen«, sagte er, »und ich alle davon schrecken.« Er nahm zwei oder drei von unseren schlechtesten Matten, hing sie an einen Pfahl und zündete sie, nachdem er sich von einem unserer Leute hatte Feuer geben lassen, an, dass sie aufloderten und eine Weile fortbrannten – ein Anblick, bei dem die Raubtiere die Flucht ergriffen, wie wir aus dem immer mehr sich entfernenden Brüllen, Heulen und Bellen entnahmen. »Nun, wenn's das tut«, sagte unser Geschützmeister, »so brauchen wir nicht die Matten, die uns als Betten und Zeltdecken dienen, zu verbrennen. Ich will da eine wirksamere Vorkehrung treffen.« Er kam in unser Zelt zurück und begann einiges künstliche Feuerwerk anzufertigen, womit er unsere Schildwachen versah, um gelegentlich davon Gebrauch machen zu können. Dann heftete er auch noch ein Feuerrad an den Pfahl, an dem die Matten verbrannt worden waren, und zündete es an, worauf es so lange fortsprühte, bis von den Tieren der Wildnis nichts mehr zu sehen und zu hören war.

Eine solche Nachbarschaft kam uns indes etwas unheimlich vor, und um sie möglichst bald loszuwerden, brachen wir um zwei Tage früher auf, als wir beabsichtigt hatten. Wir fanden nunmehr, obgleich die Wüste kein Ende nehmen wollte, dass sich die Erde mit vielen grünen Gewächsen bedeckte und unser Vieh daher keinen Mangel litt; auch stießen wir auf mehrere kleine Flüsse, die sich in den See ergossen, sodass es uns in der Niederung nicht an Wasser gebrach. Dies erleichterte unsere Reise sehr, und wir wanderten weitere sechzehn Tage, ohne auf einen günstigeren Boden zu gelangen. Jetzt begann die Ebene etwas anzusteigen, und da wir nun gewahrten, dass das Wasser aufhören würde, füllten wir, das Schlimmste befürchtend, wieder unsere Schläuche. Die leichte Ansteigung des Bodens dauerte drei Tage ohne Unterlass fort, bis wir plötzlich bemerkten, dass wir uns auf dem Kamm einer hohen Bergkette – freilich nicht so hoch wie die an dem anderen Ende der Wüste – befanden, die wir ganz allmählich, und ohne dass wir es wahrgenommen hatten, hinangestiegen waren.

7. Kapitel

Als wir auf die andere Seite des Gebirges hinabsahen, bemerkten wir zu unser aller großen Freude, dass die Wüste ein Ende hatte. Die Gegend war mit Grün bekleidet; Bäume prangten in schönster Fülle, ein breiter Fluss wand sich zwischen ihnen hin, und wir zweifelten keinen Augenblick, dass wir auch auf Einwohner und Vieh treffen würden. Unser Geschützmeister berechnete, dass wir in den vierunddreißig Tagen, welche wir uns in dieser Gegend des Schreckens aufgehalten, etwa vierhundert Meilen zurückgelegt hatten, sodass also der ganze Landmarsch ungefähr elfhundert Meilen betragen mochte.

Wir wären gern noch denselben Abend ins Tal hinabgestiegen, aber es war zu spät. Zudem konnten wir ja mit dem Auftauchen des Tages alles deutlicher sehen, und so legten wir uns in den Schatten einiger Bäume, unter deren kühlem Dach wir nun wieder neues Leben sammelten, nachdem wir uns über einen Monat hatten versengen lassen müssen, ohne auch nur aus der Ferne eines Baumes ansichtig zu werden. Wir fanden die Gegend, besonders im Vergleich mit der, die wir eben verlassen, sehr angenehm; auch erlegten wir einiges Wild, das unter dem Schutz des Waldes in großer Anzahl lebte. Unter unserer Jagdbeute befand sich ein ziegenartiges Tier – keine eigentliche Ziege –, dessen Fleisch sehr gut schmeckte. Außerdem trafen wir auch auf eine große Anzahl Vögel ähnlich unseren Rebhühnern, nur nicht so groß und nicht so scheu, und wir lebten da ganz herrlich. Einwohner fanden wir keine, wenigstens sahen wir in mehreren Tagesmärschen keine, und um unsere Freude ein wenig zu mildern, beunruhigte uns fast jede Nacht das Brüllen und Heulen von Löwen und Tigern. Der Bereich der Elefanten schien hier aufgehört zu haben.

Nach einem dreitägigen Marsch kamen wir zu einem Fluss, den wir bereits von dem Gebirge aus gesehen hatten und dem wir den Namen Goldfluss gaben. Sein Lauf war gegen Norden gerichtet, was wir bisher noch bei keinem anderen Strom bemerkt hatten. Die Strömung war äußerst rasch, und unser Geschützmeister versicherte mir, indem er seine Landkarte herausnahm, dass es entweder der Nil oder ein Fluss sei, der seinen Weg in den großen See nehme, aus dem der Sage nach der Nil entspringt; er erläuterte es mittels seiner Karten, die ich durch seinen Unterricht besser zu verstehen anfing, und er bewies mir die Richtigkeit seiner Ansicht mit so einleuchtenden Gründen, dass ich ganz seiner Meinung wurde.

Freilich waren es mehr die materiellen als die theoretischen Gründe, die bei mir Anklang fanden; denn im Verlauf seiner Beweisführung folgerte er: »Und wenn dies wirklich der Nil ist, was hindert uns, einige Baumkähne zu zimmern und darin stromabwärts zu fahren, was doch jedenfalls besser ist, als wenn wir uns aufs Neue den Wüsten und ihrem sengenden Sand aussetzen, um eine Küste zu erreichen, von der aus die Wahrscheinlichkeit einer glücklichen Heimreise ebenso zweifelhaft ist als von Madagaskar aus?«

Diese Argumentation wäre wohl gut gewesen, hätten sich ihr nicht Einwürfe entgegengestellt, denen keiner von uns zu begegnen wusste. Man hielt nämlich den ganzen Vorschlag aus mehreren Gründen für unausführbar, und einen Hauptgegner fand derselbe in unserem Wundarzt, der, obgleich er nichts vom Segeln verstand, eine gute Schule genossen hatte und sehr belesen war. Er sagte unter anderem, soviel ich mich noch erinnere, einmal, dass die Länge des Weges infolge der Krümmung des Flusses mindestens viertausend Meilen betragen musste, was der Geschützmeister zugab; dann, dass wir kaum hoffen dürften, der Menge von Krokodilen in dem Fluss zu entrinnen; ferner machte er auf die schrecklichen Wüsten, die wir passieren mussten, aufmerksam, und endlich deutete er auf die herannahende Regenzeit hin, in welcher die Wasser des Nils so gewaltig anschwöllen und die umliegende Gegend so weit hin überschwemmten, dass wir in keinem Fall mehr unterscheiden könnten, ob wir auf dem eigentlichen Flussbett führen oder nicht; unsere Fahrzeuge müssten sich daher notgedrungen verirren, umgeworfen werden oder so oft auf den Grund laufen, dass es schlechterdings unmöglich wäre, auf einem so überaus gefahrvollen Fluss vorwärtszukommen.

Den letzten Grund wusste er uns so einleuchtend zu machen, dass wir seine Bedenken einzusehen begannen. Wir gaben daher unseren Gedanken auf und beschlossen, unseren Kurs wie früher nach Westen fortzusetzen. Dessen ungeachtet zögerten wir aber, als schieden wir nur ungern von der Stelle, und blieben noch zwei Tage an dem Fluss, um uns von unseren Strapazen zu erholen. Während dieser Zeit erging sich unser Prinz gern in Streifzügen durch die Umgegend und brachte uns eines Abends einige kleine Stückchen von etwas mit, das er nicht kannte; er hatte gefunden, dass es schwer war und blank aussah, weshalb er es mir als eine Rarität zeigen wollte. Ich tat, als ob ich seinem Fund keine besondere Aufmerksamkeit schenkte, trat aber gleichwohl zur Seite, rief den Geschützmeister zu mir, zeigte ihm den Fund und teilte ihm meine Ansicht darüber mit; ich war nämlich überzeugt, dass es Gold wäre. Er stimmte mir bei, und so kamen wir überein, des anderen Tages den Prinzen mitzunehmen und uns die Stelle, wo er es gefunden, zeigen zu lassen; denn wir hatten im Sinn, den übrigen nur in dem Fall eine Mitteilung davon zu machen, wenn sich dasselbe in Mengen vorfände; wäre jedoch nur wenig vorhanden, gedachten wir das Geheimnis für uns zu behalten und es in unserem eigenen Interesse auszubeuten.

Wir vergaßen jedoch, den Prinzen mit unserem Geheimnis vertraut zu machen; in seiner Einfalt plauderte er so viel bei unseren Gefährten aus, dass sie wohl erraten konnten, worum es sich handelte, und zu uns kamen, um unseren Fund in Augenschein zu nehmen. Als wir nun sahen, dass die Sache verraten war, mussten wir ernstlich Bedacht darauf nehmen, ihren Argwohn, als hätten wir eine Unterschlagung beabsichtigt, zu beseitigen, und erklärten ihnen daher offen unsere Ansicht, indem wir zugleich unseren Künstler zurate zogen, der das Mineral ebenfalls auf der Stelle für Gold erklärte. Ich machte jetzt den Vorschlag, dass wir gemeinsam den Prinzen nach dem Fundort begleiten wollten, und wir dann, wenn sich noch mehr Gold auffinden ließe, eine Weile an dem Fluss liegenbleiben und sehen könnten, wie viel wohl auszubeuten wäre.

Dieser Verabredung zufolge traten wir alle miteinander den Weg an, denn niemand wollte bei einer derartigen Entdeckung zurückbleiben. Der Prinz führte uns an eine Stelle auf der Westseite des Flusses, wo ein anderer Fluss, der von Westen herkam, in den Hauptstrom einmündete. Wir wühlten in dem Sand umher, und selten nahmen wir eine Handvoll auf, ohne einige Körner von der Größe eines Stecknadelkopfes, hin und wieder auch so groß wie Traubenkerne nach der Wäsche in den Händen zu behalten. Nach einer Arbeit von zwei bis drei Stunden hatte jeder ein mäßiges Häuflein zusammengebracht, und wir beschlossen nun, das Geschäft aufzugeben und zu unserem Mittagstisch zurückzukehren.

Während des Essens kam mir der Gedanke, ob nicht vielleicht gerade das Gold, um dessentwillen wir uns jetzt so sehr abmühten, früher oder später Anlass geben möchte, dass unsere Gesetze vernachlässigt, das gute Einvernehmen gestört und vielleicht eine Trennung der Gesellschaft, wo nicht gar etwas noch Schlimmeres herbeigeführt würde, da bekanntermaßen gerade dieses Metall der größte Störenfried in der Welt ist. Ich sagte deshalb meinen Gefährten, dass ich zwar der Jüngste in der Gesellschaft wäre, sie hätten sich indes bei allen Angelegenheiten meine Meinung angehört und es bisweilen auch für gut gefunden, meinem Rat zu folgen, sodass ich mir wohl die Freiheit nehmen dürfte, ihnen einen Vorschlag zu machen, den ich als förderlich für das Gesamtwohl erachtete und der sicher auch den Beifall aller finden würde. Nach dieser Einleitung sagte ich ihnen, wir wären nun in einem Land, wo es Gold in Mengen gäbe und wohin, wie uns bekannt, die ganze Welt Schiffe schickte, um es zu holen; freilich wüssten wir aber den Fundort nicht und könnten daher auch nicht vorausbestimmen, ob wir viel oder wenig bekommen würden; sie möchten daher in Erwägung ziehen, ob es nicht besser und für die Erhaltung der Eintracht und Freundschaft, die bisher unter uns geherrscht und von der allein unsere Sicherheit abhänge, geeignet wäre, das Aufgefundene zusammenzulegen und am Ende gleich zu verteilen, als uns den Gefahren von Zwistigkeiten auszusetzen, die leicht daraus erwachsen könnten, wenn der eine auf eine reichere Ausbeute als der andere stieße. Weiter sagte ich ihnen, dass wir alle bei gleicher Verteilung des Besitzes uns auch mit gleichem Eifer der Arbeit widmen würden, wie wir dann auch außerdem noch unsere Neger für uns in Bewegung setzen und ebenso gut die Früchte ihrer als unserer eigenen Bemühungen genießen könnten; auf diese Weise ließe sich jeder Anlass zu Neid und Hader unter uns vermeiden.

Dieser Vorschlag fand allgemeine Billigung; alle gaben einander die Hände und taten den gemeinschaftlichen Schwur, auch nicht das kleinste Goldkorn vor den übrigen geheim zu halten; wenn irgendeiner der geringsten Hehlerei überwiesen würde, sollte ihm allgemeiner Übereinkunft zufolge alles, was auf seinen Teil käme, entzogen und auf die übrigen umgelegt werden. Von unserem Geschützmeister wurde noch der in jeder Hinsicht zweckmäßige und billige Punkt hinzugefügt, dass jeder, der während unserer Reise, bis wir nach Portugal gelangten, durch Spiel, Wetten und dergleichen von einem anderen Geld, Gold oder Geldeswert gewänne, zum Wiederersatz desselben verpflichtet sei, unter Androhung der Entwaffnung, des Ausschlusses aus der Gesellschaft und der Versagung jeglichen Beistands von unserer Seite, falls er ihn benötigte. Dies sollte den Wetten und Spielen um Geld vorbeugen, mit denen sich unsere Leute gar gern unterhielten, obgleich sie weder Würfel noch Karten hatten.

Nachdem wir diesen heilsamen Vertrag geschlossen hatten, gingen wir mit Heiterkeit ans Werk und wiesen unseren Negern ihre neue Beschäftigung an. Wir selber suchten in dem einmündenden Fluss aufwärts an beiden Ufern wie auch auf seinem seichten Grund und brachten auf diese Weise drei Wochen mit Wasserwaten zu. Wir waren in dieser Zeit nicht weiter als sechs Meilen westlich gekommen, und je weiter es ging, desto mehr Gold fanden wir, bis wir endlich, als wir an der Seite eines Hügels vorbeikamen, wahrnahmen, dass es plötzlich aufhörte und jenseits dieser Stelle auch nicht ein Korn mehr zu finden war. Augenblicklich kam mir der Gedanke, dass das Gold von der Seite dieses kleinen Hügels den Fluss abwärts getrieben worden sei.

Wir kehrten daher nach dem Hügel zurück und begannen unsere Nachforschungen. Die Erde war locker und von gelblicher Lehmfarbe; auch trafen wir hin und wieder auf ein weißes, hartes Gestein, welches von den Gelehrten, denen ich es später beschrieb, als der Spat erkannt wurde, der den Mantel der Goldminen bildet. Wäre aber auch all dieses Gold gewesen, so fehlte es uns doch an Werkzeugen, es herauszuarbeiten, weshalb wir uns nicht viel damit abgaben, sondern das Wühlen in der lockeren Erde vorzogen. Wir kamen bei dieser Gelegenheit an eine Stelle, wo sich die Erde bei der leichtesten Berührung in einer Masse von ungefähr zwei Scheffeln, glaube ich, abbröckeln ließ, und zu unser aller Verwunderung fanden wir darin einen sehr ergiebigen Goldgehalt. Wir wuschen sie daher sehr sorgfältig aus, wobei uns der Goldsand in den Händen blieb, und machten endlich, als wir mit dem Erdhaufen fertig waren und an den Felsen oder das harte Gestein kamen, die merkwürdige Entdeckung, dass auch nicht eine Spur von Gold weiter aufzufinden war.

Des Abends setzten wir uns zusammen, um zu sehen, wie viel wir erbeutet hätten, und es stellte sich heraus, dass dieser einzige Erdhaufen an die fünfzig Pfund Goldsand geliefert hatte. Weitere vierunddreißig Pfund hatten wir unseren übrigen Anstrengungen in dem Fluss zu danken.

Es war eine glückliche Art von Missgeschick für uns, dass hier unserem Goldsuchen Halt geboten wurde; denn ich weiß nicht, ob wir es aufgegeben haben würden, solange sich auch nur noch eine Spur vorgefunden hätte. Da wir nun aber diesen Platz durchwühlt hatten und nichts mehr fanden, die aufgelockerte Erde ausgenommen, gingen wir in dem kleinen Fluss wieder ganz hinunter, suchten und suchten, solange es sich auch nur im Mindesten lohnte, und erzielten bei dieser Nachlese weitere sechs oder sieben Pfund. Dann bogen wir in den Hauptstrom ein und untersuchten ihn auf beiden Ufern nach oben und unten. Stromaufwärts war auch nicht ein Korn zu finden und stromabwärts so wenig, dass eine Arbeit von zwei Meilen kaum ein Lot Ausbeute lieferte. Wir kehrten daher wieder in den Nebenfluss, den wir zu Recht den Goldfluss nannten, zurück und durchwühlten ihn noch zwei Mal aufwärts und abwärts, wobei wir jedes Mal etwas Gold fanden und vielleicht gefunden hätten, wären wir bis auf den heutigen Tag dort geblieben; aber der Ertrag wurde zuletzt so unbedeutend und die Arbeit so schwierig, dass wir beschlossen, uns nicht weiter damit abzugeben, um uns und unsere Neger nicht so zu erschöpfen, dass die Fortsetzung der Reise unmöglich würde. Als wir nun alles gefundene Gold beisammen hatten, ergab sich auf der Waage und den Gewichten, welche unser erfinderischer Künstler aufs Ungefähr angefertigt, dass jedem Mann drei und ein halb Pfund zufiel – eine Angabe, welche der besagte Künstler, der nur aus dem Gedächtnis gearbeitet, für zu hoch hielt, was sich denn auch später bei einem Vergleich mit justierten Gewichten als richtig herausstellte, da jedes Pfund fast vier Lot mehr wog. Außerdem waren noch sieben oder acht Pfund Überschuss vorhanden, die wir dem Künstler mit der Weisung überließen, Spielereien daraus anzufertigen, von denen wir dachten, sie möchten uns Nahrungsmittel und Freundschaft von den Völkerstämmen erkaufen, mit denen wir in Berührung kämen. Auch dem schwarzen Prinz schenkten wir ein Pfund, der sich nun von unserem Schmied einige Werkzeuge borgte und seinen Schatz mit eigener Hand unermüdlich zu etwas unregelmäßigen Kügelchen hämmerte und Löcher hineinbohrte, worauf er sie auf eine Schnur reihte und um seinen schwarzen Hals hing. Er sah in der Tat recht stattlich darin aus; die Arbeit hatte ihn aber auch viel Zeit und Mühe gekostet.

So endete unsere erste Goldexpedition. Wir begannen aber nun zu entdecken, dass wir uns nicht allzu viele Gedanken über unsere Zukunft gemacht hatten und dass wir nun, mochte das Land sein, wie es wollte, eine geraume Zeit unsere Reise unterbrechen müssten. Wir waren bereits schon fünf Monate und mehr auf der Wanderung, und die Jahreszeit begann zu wechseln. Die Natur sagte uns, dass wir uns unter einem Himmelsstrich befänden, der ebenso gut seinen Winter als seinen Sommer hätte, obgleich er sich hier etwas anders als in unserer Heimat ausspricht, und dass wir einer nassen Jahreszeit entgegensähen, in der sich nicht gut reisen ließe, einmal wegen des Regens selbst und dann wegen seiner Folgen, der Überschwemmungen, denen wir allenthalben begegnen mussten. Wir hatten zwar die Regenzeit schon einmal auf Madagaskar durchgemacht, aber auf unserer ganzen Reise nicht weiter daran gedacht, da sie uns im Gegenteil, weil wir zurzeit des Solstitiums oder der größten Norddistanz der Sonne unsere Fahrt angetreten hatten, sehr zustatten gekommen war. Aber jetzt änderte sich die Szene im Fluge, und es begann zu regnen. Wir hielten daher eine allgemeine Beratung über unsere gegenwärtige Lage und debattierten vornehmlich über die Frage, ob wir unseren Marsch fortsetzen oder eine passende Stelle an den Ufern des Goldflusses, der uns schon so viel Glück gebracht hatte, zum Winterquartier aussuchen sollten.

Das Ergebnis lief darauf hinaus, dass wir bleiben wollten, wo wir waren, und es war ein Glück für uns, dass wir uns hierzu entschlossen, wie sich zu seiner Zeit zeigen wird.

Zuerst wurden nun unsere Neger in Tätigkeit gesetzt; sie mussten uns Hütten bauen, was sie auch mit großer Geschicklichkeit ausführten, aber nicht an dem Platz, den wir zuerst dazu ausersehen hatten, weil zu befürchten war, der Fluss möchte, wenn er nach einem plötzlichen Regen überträte, unseren Lagerungsplatz verwüsten. Die Quartiere hatten das Aussehen einer kleinen Stadt, in der unsere Hütten das Zentrum einnahmen. Dieses hatte wiederum als Mittelpunkt ein großes Zelt, zu dem hin unsere Hütten ihren Ausgang hatten, sodass keiner von uns anders als durch dieses Zelt, dem gemeinschaftlichen Sammelplatz für Mahlzeiten, Beratungen und gesellige Unterhaltungen, in seine Wohnung gelangen konnte. Außerdem fertigten uns unsere Zimmerleute noch Tische, Stühle und Bänke an, so viel wir brauchten.

Kamine konnten wir recht gut entbehren, da es auch ohne Feuer heiß genug war; dessen ungeachtet sahen wir uns aber endlich genötigt, jede Nacht Feuer brennen zu lassen; denn obgleich wir uns in jeder anderen Hinsicht in einer recht behaglichen Lage befanden, wurden wir doch hier, wie in der Wüste, durch die unwillkommenen Besuche wilder Tiere beunruhigt. Während das harmlose Wild auf diesem Boden Schutz und Nahrung suchte, suchten ihn die Löwen, Tiger und Leoparden der Beute wegen heim.

Diese Entdeckung beunruhigte uns so sehr, dass wir schon daran dachten, einen ferneren Lagerplatz zu suchen. Nach vielem Debattieren entschlossen wir uns jedoch, zu bleiben und uns auf eine Weise zu befestigen, dass wir keine Gefahr zu befürchten hätten. Unsere Zimmerleute gingen sodann ans Werk, da es keineswegs an Holz fehlte, unser Lager ringsumher mit langen Pfählen zu verpalisadieren. Sie taten es in etwas unregelmäßiger Weise, damit die Pfähle, von denen einige höher, andere niedriger, alle aber scharf zugespitzt waren und höchstens einen Fuß voneinander abstanden, einen zwei Ellen breiten Gürtel bildeten, sodass ein Tier, wenn es nicht darüber weghüpfte, was nicht wohl anging, sich zwangsläufig auf zwanzig oder dreißig Holzzacken aufspießen musste.

Der Eingang in unsere Festung hatte dickere Pfähle, die so voreinander gesetzt waren, dass sie drei oder vier Windungen bildeten, welche kurz genug waren, um kein vierfüßiges Tier größer als ein Hund durchzulassen. Damit wir außerdem nicht von einem Haufen zumal angegriffen und so in unserem Schlaf gestört würden, wie es schon einmal der Fall gewesen, zündeten wir, um Pulver zu sparen, jede Nacht vor dem Eingang unserer Umzäunung ein großes Feuer an und erbauten für unsere beiden Schildwachen nahe dabei, jedoch noch innerhalb des Palisadenwerks, eine Hütte, in der sie gegen den Regen geschützt waren.

Zur Unterhaltung dieses Feuers fällten wir eine große Anzahl Bäume und schichteten sie in Haufen auf, damit sie austrocknen könnten; die grünen Zweige benutzten wir zu einer zweiten, sehr dicken und hohen Decke für unsere Hütten, dass sie den Regen von der ersten abhalten und uns so vollkommene Trockenheit gewähren möchte.

Wir waren kaum mit dieser Arbeit fertig geworden, als es mit solcher Macht zu regnen anfing und zu schütten andauerte, dass wir für unseren Lebensunterhalt nicht viel auf Jagd gehen konnten. Unsere Neger schienen sich indes, da sie nackt waren, nicht viel aus dem Regen zu machen, während in diesen heißen Himmelsstrichen für uns Europäer nichts verderblicher ist.

Wir blieben vier Monate, nämlich von Mitte Juni bis Mitte Oktober, in diesem Quartier; denn obgleich die Regenzeit oder doch ihre heftigsten Güsse ungefähr zur Tagundnachtgleiche vorüber waren, stand doch die Sonne jetzt genau über unseren Köpfen, und wir entschlossen uns zu bleiben, bis sie sich mehr nach Süden gewendet hätte.

Während unseres Aufenthalts an diesem Ort erlebten wir verschiedene Abenteuer mit den Raubtieren der Gegend, und wenn wir nicht immer unser Feuer am Brennen erhalten hätten, so zweifle ich sehr, ob uns unsere Umzäunung geschützt hätte, obgleich wir sie später durch weitere zwölf oder vierzehn Pfahlreihen verstärkten. Immer beunruhigten sie uns nachts, bisweilen kamen sie in solchen Massen heran, dass wir glaubten, alle Löwen, Tiger, Leoparden und Hyänen Afrikas kämen, uns anzugreifen. Eine unserer Schildwachen wollte einmal in einer schönen Mondnacht an die zehntausend der wilden Bestien der verschiedensten Art an unserem kleinen Lager vorbeiziehen gesehen haben; sie hätten sich indes, sobald sie des Feuers ansichtig wurden, davongemacht. Jedenfalls durften wir darauf rechnen, nach solchen Besuchen ihr Brüllen, Heulen oder was es war losbrechen zu hören.

Das seltsame Konzert ihrer Stimmen war uns jedoch alles andere als angenehm, und bisweilen wurde es so störend, dass wir die ganze Nacht kein Auge schließen konnten. Oft weckten uns auch die Schildwachen und forderten uns auf, zu kommen und die Scharen mit anzusehen. Einmal, in einer stürmischen Nacht, die auf einen sehr regnerischen Tag gefolgt war, leisteten wir samt und sonders einem solchen Ruf Folge; denn es war eine solche Anzahl dieser teuflischen Bestien auf dem Weg, dass unsere Wache in der Tat glaubte, sie führten einen Überfall im Schilde. Sie zeigten sich nicht auf der Seite, wo das Feuer war, und obgleich wir uns nach allen Richtungen hin für geschützt hielten, machten wir uns doch alle auf die Beine und griffen nach den Waffen. Es war beinahe Vollmond, aber der Himmel hing voll jagender Wolken, und ein fürchterlicher Sturm erhöhte die Schrecken der Nacht. Als ich nach unserem Lager zurücksah, kam es mir vor, als sähe ich eines der Untiere in dem Innenraum unserer Befestigung. Und so war es auch, aber nur nicht ganz; denn wahrscheinlich hatte es mit einem tüchtigen Sprung über unsere Palisaden weggesetzt, war aber von dem letzten Pfahl, der höher als die übrigen war, erfasst worden, sein Gewicht hatte sodann die Pfahlspitze durch seinen Hinterschenkel getrieben, und da hing es, heulend und vor Wut das Holz zerbeißend. Ich nahm einem in meiner Nähe stehenden Neger seine Lanze ab und stieß sie dem Ungetüm drei oder vier Mal in den Leib, worauf es verendete. Ich wollte es nämlich nicht erschießen, da ich im Sinn hatte, die übrigen, welche so dicht standen wie die Ochsen auf einem Viehmarkt, mit einer vollen Salve zu begrüßen. Ich rief sogleich nach unseren Leuten aus und zeigte ihnen die Stelle, wo die Bestien am dichtesten standen, und alle feuerten ihre Flinten dahin ab, die meist mit zwei oder drei Kugeln geladen waren. Das verursachte ein entsetzliches Chaos unter ihnen, fast alle nahmen sie Reißaus; nur taten es einige, die durch das Knallen und das Feuer erschreckt wurden, soviel wir bemerken konnten, mit mehr Würde und Majestät; etliche blieben im Todeskampf auf dem Platz liegen, aber wir wagten nicht, hinauszugehen und das Schlachtfeld in Augenschein zu nehmen.

Sie hatten in der Tat so dicht und so nahe bei uns gestanden, dass wir notgedrungen einige von ihnen töten oder verwunden mussten. Wahrscheinlich hatten sie die Witterung von uns und dem von uns erlegten Wild bekommen; denn tags zuvor bestand unsere Jagdausbeute aus einer Antilope und drei oder vier der ziegenartigen Tiere, deren Eingeweide wir über das Lager hinausgeworfen hatten. Dieser Umstand mochte sie, wie wir glaubten, herbeigelockt haben, weshalb wir für die Zukunft ein ähnliches Verfahren vermieden.

Die Ungetüme waren zwar geflohen, aber doch hörten wir von dem Platz aus, wo sie gestanden, die ganze Nacht durch ein fürchterliches Geheul, was, wie wir vermuteten, von einigen verwundeten Tieren herrühren mochte. Sobald der Tag graute, verließen wir unser Lager, um den Kampfplatz zu besichtigen, und fanden auch in der Tat drei getötete Tiger und zwei Hyänen, das Tier, welches ich in der Umzäunung erlegt und das ein Mittelding zwischen Tiger und Leopard zu sein schien, nicht mitgerechnet. Außer diesen trafen wir einen noch lebenden, edlen alten Löwen an, dem die Vordertatzen durchschossen waren, sodass er sich nicht von der Stelle rühren konnte. Er hatte sich die ganze Nacht durch fast bis auf den Tod abgemüht, und wir überzeugten uns nun, dass er der verwundete Held gewesen, der uns die ganze Nacht mit seinem Geheul beunruhigt hatte. Unser Wundarzt sah ihn lächelnd an und sagte: »Wenn ich überzeugt wäre, dass dieser Löwe mir gegenüber so dankbar sein würde, wie einer von seiner Majestät Vorfahren gegenüber dem römischen Sklaven Androklus war, so wollte ich ihm wohl seine Beine einrichten und ihn heilen.« Ich hatte noch nichts von der Geschichte des Androklus gehört, worauf sie mir der Wundarzt der Länge nach erzählte; aber als wir ihm sagten, man könne so etwas unmöglich vorauswissen, weshalb er ihn zuerst heilen und dann auf das Ehrgefühl seiner Majestät bauen solle, hatte er doch keinen rechten Glauben daran. Er schoss daher das Tier, um seine Qual zu verkürzen, durch den Kopf, dass es alsbald tot umsank, und diesem Umstand verdankte der Wundarzt für die Folgezeit den Namen Königsmörder.

Unsere Neger fanden später noch fünf verwundete Tiere, die in der Nähe von unserem Lager liegengeblieben waren – eine Hyäne, einen schön gefleckten jungen Leoparden und drei andere, welche wir nicht kannten.

Wir hatten in der Folgezeit noch mehrere Male mit dieser Noblesse der afrikanischen Wildnis zu tun, aber nie zeigten sie sich wieder in solcher Anzahl. Freilich hatten diese Besuche den nachteiligen Einfluss auf uns, dass sie das harmlosere Wild aus unserer Nachbarschaft verscheuchten, dessen Gesellschaft uns doch weit wünschenswerter und für unseren Unterhalt nötiger war. Dessen ungeachtet gingen unsere Neger jeden Tag mit ihren Bogen und Pfeilen auf die Jagd und kehrten selten ganz ohne Beute zurück. Wir fanden im Verlauf der Regenzeit in dieser Gegend namentlich viel Federvieh, wie wir es in England haben, Enten, Kriechenten, Rothälse und dergleichen und auch einige Gänse und mehrere Geflügelarten, die wir früher nie gesehen hatten – ein Zuwachs, der unserer Vorratskammer wohl zustattenkam. Der Fluss bot uns frische Fische, und so litten wir gerade keinen Mangel. Das einzige, was wir sehr vermissten, war das Salz, um das frische

Fleisch damit zu verspeisen; denn unser Salzvorrat war so sehr zusammengeschmolzen, dass wir äußerst sparsam damit umgehen mussten. Die Neger bekamen natürlich keines, und sie machten sich auch nicht viel daraus, dass sie diese ihnen so neue Würze entbehren mussten.

Das Wetter begann sich nach und nach aufzuklären, der Regen ließ nach, das Wasser zog sich in die Flussbetten zurück, und da die Sonne nunmehr ihren Zenit erreicht hatte und sich gegen Süden wandte, traten wir unseren Marsch wieder an.

Am 12. Oktober setzten wir uns in Bewegung. Der Weg wurde uns nicht schwer; auch gebrach es uns nicht an Proviant, und obgleich die Gegend nicht im Geringsten durch Bewohner kultiviert war, legten wir doch unserer Berechnung zufolge manchmal zwanzig bis fünfundzwanzig Meilen an einem Tag zurück. Während der ersten elf Tagesmärsche hielten wir nur einen einzigen Tag inne, um uns ein Fahrzeug anzufertigen, das uns über einen kleinen, noch immer von dem Regen sehr angeschwellten Fluss setzen sollte.

Als wir diesen Fluss, der übrigens auch nach Norden strömte, im Rücken hatten, trafen wir auf unserem Weg eine große Bergkette, vor der sich ein weites Flachland nach Norden und Süden ausdehnte; wir waren jedoch nicht geneigt, unsere westliche Richtung um einiger Berge willen – vielleicht auf lange – zu unterbrechen, und so gingen wir rüstig weiter. Aber man denke sich unsere Überraschung, als, ehe wir noch die Höhen erreicht hatten, einer unserer Leute, der nebst zwei Negern uns vorausgeeilt war, plötzlich mit dem Ausruf »das Meer! das Meer!« vor Freude zu hüpfen und zu tanzen anfing.

Der Geschützmeister und ich waren am meisten überrascht; denn wir hatten erst diesen Morgen ausgerechnet, dass wir noch über tausend Meilen von der Küste entfernt wären und daher immerhin noch eine Regenzeit auf dem afrikanischen Kontinent zubringen müssten, weshalb denn auch der Geschützmeister ärgerlich wurde und den schreienden Burschen für toll erklärte.

Aber wie groß war erst unser Erstaunen, als wir den Gipfel des Berges erreichten und, obgleich dieser sehr hoch war, doch nichts als Wasser erblickten – vor uns, nach rechts und nach links ein weites Meer, ohne eine andere Grenze als den Horizont!

Wir stiegen nicht wenig verwirrt talwärts und konnten gar nicht begreifen, wo wir wären und was es für eine See sein konnte, da wir unseren Karten zufolge noch weit von dem atlantischen Meer entfernt waren.

Ein Weg von drei Meilen führte uns von dem Fuß des Gebirges nach dem Gestade dieser See, aber wie wurden wir hier aufs Neue überrascht, als wir fanden, dass das Wasser frisch und angenehm zu trinken war! Wir wussten jetzt in der Tat nicht, welche Richtung wir einschlagen sollten, da uns dieses Meer, denn für ein solches hielten wir es, unserem westlichen Kurs Halt gebot. Die erste Frage lautete nun, ob wir uns rechts oder links wenden sollten, was bald abgemacht war, denn da wir die Ausdehnung dieses Gewässers nicht kannten, musste, falls es wirklich das Meer war, der Weg nach Norden eingeschlagen werden, während wir durch eine südliche Richtung immer weiter von dem vorgesteckten Ziel – der Heimat – abkamen. Nachdem wir daher einen großen Teil des Tages mit Verwunderung über diese Erscheinung und mit Ratschlagen verbracht hatten, setzten wir uns nach Norden in Bewegung.

Wir zogen volle dreiundzwanzig Tage an den Ufern dieser See hin, ehe wir aus ihr klug werden konnten, bis endlich eines Morgens einer unserer Leute Land anrief. Es war kein falscher Alarm, denn wir sahen in weiter Entfernung deutlich einige nach Westen hin liegende Bergspitzen jenseits des Wassers. Aber obgleich wir jetzt wussten, dass wir nicht den Ozean, sondern nur einen ungeheuren See oder ein Binnenmeer vor uns hatten, konnten wir doch gegen Norden sein Ende nicht erblicken, sondern mussten noch weitere acht Tage oder über eine Strecke von nahezu hundert Meilen wandern, ehe wir seinen oberen Rand erreichten, wo wir denn gewahr wurden, dass er in einen sehr großen Strom auslief, der, wie ich bereits früher erwähnte, seine Richtung nach Norden oder nach Nordost nahm.

Mein Freund, der Geschützmeister, glaubte nach einer näheren Untersuchung, dass er sich früher geirrt hätte und dass wohl jetzt der Nil vor uns läge, obgleich er nicht mehr daran dachte, eine Fahrt nach Ägypten vorzuschlagen. Wir entschlossen uns nun, über den Fluss zu setzen, was übrigens nicht so leicht ging wie früher, denn das Wasser war sehr reißend und das Bett sehr breit.

Es kostete uns wohl eine Woche, bis wir in der Lage waren, den Fluss samt Vieh und Habe zu überqueren; denn obgleich Bäume in Fülle vorhanden waren, fehlte es doch an Stämmen von ausreichender Dicke, um einen Kahn daraus zimmern zu lassen.

Der Weg an dem Küstensaum hin war ungemein ermüdend, sodass wir nur kurze Tagesstrecken zurücklegen konnten, da wir auf eine Unzahl kleiner, infolge der Regenzeit sehr angeschwellter Flüsse trafen, die sich von den östlichen Bergen aus in das Becken des Binnenmeeres ergossen.

In den letzten drei Tagen unseres Marsches trafen wir auf einige Eingeborene, die jedoch nicht an der Wasserseite, sondern in dem Gebirge hausten. Auch kamen wir wegen der Lebensmittel ein wenig ins Gedränge, da wir in vier oder fünf Tagen nichts geschossen und höchstens einige Fische aus dem See gefangen hatten – aber lange nicht in der Anzahl wie früher.

Zu einigem Trost gereichte es uns übrigens, dass wir während unseres ganzen Marsches entlang dem Seeufer von keinem Raubtier beunruhigt wurden, wogegen uns jedoch in den feuchten Gründen in der Nähe des Sees eine hässliche, giftige Schlange belästigte, die uns mehrere Male nachsetzte, als wollte sie uns angreifen. Wenn wir nach ihr schlugen oder ihr mit Steinen zusetzten, richtete sie sich auf und zischte so laut, dass man es weithin hören konnte. Ihr Aussehen und ihr Ton waren höllisch und abscheulich, und unsere Leute hätten sich nicht davon abbringen lassen, dass es der leibhaftige Teufel selber wäre, wenn sie sich nur halbwegs hätten erklären können, was Meister Satan wohl an einem Ort vorhaben möchte, wo es keine Menschen gäbe.

Es war in der Tat sehr merkwürdig, dass wir auf einem Weg von tausend Meilen keine Menschen getroffen und eine Wanderung mitten durch das Herz von Afrika gemacht hatten, wo, seit die Söhne Noahs sich über die ganze Erde verbreiteten, gewiss kein Mensch seinen Fuß hingesetzt. Der Geschützmeister stellte nun mit seinem Jakobsstab Beobachtungen an, um unsere Breite zu bestimmen, und er fand, dass wir uns nach einem nördlichen Marsch von dreiundzwanzig Tagen unter 6° 22' südlicher Breite befanden.

Nachdem wir nicht ohne große Mühe den obengenannten Fluss gekreuzt hatten, kamen wir in eine seltsam wilde Gegend, die uns ein wenig Furcht einzuflößen begann; denn obgleich sie aus keiner dürren Sandwüste bestand, wie wir bereits eine hinter uns gebracht hatten, mussten wir doch jetzt mit einem gebirgigen, unfruchtbaren Terrain kämpfen, das von reißenden Tieren nur so wimmelte, schlimmer als wir es vorher je erfahren hatten. Der Boden trug nichts als verkümmertes, herbes Gras und hin und wieder einen Baum oder vielmehr einen Strauch. Auch trafen wir auf keine Bewohner, und wir fingen an, der Nahrungsmittel wegen besorgt zu werden, denn wir hatten seit langer Zeit kein Wild mehr erlegt, und auch die Fische und Wasservögel, die uns an dem Seeufer genährt hatten, gingen zu Ende. Wir waren daher in umso größerer Verlegenheit, da an ein Auffüllen unseres beweglichen Magazins nicht zu denken war; und da wir nicht wussten, wie weit es so gehen würde, blieb uns kein anderer Ausweg, als die Lebensmittel recht knapp zu halten und das Weitere dem Geschick anheimzugeben.

Unsere getrockneten Vögel und Fische konnten bei sparsamen Rationen noch fünf Tage ausreichen. Wir entschlossen uns zu dem Wagnis, denn ein Wagnis war es in der Tat. Auch waren wir uns der Gefahr bewusst, denn während der fünf Tage trafen wir weder Fisch noch Vogel noch ein vierbeiniges Tier, das genießbar gewesen wäre, und die Furcht, verhungern zu müssen, griff um sich. Den sechsten Tag brachten wir mit Fasten zu, oder vielmehr wir genossen nichts weiter als die noch vorhandenen paar Brocken und legten uns des Abends ohne Nachtessen und mit schwerem Herzen auf unsere Matten. Am achten Tag mussten wir einen unserer treuen Diener, einen der Stiere, die unser Gepäck trugen, schlachten. Das Fleisch dieses Tieres war sehr gut; wir gingen aber so sparsam damit um, dass es drei und einen halben Tag für uns ausreichte, und nach Ablauf dieser Zeit waren wir schon im Begriff, einen zweiten zu töten, als wir vor uns eine Landschaft sahen, die besser zu werden versprach, da sich nunmehr hohe Bäume und ein großer Fluss, der sich zwischen ihnen hinzog, blicken ließen.

Dies ermutigte uns, und wir beschleunigten unseren Marsch trotz unserer leeren Mägen und unserer Schwäche, um möglichst schnell das Flussufer zu erreichen. Noch ehe wir dort anlangten, kamen uns einige junge Antilopen in den Weg – ein Braten, nach dem wir uns schon lange gesehnt hatten. Wir erlegten drei und machten auf der Stelle halt, um unsere Mägen zu füllen, ohne auch nur das Fleisch kalt werden zu lassen; ja, es war viel, dass wir abwarten konnten, bis die Tiere verendet waren und sie nicht lebendig aufzehrten; denn wir waren, mit einem Wort, ganz ausgehungert.

Während unserer Wanderung durch diesen ungastlichen Landstrich sahen wir unablässig Löwen, Tiger, Leoparden, Zibetkatzen und noch manch andere wilde Tiere, welche wir nicht kannten. Auf Elefanten stießen wir nicht, höchstens bemerkten wir hin und wieder Elefantenzähne, manch einer war halb in der Erde begraben und mochte daher schon lange, lange Zeit daliegen.

Als wir an dem Ufer des Flusses anlangten, fanden wir, dass er gleichfalls nach Norden lief, wie die früheren, nur mit dem Unterschied, dass deren Richtung mehr nach Nordost oder Nordnordost, in dem gegenwärtigen Fall aber nach Nordnordwest ging.

8. Kapitel

An dem entfernteren Ufer dieses Flusses gewahrten wir einige Spuren von Bewohnern, ohne jedoch am ersten Tag auf welche zu stoßen; am zweiten aber kamen wir in eine von Negern bewohnte Gegend, die alle – Männer und Frauen – vollkommen nackt gingen.

Wir machten ihnen Zeichen der Freundschaft und fanden in ihnen einen unbefangenen, zutraulichen und gutmütigen Volksstamm. Sie kamen ohne Scheu auf unsere Neger zu und gaben uns keinen Anlass, eine Hinterlist zu befürchten, wie es bei anderen der Fall gewesen. Wir deuteten ihnen durch Zeichen an, dass wir hungrig wären, und sogleich liefen einige Frauen fort und brachten eine Menge Wurzeln nebst einigen kürbisartigen Gewächsen herbei, die wir ohne Bedenken verzehrten. Unser Künstler zeigte ihnen einige seiner aus Silber und Eisen gefertigten Spielereien, wobei sie so klug waren, die silbernen den eisernen vorzuziehen; als wir ihnen aber einige goldene vorlegten, fanden wir, dass sie den Wert derselben bei Weitem nicht so hoch als den der beiden anderen anschlugen.

Für einiges von diesem Tand brachten sie uns weitere Lebensmittel und drei Tiere in der Größe von Kälbern, die wir früher nie gesehen hatten und deren Fleisch sehr gut schmeckte. Später schafften sie noch zwölf weitere und einige hasenartige Tiere herbei, was uns alles sehr willkommen war, da wir uns wegen des Mundvorrats in keiner kleinen Verlegenheit befanden.

Wir wurden sehr vertraut mit diesem Volksstamm; und in der Tat, die Eingeborenen dieser Gegend waren die freundlichsten und umgänglichsten, mit denen wir bisher verkehrt hatten, und taten uns alles Erdenkliche zu Gefallen; auch verstanden sie uns weit leichter, als dies bei den übrigen afrikanischen Stämmen der Fall gewesen war.

Als wir endlich um Auskunft über das Land im Westen fragten, gaben sie uns zu verstehen, dass wir diesen Weg nicht gehen könnten, sondern eine nordwestliche Richtung einschlagen müssten, woraus wir entnahmen, dass abermals ein See unterwegs läge, welche Vermutung sich auch später als richtig herausstellte; denn nach einem Marsch von zwei Tagen wurden wir seiner ansichtig: Er zog sich links von uns hinauf, bis wir die Mittagslinie passiert hatten, obgleich wir ihm nie sehr nahe kamen.

Unserem Geschützmeister schien diese Wanderung nach Norden nicht sehr zu behagen; denn er versicherte uns und machte mir anhand seiner Karte begreiflich, wie das Festland, wenn wir in eine nördliche Breite von sechs Graden und darüber kämen, so weit nach Westen ausliefe, dass wir über fünfzehnhundert Meilen weiter zu gehen hätten, als wenn wir weiter unten das Meer zu erreichen suchten. Ich fragte ihn sodann, ob es keine schiffbaren Flüsse gäbe, auf denen wir in den westlichen Ozean gelangen könnten, in welchem Fall wir fünfzehnhundert Meilen und zwei Mal so viel nicht zu veranschlagen brauchten, wenn sich an ihren Ufern nur Mundvorrat herbeischaffen ließe.

Er zeigte mir darauf die Karte aufs Neue und belehrte mich, dass kein Strom von solcher Länge vorhanden wäre, um uns einen derartigen guten Dienst leisten zu können, da alle nur etwa zwei- oder dreihundert Meilen von der Küste aus befahrbar wären, den sogenannten Rio Grand ausgenommen, der jedoch wenigstens noch siebenhundert Meilen nördlich von uns läge, wobei man noch außerdem nicht wüsste, durch welche Landstriche er führte. Er sagte ferner, er sei der Meinung, dass die Hitze nördlich der Linie ebenso sengend und das Land noch viel wilder, öder und unfruchtbarer als im Süden unter gleichem Breitengrad wäre, und wenn wir unter die Küstenneger in den nördlichen Teilen von Afrika, besonders unter die kämen, welche bereits mit den Holländern, Engländern, Portugiesen, Spaniern etc. verkehrt hätten und von ihnen oft übel genug behandelt worden wären, so würden diese ohne Zweifel volle Rache für das ihnen zugefügte Leid an uns nehmen wollen.

Aus diesen Gründen riet er uns, sobald wir über den See hinausgekommen wären, eine westsüdliche Richtung einzuschlagen, das heißt, uns etwas gegen Süden zu wenden, da wir auf diese Weise auf den großen Fluss Kongo stoßen würden, von dem die Küste den Namen hätte und die nur etwas nördlich von Angola, dem ursprünglichen Ziel unserer Reise, läge.

Ich fragte ihn, ob er je an der Küste von Kongo gewesen wäre. Er bejahte es, bemerkte jedoch, dass er nicht an Land gekommen sei. Dann fragte ich ihn, wie wir von da aus nach einem Landungsplatz europäischer Schiffe gelangen sollten; denn wenn das Festland um fünfzehnhundert Meilen nach Westen vorspränge, müssten wir ja diese ganze lange Küste entlangziehen, um ihren westlichen Punkt zu erreichen.

Er erwiderte mir, man könnte zehn gegen eins wetten, dass wir von einigen europäischen Schiffen hören würden, die uns aufnehmen könnten, da die Küsten von Kongo und Angola wegen des Negerhandels oft besucht würden; und wäre es auch nicht der Fall und hätten wir auch keinen Mangel an Nahrungsmitteln zu befürchten, so könnten wir dann an der Küste ebenso gut als auf dem Fluss weiterfahren, bis wir die Goldküste erreichten, die zwischen dem sechsten und siebenten Grad nördlicher Breite und nicht über vier- oder fünfhundert Meilen nördlich vom Kongo läge; auch fänden sich daselbst Siedlungen oder Handelsniederlassungen von Engländern, Franzosen und Holländern vor.

Ich gestehe, dass ich während der ganzen Zeit seiner Argumentationen für den Nordweg und eine Einschiffung auf dem Rio Grand oder dem Niger, wie er von den Kaufleuten genannt wird, war; denn ich wusste, dass er uns endlich nach dem Cape de Verd bringen musste, wo wir einer Hilfe versichert sein durften, während wir bis zu der vorgeschlagenen Küste noch einen entsetzlich weiten Weg sowohl zu Wasser als zu Land vor uns und mit Sicherheit keine andere Aussicht hatten, als uns unsere Nahrungsmittel mit Gewalt verschaffen zu müssen. Ich schwieg aber vorderhand, weil ich der Ansicht meines Lehrers nicht entgegentreten wollte.

Als wir jedoch seinem Vorschlag gemäß, sobald wir den oberen Rand des zweiten großen Sees erreicht hatten, nach Süden umbogen, begannen alle unsere Leute schwierig zu werden und sagten, jetzt wären wir doch ganz gewiss auf dem falschen Weg, denn wir entfernten uns immer mehr von der Heimat, von der wir doch ohnehin schon weit genug weg wären.

Wir hatten übrigens noch keine zwölf Tagesmärsche zurückgelegt, von denen wir acht zur Umgehung des Sees und vier weitere zur Südwestreise, die uns nach dem Kongofluss führen sollte, brauchten, als wir wieder haltmachten; denn es lag ein so verödeter, wilder und furchtbarer Landstrich vor uns, dass wir nicht wussten, was wir davon denken oder was wir tun sollten. Es war eine unabsehbare schreckliche Wüste ohne Wald, Baum, Bach oder Bewohner, und auch der Ort, wo wir uns gegenwärtig befanden, war menschenleer. Außerdem fehlte es noch an Mitteln, uns Vorräte zu verschaffen, wie es vor unserem ersten Wüstenzug der Fall gewesen war, wenn wir nicht wieder an den See zurückkehrten, den wir vor vier Tagen verlassen hatten.

Dessen ungeachtet unternahmen wir das Wagestück; denn Menschen, die so wilde Gegenden durchstreift hatten wie wir, konnte kein Unterfangen mehr zu verwegen erscheinen. Wir unternahmen das Wagestück, sage ich, und zwar umso lieber, weil wir jenseits in weiter Entfernung einige Bergspitzen erblickten, denn wir dachten, wo Berge wären, müsste es auch Quellen und Flüsse geben; Flüsse hatten Gras und Bäume zur Folge; das Gras konnte kaum von etwas anderem als von Vieh gefressen werden, und wo Vieh war, ließ sich auch auf Einwohner schließen.

Dieser bündigen Schlussfolge gemäß traten wir unseren Weg durch die Wüste an ohne weitere Vorräte als einem Haufen von Wurzeln und Pflanzen, die uns nach indianischer Sitte statt des Brotes dienten, eine kleine Menge Fleisch und Salz und ebenso wenig Wasser.

Wir wanderten zwei Tage lang auf die genannten Berge zu, ohne dass sie uns auch nur im Geringsten näher zu rücken schienen, und wir brauchten fünf Tage, bis wir sie erreichten. Freilich reisten wir gemächlich, denn es war außerordentlich heiß, und wir befanden uns so nahe dem Äquator, dass wir nicht wussten, ob wir ihn nördlich oder südlich von uns zu suchen hatten.

Wo Berge sind, müssen auch Quellen sein, hatten wir gefolgert; und so war es auch. Aber es überraschte uns nicht nur, sondern erschreckte uns sogar, als wir bei der ersten Quelle, auf die wir stießen und die wunderbar klar und schön anzusehen war, die Entdeckung machten, dass sie Salzwasser führte. Eine schreckliche Täuschung unserer Hoffnung, die uns anfangs mit den düstersten Besorgnissen erfüllte. Der Geschützmeister jedoch, der den Mut nie sinken ließ, sagte uns, wir sollten uns dadurch nicht beunruhigen lassen, sondern vielmehr dankbar dafür sein, da wir des Salzes ebenso sehr als irgendeiner anderen Sache bedürften; auch würden wir ohne Zweifel außer Salzwasser noch Trinkwasser auffinden. Der Wundarzt unterstützte hier seine Ermutigungen und erklärte, wenn wir uns da nicht zu helfen wüssten, wolle er uns eine Methode zeigen, wie man Salzwasser in süßes umwandle, worüber wir alle sehr erfreut waren, obgleich wir nicht verstanden, wie er es meinte.

Inzwischen hatten sich mehrere unserer Leute ohne Aufforderung auf den Weg gemacht, um andere Quellen zu suchen; sie fanden auch mehrere, aber nicht eine einzige, die süßes Wasser führte. Wir schlossen daraus, dass der Kern dieses Gebirges aus Steinsalzlagern bestünde und wir daher nur mit Salzquellen rechnen dürften. Umso mehr war ich jetzt auf die Zauberei gespannt, mit welcher der Wundarzt Salzwasser in süßes verwandeln wollte. Ich verlangte das Kunststück zu sehen, das allerdings wunderlich genug war; aber er ging dabei mit einer Sicherheit zu Werke, als ob er es schon früher an derselben Stelle ausgeführt hätte.

Er nahm zwei unserer großen Matten, nähte sie so zusammen, dass sie eine Art Sack bildeten, der vier Fuß lang, drei und einen halben breit und, wenn er gefüllt war, ungefähr anderthalb Fuß in der Dicke maß.

Er hieß uns diesen Sack mit trockenem Sand füllen und ihn so fest, als es ohne Zersprengen der Matten möglich war, zusammentreten. Als der Sack in dieser Weise bis auf einen Fuß gefüllt war, suchte er eine andere Erde, die er ebenfalls über dem Sand eintreten ließ, worauf er eine Höhlung von der Weite einer Hutkrone oder ein wenig weiter, aber nicht so tief, in die oberste Schicht bohrte. Er befahl nun einem Neger, das Loch mit Wasser zu füllen und stets so viel nachzugießen, als eingeschluckt würde. Den Sack selbst hatte er einen Fuß über der Erde auf ein paar Stücke Holz gelegt und einige von unseren Häuten, welche wasserdicht waren, darunter breiten lassen. Nach ungefähr einer Stunde begann das Wasser tropfenweise aus dem Boden des Sackes hervorzudringen, und wir fanden zu unserer großen Überraschung, dass es vollkommen frisch und süß war. Dieses Verfahren wurde einige Stunden fortgesetzt, nach welcher Zeit das Wasser wieder etwas salzig zu schmecken begann. Als wir diesen Umstand dem Wundarzt mitteilten, sagte er: »Nun so werft den Sand hinaus und füllt den Sack mit neuem.« Ich erinnere mich nicht mehr genau, ob dieses Verfahren ein von ihm selbst erfundenes Experiment war oder ob er es schon früher in Anwendung gesehen hatte.

Des anderen Tages erstiegen wir die Höhen der Berge, wo die Aussicht in der Tat niederschlagend genug war, denn so weit das Auge nach Süden, Westen und Norden schauen konnte, lag nichts als eine ungeheure heulende Wüste ohne Baum, Fluss oder auch nur eine grüne Fläche. Der Boden war wie in der Gegend, die wir tags zuvor berührt hatten, mit einer Art Moos von bräunlicher, toter Farbe überzogen, ohne dass sich etwas darauf blicken ließ, was für Menschen oder Vieh zur Nahrung hätte dienen können.

Wären wir wie für den früheren Wüstenzug mit Mundvorrat auf zehn bis zwanzig Tage und mit frischem Wasser versehen gewesen, hätten wir selbst auf die Gefahr hin, wieder umkehren zu müssen, guten Muts das Wagnis unternommen, da wir ja nicht wissen konnten, wie weit wir dem Norden zu gehen mussten, um wieder auf derartige Förderungsmittel unserer Reise zu stoßen; so gebrach es uns aber ganz und gar an Lebensmitteln, und wir befanden uns an einem Ort, wo es unmöglich war, sie herbeizuschaffen. Wir erlegten zwar am Fuß des Gebirges einige wilde Tiere, aber mit Ausnahme zweier, die wir nicht kannten, war keines genießbar. Diese waren ein Mittelding zwischen Büffel und Hirsch, ohne jedoch dem einen oder dem anderen ganz zu gleichen, denn sie hatten keine Hörner, die Beine einer Kuh und den schönen Kopf nebst dem Hals eines Hirsches. Wir schossen auch noch einen Tiger, zwei junge Löwen und eine Hyäne; aber Gott sei Dank waren wir noch nicht so aufs Äußerste gebracht, dass wir dieses Aas hätten essen müssen.

Bei dieser schrecklichen Aussicht nahm ich meinen Vorschlag, nach Norden zu ziehen und lieber den Rio Grand oder Niger aufzusuchen, als im Westen auf die englischen Niederlassungen der Goldküste loszusteuern, wieder auf, und alle stimmten bereitwillig mit ein, den Geschützmeister ausgenommen, der in der Tat unser bester Führer war, obgleich er in dem gegenwärtigen Fall geirrt hatte. Er beantragte nun, falls wir darauf beständen, das Meer in nördlicher Richtung aufzusuchen, einen Querzug nach Nordwesten, damit wir auf einen anderen Strom träfen, der sich im Norden in den Rio Grand ergösse oder südlich nach der Goldküste liefe und uns so für einen oder den anderen unserer Wege die Mühe verkürzte; außerdem wäre bewohntes und fruchtbares Land und somit unsere einzige Quelle für Nahrungsmittel am ehesten in der Nähe der Flüsse zu erwarten.

Dieser Rat war gut und zu begründet, als dass er hätte verworfen werden können; aber zuerst handelte es sich darum, wie wir von dem schrecklichen Ort wegkommen sollten, der uns vorderhand gefangen hielt. Hinter uns lag eine Wüste, die uns bereits fünf Tagesmärsche gekostet hatte, und wir besaßen nicht Lebensmittel genug, um den Rückweg antreten zu können. Vor uns befand sich eine noch grauenhaftere Öde, und so kamen wir denn zu dem Entschluss, an dem östlichen Fuß der Berge, die uns ziemlich weit nach Norden zu führen versprachen und wenigstens den Anschein einiger Fruchtbarkeit hatten, so weit fortzuwandern, als ginge, und uns mittlerweile fleißig nach Nahrung umzusehen.

Demgemäß setzten wir uns am nächsten Morgen in Bewegung, denn wir hatten keine Zeit zu verlieren, und zu unserem großen Trost trafen wir schon gegen Mittag auf sehr ergiebige Süßwasserquellen, aus denen wir für den Fall eines später eintretenden Mangels unsere bauchigen Schläuche füllten. Ich hätte auch oben bemerken sollen, dass unser Wundarzt, der das Salzwasser süß gemacht hatte, einen Vorteil aus jenen Salzquellen zog, indem er uns drei oder vier Metzen sehr guten Salzes fabrizierte.

Am dritten Tag trafen wir ganz unerwartet auf Nahrung, denn das Gebirge wimmelte von Hasen, die sich etwas von den europäischen unterschieden, um ein ansehnliches größer, nicht ganz so schnellfüßig und sehr gut zu essen waren. Wir schossen mehrere, und der kleine, zahme Leopard, den wir – wie ich erzählte – aus der eroberten Negerstadt mitgenommen hatten, tat uns bei der Jagd gute Dienste, indem er sie wie ein Hund hetzte und fast jeden Tag einige fing; er war dabei so gut gewöhnt, dass er nichts fraß, ohne dass man es ihm gab, was uns in unserer Lage allerdings sehr zustatten kam. Wir salzten sie ein wenig ein und trockneten sie an der Sonne, wodurch wir einen ordentlichen Reisevorrat gewannen; ich glaube, die Anzahl unserer Jagdbeute belief sich fast auf dreihundert Stück, denn wir konnten nicht wissen, wann wir wieder auf einen ähnlichen oder auch nur überhaupt auf Mundvorrat träfen. So wanderten wir ganz gemächlich acht oder neun Tage am Fuß dieser Bergkette weiter, bis wir endlich zu unserer großen Freude fanden, dass wir uns einem Landstrich näherten, der etwas freundlicher aussah. Wir hatten die ganze Zeit über die Westseite des Gebirges nicht untersucht, aber eines Tages bestiegen etliche aus unserer Gesellschaft, während die übrigen von dem Marsch ausruhten, die Höhen, um ihre Neugierde zu befriedigen, fanden jedoch, dass die rechte Seite denselben Anblick wie die linke darbot, nämlich den einer traurigen Wüste, von der sich kein Ende absehen ließ, da auch der Norden keine bessere Aussicht gewährte. Am zehnten Tag fanden wir, dass die Bergkette eine Wendung machte und sozusagen gerade in die Wüste hineinlief, weshalb wir sie verließen und unseren Weg nach Norden fortsetzten, wo die Landschaft ziemlich viel Baumwuchs zeigte und nur strichweise verödete Stellen vorkamen, die uns nicht allzu lästig fielen, bis wir am neunzehnten Tag (wie uns der Geschützmeister versicherte) unter 8° 5' nördlicher Breite anlangten.

Auf diesem ganzen Weg hatten wir keine Eingeborenen zu Gesicht bekommen, wohl aber eine Unzahl wilder Raubtiere, mit deren Erscheinung wir nachgerade so vertraut geworden waren, dass wir uns kaum noch um sie kümmerten. Wir sahen Löwen, Tiger und Leoparden jede Nacht und jeden Morgen in Fülle; doch störten wir sie nicht, da sie uns selten nahe kamen, und wenn es einmal der Fall war, ließen wir auf einer Flinte etwas Zündpulver abbrennen, worauf sie dann jedes Mal, sobald sie des Blitzes ansichtig wurden, auf und davon gingen.

Was die Lebensmittel anbelangt, so konnten wir uns auf dem ganzen Weg nicht beklagen, denn das eine Mal schossen wir Hasen, das andere Mal Vögel; ich könnte jedoch um alles in der Welt nicht sagen, was für Arten es waren, mit Ausnahme einer Rebhuhnart und einer anderen, die Ähnlichkeit mit unseren Turteltauben hatte. Auch Elefanten trafen wir wieder in großer Anzahl, da diese Tiere vorzugsweise die holzreicheren Teile Afrikas lieben.

Dieser lange fortgesetzte Marsch ermüdete uns sehr, und zwei unserer Leute erkrankten so schwer, dass wir glaubten, sie würden nicht mehr mit dem Leben davonkommen, wie dann auch einer der Neger plötzlich starb. Unser Wundarzt erklärte den Fall für einen Blutschlag, obgleich er, wie er sagte, nicht wenig darüber verwundert war, da sich der Verschiedene doch nicht über übermäßige Ernährung zu beklagen hatte. Ein anderer Neger erkrankte gleichfalls schwer; unser Wundarzt überredete ihn endlich, oder vielmehr er zwang ihn fast dazu, sich zur Ader zu lassen, und so genas er.

Wir machten jetzt um unserer Kranken willen für zwölf Tage halt. Der Wundarzt veranlasste mich und drei bis vier andere von uns, während der Zeit der Ruhe uns gleichfalls zur Ader zu lassen, was nebst etlichen anderen Mitteln, die er uns gab, sehr viel dazu beitrug, dass wir auf einem so beschwerlichen Marsch durch die heiße Zone fortwährend gesund blieben.

Wir schlugen jede Nacht unsere Mattenzelte auf, die uns sehr gut zustattenkamen, obgleich wir an den meisten Orten auf Wald und Bäume trafen, die uns schützen konnten. Es schien uns sonderbar, dass wir in dieser Gegend keine Einwohner fanden, aber der Grund stellte sich später heraus; denn da wir anfangs eine westliche und dann eine nördliche Richtung verfolgt hatten, waren wir zu lange im Herzen des Landes und im Bereich der Wüsten gewesen, um auf Bewohner zu stoßen, die im Südwesten wie im Norden sich vorzugsweise an den Flüssen, Seen und in den Niederungen aufhalten.

Die kleinen Bäche, die wir hier fanden, waren so wasserarm, dass mit Ausnahme einiger kleiner Teiche kaum von Wasser die Rede sein konnte;

sie waren in der Tat nichts weiter als die Überreste aus der Regenzeit, in denen jetzt kaum eine Spur von Wasser floss. Wir konnten hieraus leicht entnehmen, dass wir noch eine weite Strecke zu gehen hätten, was uns jedoch nicht im Mindesten entmutigte, solange es uns nicht an Lebensmitteln und an einigem Schutz gegen die heftige Hitze gebrach, die uns jetzt in der Tat weit drückender vorkam als zur Zeit, wo wir die Sonne gerade über unseren Köpfen gehabt hatten.

Sobald unsere Kranken wieder genesen waren, setzten wir uns, hinreichend mit Mundvorrat und Wasser versehen, wieder in Bewegung, wobei wir eine etwas nordwestliche Richtung nahmen in der Hoffnung, auf irgendeinen Strom zu treffen, der einen Baumkahn zu tragen vermochte; das glückte uns jedoch erst nach einem Marsch von weiteren zwanzig Tagen. Von diesen zwanzig wurden allerdings acht Tage dem Ausruhen gewidmet; denn da unsere Leute sehr geschwächt waren, mussten wir oft haltmachen, was besonders dann geschah, wenn wir an Plätze kamen, wo wir Vieh, Geflügel oder sonst etwas trafen, um uns mit Proviant zu versorgen. Innerhalb dieser Zeit kamen wir um vier Grade weiter nach Norden und um einen Meridian nach Westen und stießen auf eine Menge Elefantenzähne, die stellenweise, besonders in den holzreicheren Gegenden, die Erde bedeckten und von denen manche sehr groß waren. Sie konnten uns indes nichts nützen, da wir nur auf Lebensmittel und ein glückliches Durchschlagen nach dem Meer bedacht waren, wie uns denn auch der Fang einer schönen fetten Antilope weit lieber gewesen wäre als hundert Tonnen Elefantenzähne. Und doch hätten wir, wie der Leser bald hören wird, als wir einmal unsere Reise zu Wasser fortsetzten, gern einen großen Kahn gebaut, um ihn mit Elfenbein zu beladen; das war aber, als wir noch nichts von dem Charakter dieser Flüsse wussten und keine Ahnung davon hatten, welche Schwierigkeiten und Gefahren uns auf einer solchen Fahrt zustoßen könnten, abgesehen von der Mühseligkeit, welche der Transport dieses Materials nach dem Einschiffungsplatz gekostet haben würde.

Am Ende dieses zwanzigtägigen Marsches entdeckten wir in einiger Entfernung von uns ein Tal, welches von einem fließenden Wasser, das man wohl einen Fluss nennen konnte, in der Richtung nach Nordnordwest durchströmt wurde – eine Richtung also, die uns gerade gelegen kam. Da wir uns schon lange nach einer Wasserfahrt sehnten, entschieden wir uns alsbald, diesen Ort für unseren Versuch auszuwählen, und schlugen deshalb unverzüglich unseren Weg nach dem Tal ein.

Wir mussten zu diesem Zweck durch ein kleines Gehölz, das wir nichts Arges denkend durchzogen, als plötzlich einer unserer Neger durch einen

Pfeil im Rücken, gerade zwischen den Schulterblättern, sehr gefährlich verwundet wurde. Dies veranlasste uns haltzumachen, und drei unserer Leute nebst zwei Negern durchstreiften das kleine Buschwerk, bei welcher Gelegenheit sie einen Neger mit einem Bogen, aber ohne Pfeil, entdeckten, der in voller Flucht begriffen war. Einer der Unsrigen schoss ihn in Erwiderung seiner Bosheit nieder, und so entging uns die Gelegenheit, ihn gefangen zu nehmen, was, wenn wir ihn gut behandelt und wieder zu den Seinigen entlassen hätten, uns vielleicht in ein freundliches Benehmen mit den übrigen Eingeborenen gesetzt haben würde.

Als wir weitergingen, stießen wir auf fünf Negerhütten, die ganz anders gebaut waren als die, welche wir früher gesehen; und vor der Tür der einen lagen sieben Elefantenzähne gegen die Hüttenwand gelehnt, als wären sie dazu bestimmt, irgendwo zu Markt gebracht zu werden. Männer waren keine da, wohl aber sieben oder acht Frauen und an die zwanzig Kinder. Wir behandelten sie freundlich und gaben jeder der Frauen ein dünnes Stückchen Silberblech in der Form eines Diamantkreuzes oder eines Vogels, worüber sie ungemein erfreut waren und uns Gegenleistungen in Form von Lebensmitteln brachten, wie wir sie früher nicht gesehen hatten; sie bestanden nämlich aus Kuchen, die aus einem Wurzelmehl bereitet und in der Sonne gebacken waren. Sie schmeckten gar nicht übel. Wir gingen noch eine kleine Strecke weiter und schlugen unser Nachtquartier auf in der Hoffnung, unsere Höflichkeit gegenüber den Frauen möchte eine gute Wirkung tun, wenn ihre Männer nach Hause kämen.

Das war auch der Fall; denn am anderen Morgen kamen die Frauen mit elf Männern, fünf Knaben und zwei Mädchen vor unser Lager. Ehe sie sich ihm ganz näherten, erhoben die Frauen ein kreischendes Geschrei, um uns herauszurufen, und als wir nun aus unseren Zelten traten, zeigten uns ein paar Frauen die Geschenke, welche sie von uns erhalten, deuteten auf ihre Begleiter und machten Zeichen gegen uns, die sich leicht als Ausdruck ihrer freundlichen Gesinnung deuten ließen. Ehe die Männer, welche Waffen trugen, auf uns zukamen, legten sie ihre Bogen und Pfeile auf die Erde, kratzten aus, streuten Sand auf ihre Köpfe und drehten sich drei Mal mit an die Stirn gelegten Händen im Kreis. Dies war, wie es schien, ein feierliches Freundschaftsgelübde. Wir winkten ihnen nun mit den Händen, näher zu kommen, worauf sie zuerst ihre Knaben und Mädchen zu uns schickten, die uns noch mehr Kuchen und einige grüne Gewächse bringen mussten. Wir nahmen diese Gaben an, hoben die Knaben auf, küssten sie, taten mit den Mädchen das gleiche, und nun erst kamen die Männer heran, setzten sich auf die Erde und gaben uns durch Zeichen zu verstehen, dass wir uns neben sie setzen sollten, worin wir ihnen auch willfahrten. Sie sprachen viel untereinander, was wir aber natürlich nicht verstanden; und ebenso wenig konnten wir uns ihnen verständlich machen und sie über den Weg, den wir nehmen müssten, ausfragen. Nur das begriffen sie leicht, dass wir Lebensmittel brauchten. Einer von ihnen blickte auf diese Mitteilung hin nach einem ungefähr eine Viertelstunde entfernten Abhang, sprang wie ein Erschrockener auf, eilte nach dem Platz, wo sie ihre Waffen abgelegt hatten, nahm einen Bogen und zwei Pfeile auf und jagte wie ein Rennpferd jenem Ort zu. Als er dort anlangte, schoss er seine beiden Pfeile ab und kam in derselben Eile wieder auf uns zu. Da wir sahen, dass er mit dem Bogen, aber ohne Pfeile wieder zurückkehrte, waren wir ungemein neugierig; er sagte jedoch nichts, sondern winkte nur einem unserer Neger, ihm zu folgen, was dieser auch auf unser Geheiß tat, und nun führte er ihn nach dem Abhang, wo eine Antilope, von zwei Pfeilen durchbohrt, aber noch nicht ganz verendet, auf der Erde lag. Sie hoben das Tier auf und brachten es zu uns herunter. Dies war in der Tat ein sehr willkommenes Geschenk, denn unser Proviantmagazin war tüchtig zusammengeschmolzen. Alle diese Eingeborenen gingen völlig unbekleidet.

Des anderen Tages kamen über hundert Männer und Frauen zu uns, welche uns durch viele wunderliche Zeichen ihrer Freundschaft versicherten. Sie tanzten vor uns, taten sehr vergnügt und gaben uns alles, was sie hatten. Wir konnten gar nicht begreifen, wie der Kerl im Wald auf den blutdürstigen Einfall gekommen war, ohne allen Anlass auf einen unserer Leute zu schießen; denn die Eingeborenen benahmen sich in unserem ganzen gegenseitigen Verkehr einfach, offen und harmlos.

Von hier aus zogen wir an das Ufer des obenerwähnten kleinen Flusses, wo es mir klar wurde, dass wir von nun an wohl ganze Negerstämme zu sehen bekommen würden, nur war es eine Frage, ob von ihrer Seite freundliche oder feindselige Gesinnungen zu erwarten wären.

Der Fluss entsprach nicht unserer Hoffnung, ihn zu einer Kahnfahrt benutzen zu können, und wir mussten noch weitere fünf Tage an seinem Ufer hinwandern, bis er sich so weit verstärkte, dass es unsere Zimmerleute passend fanden, die Zelte auszuschlagen und ans Werk zu gehen. Es wurde nun tüchtig gearbeitet, und man hatte bereits fünf Tage auf die Behauung einiger Baumstämme verwendet, als einige unserer Leute, welche den Fluss abwärts untersucht hatten, mit der Nachricht zurückkamen, dass die Tiefe des Flussbettes eher ab- als zunehme, da sich das Wasser wahrscheinlich in den Sand verliere oder in der Hitze verdunste. Insoweit also zu der Überzeugung gelangt, dass der Fluss nicht imstande wäre, auch nur den leichtesten Baumkahn weiter zu bringen, sahen wir uns nunmehr genötigt, unser Vorhaben aufzugeben und unsere Wanderung zu Fuß fortzusetzen.

Auf unserem Weg reisten wir drei Tage gerade nach Westen, da die Gegend im Norden außerordentlich bergig und der Boden so ausgedorrt und zerrissen war, wie wir es noch nie gesehen hatten. Dagegen fanden wir in westlicher Richtung einen lieblichen Talgrund, der eine lange Strecke zwischen hohen Gebirgsreihen hinlief. Die Berge hatten allerdings ein unheimliches Aussehen, denn sie waren ganz von Gras und Bäumen entblößt und erschienen wegen ihres dürren Sandbodens fast weiß; aber in dem Tal fanden sich Bäume, Gras, zur Nahrung taugliche Tiere und auch einige Bewohner.

Wir kamen hin und wieder an Hütten vorbei und sahen auch Leute in ihrer Nähe, aber sie flüchteten sich in die Berge, sobald sie unser ansichtig wurden. An dem Ende dieses Tals trafen wir auf eine dichter bevölkerte Gegend, und anfangs zweifelten wir etwas, ob wir unseren Zug mitten hindurch richten oder ob wir uns mehr nördlich an die Berge halten sollten; da jedoch unser Hauptziel der Weg nach dem Niger war, neigten wir zu Letzterem und folgten mit Hilfe des Kompasses dem Nordwestkurs. Wir marschierten so sieben Tage ohne Unterbrechung weiter, als wir auf einen überraschenden Umstand stießen, der noch weit verlassener und trostloser als unser eigener war und der, wenn wir ihn beschreiben werden, kaum glaubhaft erscheinen wird.

Es war uns nicht sehr darum zu tun, mit den Eingeborenen zu verkehren, wenn wir nicht gerade durch Mangel an Lebensmitteln oder durch den Wunsch, Auskunft über den Weg zu erhalten, dazu veranlasst wurden; wir hielten uns deshalb, als die Gegend, namentlich links von uns oder im Süden, bevölkerter zu werden anfing, immer mehr gegen Norden mit einer starken Neigung gegen Westen.

Auf dieser Strecke fanden wir immer das ein oder andere genießbare Wild für unseren nötigsten Bedarf, aber freilich lange nicht so viel, als uns bei Beginn unserer Reise begegnet war. Während wir so, die bevölkerten Gebiete vermeidend, vorwärts wanderten, kamen wir endlich an einen lieblichen Wasserlauf, zwar nicht groß genug, um ein Fluss genannt werden zu können, aber in der Richtung von Nordnordwest strömend, ein Kurs, dem wir gleichfalls zu folgen gedachten.

An dem jenseitigen Ufer dieses Baches bemerkten wir ein paar Negerhütten und in einer kleinen Niederung etwas Mais oder indianisches Korn, was uns sogleich auf den Gedanken brachte, dass dort einige Bewohner hausen müssten, die weniger barbarisch als die waren, die wir auf unserer bisherigen Wanderung getroffen hatten.

Als unsere Karawane geschlossen anrückte, riefen unsere Neger, welche den Vortrab bildeten, dass sie einen weißen Mann sähen. Wir waren anfangs nicht sonderlich darüber erstaunt und dachten, der Lärm beruhe auf einer Täuschung, weshalb wir sie auch fragten, was sie damit sagen wollten. Nun trat aber einer von ihnen auf mich zu und deutete nach der anderen Seite des Berges, wo ich zu meinem großen Erstaunen in der Tat einen ganz nackten weißen Menschen sah, der in der Nähe seiner Hüttentür sehr geschäftig war und mit einem Werkzeug in der Hand den Boden zu bearbeiten schien. Da er nach vorne gebückt stand und uns den Rücken zukehrte, konnte er uns nicht sehen.

Ich bedeutete den Negern, keinen Lärm zu machen, und wartete, bis mehr Leute von uns herankamen, um sie durch den Augenschein zu überzeugen, dass hier von keiner Täuschung die Rede sein könne, was auch alle alsbald umso mehr einsahen, da jetzt der Mann, der uns gehört haben mochte, sich umwandte und wohl ebenso überrascht wie wir nach uns hinsah – ob in Furcht oder Hoffnung konnten wir freilich noch nicht wissen.

Sobald er uns bemerkt hatte, sahen die übrigen Bewohner der Hütten gleichfalls her und drängten sich, die neugierigen Blicke nicht von uns abwendend, auf einen Haufen zusammen. Eine kleine Strecke, in deren Mitte der Bach rann, lag zwischen uns, und der weiße Mann wusste, wie er uns später erzählte, nicht, ob er und die um ihn waren bleiben oder ob sie davonlaufen sollten. Es fiel mir jedoch augenblicklich ein, dass es uns einem Weißen gegenüber viel leichter würde, eine Verständigung einzuleiten, als es bei den Negern der Fall war, und so sandten wir denn zwei unserer Schwarzen mit einem weißen Lappen an einem Stab als Friedenssignal an den Bach, indem wir ihnen die Weisung gaben, die Flagge so hoch als möglich zu tragen. Das Zeichen wurde alsbald verstanden, und der Weiße kam nun mit zwei Negern an die andere Seite des Baches.

Da er aber nicht Portugiesisch verstand, war zwischen ihm und unseren Boten keine andere Verständigung möglich als durch Zeichen. Unsere Männer gaben ihm zu verstehen, dass sie gleichfalls weiße Menschen bei sich hätten, worauf der weiße Mann, wie sie uns sagten, lachte. Mit einem Wort, unsere Neger kamen zurück und berichteten, es wären lauter gute Freunde, und in ungefähr einer Stunde begaben sich vier von uns nebst zwei Negern und dem schwarzen Prinzen an das Ufer, wo sie mit dem weißen Mann zusammentrafen.

Sie waren noch keine Viertelstunde dort, als einer der Neger eilends wieder zurück und auf mich zukam, um mir zu sagen, der weiße Mann wäre ein Inglese (wie er ihn nannte). Ich begleitete ihn daher, wie sich leicht denken lässt, mit aller Hast nach dem Bach und fand wirklich einen Engländer, worauf wir uns herzlich umarmten und ihm die Tränen über das Gesicht rannen. Die erste Überraschung über unseren Anblick war bereits vorüber, ehe wir mit ihm zusammenkamen, aber jeder mag sie sich vorstellen, wenn er den kurzen Bericht hört, den er uns später über seine höchst elende Lage gab und über eine so unerwartete Befreiung, die unter Umständen eintrat, wie sich ihrer vielleicht nie ein anderer Mensch zu erfreuen hatte; denn es war eine Million gegen einen Heller zu wetten, dass der Arme auf jede Rettung verzichten müsse. Nur ein Abenteuer, wie schwerlich vorher eines gehört oder gelesen wurde, konnte diesen glücklichen Fall für ihn herbeiführen, wenn nicht etwa der Himmel durch ein unerwartetes Wunder sich ins Mittel legte.

Es stellte sich heraus, dass er ein Mann von Stand und über die Bildung des gewöhnlichen Matrosen oder Arbeiters weit erhaben war, was schon im ersten Augenblick unserer Begegnung trotz aller Nachteile seiner erbärmlichen Lage aus seinem Benehmen deutlich wurde.

Er mochte nicht über sieben- oder achtunddreißig Jahre zählen, obgleich sein Bart außerordentlich lang war und die Haare seines Kopfes ihm bis auf die Mitte des Rückens und der Brust herunterfielen. Seine Haut war sehr zart, obgleich fleckig und an einigen Stellen von einem harten, bräunlichen Blasenschorf bedeckt, was eine Wirkung der sengenden Sonne war. Er trug überhaupt keine Kleider und musste sich, wie er uns sagte, schon seit zwei Jahren ohne sie behelfen.

Er war über unser Erscheinen so entzückt, dass er sich mit uns an diesem Tag in kein eigentliches Gespräch einzulassen vermochte, und wenn er sich ein wenig von uns entfernen konnte, sahen wir ihn auf einem einsamen Spaziergang die ausschweifendsten Merkmale einer nicht zu bewältigenden Freude kundgeben. Selbst einige Tage nachher blieben seine Augen noch nicht ohne Tränen, sooft von uns auch nur die geringste Andeutung auf seine Lage oder von ihm auf seine Befreiung gemacht wurde.

Sein Benehmen war sehr edel und gewinnend, wie ich es nie zuvor bei einem Menschen erlebt hatte; in allem, was er tat oder sagte, sprach sich die feine Bildung und die gute Erziehung des Mannes aus, sodass auch unsere Leute ungemein für ihn eingenommen waren. Er hatte Universitäten besucht, war ein guter Mathematiker, und obgleich er nicht Portugiesisch verstand, so sprach er doch Lateinisch mit unserem Wundarzt und Französisch und Italienisch mit dem einen und anderen aus unserer Gesellschaft.

Die Fülle seiner Gedanken ließ ihm keine Zeit, uns zu fragen, woher wir kämen, wohin wir gingen und wer wir wären, da er mit der Antwort hierauf schon im Reinen war; denn für ihn konnten wir natürlich nirgends anders herkommen als vom Himmel und mussten ausdrücklich mit dem Auftrag abgesandt sein, ihn aus der jammervollsten Lage zu erretten, in der sich je ein Mensch befunden hat.

9. Kapitel

Als unsere Leute auf der anderen Seite des Baches die Zelte aufschlugen, fragte der Engländer, was für Vorräte wir hätten und in welcher Weise wir sie zu ergänzen gedächten. Auf unsere Mitteilung, dass sie nur sehr gering wären, sagte er, er wolle Rücksprache mit den Eingeborenen nehmen und sie veranlassen, uns Proviant in zureichender Menge herbeizuschaffen; denn sie wären die gefälligsten und gutmütigsten Leute unter allen Bewohnern dieser Landstriche, was sich schon dem Umstand entnehmen ließe, dass er so lange ungefährdet unter ihnen gelebt hätte.

Wir verdankten diesem Mann wesentliche Vorteile; denn erstens unterrichtete er uns genau über die Ortslage, in der wir uns befanden, und über die Richtung, welche wir einzuschlagen hatten; dann setzte er uns in den Stand, uns mit genügend Lebensmitteln zu versehen, und endlich übernahm er die Dienste eines Dolmetschers und Vermittlers zwischen uns und den Eingeborenen, die jetzt sehr zahlreich und weit kriegerischer und gerissener zu werden begannen als die, welchen wir vorher begegnet waren. Auch waren sie nicht so leicht durch unsere Feuerwaffen einzuschüchtern und nicht so unwissend, um ihre Vorräte für den Tand, welchen unser Künstler verfertigte, wegzugeben; denn ihr Handel und Umgang mit den Europäern an der Küste oder mit anderen Negerstämmen, die mit ihnen in Berührung gestanden, hatte sie über manches aufgeklärt und ihnen die allzu große Furcht genommen, sodass von ihnen auf dem Weg des Tausches nur für solche Dinge etwas zu bekommen war, die ihnen besonders gefielen.

Ich spreche hier von jenen Eingeborenen, mit denen wir demnächst in Berührung kommen sollten; denn diejenigen, unter denen wir vorderhand lebten, waren, da sie über dreihundert Meilen von der Küste entfernt wohnten, nicht viel mit solchen Dingen bekannt, da ihr ganzer Verkehr mit den Europäern darin bestand, von dem Gebirge im Norden Elefantenzähne sechzig bis siebzig Meilen abwärts zu schaffen, um sie dort an andere handeltreibende Neger gegen Muschelgold, Korallenschnüre, Spiegel, Glöckchen und sonstige Spielereien, welche die Engländer, Holländer und andere Europäer bei ihrem Verkehr mit den Schwarzen als Tauschmittel benutzten, zu verkaufen.

Wir wurden nachgerade mit unserem neuen Bekannten vertrauter, und obgleich wir in unserem Aufzug selber nur eine klägliche Figur spielten, da wir weder Schuhe noch Strümpfe, geschweige denn Handschuhe oder Hüte, und auch nur sehr wenige Hemden besaßen, kleideten wir ihn doch so gut, als es gehen wollte. Unser Wundarzt, der mit Rasiermessern und Scheren versehen war, nahm ihm den Bart ab, schnitt ihm die Haare, und statt des Hutes verfertigten wir ihm aus einem Stück Leopardenhaut auf kunstvolle Weise eine Mütze. Was Schuhe und Strümpfe anbelangt, so hatte er sie lange genug entbehren müssen, sodass er sich nicht einmal etwas aus unseren Halbstiefeln oder Fußhandschuhen, wie ich sie oben beschrieb, machte.

So neugierig er allmählich wurde, die Geschichte unserer Abenteuer zu vernehmen, deren Bericht er mit großem Vergnügen anhörte, so begierig waren wir zu erfahren, wie er an diesen fremden Ort und in die Lage gekommen war, in der wir ihn angetroffen hatten. Seine Geschichte wäre lang und unterhaltend genug, um damit so viele Blätter zu füllen als mit meiner eigenen, da in ihr viele merkwürdige und außerordentliche Erlebnisse vorkommen; ich kann jedoch hier nicht allzu weit abschweifen und gebe deshalb nur das Wesentliche in einem kurzen Umriss.

Er war Geschäftsführer der englischen Guineakompagnie auf Sierra Leone oder einer sonstigen englischen Niederlassung gewesen, die in die Hände der Franzosen fiel – ein Unfall, der ihn sowohl seiner eigenen Habe als der ihm von der Kompagnie anvertrauten Summen beraubte. War es nun, dass die Kompagnie ihn ungerecht behandelte und ihm den Ersatz seiner Verluste verweigerte oder dass sie ihn nicht weiter zu beschäftigen wusste – kurz, er verließ ihren Dienst, übernahm Aufträge im Interesse der sogenannten selbstständigen Kaufleute, und als er diese ausgeführt, betrieb er ein ähnliches Geschäft für eigene Rechnung. Als er sich einmal unvorsichtigerweise in eine der Kompagnieniederlassungen wagte, fiel er entweder durch Verrat in die Hände der Eingeborenen oder wurde von ihnen auf irgendeine Art überrascht. Da sie ihn nicht töteten, fand er mit der Zeit Mittel, ihnen zu entkommen und sich zu einem anderen Negerstamm zu flüchten, der, da er mit dem ersten in Feindschaft lebte, ihn freundlich behandelte und ihn bei sich wohnen ließ. Die Gegend sowohl als die Gesellschaft sagten ihm indes wenig zu, und so flüchtete er sich aufs Neue, wobei er zu verschiedenen Malen seine Wirte wechselte, bald durch Gewalt, bald durch Furcht zu solchen Schritten veranlasst (allein die Vielfalt dieser Begebenheiten ist eine Geschichte für sich wert), bis er endlich so weit ins Innere des Landes gekommen war, dass er an eine Rückkehr nicht mehr denken durfte. Er hatte sich an dem Ort, wo wir ihn fanden, niedergelassen, da ihn der König des dortigen Stammes freundlich aufnahm, wogegen er die Eingeborenen über den Wert der Landesprodukte belehrte und ihnen Anweisungen für den erfolgreichsten Betrieb ihres Elfenbeinhandels gab.

Wie es ihm an Kleidern fehlte, so arm war er auch an Waffen zu seiner Verteidigung, denn er hatte weder Flinte noch Säbel – kurz, gar keine Werkzeuge, nicht einmal einen Stock, womit er den Angriff eines wilden Tieres, von denen es sehr viele in dieser Gegend gab, hätte abwehren können. Wir fragten ihn, wie es käme, dass er gar so wenig Rücksicht auf seine Sicherheit nähme. Er erwiderte uns, dass er, der so oft den Tod herbeigesehnt, das Leben keiner Verteidigung wert geachtet hätte; auch würde das Vertrauen der Neger, deren Gnade er anheimgegeben war, durch den Besitz einer Waffe, womit er sie hätte verletzen können, geschmälert worden sein. Von wilden Tieren wäre indes für ihn wenig zu befürchten gewesen, da er sich nur äußerst selten und dann jedes Mal in Gesellschaft des Königs und seiner Begleiter von seiner Hütte entfernte, die, stets mit Bogen, Pfeilen und Lanzen bewaffnet, jedem Tier, selbst den Löwen nicht ausgenommen, Trotz bieten könnten. Außerdem ließen sich die Raubtiere selten bei Tag blicken, und wenn die Neger bei ihren Wanderungen die Nacht über im Freien zubrächten, so schlügen sie immer eine Hütte zu ihrem Schutz auf, an deren Tür sie ein Feuer brennen ließen, welches hinreichende Sicherheit gewährte.

Wir fragten ihn, was wir zunächst tun sollten, um die Küste zu erreichen; er erklärte uns, wir wären ungefähr hundertzwanzig Stunden von dem Teil der Küste entfernt, wo sich die meisten europäischen Siedlungen und Handelsniederlassungen befänden und der den Namen Goldküste trüge; es lägen aber so viele verschiedene Negerstämme auf dem Weg, dass wir entweder fast ohne Unterlass kämpfen oder aus Mangel an Proviant Hungers sterben müssten. Es gäbe indes noch zwei andere Routen, die er, hätte er irgendeine Begleitung gehabt, oft versucht haben würde; die eine ginge gerade nach Westen, wäre zwar länger, führte aber durch weniger dicht bewohnte Gegenden, und jedenfalls wäre die Bevölkerung umgänglicher oder leichter zu bezwingen, die andere hieße den Rio Grand aufsuchen, auf dem man, wenn man ihn erreichte, in Baumkähnen stromabwärts fahren könnte. Wir sagten ihm, die zweite Route hätten wir, schon ehe wir ihn trafen, beabsichtigt, worauf er uns mitteilte, dass wir bis dahin eine große Wüste und eine nicht geringere Waldwildnis hinter uns bringen müssten, was mindestens zwanzig harte Tagesmärsche erfordern dürfte.

Wir fragten ihn sodann, ob es in der Gegend keine Pferde, Esel oder auch nur Stiere gäbe, die sich bei der Reise benutzen ließen, und zeigten ihm dabei unser eigenes noch übriges Lastvieh; aber da war nichts der Art in dem Landstrich, wo wir waren, zu finden.

Er sagte uns, in dem erwähnten großen Wald wimmle es von Elefanten und in der Wüste von Löwen, Tigern, Panthern, Leoparden etc.; von dort holten auch die Neger ihre Elefantenzähne und dürften darauf zählen, nie ohne eine schöne Ausbeute zurückzukommen.

Wir erkundigten uns noch weiter, insbesondere über den Weg nach der Goldküste und ob sich keine Flüsse vorfänden, die uns die Reise erleichtern könnten, indem wir ihm zugleich sagten, dass uns die Kämpfe mit den Negern nicht besonders anföchten und wir auch keine Angst vor dem Verhungern hätten; denn sobald nur die Eingeborenen etwas zu essen hätten, wären wir wohl überzeugt, auch einen Teil davon zu bekommen; wenn er sich also getraute, uns den Weg zu zeigen, so trügen wir keine Bedenken, die Reise zu unternehmen, wie wir dann auch für ihn sorgen und mit ihm leben und sterben wollten.

Er versicherte uns seiner Willfährigkeit; denn wenn wir entschlossen wären, das Wagestück zu bestehen, dürften wir auf ihn bauen, dass er unser Schicksal teilen und sich Mühe geben würde, uns einen Weg zu führen, auf dem wir einigen gutmütigen Negerstämmen begegneten, von denen wir nicht nur eine freundliche Behandlung, sondern vielleicht auch einigen Beistand gegen andere weniger umgängliche erwarten könnten. Und so entschieden wir uns nun sämtlich für den südlichen Kurs nach der Goldküste.

Des nächsten Morgens kam er wieder zu uns, und da wir alle gerade zur Beratung versammelt waren, begann er eine sehr ernste Rede. Nachdem wir nach einer langen Wanderung endlich zu der Aussicht einer baldigen Beendigung unserer Mühseligkeiten gekommen wären und ihm das freundliche Anerbieten gemacht hätten, ihn mitzunehmen, sagte er, hätte er die ganze Nacht darüber nachgedacht, wie wir es erreichen könnten, um uns für die ausgestandenen Mühen und Gefahren einigermaßen zu entschädigen. So wild und verödet die Gegend, in der wir uns gegenwärtig befänden, aussähe, so wäre sie doch eine der reichsten in allen Teilen der Erde; »denn«, so sagte er, »es gibt hier keinen Bach, der nicht Gold führt, und keine Wüste, die nicht ohne Pflug eine reiche Ernte an Elfenbein bietet. Man kann nicht wissen, welche Minen und welche unermesslichen Goldvorräte die Gebirge, von denen diese Flüsse kommen, oder die Ufer, welche sie säumen, enthalten, aber man darf sich einen ungeheuren Reichtum vorstellen, da ja, wie man sieht, die Wasser hinreichende Mengen abwaschen, um so viele europäische Handelsschiffe an die Küste zu führen«. Wir fragten ihn, wie weit sich dieser ergiebige Bereich erstrecke, da der Verkehr doch nur auf die Küstenstriche beschränkt sei, worauf er uns mitteilte, dass die Neger die Flüsse bis auf hundertfünfzig oder zweihundert Meilen landeinwärts durchsuchten und oft mehrere Monate ausblieben, aber stets mit reicher Ausbeute zurückkämen. »Aber«, sagte er, »unser derzeitiger Aufenthaltsort ist noch immer unbesucht geblieben, obgleich sich Gold hier in Mengen vorfindet.« Er sagte uns ferner, dass er seit seiner Ankunft in dieser Gegend wohl hundert Pfund Gold hätte zusammenbringen können, wenn er darauf ausgegangen wäre; so hätte er aber nichts damit anzufangen gewusst und es daher gänzlich verabsäumt, weil er bereits jede Hoffnung auf eine Errettung aus seiner traurigen Lage aufgegeben. »Von welchem Vorteil wäre es mir gewesen«, fügte er hinzu, »oder was würde es zu meinem Glück beigetragen haben, wenn ich auf einer ganzen Tonne Goldsand hätte liegen und mich darin wälzen können? Alle diese Schätze konnten mich nicht froher machen oder meinen traurigen Zustand verbessern. Ja, sie hätten mir nicht einmal Kleider zur Hülle meines Leibes oder einen Trunk für die verschmachtende Zunge kaufen können. Hier hat Gold keinen Wert, und es gibt keinen unter allen Bewohnern dieser Hütten, der es nicht händevollweise für ein paar Glasperlen, eine Strahlmuschelschale oder für eine Handvoll Muschelgeld hergeben würde.« (Letzteres sind kleine Muschelschalen, die von unseren Kindern Otterköpfchen oder Negerzähne genannt werden.)

Nach diesen Worten stellte er einen tönernen Topf, der in der Sonne getrocknet war, vor uns hin und sagte: »Hier ist einiges von dem Schmutz dieser Gegend, und ich hätte mir, wenn ich gewollt, ganze Haufen davon verschaffen können.« Das Gefäß mochte ungefähr zwei oder drei Pfund Goldsand derselben Form und Farbe wie der von uns gefundene enthalten. Und nachdem wir ihn eine Weile betrachtet hatten, fuhr er lächelnd fort, dass alles, was er besitze, ja sogar sein Leben seinen Befreiern zu Gebote stehe; dieses Gold werde uns von einigem Nutzen sein, wenn wir in unserer Heimat angelangt sein würden, er wünsche deshalb, dass wir es unter uns teilen; und er bedaure es in diesem Augenblick zum ersten Mal, nicht mehr gesammelt zu haben.

Ich dolmetschte meinen Kameraden seine Worte und dankte ihm in ihrem Namen, riet ihnen jedoch in portugiesischer Sprache, die Annahme des Geschenks auf den morgigen Tag zu verschieben; und da sie einverstanden waren, sagte ich ihm, wir wollten hierüber das Weitere morgen besprechen, worauf wir uns trennten.

Als er fort war, fand ich meine Begleiter höchst erbaut von den Worten meines Landsmannes, seinem Großmut und dem hohen Wert seines Geschenks, das unter anderen Verhältnissen allerdings ein außerordentliches gewesen wäre. Um indes nicht zu weitläufig zu werden, teile ich dem Leser mit, dass wir in Betracht des Umstands, dass er jetzt zu den unsrigen gehörte und er, da wir ihm zur Befreiung aus seiner grauenhaften Lage behilflich waren, uns als Wegweiser durch den übrigen Teil des Festlandes, als Dolmetscher, als Berater, wie wir die Eingeborenen zu behandeln hätten, und als Führer zu den Plätzen, wo die Reichtümer der Gegend gestapelt lagen, nützlich werden konnte – in Betracht dieser Umstände kamen wir überein, sein Gold in unseren gemeinschaftlichen Schatz zu legen und ihn daran gleichen Anteil nehmen zu lassen, wogegen er, da nun sein Schicksal eins mit dem unsrigen war, wie jeder von uns die feierliche Verbindlichkeit eingehen sollte, kein Körnchen von dem noch aufzufindenden Gold vor den übrigen geheim zu halten.

Bei der nächsten Zusammenkunft teilten wir ihm unsere Abenteuer an dem Goldfluss mit und welche Verfügungen wir über die dort gemachte Ausbeute getroffen, worauf wir ihm die Erklärung gaben, dass wir ihm nicht nur nichts abnehmen, sondern ihm auch noch einiges von dem unsrigen abtreten wollten. Er schien sehr erfreut über das gute Glück zu sein, das wir damals hatten, wollte aber durchaus kein Körnchen von uns annehmen, bis er es sich endlich nach vielem Drängen, jedoch nur unter der Bedingung gefallen ließ, dass er zuerst so viel herbeischaffe, um seinen Teil dem der übrigen gleich zu machen; erst dann wollten wir gemeinschaftlich ans Werk gehen – eine Bedingung, mit der wir uns zufriedengaben.

Dann sagte er uns, er hielte es für kein unfruchtbares Unternehmen, wenn wir, ehe wir nach Beschaffung des nötigen Mundbedarfs unsere Reise anträten, einen Nordzug nach der bereits erwähnten Wüste unternähmen, wo wir jeden unserer Neger mit einem großen Elefantenzahn belasten könnten, wie er denn auch Sorge tragen wolle, noch mehr Eingeborene zu unserem Beistand aufzubieten. Man könne die Ladung weiter unten in Kähne bringen und in dieser Weise nach der Küste schaffen, wo sich ein schöner Gewinn daraus erzielen ließe.

Da unsere Hauptabsicht war, Gold zu suchen, entgegnete ich ihm auf diesen Vorschlag, dass unsere Neger, auf deren Treue wir uns verlassen könnten, uns bei Durchsuchung der Flüsse einen wesentlicheren Dienst leisten könnten, als wenn wir sie Zähne von anderthalb Zentnern Gewicht hundert oder mehr Meilen weit schleppen ließen, eine Arbeit, der sie nach einer so langen und schweren Reise zwangsläufig unterliegen müssten.

Er erkannte die Richtigkeit meines Einwurfs an, hätte uns aber gern veranlasst, den waldigen Teil des Gebirges und den Saum der Wüste zu besuchen, nur damit wir sähen, in welcher Menge die Elefantenzähne dort umherlägen. Als wir ihm aber erzählten, was uns in dieser Hinsicht bereits zu Gesicht gekommen war, wusste er nichts mehr zu sagen.

Wir blieben noch zwölf Tage an diesem Ort, und die Eingeborenen gingen uns während dieser Zeit sehr freundschaftlich an die Hand und schafften Früchte, Kürbisse und möhrenartige Wurzeln herbei, die recht angenehm schmeckten. Auch versahen sie uns mit verschiedenem Geflügel, das wir aber nicht kannten, kurz, sie brachten uns von allem, was sie hatten, sodass wir recht behaglich leben konnten. Wir machten ihnen dafür mit den Siebensachen unseres Künstlers, wovon er einen ganzen Sack voll angefertigt hatte, Geschenke.

Am dreizehnten Tag setzten wir uns mit unserem neuen Gefährten in Bewegung. Ehe wir aufbrachen, ließ ihm der Negerkönig durch zwei Schwarze etwas getrocknetes Fleisch, oder was es sein mochte, als Geschenk überreichen, wofür er sich mit drei silbernen Vögeln aus der Werkstätte unseres Schmieds – gewiss eine für einen König sehr angemessene Gabe – bedankte.

Wir begannen nun unsere Reise nach Süden mit einer Neigung gegen Westen und fanden nach einem Marsch von über zweitausend Meilen den ersten Fluss, der nach Süden lief, während die übrigen ihren Lauf alle entweder nach Norden oder nach Westen hatten. Wir folgten ihm, der nicht größer als ein gewöhnlicher Mühlbach war, bis sich sein Wasser zu vermehren begann. Unser Engländer stieg hin und wieder hinunter, um den Sand zu untersuchen, aber wir mussten einen vollen Tag an dem Ufer hinziehen, bis er endlich einmal mit einer Handvoll Sand heraufkam und uns den Fund anzusehen aufforderte. Wir taten, wie uns geheißen, und fanden, dass ihm eine bedeutende Menge Goldkörner beigemengt war. »Jetzt«, sagte er, »können wir, denke ich, ans Werk gehen«; und er teilte die Neger paarweise ein, zeigte ihnen die Stellen, wo sie suchen sollten, und lehrte sie den Sand an weniger tiefen Stellen schlämmen und auswaschen.

In den ersten anderthalb Tagen brachten unsere Leute ungefähr sechsunddreißig Lot Gold zusammen, und da wir fanden, dass der Goldgehalt des Flusslandes zunahm, je weiter wir kamen, folgten wir der Wasserrichtung, bis wir an ein anderes kleines Flüsschen kamen, welches in das erstere mündete und in dem wir, als wir es stromaufwärts untersuchten, gleichfalls Gold fanden. An dem durch diese beiden Flüsse gebildeten Winkel schlugen wir nun unser Lager auf und ergötzten uns, wie ich es nennen möchte, an der Goldwäsche und an dem Auffüllen unserer Proviantmagazine.

Wir blieben hier weitere dreizehn Tage und hatten manch vergnügliche Abenteuer mit den Wilden, die ich aber hier übergehe, weil sie zu weit von dem Gang unserer Geschichte abführen, und von denen einige zu anstößig sind, als dass ich sie hier erzählen könnte. Denn einige von unserer Mannschaft hatten sich ziemlich leichtfertig mit ihren Frauen zu schaffen gemacht, was uns unweigerlich mit den Eingeborenen und ihrem ganzen Volk in kriegerische Verwicklungen gestürzt hätte, wenn es nicht unserem neuen Führer gelungen wäre, für uns mit einem ihrer Männer Frieden zu schließen. Das Ganze kostete uns sieben feine Unzen Silbers, die unser Künstler in die Gestalt von Löwen, Fischen und Vögeln ausgeschnitten hatte, jedes mit einem Loch, um es daran aufzuhängen (ein unschätzbarer Wert).

In der Zwischenzeit betrieben wir mit der Unterstützung unserer Neger unsere Goldwäschen, und unser kunstreicher Schmied, der durch die Übung so gewandt geworden, dass er das Metall in alle Formen zu zwängen wusste, hämmerte und feilte darauflos. Er bildete Elefanten, Tiger, Zibetkatzen, Strauße, Adler, Kraniche, sonstige Vögel, Fische – kurz alles, was ihm einfiel, in dünnen Goldblechen; denn sein Silber und Eisen waren fast gänzlich verbraucht.

In einer der Städte dieser wilden Volksstämme wurden wir sehr freundlich von dem König aufgenommen, und da er eine große Freude an dem von unserem Schmied verfertigten Tand hatte, verkaufte ihm dieser einen aus dünnem Goldblech geschnittenen Elefanten zu einem ungeheuren Preis; der König war vor lauter Entzücken nicht eher ruhig, als bis er fast eine Handvoll Goldstaub, wie sie es nannten, dafür gegeben hatte. Ich nehme an, es waren ungefähr vierundzwanzig Lot Gold, während der goldene Elefant kaum für einen Louisdor, eher weniger als mehr, Gold enthielt. Unser Künstler war so ehrenhaft, all das Gold in den gemeinschaftlichen Schatz zu legen, obgleich seine Kunst und seine Mühe ihn für solche Erwerbungen billigerweise bevorrechtet hätten. Aber wir hatten in der Tat auch nicht den mindesten Grund, bei solchen Anlässen knickerig zu sein, denn unser Führer sagte uns, wir wären stark genug, um uns zu verteidigen, und da wir hierbleiben könnten, solange es uns gut dünkte, könnten wir mit der Zeit für jeden Mann wohl hundert Pfund Gold zusammenbringen, wenn wir nur wollten. Er fügte noch bei, dass er sich allerdings so gut nach der Heimat sehne als irgendeiner von uns, wenn wir aber unseren Marsch etwas nach Südosten richteten und einen geeigneten Platz für unser Hauptquartier aussuchten, würden wir ausreichende Vorräte an Nahrung finden, sodass wir uns von dort aus an den Flüssen der Gegend verteilen könnten; ein Aufenthalt von zwei oder drei Jahren müsste uns einen unberechenbaren Gewinn abwerfen.

So verführerisch dieser Vorschlag auch war, so sagte er doch keinem von uns zu; denn es war uns mehr darum zu tun, nach Hause zu kommen, als reich zu werden, da uns die über ein Jahr dauernde Reise durch Wüsten und Heere von wilden Bestien aufs Äußerste erschöpft hatte.

Die Zunge unseres neuen Bekannten barg jedoch eine Art von Zauber, dem sich nicht widerstehen ließ, denn seine Gründe waren überzeugend und seine Beredsamkeit hinreißend. Er sagte uns, es wäre unklug, die Frucht unserer Mühen nicht einzuheimsen, nun da wir vor der Ernte stünden; wir sollten nur bedenken, welchen Gefahren und Kosten die Europäer sich mit Schiffen und Mannschaft unterzögen, um ein bisschen Gold zu holen, und es wäre unverantwortlich, wenn wir, die wir uns im Mittelpunkt des Reichtums der Erde befänden, mit leeren Händen davongehen wollten. Wir wären stark genug, um uns durch ganze Volksstämme durchzukämpfen, und könnten nachher nach jedem Teil der Küste kommen, der uns gefiel. Wir würden es uns aber nie vergeben, wenn wir nur mit fünfhundert Pistolen in Gold unsere Heimat erreichten, während wir ebenso leicht, wenn wir nur gewollt, fünftausend oder gar zehntausend oder so viel uns beliebte hätten mitbringen können. Er sei zwar nicht begieriger nach dem Gold als wir; da es aber einmal in unserer Macht stehe, Ersatz für all unser Ungemach zu nehmen und uns für unser ganzes Leben eine behagliche Existenz zu sichern, so könne er sich nicht treu und dankbar erweisen für die Wohltat, die wir ihm bezeigt, ohne uns auf die Vorteile aufmerksam zu machen, die wir zur Hand hätten. Er hoffe, es auch unserem Verstand einleuchtend zu machen, dass wir in einer Frist von zwei Jahren bei gehörigem Fleiß und unter Mitwirkung unserer Neger für jeden von uns hundert Pfund Gold und im Ganzen vielleicht zweihundert Tonnen Elfenbein gewinnen könnten, während wir – einmal an der Küste angelangt und getrennt – ebenso wenig in die Lage kommen würden, je wieder diesen Ort zu sehen, als der Gottlose den Himmel zu schauen bekäme, sosehr er sich auch danach sehnte.

Unser Wundarzt war der erste, der auf solche Argumentationen einging, und der Geschützmeister folgte seinem Beispiel. So großen Einfluss aber auch diese beiden sonst auf die übrigen ausübten, hatte doch keiner Lust zu bleiben, nicht einmal ich, muss ich gestehen; denn ich konnte mir keine Vorstellung von dem Wert einer so großen Summe machen und wusste nicht, was ich damit anfangen sollte, wenn ich sie einmal hätte. Ich meinte, ich besäße bereits genug, und meine einzige Sorge war, wie ich, wenn ich wieder nach Europa käme, Kleider kaufen und mit dem Rest so schnell als möglich fertig werden könnte, um sodann wieder zur See zu gehen und neue Abenteuer aufzusuchen.

Dessen ungeachtet gelang es meinem Landsmann endlich, uns durch lockende Worte zu einem halbjährigen Aufenthalt in der Gegend zu bereden, indem er uns sodann gern gewähren lassen wolle, wenn wir auf unserem Entschluss beharrten. Er führte uns dann etwa fünfzig Meilen nach Südosten, wo wir mehrere Bäche fanden, die alle von einer im Nordosten gelegenen großen Bergkette zu kommen schienen – unserer Vermutung nach der Anfang der großen Wüste, die wir im Norden hatten umgehen müssen.

Die Gegend war rau und unfruchtbar; doch fehlte es uns nicht an Lebensmitteln, was wir der Vermittlung unseres neuen Bekannten verdankten; denn die Wilden in der Nachbarschaft gaben uns für die mehrfach erwähnten Spielsachen, was sie nur hatten. Auch fanden wir hier etwas Mais, den die Negerfrauen in Gärten pflanzten. Unser Berater in dieser Gegend befahl nun unseren Negern, gleichfalls den Boden aufzuwühlen und Maiskörner einzulegen, welche unter regelmäßigem Begießen im Verlauf von drei Monaten zu einer schönen Ernte heranreiften.

Sobald wir unser Lager aufgeschlagen hatten, nahmen wir das alte Geschäft des Goldfischens in den genannten Bächen wieder auf, und der Engländer wusste unser Nachforschen so gut zu leiten, dass wir selten vergeblich arbeiteten.

Eines Tages, als wir bereits unser Werk begonnen, fragte er, ob wir ihm erlauben wollten, sich mit vier oder fünf unserer Neger auf eine Woche zu entfernen, damit er selber auch sein Glück versuchen und nachsehen könne, was sich in der Gegend holen ließe, wobei er uns versicherte, dass jegliche Ausbeute dem allgemeinen Schatz anheimfallen solle. Wir gaben unsere Einwilligung und borgten ihm eine Flinte; auch wünschten zwei unserer Leute, ihn zu begleiten, und sie wählten sechs Neger aus und nahmen auch zwei der Büffel mit, welche die ganze Reise ausgehalten hatten, nebst Brot für acht Tage und etwas getrocknetes Fleisch, das etwa für zwei Tage reichen mochte.

Sie begaben sich nun nach der Höhe des genannten Gebirges, wo sie (wie unsere Leute nachher versicherten) dieselbe Wüste sahen, die uns an ihrem anderen Ende so erschreckt hatte und die unserer Berechnung nach nicht weniger als dreihundert Meilen breit und über sechshundert lang sein musste, ohne dass man wissen konnte, wo sie endete.

Das Tagebuch ihrer Wanderung ist zu weitläufig, um hier Raum dafür zu finden. Sie blieben zweiundfünfzig Tage aus und brachten siebzehn Pfund (vielleicht auch mehr, denn wir hatten kein genaues Gewicht) Goldsand mit, der einige Stücke enthielt, die viel größer waren, als wir sie je gefunden hatten. Dazu kamen noch etwa fünfzehn Tonnen Elefantenzähne, welche sie teils mit Güte, teils mit Gewalt durch Eingeborene von dem Gebirge herunterholen und dann durch andere in unser Lager schaffen ließen. Wir waren in der Tat sehr neugierig, was die Annäherung des Zuges zu bedeuten hätte, denn wir sahen unseren Engländer im Geleit von mehr als zweihundert Negern; er ließ uns jedoch nicht lange im Ungewissen, da er seinem Gefolge befahl, die Last, welche es trug, an dem Eingang unseres Lagers auf einen Haufen zu werfen.

Außerdem brachten sie noch zwei Löwenhäute und die Felle von fünf Leoparden – alle sehr groß und schön – mit. Er bat um Entschuldigung, dass er so lange fortgeblieben und keine reichere Ausbeute erzielt hätte, und sprach dann von einem zweiten Ausflug, den er beabsichtigte und von dem er sich einen besseren Erfolg verspräche.

Nachdem er nun ein wenig ausgeruht hatte, belohnte er die Wilden, welche die Zähne gebracht, mit einigen silbernen und eisernen Plättchen in Gestalt eines Diamantenvierecks und von denen zwei die Gestalt von kleinen Hunden hatten, und entließ sie ungemein befriedigt in ihre Heimat.

Auf der zweiten Reise begleiteten ihn zehn der Unsrigen und zehn unserer dienstbaren Neger nebst den beiden Stieren, welche ihren Mund- und Schießbedarf tragen mussten. Sie hielten sich in derselben Richtung, nur nicht genau auf demselben Weg, und blieben diesmal nur zweiundvierzig Tage aus und erlegten in dieser Zeit nicht weniger als fünfzehn Leoparden, drei Löwen und noch einige andere Tiere. Ihre Goldausbeute belief sich auf vierundzwanzig Pfund und einige Lote; Elefantenzähne brachten sie indes nur sechs, aber von ungewöhnlicher Größe.

Unser Freund, der Engländer, zeigte uns nun, dass wir unsere Zeit recht gut genutzt hätten; denn in den fünf Monaten unseres Aufenthalts hatten wir außer dem, was wir schon früher besaßen, so viel Goldsand gesammelt, dass bei der Verteilung auf jeden Einzelnen fünf Pfund und acht Lot fielen, außer den sechs oder sieben Pfund, die wir bei verschiedenen Anlässen in die Werkstatt unseres Künstlers gegeben hatten. Wir gedachten nun, die Reise nach der Küste anzutreten, um unserem Wanderleben ein Ende zu machen, aber unser Führer lachte uns aus und sagte: »Nein, ihr könnt jetzt nicht gehen; denn mit dem nächsten Monat beginnt die Regenzeit, und da kann von einem Aufbruch durchaus nicht die Rede sein.« Dies war in der Tat ein sehr vernünftiger Einwurf, und so beschlossen wir, uns hinreichend mit Proviant zu versehen, um nicht im Regen weit danach gehen zu müssen. Wir zerstreuten uns daher in die Gegend, so weit wir uns wagen zu dürfen glaubten, um uns Lebensmittel zu verschaffen, während unsere Neger auf die Antilopenjagd gingen und manches Stück mit nach Hause brachten, welches wir an der Sonne trockneten, da unser Salz wieder zu Ende war.

Nun brach die Regenzeit ein, die uns über zwei Monate fast ausschließlich in unseren Hütten festhielt. Aber das war noch nicht alles; denn die Wasser schwollen in einem Grade an, dass sich die kleinen Bäche und Flüsse kaum mehr von großen, schiffbaren Strömen unterscheiden ließen. Das wäre eine gute Gelegenheit gewesen, unsere Elefantenzähne, von denen wir einen großen Haufen hatten, in Fahrzeugen weiterzuschaffen; denn da wir den Wilden immer eine Belohnung für ihre Mühe gaben, ließen es sich sogar die Frauen angelegen sein, uns Zähne zu bringen, wie es denn hin und wieder vorkam, dass ihrer zwei an einem einzigen großen Zahn schleppten. Wir hatten deshalb eine Menge von ungefähr zweiundzwanzig Tonnen Elfenbein beisammen.

Sobald sich das Wetter wieder aufklärte, sagte uns der Engländer, er wolle uns nicht drängen, länger zu bleiben, da wir uns ja doch nicht darum kümmerten, ob wir noch mehr Gold bekämen oder nicht; wir wären freilich die ersten Europäer, von denen er je gehört, dass sie gesagt hätten, sie besäßen genug von diesem Metall, und von denen sich mit Wahrheit behaupten ließe, sie möchten sich nicht einmal die Mühe nehmen, sich danach zu bücken, obgleich es zu ihren Füßen läge. Er habe uns indes einmal das Versprechen gegeben, nicht weiter in uns zu dringen, und wolle es daher halten; dessen ungeachtet fühle er sich verpflichtet, uns zu sagen, dass nach der Zeit der Überschwemmungen das meiste Gold gefunden würde und dass wir nach einem Monat Tausende von Wilden das Gebiet durchziehen sehen könnten, um für die europäischen Schiffe, welche die Küsten besuchten, Gold aus dem Sand zu waschen. Sie wählten diese Zeit besonders deshalb, weil die Wut der Fluten stets eine große Menge Goldes aus den Bergen spüle, und wenn wir ihnen zuvorkämen, könnten wir nicht wissen, welche außerordentlichen Dinge wir finden würden.

Seine Worte klangen so einleuchtend und überzeugend, dass sich die Nachgiebigkeit in allen Gesichtern aussprach. Wir sagten ihm daher, dass wir bleiben wollten; denn so gern wir auch alle gegangen wären, ließe sich doch der augenscheinlichen Aussicht auf so großen Gewinn auf die Dauer nicht widerstehen. Er sei jedenfalls sehr im Irrtum, wenn er glaube, wir wünschten nicht, unsere Goldvorräte zu vergrößern, und er möge dies daraus entnehmen, dass wir nunmehr fest entschlossen wären, die Vorteile, die sich uns böten, nicht von der Hand zu weisen, sondern sie aufs Beste zu nutzen und so lange dazubleiben, als Gold zu finden wäre, sollten wir auch noch ein zweites Jahr auf dem afrikanischen Kontinent zubringen müssen.

Er war ob diesem Entschluss über die Maßen erfreut, und mit dem Eintritt der günstigeren Witterung begannen wir, nach seiner Anweisung die Bäche und Flüsse aufs Neue nach Gold zu durchsuchen. Anfangs lohnte sich dieses Geschäft wenig, und wir begannen bereits zu schwanken. Die Ursache lag indes nahe; denn das Wasser war noch nicht ganz gefallen und in seine gewohnten Flussbetten zurückgekehrt, und erst in einigen Tagen wurde unser Bemühen mit einem schönen Erfolg gekrönt, da wir das Gold in größeren Mengen und in gröberen Körnern als je zuvor auffanden. Einer unserer Leute wusch ein Stückchen von der Größe einer kleinen Nuss aus dem Sand, welches unserer Schätzung zufolge wohl drei Lot schwer sein mochte.

Dieser Erfolg steigerte unseren Fleiß, und im Verlauf eines Monats brachten wir an die sechzig Pfund Gold zusammen. Nach dieser Zeit bedeckte sich jedoch, wie uns der Engländer vorausgesagt hatte, die Gegend mit Wilden, Männern, Frauen und Kindern, welche den Flüssen und Bächen nachgingen und selbst in dem trockenen Land des Gebirges nach Gold spähten, sodass unsere nunmehrige Ausbeute durchaus keinen Vergleich mehr mit der früheren aushielt.

Dagegen fand unser Künstler ein Mittel, andere Leute für uns arbeiten zu lassen, ohne dass wir einen Finger zu rühren brauchten; denn noch ehe diese Leute erschienen, hatte er eine beträchtliche Menge seiner Spielsachen, Vögel, Tiere etc. zu ihrem Empfang vorbereitet. Der Engländer machte den Dolmetscher und zeigte ihnen die Raritäten vor, was unserem Schmied zu einem sehr einträglichen Handel verhalf; denn er verkaufte seine Waren zu wirklich ungeheuren Preisen. So erhielt er zum Beispiel für ein Stückchen Silber, kaum von dem Wert eines Groschens, zwei, zuweilen auch vier Lot Gold; und seine Eisenwaren wurden ihm ebenso teuer bezahlt, wogegen sie die goldenen Kunstprodukte eher niedriger als höher veranschlagten. Es war in der Tat unglaublich, welche Massen von Gold er durch diesen Handel gewann.

Um die glückliche Reise mit einem Wort abzuschließen, jedem unserer Leute erblühte aus dem weiteren dreimonatigen Aufenthalt in dieser Gegend ein neuer Zuwachs von ungefähr vier Pfund Gold; und nun setzten wir uns nach der Goldküste in Bewegung, um zu sehen, wie wir wieder nach Europa kommen könnten.

Es begegnete uns noch manches Merkwürdige während dieses Abschnitts unserer Reise. Die Eingeborenen, deren Gebiete wir durchreisten, nahmen uns bald freundlich, bald unfreundlich auf. Auch befreiten wir einen Negerkönig, der unserem englischen Führer Wohltaten erwiesen, aus der Gefangenschaft, und dieser setzte ihn zum Dank mit unserer Beihilfe wieder in sein Königreich ein, das ungefähr dreihundert Untertanen zählen mochte. Um diesen Dienst zu belohnen, bewirtete er uns reichlich und befahl seinen Leuten, mit den Engländern zu gehen, alle unsere Elefantenzähne, die wir hatten zurücklassen müssen, herbeizuschaffen und sie an einen Fluss zu bringen, dessen Name mir entfallen ist, wo wir Fahrzeuge bauten, um unsere Güter einzuschiffen. Nach einer Stromfahrt von elf Tagen erreichten wir eine der holländischen Niederlassungen an der Goldküste, wo wir in guter Gesundheit und seelenvergnügt unsere Kähne verließen. Unser Elfenbein verkauften wir an die holländische Faktorei, die uns mit Kleidern und mit sonstigem Bedarf für uns und diejenigen der Neger versah, welche wir mitzunehmen gedachten. Ich bemerke beiläufig, dass wir nach Beendigung unserer Reise noch vier Pfund Schießpulver übrig hatten. Den Negerprinzen setzten wir in Freiheit, kleideten ihn aus unserer gemeinschaftlichen Kasse, gaben ihm anderthalb Pfund Gold, das er recht geschickt zu bearbeiten gelernt hatte, und nun trennten wir uns in der freundlichsten Weise. Unser Engländer blieb noch eine Weile in der holländischen Faktorei, und später hörte ich, dass er dort vor Kummer gestorben sei; denn er sandte tausend Pfund Sterling über Holland nach England, um sich ein leidliches Auskommen unter seinen Verwandten in der Heimat zu sichern. Aber das Schiff wurde von den Franzosen genommen, und so ging all sein saurer Erwerb verloren.

Der Rest meiner Kameraden schiffte sich in einer kleinen Barke nach den zwei portugiesischen Handelsniederlassungen in der Nähe von Gambia (unter dem vierzehnten Breitengrad) ein, und ich begab mich mit zwei Negern, die ich bei mir behielt, nach dem Cape Coast Castle, wo ich an Bord eines englischen Schiffes ging, mit dem ich im September in England anlangte. Und so endeten meine Flegeljahre; die späteren sollten mir nicht so viel materiellen Gewinn bringen.

10. Kapitel

Obgleich England mein Geburtsland war, hatte ich dort weder Freunde noch Verwandte oder Bekannte. Ich wusste daher nicht, wem ich mein Eigentum anvertrauen oder wen ich zu seiner Erhaltung um Rat angehen sollte. Ich geriet übrigens in schlechte Gesellschaft, übergab einen großen Teil meines Goldes einem Wirt in Rotherhithe, brachte das übrige rasch mit leichtsinnigen Kameraden durch, und es währte nicht viel länger als zwei Jahre, so war auch die ganze große Summe, die ich unter so vielen Mühen und Gefahren mir errungen, in allen vier Himmelsgegenden. Jetzt noch bringt mich der Gedanke an die Art, wie ich sie durchjagte, fast zum Rasen, weshalb ich ihrer hier nicht weiter gedenken will; denn die Rückerinnerung treibt mir die Röte der Scham über die Verirrungen, die Torheit und die Verderbtheit jener Tage auf die Wangen.

Im Jahr 1686 begann ich auf den Boden meiner Vorratskammer zu sehen, und es war Zeit, an weitere Abenteuer zu denken; denn meine Verderber, wie ich sie nennen muss, begannen mich wissen zu lassen, dass mit der Abnahme meines Geldes auch ihre Achtung zur Neige ging und dass ich nichts von ihnen zu erwarten hätte, als was sich durch die Macht meines Goldes erzielen ließ – auch nicht einen Schritt für all das, was sie bei mir genossen hatten.

Das war eine bittere Erfahrung, die mich mit gerechtem Abscheu gegen ihren Undank erfüllte. Doch auch solche Gefühle mildern sich, denn ich begegnete nirgends einer Seele, die mir wegen des Verschwendens einer so großen Summe, wie ich sie nach England gebracht, auch nur das mindeste Bedauern oder eine Spur von Teilnahme gezollt hätte.

Ich nahm nun – gewiss zur schlimmen Stunde – Dienst an Bord eines nach Cadiz bestimmten Schiffes, das der Kreuzer hieß. Widrige Winde, die uns an der spanischen Küste trafen, nötigten uns jedoch, vor Groyn Anker zu werfen.

Auf dem Schiff machte ich die Bekanntschaft einiger unübertrefflicher Schurken, von denen mich einer, der tollste von ihnen, mit einer so innigen Freundschaft beehrte, dass wir uns Brüder nannten und uns gegenseitig alle unsere Schicksale und Pläne mitteilten. Dieser Bursche, der Harris hieß, kam eines Morgens zu mir und fragte mich, ob ich nicht an Land gehen wolle, was ich bejahte; und so holten wir die Erlaubnis des Kapitäns ein, das Boot benutzen zu dürfen, und ruderten miteinander ans Ufer. Als wir allein waren, fragte er mich, ob ich wohl Lust zu einem Abenteuer hätte, das uns für all unser vergangenes Unglück entschädigen könnte, was ich natürlich gern mit Ja beantwortete; denn ich hatte nichts zu verlieren, ließ nichts hinter mir, und so war es mir gleichgültig, wohin es immer gehen mochte.

Er fragte mich sodann, ob ich schwören wolle, verschwiegen zu sein und ihn nie zu verraten, selbst wenn ich nicht auf seinen Vorschlag eingehen würde, wozu ich mich gleichfalls bereit erklärte; und nun ließ ich mich unter den schrecklichsten Schwüren, wie sie nur der Teufel und wir beide ersinnen konnten, in die Mitwisserschaft einweihen.

Er erzählte mir, es gebe einen wackeren Burschen in dem anderen Schiff (er zeigte dabei auf ein englisches Schiff, das im Hafen lag), der am nächsten

Morgen im Verein mit einigen der Mannschaft eine Meuterei beginnen und mit dem Schiff davongehen wolle; könnten wir nun in unserem Fahrzeug Leute genug für uns gewinnen, so sollten wir ein Gleiches tun. Der Vorschlag gefiel mir nicht übel, und so zog er noch weitere acht Mann in das Geheimnis und erklärte uns, wir sollten uns, sobald sein Freund das große Werk begonnen und sich zum Herrn des Schiffes gemacht hätte, bereithalten, seinem Beispiel zu folgen. Ich ließ mich ohne Bedenken trotz der Verruchtheit des Verbrechens und der Schwierigkeit seiner Ausführung in die Verschwörung ein.

An dem bezeichneten Tag brach die Meuterei auf dem anderen Schiff aus, und der Rädelsführer, welcher Wilmot hieß, gab uns, nachdem er den Steuermann des Kapitäns nebst anderen Offizieren festgenommen und sich des Schiffes bemächtigt hatte, das Zeichen zu gleichem Aufruhr. Wir waren jedoch nur elf Eingeweihte auf unserem Schiff, denn einer größeren Anzahl durften wir nicht trauen, und so verließen wir denn in einem Boot das Schiff und vereinigten uns mit den Empörern.

Auf dem Meutererschiff ging es lustig und in Freuden zu, und da ich selbst kühn und verwegen genug zu jedem tollen Streich war, ohne auch nur die mindeste Gewissensregung zu spüren oder mir über die Folgen Gedanken zu machen, führte mich Kapitän Wilmots Bande bald in eine Verbindung mit den berüchtigtsten Seeräubern jener Zeit, von denen einige die Reise ihres Lebens mit einer Fahrt nach dem Galgen beschlossen. Ich glaube daher, dass die Erzählung des einen oder anderen der hier erlebten Abenteuer nicht uninteressant sein dürfte. Ich will jedoch im Voraus bemerken, dass ich mich beim Wort eines Seeräubers auch entfernt nicht mehr all der Ereignisse zu erinnern vermag, die zusammen eine so ruchlose Geschichte bilden, wie sie nur je ein Mensch der Welt vorführen konnte.

Da ich, wie ich bereits andeutete, ein Dieb von Geburt an war und schon früher einen Hang zur Seeräuberei in mir verspürt hatte, fühlte ich mich jetzt ganz in meinem Element, und nie unternahm ich irgendetwas in meinem Leben, was mir größere Befriedigung bereitete.

Nachdem sich Kapitän Wilmot (denn so nannten wir ihn jetzt) in der genannten Weise zu dem Besitz eines Schiffes verholfen, hatte er, wie sich leicht denken lässt, nichts mehr in dem Hafen zu schaffen, und er wartete daher nicht ab, bis vom Land aus Schritte gegen ihn unternommen oder vielleicht Misshelligkeiten unter seinen Leuten ausbrechen würden. Er lichtete daher noch mit derselben Flut die Anker, stach in See und nahm Kurs auf die Kanarischen Inseln. Unser Schiff hatte zweiundzwanzig Kanonen, konnte jedoch dreißig mit sich führen, wie es denn überhaupt als ein bloßer

Kauffahrer weder mit Munition noch mit Waffen so versehen war, wie es uns für den Fall eines Kampfes nottat. Wir hielten daher vor Cadiz, das heißt wir warfen in der Bucht Anker. Der Kapitän nebst unserem Geschützmeister, den wir den jungen Kapitän Kid nannten, und einige andere der Mannschaft, denen man am besten trauen konnte (darunter mein Freund Harris, dem die Ehre des Steuermanns, und ich selbst, dem die Würde eines Leutnants übertragen worden war), sollten nun einige Ballen englischer Güter zum Verkauf an Land bringen; aber Harris, der ein durchtriebener Bursche war, schlug einen besseren Weg vor, indem er sagte, er sei schon früher in der Stadt gewesen und wolle für uns Pulver, Kugeln, Waffen und sonstigen Bedarf aufkaufen, die wir erst dann in englischen Waren zu bezahlen brauchten, wenn sie an Bord kämen. So ging es allerdings weit besser, und er begab sich nun mit dem Kapitän an Land, wo sie ihren Handel, so gut es sich machen wollte, abschlossen und nach zwei Stunden, jedoch nur mit einem Fass Wein und fünf Fässern Branntwein, zurückkamen, worauf wir alle wieder an Bord gingen.

Des anderen Morgens kamen zwei schwerbeladene lange Barken mit fünf Spaniern an Bord an unser Schiff. Unser Kapitän verkaufte an sie seine Waren und erhielt an Zahlung statt sechzehn Fässer grobes und zwölf Fässer feines Schießpulver, sechzig Musketen, zwölf Karabiner für die Offiziere, siebzehn Tonnen Kanonenkugeln, fünfzehn Fässer Musketenkugeln, einige Säbel und zwanzig Paar gute Pistolen. Dazu kamen noch dreizehn Fässer Wein (denn da wir jetzt Herren geworden waren, verschmähten wir es, das Schiffsbier zu trinken), sechzehn Fässer Branntwein, zwölf Fässer Rosinen und zwanzig Kisten Zitronen, was alles mit englischen Gütern bezahlt wurde; außerdem erhielt der Kapitän noch sechshundert Dollars an barem Geld. Die Spanier versprachen wiederzukommen, aber uns war es nicht ums Bleiben zu tun.

Von hier aus segelten wir nach den Kanarischen Inseln und dann nach Westindien, auf welcher Fahrt wir den Spaniern Mundvorrat abnahmen und einige Prisen machten, die aber von keinem großen Wert waren, wenigstens solange ich bei der Gesellschaft blieb, was damals nicht lange der Fall war; denn nachdem wir an der Küste von Carthagena eine spanische Schaluppe genommen hatten, machte mir Harris den Vorschlag, Kapitän Wilmot darum anzugehen, dass er uns mit einem entsprechenden Munitions- und Waffenvorrat in das genommene Fahrzeug setze und uns gestatte zu sehen, was sich damit ausrichten lasse; denn es war für unser Gewerbe weit geeigneter und auch ein schnellerer Segler als das große Schiff. Wilmot willigte ein, indem er zugleich Tobago als den Ort der nächsten Zusammenkunft bezeichnete und die Bestimmung traf, dass alles, was eines der Schiffe erbeutete, unter die Mannschaft beider Schiffe verteilt werden sollte. Diese Verfügung wurde auch, als sich unsere Schiffe nach ungefähr fünfzehn Monaten bei Tobago wieder trafen, pünktlich gehandhabt.

Wir kreuzten an die zwei Jahre in diesen Meeren, wobei wir es vornehmlich auf die Spanier abgesehen hatten, nicht, weil wir Bedenken hatten, englische, holländische oder französische Schiffe zu nehmen, denn das geschah gleichfalls, wenn sie uns in den Weg kamen. Namentlich kaperte Kapitän Wilmot ein neuenglisches Schiff, das von Madeira nach Jamaika segeln sollte, und ein anderes mit Mundbedarf beladenes, das von New York nach Barbados ausgelaufen war, von denen uns insbesondere das Letztere sehr zustatten kam. Der Grund indes, warum wir uns weniger gern mit englischen Schiffen befassten, lag darin, dass sie gerüstet waren und uns daher stärkeren Widerstand zu leisten vermochten; auch boten sie weniger Beute als die spanischen, die gewöhnlich Geld an Bord führten – etwas, womit wir am allerbesten umzugehen wussten. Kapitän Wilmot war gegen die Mannschaft genommener englischer Schiffe besonders grausam, damit man nicht allzu bald in England von ihm Kunde erhielt; aber gerade deshalb hatten die königlichen Kreuzer besonders strengen Befehl, auf ihn zu lauern. Doch schweigen wir vorderhand über diesen Teil unserer Geschichte.

Unsere Habe gewann in diesen zwei Jahren beträchtlichen Zuwachs, denn wir hatten sechzigtausend Dollars auf dem einen und hunderttausend auf dem anderen unserer Schiffe, und da wir nun reich waren, entschlossen wir uns, unsere Macht zu verstärken. Wir hatten nämlich eine in Virginia gebaute Brigantine – ein ausgezeichnetes Fahrzeug, das ein sehr guter Segler war und zwölf Kanonen führen konnte – und eine spanische Fregatte genommen, die gleichfalls unvergleichlich segelte und die wir nachher durch geschickte Zimmerleute für zweiundzwanzig Kanonen einrichten ließen. Nun bedurften wir aber weiterer Hände; wir steuerten daher nach der Bucht von Campeachy, wo wir unsere Schiffe nach Belieben bemannen zu können hofften, was denn auch wirklich der Fall war.

Hier verkauften wir die Schaluppe, auf der ich bisher mein Unwesen getrieben, und da Kapitän Wilmot sein eigenes Schiff behielt, wurde mir das Kommando der spanischen Fregatte mit dem Titel eines Kapitäns übertragen, während mein Freund Harris, der verwegenste und unternehmungslustigste Bursche, den die Welt aufzuweisen vermochte, die Stelle des ältesten Leutnants bekleidete. Die Brigantine wurde mit weiterem Geschütz versehen, und so waren wir nun im Besitz von drei gut bewaffneten, stark bemannten und auf zwölf Monate mit Proviant versehenen Schiffen; denn wir hatten einige Schaluppen von Neuengland und New York, die mit einer Ladung Mehl, Erbsen, Pökelfleisch und Schweinefleisch nach Jamaika und Barbados gehen sollten, genommen und uns mit weiterem Rindfleisch an der Küste von Kuba versehen, wo wir nach Belieben Schwarzvieh schossen, obgleich es uns zur Erhaltung des Fleisches sehr an Salz gebrach.

Bei den Prisen, die wir nun machten, hatten wir es vorzugsweise auf Pulver, Kugeln, Flinten und Stutzsäbel abgesehen, und von der besiegten Mannschaft lasen wir uns stets den Wundarzt und den Zimmermann aus als Leute, die uns bei vielen Anlässen nützlich werden konnten. Oft war ihnen das nicht einmal unlieb, da sie ja, falls uns ein Ungemach betraf, sich mit der Gewalt, die man ihnen angetan, entschuldigen konnten, wovon ich dem Leser sogleich ein ergötzliches Beispiel mitteilen will.

Wir kamen beim Abfangen einer nach Barbados bestimmten pennsylvanischen Schaluppe zu einem gar lustigen Burschen, einem Quäker, der William Walters hieß und Wundarzt war, weshalb wir ihn den Doktor nannten. Er war auf der Schaluppe nicht als ärztlicher Beistand angestellt, sondern hatte die Absicht, sich in Barbados ein Unterkommen zu suchen. Da er aber seinen chirurgischen Apparat an Bord hatte, war er uns ein willkommener Fund. Er war ein komischer Bursche, ein Mann von gediegenem Verstand und ausgezeichnet in seiner Kunst – was uns aber über alles ging: auch ein stets heiterer, angenehmer Gesellschafter und ein so waghalsiger, kräftiger und tüchtiger Bursche als nur einer unter uns.

Es schien mir, als sei William nicht sehr abgeneigt, an unseren Fahrten teilzunehmen, obschon er das Gegenteil beschloss, um den Anschein zu gewinnen, dass er mit Gewalt dazu gezwungen worden sei. Er kam daher zu mir und sagte: »Freund, du erklärst, ich müsse mit dir gehen, und es steht nicht in meiner Macht, dir Widerstand zu leisten, wenn ich auch wollte. Ich bitte dich aber, mir gegen den Herrn der Schaluppe, an deren Bord ich mich befand, zu bezeugen, dass ich mit Gewalt und gegen meinen Willen weggenommen worden bin.« Er sagte dies mit einem so heiteren Zug in seinem Gesicht, dass mir der Grund dieser Aufforderung nicht entgehen konnte. »Ja, ja«, sagte ich, »mag es nun ohne deinen Willen geschehen oder nicht, so will ich dir doch vor ihm und allen, die mit ihm sind, dieses Zeugnis geben, und wenn sie es nicht glauben wollen, sollen sie so lange auf den Meeren mit mir herumstreichen, bis sie es tun.« Ich stellte sofort ein schriftliches Zeugnis aus, dass William mit Gewalt von einem Piratenschiff zum Gefangenen gemacht worden sei, dessen Mannschaft zuerst seine chirurgischen Instrumente fortgenommen und dann den Wundarzt mit gebundenen Händen in ihr Boot geschleppt habe. Dieses Zertifikat ließ ich sodann von dem Herrn der Schaluppe und der ganzen Mannschaft unterzeichnen.

Ich fiel nun zankend über ihn her, forderte meine Leute auf, ihm die Hände auf dem Rücken zusammenzubinden, und ließ ihn sofort in unser Boot schaffen. Als ich ihn an Bord hatte, rief ich ihn zu mir und sagte ihm: »Nun, mein Freund, ich habe dich jetzt allerdings mit Gewalt weggenommen, aber ich bin der Meinung, dass es doch nicht so ganz gegen deinen Willen geschehen ist, als sich jene wohl einbilden mögen. Doch sei dem, wie ihm wolle, du wirst uns nützlich sein können und sollst dich einer guten Behandlung unter uns zu erfreuen haben.« Ich löste ihm nun seine Bande und befahl, ihm all sein Eigentum zurückzuerstatten, worauf ihn Kapitän Wilmot mit Branntwein bewirtete.

»Du bist freundlich gegen mich gewesen«, sagte der Quäker, »und so will ich denn ehrlich gegen dich verfahren, mag ich nun gern oder ungern zu dir gekommen sein. Ich will mich dir nämlich so nützlich erweisen, als ich kann, aber du weißt, dass ich mich nicht in deine Händel mischen darf, wenn es zum Kampf geht.« – »Nein, nein«, sagte der Kapitän, »damit wollen wir dich nicht behelligen; höchstens mit einem bisschen von den Prisengeldern, wenn es zum Teilen kommt.« – »Etwas Derartiges passt recht gut dazu, meinen Instrumentenkasten in angemessenem Stand zu erhalten«, sagte William lächelnd, »aber ich werde bescheiden sein.«

William war, wie gesagt, ein ungemein angenehmer Gefährte. Freilich stand ihm aber auch diese Rolle weit besser an als uns; denn wenn wir genommen wurden, durften wir darauf rechnen, gehängt zu werden, während er des Entkommens sicher war, was er wohl wusste. Sein reger Geist hätte ihn übrigens weit mehr als irgendeinen von uns für die Stelle des Kapitäns geeignet gemacht. Ich werde im Verlauf dieser Geschichte noch öfter Anlass haben, auf ihn zurückzukommen.

Unser Kreuzen in diesen Meeren begann allmählich so ruchbar zu werden, dass man nicht nur in England, sondern auch in Frankreich und Spanien unsere Abenteuer in öffentlichen Blättern las und sich viele Geschichten erzählte, wie wir die Mannschaft der genommenen Schiffe kaltblütig umbrächten, indem wir sie Rücken an Rücken bänden und in die See würfen, wovon freilich mehr als die Hälfte Lüge war, obgleich wir genug böse Taten verübten – mehr als ich hier zu erzählen für passend erachte.

Die Folge davon war, dass mehrere englische Kreuzer mit dem Auftrag nach Westindien geschickt wurden, vorzugsweise die Bucht von Mexiko, den Golf von Florida und die Bahama-Inseln ins Auge zu fassen und uns womöglich anzugreifen. Wir waren nicht so unklug, um nicht nach einem so langen Aufenthalt in diesen Meeren auf solche Schritte gefasst zu sein; aber die erste zuverlässige Kunde davon erhielten wir erst bei Honduras, wo uns ein Schiff, das von Jamaika kam, mitteilte, dass zwei englische Kreuzer unmittelbar von Jamaika aus hierherkämen, um uns aufzusuchen. Wir waren in der Tat sozusagen ganz eingebuchtet und hätten ihnen, wenn sie gerade auf uns zukamen, unmöglich entgehen können; aber zu unserem Glück hatte ihnen irgendjemand die Nachricht gegeben, wir befänden uns in der Bucht von Campeachy; sie steuerten nun geradewegs dorthin – eine Wendung, wodurch wir sie nicht nur loswurden, sondern auch so weit windwärts von ihnen kamen, dass sie uns nichts anhaben konnten, selbst wenn sie nun unseren wahren Standpunkt entdeckt hätten.

Wir nutzten unseren Vorteil, hielten Kurs auf Carthagena und schlugen uns nicht ohne große Schwierigkeit unter der Küste von Santa Martha durch, bis wir die holländische Insel Curaçao erreichten, von wo aus wir nach Tobago – wie bereits gesagt, unserem gewöhnlichen Sammelplatz – segelten. Wir bedienten uns dieser Insel als eines Rückzugspostens, weil sie öde und unbewohnt war. Nach unserer Ankunft starb der Kapitän der Brigantine, worauf das Kommando derselben an meinen Leutnant Harris überging.

Wir entschlossen uns nun, der brasilianischen Küste einen Besuch abzustatten und von da aus nach dem Kap der Guten Hoffnung und nach Ostindien zu segeln. Kapitän Harris wendete indes für seine Person ein, die Brigantine wäre zu klein für eine so lange Reise; er wolle aber, wenn Kapitän Wilmot seine Zustimmung gebe, die Gefahr einer neuen Kaperfahrt auf sich nehmen und uns in dem ersten tauglichen Schiff, das er zu Prise machen könne, nachfolgen. Wir bestimmten daher auf mein Anraten hin Madagaskar als den Ort des Zusammentreffens, weil dort Proviant in Fülle zu haben war.

Harris trennte sich von uns zu einer schlimmen Stunde; denn statt ein Schiff zu nehmen und uns zu folgen, wurde er, wie wir später hörten, von einem englischen Kreuzer genommen und in Ketten gelegt. Er starb aus Gram und Verdruss, noch ehe er in England anlangte, und sein Leutnant wurde dort, wie ich später erfuhr, als Seeräuber hingerichtet. Dies war das Ende des Mannes, der mich zuerst in dieses unselige Gewerbe gelockt hatte.

Wir verließen Tobago drei Tage später und steuerten der Küste Brasiliens zu; aber wir waren kaum vierundzwanzig Stunden zur See, als wir durch einen schrecklichen Sturm, der drei Tage fast ohne Unterlass fortwütete, getrennt wurden. Während dieses Unwetters befand sich Kapitän Wilmot unglücklicherweise und besonders zu seinem Leidwesen an Bord meines Schiffes; denn wir verloren das seinige aus den Augen und sahen es erst vor Madagaskar wieder, wo es gestrandet war. Wir verloren bei dieser Gelegenheit unseren Fockmast und waren daher genötigt, nach Tobago zurückzukehren, um dort die Beschädigungen unseres Schiffes wieder auszubessern – ein Schritt, der uns jedoch beinahe ins Verderben gebracht hätte.

Wir waren noch nicht lange dort und sahen uns alle angestrengt nach einem tauglichen Baum um, der unseren Fockmast ersetzen könnte, als wir eines englischen Kreuzers mit sechsunddreißig Kanonen ansichtig wurden, der auf das Ufer zukam. Das war in der Tat in unserer Lage eine unangenehme Überraschung. Zum Glück bargen uns aber hohe Felsen, sodass uns der Kreuzer nicht sehen konnte, weshalb er auch wieder weitersegelte. Wir merkten uns indes, welchen Weg er einschlug, und begaben uns, ohne unser Werk zu beendigen, des Nachts gerade in entgegengesetzter Richtung wieder auf See; das hatte auch wirklich den gewünschten Erfolg, denn wir sahen den Feind nicht mehr. Wir hatten einen alten Besanmast an Bord, der vorderhand die Dienste des Fockmastes erfüllen musste; und nun steuerten wir auf die Insel Trinidad zu, wo wir, obgleich Spanier am Ufer waren, einige unserer Leute mit unserem Boot an Land setzten. Sie fällten eine schöne Föhre, durch die sich recht gut unser Fockmast ersetzen ließ. Wir verschafften uns auch zur Ergänzung unserer Vorräte einiges Vieh, hielten dann einen Kriegsrat und beschlossen, diese Meere zunächst zu verlassen und nach der brasilianischen Küste zu segeln.

Anfangs wollten wir hier nur frisches Wasser einholen, aber wir erfuhren, dass eine portugiesische Flotte, welche nach Lissabon steuern sollte, in der Allerheiligenbucht lag und nur auf günstigen Wind wartete, um ihre Fahrt anzutreten. Dies veranlasste uns beizulegen; denn wir wollten sie in See stechen sehen, um sie je nach ihrer Bewaffnung angreifen oder vermeiden zu können.

Gegen Abend sprang aus Südwestwest eine frische Kühle auf, welche, da sie für die Portugiesen günstig und auch das Wetter sonst sehr schön und angenehm war, gar bald das Signal zum Ankerlichten zur Folge hatte. Wir verbargen uns unter der Insel Si–, holten unser Großsegel und Focksegel in die Geitaue auf, ließen das Marssegel auf das Eselshaupt herunter, schnürten sie zusammen, dass wir so wenig als möglich bemerkt werden konnten, und harrten ihrer Ausfahrt. Den nächsten Morgen sahen wir die ganze Flotte in See stechen, aber nicht zu unserer besonderen Zufriedenheit; denn sie bestand aus sechsundzwanzig stark belasteten und wohlgerüsteten Handels- und Kriegsschiffen, weshalb wir, da hier nichts zu holen war, ruhig liegenblieben, bis wir sie aus dem Gesicht verloren hatten, und dann auf und davon segelten in der Hoffnung, auf andere Prisen zu stoßen.

Es währte nicht lange, ehe wir eines Segels ansichtig wurden, und als es geschah, machten wir alsbald Jagd darauf. Die erhoffte Prise segelte jedoch sehr schnell, und da sie seewärts stand, so sahen wir deutlich, dass sie sich auf ihre Fersen, das heißt auf ihre Segel verließ. Dessen ungeachtet gewannen wir ihr, obgleich nur langsam, den Vorsprung ab und würden sie, wenn wir den Tag noch vor uns gehabt hätten, auch sicher genommen haben; aber da jetzt die Nacht einbrach, wussten wir wohl, dass wir sie aus dem Gesicht verlieren müssten.

Als unser lustiger Quäker merkte, dass wir dem Schiff in der Dunkelheit nachzukommen suchten, obgleich wir nicht wussten, welchen Weg es nahm, kam er auf mich zu und sagte ganz trocken: »Freund Singleton, weißt du auch, was du tust?« – »Ja, warum«, sagte ich, »wir jagen jenem Schiff nach – oder etwa nicht?« – »Und wie kannst du das wissen?«, fragte er sehr ernsthaft. »Du hast nicht unrecht«, sagte ich, »gewiss weiß ich es freilich nicht.« – »Ich fürchte«, fuhr er fort, »du bist ein Quäker geworden und scheust dich, Gewalt zu brauchen; oder du bist ein Hasenherz und fliehst vor deinem Feind.«

»Was willst du damit sagen?«, erwiderte ich gereizt (ich glaube, ich verfluchte ihn). »Was sollen diese Hohnworte? Du kannst es doch nie lassen, deinen Witz an uns zu üben.«

»Ist es nicht klar genug«, sagte er, »dass das Schiff nur nach Osten abhielt, um uns aus dem Gesicht zu kommen? Denn sicher hat es dort nichts zu schaffen. Was soll es wohl an der afrikanischen Küste unter dieser Breite wollen, da bekanntermaßen dort Kongo oder Angola liegt? Gewiss hat es, sobald es dunkel wurde und wir es nicht mehr sehen konnten, umgewendet und steuert jetzt der brasilianischen Küste und der Bucht zu, auf die es zuvor abgehoben hatte; und laufen wir nicht jetzt gerade vor ihm weg? Ich lebe sehr der Hoffnung, Freund, dass du ein Quäker werden willst«, sagte der Spötter, »denn ich sehe, du bist kein Freund vom Fechten.«

»Gut, William«, sagte ich, »dann werde ich erst einen trefflichen Seeräuber abgeben.« Da aber William recht hatte, stimmte ich ihm augenblicklich bei, und Kapitän Wilmot, der krank in der Kajüte lag und uns zuhörte, gab dem Quäker gleichfalls recht. Das Beste, was wir daher unternehmen konnten, war die Änderung unseres Laufes in einer Richtung, die uns mit größter Wahrscheinlichkeit hoffen ließ, das Schiff am nächsten Morgen einzuholen.

Demgemäß wandten wir unsere Fregatte um, setzten die Bramsegel bei und liefen auf die Allerheiligenbucht los, in der wir gerade außerhalb der Schussweite des Forts am frühen Morgen die Anker warfen. Wir beschlugen unsere Segel mit Kabelgarn, um die Schoten einholen zu können, ohne erstere losmachen zu müssen, ließen die großen und die Fockrahen herunter und gaben uns das Ansehen, als ob wir schon eine gute Weile dalägen.

Zwei Stunden nachher sahen wir unser Wild mit vollen Segeln auf die Bucht zusteuern, wobei es ganz unbefangen genau in die Schusslinie unserer Kanonen lief, denn wir blieben ruhig liegen, bis es sich uns fast auf Schussweite genähert hatte. Sobald unserem Fockmast Kardeelen nach vorn und hinten angespannt waren, zogen wir zuerst unsere Rahen auf und holten die Marssegelschoten ein; die Kabelgarne, womit die Segel beschlagen waren, gaben von selbst nach, und die Segel waren in wenigen Augenblicken beigesetzt. Zu gleicher Zeit lichteten wir den Anker und kamen dem Fahrzeug zuvor, ehe es noch auf den zweiten Gang abheben konnte. Sie waren so überrascht, dass sie wenig oder gar keinen Widerstand leisteten, sondern sich schon nach der ersten vollen Lage ergaben.

Wir überlegten eben, was wir mit dem Fahrzeug anfangen sollten, als William zu mir kam. »Höre, Freund«, sagte er, »du machst da ein sauberes Stück Arbeit, indem du das Schiff deines Nachbarn gerade vor des Nachbarn Tür borgst, ohne ihn um Erlaubnis zu fragen. Meinst du, es seien nicht einige Kreuzer im Hafen? Du hast Lärm genug gemacht, und verlass dich darauf, du wirst sie noch vor Abend auf dem Hals haben, um dich zu fragen, wie sie dies zu nehmen hätten.«

»Ganz richtig, William«, sagte ich, denn es konnte mir nicht entgehen, dass er recht haben mochte; »aber was wollen wir zunächst tun?« Er sagte: »Es gibt da nur zwei Wege – entweder du gehst hin und nimmst sie oder du machst dich davon, ehe sie herauskommen und dich nehmen, denn ich sehe, sie hissen in jenem großen Schiff schon eine Stange auf, um alsbald in See zu stechen, und es wird nicht lange dauern, bis sie mit dir zu diskutieren anfangen. Was wirst du ihnen sagen, wenn sie dich fragen, warum du ihr Schiff ohne ihre Erlaubnis entleihst?«

Es verhielt sich so, wie William sagte. Wir konnten durch unsere Fernrohre bemerken, dass sich alles beeilte, um ein paar Schaluppen und einen großen Kreuzer, die im Hafen lagen, zu bemannen, und es war augenfällig, dass sie bald bei uns sein würden. Wir waren indes über das, was wir zu tun hatten, nicht in Verlegenheit. Das gekaperte Schiff hatte nicht viel geladen, was für unseren Zweck brauchbar war, da seine Fracht außer etwas Kakao, etwas Zucker und zwanzig Fässern Mehl nur aus Häuten bestand. Wir nahmen deshalb, was uns gut dünkte, unter anderem auch das Pulver, die Kanonenkugeln und die Gewehre, und ließen das Fahrzeug laufen, nachdem wir uns auch noch ein Ankertau, seine drei Anker und einige seiner Segel angeeignet hatten. Ihm war immer noch genug geblieben, um den Hafen zu erreichen.

11. Kapitel

Sofort steuerten wir südlich auf die brasilianische Küste los, bis wir an die Mündung des Flusses Janeiro kamen; da wir aber zwei Tage scharfen Südost- und Südsüdostwind hatten, wurden wir genötigt, unter einer kleinen Insel die Anker auszuwerfen und auf besseren Wind zu warten. Mittlerweile hatten die Portugiesen, wie es scheint, zu Lande den dortigen Gouverneur benachrichtigt, dass ein Pirat an der Küste sei; als wir daher in die Sehweite des Hafens gelangten, sahen wir zwei Kriegsschiffe gerade außerhalb der Barriere vor Anker liegen und das eine davon, welches rasch den Anker lichtete, in aller Eile auf uns zusteuern; das andere schickte sich, obgleich nicht so behände, ebenfalls an, uns zu folgen; in weniger als einer Stunde steuerten sie mit ihrer vollsten Segelkraft hinter uns her.

Wäre nicht die Nacht angebrochen, so würden Williams Worte in Erfüllung gegangen sein, sie hätten uns gewiss gefragt, was wir hier machten; denn wir fanden, dass das vordere Schiff uns übersegelte, besonders bei einem Gang. Wir wichen ihnen zwar immer windwärts aus; da wir sie aber in der Dunkelheit aus den Augen verloren, beschlossen wir, unsere Richtung zu ändern und geradezu in die offene See zu stechen, denn wir zweifelten nicht, dass wir sie in der Nacht verlieren würden.

Ob der portugiesische Kommandant unsere Absicht erriet oder nicht, kann ich nicht sagen, aber morgens, als das Tageslicht hereinbrach, hatten wir ihn keineswegs verloren, sondern sahen ihn etwa eine Seemeile hinter uns herjagen. Zu unserer großen Freude erblickten wir indes nur eines der beiden Schiffe; übrigens war dies ein großes Schiff mit sechsundvierzig Kanonen und ein ausgezeichneter Segler, wie schon daraus hervorging, dass er uns nachgekommen war; denn unser Schiff segelte, wie bereits bemerkt, gleichfalls vortrefflich.

Ich sah nun leicht ein, dass hier nicht zu entkommen, sondern ein Kampf unvermeidlich war, und da wir wussten, dass wir von diesen Schuften von Portugiesen – einer Nation, vor der ich ohnehin eine natürliche Abneigung hatte – keine Gnade erwarten durften, ließ ich Kapitän Wilmot wissen, wie die Sache stand. Der Kapitän, krank wie er war, sprang in seiner Kajüte auf und verlangte, auf das Verdeck geführt zu werden (denn er war sehr schwach), um sich mit eigenen Augen von der Sachlage zu überzeugen. »Gut«, sagte er, »wir wollen den Kampf bestehen.«

Unsere Leute waren schon vorher so beherzt, als man sich's nur wünschen konnte; als sie aber den Kapitän, der seit zehn oder elf Tagen an einem hitzigen klimatischen Fieber darniedergelegen, so feurig sahen, verdoppelte sich ihr Mut, und sie legten rasch Hand an, um sich schlagfertig zu machen. William der Quäker kam mit einer Art Lächeln zu mir und sagte: »Freund, warum verfolgt uns wohl das Schiff dort?« – »Warum?«, sagte ich, »ohne Zweifel, weil es mit uns fechten will.« – »Gut«, sagte er, »und was meinst du? Wird es uns wohl angreifen?« – »Ja«, sagte ich, »du siehst, dass dies seine Absicht ist.« – »Warum denn, Freund«, sagte der trockene Bursche, »warum nimmst du denn noch immer Reißaus, da du doch siehst, dass es dich einholen wird? Wird es denn besser für uns sein, weiter weg als hier angegriffen zu werden?« – »Zum Henker«, sagte ich, »was sollen wir denn anderes tun?« – »Was tun?«, rief er, »jedenfalls dem armen Kerl nicht mehr Mühe machen, als notwendig ist; wir wollen einmal auf ihn warten und hören, was er uns zu sagen hat.« – »Er wird mit Pulver und Blei zu uns sprechen«, sagte ich. – »Ganz gut«, sagte er, »wenn das seine Landessprache ist, so müssen wir wohl dieselbe mit ihm reden, nicht wahr? Oder wie sollte er uns sonst verstehen?« – »Sehr wohl, William«, sagte ich, »ich verstehe dich!« Und der Kapitän, so krank er war, rief: »William hat abermals recht; ebenso gut hier als eine Meile weiter weg.« Sofort gab er das Kommandowort: »Das Großsegel aufgeholt. Wir wollen vor ihm die Segel kürzen.«

Demgemäß zogen wir die Segel zusammen, und da wir den Portugiesen auf unserer Leeseite erwarteten, brachten wir achtzehn von unseren Kanonen auf das Backbord in der Absicht, ihm mit einer vollen Lage einzuheizen. Er brauchte etwa noch eine halbe Stunde, um uns zu erreichen, und inzwischen luvten wir an, um ihm den Wind abzugewinnen, wodurch er genötigt wurde, unter unsere Leeseite zu laufen, was wir erreichen wollten. Als wir ihn vor unserer Windvierung hatten, gingen wir auf ihn los, während er fünf bis sechs Kanonen auf uns abfeuerte. Man kann sich denken, dass in der Zwischenzeit alle unsere Hände sehr geschäftig waren. Wir richteten das Steuer luvwärts, ließen die Leebrassen des größten Marssegels gehen, legten es an den Mast, und so fiel unser Schiff quer in die Klüse des portugiesischen. Sodann gaben wir ihm plötzlich eine volle Lage, setzten ihm von vorn und hinten zu und töteten ihm eine große Menge Leute.

Die Portugiesen waren, wie wir sehen konnten, in der größten Verwirrung, und da sie unsere Absicht nicht hatten bemerken können, rannte ihr Bugspriet gegen den vorderen Teil unserer großen Wand, sodass sie sich nicht leicht wieder losmachen konnten und wir sie auf diese Art festhielten; der Feind konnte nicht mehr als fünf oder sechs Kanonen und sein Kleingewehrfeuer gegen uns brauchen, während wir unsere ganze Batterie gegen ihn spielen ließen.

Mitten in der Hitze dieses Gefechts, als ich eben auf dem Halbdeck sehr beschäftigt war, rief mir der Kapitän, der nicht von unserer Seite ging, zu: »Was des Teufels macht denn unser Freund William dort? Hat er auf dem Verdeck etwas zu tun?« Ich trat vorwärts und erblickte Freund William, wie er mit zwei oder drei handfesten Burschen das Bugspriet des Schiffes an unseren großen Mast festband, damit sie uns nicht entrinnen könnten; dabei zog er von Zeit zu Zeit eine Flasche aus der Tasche und ließ seine Leute einen Schluck Branntwein nehmen, um ihnen neuen Mut zu machen. Die Kugeln sausten ihm um die Ohren herum, wie man sich's bei einem solchen Kampf nur denken kann; denn die Portugiesen taten ihr Möglichstes und fochten sehr wacker, da sie sich im Anfang ihrer Leute ganz sicher glaubten und fest auf ihre überlegene Macht vertrauten. William aber war so kaltblütig und ruhig in der Gefahr, als säße er bei einem Becher Punsch, und sorgte immer nur dafür, dass ein Schiff mit sechsundvierzig Kanonen einem anderen mit achtundzwanzig nicht entrinnen möchte.

Das Gefecht war zu hitzig, um lange dauern zu können. Unsere Leute schlugen sich tapfer; unser Geschützmeister, ein sehr tüchtiger Mann, jubelte laut auf, indem er einen solchen Kugelregel in das feindliche Schiff ergoss, dass die Portugiesen anfingen, ihr Feuer einzustellen. Wir hatten mehrere ihrer Kanonen dadurch unbrauchbar gemacht, dass wir in ihr Vorderkastell schossen und ihnen, wie schon gesagt, von vorn und hinten zusetzten. Da kam William zu mir und sagte sehr ruhig: »Was denkst du, Freund? Warum machst du deinem Nachbarn keinen Besuch, da dir die Tür offensteht?« Ich verstand ihn sogleich, denn unsere Kanonen hatten ihren Rumpf dermaßen durchlöchert, dass wir zwei Stückpforten hineingeschlagen hatten und die Scheidewand des Sterns zertrümmert war, sodass sie sich nicht dahin zurückziehen konnten. Ich gab nun sogleich Befehl zum Entern. Unser zweiter Leutnant drang mit etwa dreißig Mann in einem Nu in das Vorderkastell ein, der Hochbootsmann mit einigen weiteren folgte ihm. Sie schlugen etwa fünfundzwanzig Mann, die sich auf dem Verdeck befanden, zusammen, warfen einige Granaten in den hinteren Raum des Schiffes und drangen auch da ein, worauf der Portugiese auf einmal um Gnade rief und wir uns des Schiffes gänzlich bemeisterten – wahrhaftig gegen unsere Erwartung, denn wir hätten uns gern mit ihnen geeinigt, wenn sie uns in Ruhe gelassen hätten. Aber da wir gleich anfangs quer in ihre Klüse gerieten und sogleich ein schreckliches Feuer begannen, ohne ihnen Zeit zu lassen, ihr Schiff in Bereitschaft zu setzen, waren sie trotz ihrer sechsundvierzig Kanonen nicht imstande, mehr als fünf oder sechs davon zu benutzen; denn, wie schon gesagt, wir warfen sie sogleich von ihren Kanonen weg in das Vorderkastell und töteten ihnen eine Menge Leute zwischen den Verdecken, sodass sie, als wir eindrangen, kaum noch Leute genug hatten, um Faust gegen Faust auf ihrem Verdeck mit uns zu kämpfen.

Die Freude und Überraschung, die Portugiesen um Gnade rufen zu hören und ihre Flagge niederlassen zu sehen, wirkte so mächtig auf unseren Kapitän, der durch sein hohes Fieber sehr geschwächt war, dass sie ihm neues Leben gab. Die Natur siegte über die Krankheit, und das Fieber ließ noch in derselben Nacht nach, sodass er in zwei oder drei Tagen sich sichtbar besser befand, allmählich wieder zu Kräften kam und imstande war, bei allen wichtigen Angelegenheiten seine Befehle zu erteilen. In etwa zehn Tagen war er vollkommen wiederhergestellt und konnte seinen Posten wieder ausfüllen.

Mittlerweile nahm ich Besitz von dem portugiesischen Kriegsschiff, und Kapitän Wilmot oder vielmehr ich selbst machte mich vorläufig zum Kapitän desselben. Ungefähr dreißig von ihren Matrosen, darunter einige Franzosen und einige Genuesen, nahmen Dienste bei uns, die übrigen setzten wir am anderen Tag auf einer kleinen Insel an der brasilianischen Küste an Land, bis auf einige Verwundete, die nicht fortgeschafft werden konnten und die wir daher an Bord behalten mussten; nachher jedoch hatten wir Gelegenheit, sie an dem Kap loszuwerden, wo wir sie auf ihre eigene Bitte an Land setzten.

Kapitän Wilmot wollte, sobald das Schiff besiegt und die Gefangenen wohl verwahrt waren, wieder in den Fluss Janeiro fahren, denn er zweifelte nicht, dass wir dort dem anderen Kriegsschiff begegnen würden, welches, da es uns nicht gefunden und seinen Kameraden verloren hatte, seiner Meinung nach umgekehrt sein und durch das Schiff, das wir gewonnen hatten, zumal wenn wir portugiesische Farben trugen, leicht in unsere Hände geraten müsste; unsere Mannschaft war ebenfalls dafür.

Unser Freund William aber gab uns besseren Rat; er kam zu mir: »Freund«, sagte er, »ich höre, der Kapitän will wieder in den Rio Janeiro segeln in der Hoffnung, mit dem anderen Schiff zusammenzutreffen, welches gestern Jagd auf dich machte. Ist es wahr, hast du dies im Sinn?« –

»Allerdings, William«, sagte ich, »warum denn nicht?« – »Je nun«, sagte er, »du kannst es tun, wenn du willst.« – »Das weiß ich selbst, William«, sagte ich, »aber der Kapitän ist ein Mann, der auf vernünftige Gründe eingehen wird; was hast du dagegen einzuwenden?« – »Nun«, sagte William bedeutungsvoll, »ich möchte nur wissen, was eigentlich dein Geschäft und das Geschäft all der Leute ist, die du bei dir hast? Nicht wahr, Geld zu gewinnen?« – »Ja, William, so ist es, und zwar in unserer ehrlichen Weise.« – »Und wolltest du«, sagte er, »lieber Geld ohne ein Gefecht haben oder ein Gefecht ohne Geld? Ich meine, was du wählen würdest, wenn es dir freistünde?« – »Natürlich das erstere«, sagte ich. – »Was für einen großen Gewinn hast du an der Beute, die du jetzt bekommen hast, obgleich sie dich dreizehn von deinen Leuten kostete und noch obendrein einige verletzt wurden? Es ist wahr, du hast das Schiff und einige Gefangene bekommen; aber du würdest auf einem Handelsschiff die doppelte Beute gemacht haben ohne eine Spur von Gefecht; und wie kannst du wissen, wie zahlreich oder wohlgerüstet die Mannschaft auf dem anderen Schiff sein mag, welchen Verlust du dabei erleiden wirst und was du gewinnst, wenn du dich seiner bemeisterst? Ich dächte wahrhaftig, es wäre weit besser, wenn du es in Ruhe ließest.«

»Das ist wahr, William«, versetzte ich, »ich will dem Kapitän deine Meinung mitteilen und dir dann wieder seine Anschauung sagen.« Sofort ging ich zum Kapitän und trug ihm Williams Gründe vor. Der Kapitän war ebenfalls der Meinung, dass das Fechten nur dann unsere Sache wäre, wenn wir es gar nicht anders machen könnten, und dass wir mit so wenig Aufopferungen als möglich versuchen müssten, Geld zu bekommen. Der Kampfplan wurde somit beiseitegelegt, und wir fuhren wieder südlich gegen den La-Plata-Fluss in der Hoffnung, in dieser Gegend einige Beute zu machen. Hauptsächlich hatten wir unser Augenmerk auf einige spanische Schiffe von Buenos Aires gerichtet, welche in der Regel sehr reich an Silber sind; mit einem einzigen solchen Raub wären wir recht wohl zufrieden gewesen. Wir segelten also beinahe einen Monat lang in der Breite von 22° südlich dorthin, ohne dass uns etwas begegnete, und nun begannen wir zu beraten, was wir zunächst tun sollten, denn wir waren noch zu keinem Entschluss gelangt. Meine Absicht war immer, wir sollten uns nach dem Kap der Guten Hoffnung und von da nach Ostindien wenden. Ich hatte einige hinreißende Geschichten von Kapitän Avery und den tausend Wunderdingen, die er in Indien ausgeführt haben wollte, gehört; und weil er in der Bucht von Bengalen, wo er auch eine Frau nahm, welche des Großmoguls Tochter sein sollte und eine große Menge Juwelen besaß, eine bedeutende Beute gemacht hatte, so ging das Gerücht unter uns, er habe ein mit Diamanten beladenes Mogulsschiff erbeutet, wie die dummen Matrosen sich ausdrückten.

Ich hätte gern Freund Williams Rat darüber vernommen, wohin wir uns jetzt wenden sollten, aber er fertigte mich immer mit irgendeiner quäkerischen Witzelei ab und ließ es sich durchaus nicht angelegen sein, uns eine Richtung anzugeben; ob es Gewissenssache bei ihm war oder ob er die späteren Folgen nicht auf sich nehmen wollte, weiß ich nicht; wir mussten uns zuletzt ohne ihn entschließen.

Gleichwohl berieten wir uns ziemlich lange und richteten unsere Gedanken geraume Zeit auf den Rio de la Plata. Zuletzt erspähten wir windwärts ein Schiff, und zwar eines, wie gewiss in diesem Teil der Welt lange keines gesehen worden war. Es fürchtete sich nicht vor uns, denn es segelte mit voller Rudermacht gerade auf uns zu, was indes hauptsächlich dem Wind zuzuschreiben war; denn wenn dieser irgendwie gewechselt hätte, so hätte es sich nach ihm richten müssen. Ich überlasse es jedem, der Seemann ist oder etwas von der Navigation versteht, zu beurteilen, was für eine Figur dieses Schiff machte, als wir es zuerst sahen, und was wir von ihm denken konnten. Die Hauptmarsstange war an Bord etwa sechs Fuß über dem Eselshaupt und fiel vorwärts, die Spitze des Bramsegelmastes hing in den vorderen Wandtauen am Stag; an der Kreuzrahe war zufällig etwas gewichen, die Kreuzbramsegelbrassen, deren stehende Teile an die Wand des großen Marssegels befestigt waren, drückten das Besanmarssegel, die Rahe und alles herab, sodass über einen Teil der Schanze gleichsam eine Zeltdecke ausgebreitet war; das vordere Marssegel war etwa zwei Drittel der Masthöhe aufgehisst, aber die Schoten waren weg; die vordere Rahe war auf das Vorderkastell herabgelassen, das Segel war locker, und ein Teil davon hing über Bord. Auf diese Art kam das Schiff mit dem Backstagswind auf uns zu. Mit einem Wort, die Figur, welche es im Ganzen machte, war höchst verwirrend, sogar für Leute, die sich auf alle möglichen Erscheinungen auf See verstanden. Es hatte kein Boot, auch hingen keine Farben aus.

Als wir ihm näherkamen, feuerten wir eine Kanone ab, um es aufmerksam zu machen. Es nahm keine Notiz davon, auch nicht von uns, sondern steuerte wie bisher vorwärts. Wir feuerten abermals, aber wieder ohne Erfolg. Endlich kamen wir auf Pistolenschussweite aneinander heran, aber niemand antwortete oder zeigte sich; wir dachten nun, es sei vielleicht ein gestrandetes Schiff, das von der Mannschaft verlassen und von der hohen Flut wieder in die See getrieben wäre. Als wir noch näherkamen, fuhren wir so dicht an seine Seite, dass wir darin ein Geräusch hören und die Bewegung mehrerer Leute im Innern beobachten konnten.

Hierauf bemannten wir zwei Boote mit wohlbewaffneten Leuten und befahlen ihnen, sich alsbald an das Schiff zu machen und von zwei verschiedenen Seiten her zu entern. Sobald sie an die Seite des Schiffes kamen, zeigte sich eine erstaunliche Menge schwarzer Matrosen auf dem Verdeck, die unseren Leuten eine solche Angst einjagten, dass das Boot, welches gerade entern wollte, plötzlich von seinem Vorhaben abließ und keinen Angriff wagte; die Mannschaft des anderen Bootes aber, welche bereits geentert hatte, sprang, da sie die Leute vom ersten Boot zurückgeschlagen glaubte und das Schiff so voll sah, sämtlich wieder ins Boot zurück und segelte davon, ohne zu wissen, was los war. Jetzt trafen wir Anstalten, eine Salve auf das Schiff zu geben; aber unser Freund William setzte uns abermals den Kopf zurecht, denn, wie es scheint, hatte er früher als wir erraten, was von der Sache zu halten war. Er kam auf mich zu (denn mein Schiff war es, das in so nahe Berührung mit dem fremden kam): »Freund, ich bin der Meinung, du hast hier unrecht, und deine Leute haben die Sache auch nicht recht angefangen. Ich will dir sagen, wie du dieses Schiff nehmen kannst, ohne von den Dingern da, welche man Kanonen nennt, Gebrauch zu machen.« – »Wie kann das sein, William?«, sagte ich. – »Nun«, sagte er, »du kannst es mit deinen Rudern bekommen. Du siehst, dass sie kein Steuer haben, und bemerkst auch die Lage, in welcher sie sind; greife sie mit deinem Schiff auf der Leeseite an und entere so von deinem Schiff aus. Ich bin überzeugt, du wirst es ohne Gefecht bekommen, denn diesem Schiff muss irgendein Unglück, das wir nicht kennen, zugestoßen sein.«

Da die See ruhig war und nur ein sanfter Wind blies, nahm ich seinen Rat an und machte mich an die Seite des Fahrzeugs. Unsere Leute drangen sogleich auf demselben ein, und wir fanden ein großes Schiff mit mehr als sechshundert Negern, Männern, Frauen, Knaben und Mädchen, aber nicht einem einzigen Christen oder weißen Menschen an Bord.

Bei diesem Anblick schauderte ich zusammen, denn ich dachte mir sogleich, wie es auch teilweise der Fall war, dass diese Schwarzen sich befreit, alle Weißen ermordet und sie in die See geworfen hätten. Kaum hatte ich diese Ansicht gegenüber meiner Mannschaft ausgesprochen, als sie der Gedanke daran so wütend machte, dass ich sie kaum abhalten konnte, alle zusammen in Stücke zu hauen. William beschwichtigte sie endlich mit viel Überredungskunst, indem er ihnen sagte, dies sei nichts anderes, als was sie selbst in der Lage der Neger tun würden, wenn sie könnten: Man habe den Negern die größte Ungerechtigkeit zugefügt, indem man sie ohne ihre Einwilligung als Sklaven verkaufte; das Gesetz der Natur habe ihnen dies eingegeben; man solle sie deswegen nicht töten, denn eine solche Tat wäre ein mutwilliger Mord.

Diese Zureden fanden Eingang bei ihnen und kühlten ihre erste Hitze ab; sie schlugen daher bloß zwanzig oder dreißig von ihnen nieder, und die übrigen rannten alle zwischen die Verdecke an ihre ersten Plätze zurück, indem sie wahrscheinlich glaubten, wir seien ihre früheren Herren und wiedergekommen, um Rache an ihnen zu üben.

Wir waren jetzt in der seltsamsten Verlegenheit, denn wir konnten uns ihnen mit keinem Wort verständlich machen und ebenso wenig ein Wort von ihnen verstehen. Wir bemühten uns, durch Zeichen zu fragen, woher sie kämen, aber sie konnten auf nichts erwidern. Wir deuteten auf die große Kajüte, auf die Hütte, auf die Küche, dann auf unsere Gesichter, um zu fragen, ob sie keine weißen Menschen an Bord hätten und wohin diese gekommen wären; allein sie konnten nicht verstehen, was wir meinten. Ihrerseits deuteten sie auf unser Boot und auf ihr Schiff, fragten ebenfalls, so gut sie konnten, sagten tausend Dinge und drückten sich mit großer Ernsthaftigkeit aus; aber wir konnten kein Wort von allem verstehen, noch begreifen, was sie mit ihren Zeichen meinten.

Das aber sahen wir wohl, dass sie als Sklaven an Bord genommen worden sein mussten, und zwar von irgendeiner europäischen Mannschaft. Wir konnten leicht sehen, dass das Schiff ursprünglich in Holland gebaut worden war, aber viele Änderungen erfahren hatte, und zwar, wie wir glaubten, in Frankreich; denn wir fanden zwei oder drei französische Bücher an Bord und nachher auch Kleider, Leinwand, Schnüre, einige alte Schuhe und mehrere andere Sachen. Unter dem Mundvorrat fanden wir einige Tonnen irisches Ochsenfleisch, einige Neufundländerfische und mehrere andere Beweise, dass Europäer an Bord gewesen sein mussten; aber von ihnen selbst konnten wir nirgends einen entdecken. Auch fanden wir kein einziges Schwert, kein Gewehr, keine Pistole oder sonst eine Waffe außer einigen Stutzsäbeln; die Neger hatten sie unter ihrem Lager verborgen. Wir fragten sie, was aus all den kleinen Waffen geworden sei, indem wir auf unsere eigenen deuteten und auf die Plätze, wo die dem Schiff angehörenden gehangen haben mussten. Einer der Neger verstand mich sogleich und winkte mir, auf das Verdeck zu kommen, wo er nach meiner Flinte griff, die ich, nachdem wir das Schiff bemeistert, nicht aus der Hand gelassen hatte, und eine Bewegung machte, als wollte er sie in die See schleudern, woraus ich schloss, dass sie sämtliche Waffen, Pulver, Geschütze, Schwerter etc. über Bord geworfen hatten, ohne Zweifel in dem Glauben, diese Dinge würden sie töten, wenn die Leute auch nicht mehr da wären.

Nun zweifelten wir nicht mehr daran, dass die Mannschaft des Schiffes, von diesen verzweifelten Schuften überfallen, denselben Weg gegangen und ebenfalls über Bord geworfen worden war. Wir durchsuchten das ganze Schiff, ob wir Blut finden könnten, und glaubten auch wirklich an mehreren Stellen welches zu bemerken, aber die Sommerhitze, die das Pech und den Teer auf den Verdecken schmolz, machte es uns unmöglich, dasselbe genau zu erkennen, ausgenommen in der Hütte, wo wir deutlich sahen, dass viel Blut geflossen war. Wir fanden die große Luke offen und schlossen daraus, dass sich der Kapitän und seine Leute in die große Kajüte zurückgezogen oder die in der Kajüte sich in die Hütte geflüchtet hätten.

Was uns aber am meisten über das Vorgefallene Gewissheit verschaffte, war, dass wir bei weiteren Nachforschungen sieben oder acht von den Negern schwer verwundet fanden, und zwar zwei oder drei von ihnen durch Schusswaffen; einem davon war das Bein zerschmettert, und er lag in einem elenden Zustand, da sein Fleisch bereits brandig war. Unser Freund William sagte, ohne Hilfe würde er in zwei Tagen gestorben sein. William war ein äußerst geschickter Wundarzt und bewies es bei dieser Behandlung; denn obgleich sämtliche Wundärzte auf unseren beiden Schiffen (und wir hatten ihrer nicht weniger als fünf, welche sich studierte Chirurgen nannten, und überdies zwei oder drei sogenannte Gehilfen), obgleich sie alle ihre Meinung dahin abgaben, dem Neger müsse das Bein abgenommen werden, sonst sei er unrettbar verloren, der Brand habe bereits das Mark im Bein angegriffen, die Sehnen seien brandig und er könne sein Bein jedenfalls nie mehr gebrauchen, wenn es auch geheilt würde, so sagte William, er habe eine andere Ansicht von der Sache, man solle die Wunde einmal genau untersuchen, und dann werde er sich weiter darüber aussprechen. Sofort machte er sich an das Bein, und da er den Wunsch ausdrückte, einige von den Chirurgen möchten ihm dabei behilflich sein, so nannten wir ihm zwei von den Geschicktesten, um ihm zu helfen, während wir die übrigen anwiesen zuzusehen.

William ging nach seiner eigenen Methode zu Werk, und einige seiner Kollegen wollten sie anfangs fehlerhaft finden. Er ließ sich indes nicht stören und untersuchte genau alle Teile des Beins, wo seiner Vermutung nach der Brand angefangen haben konnte; er schnitt viel von dem brandigen Fleisch heraus, wobei der arme Bursche keine Schmerzen empfand. William fuhr fort, bis er in Gefäße schnitt, sodass es blutete und der Schwarze einen lauten Schrei tat; sodann entfernte er die Splitter aus der Wunde, richtete das Bein mit Hilfe eines anderen Wundarztes ein, verband es und legte den Kranken, der sich um ein Gutes erleichtert fühlte, zur Ruhe.

Bei der Abnahme des ersten Verbandes begannen die Chirurgen zu triumphieren; der Brand schien um sich zu greifen, und ein langer, rotunterlaufener Streifen zeigte sich von der Wunde aufwärts bis zum mittleren Teil des Schenkels, sodass die Chirurgen zu mir sagten, der Mann werde in wenigen Stunden sterben. Ich ging hin, es zu sehen, und fand William selbst ein wenig überrascht. Als ich ihn aber fragte, wie lange der arme Kerl seiner Ansicht nach noch zu leben hätte, blickte er mich ernsthaft an und sagte: »So lange wie du selbst; ich fürchte durchaus nichts für sein Leben, aber ich möchte ihn gern heilen, ohne einen Krüppel aus ihm zu machen.« Er war im Augenblick nicht mit der Behandlung des Beins beschäftigt, sondern bereitete etwas zum Einnehmen für den armen Menschen, ohne Zweifel um weiterem Umsichgreifen vorzubeugen und fieberhafte Zustände, welche sich im Blut einstellen könnten, zu schwächen oder zu verhindern; sodann ging er wieder ans Werk, öffnete den Schenkel an zwei Stellen über der Wunde, schnitt eine Menge brandiges Fleisch heraus, das, wie es schien, durch den allzu festen Verband so geworden war. Da das ausgetrocknete Blut eben jetzt mehr als gewöhnlich Anlage zum Brandigwerden hatte, suchte er es zu zerteilen.

Kurzum, unser Freund William überwand alle diese Widerstände und beseitigte den um sich greifenden Brand, sodass der rote Streifen wieder verschwand und das Fleisch gesunden Eiter zu bilden begann. In wenigen Tagen sammelten sich die Lebensgeister des Mannes wieder, sein Puls schlug regelmäßig, er hatte kein Fieber mehr, wurde mit jedem Tag kräftiger, und in etwa zehn Wochen war er wieder vollkommen gesund; wir behielten ihn bei uns und machten ihn zu einem tüchtigen Matrosen. Um aber auf das Schiff zurückzukommen, so konnten wir keine sichere Kunde darüber erhalten, bis einige der Neger, die wir an Bord hatten und die wir Englisch sprechen lehrten, uns später im Allgemeinen Auskunft über die Sache gaben, während uns der Verwundete die Umstände im Einzelnen berichtete.

Wir fragten mit allen uns erdenklichen Zeichen und Bewegungen, was aus der Mannschaft geworden sei, konnten aber schlechterdings nichts von ihnen herausbringen. Unser zweiter Leutnant war der Ansicht, man sollte ihnen durch die Folter ein Geständnis abzwingen, aber William wandte sich mit Heftigkeit dagegen, und als er hörte, dass dies Gegenstand einer Beratung sei, kam er zu mir. »Freund«, sagte er, »ich ersuche dich, dass du keinen von diesen armen Wichten auf die Folter spannen lässt.« – »Warum nicht, William?«, fragte ich. »Du siehst, dass sie keine Auskunft darüber geben wollen, was aus den Weißen geworden ist.« – »Nicht doch«, sagte William, »sprich nicht so. Ich denke, sie haben dir genaue Auskunft über alle Einzelheiten gegeben.« – »Wieso?«, sagte ich. »Sind wir denn durch all ihr Geschnatter um ein Haar klüger geworden?« – »Nein«, sagte William, »aber das ist, wenn ich die Sache recht bedenke, dein Fehler. Du wirst doch die armen Leute nicht dafür strafen wollen, dass sie nicht Englisch sprechen können; vielleicht haben sie in ihrem ganzen Leben noch kein englisches Wort gehört. Ich bin also fest überzeugt, dass sie dir einen ausführlichen Bericht über alles gegeben haben, denn du weißt, mit welcher Ernsthaftigkeit und wie lange einige von ihnen zu dir gesprochen haben; wenn du ihre Sprache nicht verstehst und sie die deinige nicht, wie können sie es anders machen? Du vermutest bloß, dass sie dir nicht die ganze Wahrheit mitteilten; ich aber glaube, sie haben es getan, und wie willst du die Frage entscheiden, ob du recht hast oder ob ich recht habe? Überdies, was können sie dir sagen, wenn du ihnen auf der Folter eine Frage vorlegst und sie dieselbe nicht verstehen? Ja, kannst du überhaupt nur wissen, ob sie Ja oder Nein sagen?«

Ich will meine Mäßigung nicht rühmen, wenn ich bemerke, dass ich mich durch diese Gründe überführen ließ. Gleichwohl hatten wir viel zu tun, um unseren Leutnant zurückzuhalten, der dennoch einige von ihnen ermorden wollte, um die anderen zum Sprechen zu bringen. Was sie auch sagten, er verstand kein Wort davon, aber er wollte sich den Glauben nicht nehmen lassen, dass die Neger ihn durchaus verstehen müssten, wenn er sie fragte, ob das Schiff wie das unsrige ein Boot gehabt hätte oder nicht und was aus ihm geworden wäre.

Es blieb nun einmal kein anderes Mittel, als in Geduld zu warten, bis wir diese Leute im Englischen unterrichtet hatten. Die Sache verhielt sich so. Wo sie an Bord des Schiffes genommen wurden, konnten wir nicht erfahren, weil sie die englischen Namen, welche wir diesen Küsten gegeben hatten, nicht wussten, und ebenso wenig konnten wir herausbringen, welcher Nation das Schiff angehört hatte, weil sie keine europäische Sprache von der anderen zu unterscheiden vermochten; soviel aber der Neger, den ich ins Verhör nahm, derselbe, dessen Bein William geheilt hatte, uns sagte, so redeten sie nicht dieselbe Sprache wie wir und auch nicht die, welche unsere Portugiesen sprachen, es waren also aller Wahrscheinlichkeit nach Franzosen oder Holländer gewesen.

Der Inhalt seiner weiteren Erzählung war der Hauptsache nach folgender. Die weißen Männer gingen barbarisch mit den Negern um und schlugen sie unbarmherzig. Einer der Neger hatte eine Frau und zwei Kinder, von denen eines eine Tochter von etwa sechzehn Jahren war; ein Weißer missbrauchte des Negers Frau und nachher das Mädchen, was alle Neger rasend machte. Besonders der Mann der Frau war in großer Wut; darüber wurde der Weiße so ergrimmt, dass er drohte, ihn umzubringen; aber in der Nacht machte sich der Neger los, nahm eine große Keule zur Hand, worunter er uns ein

Brecheisen zu verstehen bedeutete, und als der nämliche Franzose (wenn es ein Franzose war) seine Frau wiederum misshandeln wollte, schlug ihm der Schwarze mit dem Brecheisen das Hirn aus dem Kopf; darauf nahm er ihm den Schlüssel ab, mit dem er gewöhnlich die Handschellen aufgeschlossen hatte, womit die Neger gefesselt waren, und setzte etwa hundert von ihnen in Freiheit. Diese gingen hierauf durch die Luke, durch welche der Weiße zu ihnen hereingekommen war, auf das Verdeck, nahmen den Hirschfänger des getöteten Mannes sowie andere Waffen, die in der Nähe waren, und fielen über die Männer auf dem Verdeck her, töteten sie alle und nachher auch die, welche sie auf dem Vorderkastell fanden. Der Kapitän und seine anderen Leute, welche sich in der Kajüte und der Hütte befanden, verteidigten sich mit großem Mut und schossen aus den Öffnungen auf sie, wodurch er, der Erzähler, und mehrere andere Neger verwundet und einige getötet wurden; endlich aber drangen sie nach langem Streit in die Hütte ein und streckten zwei von den Weißen nieder, die am Eingang standen, aber noch elf Neger töteten, bevor diese einbrechen konnten; sodann zogen sich die übrigen durch die Luke in die große Kajüte zurück, wobei noch drei weitere Neger verwundet wurden.

Daraufhin rettete sich der Geschützmeister in die Pulverkammer, einer von seinen Leuten holte das große Boot am Hinterteil des Schiffes herbei und legte alle Waffen nebst dem Geschütz, welches sie bekommen konnten, hinein, dann stiegen alle in das Boot und holten danach den Kapitän und diejenigen, welche bei ihm waren, aus der großen Kajüte in das Boot. Als sie so alle eingeschifft waren, beschlossen sie, das Schiff aufs Neue anzugreifen, um es wieder in ihre Hände zu bringen. Sie kamen mit verzweifeltem Mut heran und töteten zuerst alles, was im Weg stand, aber inzwischen waren die Neger alle losgeworden, hatten sich einiger Waffen bemächtigt, und obgleich sie nichts von Pulver oder Kugeln oder Kanonen verstanden, konnten doch die Weißen sie nicht mehr überwältigen. Gleichwohl legten sie sich unter den Bogen des Schiffes und holten alle Männer heraus, welche in der Küche geblieben waren, sich dort trotz der größten Anstrengungen der Neger behauptet und mit ihren kleinen Waffen zwischen dreißig und vierzig Neger getötet hatten, am Ende sich doch gezwungen sahen, sie zu verlassen.

Sie konnten mir keine Auskunft geben, in welcher Gegend dies vorgefallen war, ob in der Nähe der Küste Afrikas oder fern davon, oder wie lange vorher es geschah, ehe das Schiff in unsere Hände fiel; aber sie wussten nur im Allgemeinen, es sei eine große Zeit her, wie sie sich ausdrückten, und nach allem, was wir in Erfahrung bringen konnten, waren es zwei oder drei Tage, nachdem sie von der Küste abgesegelt waren. Sie sagten uns, sie hätten etwa dreißig von den weißen Männern getötet, indem sie diese mit Knitteln, Brecheisen und anderen solchen Dingen, welche sie bekommen konnten, auf den Kopf geschlagen; ein starker Neger habe drei von ihnen mit einer eisernen Stange umgebracht, nachdem er zwei Mal durch den Leib geschossen worden sei; nachher aber sei er von dem Kapitän selbst an der Tür der Hütte, die er mit dem Brecheisen aufgesprengt, durch den Kopf geschossen worden, woher vermutlich das viele Blut gekommen war, das wir dort gesehen hatten.

Derselbe Neger erzählte uns, dass sie alles Pulver und alle Geschütze, welche sie auffinden konnten, in die See geworfen und gern auch mit den großen Kanonen ein Gleiches getan hätten, wenn sie diese hätten wegheben können. Auf die Frage, wie es gekommen sei, dass sich ihre Segel in einem solchen Zustand befunden, war seine Antwort, sie hätten es nicht verstanden; sie wüssten nicht, was die Segel tun; das hieß, sie wussten nicht einmal so viel, dass die Segel es waren, welche das Schiff in Bewegung brachten. Als wir ihn fragten, wohin sie gewollt, sagte er, sie hätten es nicht gewusst, sondern wären eben der Meinung gewesen, sie würden wieder in ihr eigenes Land zurückkommen. Ich fragte ihn namentlich auch, für wen er uns gehalten habe, als wir zum ersten Mal in ihre Nähe gekommen. Er sagte, sie seien fürchterlich erschrocken, denn sie hätten geglaubt, wir seien dieselben weißen Männer, die auf ihren Booten davongegangen, und seien in einem großen Schiff wiedergekommen samt den zwei Booten; deshalb hätten sie erwartet, wir würden sie alle zusammen umbringen.

Das war der Bericht, den wir von ihnen bekamen, nachdem wir sie gelehrt hatten, Englisch zu sprechen und die Namen und den Gebrauch der zum Schiff gehörenden Dinge, von denen oft geredet wurde, zu verstehen. Wir fanden die Neger zu einfältig, als dass sie in ihren Erzählungen etwas verborgen hätten. Dass sie uns die Wahrheit sagten, konnten wir daraus schließen, dass sie alle in den Einzelheiten übereinstimmten und immer bei derselben Geschichte blieben.

12. Kapitel

Nachdem wir dieses Schiff erbeutet hatten, war unsere erste Verlegenheit, was wir mit den Negern beginnen sollten. Die Portugiesen in Brasilien würden sie uns alle abgekauft haben und mit dem Handel wohl zufrieden gewesen sein, wenn wir uns dort nicht als Feinde gezeigt hätten und nicht als Seeräuber bekannt gewesen wären; aber wie die Dinge standen, durften wir es nicht wagen, in dieser Gegend irgendwo an Land zu gehen oder mit einem der Pflanzer zu unterhandeln, weil wir sonst das ganze Land gegen uns aufgebracht hätten. Wären Kriegsschiffe in einem dortigen Hafen gewesen, hätten wir damit rechnen dürfen, von ihnen und von der ganzen schlagfertigen Land- oder Seemacht angegriffen zu werden.

Ebenso wenig konnten wir auf einen besseren Erfolg hoffen, wenn wir uns nördlich nach unseren Pflanzungen wandten. Einen Augenblick beschlossen wir, sie alle nach Buenos Aires zu führen und dort an die Spanier zu verkaufen; aber es waren wirklich zu viele, als dass wir sie alle hätten unterbringen können, und sie auf der Südsee herumzuführen, was das einzige Mittel war, das uns übrig blieb, kostete so viel Zeit, dass wir nicht imstande gewesen wären, sie auf einer so langen Reise zu unterhalten.

Endlich half uns unser alter, nie verlegener Freund William abermals, wie er uns schon oft aus schweren Nöten geholfen hatte. Sein Vorschlag war, er selbst wolle mit etwa zwanzig der zuverlässigsten Leute als Schiffsherr fortgehen und die Schwarzen an der brasilianischen Küste unter der Hand an die Pflanzer zu verkaufen suchen, jedoch nicht in den Haupthäfen, weil es dort nicht gestattet worden wäre.

Wir stimmten alle bei und beschlossen, uns dem Rio de la Plata zuzuwenden, wohin wir schon vorher hatten segeln wollen, ihn jedoch nicht dort, sondern in Port St. Pedro zu erwarten (so nennen die Spanier diesen Hafen), welcher an der Mündung des Flusses liegt, dem sie den Namen Rio Grande geben und wo die Spanier eine kleine Festung mit wenig Leuten hatten, während wir glaubten, er wäre gar nicht besetzt.

Hier nahmen wir unseren Posten und kreuzten hin und her, um zu sehen, ob wir vielleicht Schiffen begegnen könnten, welche nach Buenos Aires oder dem Rio de la Plata gingen oder von dort kämen; allein wir trafen auf nichts Bemerkenswertes. Gleichwohl beschäftigten wir uns mit Dingen, die für eine größere Seereise notwendig sind, denn wir füllten alle unsere Wassertonnen und verschafften uns Fische für unseren gegenwärtigen Gebrauch, um die Schiffsvorräte so viel als möglich zu schonen.

Mittlerweile begab sich William nach dem Norden und landete am Vorgebirge St. Thomas. Zwischen diesem und den Tuberonischen Inseln fand er Gelegenheit, alle seine Neger, sowohl Männer als Frauen, zu sehr guten Preisen zu verkaufen; denn William, der ziemlich gut Portugiesisch sprach, erzählte ihnen eine recht hübsche Geschichte, wie das Schiff schlecht mit Lebensmitteln versehen und sie bedeutend von ihrer Bahn und der ihnen bekannten Straße verschlagen worden wären, und dass sie sich jetzt nördlich nach Jamaika wenden oder hier auf der Küste ihre Sklaven verkaufen müssten. Dies war eine recht wahrscheinliche Erzählung, die auch leicht Glauben fand, und wenn man die Art, wie die Neger segelten, und das, was ihnen auf ihrer Fahrt begegnete, in Betracht zieht, so war auch jedes Wort daran wahr.

Auf diese Art, und weil niemand ihm widersprach, galt William für das, was er eigentlich war, nämlich für einen ganz ehrlichen Burschen, und mit Hilfe eines Pflanzers, der zu seinen Nachbarn schickte und den Verkauf unter ihnen besorgte, machte er schnell einen guten Markt; denn in weniger als fünf Wochen verkaufte William alle seine Neger und zuletzt das Schiff selbst und schiffte sich mit seinen zwanzig Mann und zwei Negerknaben, die er noch übrig hatte, in einer der Schaluppen ein, auf welchen die Pflanzer nach den Negern an Bord zu schicken gepflegt hatten. Mit dieser Schaluppe segelte Kapitän William, wie wir ihn damals nannten, ab und traf uns in Port St. Pedro in der Breite von 32° 30' südlich.

Nichts war uns überraschender, als eine Schaluppe mit den portugiesischen Farben längs der Küste daherfahren und gerade auf uns zusteuern zu sehen, nachdem wir versichert waren, dass sie unsere beiden Schiffe entdeckt hatte. Wir feuerten, als sie näherkam, eine Kanone ab, um sie zum Ankern zu veranlassen, allein sie begrüßte uns sogleich mit fünf Kanonenschüssen und ließ ihre englische große Flagge wehen. Nun begannen wir zu erraten, dass es Freund William war, wunderten uns aber, wie er zu einer Schaluppe gekommen sein sollte, da wir ihn in einem Schiff von etwa 300 Tonnen abgesandt hatten. Allein er erzählte uns bald sein ganzes Geschäft, womit wir alle Ursache hatten, sehr wohl zufrieden zu sein. Sobald er mit der Schaluppe geankert hatte, kam er an Bord meines Schiffes und stattete uns Bericht ab, wie er mit Hilfe eines portugiesischen Pflanzers, der in der Nähe der See wohnte, seinen Handel begonnen habe; wie er sofort an Land gegangen sei bis zum ersten Haus, das er sehen konnte, und den Bewohner ersucht habe, einige Schweine an ihn zu verkaufen, wobei er anfangs vorgegeben, er habe sich bloß deswegen an der Küste aufgehalten, um frisches Wasser einzunehmen und einige Lebensmittel zu kaufen. Hierauf habe der Mann nicht bloß sieben fette Schweine an ihn verkauft, sondern ihn auch zu sich geladen und ihm samt den fünf Mann, die er bei sich gehabt, ein recht gutes Mahl vorgesetzt; er habe dagegen den Pflanzer an Bord seines Schiffes eingeladen und ihm zum Dank für seine Freundschaftlichkeit ein Negermädchen für seine Frau geschenkt.

Der Pflanzer war darüber so erfreut, dass er ihm am anderen Morgen in einem großen Paketboot eine Kuh und zwei Schafe nebst einer Kiste Konfekt, einigem Zucker und einem großen Sack Tabak an Bord schickte und

Kapitän William einlud, abermals an Land zu kommen. Darauf folgte eine gegenseitige Gefälligkeit auf die andere; sie fingen an, vom Handel um einige Neger zu sprechen, und William ließ sich unter dem Vorwand, dass er ihm gern einen Dienst erweisen wolle, geneigt finden, dreißig Neger zu seinem Privatgebrauch auf seiner Pflanzung an ihn zu verkaufen, wofür er ihm sechsunddreißig Moidores pro Kopf bar ausbezahlte. Der Pflanzer musste übrigens bei der Landung derselben sehr vorsichtig zu Werke gehen, zu welchem Zweck er William veranlasste, wieder in See zu stechen und dann etwa fünfzig Meilen weiter nördlich abermals zu landen, wo er in einer kleinen Bucht und auf einer anderen Pflanzung, die einem, wie es scheint, zuverlässigen Freund von ihm gehörte, die Neger in Empfang nahm.

Dieses Geschäft brachte William in ein noch freundschaftlicheres Verhältnis nicht bloß zu dem ersten Pflanzer, sondern auch zu seinen Freunden, die ebenfalls einige Neger zu bekommen wünschten. Sie kauften, einer nach dem anderen, so viele, dass ein sehr reicher Pflanzer allein hundert Neger nahm – den ganzen Rest, den William noch hatte und den der Käufer mit einem anderen Pflanzer teilte. Ein Dritter kaufte William das Schiff samt allem Zubehör ab und gab ihm dagegen eine sehr saubere, große, gutgebaute Schaluppe von etwa sechzig Tonnen, sehr gut ausgerüstet und mit sechs Kanonen bestückt; später brachten wir zwölf Kanonen auf ihr an. Außer der Schaluppe erhielt William für sein Schiff dreihundert Moidores in Gold, und für diese Summe versah er die Schaluppe mit so viel Mundvorrat, als sie fassen konnte, besonders mit Brot, Schweinefleisch und etwa sechzig lebenden Schweinen. Unter anderem kaufte William achtzig Tonnen gutes Schießpulver, was uns sehr erwünscht war, und die Vorräte, die sich noch in dem französischen Schiff befanden, nahm er ebenfalls mit.

Dies war eine sehr angenehme Kunde für uns, namentlich als wir sahen, dass William an geprägtem oder gewogenem Gold und einigem spanischen Silber sechzigtausend spanische Piaster bekommen hatte und außerdem eine neue Schaluppe nebst einer bedeutenden Menge Nahrungsvorräte.

Wir waren mit der Schaluppe überaus zufrieden und begannen, uns zu beraten, was wir tun sollten, und ob es nicht das Beste wäre, unser großes portugiesisches Schiff wegzuschicken und uns auf unser erstes Schiff und die Schaluppe zu beschränken, zumal wir kaum Mannschaft genug für alle drei hatten und das größte Schiff für unser Geschäft zu groß erachtet wurde; indes beschleunigte ein anderer Streit, der jetzt entschieden war, die Entscheidung des ersteren. Es handelte sich nämlich um die Frage, wohin wir gehen sollten. Mein Kamerad, wie ich ihn jetzt nannte, der nämlich mein

Kapitän vor der Erbeutung des portugiesischen Kriegsschiffes gewesen war, meinte, wir sollten uns in die Südsee wenden und auf der westlichen Seite von Amerika, wo wir unfehlbar den Spaniern mehrere gute Beuten abjagen könnten, an der Küste hinfahren; möglicherweise könnten wir dann durch die Südsee nach Ostindien zurückfahren und so die Welt umschiffen, wie andere vor uns getan.

Aber in meinem Kopf war ein anderer Plan gewachsen. Ich war in Ostindien gewesen und hatte seither immer die Meinung, wenn wir dorthin segelten, müssten wir ganz gewiss gute Geschäfte machen, auch hätten wir eine sichere Zufluchtsstätte und könnten unser Schiff bei meinen alten Freunden, den Einwohnern von Zamguebar auf der Küste von Mozambique oder bei der Insel St. Lorenzo mit gutem Ochsenfleisch versehen. Ich sage, meine Gedanken hatten diese Richtung genommen, und ich schwatzte ihnen so viel von den Vorteilen vor, die sich bei ihrer Stärke gewiss von den Fängen erringen ließen, die sie im Golf von Mokka, im Roten Meer und an der Küste von Malabar oder in der Bucht von Bengalen machen müssten, dass ich sie in große Verwunderung setzte.

Mit diesen Gründen setzte ich meine Meinung durch. Wir beschlossen einstimmig, südlich nach dem Kap der Guten Hoffnung zu steuern, und infolge dieses Beschlusses wurde auch ausgemacht, die Schaluppe zu behalten und mit allen drei Fahrzeugen fortzusegeln; denn auf meine Versicherung hin zweifelte niemand daran, dass wir dort Leute finden würden, um unsere Zahl zu ergänzen; wo nicht, so könnten wir ja eines der Fahrzeuge abgeben, sobald wir wollten.

Wir konnten nicht weniger tun, als unseren Freund William zum Kapitän der Schaluppe zu machen, die er uns durch seine guten Handelsgeschäfte zugeführt hatte. Er sagte uns jedoch, wiewohl mit sehr viel Artigkeit, er werde das Kommando nicht übernehmen, aber wenn wir ihm das Fahrzeug für seinen Anteil an dem Guineaschiff geben wollten, zu welchem wir so ehrlich gekommen, würde er uns auf unseren Befehl als Proviantmeister Gesellschaft leisten, solange er unter derselben Macht stünde, die ihn weggenommen habe.

Wir willigten ein und gaben ihm die Schaluppe, aber unter der Bedingung, dass er nicht von uns gehen und gänzlich unter unserem Kommando stehen sollte. Inzwischen war William nicht mehr so munter wie zuvor, und als wir nachher die Schaluppe und einen recht durchtriebenen Piraten für sie brauchten, um Einkäufe zu besorgen, sehnte ich mich so sehr nach William, dass ich nicht länger ohne ihn bleiben wollte; denn er war bei allen Gelegenheiten mein persönlicher Ratgeber und Begleiter gewesen. Ich schickte daher einen Schotten, einen kühnen, unternehmenden Burschen namens Gordon, auf die Schaluppe und gab ihm zwölf Kanonen nebst vier weiteren Matrosen, obgleich es uns an Mannschaft fehlte, denn keines von unseren Schiffen war im Verhältnis zu seiner Größe ausreichend bemannt.

Wir segelten Anfang Oktober 1706 nach dem Kap der Guten Hoffnung und kamen am 12. November, nachdem wir viel schlechte Witterung gehabt, in die Sehweite des Kaps. Wir erblickten auf diesem Weg mehrere Handelsschiffe, sowohl englische als holländische, konnten aber nicht sagen, ob sie für das Ausland oder die Heimat bestimmt waren. Dem sei wie ihm wolle, wir hielten es nicht für geraten zu ankern, da wir nicht wussten, wer sie waren oder was sie vielleicht gegen uns unternehmen würden, wenn sie uns erkannten; da wir indes frisches Wasser brauchten, schickten wir die zwei zum portugiesischen Kriegsschiff gehörenden Boote nebst allen portugiesischen Matrosen oder Negern an den Wasserplatz, um Wasser zu holen. Inzwischen zogen wir aber auf See eine portugiesische Flagge auf und verhielten uns die Nacht über ruhig. Sie wussten nicht, wer wir waren, denn sie hielten uns augenscheinlich für andere.

Als unsere Boote gegen fünf Uhr morgens zum dritten Mal beladen zurückgekommen waren, glaubten wir, hinreichend mit Wasser versehen zu sein, und segelten weiter gegen Osten. Ehe jedoch unsere Leute das letzte Mal zurückkehrten, hatte sich ein sanfter Westwind erhoben, und wir bemerkten in der Morgendämmerung ein Boot, das in aller Eile auf uns zu segelte, als fürchte es, wir möchten weiterfahren. Wir fanden bald, dass es eine englische wohlbemannte Schaluppe war, und konnten uns nicht denken, welcher Zweck sie zu uns führe; da es übrigens nur eine Schaluppe war, hielten wir es nicht für gefährlich, die Leute an Bord kommen zu lassen. Wenn es sich dann herausstellte, dass sie bloß kämen, um Erkundigungen über uns einzuziehen, so gedachten wir, ihnen einen genauen Bericht über all unser Tun und Lassen abzustatten und sie mit uns zu nehmen, da es uns sehr an Mannschaft gebrach; allein sie ersparten uns die Mühe, uns wegen ihrer Behandlung die Köpfe zu zerbrechen, denn, wie es scheint, waren unsere portugiesischen Matrosen, die Wasser holten, an dem Wasserplatz nicht so verschwiegen gewesen, als wir von ihnen erwartet hatten. Der Fall war kurz der: Kapitän – (ich verschweige vorderhand seinen Namen aus einem besonderen Grund), der Kapitän des nachmals für China bestimmten ostindischen Handelsschiffes, hatte Ursache gefunden, gegen seine Leute sehr streng zu sein, und einige von ihnen auf St. Helena äußerst grob behandelt; sie beschlossen daher unter sich, bei der nächsten besten Gelegenheit das Schiff zu verlassen, und sehnten sich lange vergebens danach. Einige von diesen Leuten waren, wie es scheint, mit unserer Bootsmannschaft auf dem Wasserplatz zusammengetroffen und hatten sich erkundigt, wer wir wären und welches Geschäft wir trieben. Ob nun die portugiesischen Matrosen dadurch, dass sie nicht gewandt genug Rechenschaft gaben, den Verdacht erweckten, dass wir auf einem Kaperzug begriffen wären, oder ob sie es auf gut Englisch sagten (denn sie sprachen alle genug Englisch, um sich verständlich machen zu können), kurz, kaum hatten sie die Nachricht an Bord gebracht, dass die östlich liegenden Schiffe englische seien und in dem *Geschäft* begriffen, welches, beiläufig gesagt, der Matrosen-Ausdruck für einen Seeräuber war; ich sage, kaum hatten sie dies gehört, gingen sie ans Werk, packten bei Nacht alles, ihre Koffer, Kleider und was sie sonst noch erwischten, zusammen, segelten vor Tag ab und erreichten uns gegen 7 Uhr.

Als sie an die Seite des Schiffes kamen, welches ich befehligte, begrüßten wir sie auf die gewöhnliche Art, um zu erfahren, wer sie wären und was für eine Absicht sie hätten. Sie erwiderten, sie wären Engländer und wünschten an Bord zu kommen. Wir sagten ihnen, sie sollten ihr Fahrzeug anlegen, erklärten aber, dass nur ein einziger Mann das Schiff betreten dürfte, bis der Kapitän ihr Anliegen wüsste, und dass er ohne irgendeine Waffe zu erscheinen hätte, wozu sie sich mit Freuden einverstanden zeigten.

Wir erfuhren nun sogleich ihr Anliegen und dass sie sich uns anzuschließen wünschten. Was ihre Waffen betraf, so baten sie, wir möchten Leute an Bord ihres Bootes schicken, denen sie alles, was sie hätten, ausliefern würden, was auch geschah. Der Bursche, der zu mir kam, erzählte mir, wie sie von ihrem Kapitän behandelt worden seien, er habe die Mannschaft fast Hungers sterben lassen und sei mit ihnen umgegangen wie mit Hunden; wenn die übrigen Matrosen erführen, dass man sie aufnähme, so würden wenigstens zwei Drittel von ihnen das Schiff verlassen. Wir fanden, dass die Burschen fest in ihrem Entschluss und dabei tüchtige, muntere Seeleute waren, ich sagte ihnen jedoch, ich werde nichts ohne unseren Admiral tun, nämlich den Kapitän des anderen Schiffes, und schickte meine Pinasse an Bord des Kapitäns Wilmot, um ihn zu mir zu bitten; allein er war unwohl, und da er überdies unter dem Wind lag, ließ er sich entschuldigen und übertrug die ganze Sache mir. Ehe jedoch mein Boot zurückgekehrt war, rief mir Kapitän Wilmot mit seinem Sprachrohr, welches die ganze Mannschaft so gut hören konnte wie ich, zu: »Soviel ich höre, sind es aufrichtige Burschen, heiße sie willkommen und setze ihnen einen Becher Punsch vor.«

Da die Matrosen dies so gut gehört hatten wie ich, brauchte ich ihnen nicht zu melden, was der Kapitän sagte, und sobald das Sprachrohr ausgetönt, stimmten sie ein Hurrah an, welches deutlich zeigte, wie gern sie zu uns gingen. Wir ketteten sie indessen nachher noch durch ein stärkeres Band an uns. Denn als wir nach Madagaskar kamen, befahl Kapitän Wilmot mit Einwilligung der Schiffsmannschaft, dass diesen Leuten aus der Gesamtkasse die ganze Summe ausbezahlt würde, die man ihnen auf dem Schiff, welches sie verlassen hatten, noch schuldig war. Überdies gaben wir jedem zwanzig spanische Piaster Handgeld und nahmen sie unter denselben Bedingungen wie die anderen alle auf: Es waren wackere, starke Burschen, achtzehn an der Zahl, darunter zwei Seekadetten und ein Zimmermann.

Es war am 28. November, als wir nach einigem schlechten Wetter auf der Reede der St. Augustinsbucht ankerten, am südwestlichen Ende meiner alten Bekannten, der Insel Madagaskar. Hier lagen wir eine Weile und erhandelten von den Eingeborenen einige gute Ochsen ein. Es war zwar so heiß, dass wir nicht hoffen konnten, sie zur Aufbewahrung einzupökeln; aber ich zeigte ihnen unsere frühere Methode, das Fleisch zuerst mit Salpeter einzureiben und dann in der Sonne trocknen zu lassen, wodurch es sehr angenehm zu essen wurde, aber nicht so gesund für unsere Leute war, die mit unserer Art zu kochen, dem Sieden des Fleisches mit Pudding, Suppen etc., nicht zufrieden waren. Besonders aber war ihnen dies zu gesalzen, und das Fett ranzig oder zu trocken, sodass es nicht wohl genießbar war.

Indes konnten wir es nicht ändern und aßen, solange wir da waren, um die Wette von den frischen Ochsen, die ausgezeichnet, gut und fett waren und ganz so zart und schmackhaft wie in England und uns umso besser schienen, da wir schon geraume Zeit kein Ochsenfleisch mehr in England gekostet hatten.

Als wir nun einige Zeit hier verweilt hatten, begannen wir zu bedenken, dass hier kein Ort für unsere Geschäfte war, und ich, der ich noch einige besondere Privatabsichten hatte, sagte ihnen, dies sei kein Platz für Leute, welche Handelsangelegenheiten beabsichtigten; dagegen seien zwei Teile der Insel für unsere Zwecke besonders geeignet: zuerst die Bucht an der östlichen Seite der Insel und von da bis zur Insel Mauritius, der gewöhnliche Weg, welchen die von der malabarischen Küste oder von der Küste von Coromandel, dem Fort St. George etc. kommenden Schiffe zu nehmen pflegten und wo wir uns aufzustellen hätten, wenn wir sie erwarten wollten.

Da wir aber auf der anderen Seite nicht im Sinn hatten, die europäischen Handelschiffe anzugreifen, die gewöhnlich stark und wohlbemannt waren, sodass wir von ihnen nicht viel Gutes erwarten durften, entwarf ich einen anderen Plan, der, wie ich hoffte, gleichen oder vielleicht noch größeren Vorteil abwerfen sollte, ohne die Gefahren und Schwierigkeiten des ersteren mit sich zu führen. Dies war eine Fahrt nach dem Golf von Mokka oder dem Roten Meer.

Ich sagte ihnen, der Handel sei da groß, die Schiffe reich, und die Straße von Babelmandel eng; wir könnten daher ohne Zweifel so kreuzen, dass nichts unseren Händen entwischte, da wir die See vom Roten Meer an längs der arabischen Küste bis an den Persischen Golf und die malabarische Seite von Indien offen hätten.

Ich sagte ihnen, was ich bei meiner Umseglung der Insel auf einer früheren Fahrt bemerkt hatte, wie sich auf ihrem nördlichsten Punkt mehrere sehr gute Häfen und Reeden für unsere Schiffe befänden; die Eingeborenen wären womöglich noch höflicher und umgänglicher als da, wo wir uns jetzt aufhielten, weil sie noch nicht so viele Misshandlungen von europäischen Schiffern erlitten hätten wie die auf der Süd- und Ostseite; wir könnten jedenfalls immer eines guten Rückzugsortes versichert sein, wenn wir durch irgendeine Not, sei es nun durch Feinde oder durch die Witterung, gezwungen würden zu landen.

Sie ließen sich von der Zweckmäßigkeit meines Plans leicht überzeugen, und auch Kapitän Wilmot, den ich jetzt unseren Admiral nannte, trat ihm bei, obgleich er anfangs der Ansicht gewesen war, wir sollten an der Insel Mauritius anlegen und auf einige europäische Handelsschiffe von der Reede von Coromandel oder der Bucht von Bengalen her warten. Es ist wahr, wir fühlten uns stark genug, um ein englisch-ostindisches Schiff erster Größe anzugreifen, obgleich man sagte, dass einige von ihnen fünfzig Kanonen führten; allein ich hielt ihm vor, dass es hier unter allen Umständen Schläge und Blut genug absetzen würde, und wenn wir es auch in unsere Gewalt bekämen, so wäre seine Ladung für uns nicht von so großem Wert, weil wir keinen Raum hätten, um die Waren unterzubringen; bei unseren Verhältnissen würden wir besser tun, ein einziges nach dem Ausland bestimmtes ostindisches Schiff mit seiner baren Kasse an Bord im Wert von vielleicht vierzig- oder fünfzigtausend Pfund wegzunehmen, als drei für England bestimmte, wenn auch ihre Ladung in London drei Mal so viel wert wäre; denn wir wüssten ja nicht, was wir mit den Waren anfangen sollten, während die Londoner Schiffe außer ihrem Geld eine Menge Sachen bei sich führten, die wir recht gut brauchen könnten, zum Beispiel ihre Vorräte an Lebensmitteln, Likören und derartigen Dingen, welche den Gouverneuren und Handelsniederlassungen der englischen Siedlungen zugesandt würden; wenn wir daher entschlossen wären, unser Augenmerk auf Schiffe unseres eigenen Landes zu richten, so sollten wir solche ausersehen, die von London herkämen, nicht aber solche, die auf der Rückfahrt dahin begriffen wären.

Alle diese Gründe stimmten den Admiral vollkommen für meine Ansicht. Nachdem wir daher an unserem damaligen Aufenthaltsort, das heißt nahe am Kap Santa Maria an der südwestlichen Ecke der Insel, Wasser und einige frische Mundvorräte eingenommen hatten, lichteten wir die Anker und steuerten südwärts, sodann südsüdöstlich um die Insel herum, und nach einer etwa sechstägigen Fahrt kamen wir aus dem Kielwasser der Insel und steuerten weiter gegen Norden, bis wir auf die Höhe von Port Dauphin gelangten, dann nordöstlich bis zu einer Breite von 13° 40' gerade auf den entlegensten Teil der Insel zu. Sofort segelte der Admiral weiter westlich in die offene See hinaus und von der ganzen Insel weg; wir aber entsandten eine Schaluppe mit dem Auftrag, um den entlegensten nördlichen Punkt herumzusegeln und sodann dem Ufer entlangzufahren und sich nach einem Hafen umzusehen. Dies taten sie auch und brachten uns bald die Nachricht, es seien hier eine tiefe Bucht mit einer sehr guten Reede und mehrere kleine Inseln, bei denen sie gutes Fahrwasser mit einer Tiefe von zehn bis siebzehn Faden gefunden, und so legten wir denn dort an.

Indes sahen wir uns nachher veranlasst, unseren Aufenthalt zu verändern, wie ich sogleich erzählen werde. Wir hatten jetzt nichts zu tun, als an Land zu gehen, uns ein wenig mit den Eingeborenen bekannt zu machen, Trinkwasser und frische Vorräte einzunehmen und dann wieder in See zu stechen. Wir fanden die Leute sehr geneigt, mit uns Geschäfte zu machen und uns einiges Vieh abzutreten; da es jedoch am äußersten Ende der Insel war, hatten sie keinen hinlänglichen Vorrat an Vieh. Gleichwohl beschlossen wir für den Augenblick, diesen Ort zu unserem Sammelplatz zu machen und uns von da aus weiter umzusehen. Es war dies gegen Ende April.

Wir stachen also in See und kreuzten nördlich nach der arabischen Küste hin. Es war eine lange Fahrt; da aber von Süden und Südsüdost her von Mai bis September in der Regel die Passatwinde wehen, hatten wir gutes Wetter, und in etwa zwanzig Tagen erreichten wir die Insel Sokotra, welche südlich von der arabischen Küste oder ostsüdöstlich von der Mündung des Golfs von Mokka oder dem Roten Meer liegt.

Hier nahmen wir Wasser ein und segelten sofort nach der arabischen Küste. Wir hatten hier oder in der Umgegend noch nicht über drei Tage gekreuzt, als ich ein Schiff erspähte und Jagd auf es machte; wie wir aber in seine Nähe kamen, fanden wir in ihm den elendesten Fang, den je ein auf Beute ausgehender Pirat gemacht hat, denn es enthielt nichts als arme, halbnackte Türken, die nach Mekka zum Grab ihres Propheten Mohammed wallfahrteten. Die Dschunke führte nichts, was die Mühe des Nehmens verlohnt hätte, als ein bisschen Reis und einigen Kaffee, worin der ganze Mundvorrat dieser armen Wichte bestand; wir ließen sie ziehen, denn wir wussten wirklich nicht, was wir mit ihnen tun sollten.

Noch an demselben Abend trieben wir eine andere zweimastige Dschunke auf, die etwas besser aussah als die erste. Als wir an Bord kamen, fanden wir, dass die Leute dieselbe Absicht hatten, doch etwas vornehmer waren als die anderen; hier plünderten wir dann ein wenig, nahmen einigen türkischen Mundvorrat, etliche Diamanten aus den Ohrringen von fünf oder sechs Personen, einige feine persische Teppiche, worauf sie gewöhnlich lagen, und etwas Geld; dann ließen wir sie gleichfalls weiterziehen.

Wir verweilten hier noch elf Tage, ohne etwas anderes ausfindig zu machen als dann und wann ein Fischerboot. Am zwölften Tag unserer Kreuzfahrt aber erspähten wir ein Schiff. Zuerst glaubte ich, es sei ein englisches, es zeigte sich aber, dass es ein europäisches, zu einer Fahrt von Goa an der malabarischen Küste nach dem Roten Meer befrachtet und sehr reich war. Wir holten es ein und nahmen es ohne Kampf, obgleich es auch einige Kanonen an Bord hatte. Es war mit portugiesischen Matrosen bemannt, stand aber unter der Leitung von fünf türkischen Kaufleuten, die es auf der malabarischen Küste von einigen portugiesischen Handelsleuten gemietet und mit Pfeffer, Salpeter und Spezereiwaren befrachtet hatten; der Rest der Ladung bestand hauptsächlich aus Kattunen und gewirkten Seidenstoffen, worunter sich einige sehr kostbare befanden.

Wir nahmen es und brachten es nach Sokotra, wussten aber aus denselben Gründen wie früher in der Tat nicht, was wir damit anfangen sollten, denn alle ihre Güter hatten wenig oder gar keinen Wert für uns. Nach einigen Tagen nahmen wir die Gelegenheit, einem der türkischen Kaufleute zu verstehen zu geben, wenn er das Schiff auslösen wollte, so würden wir uns mit einer Geldsumme abfinden und sie ziehen lassen. Er sagte mir, wenn ich einem von ihnen erlauben wollte, an Land zu gehen, um das Geld zu holen, so würden sie es tun, worauf wir die Ladung zu 30.000 Dukaten anschlugen. Nach dieser Übereinkunft ließen wir ihn auf der Schaluppe nach Dofar in Arabien führen, wo ein reicher Kaufmann das Geld für sie auslegte und selbst mit unserer Schaluppe kam. Nach der Zahlung der Summe ließen wir sie dann ehrlich und friedlich weiterziehen.

Einige Tage darauf nahmen wir eine arabische Dschunke, welche von dem Persischen Golf nach Mokka fahren wollte und einen großen Vorrat Perlen an Bord hatte. Wir erleichterten sie um die Perlen, die, wie es schien, einigen Kaufleuten in Mokka gehörten, und ließen sie ziehen; denn es war hier sonst nichts aufzutreiben, was unsere Mühe belohnt hätte.

So kreuzten wir noch längere Zeit hin und her, bis wir merkten, dass unsere Vorräte auf die Neige gingen, worauf Kapitän Wilmot, unser Admiral, zu uns sagte, es sei Zeit, an die Rückkehr nach dem Sammelplatz zu denken; die übrige Mannschaft sagte das Nämliche, da sie es ein wenig überdrüssig war, sich länger als drei Monate herumwerfen zu lassen und wenig oder nichts aufzutreiben, was unseren großen Erwartungen entsprochen hätte. Ich aber verließ höchst ungern das Rote Meer mit so geringer Ausbeute und drang deshalb darauf, noch ein wenig länger hier zu verweilen, was auf meinen Wunsch auch geschah. Drei Tage nachher erfuhren wir zu unserem großen Leidwesen, dass wir durch die Aussetzung der türkischen Kaufleute in Dofar die ganze Küste bis zum Golf von Persien in Schrecken versetzt hatten, sodass kein Fahrzeug mehr diesen Weg nehmen wollte, und somit von dieser Seite her nichts mehr zu erwarten war.

Diese Nachricht ärgerte mich sehr, und ich konnte nun nicht länger den ungestümen Wünschen meiner Mannschaft, nach Madagaskar zurückzukehren, widerstehen. Da indes die Winde fortwährend von Südsüdost her bliesen, waren wir genötigt, nach der Küste Afrikas und dem Kap Guardefoy zu steuern, weil die Winde in der Nähe des Landes mehr wechseln als auf der offenen See.

Hier überfielen wir eine Beute, an die wir nicht gedacht hatten und die uns für alles Warten entschädigte; denn in derselben Stunde, wo wir Land entdeckten, erspähten wir ein großes Schiff, das in südlicher Richtung am Ufer hinsegelte. Es war aus Bengalen und gehörte dem Land des Großmoguls an, hatte aber einen holländischen Steuermann an Bord, dessen Name, wenn ich mich recht erinnere, Vandergest war, und einige europäische Matrosen, unter ihnen drei Engländer. Es war durchaus nicht in der Lage, uns Widerstand zu leisten. Die übrigen Matrosen waren indische Untertanen des Moguls, einige Malabaren und noch einige andere. Es waren fünf indische und einige armenische Kaufleute an Bord. Wie es schien, waren sie mit Spezereien, Seidenstoffen, Diamanten, Perlen, Kattunen etc., Gütern, wie sie ihr Land hervorbringt, nach Mokka gefahren und hatten jetzt fast nichts an Bord als Geld in spanischen Piastern, woran es uns, beiläufig gesagt, jetzt eben mangelte. Die drei englischen Matrosen zogen mit uns, und der holländische Steuermann würde es auch getan haben, allein die zwei armenischen Kaufleute baten uns, ihn nicht zu nehmen, denn er sei ihr Steuermann und der einzige von ihrer Mannschaft, der das Schiff zu lenken verstehe. Auf ihre Bitten schlugen wir also seine Dienste aus, nahmen ihnen aber das Versprechen ab, ihn seine Geneigtheit, mit uns zu gehen, nicht entgelten zu lassen.

Wir bekamen auf diesem Schiff beinahe 200.000 spanische Piaster, und wenn sie die Wahrheit sagten, so hatte ein Jude von Goa, welcher allein 200.000 Piaster mit sich führte, beabsichtigt, sich zu gleicher Zeit mit ihnen einzuschiffen, allein sein Glück, das seinem Pech entsprang, verhinderte es, denn er wurde in Mokka krank und konnte die Reise nicht antreten, was ihm sein Geld rettete.

13. Kapitel

Bei diesem Fang war niemand bei mir als die Schaluppe, denn da Kapitän Wilmots Schiff leck war, war er vor uns nach dem Sammelplatz abgesegelt und langte Mitte Dezember dort an. Da ihm jedoch der Hafen nicht behagte, ließ er ein großes Kreuz auf dem Ufer zurück mit einer bleiernen Platte, worauf er geschrieben hatte, wir sollten ihm in die große Bucht von Mangahelly nachfolgen, wo er einen sehr großen Hafen fand; indes erfuhren wir hier etwas, das uns lange Zeit von ihm fernhielt, was der Admiral uns übelnahm. Wir stopften ihm übrigens den Mund mit seinem Anteil an den 200.000 spanischen Piastern für sich und seine Mannschaft. Die Gründe, warum wir ihm nicht so schnell nachsegelten, waren nämlich folgende. Zwischen Mangahelly und einem anderen Punkt, dem sogenannten Kap St. Sebastian, kam bei Nacht ein europäisches Schiff an Land, und ich weiß nicht, ob es die ungestüme Witterung oder der Mangel an einem tüchtigen Steuermann war, kurz, das Schiff strandete und konnte nicht weiterkommen.

Wir lagen in der Bucht oder dem Hafen, den wir, wie ich oben erwähnte, zu unserem Sammelplatz bestimmt hatten, und waren noch nicht auf dem Land gewesen, hatten somit auch die Anweisungen noch nicht gesehen, die uns unser Admiral hinterlassen hatte.

Unser Freund William, von dem ich schon geraume Zeit nichts mehr gesagt habe, verspürte eines Tages große Lust, ans Ufer zu gehen, und bestürmte mich, ich möchte ihm zur Sicherheit einen kleinen Trupp mitgeben, um das Land zu besehen. Ich war aus vielen Gründen sehr dagegen; besonders aber sagte ich ihm, er wisse, dass die Eingeborenen Wilde, und zwar sehr heimtückischer Art, seien; deshalb wünsche ich, dass er bleibe, und hätte er weiter in mich gedrungen, so hätte ich es ihm, glaube ich, geradezu abgeschlagen.

Um mich indes zu überreden, ihn gehen zu lassen, sagte er, er wolle mir den Grund erzählen, warum er so in mich dringe. In der letzten Nacht habe er einen Traum gehabt, welcher einen so lebhaften Eindruck auf sein Gemüt geübt, dass er nicht ruhig habe sein können, bis er mir den Vorschlag gemacht, ihn gehen zu lassen; wenn ich es ihm nun abschlage, so glaube er, dass sein Traum bedeutungsvoll gewesen sei, wo nicht, so komme er doch über ihn ins Klare.

Es träumte ihm nämlich, er ginge mit dreißig Mann, darunter der Befehlshaber der Schaluppe, auf die Insel, und dort fänden sie eine Goldmine, welche sie alle zu reichen Männern machte. Dies sei aber, sagte er, noch nicht die Hauptsache, sondern an demselben Morgen, wo er diesen Traum gehabt, sei der Schaluppenführer gerade zu ihm gekommen und habe ihm gesagt, es habe ihm geträumt, er ginge auf der Insel Madagaskar an Land, und da kämen einige Leute zu ihm und sagten, sie wollten ihm einen Platz zeigen, wo er einen Schatz finden würde, der sie alle reich machte.

Diese zwei Träume zusammen machten mich ein wenig stutzig, und obgleich ich niemals geneigt war, Träumen Aufmerksamkeit zu schenken, ließ ich mich doch endlich durch Williams ungestümes Bitten bewegen; denn ich legte immer ein großes Gewicht auf sein Urteil. Ich gab ihm also die Erlaubnis zu gehen, befahl ihnen jedoch, sich nicht weit von der Küste zu entfernen, damit wir, wenn sie vielleicht gegen das Ufer zurückgedrängt würden, sie sehen und mit unseren Booten abholen könnten.

Sie gingen frühmorgens weg, einunddreißig an der Zahl, sehr gut bewaffnet und lauter stämmige Burschen; sie reisten den ganzen Tag und gaben uns bei Nacht durch ein Signal, nämlich durch ein großes Feuer, das sie verabredetermaßen auf der Spitze eines Hügels machten, zu erkennen, dass alles gut stünde.

Tags darauf zogen sie, wie sie versprochen hatten, den Hügel hinab auf der anderen Seite, welche sich gegen die See hinneigt, und sahen vor sich ein liebliches Tal mit einem Fluss in der Mitte, der etwas weiter unter ihnen groß genug schien, um kleine Schiffe zu tragen. Sie gingen schnell auf den Fluss zu und wurden durch einen Flintenschuss überrascht, der dem Schall nach aus der Nähe kommen musste; sie lauschten lang, konnten aber nichts mehr hören und gingen daher nach dem Fluss hin, der eine sehr schöne frische Strömung hatte, aber schnell breiter wurde. Sie hielten sich längs der Ufer, bis er sich beinahe auf einmal zu einer großen Bucht oder einem Hafen, etwa fünf Meilen von der See, erweiterte, und was ihnen, als sie weitergingen, noch überraschender war, sie sahen in der Mündung des Hafens oder der Bucht ganz deutlich das Wrack eines Schiffes.

Es war gerade Flut, sodass es nicht sehr aus dem Wasser hervorragte; als sie aber weiter hinabkamen, entdeckten sie, wie es immer größer und größer wurde, und bald darauf, als die Ebbe eintrat, fanden sie es auf dem Sand liegen; es schien ihnen das Wrack eines bedeutenden Schiffes zu sein, größer als man in diesem Land eines erwarten durfte.

Nach einiger Zeit hörte William, der sein Glas herausgezogen hatte, um es näher zu besehen, zu seiner großen Verwunderung einen Flintenschuss an ihm vorbeizischen, und unmittelbar darauf vernahm er den Knall einer Kanone und sah den Rauch von der anderen Seite, worauf unsere Leute sogleich drei Flinten abfeuerten, um womöglich zu erfahren, wer die Unbekannten wären. Auf den Knall dieser Schüsse rannten eine Menge Leute unter den Bäumen hervor ans Ufer hinab, und die Unsrigen konnten leicht merken, dass es Europäer waren, obschon sie nicht wussten, von welcher Nation. Gleichwohl halloten unsere Leute, so laut sie konnten, ihnen zu, nahmen dann eine lange Stange, steckten sie auf und hingen ein weißes Hemd daran als Flagge des Friedens. Die auf der anderen Seite bemerkten es mit Hilfe ihrer Gläser ebenfalls, und bald darauf sahen unsere Leute ein Boot vom Stapel laufen, und zwar, wie sie meinten, vom Ufer her, aber wie es scheint, kam es aus einer anderen Bucht, und die Leute ruderten sogleich auf die Unsrigen zu, indem sie ebenfalls eine weiße Flagge als Friedenszeichen aufgesteckt hatten.

Es ist schwer, die Überraschung und Freude zu beschreiben, welche beide Teile empfanden, an einem so fernen Platz nicht bloß Weiße, sondern auch Engländer zu sehen; aber wie musste es ihnen erst sein, als sie einander erkannten und fanden, dass sie nicht nur Landsleute, sondern auch Kameraden waren, dass dies das Schiff war, welches Kapitän Wilmot, unser Admiral, befehligte und dessen Gesellschaft wir im Sturm bei Tobago verloren, nachdem wir Madagaskar als Sammelplatz bestimmt hatten.

Sie hatten, wie es scheint, Nachricht von uns erhalten, als sie zu dem südlichen Teil der Insel kamen, und waren bis an den Golf von Bengalen gestreift, wo sie den Kapitän Avery trafen, mit dem sie sich vereinigten, mehrere kostbare Prisen machten und unter anderem sich eines Schiffes mit der Tochter des Großmoguls und einem unermesslichen Schatz an Gold und Juwelen bemächtigten. Von da kamen sie an die Küste von Coromandel, nachher an die von Malabar, in den Golf von Persien, wo sie ebenfalls einige Beute machten, und nun wollten sie ihre Richtung nach dem südlichen Teil von Madagaskar nehmen; da die Winde aber scharf von Südost und Südostost bliesen, kamen sie an den Norden der Insel und wurden nachher durch einen wütenden Sturm von Nordwest her getrennt und in die Mündung dieser Bucht getrieben, wo sie ihr Schiff verloren. Sie sagten uns auch, sie hätten gehört, dass Kapitän Avery ebenfalls nicht weit davon sein Schiff verloren hätte.

Als sie auf diese Art einander ihre Schicksale mitgeteilt hatten, eilten die armen Leute hocherfreut zurück, um ihren Kameraden die fröhliche Nachricht zu überbringen; sie ließen einige von ihren Leuten bei uns, während der größte Teil umkehrte, und William war so begierig, sie zu sehen, dass er und zwei andere mit ihnen zurückgingen, worauf er in das kleine Lager gelangte, wo sie sich aufhielten. Sie waren im Ganzen etwa hundertsechzig Mann und hatten ihre Kanonen sowie ihren Schießbedarf an Land gezogen, jedoch war ein großer Teil ihres Pulvers verdorben. Demungeachtet hatten sie eine Plattform errichtet und zwölf Kanonen darauf gebracht, die ihnen auf dieser Seite der See einen hinlänglichen Schutz gewähren mussten. Unmittelbar am Ende der Plattform hatten sie einen Stapel nebst einem kleinen Dock gemacht und waren alle sehr beschäftigt, ein anderes kleines Schiff, wie ich es wohl nennen möchte, zu bauen, um damit wieder in See zu stechen; auf die Nachricht von unserer Ankunft aber hatten sie diese Arbeit eingestellt.

Als unsere Leute in ihre Hütten kamen, waren sie wahrhaft erstaunt über die große Wohlhabenheit, die sie dort antrafen, über das viele Gold, Silber und die Menge Juwelen, was jedoch, wie sie sagten, nur eine Kleinigkeit gegen das war, was Kapitän Avery hatte, als er sie verließ.

Fünf Tage lang hatten wir auf unsere Leute gewartet und keine Nachricht von ihnen erhalten; ich gab sie bereits verloren und war daher sehr überrascht, nach der genannten Zeit ein Schiffsboot auf uns zurudern zu sehen. Ich wusste nicht, was ich davon denken sollte, war aber schon etwas zufriedener, als unsere Leute mir sagten, sie hörten sich halloen und spähen, wie sie ihre Hüte gegen uns schwenkten.

In kurzer Zeit waren sie vollends bei uns, und ich sah Freund William im Boot stehen und uns Zeichen machen. So kamen sie an Bord; als ich aber nur fünfzehn von unseren einunddreißig Mann darin erblickte, fragte ich, was aus ihren Kameraden geworden sei. »Oh«, sagte William, »sie sind ganz wohl; mein Traum ist vollkommen in Erfüllung gegangen und der des Schaluppenführers auch.«

Dies machte mich sehr ungeduldig zu erfahren, wie die Dinge standen. Er erzählte uns also die ganze Geschichte, die in der Tat uns alle überraschte. Am folgenden Tag lichteten wir die Anker und steuerten südwärts, um mit Kapitän Wilmot und seinem Schiff in Mangahelly zusammenzutreffen, wo wir ihn fanden, aber, wie schon gesagt, etwas verdrießlich über unser Ausbleiben. Wir besänftigten ihn jedoch nachher, als wir ihm die Geschichte von Williams Traum und seinen Folgen erzählten.

Inzwischen war das Lager unserer Kameraden so nahe bei Mangahelly, dass unser Admiral und ich, Freund William und einige von der Mannschaft uns entschlossen, die Schaluppe zu nehmen, nach ihnen zu sehen und sie alle samt ihren Gütern und mit Sack und Pack an Bord unseres Schiffes zu holen, was wir dann auch sogleich ausführten. Wir fanden ihr Lager, ihre Befestigungen, die Batterie, die sie errichtet hatten, ihren Schatz und sämtliche Leute, ganz wie William erzählt hatte; nach kurzem Aufenthalt nahmen wir sie alle in die Schaluppe und führten sie mit uns hinweg.

Es verging noch einige Zeit, bis wir erfuhren, was aus Kapitän Avery geworden war; aber nach etwa einem Monat sandten wir auf den Rat der Leute, die ihr Schiff verloren hatten, die Schaluppe aus, um dem Ufer entlang zu kreuzen und womöglich ausfindig zu machen, wo er wäre. Nach einer Kreuzfahrt von etwa einer Woche fanden sie ihn wirklich und erfuhren, dass er ebenfalls, wie unsere Leute, sein Schiff verloren hatte und in jeder Beziehung ebenso übel daran war wie sie.

Es verflossen etwa zehn Tage, bis die Schaluppe zurückkehrte, und mit ihr Kapitän Avery. Folgendes war die ganze Macht, die, soviel ich mich erinnere, Kapitän Avery jemals gehabt hat. Denn wir versammelten jetzt alle unsere Kameraden, und die Sachlage war die: Wir besaßen zwei Schiffe und eine Schaluppe, worin wir dreihundertzwanzig Mann hatten, die indes zu einer gehörigen Bemannung durchaus nicht hinreichend waren; das große portugiesische Schiff erforderte allein beinahe vierhundert Mann, um vollständig gerüstet zu sein. Was unseren verlorenen, aber wiedergefundenen Kameraden betraf, so bestand seine vollständige Mannschaft etwa aus einhundertachtzig Mann, und Kapitän Avery hatte ungefähr dreihundert Mann bei sich, unter ihnen zehn Zimmerleute, die größtenteils an Bord des erbeuteten Schiffes gefunden worden waren, sodass mit einem Wort die ganze Streitmacht, welche Avery im Jahr 1699 oder um diese Zeit in Madagaskar hatte, sich auf unsere drei Schiffe belief; denn sein eigenes war, wie schon erzählt, verlorengegangen, wie es denn überhaupt im Ganzen nie mehr als etwa zwölfhundert Mann hatte.

Etwa einen Monat später versammelten sich alle unsere Mannschaften, und da Avery ohne Schiff war, kamen wir sämtlich dahin überein, unsere eigenen Leute auf das portugiesische Kriegsschiff und die Schaluppe zu bringen und dem Kapitän Avery die spanische Fregatte samt allem Takelwerk und den Gerätschaften, den Kanonen und dem Schießbedarf für seine Mannschaft zu überlassen, wofür er uns, da er Geld zur Genüge hatte, vierzigtausend spanische Piaster bezahlte.

Jetzt war die erste Frage, welche Richtung wir einschlagen sollten. Kapitän Avery, um ihm Gerechtigkeit widerfahren zu lassen, machte den Vorschlag, wir sollten uns hier niederlassen und eine kleine Stadt mit guten Festungswerken zu unserer Verteidigung bauen; da wir ja Reichtümer genug besäßen und diese nach Belieben noch vermehren könnten, sollten wir uns begnügen, hier ein zurückgezogenes Leben zu führen und der Welt Trotz zu bieten. Ich überzeugte ihn aber bald, dass dieser Platz uns keine Sicherheit bieten würde, wenn wir unsere Kreuzfahrten fortsetzen wollten; denn alle Nationen Europas und gewiss auch von diesem Weltteil würden sich dann zu unserer Vernichtung vereinigen. Wenn wir uns indes entschließen wollten, hier ein zurückgezogenes Leben zu führen, als Privatleute das Land zu bebauen und unser Seeräuberhandwerk aufzugeben, so könnten wir allerdings Pflanzungen gründen und uns niederlassen, wo wir wollten; dann aber, sagte ich ihm, würde es das Beste sein, mit den Eingeborenen zu unterhandeln und ihnen einen Strich Land weiter innen auf der Insel an einem schiffbaren Strom abzukaufen, wo zwar nach Belieben Boote auf und ab gehen könnten, aber keine Schiffe, die uns Gefahr bringen dürften. Wenn wir dann den Boden anpflanzten und Viehzucht trieben, zumal das Land von Kühen und Ziegen wimmle, so könnten wir hier wahrhaftig so gut leben als irgendjemand auf der Welt. Ich gab dabei zu, dass ich es für einen guten Rückzugsort für diejenigen hielte, welche Lust hätten, das Geschäft aufzugeben und es nicht wagten, nach Hause zu gehen und sich hängen zu lassen, das heißt sich dieser Gefahr auszusetzen.

Kapitän Avery rückte indessen nicht offen mit seinen Absichten heraus: Er schien meinen Plan, eine Pflanzung im Land zu gründen, abzulehnen und war doch offenbar der Meinung Kapitän Wilmots, dass man sich nämlich hierzulande niederlassen und dabei das bisherige Handwerk fortsetzen sollte, wozu sie sich auch entschlossen. Wie ich jedoch später erfuhr, gingen etwa fünfzig von ihren Leuten an Land und ließen sich im Innern als eine Kolonie nieder. Ob sie noch dort sind oder nicht, oder wie viele von ihnen noch leben, vermag ich nicht zu sagen; ich glaube indes, dass sie noch da sind und dass sie sich beträchtlich vermehrt haben; wie ich hörte, haben sie einige Frauen bei sich, denn sie sollen fünf holländische Frauen und drei oder vier kleine Mädchen von einem holländischen Schiff genommen haben, welches nach Mokka fahren wollte, aber in ihre Hände geriet; drei von diesen Frauen heirateten einige der Männer und gingen mit ihnen auf ihre neue Pflanzung. Doch erzähle ich dies nur vom Hörensagen.

Als wir einige Zeit hier lagen, fand ich bei unseren Leuten eine gewaltige Meinungsverschiedenheit; die einen wollten diesen, die anderen jenen Weg einschlagen, bis ich es zuletzt vorauszusehen begann, dass sie die Gesellschaft auflösen würden und wir vielleicht nicht Leute genug beisammenhalten könnten, um das große Schiff zu bemannen. Ich nahm daher Kapitän

Wilmot beiseite und fing an, mit ihm darüber zu sprechen, merkte aber bald, dass er selbst dazu neigte, in Madagaskar zu bleiben, und dass er, da ihm als Anteil an der Beute bedeutende Reichtümer zugefallen waren, geheime Absichten hegte, auf die eine oder andere Art wieder in seine Heimat zu gelangen.

Ich suchte ihn von der Unausführbarkeit dieses Wunsches zu überzeugen und von der Gefahr, in die er sich stürzen würde, entweder auf dem Roten Meer in die Hände von Räubern oder Mördern zu fallen, welche in keinem Fall Schätze wie die seinigen unangetastet lassen würden, oder in die Gewalt der Engländer, Holländer oder Franzosen zu geraten, die ihn ganz gewiss als Seeräuber hängen würden. Ich erzählte ihm von der Reise, welche ich selbst von dieser Gegend aus nach dem Festland von Afrika gemacht hatte, und von den Gefahren und Mühseligkeiten einer Fußwanderung.

Kurzum, es vermochte ihn nichts zu überzeugen, und er wollte durchaus mit der Schaluppe in das Rote Meer stechen, dort, wo einst die Kinder Israel trockenen Fußes hinübergingen, landen und sodann zu Land nach Großkairo reisen, welches nicht mehr als achtzig Meilen ist; von da, sagte er, könne er sich über Alexandria nach irgendeinem Teil der Welt einschiffen.

Ich stellte ihm die Gefahr und die wirkliche Unmöglichkeit vor, unangegriffen an Mokka und Dschidda vorbeizukommen, wenn er es mit Gewalt, oder unausgeplündert, wenn er es auf gütlichem Weg versuchen wollte; ich setzte meine Gründe hierfür so ausführlich und mit solchem Erfolg auseinander, dass keiner von seinen Leuten mit ihm gehen wollte; aber auf ihn selbst vermochte nichts einen Eindruck zu machen. Sie sagten ihm, sie wollten ihn sonst überallhin begleiten und ihm dienen, dieses aber hieße ihn selbst und sie mit Sicherheit ins Verderben stürzen, ohne irgendeine Möglichkeit, es zu vermeiden, oder eine Wahrscheinlichkeit, seinen Zweck zu erreichen. Der Kapitän nahm das, was ich ihm sagte, sehr übel auf, er werde es mir gedenken, und ließ trotzige Piratenäußerungen gegen mich fallen; ich erwiderte ihm aber nur so viel, dass ich ihm zu seinem Besten geraten habe, und wenn er es nicht so auffasse, dann sei es sein eigener Fehler, nicht der meinige; ich habe ihm ja nicht verboten zu gehen und auch niemand von seinen Leuten abwendig machen wollen, mit ihm zu gehen, obgleich dieser Weg sie zweifellos ins Verderben führen würde.

Indes, heiße Köpfe sind nicht so leicht abgekühlt. Der Kapitän war so erbost, dass er unsere Gesellschaft verließ, mit dem größten Teil seiner Mannschaft zu Kapitän Avery überging und mit seinen Leuten abrechnete, wobei er alle Schätze mit sich nahm, was beiläufig gesagt nicht ganz schön von ihm war, da wir miteinander verabredet hatten, allen unseren

Erwerb zu teilen, ob nun der eine mehr oder weniger hätte, ob er zugegen wäre oder nicht.

Unsere Leute murrten ein wenig darüber, aber ich beschwichtigte sie, so gut ich konnte, und sagte ihnen, es würde uns ein Leichtes sein, ebenso viel zu bekommen, wenn wir nur die rechten Gelegenheiten wahrnähmen: Kapitän Wilmot habe uns hier ein recht gutes Beispiel gegeben, denn nach derselben Regel sei die Verbindlichkeit, jeden weiteren Gewinn mit ihnen zu teilen, zu Ende. Ich ergriff diese Gelegenheit, ihnen von meinen weiteren Plänen etwas mitzuteilen, welche dahin gingen, den östlichen Teil des Meeres zu durchstreifen und zu sehen, ob wir uns nicht ebenso reich machen könnten wie Mr Avery, der allerdings eine ungeheure Summe zusammengebracht hatte, jedoch nicht die Hälfte von dem, was man in Europa sagte.

Unsere Leute waren mit meiner kühnen, unternehmenden Gemütsart so wohl zufrieden, dass sie mich versicherten, sie würden bis auf den letzten Mann mit mir durch die ganze Welt gehen, wohin ich sie führen würde, und was Kapitän Wilmot betreffe, so wollten sie nichts mehr mit ihm zu tun haben. Dies kam ihm zu Ohren und versetzte ihn in große Wut, sodass er drohte, wenn ich an Land käme, wollte er mir die Kehle durchschneiden.

Ich erfuhr dies unter der Hand, nahm aber durchaus keine Notiz davon; nur war ich darauf bedacht, ihm nicht ungerüstet in den Weg zu kommen, und ging selten ohne hinreichende Begleitung aus. Dennoch trafen Kapitän Wilmot und ich zuletzt zusammen und sprachen sehr ernsthaft über die Sache; ich bot ihm die Schaluppe an, damit er gehen könnte, wohin er wollte, oder wenn er damit nicht zufrieden wäre, so machte ich mich anheischig, selbst die Schaluppe zu übernehmen und ihm das große Schiff zu überlassen. Allein er lehnte beides ab und wünschte bloß, ich möchte ihm sechs Zimmerleute abtreten, deren ich auf unserem Schiff mehr hatte, als ich bedurfte, um seinen Leuten die Schaluppe vollenden zu helfen, welche die Mannschaft, die ihr Schiff verloren, begonnen hatte, ehe wir hierherkamen. Ich willigte gern darein und lieh ihm noch mehrere andere Hände, die ihm von Nutzen waren, sodass sie in kurzer Zeit eine starke Brigantine erbaut hatten, welche imstande war, vierzehn Kanonen und zweihundert Mann zu fassen.

Welche Maßregeln sie hierauf ergriffen und wie sich Kapitän Avery nachher benahm – das hier zu erzählen, würde zu weit führen; auch würde es nicht in meinen Plan passen, da ich bloß meine eigene Geschichte zu geben gedenke.

Wir lagen unter diesen verschiedenen einfältigen Misshelligkeiten beinahe fünf Monate hier, worauf ich gegen Ende März mit dem großen Schiff unter Segel ging, das vierundvierzig Kanonen und vierhundert Mann fasste, sowie mit der Schaluppe, die achtzig Mann zählte. Wir steuerten nicht, wie wir anfangs beabsichtigt, nach der malabarischen Küste und von da nach dem Persischen Meerbusen, da die östlichen Passatwinde noch zu stark bliesen, sondern hielten uns mehr an der afrikanischen Küste, wo wir abwechselnden Wind hatten, bis wir die Linie passierten und nach dem Kap Bassa in der Breite von 4° 10' gelangten. Von da segelten wir, da die Passatwinde in Nordost und Nordnordost umzuschlagen begannen, mit halbem Wind weiter nach den Malediven, einer berühmten, allen Seefahrern, welche in diese Weltgegend gekommen, wohlbekannten Inselgruppe. Diese Inseln ließen wir etwas südlich liegen, kamen an das Kap Komorin, den südlichen Teil der malabarischen Küste, und umschifften die Insel Ceylon. Hier lagen wir eine Weile, um auf eine Beute zu lauern; auch erblickten wir hier drei große englisch-ostindische Schiffe, welche von Bengalen oder vom Fort St. George aus sich auf dem Heimweg nach England befanden oder vielmehr mit der Fahrt nach Bombay und Surat begriffen waren, wo sie zuvor noch Geschäfte abzumachen hatten.

Wir näherten uns, hissten eine große englische Flagge samt dem Wimpel auf und legten vor ihnen bei, als beabsichtigten wir, sie anzugreifen. Sie wussten geraume Zeit nicht, was sie von uns denken sollten, obgleich sie unsere Farben sahen, und ich glaube, dass sie uns im Anfang für Franzosen hielten, als sie aber näherkamen, gaben wir ihnen bald zu erkennen, wer wir waren; denn wir ließen an der Spitze unserer Hauptmarsstange eine schwarze Fahne mit zwei gekreuzten Dolchen wehen, woraus sie sehen konnten, was sie von uns zu erwarten hätten.

Wir entdeckten bald die Wirkung hiervon, denn anfangs breiteten sie ihre Flaggen aus und segelten in gerader Linie auf uns zu, als ob sie uns bekämpfen wollten, wobei sie den Wind vom Land her hatten, der sie uns stark entgegentrieb. Als sie aber sahen, wie stark wir waren, und als sie an uns Kreuzfahrer ganz anderer Art fanden, machten sie sich mit ihrer ganzen Segelkraft wieder aus dem Weg. Wären sie herangerückt, so würden wir ihnen einen unerwarteten Willkomm gegeben haben, aber so, wie die Dinge standen, hatten wir keine Lust, sie zu verfolgen, und ließen sie aus denselben Gründen, die ich schon früher erwähnt habe, weiterziehen.

Aber wenn wir diese auch passieren ließen, lag es doch nicht in unserer Absicht, andere ebenso leichten Kaufs davonkommen zu lassen. Gleich am nächsten Morgen sahen wir ein Schiff, welches um das Kap Komorin herumfuhr und, wie wir dachten, in derselben Richtung mit uns steuerte. Wir wussten anfänglich nicht, was wir mit ihm machen sollten, weil es das Ufer auf seiner linken Seite hatte und, wenn wir es jagen wollten, leicht in irgendeinen Hafen oder eine Bucht einlaufen und uns entwischen konnte; um nun dies zu verhindern, entsandten wir die Schaluppe, um sich zwischen dem Schiff und dem Land aufzustellen. Sobald das Schiff das sah, machte es sich immer näher an das Land, und als die Schaluppe ihm entgegenfuhr, segelte es mit der größtmöglichen Eile geradezu nach dem Ufer.

Die Schaluppe rückte ihm indes immer näher, griff es an und fand, dass es ein Fahrzeug von zehn Kanonen war, von Portugiesen erbaut, aber in den Händen holländischer Handelsleute und mit Holländern bemannt, die von dem Persischen Meerbusen nach Batavien entsendet worden waren, um Spezereien und andere Güter von dort zu holen. Die Mannschaft der Schaluppe nahm es und hatte es durchsucht, noch ehe wir dazukamen. Es führte einige europäische Waren mit sich, dazu eine gute runde Summe Geldes und etliche Perlen, sodass, obgleich wir nicht der Perlen wegen in den Golf gingen, die Perlen aus dem Golf zu uns kamen und wir unseren Anteil erhielten. Es war ein reiches Schiff, und die Waren hatten, abgesehen von dem Geld und den Perlen, einen sehr bedeutenden Wert.

Wir hielten eine lange Beratung, was wir mit der Mannschaft anfangen sollten, denn wenn wir ihr das Schiff zurückgegeben und erlaubt hätten, ihre Fahrt nach Java fortzusetzen, so würde sie die dortige holländische Handelsniederlassung, welche bei Weitem die stärkste in Indien ist, aufgeschreckt und uns unmöglich gemacht haben, diesen Weg zu nehmen. Wir beabsichtigten nämlich, diesen Teil der Welt auf unserer Fahrt zu besuchen, waren aber nicht willens, an der großen Bucht von Bengalen bloß vorbeizugehen, vielmehr hofften wir, dort einen schönen Fang zu machen; es wäre uns deshalb höchst ungelegen gewesen, wenn man uns den Weg dahin versperrt hätte, denn sie wussten, dass wir die Meerenge von Malakka oder von Sunda passieren mussten, und diese beiden Wege konnten uns sehr leicht abgeschnitten werden.

Während wir uns in der großen Kajüte hierüber beratschlagten, besprach unsere Mannschaft dieselbe Sache vorne am Mast, und die Mehrzahl war, wie es schien, dafür, die armen Holländer unter die Heringe einzupökeln, das heißt, sie alle miteinander in die See zu werfen. Der arme Quäker William geriet darüber in große Not und kam sogleich auf mich zu, um es mir zu sagen. »Hör einmal«, sagte William, »was willst du mit diesen Holländern anfangen, die du an Bord hast? Du wirst sie doch vermutlich nicht ziehen lassen wollen?« – »Warum nicht?«, sagte ich. »Würdest du mir nicht raten, sie ziehen zu lassen?« – »Nein«, sagte William, »ich kann nicht sagen, dass es für dich gut wäre, sie gehen zu lassen, wenigstens sie nicht ihre Reise nach

Batavia fortsetzen zu lassen, weil es nicht in deinem Interesse liegt, dass die Holländer in Batavia deinen Aufenthalt in diesen Gewässern erfahren.« – »Nun, gut«, sagte ich zu ihm, »so weiß ich kein anderes Mittel, als sie über Bord zu werfen. Du weißt, William«, sagte ich, »ein Holländer schwimmt wie ein Fisch, und alle unsere Leute hier sind der gleichen Meinung.« Ich war zwar entschlossen, dies nicht geschehen zu lassen, wünschte aber doch zu hören, was William dazu sagen würde. Er antwortete ernst: »Wenn auch alle Leute im Schiff dieser Meinung wären, so würde ich doch nie glauben, dass du sie mit ihnen teilst, denn ich habe dich in allen anderen Fällen gegen Grausamkeiten protestieren hören.« – »Gut, William«, sagte ich, »das ist wahr; aber was sollen wir denn mit ihnen anfangen?« – »Gibt es denn keinen anderen Ausweg«, sagte William, »als sie zu ermorden? Ich bin überzeugt, es kann nicht dein Ernst sein.« – »Nein, in der Tat, William«, sagte ich, »es ist nicht mein Ernst; aber so viel bleibt ausgemacht, sie sollen nicht nach Java kommen und ebenso wenig nach Ceylon.« – »Aber«, sagte William, »die Leute haben dir überhaupt kein Leid getan; du hast ihnen einen großen Schatz genommen, was hast du für ein Recht, sie zu misshandeln?« – »William«, sagte ich, »sprich nicht so; ich habe Gründe genug, wenn es darauf ankommt. Der Hauptgrund ist zu verhindern, dass sie mir Übles zufügen, und das ist ein so wichtiger Punkt im Gesetz der Selbsterhaltung als irgendeiner, den du mir anführen kannst. Nun ist aber die große Frage, was ich mit ihnen anfangen soll, damit sie mir nicht schwatzen.«

Während William und ich so sprachen, wurden die armen Holländer von der ganzen Schiffsmannschaft geradeheraus zum Tode verurteilt, und die Leute waren so eifrig dabei, dass sie einen gewaltigen Lärm erhoben. Als sie hörten, dass William dagegen wäre, schworen einige von ihnen, die Holländer müssten dennoch sterben, und wenn William nicht nachgeben wollte, so würfe man ihn samt ihnen in die See.

Da ich indes entschlossen war, ihrem grausamen Vorhaben entgegenzutreten, fand ich, dass es Zeit war, mein Ansehen zu zeigen, bevor ihre Blutgier sich tätlich äußerte. Ich rief daher die Holländer zu mir und sprach ein wenig mit ihnen. Zuerst fragte ich, ob sie geneigt wären, mit uns zu ziehen. Zwei von ihnen sagten sogleich Ja, die übrigen aber, vierzehn an der Zahl, lehnten es ab. »Nun gut«, sagte ich, »wohin wollt ihr sonst?« Sie wünschten nach Ceylon zu gehen. Ich sagte ihnen, ich könnte nicht zulassen, dass sie in eine holländische Handelsniederlassung gelangten, und setzte ihnen ganz offen meine Gründe auseinander, deren Triftigkeit sie auch nicht bestreiten konnten. Ich ließ sie auch die grausamen, blutigen Pläne unserer Mannschaft wissen, bemerkte aber, dass ich entschlossen wäre, sie womöglich zu retten, und sagte ihnen daher, ich wollte sie in irgendeiner englischen Handelsniederlassung in Bengalen an Land setzen oder einem englischen Schiff mitgeben, dem ich begegnen würde, aber erst, nachdem ich die Meerenge von Sunda oder Malakka passiert hätte; denn ich würde sonst bei meiner Rückkehr nach hier ihre holländische Macht von Batavia aus mir auf den Hals ziehen; ich könnte also durchaus nicht wünschen, dass die Nachricht von dem Geschehenen vor mir dorthin gelangte, weil sonst alle ihre Handelsschiffe aufbrechen und uns aus dem Weg gehen würden.

Es kam nun zunächst in Betracht, was wir mit ihrem Schiff anfangen sollten. Hierüber bedurfte es jedoch keiner langen Beratung, denn es war nur zweierlei möglich: entweder man verbrannte es, oder man ließ es auf den Strand laufen, und wir wählten das Letztere. Wir banden also das Focksegel mit seinem Hals an den Katzenkopf, befestigten das Ruder ein wenig an den Steuerbord, damit es dem Hauptsegel nachgab, und ließen es, ohne dass ein Hund oder eine Katze darin gewesen wäre, laufen. Es dauerte nicht länger als zwei Stunden, so sahen wir es gerade an der Küste, ein wenig unter dem Kap Komorin, auf den Strand laufen; wir umschifften alsdann Ceylon und segelten auf die Küste von Coromandel los.

Wir segelten dahin, nicht bloß in Sichtweite des Ufers, sondern so nahe daran, dass wir die Schiffe auf der Reede beim Fort St. David, dem Fort St. George und den anderen Faktoreien längs dieses Ufers sowie die Küste von Golkonda sehen konnten, indem wir unsere englische Flagge aufsteckten, wenn wir in die Nähe der holländischen Faktoreien kamen, und die holländischen Farben, wenn wir an den englischen Faktoreien vorbeifuhren. Wir machten an dieser Küste ein wenig Beute, nur zwei kleine Schiffe von Golkonda, welche mit Ballen Kattun und Musselin sowie mit gewirkten Seidenstoffen und fünfzehn Ballen Rumal quer über die Bucht kamen und, wir wussten nicht in welcher Absicht, nach Achin und nach anderen Häfen an der Küste von Malakka fahren wollten. Wir fragten nicht, welchen Platz sie insbesondere im Auge hätten, sondern wir ließen die Schiffe ziehen, da sie bloß Inder an Bord hatten.

In der Bucht selbst stießen wir auf eine große Dschunke, welche zum Hof des Moguls gehörte, mit sehr vielen Leuten darauf, die wir für Reisende hielten; wie es schien, wollten sie in den Fluss Hugely oder Ganges fahren und kamen von Sumatra. Dies war ein Fang, um welchen man sich wohl einige Mühe geben durfte; denn wir bekamen hier außer anderen Waren, womit wir uns nicht einmal befassen mochten, namentlich Pfeffer, so viel Gold, dass es beinahe unserer Kreuzfahrt ein Ende gemacht hätte; denn fast alle meine Leute sagten, wir seien jetzt reich genug, und wollten wieder nach

Madagaskar zurückkehren. Allein ich führte immer noch andere Dinge im Schilde, und als ich mit ihnen darüber sprach und auch Freund William damit zu ihnen schickte, setzten wir ihnen solche goldenen Hoffnungen in den Kopf, dass sie bald einverstanden waren, weiter mit uns zu ziehen.

Mein Plan war zunächst, alle die gefährlichen Meerengen von Malakka, Singapur und Sunda zu verlassen, wo wir keine große Beute erwarten durften außer den europäischen Schiffen, die uns etwa begegneten und die wir bekämpfen mussten; denn obschon wir sehr wohl imstande waren zu kämpfen und es uns nicht an verzweifeltem Mut gebrach, so waren wir doch auch reich und dabei entschlossen, immer noch reicher zu werden, und hatten uns zum Grundsatz gemacht, solange wir die Güter, die wir suchten, ohne Kampf bekommen könnten, uns nicht der Notwendigkeit auszusetzen, für das zu fechten, was auf leichterem Weg zu erlangen war.

14. Kapitel

Wir verließen also die Bucht von Bengalen, und als wir an die Küste von Sumatra kamen, legten wir in einem kleinen Hafen an, in dessen Nähe eine nur von Malaien bewohnte Stadt lag. Hier nahmen wir frisches Wasser ein und verschafften uns eine große Menge gutes eingepökeltes und wohlgesalzenes Schweinefleisch trotz der Hitze des Klimas, indem wir uns gerade in der Mitte der heißen Zone, nämlich in 3° 15' nördlicher Breite befanden. Wir nahmen an Bord unserer beiden Fahrzeuge auch vierzig lebende Schweine, um immer frische Vorräte zu haben, da es uns an Futter für sie, wie es das Land hervorbrachte, durchaus nicht mangelte, nämlich an Guam, Kartoffeln und einer Art grobem Reis, welcher bloß zum Füttern der Schweine zu gebrauchen ist. Wir töteten jeden Tag eines dieser Tiere und fanden ihr Fleisch vortrefflich. Auch nahmen wir eine große Anzahl Enten und Hühner mit (dieselbe Art, wie wir sie in England haben), um uns einige Abwechslung in unseren Speisen zu bereiten. Wenn ich mich recht erinnere, hatten wir nicht weniger als zweitausend Stück, sodass wir im Anfang sehr mit ihnen geplagt waren; allein der große Haufen schmolz bald zusammen, indem wir sie sotten, brieten, schmorten etc., denn wir ließen uns nichts abgehen, solange wir sie hatten.

Mein längst gehegter Plan lag jetzt klar entwickelt vor mir, nämlich in die holländischen Gewürzinseln einzufallen und zu sehen, was ich dort erreichen könnte. Demgemäß stachen wir am 12. August in See, passierten am 17. die Linie und segelten genau nach Süden, indem wir die Meerengen von

Sunda und Java östlich liegen ließen, bis wir in die Breite von 11° 20' kamen. Von da aus steuerten wir ostwärts und ostnordostwärts, indem wir günstige Winde von Südwest hatten, bis wir zu den Molukken oder Gewürzinseln kamen.

Wir durchzogen diese Gewässer mit weniger Schwierigkeit als an anderen Orten, da die Winde im Süden von Java mehr wechselten und das Wetter im Allgemeinen gut war, wiewohl wir hier und da auch Böen und kurze Stürme hatten; als wir aber an die Gewürzinseln selbst kamen, hatten wir eine Art Passatwinde, die wir uns gehörig zunutze machten.

Die zahllose Menge von Inseln, welche in diesen Gewässern liegen, bereitete uns manche Verlegenheit, und nur mit großer Schwierigkeit vermochten wir uns einen Weg durch sie zu bahnen. Sodann steuerten wir nach der nördlichen Seite der Philippinen, wo wir doppelte Aussichten auf gute Geschäfte hatten; denn wir konnten entweder mit den spanischen Schiffen von Acapulco an der Küste von Neuspanien her zusammentreffen, oder aber wir durften gewiss sein, einige chinesische Schiffe oder Dschunken zu treffen, die, wenn sie von China kamen, sowohl eine große Menge wertvoller Waren als auch Geld an Bord hatten; oder wenn wir sie auf ihrer Heimfahrt erreichten, so konnten wir mit Zuversicht hoffen, sie mit Muskatnüssen und Gewürznelken von Banda und Ternate oder irgendeiner der anderen Inseln beladen zu finden.

Unsere Mutmaßungen in dieser Beziehung waren durchaus richtig, und wir steuerten geradezu durch eine breite Straße, die man dort eine Meerenge nennt, obgleich sie fünfzehn Meilen breit ist, nach einer Insel, Daurma genannt, und von da nordnordöstlich nach Banda. Zwischen diesen Inseln stießen wir auf eine holländische Dschunke, welche nach Amboyna bestimmt war. Wir nahmen sie ohne große Mühe, und ich hatte viel zu tun, um meine Leute abzuhalten, dass sie nicht die ganze Mannschaft ermordeten, sobald sie erfuhren, dass sie nach Amboyna gehörten; ihre Gründe, denke ich, wird jeder ohne Weiteres erraten.

Wir nahmen dieser Dschunke etwa sechzehn Tonnen Muskatnüsse, einigen Mundvorrat und ihre kleinen Gewehre ab (denn sie hatten keine großen Kanonen) und ließen sie dann weiterziehen. Von da segelten wir geradezu nach der Insel Banda oder Inseln, wo wir mit Sicherheit noch mehr Muskatnüsse bekommen konnten, wenn wir es für zweckmäßig erachtet hätten. Ich für meinen Teil würde gern noch mehr bekommen haben, wenn ich sie auch hätte bezahlen müssen, aber unsere Leute hatten einen wahren Abscheu davor, irgendetwas zu bezahlen. So erbeuteten wir denn zu verschiedenen Malen noch etwa zwölf Tonnen, meistens vom

Ufer hinweg und nur einige wenige von einem kleinen den Eingeborenen angehörigen Boot, welches nach Gilolo bestimmt war. Wir würden offen Handel getrieben haben; allein die Holländer, die sich aller dieser Inseln bemächtigt hatten, verboten den Einwohnern allen Verkehr mit uns oder sonstigen Fremden und hielten sie in solcher Angst, dass sie es nicht wagten, dieses Verbot zu überschreiten. Aus diesem Grund konnten wir also nichts damit anfangen, wenn wir uns länger hier aufhielten, und beschlossen daher, nach Ternate zu gehen und zu sehen, ob wir dort unsere Ladung Gewürznelken losschlagen könnten.

Demgemäß steuerten wir nördlich, fanden uns aber zwischen den zahlreichen Inseln, wo wir keinen Lotsen hatten, der die Meerenge und die Klippen kannte, so vielen Verlegenheiten ausgesetzt, dass wir uns genötigt sahen, den Plan aufzugeben, und beschlossen, nach Banda zurückzugehen, um zu sehen, was wir unter den anderen Inseln dort erlangen könnten.

Das erste Abenteuer, das wir hier bestanden, hätte uns allen leicht zum Verhängnis werden können. Die Schaluppe nämlich, welche voraussegelte, gab uns durch Signale zu verstehen, dass sie ein Schiff sehe und nachher ein zweites und ein drittes. Wir wandten daher mehr Segelkraft an, um sie einzuholen, gerieten aber auf einmal unter Klippen, gegen die wir mit solcher Heftigkeit auffuhren, dass wir alle im Innersten darüber erschraken; denn da wir, wie es schien, kaum einen Zoll mehr Wasser hatten, als unumgänglich notwendig war, stieß unser Ruder auf die Spitze eines Felsens, der uns einen schrecklichen Stoß gab, ein großes Stück des Ruders zertrümmerte und es wirklich so beschädigte, dass wir damit unser Schiff nicht weiter steuern konnten, wenigstens nicht so, dass wir uns darauf hätten verlassen dürfen. Wir sahen uns also genötigt, alle unsere Segel bis auf das Focksegel und das Hauptmarssegel anzuschnüren, und fuhren auf diese Art weiter nach Osten, um zu sehen, ob wir vielleicht eine Bucht oder einen Hafen fänden, wo wir das Schiff anlegen und unser Ruder ausbessern könnten. Zudem fanden wir, dass das Schiff selbst Schaden gelitten hatte, denn es hatte ein kleines Leck in der Nähe des Hinterstevens bekommen, und zwar ziemlich tief im Wasser.

Durch dieses Missgeschick verloren wir die Vorteile, die aus einem Anbinden mit den drei Schiffen erwachsen konnten. Es waren, wie wir nachher erfuhren, kleine holländische Fahrzeuge aus Batavia, welche nach Banda und Amboyna segelten, um Spezereien einzukaufen, und ohne Zweifel bedeutende Geldsummen an Bord hatten.

Nach dem Unglück, von dem ich soeben gesprochen, kann man sich leicht denken, dass wir baldmöglichst ankerten, und zwar an einer kleinen

Insel nicht weit von Banda, wohin die Holländer, obgleich sie dort keine Faktorei unterhalten, doch um diese Jahreszeit zu kommen pflegen, um Muskatnüsse und Muskatblüten einzukaufen. Wir verweilten hier dreizehn Tage; da sich aber kein Platz fand, wo wir das Schiff an Land bringen konnten, sandten wir die Schaluppe aus, um unter den Inseln herumzukreuzen und sich nach einem geeigneten Platz für uns umzusehen. Inzwischen bekamen wir hier sehr gutes Wasser, einige Lebensmittel, Wurzeln und Früchte und eine ziemliche Menge Muskatnüsse und Muskatblüten, welche wir an die Eingeborenen zu verhandeln Gelegenheit hatten, ohne dass ihre Gebieter, die Holländer, es erfuhren.

Endlich kam unsere Schaluppe zurück; sie hatte eine andere Insel ausfindig gemacht, wo ein sehr guter Hafen war. Wir fuhren hinein und warfen die Anker aus. Sofort spannten wir alle unsere Segel ab, schickten sie ans Ufer und schlugen sieben oder acht Zelte mit ihnen auf; dann takelten wir unsere Stangen ab, nahmen sie herunter, machten alle unsere Kanonen los und schafften sie nebst unseren Vorräten und der gesamten Beute unter die Zelte. Mit den Kanonen errichteten wir zwei kleine Batterien, um gegen eine Überraschung gesichert zu sein, und auf dem Hügel stellten wir eine Schildwache auf. Nachdem wir damit fertig waren, legten wir das Schiff auf dem festen Sand am oberen Ende des Hafens um und stützten es auf jeder Seite. Bei niedrigem Wasserstand lag es beinahe trocken, und so besserten wir seinen Boden aus und verstopften das Leck, welches dadurch entstanden war, dass einige von den Rudereisen bei dem Anprallen des Schiffes gegen den Felsen gestampft hatten.

Nachdem dies geschehen war, nahmen wir auch die Gelegenheit, den Boden zu reinigen, der durch den langen Aufenthalt auf See sehr schmutzig geworden war. Die Schaluppe wurde gleichfalls gewaschen und getalgt, war aber vor dem größeren Schiff wieder in brauchbaren Stand gesetzt und kreuzte acht oder zehn Tage unter den Inseln herum, jedoch ohne einen Fang zu tun, sodass wir des Ortes überdrüssig zu werden begannen, zumal wir hier außer den fürchterlichsten Donnerwettern, von denen man je in der Welt gehört und gelesen, wenig Neues zu sehen bekamen.

Wir hofften, hier den Chinesen einiges abzunehmen, die, wie man uns gesagt hatte, nach Ternate kamen, um Gewürznelken, und nach den Banda-Inseln, um Muskatnüsse einzukaufen. Es wäre eine große Freude für uns gewesen, wenn wir unsere Galeone oder das große Schiff mit diesen zwei Gewürzarten hätten beladen können, und wir würden dann unsere Fahrt wirklich für glorreich gehalten haben; aber es ließ sich hier nichts mehr sehen außer den Holländern, die – wir konnten nicht erraten auf welche Art –

Kunde von uns bekommen oder Verdacht gegen uns geschöpft hatten und sich nun dicht bei ihren Häfen aufhielten.

Einmal hatte ich im Sinn, auf der Insel Dumas, durch die besten Muskatnüsse berühmt, zu landen, aber Freund William, der immer der Meinung war, wir sollten unser Geschäft ohne Kampf abmachen, riet mir ab und führte solche Gründe an, dass wir nicht widerstehen konnten, darunter namentlich die große Hitze der Jahreszeit und des Ortes; denn wir waren jetzt in der Breite von gerade ½° südlich. Während wir aber noch über diesen Punkt stritten, wurden wir bald durch folgendes Ereignis zu einem Entschluss gezwungen. Wir hatten einen starken Südwestwestwind, und das Schiff segelte munter dahin, als eine gewaltige hohe See aus Nordost auf uns zukam, nämlich, wie wir nachher fanden, der große Ozean östlich von Neuguinea, der sich hier in dieses Meer ergießt. Gleichwohl segelten wir, wie schon gesagt, tüchtig drauflos, als auf einmal von einer dunklen Wolke, die über unseren Häuptern hing, eine Flamme oder vielmehr ein Blitzstrahl herabfuhr, der so fürchterlich war und so lange unter uns zuckte, dass nicht nur ich, sondern die ganze Mannschaft glaubte, das Schiff stehe in Flammen. Wir spürten die Hitze des Blitzes oder Feuers so empfindlich in unseren Gesichtern, dass mehrere von unseren Leuten davon Blasen auf der Haut bekamen, vielleicht nicht unmittelbar von der Hitze, sondern von den giftigen oder schädlichen Teilchen, welche sich mit dem entflammten Stoff vermischten. Dies war indes noch nicht alles: Die Erschütterung der Luft, welche der Bruch in den Wolken hervorrief, war so gewaltig, dass unser Schiff davon zusammenbebte, wie wenn eine ganze Batterie auf es abgefeuert worden wäre, und dadurch, dass seine Bewegung auf einmal durch einen mächtigeren Stoß als die Kraft, welche es bisher getrieben hatte, gehemmt wurde, flogen die Segel in einem Augenblick alle zurück, und das Schiff war im eigentlichen Sinn vom Donner gerührt. Da der Blitzstrahl aus der Wolke so nahe bei uns war, erfolgte wenige Augenblicke nach dem Blitz das fürchterlichste Donnergerolle, das vielleicht jemals Sterbliche gehört haben. Ich glaube fest, dass der Knall von hunderttausend Tonnen Pulver nicht hätte schrecklicher sein können; mehrere von unseren Leuten verloren wirklich das Gehör dadurch.

Den Schrecken dieser Minute kann ich ebenso wenig beschreiben, als irgendjemand ihn zu fassen vermag. Unsere Leute waren in solcher Bestürzung, dass kein Mann an Bord des Schiffes Geistesgegenwart genug hatte, an die Pflichten eines Seemanns zu denken, ausgenommen Freund William; und wäre er nicht aufs Schnellste und dabei mit einer Ruhe, die ich wahrhaftig mir selbst nicht zutrauen darf, herbeigesprungen, um die vordere Schote loszulassen, die Luvbrasse der Fockrahe anzulegen und die Marssegel herabzuziehen, so wäre wahrscheinlich unser Schiff umgestürzt worden.

Was mich selbst betrifft, so muss ich gestehen, dass meine Augen zwar die ganze Gefahr durchschauten, aber durchaus kein Mittel zu entdecken vermochten, uns herauszuhelfen. Ich war ganz Bestürzung und Verwirrung, und ich kann wohl sagen, es war dies das erste Mal, dass ich die Wirkungen jenes Entsetzens zu fühlen begann, das ich seitdem bei einer genauen Betrachtung meines früheren Lebens mehr kennengelernt habe. Ich glaubte mich vom Himmel verurteilt, in diesem Augenblick in ewige Vernichtung zu versinken, und zwar unter den besonders schreckhaften Umständen, dass die Sache nicht auf dem gewöhnlichen Weg der menschlichen Gerechtigkeit vollzogen würde, sondern dass Gott selbst unmittelbar über mich verfügte und entschlossen wäre, in eigener Person der Vollstrecker seiner Rache zu sein.

Die allein vermögen meinen Zustand zu fassen, welche sich an den Fall des [John] Child aus Shadwell oder des Francis Spira erinnern. Ich bin nicht imstande, ihn zu schildern. Meine Seele war ganz Schrecken und Bestürzung; ich glaubte, jetzt sogleich in die Ewigkeit zu versinken, musste die göttliche Gerechtigkeit meiner Bestrafung anerkennen, empfand aber durchaus nichts von den Rührungen eines aufrichtig bußfertigen Sünders. Ich war niedergeschlagen durch die Strafe, nicht aber durch das Verbrechen; bestürzt durch die Rache, nicht aber entsetzt über die Schuld; ich empfand noch dieselbe Lust zu dem Verbrechen, obgleich ich aufs Äußerste erschreckt war durch den Gedanken an die Strafe, die ich, wie ich glaubte, jetzt sogleich erleiden sollte.

Aber vielleicht werden manche, die dieses lesen, in dem Donner und Blitz nichts Außerordentliches finden und sich wegen des Übrigen weiter keine Gedanken machen oder das Ganze sogar ins Scherzhafte ziehen; ich sage daher jetzt nichts weiter darüber, sondern fahre in der Erzählung von meiner Reise fort. Als die Bestürzung vorüber war und die Mannschaft wieder zu sich zu kommen anfing, rief einer den anderen, jeder seinen Freund oder solche, vor denen er am meisten Achtung hatte, und es war ein ausnehmendes Vergnügen zu finden, dass niemand verletzt war. Das nächste war jetzt zu untersuchen, ob das Schiff keine Beschädigung erlitten habe, was der Hochbootsmann befürchtete; er brachte die Nachricht, dass ein Teil des Schnabels abgeschlagen sei, jedoch nicht so, dass das Bugspriet gefährdet wäre. Wir hissten also unsere Marssegel wieder auf, holten die Vorderschoten nach hinten, brassten die Rahen und segelten weiter. Ich kann indes nicht leugnen, dass wir alle beinahe ebenso waren wie das Schiff: Nachdem unsere erste Bestürzung ein wenig verflogen war und wir sahen, dass das Schiff wieder schwamm, waren wir bald wieder dieselben gottlosen und verhärteten Burschen wie zuvor, und ich machte keine Ausnahme.

Wir steuerten nach Nordnordost und passierten auf diese Art mit einem günstigen Wind die Meerenge oder den Kanal zwischen der Insel Gilolo und Neuguinea, worauf wir bald in die offene See südwestlich von den Philippinen kamen, nämlich in den Stillen Ozean oder die Südsee, wo man sagen kann, dass sie sich mit dem weiten Indischen Ozean vereinige.

Als wir unter vollem nördlichem Kurs in diese Meere kamen, erreichten wir bald die Nordseite der Linie und segelten dann auf Mindanao und Manila zu, die größten der Philippinischen Inseln, ohne auf irgendeine Beute zu stoßen, bis wir in den Norden von Manila kamen, wo unser Geschäft seinen Anfang nahm, denn in einiger Entfernung von Manila nahmen wir drei japanische Schiffe. Zwei von ihnen hatten ihren Markt gemacht und segelten mit Muskatnüssen, Gewürznelken, Zimt etc. und allen möglichen europäischen Waren, welche die spanischen Schiffe von Acapulco gebracht hatten, heimwärts. Sie hatten zusammen achtunddreißig Tonnen Gewürznelken, fünf oder sechs Tonnen Muskatnüsse und ebenso viel Zimt. Wir nahmen ihnen die Spezereien weg, befassten uns aber sehr wenig mit den europäischen Gütern, da wir sie unserer Beachtung nicht wert hielten; aber bald darauf bereuten wir es sehr und wurden für künftige Fälle klüger.

Das dritte japanische Schiff war unsere beste Prise, denn es führte Geld und eine große Menge ungeprägten Goldes an Bord, um von den obenerwähnten Waren einzukaufen. Wir erleichterten es um sein Gold, taten ihm aber sonst kein Leid an, und da wir nicht im Sinn hatten, uns lange hier aufzuhalten, segelten wir in der Richtung nach China weiter.

Wir brauchten mehr als zwei Monate zu dieser Fahrt, da wir viel mit dem Wind zu kämpfen hatten, welcher beständig von Nordost her blies, höchstens mit einer Abweichung von zwei Strichen nach Norden oder Westen – ein Umstand, dem wir es in der Tat auch zu danken hatten, dass wir auf eine größere Anzahl von Prisen stießen.

Wir hatten eben die Philippinen verlassen und nahmen uns vor, nach der Insel Formosa zu segeln, aber der Wind blies so frisch von Nordnordost, dass dies durchaus nicht ausführbar war und wir uns genötigt sahen, nach Laconia, der nördlichsten dieser Inseln, zurückzukehren. Wir lagen hier ganz sicher und änderten unsere Stellung nicht, weil keine Gefahr drohte, denn hier gab es keine, sondern um uns besser mit Lebensmitteln zu versehen, welche die Leute uns sehr bereitwillig lieferten.

Während unseres Aufenthalts dort lagen auch drei sehr große Galeonen oder spanische Schiffe aus der Südsee da. Wir konnten im Anfang nicht daraus klug werden, ob sie erst neuerdings gekommen oder im Begriff waren abzusegeln; als wir aber später fanden, dass die chinesischen Kaufleute zu laden und nach Norden abzufahren begannen, schlossen wir daraus, dass die spanischen Schiffe gerade ihre Waren ausgeladen und an diese verkauft hätten. Wir zweifelten also nicht daran, auf unserer weiteren Fahrt Beute zu machen, auch konnten wir dies in der Tat nicht missen.

Wir blieben hier bis Anfang Mai, um welche Zeit dem Vernehmen nach die chinesischen Kaufleute abfahren wollten; denn die nördlichen Passatwinde hören Ende März oder Anfang April auf, sodass sie bei ihrer Rückreise mit Sicherheit auf einen günstigen Wind rechnen konnten. Wir mieteten daher von den Eingeborenen einige Boote, welche sehr gute Segler waren, um sie auf Kundschaft auszuschicken, wie die Sachen in Manila stünden und wann die chinesischen Dschunken abzusegeln gedächten. Als wir hierüber Gewissheit hatten, trafen wir unsere Vorkehrungen in einer Weise, dass wir nach einer dreitägigen Fahrt mit nicht weniger als elf von ihnen zusammentrafen, von denen wir jedoch, da sie uns unglücklicherweise zu früh entdeckt hatten, nur drei in unsere Hände bekamen; allein wir begnügten uns damit und setzten unsere Fahrt nach Formosa fort. Auf den drei Schiffen, die wir bekommen hatten, waren solche Vorräte an Gewürznelken, Muskatnüssen, Zimt, Muskatblüten und überdies so viel Silber, dass unsere Mannschaft anfing, meine Meinung zu teilen, nämlich dass wir jetzt reich genug wären und bloß noch zu überlegen hätten, wie wir unsere unermesslichen Schätze am besten in Sicherheit bringen könnten.

Ich freute mich insgeheim, als ich hörte, dass diese Stimmung bei ihnen vorherrschte, denn ich hatte schon lange beschlossen, sie womöglich zur Rückkehr zu überreden, da ich meinen ursprünglichen Plan, die Gewürzinseln ein wenig zu durchsuchen, vollkommen ausgeführt hatte und alle diese Prisen, die in Manila ungeheuren Wert hatten, weit über meine Erwartung ausgefallen waren.

Da ich nun gehört hatte, was die Leute sagten und wie allen nichts weiter zu wünschen übrig blieb, ließ ich sie durch Freund William wissen, ich beabsichtige bloß nach der Insel Formosa zu fahren, wo ich Gelegenheit finden würde, unsere Spezereien und europäischen Waren in bares Geld zu verwandeln, und dann wollte ich südlich umwenden, indem die nördlichen Passatwinde sich um diese Zeit ebenfalls wieder einfinden würden. Sie billigten alle meinen Plan und fuhren bereitwillig weiter; denn abgesehen von den Winden, welche uns vor dem Oktober nicht gestatteten, nach dem Süden zu gehen, hatten wir jetzt ein sehr schweres Schiff, welches an die zweihundert Tonnen Waren (darunter einige sehr wertvolle) an Bord führte. Die Schaluppe war ebenfalls ihrer Größe entsprechend beladen.

Mit diesem Entschluss nun zogen wir vergnügt weiter und entdeckten nach einer Fahrt von etwa zwölf Tagen die Insel Formosa in großer Entfernung, waren aber, da wir uns zu sehr leewärts hielten, bereits über den südlichsten Teil der Insel hinausgefahren und beinahe an der Küste von China. Hier befanden wir uns ein wenig in Verlegenheit; denn die englischen Handelsniederlassungen waren nicht fern, und wenn wir mit ihnen in Berührung kamen, konnten wir leicht genötigt werden, einige ihrer Schiffe zu bekämpfen, was wir, obgleich wir uns stark genug dazu fühlten, aus mehreren Gründen nicht wünschten, besonders aber, weil es durchaus nicht für unseren Zweck passte, bekannt werden zu lassen, wer wir wären, oder dass man überhaupt Leute unseres Schlages an der Küste gesehen hätte. Gleichwohl waren wir genötigt, uns gegen Norden zu halten und so gut die offene See zu behaupten, als es bei der Nähe der Küste von China möglich war. Wir waren noch nicht lange gefahren, als wir eine kleine chinesische Dschunke auftrieben. Diese nahmen wir weg und fanden, dass sie nach der Insel Formosa bestimmt war, aber außer einigem Reis und einer kleinen Menge Tee keine Waren an Bord hatte. Dagegen befanden sich drei chinesische Kaufleute darauf, die uns sagten, sie führen einem großen Schiff ihres Landes entgegen, welches, von Tonkin zurückgekommen, in einem Fluss auf der Insel Formosa läge, dessen Name mir nicht mehr einfällt. Sie wären im Begriff, mit Seidenstoffen, Musselin, Kattunen und sonstigen chinesischen Produkten und einigem Gold nach den Philippinen zu segeln, und hätten den Auftrag, die Ladung dort zu verkaufen und dagegen Spezereien und europäische Güter einzuhandeln.

Dies passte sehr gut in unseren Plan, zumal wir nun entschlossen waren, das Seeräuberhandwerk aufzugeben und Kaufleute zu werden. Wir teilten ihnen daher mit, was für Waren wir an Bord hätten, und dass wir, wenn sie die Ladung, welche sie umzusetzen wünschten, oder ihre Kaufleute auf unser Schiff brächten, Geschäfte mit ihnen machen wollten. Sie waren durchaus nicht abgeneigt, mit uns zu handeln, obgleich sie äußerst eingeschüchtert und misstrauisch waren, was ihnen auch nicht übelzunehmen war, denn wir hatten sie ja bereits ausgeplündert. Auf der anderen Seite waren wir ebenso misstrauisch wie sie und höchst unschlüssig, was wir tun sollten, aber William der Quäker brachte eine Art Tauschhandel zustande. Er kam zu mir und sagte, er glaube, dass die Kaufleute wie ehrliche Menschen aussähen, die es redlich meinten. »Und zudem«, sagte er, »ist es ihr eigener Vorteil, jetzt ehrlich zu sein; denn da sie wissen, in welcher Weise wir zu den

Waren gekommen sind, die wir an sie vertauschen wollen, wissen sie auch, dass sie auf schöne Prozente rechnen dürfen; überdies erspart es ihnen die ganze Reise, denn da die südlichen Passatwinde noch immer andauern, können sie, wenn sie mit uns gehandelt haben, mit ihrer Fracht sogleich nach China zurückkehren.« Wir erfuhren zwar nachher, dass sie nach Japan gehen wollten, das kam aufs Gleiche hinaus, denn auf diese Art ersparten sie sich wenigstens eine Reise von acht Monaten. Aus diesen Gründen nun, meinte William, dürften wir ihnen wohl trauen; »denn«, sagte er, »ich will mich ebenso gern einem Mann anvertrauen, den sein Vorteil zur Ehrlichkeit gegen mich verbindet, als einem Mann, den seine Grundsätze dazu verpflichten«. Übrigens schlug William vor, wir sollten zwei von den Kaufleuten als Geiseln an Bord unseres Schiffes behalten, einen Teil unserer Waren auf ihr Fahrzeug laden und den dritten mit denselben in den Hafen gehen lassen, wo ihr Schiff lag; wenn er dann die Spezereien abgesetzt habe, so solle er solche Dinge, über deren Austausch man sich geeinigt, dagegen zurückbringen. Dies wurde zum Beschluss erhoben, und William wagte es, mit den Chinesen zu gehen – ein Unterfangen, zu dem ich selbst nicht den Mut gehabt hätte; auch wollte ich es ihm ausreden, allein er blieb fest bei seinem Satz, es sei ihr eigenes Interesse, ihn redlich zu behandeln.

Mittlerweile ankerten wir an einer kleinen Insel in der Breite von 23° 28', gerade unter dem nördlichen Wendekreis und etwa zwanzig Seemeilen von der Insel. Hier lagen wir dreizehn Tage und begannen uns um unseren Freund William sehr zu sorgen, denn sie hatten versprochen, in vier Tagen zurückzukommen, was sie auch sehr leicht hätten tun können. Endlich sahen wir nach Ablauf dieser Zeit drei Schiffe gerade auf uns zukommen, was uns anfangs ein wenig überraschte, da wir nicht wussten, was sie im Schilde führten, und wir fingen bereits an, uns in Verteidigungsstand zu setzen; als sie aber näherkamen, waren wir bald beruhigt, denn auf dem ersten Schiff, worin William fuhr, wehte eine Friedensflagge. In wenigen Stunden ankerten sie alle, und William kam auf einem kleinen Boot zu uns, in Begleitung des chinesischen Kaufmanns und zwei anderer Kaufleute, welche eine Art Unterhändler für die übrigen zu sein schienen.

Er erzählte uns nun, wie höflich man ihm begegnet wäre, wie sie ihn mit aller erdenklichen Freundschaftlichkeit und Offenheit behandelt und ihm nicht nur den Wert seiner Spezereien und übrigen Waren mit gut gewogenem Geld ausbezahlt, sondern auch das Schiff wieder mit solchen Waren beladen hätten, die wir, wie er wisse, einzutauschen wünschten. Nachher hätten sie sich entschlossen, mit dem großen Schiff den Hafen zu verlassen und bei uns anzulegen, sodass wir mit ihnen Geschäfte machen könnten, welche wir wollten; nur habe er ihnen, sagte William, in unserem Namen versprochen, dass wir keine Gewalt gegen sie gebrauchen und keines ihrer Schiffe zurückbehalten wollten, nachdem wir unsere Geschäfte mit ihnen abgemacht hätten. Ich erwiderte ihm hierauf, wir wollten uns bemühen, sie an Höflichkeit zu überbieten und die von ihm eingegangenen Verbindlichkeiten aufs Strengste zu erfüllen. Zum Beweis dafür ließ ich nun ebenfalls eine weiße Flagge auf dem Hinterteil unseres großen Schiffes aufpflanzen, welches das verabredete Signal war.

Das dritte Fahrzeug, das mit ihnen kam, war eine Art Barke, wie sie in diesen Gegenden gebräuchlich sind; sie war auf die Nachricht von unseren Handelsabsichten gekommen, um mit uns Geschäfte zu machen, und hatte eine Menge Gold und einige Vorräte an Lebensmitteln, die uns sehr erwünscht kamen.

Kurz, wir handelten mit diesen Leuten auf der offenen See und machten wirklich ein sehr gutes Geschäft, obgleich wir ihnen auch die Diebsprozente gestatteten. Wir verkauften hier mehr als sechzig Tonnen Spezereien, hauptsächlich Gewürznelken und Muskatnüsse, und über 200 Ballen europäischer Waren, wie zum Beispiel Leinwand und Wollwaren. Da indes eine Zeit kommen mochte, wo wir selbst solche Artikel benötigen würden, behielten wir eine gute Menge englischer Gewebe, Tücher, Wollstoffe etc. für uns zurück. Doch um mich kurz zu fassen, genüge es zu bemerken, dass wir außer einem Quantum Tee und zwölf Ballen feiner chinesischer Seidenwirkereien für unsere Waren nichts als Gold eintauschten, sodass sich die Summe, die wir in diesem glänzenden Geschäft erhielten, auf mehr als 50.000 Unzen guten Gewichts belief.

Als wir unseren Tauschhandel beendet hatten, gaben wir die Geiseln zurück und schenkten den drei Kaufleuten zur Entschädigung für das, was wir ihnen genommen, etwa zwölf Zentner Muskatnüsse und ebenso viel Gewürznelken nebst einem hübschen Präsent von europäischer Leinwand und Stoffen, sodass sie äußerst vergnügt von uns Abschied nahmen.

Jetzt erzählte mir William, er habe an Bord des japanischen Schiffes einen japanischen Priester getroffen, der einige englische Worte mit ihm gesprochen und ihm auf seine eindringlichen Fragen, wie er diese Worte gelernt, die Antwort gegeben habe, es seien in seinem Land dreizehn Engländer; es könne über ihre Abkunft kein Irrtum stattfinden, da sie sich ihm gegenüber selbst für Angehörige dieses Landes ausgegeben. Dem Bericht des Priesters zufolge waren sie die einzigen Übriggebliebenen von zweiunddreißig Mann, die sich, nachdem ihr Schiff in einer Sturmnacht auf einem großen Felsen gestrandet war, auf der nördlichen Seite von Japan ans

Land gerettet hatten; die anderen waren samt und sonders ertrunken. Er erzählte weiter, er habe den König seines Landes überredet, Boote nach dem Felsen oder der Insel auszuschicken, wo das Schiff verloren gegangen, um den Rest der Mannschaft zu retten und an Land zu bringen; dies sei geschehen, man habe sie sehr freundlich aufgenommen, ihnen Land gegeben, um es zu bepflanzen, und jetzt leben sie unter ihnen.

Er sagte, er gehe häufig zu ihnen, um sie zu überreden, den Gott der Japaner anzubeten (vermutlich einen Götzen, den sie selbst gemacht), was sie aber, seiner Äußerung nach, undankbar verweigerten, weshalb der König schon ein oder zwei Mal befohlen habe, sie alle hinzurichten; er habe indes den König zu bewegen vermocht, ihrer zu schonen und sie nach ihrer eigenen Art leben zu lassen, solange sie sich ruhig und friedlich verhielten und nicht umhergingen, andere von dem landesüblichen Gottesdienst abzuhalten.

Ich fragte William, warum er sich nicht erkundigt hätte, woher sie gekommen wären. »Ich tat es«, sagte William, »denn wie konnte ich es anders als höchst auffallend finden, ihn von Engländern auf der nördlichen Seite von Japan sprechen zu hören?« – »Gut«, sagte ich, »und welche Auskunft gab er dir hierüber?« – »Eine Auskunft«, sagte William, »welche dich und alle Welt nach dir, die es zu hören bekommt, in Erstaunen versetzen wird und mich zu dem Wunsch veranlasst, du möchtest nach Japan segeln und sie aufsuchen.« – »Was willst du damit sagen?«, sagte ich, »wo mögen sie wohl hergekommen sein?« – »Hier«, sagte William, indem er ein kleines Buch hervorzog, worin auf einem Stückchen Papier von englischer Hand deutliche englische Worte geschrieben standen; »hier, ich habe es selbst gelesen: – Wir kamen von Grönland und vom Nordpol.« Dies versetzte uns wirklich alle in das höchste Erstaunen und besonders diejenigen von unseren Matrosen, welche von den endlosen Versuchen wussten, die von Europa aus sowohl von den Engländern als von den Holländern gemacht worden sind, um auf diesem Weg einen Durchgang in jene Weltgegend zu entdecken. Da nun William ernstlich darauf drang, die Nordküste zu besuchen, um diese armen Leute zu befreien, gelang es ihm auch, die Schiffsmannschaft für seinen Plan zu gewinnen, und wir fassten einstimmig den Beschluss, in Formosa an Land zu gehen, um den Priester aufzusuchen und über die weiteren Umstände Nachrichten einzuziehen. Demgemäß segelte die Schaluppe sogleich fort; aber bis sie dahin kam, waren die Schiffe leider schon abgefahren. Dies machte unseren Nachforschungen ein Ende und brachte die Menschheit vielleicht um eine der großartigsten Entdeckungen, welche jemals in der Welt zum Besten des ganzen Menschengeschlechts gemacht worden sind oder noch gemacht werden können. Doch genug hiervon.

15. Kapitel

William war so verdrießlich über die Vereitelung dieses Plans, dass er ernstlich in uns drang, nach Japan zu segeln, um diese Leute ausfindig zu machen. Er sagte uns, wenn es sich auch um weiter nichts handelte, als dreizehn ehrliche, arme Männer aus einer Art Gefangenschaft zu befreien, von der sie sonst keine Erlösung zu erwarten hätten, und wo sie vielleicht früher oder später von den barbarischen Einwohnern im Interesse ihres Götzendienstes ermordet würden, so wäre es schon eine lohnende Mühe, und wir könnten dadurch einigermaßen das Unheil wiedergutmachen, das wir in der Welt angerichtet hätten. Allein wir, denen unsere Missetaten durchaus nicht schwer auf dem Herzen lasteten, ließen uns noch weniger einfallen, zur Sühnung derselben etwas Gutes tun zu wollen, und er fand, dass Redensarten dieser Art bei uns sehr wenig fruchteten. Sodann drang er aufs Ernsthafteste in uns, wir möchten ihm die Schaluppe überlassen, damit er selbst hinführe, worauf ich ihm erklärte, dass ich ihm nicht im Weg sein wolle; als er aber auf die Schaluppe kam, wollte niemand von der Mannschaft mit ihm gehen. Das war auch ganz natürlich: Sie hatten ihren Anteil sowohl an den Gütern auf dem großen Schiff als auch an denen in der Schaluppe, und ihr Wert war so groß, dass sie unter keinen Umständen das Schiff verlassen wollten; und so sah sich denn der arme William zu seinem großen Schmerz genötigt, den Plan aufzugeben. Was aus den dreizehn Männern geworden ist oder ob sie noch dort leben, darüber kann ich keine Auskunft geben.

Wir waren jetzt am Ende unserer Kreuzfahrt und hatten wirklich so bedeutende Schätze erbeutet, dass selbst das habgierigste, unersättlichste Gemüt von der Welt sich damit zufriedengeben konnte, wie denn auch unsere Leute erklärten, dass sie jetzt nichts weiter wünschten. Wir hatten daher für nichts mehr zu sorgen, als den Rückweg anzutreten, und zwar eine solche Richtung zu nehmen, dass von den Holländern in der Meerenge von Sunda kein Angriff zu befürchten war.

Wir hatten uns hier sehr gut mit Lebensmitteln versehen, und da nun die Passatwinde sich bald wieder einstellen mussten, beschlossen wir, südlich zu steuern und uns nicht allein außerhalb der Philippinischen Inseln, das heißt östlich von ihnen, sondern auch südlich zu halten und zu sehen, ob wir nicht nur die Molukken oder Gewürzinseln, sondern auch Neuguinea und Neuholland umfahren könnten; sodann gedachten wir, wenn wir im Süden vom Wendekreis des Steinbocks abwechselnde Winde bekämen, nach Westen und über den großen Indischen Ozean zu steuern.

Dies war auf den ersten Blick in der Tat ein Riesenweg, und der Mangel an Lebensmitteln drohte uns. William setzte uns sehr ausführlich auseinander, dass es unmöglich sei, für eine solche Reise genügend Lebensmittel und vor allem Trinkwasser mitzunehmen; denn da wir kein Land berühren würden, wo wir uns mit irgendetwas versehen könnten, wäre es ein wahrer Wahnsinn, diesen Weg einzuschlagen.

Allein ich unternahm es, diesem Übelstand abzuhelfen, und ersuchte die Leute, sich deswegen keine Sorgen zu machen; denn ich wusste, dass wir in Mindanao, der südlichsten von den Philippinischen Inseln, Vorräte einnehmen konnten. Wir segelten also, nachdem wir hier an Lebensmitteln, was zu bekommen war, mit uns genommen hatten, am 28. September ab, wobei sich der Wind anfangs ein wenig von Nordnordwest nach Nordostost drehte, nachher aber in Nordost und Ostnordost umschlug. Wir brauchten neun Wochen zu dieser Fahrt, da wir mehrere Male schlimmes Wetter hatten, und legten unter der Leeseite einer kleinen Insel in der Breite von 16° 12' an, deren Namen wir nicht kannten, weil sie auf keiner von unseren Karten verzeichnet war; ich sage, wir legten dort an wegen eines gewaltigen Orkans oder Wirbelwindes, der uns in sehr große Gefahr versetzte. Hier blieben wir gegen sechzehn Tage, da die Winde sehr stürmisch waren und man sich auf das Wetter nicht verlassen konnte. Doch bekamen wir am Ufer einige Lebensmittel, Pflanzen, Wurzeln und einige Schweine. Wir glaubten, die Insel habe Bewohner, allein wir sahen keinen einzigen.

Von da fuhren wir, als sich das Wetter wieder besserte, weiter und kamen an den südlichsten Teil von Mindanao, wo wir frisches Wasser einnahmen und einige Kühe an Bord brachten; allein das Klima war so heiß, dass wir keinen Versuch machten, sie auf längere Zeit als etwa vierzehn Tage oder drei Wochen einzupökeln. Sofort steuerten wir südwärts, passierten die Linie, ließen Gilolo rechts liegen und fuhren an der Küste des Landes hin, welches man Neuguinea nennt, wo wir in der Breite von 8° südlich wieder haltmachten, um frische Lebensmittel und Wasser einzunehmen. Hier fanden wir auch Einwohner, allein sie flohen vor uns und waren durchaus unzugänglich. Nun segelten wir immer südwärts, ließen alles hinter uns, was auf unseren Karten verzeichnet war, und fuhren immer weiter, bis wir in die Breite von 17° kamen, während der Wind immer von Nordost her wehte.

Hier entdeckten wir westliches Land, und als wir es drei Tage lang vor Augen gehabt, indem wir in der Entfernung von etwa vier Meilen an der Küste hin segelten, begannen wir zu fürchten, wir möchten westlich keinen Ausgang finden und so gezwungen werden, wieder umzukehren und zuletzt wieder an den Molukken anzuhalten. Endlich aber fanden wir, dass sich das Land in schiefer Richtung gegen das Westmeer hinzog, indem es gegen Süden und Südwest ganz offen zu sein schien, und dass ein großes Gewässer vom Süden her rollte, woraus wir entnahmen, dass weit und breit kein Land sei.

Mit einem Wort, wir nahmen unsere Richtung nach Süden, jedoch dabei etwas westlich, bis wir den südlichen Wendekreis passierten, wo wir die Winde wechselnd fanden; und nun segelten wir geradezu nach Westen und fuhren so an die zwanzig Tage fort, bis wir gerade vor uns und auf unserer Backbordseite Land entdeckten. Wir steuerten geradezu auf das Ufer los, da wir im Sinn hatten, jetzt alle Gelegenheiten zu ergreifen, um uns mit frischen Vorräten und Wasser zu versehen; denn wir wussten, dass wir jetzt in den unermesslichen, unbekannten Indischen Ozean gerieten, vielleicht das größte Meer der Welt – ein Gewässer, das sich ohne wesentliche Unterbrechung von Inseln um die ganze Weltkugel herumzieht.

Wir fanden hier eine gute Reede und einige Leute am Ufer; als wir aber landeten, flohen sie ins Innere und wollten in keinen Verkehr mit uns treten oder uns näherkommen, sondern schossen bloß mehrmals nach uns mit Pfeilen so lang wie Lanzen. Wir pflanzten als Friedenszeichen weiße Flaggen auf; aber entweder verstanden sie uns nicht oder sie wollten uns nicht verstehen, denn sie schossen im Gegenteil mehrere Male mit ihren Pfeilen auf unsere Friedensflagge, sodass wir ihnen nicht näherkamen.

Wir fanden hier gutes Wasser, obgleich es etwas schwer zu bekommen war, aber lebendige Geschöpfe konnten wir keine erblicken; denn wenn die Einwohner Vieh hatten, so trieben sie alles hinweg und zeigten uns nichts als sich selbst, und zwar manchmal in so drohender Haltung und so großer Anzahl, dass wir dachten, die Insel müsse doch größer sein, als wir anfangs angenommen hatten. Es ist wahr, sie kamen uns nicht nahe genug, dass wir sie hätten angreifen können, wenigstens nicht offen; doch näherten sie sich so weit, dass wir sie sehen und mit Hilfe unserer Gläser auch bemerken konnten, dass sie bekleidet und bewaffnet waren, dass aber ihre Kleider nur die unteren und mittleren Teile des Körpers bedeckten; ferner, dass sie lange Lanzen wie Halbpiken in ihren Händen hatten und außerdem Bogen und Pfeile; endlich, dass sie auf ihren Köpfen sehr hohe Aufsätze trugen, die unserer Ansicht nach aus Federn bestanden und beinahe aussahen wie die Kolpake unserer Grenadiere in England.

Als wir sahen, dass sie so scheu waren und sich durchaus nicht nähern wollten, begannen unsere Leute auf der Insel herumzuschweifen – wenn es eine solche war, denn wir umsegelten sie nicht –, um nach Rindvieh, nach irgendeiner indischen Niederlassung, nach Früchten oder Pflanzen zu suchen. Sie lernten aber bald einsehen, dass sie vorsichtiger zu Werke gehen müssten und dass es notwendig wäre, jeden Busch und jeden Baum genau zu untersuchen, ehe sie sich weiter in das Land wagten; denn etwa vierzehn von unseren Leuten, die weiter als die übrigen in einen Teil des Landes gingen, welchen sie angepflanzt glaubten, der aber nur so aussah und meiner Ansicht nach nur mit solchem Rohr überwachsen war, aus welchem wir unsere Rohrstühle machen – vierzehn Mann, sage ich, wagten sich zu weit vor und wurden auf einmal von fast allen Seiten her mit einem Hagel von Pfeilen angegriffen, und zwar, wie sie glaubten, von den Gipfeln der Bäume herab.

Sie konnten nichts tun als fliehen, wozu sie sich indes erst dann entschlossen, als fünf von ihnen verwundet waren; auch wären sie auf diese Art nicht entronnen, wenn nicht einer von ihnen auf den klugen Einfall gekommen wäre, dass, wenn sie auch den Feind nicht sähen, um mit Sicherheit auf ihn zu schießen, doch vielleicht der Knall ihrer Gewehre ihn erschrecken könnte und sie daher auf gut Glück zuschießen sollten. Demgemäß machten zehn von ihnen Front und feuerten aufs Geratewohl irgendwohin in die Rohre.

Der Knall und das Feuer erschreckten den Feind nicht wenig, und die Unsrigen glaubten auch, ihre Schüsse müssten glücklicherweise einige der Gegner getroffen haben; denn sie fanden nicht nur, dass der bisher so dichte Pfeilregen auf einmal aufhörte, sondern sie hörten auch die Indianer laut aufschreien und einen sonderbaren, höchst wunderlichen und seltsamen Lärm machen, wie sie noch nie einen gehört hatten, denn er glich mehr dem Geheul und Gebell von wilden Tieren des Waldes als der Stimme von Menschen, nur dass sie zuweilen Worte zu sprechen schienen.

Sie bemerkten auch, dass dieses Geschrei sich immer weiter und weiter hinweg zog und dass die Indianer nach allen Richtungen flohen, eine ausgenommen, wo sie ein schmerzliches Gestöhne und Gewinsel hörten, das eine gute Weile fortdauerte und, wie sie glaubten, dadurch veranlasst wurde, dass einige verwundet worden waren und aus Schmerz darüber heulten; vielleicht waren aber auch einige getötet, über deren Leichen andere wehklagten. Doch unsere Leute hatten jetzt genug und nahmen sich nicht mehr die Mühe, sich weiter umzusehen, sondern beschlossen, diese Gelegenheit zu ihrem Rückzug zu benutzen. Das Schlimmste des Abenteuers aber sollte noch folgen, denn auf ihrem Rückweg kamen sie an dem ungeheuren Stamm eines alten Baumes vorbei. Was für ein Baum es gewesen, konnten sie nicht angeben, aber er stand da wie eine alte, verwitterte Eiche in einem Park, hinter der die Jäger in England gern auf die Hirsche lauern; außerdem befand er sich gerade unter der steilen Seite eines großen Felsens oder Hügels, sodass unsere Leute nicht wissen konnten, was jenseits war.

Als sie an diesem Baum vorbeikamen, wurden ihnen auf einmal vom Gipfel herab sieben Pfeile und drei Lanzen nachgeschossen, die zu unserem großen Leidwesen zwei von unseren Leuten töteten und drei andere verwundeten. Sie wurden hierdurch umso mehr überrascht, als sie ganz schutzlos und so nahe an den Bäumen waren, dass sie jeden Augenblick noch mehr Lanzen und Pfeile erwarten mussten; die Flucht hätte ihnen hier auch nichts geholfen, da die Indianer sehr gute Schützen zu sein schienen. In dieser äußersten Not hatten sie glücklicherweise die Geistesgegenwart, sich unmittelbar unter den Baum zu begeben und sich dicht unter ihn zu stellen, sodass die Leute oben sie nicht erreichen oder deutlich genug sehen konnten, um ihre Lanzen nach ihnen zu werfen. Dies wirkte und gab ihnen Zeit zu überlegen, was sie zu tun hätten. Sie wussten, dass ihre Feinde und Mörder oben waren: Sie hörten sie sprechen, und denen auf dem Gipfel war ihre Anwesenheit gleichfalls nicht verborgen, weshalb die unten befindlichen, um nicht von den Lanzen getroffen zu werden, sich dicht an dem Stamm halten mussten. Endlich glaubte einer von unseren Leuten, der sich etwas genauer umsah als die übrigen, den Kopf eines der Indianer auf einem abgestorbenen Ast des Baumes, auf welchem er zu sitzen schien, zu entdecken. Sogleich feuerte einer hinauf und zielte so gut, dass der Schuss dem Burschen durch den Kopf ging und er urplötzlich vom Baum herabstürzte, und zwar wegen der ungeheuren Höhe mit solcher Gewalt, dass er gewiss durch das Zerschmettern seines Körpers am Boden gestorben wäre, wenn ihn nicht schon der Schuss getötet hätte.

Dies erschreckte sie dermaßen, dass unsere Leute außer dem heulenden Getöse auf dem Baum noch ein sonderbares Geräusch im Innern des Baumes vernahmen, woraus sie schlossen, dass der Baum hohl war und die Indianer sich darin versteckt hatten. In diesem Fall konnten sie sicher vor unseren Leuten sein, denn unmöglich hätte einer von außen am Baum hinaufsteigen können, da keine Äste da waren, um ihn zu erklimmen. Den Baum zu beschießen, führte gleichfalls zu nichts, denn einige Versuche belehrten sie, dass der Holzkörper zu dick war, um eine Kugel durchdringen zu lassen. Indes zweifelten sie nicht daran, dass sie ihre Feinde in einer Falle hätten und sie sie durch eine kleine Belagerung entweder herabbringen oder aushungern könnten. Sie beschlossen daher, ihren Posten zu behaupten und uns um Hilfe anzugehen. In dieser Absicht kamen zwei von ihnen zu uns und brachten vor allem den Wunsch vor, dass einige von unseren Zimmerleuten mit ihren Werkzeugen kommen möchten, um ihnen den Baum umhauen zu helfen oder wenigstens so viel Holz zu fällen, dass sie ihn anzünden könnten, denn dies müsste sie unfehlbar herausbringen.

Unsere Leute machten sich daher wie eine kleine Armee auf den Weg und trafen gewaltige Vorbereitungen für das Unternehmen (von etwas Ähnlichem wird man wohl kaum je gehört haben), einen großen Baum zu belagern. Als sie indes ankamen, fanden sie die Aufgabe recht schwierig, denn der alte Stamm war wirklich sehr dick, wenigstens zweiundzwanzig Fuß hoch, und in der Krone standen nach allen Seiten sieben alte Äste heraus, die jedoch abgestorben waren und, wenn überhaupt, nur noch sehr wenig Laub hatten.

William der Quäker, den seine Neugierde veranlasste, das Belagerungsheer zu begleiten, schlug vor, sie sollten eine Leiter machen, die Krone besteigen, griechisches Feuer in den Baum werfen und die Wilden durch Rauch ersticken. Andere meinten, man solle zurückgehen und eine große Kanone aus dem Schiff holen, welche mit ihren eisernen Kugeln den Baum in Stücke zertrümmern würde; wieder andere waren der Ansicht, man sollte eine Menge Holz schlagen, es um den Baum herum aufschichten, sodann anzünden und den Baum samt den darin befindlichen Indianern verbrennen.

Diese Beratungen hielten unsere Leute nicht weniger als zwei oder drei Tage auf, und sie hörten in der ganzen Zeit von der vermeintlichen Garnison in dieser hölzernen Festung nicht das geringste Geräusch oder Lebenszeichen. Williams Vorschlag wurde zuerst versucht und eine große, starke Leiter gemacht, um den hölzernen Turm zu erklimmen. Zwei oder drei Stunden wären für das ganze Werk hinreichend gewesen; aber auf einmal ließ sich das Getöse der Indianer im Innern des Baumes wieder vernehmen, und bald darauf erschienen mehrere von ihnen in der Krone und warfen einige Lanzen auf unsere Leute herab; die eine davon traf einen unserer Matrosen gerade oben auf die Schulter und versetzte ihm eine so gefährliche Wunde, dass unsere Chirurgen nicht nur große Mühe hatten, ihn wiederherzustellen, sondern der arme Mann auch so schreckliche Schmerzen ausstehen musste, dass wir alle wünschten, sie hätten ihn lieber auf einmal getötet. Gleichwohl wurde er zuletzt wiederhergestellt, konnte aber seinen Arm nie wieder richtig gebrauchen, da die Lanze ihm einige obere Sehnen an der Schulter zerschnitten hatte, von welchen, wie ich annahm, die Bewegung dieses Gliedes abhing, sodass der unglückliche Mann auf Lebenszeit ein Krüppel war. Um jedoch zu den verzweifelten Schuften im Baum zurückzukehren, so schossen unsere Leute auf sie, konnten aber nicht bemerken, dass sie irgendeinen von ihnen getroffen hätten; denn sobald sie hinaufgeschossen hatten, hörten sie, wie sie wieder in den Stamm des Baumes hinabhuschten, und da waren sie gewiss sicher.

Diese Erfahrungen sprachen gegen Williams Plan mit der Leiter;, denn wenn er auch zur Ausführung kommen sollte, wer hätte sich wohl unter einen solchen Haufen Burschen gewagt, die, wie man sich denken konnte, durch ihre Lage zur Verzweiflung gebracht waren? Da immer nur ein Mann nach dem anderen hinaufgehen konnte, zweifelte man immer mehr an der Ausführbarkeit dieses Plans, und ich selbst (denn ich war um diese Zeit ebenfalls herbeigekommen) war der Meinung, das Hinaufsteigen an der Leiter würde zu nichts helfen, außer wenn ein Mann sich gerade auf den Gipfel hinauf begäbe, einiges Feuerwerk in den Baum würfe und dann wieder herabkäme; dies taten wir auch zwei oder drei Mal, verspürten aber keine Wirkung. Endlich machte einer unserer Kanoniere einen Stinktopf, wie wir es nannten, nämlich eine Mischung, die bloß raucht, ohne zu flammen oder zu brennen, deren Rauch aber so dick und deren Geruch so unerträglich ekelhaft ist, dass man es unmöglich dabei aushalten kann. Er warf sie selbst in den Baum, und wir warteten auf den Erfolg, hörten oder sahen aber diese ganze Nacht sowie am folgenden Tag nichts; wir glaubten daher schon, die Leute müssten alle erstickt sein, als wir sie auf einmal in der nächsten Nacht wieder auf dem Gipfel des Baumes wie Wahnsinnige schreien hörten.

Wir hielten dies, wie wohl jedermann gedacht hätte, für einen Notruf und beschlossen, die Belagerung fortzusetzen; denn wir waren wütend, uns von einigen Wilden, die wir ganz sicher in unseren Klauen zu haben glaubten, dermaßen geneckt zu sehen; und wirklich kamen niemals bei irgendeinem Abenteuer, das wir bestanden, so viele Umstände zusammen, um uns zu täuschen. Gleichwohl beschlossen wir, es in der nächsten Nacht mit einem zweiten Stinktopf zu versuchen, und unser Ingenieur hatte ihn bereits fertig gemacht, als wir auf der Spitze des Baumes und im Innern ein neues Getöse des Feindes hörten; ich war nicht willens, den Kanonier die Leiter hinaufsteigen zu lassen, da ich meinte, er würde ganz gewiss ermordet werden. Indes fand er ein Mittel hierfür, er wollte nämlich nur wenige Sprossen hinaufgehen und mit einem langen Haken in der Hand den Stinktopf auf den Gipfel des Baumes werfen. Als aber der Kanonier mit seiner Maschine an dem Ende seines Hakens, von drei Mann begleitet, die ihm helfen sollten, zu dem Baum kam, siehe, da war die Leiter, die sonst immer an dem Stamm lehnte, verschwunden.

Dies brachte uns gänzlich aus der Fassung, und wir vermuteten jetzt, die Indianer hätten diese Fahrlässigkeit benutzt, indem sie insgesamt an der Leiter herabgeklettert und mit ihr auf und davon gegangen wären. Ich verlachte recht herzlich meinen Freund William, der, wie gesagt, die Leitung der Belagerung übernommen und eine Leiter angelegt hatte, damit die Garnison, wie wir den Kern des Baumes nannten, daran herabsteigen und weglaufen konnte. Als jedoch der Tag anbrach, wurden wir alle eines Besseren belehrt, denn wir sahen jetzt unsere Leiter auf dem Gipfel des Baumes, sodass ungefähr die Hälfte davon in der Höhlung desselben stak, die andere Hälfte aber aufrecht in die Luft hinausragte. Jetzt fingen wir an, über die Torheit der Indianer zu lachen, die ebenso leicht die Leiter hätten hinabklettern und auf diese Art entfliehen können, als dass sie dieselbe mit so großer Kraftanstrengung in den Baum hinaufzogen.

Wir entschlossen uns nunmehr zum Feuer, und um der Sache mit einem Mal ein Ende zu machen, wollten wir den Baum samt seinen Bewohnern verbrennen. Zu diesem Zweck machten wir uns an das Geschäft, Holz zu hauen, und glaubten, in wenigen Stunden genug zu haben. Wir schichteten es um den Baumstamm herum auf, zündeten es an und warteten in einiger Entfernung, um zu sehen, ob die Herren, denen ihr Quartier bald zu heiß werden musste, auf den Gipfel heraufkommen würden, um zu fliehen. Aber wir waren höchst verwundert, als wir auf einmal sahen, wie das ganze Feuer durch eine große Menge Wasser, die herabgeschüttet wurde, ausgelöscht wurde. Jetzt dachten wir, der Teufel selbst müsse in diesen Burschen stecken. William sagte: »Das ist gewiss das schlaueste Stück indianischen Erfindungsgeistes, von dem man jemals gehört hat, und wenn man keine Hexerei oder Gemeinschaft mit dem Teufel annehmen will, wovon ich jedoch kein Wort glaube, so ist es ein künstlicher Baum oder ein natürlicher Baum, den man auf künstliche Weise bis in den Boden hinab durch Wurzeln und alles hindurch ausgehöhlt hat. Diese Leute müssen eine künstliche Höhlung unter ihm haben, ganz bis in den Hügel hinein, oder einen Weg, auf welchem sie den Hügel hindurch und unter demselben hin nach irgendeinem anderen Platz gehen können. Wo aber dieser andere Platz ist, wissen wir freilich nicht, übrigens wird es nur unsere eigene Schuld sein, wenn ich ihn nicht, bevor ich zwei Tage älter bin, ausfindig mache und ihnen bis ins Innere folge.« Sodann rief er den Zimmerleuten und fragte sie, ob sie einige große Sägen hätten, um den Baum durchzusägen, worauf sie erwiderten, dass sie keine in der erforderlichen Länge hätten, auch würde man an dem ungeheuren alten Rumpf die Arbeit nicht lange fortsetzen können; sie wollten es aber mit ihren Äxten versuchen, ob sie ihn in zwei Tagen niederhauen und dann in zwei weiteren Tagen die Wurzeln ausroden könnten. William war indes für einen anderen Versuch, der sich weit besser als alles das bewährte, denn er verlangte eine geräuschlose Arbeit, um womöglich einiger dieser

Burschen im Baum selbst habhaft zu werden. Er beauftragte daher zwölf Mann, mit langen Bohrern große Löcher in die Seite des Baumes zu bohren, sodass sie beinahe, aber nicht ganz durchgehen sollten. Diese Löcher wurden ohne Geräusch gebohrt, und als sie fertig waren, füllte er sie mit Pulver, stopfte starke Stöpsel und Querstangen hinein, bohrte sodann ein schiefes Loch von kleinerem Umfang in das größere, füllte alle mit Pulver aus und zündete die Zündröhren gleichzeitig an. Es machte einen solchen Knall und zerriss und zersplitterte den Baum an so vielen Stellen, dass wir deutlich einsahen, ein zweiter Blitzschlag dieser Art würde ihn gänzlich zertrümmern. Wir machten uns daher sogleich aufs Neue ans Werk. Das zweite Mal konnten wir an zwei oder drei Stellen die Hände hineinlegen und entdeckten den ganzen Betrug: Durch den Boden des hohlen Baumes war nämlich ein Loch in die Erde gegraben, das die Verbindung zu einer natürlichen Erdhöhle weiter drinnen herstellte, in welcher wir mehrere von diesen Wilden sprechen und sich zurufen hörten.

Als wir so weit waren, hatten wir große Lust, sie anzugreifen, und William wünschte, man möchte ihm drei Mann mit Handgranaten geben, indem er sich anheischig machte, zuerst hinabzusteigen, was er auch kühnen Mutes ausführte; denn man muss ihm die Gerechtigkeit widerfahren lassen, dass er das Herz eines Löwen besaß.

Sie hatten Pistolen in ihren Händen und Schwerter an der Seite; wie sie aber zuvor den Indianern mit ihren Stinktöpfen eine Lehre gegeben hatten, so zahlten jetzt die Indianer ihnen dieselbe nach ihrer eigenen Weise wieder heim, denn sie ließen vom Eingang in die Höhle hinein einen solchen Rauch qualmen, dass William und seine drei Mann froh waren, wieder aus der Höhle und auch aus dem Baum herauszukommen, da sie kaum mehr zu atmen vermochten und bei dieser unfreundlichen Begrüßung beinahe erstickt wären.

Nie wurde eine Festung besser verteidigt oder die Belagerer auf vielfachere Arten zurückgeschlagen; wir waren deshalb willens, den Plan aufzugeben. Ich rief William beiseite und sagte ihm, man könne sich nichts Lächerlicheres denken, als dass wir unsere Zeit hier für nichts und wieder nichts vergeudeten, denn ich sähe durchaus nicht ein, was wir hier zu schaffen hätten. Soviel läge auf der Hand, dass die Schurken in der Höhle im höchsten Grad verschlagen wären, und es wäre ein äußerst widerwärtiger Gedanke, sich von ein paar nackten, unwissenden Burschen geneckt zu sehen. Jedenfalls wäre es nicht der Mühe wert, die Sache weiter zu betreiben; ich wüsste wenigstens nicht, was uns die Eroberung, wenn wir sie auch wirklich machten, helfen sollte; es wäre daher gewiss hohe Zeit, die Belagerung aufzugeben.

William gab mir hierin recht und sagte, dass allerdings bei diesem Versuch nur unsere Neugierde eine Befriedigung zu erwarten hätte und dass er, so gern er der Sache näher auf den Grund gegangen wäre, doch nicht darauf bestehen wollte; wir beschlossen daher aufzubrechen, und taten es auch. Ehe wir jedoch gingen, sagte William, er wünschte wenigstens die Befriedigung zu haben, den Baum gänzlich zu verbrennen und den Eingang in die Höhle zu verstopfen. Während er damit beschäftigt war, erklärte ihm der Kanonier, er möchte sich auch gern an den Schuften rächen; er wolle daher eine Mine aus der Höhle machen, um zu sehen, auf welcher Seite sie sich Luft machen würden. Er holte zu diesem Zweck zwei Tonnen Pulver aus den Schiffen, stellte sie innen in die Höhle hinein, so weit er sich vorzuwagen für gut fand, füllte sodann die Mündung des Loches, wo der Baum gestanden war, aus, stampfte die Ladung gehörig fest, setzte eine Zündröhre ein, legte Feuer an und stellte sich in einige Entfernung, um zu beobachten, nach welcher Seite es wirken würde. Da sah er auf einmal die Gewalt des Pulvers sich unter einigen Büschen auf der anderen Seite des schon erwähnten kleinen Hügels Luft machen, indem es dort wie aus der Mündung einer Kanone hervorkrachte. Wir eilten sogleich dahin und besichtigten die Wirkungen des Pulvers.

Fürs Erste sahen wir, dass hier die andere Mündung der Höhle war, welche das Pulver so zerrissen und geöffnet hatte, dass die lockere Erde wieder hineingefallen war und ihre Gestalt nicht deutlich erkannt werden konnte. Wir gewahrten aber auch, was aus der indianischen Garnison geworden war, die uns all diese Mühe gemacht hatte: Die einen hatten keine Arme, die anderen keine Beine, wieder andere keine Köpfe mehr; andere lagen halb begraben in dem Schutt der Mine, das heißt in der lockeren Erde, welche hineingefallen war. Kurzum, wir hatten eine jammervolle Verheerung unter ihnen angerichtet und konnten mit gutem Grund annehmen, dass kein Einziger von denen, welche sich drinnen befanden, entronnen sei, sondern dass sie alle aus der Mündung der Höhle wie eine Kugel aus einer Kanone herausgeschossen worden waren.

Wir hatten jetzt volle Rache an den Indianern genommen, im Ganzen aber doch nichts gewonnen, denn wir zählten zwei Tote, ein Mann war ganz zum Krüppel geworden und fünf andere verwundet; wir hatten zwei Tonnen Pulver und elf Tage Zeit aufgewendet, nur um zu erfahren, wie man eine indianische Mine macht oder wie man einen hohlen Baum mit einer Besatzung belegt, und mit dieser so teuer erkauften Aufklärung begaben wir uns wieder auf unsere Schiffe, nachdem wir etwas Trinkwasser eingenommen, aber keine frischen Lebensmittel bekommen hatten.

Wir überlegten nun, was wir zu tun hätten, um nach Madagaskar zurückzukommen. Wir waren etwa in der Breite des Kaps der Guten Hoffnung, hatten aber einen langen Weg und konnten mit so wenig Sicherheit auf gute Winde oder auf einen Landungsplatz rechnen, dass wir nicht wussten, was wir anfangen sollten. William war auch in diesem Fall wieder unser einziger Ratgeber und setzte uns seine Meinung deutlich auseinander. »Freund«, sagte er mir, »warum willst du dich der Gefahr des Verhungerns aussetzen? – etwa deshalb, um dann sagen zu können, du seiest in Gegenden gewesen, wohin vor dir noch niemand gekommen? Es gibt eine Menge Plätze weit näher an der Heimat, von denen du nach geringerem Aufwand dasselbe sagen könntest. Ich sehe nicht ein, wozu du dich noch länger südlich halten willst, als bis du dich versichert hast, dass du am westlichen Ende von Java und Sumatra bist; dann kannst du dich nördlich gegen Ceylon an die Küste von Coromandel und Madras wenden, wo du sowohl frisches Wasser als auch frische Lebensmittel bekommen wirst; bis dahin werden wir wahrscheinlich mit unseren jetzigen Vorräten wohl ausreichen.«

Dies war ein vernünftiger Rat, den man nicht von der Hand weisen durfte; wir segelten also westwärts zwischen der Breite von 31° und 35° und hatten etwa zehn Tage lang sowohl gutes Wetter als günstigen Wind. In dieser Zeit waren wir nach unserer Berechnung an den Inseln vorbeigekommen, sodass wir uns nunmehr nördlich wenden konnten, und wenn wir nicht nach Ceylon kamen, so mussten wir wenigstens in die große Bucht von Bengalen gelangen.

Wir hatten uns indes gewaltig geirrt; denn als wir etwa 15 oder 16 Grad nördlich gesteuert waren, stießen wir rechts in einer Entfernung von ungefähr drei Meilen wieder auf Land, warfen etwa eine halbe Meile davon die Anker aus und schickten unsere Boote ab, um zu sehen, wo wir wären. Wir fanden den Ort sehr gut. Frisches Wasser war leicht zu bekommen, allein wir konnten weder Vieh noch menschliche Bewohner entdecken und hüteten uns sehr, weit nach ihnen zu suchen, um nicht aufs Neue ein Abenteuer wie unser letztes bestehen zu müssen. Wir unterließen also das Herumschweifen und zogen es vor, zu nehmen, was wir finden konnten. Indes bestand die ganze Ausbeute aus einigen wenigen wilden Mangofrüchten und einigen Pflanzen verschiedener Art, deren Namen wir nicht kannten.

Wir verweilten hier nicht lange, sondern stachen wieder in nordwestnördlicher Richtung in See, hatten aber vierzehn Tage lang wenig Wind und gingen wieder an Land. Als wir ans Ufer stiegen, waren wir sehr überrascht, uns auf der südlichen Küste von Java zu finden, und während wir eben einen Anker auswarfen, sahen wir ein Boot mit den holländischen

Farben an der Küste hinsegeln. Wir hatten durchaus keine Lust, mit diesen Leuten oder sonst mit anderen von ihrer Nation zu sprechen, und stellten es unserer Mannschaft anheim, ob sie auf dem Land mit den Holländern in Verkehr treten wollte oder nicht. Unsere Hauptaufgabe bestand darin, Lebensmittel herbeizuschaffen, die inzwischen in der Tat sehr auf die Neige gegangen waren.

Wir beschlossen, an dem geeignetsten Platz, den wir finden könnten, mit den Booten an Land zu gehen und nach einem Hafen für das Schiff zu sehen, indem wir es auf unser gutes Glück ankommen ließen, ob wir dort Freunde oder Feinde treffen würden. Wir hatten jedoch im Sinn, nicht lange hier zu verweilen, wenigstens nicht so lange, dass man Eilboten über die Insel nach Batavia schicken und von da Schiffe herbeiholen konnte, um uns anzugreifen.

Wir fanden einen sehr guten Hafen, wo wir sieben Faden tief Wasser hatten und für jeden Fall gegen die Nachteile der Witterung wohl geschützt waren. Auch bekamen wir frische Mundvorräte, wie zum Beispiel gute Schweine und eine Anzahl Kühe; und um einen kleinen Vorrat zurückzulegen, schlachteten wir sechzehn Kühe, pökelten das Fleisch ein, so gut es unter 8° von der Linie möglich war, und verwahrten es in Tonnen.

16. Kapitel

Dies alles vollbrachten wir in etwa fünf Tagen und füllten auch unsere Wassertonnen. Sobald das letzte Boot mit Kräutern und Wurzeln angekommen war, lichteten wir die Anker und hatten schon unser Vormarssegel gelöst, als wir gegen Norden ein großes Schiff erspähten, welches geradezu auf uns lossteuerte. Wir wussten nicht, ob wir uns vor ihm zu verbergen hätten, befürchteten aber das Schlimmste und stachen daher in aller Eile in See, um in der kürzesten Zeit zu erfahren, was es uns zu sagen hätte; denn ein einziges Schiff machte uns wenig Kummer, da uns nur vor der Möglichkeit, von dreien oder vieren zugleich angegriffen zu werden, bangte.

Mittlerweile hatten wir unsere Anker gelichtet, und unser Boot war verstaut. Das Schiff war nur noch eine Meile von uns entfernt und machte, wie wir glaubten, Anstalten, mit uns anzubinden; wir ließen daher unsere große, schwarze Flagge auf dem Hinterteil und zugleich die blutige Flagge auf der Spitze der Marsstange des Schiffes aufpflanzen, und nachdem wir unser Schiff in Bereitschaft gesetzt, segelten wir mit voller Kraft gegen Westen und gewannen ihm den Wind ab.

Die anderen hatten sich, wie es scheint, gänzlich in uns getäuscht und erwarteten in diesen Gewässern nichts weniger als einen Feind oder einen Seeräuber; im Gegenteil hatten sie geglaubt, unser Schiff gehöre zu den ihrigen, und waren daher in nicht geringer Verlegenheit, als sie ihren Irrtum einsahen. Sie luvten also unmittelbar beim anderen Gang und segelten dicht beim Wind nach der Küste an dem östlichen Teil der Insel zu. Darauf lavierten wir, segelten ihnen mit der größtmöglichen Schnelligkeit nach und kamen binnen zwei Stunden in Schussweite. Obgleich sie sich alle Mühe gaben, uns zu entkommen, wollte es ihnen doch nicht gelingen, und sie sahen bald die Ungleichheit der beiderseitigen Kräfte ein. Wir feuerten eine Kanone gegen sie ab, um sie zum Beidrehen zu veranlassen, worauf sie ihr Boot bemannten und es mit einer Friedensflagge zu uns schickten. Wir schickten es mit der Antwort an den Kapitän zurück, er habe weiter nichts zu tun, als seine Flagge zu streichen, sein Schiff unter unseren Stern zu bringen und sich selbst an Bord einzufinden, um unsere weiteren Forderungen zu vernehmen. Da er uns indessen, fügten wir hinzu, nicht die Mühe gemacht habe, die Waffen gegen ihn zu brauchen, solle weder dem Kapitän noch seinen Leuten ein Leid geschehen, wie denn, wenn er uns mit den Dingen versorgen wolle, die wir verlangten, auch das Schiff nicht ausgeplündert werden solle. Mit dieser Botschaft segelten sie zurück und verweilten geraume Zeit an Bord des Schiffes, sodass wir bereits glaubten, unsere Bedingungen würden nicht angenommen. Wir feuerten daher einen zweiten Schuss ab, und nach wenigen Minuten bemerkten wir, dass ihr Boot auf uns zusteuerte. Zu gleicher Zeit strich das Schiff die Flagge und ging wie vorgeschrieben vor Anker.

Als der Kapitän an Bord kam, fragten wir nach seiner Ladung, welche hauptsächlich in Waren bestand, die von Bengalen nach Bantam gebracht werden sollten. Wir sagten ihnen, wie sehr es uns an Mundvorrat gebräche, dessen sie am Ende ihrer Fahrt nicht mehr bedürften; wenn sie daher ihr Boot mit unserem ans Ufer schicken und uns sechsundzwanzig Stück Hornvieh, sechzig Schweine, eine gewisse Menge Branntwein und Arrak sowie dreihundert Scheffel Reis beschaffen wollten, so wären wir bereit, sie in Frieden ziehen zu lassen.

Was den Reis betraf, so gaben sie uns sechshundert Scheffel, die sie gerade an Bord hatten, nebst einer Menge, die sich als Ladung auf dem Schiff befand. Ebenso schickten sie uns dreißig mittlere Tonnen sehr guten Arrak, aber Hornvieh und Schweine besaßen sie nicht. Sie gingen indes mit unseren Leuten an Land und kauften elf junge Ochsen sowie fünfzig Schweine, die für uns eingepökelt wurden, und nach Ablieferung dieser Vorräte entließen wir sie samt dem Schiff.

Indes lagen wir sieben Tage hier, bis wir die verlangten Vorräte erhielten, und einige von der Mannschaft dachten bereits, die Holländer sännen auf unser Verderben; allein es waren ganz ehrliche Burschen, die sich alle Mühe gaben, das Hornvieh zu liefern, aber schlechterdings die verlangte Zahl nicht zusammenbringen konnten. Sie kamen daher und sagten uns aufrichtig, wenn wir uns nicht noch ein wenig länger aufhalten könnten, so seien sie außerstande, mehr Ochsen oder Kühe zu liefern als diese elf Stück, womit wir uns denn auch begnügen mussten, indem wir uns den Preis der noch fehlenden Anzahl lieber in anderen Dingen ausbezahlen ließen, als dass wir länger hier verweilten. Indes hielten wir unsererseits die verabredeten Bedingungen gewissenhaft ein; auch ließen wir weder jemanden von unseren Leuten zu ihnen an Bord gehen, noch duldeten wir, dass einer von ihnen zu uns an Bord kam; denn wären einige von uns an Bord ihres Schiffes gegangen, so hätte niemand dafür einstehen können, dass sie nicht dort gehaust hätten wie in Feindesland.

Wir waren nun für unsere Fahrt verproviantiert, und da uns nichts am Handel gelegen war, fuhren wir guter Dinge auf die Küste von Ceylon zu, wo wir anzuhalten gedachten, um wieder frisches Wasser und noch einige andere Lebensmittel einzunehmen. Auf dieser Fahrt stieß uns nichts Besonderes zu, als dass wir ungünstige Winde bekamen und mehr als einen Monat dazu brauchten.

Wir legten an der südlichen Küste der Insel an, da wir mit den Holländern so wenig als möglich in Berührung zu kommen wünschten; denn da diese Nation den ganzen Handel der Gegend beherrscht, so beherrscht sie auch die Küste, wo sie mehrere Kastelle hat und namentlich der gesamte Zimt, der Haupthandelsartikel dieser Insel, zu ihrer Verfügung steht.

Wir nahmen hier frisches Wasser und andere Mundvorräte ein, gaben uns aber wegen weiteren Proviants nicht viel Mühe, da unsere Ochsen und Schweine, die wir in Java bekommen hatten, bei Weitem noch nicht aufgezehrt waren. An der Küste hatten wir auch ein kleines Scharmützel mit einigen Inselbewohnern, da etliche von unseren Leuten sich etwas zu leichtfertig mit den unansehnlichen Damen des Landes zu schaffen gemacht hatten; denn unansehnlich waren sie über die Maßen, sodass unsere Leute, hätten sie nicht so gute Mägen gehabt, wohl kaum irgendeine von ihnen berührt haben würden.

Ich konnte nie genau aus ihnen herausbringen, was sie eigentlich getan, denn sie ließen einander bei ihren bösen Streichen niemals im Stich; nur so viel merkte ich, dass sie irgendetwas Barbarisches ausgeführt haben mussten, was sie aber auch beinahe teuer bezahlt hätten; denn die Insulaner waren aufs Äußerste erbost und sammelten sich in solcher Anzahl um sie, dass es, wären nicht sechzehn der Unsrigen in einem anderen Boot gerade im rechten Augenblick noch abgefahren, um jene, die nur elf an der Zahl waren, mit bewaffneter Hand zu befreien, offenbar um sie geschehen gewesen wäre. Es hatten sich nämlich nicht weniger als zweihundert oder dreihundert Eingeborene gegen sie zusammengeschart, alle mit Pfeilen und Lanzen, den gewöhnlichen Landeswaffen, in deren Führung sie eine beinahe unglaubliche Fertigkeit besaßen, ausgerüstet; und wären unsere Leute stehen geblieben, um sie zu bekämpfen, wie einige von ihnen vorzuschlagen die Kühnheit hatten, so würden sie alle überwältigt und getötet worden sein. Aber auch bei der günstigeren Wendung der Dinge wurden siebzehn von ihnen verwundet, einige davon sogar gefährlich. Gleichwohl war ihre Verletzung nicht so bedenklich, als sie fürchteten, weil sie die Lanzen der Wilden vergiftet glaubten. Auch hier war William unser Trost, denn als zwei von unseren Chirurgen, welche diese Meinung teilten, töricht genug zu den Leuten sagten, sie müssten alle sterben, machte sich William munter ans Werk und heilte sie alle bis auf einen einzigen, welcher indes nicht so sehr an seiner Wunde starb als vielmehr an einer übermäßigen Portion Arrakpunsch, die ihm ein Fieber zugezogen hatte.

Wir hatten nunmehr von Ceylon genug, obgleich sechzig bis siebzig von unseren Leuten durchaus noch einmal an Land gehen wollten, um sich zu rächen; doch redete William es ihnen endlich aus, der sowohl bei der Mannschaft als bei uns Befehlshabern ein so großes Ansehen genoss, dass er mehr Einfluss hatte bei ihnen als irgendeiner von uns.

Sie schrien wütend nach Rache, wollten durchaus an Land gehen und fünfhundert von den Einwohnern töten. »Nun gut«, sagte William, »und wenn ihr es auch tut, was gewinnt ihr damit?« – »Warum«, sagte der Wortführer des unzufriedenen Haufens, »wir werden dann unsere Genugtuung haben.« – »Ganz recht«, sagte William wieder, »aber was wird sie euch nützen?« Auf diese Einwendungen wussten sie nichts mehr zu antworten. »Überdies«, sagte William, »besteht, wenn ich mich nicht irre, euer Hauptgeschäft darin, Geld zu erwerben, wenn ihr daher auch zwei- oder dreitausend von diesen armen Geschöpfen überwindet und tötet, was könnt ihr von ihnen bekommen, da sie durchaus kein Geld besitzen? Bei diesen armen, nackten Wichten ist ein für alle Mal nichts zu erobern. Dagegen ist es mehr als wahrscheinlich, dass ihr bei einem solchen Unternehmen wenigstens ein Dutzend von eurer Mannschaft verlieren würdet. Sagt mir einmal, wo da der Gewinn sein soll und welchen Ersatz ihr dem Kapitän für die Gefallenen bieten könntet?« Kurz, William setzte seine Gründe mit solcher Überzeugungskraft auseinander, dass die Leute einsahen, es wäre eine bloße Schlächterei, wenn sie auf ihrem Vorhaben bestehen wollten. Sie gaben jetzt selbst zu, dass die Eingeborenen ein Recht auf ihr Eigentum hätten, sie aber keines, es ihnen wegzunehmen und unschuldige Leute zu töten, welche nur nach den Geboten des Naturgesetzes gehandelt hätten; sie gestanden, dass es ebenso gut ein Mord wäre, als wenn einer einem Fremden auf der Landstraße auflauern und ihn kaltblütig für nichts und wieder nichts töten wollte, ohne Rücksicht darauf, ob dieser Fremde ihm Unrecht getan hätte oder nicht.

Diese Gründe drangen endlich durch, und unsere Leute begnügten sich damit, wieder abzufahren und die Insulaner in Ruhe zu lassen. Im ersten Gefecht hatten sie ihnen zwischen sechzig und siebzig Leute getötet und noch weit mehr verwundet, aber, wie schon gesagt, damit nichts erreicht als den Verlust eines von den ihren und die Verwundung von weiteren sechzehn Mann.

Indes versetzte uns ein anderer Zufall in die Notwendigkeit, uns abermals mit diesen Leuten einzulassen, bei welcher Gelegenheit dem abenteuerreichen Leben unserer ganzen Gesellschaft beinahe ein rasches Ziel gesetzt worden wäre; denn etwa drei Tage, nachdem wir von dem Kampfplatz abgezogen waren und wieder in See gestochen hatten, wurden wir von einem heftigen Sturm von Süden her oder vielmehr von einem Orkan von allen Punkten des Südens her überfallen; denn er wütete und raste auf die schrecklichste Weise von Südost gegen Südwest, in der einen Minute nach diesem, in der nächsten nach einem anderen Kompassstrich, aber immer mit der gleichen Heftigkeit. Wir waren nicht imstande, das Schiff länger zu regieren, drei Marssegel wurden zerschlitzt und zuletzt die Hauptmarsstange auf das Deck herabgeworfen; kurzum, wir wurden ein oder zwei Mal geradezu gegen das Ufer getrieben, und einmal wären wir an einer gewaltigen Klippenreihe, etwa eine halbe Meile vom Ufer entfernt, zu tausend Stücken zertrümmert worden, hätte nicht der Wind gerade im entscheidenden Augenblick noch gewechselt. Da der Wind jedoch, wie ich schon sagte, sehr oft umschlug und gerade jetzt gegen Ostsüdost blies, setzten wir alle Segel bei und gelangten in einer halben Stunde wieder mehr als eine Meile weit in die offene See. Hierauf blies der Wind mit ziemlicher Wut südwestsüdlich, sodann südwestwestlich und trieb uns wieder ein gutes Stück östlich nach der Klippenreihe zurück, wo wir eine große Öffnung zwischen den Felsen und dem Land fanden und uns bemühten, hier zu ankern; allein wir fanden bald, dass sich der Platz nicht dazu eignete, denn der Grund bestand aus lauter felsigem Gestein. Wir segelten also durch die Öffnung hindurch, welche etwa vier Meilen lang war. Der Sturm dauerte fort, und nun fanden wir eine schreckliche, höchst gefährliche Küste, sodass wir nicht wussten, was wir beginnen sollten. Wir sahen uns angestrengt nach irgendeinem Fluss, einer Landzunge oder einer Bucht um, wo wir einlaufen und ankern könnten, fanden aber geraume Zeit nicht, was wir suchten. Endlich erblickten wir eine große Landspitze, welche südlich weit in die See hineinragte und so lang war, dass wir bald deutlich sahen, wenn der Wind so anhielte, könnten wir sie nicht umschiffen. Wir segelten daher so viel als möglich unter der Leeseite dieses Punktes weiter und ankerten endlich an einem Platz von etwa zwölf Faden Tiefe.

Aber in der Nacht wechselte der Wind aufs Neue und blies so fürchterlich, dass unsere Anker schleppten und das Schiff fortgetrieben wurde, bis das Ruder unmittelbar auf Grund stieß; wäre unser Schiff nur noch einige Sekunden weiter gelaufen, so wäre es verloren gewesen und wir alle mit ihm. Aber unser Notanker hielt fest, und wir wanden das Kabeltau auf, um von dem Boden, auf den wir gestoßen waren, wegzukommen. Auf dieses einzige Kabeltau stützten wir uns die ganze Nacht hindurch, und gegen Morgen glaubten wir, der Wind habe sich ein wenig gelegt. Zu unserem Glück war es wirklich so, denn trotz der Hilfe, die uns unser Notanker bot, fanden wir, als es tagte, zu unserer unendlichen Bestürzung, dass das Schiff gestrandet war.

Da die Flut vorüber war, das Wasser aber immer noch ein wenig ablief, lag das Schiff beinahe trocken auf einer harten Sandbank, die, wie ich annehme, noch nie ein Schiff getragen hat. Die Eingeborenen stürzten in großen Scharen herbei, um uns zu sehen, und da sie sich nicht denken konnten, wer wir wären, gafften sie uns als eine Art Meerwunder an und zerbrachen sich die Köpfe, was sie tun sollten.

Ich habe Grund zu glauben, dass sie sogleich eine Botschaft absandten mit der Nachricht, es sei ein Schiff da, und zwar in dem bereits angegebenen Zustand; denn am folgenden Tag erschien ein großer Mann, den wir anfangs für einen König hielten, denn er hatte eine Menge Leute bei sich, von denen einige Wurfspieße in der Hand hatten, die so lang waren wie kurze Piken. Sie kamen alle an den Rand des Wassers herab und stellten sich unmittelbar vor unseren Augen in guter Ordnung auf. Etwa eine Stunde lang standen sie so da, ohne eine Bewegung zu machen, dann aber näherten sich etwa zwanzig Mann, von denen einer eine weiße Flagge vorantrug. Sie wateten bis an die Hüften in das Wasser, denn die See ging nicht mehr so hoch wie vorher, da der Wind nachgelassen hatte und nun vom Ufer aus seewärts blies.

Der Mann hielt eine lange Rede an uns, wie wir aus seinem Gebärdenspiel entnehmen konnten, und wir hörten zuweilen seine Stimme, konnten aber kein einziges Wort verstehen. William, der uns bei jeder Gelegenheit so nützliche Dienste geleistet, hatte meiner Meinung nach auch hier wiederum das Verdienst, uns allen das Leben zu retten. Die Sache verhielt sich nämlich so: Der Bursche stieß, als er mit seiner Rede zu Ende war, drei laute Schreie aus (ich weiß diesen Tönen keine andere Benennung zu geben), sodann senkte er drei Mal seine weiße Flagge und machte endlich drei Bewegungen gegen uns, dass wir zu ihm kommen sollten.

Ich gestehe, dass ich der Ansicht war, man sollte das Boot bemannen und zu ihnen hinsegeln, aber William wollte es mir durchaus nicht gestatten. Er sagte, wir dürften niemandem trauen; wenn es Barbaren wären, die unter ihrer eigenen Regierung stünden, würden wir ohne Weiteres samt und sonders von ihnen niedergemacht; wären es aber Christen, so würden wir nicht viel besser fahren, sobald sie unseren wahren Charakter errieten. Die Malabaren, zu welcher Rasse auch diese Leute da gehörten, wären von jeher heimtückisch gegen jedermann gewesen, der in ihre Hände gefallen; wenn uns daher unsere Sicherheit etwas wert sei, so sollten wir unter keinen Umständen zu ihnen gehen. Ich widersprach ihm lange und sagte ihm, er habe zwar, wie ich glaubte, immer recht gehabt, aber diesmal treffe er gewiss das Wahre nicht; ich für meine Person wolle mich ebenso wenig in unnötige Gefahren stürzen als er oder irgendein anderer, aber alle Nationen in der Welt, selbst die wildesten, halten das Versprechen, das sie durch eine Friedensflagge gegeben, für etwas Heiliges. Ich belegte ihm dies mit mehreren Beispielen aus der Geschichte meiner afrikanischen Reise, von der ich zu Beginn meines Buches berichtet habe, und setzte hinzu, ich könne diese Leute unmöglich für bösartiger halten als einige von jenen Völkerschaften, mit denen ich damals zusammentraf. Überdies, sagte ich, schiene unsere Lage von der Art zu sein, dass wir jedenfalls in fremde Hände geraten müssten, und wir würden daher weit besser tun, durch einen freundschaftlichen Vertrag als durch eine erzwungene Unterwerfung in ihre Gewalt zu fallen, sofern sie wirklich eine verräterische Absicht hegen sollten. Aus allen diesen Gründen sei ich dafür, mit ihnen zu unterhandeln.

»Gut, mein Freund«, sagte William sehr ernst, »wenn du gehen willst, so kann ich es nicht hindern. Nur will ich dir dann beim Abschied das letzte Lebewohl sagen, denn verlass dich darauf, dass du uns nie wiedersehen wirst. Ob wir in dem Schiff am Ende besser davonkommen werden, kann ich zwar nicht behaupten, aber dafür verbürge ich mich, dass wir unser Leben nicht sinnlos und mit kaltem Blut hingeben werden, wie du zu tun im Begriff bist; wir werden uns wenigstens so lange als möglich halten und am Ende wie Männer sterben, nicht aber wie Narren, die sich von einer Handvoll heimtückischer Barbaren in die Falle locken lassen.«

William sprach dies mit solcher Wärme und dabei mit einer so richtigen Beurteilung unserer Lage, dass mir die Gefährlichkeit meines Plans doch endlich einzuleuchten begann. Ich hatte ebenso wenig Lust als er, mich niedermachen zu lassen, und doch konnte ich für mein Leben nicht so ängstlich sein wie er. Ich fragte ihn also, ob er diese Gegend kenne oder schon früher einmal dagewesen sei. Er antwortete: »Nein.« Sodann fragte ich weiter, ob er von den Bewohnern dieser Insel und von ihrem Benehmen gegen Christen, welche in ihre Hände gefallen seien, irgendetwas gehört oder gelesen habe, worauf er zur Antwort gab, er habe allerdings eine solche Geschichte gehört und wolle sie mir erzählen. Der Kommandant eines ostindischen Schiffes namens Knox wäre gerade wie wir an die Küste dieser Insel Ceylon verschlagen worden, doch könne er nicht sagen, ob an dieselbe Stelle oder Gegend hin; die Barbaren hätten ihn durch dieselbe Einladung, die sie jetzt mit uns versucht, überlistet und ans Ufer gelockt; sodann hätten sie ihn mit seinen achtzehn oder zwanzig Mann umzingelt und keinen einzigen mehr zurückkehren lassen; ob sie sie bloß als Gefangene behalten oder ermordet hätten, könne er nicht sagen. Jedenfalls wären sie ins Land hinein abgeführt, sodann voneinander getrennt worden, und man habe später von niemandem mehr gehört als von des Kapitäns Sohn, dem nach zwanzigjähriger Sklaverei durch ein wahres Wunder die Flucht gelungen sei.

Ich hatte jetzt keine Zeit, ihn um die ganze Erzählung dieser Geschichte zu bitten, noch weit weniger, sie anzuhören, weshalb ich, wie es in solchen Fällen gewöhnlich ist, wenn einer anfängt, sich von der Triftigkeit der Gründe des anderen zu überzeugen, nur noch wenige Einwände machte. »Aber, Freund William«, sagte ich, »was sollen wir denn tun? Du siehst, in welcher Lage wir sind und was uns bevorsteht; etwas muss getan werden, und zwar sogleich.« – »Nun gut«, sagte William, »ich will dir erzählen, was du tun sollst: Fürs Erste lass auch eine weiße Flagge aushängen, sodann bemanne die Schaluppe und die Pinasse mit so viel Leuten als hineingehen, ohne im Gebrauch ihrer Waffen gehindert zu werden, und lass mich mit ihnen ziehen; du sollst dann sehen, was wir tun werden. Ergeht es mir übel, so kannst wenigstens du dich retten und dich dabei beruhigen, dass mein Unglück meine eigene Schuld war; jedenfalls mag dir dann meine Torheit zu einer Lehre dienen.«

Ich wusste anfangs nicht, was ich erwidern sollte, aber nach einer Pause sagte ich: »William, William, es würde mir ebenso leidtun, wenn du umkämst, als umgekehrt dir, wenn mir ein Unfall begegnete; und falls das Unternehmen mit Gefahr verbunden ist, so verlange ich, dass du dich ihr ebenso wenig aussetzt als ich. Deshalb wollen wir lieber alle zusammen in dem Schiff bleiben und gemeinschaftlich dem gleichen Schicksal entgegensehen.«

»Nein, nein«, entgegnete William, »mit meinem Plan ist keine Gefahr verbunden, und du kannst mit mir gehen, wenn du Lust hast. Wenn du dich nur in meine Anordnungen fügen willst, so verlass dich darauf, dass wir, obgleich wir uns von den Schiffen entfernen, mit diesen Wilden nur auf die erforderliche Nähe zusammentreffen werden, um mit ihnen zu sprechen. Du siehst, sie haben keine Boote, um zu uns zu kommen, aber es wäre mir lieber, wenn du meinen Rat annähmst und auf dem Schiff die Signale befolgtest, die ich vom Boot aus geben werde. Im Übrigen können wir ja die Sache noch näher besprechen, ehe wir abfahren.«

Da ich hieraus ersah, dass William bereits einen fertigen Plan in seinem Kopf hatte und wegen der zu treffenden Maßregeln nicht in Verlegenheit war, erklärte ich ihm, er solle für diese Fahrt der Kapitän sein; wir wollten uns alle unter seine Befehle stellen, und ich selbst würde für ihre pünktliche Befolgung Sorge tragen.

Nach dieser Verabredung beorderte er vierundzwanzig Mann in die Schaluppe, zwölf Mann in die Pinasse, und da die See gerade ziemlich ruhig war, segelten sie, sämtlich sehr gut bewaffnet, ab. Er befahl auch, alle Kanonen des großen Schiffes auf der dem Ufer zunächst gelegenen Seite mit Musketenkugeln, alten Nägeln, Stummeln und allen möglichen Stücken alten Eisens und Bleis zu laden und uns schussfertig zu halten, sobald wir sähen, dass sie die weiße Flagge senkten und in der Pinasse eine rote hissten.

Nachdem diese Bestimmungen festgesetzt waren, segelten sie auf das Ufer zu: William in der Pinasse mit zwölf Mann und hinter ihm die Schaluppe mit vierundzwanzig Mann, alles handfeste, entschlossene Burschen und sehr gut bewaffnet. Sie ruderten so nahe ans Ufer hin, dass sie mit den Eingeborenen sprechen konnten; dabei hatten sie wie diese eine weiße Flagge aufgepflanzt und erboten sich zu einer Unterredung. Die Schweinehunde von Eingeborenen, denn ich kann sie nicht anders nennen, zeigten sich sehr höflich; als sie aber fanden, dass wir sie nicht verstehen konnten, brachten sie einen alten Holländer herbei, der schon seit vielen Jahren ihr Gefangener war, und beauftragten ihn, mit uns zu sprechen. Der wesentliche Inhalt seines Vortrags war, der König des Landes habe seinen General hierher gesandt, um zu erfahren, wer wir wären und was wir hier trieben. William, der auf dem Stern der Pinasse stand, antwortete ihm, er, der seiner Sprache nach ein Europäer sei, werde wohl leicht einsehen, wer wir seien und in welcher Lage wir uns befänden; das Schiff sei auf dem Sand gestrandet, und somit könne er sich wohl denken, dass wir hier nichts anderes treiben, als was man mit einem Schiff in solcher Not tun könne. Er, William, wünsche zu erfahren, warum sie in solcher Anzahl und zwar bewaffnet gekommen seien, als wenn sie uns bekriegen wollten.

Der Holländer antwortete, sie hätten guten Grund gehabt, ans Ufer herabzukommen, da das Auftauchen fremder Schiffe an der Küste das Land jedes Mal in Unruhe setze; und da unsere Fahrzeuge wohlbemannt, auch mit Kanonen und sonstigen Waffen wohl versehen seien, habe der König einen Teil seines Militärs abgesandt, um im Fall einer feindlichen Landung sich gehörig zur Wehr zu setzen.

»Aber«, sagte er, »da ihr euch in solcher Not befindet, hat der König seinem General den Befehl gegeben, euch alle mögliche Hilfe zu leisten, euch zu sich ans Ufer einzuladen und mit der größten Höflichkeit zu empfangen.« William erwiderte darauf schnell: »Ehe ich dir antworte, ersuche ich dich, mir zu sagen, wer du bist; denn deiner Sprache nach musst du ein Europäer sein.« Der Fremde antwortete sogleich, er sei ein Holländer. »Das ersehe ich recht wohl aus deiner Sprache«, sagte William, »aber bist du auch wirklich ein geborener Holländer oder bist du hierzulande geboren und hast durch den Umgang mit den Holländern, die sich, wie wir wissen, auf dieser Insel niedergelassen haben, Holländisch gelernt?«

»Nein«, sagte der alte Mann, »ich bin gebürtig aus Delft in Holland.«

»Gut«, sagte William sogleich, »aber bist du ein Christ oder ein Heide, oder was wir einen Renegaten nennen?«

»Ich bin ein Christ«, sagte er.

Und nun hielten sie folgendes Zwiegespräch:

Will. Du bist ein Holländer und ein Christ, sagst du; aber bist du ein freier Mann oder in Diensten?

Der Holl. Ich stehe in den Diensten des Königs hier, und zwar bei seinem Militär.

Will. Aber bist du ein Freiwilliger oder ein Gefangener?

Der Holl. Ich war allerdings im Anfang ein Gefangener, bin aber jetzt in Freiheit und insofern ein Freiwilliger.

Will. Das heißt, nachdem du anfangs Gefangener gewesen, hast du jetzt die Freiheit, ihnen zu dienen; aber bist du so frei, dass du, wenn du wolltest, zu deinen Landsleuten gehen dürftest?

Der Holl. Nein, das sage ich nicht; meine Landsleute leben weit von hier in den nördlichen und östlichen Teilen der Insel, und ohne ausdrückliche Erlaubnis des Königs darf niemand zu ihnen gehen.

Will. Gut, und warum hast du dir diese Erlaubnis nicht erwirkt?

Der Holl. Ich habe nie darum nachgesucht.

Will. Vermutlich, weil du wusstest, dass du sie nicht bekommen hättest?

Der Holl. Ich kann mich hierüber nicht auslassen; aber warum fragt Ihr mich dies alles?

Will. Nun, ich habe meinen Grund. Wenn du ein Christ und ein Gefangener bist, wie kannst du dich diesen Barbaren zum Werkzeug hergeben, um uns, deine Landsleute und Mitchristen, an sie zu verraten? Beweist das nicht eine ruchlose Gesinnung?

Der Holl. Wie könnt ihr sagen, dass ich euch verraten wolle? Bringe ich euch nicht die Nachricht, dass der König euch einladen lässt, an Land zu kommen, und dass er Befehl gegeben hat, euch höflich zu behandeln und zu unterstützen?

Will. Wenn du ein Christ bist, woran ich übrigens sehr zweifle, so frage ich dich: Glaubst du, dass der König oder General, wie du ihn nennst, es mit diesen Versprechungen halbwegs aufrichtig meint?

Der Holl. Er verspricht es euch durch den Mund seines Obergenerals.

Will. Ich frage dich nicht, was er verspricht oder durch wen, sondern ich frage dich nur: Kannst du sagen, du seiest überzeugt, dass er sein Versprechen halten wolle?

Der Holl. Wie kann ich dafür bürgen? Wie kann ich sagen, was er im Sinn hat?

Will. Du kannst doch sagen, was du glaubst.

Der Holl. Ich kann bloß sagen, dass er es tun wird; ich glaube, er wird es tun.

Will. Du bist, wie ich sehe, ein sehr doppelzüngiger Christ. Wohlan, ich will dir die Frage anders stellen: Wirst du sagen, du glaubst es und du rätst uns, es zu glauben und auf diese Versprechungen hin unser Leben in ihre Hände zu geben?

Der Holl. Ich bin nicht befugt, euern Ratgeber zu machen.

Will. Du scheust dich vielleicht, deine wahre Meinung auszusprechen, weil du in ihrer Gewalt bist. Aber versteht denn einer von diesen da, was wir beide sprechen? Können sie Holländisch sprechen?

Der Holl. Nein, kein Einziger; in der Hinsicht habe ich überhaupt keine Befürchtungen.

Will. Nun gut, so antworte mir offen, wenn du ein Christ bist: Können wir es auf ihre Worte hin mit Sicherheit wagen, uns in ihre Hände zu begeben und ans Ufer zu kommen?

Der Holl. Ihr geht mir sehr scharf zu Leibe. Aber lasst mich jetzt auch eine Frage stellen: Habt ihr Aussicht, mit eurem Schiff wieder flottzukommen, wenn ihr euch dessen weigert?

Will. Ja, allerdings; jetzt, da der Sturm vorüber ist, befürchten wir nichts.

Der Holl. Dann kann ich nicht sagen, dass es das Beste für euch wäre, ihnen zu trauen.

Will. Gut, das heißt, ehrlich gesprochen.

Der Holl. Aber, was soll ich ihnen dann sagen?

Will. Finde sie mit schönen Worten ab, wie sie es auch mit uns gehalten haben.

Der Holl. Mit was für schönen Worten?

Will. Nun, sie sollen dem König melden, wir seien Fremde und durch einen gewaltigen Sturm an die Küste verschlagen; wir danken ihm aufs Herzlichste für sein höfliches Anerbieten und werden es, wenn wir es benötigen sollten, mit der größten Erkenntlichkeit annehmen; vorderhand aber haben wir keinen Grund, ans Ufer zu kommen, und überdies können wir das Schiff in seinem gegenwärtigen Zustand nicht wohl verlassen, sondern müssen daran arbeiten, es wieder flottzumachen, indem wir alle Aussicht haben, es in wenigen Tagen wieder ganz instand gesetzt zu sehen und die Anker auswerfen zu können.

Der Holl. Aber er wird erwarten, dass ihr ans Ufer kommt, ihn besucht und ihm für seine Höflichkeit ein Geschenk macht.

Will. Sobald wir unser Schiff wieder instand gesetzt und die Ritzen verstopft haben, werden wir ihm unsere Ehrfurcht erweisen.

Der Holl. Ja, dann könntet ihr aber ebenso gut schon jetzt zu ihm kommen.

Will. Halt, Freund, ich sagte nicht, wir wollen dann zu ihm kommen. Du sprachst von einem Geschenk, und das meinte ich mit meinem Ausdruck: unsere Ehrfurcht erweisen.

Der Holl. Gut, aber ich will ihm sagen, ihr werdet ans Ufer kommen, wenn euer Schiff wieder flott ist.

Will. Ich habe darauf nichts zu erwidern, du kannst ihm sagen, was du für gut hältst.

Der Holl. Aber er wird in große Wut geraten, wenn ich ihm dies nicht verspreche.

Will. Über wen wird er in große Wut geraten?

Der Holl. Über euch.

Will. Was haben wir danach zu fragen?

Der Holl. Aber er wird sein ganzes Heer gegen euch senden.

Will. Und wenn auch das ganze Heer schon da wäre? Was meinst du wohl, das es gegen uns ausrichten könnte?

Der Holl. Er wird erwarten, dass es eure Schiffe verbrenne und euch alle zu ihm führe.

Will. Sage ihm, er solle es einmal versuchen, dann werde er gewiss an den Falschen kommen.

Der Holl. Er hat eine ungeheure Anzahl Soldaten.

Will. Hat er auch Schiffe?

Der Holl. Nein, Schiffe hat er nicht.

Will. Auch keine Boote?

Der Holl. Nein, auch keine Boote.

Will. Nun, wie kannst du denn glauben, dass wir uns vor seinen Soldaten fürchten? Was könntest du gegen uns ausrichten, wenn du auch hunderttausend Mann bei dir hättest?

Der Holl. Oh, sie könnten euch verbrennen.

Will. Verbrennen – meinst du? Ja, das könnten sie allerdings; aber sie werden es nicht versuchen. Sie sollen es nur einmal auf ihre eigene Gefahr probieren, ich versichere dir, wir werden eure hunderttausend Mann zusammenschmettern, sobald sie in den Bereich unserer Kanonen kommen.

Der Holl. Aber wenn der König euch Geiseln für eure Sicherheit gibt?

Will. Wen kann er geben außer lauter Sklaven und Dienern, wie du bist, lauter Leute, deren Leben er so wenig achtet als wir einen englischen Hund?

Der Holl. Wen verlangt ihr als Geisel?

Will. Ihn selbst und Eure Gnaden.

Der Holl. Was würdet ihr mit ihm tun?

Will. Was er mit uns auch tun würde – ihm den Kopf abschneiden.

Der Holl. Und was würdet ihr mit mir tun?

Will. Mit dir? Wir würden dich in dein Vaterland zurückbringen. Zwar verdienst du weiter nichts als den Galgen; wir würden wieder einen Menschen und einen Christen aus dir machen und nicht an dir handeln, wie du an uns gern gehandelt hättest – dich nicht an grausame wilde Heiden verraten, welche keinen Gott kennen und kein Gefühl für Mitmenschen haben.

Der Holl. Ihr bringt mich da auf einen Gedanken, über den ich morgen weiter mit euch sprechen will.

17. Kapitel

Damit trennten sie sich, William aber kam wieder an Bord und erzählte uns weitläufig seine Unterredung mit dem alten Holländer, welche für mich sehr belehrend war; denn ich sah aufs Neue, dass William sich weit besser auf solche Verhandlungen verstand als ich.

Es war ein großes Glück, dass wir noch in derselben Nacht unser Schiff losmachten, und zu unserer ungemeinen Beruhigung fanden wir etwa anderthalb Meilen weiter draußen tiefes Wasser, wo wir die Anker auswerfen konnten, sodass wir die insulanische Majestät mit ihren hunderttausend Mann durchaus nicht zu fürchten brauchten. Wir machten uns in der Tat am anderen Tag einigen Spaß mit ihnen, als sie in zahlloser Menge, unseres Erachtens nur um ein Geringes weniger als hunderttausend Mann stark, mit einigen Elefanten herankamen. Sie hätten uns übrigens auch mit einem ganzen Heer von Elefanten nichts anhaben können, denn wir saßen ziemlich sicher auf unserem Ankerplatz und waren außerhalb ihres Bereichs, wiewohl nicht so ganz, als wir glaubten; denn obgleich wir auf einem glatten Wasser lagen, wären wir um ein Haar wiederum gestrandet, da der vom Ufer herkommende Wind die Ebbe ungewöhnlich weit herausblies, sodass wir die Sandbank, auf die wir zuvor gestoßen waren, in Gestalt eines Halbmondes daliegen sahen, der uns mit seinen zwei Hörnern umgab; wir befanden uns nämlich im Mittelpunkt desselben wie in einer runden Bucht und in tiefem Wasser, sodass wir zwar für den Augenblick sicher waren, aber den Tod zur rechten und linken Seite vor Augen hatten, da die zwei Hörner oder Spitzen des Sandes beinahe zwei Meilen über die Stelle, wo unser Schiff lag, hinausragten.

Auf dem östlich von uns gelegenen Teil des Sandes breitete sich die schlecht angeführte Menge der Insulaner aus, und da die meisten von ihnen nicht über die Knie oder Knöchel tief im Wasser standen, schlossen sie uns auf dieser Seite sowie auf der des Landes und auch ein wenig auf der anderen Seite des Sandes ein, indem sie auf einem Raum von etwa sechs Meilen einen Halbkreis oder vielmehr drei Fünftel eines Kreises bildeten; das andere auf unserer Westseite gelegene Horn des Sandes war nicht ganz so seicht, weshalb sie sich in dieser Richtung nicht so weit ausdehnen konnten.

Sie bedachten nicht, welchen Dienst sie uns taten und wie sie durch ihre plumpe Unwissenheit unfreiwillig unsere Wegweiser geworden waren, während wir, da wir den Platz nicht gehörig sondiert hatten, unversehens hätten zugrunde gehen können. Wir hätten unseren neuen Hafen wahrhaftig, bevor wir uns hineingewagt hatten, sondieren können, indes ich kann nicht mit Sicherheit sagen, ob wir es hätten tun sollen oder nicht; denn ich für mein Teil, hatte nicht die geringste Ahnung, wie es in Wirklichkeit um uns stand. Wie gesagt, ich meine, wir hätten uns vielleicht, bevor wir abfuhren, ein wenig umschauen sollen. Ganz gewiss hätten wir es tun sollen. Außer diesen Massen menschlicher Teufel hatten wir auch ein sehr leckes Schiff, und alle unsere Pumpen konnten das Überhandnehmen des Wassers kaum verhindern; unsere Zimmerleute waren über Bord, um die Beschädigungen des Schiffes aufzufinden, zuzustopfen und es zuerst auf der einen, dann auf der anderen Seite zu flicken. Da nun unsere Leute das Schiff auf der Seite hielten, welche den auf dem östlichen Horn des Sandes stehenden wilden Scharen am nächsten lag, war es sehr erbaulich zu sehen, wie diese vor Furcht und Freude sich nicht zu fassen wussten, einander zuriefen und ein Geschrei von sich gaben, das ich unmöglich beschreiben kann.

Während wir nun, wie man sich wohl denken kann, alle Hände voll zu tun hatten, um unsere Lecks zu verstopfen, unser Tau- und Segelwerk, welches beträchtlichen Schaden gelitten hatte, wieder instand zu setzen, auch einen neuen großen Mast aufzutakeln etc.; während wir dieses alles taten, bemerkten wir einen Haufen von etwa tausend Leuten, welcher sich von dem in der Tiefe der Sandbucht liegenden Teil des Barbarenheeres fortbewegte und längs des Wassersaumes um den Sand herumkam, dann aber ungefähr eine halbe Meile von unserer östlichen Batterieseite haltmachte. Wir sahen nun auch den Holländer ganz allein mit seiner weißen Flagge und allen seinen Bewegungen wie vorher näher auf uns zukommen.

Unsere Leute hatten gerade das Schiff wieder instand gesetzt und glücklicherweise unsere schlimmste und gefährlichste Ritze ausfindig gemacht und verstopft, als die Feinde an unsere Batterieseite kamen, und so ließ ich denn wie tags zuvor die Boote bemannen und schickte William als Bevollmächtigten ab. Ich wäre selbst gegangen, wenn ich Holländisch verstanden hätte; da dies aber nicht der Fall war, konnte ich das Ergebnis des Gesprächs ja doch nur aus zweiter Hand erfahren, wozu nachher immer noch Zeit war. Alle Instruktionen, die ich William gab, beschränkten sich darauf, den alten Holländer wenn möglich von den anderen wegzubringen und ihn zu veranlassen, an Bord zu kommen.

William ging also wie den Tag zuvor, und als er bis auf etwa hundertachtzig oder zweihundert Fuß ans Ufer kam, hielt er seine weiße Flagge hoch, wie es der Holländer tat, und ließ die Batterieseite des Bootes gegen das Ufer richten, und während seine Leute auf ihren Rudern lagen, begann er folgendes Zwiegespräch:

Will. Nun, mein Freund, was hast du uns jetzt zu sagen?

Der Holl. Ich komme mit demselben friedlichen Auftrag wie gestern.

Will. Wie kannst du von einem friedlichen Auftrag sprechen, mit all diesen Leuten in deinem Rücken und all diesen närrischen Waffen, die sie bei sich haben? So rede denn, was willst du?

Der Holl. Der König befiehlt uns, den Kapitän und alle seine Leute einzuladen, ans Ufer zu kommen; zugleich hat er allen seinen Untertanen eingeschärft, ihnen mit der größtmöglichen Höflichkeit zu begegnen.

Will. Gut; und sind diese Leute gekommen, uns ans Ufer einzuladen?

Der Holl. Sie werden euch kein Leid tun, wenn ihr friedlich an Land kommen wollt.

Will. Gut; und was, denkst du, können sie uns tun, wenn wir nicht wollen?

Der Holl. Ich wünsche, dass sie euch auch dann keinen Schaden zufügen.

Will. Aber ich bitte dich, Freund, sei nicht ein Narr und ein Schelm zugleich. Weißt du nicht, dass wir dein ganzes Heer nicht zu fürchten haben und vor allem sicher sind, was sie uns zufügen können? Was veranlasst dich, so einfältig und dabei so spitzbübisch zu Werke zu gehen?

Der Holl. Ihr glaubt euch vielleicht sicherer, als ihr wirklich seid, und wisst nicht, was sie euch tun können. Ich kann euch versichern, dass sie imstande sind, euch bedeutenden Schaden zuzufügen und vielleicht gar euer Schiff zu verbrennen.

Will. Angenommen, dies sei wahr, wiewohl ich überzeugt bin, dass es erlogen ist, so siehst du, dass wir noch mehr Schiffe haben (dabei deutete er auf die Schaluppe).*

Der Holl. Das bekümmert uns wenig. Wenn ihr auch zehn Schiffe hättet, so könntet ihr es doch nicht wagen, mit eurer Mannschaft in feindlicher Absicht ans Ufer zu kommen; wir sind zu zahlreich für euch.

Will. Du sprichst schon wieder nicht, wie du denkst, und wir können dir einmal eine Probe geben, wenn unsere Freunde zu uns gestoßen sind; denn du hörst, sie haben uns entdeckt.**

Der Holl. Ja, ich höre sie feuern, aber ich hoffe, euer Schiff wird es nicht erwidern; denn wenn dies geschieht, so wird es unser General als Friedensbruch ansehen und seiner Armee Befehl geben, euch da im Boot mit einem Hagel von Pfeilen zu überschütten.

* N. B. Gerade in diesem Augenblick entdeckten wir zu unserem außerordentlichen Vergnügen die schon dreizehn Tage lang vermisste Schaluppe, die von Osten her in einer Entfernung von etwa zwei Meilen die Küste entlang auf uns zusteuerte.

** Die Schaluppe feuerte eben jetzt fünf Kanonen ab, um Nachricht von uns zu erhalten, denn sie sah uns nicht.

Will. Du kannst versichert sein, dass das Schiff feuern wird, damit die anderen es hören, jedoch nicht mit Kugeln. Wenn dein General nichts Besseres weiß, so mag er tun, was er will; du aber darfst darauf rechnen, dass wir es ihm mit Zinsen heimgeben werden.

Der Holl. Was soll ich denn tun?

Will. Geh einmal zu ihm und melde ihm dies vorderhand. Gib ihm zu verstehen, dass das Schiff nicht auf ihn noch auf seine Leute feuert; dann komm wieder und sage uns, was er im Sinn hat.

Der Holl. Nein, ich will zu ihm schicken, wir erreichen dadurch den gleichen Zweck.

Will. Wie du willst, doch glaube ich, du würdest besser daran tun, selbst zu gehen; denn wenn unsere Leute vorher feuern, wird er vermutlich in großen Zorn geraten, und zwar gegen dich, denn wir kümmern uns nicht um seinen Zorn.

Der Holl. Ihr schätzt eure Feinde viel zu gering und wisst gar nicht, wozu sie fähig sind.

Will. Du tust so, als ob diese armen, wilden Wichte wunder was ausführen könnten. So lass uns doch einmal sehen, was sie alles vermögen; meinetwegen magst du die Friedensflagge senken, wenn du Lust hast, und damit den Anfang machen.

Der Holl. Ich möchte viel lieber den Frieden zustande bringen, sodass wir als gute Freunde voneinander scheiden könnten.

Will. Du bist ein heimtückischer Schurke; denn offenbar weißt du, dass diese Leute uns nur deswegen ans Ufer locken wollen, um uns zu fangen, und du, der du dich einen Christen nennst, möchtest uns gern bereden, in die Falle zu gehen und unser Leben in die Hände von Menschen zu geben, welche nichts von Mitleid, anständigen Gebräuchen oder guten Sitten wissen. Wie kannst du nur ein solch niederträchtiger Bursche sein?

Der Holl. Wie könnt ihr mich so nennen? Was habe ich euch getan, und was verlangt ihr von mir?

Will. Dass du nicht den Verräter machst, sondern dich benimmst wie einer, der früher Christ war und es auch geblieben sein würde, wenn er kein Holländer wäre.

Der Holl. Ich weiß nicht, was ich tun soll. Ich wünschte wohl, von diesen Leuten loszukommen; sie sind ein grausames Volk.

Will. So besinne dich doch nicht lange. Kannst du schwimmen?

Der Holl. Ja, das kann ich, aber wenn ich einen Versuch machen wollte, zu euch hinüberzuschwimmen, so würde ich tausend Pfeile und Wurfspieße in meinem Leib stecken haben, bevor ich euer Boot erreichen könnte.

Will. Ich will näher zu dir hinfahren und dich, dem ganzen Haufen zum Trotz, an Bord nehmen. Wir wollen ihnen nur eine einzige Salve geben, und ich stehe dafür ein, dass sie alle eiligst auf und davon laufen.

Der Holl. Ich versichere euch, dass ihr euch hierin täuscht; sie würden im Gegenteil alle sogleich ans Ufer rennen, feurige Pfeile auf euch abschießen und euer Boot, euer Schiff und alles, was ihr habt, in Feuer setzen.

Will. Wir wollen uns dieser Gefahr unterziehen, wenn du zu uns kommen willst.

Der Holl. Werdet ihr mich aber auch anständig behandeln?

Will. Ich gebe dir mein Wort, wenn du dich aufführst wie ein Ehrenmann.

Der Holl. Werdet ihr mich nicht zum Gefangenen machen?

Will. Ich bürge dir mit meinem eigenen Kopf dafür, dass du frei sein und die Erlaubnis erhalten sollst zu gehen, wohin du willst, obgleich ich dir ehrlich gestehen muss, dass du es nicht verdienst.

Gerade in diesem Augenblick feuerte unser Schiff drei Kanonen ab, um der Schaluppe zu antworten und ihr kundzutun, dass man sie gesehen hatte; auch verstand die Schaluppe das Zeichen sogleich und steuerte unmittelbar auf uns zu. Unmöglich aber ist es, den Schrecken, das abscheuliche Geschrei, die Verwirrung und die allgemeine Unordnung zu beschreiben, welche unsere drei Schüsse unter dieser unübersehbaren Menschenmenge veranlassten. Sie eilten alle zu ihren Waffen und stellten sich in eine Art Schlachtordnung auf, wobei übrigens von einer eigentlichen Ordnung durchaus keine Rede war.

Auf das Kommandowort rückten sie sofort alle in einer Masse an das Ufer, um uns mit einer Salve ihrer Feuerwaffen (solche waren es wahrhaftig) zu begrüßen; und sogleich kam ein dichter Hagel von Pfeilen auf uns zu, welche mit einem kleinen, in Schwefel oder einen ähnlichen Stoff getauchten Stück Tuch umwunden waren, das durch seinen Flug in der Luft gewöhnlich Feuer fing, sodass nur selten eines dieser Geschosse versagte.

Ich kann nicht leugnen, dass diese Angriffsweise, von der wir keine Ahnung gehabt hatten, uns anfänglich ein wenig überraschte, denn die Zahl der Pfeile war so groß, dass wir wirklich befürchteten, sie könnten unser Schiff in Brand stecken. William entschloss sich sofort zurückzurudern, um uns zu überreden, dass wir die Anker lichten und in See stechen sollten; aber es war nicht mehr Zeit dazu, denn die ungeheure am Ufer stehende Menschenmasse überschüttete das Boot und das Schiff alsbald von allen Seiten mit ihren Geschossen.

Sie feuerten, wenn ich es so nennen darf, nicht alle auf einmal, sodass dann eine Pause eingetreten wäre, sondern schossen, da das Auflegen ihrer Pfeile wenig Zeit erforderte, unaufhörlich fort, sodass die Luft voller Feuer war.

Ich kann nicht sagen, ob sie ihren wollenen oder tuchenen Lappen anzündeten, bevor sie ihre Pfeile abschossen, denn ich bemerkte nicht, dass sie Feuer bei sich hatten, was jedoch der Fall gewesen zu sein schien. Außer dem Feuer, das der Pfeil mitbrachte, hatte er eine Spitze oder einen Stift, wie wir es nennen, aus Knochen und einige auch aus scharfen Kieselsteinen. Einige wenige waren aus einem Metall, das zwar als Metall an und für sich etwas weich, aber doch hart genug war, um eine Planke zu durchbohren und stecken zu bleiben, wo es einfiel.

William und seine Leute waren klug genug, sich dicht hinter ihre Notbretter zu legen, welche sie zu diesem Zweck so hoch gestellt hatten, dass sie sich leicht hinter ihnen verbergen und gegen alles, was, wie wir sagen, schnurgerade oder horizontal kam, schützen konnten; gegen das aber, was senkrecht aus der Luft herabfiel, hatten sie keine Abwehr. Anfangs taten sie, als wollten sie fortrudern, gaben aber zuvor eine Kleingewehrsalve auf die Leute bei dem Holländer ab, wobei William den Seinen einschärfte, ganz gewiss auf die anderen zu zielen, um den Holländer nicht zu treffen, und das taten sie auch.

Jetzt war es zwecklos, sie zu rufen, denn das Geschrei war so laut, dass sie niemanden verstehen konnten; aber unsere Leute ruderten, nachdem sie im Anfang ein wenig zurückgefahren waren, kühn wieder näher auf sie zu und gaben dann eine zweite Salve, welche große Verwirrung unter den Feinden erregte, denn wir konnten vom Schiff aus sehen, dass mehrere von ihnen getötet oder verwundet wurden.

Wir hielten dies für einen höchst ungleichen Kampf und gaben daher unseren Leuten ein Zeichen, zurückzurudern, um auch ein wenig an dem Kampf teilnehmen zu können; aber da sie so nahe am Ufer waren, flogen die Pfeile so dicht über sie her, dass sie die Ruder nicht handhaben konnten. Sie spannten daher ein Segel auf in der Hoffnung, hinter ihren Notbrettern liegend längs des Ufers hinsegeln zu können; allein das Segel war keine sechs Minuten ausgebreitet, als es von fünfhundert Feuerpfeilen durchlöchert und zuletzt sogar in Brand gesteckt wurde. Da nun auf diese Art das ganze Boot in Feuergefahr war, ruderten und schoben unsere Leute, in den Booten liegend, ihre Fahrzeuge so gut als möglich weiter.

Mittlerweile hatten sie uns Platz gemacht, sodass wir dem ganzen wilden Heer beikommen konnten, und als wir mit dem Schiff so nahe als möglich herangefahren waren, feuerten wir auf die dichteste Masse sechs oder sieben Mal fünf Kanonen zu gleicher Zeit ab, welche mit altem Eisen, Musketenkugeln etc. geladen waren.

Wir konnten leicht sehen, dass wir eine gewaltige Verwüstung unter ihnen angerichtet, eine Menge Menschen getötet oder verwundet hatten und dass sie deshalb in großer Bestürzung waren; gleichwohl rührten sie sich nicht von der Stelle, und die ganze Zeit über flogen ihre feurigen Geschosse so dicht wie zuvor.

Endlich hörte auf einmal dieser Pfeilregen auf, und der alte Holländer kam ganz allein ans Ufer herabgerannt, seine weiße Flagge wie vorher so hoch als möglich schwingend und unserem Boot Zeichen gebend, dass es wieder zu ihm kommen möchte.

William hatte anfangs keine Lust, sich zu nähern; da aber der Mann unaufhörlich winkte, entschloss er sich endlich dazu, worauf der Holländer ihm sagte, er sei bei dem General gewesen, den das Blutbad unter seinen Leuten so mürbe gemacht habe, dass er jetzt alles von ihm erlangen könne.

»Alles?«, sagte William. »Was haben wir mit ihm zu schaffen? Er soll seines Weges gehen und seine Leute außer Schussweite führen; kann er dies nicht?«

»Freilich«, sagte der Holländer, »aber er wagt es nicht, sich von der Stelle zu rühren und vor des Königs Angesicht zu treten, da er, wenn nicht einige von euren Leuten ans Ufer kommen, sicherlich zum Tode verurteilt wird.«

»Nun gut«, sagte William, »so mag er denn sterben; denn er soll nie einen von uns in seine Gewalt bekommen, und wenn er dadurch auch sich selbst und dem ganzen Haufen bei ihm das Leben retten könnte. Aber«, meinte William, »ich will dir sagen, wie du ihn hintergehen und dabei deine eigene Freiheit gewinnen kannst, wenn dir nämlich daran liegt, deine Heimat wiederzusehen und du noch nicht so verwildert bist, deine Tage unter diesen Heiden und Wilden beschließen zu wollen.«

»Ich wollte von Herzen gern fliehen«, sagte dieser, »aber wenn ich jetzt einen Versuch machte, zu euch zu schwimmen, würden sie mir, so fern sie auch im Augenblick noch sind, doch so sicher Pfeile nachsenden, dass sie mich getötet hätten, ehe ich auf halbem Weg wäre.«

»Aber«, sagte William, »ich will dir sagen, wie du mit seiner Einwilligung kommen kannst. Geh zu ihm und melde ihm, ich hätte mich erboten, dich an Bord zu bringen, wo du einen Versuch machen wolltest, den Kapitän aufs Ufer herüberzulocken, und ich wolle ihn nicht hindern, wenn er Lust dazu habe.«

Der Holländer schien über diesen Vorschlag entzückt. »Ja, das will ich tun«, rief er; »ich bin überzeugt, dass er es mir erlauben wird.«

Damit rannte er fort, als hätte er eine fröhliche Botschaft zu überbringen, und sagte dem General, William habe versprochen, wenn er mit ihm an Bord des Schiffes gehe, so wolle er den Kapitän überreden, mit ihm an Land zu kommen. Der General war einfältig genug, ihm dazu Befehl zu geben, und schärfte ihm ein, nicht ohne den Kapitän zurückzukommen, was dieser mit Vergnügen versprach und auch sehr ehrlich hielt.

William nahm ihn also in sein Boot und brachte ihn an Bord, wo er sein Versprechen erfüllte und nie mehr zurückkehrte. Da inzwischen die Schaluppe an die Mündung der Bucht gekommen war, wo wir lagen, lichteten wir die Anker und segelten weiter, und als wir ziemlich nahe ans Ufer kamen, schossen wir drei Kanonen gegen sie ab, jedoch nur blind, denn wir hatten kein Interesse mehr, ihnen wirklichen Schaden zuzufügen. Sofort erhoben wir auf gute Seemannsart zum Abschied ein Freudengeschrei und führten ihren Gesandten von dannen. Wie es dem General erging, davon haben wir keine weiteren Nachrichten.

Diese Geschichte, die ich nach meiner Rückkehr von diesen Abenteuern einem Freund erzählte, stimmte so vollkommen mit dessen Bericht über die Erlebnisse eines englischen Kapitäns namens Knox überein, der sich einige Zeit vorher von diesen Leuten ans Ufer hatte locken lassen, dass ich erst jetzt die ganze Größe des Unglücks beurteilen konnte, dem wir entgangen waren, und dass ich es für angemessen halte, auch diese andere, ohnehin ganz kurze Geschichte hier zu erzählen, damit der Leser sieht, welches Unheil mir gedroht hatte, und damit er vor dergleichen bewahrt wird, sollte er einmal mit den heimtückischen Leuten von Ceylon zu tun haben. Die Geschichte ist folgende:

Da die Insel Ceylon größtenteils von Barbaren, welche schlechterdings keinen Handels- oder anderen Verkehr mit einer europäischen Nation zugeben wollen, bewohnt und für Reisende unzugänglich ist, kommt es gelegen, dem Leser zu berichten, aus welcher Veranlassung der Erzähler der folgenden Geschichte auf diese Insel kam und welche Gelegenheiten er gehabt, sich vollkommen mit diesem Volk, seinen Gesetzen und Gebräuchen bekannt zu machen, sodass wir seiner Erzählung vollkommenen Glauben schenken dürfen, denn sowohl ihre Wahrheit als auch ihre Seltenheit gilt es zu würdigen. Folgendes sind seine eigenen Worte.

Am 21. Januar 1657 segelte die Fregatte Anne aus London, kommandiert von Kapitän Robert Knox und in den Diensten der ehrenwerten englisch-ostindischen Gesellschaft stehend, von den Downs ab. Sie war nach dem Fort St. George an der Küste von Coromandel bestimmt, um ein Jahr lang in Indien von Hafen zu Hafen Handelsgeschäfte zu machen. Nachdem Knox dies getan und seine Waren zur Rückkehr nach England geladen hatte, wurde er am 19. November 1659 auf der Straße von Matlipatam von einem gewaltigen Sturm überfallen, in dem mehrere seiner Schiffe Schiffbruch erlitten und er gezwungen wurde, seinen Hauptmast abzuhauen, wodurch das Schiff so ruiniert war, dass er die Reise nicht fortsetzen konnte. Da nun Cotiar auf der Insel Ceylon eine so bequeme Bucht ist, wie man sich für den gegenwärtigen Notfall nur wünschen konnte, befahl Thomas Chambers, nachmals Sir Thomas Chambers, der Handelsagent in Fort St. George, das Schiff solle einige nach Porta Nova bestimmte Tücher und einige indische Kaufleute aufnehmen, die hier Handel treiben sollten, solange es durch die Ausbesserung seines Mastes und die Ersetzung der anderen im Sturm erlittenen Schäden hingehalten wäre. Als nach seiner ersten Ankunft die indischen Kaufleute ans Ufer gesetzt wurden, hegten der Kapitän und seine Leute starkes Misstrauen gegen die Eingeborenen, weil die Engländer noch in keiner Geschäftsverbindung mit ihnen standen; nachdem sie aber zwanzig Tage da gewesen und, ohne die geringste Belästigung zu erfahren, nach Belieben ans Ufer und wieder aufs Schiff zurückgegangen waren, begannen sie allen Verdacht gegen die Bewohner dieser Gegenden schwinden zu lassen, die sie für ihr Geld freundschaftlich bewirtet hatten.

Mittlerweile hatte der König des Landes Kunde von ihrer Ankunft erhalten, und da er ihre Absichten nicht kannte, schickte er einen Dissuava oder General mit einem Heer zu ihnen. Dieser sandte sogleich einen Boten zu dem Kapitän an Bord und ließ ihn ersuchen, zu ihm aufs Land zu kommen, indem er vorgab, er habe ihm einen Brief vom König zuzustellen. Der Kapitän begrüßte die Botschaft mit Kanonenschüssen und befahl seinem Sohn Robert Knox sowie dem Schiffskaufmann John Loveland, an Land zu gehen und dem General die Aufwartung zu machen. Als sie vor ihn traten, fragte er, wer sie wären und wie lange sie sich hier aufzuhalten gedächten. Sie sagten ihm, sie seien Engländer und beabsichtigten, nicht länger als zwanzig oder dreißig Tage dazubleiben; zugleich baten sie um Erlaubnis, im Hafen Sr. Majestät Handelsgeschäfte zu machen. Der General antwortete, sein König habe mit Vergnügen vernommen, dass die Engländer in sein Land gekommen seien, und ihm befohlen, ihnen allen erdenklichen Beistand zu leisten; zugleich habe er ihm ein Schreiben geschickt, das aber nur dem Kapitän selbst übergeben werden dürfe. Sie waren damals zwölf Meilen von der See entfernt und erwiderten daher, der Kapitän könne sein Schiff auf eine so weite Strecke nicht verlassen; wenn es ihm indes beliebte, an die Küste zu kommen, so würde der Kapitän ihm seine Aufwartung machen, um den

Brief in Empfang zu nehmen. Hierauf ersuchte der Dissuava die Gesandten, diesen Tag bei ihm zu bleiben, er wolle dann am anderen Morgen mit ihnen gehen; sie ließen sich dieses gefallen, um ihm in einer so geringfügigen Sache nicht zuwider zu sein. Am Abend sandte der Dissuava dem Kapitän ein Geschenk, bestehend aus Vieh, Früchten etc., welches die Boten, da sie die ganze Nacht hindurch gereist waren, morgens überlieferten. Zugleich sagten sie ihm, seine Leute seien mit dem Dissuava auf dem Weg nach der Küste und ersuchten ihn, ihnen dorthin entgegenzugehen, da der General einen Brief vom König habe, den er nur in die Hände des Kapitäns abgeben dürfe. Der Kapitän kam nichts Böses ahnend mit seinem Boot ans Ufer und wartete, unter einer Tamarinde sitzend, auf den Dissuava. Mittlerweile umzingelten die Eingeborenensoldaten heimlich ihn und seine sieben Mann, ergriffen sie und führten sie dem Dissuava entgegen; den Kapitän trugen sie in einer Hängematte auf ihren Schultern.

Am folgenden Tag kam die Mannschaft der Schaluppe, welche von dem ganzen Vorfall nichts wusste, ans Ufer, um einen Baum zu ihrem Hauptmast abzuhauen, und wurde auf dieselbe Art gefangen genommen, jedoch mit mehr Gewalt, weil sie sich tapfer wehrte. Sie wurde indes nicht zum Kapitän und zu seiner Gesellschaft gebracht, sondern in einem anderen Haus in derselben Stadt einquartiert.

Nachdem der Dissuava auf diese Art zwei Boote und achtzehn Mann in seine Gewalt bekommen hatte, waren seine Wünsche zunächst auf das Schiff gerichtet. Er sagte daher dem Kapitän, er und seine Leute würden nur deswegen zurückgehalten, weil der König die Absicht habe, durch ihn Briefe und ein Geschenk an die englische Nation zu schicken, und darum solle er einige Leute an Bord seines Schiffes absenden mit dem Befehl, den Fluss heraufzufahren, weil es durch längeren Aufenthalt in der Bucht in Gefahr komme, von den Holländern zusammengeschossen zu werden. Dem Kapitän wollte der Ratschlag nicht gefallen, doch wagte er es nicht, seine Abgeneigtheit auszusprechen, und sandte daher seinen Sohn mit dem verlangten Befehl ab, indem er ihn auf das Feierlichste beschwor, ja wieder zurückzukommen. Dieser hielt Wort und brachte von der Schiffsmannschaft die schriftliche Erklärung, dass sie in dieser Sache weder dem Kapitän noch irgendeinem anderen gehorchen werde, sondern entschlossen sei, sich zu verteidigen. Der Dissuava war mit diesem Brief zufrieden und erlaubte dem Kapitän, sich alles, was er nur von dem Schiff wünschte, holen zu lassen, indem er vorgab, der königliche Befehl zu seiner und seiner Gefährten Freilassung sei zwar noch nicht eingetroffen, könne aber jeden Augenblick anlangen.

Da der Kapitän sah, dass man ihn aufhielt und die geeignete Jahreszeit zur Weiterfahrt für das Schiff verstrich, sandte er dem ersten Steuermann John Burford die Anweisung zu, den Befehl über das Schiff zu übernehmen, nach Porta Nova, woher sie kamen, zurückzusegeln und dort den Verfügungen des Handelsagenten Folge zu leisten.

Und nun begann die lange, traurige Gefangenschaft, welche alle fürchteten. Nach Abfahrt des Schiffes wurden der Dissuava vor den König gerufen und die Engländer einstweilen bewacht, bis ein besonderer Befehl vom König kam, sie zu trennen und zu besserer Beköstigung, welche dem Land sehr zur Last fallen sollte, in verschiedene Städte zu verteilen. Am 16. September 1660 wurden der Kapitän und sein Sohn in eine Stadt namens Bonder Cooswat im Land Hotcurly gebracht, dreißig Meilen nördlich von der Stadt Kandy und eine ganze Tagesreise von den übrigen Engländern entfernt. Hier brachte man ihnen unentgeltlich täglich zwei Mal Speisen, so viel als sie essen konnten, und so gut, als das Land sie hervorbrachte. Die Gegend war sehr hübsch und fruchtbar, wurde indes in diesem Jahr von allerlei klimatischen Fiebern heimgesucht, an denen viele starben. Nach einiger Zeit bekamen auch der Kapitän und sein Sohn diese Krankheit, und der Kapitän, dem der Kummer über seine beklagenswerte Lage das Herz brach, starb nach mehr als dreimonatigem Siechtum am 9. Februar 1661.

Robert Knox, sein Sohn, war jetzt der Verzweiflung nahe. Krank, gefangen, ohne einen anderen Trost als Gott, den Vater der Vaterlosen, der das Stöhnen der Gefangenen hört; allein sollte er jetzt viele lange Tage voll Elend und Jammer durchmachen, niedergedrückt von körperlichen Leiden und von Seelenkummer über den Verlust seines Vaters und das unabwendbare Elend, dem er entgegensehen musste. Den ersten Kelch davon hatte er aus Anlass der Beerdigung seines Vaters zu leeren; denn als er wegen Unkenntnis der Landessprache seinen schwarzen Sklaven zu den Bewohnern der Stadt schickte, um sie um ihren Beistand anzugehen, sandten ihm diese nur einen Strick, um den Verstorbenen am Hals in die Wälder zu schleppen, und ließen ihm sagen, sie werden ihm nicht mit etwas anderem aushelfen, wenn er es nicht bezahle. Diese barbarische Antwort vermehrte seinen Kummer über den Tod des Vaters, der jetzt vielleicht unbegraben daliegen und eine Beute der wilden Tiere des Waldes werden sollte; denn da der Boden sehr hart war und er keine Geräte zum Graben hatte, war es ihm unmöglich, ihn zu beerdigen. Indes besaß er doch noch ein kleines Geldstück, nämlich eine Pagode, sowie einen goldenen Ring, wofür er einen Mann mietete und den Verstorbenen so anständig, als seine Lage es eben gestattete, beerdigen ließ.

18. Kapitel

Nachdem sein toter Vater endlich der Erde wiedergegeben war, wurde er, da sein Fieber immer anhielt, teils durch Gram, teils durch Krankheit, in kurzer Zeit äußerst schwach. Sein einziger Trost war, mit einem seiner zwei Bücher, den »Andachtsübungen« oder Mr. Rogers' »Sieben Traktaten«, in Wald und Flur zu gehen, um zu lesen und sich stillen Betrachtungen, zuweilen auch Gebeten hinzugeben. In seinem Schmerz wünschte er sich oft wie der Prophet Elias zu sterben, da das Leben ihm zur Last war. Allein Gott gefiel es, sein Leben zu verlängern; jedoch erleichterte er seine Leiden, indem er die Krankheit wieder von ihm nahm und ihm einen Wunsch erfüllte, der ihm vor allen anderen teuer war. Er hatte seine zwei Bücher schon so oft gelesen, dass er sie beinahe auswendig wusste, und obgleich beide fromme und gute Schriften waren, sehnte er sich doch nach der Wahrheit aus der Urquelle und hielt es für sein größtes Unglück, keine Bibel zu haben, zumal er denken musste, dass er nie mehr eine zu Gesicht bekommen würde. Allein Gott führte ihm ganz gegen seine Erwartung auf folgende Weise eine zu. Als er eines Tages von Hunger getrieben mit seinem schwarzen Sklaven fischte, ging ein alter Mann an ihnen vorbei und fragte den Burschen, ob sein Herr lesen könne. Auf die bejahende Antwort desselben setzte er hinzu, er habe von den Portugiesen bei ihrer Abfahrt von Colombo ein Buch erhalten, und wenn sein Herr es wünsche, so wollte er es an ihn verkaufen. Der Sklave sagte es seinem Herrn, und dieser befahl ihm, hinzugehen und zu sehen, was für ein Buch es sei. Da der Schwarze einige Zeit bei den Engländern gedient hatte, erkannte er das Buch, und sobald er es in die Hand bekommen, eilte er zu seinem Herrn zurück und rief ihm schon von Weitem zu: »Es ist die Bibel!« Bei diesen Worten bebte Knox zusammen, warf seine Angel weg, eilte dem Schwarzen entgegen und war im innersten Herzen erfreut, als er seine Aussage wahr fand. Nun geriet er in große Angst bei dem Gedanken, es nicht kaufen zu können, obgleich er entschlossen war, sein ganzes Besitztum, das nur noch in einer Pagode bestand, daran zu wenden; doch sein Neger sprach zu ihm, er solle die Sache nicht so ernst nehmen und den Kauf ihm überlassen, worauf er das Buch auch wirklich gegen eine gestrickte Mütze erhielt.

Er konnte es nur als ein großes Wunder betrachten, dass Gott ihn so außerordentlich gesegnet und ihm in einem so entlegenen Teil der Welt, wo man seinen Namen nicht kannte und wo noch niemals zuvor ein Engländer gewesen, eine Bibel in seiner Muttersprache zugeführt hatte. Der Genuss dieses Gnadengeschenks war ein großer Trost für ihn in der Gefangenschaft; auch gebrach es ihm nicht an Mitteln zur Befriedigung seiner leiblichen Bedürfnisse, wie sie das Land hervorbrachte; denn der König hatte unmittelbar nach seines Vaters Tod einen ausdrücklichen Befehl an die Einwohnerschaft der Stadt erlassen, dass sie sich freundschaftlich gegen ihn benehmen und ihm gute Nahrungsmittel liefern sollten. Nachdem er sich daher einige Zeit im Land aufgehalten und die Sprache erlernt hatte, bekam er allerlei Annehmlichkeiten, wie zum Beispiel ein Haus und Gärten; und da er sich auf die Landwirtschaft verlegte, segnete ihn Gott dermaßen, dass er nicht nur für sich allein in Hülle und Fülle hatte, sondern auch anderen leihen konnte, wodurch er sich, da er nach dem Brauch des Landes 50 Prozent jährlich nahm, sehr bereicherte; er besaß außerdem Ziegen, die ihm als Hammelfleisch dienten, und Schweine und Hühner. Aber trotz alledem, und obgleich er wie einer der Vornehmsten der Insel lebte, konnte er doch seine Heimat nicht vergessen, noch weniger aber den Aufenthalt in einem fremden Land angenehm finden, wo es ihn hungerte nach Gottes Wort und den Sakramenten, gegenüber denen alle anderen Dinge nur geringen Wert in seinen Augen hatten. Er betete jeden Tag flehentlich zu Gott um Erfüllung dieser seiner sehnlichsten Wünsche, und endlich beschloss er gemeinschaftlich mit einem gewissen Stephen Rutland, der zwei Jahre zuvor bei ihm gelebt hatte, zu entfliehen, und etwa im Jahre 1673 dachte er über alle möglichen geheimen Wege nach, um sein Vorhaben auszuführen. Sie hatten schon vorher eine Art Hausierhandel im Land angefangen, indem sie Tabak, Pfeffer, Knoblauch, Kämme und allerlei Eisenwaren kauften, die sie in solche Gegenden trugen, wo ein Mangel daran war; während sie nun mit ihren Waren von Ort zu Ort zogen, unterhielten sie sich mit den Einwohnern, deren Sprache sie jetzt wohl verstanden, über die Wege und Verhältnisse in den am meisten sowie in den am wenigsten bewohnten Teilen der Insel, wo und wie stark die Wachposten von einer Provinz zur anderen seien und welche Waren sie nach den verschiedenen Gegenden zu bringen hätten; denn sie erklärten, jeden Ort mit dem versehen zu wollen, woran es ihm fehle. Niemand zweifelte daran, dass es ihnen bloß um Handelsgeschäfte zu tun sei, weil Knox ein so wohlhabender Mann war, von dem sich nicht annehmen ließ, dass er solche Reichtümer im Stich lassen würde, um nach Norden zu reisen, welcher Teil des Landes am wenigsten bewohnt war. Nachdem sie sich nun gehörig mit den passenden Waren für diese Gegenden versehen hatten, machten sie sich auf und lenkten ihre Schritte nach dem nördlichen Teil der Insel, ohne die Wege genau zu kennen, welche sehr schwierig und verworren waren; denn Heerstraßen gibt es dortzulande nicht, sondern nur eine Menge Pfade von einer Stadt zur anderen, und auch diese sind sehr unzuverlässig; nach den Wegen zu fragen aber wäre für sie als Weiße höchst gefährlich gewesen, weil die Leute dann sogleich ihre Absicht erraten hätten.

Sie reisten nun von Cànda Uda bis in das Land Neurecalava, die Grenze der Besitzungen des Königs und etwa drei Tagesreisen von ihrer Wohnung entfernt. Sie dankten der Vorsehung, welche sie bis hierher alle Schwierigkeiten hatte überwinden lassen, allein sie wagten es nicht, weiterzugehen, weil sie keine Waren mehr besaßen; auch fürchteten sie, weil es das erste Mal war, dass sie sich so lange von Haus entfernt hatten, die Leute von der Stadt könnten ihnen nacheilen und sie aufsuchen, weshalb sie nach Hause zurückkehrten, später aber noch acht oder zehn Mal mit ihren Waren in diese Gegenden reisten, bis sie sowohl mit den Einwohnern als mit den Wegen vollkommen bekannt waren.

In diesen Landesteilen traf Knox seinen schwarzen Sklaven wieder, den er vor mehreren Jahren entlassen hatte. Er hatte jetzt Frau und Kinder und war sehr arm; da er aber die Gegend aufs Genaueste kannte, ließ sich Knox nicht nur von ihm Ratschläge geben, sondern kam auch mit ihm dahin überein, dass er gegen eine gute Belohnung ihn und seinen Gefährten zu den Holländern führen sollte. Der Sklave war mit Vergnügen einverstanden, und die Zeit war bereits festgesetzt, aber unglücklicherweise befiel Knox ein schweres Leiden in der rechten Seite, das ihn fünf Tage lang hinhielt und wodurch dieser Plan vereitelt wurde; denn er machte sich zwar, sobald er wiederhergestellt war, auf den Weg, allein sein Führer war inzwischen Geschäfte halber in eine andere Gegend gereist, und sie konnten es damals nicht wagen, ohne ihn zu entfliehen. Acht oder neun Jahre lang setzten sie solche Versuche fort, die aber immer an allerhand Zufällen scheiterten, größtenteils an der Trockenheit des Wetters, weil sie in den Wäldern vor Durst zu verschmachten fürchteten, indem das ganze Land schon vier oder fünf Jahre lang nach Regen lechzte.

Am 22. September 1679 machten sie sich abermals auf den Weg, wohl versehen mit Messern und kleinen Äxten als Schutzwaffen, welche sie heimlich bei sich führen konnten. Sie hatten wie vorher allerlei Waren nebst dem nötigen Mundvorrat zusammengepackt und machten sich, damit sie das Licht führe, zurzeit des Vollmonds auf den Weg, um zu versuchen, ob Gott der Allmächtige ihre Sehnsucht nach Befreiung begünstigen würde. Ihre erste Station war Anarodgburro, wohin sie durch eine von Elefanten, Tigern und Bären bewohnte Wildnis, genannt Parraoth Mocolane, wandern mussten und wo beständig ein Wachposten aufgestellt ist, weil es an der äußersten Grenze der Besitzungen des Königs liegt.

Als sie mitten auf ihrem Weg waren, hörten sie, dass Beamte des Gouverneurs dieser Gegenden im Land umherzögen, um den Tribut für den König zu erheben und nach der Hauptstadt zu schicken; da sie von ihnen zurückgeschickt zu werden fürchteten, wandten sie sich nach den westlichen Teilen von Ecpoulpot und blieben dort ruhig liegen und strickten zum Zeitvertreib, bis sie hörten, dass dieselben wieder abgereist wären. Dann machten sie sich sogleich wieder auf ihren Weg, indem sie einen großen Vorrat Wollgarn, um daraus Mützen zu stricken, bei sich führten und ihre Waren unter dem Vorwand, getrocknetes Fleisch dafür eintauschen zu müssen, welches nur in den Niederungen zu kaufen war, nicht veräußerten. Ihr Weg führte sie unumgänglich durch den Hofraum des Gouverneurs von Collinilla, welcher absichtlich so wohnt, um alles Aus- und Eingehende genau untersuchen zu können. Dies brachte sie in große Verlegenheit, weil er leicht auf den Verdacht geraten konnte, sie hätten als Gefangene den ihnen vorgeschriebenen Bezirk überschritten; gleichwohl gingen sie entschlossen auf sein Haus zu, und als sie ihn trafen, machten sie ihm ein kleines Geschenk mit Tabak und Betel, zeigten ihm ihre Waren und sagten, sie kämen, um getrocknetes Fleisch zu holen und dann wieder heimzureisen. Der Gouverneur schöpfte keinen Verdacht, sondern sagte ihnen, er bedaure, dass sie in einer so trockenen Jahreszeit gekommen, wo man keinen Hirsch schießen könne; sobald übrigens etwas Regen falle, werde er sie damit versehen. Diese Antwort gefiel ihnen; und sie schienen so zufrieden, als ob sie mit Vergnügen dablieben. Nachdem sie sich nun zwei oder drei Tage bei dem Gouverneur aufgehalten hatten, ohne dass es regnete, schenkten sie ihm fünf oder sechs Patronen Pulver, was hierzulande eine Seltenheit ist, ließen auch einen Pack in seinem Haus zurück und ersuchten ihn, einiges Wild für sie zu schießen, während sie weiter nach Anarodgburro reisten. Sie wurden hier auch in große Angst versetzt durch die Ankunft einiger Soldaten, durch welche der König dem Gouverneur befehlen ließ, er solle seinen Posten recht genau bewachen, damit keine verdächtigen Personen hindurchkämen. Obgleich durch diese verschärften Maßregeln nur die Verwandten einiger Vornehmen, welche der König in Eile hatte einsperren lassen, an der Flucht verhindert werden sollten, fürchteten die beiden Flüchtlinge dennoch, man könnte sich wundern, Weiße hier zu sehen, und sie deswegen zurückschicken. Doch Gott fügte es so, dass diese Soldaten sehr freundlich gegen sie waren und sie ihrem Geschäft nachziehen ließen, sodass sie sicher nach Anarodgburro gelangten. Sie gaben vor, getrocknetes Fleisch kaufen zu wollen, obgleich sie wussten, dass hier keines zu haben war; aber ihre wahre Absicht ging dahin, den Weg zu den Holländern zu suchen, und deshalb verweilten sie hier drei Tage. Da sie aber fanden, dass auf dem Weg nach Jafnapatan, einem der holländischen Häfen, ein Wachposten aufgestellt war, an welchem sie unmöglich vorbeikommen konnten, und da sich ihnen auch noch andere unüberwindliche Hindernisse in den Weg drängten, beschlossen sie, umzukehren und an den Fluss Malwatogah zu reisen, von dem sie schon vorher gedacht hatten, dass er sie wahrscheinlich bis ans Meer führen würde. Um nun aber nicht verfolgt zu werden, verließen sie Anarodgburro in der Nacht des 12. Oktober, da die Eingeborenen aus Furcht vor den wilden Tieren nie im Dunkeln reisen, wohl versehen mit allen möglichen Vorräten, nämlich Lebensmitteln auf zehn Tage, einem Topf, um darin Speisen zu kochen, zwei Flaschenkürbissen, um Wasser darin aufzubewahren, und zwei großen Tallipatblättern zum Zelten, ferner einer Menge Rohrzucker, Süßigkeiten, Tabak, Betel, Feuerzeug und einer Hirschhaut für Schuhe, um ihre Füße, auf denen ihre einzige Hoffnung beruhte, vor Dornen zu bewahren. Als sie an den Fluss kamen, schlugen sie sich in die Wälder, ohne sich weit von dem Ufer zu entfernen; damit jedoch ihre Fußtritte nicht entdeckt würden, gingen sie im Sand nur, wenn sie nicht anders konnten, und dann jedes Mal rückwärts.

Nachdem sie eine gute Strecke im Wald zurückgelegt hatten, begann es zu regnen. Sie schlugen daher ihre Zelte auf, machten ein Feuer an und ruhten aus, bis der Mond an den Himmel kam. Ihre Waren warfen sie weg und machten sich sodann, mit ihren Hirschhäuten um die Füße, wieder auf den Weg. Als sie drei oder vier Stunden unter vielen Schwierigkeiten gereist waren, weil der Mond durch die dichten Bäume nur wenig Licht verbreitete, fanden sie einen Elefanten mitten auf ihrem Weg, und weil sie ihn nicht wegscheuchen konnten, sahen sie sich genötigt, bis zum Morgen zu bleiben, wobei sie sich die Wartezeit, nachdem sie ein Feuer angezündet hatten, mit Tabakrauchen vertrieben. Sie konnten bei dem Licht nicht entdecken, dass irgendjemand dort gewesen wäre, und sahen überhaupt nichts als Wald, weshalb sie sich bereits der frohen Hoffnung überließen, alle Gefahren überstanden zu haben, da das Land nicht mehr bewohnt sei. Aber sie täuschten sich, denn auf einmal machte der Fluss eine nördliche Wendung und brachte sie mitten in ein Gebiet von Dörfern, das Tissea Wava hieß und wo sie beständig entdeckt zu werden fürchten mussten; denn diese Leute hätten sie unter allen Umständen aufgefangen, geschlagen und zu dem König geschickt. Um nun dieses zu vermeiden, krochen sie in einen hohlen Baum und saßen da in Schlamm und Feuchtigkeit, bis es dunkel zu werden begann, dann aber vertrauten sie sich aufs Neue ihren Beinen an und wanderten fort, bis das Dunkel der Nacht sie daran hinderte. Sie hörten Stimmen hinter sich und fürchteten schon, verfolgt zu werden; endlich aber sahen sie ein, dass das Geschrei nur die Absicht hatte, die wilden Tiere von den Kornfeldern wegzuscheuchen, und nun schlugen sie ihre Zelte an dem Fluss auf, kochten sich Reis, brieten Fleisch zu ihrem Abendbrot, und nachdem sie ihren Hunger gestillt, empfahlen sie sich dem Schutz Gottes und legten sich schlafen.

Am anderen Morgen machten sie sich, um das Schlimmste zu verhüten, früh auf den Weg und beschleunigten ihre Schritte. Vor den kultivierteren Chiangulayen waren sie nun gesichert, umso mehr aber mussten sie jetzt die Wilden fürchten, von denen diese Wälder voll waren und deren Zelte sie erblickten; die Bewohner hatten sich jedoch, seit der Regen angefangen, vom Fluss weg in die Wälder zurückgezogen, und so bewahrte sie Gott vor dieser Gefahr, denn hätten die Wilden sie gesehen, so wären sie von ihnen erschossen worden.

So reisten sie mehrere Tage lang vom Morgen bis Abend durch Gebüsch und Dorngesträuch, sodass ihnen das Blut über die nackten Arme und Schultern rann. Sie stießen oft auf Bären, Schweine, Antilopen und wilde Büffel, die aber bei ihrem Anblick jedes Mal entflohen. Der Fluss wimmelte von Alligatoren. Abends pflegten sie ihre Zelte aufzuschlagen und sowohl vor als hinter sich große Feuer anzuzünden, um die wilden Tiere zu erschrecken; und obgleich sie Stimmen aller Art hörten, kam doch nichts in ihre Nähe.

Am Donnerstagmittag setzten sie über den Fluss Coronda Oya, welcher das Land der Malabaren von dem des Königs trennt, und am Freitag, morgens um neun oder zehn Uhr, kamen sie zu den Einwohnern, vor denen sie sich ebenso fürchteten wie vorher vor den Chiangulayen; denn obgleich der Wanniounay oder der Fürst dieses Volkes den Holländern aus Furcht Tribut zahlte, war er doch dem König von Kandy weit mehr zugetan, und wenn er sie erwischt hätte, würde er sie ihrem alten Herrn zurückgesandt haben. Da sie nun schlechterdings kein anderes Mittel wussten, setzten sie ihren Weg bei Tag am Ufer hin fort, weil die Wälder bei Nacht vor Dornen und wilden Tieren, welche dann zum Trinken an den Fluss herabkommen, nicht zu passieren waren. In dem ganzen Malabarenland trafen sie nur auf zwei Brahmanen, die sie sehr höflich behandelten, und einer von ihnen führte sie für ihr Geld bis in das Gebiet der Holländer, wo sie von dem König von Kandy nichts mehr zu fürchten hatten, worüber sie höchst erfreut waren. Indes waren sie in nicht geringer Verlegenheit, wie sie den Weg aus den Wäldern hinaus finden sollten, bis ein Malabare, durch das Versprechen eines Messers angelockt, sie in eine holländische Stadt führte, von wo sie von Ort zu Ort immer wieder Wegweiser bekamen, bis sie endlich Samstag, den 18. Oktober 1679, in das Fort Arepa gelangten, wo sie dankbar Gottes wunderbare Vorsehung priesen, welche sie aus einer fast zwanzigjährigen Gefangenschaft erlöst hatte.

Ich komme jetzt auf meine eigene Geschichte zurück, die sich ihrem Ende nähert, soweit sie meine Reisen in diesem Teil der Welt betrifft. Wir waren also wieder in der offenen See und segelten eine Zeit lang nördlich, um zu versuchen, ob wir nirgends unsere Spezereiwaren anbringen könnten; denn wir besaßen großen Reichtum an Muskatnüssen, wussten aber nicht, was wir mit ihnen anfangen sollten. An die englische Küste, oder besser gesagt, unter die englischen Handelsniederlassungen konnten wir uns nicht wohl wagen; nicht, dass wir ein Gefecht mit ihren paar Schiffen gescheut hätten, auch wussten wir, dass sie keine Kaperbriefe von der Regierung hatten und es deswegen nicht ihre Angelegenheit war, uns anzugreifen, selbst dann nicht, wenn wir Seeräuber waren. Hätten wir irgendeinen Angriff auf sie gemacht, dann würden sie ohne allen Zweifel sich zu gemeinschaftlichem Widerstand und gegenseitigem Schutz vereinigt haben; aber ein Seeräuberschiff von beinahe fünfzig Kanonen wie das unsrige anzugreifen, das war offenbar nicht ihre Sache, und wir konnten deshalb ohne Sorge sein. Dagegen mussten wir andererseits zu vermeiden suchen, bei ihnen gesehen zu werden, weil sich diese Nachricht von einer Faktorei nach der anderen verbreitet und man sich dann gegen jedwede künftigen Unternehmungen von unserer Seite gehörig verwahrt hätte. Noch weniger konnte es uns lieb sein, unter den holländischen Faktoreien an der malabarischen Küste gesehen zu werden; denn da wir gerade solche Spezereien in Menge aufgeladen hatten, auf welche sie allein ein Handelsrecht zu besitzen meinten, würden sie daraus bald ersehen haben, wer wir waren und was wir getrieben hatten, und dann hätten sie uns ohne Zweifel auf alle erdenkliche Art aufzulauern gesucht.

Der einzige Ausweg war demnach, nach Goa zu segeln und dort womöglich unsere Spezereien an die portugiesische Handelsniederlassung zu verkaufen. Wir steuerten also dorthin, denn wir hatten zwei Tage vorher am Land ein wenig ausgeruht, und auf der Höhe von Goa angelangt, nahmen wir unsere Richtung nach Marmagoon an der Spitze von Salsat, hier rief ich den Leuten am Steuerruder zu, das Schiff beizudrehen, und befahl dem Steuermann, nordnordwestlich zu lenken, bis wir außer Sichtweite des Ufers wären. Sofort hielten William und ich, wie gewöhnlich bei allen wichtigen Ereignissen, Rat, wie wir es anfangen sollten, um hier unentdeckt Geschäfte zu machen, und vereinigten uns zu dem Entschluss, dass William mit einigen zuverlässigen Burschen in der Schaluppe nach Surat, was noch weiter nördlich lag, fahren und dort als Kaufmann mit solchen Leuten der englischen Faktorei, von denen er Günstiges erwarten konnte, einen Handelsverkehr einleiten solle.

Um dies mit größtmöglicher Vorsicht zu betreiben und allem Argwohn vorzubeugen, beschlossen wir, sämtliche Kanonen herauszunehmen und nur solche Leute mitzuschicken, die versprachen, nicht an die Küste zu gehen oder sich in keinerlei Gespräch mit Leuten, die an Bord kämen, einlassen zu wollen; und um die Täuschung zu vollenden, suchte sich William zwei von unseren Leuten aus, einen Chirurgen und einen gescheiten Kerl von einem alten Matrosen, der an der Küste von Neuengland Steuermann gewesen und ein vortrefflicher Mimiker war, putzte beide als Quäker heraus und lehrte sie die Redensarten dieser Sekte. Der alte Steuermann sollte den Kapitän der Schaluppe darstellen, der Chirurg den Doktor und er selbst den Ladungsverrechner. In dieser Vermummung nun segelte er mit der möglichst schlicht zugestutzten, all ihres Schnitzwerks (das indes nie bedeutend gewesen war) und ihrer Kanonen entkleideten Schaluppe nach Surat.

Ich hätte freilich vorher bemerken sollen, dass wir uns einige Tage vor dem Abschied an ein kleines sandiges Eiland dicht unter der Küste begeben hatten, wo eine gute Bucht mit tiefem Wasser war, eine recht brauchbare Reede und außerhalb des Gesichtskreises all der Faktoreien, von denen es an der Küste wimmelte. Hier luden wir die Schaluppe aufs Neue und befrachteten sie nur mit solchen Dingen, die wir gern losgeworden wären, insbesondere mit Muskatnüssen und Gewürznelken, wobei Muskatnüsse den Hauptteil der Ladung ausmachten. Von hier segelte William mit seinen zwei Quäkern und etwa achtzehn Mann in der Schaluppe nach Surat und ankerte in einiger Entfernung von der Faktorei.

Er war so vorsichtig, mit dem Doktor, wie er ihn nannte, auf einem Boot, das zu ihnen kam, um Fische zu verkaufen, und bloß von eingeborenen Indern gerudert wurde, allein an Land zu gehen; er mietete später dieses Boot, um sich darauf wieder an Bord bringen zu lassen. Sie waren noch nicht lange am Ufer, als sie Gelegenheit fanden, die Bekanntschaft einiger Engländer zu machen, welche hier wohnten und vielleicht ursprünglich in den Diensten der Kompagnie gestanden waren, jetzt aber an der Küste als selbstständige Kaufleute mit allen Artikeln, die ihnen in den Weg kamen, Geschäfte machten. Der Doktor musste die Bekanntschaft einleiten; er stellte ihnen seinen Freund, den Ladungsverrechner, vor, und nach und nach fügte es sich, dass die Kaufleute eine ebenso große Freude an der Ware bezeugten wie unsere Leute an den Kaufleuten, nur dass die Ladung ihnen ein wenig zu groß war.

Indes war diese Schwierigkeit leicht zu beseitigen; denn tags darauf brachten sie zwei weitere Kaufleute mit, ebenfalls Engländer, die, wie William aus ihren Reden entnehmen konnte, Lust hatten, die Waren anzukaufen und auf seine Rechnung nach dem Persischen Meerbusen zu bringen. William merkte sich dies und dachte sogleich, wie er mir nachher sagte, wir könnten sie ebenso gut selbst dahin bringen wie diese Leute; doch war sein Augenmerk zunächst nicht darauf gerichtet, da er nicht weniger als dreiunddreißig Tonnen Muskatnüsse und achtzehn Tonnen Gewürznelken bei sich führte. Unter den Muskatnüssen befand sich eine bedeutende Menge Muskatblüten; da wir jedoch nicht bereit waren, hohe Prozente zu geben, wurde gehandelt. Die Kaufleute, welche gern die Schaluppe samt allem gekauft hätten, gaben nun William die nötigen Weisungen und ließen ihn durch zwei Lotsen nach einer Bucht etwa sechs Seemeilen von der Faktorei bringen, wohin sie ihre Boote ruderten und die ganze Ladung einnahmen, nachdem sie William sehr anständig bezahlt hatten. Der Gesamterlös belief sich auf etwa fünfunddreißigtausend spanische Piaster außer einigen wertvollen Waren, die William gerne nahm, und zwei großen Diamanten im Wert von dreihundert Pfund Sterling.

Als die Zahlung geleistet war, lud William die Käufer an Bord der Schaluppe ein, wo der lustige alte Quäker seine Gäste so vortrefflich unterhielt und ihnen dermaßen mit Getränken zusetzte, dass sie ganz guter Dinge wurden und in selbiger Nacht nicht mehr ans Ufer gehen konnten.

Sie hätten ums Leben gern gewusst, wer unsere Leute wären und woher sie kämen, aber kein einziger Mann in der Schaluppe wollte irgendeine Frage von ihnen anders beantworten als in einer Weise, die ihnen zeigen musste, man treibe Spaß mit ihnen. Inzwischen ließ William im Lauf des Gesprächs die Bemerkung fallen, diese Herren wären offenbar imstande, auch noch eine weit größere Ladung zu kaufen, und hätten uns vielleicht zwei Mal so viel Spezereiwaren abgenommen, wenn wir sie gehabt hätten. Sodann bat er den lustigen Kapitän, ihnen auseinanderzusetzen, dass sie noch eine andere Schaluppe besäßen, die in Marmagoon liege und ebenfalls eine beträchtliche Menge Spezereiwaren an Bord habe; wenn dieselbe bis zu seiner Rückkehr (denn dorthin wolle er sich nun begeben) noch nicht verkauft sei, so wolle er sie auch hierherbringen.

Ihre neuen Kunden zeigten so vielen guten Willen, dass sie mit dem alten Kapitän schon im Voraus einen Handel abschließen wollten. Dieser sagte jedoch: »Nein, nein;, Freunde, ich handle nicht mit euch, ohne dass ihr die Waren in Augenschein genommen habt; überdies weiß ich nicht, ob der Besitzer der Schaluppe seine Ladung nicht bereits an einige Kaufleute von Salsat veräußert hat; wenn es aber bis zu meiner Rückkehr zu ihm noch nicht geschehen ist, so gedenke ich, ihn zu euch zu bringen.«

Der Doktor hatte während dieser ganzen Zeit genug zu tun, so gut als William und der alte Kapitän, denn er fuhr mehrere Male des Tages auf dem indischen Boot ans Ufer und brachte frische Vorräte für die Schaluppe, deren die Mannschaft sehr bedurfte; er brachte vor allem siebzehn recht ansehnliche Tonnen Arrak, außer kleineren Mengen, eine Menge Reis und Früchte, Mangopflaumen, Kürbisse und vieles andere, auch Geflügel und Fische. Er kam niemals ohne eine schwere Ladung an Bord, da er nicht nur für die Schaluppe, sondern auch für das andere Schiff Einkäufe machte, und nachdem er nun eine halbe Schiffsladung voll Reis und Arrak nebst einigen Schweinen und sechs oder sieben lebenden Kühen aufgekauft, somit aufs Beste für unsere Vorratskammer gesorgt und Anweisungen hatte wiederzukommen, segelte er zu uns zurück.

William war uns jederzeit ein willkommener Bote gewesen, nie aber mehr als eben jetzt, denn wir konnten in der Gegend, wohin wir unser Schiff gebracht hatten, nichts bekommen als einige wenige Mangofrüchte und Wurzeln, da wir uns nicht weiter in das Land hineinbegeben oder bekannt werden wollten, ehe wir Nachrichten von unserer Schaluppe erhalten hätten; und wirklich war die Geduld unserer Mannschaft beinahe zu Ende, denn William hatte zu seiner Unternehmung siebzehn Tage gebraucht, dieselben aber wohl angewendet.

Nach seiner Rückkehr hatten wir eine neue Beratung über Handelsangelegenheiten, nämlich ob wir den Rest unserer Spezereien und andere auf dem Schiff befindliche Waren nach Surat schicken oder uns selbst in den Persischen Meerbusen begeben sollten, wo wir sie wahrscheinlich ebenso gut verkaufen könnten wie die englischen Kaufleute von Surat. William war der Meinung, wir sollten selbst hinsegeln, was seiner kaufmännischen Einsicht alle Ehre machte, aber dennoch überstimmte ich ihn diesmal, was ich nur selten auf mich nahm. Ich sagte ihm nämlich, bei genauer Erwägung unserer Verhältnisse sei es weit besser, alle unsere Waren hier, wenn auch bloß um den halben Preis, zu verkaufen, als mit ihnen in den Persischen Meerbusen zu reisen, wo wir uns größeren Gefahren aussetzen würden, da die Leute dort viel neugieriger, misstrauischer und bei Weitem nicht so leicht zu behandeln wären, weil sie ihre Geschäfte frei und offen, nicht verstohlen, wie es hier der Fall zu sein schien, trieben; wenn sie dort einmal

Verdacht schöpften, so würde uns ein friedlicher Rückzug bei Weitem schwieriger werden als hier, wo wir uns auf der hohen See befänden und ohne viele Umstände wieder weiterziehen könnten; auch hätten wir hier nicht die mindeste Verfolgung zu befürchten, da niemand wissen könne, wo er uns aufsuchen sollte.

Meine Bedenken wirkten auf William, und er gab nach, wenn auch meine Gründe für ihn vielleicht kein so großes Gewicht hatten; wir beschlossen daher, mit einer neuen Schiffsladung bei denselben Kaufleuten einen Versuch zu machen. Die Hauptsache war, die Sache so einzurichten, dass die englischen Kaufleute meinen mussten, dies sei unsere andere Schaluppe. Dafür ließen wir den alten Quäker und Steuermann in einer Person sorgen, der, wie gesagt, ein vortrefflicher Mimiker und daher auch am besten imstande war, die Schaluppe in ein neues Gewand zu kleiden. Zuerst brachte er sämtliches Schnitzwerk, das er zuvor weggenommen hatte, wieder an; ihr Heck, das zuvor mit einem düsteren Weiß bemalt war, wurde jetzt blau lackiert und eine Menge lustiger Figuren darauf gezeichnet; auf dem Halbdeck errichteten die Zimmerleute zu beiden Seiten eine hübsche, kleine Galerie; man stellte zwölf Kanonen darin auf sowie einige andere Geschütze auf dem Schaudeck, was alles zuvor nicht dagewesen war, und um das neue Gewand zu vollenden oder die Verwandlung zu vervollständigen, wurden sogar die Segel verändert. Die Schaluppe bekam jetzt, während sie früher wie eine Jacht mit einem halben Spriet gesegelt war, eine Brefock und einen Besanmast wie eine Ketsch. Mit einem Wort, die Täuschung war so vollkommen bis ins Einzelne durchgeführt, dass ein Fremder, der die Schaluppe nur ein einziges Mal gesehen hatte, sie nicht wohl wiedererkennen konnte.

In dieser wunderlichen Gestalt fuhr also die Schaluppe zurück. Sie hatte einen anderen Kapitän in der Person eines Mannes, dessen Zuverlässigkeit wir kannten; der alte Steuermann fuhr bloß als Reisender mit; der Doktor und William gaben sich aufgrund eines ordnungsgemäßen Handelsbriefes von einem gewissen Kapitän Singleton als die Ladungsverrechner aus; und so war mit einem Wort alles vorher aufs Genaueste bestimmt.

Wir hatten eine vollständige Ladung für die Schaluppe, denn außer einer sehr bedeutenden Menge an Muskatnüssen, Muskatblüten, Gewürznelken und einigem Zimt führte sie verschiedene Waren an Bord, die wir in der Gegend der philippinischen Inseln eingenommen hatten, als wir auf günstige Gelegenheiten für Kaufgeschäfte warteten.

Es fiel William nicht schwer, auch diese Ladung zu verkaufen, und in etwa zwanzig Tagen kehrte er mit allen zu einer weiteren Reise notwendigen Lebensmitteln versehen zurück. Außer einer Menge anderer Waren brachte er uns an die dreiunddreißigtausend spanische Piaster nebst einigen Diamanten, von denen er sagte, dass er sich zwar nicht besonders darauf verstehe, doch glaube er, nicht damit betrogen worden zu sein, indem die Kaufleute, mit denen er Geschäfte gemacht, alle ganz ehrliche Menschen zu sein schienen.

Sie hatten durchaus keine Schwierigkeiten mit diesen Kaufleuten gehabt, denn die Aussicht auf sicheren Gewinn hatte ihnen alle unnötige Neugierde genommen, sodass sie auch an der Schaluppe schlechterdings nichts Verdächtiges bemerkten. Überdies schien der Handel mit Spezereien, die von so weit geholt wurden, hier durchaus nicht so neu zu sein, wie wir glaubten, denn es langten häufig portugiesische Fahrzeuge von Macao in China mit von chinesischen Handelsleuten erkauften Spezereien an, welche sie wiederum oft auf den holländischen Gewürzinseln absetzten und gegen ihre von China ausgeführten Waren Spezereien eintauschten.

Man kann dies wirklich die einzige Handelsreise nennen, die wir machten. Wir waren jetzt wirklich sehr reich, und es kam uns natürlich der Gedanke, was wir jetzt beginnen sollten. Unser eigentlicher Erlösungshafen, wie wir es nennen könnten, war zu Madagaskar in der Bucht von Mangahelly. Indes nahm mich William eines Tages in der Kajüte der Schaluppe beiseite und sagte mir, er habe ein ernsthaftes Wort mit mir zu sprechen; wir schlossen uns daher ein und William begann seinen Vortrag.

19. Kapitel

»Willst du mir erlauben«, sagte William, »offen über deine gegenwärtigen Umstände und künftigen Aussichten mit dir zu sprechen, und gelobst du mir, mir nichts übelzunehmen?«

»Von Herzen gern, William«, sagte ich. »Ich habe deinen Rat jederzeit für gut befunden. Deine Pläne waren nicht nur gut angelegt, sondern auch zu unserem größten Glück ausgeschlagen: Deshalb sage, was du willst; ich gebe dir das Versprechen, nichts übelzunehmen.«

»Aber«, sagte William, »das ist noch nicht alles, was ich verlange. Wenn der Vorschlag, den ich dir jetzt machen will, deinen Beifall nicht findet, so musst du mir versprechen, ihn der Mannschaft nicht mitzuteilen.«

»Das verspreche ich dir bei meinem Wort«, sagte ich und schwor es ihm auch von ganzem Herzen.

»Nun gut«, sagte William, »ich habe jetzt nur noch eines mit dir abzumachen, nämlich dass du, wenn du auch meinem Plan nicht für deine eigene

Person zustimmst, mich doch nicht hindern willst, ihn insoweit auszuführen, als er mich selbst und meinen neuen ärztlichen Kollegen betrifft und dir nicht der mindeste Schaden daraus erwächst.«

»Ich will dir in allem zu Willen sein«, sagte ich, »nur darfst du mich nicht verlassen, denn ich kann mich unter keinen Umständen von dir trennen.«

»Gut«, sagte William; »ich beabsichtige durchaus nicht, mich von dir zu trennen, wenn du es nicht selbst verlangst. Aber sage mir alle diese Punkte zu, so will ich mich dir frei eröffnen.«

Ich versprach ihm alles, was er wünschte, so feierlich als möglich und dabei mit so ernsthafter Aufrichtigkeit, dass William keine Bedenken hatte, mir seine Absicht offen mitzuteilen.

»Zuallererst«, begann er, »will ich dich fragen, ob du nicht samt allen deinen Leuten Reichtümer und Schätze genug erworben zu haben glaubst (auf welche Art der Erwerb geschah, gehört nicht hierher), sodass jeder für sich etwas damit anfangen könnte?«

»Allerdings, William«, sagte ich, »du hast vollkommen recht. Ich denke, wir haben ganz hübsche Geschäfte gemacht.«

»Nun gut«, sagte William; »so möchte ich dich fragen, ob du, wenn du genug erworben hast, dieses Gewerbe nicht vielleicht aufzugeben gedenkst? Die meisten Leute ziehen sich ja von ihren Geschäften zurück, sobald sie mit ihrem Erwerb zufrieden und reich genug sind. Es wird wohl niemand um des Handels willen Handel treiben und noch viel weniger Seeräuberei aus bloßer Lust zu rauben.«

»Ganz gut, William«, sagte ich, »ich merke jetzt, wo du hinauswillst; ich wette, es verlangt dich nach Hause.«

»Allerdings«, sagte William, »und ich glaube, es wird dir auch so gehen. Die meisten Menschen, welche sich lange in der Fremde herumgetrieben, hegen den natürlichen Wunsch, am Ende wieder nach Hause zu kommen, besonders wenn sie reich und (wie du ja von dir selbst zugibst) reich genug, ja so reich geworden sind, dass sie nicht wüssten, was sie mit noch größeren Reichtümern beginnen sollten.«

»Nun gut, William«, sagte ich, »aber jetzt hast du, glaube ich, deinen Vordersatz deutlich genug dargelegt und auf eine Art bewiesen, dass ich nichts dagegen einzuwenden weiß, nämlich den Satz, dass ich, wenn ich Geld genug habe, offenbar auch an die Rückkehr in die Heimat denken sollte; das aber hast du mir noch nicht erklärt, was du unter Heimat verstehst, und hierin werden wir wohl nicht ganz übereinstimmen. Hier, mein Freund, bin ich zu Hause, und hier ist meine Wohnung; ich habe nie in meinem Leben eine andere gehabt: Ich war eine Art Findelkind und kann also, mag ich nun reich oder arm sein, nicht wünschen, irgendwo anders hinzugehen, denn ich weiß wahrhaftig nicht, wohin ich mich wenden sollte.«

»Warum?«, sagte William ein wenig verdutzt, »bist du denn kein Engländer?«

»O ja«, sagte ich, »ich glaube wenigstens so. Du siehst, ich spreche Englisch, aber ich verließ schon als Kind England und war seit meinen Mannesjahren nur ein einziges Mal dort. Auch wurde ich damals so schändlich betrogen und misshandelt, dass mir durchaus nichts daran liegt, es je wiederzusehen.«

»Aber«, sagte er, »hast du denn keine Verwandten oder Freunde dort? Keine Bekannte? Niemanden, für den du einige Anhänglichkeit oder einige Reste von Verehrung hegtest?«

»Nein, William«, sagte ich, »keinen einzigen Menschen, sowenig als am Hof des Großmoguls.«

»Hegst du auch kein Verlangen nach dem Land, wo du geboren wurdest?«

»Nein, sowenig als nach der Insel Madagaskar, ja noch weit weniger; denn diese Insel hat mir, wie du weißt, mehr als einmal Glück gebracht.«

William war ganz erstaunt über meine Worte und schwieg still. »Wohlan«, sagte ich nach einer Pause zu ihm, »was hast du mir noch weiter zu sagen? Ich merke schon, du hast einen Plan in deinem Kopf; rücke einmal heraus damit.«

»Ach«, sagte William, »du hast mich zum Schweigen gebracht und alles, was ich zu sagen hatte, über den Haufen geworfen. Alle meine Pläne sind jetzt wohl dahin und vernichtet.«

»Nun gut, William«, sagte ich, »aber lass doch wenigstens hören, worin sie bestanden; denn obgleich ich mir nicht das gleiche Ziel vor Augen gesteckt habe wie du und obgleich ich in England weder Verwandte noch Freunde noch Bekannte besitze, kann ich doch nicht behaupten, dieses herumschwärmende Räuberleben gefalle mir so gut, dass ich es nicht aufzugeben vermöchte. Lass mich also hören, ob du mir etwas anderes vorzuschlagen hast.«

»Ja, gewiss, Freund«, sagte William sehr ernsthaft; »es gibt etwas anderes.« Dabei hob er seine Hände auf und schien gerührt, ja ich glaubte sogar Tränen in seinen Augen zu bemerken; doch war ich ein zu verhärteter Sünder, um von solchen Dingen ergriffen zu werden, und verspottete ihn. »Ach«, sagte ich, »du meinst wahrscheinlich den Tod; das ist freilich etwas anderes als mein Gewerbe. Doch meinetwegen; wenn er kommt, so kommt er, dann ist für uns alle gesorgt.«

»Ja«, sagte William, »das ist freilich wahr, aber es wäre besser, wenn man an gewisse Dinge auch dächte, bevor sie kommen.«

»Denken?«, entgegnete ich. »Wozu auch denken? An den Tod denken heißt sterben, und immer daran denken heißt sein ganzes Leben lang auf dem Totenbett liegen. Es ist Zeit genug, daran zu denken, wenn er einmal kommt.«

Man wird mir gern glauben, dass ich gut zu einem Seeräuber geeignet war, da ich so sprechen konnte. Auch erwähne ich dies nur zum Nutzen und Frommen anderer ebenso hartgesottener Bösewichte, wie ich war. Mein Gewissen verursachte mir übrigens eine vorher nie empfundene Pein, als ich die Worte aussprach: »Wozu auch daran denken?« Es sagte mir, dass ich eines Tages mit betrübtem Herzen an diese Worte denken würde; allein die Zeit der Besinnung war noch nicht gekommen und ich immer noch der Alte.

William fuhr nun sehr ernst fort: »Ich muss dir gestehen, Freund, dass es mir äußerst leidtut, dich so sprechen zu hören. Diejenigen, welche den Tod scheuen, sterben oft, ohne daran gedacht zu haben.«

Ich suchte die Sache noch länger ins Scherzhafte zu ziehen und sagte: »Ich bitte dich, sprich nicht vom Sterben; wie können wir wissen, ob wir überhaupt sterben müssen?« Dabei begann ich zu lachen.

»Ich brauche dir darauf nicht zu antworten«, sagte William. »Es geziemt mir nicht, dir, meinem Kommandanten, Vorwürfe zu machen, aber ich wünschte viel lieber, dass du anders vom Tod sprächest; es ist eine bitterernste Sache.«

»Sag zu mir, was du willst, William«, sagte ich, »ich will es freundlich anhören.« Seine Rede begann jetzt einen tiefen Eindruck auf mich zu machen.

William fuhr, indem ihm die Tränen über das Gesicht rollten, fort: »Eben weil die Menschen leben, als ob sie nie sterben müssten, sterben viele, bevor sie wissen, wie man zu leben hat. Aber ich meinte vorhin nicht den Tod, als ich sagte, es lasse sich etwas Höheres denken als diese Lebensart.«

»Nun, William«, sagte ich, »was denn?«

»Die Reue«, antwortete er.

»Zum Henker«, rief ich, »hast du jemals gehört, dass ein Seeräuber Reue empfunden?«

Bei diesen Worten bebte er ein wenig und erwiderte dann: »Von einem weiß ich wenigstens, dass er am Galgen bereute, und du wirst hoffentlich der zweite sein.«

Er sprach dies in sehr eindringlichem Ton und mit sichtlicher Bekümmernis um mich.

»Gut, William«, sagte ich, »ich danke dir und bin in solchen Dingen vielleicht nicht so gefühllos, als ich mich stelle. Aber nun lass mich deine Vorschläge hören.«

»Mein Vorschlag«, sagte William, »zielt sowohl auf dein Bestes als auf das meinige. Wir wollen dieser Lebensweise ein Ende machen und Buße tun. Eben jetzt bietet sich uns vielleicht die schönste Gelegenheit, die sich je gefunden hat oder je finden wird oder in der Tat je wieder finden kann.«

»Wohlan, William«, sagte ich, »so teile mir einmal deinen Plan mit, wie wir unserer jetzigen Lebensweise ein Ende machen können; von dem übrigen wollen wir nachher sprechen. Ich bin nicht so gefühllos, als du vielleicht glaubst, aber lass uns nur erst aus dieser höllischen Lage herauskommen.«

»Ach, du hast hierin freilich recht«, sagte William. »Wir dürfen nicht von Reue und Buße sprechen, solange wir Seeräuber bleiben.«

»Gut, William«, sagte ich, »eben das ist meine Meinung; denn wenn wir bloß das Verübte bereuen und nicht auch zugleich uns bessern müssen, so weiß ich nicht, was das Wort Buße bedeuten soll. Ich verstehe mich zwar sehr wenig auf solche Gegenstände, aber schon die Natur der Sache scheint mir zu sagen, dass wir zuerst diese verfluchte Bahn verlassen müssen, und damit will ich von Herzen gern mit dir zusammen beginnen.«

Ich konnte aus Williams Miene sehen, dass er über meine Bereitwilligkeit sehr erfreut war; und wenn er schon vorher Tränen in seinen Augen gehabt hatte, so war es nun erst recht der Fall, aber der Anlass war ein ganz anderer, denn er war so außer sich vor Freude, dass er nicht sprechen konnte.

»Nun, William«, sagte ich, »ich sehe deutlich genug, dass du es ehrlich meinst. Glaubst du wirklich, es sei tunlich für uns, dieser unseligen Lebensweise hier ein Ende zu machen und uns auf immer davon zu entfernen?«

»Ja«, sagte er, »für mich wenigstens ist es im höchsten Grade tunlich, ob auch für dich, muss deinem eigenen Urteil anheimgestellt werden.«

»Nun gut«, sagte ich, »ich gebe dir mein Wort, dass ich mich, wie ich dich von dem Augenblick an, da ich dich an Bord nahm, bis jetzt kommandiert habe, von dieser Stunde unter deinen Befehl stellen und alles tun will, was du mich heißen wirst.«

»Willst du die ganze Sache mir überlassen? Sagst du dies wirklich im Ernst?«

»Ja, William, im vollsten Ernst, und ich will es getreulich halten.«

»Wohlan!«, sagte William hierauf. »Mein Plan ist folgender: Wir sind jetzt an der Mündung des Persischen Meerbusens; in Surat haben wir so viel von unserer Ladung verkauft, dass wir Geld genug besitzen. Schicke mich mit der Schaluppe und den chinesischen Waren, die wir an Bord haben und die eine neue gute Ladung ausmachen, nach Bassora, und ich bürge dir dafür, dass ich unter den englischen und holländischen Kaufleuten dort Gelegenheit finden werde, ebenfalls als Kaufmann eine Menge Waren und Geld unterzubringen, sodass wir nachher dazu unsere Zuflucht nehmen können. Wenn ich dann zurückkomme, wollen wir das Weitere bedenken. Inzwischen bereite aber die Mannschaft zu einer Fahrt nach Madagaskar vor, die angetreten werden soll, sobald ich wieder da bin.«

Ich hielt ihm entgegen, meiner Ansicht nach brauche er nicht bis Bassora zu reisen, sondern nur in Gombroon oder Hormus einzulaufen, um dasselbe Geschäft zu machen.

»Nein«, erwiderte er, »ich kann mich dort nicht so frei bewegen, weil die Kompagnie da ihre Faktoreien hat und man mich leicht als Schmuggler anhalten könnte.«

»Nun gut«, sagte ich; »jedenfalls aber könntest du Hormus wählen, denn ich trenne mich ungern von dir für eine Reise, die bis zum Ende des Persischen Meerbusens führt.« Er erwiderte hierauf, ich solle die Sache ganz seinem Dafürhalten anheimstellen.

Wir hatten in Surat eine große Menge Geld erhoben, sodass wir über etwa hunderttausend Pfund verfügen konnten; aber an Bord des großen Schiffes befand sich noch weit mehr.

Ich befahl ihm nun öffentlich, das Geld, das er hatte, an Bord zu behalten, dafür eine Menge Schießbedarf zu kaufen, wenn er welchen bekommen könnte, und uns so zu neuen Unternehmungen auszurüsten. Mittlerweile beschloss ich, eine Summe Geld nebst einigen Juwelen, die ich an Bord des großen Schiffes hatte, zu nehmen und an einen Ort zu legen, wovon ich sie unmittelbar nach seiner Rückkehr unbemerkt wieder wegbringen könnte. Sodann ließ ich William seinen Wünschen gemäß absegeln und begab mich an Bord des großen Schiffes, wo wir wirklich einen unermesslichen Schatz besaßen.

Wir mussten nicht weniger als zwei Monate auf Williams Rückkehr warten, und ich begann bereits sehr verdrießlich darüber zu werden, weil ich zuweilen dachte, er habe mich verlassen, indem er den nämlichen Kunstgriff angewendet, um seine Mannschaft für seinen Willen zu stimmen, und so seien sie alle zusammen davongegangen. Ja, drei Tage vor seiner Rückkehr dachte ich ernstlich daran, nach Madagaskar zu segeln und ihn aufzugeben, aber der alte Chirurg, welcher in Surat den Quäker gespielt und für den Herrn der Schaluppe gegolten hatte, redete es mir aus, wogegen ich ihn zum Dank für seinen guten Rat und seine offenbare Treue in meinen Plan einweihte, was ich auch niemals zu bereuen hatte.

Endlich kam zu unserer unaussprechlichen Freude William zurück, brachte uns eine Menge notwendiger Dinge, namentlich sechzig Tonnen Pulver, einiges eiserne Geschütz und etwa dreißig Tonnen Blei. Zugleich führte er eine große Menge Nahrungsmittel bei sich und stattete mir öffentlich Bericht von seiner Fahrt ab, sodass jedermann an Deck ihn hören konnte und aller Argwohn im Voraus ausgeschlossen wurde.

Hierauf sagte William, er wolle abermals gehen, und ich solle ihn begleiten, denn er habe verschiedene Dinge, die er an Bord geführt, nicht verkaufen können; namentlich aber habe er allerhand zurücklassen müssen, weil die Karawanen nicht gekommen seien, und er habe sich verpflichtet, mit Waren zurückzukehren.

Dies war es, was ich wünschte. Die Mannschaft war sehr dafür, dass er gehen sollte, besonders weil er sagte, man könnte die Schaluppe für ihre Rückfahrt mit Reis und Lebensmitteln befrachten; ich aber stellte mich, als ob ich gegen den Plan wäre, bis der alte Chirurg aufstand und mir eine Menge Gründe, einer immer dringender als der andere, entgegenhielt, um mich dazu zu bestimmen. Wenn ich nicht mitginge, sagte er namentlich, so würde keine Ordnung im Ganzen sein, mehrere von der Mannschaft könnten sich leicht hinwegschleichen und alle übrigen verraten; ohne mich wäre bei dieser Fahrt keine Sicherheit für die Schaluppe. Zuletzt erbot er sich, um die Sache recht eindringlich zu machen, selbst mit mir zu gehen.

Ich stellte mich, als ob diese Überlegungen endlich meinen Widerstand überwunden hätten, und die ganze Mannschaft war vergnügt darüber, dass ich einwilligte. Wir luden also alles Pulver, Blei und Eisen von der Schaluppe in das große Schiff sowie andere für das Schiff brauchbare Dinge und legten dafür einige Ballen Spezereiwaren und etliche Körbe Gewürznelken hinein, im Ganzen etwa sieben Tonnen nebst einigen anderen Waren, unter deren Ballen ich meinen ganzen Privatschatz – ein nicht unbeträchtliches Besitztum – versteckt hatte. Sofort fuhr ich ab.

Zuvor berief ich noch eine Versammlung sämtlicher Offiziere, um ihnen einen Platz zu bestimmen, wo sie auf mich zu warten hätten, und die Zeit, wie lang sie dies tun sollten. Es wurde hier ausgemacht, das Schiff sollte achtundzwanzig Tage an einer kleinen Insel auf der arabischen Seite des Golfes bleiben, und wenn die Schaluppe in dieser Zeit nicht käme, sollte es nach einer anderen Insel westlich davon segeln und dort abermals fünfzehn Tage warten; erschiene die Schaluppe auch dann nicht, so sollten die Leute auf dem Schiff daraus schließen, es sei ihr irgendein Unglück zugestoßen, und dann wollten wir in Madagaskar einander wiedersehen.

Nach diesen Bestimmungen verließen wir das Schiff, welches William und ich sowie der Chirurg nie wiederzusehen beabsichtigten. Wir steuerten geradezu auf den Golf los und durch denselben nach Bassora oder Balsara. Die Stadt Balsara liegt in einiger Entfernung von dem Ort, wo sich unsere Schaluppe befand; da aber das Gewässer nicht ganz sicher und wir, die wir nur einen gewöhnlichen Steuermann hatten, nicht zum Besten damit bekannt waren, landeten wir bei einem Dorf, wo einige Kaufleute wohnten und das sehr bevölkert war, weil kleinere Fahrzeuge dort häufig vor Anker gingen.

Hier hielten wir uns, um Geschäfte zu machen, drei oder vier Tage auf und brachten alle unsere Ballen und Spezereiwaren sowie die ganze Ladung, die von nicht unbedeutendem Wert war, an Land; wir zogen dies einer unmittelbaren Fahrt nach Balsara vor, bis wir unseren angelegten Plan ausgeführt hätten.

Nachdem wir verschiedene Waren eingekauft und eben Anstalten getroffen hatten, noch andere zu erstehen, sandten wir, während das Boot mit zwölf Mann, meiner Wenigkeit, William, dem Chirurgen und einem vierten Mann am Ufer war, bei Anbruch der Abenddämmerung einen Türken mit einem Brief an den Hochbootsmann und gaben dem Burschen auf, so schnell als möglich zu eilen, indes wir uns in einer kleinen Entfernung aufstellten, um den Erfolg zu beobachten. Der Inhalt des Schreibens war von dem alten Doktor folgendermaßen abgefasst:

»Hochbootsmann Thomas!

Wir sind alle verraten. Um Gottes willen macht, dass ihr mit dem Boot davonkommt, und geht an Bord, sonst seid ihr alle verloren. Der Kapitän, William der Quäker und George der Bekehrte sind ergriffen und bereits abgeführt. Ich selbst bin entwischt und verborgen, darf aber nicht von der Stelle, sonst bin ich ein Kind des Todes. Sobald ihr an Bord seid, haut den Anker ab und segelt aus Leibeskräften davon, wenn euch euer Leben lieb ist. Lebt wohl. R. S.«

Wir standen, wie schon gesagt, da es Abenddämmerung war, unbemerkt in einiger Entfernung, sahen, wie der Türke den Brief ablieferte, und bemerkten auch, wie binnen drei Minuten sämtliche Matrosen in das Boot sprangen und abfuhren. Sie ließen sich, wie wir vorausgesagt hatten, unsere Warnung gesagt sein, denn am nächsten Morgen erblickte man weit und breit nichts mehr von ihnen; auch ist seither keine Kunde mehr über sie zu uns gedrungen.

Wir waren jetzt an einem guten Platz und in sehr guten Umständen, denn man hielt uns für persische Kaufleute.

Es ist nicht nötig, hier auseinanderzusetzen, welch eine Masse schlecht erworbener Reichtümer wir zusammengehäuft hatten; es wird zweckmäßiger sein, wenn ich jetzt gestehe, dass ich die verbrecherische Art, wie ich dazu gekommen war, einzusehen begann und dass dieser Besitz mir sehr wenig Vergnügen machte. Auch hielt ich es, wie ich William erzählte, für unwahrscheinlich, im Besitz dieser Schätze zu bleiben, und ihr Verlust wäre mir auch ziemlich gleichgültig. Aber eines Tages, als wir durch die Felder der Umgebung von Bassora spazierten, sagte ich ihm, ich hinge so sehr an dem Reichtum, dass ich ihn zu behalten wünschte – die Gründe hierfür wird der Leser sogleich erfahren.

Nachdem wir die uns verbrüderten Schurken weggescheucht hatten, waren wir in Bassora vollkommen sicher und hatten bloß noch darauf zu achten, durch zweckdienliche Verwandlung unserer Schätze ein kaufmännisches Ansehen zu gewinnen, denn wir beabsichtigten, fortan als Handelsleute aufzutreten und nicht mehr als Freibeuter, die wir gewesen.

Sehr angenehm war es uns, hier einen Holländer zu treffen, welcher von Bengalen nach Agra, der Hauptstadt des Großmoguls, gereist, von da zu Land an die Küste von Malabar und dann wieder zu Schiff den Golf heraufgekommen war. Er beabsichtigte, den großen Fluss hinauf nach Bagdad oder Babylon und sodann mit der Karawane nach Aleppo und Iskenderun zu reisen. Da William Holländisch sprach und ein angenehmes, einschmeichelndes Wesen hatte, wurde er bald mit diesem Mann bekannt. Sie erzählten einander gegenseitig ihre Umstände, und es stellte sich heraus, dass er bedeutende Schätze bei sich führte, die er durch Handelsgeschäfte in diesen Gegenden erworben hatte. Jetzt war er im Begriff, in Gesellschaft zweier Diener in die Heimat zurückzukehren. Der eine davon war ein nicht unvermögender Armenier, den er holländisch sprechen gelehrt hatte und der durchaus Europa zu sehen wünschte; der andere ein holländischer Matrose, in den er großes Vertrauen setzte, wie dieser grundehrliche Bursche es auch verdiente.

Der holländische Kaufmann war sehr erfreut über unsere Bekanntschaft, als er sah, dass unsere Gedanken ebenfalls nach Europa gerichtet waren. Da er nun meinte, wir hätten bloß Waren bei uns (denn von unserem Geld ließen wir ihn nichts merken), bot er uns mit großer Bereitwilligkeit seinen Beistand an, um so viel, als sich an diesem Ort tun ließ, davon loszuschlagen, und seinen Rat, was mit dem Rest geschehen sollte.

Während dies geschah, hatten William und ich vielfache Beratungen miteinander, was wir mit uns selbst und mit unseren Besitztümern anfangen sollten; vor allem aber beschlossen wir, über unsere Absichten nur auf dem offenen Feld ernsthaft zu sprechen, wo wir sicher sein könnten, dass uns niemand belauschte, und so gingen wir jeden Abend, wenn die

Sonne sich zu senken und die Hitze nachzulassen begann, bald diesen, bald einen anderen Weg spazieren, um über unsere Angelegenheiten zu beraten.

Ich hätte bemerken sollen, dass wir uns hier nach persischer Art neu gekleidet hatten, also lange, seidene Jacken, sehr feine und hübsche Mäntel aus karmesinrotem englischem Zeug trugen und unsere Bärte so wachsen ließen, dass man uns, jedoch nur dem Ansehen nach, für persische Kaufleute halten konnte; denn wir verstanden oder sprachen kein einziges persisches Wort, wie überhaupt keine andere als die englische und holländische Sprache, und die letztere gehörte auch nicht gerade zu meinen starken Seiten.

Doch der Holländer wusste für alles zu sorgen, und da wir entschlossen waren, uns möglichst zurückgezogen zu halten, suchten wir nicht den geringsten Verkehr mit den englischen Kaufleuten, welche sich hier aufhielten. Dadurch verhinderten wir, dass sie uns ausfragten oder Nachrichten über uns geben konnten, wenn je die Kunde von unserer Landung hier eintreffen sollte, was, wie wir wohl einsahen, durchaus nicht zu den Unmöglichkeiten gehörte; denn wie leicht konnten einige von unseren Kameraden in schlimme Hände fallen oder sonst etwas Unvorhergesehenes sich ereignen, was zu unserer Entdeckung führte.

Während unseres etwa zweimonatigen Aufenthalts an diesem Ort wurde ich sehr nachdenklich über meinen Zustand, nicht als ob ich die Gefahr gescheut hätte, denn wir lebten ganz verborgen und unverdächtig; nein, sondern ich begann wirklich andere Ansichten von mir selbst und von der Welt zu bekommen, als ich bisher gehabt hatte.

William hatte mein gedankenloses Wesen gewaltsam aufgerüttelt, indem er mich darauf aufmerksam machte, dass es ein Jenseits gebe, dass der Stunde des Genusses auch der Augenblick der Rechenschaft folge, dass das Werk, welches zu tun noch übrig bleibe, weit wichtiger sei als alles bisher Vollbrachte, nämlich die Buße, und dass es hohe Zeit sei, daran zu denken. – Dieser und ähnliche Gedanken, sage ich, verbitterten meine Stunden, und ich wurde sehr traurig.

Mein ungeheurer Reichtum war mir jetzt wie der Kot zu meinen Füßen. Ich hatte keinen Sinn dafür, sein Besitz gewährte mir keine Beruhigung, es hätte mir sehr wenig Kummer gemacht, davon scheiden zu müssen.

William hatte schon seit einiger Zeit bemerkt, dass meine Gedanken unruhig wurden und mein Gemüt schwer bedrückt war. Eines Abends begann ich nun auf einem unserer Spaziergänge von der Notwendigkeit zu sprechen, alle unsere Besitztümer einstens zurückzulassen. William war ein sehr verständiger und bedächtiger Mann, und schon lange Zeit hatte ich, wenn ich etwas Kluges tat, es nur seinem Rat zu verdanken, auch die ganze Sorge um unsere Schätze und sogar um uns selbst lediglich ihm überlassen. Er sagte mir von einigen Maßnahmen, die er getroffen, um unsere Rückkehr in die Heimat vorzubereiten und unser Eigentum in Sicherheit zu bringen; allein ich fiel ihm schnell ins Wort. »Glaubst du denn wirklich, William«, sagte ich, »dass wir jemals imstande sein werden, mit all diesem Plunder da Europa zu erreichen?«

»Allerdings«, sagte William, »so gut als andere Kaufleute mit ihren Waren, solange es nicht öffentlich bekannt ist, welchen Umfang und welchen Wert unsere Ladung hat.«

»Aber, William«, sagte ich lächelnd, »glaubst du denn, dass, wenn ein Gott da oben ist, dem wir Rechenschaft zu geben haben, wie du mir schon so oft versichert – glaubst du denn, sage ich, dass er, wenn er ein gerechter Richter ist, uns mit diesem Raub von so vielen unschuldigen Leuten, ja ich möchte sagen, Nationen, davonkommen lassen und uns nicht zur Rechenschaft ziehen werde, bevor wir Europa erreichen, wo wir ihn zu genießen gedenken?«

William schien über diese Frage verwundert und betroffen, er gab längere Zeit keine Antwort; ich wiederholte sie daher, indem ich hinzufügte, dass wir dies schlechterdings nicht hoffen dürften.

Nach einer kleinen Pause sagte William: »Du hast eine sehr gewichtige Frage aufgeworfen, und ich vermag dir keine bestimmte Antwort darüber zu erteilen, aber so viel kann ich dir sagen: Wenn wir die Gerechtigkeit Gottes erwägen, so haben wir allerdings keinen Grund, auf seinen Schutz zu rechnen; da aber die Wege der Vorsehung anders sind als die gewöhnliche Straße der menschlichen Angelegenheiten, können wir bei aufrichtiger Reue immerhin auf Gnade hoffen, und wir wissen nicht, wie gütig er noch gegen uns sein mag. Wir müssen daher so handeln, als ob wir mehr auf das Letztere, ich meine auf die Gnade hofften als seine Gerechtigkeit fürchteten, die nur Rache und Gericht über uns verhängen könnte.«

»Aber höre, William«, sagte ich, »die wahre Buße begreift, wie du mir einmal angedeutet hast, Besserung in sich, und wir können uns nie bessern; wie können wir also Buße tun?«

»Warum können wir uns nie bessern?«, sagte William.

»Weil wir«, sagte ich, »das, was wir durch Raub und Plünderung an uns gerissen haben, nie wieder zurückgeben können.«

»Ganz richtig«, sagte William; »das können wir nicht tun, denn wir können unmöglich die rechtmäßigen Besitzer ausfindig machen.«

»Aber«, sagte ich, »was sollen wir denn nun mit unserem geplünderten Reichtum anfangen? Wenn wir ihn behalten, bleiben wir nach wie vor Räuber und Diebe, und wenn wir ihn fahren lassen, so erfüllen wir keine Pflicht der Gerechtigkeit, denn wir können ihn den rechtmäßigen Eigentümern doch nicht wieder zustellen.«

»Darauf«, sagte William, »kann ich dir kurz antworten. Unsere Schätze fahren lassen, und zwar hier, hieße sie an Leute wegwerfen, die keinen Anspruch darauf haben, und uns selbst ihrer berauben, ohne dadurch etwas Gutes zu tun. Deswegen müssen wir sie sorgfältig beisammenhalten mit dem festen Entschluss, so viel als möglich Gutes dabei zu stiften; und wer weiß, ob uns die Vorsehung nicht vielleicht Gelegenheit an die Hand gibt, wenigstens einigen von denen, welchen wir Unrecht getan haben, Genugtuung zu geben? Wir müssen es wenigstens ihr überlassen und uns in ihren Willen fügen. Deshalb muss offenbar unsere nächste Sorge die sein, uns an einen sicheren Ort zu begeben, wo wir ihren Willen abwarten können.«

Diese Erklärung Williams beruhigte mich wieder, da wirklich zu jeder Zeit alles, was er sagte, handfest und vernünftig war; auch war es höchste Zeit, dass William mich beschwichtigte, denn die vielen Gründe, die ich hatte, die Rache des Himmels wegen meiner schlecht erworbenen Reichtümer zu fürchten, hatten mich dermaßen beunruhigt, dass ich im Begriff war, dieselben als Teufelsgüter wegzuwerfen, mit denen ich nichts zu schaffen haben wollte, die mir nicht angehörten und die zu behalten ich nicht berechtigt wäre – was ohne Zweifel mein unausbleibliches Verderben zur Folge gehabt hätte.

William brachte mich also auf klügere Gedanken, und ich sah ein, dass ich an einen sicheren Ort gehen und den Erfolg der Gnade des allmächtigen Gottes anheimstellen müsse. So viel aber muss ich dennoch versichern, dass ich von dieser Zeit an keine Freude mehr an meinen Schätzen hatte. Ich betrachtete sie alle als gestohlene Güter, wie sie es auch größtenteils waren, als einen Mammon, den ich unschuldigen Menschen geraubt und wofür ich in dieser Welt den Strick und in der anderen die ewige Verdammnis verdient hätte. Ja ich begann mich jetzt von ganzem Herzen selbst zu hassen, als einen Elenden, der gemordet und geplündert, als einen unglückseligen Menschen, dessen Jammer keine Grenzen kannte; denn ich hatte geraubt, und obgleich ich die Schätze noch besaß, war es mir doch unmöglich, sie wieder zurückzugeben. Aus diesen Gründen nun bemächtigte sich meiner der Gedanke, dass ich niemals Buße tun könne, da es ohne Zurückerstattung des unrechtmäßig erworbenen Gutes keine Buße gebe, und dass ich deswegen notwendig verdammt werden müsse und nirgends hin entfliehen könne. Diese niederdrückenden Betrachtungen machten mich beinahe wahnsinnig; kurzum, ich rannte in der schrecklichen Verzweiflung umher und hatte keinen anderen Gedanken mehr, als mich von diesem Dasein zu befreien, und in der Tat setzte mir der Teufel – wenn solche Dinge in seiner unmittelbaren Macht stehen – hart zu, sodass ich mehrere Tage lang an nichts anderes dachte, als mir mit der Pistole eine Kugel in den Kopf zu schießen.

20. Kapitel

Ich führte diese ganze Zeit über eine Art Vagabundenleben unter Ungläubigen, Türken, Heiden und solchen Leuten; und da ich keinen Priester und überhaupt keinen Christen hatte, mit dem ich sprechen konnte, als den armen William, war er mein geistlicher Vater, vor dem ich mein Herz ausschüttete, wie denn auch seine Liebe der einzige Trost in meiner traurigen Lage war. Was meine Kenntnisse in der Religion betrifft, so hat der Leser ja meine Geschichte gehört und vermag danach ein Urteil zu fällen. Ich erinnere mich nicht einmal, je in meinem Leben ein Kapitel in der Bibel gelesen zu haben, obgleich der kleine Bob zu Bussleton in die Schule ging, um sein Testament zu lernen.

Gleichwohl gefiel es Gott, mir in William dem Quäker alles in allem zu geben. Ich nahm ihn daher eines Abends wie gewöhnlich auf den Spaziergang und rannte mit ihm in weit größerer Hast als sonst auf den Feldern umher; hier erzählte ich ihm denn in Kurzem die Angst meiner Seele und welch furchtbaren Versuchungen ich ausgesetzt gewesen sei; ich sagte ihm, dass ich mich erschießen müsse, denn ich könne die Last und den Schrecken, der auf mir liege, nicht länger ertragen.

»Dich erschießen?«, sagte William. »Und was würde dir dies nützen?«

»Es würde doch wenigstens diesem unseligen Leben ein Ende machen«, sagte ich.

»Nun gut«, sagte William, »aber weißt du auch gewiss, dass das nächste besser sein wird?«

»Nein, nein«, sagte ich, »ohne Zweifel noch viel schlimmer.«

»Also«, sagte er, »ist das Totschießen gewiss eine Eingebung des Teufels; denn es ist ein Teufelsgedanke, dass du dich, weil du in einer schlimmen Lage bist, in eine noch schlimmere versetzen müssest.«

Dies machte mich in der Tat stutzen. »Aber«, sagte ich, »ich kann die unselige Lage, in der ich mich befinde, nicht länger ertragen.«

»Ganz gut«, sagte William; »dann wirst du ohne Zweifel eine schlimmere Lage besser ertragen und willst dich also totschießen, um dich vollends aller Rettungsmittel verlustig zu machen?«

»Das bin ich bereits«, sagte ich.

»Woher kannst du das wissen?«, sagte er.

»Ich fühle es«, sagte ich.

»Nun gut«, sagte William, »aber du bist dessen noch nicht sicher und willst dich also totschießen, um es gewiss zu machen; denn obgleich du auf dieser Welt noch nicht mit Bestimmtheit wissen kannst, dass du überhaupt verurteilt wirst, erhältst du diese Bestimmtheit doch in dem Augenblick, wo du in die andere Welt trittst, und sobald es geschehen ist, kann man nicht mehr sagen, du werdest verurteilt werden, sondern du seiest verurteilt. Sage mir aber jetzt«, fügte William wie zwischen Scherz und Ernst hinzu, »was träumtest du denn in der letzten Nacht?«

»Ach«, sagte ich, »ich hatte die ganze Nacht durch schreckliche Träume; namentlich war es mir, der Teufel trete vor mich und frage mich nach meinem Namen, den ich ihm auch sagte. Sodann fragte er mich, welches Geschäft ich betreibe? ›Geschäft?‹, sagte ich, ›ich bin meiner Profession nach ein Dieb, ein Schurke: Ich bin ein Seeräuber, ein Mörder, und sollte gehenkt werden.‹ – ›Ja, ja‹, sagte der Teufel, ›das solltest du; du bist der Mann, den ich suchte, und deswegen komm nur mit mir.‹ Darüber geriet ich denn in die entsetzlichste Angst und schrie laut auf, sodass ich erwachte, und seither verfolgen mich die peinigendsten Gedanken.«

»Ganz gut«, sagte William. »Komm, gib mir die Pistole, von der du soeben sprachst.«

»Warum?«, sagte ich, »was willst du damit tun?«

»Was ich damit tun will?«, sagte William. »Nun, du brauchst dich nicht selbst zu erschießen; ich sehe mich genötigt, dir diesen Gefallen zu erweisen, denn du stürzt uns sonst alle ins Unglück.«

»Was meinst du damit, William?«, sagte ich.

»Was ich meine?«, sagte er. »Nun, was meintest denn du, als du deinem Schlaf laut schriest: ›Ich bin ein Dieb, ein Seeräuber, ein Mörder und verdiente gehenkt zu werden?‹ Sieh, du wirst uns alle ins Elend stürzen. Es war ein Glück, dass der Holländer nicht Englisch verstand; kurz, ich muss dich erschießen, um mein eigenes Leben zu retten. Komm, komm, gib mir deine Pistole.«

Ich gestehe, dass mich dies aufs Neue sehr erschreckte, und ich begann einzusehen, dass ich verloren gewesen wäre, wenn jemand in meiner Nähe Englisch verstanden hätte. Der Gedanke ans Totschießen verließ mich von dieser Zeit an. Ich wandte mich zu William und sagte zu ihm: »Du erschreckst mich sehr; demnach bin ich nimmer sicher, und es kann niemand mit Sicherheit in meiner Gesellschaft bleiben. Was soll ich tun? Ich werde euch noch alle verraten.«

»Komm, komm, Freund Bob«, sagte er, »ich will dem allem ein Ende machen, wenn du nur meinen Rat annimmst.«

»Was für einen Rat?«, fragte ich.

»Einfach den«, antwortete er, »dass du bei deiner nächsten Unterredung mit dem Teufel ein bisschen leiser sprichst, sonst sind wir alle verloren, und du mit uns.«

Ich muss gestehen, dies machte mich beben, dämpfte aber doch meine Unruhe bedeutend. Nachdem indes William auf diese Art Scherz getrieben hatte, ließ er sich in ein sehr langes und ernstes Gespräch über meinen Zustand und über die Bedeutung des Wortes Buße mit mir ein und setzte mir auseinander, dieselbe müsse mit einem tiefen Abscheu vor dem Verbrechen verbunden sein, dessen ich mich anzuklagen habe; aber Verzweiflung an Gottes Gnade sei kein Teil der Buße, sondern gebe mich nur in die Gewalt des Teufels. Ich müsse aufrichtig und demütig mein Verbrechen bekennen, Gott, den ich beleidigt, um Verzeihung anflehen, mich seiner Gnade überlassen und dabei den festen Entschluss haben, das getane Unrecht selbst mit dem Letzten, was ich besitze, wiedergutzumachen, wenn es Gott gefalle, mir Gelegenheit dazu zu geben. Diesen Vorsatz habe er auch für sich selbst gefasst und darin einen großen Trost gefunden.

Williams Zuspruch gefiel mir sehr wohl und gewährte mir große Beruhigung; doch zeigte er sich immer sehr besorgt über mein Sprechen im Schlaf, legte sich daher beständig in das gleiche Zimmer mit mir und verhütete es, dass ich in irgendein Haus zu wohnen kam, wo man ein englisches Wort verstand.

Übrigens war dies später nicht mehr so notwendig, denn ich hatte mich weit mehr gefasst und war entschlossen, künftig ein ganz anderes Leben zu führen als bisher. Meine Reichtümer achtete ich für nichts und hatte im Sinn, sie wegzugeben, sobald mir Gott eine Gelegenheit schenken würde, irgendein getanes Unrecht damit wiedergutzumachen. Auch kam ich später wirklich wie durch ein Wunder in die Lage, mit einem Teil davon einer zugrunde gerichteten Familie, die ich ausgeplündert hatte, wiederaufzuhelfen, eine Geschichte, die in der Tat lesenswert wäre, wenn ich in diesen Blättern Raum dazu fände.

Bei diesen Vorsätzen fing ich an, bis zu einem gewissen Grad meine Gemütsruhe wiederzufinden. Nach beinahe dreimonatigem Aufenthalt in Bassora hatten wir einen Teil unserer Waren veräußert; da uns aber immer noch eine ansehnliche Menge übrigblieb, mieteten wir einige Boote, die unter den Befehlen des Holländers standen, und reisten den Fluss Tigris oder vielmehr Euphrat hinauf nach Bagdad oder Babylon. Wir machten dort mit unserem Warenvorrat einiges Aufsehen und wurden mit viel Hochachtung empfangen. Unter anderem hatten wir zweiundvierzig Ballen indische Stoffe aller Art, Seiden, Musseline und sehr feine Kattune; ferner fünfzehn Ballen außerordentlich schöne chinesische Seidenstoffe und siebzig Packen oder Ballen Spezereiwaren, hauptsächlich Gewürznelken und Muskatnüsse. Unsere Gewürznelken hätten wir hier losschlagen können, allein der Holländer riet uns, sie zu behalten, da wir in Aleppo oder in der Levante bessere Preise dafür bekommen würden. Somit rüsteten wir uns zur Abreise mit einer Karawane.

Wir verhehlten es so sehr als möglich, dass wir Gold oder Perlen besaßen, und verkauften daher drei bis vier Ballen chinesische Seidenstoffe und indische Kattune, um uns mit dem Erlös daraus Kamele anzuschaffen, die Zollgebühren an den verschiedenen Plätzen zu bezahlen und uns mit Lebensmitteln für die Wüste zu versehen.

Auf dieser Reise kümmerte ich mich schlechterdings nicht um meine Waren oder andere Reichtümer, wie ich denn überhaupt in der festen Überzeugung lebte, Gott werde es, da ich sie alle durch Raub und Gewalt an mich gebracht, so lenken, dass sie mir auf dieselbe Art wieder entrissen würden; ja ich glaube beinahe sagen zu können, dass dies mein sehnlichster Wunsch war. Aber wie ich einen barmherzigen Beschützer über mir hatte, so hatte ich an meiner Seite einen höchst getreuen Verwalter, Ratgeber, Freund oder wie ich ihn nennen mag, welcher mein Führer, mein Steuermann, mein Gebieter, mein Alles war und sowohl für mich als für unsere Besitztümer sorgte. Obgleich er noch nie in diesen Gegenden der Welt gewesen war, wusste er doch alles Nötige aufs Beste herbeizuschaffen, und in etwa neunundfünfzig Tagen kamen wir von Bassora an der Mündung des Flusses Tigris oder Euphrat durch die Wüste und über Aleppo in die Levante nach Alexandrette oder Iskenderun, wie man es auch sonst nennt.

Hier hielten William und ich mit unseren zwei getreuen Kameraden eine Beratung, was wir nunmehr tun sollten, und wir zwei, nämlich William und ich, beschlossen, uns von unseren Begleitern zu trennen, welche mit dem Holländer auf einem zufällig in der Reede liegenden holländischen Schiff in seine Heimat zu gehen beabsichtigten. Wir sagten ihnen, wir gedächten uns in Morea niederzulassen, das damals den Venezianern gehörte.

Es war gewiss klug von uns gehandelt, dass wir, nachdem die Trennung einmal beschlossen war, sie nicht wissen ließen, wohin wir eigentlich reisen wollten, doch ließen wir uns von unserem alten Doktor seine Adresse geben, um ihm nach Holland und England schreiben und gelegentlich Nachrichten von ihm erhalten zu können; zugleich versprachen wir, ihm die Kunde zukommen zu lassen, wie er seine Briefe an uns gelangen lassen könne, was wir auch nachher taten und wovon wir zu gelegener Zeit Bericht erstatten werden.

Wir hielten uns nach ihrer Abreise noch einige Zeit hier auf, bis zuletzt, als wir noch nicht ganz entschlossen waren, wohin wir reisen sollten, ein venezianisches Schiff nach Zypern und von da nach Iskenderun kam, um sich nach einer Fracht für die Heimat umzusehen. Wir nahmen diese Gelegenheit wahr, bezahlten die Überfahrt für uns und unsere Waren und schifften uns nach Venedig ein, wo wir nach zweiundzwanzig Tagen frisch und gesund mit allen unseren Schätzen, Geldern, Juwelen und Waren ankamen, deren Gesamtwert sich so hoch belief, dass ganz gewiss seit dem Bestehen des Staates Venedig noch niemals zwei Privatmänner so große Reichtümer in diese Stadt gebracht haben.

Wir hielten uns hier lange Zeit inkognito auf und galten, wie früher, als zwei armenische Kaufleute, auch hatten wir uns in dieser Zeit so viel von dem persischen und armenischen Kauderwelsch, welches in Bassora, Bagdad und allen von uns durchreisten Gegenden gesprochen wurde, angeeignet, um untereinander so sprechen zu können, dass wir von niemandem verstanden werden konnten, zuweilen auch wohl einander selbst nicht verstanden.

Hier verwandelten wir nun alle unsere Waren in Geld und ließen uns auf längere Zeit nieder. William und ich waren einander mit unverbrüchlicher Freundschaft und Treue zugetan und lebten wie Brüder. Wir hatten oder suchten niemals getrennte Interessen, sprachen ohne Unterlass ernsthaft miteinander von unserer Buße, und da wir uns nie umzogen, das heißt, unsere armenischen Kleider nicht ablegten, nannte man uns in Venedig allgemein nur die zwei Griechen.

Ich bin zwei oder drei Mal im Begriff gewesen, einen genauen Bericht über unsere Reichtümer zu geben, aber er würde in der Tat unglaublich erscheinen; denn wir hatten die größten Schwierigkeiten, um sie zu verbergen, und fürchteten mit Recht immer nur, in diesem Land wegen unserer Schätze ermordet zu werden. Endlich sagte William zu mir, er fange an, sich mit dem Gedanken vertraut zu machen, England nie wiederzusehen; da wir indes im Besitz so großer Reichtümer seien und er dort einige arme Verwandte habe, so wolle er, wenn es mir nicht zuwider sei, durch Briefe zu erfahren suchen, ob und in welchen Verhältnissen sie noch lebten; wenn dann einige, an welche er besonders denke, noch am Leben seien, wünsche er ihnen mit meiner Einwilligung etwas zu schicken, um ihre Lage aufzubessern.

Ich schenkte diesem Vorhaben meinen herzlichsten Beifall, und nun schrieb William an eine Schwester sowie an einen Oheim, worauf er nach etwa fünf Wochen von beiden eine Antwort erhielt, und zwar unter der armenischen Adresse, die er selbst bezeichnet hatte, nämlich Signor Constantin Alexion von Isfahan in Venedig.

Der Brief seiner Schwester war sehr rührend. Nach den leidenschaftlichsten Ergüssen der Freude über die Nachricht, dass er noch am Leben sei, während man ihr schon längst gemeldet hatte, er sei von Seeräubern in Westindien ermordet worden, bat sie ihn, ihr Näheres über seine Umstände mitzuteilen, und bemerkte dabei, obgleich sie nicht imstande sei, viel für ihn zu tun, werde sie ihn doch von ganzem Herzen willkommen heißen; sie sei eine Witwe mit vier Kindern, habe aber einen kleinen Spezereihandel, womit sie ihre Familie ernähre; zugleich übersende sie ihm hiermit fünf Pfund für den Fall, dass ihm im fremden Land das Geld ausgegangen sei, um nach Hause reisen zu können.

Ich konnte sehen, dass ihm beim Lesen des Briefes Tränen in die Augen traten, und als er mir denselben nebst der kleinen Anweisung von fünf Pfund auf einen englischen Kaufmann in Venedig zeigte, kamen auch mir die Tränen. Nachdem wir unseren durch die liebevolle Zärtlichkeit dieses Briefes erregten Gefühlen Luft gemacht hatten, wandte er sich zu mir mit den Worten: »Was soll ich für diese arme Frau tun?« Ich besann mich eine Weile und sagte dann: »Sie hat dir fünf Pfund geschickt, obwohl sie außer sich selbst vier Kinder – also zusammen fünf Personen zu ernähren hat. Eine solche Summe ist für eine arme Frau in ihren Umständen ebenso viel als fünftausend Pfund für uns, deshalb sende ihr einen Wechsel von dieser Summe und bitte sie, ihre Überraschung zu verbergen, bis sie weitere Nachrichten von dir bekomme; aber ihren Laden solle sie aufgeben, dagegen irgendwo auf dem Land, nicht weit von London, ein Haus mieten und dort, ohne großes Aufsehen zu machen, leben, bis sie Weiteres von dir höre.«

»Wie ich merke«, sagte William, »denkst du doch auch einigermaßen daran, dich nach England zu wagen?«

»Wahrhaftig, William«, antwortete ich, »du bist im Irrtum, aber es fiel mir soeben ein, dass du einen Versuch machen solltest; was hast du denn getan, dass du dich dort nicht sehen lassen dürftest? Es wäre unrecht von mir, wenn ich dich von deinen Verwandten fernhalten wollte, bloß um mir Gesellschaft zu leisten.«

William sah mich mit einem liebevollen Blick an. »Nein«, sagte er, »wir sind so lange miteinander herumgeschifft und so weit miteinander gereist, dass ich entschlossen bin, mich nie von dir zu trennen, solange ich lebe, magst du auch deinen Aufenthalt wählen, wo immer du willst. Was meine Schwester betrifft, so kann ich ihr keine solche Summe schicken; denn gehört nicht das Geld, welches wir haben, größtenteils dir?«

»Nein, William«, sagte ich, »es ist kein Pfennig davon mein, der nicht auch dir gehörte, und ich wünsche bloß, ganz gleich mit dir zu teilen, deswegen schicke ihr das Geld; wenn nicht, so schicke ich es ihr.«

»Ach«, sagte William, »die arme Frau würde vor Überraschung und Freude den Verstand verlieren.«

»Nun gut«, sagte ich, »so geh vorsichtig dabei zu Werke; schicke ihr vorerst eine Anweisung von hundert Pfund und schreibe ihr, sie solle mit der nächsten Post mehr erwarten. Sage ihr auch, du wollest ihr so viel senden, dass sie ohne einen Laden leben könne; dann kannst du immerhin das Übrige nachfolgen lassen.«

Dieser Verabredung gemäß schickte William seiner Schwester einen sehr freundlichen Brief mit einem Wechsel von hundertsechzig Pfund auf einen Londoner Kaufmann und bemerkte darin, sie solle sich in der Hoffnung trösten, dass er in kurzer Zeit imstande sein werde, ihr noch mehr zukommen zu lassen. Etwa zehn Tage später schickte er ihr einen neuen Wechsel von fünfhundertvierzig Pfund und bald darauf wieder einen von dreihundert Pfund, sodass die ganze Summe tausend Pfund betrug. Zugleich schrieb er ihr, er könne ihr mit so vielem aushelfen, dass sie imstande wäre, ihren Laden aufzugeben, und bat sie, ein Haus zu mieten, wie die Freunde vorher unter sich abgemacht hatten.

Sodann wartete er, bis er eine Antwort auf alle drei Briefe erhielt, worin seine Schwester ihm den Empfang des Geldes meldete und hinzusetzte, sie habe, was ich wirklich nicht erwartet hatte, keiner Seele etwas davon erzählt und überhaupt jedermann verschwiegen, dass er noch am Leben sei, was sie bis auf weitere Nachrichten auch fernerhin tun werde.

Als William mir diesen Brief zeigte, sagte ich zu ihm: »Siehst du, dieser Frau kann man wahrhaftig trauen; schicke ihr jetzt nur die übrigen viertausend Pfund, und wenn du nichts dagegen hast, will ich mich mit dir nach England ins Haus dieser Frau wagen.«

Kurzum, wir schickten ihr fünftausend Pfund in guten Wechseln, die sie auch pünktlich empfing, und bald darauf meldete sie ihrem Bruder, sie habe ihrem Oheim gegenüber vorgegeben, sie könne wegen Kränklichkeit das Geschäft nicht länger betreiben und habe deshalb etwa vier Meilen von London ein großes Haus an sich gebracht unter dem Vorwand, von dessen Mietertrag leben zu wollen. Aus ihrem ganzen Brief ging hervor, dass sie seine Absicht, inkognito hinüberzukommen, wohl erriet, denn sie versicherte ihn, dass er bei ihr so zurückgezogen leben könne, als er nur wolle.

Dies hieß uns die Tür wieder öffnen, die wir für dieses Leben uns bereits verschlossen geglaubt hatten. Wir beschlossen, das Wagnis zu unternehmen, aber sowohl unsere Namen als die übrigen Verhältnisse aufs Sorgfältigste zu verschweigen. Und William schrieb demgemäß seiner Schwester, er sei sehr erfreut über ihr kluges Vorgehen; sie habe das Wahre erraten, da er ein zurückgezogenes Leben zu führen wünsche, und er bitte sie daher, kein großes Aufsehen zu machen, bis er vielleicht zu ihr käme.

Er war im Begriff, den Brief abzusenden. »Lass sehen, William«, sagte ich, »du sollst keinen leeren Brief fortschicken. Schreibe ihr, es werde ein Freund mitkommen, der ebenso zurückgezogen zu leben wünsche wie du selbst, und zum Gruß will ich ihr gleichfalls fünftausend Pfund senden.«

So machten wir in kurzer Zeit die Familie dieser armen Frau reich; aber als es nun wirklich zur Abreise kommen sollte, fehlte mir der Mut dazu. Da nun William mich nicht verlassen wollte, blieben wir noch ungefähr zwei Jahre hier, immer mit dem Gedanken beschäftigt, was wir wohl tun sollten.

Der Leser denkt vielleicht, ich sei verschwenderisch mit meinem schlecht erworbenen Geld umgegangen, indem ich auf diese Art eine Fremde mit meiner Güte überhäufte und eine Person, die nichts für mich getan und mich nicht einmal kannte, fürstlich beschenkte. Aber meine eigentümliche Lage sollte in diesem Fall berücksichtigt werden; denn ob ich gleich Geld in Menge besaß, fehlte es mir doch außer William gänzlich an einem Freund in der Welt, der mich hätte aufrichten und erheitern können; auch wusste ich nicht, wem ich diese Gelder zu meinen Lebzeiten anvertrauen oder wem ich sie nach meinem Tod hinterlassen sollte.

Wenn ich über die Art, wie ich sie erworben, nachdachte, so kam mir manchmal der Einfall, ich sollte sie alle zu wohltätigen Zwecken verwenden, um dadurch meine Schuld gegen die Menschheit abzutragen, obgleich ich kein Katholik und auch nicht der Meinung war, ich könnte meiner Seele dadurch Ruhe erkaufen. Allein ich dachte, da ich es durch Raub im Allgemeinen erworben, wofür ich den einzelnen dadurch Geschädigten keine Genugtuung geben könne, so sei ich verpflichtet, es wieder zum allgemeinen Besten zu verwenden. Nur war ich immer in Verlegenheit, wie, wo und durch wen ich diese Stiftung gründen sollte, da ich es nicht wagte, in mein

Vaterland zurückzukehren aus Furcht, einige meiner Kameraden, die sich ebenfalls wieder in die Heimat verirrt hätten, möchten mich sehen, entdecken und aus Lüsternheit nach meinem Geld oder um sich Verzeihung auszuwirken mich verraten, sodass es ein schmähliches Ende mit mir nehmen könnte.

Da ich, wie gesagt, keinen Freund hatte, wählte ich Williams Schwester zum Ziel meiner Wohltätigkeit. Ihr zärtliches Verhalten ihrem Bruder gegenüber, als sie ihn in der Not glaubte, war mir ein genügender Beweis für ihre edle, menschenfreundliche Gesinnung. Indem ich mich nun entschloss, vorzugsweise sie zum Gegenstand meiner Freigebigkeit zu machen, zweifelte ich nicht daran, dadurch auch für mich selbst eine Zufluchtsstätte und eine Art Mittelpunkt erkaufen zu können, auf welchen meine künftigen Handlungen hinzielen sollten; denn wahrhaftig, ein Mann, der sein gutes Auskommen hat, aber keinen festen Wohnsitz, keinen Ort, welcher einen magnetischen Einfluss auf seine Neigungen ausübt, ist in einer der ungereimtesten, unbehaglichsten Lagen in der Welt, aus der er sich mit all seinem Mammon nicht loskaufen kann.

Wir waren also, wie schon gesagt, mehr als zwei Jahre in Venedig und der Umgegend, gepeinigt von der qualvollsten Unentschlossenheit, zögernd und schwankend in höchstem Maße. Williams Schwester bestürmte uns unablässig, nach England zu kommen, und wunderte sich, warum wir in sie, die wir in so hohem Grad zur Treue verpflichtet hatten, kein Vertrauen zu setzen wagten; ja sie klagte auf eine rührende Art, dass wir Verdacht gegen sie hegen könnten.

Endlich begann ich nachzugeben und sagte zu William: »Komm, Bruder William (seit unserem Gespräch in Balsara nannte ich ihn nämlich immer Bruder), wenn du mir zwei oder drei Dinge bewilligen magst, so will ich von Herzen gern mit dir nach England gehen.«

»Lass mich wissen, was es ist«, sagte William.

»Fürs Erste«, sagte ich, »darfst du dich keinem einzigen von deinen Verwandten in England entdecken außer deiner Schwester. Zweitens dürfen wir weder unsere Bärte abnehmen (wir trugen nämlich die ganze Zeit über unsere Bärte nach griechischer Art) noch unsere langen Kleider ablegen, damit man uns für Griechen und Fremde halte. Drittens dürfen wir nie vor irgendjemand, ausgenommen vor deiner Schwester, Englisch sprechen. Viertens wünsche ich, dass wir immer als Brüder zusammenleben.«

William erwiderte, er verpflichte sich zu allem diesem von Herzen gern; freilich werde es ihn schwer ankommen, nicht Englisch zu sprechen, doch wolle er sich in diesem Punkt schon überwinden. Und nun beschlossen wir, von Venedig nach Neapel zu reisen, wo wir eine große Geldsumme in Seidenwaren verwandelten, eine andere bedeutende Summe bei einem Kaufmann in Venedig und eine dritte, gleichfalls von ansehnlichem Betrag, in Neapel niederlegten und uns dafür großenteils Wechsel geben ließen. Und darüber hinaus langten wir in London mit einer Ladung an, wie sie seit einigen Jahren nur wenige amerikanische Kaufleute mit sich gebracht hatten, denn wir führten auf zwei Schiffen dreiundsiebzig Ballen roher Seide, außerdem dreizehn Ballen gewirkter Seidenstoffe aus dem Herzogtum Mailand mit, die wir in Genua an Bord genommen hatten; und so kamen wir mit allem wohlbehalten an. Einige Zeit später heiratete ich meine getreue Beschützerin, Williams Schwester, mit der ich weit glücklicher lebe, als ich verdiene.

Und nun, nachdem ich so offen gesagt, dass ich jetzt wieder in England bin, und so mutig gestanden habe, welches Leben ich in der Fremde geführt, ist es Zeit, abzubrechen und für den Augenblick nichts mehr zu sagen, damit nicht jemand Lust verspüre, sich gar zu genau zu erkundigen nach des Lesers nunmehrigem guten Bekannten

KAPITÄN BOB.

Ein Bericht

VOM PESTJAHR

Aus dem Englischen von Ernst Betz

Etwa Anfang September 1664 war es, dass ich mit meinen Nachbarn gesprächsweise hörte, dass die Pest wieder nach Holland zurückgekehrt sei; sie hatte nämlich dort, vor allem in Amsterdam und Rotterdam, im Jahr 1663 sehr gewütet; und wie man hörte, war sie aus Italien eingeschleppt worden, oder auch mit Waren aus der Türkei, welche die Levanteflotte mitgebracht hatte; wieder andere behaupteten, von Kreta, und auch noch andere, von Cypern. Sei dem, wie ihm wolle – man war sich allgemein darin einig, dass sie wieder in Holland umging.

Zu jener Zeit nun gab es noch keine gedruckten Zeitungen, die Gerüchte und Berichte nicht nur verbreiteten, sondern auch von erfindungsreichen Männern frisieren ließen, wie ich es seitdem habe erleben müssen. Nein, solche Nachrichten entstammten den Briefen von Kaufleuten und anderen, die mit dem Ausland in Briefwechsel standen, und sie wurden dann mündlich weitergegeben; so verbreiteten sie sich nicht so schnell über das ganze Land, wie heute. Doch scheint es, dass die Regierung genaue Informationen darüber besaß, zumindest wurden verschiedene Beratungen darüber gepflogen, auf welche Weise man ein Übergreifen verhindern könne; doch versuchte man das alles geheim zu halten. So kam es, dass das Gerücht wieder einschlief und die Leute es zu vergessen begannen, als etwas, das sie doch recht wenig anging und von dem wir hofften, dass es nicht stimmte; bis, gegen Ende November oder Anfang Dezember 1664, zwei Männer, angeblich Franzosen, in Long Acre, oder genauer, am oberen Ende von Drury Lane, an der Pest starben. Die Familie, bei der sie wohnten, versuchte das so viel wie möglich zu verheimlichen; aber da es doch in der Nachbarschaft bekannt geworden und herumgekommen war, bekamen die staatlichen Behörden davon Kenntnis und hielten es für angebracht, der Angelegenheit nachzugehen, um den wahren Sachverhalt zu erfahren. Also beauftragten sie zwei Ärzte und einen Bader, zu dem betreffenden Haus zu gehen und eine Untersuchung durchzuführen. Das taten sie, und sie fanden deutliche Anzeichen der Seuche an den Leichen, und äußerten öffentlich, dass die beiden an der Pest gestorben seien. Dieser Untersuchungsbefund wurde an die Gemeindebehörde gegeben, und diese leitete ihn weiter an das Rathaus. So wurde denn, wie üblich, in den wöchentlichen Sterblichkeitslisten Folgendes veröffentlicht:

Pest: 2
Verseuchte Gemeinden: 1

Die Leute zeigten sich davon sehr betroffen, und die ganze Stadt war in Unruhe, und das umso mehr, als in der letzten Dezemberwoche 1664 ein weiterer Mann im gleichen Haus starb, an der gleichen Krankheit. Und dann begannen wir ungefähr sechs Wochen lang wieder aufzuatmen, in denen niemand mit den Anzeichen einer Ansteckung starb, sodass man sagte, die Seuche sei vorbei. Doch dann, wohl um den 12. Februar, starb wieder einer, zwar in einem anderen Haus, doch in der gleichen Gemeinde und auf die gleiche Weise.

Das lenkte die Aufmerksamkeit der Menschen doch sehr auf diesen Teil der Stadt; und da die wöchentlichen Listen eine ungewöhnliche Zunahme von Beerdigungen in der Gemeinde St. Giles anzeigten, erhob sich dunkel der Argwohn, dass dort die Pest ausgebrochen und viele daran gestorben seien, auch wenn man versuchte, es der Öffentlichkeit so viel wie möglich vorzuenthalten. Solche Gedanken beherrschten die Menschen sehr, und sie vermieden es möglichst, durch die Drury Lane und die anderen verdächtigen Straßen zu gehen, wenn nicht dringende Geschäfte sie dazu zwangen.

Mit den Listen stand es folgendermaßen: In St. Giles-in-the-Fields und St. Andrew, Holborn, betrug die Zahl der Begräbnisse je zwischen zwölf und siebzehn oder neunzehn, selten mehr oder weniger. Als in St. Giles dann die Pest ausgebrochen war, musste man ein beträchtliches Anwachsen der Zahlen feststellen; das sah so aus:

27. Dezember bis 3. Januar	16 in St. Giles 17 in St. Andrew
3. Januar bis 10. Januar	12 in St. Giles 25 in St. Andrew
10. Januar bis 17. Januar	18 in St. Giles 18 in St. Andrew
17. Januar bis 24. Januar	23 in St. Giles 16 in St. Andrew

24. Januar bis 31. Januar	24 in St. Giles 15 in St. Andrew
31. Januar bis 7. Februar	21 in St. Giles 23 in St. Andrew
7. Februar bis 14. Februar	24 in St. Giles

einer davon an der Pest.

Ein solches Anwachsen der Zahlen war auch in den Gemeinden St. Bride, das auf der einen Seite, und St. James Clerkenwell, das auf der anderen Seite an St. Holborn angrenzt, zu beobachten; während sonst die Zahl der Toten in jeder der beiden Gemeinden wöchentlich zwischen vier und sechs oder acht lag, erhöhte sich diese nun wie folgt:

20. Dezember bis 27. Dezember	0 in St. Bride 8 in St. James
27. Dezember bis 3. Januar	6 in St. Bride 9 in St. James
3. Januar bis 10. Januar	11 in St. Bride 7 in St. James
10. Januar bis 17. Januar	12 in St. Bride 9 in St. James
17. Januar bis 24. Januar	9 in St. Bride 15 in St. James
24. Januar bis 31. Januar	8 in St. Bride 12 in St. James
31. Januar bis 7. Februar	13 in St. Bride 5 in St. James
7. Februar bis 14. Februar	12 in St. Bride 6 in St. James

Außerdem beobachteten die Leute mit großer Besorgnis, dass während der genannten Wochen alle Sterblichkeitslisten immer mehr ansteigende Zahlen aufwiesen, obwohl sie sonst doch zu dieser Jahreszeit recht mäßig sind.

Normalerweise lag die in den Sterblichkeitslisten angegebene Zahl der Beerdigungen zwischen 240 und 300 in der Woche. Doch das Letztere war schon recht hoch; nun sahen wir die Zahlen immer höher klettern, wie die folgende Aufstellung zeigt:

		Zuwachs
20. Dezember bis 27. Dezember	291	–
27. Dezember bis 3. Januar	349	58
3. Januar bis 10. Januar	394	45
10. Januar bis 17. Januar	415	21
17. Januar bis 24. Januar	474	59

Die letzte Liste war in der Tat erschreckend, denn diese Zahl an Beerdigungen überstieg alle bis dahin genannten bis zurück zu der letzten Heimsuchung von 1656.

Doch auch dies ging vorüber, und – bei kaltem Wetter und einem von Dezember bis fast Ende Februar anhaltendem, sehr strengem Frost mit scharfen, wenn auch nicht stürmischen Winden – die Zahlen verringerten sich wieder, der Gesundheitszustand der Stadt besserte sich, und jedermann glaubte, die Gefahr sei so gut wie vorüber; nur dass freilich die Todesfälle in St. Giles nach wie vor zahlreich blieben. Von Anfang April an standen sie bei 25 pro Woche, bis dann die Woche vom 18. bis 25. April kam, in der dreißig in St. Giles starben, davon zwei an der Pest und acht am Fleckfieber, was man für dasselbe hielt; auch die Zahl der in der ganzen Stadt am Fleckfieber Gestorbenen nahm zu, es waren nämlich zwölf in der erwähnten Woche und acht in der Woche davor.

Das störte uns nun wieder alle auf, und fürchterliche Vorstellungen bemächtigten sich der Menschen, zumal das Wetter nun umgeschlagen hatte, es war warm geworden, und der Sommer stand vor der Tür. Die Woche drauf aber ließ sich mit niedrigen Zahlen, im Ganzen nur 388 Toten, darunter keinem Pestfall und nur vier Fleckfieberfällen, wieder hoffnungsvoll an.

Die folgende Woche jedoch war die Seuche wieder da und trat nun in zwei oder drei weiteren Gemeinden auf, nämlich in St. Andrew, Holborn, und St. Clement Danes; außerdem starb einer, zur großen Bestürzung der Bewohner der Altstadt, innerhalb der Stadtmauern, in der Gemeinde St. Mary Woolchurch, genauer in der Bearbinder Lane beim Stocks Market; im Ganzen waren neun Pest- und sechs Fleckfieberfälle angegeben. Eine Untersuchung brachte dann aber zutage, dass der in der Bearbinder Lane gestorbene Franzose zuvor in Long Acre, in der Nähe der verseuchten Häuser, gewohnt hatte; dass er aus Angst vor der Seuche umgezogen war, nicht ahnend, dass er schon angesteckt war.

Das war Anfang Mai, das Wetter war jedoch noch veränderlich und eher kühl als warm, sodass die Leute immer noch etwas Hoffnung hatten. Ermutigt wurden sie durch die Tatsache, dass die Altstadt keine Seuchenfälle aufzuweisen hatte, alle 97 Gemeinden meldeten nur 54 Tote, und wir begannen zu hoffen, dass die Krankheit, da sie sich hauptsächlich auf jenen Teil der Stadt beschränkt hatte, sich nicht weiter ausbreiten würde; und das umso mehr, als in der nächsten Woche, vom 9. bis 16. Mai, nur drei starben, und keiner davon innerhalb der Altstadt oder der Freigebiete; und in St. Andrew wurden nur fünfzehn begraben, eine sehr niedrige Zahl. In St. Giles wurden zwar 32 begraben, aber immer noch nahmen es die Menschen leicht, da nur ein Pestfall darunter war. Auch die Gesamtzahlen waren sehr niedrig, in der erwähnten Woche wiesen die Listen nur 345, in der vorhergehenden nur 347 Tote auf. Ein paar Tage wiegten wir uns in dieser Hoffnung; aber eben doch nur ein paar, denn man machte sich nun nicht mehr so leicht etwas vor: Man prüfte in den Häusern nach und fand, dass sich die Pest in Wirklichkeit überallhin ausgebreitet hatte und jeden Tag zahlreiche Menschen an ihr starben. So schwanden unsere Illusionen dahin, und es ließ sich nichts mehr vertuschen; im Gegenteil, es wurde sehr schnell deutlich, dass die Seuche sich so weit ausgebreitet hatte, dass keine Hoffnung mehr auf eine Eindämmung bestand; dass sie in St. Giles verschiedene Straßen befallen hatte und dort verschiedene Familien ganz daniederlagen. Das zeigte sich dann auch entsprechend in der Sterblichkeitsliste der nächsten Woche; zwar wurde nur in vierzehn Fällen die Pest als Todesursache angegeben, doch war das alles Schwindel und Betrug; denn in St. Giles begruben sie im Ganzen 40, von denen sicherlich die meisten an der Pest gestorben waren, wenn man auch andere Krankheiten dafür angab; und obgleich die Liste nur 385 Tote meldete, einen Zuwachs von 35, so waren darunter doch vierzehn Fleckfieber- und weitere vierzehn Pesttote; und wir waren fest davon überzeugt, dass in jener Woche insgesamt 50 Personen an der Pest gestorben waren.

Die nächste Liste, für die Woche vom 23. bis 30. Mai, gab die Zahl siebzehn für die Pest an. Aber für St. Giles waren 53 Tote angegeben – eine erschreckende Zahl! –, von denen nur neun der Pest zugeschrieben waren. Aber eine gründlichere Prüfung durch die Friedensrichter, auf das Ersuchen des Lord Mayors hin, brachte zutage, dass in jener Gemeinde in Wirklichkeit weitere zwanzig an der Pest gestorben waren, für die man Fleckfieber oder andere Krankheiten als Todesursache angegeben hatte; dazu noch die verheimlichten Fälle!

Aber das waren nur Kleinigkeiten gegenüber dem, was nun kommen sollte; denn jetzt setzte heißes Wetter ein, und von der ersten Juniwoche an verbreitete sich die Seuche in furchtbarer Weise, und die Listen wurden immer größer. Die Zahlen in den Spalten für Fieber, Fleckfieber und Mundfäule schwollen an, denn alle, welche die Ansteckung verbergen konnten, taten das, damit ihre Nachbarn sie nicht mieden und den Verkehr mit ihnen abbrachen; und man wollte damit verhindern, dass die Behörden ihre Häuser abschlössen, wie es, wenn auch noch nicht durchgeführt, so doch angedroht war, und dieser Gedanke schreckte die Menschen außerordentlich.

In St. Giles, wo immer noch der Schwerpunkt der Seuche lag, begrub man 120, von denen, wenn die Listen auch nur 68 angaben, mindestens 100 an der Pest gestorben waren, wie jeder sagte, der diese Zahl mit den oben genannten, gewöhnlich für die Gemeinden angegebenen, verglich.

Bis zu dieser Woche war die Altstadt in allen 97 Gemeinden von der Seuche frei geblieben; niemand war daran gestorben, mit Ausnahme des Franzosen, den ich erwähnt habe. Nun verzeichnete man in der Altstadt vier Tote, einen in der Wood Street, einen in der Fenchurch Street und zwei in der Crooked Lane. Southwark war völlig frei, auf dem jenseitigen Themseufer war noch nicht einer gestorben.

Ich wohnte damals außerhalb von Aldgate, etwa halbwegs zwischen Aldgate Church und Whitechapel Bars, auf der linken, der Nordseite der Straße; da die Seuche diesen Teil der Stadt noch nicht erreicht hatte, blieb es in meiner Umgebung recht ruhig. Aber am anderen Ende der Stadt herrschte große Bestürzung; und die reicheren Leute, vor allem der Hochadel und der Adel aus dem Westteil der Altstadt, zogen in Scharen mit ihren Familien und Bediensteten aus der Stadt, ein ungewöhnlicher Anblick; das war besonders gut in Whitechapel zu beobachten, d. h. auf der Broad Street, in der ich wohnte; man konnte wahrhaftig nur noch Wagen und Karren, mit Besitztümern, Frauen, Kindern und Dienern sehen, Kutschen, besetzt mit besseren Leuten, Pferdeknechte zu ihrer Begleitung – und alle flüchteten sie; dann erschienen leere Wagen und Karren, und unberittene Pferde mit Bediensteten, die offensichtlich vom Land zurückgebracht oder -geschickt wurden, um weitere Menschen zu holen; weiterhin unzählige Männer zu Pferde, mit und ohne Knechte, und, im Allgemeinen, jeder mit Gepäck beladen und für die Reise ausgerüstet, wie man leicht an ihrem Aussehen erkennen konnte.

Das alles war schlimm und traurig anzusehen, und da ich diesen Anblick von früh bis spät vor mir hatte, denn es gab wirklich sonst nichts Nennenswertes zu sehen – so erfüllte mich das mit schwermütigen Gedanken über das Elend, das über die Stadt kommen wollte, und über die unglückliche Lage jener, die zurückgelassen wurden.

Die Aufregung der Menschen war einige Wochen lang so groß, dass man nur mit äußerster Mühe bis vor die Tür des Lord Mayors kommen konnte; die Menge drängte sich deshalb so sehr, weil sie Pässe und Gesundheitszeugnisse für das Verlassen der Stadt brauchte; ohne diese durfte man die an der Straße gelegenen Städte nicht passieren und auch in keinem Gasthaus übernachten. Da nun während der ganzen Zeit noch niemand in der Altstadt gestorben war, gab unser Lord Mayor all denen unbedenklich Gesundheitszeugnisse aus, die in den 97 Gemeinden wohnten, und eine Zeit lang auch an die innerhalb der Freigebiete.

Dieses Gedränge dauerte über einige Wochen, d.h. durch die Monate Mai und Juni, und das umso mehr, als geflüstert wurde, dass die Regierung eine Verordnung plane, nach der die Straßen durch Palisaden und Schlagbäume gesperrt werden sollten, um die Leute am Verlassen der Stadt zu hindern, und dass die Städte an den Straßen den Durchzug der Londoner nicht duldeten, aus Angst, diese möchten sie anstecken, obgleich alle diese Gerüchte, zumindest am Anfang, nur der Einbildungskraft entsprangen.

Ich ging nun über meine eigene Lage, und was ich selber tun sollte, mit mir zu Rate; d. h. ob ich mich dazu entscheiden sollte, in London zu bleiben, oder ob ich mein Haus abschließen und fliehen sollte, wie es viele meiner Nachbarn machten. Ich will deshalb darüber ausführlich schreiben, weil dies vielleicht für die Menschen nach mir bedeutsam sein mag, falls sie einmal in dieselbe Bedrängnis kommen und ebenso ihre Entscheidung treffen müssen; und deshalb möchte ich diesen Bericht angesehen wissen als eine Weisung für ihr eignes Handeln, weniger als die Geschichte meines Handelns; denn ich bin mir voll dessen bewusst, dass zu erfahren, was aus mir selber wurde, ihnen keinen roten Heller wert sein kann.

Zwei Möglichkeiten standen vor mir: die eine war die Weiterführung meines Geschäfts und Ladens, die recht beträchtlich waren und in denen ich alles investiert hatte, was ich auf Erden besaß; und die andere war die Erhaltung meines Lebens in einer so bösen Not, die ich deutlich auf die Stadt zukommen sah, und die, so groß sie auch sein mochte, doch noch von der Größe der Furcht übertroffen wurde, die ich ebenso wie andere Leute empfand.

Die erste Überlegung war sehr entscheidend für mich: Ich war Sattler, und da ich meine Produkte nicht in erster Linie auf Einzelbestellung oder für den Laden anfertigte, sondern für die Kaufleute, welche die englischen Kolonien in Amerika belieferten, lag mein geschäftliches Wohlergehen weitgehend in ihrer Hand. Ich war zwar alleinstehend, hatte aber einen Haushalt mit Arbeitern, die ich beschäftigte, hatte Haus, Laden und mit Ware gefüllte Lagerschuppen und, kurz gesagt, das alles zu verlassen, wie man es in einem solchen Fall verlassen muss, nämlich ohne Aufsicht, ohne jemanden, dem man alles hätte anvertrauen können, würde bedeutet haben, dass ich nicht nur meinen Handel, sondern auch meine Ware und wahrhaftig alles aufs Spiel gesetzt hätte, was ich in der Welt besaß.

Zu jener Zeit lebte ein älterer Bruder von mir in London, der nur wenige Jahre zuvor aus Portugal zurückgekommen war, und da ich mich mit ihm beriet, gab er mir eine Antwort in vier Worten, die einmal in einer ganz anderen Situation gegeben worden war, nämlich: Herr, rette dich selbst! Mit einem Wort, er war dafür, dass ich mich auf das Land rettete, wie er selbst mit seiner Familie zu tun entschlossen war, wobei er mir erzählte, was er, wie es schien, selbst auf dem Kontinent gehört hatte, nämlich, dass der beste Schutz vor der Pest sei, vor ihr davonzulaufen. Mein Gegenargument betreffend, dass ich dabei meinen Handel, meine Waren und mir geschuldetes Geld eventuell verlieren würde, so schlug er es mir einfach aus der Hand, nämlich damit, dass er mir für ein Fliehen die gleichen Gründe nannte, die ich für das Bleiben vorgebracht hatte, nämlich dass ich für meine Sicherheit und meine Gesundheit auf Gott vertraute, sei der stärkste Gegengrund gegen meine Angst, Geschäft und Besitz zu verlieren; denn, sagte er, ist es nicht genauso vernünftig, auf Gott zu vertrauen im Hinblick auf Verlust oder Nichtverlust des Geschäfts, wie in einer so gefährlichen Lage ihm sein Leben anzuvertrauen?

Ich konnte nicht dagegen antworten, dass ich Schwierigkeiten hätte, einen Platz zu finden, wohin ich mich wenden könnte, da ich verschiedene Freunde und Verwandte in Northamptonshire hatte, woher unsere Familie stammte, und da ich vor allem meine einzige Schwester in Lincolnshire wohnen hatte, die mich gern aufgenommen und unterhalten hätte.

Mein Bruder, der seine Frau und seine beiden Kinder schon in die Grafschaft Bedfordshire geschickt hatte und entschlossen war, ihnen zu folgen, drängte mich sehr, zu gehen; einmal war ich entschlossen, seinem Wunsch zu entsprechen, doch konnte ich dann kein Pferd bekommen. Denn obgleich es zwar stimmte, dass nicht alle Leute London verließen, so kann man dies doch in gewisser Hinsicht von den Pferden sagen; denn über Wochen hin war es in der ganzen Stadt unmöglich, ein Pferd zu kaufen oder zu mieten. Ein andermal war ich entschlossen, zu Fuß zu gehen, mit einem Knecht, und, wie viele, um vom Gasthaus unabhängig zu sein, ein Soldatenzelt mitzunehmen, um auf dem Feld zu übernachten, da es sehr warm und dadurch eine Erkältung nicht zu befürchten war. Viele machten es so, sage ich, denn es waren mindestens einige, vor allem jene, die mit den Armeen an den noch nicht lange zurückliegenden Feldzügen teilgenommen hatten; und hier muss ich hinzufügen, wenn es auch eine Abschweifung darstellt, dass die Pest nicht, wie es dann geschah, in so viele Landstädte und Häuser geschleppt worden wäre, zum großen Schaden, ja zum Untergang einer Überzahl von Menschen, wenn die Mehrzahl der Leute, welche aufs Land flüchteten, es so gemacht hätten.

Aber dann ließ mich mein Knecht sitzen, den ich mit aufs Land hatte nehmen wollen; denn da er es durch das Anwachsen der Seuche mit der Angst kriegte und er nicht wusste, wann ich gehen würde, plante er anders und ging, und so musste ich es wieder verschieben; und auf die eine und andere Weise wurden meine Reisepläne immer wieder durch irgendeinen Zufall durchkreuzt, sodass ich mein Weggehen wieder verschieben musste. Und da stößt man auf eine Sache, die man sonst für überflüssig halten könnte, nämlich auf die Frage, ob diese Zwischenfälle als himmlische Fügungen anzusehen sind.

Ich erzähle dies auch, weil daran die m. E. beste Verhaltensweise deutlich wird, die man jemandem in einer solchen Lage raten kann, vor allem jemandem, der gewissenhaft das Rechte tun und seine Handlungen geführt wissen will, nämlich: dass er seinen Blick auf die besonderen Fügungen richtet, die in solcher Zeit geschehen, und dass er sie von allen Seiten betrachtet, wie sie miteinander zusammenhängen, und wie sie alle zusammenhängen mit seiner Frage, und dann, glaube ich, kann er sie ruhig als Fingerzeige des Himmels dafür betrachten, was in einem solchen Fall seine unzweifelhafte Pflicht ist, nämlich, ob er bleiben oder seinen Wohnort verlassen solle, wenn dieser von einer ansteckenden Krankheit heimgesucht wird.

Es kam mir eines Morgens, als ich gerade darüber nachdachte, lebhaft in den Sinn, weil uns doch ohne die Fügung oder Erlaubnis des Allmächtigen Gottes nichts zustoßen kann, müssen diese Missgeschicke eine besondere Bedeutung haben; und dass ich darüber nachdenken sollte, ob sie mir nicht deutlich anzeigten oder mich darauf hinwiesen, dass es der Wille des Himmels sei, dass ich nicht ginge. Und gleich darauf kam mir der Gedanke, dass – wenn es wirklich von Gott käme, dass ich bleiben sollte – Er die Macht hat, mich inmitten von Gefahr und Tod, die mich umgeben würden, zu bewahren; und wenn ich versuchen würde, mich durch das Weglaufen von zu Hause selbst zu schützen, und gegen all die Fürsorge handelte, die ich als von Gott kommend betrachten musste, so floh ich ja vor Gott selber, und Seine Gerechtigkeit konnte mich überwältigen, wann und wo immer Er es für richtig hielt.

Diese Überlegungen stießen meine Entschlüsse wieder völlig um, und als ich die Sache wieder mit meinem Bruder besprach, sagte ich ihm, dass ich zu bleiben gewillt war und mein Schicksal auf dem Platz, auf den Gott mich gestellt hatte, auf mich nehmen wollte; und dass mir dies besonders aus den Gründen, die ich schon genannt habe, als meine Pflicht erschiene.

Mein Bruder, obwohl er selbst durchaus religiös war, lachte über all das, was ich vorgebracht hatte als Fingerzeige des Himmels, und erzählte gleich einige Geschichten von so närrischen Leuten, so nannte er sie, wie mich; wäre ich durch irgendein Leiden oder Gebrechen verkrüppelt und dadurch unfähig zu reisen, dann wäre es richtig, mich dem als dem Willen des Himmels zu unterwerfen, und mich der Fügung Dessen ruhig anzuvertrauen, der als mein Schöpfer zweifelsohne das Recht hatte, über mich zu verfügen, und in einem solchen Fall könnte man eindeutig sagen, was Seine Vorsehung sei und was nicht. Aber dass ich es als einen Fingerzeig des Himmels betrachte, in der Stadt zu bleiben, nur weil ich kein Pferd für die Reise mieten konnte oder weil mein Begleiter weggelaufen sei, das sei einfach lächerlich, wo ich doch gesunde Glieder und andere Knechte hatte, und ohne Weiteres einen oder zwei Tage zu Fuß gehen könnte und dann, mit meinem ausgezeichneten Gesundheitszeugnis, ohne Schwierigkeit ein Pferd mieten oder mit der Postkutsche fahren, wie es mir am besten schiene.

Er erzählte mir dann weiter von den fürchterlichen Auswirkungen, die der Aberglaube der Türken und Mohammedaner in Asien und andern Gebieten hat, wo er gewesen war [denn mein Bruder war als Kaufmann, wie ich schon berichtete, einige Jahre zuvor aus dem Ausland zurückgekehrt und zuletzt in Lissabon gewesen], dass diese nämlich, durch ihren Glauben an die Prädestinationslehre und dass der Tod jedes Menschen vorherbestimmt und unveränderlich vorher festgesetzt sei, ohne Weiteres an verseuchte Orte gingen und mit angesteckten Personen Umgang pflegten, wodurch pro Woche durchschnittlich zehn- oder fünfzehntausend von ihnen stürben, wogegen die Europäer und christlichen Kaufleute, die zurückgezogener und für sich lebten, im Allgemeinen nicht angesteckt würden.

Mit diesen Argumenten gelang es meinem Bruder, mich umzustimmen, ich beschloss zu fliehen und bereitete alles dementsprechend vor; denn, kurz gesagt, immer mehr Menschen um mich herum wurden krank, und die Listen wiesen fast 700 Tote pro Woche aus, und mein Bruder sagte mir, dass er nicht länger zu bleiben wage. Ich bat ihn, mir nur noch einen Tag Bedenkzeit zu geben, und dann würde ich mich endgültig entschließen; und da ich schon fast alle Vorbereitungen für mein Geschäft so gut wie möglich getroffen hatte, auch wem ich meine Angelegenheiten übergeben wollte, blieb mir kaum mehr etwas zu tun als mich zu entscheiden.

Ich ging an jenem Abend unentschlossen und sehr bedrückten Gemütes nach Hause und wusste nicht, was ich tun sollte. Ich hatte mir den Abend ganz freigehalten, um alles gründlich zu überdenken, und war ganz allein; denn schon hatten die Leute, wie in allgemeiner Übereinstimmung, die Gewohnheit angenommen, nach Sonnenuntergang nicht mehr auszugehen; die Gründe dafür werde ich nach und nach darzulegen Gelegenheit haben.

In der Zurückgezogenheit dieses Abends bemühte ich mich, erst einmal meine Pflicht zu erkennen, stellte also die Gründe vor mich hin, mit denen mein Bruder mich gedrängt hatte, aufs Land zu gehen, und setzte die starken Erlebnisse dagegen, die sich meinem Geist eingeprägt hatten und für das Bleiben sprachen; die Berufung, die ich aus den besonderen Umständen meines Berufs zu vernehmen glaubte, die Sorgfalt, zu der ich für die Erhaltung meines Geschäfts verpflichtet war, das sozusagen mein Gut darstellte; auch was ich für Fingerzeige des Himmels hielt, die mir Richtlinien für mein Handeln zu geben schienen; und es kam mir plötzlich in den Sinn, dass ich, sollte ich sozusagen einen Hinweis zu bleiben bekommen, annehmen könnte, dass dieses das Versprechen enthielte, dass ich beschützt würde, wenn ich ihm gehorchte.

Dieser Gedanke lag mir sehr nahe, und ich fühlte mich mehr denn je zu bleiben ermutigt, bestärkt durch die heimliche Genugtuung, dass ich bewahrt bleiben würde. Es kam dazu, dass ich, als ich die Bibel, die vor mir lag, umblätterte, und während meine Gedanken drängender als je sich mit der Frage beschäftigten, ausrief: »Was ich tun soll, weiß ich nicht. Herr, leite Du mich!« und Ähnliches. Und es geschah, dass ich in diesem Augenblick zu blättern aufhörte, meine Augen auf den zweiten Vers des 91. Psalms fielen, und ich bis zum 7. Vers, ausschließlich, las, und dann noch den zehnten Vers, und da hieß es:

»Der spricht zu dem Herrn: Meine Zuversicht und meine Burg, mein Gott, auf den ich hoffe. Denn er errettet mich vom Strick des Jägers, und von der schädlichen Pestilenz. Er wird dich mit seinen Fittigen decken, und deine Zuversicht wird sein unter seinen Flügeln. Seine Wahrheit ist Schirm und Schild, dass du nicht erschrecken müssest vor dem Grauen des Nachts, vor den Pfeilen, die des Tages fliegen, vor der Pestilenz, die im Finstern schleichet, vor der Seuche, die im Mittag verderbet. Ob tausend fallen zu deiner Seite, und zehntausend zu deiner Rechten, so wird es doch dich nicht treffen. Ja, du wirst mit deinen Augen deine Lust sehen, und schauen, wie es den Gottlosen vergolten wird. Denn der Herr ist deine Zuversicht, der Höchste ist deine Zuflucht. Es wird dir kein Übels begegnen, und keine Plage wird zu deiner Hütte sich nahen« usw.

Ich brauche dem Leser wohl kaum zu sagen, dass ich von diesem Augenblick an entschlossen war, in der Stadt zu bleiben, mich ganz der Güte und Hut des Allmächtigen anzuvertrauen, und nicht irgendeinen anderen Schutz zu suchen. Und da meine Zeit in Seinen Händen war, so konnte Er mich behüten in Zeiten der Krankheit wie der Gesundheit. Und wenn es nicht Sein Wille war, mich zu retten, so war ich doch in Seiner Hand, und Er sollte mit mir tun, was ihm gut schien.

Mit diesem Entschluss ging ich zu Bett; und ich wurde darin am nächsten Tag dadurch bestärkt, dass die Frau, der ich mein Haus und alle meine Angelegenheiten hatte anvertrauen wollen, krank wurde. Schließlich gesellte sich eine weitere Behinderung dazu; am darauf folgenden Tag nämlich fühlte ich selber mich sehr unpässlich, sodass ich, selbst wenn ich gewollt hätte, nicht hätte gehen können. Drei oder vier Tage war ich krank, und das entschied endgültig mein Bleiben. Also verabschiedete ich mich von meinem Bruder, der nach Dorking in Surrey ging und später noch weiter nach Buckinghamshire oder Bedfordshire auswich, wo er für seine Familie eine Zuflucht gefunden hatte.

In dieser Zeit krank zu sein, war eine recht böse Sache; denn kaum klagte man über irgendetwas, wurde schon behauptet, man hätte die Pest; obgleich ich keinerlei Anzeichen davon hatte, fürchtete ich doch, wegen heftiger Kopf- und Magenschmerzen, dass ich mich tatsächlich angesteckt hätte. Nach drei Tagen fühlte ich mich aber wieder besser; in der dritten Nacht schlief ich gut, schwitzte ein wenig und fühlte mich sehr erfrischt; die Sorge, dass ich angesteckt sein könnte, verschwand auch völlig mit der Krankheit, und ich ging wie gewöhnlich meinen Geschäften nach.

All das ließ mich aber nicht mehr an ein Weggehen denken, und da auch mein Bruder nicht mehr da war, erörterte ich das weder mit ihm noch mit mir selbst weiter.

Inzwischen war es Mitte Juli geworden, und die Pest, die, wie ich ausführte, vor allem auf der anderen Seite der Stadt, in St. Giles, St. Andrew, Holborn, und auf Westminster zu, gewütet hatte, breitete sich nun ostwärts aus, auf die Gegend zu, in der ich wohnte. Es war freilich zu beobachten, dass sie sich uns nicht auf dem nächsten Weg näherte, denn die Altstadt, also der Teil innerhalb der Stadtmauern, war immer noch seuchenfrei; auch war sie noch wenig über den Fluss, nach Southwark, vorgedrungen; denn obgleich in jener Woche, an allen Krankheiten, 1268 Menschen starben, davon vermutlich mehr als 900 an der Pest, waren es in der ganzen Altstadt innerhalb der Mauern nur achtundzwanzig, und in Southwark, einschließlich Lambeth, nur neunzehn; wogegen allein in den Gemeinden St. Giles und St. Martin-in-the-Fields 421 starben.

Es war zu bemerken, dass die Seuche sich vor allem in den Außengemeinden hielt, die – dichter und mit einem größeren Anteil an Armen bevölkert – der Pest eine leichtere Beute boten als die Altstadt, wie ich später noch zu bemerken haben werde. Wir stellten fest, wie ich schon sagte, dass die Seuche sich auf uns zu bewegte, nämlich über Clerkenwell, Cripplegate, Shoreditch und Bishopsgate; die beiden letztgenannten Stadtteile grenzen an Aldgate, Whitechapel und Stepney, und in diesen Teilen schließlich wütete die Pest am schlimmsten und heftigsten, selbst dann noch, als sie in den westlichen Gemeinden, wo sie begonnen hatte, schon wieder abflaute.

Seltsam ist, dass gerade in dieser Woche vom 4. zum 11. Juli, in der, wie ich schon feststellte, allein in St. Martin und St. Giles-in-the-Fields fast 400 Menschen starben, in Aldgate nur vier, in Whitechapel drei und in Stepney nur ein Pesttoter zu verzeichnen waren.

Ebenso war es in der nächsten Woche, vom 11. bis 18. Juli, in der die Listen insgesamt 1761 Tote verzeichneten, auf der Südseite der Themse, in Southwark, aber nur 16 an der Pest Gestorbene.

Aber bald wendete sich das Blatt, und die Pest begann sich vor allem auf Cripplegate und Clerkenwell zu konzentrieren; sodass man in der zweiten Augustwoche allein in Cripplegate 886 und in Clerkenwell 155 begrub. Bei der ersteren Zahl kann man mit gut 850 Pesttoten rechnen, während von der zweiten die Liste selber 145 angab.

Während des Juli, wo unser Teil der Stadt, wie gesagt, verschont zu bleiben schien im Vergleich zu den westlichen Gebieten, ging ich in gewohnter Weise durch die Straßen, wie es meine Geschäfte erforderten, ging vor allem auch meist einmal täglich oder jeden zweiten Tag in die Altstadt zum Haus meines Bruders, das er meiner Obhut übergeben hatte, um zu sehen, ob alles in Ordnung war. Und da ich den Hausschlüssel bei mir hatte, pflegte ich in das Haus und durch die meisten Zimmer zu gehen, um nach dem Rechten zu sehen; denn mag es auch verwunderlich scheinen, dass es inmitten einer solchen Not so hartgesottene Menschen gab, die raubten und stahlen, so ist doch sicher, dass jede Art von Schurkerei, Leichtfertigkeit und Lasterhaftigkeit so weit verbreitet war wie je – wenn ich auch nicht behaupten will, in dem gleichen Ausmaß wie früher, denn es waren ja aus mancherlei Gründen weniger Menschen da.

Aber nun begann auch die Altstadt innerhalb der Mauern heimgesucht zu werden; aber die Einwohnerzahl war dort außerordentlich verringert, da ja ein Großteil von ihnen aufs Land hinaus geflohen war, und die Flucht ging selbst durch den ganzen Juli hindurch weiter, wenn auch in geringerem Ausmaß als vorher. Im August flohen sie dann freilich in solchen Mengen, dass mir wahrhaftig nur noch Angestellte der Behörden und Bedienstete in der Altstadt zu sein schienen.

Wenn ich von der Flucht aus der Altstadt berichte, sollte ich auch erwähnen, dass der Hof frühzeitig die Stadt verließ, nämlich im Juni, und nach Oxford ging, wo er durch Gottes Gnade bewahrt blieb; ja, die Seuche berührte sie auch nicht im Geringsten, ich kann aber nicht sagen, dass ich sie je auch nur die geringste Dankbarkeit dafür und kaum irgendeine Besserung zeigen sah, wenn man ihnen auch oft genug sagte, dass ihre zum Himmel schreienden Laster viel dazu beigetragen hätten, dieses schreckliche Gericht über das Land zu bringen, was man sagen darf, ohne das Gebot der Nächstenliebe zu übertreten.

London sah nun wahrhaftig seltsam verändert aus; ich meine damit das ganze bebaute Gebiet, die Innenstadt, die Freigebiete, die Vorstädte, Westminster, Southwark, kurz das ganze Gebiet; freilich war besonders der Teil innerhalb der Mauern, die Altstadt also, noch kaum angesteckt. Aber im Ganzen sah doch alles sehr verändert aus; Kummer und Trauer lag auf jedem Gesicht; und obgleich einige Stadtteile noch nicht von der Seuche überwältigt waren, war doch jedermann zutiefst betroffen; und da wir sie deutlich auf uns zukommen sahen, sah jeder sich und seine Familie in höchster Gefahr. Wäre es nur möglich, jene Zeit denen, die sie nicht selber erlebten, deutlich vor Augen zu führen und dem Leser zutreffende Vorstellungen von dem herrschenden Schrecken zu geben, würde sie dies zutiefst beeindrucken und sie mit Entsetzen erfüllen. Ganz London weinte, so könnte man ohne Übertreibung sagen; zwar waren auf den Straßen keine Trauernden zu sehen, denn selbst beim Tod der nächsten Angehörigen kleidete sich niemand in Schwarz oder trug die gehörige Trauerkleidung; aber das Weinen der Trauernden konnte man doch auf den Straßen hören; denn das Heulen der Frauen und Kinder an den Fenstern und Türen ihrer Häuser, in denen ihre nächsten Angehörigen im Sterben lagen oder gerade gestorben waren, konnten wir so häufig hören, wenn wir durch die Straßen gingen, dass dies zu hören das stärkste Herz zerrissen hätte. Jammer und Tränen gab es fast in jedem Haus, vor allem in der ersten Zeit dieser Heimsuchung; denn später verhärteten sich die Herzen der Menschen, und sie hatten den Tod immer vor Augen, dass der Verlust von Freunden ihnen nicht mehr so naheging, da sie doch erwarten mussten, selbst in der nächsten Stunde abgerufen zu werden.

Meine Geschäfte führten mich manchmal ans andere Ende der Stadt, selbst als dort gerade die Seuche am schlimmsten wütete; und da ich, wie jedermann sonst, so etwas noch nicht erlebt hatte, war es für mich höchst überraschend, die sonst so belebten Straßen verlassen zu sehen, mit nur ein paar Menschen darauf, sodass ich, wäre ich fremd gewesen und hätte mich verirrt, oft durch eine ganze Straße, jedenfalls durch eine Nebenstraße, hätte gehen können, ohne jemanden zu finden, der mir den Weg hätte weisen können, abgesehen von den Wachmännern an den Türen geschlossener Häuser, von denen ich gleich zu sprechen habe.

Als ich eines Tages eine besondere geschäftliche Angelegenheit in jenem Teil der Stadt zu erledigen hatte, schaute ich mich, von Neugier verführt, etwas genauer als gewöhnlich um und ging wahrhaftig ein Stück Wegs, wo ich gar nichts zu besorgen hatte. Ich ging Holborn hinauf, und da waren viele Menschen auf der großen Straße, doch gingen sie alle in der Straßenmitte, weder auf der einen noch auf der anderen Seite, denn sie wollten, wie ich vermute, nicht mit Leuten zusammentreffen, die aus den Häusern kamen, noch die Dünste und Gerüche einatmen, die aus angesteckten Häusern dringen mochten.

Die Inns of Court hatten alle geschlossen, auch befanden sich kaum mehr Rechtsanwälte im Temple, in Lincoln's Inn oder Gray's Inn. Niemand stritt sich, es gab keine Arbeit für Rechtsanwälte; außerdem war ja Ferienzeit, in der sie sowieso aufs Land zogen. An einigen Stellen waren ganze Häuserreihen geschlossen, alle Einwohner geflohen, nur ein paar Wachmänner geblieben.

Wenn ich erzähle, dass ganze Häuserreihen geschlossen waren, meine ich nicht die von der Obrigkeit geschlossenen, der Grund war vielmehr der, dass eine große Zahl Menschen notwendigerweise dem Hof gefolgt war, da sie in dessen Diensten standen oder sonst wie von ihm abhängig waren; und da auch verschiedene einfach aus Angst vor der Pest weggezogen waren, standen manche Straßen völlig verlassen. In der eigentlichen Altstadt dagegen war die Angst wesentlich geringer, und zwar vor allem deshalb, weil deren Bewohner, wenn sie auch anfangs von einer unvorstellbaren Bestürzung gepackt gewesen waren, sich doch allmählich daran gewöhnten, denn die Pest trat erst immer nur in Abständen auf, sodass sie dann, und das mehrere Male, in Unruhe gerieten und sich dann wieder beruhigten; und selbst dann noch, als die Seuche besonders heftig wurde, sie aber sahen, dass sie noch die Altstadt und den Osten und Süden verschonte, ließen sie sich nicht einschüchtern und wurden allmählich, wenn ich so sagen darf, ein wenig dickfellig. Zwar flohen wirklich viele Menschen, wie ich erwähnte, doch vor allem aus dem Westen und aus dem Herzen der Altstadt, aus dem Teil, in dem die Wohlhabenden und solche, die nicht durch ihr Geschäft oder ihren Beruf gebunden waren, wohnten. Aber von den anderen blieben die meisten und schienen sich mit dem Schlimmsten abzufinden; innerhalb der sogenannten Freigebiete und in den Vororten, in Southwark, und im Osten, wie Wapping, Ratcliff, Stepney, Rotherhithe usw. blieben die Bewohner also weitgehend, mit Ausnahme einiger reicher Familien, die wie erwähnt nicht von einem Geschäft abhängig waren.

Außerdem muss hier erwähnt werden, dass in der Altstadt und den Vororten zurzeit dieser Heimsuchung, d. h. als sie begann, sehr viele Menschen wohnten; denn obwohl ich seither ein nie zuvor da gewesenes Anwachsen der Stadt, den Zuzug großer Menschenmengen nach London erlebt habe, hatte sich, jedermann sichtbar – die Kriege waren vorbei, die Soldaten entlassen, die Monarchie war wiederhergestellt und die königliche Familie zurückgekehrt –, die Zahl der Leute, die nach London gezogen waren, um ein Geschäft aufzumachen, am Hof Dienste anzunehmen oder für ihre Verdienste Vorrangstellungen oder Belohnungen zu erwarten o. ä., so vergrößert, dass anzunehmen ist, dass in London über 100.000 Menschen mehr lebten als früher. Ja, manche behaupteten sogar, dass es doppelt so viel als zuvor waren, da ja auch alle die verarmten Familien der Königstreuen sich um den Hof zusammendrängten. All die ehemaligen Soldaten fingen Geschäfte an, und immer mehr Familien ließen sich nieder. Auch brachte der Hof einen dauernden Wechsel von Luxus und Moden mit. Die Menschen waren leichtfertig und verschwenderisch geworden, und die Vergnügungen der Restaurationszeit hatten viele Familien nach London gezogen.

Oft dachte ich an die Belagerung Jerusalems durch die Römer, als die Juden alle versammelt waren, um das Passahfest zu feiern, sodass eine ungeheure Zahl Menschen, die sonst in irgendwelchen andern Ländern lebten, dort von der Belagerung überrascht wurden; so überkam die Pest auch London zu einer Zeit, als zufällig durch die erwähnten Umstände ein unvorstellbarer Bevölkerungszuwachs stattgefunden hatte. Das Zusammenströmen von Menschen an dem übermütigen und vergnügungsfrohen Hof rief in der Stadt ein blühendes Gewerbe ins Leben, vor allem für Modeartikel und Luxuswaren, davon wurden viele Arbeiter und Handwerker u. ä. angezogen, meist arme Leute, die von ihrer Hände Arbeit lebten. Besonders erinnere ich mich, dass in einer für den Lord Mayor gefertigten Denkschrift über die Lage der Armen geschätzt wurde, dass in der Altstadt und in den Bezirken Shoreditch, Stepney, Whitechapel und Bishopsgate, vor allem Spitalfields, über hunderttausend Bandwirker lebten; Spitalfields freilich war damals kaum ein Fünftel so groß wie heute, was mit in Betracht zu ziehen ist.

Aus all dem lässt sich immerhin eine Vorstellung von der damaligen Einwohnerzahl bilden; ich selber war oft erstaunt, dass trotz der großen Zahl von Menschen, die anfangs London verließen, immer noch eine so große Menge zurückgeblieben war, wie es allem Anschein nach der Fall war.

Aber ich muss wieder an den Anfang dieser ungewöhnlichen Zeit zurückkehren. Als die Menschen des Schreckens noch nicht gewohnt waren, wurde dieser noch durch einige seltsame Zufälle in erstaunlichem Maß verstärkt; alles zusammengenommen, muss man sich wundern, dass die Menschen nicht aufstanden wie ein Mann, die Stadt verließen als einen Platz, den der Himmel zu einem zweiten Hakeldama bestimmt hatte, verdammt, vom Antlitz der Erde vertilgt zu werden, sodass alles, was in ihr war, mit ihr unterging. Ich werde nur einiges davon aufzählen; aber es war bestimmt so vieles, und so viele Hellseher und Wahrsager verbreiteten sich darüber, dass ich mich oft wunderte, dass überhaupt noch jemand [vor allem von den Frauen] blieb.

Zum Ersten erschien einige Monate vor dem Ausbruch der Pest ein Schweifstern oder Komet, wie ein anderer im folgenden Jahr, kurz vor dem großen Brand. Die alten Weiber und der phlegmatisch-hypochondrische Teil des andern Geschlechts, den ich am liebsten auch als alte Weiber bezeichnen möchte, behaupteten [vor allem nachher, wenn auch noch während dieser beiden Strafgerichte], dass diese beiden Kometen direkt über die Stadt hinweggezogen seien, so nah über den Häusern, dass ganz klar war, dass sie nur für die Stadt etwas vorausdeuteten; und dass der Komet vor der Epidemie blass, glanzlos und trübe von Farbe war und von sehr schwerfälliger, gewichtiger und langsamer Bewegung; dagegen der, welcher den Brand ankündigte, hell und funkelnd, oder sogar, wie andere sagten, brennend und von schneller und heftiger Bewegung. Und dass dementsprechend der eine ein schweres Strafgericht ankündigte, langsam, aber schwer lastend, schrecklich und angsterregend, so wie die Pest; und dass der andere einen plötzlichen, raschen Schlag ankündigte wie die große Feuersbrunst. Ja, einige Leute waren so sonderbar, dass sie den dem Brand vorausgehenden Kometen nicht nur sich schnell und heftig bewegen sahen, und diese Bewegung mit den Augen wahrzunehmen sich einbildeten, sie hörten sogar, dass er einen rauschenden, mächtigen Lärm machte, Furcht und Schrecken einjagend, wenn auch nur von fern und kaum vernehmbar.

Auch ich sah die beiden Sterne und muss bekennen, dass ich so sehr den Kopf von den allgemeinen Anschauungen voll hatte, dass ich auch dazu neigte, sie für warnende Vorboten eines göttlichen Strafgerichtes zu halten, und das vor allem, als dem ersten die Pest gefolgt war und ich den zweiten, ähnlichen sah: da konnte ich mir nur sagen, dass Gott die Stadt noch nicht genug gestraft habe.

Doch konnte ich gleichzeitig diesem Gedanken nicht so weit wie andere folgen, da ich doch auch wusste, dass die Astronomen solche Erscheinungen natürlichen Ursachen zuschreiben, und dass man ihre Bewegungen und sogar ihre Umdrehungen berechnen kann, oder zumindest sie zu berechnen behauptet, sodass man sie eigentlich nicht als Vorboten oder Vorläufer betrachten kann, noch weniger als die Ursache solcher Ereignisse wie der Pest, von Kriegen, Feuersbrünsten oder Ähnlichem.

Aber mögen meine und der Gelehrten Ansichten sein oder gewesen sein wie sie wollen, so hatten diese Erscheinungen doch einen außergewöhnlichen Einfluss auf die Seelen der einfachen Leute; diese hatten fast durchweg eine üble Vorahnung, dass irgendein fürchterliches Unglück und Gottesgericht über die Stadt kommen werde; sie wurde vor allem von dem Anblick des Kometen und im Dezember durch die kleine Aufregung wegen der beiden Toten in St. Giles, wovon ich berichtete, hervorgerufen.

Die Vorahnungen der Leute wurden dann noch auf seltsame Art verstärkt durch den Aberglauben jener Zeit, in der man, glaube ich, wenn ich auch die Gründe dafür nicht kenne, Prophezeiungen, astrologischen Gaukeleien, Traumdeutereien und Altweibergeschichten mehr zugewandt war als je davor oder danach. Ob diese unglückliche Gemütsbeschaffenheit ursprünglich durch den Unfug einiger Leute, die daraus Geld schlugen, und zwar dadurch, dass sie Vorhersagen und Prognostiken drucken ließen, erzeugt wurde, kann ich nicht sagen; aber so viel ist sicher, dass Bücher wie z. B. Lillys »Almanach«, Gadburys »Astrologische Vorhersagen«, »Der Almanach des armen Robin« die Menschen in fürchterlichen Schrecken versetzten; auch andere, angeblich religiöse Bücher, von denen das eine den Titel trug »Komm heraus, mein Volk von dort, sonst wirst du teilnehmen an ihren Pestilenzen«, oder »Aufrichtige Warnung«, oder »Englands Mahner«, und viele ähnliche, die alle oder zum größten Teil, verdeckt oder offen, den Untergang der Stadt verkündeten. Ja, einige waren sogar so besessen, dass sie unbekümmert auf den Straßen herumrannten und ihre Voraussagen hinausriefen und dabei behaupteten, geschickt zu sein, der Stadt Buße zu predigen; einer vor allem schrie, wie Jonas in Ninive, durch die Straßen: »Noch vierzig Tage, und London wird vernichtet werden«. Ich weiß aber nicht genau, ob er von vierzig oder ein paar Tagen sprach. Ein anderer rannte gar nackt herum, nur mit einer Unterhose am Leib, und schrie Tag und Nacht, wie der Mann, den Josephus erwähnt, kurz vor der Zerstörung jener Stadt: »Weh dir, Jerusalem!«, rief; so rief dieses nackte, armselige Geschöpf: »O du großer, schrecklicher Gott!«, und nichts sonst, sondern wiederholte diese Worte immer und immer wieder, Schrecken in der Stimme und im Ausdruck; und er ging mit schnellen Schritten, und niemand konnte je feststellen, dass er angehalten oder gerastet oder Nahrung zu sich genommen hätte, soweit ich es in Erfahrung bringen konnte. Ich begegnete diesem armen Geschöpf einige Male auf der Straße und hätte gern mit ihm gesprochen, doch er ließ sich mit keinem auf ein Gespräch ein, sondern fuhr ohne Aufhören mit seinem grausigen Geschrei fort.

All das erschreckte die Menschen bis zum Äußersten, vor allem, als sie dazu in den Listen zwei- oder dreimal die Pesttoten von St. Giles aufgeführt sahen, von denen ich schon berichtet habe.

Zu diesen sich vor jedermann abspielenden Vorgängen kamen die Träume alter Weiber, genauer, was alte Weiber aus den Träumen anderer herausdeuteten; diese machten eine Menge Leute völlig verrückt. Manche hörten warnende Stimmen, dass sie fliehen sollten, denn die Pest würde in London so furchtbar werden, dass die Lebenden nicht mehr die Toten begraben könnten. Wieder andere hatten Erscheinungen; und es sei mir erlaubt, von beiden zu sagen, ohne das Gebot christlicher Nächstenliebe zu verletzen, dass sie Stimmen hörten, die nicht sprachen, und Dinge sahen, die nicht da waren; aber die Menschen hatten die Kontrolle und Herrschaft über ihre Fantasie verloren. Und es ist gar kein Wunder, dass diejenigen, die nur noch auf die Wolken starrten, dort Gestalten und Bilder, Zeichen und Erscheinungen sahen, die doch nur Schall und Rauch waren. Da sahen sie angeblich ein flammendes Schwert, das eine aus den Wolken ragende Hand hielt, dessen Spitze direkt über der Altstadt hing. Dort sahen sie Leichenwagen mit Särgen, auf dem Weg zur Beerdigung. Und dort wieder Haufen von unbeerdigten, herumliegenden Toten, und manches andere, wie es die Einbildungskraft den armen, schreckerfüllten Menschen gerade eingab.

So bildet sich der Hypochonder ein
am Himmel Flotten, Schlachten, Heeresreihn;
bis stetes Aug den trüben Dunst durchdringt
und alles so zurück zur Wolke bringt.

Ich könnte diesen Bericht leicht mit all dem seltsamen Zeug füllen, was die Leute tagtäglich von ihren Erscheinungen erzählten; und jeder war so davon überzeugt, dass er wirklich gesehen hätte, was er doch nur sich einbildete, dass man keinem widersprechen konnte, ohne es mit ihm zu verderben oder als ungehobelt und unhöflich sowohl, wie auch als ungläubig und verstockt zu gelten. Vor dem Ausbruch der Pest [aber nachdem sie in St. Giles schon wie erwähnt aufgetreten war], es war wohl im März, sah ich einmal einen Menschenauflauf auf der Straße, und ich gesellte mich ihm zu, um meine Neugier zu stillen; sie starrten alle in die Luft, um auch zu sehen, was eine Frau als deutliche Erscheinung schilderte, nämlich einen weiß gekleideten Engel mit einem feurigen Schwert in der Hand, das er über dem Kopf schwang oder kreisen ließ. Sie beschrieb jede Einzelheit der Gestalt so genau, jede seiner Bewegungen, und die Menschen gingen so eifrig und willig mit, dass sie ausriefen: »Ja, nun seh ich's auch genau!« – »Da ist das Schwert, ganz deutlich!« Einer sah den Engel, einer gar sein Gesicht, und er rief, was er doch für eine hehre Gestalt sei. So sah der eine dies, der andre jenes. Ich schaute ebenso aufmerksam wie alle andern, wenn auch nicht so willig, mir etwas vormachen zu lassen; und so sagte ich denn, dass ich nichts sehen könne als eine weiße, auf der einen Seite von der Sonne hell erleuchtete Wolke. Das Weib bemühte sich, auch mir die Erscheinung zu zeigen, doch ich hätte wahrhaftig lügen müssen, hätte ich gesagt, dass ich sie auch sähe. Dann wandte sich die Frau mir zu, schaute mir ins Gesicht und meinte, ich lache, auch dies durch ihre Einbildung vorgespiegelt, denn ich lachte wirklich nicht, dachte vielmehr ernsthaft darüber nach, wie diese armen Menschen durch ihre wuchernde Fantasie sich selbst Angst einjagten. Sie jedoch wandte sich von mir ab und nannte mich einen Spötter und einen Ungläubigen, verkündete mir, dass es die Zeit des göttlichen Zorns sei und schreckliche Strafgerichte auf uns zukämen, und dass solche Gotteslästerer wie ich in ihr Verderben rennen sollten.

Die Menschen um sie herum waren ebenso über mich erbost wie sie selber; und ich sah, dass sie nicht davon zu überzeugen waren, dass ich mich nicht über sie lustig machte; ja, dass sie mich eher verprügelt hätten, als dass ich sie von ihren Einbildungen hätte befreien können. So ging ich fort, und die Erscheinung wurde für ebenso wirklich gehalten wie der Komet.

Ähnliches erlebte ich noch einmal, und zwar auch am helllichten Tag, und zwar, als ich einmal einen schmalen Durchgang von Petty France zum Friedhof von Bishopsgate passierte, an einer Reihe von Armenhäusern vorbei. Zur Kirche und Gemeinde Bishopsgate gehören zwei Friedhöfe; den einen überquert man, wenn man von dem Platz mit Namen Petty France in die Bishopsgate Street geht, wobei man direkt an der Kirchentür herauskommt. Der andere ist seitlich des schmalen Durchgangs, an dessen linker Seite die Armenhäuser stehen, während sich rechts eine kleine Mauer mit einem Staketenzaun drauf befindet und noch weiter rechts dahinter die Stadtmauer.

In diesem schmalen Durchgang also steht ein Mann und schaut durch den Staketenzaun auf den Friedhof, und um ihn herum so viele Menschen, wie die Enge des Durchgangs Platz lässt, ohne dass andre am Vorbeigehen gehindert werden, und er redete voll Eifer auf sie ein und zeigte mal hierhin, mal dorthin und versicherte ihnen, dass er auf einer der Grabplatten einen Geist habe wandeln sehen. Er beschrieb dessen Gestalt, Haltung und Bewegung ganz genau, und war von der größten Verwunderung darüber ergriffen, dass die anderen das Gespenst nicht auch gesehen hatten, wie er. Dann rief er plötzlich wieder aus: »Da ist es, es kommt hierher!«, dann: »Nun wendet sich's ab!«, und schließlich waren die Menschen selber so fest davon überzeugt, dass erst der eine, dann der andere sich einbildete, selbst das Gespenst zu sehen. Und so kam der Mann jeden Tag und bewirkte in der doch so engen Passage einen großen Auflauf, bis die Uhr der Bishopsgate-Kirche elf schlug, und dann schien der Geist sich wegzubewegen und mit einem Schlag zu verschwinden, als ob ihn jemand riefe.

Ich schaute immerfort aufmerksam in die Richtung, wohin der Mann deutete, konnte aber auch nicht das Geringste von einer Erscheinung entdecken; aber der Mann wirkte so überzeugend, dass die Menschen eine tiefe Bedrückung überkam und sie zitternd und furchterfüllt davongingen; schließlich wagten nur noch wenige, die davon wussten, durch diesen Gang zu gehen, und bei Nacht mied man ihn auf jeden Fall.

Dieser Geist, behauptete der Mann, deutete auf die Häuser, auf die Erde und auf die Leute, um eindeutig damit anzuzeigen, mindestens legte man es so aus, dass eine Unzahl Menschen auf dem Friedhof begraben werden würde, wie es dann wahrhaftig auch geschah. Trotzdem, muss ich gestehen, glaube ich nicht, dass der Mann eine solche Erscheinung hatte, ich hatte ja auch nichts sehen können, obwohl ich doch angestrengt hingeschaut hatte, um sie wenn möglich zu erkennen.

An solchen Ereignissen kann man sehen, wie die Menschen allen möglichen Täuschungen erlagen; und da sie von dem Herannahen der Heimsuchung wussten, zielten all ihre Voraussagen auf eine fürchterliche Pestepidemie, welche die Stadt, ja das ganze Land verwüsten und alles, Menschen und Tiere, vernichten würde.

Zu all dem kamen, wie von mir schon erwähnt, die Astronomen, mit ihren Geschichten von bösartigen und Unheil ausstrahlenden Planetenkonjunktionen, von denen die eine im Oktober stattfinden sollte, was auch geschah, und die andere im November; und sie redeten den Leuten die Köpfe voll über die Bedeutung dieser himmlischen Anzeichen, dass diese Konjunktionen Dürre, Hunger und Pestilenz verkündeten. Was jedoch die beiden ersten Vorhersagen betrifft, so waren sie völlig falsch, denn das Jahr wurde nicht trocken, wir hatten am Anfang einen scharfen Frost, der von Dezember bis fast in den März hinein dauerte, dann angenehmes Wetter, nicht zu heiß, mit frischem Wind, im Ganzen, kurz gesagt, durchweg günstiges Wetter, sogar mit einigen großen Regenperioden dazwischen.

Man ergriff zwar einige Maßnahmen, den Druck solcher Bücher, die den Menschen Furcht einjagten, zu unterbinden, und die Händler, von denen einige verhaftet wurden, von deren Verbreitung abzuschrecken; aber soweit ich weiß, geschah nichts weiter, da die Regierung die Bevölkerung, die sowieso schon völlig durcheinander war, nicht noch mehr aufbringen wollte.

Auch kann ich jene Pfarrer nicht von Schuld freisprechen, die in ihren Predigten die Herzen der Zuhörer mehr ent- als ermutigten. Zwar taten dies zweifellos viele, um den Willen der Menschen zu stärken, und vor allem sie zur Buße zu führen; aber sie erreichten sicher nicht, was sie wollten, mindestens nicht in dem Maß, um den auf der anderen Seite dadurch eintretenden Schaden aufzuwiegen. Und wie Gott doch durch die ganze Heilige Schrift die Menschen mehr lockt, indem Er sie einlädt, zu Ihm zu kommen und das Leben zu haben, sie aber nicht durch Furcht und Schrecken zu Sich zwingt, so hätten es auch die Pfarrer tun sollen, um offen meine Meinung zu sagen; sie hätten unseren gnädigen Herrn und Meister darin zum Vorbild nehmen sollen, dessen Evangelium voll ist von der himmlischen Botschaft von Gottes Gnade und Seiner Bereitschaft, den Sünder anzunehmen und ihm zu vergeben, wie Er sagt: »Wer nicht zu mir kommt, wird nicht das Leben haben«, und deshalb ist Sein Evangelium ja die Botschaft des Friedens und der Gnade.

Aber es gab einige angesehene Männer, und zwar aller Glaubensrichtungen und Anschauungen, deren Predigten verkündeten nur Schrecken und hatten nur Fürchterliches zum Inhalt; und wie sie die Menschen voll Angst um sich versammelten, verkündeten sie ihnen nichts als schlimme Zeiten, entließen sie diese in Tränen, denn sie verkündeten ihnen nichts als Böses, erschreckten die Leute mit dem Bild ihrer völligen Vernichtung, und leiteten sie nicht, mindestens nicht genügend, dazu an, den Himmel um Gnade anzuflehen.

Es herrschten damals bei uns recht schlimme Entzweiungen auf dem religiösen Gebiet. Unzählige Sekten und Richtungen und unterschiedliche

Glaubensmeinungen lebten unter dem Volk. Zwar war die Anglikanische Kirche mit der Wiedereinrichtung der Monarchie vier Jahre zuvor wiederhergestellt worden, aber die Pfarrer und Prediger der Presbyterianer und Unabhängigen und aller anderen Bekenntnisse hatten begonnen, ihre eigenen Gemeinden zu sammeln und Altar gegen Altar zu errichten, und jede Sekte hatte wie heute noch ihren eigenen Gottesdienst, aber es bestanden noch nicht so viele davon, da die Dissenter damals ihre Gemeinden noch nicht so straff zusammengefasst hatten, wie es inzwischen geschehen ist, sodass es damals erst wenige dieser Gemeinden gab. Und selbst die schon bestehenden waren von der Regierung verboten, die sie zu unterdrücken und ihre Versammlungen zu schließen suchte.

Diese Heimsuchung aber versöhnte sie wieder, zumindest eine Zeit lang, und vielen der besten und würdigsten Pfarrer und Prediger der Dissenter wurde erlaubt, in den Kirchen zu predigen, deren Geistliche geflohen waren, da sie das Elend nicht ertragen konnten; und die Leute strömten ohne Unterschied ihnen zu, um sie predigen zu hören, ohne sich zu fragen, wer sie waren oder welchem Bekenntnis sie anhingen. Aber nachdem die Seuche vorbei war, schwand dieser Geist der Nächstenliebe wieder dahin; und da jede Kirche wieder ihre eigenen Pfarrer hatte und man neue eingesetzt hatte, wo die alten gestorben waren, kehrte alles bald wieder ins alte Fahrwasser zurück.

Ein Unglück kommt selten allein. Diese Ängste und Befürchtungen veranlassten die Leute zu tausend törichten, albernen und üblen Handlungen, wobei denn jene Sorte wirklich übler Menschen nicht fehlte, die sie dazu noch ermunterten; und so liefen sie zu Wahrsagern, Hellsehern und Sterndeutern, um ihre Zukunft zu erfahren, oder, wie es das Volk nannte, sich wahrsagen zu lassen, sich das Horoskop stellen zu lassen usw.; und durch diese Torheiten war die Stadt bald überschwemmt von einer Schar von Betrügern, die behaupteten, mit der Magie, der »Schwarzen Kunst«, wie sie es nannten, und ich weiß nicht womit noch, vertraut zu sein; ja, tausendmal vertrauteren Umgang mit dem Teufel zu pflegen, als sie in Wirklichkeit schuldig waren. Und dieses Gewerbe drängte allgemein ans Tageslicht, dass man bald überall an den Türen angeschlagen lesen konnte: »Wahrsager-Praxis«, »Astrologie«, »Hier werden Horoskope gestellt« usw. Und die Messingplakette mit dem Kopf des Franziskaners Bacon, die gewöhnlich die Wohnung solcher Leute anzeigte, konnte man fast in jeder Straße sehen, oder auch das Zeichen der Mutter Shipton, des Zauberers Merlin Kopf und Ähnliches.

Ich weiß zwar wahrhaftig nicht, mit was für dummem, unsinnigem und lächerlichem Zeug diese Teufelsorakel die Menschen beruhigten und zufriedenstellten, aber so viel ist sicher, dass sich jeden Tag unzählige Besucher vor ihren Türen drängten. Und wenn man nur einen würdig dreinschauenden Menschen in Samtjacke, Bäffchen und schwarzem Umhang, in welcher Kleidung solche angeblichen Zauberer herumzulaufen pflegten, auf den Straßen sah, folgten ihm die Leute immer in Scharen und stellten ihm ihre Fragen.

Ich brauche nicht zu erwähnen, was das für eine fürchterliche Selbsttäuschung war, oder wohin das führte; aber es gab kein Heilmittel dagegen, bis die Pest selbst all dem ein Ende setzte und, so vermute ich, die Stadt von den meisten jener Wahrsager mit eigner Hand befreite. Eine ihrer unheilvollen Tätigkeiten war, dass diese angeblichen Astrologen, wenn sie von den Leuten gefragt wurden, ob die Pest kommen werde, durchwegs mit »ja« antworteten, denn das hielt ihr Gewerbe am Blühen. Denn wären die Menschen nicht in dauernder Furcht vor ihr gehalten worden, so wären die Zauberer überflüssig geworden, und ihre Tätigkeit wäre zu Ende gewesen. Aber sie erzählten ihnen dauernd von diesen und jenen Einflüssen der Sterne, von den Konjunktionen dieser und jener Planeten, die notwendigerweise Krankheiten und Seuchen bewirken, also die Pest. Und einige hatten sogar die Stirn, ihnen zu erzählen, dass die Pest schon ausgebrochen sei, was zwar nur zu richtig war, obgleich diejenigen, die solches behaupteten, es gar nicht wussten.

Die Pfarrer und meisten Prediger, um ihnen Gerechtigkeit angedeihen zu lassen, soweit sie ernsthafte und vernünftige Persönlichkeiten waren, wetterten gegen diese und ähnliche verderbliche Praktiken und deckten deren Torheit und Verderblichkeit gleichermaßen auf, und wirklich nüchterne und urteilsfähige Leute verachteten und verabscheuten sie. Aber es war unmöglich, die gewöhnlichen Bürger und die armen, schwer sich abmühenden Arbeitsleute zu beeinflussen; ihre Furcht übermannte jedes andere Gefühl, und sie warfen ihr Geld verrückterweise für solchen Unsinn aus. Vor allem Dienstmädchen und Diener waren ihre hauptsächlichsten Kunden, und ihre Fragen lauteten gewöhnlich, nachdem sie zu wissen verlangt hatten, ob die Pest komme, sie lautete also gewöhnlich: »O, mein Herr, was wird aus mir, um Gottes willen? Wird mich meine Herrin behalten, oder wird sie mich entlassen? Wird sie hierbleiben oder aufs Land ziehen? Und wenn sie aufs Land zieht, wird sie mich dann mitnehmen oder wird sie mich hierlassen, wo ich dann hungern und umkommen muss?« Ebenso war es bei den Dienern.

Die Lage der armen Bediensteten war wirklich übel, wie ich nach und nach noch Gelegenheit haben werde zu berichten, denn es war klar, dass eine sehr große Anzahl von ihnen entlassen würde, wie es dann auch geschah. Und eine außerordentliche Anzahl von ihnen ging zugrunde, vor allem die, welche jene falschen Propheten mit der Hoffnung betrogen hatten, dass sie in Diensten bleiben und mit ihren Herrschaften aufs Land genommen würden; und hätte nicht die öffentliche Wohlfahrt diese armen Geschöpfe versorgt, die so außerordentlich zahlreich waren, wie es in solchen Fällen notwendigerweise immer sein muss, so wäre ihre Lage die schlimmste in der ganzen Stadt gewesen.

Das alles beschäftigte die Gemüter der einfachen Menschen viele Monate lang, während die ersten Vorahnungen über ihnen schwebten, und während die Pest, wie man sagen kann, noch nicht ausgebrochen war. Aber ich möchte nicht hinzuzufügen vergessen, dass sich der ernsthaftere Teil der Bevölkerung anders verhielt. Die Regierung rief sie zum Gebet auf und setzte öffentliche Gebetsstunden, Fastenzeiten und Tage der Buße an, an denen sie öffentlich ihre Sünden bekennen und die Gnade Gottes anrufen sollten, um das fürchterliche Gottesgericht abzuwenden, das über ihren Häuptern hing; und man kann gar nicht sagen, mit welchem Eifer die Menschen aller Glaubensrichtungen die Gelegenheit wahrnahmen; wie sie in die Kirchen und Versammlungen strömten, und oft war ein solches Gedränge, dass man gar nicht hineinkommen konnte, ja nicht einmal bis an die Türen selbst der größten Kirchen. Auch waren in einigen Kirchen tägliche Morgen- und Abendgebete angesetzt, und an andern Orten Tage des stillen Gebetes. An allem nahmen die Menschen, muss ich sagen, mit ungewöhnlicher Frömmigkeit teil. Manche Familien, ganz gleich welchen Bekenntnisses, hielten auch für sich Fastenzeiten ab, an denen nur die nächsten Verwandten teilnehmen durften. Sodass, mit einem Wort, die Menschen, welche wirklich ernsten und frommen Gemütes waren, auf echt christliche Weise sich der Reue und Buße hingaben, wie es Christenmenschen tun sollten.

So zeigte die Bevölkerung aber, dass sie das Ihre zu tun gewillt war. Selbst der Hof, der sonst so leichtlebig und verschwenderisch war, gab sich den Anschein, an der die Öffentlichkeit bedrohenden Gefahr schicklichen Anteil zu nehmen. All die Schauspiele und Komödien, die nach der Art des französischen Hofs bei uns eingeführt worden waren und sich auszubreiten begannen, wurden verboten; die Spielbanken, öffentlichen Tanz- und Musikhallen, deren Anzahl sich vervielfältigt hatte und die guten Sitten zu verderben begannen, wurden geschlossen und verboten; und die Hanswurste, Spaßmacher, Marionettentheater und Seiltänzer und ähnliche Vergnügungsstätten, welche die armen Leute verführt hatten, schlossen ihre Häuser, da sich einfach keine Zuschauer mehr fanden; denn die Menschen waren mit anderen Gedanken beschäftigt, und eine Art Überdruss, ja Abscheu vor diesen Dingen war auf den Gesichtern selbst der einfachen Leute zu bemerken. Der Tod stand ihnen vor Augen, und jeder dachte schon an sein Grab, nicht an Vergnügungen und Zerstreuungen.

Aber selbst ein solch heilsames In-sich-gehen, welches, hätte man es richtig genützt, die Menschen zu ihrem Heil dahin gebracht hätte, auf die Knie zu fallen, ihre Sünden zu bekennen und zu ihrem gnädigen Erlöser um Vergebung aufzuschauen, und Sein Mitleid in dieser Zeit des Elends zu erflehen, wodurch unsere Stadt ein zweites Ninive geworden wäre – es bewirkte in den einfachen Menschen, dass sie ins andre Extrem fielen, da sie – dumm und unwissend in ihrem Nachdenken, wie zuvor tierisch schlecht und gedankenlos – nun von ihrer Furcht zu Handlungen äußerster Torheit hingerissen wurden; und wie sie, was ich schon erwähnte, zu Zauberern und Hexen und allen Arten von Betrügern rannten, um von diesen zu erfahren, was aus ihnen würde [und diese nährten ihre Furcht und hielten sie in dauernder Aufregung und Unruhe, um sie umso leichter zu betrügen und ihnen die Taschen zu leeren], so liefen sie wie verrückt zu Quacksalbern und Kurpfuschern und jedem alten Kräuterweib, um sich Medizin und Heilmittel zu kaufen, und stopften sich derart voll mit Pillen, Tränklein und angeblichen Vorbeugungsmitteln, dass sie nicht nur ihr Geld verloren, sondern sich gar schon vorher vergifteten aus Angst vor dem Gift, der Ansteckung, und der Pest den Boden bereiteten, statt sich vor ihr zu schützen. Auch waren in einer unglaublichen und kaum vorstellbaren Weise Hauspfosten und Straßenecken bepflastert mit Anzeigen von Ärzten wie mit Anpreisungen von Quacksalbern, welche doch nur ohne Sachkenntnis irgendetwas zusammenbrauten und herumpfuschten und die Menschen dazu bringen wollten, ihre Heilmittel zu kaufen, was sie meist mit großspurigen Anpreisungen versuchten, wie z. B. »Unbedingt sichere Vorbeugungspillen gegen die Pest!« – »Garantiert zuverlässiger Schutz gegen Ansteckung!« – »Wirksamstes Stärkungsmittel gegen die Verseuchung der Luft!« – »Genaue Anweisungen, wie man sich im Fall einer Ansteckung verhalten soll!« – »Anti-Pest-Pillen!« – »Einmaliges Getränk gegen die Pest, nie zuvor da gewesen!« – »Universalheilmittel gegen die Pest.« – »Das einzige echte Pestwasser!« – »Die königliche Medizin gegen alle Arten von Ansteckungen!«, und viele weiter, die ich nicht alle aufzählen kann; könnte ich's, würde es allein ein Buch füllen, sie alle wiederzugeben.

Andere schlugen Plakate an, welche die Leute zu sich in ihre Wohnungen einluden, um sich dort im Fall einer Ansteckung Anleitung und Rat zu holen. Sie schrieben sich seltsame Qualifikationen zu, wie z. B.

»Hervorragender hochniederländischer Arzt, kürzlich aus Holland gekommen, wo er während der ganzen Zeit der vorjährigen Pest in Amsterdam gelebt und eine Vielzahl von Menschen kuriert hat, die nachgewiesenermaßen die Pest hatten.«

»Italienische Adelige, eben aus Neapel angekommen; mit einem vorzüglichen Geheimmittel zur Vermeidung der Ansteckung, welches sie durch ihre große Erfahrung entdeckte und damit wunderbare Heilungen während der dortigen letzten Pest vollbrachte, bei der an einem Tag 20.000 Menschen starben.«

»Alte Dame, die hier während der letzten Pest, Anno 1636, mit großem Erfolg praktizierte; gibt ihren Rat nur an Personen weiblichen Geschlechts. Sie ist zu sprechen,« usw.

»Erfahrener Arzt, der seit Langem die Lehre von den Gegenmitteln gegen alle Arten Gift und Ansteckungen studiert hat, hat sich nach vierzigjähriger Praxis ein solches Können angeeignet, dass er, mit dem Segen Gottes, den Leuten Rat geben kann, wie sie jeden Anflug aller beliebigen ansteckenden Krankheiten vermeiden können. Arme werden von ihm gratis beraten.«

Ich habe hier nur die verschiedenen Arten ausgewählt. Ich könnte leicht zwei oder drei Dutzend ähnlicher Texte wiedergeben und hätte dabei immer noch eine Unzahl nicht berücksichtigt. Man kann aber aus diesen schon genügend von der Geistesart jener Zeit erfassen und sehen, wie ein Haufen von Dieben und Lumpen nicht nur den armen Leuten ihr Geld wegnahm und sie darum betrog, sondern sie auch noch mit zweifelhaften und schädlichen Mitteln vergiftete, die einen mit Quecksilber, die andern mit anderem, ebenso schlechtem Zeug, das mit dem zu erreichenden Zweck absolut nichts zu tun hatte und dem Körper eher schadete als nützte, wenn eine Ansteckung eintrat.

Ich kann mir nicht versagen, den besonders schlau ausgedachten Trick eines dieser Quacksalber mitzuteilen, mit dem er die Armen dazu verlockte, in Haufen zu ihm zu kommen, und dann doch nichts ohne Bezahlung für sie tat. Es scheint, dass er den Werbezetteln, die er auf den Straßen verbreitet hatte, in großen Buchstaben hinzugefügt hatte: »Arme werden von ihm umsonst beraten!«

Infolgedessen kam eine Unzahl armer Leute zu ihm, denen er viele schöne Reden hielt, sie auf ihren Gesundheitszustand und ihre körperliche Verfassung untersuchte und ihnen viele gute Ratschläge gab, was sie machen sollten, was aber alles ziemlich wertlos war. Das Ende vom Lied aber war, dass er ein Vorbeugungsmittel hätte, das, nähmen sie es jeden Morgen in der und der Menge, so wettete er sein Leben dafür, sie vor der Pest völlig bewahren würde; selbst dann, wenn sie mit Pestkranken in einem Haus wohnten. Natürlich waren dann alle entschlossen, sich das Mittel zu besorgen; aber dann kostete es sehr viel, ich glaube, eine halbe Krone. »Bitte, mein Herr«, sagt da eine arme Frau, »ich bin eine mittellose Armenhäuslerin und werde von der Gemeinde erhalten, und auf euren Zetteln steht doch, dass ihr den Armen umsonst helft.« – »O, liebe Frau«, antwortete da der Arzt, »ich tue genau, was ich angekündigt habe. Ich gebe den Armen doch meinen Rat ganz umsonst, wenn auch nicht meine Medizin.« – »So ist das also«, sagt sie darauf, »da habt ihr also den Armen eine Schlinge gelegt; ihr gebt den Armen euren Rat umsonst; und ihr ratet ihnen ganz gratis, für ihr Geld eure Medizin zu kaufen; das macht jeder Geschäftsmann mit seiner Ware.« Darauf begann die Frau, ihn zu beschimpfen, und stand jenen ganzen Tag vor seiner Tür und erzählte das allen, die kamen, bis der Doktor, der sah, dass sie seine Kunden verscheuchte, nicht anders konnte, als sie wieder heraufbitten und ihr eine Schachtel Medizin umsonst geben, und dass sie diese hatte, war wohl auch umsonst.

Aber zurück zu den Leuten, die sich in ihrer Verwirrung von jedem Betrüger und Marktschreier hereinlegen ließen. Es gibt keinen Zweifel, dass diese Quacksalber eine Menge Geld an der Not der Menschen verdienten, denn man konnte jeden Tag erleben, wie sehr viel mehr zu ihnen liefen und die Leute sich viel zahlreicher vor ihren Türen drängten, als sie zu Dr. Brooks, Dr. Upton, Dr. Hodges, Dr. Berwick und andern kamen, obwohl diese doch damals die berühmtesten Ärzte waren. Und ich ließ mir sagen, dass einige von ihnen fünf Pfund pro Tag an ihrer Medizin verdienten.

Ein anderer Wahnsinn ging aber noch über dies hinaus, und seine Darstellung mag einen Begriff von der völligen Verwirrung der ärmeren Bevölkerung damals geben; es war dies, dass sie auf eine noch schlimmere Art von Betrügern hereinfielen als jenen schon erwähnten. Denn diese kleinen Diebe machten den Leuten nur etwas vor, um ihnen das Geld aus der Tasche zu ziehen, und dadurch versündigten sich auf die eine oder andere Weise, dadurch dass sie betrogen, nur die Betrüger und nicht die Betrogenen. Aber beim Folgenden versündigten sich vor allem die Betrogenen, zumindest aber diese ebenso wie die Betrüger, nämlich dadurch, dass sie Zaubersprüche, Zaubertränke, Beschwörungen und Amulette und wer weiß was noch verwendeten, um sich dadurch gegen die Pest fest zu machen; als wäre die Pest nicht ein Werkzeug Gottes, sondern eine Art Besessensein von einem bösen Geist, das man mit Bekreuzigen, Tierkreiszeichen, in so und so viele Knoten gebundene Papierstreifen, auf denen gewisse Worte und Zeichen stehen mussten, verhindern konnte, wobei das Wort Abracadabra, in folgender Weise als Dreieck oder Pyramide geschrieben, besonders bevorzugt wurde:

A B R A C A D A B R A
A B R A C A D A B R
A B R A C A D A B
A B R A C A D A
A B R A C A D
A B R A C A
A B R A C
A B R A
A B R
A B
A

Andere verwerteten das Zeichen der Jesuiten, in Form eines Kreuzes geschrieben, also

I H
S

Andere nur das folgende Zeichen:

Ich könnte viel Zeit darauf verwenden, meiner Empörung über die Torheiten, ja Verruchtheiten Ausdruck zu verleihen, die in jener gefahrvollen Zeit und allgemeinen Verseuchung mit solch schweren Folgen verübt wurden. Aber meine Darstellung dieser Dinge beabsichtigt nur, die Tatsachen als solche zu berichten und einfach festzustellen, dass es so war. Wie die Armen die Wirkungslosigkeit dieser Mittel erfahren mussten, wie viele von ihnen später in den Pestkarren weggebracht und in die Massengräber der verschiedenen Gemeinden geworfen wurden, um den Hals solch teuflischen Zauber und Plunder, davon ist im Verlauf dieses Berichts noch zu erzählen.

Und all das kam von der Unruhe, die sich der Menschen bemächtigt hatte, seit die Nachricht von der Pestgefahr unter ihnen umging, also etwa von Michaeli 1664 an, noch mehr aber seit Anfang Dezember, nach dem Tod der beiden Männer in St. Giles, und wieder nach erneuten Schreckensnachrichten im Februar. Denn als die Pest sich dann wirklich ausbreitete, begannen sie bald ihre Torheit, sich solchen Schwindlern anzuvertrauen, die sie nur um ihr Geld brachten, zu erkennen. Jetzt wirkte sich ihre Angst auf andre Weise aus, sie waren nämlich wie vor Schreck gelähmt und unfähig zu denken und wussten nun nicht, was sie unternehmen und tun konnten, sich zu helfen und ihre Lage zu erleichtern. Jetzt liefen sie von einem Nachbarn zum andern, ja selbst ganze Straßen entlang von Haustür zu Haustür, und wiederholten immer von Neuem: »Gott sei uns gnädig! Was sollen wir nur tun?«

In einer Hinsicht war die ärmere Bevölkerung vor allem zu bedauern, wo sie nur wenig oder keinen Beistand fand, und was mir ein Bedürfnis ist, voll ernstem Schauder und Nachdenklichkeit zu erwähnen, wenn es auch nicht jedem Leser gefallen mag, dass nämlich der Tod jetzt nicht mehr nur, wie man so sagt, über jedermanns Haupte schwebte, sondern in die Häuser und Kammern schaute und jedem ins Gesicht starrte. Zwar mag es viel Stumpfheit und Dumpfheit gegeben haben, sicherlich stimmt das weitgehend, aber für viele war das ein Weckruf, der in ihre innerste Seele drang, wenn man so sagen kann. Das Gewissen vieler wurde wach; viele Herzen schmolzen in Tränen; manches reuige Bekenntnis von lang verhehlten Verbrechen wurde abgelegt. Das Herz jedes Christenmenschen würde brechen, hörte er die sterbenden Seufzer vieler verzweifelter Geschöpfe, und keiner wagte ihnen nahe zu kommen, um sie zu trösten. Mancher Raub, mancher Mord wurde damals laut bekannt, und niemand überlebte, es zu berichten. Man konnte, wenn man nur durch die Straßen ging, Menschen um Jesu Christi willen Gottes Gnade erflehen und sagen hören: »Ich bin ein Dieb«, oder »Ich bin ein Ehebrecher«, oder »Ich bin ein Mörder« usw., und keiner wagte anzuhalten, um auch nur das einfachste Verhör anzustellen, oder den armen Kerlen in ihrer hinausgeschrienen Leibes- und Seelenangst Trost zu spenden. Anfangs gab es noch eine Zeit lang Pfarrer, welche die Kranken besuchten, aber das war nicht durchzuführen; denn das Betreten mancher Häuser hätte für sie den sofortigen Tod bedeutet. Denn selbst die Totengräber, die doch wirklich die abgebrühtesten Burschen in der Stadt waren, trieb es manchmal vor Schrecken zurück, und sie wagten es nicht, Häuser zu betreten, in denen ganze Familien auf einen Schlag hinweggefegt worden und die Umstände manchmal fürchterlich waren; aber das geschah nur während des ersten schlimmsten Wütens der Pest.

Mit der Zeit gewöhnten sie sich an all das, und später wagten sie sich ohne Zögern überall hin, wie ich später noch ausführlich darstellen werde.

Wie gesagt, ich bin also nun bei dem Zeitpunkt, als die Pest schon begonnen und die Stadtverwaltung die Lage der Bevölkerung ernsthaft zu überdenken begonnen hat. Was die Verordnungen für die Einwohner und die Angesteckten betrifft, so werde ich sie wörtlich wiedergeben; was aber die Krankheit selbst betrifft, so ist es nur recht und billig, hier zu erwähnen, nachdem wir oben erfahren haben, dass die Leute in ihrer Torheit wie verrückt zu Quacksalbern und Marktschreiern, Zauberern und Wahrsagern rannten, dass der Lord Mayor, ein nüchterner und frommer Mann, Ärzte und Bader zur Hilfeleistung für die Armen, für die kranken Armen genauer, heranzog und vor allem die Ärztekammer beauftragte, Anleitungen zu veröffentlichen, wie sich die Armen mit billigen Mitteln in jedem Stadium der Krankheit helfen könnten. Das gehörte wirklich zum Hilfreichsten und Vernünftigsten, was man zu diesem Zeitpunkt tun konnte, denn das bewirkte, dass die Leute sich nicht mehr bei jedem Zettelverteiler die Tür in die Hand gaben und blindlings und ohne Überlegung Gift statt Arznei, Tod statt Leben einnahmen.

Diese Anleitung der Ärzte war von der ganzen Kammer ausgearbeitet worden, und da sie vor allem zum Nutzen der Armen gedacht war und billige Arzneimittel angab, wurde sie veröffentlicht, sodass sie jedermann lesen konnte, auch wurde sie an alle, die sie wollten, umsonst verteilt. Aber da sie veröffentlicht ist und man sie überall finden kann, brauche ich meinen Leser damit nicht zu behelligen.

Man soll nun nicht glauben, ich wollte das Ansehen und Können der Ärzte schmälern, wenn ich sage, dass die Heftigkeit der Seuche, während ihres Höhepunkts, der Feuersbrunst im Jahr danach glich. Der Brand, der auffraß, was die Pest nicht vernichten konnte, sprach allen Abwehrmaßnahmen Hohn; die Löschpumpen brachen zusammen, die Löscheimer warf man weg, und alle Macht des Menschen war eitel und am Ende. Genauso spottete die Pest jeder Medizin; selbst die Ärzte wurden von ihr ergriffen, ihre vorbeugenden Mittel noch im Mund; Männer gingen herum, verschrieben anderen Medizin und gaben ihnen Verhaltungsmaßregeln, bis an ihnen selbst die Anzeichen erschienen und sie tot niederfielen, von gerade jenem Feind überwunden, dem zu widerstehen sie anderen Anweisungen gaben. So geschah es verschiedenen Ärzten, selbst einigen ganz ausgezeichneten, auch mehreren der geschicktesten Bader. Auch eine Unzahl von Quacksalbern starben, welche töricht genug waren, sich auf ihre eigenen Mittel zu verlassen, wo sie selber doch hätten wissen müssen, dass sie wirkungslos waren, und die doch viel besser, wie andere Diebe, die sich ihres Vergehens bewusst sind, weggelaufen wären vor der Gerechtigkeit, von der sie nur die Strafe erwarten konnten, die sie, wie sie wussten, verdient hatten.

Zu sagen, dass sie auch dem allgemeinen Unheil anheimfielen, soll keine Schmälerung des Bemühens und der Hingabe der Ärzte bedeuten; das liegt wirklich nicht in meiner Absicht. Sie sind eher dafür zu loben, dass sie ihr Leben so völlig einsetzten, dass sie es sogar im Dienste für die Menschheit verloren; sie bemühten sich, Gutes zu tun und das Leben anderer zu retten. Doch wir sollten nicht erwarten, dass die Ärzte das Gottesgericht hätten aufhalten oder eine Seuche, die ihre Macht so sichtbar vom Himmel hatte verliehen bekommen, daran hindern können, den Auftrag, um dessentwillen sie gesandt war, auszuführen.

Es besteht kein Zweifel, vielen halfen die Ärzte durch ihr Geschick, ihr Wissen und ihre Hingabe, ihr Leben zu erhalten und ihre Gesundheit wiederherzustellen. Aber man vermindert nicht ihren Ruf, noch spricht man ihnen Können ab, wenn man sagt, dass sie diejenigen nicht heilen konnten, welche die Anzeichen an sich trugen oder schon tödlich angesteckt waren, bevor man einen Arzt holte, wie es oft der Fall war.

Nun bleiben noch die Maßnahmen zu erwähnen, welche die Behörde im Interesse der allgemeinen Sicherheit und um die Ausbreitung der Seuche zu verhindern, als sie erst einmal ausgebrochen war, ergriff. Ich werde noch oft Gelegenheit haben, von der Klugheit der Behörde zu sprechen, ihrer Umsicht und ihrem Einsatz für die Armen, für die Aufrechterhaltung der Ordnung, die Bereitstellung des Lebensnotwendigen usw., als die Seuche sich später ausdehnte. Jetzt aber bin ich bei den Vorschriften und Anordnungen, welche die bei befallenen Haushalten zu treffenden Maßnahmen bekannt gaben.

Ich habe oben schon das Schließen von Häusern erwähnt; darüber ist es nötig, einiges mehr zu sagen, denn dieser Teil der Geschichte der Pest ist recht traurig, aber auch die traurigste Geschichte muss erzählt werden.

Im Juni etwa begannen sich der Lord Mayor von London und der Stadtrat, wie erwähnt, eingehender damit zu befassen, wie man die Ordnung in der Altstadt aufrechterhalten könne.

Die Friedensrichter für Middlesex hatten, auf Anordnung der Regierung, in den Gemeinden St. Giles-in-the-Fields, St. Martin, St. Clement Danes usw. Häuser zu schließen begonnen, und zwar mit gutem Erfolg; denn in einigen befallenen Straßen erlosch die Pest wieder, nachdem man die verseuchten Häuser streng bewacht und darauf gesehen hatte, dass die Toten sofort nach Bekanntwerden ihres Verscheidens begraben wurden. Man bemerkte auch, dass die Pest, nachdem sie ihren Höhepunkt erreicht hatte, in jenen Gemeinden schneller zurückging als in Bishopsgate, Shoreditch, Aldgate, Whitechapel, Stepney usw., es waren also frühzeitig ergriffene derartige Maßnahmen ein gutes Mittel, sie einzudämmen.

Das Verfahren, Häuser zu schließen, wurde, soweit ich weiß, zum ersten Mal während der Pest von 1603 angewandt, zurzeit, als König Jakob I. den Thron bestieg; und die Ermächtigung, Leute in ihren Häusern einzuschließen, wurde durch ein Gesetz des Parlaments gegeben, das »Gesetz, betreffend fürsorgliche Anordnungen und Verfügungen über von der Pest befallene Personen«; auf dieser Rechtsgrundlage erließ der Lord Mayor mit dem Stadtrat nun die Verordnung, die am 1. Juli 1665 in Kraft trat, zu einer Zeit, als in der Altstadt nur erst wenige Ansteckungen vorlagen und die Liste für deren 92 Gemeinden nur 4 Tote aufwies; und da man in der Altstadt einige Häuser geschlossen und einige Bewohner in das Pestasyl jenseits von Bunhill Fields, an der Straße nach Islington, gebracht hatte, durch diese Mittel also zählte man in der Altstadt nur 28 Tote, als im Ganzen je Woche fast tausend starben; die Altstadt war auch während der ganzen Seuchenzeit in einem verhältnismäßig besseren Gesundheitszustand als irgendeine Gemeinde außerhalb.

Diese Verordnungen des Lord Mayors wurden, wie ich schon sagte, in der zweiten Junihälfte veröffentlicht und traten vom 1. Juli an in Kraft; sie lauteten:

VERORDNUNGEN, VERFASST UND ERLASSEN VOM LORD MAYOR UND DEM STADTRAT DER STADT LONDON, DIE VERSEUCHUNG DURCH DIE PEST, 1665, BETREFFEND

Alldieweil in der Regierungszeit unseres verschiedenen Herrschers, König Jakobs, seligen Angedenkens, ein Gesetz betreffend fürsorgliche Anordnungen und Verfügungen über von der Pest befallene Personen erlassen worden ist, wodurch an Friedensrichter, Bürgermeister, Amtmänner und andre Oberbeamte Vollmacht erteilt wurde, in ihren jeweiligen Verwaltungsbezirken Inspektoren, Beschauer, Wachmänner, Wärter und Totengräber für die betroffenen Personen oder Orte zu ernennen und ihnen für die Ausführung ihres Amtes den Eid abzunehmen. Und dieses selbe Gesetz ermächtigt sie auch, weitere Verordnungen zu erlassen, wie sie es nach ihrem Ermessen der jeweiligen Notlage entsprechend für gut halten würden. Wir erachten es nun, nach reiflicher Erwägung, um eine Ansteckung durch die Seuche zu verhindern und zu vermeiden [so es der Wille Gottes, des Allmächtigen ist], für zweckdienlich, dass solche Amtspersonen, wie folgt, bestellt werden, und die nachstehenden Verordnungen getreulich befolgt werden.

In jeder Gemeinde sollen Inspektoren ernannt werden

Es wird, zum Ersten, für notwendig befunden und also angeordnet, dass in jeder Gemeinde eine, zwei oder mehr Personen geachteten Ansehens und guten Rufs von dem Ratsherrn, seinem Stellvertreter und dem Rat jedes Bezirks als Inspektoren ausgewählt und ernannt werden, und dass sie dieses Amt über einen Zeitraum von mindestens zwei Monaten versehen. Und sollte eine auf diese Weise ernannte und zu dem Amt fähige Person dieses zu übernehmen sich weigern, so sollen besagte Personen wegen ihrer Weigerung gefangen gesetzt werden, bis sie zur Übernahme bereit sind.

Die Amtspflichten der Inspektoren

Diese Inspektoren müssen von den Ratsherren eidlich dazu verpflichtet werden, dass sie von Zeit zu Zeit nachforschen und sich unterrichten, welche Häuser in ihrer Gemeinde befallen und welche Personen erkrankt sind, und um welche Krankheit es sich handelt, und zwar so genau, wie sie es nur in Erfahrung bringen können; und dass sie im Fall eines Zweifels den Zutritt zu verbieten haben, bis sich klar herausstellt, welcher Art die Erkrankung ist. Und dass sie, falls sie jemanden an der Pest erkrankt finden, den Polizeiwachtmeister beauftragen, das Haus zu schließen; und dass sie, falls sie den Wachtmeister säumig oder nachlässig finden, dem Ratsherrn des Bezirks sofort Mitteilung machen.

Wachmänner

Für jedes befallene Haus sind zwei Wachmänner zu bestimmen, einer für tags und einer für nachts. Diese Wachmänner haben besonders darauf zu achten, dass niemand ein solches befallenes Haus betritt oder verlässt, wofür sie bei Androhung schwerer Strafe verantwortlich sind. Weiterhin haben besagte Wachmänner alles zu besorgen, was von den Einwohnern gebraucht und verlangt wird; und wenn sie zu einer Besorgung weggeschickt werden, haben sie das Haus abzuschließen und den Schlüssel mit sich zu führen; und die Tagwache hat bis zehn Uhr abends Dienst zu tun, die Nachtwache bis sechs Uhr morgens.

Beschauer

Besondere Sorge ist dafür zu tragen, dass in jeder Gemeinde Frauen als Beschauerinnen bestimmt werden, und sie sollen von gutem Ruf und ehrenhaft sein, wie man sie nur finden kann. Diese sind eidlich dazu zu verpflichten, dass sie eine gründliche Untersuchung vornehmen und nach bestem Wissen einen den Tatsachen entsprechenden Bericht darüber erstatten, ob die Personen, die zu untersuchen sie beauftragt werden, an der Seuche daniederliegen, oder an welcher Krankheit sonst, und das so genau wie sie können. Und die Ärzte, welche zur Heilung und Verhinderung der Seuche bestimmt werden sollen, werden besagte Beschauerinnen, die in den einzelnen Gemeinden bestimmt sind oder noch werden, und ihrer Aufsicht unterstehen, zu sich vorladen, damit sie feststellen können, ob sie für diese Tätigkeit die gehörige Eignung besitzen; und sie sollen diese von Zeit zu Zeit ermahnen, wenn sie dazu Ursache haben, da sie ihre Pflichten nur nachlässig erfüllen.

Keine Beschauerin darf während dieser Zeit der Heimsuchung irgendeine Tätigkeit oder Beschäftigung in der Öffentlichkeit ausüben, einen Laden oder einen Verkaufsstand betreiben, als Wäscherin angestellt werden oder eine andere ähnliche Tätigkeit, gleich welcher Art, ausüben.

Bader

Damit die Beschauerinnen ihr Amt besser erfüllen können, da bisher mit falschen Berichten über die Seuche großer Missbrauch getrieben worden ist, der zu ihrer weiteren Ausbreitung geführt hat, wird hiermit angeordnet, dass zu ihrer Unterstützung fähige und kundige Bader, zusätzlich zu denen, die bereits im Pestasyl tätig sind, auszuwählen und zu bestimmen sind, unter welche die Altstadt und die Freigebiete aufgeteilt werden sollen, wie es sich je nachdem am besten und passendsten machen lässt; und jeder von ihnen soll einen bestimmten Bezirk zugewiesen bekommen, und besagte Bader sollen sich mit den Beschauerinnen ihres Bezirks zur Durchführung der Untersuchung zusammentun, sodass ein wahrheitsgetreuer Bericht von dem Krankheitsfall erstattet werden kann.

Weiter wird verordnet, dass besagte Bader zu solchen Personen, die entweder nach ihnen schicken, oder die ihnen von den Inspektoren der jeweiligen Gemeinde genannt und zugewiesen werden, gehen und sie untersuchen und die Art der Krankheit besagter Personen feststellen sollen.

Weil aber besagten Badern alle anderen Behandlungen versagt werden und sie auf die Pestfälle beschränkt werden müssen, wird verordnet, dass besagte Bader für jede von ihnen durchgeführte Untersuchung Twelvepence bekommen sollen, zu bezahlen aus dem Vermögen des Untersuchten, wenn er dazu in der Lage ist, andernfalls von der Gemeinde.

Krankenpflegerinnen

Falls eine Krankenpflegerin ein befallenes Haus vor dem Ablauf von 28 Tagen nach dem Ableben einer an der Pest erkrankten Person verlassen sollte, soll das Haus, in das sie gezogen ist, geschlossen werden, bis besagte 28 Tage verstrichen sind.

VERORDNUNGEN, BEFALLENE HÄUSER UND AN DER PEST ERKRANKTE PERSONEN BETREFFEND

Anzeige von Krankheitsfällen

Der Eigentümer jedes Hauses hat, sobald ein Hausbewohner über Pusteln oder Rötungen oder Geschwüre irgendwo an seinem Körper klagt, oder sonst gefährlich erkrankt, ohne dass sichtlich eine andre Krankheit dafür die Ursache ist, die Pflicht, innerhalb von zwei Stunden, nachdem besagte Anzeichen aufgetreten sind, den Gesundheitsinspektor davon in Kenntnis zu setzen.

Isolierung der Kranken

Sobald jemand von dem Inspektor, Bader oder der Beschauerin für pestkrank befunden wurde, ist er noch in der gleichen Nacht in diesem Haus zu isolieren; und falls er auf diese Weise isoliert wird, soll das Haus, in dem er krank geworden war, auch wenn er nicht stirbt, einen Monat lang geschlossen werden, nachdem die Übrigen die gehörigen Abwehrmaßnahmen ergriffen haben.

Räucherung des Zeuges

Um Wohnungs- und Gebrauchsgegenstände von der Infektion zu befreien, sind Bettzeug, Kleidung und Wandbehänge in dem befallenen Haus selber gut mit Feuer und wirksamen Dämpfen zu räuchern, bevor sie wieder in Gebrauch genommen werden. Das ist der Anordnung des Inspektors gemäß durchzuführen.

Schließen von Häusern

Wenn eine Person jemanden besucht hat, der als pestkrank bekannt ist, oder absichtlich ein befallenes Haus betreten hat, ohne Erlaubnis dafür zu haben, so soll das Haus, das sie selbst bewohnt, für eine bestimmte Zahl von Tagen auf Anweisung des Inspektors geschlossen werden.

Niemand darf aus befallenen Häusern fortgeschafft werden, sondern, etc. Weiterhin darf niemand aus dem Haus, in dem er von der Krankheit befallen worden ist, in ein anderes Haus der Stadt gebracht werden [außer in ein Pestasyl oder Zelt, oder in irgendein Haus, das dem Besitzer des betreffenden heimgesuchten Hauses gehört und von dessen eignen Bediensteten besorgt wird]; und um die Gemeinde, in welche der Kranke gebracht werden soll, abzusichern, soll die Wartung und Verwahrung der besagten kranken Person in allen Einzelheiten so ausgeübt und verantwortlich durchgeführt werden, wie es oben ausgeführt ist; es dürfen daraus der Gemeinde, in welche die Umlegung erfolgen soll, keinerlei Kosten entstehen, auch muss die Umlegung bei Nacht erfolgen. Und es soll rechtens sein, dass jedermann, der zwei Häuser besitzt, in das zweite Haus nach eigenem Ermessen die gesunden oder die kranken Hausbewohner verbringen kann, jedoch so, dass er, wenn er erst die Gesunden dorthin geschickt hat, er nicht hinterher die Kranken auch dahin bringen kann, noch umgekehrt die Gesunden zu den Kranken; auch müssen diejenigen, welche er weggeschickt, mindestens eine Woche lang eingeschlossen und von anderen Menschen ferngehalten werden, wegen der Gefahr einer nicht gleich erkennbaren Ansteckung.

Beerdigung der Toten

Die Beerdigung der durch diese Heimsuchung Verstorbenen soll zu der passendsten Tageszeit geschehen, immer vor Sonnenaufgang und nach Sonnenuntergang, und zwar unter Mitwissen der Kirchenvorsteher oder des Wachtmeisters, und nicht anders; auch soll es weder Nachbarn noch Freunden erlaubt sein, mit der Leiche zur Kirche zu gehen oder das heimgesuchte Haus zu betreten, bei Strafe der Schließung ihrer eigenen Häuser oder der Gefangensetzung.

Außerdem darf kein Toter in der Zeit der Liturgie, der Predigt oder Lesung begraben werden oder in der Kirche aufgebahrt sein. Auch dürfen während einer Beerdigung Kinder in keiner Kirche, auf keinem Friedhof oder Beerdigungsplatz sein und in die Nähe des Leichnams, des Sargs oder des Grabes kommen. Auch sollen alle Gräber mindestens sechs Fuß tief sein.

Weiterhin soll man bei andern Begräbnissen während der Dauer dieser Heimsuchung von allen Menschenansammlungen absehen.

Infiziertes Zeug darf nicht veräußert werden

Kleider, Zeug, Bettzeug oder Vorhänge dürfen aus befallenen Häusern nicht weggebracht oder fortgeschafft werden, auch ist die Tätigkeit der herumfahrenden Altwarenhändler, die gebrauchte Kleidung und Bettzeug aufkaufen oder beleihen, schärfstens untersagt und zu unterbinden, und den Händlern mit getragener Kleidung und gebrauchtem Bettzeug ist es nicht erlaubt, Ware auszustellen oder an ihren Verkaufsständen, Regalen oder Fenstern, die auf eine Straße, Gasse, einen öffentlichen Weg oder eine Durchfahrt schauen, irgendwelches gebrauchtes Bettzeug oder Kleidung zum Verkauf aufzuhängen, bei Strafe der Gefangensetzung. Sollte irgendein Händler oder sonst jemand Bettzeug, Kleidung oder andre Gebrauchsgegenstände aus einem befallenen Haus vor Ablauf von zwei Monaten nach dem Erlöschen der Seuche kaufen, soll sein eignes Haus als befallen geschlossen werden und mindestens zwanzig Tage lang geschlossen bleiben.

Niemand darf aus einem befallenen Haus weggebracht werden

Wenn es einer befallenen Person durch nachlässige Bewachung oder auf andere Weise gelingt, von einem verseuchten Haus in ein anderes zu kommen oder gebracht zu werden, soll die Gemeinde, aus der die betreffende Person gekommen oder weggebracht worden ist, nachdem sie davon in Kenntnis gesetzt ist, dafür Sorge tragen, dass die befallene und entflohene Person auf ihre Kosten wieder zurückgeschafft und bei Nacht zurückgebracht wird, und alle, die dabei die bestehenden Anordnungen übertreten haben, sollen nach der Anweisung des Ratsherrn dieses Bezirkes bestraft werden, und das Haus dessen, der eine solche befallene Person aufgenommen hat, soll zwanzig Tage lang geschlossen werden.

Jedes befallene Haus muss gekennzeichnet werden

Jedes befallene Haus soll mit einem roten Kreuz von ein Fuß Länge in der Mitte der Haustür gekennzeichnet werden, sodass es deutlich zu erkennen ist, und dicht darüber sind in Druckbuchstaben die dabei gebräuchlichen Worte zu setzen, nämlich: »Gott, sei uns gnädig«; und das soll dort bis zur amtlichen Öffnung des betreffenden Hauses stehen bleiben.

Jedes befallene Haus muss bewacht werden

Die Polizeiwachtmeister sollen darauf sehen, dass jedes Haus geschlossen ist und mit Wachmännern versehen, welche die Bewohner nicht herauslassen und für sie das Lebensnotwendige besorgen, auf ihre eigenen Kosten, wenn sie es leisten können, und wenn nicht, auf Kosten der Stadt; die Schließung hat sich auf vier Wochen zu erstrecken, von dem Zeitpunkt an gerechnet, an dem alle wieder gesund sind.

Es ist strengstens zu beachten, dass die Beschauerinnen, Bader, Pfleger und Totengräber beim Benutzen der Straße einen roten Stock oder Stab von drei Fuß Länge in der Hand halten müssen, und zwar offen und leicht erkennbar; sie sollen keine Häuser betreten außer ihrem eigenen und denen, wohin sie gerufen oder geschickt wurden; sie sollen vielmehr den Umgang mit anderen Menschen meiden und ihm ausweichen, vor allem, wenn sie kurz davor ihre Tätigkeit oder ihr Amt ausgeführt haben.

Hausbewohner

Wenn in einem und demselben Haus mehrere Menschen wohnen, und es geschieht, dass eine Person in diesem Haus angesteckt wird, ist es niemandem und keiner Familie ohne eine Bescheinigung des Gesundheitsinspektors der betreffenden Gemeinde erlaubt, den Kranken oder sich selbst aus dem Haus zu entfernen; widrigenfalls soll das Haus, in das er oder sie gezogen sind, genauso geschlossen werden wie im Fall der Heimsuchung.

Mietkutschen

Es ist darauf zu achten, dass Mietkutschen, nachdem sie kranke Personen zum Pestasyl oder anderswohin gebracht haben, nicht – wie es geschehen ist – wieder zur allgemeinen Benutzung freigegeben werden, bevor sie nach einer solchen Verwendung nicht gut ausgeräuchert worden sind und über fünf oder sechs Tage unbenutzt gestanden haben.

VERORDNUNG
ÜBER DAS REINIGEN UND SAUBERHALTEN DER STRASSEN

Die Straßen müssen sauber gehalten werden

Zum Ersten wird es für nötig gehalten und so befohlen, dass jeder Hausherr dafür Sorge trägt, dass die Straße vor seiner Tür täglich gereinigt wird, sodass sie die ganze Woche über sauber und gefegt ist.

Dass die Müllkutscher den Abfall aus den Häusern wegschaffen

Der Kehricht und Abfall der Häuser soll täglich von den Müllkutschern weggeschafft werden, und zwar soll das Kommen des Müllwagens, wie das seither auch geschehen ist, durch ein Hornsignal angekündigt werden.

Müllablagerungsplätze dürfen nicht in Stadtnähe angelegt werden

Müllablagerungsplätze müssen so weit wie möglich von der Stadt und öffentlichen Wegen entfernt sein, und weder die Kotgrubenleerer noch andre dürfen Abtritte in Gärten im Umkreis der Stadt entleeren.

Es ist auf verdorbenen Fisch und schlechtes Fleisch und auf muffiges Getreide zu achten

Besonders muss darauf geachtet werden, dass nirgends in der Stadt fauler Fisch oder schlechtes Fleisch oder muffiges Getreide oder andere verdorbene Lebensmittel, gleich welcher Art, verkauft werden. Brauereien und Bierstuben sind auf verschimmelte und verdorbene Fässer zu untersuchen.

Schweine, Hunde, Katzen, zahme Tauben und Kaninchen dürfen nirgends in der Stadt gehalten werden; sollten sich Schweine auf den Straßen und Gassen befinden oder dort herumlaufen, so sind solche vom Büttel oder einem anderen Beamten zu beschlagnahmen und der Besitzer ist dem Stadtgesetz gemäß zu bestrafen; Hunde sind von den dafür bestimmten Hundefängern zu töten.

VERORDNUNG, Personen ohne festen Wohnsitz und überflüssige Zusammenkünfte betreffend

Alldieweil über nichts mehr geklagt wird als über die Vielzahl der Tunichtgute und heimatlosen Bettler, die sich überall in der Stadt herumtreiben und dadurch sehr zur Ausbreitung der Pest beitragen, und da dieses, ungeachtet aller dagegen erlassenen Anordnungen, nicht abzustellen ist: So wird hiermit verordnet, dass die Wachtmeister und alle, die sonst in irgendeiner Weise mit dieser Sache befasst sind, besondere Sorge dafür tragen, dass sich in den Straßen der Stadt keine herumlungernden Bettler mehr, sie mögen sein wie sie wollen, aufhalten, widrigenfalls die vom Gesetz dafür vorgesehenen Strafen an ihnen in aller gehörigen Strenge vollstreckt werden.

Spiele

Alle Theateraufführungen, Bärenhetzen, Glücksspiele, Moritatengesänge, Fechtturniere oder ähnliche Gelegenheiten für Menschenansammlungen sind strengstens verboten, und alle, die dem zuwiderhandeln, sollen von dem Ratsherrn des betreffenden Bezirks streng bestraft werden.

Verbot von Festlichkeiten

Alle öffentlichen festlichen Veranstaltungen, vor allem die der Zünfte der Stadt, und Festmähler in Gasthäusern, Bierstuben und anderen der Unterhaltung dienenden Stätten sind bis zum Ergehen weiterer Erlasse untersagt; und das hierdurch eingesparte Geld soll zusammengehalten und zum Wohl und zur Unterstützung der von der Pest heimgesuchten Armen verwendet werden.

Zechstuben

Übermäßiges Trinken in Schenken, Bierstuben, Kaffeehäusern und Weinkellern muss als die verbreitetste Sünde unserer Zeit und als die gefährlichste Ursache für die Ausbreitung der Pest durch strenge Überprüfungen verhindert werden. Und es darf keine Gesellschaft oder Einzelperson nach neun Uhr abends in einer Schenke, Bierstube oder Kaffeehaus zum Trinken bleiben oder einkehren, was den althergebrachten Gesetzen und Gewohnheiten dieser Stadt entspricht, und Zuwiderhandelnde sollen mit den dafür vorgesehenen Strafen belegt werden.

Und zur besseren Durchführung dieser Verordnungen, und aller weiteren Erlasse und Anordnungen, die sich, bei Beobachtung der Entwicklung, als nötig erweisen könnten, wird angeordnet und befohlen, dass die Ratsherren, ihre Stellvertreter und die Gemeinderäte in ihren Bezirken an dem gewohnten Ort [wenn er nicht von der Pest befallen ist] wöchentlich ein-, zwei- oder dreimal und öfter [je nachdem es die Lage erfordert] zusammenkommen, um zu beraten, wie besagte Verordnungen entsprechend durchgeführt werden können; es sollen jedoch diejenigen, die in befallenen Häusern oder in deren Nähe wohnen, an den besagten Zusammenkünften nicht teilnehmen, solange ihre Teilnahme bedenklich ist. Auch können besagte Ratsherren, Stellvertreter und Gemeinderäte weitere wirksame Verordnungen, welche sie bei den besagten Zusammenkünften verfassen und in Kraft setzen mögen, in ihren jeweiligen Bezirken durchführen, um Seiner Majestät Untertanen vor der Pest zu bewahren.

Sir John Lawrence, Lord Mayor
Sir George Waterman }
Sir Charles Doe } Sheriffs

Ich brauche nicht zu sagen, dass diese Verordnungen nur für die Gebiete galten, die im Zuständigkeitsbereich des Lord Mayors lagen, und so ist die Bemerkung angebracht, dass die Friedensrichter in den Gemeinden und Orten, die man die Flecken und Vororte nennt, die gleichen Maßnahmen ergriffen. Wie ich mich erinnere, traten die Verordnungen über das Schließen der Häuser in unserer Gegend erst später in Kraft, da die Pest, wie schon gesagt, diese östlichen Stadtteile keinesfalls vor Anfang August erreichte oder heftig zu werden begann. So betrug in der Liste vom 11. bis 18. August die Gesamtzahl 1761, in all den Gemeinden, die man die Towersiedlungen nennt, starben jedoch nur 71 an der Pest, und die verteilen sich wie folgt:

		die Woche darauf:	und in der Woche bis zum 1. August:
Aldgate	14	34	65
Stepney	33	58	76
Whitechapel	21	48	79
St. Catherine, Tower	2	4	4
Trinity, Minories	1	1	4
	71	145	228

Sie kam jetzt freilich mit voller Kraft auf uns zu, denn in den nächstgelegenen Gemeinden betrug die Zahl der Begräbnisse in der gleichen Woche:

		außerordentlichers Ansteigen in der Woche darauf:	und bis zum 1. August:
St. Leonard, Shoreditch	64	84	110
St. Botolph, Bishopsgate	65	105	116
St. Giles, Cripplegate	213	421	554
	342	610	780

Das Schließen der Häuser wurde zuerst als ein sehr grausames und unchristliches Verfahren empfunden, und die auf solche Weise eingesperrten Menschen beklagten sich bitterlich. Beschwerden über die Härte dieser Maßnahmen, und dass Häuser grundlos [einige sogar böswillig] geschlossen wurden, wurden auch täglich dem Lord Mayor vorgetragen. Ich kann darüber nichts sagen; aber bei genauer Nachprüfung stellte sich bei vielen, die sich so laut beschwerten, eine Fortsetzung der Schließung als gerechtfertigt heraus; bei anderen konnte man sie, falls die Untersuchung des Kranken eine nicht ansteckende Krankheit ergab, oder falls der Befund unsicher war und der Kranke damit einverstanden, ins Pestasyl gebracht zu werden, wieder aufheben.

London 39	From the 12 of September to the 19.							1665
	Bur.	Plag.		Bur.	Plag.		Bur.	Plag.
St Alban Woodstreet	23	19	St George Botolphlane	5	3	St Martin [illegible]	21	11
Alhallows Barking	41	32	St Gregory by St Pauls	32	23	St Martin Orgars	9	7
Alhallows Breadstreet	4	3	St Hellen	8	8	St Martin Outwich	[illegible]	3
Alhallows Great	59	53	St James Dukes place	29	26	St Martin Vintrey	64	61
Alhallows Honylane	1		St James Garlickhithe	13	11	St Matthew Fridaystreet	2	1
Alhallows Lesse	29	26	St John Baptist	7	6	St Maudlin Milkstreet	[illegible]	3
Alhallows Lumbardstreet	8	7	St John Evangelist			St Maudlin Oldfishstreet	16	11
Alhallows Staining	16	10	St John Zachary	3	2	St Michael Bassishaw	17	12
Alhallows the Wall	41	30	St Katharine Coleman	44	36	St Michael Cornhil	[illegible]	11
St Alphage	25	13	St Katharine Crechurch	35	31	St Michael Crookedlane	10	10
St Andrew Hubbard	6	5	St Lawrence Jewry	8	6	St Michael Queenhithe	11	6
St Andrew Undershaft	25	22	St Lawrence Pountney	22	17	St Michael Quern	4	3
St Andrew Wardrobe	63	54	St Leonard Eastcheap	5	4	St Michael Royal	20	17
St Ann Aldersgate	33	28	St Leonard Fosterlane	34	32	St Michael Woodstreet	6	[illegible]
St Ann Blackfryers	79	65	St Magnus Parish	7	6	St Mildred Breadstreet	6	3
St Antholins Parish	6	5	St Margaret Lothbury	8	8	St Mildred Poultrey	4	2
St Austins Parish	2	2	St Margaret Moses	5	5	St Nicholas Acons	8	7
St Bartholomew Exchange	3	3	St Margaret Newfishstreet	17	13	St Nicholas Colabby	14	13
St Bennet Fynck	1		St Margaret Pattons	5	3	St Nicholas Olaves	12	9
St Bennet Gracechurch	5	4	St Mary Abchurch	13	9	St Olave Hartstreet	20	18
St Bennet Paulswharf	35	15	St Mary Aldermanbury	20	16	St Olave Jewry	7	5
St Bennet Sherehog	1		St Mary Aldermary	11	10	St Olave Silverstreet	23	17
St Botolph Billingsgate	4	4	St Mary le Bow	4	2	St Pancras Soperlane	2	[illegible]
Christs Church	55	48	St Mary Bothaw	9	8	St Peter Cheap	[illegible]	3
St Christophers	6	5	St Mary Colechurch	2	1	St Peter Cornhil	10	6
St Clement Eastcheap	3	3	St Mary Hill	12	8	St Peter Paulswharf	12	12
St Dionis Backchurch	10	3	St Mary Mounthaw	9	9	St Peter Poor	6	6
St Dunstan East	30	10	St Mary Sommerset	36	34	St Steven Colemanstreet	47	40
St Edmund Lumbardstr.	4	4	St Mary Stayning	2	1	St Steven Walbrook	5	5
St Ethelborough	16	8	St Mary Woolchurch	2	2	St Swithin	[illegible]	9
St Faith	7	6	St Mary Woolnoth	[illegible]	6	St Thomas Apostle	19	17
St Foster	10	9	St Martin Iremongerlane	1	1	Trinity Parish	13	13
St Gabriel Fenchurch	6	3						
Christned in the 97 Parishes within the Walls — 40			*Buried* — 1493			*Plague* — 1189		
St Andrew Holborn	271	247	St Botolph Aldgate	628	589	Saviours Southwark	427	403
St Bartholomew Great	21	17	St Botolph Bishopsgate	294	256	S. Sepulchres Parish	301	214
St Bartholomew Lesse	14	12	St Dunstan West	86	79	St Thomas Southwark	57	52
St Bridget	236	180	St George Southwark	196	176	Trinity Minories	12	10
Bridewel Precinct	32	31	St Giles Cripplegate	456	373	At the Pesthouse	6	6
St Botolph Aldersgate	68	62	St Olave Southwark	530	363			
Christned in the 16 Parishes without the Walls — 65			*Buried, and at the Pesthouse* — 3631			*Plague* — 3070		
St Giles in the fields	146	125	Lambeth Parish	48	43	St Mary Islington	68	66
Hackney Parish	22	18	St Leonard Shoreditch	188	173	St Mary Whitechappel	532	502
St James Clerkenwel	77	67	St Magdalen Bermondsey	207	180	Rotherith Parish	17	13
St Kath. near the Tower	93	66	St Mary Newington	155	152	Stepney Parish	716	686
Christned in the 12 out Parishes, in Middlesex and Surry — 42			*Buried* — 2258			*Plague* — 2091		
St Clement Danes	168	140	St Martin in the fields	286	228	St Margaret Westminster	411	399
St Paul Covent Garden	39	29	St Mary Savoy	20	19	Whereof at the Pesthouse		7
Christned in the 5 Parishes in the City and Liberties of Westminster — 29			*Buried* — 915			*Plague* — 815		

L 3

Sterblichkeitsliste

Es erschien wirklich sehr hart und grausam, die Haustüren abzuschließen und Tag und Nacht einen Wachmann davorzusetzen, damit sie nicht herauskommen konnten oder irgendwer zu ihnen hinein, wo doch vielleicht die gesunden Mitglieder eines Haushaltes hätten durchkommen können, wenn sie von den Angesteckten entfernt worden wären; und viele Leute gingen in dieser schrecklichen Gefangenschaft zugrunde, die, so kann man mit Recht annehmen, nicht von der Pest befallen worden wären, hätten sie ihre Bewegungsfreiheit behalten, obgleich die Pest im Haus war; darüber waren die Menschen erst sehr aufgebracht und unruhig, und gegen die Wachleute, welche die Schließung der Häuser zu überwachen hatten, wurde man verschiedentlich handgreiflich und fügte ihnen Verletzungen zu; auch brachen an vielen Plätzen Leute gewaltsam aus, wie ich nach und nach zu erzählen habe. Das allgemeine Wohl aber rechtfertigte den Schaden des Einzelnen, und niemand konnte damals durch Eingaben an die Stadtverwaltung irgendeine Erleichterung bekommen, zumindest habe ich davon nicht gehört. Deshalb dachten sich die Leute alle möglichen Listen aus, um irgendwie herauszukommen; und es würde allein ein kleines Buch füllen, wenn man all die Schliche aufzeichnen wollte, mit denen die Bewohner solcher Häuser versuchten, die eingesetzten Wachmänner zu täuschen, sie zu überlisten und ihnen zu entkommen oder auszubrechen, wobei es manches Handgemenge gab und auch Schlimmes passierte; davon aber noch gesondert.

Als ich eines Morgens gegen acht Uhr den Houndsditch entlangging, erhob sich dort ein großer Lärm. Zwar waren es nicht allzu viele Menschen, da man nicht sehr gern sich versammelte oder lang zusammenblieb, wenn sich einmal ein Auflauf gebildet hatte; auch ich blieb nicht lange. Aber das Geschrei war so laut, dass meine Neugier geweckt wurde, und ich rief jemanden an, der aus einem Fenster schaute, um zu fragen, was los war.

Es schien, dass ein Wachmann beauftragt worden war, an der Tür eines Hauses Posten zu stehen, das angesteckt oder als angesteckt bezeichnet war. Er war durch zwei Nächte hindurch die ganze Nacht da gewesen, wie er erzählte, und der Tagposten war einen Tag da gewesen, und nun gekommen, ihn abzulösen. Während dieser ganzen Zeit hatten sie in dem Haus nichts gehört und auch kein Licht gesehen; sie verlangten nichts, baten um keine Besorgungen, was doch die Hauptaufgabe der Wachmänner war; auch hatten sie ihn seit Montagnachmittag in keiner Weise gestört, wie er sagte, wo er ein großes Geschrei und Geheul in dem Haus gehört hatte, weil gerade jemand in dem Haus gestorben war, wie er vermutete. Es scheint, dass in der Nacht zuvor der Pestkarren, wie man ihn nannte, angehalten worden war, und man ein gestorbenes Dienstmädchen zur Tür heruntergebracht hatte, und die Totengräber oder Träger, wie man sie nannte, hatten sie, die nur in ein grünes Stück Stoff gehüllt war, auf den Karren geworfen und weggefahren.

Der Wachmann hatte, scheint es, an die Tür geklopft, als er das erwähnte Schreien und Heulen hörte, aber lange Zeit hatte niemand geantwortet; schließlich schaute jemand heraus und sagte mit ärgerlicher und hastiger, aber doch auch weinerlicher Stimme, oder mit der Stimme eines Weinenden: »Was wünscht ihr, dass ihr so klopft?« Er antwortete: »Ich bin der Wachmann. Wie geht es euch? Was ist?« Die Antwort war: »Was geht euch das an? Ruft den Pestkarren!« Das war wohl um ein Uhr gewesen. Bald danach hielt der Mann, wie er sagte, den Pestkarren an und klopfte wieder, erhielt aber keine Antwort. Er klopfte weiter, und der Glockenläuter rief einige Male: »Bringt den Toten heraus!« Aber niemand gab Antwort, bis der Fahrer des Wagens, da er zu anderen Häusern gerufen wurde, nicht länger warten wollte und weiterfuhr.

Der Wachmann wusste nicht, was er von all dem halten sollte, und so unternahm er nichts, bis der Morgen- oder Tagwächter, wie man ihn nannte, zur Ablösung kam. Er erzählte ihm ausführlich das Geschehene, dann begannen sie eine ganze Weile an die Tür zu klopfen, ohne dass jemand antwortete; sie stellten schließlich fest, dass das Fenster bzw. der Fensterflügel im zweiten Stock offen geblieben war, aus dem derjenige, der in der Nacht geantwortet hatte, herausgeschaut hatte.

Nun besorgten sich die beiden Männer, um ihre Neugier zu befriedigen, eine lange Leiter, und einer stieg zu dem Fenster hinauf und schaute in das Zimmer hinein, wo er eine Frau, nur mit dem Hemd bekleidet, in grausiger Stellung auf dem Fußboden liegen sah. Aber obwohl er laut rief und mit seinem langen Stock kräftig auf den Boden stieß, rührte sich niemand und niemand antwortete; auch konnte er keinerlei Geräusche in dem Haus hören.

Er kam herunter und teilte dies dem andern mit, der auch hinaufstieg; und da er fand, dass es sich so verhielt, beschlossen sie, dem Lord Mayor oder einer anderen Behörde Meldung zu erstatten, aber sie waren nicht bereit, durch das Fenster in das Haus einzusteigen. Die Behörde, scheint es, befahl auf die Mitteilung der beiden Männer hin, das Haus aufzubrechen, wobei ein Polizist und weitere Amtspersonen hinzubefohlen wurden, damit nichts gestohlen wurde; so geschah es dann auch, und man fand in dem Haus niemanden außer der jungen Frau, welche die anderen Bewohner allein hatten sterben lassen, da sie angesteckt war und keine Hoffnung auf Besserung bestand, und sie waren alle davongegangen, indem es ihnen irgendwie gelungen war, den Wachmann zu täuschen und die Tür zu öffnen, oder durch eine Hintertür herauszukommen, oder über die Hausdächer, sodass er es nicht bemerkte; und was das Schreien und Heulen betrifft, das er gehört hatte, so nimmt man an, dass es sich um das heftige Weinen der Familie bei dem bitteren Abschied handelte, was er sicher für alle war, da die Sterbende die Schwester der Hausherrin war. Der Besitzer des Hauses, seine Frau, einige Kinder und Diener waren alle verschwunden und geflohen, ob gesund oder krank, konnte ich nie erfahren; ich habe mich auch, offen gesagt, nicht sehr darum gekümmert.

Manche Flucht wurde aus den befallenen Häusern auf solche Weise bewerkstelligt, vor allem, wenn der Wachmann zu einem Botengang weggeschickt worden war; denn es gehörte zu dessen Obliegenheiten, jeden Botengang zu machen, den die Familie von ihm verlangte; das heißt, er hatte das Lebensnotwendige, wie Nahrungsmittel und Arznei, zu besorgen; Ärzte zu holen, falls welche kamen, Bader oder Pflegerinnen oder den Leichenwagen zu bestellen usw.; er durfte das aber nur tun, wenn er, bevor er wegging, die Außentür des Hauses abschloss und den Schlüssel mitnahm. Um das zu umgehen und den Wachmann zu überlisten, ließen sich manche Leute zwei oder drei Schlüssel für die Schlösser machen, oder sie fanden eine Möglichkeit, die Schlösser loszuschrauben, soweit sie angeschraubt waren und konnten so das Schloss wegnehmen, wenn es innen an der Tür war, und während sie nun den Wachmann zum Markt oder zur Bäckerei schickten oder ihm sonst einen kleinen Auftrag gaben, konnten sie die Tür öffnen und so oft sie wollten ausgehen. Als man dies aber entdeckt hatte, bekamen die Beamten den Auftrag, die Türen je nach Möglichkeit außen mit Vorlegeschlössern oder Riegeln zu versehen.

In einem anderen Haus, erfuhr ich, in der Aldgate nächstgelegenen Straße, wurde eine ganze Familie eingesperrt und abgeschlossen, weil das Dienstmädchen von der Seuche befallen war. Der Hausherr hatte über seine Freunde beim nächsten Ratsherrn und dem Lord Mayor darüber Beschwerde eingelegt und sich bereit erklärt, das Mädchen ins Pestasyl bringen zu lassen, wurde jedoch abgewiesen; so wurde die Tür mit einem roten Kreuz gezeichnet, das erwähnte Vorlegeschloss angebracht und ein Wachmann vor die Tür gesetzt, nach den Bestimmungen.

Als der Hausherr sah, dass es keine andere Möglichkeit gab, als dass er, sein Weib und seine Kinder mit dem armen kranken Dienstmädchen zusammen eingeschlossen würden, rief er den Wachmann und beauftragte ihn, für das arme Mädchen eine Pflegerin zu suchen, denn wenn sie selber sie pflegen müssten, würde das für sie alle den sicheren Tod bedeuten; und er erklärte ihm bestimmt, dass das Mädchen sterben würde, wenn er es nicht täte, entweder an ihrer Krankheit oder vor Hunger, denn er sei entschlossen, niemand von seiner Familie zu ihr zu lassen; und sie liege vier Stockwerke hoch in einer Bodenkammer, wo ihr Schreien oder Hilferufen umsonst sei.

Der Wachmann war einverstanden und ging, eine Pflegerin zu holen, wie ihm aufgetragen war, und er brachte noch am selben Abend jemanden. Inzwischen aber hatte der Hausherr die Gelegenheit genutzt und ein großes Loch vom Laden aus zu einem Ausbau oder Verkaufsstand vor bzw. unterhalb des Schaufensters gebrochen, wo früher ein Flickschuster gehaust hatte; dieser Mieter aber war, wie man sich das in einer so schlimmen Zeit wohl vorstellen kann, gestorben oder ausgezogen, und dadurch hatte er den Schlüssel in Verwahrung. Nachdem er sich den Weg in den Ausbau gebahnt hatte, was ihm nicht möglich gewesen wäre, wenn der Wachmann vor der Tür gesessen hätte, denn durch den notwendigerweise entstehenden Lärm wäre dieser aufmerksam geworden; nachdem er sich nun also den Weg in den Ausbau gebahnt hatte, unternahm er nichts weiter, bis der Wachmann mit der Pflegerin zurückkam, auch am nächsten Tag nicht. In der darauffolgenden Nacht aber, nachdem er bewerkstelligt hatte, den Wachmann nach irgendeiner Kleinigkeit wegzuschicken, wohl, wie ich annehme, zur Apotheke um ein Pflaster für das Mädchen, sodass er auf die Zubereitung warten musste, oder zu einer anderen ähnlichen Besorgung, die ihn mit Sicherheit eine Weile fernhielt, in dieser Zeit brachte er sich und seine ganze Familie aus dem Haus, und ließ die Pflegerin und den Wachmann zurück, um die arme Dirne zu begraben – d. h. sie auf den Karren zu werfen – und sich um das Haus zu kümmern.

Solche doch recht spannenden Geschichten könnte ich viele erzählen, viele erfuhr, genauer, hörte ich im Lauf dieses langen, bösen Jahres, und man kann sie durchaus für wahr halten, d. h. sie sind im großen Ganzen so geschehen, denn freilich konnte ihnen in dieser Zeit niemand genauer nachgehen. Gegen die Wachmänner wurde auch an vielen Orten Gewalt angewendet, wie man berichtete; und ich glaube, dass während des Verlaufs der Heimsuchung mindestens achtzehn bis zwanzig getötet oder so schwer verwundet wurden, dass man sie für tot wegtrug, und man nahm an, dass dies die in den befallenen Häusern eingeschlossenen Leute getan hätten, die auszubrechen versucht hätten und dabei auf Widerstand gestoßen seien.

Wahrhaftig, man konnte auch nichts anderes erwarten, denn in der Stadt war jedes geschlossene Haus ein Gefängnis; und da die eingeschlossenen, gefangen gehaltenen Leute keines Verbrechens schuldig, sondern nur eingesperrt waren, weil es ihnen elend erging, war dies für sie umso unerträglicher.

Ein zweiter Unterschied zu einem Gefängnis war der, dass jedes dieser Gefängnisse, wie wir sie wohl nennen dürfen, nur einen Wärter hatte, und da er das ganze Haus zu bewachen hatte, viele Häuser aber so gebaut waren, dass sie mehrere Ausgänge hatten, mal mehr, mal weniger, einige sogar in verschiedene Straßen, konnte ein einziger Mann unmöglich alle Ausgänge bewachen, dass die Bewohner nicht fliehen konnten, die durch ihre fürchterliche Lage oder die ihnen zuteil gewordene empörende Behandlung oder wegen des Wütens der Seuche selbst zur Verzweiflung gebracht waren; so pflegten sie den Wachmann an der einen Haustür in ein Gespräch zu verwickeln, während die Familie durch die andre entfloh.

So hatte z. B. die Coleman Street damals schon eine Menge Seitengässchen. In einem von ihnen, der White's Alley, wurde ein Haus geschlossen, und dieses hatte ein Fenster, wenn auch keine Tür, nach hinten in einen Hof, von dem ein Gang in die Bell Alley führte. Die Polizei stellte einen Wachmann vor dieses Haus, und da stand er oder seine Ablösung Tag und Nacht, während die Bewohnerschaft schon lange durch jenes Fenster und den Hof verschwunden war, und die armen Kerle bewachten und hüteten das Haus weiter, fast vierzehn Tage lang.

Ganz in der Nähe davon jagten sie einen Wachmann mit Schießpulver in die Luft, wodurch der arme Kerl fürchterliche Brandwunden erlitt, und während er furchtbar brüllte und niemand sich heranwagte, ihm zu helfen, kletterten alle Bewohner, soweit sie sich bewegen konnten, aus dem einen Stockwerk hoch gelegenen Fenster, und ließen zwei Kranke zurück, die um Hilfe riefen. Man kümmerte sich darum, dass sie Pflegerinnen bekamen, die sie versorgten, doch die Geflohenen fand man nicht eher, bis die Pest erloschen war und sie zurückkehrten; aber da man ihnen nichts beweisen konnte, war ihnen nichts anzuhaben.

Man muss auch in Betracht ziehen, dass diese Gefängnisse nicht, wie sonst unsere Gefängnisse, mit Schlössern und Riegeln versehen waren, sodass sich die Bewohner aus den Fenstern sogar vor die Füße des Wachmanns herunterlassen konnten, wobei sie mit Schwertern oder Pistolen in der Hand den armen Kerl zu erschießen drohten, sollte er sich bewegen oder um Hilfe rufen.

In anderen Fällen benutzte man Hinterhäuser, Gärten oder Höfe, die von Mauern und Zäunen umgeben waren; aus Freundschaft oder auf eindringliches Bitten ließen die Nachbarn sie über die Mauern oder Zäune klettern und dann durch ihre Tür hinaus, oder man gab deren Bediensteten Geld, die sie dafür nachts durch das Haus entkommen ließen; kurz gesagt: Das Schließen der Häuser war eine durchaus unzuverlässige Sache. Außerdem erfüllte es in keiner Weise den beabsichtigten Zweck, stürzte es die Menschen doch nur in Verzweiflung, wodurch sie, zum Äußersten getrieben, das Verwegenste unternahmen, um zu entkommen.

Und noch schlimmer war dies, dass die auf solche Weise Ausgebrochenen durch ihr verzweifeltes Herumziehen die Seuche, die sie mit sich trugen, viel weiter ausbreiteten, als sie es sonst getan hätten; denn wenn man alle Gesichtspunkte in die Betrachtung einbezieht, muss man zugeben und kann nicht daran zweifeln, dass die Härte einer solchen Gefangensetzung viele Menschen zur Verzweiflung trieb, und sie dadurch, vor keiner Gefahr zurückschreckend, aus ihren Häusern flohen, selbst wenn sie schon sichtlich die Pest hatten, wobei sie nicht wussten, wohin sie gehen oder was sie tun sollten, ja, was sie taten; viele von ihnen gerieten so in die äußerste Not und fürchterliches Elend, gingen in den Straßen und auf Feldern vor Hunger zugrunde oder brachen von wütendem Fieber geschüttelt zusammen. Andere zogen aufs Land hinaus und irrten umher, wohin die Verzweiflung sie führte, ohne Weg und Ziel zu kennen, bis sie schließlich elend und matt, ohne Unterkunft und Verpflegung, da die Häuser und Dörfer an der Straße sie aufzunehmen sich weigerten, ganz gleich, ob sie krank oder gesund waren, am Straßenrand zugrunde gingen, oder sich noch in Scheunen schleppten und dort starben, da niemand wagte, sich ihnen zu nähern und zu helfen, selbst wenn sie nicht angesteckt waren, denn niemand pflegte ihnen Glauben zu schenken.

Auch war es ja so, dass, wenn die Pest eine Familie ergriff, d. h. wenn ein Familienmitglied ausgegangen war und durch Unvorsichtigkeit oder sonst wie sich angesteckt hatte und die Seuche ins Haus brachte, dies den Angehörigen natürlich früher als den Beamten bekannt wurde, die, wie aus der Verordnung zu ersehen ist, beauftragt waren, eine eingehende Untersuchung erkrankter Personen durchzuführen, sobald sie von der Erkrankung erfuhren.

In dieser Zeit, von der Erkrankung bis zum Erscheinen der Inspektoren, hatte der Hausherr Zeit und Möglichkeit genug, selbst oder mit seiner Familie zu verschwinden, wenn er wusste wohin, und das taten viele. Unglücklicherweise taten dies aber auch viele, die sich schon selbst angesteckt hatten, und trugen dadurch die Krankheit in die Häuser derer, die sie gastfreundlich aufnahmen, was von großer Rücksichtslosigkeit und Undankbarkeit zeugt, wie man deutlich aussprechen muss.

Und dies war teilweise der Grund für die allgemein herrschende Meinung, ja Empörung über das Verhalten befallener Personen, die angeblich sich nicht im Geringsten vorsahen und sich gar nichts daraus machten, andere anzustecken; ich muss freilich auch sagen, dass daran manches stimmte, wenn auch nicht so durchgängig, wie man es erzählte. Welch einsichtigen Grund es für solch verruchtes Handeln geben kann, wo diese sich doch selbst sagen konnten, dass sie auf dem Weg waren, vor der Göttlichen Gerechtigkeit zu erscheinen, weiß ich nicht. Ich bin völlig davon überzeugt, dass es so wenig mit der Religion und den Moralgrundsätzen wie mit Anstand und Menschlichkeit vereinbart werden kann; darauf werde ich vielleicht noch zurückkommen.

Im Moment spreche ich von den Leuten, die der Gedanke ihres Eingeschlossenwerdens verzweifeln ließ, und wie sie mit List oder Gewalt ausbrachen, sei es vor oder nach der Einschließung, und deren Elend sich nicht verringerte, sondern betrüblich vergrößerte, nachdem sie erst draußen waren. Freilich hatten auch viele, die auf solche Weise die Stadt verließen, eine Zuflucht oder ein andres Haus, in dem sie sich einschlossen und verbargen, bis die Pest vorüber war; andere, welche die Pest kommen sahen, legten sich ein Vorratslager für die ganze Familie an und schlossen sich selber ein, und zwar so strikt, dass man von ihnen weder etwas hörte noch sah, bis die Seuche vorüber war, und kamen dann erst gesund und munter wieder hervor. Ich könnte leicht verschiedene solche Fälle anführen und Einzelheiten darüber angeben, wie sie es bewerkstelligten, ganz sicher war es die wirksamste und beste Maßnahme, welche die ergreifen konnten, deren Umstände ein Verlassen der Stadt nicht erlaubten oder die keinen passenden Aufenthaltsort außerhalb hatten; denn so eingeschlossen zu sein war ebenso gut, wie sich Hunderte von Meilen zu entfernen. Mindestens erinnere ich mich nicht, dass einer dieser Familien etwas zugestoßen wäre. Besonders zu erwähnen sind dabei einige holländische Kaufleute, die in ihren Häusern wie in kleinen belagerten Festungen lebten, niemanden heraus und niemanden herein oder auch nur in ihre Nähe kommen ließen, vor allem einer in der Throgmorton Street, dessen Haus auf Draper's Garden schaute.

Aber wieder zurück zu den befallenen und von der Behörde eingeschlossenen Familien. Das Elend dieser Familien ist nicht zu schildern; vor allem aus solchen Häusern hörte man das fürchterlichste Heulen und Schreien der armen Bewohner, die der Anblick des Befindens ihrer teuersten Angehörigen und ihr fürchterliches Eingesperrtsein schreckte und sogar zu Tode ängstigte.

Ich erinnere mich, und wo ich es jetzt niederschreibe, glaube ich, den Schrei wieder zu hören, an eine gewisse Dame mit einer einzigen Tochter, einem Mädchen von etwa neunzehn Jahren, die ein beträchtliches Vermögen besaß. Sie bewohnten das betreffende Haus nur als Mieter. Aus irgendeinem, ich weiß nicht mehr welchem, Grund, war die Mutter mit ihrer Tochter und dem Dienstmädchen aus gewesen, das Haus war also nicht geschlossen; ungefähr zwei Stunden nach ihrer Rückkehr klagte die junge Dame, sie fühle sich nicht wohl; eine Viertelstunde später musste sie sich übergeben und hatte sehr heftige Kopfschmerzen. »Geb's Gott«, sagte die Mutter voll schrecklicher Angst, »dass mein Kind nicht die Pest hat!« Da die Kopfschmerzen sich verschlimmerten, ließ die Mutter das Bett wärmen und beschloss, sie ins Bett zu stecken, bereitete außerdem schweißtreibende Mittel vor, welche man gewöhnlich einnahm, wenn sich die ersten Anzeichen der Krankheit bemerkbar machten.

Während das Bett erwärmt wurde, entkleidete die Mutter ihre Tochter, und als diese hingelegt wurde, entdeckte sie, mit einer Kerze ihren Leib untersuchend, sofort die verhängnisvollen Anzeichen an der Innenseite der Oberschenkel. Die Mutter, unfähig an sich zu halten, ließ die Kerze fallen und schrie so fürchterlich, dass selbst das stärkste Herz von Schrecken erfüllt worden wäre; auch war es nicht nur ein einziger Aufschrei oder Klageschrei, sondern da die Angst ihren Geist überwältigt hatte, fiel sie erst in Ohnmacht, kam wieder zu Bewusstsein, rannte durchs ganze Haus, treppab und treppauf, wie einer, der von Sinnen ist, und sie war ja wirklich von Sinnen, und schrie und heulte einige Stunden lang wie jemand, der außer sich ist oder mindestens sich nicht in der Gewalt hat, und sie kam auch, wie man mir erzählte, nie wieder ganz zu sich. Was nun die junge Dame betrifft, so war sie in diesem Augenblick schon so gut wie gestorben, denn die Fäulnis, welche die Flecken bewirkt, hatte den ganzen Körper befallen, und in weniger als zwei Stunden war sie tot. Immer noch aber schrie die Mutter, selbst noch einige Stunden nach dem Sterben des Kindes, ohne dass sie von ihrem Kind etwas wusste. Das ist nun schon so lange her, dass ich mir nicht sicher bin, aber ich glaube, dass die Mutter nicht wieder gesund wurde, sondern zwei oder drei Wochen später starb.

Das war ein außergewöhnlicher Fall, und ich berichte ihn deshalb ausführlicher, weil ich sehr viel davon erfuhr; aber es gab unzählige ähnliche Fälle, und fast immer verzeichnete die wöchentliche Liste zwei- oder dreimal »erschrocken«; was man gut nennen könnte »zu Tode erschrocken«. Aber abgesehen von denen, die vor Schreck in einem Augenblick starben, gab es viele, die der Schreck sonst wie verwirrte, manche verloren durch den Schreck die Sinne, andere das Gedächtnis, wieder andere den Verstand. Aber ich kehre zu dem Abschließen der Häuser zurück.

Wie es manchen Leuten, wie gesagt, durch List gelang, aus den abgeschlossenen Häusern zu entkommen, so entkamen andere durch die Bestechung der Wachmänner, indem sie ihnen Geld gaben, wenn sie sie heimlich nachts herausließen. Ich muss gestehen, dass ich es damals für die harmloseste Bestechung oder Korruption hielt, deren man jemanden anklagen kann, und deshalb konnte ich nicht anders als die armen Kerle bemitleiden und ihre Strafe für zu hart halten, als man drei Wachmänner öffentlich mit Peitschenhieben durch die Straßen jagte, weil sie Leute aus abgeschlossenen Häusern hatten entkommen lassen.

Aber trotz dieser strengen Strafen war das Geld bei diesen armen Leuten mächtiger, und viele Leute fanden Mittel und Wege zur Flucht und entkamen auf diese Weise, nachdem sie eingeschlossen worden waren; aber das taten meist nur solche, die wussten, wohin sie sich wenden konnten; zwar war es nach dem ersten August überall schwierig, auf den Landstraßen durchzukommen, aber es gab doch mancherlei Möglichkeiten, herauszukommen, zumal manche, wie angedeutet, Zelte mitführten, die sie auf dem Feld aufschlugen, und auch Betten oder Stroh zum Schlafen und Verpflegung mithatten, und sie lebten wie ein Klausner in seiner Zelle, da niemand sich ihnen zu nähern wagte; von diesen wurden mancherlei Geschichten, lustige und traurige, berichtet, von solchen, die lebten wie ein wandernder Pilger durch die Wüste und die der Pest dadurch entkamen, dass sie sich so völlig von ihrer Umwelt abschlossen, dass es kaum vorstellbar ist, und die sich doch einer größeren Freiheit erfreuten als man in einer solchen Lage erwarten sollte.

Ich kenne die Geschichte zweier Brüder und eines Verwandten von ihnen, die, obwohl sie ohne Anhang waren, zu lang in der Stadt geblieben waren, um noch herauszukommen, und da sie weder wussten, wohin sie sich wenden konnten, noch Geld für eine größere Reise besaßen, schließlich auf einen im ersten Moment verzweifelt aussehenden Weg zu ihrer Rettung verfielen, der aber doch so naheliegend war, dass man sich wundern muss, dass damals nicht mehr auf den gleichen Gedanken kamen. Sie waren nicht wohlhabend, aber auch wieder nicht so arm, dass sie sich nicht in bescheidener Weise mit den Dingen hätten ausrüsten können, die Leib und Seele zusammenzuhalten geeignet sind; und da sie sahen, wie schrecklich sich die Pest ausbreitete, beschlossen sie, nicht länger zu bleiben und irgendwie die Stadt zu verlassen.

Einer von ihnen war in den letzten Kriegen Soldat und zuvor in den Niederlanden gewesen, und da er außer dem Waffenhandwerk keinen Beruf erlernt hatte, auch wegen einer Verwundung nicht mehr schwer arbeiten konnte, war er seit einiger Zeit in Wapping in einer Bäckerei für Schiffszwiebäcke beschäftigt gewesen.

Sein Bruder war Seemann, hatte sich aber auf irgendeine Weise eine Beinverletzung zugezogen, sodass er nicht mehr zur See fahren konnte, sondern sich seinen Lebensunterhalt bei einem Segelmacher in Wapping, oder dort in der Gegend, verdient hatte; und da er sparsam hauszuhalten verstand, hatte er etwas Geld auf die Seite gelegt und war so der Reichste von den dreien.

Der dritte war von Beruf Schreiner oder Zimmermann, ein geschickter Bursche, der nichts besaß als seinen Kasten oder Korb mit Werkzeug, womit er, wo er auch war, sich immer seinen Lebensunterhalt verdienen konnte, außer in solchen Zeiten wie dieser; er wohnte in der Nähe von Shadwell.

Sie gehörten alle drei zur Gemeinde Stepney, welche, wie ich schon sagte, heftiger erst zuletzt befallen wurde, und sie blieben, bis sie deutlich sahen, dass die Pest im Westteil der Stadt erlosch und sich nach Osten wandte, wo sie wohnten.

Die Geschichte dieser drei Männer, die der Leser mir erlauben möge, in deren eigenen Worten wiederzugeben, ohne dass ich mich allerdings für die Einzelheiten verbürgen will oder für Fehler verantwortlich gemacht werden kann, werde ich so genau wie möglich berichten, weil ich glaube, dass sie ein gutes Beispiel für jeden Armen abgibt, falls ein solches allgemeines Unheil wieder eintreten sollte; und falls das nicht geschehen sollte, was Gott in Seiner unendlichen Gnade uns bescheren möge, so hat die Geschichte doch so vielerlei Nutzanwendungen, dass niemand sagen wird, dass sie zu berichten wertlos sei.

Ich sage das alles jetzt schon, obwohl ich erst noch vieles zu berichten habe, bevor ich das Wort andern übergebe.

Während der ersten Zeit ging ich noch unbekümmert in den Straßen herum, wenn auch nicht so unbekümmert, dass ich mich in eine offensichtliche Gefahr begeben hätte, ausgenommen einmal, als sie nämlich die große Grube auf dem Kirchhof unserer Gemeinde Aldgate aushoben. Es war ein fürchterliches Loch, und ich konnte meiner Neugier nicht widerstehen und ging hin, um sie mir anzusehen. Ich schätze, dass sie etwa vierzig Fuß lang, fünfzehn oder sechzehn Fuß breit und anfangs, als ich sie sah, etwa neun Fuß tief war; später machte man sie an einer Stelle angeblich fast zwanzig Fuß tief; wegen des Grundwassers konnte man nicht tiefer gehen, wie man anscheinend bei früheren großen Gruben festgestellt hatte. Denn obwohl die Pest sich viel Zeit nahm, bevor sie zu uns kam, wütete sie dann doch in den zwei Gemeinden Aldgate und Whitechapel mit größerer Heftigkeit als in irgendeiner Gemeinde in und um London.

Man hatte aber schon einige Gruben anderswo ausgehoben, bevor die Seuche auf unsere Gemeinde übergriff, und vor allem bevor die Pestkarren durch die Straßen rollten, was, in unserer Gemeinde, erst Anfang August begann. In jeder dieser Gruben hatte man je fünfzig oder sechzig Leichen beerdigt; dann grub man größere Löcher, in denen alle begraben wurden, die der Pestkarren innerhalb einer Woche heranschaffte, das waren von Mitte bis Ende August zwischen zwei- und vierhundert je Woche; man konnte sie nicht gut größer machen, da laut einer Verordnung der Behörde jede Leiche mindestens sechs Fuß unter der Erde sein musste; und da, wie gesagt, bei 17 oder 18 Fuß Tiefe das Wasser kam, konnte man nicht gut mehr Tote in eine Grube legen. Da nun aber, Anfang September, die Pest so fürchterlich wütete und dadurch die Zahl der Todesfälle höher stieg als in jeder anderen Gemeinde Londons vergleichbarer Größe, befahl man, diesen schrecklichen Abgrund zu graben, denn das war es eher als eine Grube.

Als man die Grube aushob, rechnete man damit, dass sie für einen Monat oder länger reichte, und manche griffen die Kirchenvorstände an, dass sie so etwas Fürchterliches duldeten, und ob sie wohl Vorbereitungen träfen, die ganze Gemeinde zu begraben, und dergleichen; aber im Lauf der Zeit zeigte es sich, dass die Kirchenvorstände die Lage der Gemeinde besser kannten als die Tadler, denn man begann, soweit ich weiß, die Grube am 6. des Monats zu benutzen, nachdem sie am 4. fertig geworden war, und um den 20., nach gerade zwei Wochen, hatte man schon 1114 Tote hineingeworfen und musste sie dann zufüllen, da die obersten Leichen nur noch sechs Fuß tief lagen. Zweifellos leben in der Gemeinde noch alte Leute, welche das bestätigen und sogar besser als ich den Platz auf dem Friedhof zeigen können, wo sich die Grube befand. Man konnte auf dem Friedhof auch viele Jahre etwas von der Grube sehen, sie lag in ihrer Längsrichtung parallel zu dem Weg, der vom Houndsditch her an der westlichen Friedhofsmauer entlang, dann wieder ostwärts nach Whitechapel führt und in der Nähe von Three Nuns' Inn herauskommt.

Um den 10. September war es, als meine Neugier mich wieder dazu brachte oder besser trieb, wieder die Grube zu besuchen, als in ihr schon fast 400 Menschen begraben waren; und es genügte mir nicht, sie am Tag zu sehen, was ich schon getan hatte, dann hätte man nämlich nichts als die aufgestreute Erde sehen können; denn all die Leichen wurden sofort, nachdem sie hineingeworfen waren, von den Totengräbern, sonst auch Träger genannt, mit Erde bedeckt; ich aber wollte nachts hingehen, um zu sehen, wie welche hineingeworfen wurden.

Ein strenger Befehl verbot allen Leuten, sich in die Nähe dieser Gruben zu begeben, um eine Ansteckung zu verhindern. Nach einiger Zeit freilich erwies sich diese Anordnung noch als viel notwendiger; manche Kranken nämlich, die ihr Ende kommen fühlten, pflegten in ihren Fieberträumen zu den Gruben zu laufen, in Decken oder Tücher gehüllt, und sich hineinzustürzen, um sich selbst zu begraben, wie sie sagten. Ich will nicht sagen, dass die Beauftragten jemanden wissentlich darin liegen ließen; aber es ist mir bekannt, dass einige zu einer großen Grube in Finsbury, Gemeinde Cripplegate, liefen, die damals gegen die Felder zu offen lag, da noch keine Mauer errichtet war, sich hineinstürzten und das Leben aushauchten, bevor man noch Erde auf sie warf; wenn dann die Totengräber mit andern Leichen kamen, fanden sie diese dort liegen, wenn auch noch warm, aber doch gestorben.

Dies möge ein wenig dazu dienen zu schildern, welch schreckliche Zustände an jenem Tag herrschten, wenn es auch unmöglich ist, davon denen einen wahrheitsgetreuen Begriff zu geben, die es nicht selbst erlebten, man kann ihnen nur sagen, dass es sehr, sehr schlimm war, so schlimm, dass niemand es mit Worten ausdrücken kann.

Ich wurde in den Kirchhof eingelassen, da ich den dortigen Küster kannte; dieser, wenn er mir den Eintritt auch nicht verweigerte, versuchte doch mit ernsten Worten, mich davon abzubringen, indem er, ein guter, frommer und verständiger Mann, mir mit großer Eindringlichkeit vor Augen stellte, dass es wohl ihr Beruf und ihre Aufgabe sei, solches zu wagen und die Gefahr auf sich zu nehmen, und dass sie deshalb hoffen dürften, bewahrt zu bleiben; mich aber würde nichts als meine Neugier hinführen, von der ich, so meinte er, doch nicht behaupten könne, dass sie ein ausreichender Beweggrund dafür sei, mich in solche Gefahr zu begeben. Ich antwortete ihm, dass mein Inneres mich zu gehen dränge und dass es vielleicht ein Anblick sei, der mich mancherlei lehren und mir von Nutzen sein könnte. »Nun denn«, sagte der gute Mann darauf, »wenn ihr es um deswillen wagen wollt, so geht in Gottes Namen hinein; aber verlasst euch darauf, es wird euch eine Predigt sein, vielleicht die beste, die ihr je in eurem Leben gehört habt. Es ist ein sprechender Anblick«, sagt er, »und er hat eine Stimme, eine laute Stimme, die uns zur Buße ruft«, und öffnet damit die Pforte und sagt: »So geht, wenn ihr wollt.«

Seine Reden hatten mich in meinem Entschluss etwas schwankend gemacht, und ich stand ziemlich lange unschlüssig da, bis ich zwei Fackeln von der Seite der Minories her näher kommen sah und die Glocke des Pestkarrens läuten hörte, und dann erschien ein Karren über die Straßen daher;

da konnte ich meinem Wunsch, alles zu sehen, nicht länger widerstehen und ging hinein. Auf dem Friedhof oder auf dem Weg dahin war, soweit ich zuerst erkennen konnte, niemand außer den Totengräbern und dem Mann, der kutschierte oder genauer das Pferd mit dem Karren am Zaum führte; aber als sie zur Grube hinkamen, sahen sie einen Mann hin- und hergehen, in einen braunen Mantel gehüllt, unter dem sich seine Hände bewegten, als litte er große Schmerzen, und die Totengräber sammelten sich sofort um ihn, da sie vermuteten, er wäre einer jener verrückt gewordenen oder verzweifelten Menschen, die sich, wie ich erzählte, selbst begraben wollten. Er sagte nichts, als er so herumging, stöhnte aber zwei- oder dreimal tief und laut auf und seufzte, als bräche ihm das Herz.

Als die Totengräber zu ihm hinkamen, stellten sie rasch fest, dass sie es weder mit einem verzweifelten Kranken, von denen ich sprach, noch mit einem Verrückten zu tun hatten, sondern mit einem, den ein schwerer Kummer niederdrückte, da sein Weib und einige Kinder alle in dem Karren lagen, mit dem er eben hereingekommen war, und denen er in Todesschmerz und tiefstem Kummer folgte. Er war zutiefst erschüttert, wie leicht zu sehen war, doch war es eine männliche Trauer, die nicht ihren Tränen freien Lauf lassen konnte; mit ruhiger Stimme bat er die Totengräber, ihn allein zu lassen, und sagte, er wolle nur sehen, wie die Toten hineingeworfen würden und dann gehen; so behelligten sie ihn nicht länger. Aber kaum hatte der Karren gewendet und waren die Leichen achtlos in die Grube geschleudert worden, was er nicht erwartet hatte, denn er hatte sich vorgestellt, dass sie mindestens in schicklicher Weise hineingelegt würden [später überzeugte man ihn freilich davon, dass das nicht zu machen sei]; kaum hatte er also das gesehen, als er laut aufschrie, unfähig an sich zu halten. Ich konnte ihn nicht verstehen, sah aber, wie er zwei oder drei Schritte zurückging und ohnmächtig niederfiel. Die Totengräber liefen zu ihm und hoben ihn auf, worauf er bald wieder zu sich kam; sie führten ihn hinüber zur Pie Tavern drüben auf der Seite vom Houndsditch, wo der Mann anscheinend bekannt war, und wo man sich seiner annahm. Beim Weggehen schaute er noch einmal in die Grube, doch hatten die Totengräber die Leichen schnell mit draufgeworfener Erde bedeckt, dass nichts zu erkennen war, obwohl es hell genug war, denn um die Grube, auf den Erdhaufen, waren während der ganzen Nacht sieben, acht oder auch mehr Laternen mit Kerzen aufgestellt.

Das war wahrhaftig ein trauriges Schauspiel, das mich fast ebenso sehr bewegte wie das folgende, das aber war voll Graus und Schrecken. Auf dem Karren lagen sechzehn oder siebzehn Tote; einige von ihnen waren in leinene Laken eingehüllt, einige in Tücher, andere hatten kaum etwas am Leib, oder was sie um sich hatten, war so wenig befestigt, dass sie es verloren, wenn sie in die Grube geschleudert wurden und so völlig nackt zwischen die anderen fielen, aber das machte ihnen wohl wenig aus, und kaum jemand empfand es wohl als unanständig, waren sie doch alle tot und vereint in dem gemeinsamen Grab der Menschheit, wie man es nennen darf, denn hier gab es keinen Unterschied, Reiche und Arme gingen den einen Weg; denn es gab keine andere Begräbnisart mehr, es wäre auch nicht möglich gewesen, denn Särge waren nicht mehr zu haben bei der großen Zahl von Menschen, die dem Unheil zum Opfer fielen.

Es ging damals über die Totengräber das empörende Gerücht um, dass diese Leichen, die auf schickliche Weise umwunden waren, wie wir es nannten, d. h. von manchen wurde ein Leichentuch, das meist von gutem Leinen war, über Kopf und Füßen zusammengebunden; diese Tücher also rissen, wie man sagte, die Totengräber schändlicherweise auf den Karren von den Leichen und warfen diese nackt herunter. Aber da ich etwas so Niederträchtiges mir von Christen kaum vorstellen kann, dazu in einer solchen Schreckenszeit, kann ich das nur wiedergeben, ohne dass ich für die Richtigkeit einstehen kann.

Unzählige Geschichten liefen auch über das rohe Tun und Benehmen der Pflegerinnen um, welche die Kranken versorgten, wie sie das Geschick derjenigen beschleunigten, die sie in ihrer Krankheit pflegen sollten. Davon aber bei passender Gelegenheit mehr.

Ich war von diesem Anblick tief erschüttert; er überwältigte mich fast, und ich ging mit sehr wehem Herzen und voll weher Gedanken weg, so wie ich es gar nicht beschreiben kann. Gerade als ich aus der Kirche trat und die Straße hinauf zu meinem Haus gehen wollte, sah ich auf der andern Straßenseite einen zweiten Karren, den Glockenläuter davor, aus der Harrow Alley in die Butcher Row kommen, der mit Toten vollgepackt war, wie ich erkannte, und über die Straße auch geradewegs auf die Kirche zufuhr. Ich stand eine Weile, hatte aber nicht die Nerven, noch mal zurückzugehen und das grausige Schauspiel noch mal mitzuerleben; also ging ich schnurstracks nach Hause, und meine Betrachtungen waren voll Dankbarkeit, dass ich der Gefahr entronnen war, denn ich fühlte, dass mir nichts zugestoßen war, wie es sich dann als richtig herausstellte.

Zu Hause kam mir das Elend des armen, unglücklichen Herrn wieder in den Sinn, und ich musste in Gedanken daran Tränen vergießen, vielleicht mehr als er selber; sein Schicksal aber lag mir so schwer auf der Seele, dass ich nicht anders konnte, ich musste wieder hinaus und zur Pie Tavern gehen, um zu erfahren, was aus ihm geworden war.

Inzwischen war es ein Uhr nachts geworden, der arme Herr war aber immer noch dort. Das kam daher, weil die Wirtsleute, die ihn kannten, ihn zu sich genommen hatten und die ganze Nacht dabehielten, gänzlich uneingedenk der durch ihn drohenden Ansteckungsgefahr, wenn der Mann auch ganz gesund schien.

Nur mit innerem Widerstreben erwähne ich dieses Gasthaus. Die Besitzer waren höflich, anständig und wirklich Leute von guten Sitten; sie hatten das Gasthaus bis dahin offengehalten und ihren Betrieb weitergeführt, wenn auch in kleinerem Ausmaß als früher; aber es kehrte ein Haufen abscheulicher Kerle dort ein, die, inmitten aller Schrecken, jeden Abend dort zusammenkamen, sich vergnügten und mit brüllendem Gelächter ihre ausfallenden Späße trieben, wie es solche Leute halt zu anderen Zeiten gewohnt sind, und sie trieben das so weit, dass der Wirt und die Wirtin selbst sich erst ihretwegen schämten und zuletzt Angst vor ihnen bekamen.

Sie saßen meist in einer Stube an der Straße, und da sie immer bis spät in die Nacht dort waren, pflegten sie, sobald der Pestkarren über die Straße in den Houndsditch hineinfuhr, diese Straße konnte man von den Fenstern der Gaststube aus überblicken, meist die Fenster zu öffnen, wenn sie die Glocke hörten, und hinauszuschauen; und wenn sie dann das traurige Jammern der Leute auf den Straßen oder in den Fenstern hörten, wenn die Pestkarren vorbeikamen, pflegten sie ihren unverschämten Hohn und Spott über sie auszugießen, vor allem wenn sie die Leute Gott um Gnade anflehen hörten, wie es damals viele auf ihren gewöhnlichen Wegen durch die Stadt taten.

Diese Herren nun, die sich durch die Aufregung, welche das erwähnte Hereinbringen des armen Mannes verursachte, ein wenig gestört fühlten, wurden erst ziemlich frech und ausfallend gegen den Wirt, dass er solch einen Kerl, wie sie ihn nannten, geradewegs aus dem Grab in ihr Haus zu bringen erlaubte; nachdem man ihnen unter anderem erwidert hatte, dass es sich um einen Nachbarn handle, der überwältigt sei von dem Unglück, das seine Familie betroffen habe, jedoch durchaus gesund, da verwandelte sich ihr Ärger dahin, dass sie den Mann und seinen Kummer um Frau und Kinder verlachten, höhnten, dass es ihm an Mut gebreche, in die große Grube zu springen und mit ihnen zusammen zum Himmel zu fahren, wie sie es spottend nannten, und das mit sehr gewöhnlichen, ja gotteslästerlichen Ausdrücken.

Sie waren mitten in diesen Gemeinheiten, als ich zurückkam, und obwohl der Mann ruhig, stumm und untröstlich dasaß und ihre Beleidigungen ihn nicht von seinem Kummer abbringen konnten, war er durch ihr Gerede doch bekümmert und verletzt. Deshalb wies ich sie höflich und vorsichtig zurecht, da ich ihr Wesen wohl kannte und mir zwei der Leute nicht unbekannt waren.

Sie fielen sofort mit Schmähreden und Flüchen über mich her, fragten mich, warum ich nicht längst in der Grube liege, wo doch so viel ehrenwertere Männer zum Friedhof gekarrt würden, warum ich nicht daheim sei, um zu beten, dass der Pestkarren nicht auch zu mir komme, und dergleichen mehr.

Ich war über die Schamlosigkeit dieser Männer erstaunt, wenn auch in keiner Weise durch ihr Benehmen mir gegenüber aus der Fassung gebracht; im Gegenteil, ich blieb ganz ruhig; ich antwortete ihnen, dass ich es zwar ablehnte, mir von ihnen oder sonst jemandem in der Welt Ehrenrühriges nachsagen zu lassen, jedoch zugäbe, dass bei diesem schrecklichen Gottesgericht viele weggerafft und zu Grabe getragen würden, die besser seien als ich. Um aber auf ihre Frage selbst einzugehen, so sei das so, dass ich gnädig bewahrt worden sei von dem Allmächtigen Gott, dessen Namen sie bei ihrem grässlichen Fluchen und Höhnen lästernd und leichtfertig in den Mund genommen hätten; und dass ich glaube, was Seine Güte auch sonst für Absichten mit mir habe, vor allem deshalb bewahrt worden zu sein, damit ich sie nun wegen ihres überheblichen und übermütigen Wesens in dieser so schrecklichen Zeit zur Rede stellen könne, vor allem auch wegen ihres Hohnes und Spottes über einen ehrlichen Mann und Nachbarn [einige von ihnen kannten ihn], der von Kummer über das Unglück, das nach Gottes Willen über seine Familie hereingebrochen wäre, überwältigt sei, wie sie doch sähen.

Ich kann mir nicht genau den höllischen, abscheulichen Spott ins Gedächtnis zurückrufen, den sie als Antwort über mich ergossen; denn dass ich keine Angst hatte, offen mit ihnen zu reden, schien sie besonders aufzubringen; selbst wenn ich mich erinnern könnte, würde ich in meinem Bericht keins ihrer Worte wiedergeben, diese schrecklichen Schwüre, Flüche und gemeinen Ausdrücke, wie sie, zu solcher Nachtstunde, selbst das schlimmste und gewöhnlichste Straßengesindel nicht benutzt [denn, abgesehen von so abgebrühten Gestalten wie diesen, selbst die verdorbensten Bösewichter, die es nur gab, lebten zu jener Zeit in Angst vor jener Macht, die sie in einem Augenblick vernichten konnte].

Das Schlimmste bei ihrem teuflischen Reden aber war, dass sie sich nicht scheuten, Gott zu lästern und zu verleugnen, und sich darüber lustig machten, dass ich die Pest als die Hand Gottes bezeichnete; sie spotteten und lachten sogar über das Wort Gericht, als ob die Göttliche Vorsehung nichts mit einem so vernichtenden Schlag zu tun hätte, und dass die Menschen

Gott anriefen, wenn sie die Pestkarren die Toten wegbringen sahen, war in ihren Augen überschwänglich, unsinnig und überflüssig.

Ich gab ihnen eine Antwort, wie ich sie für passend fand, aber weit entfernt, ihre schrecklichen Reden einzudämmen, veranlasste sie diese zu noch schlimmeren Schmähungen, und das erfüllte mich, muss ich gestehen, mit solchem Schrecken und einer Art Zorn, dass ich mich zu der Äußerung hinreißen ließ, die Hand jenes Richters, der die ganze Stadt heimgesucht hatte, werde an ihnen und allen ihnen Nahestehenden Seine rächende Macht erweisen.

All meine Vorhaltungen nahmen sie mit äußerster Verachtung hin und überschütteten mich mit allem Spott, der ihnen einfiel, mit allen ehrenrührigen und ungehörigen Hohnreden, die sie sich nur ausdenken konnten, weil ich ihnen was vorpredigte, wie sie es nannten, was mich sehr bedrückte, aber nicht ärgerte; ich ging weg und dankte in meinem Innern Gott dafür, dass ich sie nicht geschont hatte, obwohl sie mich so sehr beleidigt hatten.

In dieser verdammungswürdigen Art machten sie noch drei oder vier Tage weiter, gossen unaufhörlich ihren Hohn und Spott über alle die aus, die sich fromm und nachdenklich zeigten oder die ein Empfinden für das schreckliche Gericht hatten, das Gott über uns verhängt hatte; man erzählte mir, dass sie in der gleichen Weise all die guten Bürger verächtlich machten, die, der Ansteckung ungeachtet, zur Kirche gingen, fasteten und zu Gott beteten, dass er Seine Hand nicht von ihnen nehme.

Also, sie machten in dieser grausigen Art noch drei oder vier Tage weiter, mehr waren es wohl nicht, bis einer von ihnen, nämlich der, welcher den armen Mann gefragt hatte, warum er nicht im Grab liege, vom Himmel mit der Pest geschlagen wurde und in beklagenswerter Weise umkam; und, kurz gesagt, sie wurden einer wie der andere in die große Grube gebracht, von der ich gesprochen habe, bevor sie noch voll war, und das war in wohl weniger als zwei Wochen.

Diese Leute machten sich vieler Zügellosigkeiten schuldig, von denen man glauben sollte, dass die menschliche Natur schon beim bloßen Gedanken daran gebebt hätte, in einer solchen Schreckenszeit, wie sie damals auf uns lastete, vor allem des Hohns und des Spotts über alle Frömmigkeit, die sie an den Menschen erlebten, wenn sie eifrig zu den Gottesdiensten strömten, um in dieser Zeit der Not die Gnade des Himmels herabzuflehen; und da das Gasthaus, in dem sie zusammenkamen, den Blick auf die Kirchentür ermöglichte, hatten sie besonders gute Gelegenheit, ihre gotteslästerliche, weltliche Freude daran zu zeigen.

Aber dazu hatten sie schon etwas weniger Gelegenheit, bevor das eben von mir Berichtete geschah, denn die Krankheit breitete sich zu der Zeit so stürmisch in diesem Teil der Stadt aus, dass die Leute anfingen, Angst zu bekommen, in die Kirche zu gehen; mindestens gingen nicht mehr so viele hin wie in gewöhnlichen Zeiten. Auch waren viele der Geistlichen tot, andre auf das Land geflohen; denn es erforderte schon großen Mut und einen starken Glauben, nicht nur in einer solchen Zeit in der Stadt zu bleiben, sondern dazu noch zu wagen, zur Kirche zu kommen und den Gottesdienst für eine Gemeinde zu versehen, von der man allen Grund hatte anzunehmen, dass viele darunter von der Pest befallen waren, und das Tag für Tag, oder gar zweimal täglich, wie es hier und da geschah.

Und wirklich, die Menschen oblagen voll frommen Eifers der Andacht, und da die Kirchentüren immer offen waren, gingen zu allen Zeiten Leute, jeder für sich, hinein, ob gerade ein Gottesdienst stattfand oder nicht, schlossen sich jeder für sich in einen Kirchenstuhl ein und beteten mit großer Inbrunst und Hingabe.

Andere versammelten sich in Versammlungshäusern, je nachdem, wohin sie ihre Glaubensrichtung lenkte, aber unterschiedslos mussten sie alle die bösen Scherze dieser Männer über sich ergehen lassen, vor allem am Anfang der Heimsuchung.

Es scheint, dass sie wegen ihrer in solcher Weise öffentlich gezeigten Verachtung der Religion von einigen Männern der verschiedensten Überzeugung zur Rede gestellt wurden, und deshalb, zusammen mit dem fürchterlichen Wüten der Pest, wie ich vermute, hatten sie schon seit einiger Zeit ihr sittenloses Wesen sehr gemäßigt und waren erst durch den Tumult, der entstand, als der Mann hereingebracht wurde, von dem bösen Geist der Liederlichkeit und Gottlosigkeit wieder angestachelt worden, und vielleicht von demselben Teufel aufgehetzt, als ich es unternahm, sie zurechtzuweisen; und das, obgleich ich es zuerst mit aller mir möglichen Ruhe, Mäßigkeit und Höflichkeit tat, aus welchem Grund sie mich eine Weile umso mehr beleidigten, da sie dachten, das geschähe aus Angst vor ihrem Zorn, wenn sie hinterher auch das Gegenteil erfuhren.

Ich ging heim, über die abscheuliche Verderbtheit dieser Menschen betrübt und in der Seele verwundet, zweifelte freilich nicht daran, dass Gottes Gerechtigkeit an ihnen ein schreckliches Exempel statuieren würde; denn ich betrachtete diese böse Zeit als eine besondere Zeit der Göttlichen Rache, und ich glaubte, dass Gott bei dieser Gelegenheit genauer und auffallender als zu anderen Zeiten die eigentlichen Gegenstände seiner Ungnade aussondern würde; und dass, wenn auch bei dem allgemeinen Unglück viele Gerechte umkommen würden und tatsächlich umkamen, und man daraus, ob einem Menschen in dieser Zeit der allgemeinen Vernichtung das eine oder andere zugedacht war, nicht sicher auf das ewige Schicksal seiner Seele schließen konnte, es doch meiner Meinung nach nur der Vernunft entsprechen würde zu glauben, dass Gott es nicht für angebracht hielte, so ausgesprochene Feinde aus Gnade zu schonen, die in solcher Zeit Seinen Namen und Sein Wesen beleidigten, Seiner Vergeltung hohnlachten und die Ihm dargebrachte Verehrung und die Ihn verehrten, verlachten; nein, sicher nicht, wenn Seine Gnade es auch zu andern Zeiten für richtig gehalten hatte, sie zu ertragen und zu schonen; dass dies ein Tag der Heimsuchung und des Göttlichen Zornes war; und die Worte aus Jeremias, Vers 9, kamen mir in den Sinn: Und ich sollte sie nicht heimsuchen! spricht der Herr; und meine Seele sollte sich nicht rächen an einem Volk, wie dies ist!

Das alles lag mir so auf der Seele, und ich ging sehr betrübt und niedergeschlagen durch das Entsetzen über die Verruchtheit dieser Menschen heim und musste daran denken, dass es in dieser Zeit, in der Er, sozusagen, das bloße Schwert in der Hand hielt, um an ihnen, ja am ganzen Volk Vergeltung zu üben, etwas so Niedriges, Ungebeugtes und durch und durch Verderbtes gab, Gott, Seine Diener und Seine Verehrung zu beleidigen.

In der Tat, am Anfang war ich über sie etwas in Erregung geraten, nicht wegen irgendeiner der Beleidigungen, die sie mir persönlich angetan hatten, sondern wegen des Abscheus, mit dem mich ihre lästerlichen Zungen erfüllt hatten. Jedoch fing ich in Gedanken zu zweifeln an, ob mein Widerwille gegen sie nicht doch nur meiner eigenen Verletztheit entsprang, denn sie hatten auch mich reichlich mit Schimpfworten bedacht; als ich dann schließlich heimgekommen war, mit kummerschwerem Herzen, zog ich mich zurück, schlief aber nicht in jener Nacht; sondern nachdem ich Gott in großer Demut für die Bewahrung in der bedeutenden Gefahr, in der ich geschwebt hatte, Dank gesagt hatte, wandte ich meine Seele ganz und in allem Ernst darauf, für diese elenden Verlorenen zu beten, dass Gott ihnen vergeben möge, ihre Augen öffnen und sie zur rechten Demut führen.

So erfüllte ich nicht nur das Gebot, nämlich für die zu bitten, die mich beleidigten, sondern ich prüfte damit auch mein Herz und spürte zu meiner großen Befriedigung, dass ich denen nichts nachtrug, die mich persönlich angegriffen hatten; und diese Methode möchte ich, in aller Bescheidenheit, jedem empfehlen, der sicher zu unterscheiden sucht, was bei ihm wirkliches Eifern für die Ehre Gottes ist und was seinen Leidenschaften und Empfindungen entspringt.

Aber ich muss zu den einzelnen Geschehnissen zurückkehren, die mir aus der Zeit der Heimsuchung in den Sinn kommen, vor allem aus der Zeit, als die Häuser geschlossen wurden am Anfang der Krankheit; denn als die Seuche ihren Höhepunkt noch nicht erreicht hatte, hatte man mehr als später die Möglichkeit, seine Beobachtungen zu machen. Als es dann ganz schlimm wurde, gab es ein Zusammenkommen untereinander nicht mehr.

Wegen des Schließens der Häuser kam es, wie schon erwähnt, zu Gewalttätigkeiten gegen die Wachmänner. Soldaten – die gab es nicht; die wenigen Wachmannschaften, die dem König damals zur Verfügung standen, es waren unvergleichlich weniger als jetzt unterhalten werden, waren verstreut, entweder beim Hof in Oxford oder in Garnisonen in entfernteren Teilen des Landes, nur kleinere Detachements waren hier, entweder im Tower oder in Whitehall, eingesetzt, aber das waren nur wenige. Auch glaube ich nicht, dass im Tower andere Wachen als die sogenannten Wächter waren, die mit Umhang und Mütze am Tor stehen, ähnlich den Leibgardisten, dazu 24 gewöhnliche Kanoniere und die Offiziere, welche die Aufsicht über das Zeughaus führten, die sogenannten Waffenmeister. Auch war es unmöglich, die Bürgerwehr aufzustellen, noch hätte sich wohl, wenn der Regierungsbeauftragte von London, wie von Middlesex, die Miliz aufgeboten hätte, irgendeine Kompanie zusammengefunden, was ihnen auch gedroht hätte.

Dadurch nahm man die Wachmänner noch weniger ernst, und das bewirkte vielleicht, dass man sich noch schwerere Gewalttätigkeiten gegen sie erlaubte. Ich erwähne das hier, um darauf hinzuweisen, dass ein solches Einsetzen von Wachmännern, um die Leute in den Häusern festzuhalten, erstens nicht wirksam war, denn die Menschen brachen, beinahe so oft es ihnen gefiel, mit List oder Gewalt aus; zweitens waren in der Regel die Ausbrechenden angesteckt, die in ihrer Verzweiflung überall herumwanderten, ohne danach zu fragen, wen sie dadurch weiter ansteckten, worin leicht, wie erwähnt, die Ursache für das Gerücht zu suchen ist, dass es zum Wesen dieser Krankheit gehörte, dass die Angesteckten versuchten, andere anzustecken, was eindeutig falsch war.

Das weiß ich ganz bestimmt und von so vielen Fällen, dass ich verschiedene Berichte von ehrenhaften, frommen und gottesfürchtigen Leuten geben könnte, welche von der Krankheit befallen wurden und dann so weit davon entfernt waren, andre anstecken zu wollen, dass sie sogar ihrer Familie verboten, in ihre Nähe zu kommen, in der Hoffnung, sie dadurch bewahren zu können, und sind sogar gestorben, ohne ihre nächsten Angehörigen gesehen zu haben, damit nicht durch sie die Krankheit auf diese übertragen und sie angesteckt und gefährdet würden. Wenn es also Fälle gegeben hat, in denen Angesteckte dem Leid gegenüber, das sie andern zufügten, gleichgültig waren, dann handelte es sich bestimmt oft, wenn nicht meistens, darum, dass Erkrankte, die aus den geschlossenen Häusern geflohen waren und, auf der Suche nach Unterkunft und Verpflegung zum Äußersten getrieben, bestrebt waren, ihren Zustand zu verbergen und dadurch ohne es zu wollen die Krankheit auf die übertrugen, die unwissend und unvorsichtig waren.

Das ist einer der Gründe dafür, warum ich damals der Überzeugung war und es noch bin, dass ein solches gewaltsames Schließen der Häuser und das Zurückhalten, besser Einsperren, der Leute in ihren eigenen Häusern, wie schon gesagt, im Ganzen nur wenig oder nichts nützte. Im Gegenteil, ich bin der Meinung, dass es eher schadete, da es die verzweifelten, von der Pest befallenen Menschen zum Umherwandern zwang, die sonst ruhig im Bett gestorben wären.

Ich weiß von einem Bürger, der, nachdem er aus seinem Haus in oder in der Nähe der Aldersgate Street ausgebrochen war, die Straße nach Islington entlangging; er versuchte im Angel Inn und nachher im White Horse unterzukommen, zwei Gasthäusern, die man noch unter dem gleichen Namen kennt, wurde aber abgewiesen; dann kam er zum Pyed Bull, einem Wirtshaus, das auch noch den gleichen Namen trägt. Er bat um Unterkunft, nur für eine Nacht; gab dabei vor, dass er nach Lincolnshire wolle und versicherte, dass er völlig gesund und ohne Ansteckung sei, die zur damaligen Zeit in diese Richtung noch nicht weit vorgedrungen war.

Man antwortete ihm, dass man kein freies Bett, abgesehen von einem oben in der Bodenkammer, hätte, und auch das nur für eine Nacht, da man am nächsten Tag Treiber mit einer Viehherde erwarte; wenn er aber mit diesem vorliebnehmen wolle, könne er es haben, und er nahm es. So schickte man eine Magd mit einer Kerze mit ihm hinauf, um ihm die Kammer zu zeigen. Er war gut gekleidet und sah nicht aus wie jemand, der in Bodenkammern zu übernachten pflegte; als sie den Raum betraten, entrang sich seiner Brust ein tiefer Seufzer, und er sagte zu der Magd: »In einem solchen Raum habe ich wohl kaum je übernachtet.« Doch als die Magd ihm noch einmal versicherte, dass sie nichts Besseres hätten, sagte er: »Nun, ich muss mich schicken, es ist eine böse Zeit; und es ist ja nur für eine Nacht.« Damit setzte er sich auf das Bett nieder und bat die Magd, ihm, ich glaube, einen Krug warmes Bier heraufzubringen. So ging sie hinunter, um das Bier zu holen, aber irgendetwas Unvorhergesehenes, wodurch sie wohl andres im Haus zu tun bekam, ließ sie es vergessen, sodass sie nicht mehr hinaufging.

Am nächsten Tag, als der Herr nicht erschien, fragte jemand im Haus das Dienstmädchen, das ihn hinaufgeführt hatte, was mit ihm sei. Sie erschrak.

»O«, sagte sie, »ich hab ihn ganz vergessen. Er bat mich um ein warmes Bier, das ist mir ganz entfallen.« Darauf wurde jemand, nicht das Mädchen, sondern ein andrer, hinaufgeschickt, um nach ihm zu schauen, und der, als der den Raum betrat, fand ihn, tot und fast kalt, quer über das Bett hingestreckt. Er hatte sich die Kleider abgerissen, das Kinn war heruntergefallen, die Augen standen fürchterlich offen, eine Hand hatte sich in die Bettdecke verkrampft; daran war deutlich zu sehen, dass er bald, nachdem ihn das Mädchen verlassen hatte, gestorben war; und wahrscheinlich hätte das Mädchen, wäre sie mit dem Bier hinaufgegangen, ihn wenige Minuten, nachdem er sich auf das Bett gesetzt hatte, schon tot aufgefunden. Im Haus herrschte, wie man sich vorstellen kann, große Aufregung, wo sie doch bis zu diesem Unglück von der Pest verschont geblieben waren; und dadurch kam die Seuche in das Haus und breitete sich auch in der Umgebung aus. Ich weiß nicht mehr, wie viele aus dem Haus selber starben, aber das Dienstmädchen, das zuerst mit ihm hinaufgegangen war, wurde auf der Stelle aus Angst krank, und sie blieb nicht die Einzige; denn während in der Woche zuvor in Islington nur zwei Todesfälle verzeichnet worden waren, starben in der folgenden siebzehn, davon vierzehn an der Pest. Das geschah in der Woche vom 11. bis 18. Juli.

Einige Familien, es waren sogar ziemlich viele, fanden, wenn die Krankheit in ihrem Haus ausbrach, folgenden Ausweg: Familien, die beim ersten Ausbruch der Seuche aufs Land hinausgeflohen waren und dort Zuflucht bei Freunden gefunden hatten, hatten meist dem einen oder andern Nachbarn oder Verwandten die Aufsicht über Haus und Güter usw. übertragen. Einige Häuser freilich waren völlig geschlossen, die Türen mit Vorlegeschlössern versehen und Fenster und Türen mit Planken vernagelt, und die Wächter und Gemeindeangestellten hatten nur diese Verschlüsse zu kontrollieren; aber das war nur bei wenigen so.

Man rechnete mit mindestens zehntausend von den Bewohnern verlassenen Häusern in der Altstadt und den Vororten, die in den Außengemeinden, in Surrey sowie auf dem andern Themseufer, genannt Southwark, eingeschlossen. Dazu sind noch die geflohenen Mieter und Einzelpersonen aus Familien zu zählen; sodass man alles in allem mit etwa 200.000 Menschen, welche die Stadt verlassen hatten und geflohen waren, rechnen muss. Aber darüber werde ich noch sprechen. Ich erwähne das hier nur aus dem Grund, weil in der Regel diejenigen Hausväter, welche zwei Häuser in ihrer Obhut hatten, wenn in der Familie jemand krank geworden war, sofort, bevor sie die Inspektoren davon unterrichteten, die andern Bewohner, Kinder und Bedienstete, wie es sich gab, in das Haus schickten, das unter ihrer Aufsicht stand, und dann erst den Kranken dem Inspektor meldeten, eine oder mehrere Pflegerinnen für ihn kommen und jemand andern mit einschließen ließen [was viele gegen Geld taten], die sich dann um das Haus kümmerten, falls der Kranke starb.

In vielen Fällen bedeutete das die Rettung einer ganzen Familie, die, mit einem Kranken zusammen eingeschlossen, mit Sicherheit zugrunde gegangen wäre. Aber andrerseits entstand dadurch eine andre Misslichkeit aus dem Häuserabschließen; denn die Angst und der Schrecken vor dem Eingeschlossenwerden veranlasste viele, mit ihrer Familie zu fliehen, welche, ohne dass es andern bekannt war, die Seuche schon in sich trugen, wenn sie auch noch nicht richtig erkrankt waren; und diese steckten durch die Möglichkeit, sich frei zu bewegen, und gezwungen, ihren Zustand zu verbergen, oder auch ihn selbst nicht kennend, andre an, und so verbreiteten sie die Seuche erschreckend weit, wie ich später noch weiter ausführen werde.

Hier kann ich vielleicht die eine oder andre eigne Beobachtung einflechten, vielleicht zum Nutzen derer, denen dies in die Hände kommt, wenn sie je von einem ähnlichen Unglück heimgesucht werden sollten.

1. Die Ansteckung wurde im Allgemeinen von solchen Bediensteten in die Häuser der Bürger getragen, die man zur Besorgung des Lebensnotwendigen hierhin und dorthin schicken musste, also nach Essen oder Arznei, zum Bäcker, zur Brauerei, in Läden usw.; diese mussten notgedrungen durch die Straßen, in Geschäfte, auf die Märkte usw. gehen, und es war unmöglich zu vermeiden, dass sie nicht bei dieser oder jener Gelegenheit mit Kranken zusammenkamen, deren tödlichen Hauch sie einatmeten, und sie brachten die Ansteckung dann in die Familien zurück, in deren Diensten sie standen.

2. Es war ein großer Fehler, dass eine so große Stadt wie die unsere nur ein Pestasyl hatte; wenn es statt des einen – nämlich dem jenseits der Bunhill Fields, wo man höchstens zwei- oder dreihundert Menschen unterbringen konnte – hätte es, behaupte ich, statt dieses einen Asyls deren mehrere gegeben, von denen jedes tausend Menschen hätte aufnehmen können, ohne dass man zwei Kranke in ein Bett legen oder zwei Betten in eine Kammer hätte stellen müssen; und wäre jeder Familienvater verpflichtet worden, sobald nur ein Bediensteter in seinem Haus krank wurde, diesen ins nächste Pestasyl zu schicken, falls dieser zustimmte, was viele getan hätten, und wenn die Inspektoren es mit den Armen, sobald sie von der Seuche befallen wurden, ebenso gemacht hätten; wenn dies, meine ich, geschehen wäre, wo das Einverständnis der Kranken vorlag [nur dann!], statt die Häuser zu schließen, ich bin überzeugt und habe diese Meinung damals immer vertre-

ten, dass viel weniger, und zwar Tausende weniger, gestorben wären; denn man hat festgestellt, und ich könnte aus meiner eigenen Erfahrung verschiedene Beispiele dafür anführen, dass dort, wo ein Bediensteter krank geworden war und die Familie Zeit hatte, entweder ihn wegbringen zu lassen oder selbst auszuziehen und den Kranken zurückzulassen, alle andern verschont blieben, wie ich schon sagte; dass dagegen dann, wenn nach dem Krankwerden von einem oder zwei Familienmitgliedern das Haus geschlossen wurde, alle Bewohner zugrunde gingen, sodass die Träger in das Haus gehen mussten, um die Leichen herauszuholen, da niemand in der Lage und schließlich niemand mehr da war, sie an die Tür zu bringen.

3. Deshalb stand es für mich außer Frage, dass das Unheil durch Ansteckung verbreitet wurde; d.h. durch irgendwelche Dämpfe oder Dünste, die von den Ärzten *effluvia* genannt werden, durch den Atem, Schweiß oder die eiternden Wunden der Kranken oder auf eine andre Weise von ihnen ausgehend, welche vielleicht die Ärzte selbst nicht fassen können; diese *effluvia* griffen auf die Gesunden über, die bis zu einem bestimmten Abstand in die Nähe der Kranken kamen, drangen sofort in die inneren Organe der besagten gesunden Personen ein, versetzten ihr Blut in sofortige Fäulnis und verwirrten ihren Geist so, wie man ihn verwirrt fand; und die neu Angesteckten übertrugen die Krankheit auf die gleiche Weise auf andre. Dafür werde ich Beispiele anführen, die jeden, der ernsthaft die Dinge betrachtet, überzeugen müssen; und ich muss mich einfach wundern, dass es Leute gibt, die jetzt, da die Seuche vorüber ist, von ihr sprechen als von einem unmittelbar vom Himmel kommenden Schlag, der ohne Mitwirkung irgendeines Mittels den und jenen bestimmten zu treffen hatte und niemand sonst, eine Meinung, die man nur voll Verachtung als den Ausdruck offenkundiger Unwissenheit und unklarer Schwärmerei betrachten kann; das gilt auch für die Ansicht andrer, welche davon sprechen, dass sich die Ansteckung nur durch die Luft ausbreitet, in der sich riesige Mengen winziger Insekten und unsichtbarer Geschöpfe befänden, welche mit der Luft eingeatmet würden oder sogar mit ihr durch die Poren eindrängen und dort ein außerordentlich scharfes Gift hervorbrächten oder absonderten, oder auch giftige *ovae* oder Eier, welche sich mit dem Blut vermischten und so den Körper ansteckten: eine Beweisführung voll von gelehrter Einfalt, wie es die Erfahrung durchwegs zeigt; darüber werde ich gegebenen Orts Weiteres ausführen.

Weiter muss ich an dieser Stelle erwähnen, dass nichts für die Bewohner der Stadt verhängnisvoller war als ihre eigene gleichgültige Nachlässigkeit, denn obwohl sie lange vorher von der auf sie zukommenden Heimsuchung wussten und gewarnt waren, trafen sie doch keinerlei Vorsorge, legten keine

Vorräte an Nahrungsmitteln und anderm Lebensnotwendigen an, welche es ihnen ermöglicht hätten, eingezogen in ihren Häusern zu leben, wie es andre taten und durch diese Vorsichtsmaßnahme, wie erwähnt, weitgehend bewahrt blieben; auch waren sie, nachdem sie die Gewöhnung noch gleichgültiger gemacht hatte, beim Umgang miteinander nicht mehr zurückhaltend wie anfangs, selbst wenn sie schon angesteckt waren und das auch wussten.

Ich muss bekennen, dass ich auch zu jenen Gedankenlosen gehörte, die so wenig Vorräte angelegt hatten, dass ich meine Bediensteten außer Haus schicken musste, um jede Kleinigkeit groschen- oder pfennigweise einzukaufen, genau wie früher, und selbst als die Erfahrung mich meine Dummheit einsehen ließ, dauerte es bis zum einsichtigen Handeln noch eine ganze Weile; sodass ich schließlich kaum noch Zeit hatte, mich für einen Monat mit dem uns Nötigen einzudecken.

Zu meinem Hausstand gehörten nur eine alte Frau, welche den Haushalt besorgte, ein Dienstmädchen, zwei Lehrlinge und ich; und als nun die Pest um uns herum sich ausbreitete, bewegten mich viele trübe Gedanken, welche Maßnahmen ich ergreifen und wie ich mich verhalten sollte. All das Fürchterliche, das ich überall geschehen sah, wenn ich durch die Straßen ging, hatte mich recht in Schrecken versetzt, und ich lebte voll Angst vor der Krankheit, die immer einen grausigen Anblick bot, manchmal aber besonders schreckenerregend aussah. Die Beulen, die gewöhnlich im Nacken oder in der Leistengegend auftraten, erzeugten, wenn sie hart wurden und nicht aufbrachen, solche Schmerzen, dass die ausgesuchteste Folter nicht schlimmer sein kann; manche, welche die Pein nicht mehr ertrugen, warfen sich aus dem Fenster oder erschossen sich oder legten auf andre Weise Hand an sich, wovon ich einige grausige Beispiele sah. Andre, welche die Schmerzen nicht mehr ertrugen, machten sich durch unaufhörliches Brüllen Luft, und man hörte beim Gehen durch die Straßen solch lautes und jämmerliches Schreien, dass daran nur zu denken einem das Herz zerriss, vor allem, wenn man sich dabei bewusst war, dass die gleiche fürchterliche Geißel jeden Augenblick einen selber überfallen konnte.

Ich muss gestehen, dass ich nun in meinen Entschlüssen wankend wurde; mir wurde schwach ums Herz, und ich bereute bitter meine Unbesonnenheit. Wenn ich aus dem Haus gewesen war und solch schreckliche Dinge erlebt hatte, wie ich sie eben beschrieben habe, dann, um es zu wiederholen, bereute ich meine Unbesonnenheit, so tollkühn in der Stadt geblieben zu sein. Oft wünschte ich, dass ich nicht das Wagnis, in der Stadt zu bleiben, eingegangen, sondern mit meinem Bruder und dessen Familie geflohen wäre.

Erschüttert von solch schrecklichen Erlebnissen, ging ich manchmal nach Hause, entschlossen, nicht wieder hinauszugehen; drei oder vier Tage lang vielleicht pflegte ich solchen Entschlüssen treu zu bleiben, und ich verbrachte eine solche Zeit im Gefühl großer Dankbarkeit für die Bewahrung meiner Hausgenossen und meiner selbst, und mit dem dauernden Bekennen meiner Sünden, ergab mich jeden Tag erneut in Gottes Willen und wandte mich in Fasten, Beten und Meditation ganz Ihm zu. Weiter beschäftigte ich mich in solchen Tagen mit Bücherlesen und schrieb in einem Tagebuch nieder, was mir täglich vorkam, woraus ich später das meiste von dem, was ich in diesem Buch berichte, soweit es äußere Ereignisse betrifft, entnahm. Was mich aber innerlich bewegte, soll meine Privatsache bleiben; und ich möchte nicht, dass es, aus was für einem Grund immer, der Öffentlichkeit zugänglich gemacht wird.

Ich schrieb auch meine Gedanken über religiöse Gegenstände nieder, wie sie mir in jener Zeit kamen und hilfreich waren, sie sind aber nicht für andre Augen bestimmt, und deshalb auch darüber nichts weiter.

Ich hatte einen sehr guten Freund, einen Arzt namens Heath, den ich während jener schlimmen Zeit häufig aufsuchte und dem ich für seinen Rat sehr zu Dank verpflichtet bin, da er mir viele Hinweise gab, was ich tun sollte, um eine Ansteckung zu vermeiden, wenn ich aus dem Haus ging, was ich, wie er wusste, häufig tat, und was ich in den Mund nehmen sollte, wenn ich auf die Straße ging. Er besuchte mich auch oft, und da er nicht nur ein guter Arzt, sondern auch ein guter Christ war, bedeutete mir sein angenehmes Gespräch eine große Stütze in den schlimmsten Wochen jener schrecklichen Zeit.

Es war nun Anfang August, und die Pest wurde in unserer Gegend immer heftiger und fürchterlicher; und als Dr. Heath mich wieder besuchen kam und sah, dass ich mich so häufig auf die Straße wagte, empfahl er mir mit großem Nachdruck, mich und meine Hausgenossen einzuschließen und nicht zu dulden, dass irgendeiner von uns das Haus verließ; auch sollten wir die Fenster geschlossen halten und Vorhänge und Fensterläden schließen und sie nie öffnen; oder aber wir sollten, wo ein Fenster oder eine Tür geöffnet werden sollte, zuerst in dem Zimmer einen starken Rauch entfachen, mit Harz und Pech, Schwefel, Schießpulver oder Ähnlichem. Für einige Zeit machten wir das alles; da ich aber für eine solche Absonderung keine Vorräte angelegt hatte, war es unmöglich, dass wir ganz abgeschlossen lebten. Ich versuchte aber trotzdem, obwohl es sehr spät war, etwas in dieser Richtung zu tun: als Erstes, da wir zum Backen und Brauen eingerichtet waren, ging ich los und holte zwei Sack Mehl, und wir buken, da wir einen Ofen hatten, einige Wochen lang unser ganzes Brot; weiter kaufte ich Malz und braute so viel Bier, wie ich nur Fässer dafür hatte, was fünf oder sechs Wochen lang für alle reichen konnte; auch eine Portion gesalzene Butter und Cheshirekäse lagerte ich ein; ich hatte aber kein Frischfleisch, und die Pest wütete so fürchterlich in den Metzgereien und Schlachthäusern auf der andern Straßenseite, wo sie sich wie bekannt in großer Zahl befinden, dass es nicht ratsam war, auch nur über die Straße zu ihnen zu gehen.

Und hier muss ich noch einmal feststellen, dass die Notwendigkeit, die Häuser zum Kauf des Lebensnotwendigen zu verlassen, große Schuld am Unglück der Stadt trug, denn bei dieser Gelegenheit steckten die Leute einer den andern an, und selbst die Lebensmittel waren oft verseucht; mindestens habe ich allen Grund, das anzunehmen; deshalb kann ich mich nicht der Überzeugung anschließen, von der ich weiß, mit wie großer Bestimmtheit sie wiederholt wird, dass die Marktfrauen und die Leute, welche Lebensmittel in die Stadt lieferten, sich nie angesteckt hätten. Ich weiß, dass die Metzger in Whitechapel, wo das meiste Schlachtvieh verarbeitet wurde, fürchterlich von der Krankheit heimgesucht wurden, und das schließlich in einem solchen Ausmaß, dass nur noch wenige Läden geöffnet hatten, und die Metzger, die gesund blieben, schlachteten ihr Vieh in Mile End oder dort herum und brachten das Fleisch auf Pferden zum Markt.

Die Armen jedoch konnten keine Vorräte anlegen, und notgedrungen mussten sie auf dem Markt einkaufen oder Knechte oder Kinder hinschicken; da diese Notwendigkeit aber täglich von Neuem auftrat, waren auf den Märkten viele Kranke, und mancher, der gesund hingegangen war, trug den Tod mit sich nach Hause.

Freilich ergriffen die Leute auch alle möglichen Vorsichtsmaßnahmen. Wenn jemand auf dem Markt ein Stück Fleisch kaufte, pflegte er es nicht aus der Hand des Metzgers zu nehmen, sondern holte sich's selbst vom Haken. Hinwiederum pflegte der Metzger das Geld nicht zu berühren, sondern ließ es in eine Schüssel Essig werfen, die zu diesem Zweck aufgestellt war. Die Käufer hatten immer Kleingeld mit, sodass sie jede Summe begleichen konnten, ohne Wechselgeld entgegennehmen zu müssen. In der Hand hatten sie Flaschen mit Essenzen und Duftwassern, und jedes nur mögliche Mittel wurde angewandt; aber die Armen konnten nicht einmal dies tun, sie waren völlig dem Zufall ausgesetzt.

Jeden Tag konnte man gerade über solche Geschehnisse grausige Geschichten hören. Manchmal brach ein Mann oder eine Frau mitten auf dem Markt tot zusammen, denn viele Leute hatten die Pest und wussten es nicht, bis die Fäulnis die lebenswichtigen Organe ergriff und sie dadurch in wenigen Minuten starben; so starben auf diese Weise viele plötzlich und unerwartet auf den Straßen. Andre hatten vielleicht noch die Zeit, sich zu einem Laden oder Geschäft oder zu irgendeiner Tür oder einem Eingang zu schleppen, um sich dort hinzusetzen und zu sterben, wie ich schon beschrieben habe.

Solches geschah auf den Straßen so häufig, dass man, wenn die Pest in einem Bezirk am schlimmsten Wüten war, kaum durch die Straßen gehen konnte, ohne auf hier und da herumliegende Leichen zu stoßen. Auch war zu beobachten, dass die vorbeigehenden Leute zwar anfangs bei einem solchen Vorfall anzuhalten und die Bewohner der umliegenden Häuser herauszurufen pflegten, dass man später dem aber keinerlei Aufmerksamkeit mehr schenkte; sondern wir gingen nur auf die andre Straßenseite, wenn wir irgendwann einen Toten liegen sahen, und vermieden, ihm nahe zu kommen; oder in einem engen Gässchen oder Durchgang gingen wir zurück und suchten einen andern Weg, um hinzukommen, wohin wir wollten; der Tote blieb in solchen Fällen liegen, bis die Beauftragten Nachricht bekamen und ihn wegbrachten, oder bis in der Nacht die den Pestkarren begleitenden Träger ihn aufhoben und wegschafften. Dabei unterließen jene abgebrühten Gesellen, welche diesen Dienst versahen, es nie, die Taschen der Toten durchzusuchen und auch ihnen die Kleider vom Leib zu ziehen, wenn sie gut gekleidet waren, wie es manchmal der Fall war, und nahmen mit, was sie erwischen konnten.

Aber zurück zu den Märkten. Die Metzger waren so vorsichtig, dass sie immer einige Beauftragte bei der Hand hatten, die jeden auf dem Markt Gestorbenen auf eine Bahre legten und zum nächsten Friedhof brachten; das geschah so häufig, dass sie in der wöchentlichen Liste nicht, wie es heute der Fall ist, unter »Tot auf den Straßen oder Feldern gefunden« aufgeführt wurden, sondern in der allgemeinen Spalte der großen Seuche erfasst wurden.

Allmählich aber wurde das Wüten der Pest so gewaltig, dass auch die Märkte, verglichen mit früher, nur noch spärlich mit Ware beliefert und von Käufern besucht wurden. Und der Lord Mayor veranlasste, dass die Landleute, welche Lebensmittel brachten, in den zur Stadt führenden Straßen aufgehalten wurden, um dort mit ihren Waren zu bleiben, wo sie das Gebrachte verkauften und schnellstens wieder davongingen; das ermunterte die Landleute sehr, weiter Ware zu liefern, denn nun konnten sie ihre Lebensmittel am Stadtrand oder sogar auf den Feldern verkaufen, wie vor allem auf den Feldern jenseits von Whitechapel und auf Spitalfields*, weiter in

* Jenes jetzt als Spitalfields bezeichnetes Wohngebiet war damals tatsächlich noch freies Feld. [Anmerkung der Ausgabe von 1754].

St. George's Field in Southwark, auf Bunhill Fields und auf einem großen Feld bei Islington, mit Namen Wood's Close. Dorthin schickten der Lord Mayor, die Ratsherrn und städtischen Beamten ihre Angestellten und Diener, um für ihre Familien einzukaufen, sie selber blieben so weit wie möglich zu Hause, und viele Leute machten es ebenso; und nachdem man diese Maßnahme eingeführt hatte, kamen die Landleute bereitwillig und gern und brachten Lebensmittel aller Art, und sie wurden nur sehr selten angesteckt, was, wie ich vermute, auch zu dem Gerücht beigetragen hat, dass sie wie durch ein Wunder bewahrt geblieben seien.

Was nun meine kleine Hausgenossenschaft betrifft, so schloss ich, nachdem ich wie erwähnt einen Vorrat an Brot, Butter, Käse und Bier angelegt hatte, mich mit ihnen ein, wie mir mein Freund und Arzt geraten hatte, und beschloss, lieber einige Monate lang den Mangel an Frischfleisch zu ertragen, als solches zu kaufen und damit unser aller Leben aufs Spiel zu setzen.

Aber wenn ich auch meine Hausgenossen einsperrte, so konnte ich doch meiner unersättlichen Neugier nicht Herr werden und selber nicht immer drinnen bleiben; und obwohl ich immer erschüttert und entsetzt nach Hause kam, konnte ich doch nicht widerstehen; allerdings ging ich nicht mehr so häufig hinaus wie anfangs.

Ich hatte ja auch die kleine Verpflichtung übernommen, nach dem Haus meines Bruders zu schauen, das in der Gemeinde Coleman Street lag und das er in meine Obhut gegeben hatte; anfangs ging ich jeden Tag hin, später aber nur noch ein- oder zweimal in der Woche.

Bei diesen Gängen boten sich meinen Augen oft grausige Szenen, vor allem sah ich, wie Menschen tot auf der Straße umfielen, hörte das Schreien und Stöhnen von Frauen, die in ihrer Todesangst die Fenster aufrissen und in grausiger, unvorstellbarer Weise ihre Not hinausschrien; unmöglich kann man all die Formen beschreiben, in denen das Leiden der Menschen sich Ausdruck zu schaffen pflegte.

Als ich einmal durch den Tokenhouse Yard in Lothbury ging, wurde plötzlich direkt über mir ein Fenster heftig aufgerissen, und eine Frau stieß dreimal einen schrecklichen Schrei aus und rief dann mit unnachahmlicher Stimme: »O Tod, Tod, Tod!«, was mir ungeheuren Schrecken einjagte und das Blut in den Adern gefrieren ließ. In der ganzen Straße war niemand zu sehen, noch öffnete sich sonst ein Fenster, denn nichts mehr konnte die Neugier der Leute erregen, auch konnte keiner mehr einem andern helfen, so ging ich weiter in die Bell Alley.

Kaum in der Bell Alley, hörte ich, auf der rechten Seite des Durchgangs, ein noch schrecklicheres Geschrei, obgleich es nicht einmal aus einem Fenster heraustönte; aber eine ganze Familie war in fürchterlicher Aufregung, ich konnte Frauen und Kinder wie von Sinnen heulend durch die Zimmer laufen hören, dann öffnete sich ein Dachfenster, und von der andern Seite der Gasse fragte jemand aus einem Fenster: »Was ist geschehen?«, worauf aus dem ersten Fenster die Antwort kam: »O Gott, der alte Herr hat sich erhängt!« Worauf der andre erneut fragte: »Ist er tot?«, und der Erste darauf: »Ja, ja, tot; er ist schon kalt.« Dieser Herr war Kaufmann und stellvertretender Ratsherr, und sehr reich. Ich möchte seinen Namen lieber nicht nennen, obwohl ich ihn weiß, das würde seine Familie kränken, die jetzt wieder in angesehenen Umständen lebt.

Aber das ist nur einer von vielen Fällen; es ist kaum glaublich, was Tag für Tag in manchen Familien geschah: Menschen, die durch das Wüten der Pest oder die Schmerzen ihrer Geschwüre, die wirklich unerträglich waren, von Sinnen gerieten, tobten und rasten, oft Hand an sich selber legten, indem sie sich aus dem Fenster warfen, sich erschossen usw.; Mütter, die im Wahnsinn ihre Kinder umbrachten, einige, die vor Kummer starben, andre vor Angst und Schrecken, ohne überhaupt angesteckt zu sein, wieder andre wurden vor Angst stumpfsinnig oder verrückt, fielen in Verzweiflung oder Wahnsinn oder sie wurden schwermütig.

Vor allem waren die durch die Beulen verursachten Schmerzen äußerst heftig, ja für manche unerträglich; und man kann schon sagen, dass die Ärzte und Bader manche dieser armen Geschöpfe zu Tode quälten. Manchmal wurden die Beulen hart, dann legten sie scharfe Zugpflaster oder heiße Umschläge auf, um sie zum Aufbrechen zu bringen, und wenn das ohne Erfolg blieb, schnitten und ritzten sie fürchterlich daran herum. In manchen Fällen verhärteten die Beulen nicht nur durch die Heftigkeit der Seuche, sondern auch durch die scharfen Pflaster, und sie wurden so hart, dass man sie mit keinem Instrument mehr schneiden konnte; dann brannte man sie mit ätzenden Mitteln aus, wobei manche durch den wahnsinnigen Schmerz starben, andre durch die Mittel selbst. In dieser Not legten manche, da niemand zur Verfügung stand, sie im Bett festzuhalten oder nach ihnen zu schauen, Hand an sich, wie in dem obigen Fall. Manche stürmten auf die Straßen hinaus, oft nackt, und rannten schnurstracks zum Fluss, wenn sie nicht von Wachmännern oder andern Beamten aufgehalten wurden, und stürzten sich einfach an der nächstbesten Stelle ins Wasser.

Das Stöhnen und Schreien der so Gequälten drang mir oft in die tiefste Seele; man hielt aber von den zwei Erscheinungsformen der Krankheit diese für aussichtsreicher, denn wenn es gelang, die Beulen nach außen zu treiben und sie zum Aufbrechen und Eitern, zur Auflösung, wie die Bader es nennen, zu bringen, wurde der Patient meist wieder gesund; wogegen diejenigen, wie die Tochter jener Dame, die plötzlich vom Tod ergriffen wurden und bei denen die Anzeichen erst zu diesem Zeitpunkt sichtbar wurden, oft ohne etwas zu merken bis kurz vor ihrem Tod herumgingen, manche, bis sie zusammenbrachen, wie man es von der Epilepsie und dem Schlagfluss her kennt. Diese wurden ganz plötzlich von der Krankheit überfallen, pflegten zu einer Bank oder irgendeinem Haufen, was gerade in der Nähe war, oder wenn möglich in ihr Haus zu laufen, wie ich erwähnte, sich hinzusetzen, ohnmächtig zu werden und zu sterben. Diese Todesart war der sehr ähnlich, die man bei Menschen mit dem gewöhnlichen Brand kennt, bei dem sie in Ohnmacht fallen und sozusagen im Traum dahingehen. Die auf solche Weise starben, merkten kaum, dass sie überhaupt angesteckt waren, bis der Brand ihren ganzen Körper erfasst hatte; und nicht einmal die Ärzte konnten eindeutig feststellen, woran sie gestorben waren, wenn sie nicht die Brust oder andre Körperteile öffneten und die Anzeichen sahen.

Man erzählte sich damals viele schreckliche Geschichten von Pflegerinnen und Wachmännern, die nach den Sterbenden sahen; ich meine damit angestellte Pflegerinnen, welche die Angesteckten zu versorgen hatten; nämlich, dass sie diese rücksichtslos behandelten, sie verhungern oder ersticken ließen oder auf andre gemeine Weise ihr Ende beschleunigten, mit andern Worten, sie umbrachten; oder man erzählte sich von Wachmännern, die dafür eingesetzt waren, geschlossene Häuser zu hüten, in denen vielleicht nur noch ein Mensch lebte, und auch der vielleicht krank daniederlag, dass diese in das Haus einbrachen und den Bewohner umbrachten und ihn auf der Stelle hinaus auf den Pestkarren warfen, sodass er, noch nicht kalt, ins Grab musste!

Ich muss zugeben, dass einige solche Morde begangen wurden, und ich glaube zu wissen, dass zwei deswegen verhaftet wurden, aber starben, bevor sie abgeurteilt wurden; auch habe ich gehört, dass drei Weitere, es handelte sich um verschiedene Fälle, von einem Mord dieser Art freigesprochen wurden; aber ich muss doch sagen, dass ich nicht glaube, dass ein solches Verbrechen so häufig vorgekommen ist, wie manche seitdem gerne behaupten; es scheint das auch nicht recht einleuchtend, wo doch die Leute, die so daniederlagen, dass sie sich nicht selbst helfen konnten, nur selten wieder gesundeten, und so konnte doch kaum jemand in Versuchung kommen, wie die Sache lag, einen Menschen umzubringen, von dem er sicher annehmen konnte, dass er bald sterben und nicht wieder aufkommen würde.

Dass selbst in dieser grausigen Zeit viele Diebstähle und verbrecherische Taten begangen wurden, leugne ich nicht. Die Habsucht war in manchen so mächtig, dass sie bei ihren Diebstählen und Plündereien alles aufs Spiel setzten; sie pflegten vor allem in jene Häuser ohne Rücksicht auf die drohende Gefahr einzubrechen, wo alle Familien und Bewohner tot und weggebracht waren, und zogen, ohne sich um die Ansteckungsgefahr zu kümmern, den Leichen die Kleider vom Leib und nahmen das Bettzeug unter den Toten weg.

So muss es, vermute ich, in einem Haus am Houndsditch geschehen sein, wo ein Mann und seine Tochter, die andern Familienmitglieder waren wohl schon vorher vom Pestkarren weggebracht worden, splitternackt, der eine im einen, der andre im andern Zimmer, gefunden wurden, und zwar lagen sie tot auf dem Fußboden, und das Leinen war von den Betten, aus denen sie vermutlich von den Dieben gerollt worden waren, gestohlen und restlos weggeschleppt worden.

Man konnte erstaunlicherweise bemerken, dass die Frauen zu dieser Unglückszeit die waghalsigsten, furchtlosesten und tollkühnsten waren, und da eine große Anzahl von ihnen sich als Pflegerinnen verdingte, wurde von ihnen eine Menge kleiner Diebereien in den Häusern, in denen sie arbeiteten, begangen; einige von ihnen wurden öffentlich deswegen ausgepeitscht, die man besser als abschreckendes Beispiel gehängt hätte, denn viele Häuser wurden von solchen beraubt, bis schließlich die Gemeindebeamten beauftragt wurden, den Kranken Pflegerinnen zu empfehlen, und diese Listen darüber führten, wen sie geschickt hatten, sodass man diese zur Verantwortung ziehen konnte, wenn in dem Haus, in dem sie angestellt waren, etwas vorgekommen war.

Diese Diebstähle erstreckten sich in der Regel aber nur auf Kleidungsstücke, Leinen oder Ringe und Geld, an das sie herankamen, wenn die von ihnen gepflegte Person starb, nicht aber, dass die Häuser völlig ausgeplündert worden wären; ich könnte hier von einer Pflegerin berichten, die einige Jahre später auf dem Totenbett mit größtem Abscheu die Diebstähle bekannte, die sie während ihrer Pflegerinnenzeit begangen und sich dadurch erheblich bereichert hatte. Was aber Morde betrifft, so habe ich keinerlei Beweise dafür finden können, dass solche, wie man erzählt hat, begangen worden sind, abgesehen von den erwähnten Fällen.

Zwar erzählte man mir von einer Pflegerin in einem bestimmten Haus, die auf das Gesicht eines Sterbenden, den sie versorgte, ein nasses Tuch gelegt, als er gerade ausgeatmet und ihn auf diese Weise umgebracht habe; und von einer andern, die eine junge Frau, nach der sie zu schauen hatte, erstickte, als sie einen Schwächeanfall hatte, und die sonst wieder zu sich gekommen wäre; und von solchen, die ihren Patienten dies oder jenes Mittel gaben, und wieder andern, die sie dadurch verhungern ließen, dass sie ihnen gar nichts gaben. Aber diese Geschichten konnte ich wegen zweier verdächtiger Umstände, die sie immer begleiteten, nie ernst nehmen, und ich musste sie als bloße Geschichten betrachten, mit denen sich die Leute immerfort gegenseitig ängstigten. Zum Ersten, wo immer wir sie hörten, waren sie am andern Ende der Stadt passiert, entgegengesetzt oder möglichst weit weg von der Stelle, wo man sie hörte. Hörte man sie in Whitechapel, war es in St. Giles oder Westminster oder Holborn oder sonst wo in jener Gegend der Stadt geschehen. Hörte man aber an jenem Ende der Stadt davon, dann war es wieder in Whitechapel, der Minories oder in der Gemeinde Cripplegate geschehen. Hörte man's in der Altstadt, nun, dann war's in Southwark passiert; und erfuhr man's in Southwark, dann in der Altstadt – und so weiter.

Zum Zweiten fiel auf, dass die Einzelheiten der Geschichten sich immer glichen, wo auch ihr Schauplatz gewesen sein sollte, immer wurde ein nasser gefalteter Lappen auf das Gesicht eines Sterbenden gepresst oder eine junge Dame erstickt; daraus ergibt sich eindeutig, mindestens meiner Meinung nach, dass es sich bei all dem mehr um Märchen als um Tatsachen handelte.

Ich muss jedoch zugeben, dass das Gerede nicht ohne Wirkung auf die Leute blieb, vor allem, dass sie, wie schon erwähnt, genauer aufpassten, wen sie ins Haus nahmen und wem sie ihr Leben anvertrauten, und sie nahmen wenn möglich nur noch auf Empfehlung; und wo sie so jemanden nicht finden konnten, denn es gab nur wenige davon, wandten sie sich an die Gemeindebeamten.

Auch in dieser Hinsicht hatten die Armen besonders unter dem Elend jener Tage zu leiden, denn sie hatten, wenn sie krank wurden, weder Essen noch Arznei, weder Arzt noch Apotheker, ihnen beizustehen, noch eine Wärterin, sie zu pflegen. So starben viele von ihnen, während sie aus ihren Fenstern nach Hilfe oder auch nur Nahrung riefen, auf eine elende und jämmerliche Weise; es muss aber hierbei erwähnt werden, dass solche Menschen oder Familien, wenn ihre Lage dem Lord Mayor bekannt wurde, immer Unterstützung erhielten.

Es stimmt aber auch, dass in Häusern, deren Bewohner durchaus nicht arm waren, und wo man Frauen und Kinder weggeschickt und eventuell vorhandene Bedienstete entlassen hatte – nun, es stimmt auch, dass manche von diesen in den Häusern allein starben, da sie sich, um die Ausgaben zu sparen, eingeschlossen hatten.

Einer meiner Bekannten aus der Nachbarschaft, dem ein Ladeninhaber in der Whitecross Street oder dort herum Geld schuldete, schickte einen Lehrling, einen Jungen von etwa achtzehn Jahren, dorthin, um zu versuchen, das Geld zu bekommen. Dieser kam zu der Haustür, und da er sie abgeschlossen fand, klopfte er ziemlich laut, und da er glaubte, drinnen jemanden antworten gehört zu haben, er sich aber dessen nicht ganz sicher war, wartete er eine Weile, um nach einiger Zeit noch einmal zu klopfen, und schließlich ein drittes Mal, als er jemanden die Treppe herunterkommen hörte.

Schließlich kam der Hausherr an die Tür; er hatte Knie- oder Unterhosen an, eine gelbe Flanellweste und ein paar Pantoffeln, doch keine Strümpfe, auf dem Kopf eine weiße Kappe, und, wie sich der junge Mann ausdrückte, »der Tod stand ihm im Gesicht geschrieben«.

Als er die Tür öffnete, sagte er: »Was willst du, dass du mich deswegen störst?« Der Junge antwortete, wenn auch etwas verstört: »Ich komme von dem und dem, und mein Herr schickt mich, das Geld zu holen, von dem ihr wisst.« – »Ist recht, mein Kind«, erwidert das lebende Gespenst, »wenn du an der Cripplegate Church vorbeikommst, geh hinein und heiße sie die Totenglocke läuten.« Und schloss mit diesen Worten die Tür wieder, ging hinauf und starb am selben Tag, ja vielleicht zur selben Stunde. Das erzählte mir der junge Mann selber, und ich habe keinen Grund, ihm nicht zu glauben. Das geschah, als die Pest noch nicht ihren Höhepunkt erreicht hatte, vermutlich im Juni, gegen Ende des Monats; es muss zu einer Zeit geschehen sein, als die Pestkarren noch nicht herumfuhren, und während man noch den Brauch übte, den Toten die Glocke zu läuten, was sicher nicht mehr, zumindest in jener Gemeinde, Anfang Juli der Fall war, denn um den 25. Juli starben in der Woche 550 und mehr, und da war es nicht mehr möglich, noch jemanden, reich oder arm, in der gehörigen Form zu begraben.

Ich habe schon erwähnt, dass trotz des grausigen Unheils bei jeder Gelegenheit, die Beute versprach, eine ganze Anzahl von Dieben auftauchte, und dass diese im Allgemeinen Frauen waren. An einem Morgen gegen elf Uhr ging ich, wie oft, zu meines Bruders Haus in der Gemeinde Coleman Street, um nach dem Rechten zu sehen.

Vor meines Bruders Haus befand sich ein kleiner Hof, von einer Backsteinmauer mit einem Tor darin umgeben, und in diesem waren einige Lagerhäuser, in denen er Güter verschiedener Art lagerte. Zufällig waren nun in einem dieser Lagerhäuser einige Stapel hoher Damenhüte, die vom Land hereingekommen waren und vermutlich ausgeführt werden sollten, wohin, weiß ich nicht.

Ich wunderte mich, dass mir, als ich in die Nähe des Hauseingangs kam, der auf einen Swan Alley genannten Platz hinausführte, drei oder vier Frauen mit hohen Hüten auf dem Kopf begegneten; und, später fiel es mir ein, eine oder mehrere hatten Hüte der gleichen Art in der Hand. Da ich sie aber nicht von dem Grundstück meines Bruders kommen sah und auch nicht wusste, dass dieser solche Ware in seinen Lagerhäusern hatte, hatte ich keinen Anlass, sie anzusprechen, sondern überquerte die Straße, um ein Zusammentreffen zu vermeiden, wie man es damals aus Angst vor der Pest zu tun pflegte. Aber als ich mich dem Tor näherte, kam mir eine Frau mit weiteren Hüten in der Hand aus dem Tor entgegen. »Was suchtet ihr hier, Madam?«, sagte ich zu ihr. »Da sind noch mehr Leute drin«, antwortete sie, »ich hatte dort nichts andres zu suchen als die.« Ich hatte es eilig, zu dem Tor zu kommen, und sagte deshalb nichts weiter zu ihr, wodurch sie weg kam. Als ich aber gerade an dem Tor angelangt war, sah ich wieder zwei, sie überquerten den Hof auf den Ausgang zu und hatten auch solche Hüte auf dem Kopf und unter dem Arm; da warf ich die Tür zu, die mit einem Schnappschloss versehen nun sich nicht mehr öffnen ließ, und wandte mich an die Frauen und sagte: »Verzeihung, was macht ihr hier?« Dabei griff ich nach den Hüten und nahm sie ihnen weg. Eine von ihnen, die wirklich nicht wie eine Diebin aussah, antwortete: »Ja, wir haben Unrecht getan, aber man sagte uns, die Waren hätten keinen Besitzer. Nehmt sie bitte zurück; und schaut drüben nach, da sind noch mehr solche Kunden.« Sie weinte und sah bedauernswert aus, so nahm ich die Hüte, öffnete das Tor und forderte sie auf zu verschwinden, denn ich hatte mit den Frauen wahrhaftig Mitleid; aber als ich zu dem Lagerhaus hinschaute, wohin sie mich gewiesen hatte, waren dort noch mal sechs oder sieben, lauter Frauen, die sich mit Hüten ausstatteten, so selbstverständlich und ruhig, als wären sie in einem Hutladen beim Einkaufen.

Ich war verwirrt, nicht nur, weil vor mir so viele Diebe standen, sondern wegen der Lage, in der ich mich befand; denn nun sollte ich mich zwischen all die Leute werfen, der ich mich wochenlang so sehr zurückgehalten hatte, dass ich immer auf die andre Straßenseite zu gehen pflegte, wenn mir jemand entgegenkam.

Auch sie waren verwirrt, wenn auch aus anderm Grund. Sie sagten mir alle, dass sie Nachbarinnen seien, dass sie auch gehört hätten, jeder könne sich davon nehmen, dass die Sachen niemandem gehörten, und Ähnliches. Ich schimpfte sie erst einmal tüchtig aus, ging dann zum Tor zurück und zog den Schlüssel heraus, sodass sie alle meine Gefangenen waren, und drohte, sie in das Lagerhaus zu sperren und die Beamten des Lord Mayor zu holen.

Sie flehten mich herzlich an und verteidigten sich damit, dass sie das Tor und die Lagerhaustür offen gefunden hätten; zweifellos seien sie von jemandem aufgebrochen worden, der Wertvolleres zu finden gehofft hatte, was durchaus einleuchtend klang, denn das Schloss war aufgebrochen und auch das Vorlegeschloss an der Außenseite des Tors war lose, auch waren nicht allzu viele Hüte weggekommen.

Schließlich kam ich zu der Überlegung, dass dies nicht die rechte Zeit war für Härte und Strenge; außerdem hätte mich das notwendigerweise dazu gezwungen, viel herumzulaufen, mancherlei Leute bei mir zu haben und zu andern zu gehen, von deren Gesundheitszustand ich nichts wusste; und gerade damals war die Pest auf einem Höhepunkt, sodass in der Woche 4000 Menschen starben; so würde ich vielleicht das eigne Leben einbüßen, wenn ich aus der Empörung heraus handelte oder auch nur für die Waren meines Bruders Ersatz zu erlangen suchte; so begnügte ich mich damit, mir ihre Namen und Wohnungen geben zu lassen, wobei sich herausstellte, dass sie wirklich in der Nachbarschaft wohnten, und ihnen damit zu drohen, dass mein Bruder sie nach seiner Rückkehr zur Verantwortung ziehen würde.

Dann änderte ich den Ton und fragte sie, wie sie in einer solchen Zeit allgemeinen Unglücks und sozusagen im Angesicht von Gottes fürchterlichem Strafgericht so etwas tun konnten; wo die Pest doch vor ihrer Tür lauerte und vielleicht schon in ihren Häusern war und sie nicht wissen konnten, ob nicht der Pestkarren in wenigen Stunden vor ihrer Tür hielt, um sie ins Grab zu schaffen.

Ich konnte nicht bemerken, dass all meine Vorstellungen auf sie besonderen Eindruck gemacht hätten, bis mir zufällig zwei Nachbarn zu Hilfe kamen, welche den Lärm gehört hatten und meinen Bruder kannten, denn sie hatten beide zu seinem Haushalt gehört. Wie gesagt, sie waren Nachbarn, und so erkannten sie sofort drei der Frauen und sagten mir ihre Namen und Wohnungen; daraus ergab sich, dass sie mir zuvor richtige Angaben gemacht hatten.

Dabei fällt mir noch etwas über diese beiden Männer ein. Der eine hieß John Hayward und war damals Unterküster der Gemeinde St. Stephen, Coleman Street. Damals verstand man unter einem Unterküster jemanden, der Gräber schaufelte und Särge trug. Dieser Mann trug oder half all die Toten jener großen Gemeinde zu ihren Gräbern tragen, solange sie in der gehörigen Form begraben wurden; und als das nicht mehr geschah, begleitete er Glocke und Pestkarren, um die Leichen aus den Häusern zu holen, und holte viele aus den Zimmern und Häusern; denn diese Gemeinde zeichnete sich damals wie heute vor allem dadurch vor allen andern Gemeinden Londons aus, dass sie viele, sehr lange Gassen und Durchgänge hat, in die kein Wagen hineinfahren kann, sodass sie die Leichen über große Strecken tragen mussten; das kann man noch an der White's Alley, Gross Key Court, Swan Alley, Bell Alley, White Horse Alley und vielen andern sehen. Dort hinein begaben sie sich mit einer Art Bahre, auf die sie die Leichen legten und hinaus zum Wagen brachten; eine solche Arbeit führte er aus und bekam trotzdem nicht die Pest, sondern lebte noch zwanzig Jahre und war bis zu seinem Tod Küster der Gemeinde. Gleichzeitig war seine Frau als Wärterin bei Pestkranken tätig und pflegte viele, die in der Gemeinde starben, da sie wegen ihrer Ehrlichkeit von den Gemeindebeamten empfohlen wurde, und auch sie wurde nicht angesteckt.

Er verwendete nie irgendwelche Vorbeugungsmittel gegen Ansteckung, abgesehen von Knoblauch und Raute, die er kaute, und vom Tabakrauchen. Auch das hat er mir selbst erzählt. Und seine Frau schützte sich dadurch, dass sie sich den Kopf mit Essig wusch und ihre Kopfbedeckung so mit Essig bespritzte, dass sie immer feucht war; und wenn die Ausdünstung von einem, den sie pflegte, zu stark wurde, schnupfte sie Essig in die Nase, spritzte Essig auf ihr Kopftuch und hielt ein mit Essig getränktes Taschentuch vor den Mund.

Es muss erwähnt werden, dass die Armen, obwohl die Pest vor allem unter ihnen hauste, am wenigsten Angst und Furcht vor ihr hatten und mit einer Art tierischem Mut ihrer Beschäftigung nachgingen; ich muss das so bezeichnen, denn er gründete weder in religiöser Überzeugung noch in Klugheit; sie ergriffen kaum irgendwelche Vorsichtsmaßnahmen, sondern taten jede Arbeit, die sie nur bekommen konnten, und war sie noch so gefährlich. So pflegten sie Kranke, bewachten geschlossene Häuser, trugen Befallene zu den Pestasylen und schleppten die Toten zu den Begräbnisplätzen.

Während der Tätigkeit und im Bereich dieses John Hayward war es, dass die Geschichte mit dem Dudelsackpfeifer passierte, an der sich die Leute so sehr ergötzten, und er versicherte mir, dass sie wahr sei. Man behauptet, dass der Pfeifer blind gewesen sei; jedoch stimmt dies, wie John mir sagte, nicht, sondern er war ein unwissender, gebrechlicher, armer Mann, der gewöhnlich abends um zehn Uhr seine Runde machte, pfeifend von Haus zu Haus ging und dann gewöhnlich von den Leuten in ein Gasthaus geholt wurde, wo er schon bekannt war. Dort pflegte man ihn zum Trinken und zum Essen einzuladen, und manchmal bekam er ein paar Pennys; zum Dank dafür pflegte er dann zu pfeifen und zu singen und ungereimtes Zeug daherzureden, womit sich die Leute unterhielten; davon lebte er. Jetzt aber, wo die Lage wie von mir dargestellt war, bestand nicht viel Bedürfnis nach solcher Art Unterhaltung, doch ging der Mann wie gewöhnlich herum, verhungerte jedoch fast; und wenn jemand fragte, wie es ihm gehe, antwortete er immer, dass ihn der Pestkarren noch nicht mitgenommen habe, dass sie ihm aber versprochen hätten, ihn in der nächsten Woche mitzunehmen.

Eines Abends geschah es, dass der arme Kerl, ob man ihm nun zu viel zu trinken gegeben hatte oder nicht – John Hayward sagte, dass er nichts zu trinken bekommen, aber in einem Gasthaus in der Coleman Street etwas mehr als gewöhnlich zu essen bekommen hätte – und der arme Kerl, der nicht an einen vollen Bauch gewöhnt war, mindestens seit geraumer Zeit nicht mehr, wurde, fest eingeschlafen, auf das Dach eines vorgebauten Ladens neben einem Tor in der Straße bei London Wall, Richtung Cripplegate, gelegt; auf den gleichen Vorbau legten die Leute aus einem Haus von der Gasse, an deren Ecke der Laden lag, einen wirklich an der Pest Gestorbenen neben ihn, als sie die Glocke hörten, die immer vor dem Karren geläutet wurde; sie hatten nämlich gedacht, dass der arme Kerl auch eine Leiche und von irgendeinem Nachbarn dort hingelegt worden sei.

So fand John Hayward, als er mit der Glocke und dem Karren ankam, zwei Leichen auf dem Vorbau liegen, sie zogen die beiden mit dem Gerät, das sie zu benutzen pflegten, heran und warfen sie auf den Karren, und während all dem schlief der Pfeifer tief und fest.

Von da aus fuhren sie weiter und luden noch mehr Leichen auf, bis sie ihn schließlich, wie mir der gute John Hayward erzählte, fast lebendig darunter begraben hatten; doch er schlief immer noch tief und fest. Zuletzt kam der Karren an dem Platz an, wo die Toten unter die Erde gebracht werden sollten, soweit ich mich erinnere, war es bei Mount Mill; gewöhnlich hielt der Karren einige Zeit, bevor sie so weit waren, ihre traurige Fracht herunterzukippen, und als der Karren nun anhielt, erwachte der Mann und zappelte ein wenig, um seinen Kopf aus den Leichen herauszubekommen, und rief, nachdem er sich im Karren aufgerichtet hatte: »He, wo bin ich?« Der Mann, der die Arbeit leitete, bekam einen Schreck; doch nach einer kleinen Weile fasste sich John Hayward und sagte: »Um Gottes willen! Da ist noch ein Lebender im Karren!« So rief ihn ein andrer an: »Wer seid ihr?« Der Kerl antwortete: »Ich bin der arme Dudelsackpfeifer. Wo bin ich?« – »Wo ihr seid«, sagte John Hayward drauf, »auf dem Pestkarren seid ihr, und wir sind dabei, euch zu begraben.« – »Aber ich bin doch wohl nicht tot, oder?«, antwortete der Pfeifer, worüber sie ein wenig lachen mussten, obgleich, wie John sagte, sie zuerst fürchterlich erschrocken waren; sie halfen dem armen Kerl herunter, und er ging seines Weges.

Ich weiß, dass man sich erzählt, er habe auf dem Karren den Dudelsack an den Mund gesetzt und dadurch die Träger und andre Leute so erschreckt, dass sie davonliefen; John Hayward erzählte die Geschichte aber anders, und vom Pfeifen hat er überhaupt nichts gesagt; ich hege aber absolut keinen Zweifel daran, dass es sich um einen armen Dudelsackpfeifer handelte und er, wie eben erzählt, im Pestkarren gefahren ist.

Hier ist zu erwähnen, dass die Pestkarren in der Innenstadt nicht auf bestimmte Bezirke beschränkt waren, sondern dass die Karren durch verschiedene Bezirke fuhren, je nachdem, wie viele Tote ihnen übergeben wurden; auch waren sie nicht dazu verpflichtet, die Leichen zu den Friedhöfen ihrer Gemeinden zu bringen, sondern viele der in der Innenstadt aufgeladenen Toten wurden wegen Platzmangels zu Begräbnisstätten in den Außenbezirken gebracht.

Ich habe schon erwähnt, welche Überraschung dieses Gericht für die Menschen anfangs bedeutete. Man möge mir erlauben, einige Gedanken über die sittliche und religiöse Seite der Heimsuchung zu äußern. Sicher ist nie eine Stadt, zumindest nicht von dieser Größe und Bedeutung, von einer solchen Heimsuchung in einem so völlig unvorbereiteten Zustand getroffen worden, sowohl was die äußeren wie die inneren Vorbereitungen betrifft. Die Menschen benahmen sich wahrhaftig, als hätten sie keine Warnungen erhalten und nichts vorauswissen und ahnen können, und deshalb wurden von den Behörden auch nicht die geringsten öffentlichen Maßnahmen, die man sich denken kann, getroffen. So hatten z. B. der Lord Mayor und die Sheriffs, als oberste Beamte, keinerlei Verordnungen über das Verhalten der Bevölkerung ausgearbeitet. Sie hatten keine Maßnahmen für die Unterstützung der Armen vorgesehen. Die Bürgerschaft hatte keine städtischen Vorräte oder Lager mit Getreide und Mehl für den Unterhalt der Armen eingerichtet; hätte man sich, wie es in andern Ländern geschieht, vorsorglich eingedeckt, hätte man viele Not leidende Familien, die nun in die schlimmste Bedrängnis gerieten, unterstützen können, und zwar viel besser, als es nun möglich war.

Über die Geldvorräte der Stadt kann ich nur wenig sagen. Die Chamber of London war wohl außerordentlich reich, und man kann das auch daraus schließen, dass nach dem großen Brand Londons von ihr riesige Summen Geldes für den Wiederaufbau der öffentlichen Gebäude und für die Errichtung neuer Bauwerke ausgegeben wurden; so wurden z. B. wieder aufgebaut, nachdem sie bei dem großen Brand von London im Jahr nach der Pest entweder niedergebrannt oder beschädigt waren: die Guildhall, Blackwell Hall, ein Teil von Leadenhall, das halbe Gebäude der Exchange, Session House, das Compter, die Gefängnisse von Ludgate, Morgate usw.; weiter verschiedene Kaianlagen, Ufertreppen und Anlegestellen am Fluss; neu errichtet wurden: das Monument, Fleet Ditch mit seinen Brücken, das Hospital von Bethlem oder Bedlam usw. Aber vielleicht machte sich die Finanzverwaltung der Stadt damals ein größeres Gewissen daraus, zur Hilfeleistung an Not leidende Bürger die Waisengelder zu berauben, als in den folgenden Jahren, wo mit diesen Geldern die Stadt verschönert und ihre Gebäude wiederhergestellt wurden, wenn auch im ersten Fall die Betrogenen ihr Vermögen für besser angewandt gehalten hätten und das Vertrauen in die Stadtverwaltung weniger unter Beschuldigungen und Vorwürfen gelitten hätte.

Es muss anerkannt werden, dass die abwesenden Bürger, obwohl sie zu ihrer eignen Sicherheit aufs Land geflohen waren, doch große Anteilnahme am Ergehen derer bewiesen, die sie zurückgelassen hatten, und nicht vergaßen, großzügig zur Unterstützung der Armen beizutragen; große Summen wurden auch in den Handelsstätten selbst der entferntesten Gegenden Englands gesammelt; auch habe ich gehört, dass Hochadel und Adel den bejammernswerten Zustand der Stadt erwogen und große Geldsummen an den Lord Mayor und die Stadtverwaltung als Spende für die Unterstützung der Armen schickten. Auch der König, erfuhr ich, befahl, dass jede Woche 1000 Pfund in folgender Weise verteilt werden sollten: ein Viertel an die Altstadt und das Freigebiet von Westminster; ein weiteres Viertel unter die Einwohner von Southwark am gegenüberliegenden Themseufer; ein drittes an das Freigebiet und Teile innerhalb der Altstadt, ausgenommen ihren innerhalb der Mauern gelegenen Teil, und das letzte Viertel an die Vorstädte in der Grafschaft Middlesex und die östlichen und nördlichen Teile der Altstadt. Das Letztere kann ich aber nur vom Hörensagen wiedergeben.

Zweifelsohne lebten nun die meisten Armen und diejenigen, die sich früher von ihrer Hände Arbeit oder durch einen Laden ernährt hatten, von der Fürsorge; und wären zu deren Unterstützung nicht von freigebigen, wohlgesonnenen Christen gewaltige Summen geschenkt worden, hätten die Menschen in der Altstadt nicht erhalten werden können. Ohne Frage hat die Stadtverwaltung über diese Gaben der Nächstenliebe und ihre gerechte Verteilung Buch geführt. Aber da gerade von jenen Beamten, von denen das Geld verteilt wurde, sehr viele starben, und da bei der großen Feuersbrunst des folgenden Jahres die meisten Aufzeichnungen darüber verloren gingen, wie man mir mitteilte, wobei ja sogar die Stadtkämmerei mit vielen ihrer Urkunden zerstört wurde, konnte ich die betreffenden Aufzeichnungen nicht zu Gesicht bekommen, so sehr ich mich auch darum bemühte.

Es kann beim erneuten Nahen einer Heimsuchung, wovor Gott die Stadt bewahren möge, eine Richtschnur sein; ich meine, es mag nützlich zu beobachten sein, dass zu jener Zeit durch das Bemühen des Lord Mayors und der Ratsherrn, jede Woche große Summen Geldes zur Unterstützung der Armen auszuteilen, eine große Anzahl von Leuten, die sonst zugrunde gegangen wären, versorgt wurden, was ihnen das Leben rettete. Und hier möchte ich in eine kurze Darstellung der Lage der Armen zu jener Zeit, und was ihnen genommen wurde, eintreten, woraus man beurteilen kann, was zu erwarten ist, wenn wieder ein solches Unheil über die Stadt hereinbrechen sollte.

Am Anfang der Epidemie, als man schließlich befürchten musste, dass die ganze Stadt heimgesucht würde; als, wie gesagt, all diejenigen, welche Freunde oder Besitzungen auf dem Land hatten, mit ihren Familien die Stadt verließen; und als man wahrhaftig denken konnte, dass die ganze Stadt durch die Tore hinausfloh und niemand zurückblieb: Von dem Augenblick an, wie einzusehen ist, kam aller Handel und Wandel, soweit er nicht den unmittelbaren Bedürfnissen des täglichen Lebens diente, sozusagen zum völligen Erliegen.

Dies ist so eindrucksvoll und gibt einen so treffenden Einblick in die Lage der Bevölkerung, dass man meiner Meinung nach bei seiner Darstellung gar nicht genug Einzelheiten beibringen kann, und deshalb gehe ich nun auf die verschiedenen Bevölkerungsgruppen oder -schichten ein, die durch die Geschehnisse in unmittelbare Not gerieten; das waren zum Beispiel:

1. Alle Meister, die einen Handwerksbetrieb besaßen, vor allem, soweit sie Luxusartikel und weniger notwendiges Zubehör zu Kleidung, Zeug und Hauseinrichtungen anfertigten, also: Bandweber und gewöhnliche Weber, Hersteller von Gold- und Silbertressen und Zieher von Gold-und Silberdraht, Nähereien, Putzmachergeschäfte, Schuh-, Hut- und Handschuhmacher; außerdem Polsterer, Schreiner, Kunsttischler, Spiegelhersteller, dazu unzählige von diesen abhängige Gewerbe – diese alle stellten also die Arbeit ein und entließen alle ihre Gesellen, Arbeiter und Bediensteten.
2. Da der Handel völlig zum Erliegen gekommen war, denn nur wenige Schiffe wagten sich den Fluss herauf und keine fuhren hinaus, wurden alle außerordentlichen Zollangestellten, ebenso die Fährleute, Fuhrleute, Lastträger, und all die Armen, die bei Kaufleuten beschäftigt waren, auf der Stelle entlassen und ihres Arbeitsplatzes beraubt.
3. Alle sonst mit dem Bau oder der Reparatur von Häusern beschäftigten Handwerker waren ohne Arbeit, denn die Menschen waren weit davon entfernt, in einer Zeit, in der Tausende von Häusern auf einen Schlag ihrer Bewohner beraubt wurden, sich ein Haus bauen zu lassen; sodass die-

Monies received for ye releife of the Poore visited with ye Plague, in London & Liberties thereof, at ye Dispo: all of my Lord Major & Court of Aldren

1665		
July 20	Rec^d of Mr James Clitherow by him freely given towards the Releife of the poore visited people	10 00 00
August 21	Rec^d of Sr Andrew King K^t by hands of Sr John Fredericke K^t & Aldran for Releife of the Poore	10 00 00
22	Rec^d of Mr Andrew Dandes for the visited poore	20 00 00
22	Rec^d of severall Cittizens of London, Faire Keepers in Bristoll, by them Collected & given for the visited poore	61 00 00
25	Rec^d of Mr James & Mr Arthur Barron by the hands of Mr John Sandelands for the visited poore	10 00 00
September 2	Rec^d of Mr John Randall by him freely given for the visited poore	7 05 00
4	Rec^d of Sr Richard Rives K^t & Aldran by him freely given towards the Releife of ye visited poore	5 00 00
4	Rec^d of the Constables & towne of Tawnton by the hands of Sr John Fredericke & Company for Releife of the visited poore within ye Citty & Liberty	100 00 00
5	Rec^d of Dr Bates for the visited poore	10 00 00
5	Rec^d of my Lord Major being soe much Returned from ye Citty of Bristoll for ye visited poore	205 00 00
6	Rec^d of Thos Statham the summe of the guift of a person unknowne for Releife of the visited poore	5 00 00
19	Rec^d of Francis Meynell Esq & Aldran by him given towards the visited poore	10 00 00
19	Rec^d of Mr Peter Lawrence the guift of a person unknowne for the visited poore	26 00 00
19	Rec^d of Willm Hooker Esq & Aldran Collected in the towne of Wakefeild in Yorke for ye visited poore in London & Liberties	59 00 00
23	Rec^d of Sr John ffredericke K^t & Aldran returned from the towne of Plimouth for ye visited poore in London & Liberty	69 09 00
23	Rec^d more of Sr John ffredericke Returned from Dartmouth for the visited poore in London & Liberty	25 00 00
25	Rec^d of Willm Rumbold Esq by him given for the visited poore by hands of Mr Thos Kynaston	5 00 00
	Borne over	630 02 00

Spendenliste aus einem erhaltenen Rechnungsbuch der City of London

se einzige Tatsache alle Angehörigen dieser Handwerksberufe, wie Ziegelmaurer, Maurer, Zimmerleute, Schreiner, Stuckateure, Maler, Glaser, Schmiede, Klempner, und alle von ihnen abhängigen Arbeiter, erwerbslos machte.

4. Da die Schifffahrt zum Erliegen gekommen war und unsere Schiffe nicht mehr wie früher einliefen und ausfuhren, so waren alle Seeleute beschäftigungslos, und viele von ihnen waren in die äußerste Not geraten; und wie den Seeleuten ging es all den Handwerkern und Arbeitern, die mit dem Bau und der Ausrüstung von Schiffen zu tun haben und davon abhängig sind, wie Schiffszimmerleute, Kalfaterer, Seiler, Böttcher, Segelmacher, Ankerschmiede und andere Schmiede; Flaschenzugmacher, Drechsler, Büchsenmacher, Schiffslieferanten, Werftarbeiter und Ähnliche. Die Kapitäne und Schiffseigentümer konnten wohl von ihrem Vermögen zehren, aber die Schiffe lagen durchweg still, und folglich entließen sie alle bei ihnen Beschäftigten. Es kommt dazu, dass auch der Verkehr auf dem Fluss fast ganz zum Erliegen gekommen war, und dadurch waren auch alle oder die meisten der Fährleute und Kahnführer und der Boots- und Kahnbauer arbeits- und beschäftigungslos.
5. Alle Familien, ob sie nun geflohen oder geblieben waren, schränkten sich in ihrer Lebenshaltung so weit wie möglich ein; also entließ man unzählig viele Lakaien, Dienstboten, Verkäufer, Gesellen, Buchhalter bei Kaufleuten und dergleichen, vor allem aber arme Dienstmädchen, und die standen dann ohne Freunde und Hilfe, ohne Arbeit und Unterkunft da, wahrlich ein trauriges Kapitel.

Darüber könnte ich nun noch ins Einzelne gehen, aber es mag die allgemeine Feststellung genügen, dass Handel und Wandel stillstanden und damit keine Arbeit mehr vorhanden war; die Armen verloren also Arbeit und Brot; und so griff einem am Anfang das Weinen der Armen am meisten ans Herz, obgleich durch die Verteilung von Fürsorgegeldern ihre Not in dieser Hinsicht sehr gelindert wurde. Zwar flohen viele in die umliegenden Grafschaften, aber da Tausende auch in London geblieben waren, bis sie die schiere Verzweiflung hinaustrieb, ereilte sie der Tod auf den Landstraßen, sodass sie nur noch als Boten des Todes dienten; und andre, welche die Seuche mit sich hinausschleppten, verbreiteten sie unglückseligerweise bis in die entferntesten Teile des Königreichs.

Viele von ihnen waren die bedauernswerten Opfer der verzweifelten wirtschaftlichen Lage, von der ich oben sprach, und fielen dem daraus erwachsenden Verderben anheim. Sie gingen also nicht durch die Pest selbst, sondern durch ihre Auswirkungen zugrunde, nämlich durch Hunger und Not und den Mangel an allem Nötigen, da sie ohne Unterkunft, Geld und Freunde waren, nichts hatten, sich Brot zu kaufen, und niemanden, ihnen welches zu geben; denn viele von ihnen waren ohne das sogenannte Heimatrecht und konnten deshalb von keiner Gemeinde etwas fordern, und die einzige Unterstützung, die sie erhielten, bekamen sie auf ihr Hilfsersuchen an die Stadtverwaltung als Almosen, welche [um der Stadtverwaltung Gerechtigkeit widerfahren zu lassen] alle Hilfsgelder sorgfältig und bereitwillig verteilte, wo immer sie die Notwendigkeit erkannte, sodass diejenigen, die dablieben, nie jene Not und Sorge kennenlernten, welche die erfuhren, die in der oben erwähnten Weise die Stadt verließen.

Möge jeder, der die riesige Zahl der Menschen kennt, die in unserer Stadt ihr tägliches Brot durch ihrer Hände Arbeit verdienen, sei es als Handwerker oder einfacher Arbeiter, möge einmal jeder sich überlegen, wie groß das Elend in der Stadt wäre, wenn all diese auf einen Schlag ihren Arbeitsplatz verlören, keine Arbeitsmöglichkeiten mehr vorhanden wären und damit auch keine Löhne mehr gezahlt würden!

Und genau das geschah zu jener Zeit; und wären die Geldsummen, die von wohlgesinnten Leuten der Stadt und des ganzen Landes aus Nächstenliebe gegeben wurden, nicht so ungeheuer groß gewesen, so wäre es dem Lord Mayor und den Sheriffs nicht möglich gewesen, die öffentliche Ruhe und Ordnung aufrechtzuerhalten. Auch hegten sie, so wie die Dinge lagen, durchaus die Besorgnis, dass die Verzweiflung die Leute zum Aufruhr treiben könnte, dass sie die Häuser der Reichen plünderten und die Märkte überfielen, um zu Lebensmitteln zu kommen; dadurch wären die Landleute, welche ohne Scheu und ohne Furcht Lebensmittel in die Stadt brachten, davon abgeschreckt worden, weiterhin zu kommen, und dadurch wäre in der Stadt unvermeidlich eine Hungersnot ausgebrochen.

Unser Lord Mayor und der Stadtrat, wie auch die Friedensrichter in den Vororten, waren aber so klug, und sie wurden so reichlich von allen Seiten mit Geld unterstützt, dass sie die Armen ruhig halten und ihre Not so weit wie möglich mildern konnten.

Zwei weitere Tatsachen trugen dazu bei, dass es nicht zu Ausschreitungen durch den Pöbel kam. Die erste war die, dass sich die Reichen gar keine Lebensmittelvorräte angelegt hatten, wie sie es besser getan hätten, denn dadurch, wenn sie so klug genug gewesen wären, es zu tun und sich dann völlig einzuschließen, wie es einige wenige machten, wären sie der Pest vielleicht besser entronnen. Aber da bekannt war, dass sie es nicht getan hatten, bestand für das Gesindel keine Aussicht, durch Einbrüche zu Lebensmitteln zu kommen – oft war es nahe daran, sie zu begehen, wie man sich vorstellen kann; hätten sie damit begonnen, so wäre dadurch die Stadt ganz zugrunde gerichtet worden, denn reguläre Truppen, welche dagegen hätten eingesetzt werden können, gab es nicht; auch die Bürgerwehr hätte man nicht zusammenbekommen können, um die Stadt zu schützen, da niemand zu finden war, der Waffen in die Hand nehmen wollte.

Aber dank der Umsicht des Lord Mayors und der städtischen Beamten, soweit sie verfügbar waren [denn einige von ihnen, sogar von den Ratsherrn, waren gestorben, andre hatten die Stadt verlassen], konnte dies verhindert werden; das gelang ihnen durch die größtmögliche Güte und Milde, vor allem dadurch, dass sie die Unglücklichsten mit Geld unterstützten, andern Arbeit verschafften, vor allem ihnen die Überwachung befallener und geschlossener Häuser übertrugen. Da deren Anzahl sehr groß war, man sprach davon, dass gleichzeitig 10.000 Häuser geschlossen waren, und jedem Haus waren zur Beaufsichtigung zwei Wachmänner zugeordnet, nämlich einer für die Tag- und einer für die Nachtwache, war es möglich, eine sehr große Zahl Armer dauernd zu beschäftigen.

Ähnlich konnte man die Frauen und Dienstmädchen, die aus ihren Stellungen entlassen worden waren, überall mit der Pflege Kranker beschäftigen, und dadurch verringerte sich ihre Zahl außerordentlich.

Weiter bedeutete es, so traurig die Tatsache war, doch auch eine große Erleichterung, dass die Pest, die am schlimmsten von Mitte August bis Mitte Oktober wütete, innerhalb dieses Zeitraums dreißig- oder vierzigtausend gerade von diesen Armen hinwegraffte, welche sonst durch ihre Bedürftigkeit eine unerträgliche Belastung dargestellt hätten; ich will damit sagen, dass die Stadt sie unmöglich alle hätte finanziell unterstützen oder mit Nahrungsmitteln versorgen können; so wären sie schließlich dazu gezwungen worden, in ihrer Not entweder die Stadt selbst oder das umliegende Land auszuplündern, um sich am Leben zu erhalten, was früher oder später nicht nur die Stadt, sondern das ganze Land in fürchterliche Angst und Verwirrung gestürzt hätte.

Man konnte auch beobachten, dass das Unheil die Menschen sehr demütig machte; denn nun starben über etwa neun Wochen hinweg täglich fast tausend Menschen, und das Tag für Tag, wie es selbst die wöchentlichen Listen ausweisen, die doch – wovon überzeugt zu sein ich allen Grund habe – Tausende Todesfälle nicht berücksichtigten; denn bei dem Durcheinander, und weil die Totengräber mit den Pestkarren nur während der Nacht die Leichen wegschafften, wurden an einigen Stellen überhaupt keine Listen geführt; sie arbeiteten trotzdem weiter, selbst wenn über Wochen kein Schreiber oder Küster anwesend war, und ohne darauf zu achten, wie viele sie begruben. Die von mir genannte Zahl wird durch die folgenden Sterblichkeitslisten bestätigt:

	An allen Krankheiten zusammen:	An der Pest:
8. August bis 15. August	5319	3880
15. August bis 22. August	5568	4237
22. August bis 29. August	7496	6102
29. August bis 5. September	8252	6988
5. September bis 12. September	7690	6544
12. September bis 19. September	8297	7165
19. September bis 26. September	6460	5533
26. September bis 3. Oktober	5720	4929
3. Oktober bis 10. Oktober	5068	4327
	59.870	49.705

Die große Mehrzahl der Opfer starb also in diesen zwei Monaten; denn wir haben hier, bei einer Gesamtzahl von 68.590 Pesttoten, allein in diesen zwei Monaten, annähernd 50.000; ich spreche von 50.000, denn wenn in der obigen Liste auch 295 dazu fehlen, so fehlen ja auch zwei Tage, um zwei Monate voll zu machen [*sic.* Anm. d. Hrsg.]

Wenn ich nun behaupte, dass die Gemeindebeamten keine vollständigen Aufstellungen ablieferten bzw. man auf ihre Aufstellungen sich nicht verlassen konnte, so möge man bedenken, wie jemand in dieser furchtbaren Notzeit hätte genau sein können, wozu noch kommt, dass viele der Schreiber, also die Gemeindeschreiber und niederen Beamten, selbst erkrankten und vielleicht auf den Tod daniederlagen, wenn sie ihre Aufstellungen abliefern sollten; denn diese armen Leute, die dauernd ihr Leben aufs Spiel setzten, wurden natürlich von dem allgemeinen Unglück durchaus nicht verschont; es hieß sogar, dass die Gemeinde Stepney in diesem einen Jahr 116 Küster, Totengräber und deren Hilfskräfte, welche die Toten auf den Friedhof schafften, wie Träger, Glockenläuter und Karrenfahrer, hatte.

Ihre Arbeit war wahrhaftig nicht so beschaffen, dass sie Zeit und Ruhe gehabt hätten, die Leichen zu zählen, die im Dunkeln haufenweise in eine Grube geworfen wurden; außerdem war es äußerst gefährlich, sich dieser Grube oder diesem Graben zu nähern. Ich beobachtete oft, dass in den Listen für die Gemeinden Aldgate, Cripplegate, Whitechapel und Stepney pro Woche fünf-, sechs-, sieben- oder achthundert Tote angeführt waren, wo doch in diesen Gemeinden, wenn man der Ansicht derjenigen, die wie ich während der ganzen Zeit in der Stadt gelebt haben, Glauben schenken darf, manchmal zweitausend wöchentlich starben. Und ich erfuhr auch persönlich von jemandem, der darüber die genauest möglichen Nachforschungen angestellt hatte, dass in jenem einen Jahr in Wirklichkeit hunderttausend Menschen an der Pest starben und nicht, wie die Listen unter der Spalte »Pest« angaben, nur 68.590.

Wenn ich hierzu meine eigne Meinung äußern darf, die sich auf das gründet, was ich mit eignen Augen gesehen oder von Augenzeugen gehört habe, so bin ich durchaus auch der Überzeugung, dass mindestens hunderttausend Menschen allein durch die Pest umkamen, wozu also nicht die gerechnet sind, die an andern Krankheiten starben, und solche, die auf den Feldern und an den Straßen und versteckten Orten, außerhalb des Verkehrsbereichs, wie man es nannte, starben, und deshalb nicht in den Listen aufgeführt wurden, obwohl sie doch zur Einwohnerschaft gehörten. Es war uns allen bekannt, dass eine Unzahl armer, verzweifelter Menschen, mit der Pest am Leib und durch ihr Elend blödsinnig und schwermütig geworden, wie es oft vorkam, in die Felder und Wälder, in abgelegene und wüste Gegenden, ja überallhin, hinauswanderten, um unter einen Busch oder eine Hecke zu kriechen und dort zu sterben.

Die Bewohner der nahen Dörfer pflegten ihnen voll Mitleid Essen zu bringen und es entfernt von ihnen hinzustellen, damit sie es holen könnten, wenn sie dazu noch in der Lage waren; manchmal waren sie zu schwach dazu, und wenn man wieder hinkam, fand man die armen Kerle tot und das Essen unberührt. Es gab viele solcher bedauernswerter Opfer, und ich kenne so viele, die auf solche Weise zugrunde gingen, und weiß so genau, wo, dass ich glaube, ich könnte heute noch einfach hinausgehen und ihre Gebeine ausgraben; denn die Landleute pflegten hinzugehen und ein Stück von ihnen entfernt ein Loch zu graben, dann mit langen Stangen, an deren Ende ein Haken befestigt war, den Leichnam in das Loch zu zerren, und zuletzt füllten sie die Grube wieder zu, und zwar blieben sie von ihr so weit weg, wie sie die Erde nur werfen konnten, wobei sie darauf achteten, aus welcher Richtung der Wind kam, und sich auf die Seite stellten, welche die Seeleute Luv nennen, damit die Ausdünstung der Leiche von ihnen weg wehte; so gingen viele aus dieser Welt, von denen man nie erfuhr und von denen niemand Notiz nahm, weder in den Sterblichkeitslisten noch sonst wo.

All das weiß ich freilich hauptsächlich aus Berichten andrer, denn ich ging nur selten aus der Stadt, außer einmal in Richtung Bethnal Green und Hackney, und wovon ich später noch schreiben werde. Wenn ich aber einmal herauskam, sah ich jedes Mal von Weitem viele erbärmlich herumwandern; ich konnte aber kaum Näheres über sie erfahren, denn sowohl in den Straßen wie draußen war es allgemeiner Brauch geworden, dass man auswich, wenn man jemanden entgegenkommen sah; jedoch bin ich überzeugt, dass das mir Berichtete völlig der Wahrheit entspricht.

Weil ich dabei auf meine Gänge durch die Straßen und in den Feldern gekommen bin, kann ich nicht umhin, auch zu erwähnen, einen wie ausgestorbenen Eindruck damals die Stadt machte. Die große Straße, an der ich wohnte und die als eine der breitesten Straßen Londons, d. h. der Vorstädte und der Freigebiete, bekannt ist, sah die ganze Seite, an der die Metzger ihre Geschäfte hatten [vor allem außerhalb des Tors], mehr einer grünen Wiese als einer gepflasterten Straße ähnlich, die Leute mit Pferd und Wagen benutzten meist die Straßenmitte. Zwar war ihr äußerer Teil, auf Whitechapel Church zu, nicht ganz gepflastert, aber der gepflasterte Teil war ebenso mit Gras überwachsen; das ist aber nicht weiter verwunderlich, denn selbst auf den großen Straßen innerhalb der Altstadt, wie Leadenhall Street, Bishopsgate Street, Cornhill und sogar der Exchange, wuchs an manchen Stellen das Gras; von morgens bis abends war weder Wagen noch Kutsche zu sehen, nur ein paar Bauernwagen, die Wurzeln, Bohnen, Erbsen, Heu und Stroh auf den Markt brachten, und auch das waren, mit normalen Zeiten verglichen, nur wenige. Was die Mietkutschen betrifft, so wurden diese kaum zu etwas anderm benutzt, als Kranke ins Pestasyl oder in andre Krankenhäuser zu bringen; einige auch von Ärzten, die sich zu solchen Häusern fahren ließen, die zu betreten sie glaubten wagen zu können; Mietkutschen waren nämlich gefährlich, und die Leute wagten sie nur ungern zu benutzen, denn sie wussten ja nicht, wer vor ihnen damit gefahren war, und meist wurden, wie gesagt, in ihnen Angesteckte in die Pestasyle gebracht, manchmal starben schon auf dem Weg welche darin.

Freilich, als die Seuche nun das Ausmaß erreichte, von dem ich eben sprach, gab es nur noch ganz wenige Ärzte, die zu Krankenbesuchen aus dem Haus gehen wollten, auch waren sehr viele der berühmtesten ihres Standes gestorben, ebenso war es bei den Badern; denn wir lebten nun wirklich in einer bösen Zeit, und über einen ganzen Monat hin starben wohl täglich mindestens 1500 oder 1700, Tag für Tag, wenn man nicht die Sterblichkeitsliste als maßgeblich ansieht.

Für einen der schlimmsten dieser Zeit hielt ich einen Tag Anfang September, an dem fromme Menschen zu glauben begannen, Gott sei entschlossen, mit den Menschen der gequälten Stadt ein völliges Ende zu machen. Das war zu der Zeit, als die Pest die östlichen Gemeinden völlig ergriffen hatte.

Die Gemeinde Aldgate begrub, wenn ich meine Meinung äußern darf, zwei Wochen hintereinander je mehr als tausend, wenn auch die Listen weniger angeben; aber sie war rund um mich herum in solch fürchterlichem Maß ausgebrochen, dass in der Minories, am Houndsditch und in den Teilen Aldgates um Butcher Row und in den meiner Wohnung gegenüberliegenden Gassen kaum ein Haus von zwanzig nicht befallen war. Man kann nur sagen, in diesen Gegenden herrschte der Tod in jedem Winkel. In der Gemeinde Whitechapel war die Lage nicht anders, und wenn sie auch viel weniger als in meiner Gemeinde begruben, so waren es nach den Sterblichkeitslisten doch wöchentlich fast 600, und meiner Meinung nach fast doppelt so viele. Ganze Familien, ja die Bewohner ganzer Straßen wurden auf einmal hinweggerafft; dermaßen, dass die Nachbarn häufig dem Glockenläuter Bescheid sagten, er solle zu dem und dem Haus gehen und die Leute herausholen, da keiner mehr von ihnen lebte.

Und nun war das Wegschaffen der Leichen mit dem Karren so widerwärtig und gefährlich geworden, dass man darüber Klage führte, die Träger würden solche Häuser, in denen alle gestorben waren, nicht von den Leichen befreien, sodass sie über Tag hin unbegraben dalägen, bis die benachbarten Familien von den Ausdünstungen ergriffen und dadurch angesteckt worden seien; die Nachlässigkeit dieser Angestellten ging so weit, dass die Kirchenvorsteher und Wachtmeister beauftragt wurden, Aufsicht darüber zu führen, und sogar die Richter der kleinen Vororte mussten unter Einsatz ihres Lebens zu ihnen gehen, um sie zu ermutigen und zu schnellerer Arbeit anzufeuern, denn unzählige der Träger starben an der Seuche, angesteckt von den Leichen, in deren nächste Nähe sie notgedrungen kamen. Und wäre nicht die Zahl der Armen, die Arbeit und Brot suchten, wie ich erwähnte, so groß gewesen, dass die Not sie dazu trieb, alles und jedes zu tun und zu wagen, hätte man niemals Leute für diese Tätigkeit gefunden. Und dann wären die Leichen nicht unter die Erde gekommen, sondern auf grausige Art verfault und verwest.

Man kann die Gemeindeverwaltungen gar nicht genug dafür loben, dass es ihnen gelang, eine geregelte Beerdigung der Toten aufrechtzuerhalten; sobald nämlich einer von denen, die sie angestellt hatten, die Leichen wegzuschaffen und zu begraben, krank wurde oder starb, wie das häufig geschah, besetzten sie den Platz sofort mit jemand anderem, was freilich aufgrund der vielen arbeitslosen Armen, von denen ich sprach, keine Schwierigkeiten bereitete. Dadurch war es möglich, dass – trotz der unzähligen Menschen, die fast alle auf einmal erkrankten und starben – die Leichen doch laufend jede Nacht weggeschafft werden konnten, sodass man von London zu keinem Zeitpunkt sagen konnte, die Lebenden hätten nicht ihre Toten begraben können.

Je mehr das Elend in dieser schrecklichen Zeit wuchs, umso verwirrter wurden die Leute, und sie pflegten, wie die Kranken in ihrer Todesnot, tausend unberechenbare Dinge zu tun, dass es einem das Herz rühren konnte. Manche liefen weinend, brüllend und händeringend durch die Straßen; andre pflegten betend, die Hände zum Himmel erhoben und Gott um Gnade anflehend, herumzulaufen. Wenn ich auch nicht behaupten kann, dass dies nicht im Wahnsinn geschah, so ist es doch, selbst wenn es zutrifft, ein Zeichen dafür, dass sie, als sie noch bei Sinnen waren, ernsteren Gemütes waren; und es war selbst so noch viel besser als das schreckliche Geheul und Gekreische, das man jeden Tag, vor allem abends, in manchen Straßen hörte. Ich glaube, jedermann hat von dem berühmten Solomon Eagle, dem Schwärmer, gehört. Er, obgleich nicht krank außer im Kopf, lief herum und rief in schauerlicher Weise ein Strafgericht auf die Stadt herab; manchmal war er splitternackt und trug eine Pfanne mit glühender Holzkohle auf dem Kopf. Was er sagte und behauptete, konnte ich leider nicht erfahren.

Ich möchte nicht darüber urteilen, ob jener Geistliche verrückt war oder ob er es in seinem Eifer für das arme Volk tat, der jeden Abend durch die Straßen von Whitechapel zog und ununterbrochen mit erhobenen Händen jenen Teil aus der Anglikanischen Liturgie wiederholte, der lautet: »Verschone uns, gütiger Gott; verschone Dein Volk, das Du mit Deinem so kostbaren Blut erlöst hast!« Nun, ich kann über all diese Dinge nichts Genaues sagen, denn ich erlebte sie nur als grausiges Schauspiel, das sich mir bot, wenn ich durch mein Kammerfenster schaute [denn ich öffnete die Fenster selten]; denn während des schlimmsten Wütens der Pest hatte ich mich in meinem Haus eingeschlossen; damals, als wahrhaftig viele, wie ich schon sagte, zu glauben und sogar auszusprechen begannen, dass niemand davonkommen würde; auch ich begann das zu glauben, und deshalb blieb ich ungefähr zwei Wochen im Haus, ohne es auch nur einmal zu verlassen. Aber das konnte ich nicht aushalten. Außerdem gab es immer noch Leute, die ungeachtet der Gefahr weiterhin an den öffentlichen Gottesdiensten teilnahmen, selbst in den gefahrvollsten Zeiten; und wenn auch sicherlich sehr viele Geistliche ihre Kirchen schlossen und, wie die andern Leute, flohen, um ihr eignes Leben zu retten, so gab es doch auch andre. Einige wagten es, ihr Amt weiter auszuüben und weiter ihre Gemeinde zu versammeln in anhaltendem Gebet, gelegentlichen Predigten oder kurzen Ermahnungen zur Buße und Umkehr, solang nur jemand zu ihnen kommen und sie hören wollte. Auch die Sektenangehörigen versammelten sich weiter, oft sogar in den Kirchen selber, wenn die Geistlichen entweder geflohen oder tot waren; auch war eine Zeit wie diese nicht dazu angetan, dass man die Unterschiede herauskehrte.

Es war wirklich herzzerreißend, das elende Jammern der armen Sterbenden zu hören, die nach Geistlichen riefen, die sie trösteten und mit ihnen beten, ihnen Rat und Zuspruch geben sollten, die Gott um Vergebung und Gnade anriefen und laut die begangenen Sünden bekannten. Selbst das fühlloseste Herz würde bluten, wenn es hörte, wie oft Bußfertige im Sterben andre davor warnten, die Reue nicht von sich weg auf den Tag der Not zu verschieben, denn eine Zeit des Unglücks, wie diese, sei nicht die Zeit der Reue, sei nicht die Zeit, Gott anzurufen. Wie gerne würde ich wiedergeben, wie die Seufzer und Ausrufe wirklich klangen, die ich von manchen Sterbenden in höchster Todesnot und -angst vernahm, und ich wollte, ich könnte es den Leser so hören machen, wie ich es immer noch zu hören glaube, denn dieser Laut scheint mir immer noch in den Ohren zu tönen.

Wenn ich nur gerade dieses in so bewegenden Ausdrücken darstellen könnte, dass es den Leser in tiefster Seele aufrüttelte, es würde mich glücklich machen, dass ich darüber schreibe, so kurz und unvollkommen es auch sein mag.

Es gefiel Gott, dass ich immer noch verschont blieb und gesund und munter war, wenn auch sehr unwillig darüber, ohne frische Luft in meinem Haus eingepfercht zu sein, wie das nun schon seit vierzehn Tagen etwa der Fall war, und schließlich ertrug ich es nicht länger und machte mich auf, einen Brief an meinen Bruder zur Post zu bringen. Und da erst kam mir die tiefe Stille auf den Straßen richtig zum Bewusstsein. Als ich zur Post kam, wo ich meinen Brief aufgeben wollte, sah ich in einer Ecke des Hofes einen Mann stehen und mit einem andern, der aus einem Fenster schaute, sprechen, während ein dritter die Tür geöffnet hatte, die zur Amtsstube führte. Mitten auf dem Hof lag eine kleine Lederbörse, an der zwei Schlüssel hingen, mit Geld darin, aber niemand wollte sie haben. Ich fragte, wie lang sie schon daliege, und der Mann am Fenster antwortet, schon fast eine Stunde, aber dass sie sie nicht an sich genommen hätten, weil sie nicht wussten, ob der Verlierer nicht kommen und sie suchen würde. Ich war nicht in solcher Geldnot, auch war die Summe nicht so groß, dass ich mich bemüßigt gefühlt hätte, etwas zu unternehmen oder das Geld trotz der damit verbundenen Gefahr an mich zu nehmen; so wollte ich schon weitergehen, als der in der Tür stehende Mann sagte, er würde es an sich nehmen, dass aber der rechtmäßige Besitzer, sollte er sich nur melden, es sicher wiederbekommen würde. So holte er von drinnen einen Eimer Wasser und stellte ihn dicht neben die Geldbörse, dann lief er noch einmal, um Schießpulver zu holen, schüttete eine ziemliche Menge davon auf die Geldbörse und dann weiteres in einer etwa zwei Meter langen Linie von dem lose auf die Börse gestreuten. Dann geht er zum dritten Mal hinein und kommt mit einer rot glühenden Zange wieder, die er, wie ich vermute, extra dafür erhitzt hatte, und zündete nun das Pulver an, wodurch die Geldbörse versengt und die Luft durch den Rauch genügend gereinigt wurde. Damit aber noch nicht zufrieden, nimmt er die Geldbörse mit der Zange auf und hält sie so lange fest, bis die Zangenbacken Löcher in das Leder gebrannt haben, dann schüttelte er das Geld heraus in den Eimer und trug es so ins Haus. Es waren dreizehn Schilling, dazu einige blanke Groschen und rote Twelvepence.

Es hat wohl, wie ich oben bemerkte, manchen Armen gegeben, der verwegen genug gewesen wäre, um des Geldes willen alles zu wagen; man kann aber an dem eben Erzählten leicht erkennen, dass die wenigen nicht befallenen Leute zu jener Zeit, als die Seuche am schlimmsten war, sich außerordentlich in acht nahmen.

Ungefähr zur gleichen Zeit ging ich durch die Felder nach Bow zu; denn ich wollte zu gerne wissen, wie man auf dem Fluss und auf den Schiffen mit der Seuche fertig wurde; und da ich ein wenig mit der Schifffahrt zu tun hatte, war mir der Gedanke gekommen, dass es eine der besten Arten, sich vor Ansteckung zu schützen, sein müsste, sich auf ein Schiff zurückzuziehen; und während ich darüber nachdachte, wie ich meine Neugier auf diesem Gebiet stillen könnte, wandte ich mich über die Felder von Bow auf Bromley zu und dann hinunter nach Blackwell zu den Ufertreppen, die zum Anlegen und Wasserholen dienen.

Hier sah ich einen armen Mann ganz allein am Ufer oder Deich, wie man es dort nennt, entlanggehen. Ich ging auch eine Weile dort herum und beobachtete, dass alle Häuser geschlossen waren. Zuletzt kam ich, auf sichere Entfernung, mit dem Mann ins Gespräch; als Erstes fragte ich ihn, wie es den Leuten hierherum ginge. »Ach, mein Herr«, antwortete er, »es ist fast zum Verzweifeln; alle gestorben oder krank. Hier in dieser Gegend oder drüben in dem Dorf [er wies dabei auf Poplar] gibt es kaum noch Familien, in denen nicht die Hälfte schon gestorben und die andern erkrankt sind.« Dann sagte er, auf ein Haus weisend: »Dort sind sie alle tot, und das Haus steht offen; niemand traut sich hineinzugehen. Ein armer Kerl wagte sich hinein, um etwas zu stehlen, aber für diesen Diebstahl hat er teuer bezahlt, denn heute Nacht hat man ihn zum Friedhof geschafft.« Dann weist er auf andre Häuser und sagt: »Dort sind sie alle tot, Mann, Frau und fünf Kinder. Und dort sind sie eingeschlossen, man sieht den

Wachmann vor der Tür«, und Ähnliches berichtete er auch von den andern Häusern. »Und was tut ihr hier so allein?«, sag ich. »Ach«, sagt er, »ich bin ein armer, bedauernswerter Mann; zwar hat es Gott gefallen, mich noch nicht heimzusuchen, aber meine Familie; und eins meiner Kinder ist gestorben.« – »Was meint ihr denn damit, dass ihr noch nicht heimgesucht seid?«, sagt' ich. »Nun«, sagt er, »dort ist mein Haus«, und deutet damit auf ein kleines, niedriges Holzhaus, »und dort leben meine Frau und meine zwei Kinder, wenn man das Leben nennen kann, denn meine Frau und eines der Kinder sind erkrankt, ich gehe aber nicht zu ihnen.« Und bei diesen Worten sah ich, wie ihm die Tränen nur so übers Gesicht liefen, und mir ging es ebenso, das kann ich versichern.

»Aber«, sagt' ich, »warum geht ihr denn nicht zu ihnen? Wie könnt ihr euer eigen Fleisch und Blut verlassen?« – »Ach, mein Herr«, sagt er, »da sei Gott vor! Ich lasse sie nicht im Stich, ich arbeite für sie so viel ich nur kann, und ich kann sie, der Herr sei dafür gepriesen, vor Mangel bewahren«; und dabei hob er, wie ich bemerkte, die Augen zum Himmel auf, mit einem Ausdruck, der mir bewies, dass ich hier einen Mann getroffen hatte, der nicht ein Heuchler war, sondern ein ernsthafter, frommer und guter Mensch, und sein Ausruf war wirklich ein Zeichen der Dankbarkeit dafür, dass er in der Lage, in der er sich befand, sagen konnte, dass er seine Familie vor Mangel bewahre. »Nun, guter Mann«, sag' ich, »das ist eine große Gnade, wie es jetzt mit den Armen steht. Aber wovon lebt ihr denn, und wie bleibt ihr vor dem schrecklichen Unheil bewahrt, das uns alle bedroht?« – »Seht ihr, mein Herr«, antwortet er, »ich bin Fährmann, und dort liegt mein Boot; und«, sagt er, »das Boot dient mir als Haus. Tagsüber arbeite ich und nachts schlafe ich in ihm; und was ich bekomme«, sagt er und zeigt mir einen großen Stein auf der andern Straßenseite, ein gutes Stück von seinem Haus entfernt, »das lege ich dort auf dem Stein nieder, und dann«, sagt er, »rufe und schreie ich so lange, bis sie mich hören; dann kommen sie und holen es.«

»Nun, mein Freund«, sag' ich, »wie könnt ihr denn als Fährmann in dieser Zeit Geld verdienen? Verkehrt in diesen Zeiten denn jemand auf dem Wasser?« – »O ja«, sagt er, »solche, die meine Beschäftigung haben, fahren auf dem Fluss. Seht ihr, dort liegen fünf Schiffe vor Anker«, und weist den Fluss hinunter ein gutes Stück unterhalb der Stadt, »seht ihr«, sagt er, »acht oder zehn Schiffe haben drüben festgemacht oder liegen vor Anker«, und deutet flussaufwärts. »All diese Schiffe haben Familien an Bord, etwa die ihrer Reeder oder Eigentümer, die sich dort abgeschlossen haben und, aus Angst vor Ansteckung völlig von der Außenwelt getrennt, an Bord leben; ich bediene sie, indem ich ihnen Sachen hole, Briefe besorge und alles unbedingt Nötige erledige, sodass sie nicht ans Ufer kommen müssen; und jede Nacht befestige ich mein Boot an einem ihrer Beiboote und schlafe dort ganz allein, und ich wurde, Gott sei Dank, bis jetzt bewahrt.«

»Schön, mein Freund«, sagt' ich, »aber lässt man euch denn an Bord, wenn ihr an Land gewesen seid, wenn es dort so schrecklich zugeht und es tatsächlich so verseucht ist?«

»Nun, was das betrifft«, sagt er, »so gehe ich sehr selten an Bord, sondern lege, was ich bringe, in ihrem Beiboot ab, oder ich lege mich längsseits, und sie hieven es hoch. Selbst wenn ich es täte, wären sie meiner Meinung nach durch mich doch nicht gefährdet, denn ich gehe an Land niemals in ein Haus und berühre niemanden, nicht einmal jemanden von meiner eigenen Familie; ich hole nur Lebensmittel für sie.«

»Aber nein«, sag' ich, »das kann ja noch schlimmer sein, denn ihr müsst diese Lebensmittel doch von irgendjemandem haben; und da dieser Teil der Stadt so sehr verseucht ist, ist dies doch ebenso gefährlich wie mit jemandem zu sprechen; denn das Dorf«, sagt' ich, »gehört doch zu London, wenn es auch etwas davon entfernt am Stadtrand liegt.«

»Das stimmt«, gab er zu; »aber ihr versteht mich noch nicht richtig; ich kaufe die Lebensmittel für sie nicht hier. Ich rudere nach Greenwich hinauf und kaufe dort Frischfleisch, und manchmal rudere ich abwärts nach Woolwich und kaufe dort ein; außerdem gehe ich zu einzeln gelegenen Bauernhöfen auf der kentischen Seite, wo man mich kennt, und kaufe Geflügel, Eier und Butter und bringe mal das eine, mal das andre, je nachdem, was man mir aufträgt, zu den Schiffen. Hier gehe ich nur selten an Land, und jetzt bin ich nur hier, um meine Frau herauszurufen und zu hören, wie es meiner kleinen Familie geht, und ihnen ein wenig Geld zu bringen, das ich gestern Abend bekam.« – »Armer Mann«, sagt' ich, »und wie viel habt ihr für sie bekommen?«

»Ich bekam vier Schilling«, sagt' er, »was bei der jetzigen Lage der Armen eine Menge Geld ist; außerdem gaben sie mir einen Beutel voll Brot und einen Pökelfisch und etwas Frischfleisch; zusammen hilft es ein Stück weiter.«

»Schön«, sagt' ich, »und habt ihr es ihnen schon überbracht?«

»Nein«, sagt' er, »aber ich habe gerufen und meine Frau hat mir geantwortet, dass sie noch nicht herauskommen kann, in einer halben Stunde aber hofft sie kommen zu können, und ich warte auf sie. Arme Frau!«, sagt er, »sie liegt bös danieder. Sie hat ein Geschwür, das aufgebrochen ist, und ich hoffe, dass sie genesen wird; aber ich fürchte, das Kind wird sterben; aber es ist der Herr –«

Hier hielt er inne und weinte heftig.

»Ja, teurer Freund«, sagt' ich, »ihr habt einen zuverlässigen Tröster, wenn ihr dahin gekommen seid, euch in den Willen Gottes zu schicken; Er teilt uns allen nach Seiner Gerechtigkeit zu.«

»O mein Herr«, sagt er, »es ist nur Seine unendliche Gnade, wenn nur einer von uns verschont wird, und wer bin ich, dass ich murren dürfte!«

»Sprecht ihr so«, sagt' ich, »und um wie viel kleiner ist mein Glaube als der eure?« Und da begann mich mein Gewissen zu quälen, das mir bewusst machte, auf wie viel festerem Grund als ich dieser Mann stand, auf dem er in der Gefahr aushalten konnte; wo er doch nirgendwohin fliehen konnte, wo er eine Familie hatte, für die er zu sorgen verpflichtet war, was ich nicht musste; mein Ausharren war bloßer Dünkel, seines echtes Vertrauen und ein Mut, der in Gott seinen Ursprung hatte; und dass er doch für seine Sicherheit jede nur mögliche Vorsichtsmaßnahme ergriff.

Ich wandte mich ein wenig von dem Mann ab, während diese Gedanken mich beschäftigten, denn ich konnte wahrhaftig die Tränen so wenig zurückhalten wie er.

Schließlich öffnete, nachdem wir uns noch ein wenig unterhalten hatten, die arme Frau die Tür und rief: »Robert, Robert!« Er antwortete und bat sie, einen Augenblick zu bleiben, er käme gleich; er lief die Treppe zu seinem Boot hinunter und holte einen Sack herauf, in dem sich die Lebensmittel befanden, die er von den Schiffen herübergebracht hatte; als er zurückkehrte, rief er sie wieder an. Dann ging er zu dem großen Stein, den er mir gezeigt hatte, und leerte den Sack, wobei er die Sachen säuberlich getrennt nebeneinanderlegte, und entfernte sich dann ein Stück; dann kam sein Weib mit einem kleinen Jungen heraus, um sie wegzuholen, und er rief ihnen zu, der und der Kapitän habe ihnen das, und jener habe ihnen jenes mitgegeben, und zuletzt fügte er hinzu: »Und alles hat Gott gegeben, Dank sei Ihm.« Als die arme Frau alles an sich genommen hatte, erwies sie sich als so elend, dass sie es nicht auf einmal hineintragen konnte, obgleich es wirklich nicht allzu schwer war; so ließ sie den Zwieback, der sich in einem kleinen Beutel befand, zurück und ließ den kleinen Jungen, bis sie wiederkäme, zur Bewachung dabei.

»Aber habt ihr nun«, sag' ich zu ihm, »auch die vier Schilling, die ihr als euern Wochenlohn nanntet, für sie hingelegt?«

»O ja«, sagt er; »ihr sollt von ihr selber hören, dass sie das Geld hat«, und ruft darauf wieder, »Rachel, Rachel!« – so hieß sie wohl – »hast du das Geld genommen?« – »Ja«, sagt' sie. »Wie viel war es?«, sagt' er. »Vier Schilling und ein Groschen«, sagt' sie. »Gut, gut«, sagt er, »der Herr möge euch alle bewahren«, und damit wandte er sich zum Gehen.

Und wie ich mich bei des Mannes Geschichte nicht der Tränen, so konnte ich mich zu seiner Unterstützung einer wohltätigen Gabe nicht enthalten. So rief ich ihn und sagte: »Hört, mein Freund, kommt zu mir, denn ich glaube, ihr seid gesund, sodass ich es wagen darf«, und streckte meine Hand aus, die ich zuvor in der Tasche gehabt hatte; »hier«, sag' ich, »ruft eure Rachel noch einmal und gebt ihr von mir noch dies als kleinen Trost. Gott wird eine Familie nicht verlassen, die ihr Vertrauen auf Ihn setzt, wie ihr es tut.« So gab ich ihm weitere vier Schilling und bat ihn, sie auf den Stein zu legen und sein Weib zu rufen.

Mir fehlen die Worte, des Mannes Dankbarkeit wiederzugeben, und auch er selbst konnte sie nicht anders als durch die Tränen ausdrücken, die ihm über das Gesicht liefen. Er rief sein Weib und erzählte ihm, dass Gott das Herz eines Fremden gerührt habe, ihnen all dies Geld zu geben, nachdem er von ihrer Lage gehört habe, und er sagte zu ihr noch vieles Ähnliches mehr. Auch die Frau gab durch Zeichen ihre Dankbarkeit zu erkennen, gegen den Himmel und gegen mich, und hob es voll Freude auf; ich aber habe in jenem ganzen Jahr kein Geld ausgegeben, das besser angewendet gewesen wäre.

Darauf fragte ich den armen Mann, ob die Seuche schon Greenwich erreicht hätte. Er antwortete, dass dies bis vor vierzehn Tagen nicht der Fall gewesen, dass sie aber, fürchte er, inzwischen auch dort sei, jedoch nur in jenem Stadtteil, der südlich auf die Deptford Bridge zu liege, er gehe dort nur zu einem Metzger und einem Krämer, bei denen er gewöhnlich das einkaufe, wonach man ihn schicke, doch sei er immer sehr vorsichtig.

Ich fragte ihn dann, wie es gekommen sei, dass jene Leute, die sich selbst auf den Schiffen abgesondert hatten, nicht genügend Vorräte von allem Lebensnotwendigen angeschafft hätten. Er antwortete, dass einige das getan hätten, dass andrerseits aber manche erst an Bord gegangen seien, als sie die Angst dazu getrieben hätte, und dann wäre es für sie schon zu gefährlich gewesen, zu den entsprechenden Kaufleuten zu gehen, bei denen die benötigten Mengen zu erhalten waren; er versorge zwei Schiffe – welche er mir auch zeigte –, die außer Zwieback und Bier wenig oder nichts auf Vorrat hatten, und dass er fast alles andre für sie eingekauft habe. Ich fragte weiter, ob sich noch mehr Schiffe wie diese abgesondert hätten. Er bejahte das, auf der Höhe von Greenwich beginnend lägen sie stromaufwärts, immer zwei und zwei, in der Mitte des Flusses, so viele nur Platz hätten, bis zu den Landeplätzen von Limehouse und Redriff hin; und einige von ihnen hätten mehrere Familien an Bord. Ich fragte ihn, ob die Seuche sie erfasst hätte. Er antwortete, dass er das nicht annehme, abgesehen von zwei oder drei Schiffen, bei denen man, im Gegensatz zu den andern, nicht streng genug darauf geachtet habe, dass die Besatzung nicht an Land ging; und er fügte hinzu, dass es sehr schön anzusehen sei, wie die Schiffe den Pool hinauf lägen.

Als er sagte, dass er nach Greenwich hinüber wolle, sobald die Flut einsetzte, fragte ich ihn, ob er mich mit hinübernehmen und wieder zurückbringen wolle, da ich sehr begierig darauf sei, die Schiffe so aufgereiht zu sehen, wie er mir erzählt habe. Er erklärte sich dazu bereit, wenn ich ihm als Christ und Ehrenmann mein Wort gäbe, dass ich nicht angesteckt sei. Ich gab ihm die Versicherung, dass ich gesund sei; dass es Gott gefallen habe, mich zu bewahren; dass ich in Whitechapel wohne, aber dauernd im Haus zu bleiben nicht aushalten könne, und dass ich mich so weit herausgewagt habe, um ein bisschen frische Luft zu schöpfen, und dass niemand in meinem Haus auch nur einen Anflug der Pest gehabt habe.

»Da ihr, mein Herr«, sagt er, »von euerm guten Herzen getrieben, mir und meiner Familie Mitleid entgegengebracht habt, könnt ihr sicherlich nicht plötzlich so herzlos sein und euch in mein Boot begeben, wenn ihr nicht völlig gesund seid, denn das würde für mich den sichern Tod und für meine Familie den Untergang bedeuten.« Es bewegte mich so sehr, den armen Mann mit so viel verständiger Sorge und so warmherzig von seiner Familie sprechen zu hören, dass ich mich zuerst gar nicht entschließen konnte, mit ihm zu fahren. Ich sagte ihm, dass ich lieber meine Neugier überwinden wolle als ihn besorgt sehen, obgleich ich sicher wisse und dankbar dafür sei, dass ich so wenig von der Pest befallen wie der munterste Mensch der Welt sei. Aber nein, er wollte nicht, dass ich verzichte, und um mir zu zeigen, wie sehr er auf meine Redlichkeit vertraute, nötigte er mich nun, doch mit ihm zu fahren; so stieg ich in das Boot, als die Flut es erreicht hatte, und er setzte mich nach Greenwich über. Während er kaufte, wozu er beauftragt war, ging ich auf den Hügel hinauf, an dessen Fuß die Stadt liegt, und zur Ostseite der Stadt, um den Fluss zu Gesicht zu bekommen. Wie überraschte es mich, die vielen Schiffe in Reihen daliegen zu sehen, immer zwei nebeneinander, und an manchen Stellen über die ganze Breite des Flusses hinweg gar zwei oder drei solcher Reihen, und das nicht nur flussaufwärts bis an die Stadt heran, wo sich die als Ratcliff und Redriff bekannten Siedlungen gegenüberliegen, was man den Pool nennt, sondern auch den ganzen Fluss hinunter bis zur Landspitze von Long Reach, und so weit kann man sehen, ohne dass einem Hügel den Ausblick versperren.

Ich kann die Zahl der Schiffe nicht schätzen, aber ich glaube, es müssen mehrere hundert gewesen sein; und ich konnte nicht anders als dieser guten Idee Anerkennung zollen, denn hier waren zehntausend und mehr Menschen, die mit der Schifffahrt zu tun hatten, sicher vor dem Wüten der Pest geschützt und lebten da recht ungefährdet und sorglos.

Ich kehrte in mein Haus zurück, recht befriedigt von meinem Tagesausflug und vor allem von der Begegnung mit dem armen Mann; auch freute ich mich, dass für so viele Familien in der Zeit der Not solche kleine Zufluchtsorte bereitet waren. Als dann die Pest immer heftiger wurde, beobachtete ich auch, dass die Schiffe, die Familien an Bord hatten, ablegten und sich ein Stück wegbegaben, bis manche, wie man mir erzählte, ganz auf die offene See hinaus segelten und an der Nordküste die Häfen und sicheren Ankerplätze aufsuchten, die sie am besten erreichen konnten.

Es lässt sich aber nicht leugnen, dass die Leute, die auf solche Weise vom Land an Bord der Schiffe gingen und dort lebten, nicht völlig vor Ansteckung sicher waren, denn viele starben und wurden über Bord in den Fluss geworfen, die einen mit, die andern, wie ich hörte, ohne Särge, und die sah man manchmal mit den Gezeiten den Fluss auf und ab getrieben werden.

Aber ich darf wohl behaupten, dass eine Ansteckung nur auf den Schiffen stattfand, auf die sich die Leute entweder zu spät zurückgezogen und sich erst dann aufs Schiff geflüchtet hatten, als sie durch ihr langes Warten auf dem Land schon angesteckt waren, obgleich sie es vielleicht gar nicht bemerkten, und so suchte nicht die Seuche sie an Bord des Schiffes heim, sondern in Wirklichkeit schleppten sie sie erst dorthin; oder auf jenen, wo man nicht genügend Zeit gehabt hatte, sich mit Vorräten einzudecken und deshalb häufig jemanden an Land schicken oder Boote vom Land anlegen lassen musste, wie es mir der arme Fährmann erzählt hatte, um das gerade Notwendige zu kaufen. Auf diese Weise wurde die Seuche unbemerkt bei ihnen eingeschleppt.

Und an dieser Stelle muss ich auch darauf hinweisen, wie die eigenartigen Vorstellungen der damaligen Londoner Bevölkerung außerordentlich zu ihrem Unheil beitrugen. Die Pest begann, wie schon gesagt, am jenseitigen Ende der Stadt, also in Long Acre, Drury Lane usw., und näherte sich der Innenstadt nur sehr langsam und schrittweise. Sie machte sich zuerst im Dezember bemerkbar, dann im Februar, und dann wieder im April, aber sie kam jedes Mal nur ein klein wenig weiter; dann trat bis zum Mai ein Stillstand ein, und selbst in der letzten Maiwoche gab es erst siebzehn Fälle, alle auf jenen Teil der Stadt beschränkt; und während dieser ganzen Zeit, und selbst dann noch, als jede Woche mehr als 3000 starben, hatten die Bewohner von Redriff, Wapping und Ratcliff, an beiden Ufern des Flusses, und fast auf der ganzen Seite von Southwark die unerschütterliche Einbildung, sie würden nicht heimgesucht werden oder zumindest nur in viel milderer Form. Manche bildeten sich ein, dass die Dünste von Pech und Teer, Öl,

Harz und Schwefel, welche von allen Gewerben, die mit der Schifffahrt zu tun haben, so häufig benutzt werden, sie bewahren würden. Andre behaupteten es, weil die Pest mit äußerster Heftigkeit in Westminster und in den Gemeinden St. Giles und St. Andrew usw. gewütet hatte und schon wieder im Abklingen war, bevor sie in ihre Gegend kam, was, zumindest teilweise, stimmte, wie man hieran sehen kann:

8. August bis 15. August:	
St. Giles-in-the-Fields	242
Cripplegate	886
Stepney	197
St. Margaret, Bermondsey	24
Rotherhithe	3
Insgesamt in dieser Woche	4030

15. August bis 22. August:	
St. Giles-in-the-Fields	175
Cripplegate	847
Stepney	273
St. Margaret, Bermondsey	36
Rotherhithe	2
Insgesamt in dieser Woche	5319

N. B. Dass festgestellt wurde, dass die in der Gemeinde Stepney gezählten Fälle durchwegs aus jener Gegend stammten, wo die Gemeinde an Shoreditch, das man heute als Spitalfields bezeichnet, angrenzt, nämlich dort, wo das Gemeindegebiet von Shoreditch bis direkt an die Mauer des Friedhofs von Shoreditch vorstößt, und dass die Pest damals in St. Giles-in-the-Fields abgeklungen war, jedoch sehr heftig in den Gemeinden Cripplegate, Bishopsgate und Shoreditch wütete; dagegen starben während des ganzen Monats August keine zehn Menschen in der Woche in jenem Teil von Stepney, der Limehouse und Ratcliff Highway umfasst [den heutigen Gemeinden Shadwell und Wapping], ja bis zu St. Catherine am Tower hin. Dafür ging es ihnen später umso schlimmer, wie ich noch darstellen werde.

Das aber wiegte die Bewohner von Redriff, Wapping, Ratcliff und Limehouse so sehr in Sicherheit, und sie redeten sich so sehr vor, dass die Pest vorübergehe, ohne dass sie von ihr betroffen würden, dass sie keinerlei Anstalten machten, aufs Land zu fliehen oder sich einzuschließen; ja, sie dachten so wenig an ein Entweichen, dass sie sogar Freunde und Verwandte aus der

Altstadt bei sich aufnahmen, und manche Bewohner andrer Stadtteile suchten in diesem Gebiet als einem sichern Platz Zuflucht, als einem Platz, an dem, wie sie glaubten, Gott vorübergehen und ihn nicht heimsuchen werde, wie Er die ganze Stadt sonst heimsuchte.

Und deshalb wurden sie, als die Pest über sie kam, mehr überrascht, hatten weniger vorgesorgt und wussten weniger, was sie dagegen tun konnten als die Bewohner andrer Stadtteile; denn als sie dann wirklich und in aller Heftigkeit über sie kam, wie es dann im September und Oktober wirklich geschah, gab es kein Entweichen mehr aufs Land hinaus, denn niemand ließ mehr einen Fremden in seine Nähe oder auch in die Nähe seines Wohnorts kommen; so erzählte man mir auch, dass manche, die in die Grafschaft Surrey hinausgeflohen waren, dort verhungert in den Wäldern und Ödländereien aufgefunden worden seien, denn dieses Gebiet ist weniger bebaut und mehr bewaldet als irgendein andres in der nächsten Nähe Londons; das geschah vor allem um Norwood und die Gemeinden Camberwell, Dulwich und Lusum herum, wo anscheinend niemand, aus Furcht vor Ansteckung, den armen, verwirrten Leuten zu helfen wagte.

Diese Vorstellung, die wie gesagt in jenem Teil der Stadt viele Menschen beherrschte, war zum Teil der Grund dafür, dass sie sich auf Schiffe als Zufluchtsort zurückzogen; und wo sie dies frühzeitig und überlegt taten, sich also mit Vorräten eindeckten, sodass sie nicht gezwungen waren, zu ihrer Versorgung an Land zu gehen oder Boote bei sich anlegen zu lassen, die ihnen Sachen brachten – wo dies geschah, meine ich, hatten sie die sicherste Zuflucht, die man sich nur denken kann; aber die Verwirrung war so groß, dass die Leute in ihrer Angst an Bord stürmten, ohne Brot mitzunehmen, andre gingen auf Schiffe ohne eine Besatzung, die sie an einen weiter entfernten Liegeplatz hätte bringen oder mit dem Beiboot flussabwärts hätte fahren können, um dort Verpflegung an solchen Orten einzukaufen, wo es ungefährdet geschehen konnte – solche Leute litten und erkrankten auf den Schiffen oft ebenso wie auf dem Land.

Und wie die reichen Leute die Schiffe, so besetzte das einfache Volk Flussboote, Leichter, Schaluppen und Fischerboote, und viele, vor allem die Fährleute, lagen in ihren Booten; aber all diese, vor allem die Letzteren, hatten damit wenig Glück, denn da sie um Lebensmittel und wohl auch um ihren Lebensunterhalt an Land herumliefen, drang die Krankheit bei ihnen ein und hielt fürchterliche Ernte; viele der Fährleute starben allein auf ihren Booten, während sie, oberhalb wie unterhalb der Brücke, festgemacht hatten, und manchmal entdeckte man sie erst in einem Zustand, der jedermann verbot, sich ihnen zu nähern oder sie zu berühren.

Das Elend der Menschen im Hafengebiet konnte einen wahrhaftig zu Tränen rühren und verdiente das tiefste Mitgefühl. Aber ach! In solcher Zeit war jeder nur um seine eigne Sicherheit besorgt, und da blieb kein Raum, auch noch das Elend der andern zu empfinden; denn jedem stand ja der Tod vor der Tür oder bei vielen schon im Haus, und sie wussten nicht, was tun und wohin fliehen.

Das, stelle ich fest, ließ alles Mitleid erlöschen; der Selbsterhaltungstrieb schien hier das oberste Gesetz zu sein: Kinder flohen vor ihren Eltern, die in schlimmster Pein dahinsiechten. Und mancherorts, wenn auch nicht so häufig, geschah Kindern gleiches von ihren Eltern; ja, schreckliche Beispiele gab es, einmal zwei in einer Woche, dass kranke Mütter, wahnsinnig und verrückt, ihre eignen Kinder umbrachten; und der eine Fall trug sich nicht weit von meiner Wohnung zu, doch das arme wahnsinnige Geschöpf starb, bevor sie sich der begangenen Sünde bewusst, geschweige denn bestraft wurde.

Doch darf man sich über all das nicht wundern, denn die unmittelbare Todesgefahr machte das Mitgefühl schwinden und jede Anteilnahme am andern. So war es im Allgemeinen, aber es gab auch viele Beispiele von unerschütterlicher Liebe, Hilfsbereitschaft und Pflichterfüllung, von denen mir einige bekannt wurden; ich muss hinzufügen: nur vom Hörensagen; denn für die Richtigkeit im Einzelnen kann ich mich nicht verbürgen.

Ein Beispiel möchte ich dafür anführen, muss dazu aber erst erwähnen, dass in der damaligen Unglückszeit mit am meisten schwangere Frauen zu beklagen waren, die ohne auch die geringste Hilfe bleiben mussten, wenn ihre Stunde kam und die Wehen einsetzten, denn weder Hebammen noch Nachbarsfrauen gingen zu ihnen. Die meisten Hebammen waren tot, vor allem solche, die bei den Armen wirkten; und viele der angeseheneren, wenn nicht alle, waren aufs Land hinausgeflohen; so war es nichts weniger als unmöglich für eine arme Frau, die nicht eine Unsumme bezahlen konnte, eine Hebamme zu ihrer Hilfe zu bekommen, und wenn es ihr gelang, eine zu bekommen, dann handelte es sich meist um eine ungeschickte und unerfahrene Person; die Folge davon war, dass eine ganz ungewöhnliche und unglaubliche Zahl von Frauen in tiefstes Elend gerieten. Manchen wurde bei der Niederkunft durch die Unüberlegtheit und Ahnungslosigkeit derer, die behaupteten, sie entbinden zu können, ein Schaden fürs Leben zugefügt. Zahllose Kinder wurden durch die gleiche, wenn auch entschuldbare Unwissenheit, man kann sagen, ermordet, die vorgab, die Mutter zu retten, was auch aus dem Kind werden möge; und oft starben dabei Mutter und Kind gleicherweise, vor allem, wenn die Mutter die Pest hatte und niemand ihr nahe zu kommen wagte, gingen öfter beide zugrunde. Einige Male starb die Mutter, während das Kind vielleicht halb geboren oder geboren, aber noch nicht abgenabelt war. Und manche starben mitten in den Wehen, ohne das Kind überhaupt zur Welt zu bringen; solcher Fälle gab es so viele, dass man ihre Anzahl gar nicht abschätzen kann.

Das hat seinen teilweisen Niederschlag in den außergewöhnlich hohen Zahlen der wöchentlichen Listen [wenn ich auch weit davon entfernt bin, diesen zuzugestehen, dass sie auch nur eine annähernd zutreffende Zahl geben können] gefunden, die unter den Spalten

Kindbett
Fehl- und Totgeburten
Täuflinge und Säuglinge

aufgeführt sind.

Man nehme die Wochen, in denen die Pest ihren Höhepunkt erreicht hatte, und vergleiche sie mit den Wochen vor ihrem Ausbruch, und zwar des gleichen Jahrs. Also:

	Kindbett	Fehlgeb.	Totgeb.
3. Januar bis 10. Januar	7	1	13
10. Januar bis 17. Januar	8	6	11
17. Januar bis 24. Januar	9	5	15
24. Januar bis 31. Januar	3	2	9
31. Januar bis 7. Februar	3	3	8
7. Februar bis 14. Februar	6	2	11
14. Februar bis 21. Februar	5	2	13
21. Februar bis 28. Februar	2	2	10
28. Februar bis 7. März	5	1	10
	48	24	100
1. August bis 8. August	25	5	11
8. August bis 15. August	23	6	8
15. August bis 22. August	28	4	4
22. August bis 29. August	40	6	10
29. August bis 5. September	38	2	11
5. September bis 12. September	39	23	–
12. September bis 19. September	42	5	17
19. September bis 26. September	42	6	10
26. September bis 3. Oktober	14	4	9
	291	61	80

Bei der Betrachtung der Unterschiede zwischen diesen Zahlen ist noch zu berücksichtigen, dass – nach der übereinstimmenden Meinung aller, die damals in der Stadt waren – während der Monate August und September nicht ein Drittel so viel Leute in der Stadt weilten wie im Januar und Februar. Kurz gesagt, die gewöhnliche Zahl der in diesen drei Spalten aufgeführten Todesfälle pflegte jährlich folgende Höhe zu erreichen und erreichte sie auch, wie man mir sagt, im Vorjahr:

1664		1665	
Kindbett	189	Kindbett	625
Fehl- und Totgeburten	458	Fehl- und Totgeburten	617
	647		1242

Dieser Unterschied, beachte man, vergrößert sich außerordentlich, wenn man die Einwohnerzahl mit in Betracht zieht. Ich behaupte nicht, eine genaue Berechnung der Einwohnerzahl, welche die Stadt zu der Zeit hatte, durchführen zu können, werde aber nach und nach einen ungefähren Überschlag darüber machen. Hier führe ich es nur erst an, um einen Begriff von dem Elend jener erwähnten bedauernswerten Geschöpfe zu geben, worüber man wohl mit der Schrift sagen könnte: »Wehe aber den Schwangern und Stillenden zu der Zeit!« Denn für sie war es wahrhaftig ein besonderes Weh.

Ich hatte nicht viel mit solchen Familien Umgang, bei denen Derartiges geschah, aber das Schreien der Elenden konnte man weithin hören. Was die Schwangeren betrifft, so haben wir über sie einige Berechnungen angestellt: 291 starben innerhalb von neun Wochen im Kindbett, während es sonst bei der dreifachen Bevölkerungszahl nur 84 waren. Der Leser möge das Verhältnis selbst errechnen.

Es gibt keinen Grund zu bezweifeln, dass das Elend der Stillenden verhältnismäßig ebenso groß war. Unsere Sterblichkeitslisten können darauf nur wenig, aber doch etwas Licht werfen. Zwar starben während der Stillzeit einige mehr als gewöhnlich an Unterernährung, aber das war unbedeutend. Wirkliches Elend gab es da, wo zum Ersten die Säuglinge, mit einer im Sterben liegenden Mutter, mangels einer Amme verhungerten, und man fand dann die ganze Familie samt den Kindern mit ihnen zusammen gestorben, einfach verhungert; und wenn ich meine Meinung aussprechen darf, so glaube ich, dass auf diese Weise viele hundert armer und hilfloser Kinder zugrunde gingen. Zum Zweiten wurden viele, die nicht verhungerten, von der Amme vergiftet. Ja, selbst wo die Mutter selbst stillte, hat sie ihr Kind, nachdem sie von der Seuche befallen war, vergiftet, d. h. mit ihrer Milch angesteckt, bevor sie auch nur wussten, dass sie sich angesteckt hatten; und in einem solchen Fall starb dann das Kind sogar vor der Mutter. Und da drängt sich's mir auf, die Nachwelt hiermit zu ermahnen: Wenn je wieder eine solche Heimsuchung über die Stadt hereinbrechen sollte, dann sollten alle schwangeren und stillenden Frauen, wenn sie nur irgend die Mittel dazu haben, die Stadt verlassen, weil ihr Elend, wenn sie angesteckt sind, das aller andern Menschen weit übertrifft.

Ich könnte nun grauenerregende Geschichten erzählen, wie man noch lebende Kinder an der Brust ihrer Mütter oder Ammen saugend vorfand, die bereits tot waren, an der Pest gestorben. Oder von einer Mutter in meiner Gemeinde, die nach einem Apotheker schickte, damit er ihr Kind anschaue, das nicht in Ordnung war; und als er kam, berichtete man, stillte sie das Kind gerade [sie selber war allem Anschein nach völlig gesund]; aber als der Apotheker an sie herantrat, sah er die Anzeichen der Krankheit an ihrer Brust, an die sie das Kind angelegt hatte. Er war natürlich zutiefst bestürzt, aber da er die arme Frau nicht zu sehr erschrecken wollte, bat er sie, ihm das Kind zu geben; so nimmt er das Kind, geht zu der in dem Zimmer stehenden Wiege und legt es hinein; und als er die Windeln entfernte, fand er die Anzeichen auch bei dem Kind; und beide starben, bevor er nach Hause gelangen konnte, um dem Vater des Kindes, dem er ihren Zustand eröffnet hatte, ein Heilmittel zu schicken. Ob das Kind die stillende Mutter oder die Mutter das Kind angesteckt hatte, war nicht sicher festzustellen, wahrscheinlicher ist aber das Letztere.

Auch könnte ich von einem Kind erzählen, das man von einer Amme, die an der Pest gestorben war, zu den Eltern zurückgebracht hatte; doch die liebevolle Mutter brachte es nicht übers Herz, das Kind nicht aufzunehmen, nahm es an ihre Brust, wodurch sie sich auch ansteckte, und starb mit dem toten Kind im Arm.

Selbst das fühlloseste Herz wäre gerührt worden von den vielen Fällen, in denen zärtliche Mütter ihre geliebten Kinder pflegten und hüteten und sogar noch vor ihnen starben und manchmal sich von ihnen anstecken ließen und daran starben, während die Kinder, für die sie sich liebevoll geopfert hatten, die Krankheit überstanden und genasen.

Ich könnte auch von einem Händler in East Smithfield erzählen, dessen Weib mit dem ersten Kind schwanger ging und mit der Pest am Leib niederkam. Er konnte weder eine Hebamme zu ihrem Beistand noch eine Wärterin zu ihrer Pflege finden, und zwei bei ihm tätige Dienstmädchen waren beide davongelaufen. Er lief wie ein Wahnsinniger von Haus zu Haus, konnte aber nirgends Hilfe finden; das Einzige, was er erreichen konnte, war dies, dass ein Wachmann, der ein befallenes geschlossenes Haus beaufsichtigte, versprach, am nächsten Morgen eine Pflegerin zu schicken. Der arme Mann ging mit gebrochenem Herzen zurück, stand seiner Frau so gut er konnte bei, leistete Hebammendienste, brachte das Kind tot zur Welt, und etwa eine Stunde später starb die Frau ihm in den Armen, und so hielt er die Tote bis zum Morgen, an dem der Wachmann kam und wie versprochen die Pflegerin brachte; und als sie die Treppe heraufgekommen waren – denn er hatte die Tür offen oder nur eingeklinkt gelassen –, fanden sie den Mann mit der toten Frau im Arm sitzen und so von Kummer überwältigt, dass er wenige Stunden danach starb, ohne ein Zeichen der Pest am Leib, allein unter der Last des Kummers zusammengebrochen.

Ich habe noch von manchen gehört, die beim Tod ihrer Angehörigen unter dem unerträglichen Jammer stumpfsinnig geworden sind, vor allem von einem, der von dem Druck auf sein Gemüt so überwältigt wurde, dass ihm der Kopf langsam in den Körper hinein verschwand, und zwar in solcher Weise zwischen die Schultern, dass sein Scheitel kaum noch über den Schulterblättern zu sehen war; und allmählich, er verlor Stimme und Verstand, lag ihm das Kinn, das Gesicht war nach vorne gefallen, auf dem Schlüsselbein, und er konnte es nur noch aufrecht halten, wenn jemand anders ihm den Kopf mit der Hand hochhielt; und der arme Mann kam nicht wieder zu sich, sondern siechte in dieser Verfassung fast ein Jahr hin und starb dann. Nie konnte man erleben, dass er je den Blick hob oder auf etwas Bestimmtes schaute.

Es ist mir nicht möglich, von solchen Geschehnissen mehr als einen Abriss zu geben, da ich Einzelheiten nicht erfahren konnte, wo doch manchmal die ganzen Familien, in denen sich solches zugetragen hatte, von der Pest hinweggerafft wurden. Aber es gab zahllose Fälle solcher Art, die sich dem Auge und Ohr darboten, wenn man nur durch die Straßen ging, wie ich schon andeutete. So ist es kaum möglich, die Geschichte von dieser und jener Familie zu erzählen, ohne dass man auf eine Anzahl ähnlicher oder gleichartiger Geschichten stößt.

Aber da ich jetzt dabei bin, von der Zeit zu berichten, in der die Pest im östlichsten Teil der Stadt wütete, wie die Einwohner dieser Stadtteile sich lange Zeit vorgemacht hatten, sie würden unbehelligt bleiben, und wie sie überrascht waren, als sie schließlich über sie hereinbrach; denn sie kam wahrhaftig wie ein Räuber, als sie erst kam. Da ich also bei dieser Zeit bin, komme ich wieder auf die drei armen Männer zurück, die von Wapping weggingen, ohne zu wissen wohin und was tun, und die ich schon erwähnte; von ihnen war der eine Zwieback-Bäcker, der andre Seiler und der dritte Schreiner, und alle drei waren aus der Gegend von Wapping.

Die Menschen waren in jenem Stadtteil, wie ich erwähnte, so verschlafen und fühlten sich so sicher, dass sie im Gegensatz zu andern nicht nur keine Vorsorge trafen, sondern sich auch noch mit ihrer Sicherheit brüsteten und prahlten, die Sicherheit sei da, wo sie seien; viele Leute flohen auch aus der Altstadt und den befallenen Vorstädten nach Wapping, Ratcliff, Limehouse, Poplar usw., da man diese Orte für ungefährdet hielt. Und es ist sehr wahrscheinlich, dass dies dazu beitrug, die Pest schneller, als sie sonst dahin gekommen wäre, in diese Gegend zu tragen. Denn obwohl ich sehr dafür bin, dass man bei den ersten Anzeichen einer solchen Heimsuchung eine Stadt wie die unsere verlässt und flieht, und dass jeder, der irgendeinen Unterschlupf zur Verfügung hat, davon rechtzeitig Gebrauch machen und sich davonmachen sollte, bin ich doch der Meinung, dass, wenn jeder, der fliehen will, erst einmal weg ist, die Zurückbleibenden, die sie über sich ergehen lassen müssen, steif und fest bleiben sollten, wo sie sind und nicht von einem Ende oder Viertel der Stadt zum andern hin- und herziehen; denn das bringt Unheil und Verderben für alle, denn sie schleppen selbst in ihren eignen Kleidern die Pest von Haus zu Haus.

Wozu sonst war befohlen worden, alle Hunde und Katzen zu töten, wenn nicht deshalb, weil sie mit den Menschen zusammenleben und gern von Haus zu Haus, von Straße zu Straße laufen und dadurch die *effluvia* oder ansteckenden Ausdünstungen befallener Menschen sogar im Fell oder Haar weitertragen? Das war der Grund dafür, dass nach dem Ausbruch der Seuche vom Lord Mayor und der Stadtverwaltung eine Verordnung erlassen wurde, nach der, dem Rat der Ärzte folgend, alle Hunde und Katzen sofort getötet werden mussten, und jemand wurde mit der Durchführung beauftragt.

Es ist unglaublich, falls man sich auf den Bericht verlassen kann, eine wie unerhört große Zahl dieser Tiere vernichtet wurde. Ich meine, man sprach von vierzigtausend Hunden und fünfmal so viel Katzen, da kaum ein Haus ohne Katze war, manche hatten mehrere, manchmal bis zu fünf und sechs. Es wurden auch alle Anstrengungen unternommen, die Mäuse und Ratten zu vernichten, vor allem Letztere, gegen die man Rattenvertilgungsmittel und andre Gifte auslegte, und auch von ihnen wurde eine außerordentliche Menge vernichtet.

Ich dachte oft darüber nach, wie völlig unvorbereitet die ganze Bevölkerung war, als das Unheil sie zu überfallen begann, und wie dadurch, dass weder von der Stadt noch von Einzelnen rechtzeitig Überlegungen angestellt und Maßnahmen ergriffen wurden, als das folgende Durcheinander über uns hereinbrach und solch eine Unzahl Menschen dem Unglück anheimfielen, welches durch geeignete Schritte und den Beistand der Vorsehung hätte vermieden werden können; und daraus mag die Nachwelt, wenn sie das für richtig hält, eine warnende Lehre ziehen. Aber darauf werde ich noch einmal kommen.

Ich komme zu den genannten drei Männern zurück. Man kann aus ihrer Geschichte, Stück für Stück, etwas lernen, und wie sie und einige von denen, mit denen sie sich zusammentaten, handelten, stellt für alle Armen, Männer wie Frauen, ein nachahmenswertes Beispiel dar, falls eine solche Zeit wieder hereinbricht; und wenn mein Bericht darüber sonst keinen Zweck erfüllen würde, hielte ich diesen doch für Rechtfertigung genug, mag meine Darstellung nun genau den Tatsachen entsprechen oder nicht.

Zwei von ihnen sind angeblich Brüder, der eine, ein ehemaliger Soldat, ist jetzt Zwieback-Bäcker; der andre, ein lahmer Matrose, jetzt Segelmacher; und der dritte ist Schreiner. – Da sagt also John, der Bäcker, eines Tages zu seinem Bruder Thomas, dem Segelmacher: »Mein Bruder Tom, was soll aus uns werden? Die Pest wird in der Stadt immer hitziger und kommt uns näher. Was sollen wir machen?«

»Wahrhaftig«, sagt Thomas, »ich habe keine Ahnung, was ich tun soll, denn wenn sie hierher nach Wapping kommt, werde ich aus meiner Wohnung gewiesen.« Und so begannen sie darüber zu sprechen, bevor es so weit war.

John: Aus der Wohnung verwiesen, Tom! Wenn das geschieht, weiß ich nicht, wer dich aufnehmen wird; denn die Menschen haben jetzt solche Angst voreinander, dass nirgends eine Unterkunft zu bekommen ist.

Thomas: Hm – die Leute, bei denen ich wohne, sind gute und anständige Menschen und recht freundlich zu mir; aber sie sagen, ich gehe jeden Tag zur Arbeit aus dem Haus, und das gefährde sie; und sie reden davon, dass sie sich einschließen und niemanden in ihre Nähe kommen lassen wollen.

John: Nun, da haben sie sicher nicht unrecht, falls sie sich entschließen, in der Stadt zu bleiben.

Thomas: Ja, ich könnte mich vielleicht auch dazu entschließen, im Haus zu bleiben, denn abgesehen von einer Garnitur Segel, die mein Meister in Auftrag hat und die ich gerade fertig mache, werde ich wahrscheinlich in absehbarer Zeit sowieso keine Arbeit bekommen. Es ist nichts mit'm Geschäft jetzt. Überall werden Arbeiter und Dienstboten entlassen, sodass ich mich vielleicht recht gern einschließen ließe; aber ich fürchte, damit sind sie ebenso wenig einverstanden wie mit dem andern.

John: Aber was willst du denn dann machen, Bruder? Und was soll ich machen? Denn ich bin kaum besser dran als du; die Leute, bei denen ich wohne, sind alle aufs Land gezogen, außer einem Mädchen, und die soll nächste Woche auch nachkommen und das Haus dicht machen, und so werde ich noch vor dir in die Welt hinausgejagt, und ich würde auch weggehen, wenn ich nur wüsste wohin.

Thomas: Wir waren beide verrückt, dass wir nicht gleich gegangen sind; dann hätten wir uns überallhin wenden können. Jetzt ist's damit vorbei; wir werden verhungern, sobald wir uns aus der Stadt wagen. Wir werden keine Lebensmittel kriegen, nicht mal für unser gutes Geld, und sie werden uns nicht in die Städte lassen, geschweige denn in die Häuser.

John: Und dass ich außerdem kaum Geld hab, um mir weiterzuhelfen, das ist fast grad so schlimm.

Thomas: Was das betrifft, so könnten wir schon durchkommen. Ich hab was, wenn's auch nicht viel ist; aber ich sag dir, wir kommen auf den Straßen nicht weiter. Ich kenn ein paar anständige Kerle, die bei uns in der Straße wohnen, die wollten raus, und in Barnet oder Whetstone, jedenfalls in der Gegend, da hat man ihnen angeboten, sie niederzuschießen, wenn sie einen Schritt weitergingen, und da sind sie ganz entmutigt wiedergekommen.

John: Ich hätt's auf ihr Schießen ankommen lassen, wenn ich dort gewesen wäre. Und wenn sie mir für mein Geld nicht zu essen verkauft hätten, dann hätten sie's erleben können, wie ich's vor ihrer Nase weggenommen hätte, und wenn ich ihnen Geld dafür angeboten hätte, dann hatten sie vor Gericht gar nichts gegen mich machen können.

Thomas: Du redest, als ob du immer noch Soldat wärst und in Holland, aber so lächerlich ist das gar nicht. Die Leute haben schon recht, wenn sie in einer solchen Zeit keinen ranlassen, der ihnen nicht beweisen kann, dass er gesund ist, und wir haben kein Recht, sie auszuplündern.

John: Nein, Bruder, du siehst das falsch, und mich dazu. Ich will gar niemanden ausplündern: aber wenn mir jeder Ort an der Landstraße verbieten kann, dass ich durchziehe, und mir für mein Geld keine Nahrungsmittel verkauft, dann heißt das doch, dass die das Recht haben, mich verhungern zu lassen, und das kann nicht stimmen.

Thomas: Aber sie lassen dir doch die Möglichkeit, dahin zurückzugehen, wo du hergekommen bist, also lassen sie dich nicht verhungern.

John: Und die nächste Stadt auf dem Rückweg wird's genauso machen und mich nicht wieder zurücklassen, und so lassen sie mich zwischen beiden verhungern. Außerdem gibt es kein Gesetz, das einem verbietet, auf den Straßen herumzureisen, wo man will.

Thomas: Aber das ihnen in jeder Stadt an der Straße klarzumachen, wird so schwierig sein, dass das arme Leute nicht schaffen können, am wenigsten zu einer Zeit wie dieser.

John: Ja, Bruder, wenn das so ist mit uns, dann sind wir schlechter dran als sonst jemand, denn wir können dann weder gehen noch bleiben. Ich denke wie die Aussätzigen von Samaria: Bleiben wir hier, so werden wir sicherlich sterben; und das trifft vor allem für Leute in unserer Lage zu, ohne eignes Haus und ohne eine Unterkunft bei jemand anders. In einer solchen Zeit kann man nicht auf der Straße liegen, da könnten wir ebenso gut gleich den Pestkarren besteigen. Drum sag ich: Bleiben wir hier, so werden wir sicherlich sterben; und gehen wir weg – können wir auch nicht mehr als sterben. Ich bin entschlossen zu verschwinden.

Thomas: Du willst also gehen. Aber wohin willst du gehen, und was willst du unternehmen? Ich würde ebenso gern gehen, wenn ich nur wüsste wohin. Wir haben doch keine Bekannten und keine Freunde. Hier sind wir geboren worden, hier müssen wir sterben.

John: Schau, Tom, das ganze Königreich ist ebenso meine Heimat wie diese Stadt. Du kannst genauso gut sagen, dass ich mein Haus nicht verlassen darf, wenn es brennt, wie dass ich die Stadt, in der ich geboren bin, nicht verlassen darf, wenn sie von der Pest befallen ist. In England bin ich geboren, und ich habe das Recht, überall, wo ich nur kann, in diesem Land zu leben.

Thomas: Aber du weißt doch, dass jede herumtreiberische Person nach englischem Recht festgenommen und dahin zurückgebracht werden kann, wo sie ihr Wohnrecht hat.

John: Aber wie sollen sie mich zu einem Landstreicher erklären? Ich will doch nur durchreisen, und meine Gründe dafür widersprechen nicht den Gesetzen.

Thomas: Und welche gesetzlich nicht verbotenen Gründe können wir für unser Reisen oder besser Herumziehen angeben? Sie werden sich nicht mit Worten abspeisen lassen.

John: Ist es gegen das Gesetz, um das eigne Leben zu fliehen? Und weiß man nicht überall, dass das stimmt? Man kann nicht behaupten, dass wir etwas verbergen.

Thomas: Aber einmal angenommen, man lässt uns wirklich durch, wohin wollen wir dann?

John: Ganz gleich, wenn wir nur unser Leben retten; wir haben genug Zeit, darüber nachzudenken, wenn wir erst aus der Stadt sind. Wenn ich nur von diesem fürchterlichen Ort weg bin, dann kümmert mich nicht mehr, wohin ich gehe.

Thomas: Wir werden in die schlimmsten Notlagen geraten. Ich weiß nicht, was ich davon halten soll.

John: Nun, denk noch ein wenig darüber nach, Tom.

Dieses Gespräch fand etwa Anfang Juli statt; und obgleich die Pest sich in den westlichen und nördlichen Stadtteilen immer weiter ausgebreitet hatte, waren doch, wie schon erwähnt, ganz Wapping, Redriff und Ratcliff, Limehouse und Poplar, kurz: Deptford und Greenwich, und von der Eremitage abwärts beide Seiten des Flusses bis ganz nach Blackwell hinunter völlig frei von der Pest; in der ganzen Gemeinde Stepney war nicht einer an der Pest gestorben, niemand auch südlich der Whitechapel Road, ja in keiner der dortigen Gemeinden; dabei war die Zahl der in den Listen verzeichneten Pesttoten gerade in jener Woche auf 1006 gestiegen.

Erst nach vierzehn Tagen trafen sich die Brüder wieder, und inzwischen hatte sich die Lage etwas geändert, die Pest hatte sich außerordentlich ausgebreitet, und die Zahl der Todesfälle war sehr angestiegen, die Liste nannte nun 2785, und die Zahlen stiegen weiter, obgleich es an den beiden Flussufern unterhalb der Altstadt immer noch recht gut ging. Aber nun starben die ersten in Redriff und etwa fünf oder sechs in Ratcliff Highway, und da kam der Segelmacher in höchster Eile und auch Furcht zu seinem Bruder John; denn ihm war seine Unterkunft unwiderruflich gekündigt worden, und er hatte nur eine Woche Frist, um sich eine andre zu suchen. Sein Bruder John war in keiner besseren Lage, denn er hatte seine Wohnung schon verlassen müssen und hatte nur seinen Meister, den Zwieback-Bäcker, um die Erlaubnis gebeten, in einem Schuppen, der zur Bäckerei gehörte, bleiben zu dürfen, wo er auf bloßem Stroh schlief, das mit einigen Zwieback- oder sogenannten Brotsäcken abgedeckt war, und sich mit einigen dieser Säcke auch zudeckte.

Jetzt beschlossen sie, da ihnen deutlich wurde, dass sie ohne Anstellung waren und Arbeit und Brot nicht zu bekommen war, sich so gut wie möglich darauf einzurichten und dem Bereich der fürchterlichen Seuche zu entfliehen und zu versuchen, bei größtmöglicher Sparsamkeit, von dem zu leben, was sie besaßen, so lange das reichte, und dann zu arbeiten, soweit sie irgendwo Arbeit irgendwelcher Art, was es auch immer sein möchte, finden konnten.

Als sie überlegten, wie sie ihren Entschluss so gut wie möglich in die Wirklichkeit umsetzen könnten, erfuhr der Dritte, der gut mit dem Segelmacher bekannt war, von dem Plan, und sie erlaubten ihm, mit von der Partie zu sein; so bereiteten sie ihren Auszug vor.

Nun hatten sie aber nicht alle gleich viel Geld; da aber der Segelmacher, der das meiste besaß, am wenigsten Aussicht hatte, durch seine Arbeit auf dem Land etwas zu verdienen, und er außerdem lahm war, stimmte er zu, dass alles vorhandene Geld in eine gemeinsame Kasse eingebracht werden sollte, wenn abgemacht würde, dass sie alles, wenn einer mehr bekäme als die andern, ohne Murren in die gemeinsame Kasse gäben.

Sie beschlossen, sich mit so wenig Gepäck wie möglich zu belasten, weil sie abgemacht hatten, zuerst zu Fuß zu gehen, und zwar ein großes Stück weit, sodass sie, wenn es gelänge, wirklich sicher wären; und erst nach vielen gemeinsamen Überlegungen konnten sie übereinkommen, welchen Weg sie einschlagen wollten, und sie waren so weit von einer Einigung entfernt, dass sie selbst an dem Morgen, an dem sie loszogen, noch keinen Beschluss darüber gefasst hatten.

Schließlich warf der Seemann einen Gedanken ein, der die Sache entschied. »Zum Ersten«, sagt er, »ist es sehr heiß, und deshalb bin ich dafür, nordwärts zu ziehen, damit wir die Sonne nicht im Gesicht haben und sie uns nicht auf die Brust brennt, dass wir vor Hitze ohnmächtig werden; ich habe auch gehört«, fährt er fort, »dass es nicht gut ist, das Blut in einer Zeit zu erhitzen, in der, ohne dass man es merkt, die Pest selbst in der Luft lauern kann. Zum Zweiten«, sagt er, »bin ich dafür, dass wir möglichst gegen den Wind gehen, wenn wir aufbrechen, sodass uns der Wind nicht die Luft der Stadt nachbläst, wenn wir losgehen.« Diese beiden Vorsichtsmaßnahmen wollte man berücksichtigen, wenn der Wind bei ihrem Aufbruch nach Norden nicht gerade von Süden kam.

Dann brachte auch der Bäcker John, der frühere Soldat, seine Meinung vor. »Erstens«, sagt er, »erwartet keiner von uns, dass wir unterwegs irgendeine Bleibe finden, und einfach im Freien zu übernachten, dürfte wohl allzu anstrengend sein. Wir haben zwar warmes Wetter, aber es kann auch regnerisch und feucht werden, und wir haben doppelt Grund in dieser Zeit, auf unsere Gesundheit zu achten; und deshalb«, sagt er, »könntest du, Tom, als Segelmacher uns leicht ein kleines Zelt nähen, und ich will gern übernehmen, es jeden Abend aufzustellen und es wieder abzuschlagen, und wir geben einen Pfifferling für alle Gasthäuser Englands; wenn wir ein gutes Zelt über dem Kopf haben, können wir zufrieden sein.«

Der Schreiner hatte Einwände dagegen und sagte, das sollten sie nur ihm überlassen; er würde es übernehmen, ihnen mit Axt und Hammer jeden Abend eine Hütte zu bauen, und sie sollte, wenn er auch kein weiteres Werkzeug hätte, doch zu ihrer vollen Befriedigung ausfallen und so gut wie ein Zelt sein.

Der Soldat und der Schreiner hatten über diesen Punkt einen längeren Disput, zuletzt trug aber der Soldat den Sieg zugunsten des Zeltes davon.

Das Gebiet, in welches die Wanderer flüchteten.
Ausschnitt einer Karte aus dem 17. Jahrhundert

Der einzige Nachteil war, dass sie es mit sich schleppen mussten, was ihr Gepäck zu sehr vermehren würde, wo es doch so heiß war; aber durch einen glücklichen Zufall konnte der Segelmacher diese Schwierigkeit beseitigen; der Meister nämlich, bei dem er arbeitete, hatte neben der Segelmacherei auch eine Seilerbahn mit einem mageren Pferdchen, für das er jetzt keine Verwendung hatte; und da er den drei rechtschaffenen Männern gerne half, überließ er ihnen das Pferd zum Gepäckschleppen; er überließ ihm auch für die Kleinigkeit von drei Tagwerken, die er ihm vor dem Weggehen ableisten musste, ein abgelegtes Bramsegel, das für ihre Zwecke jedoch gut genug war und für die Anfertigung eines ordentlichen Zelts mehr als ausreichend groß. Der Soldat zeigte, wie man es zuschneidet, und sie hatten es unter seiner Anleitung bald fertig und mit den zugehörigen Stangen oder Pflöcken versehen; so waren sie also für die Reise gerüstet: drei Männer, ein Zelt, ein Pferd und ein Gewehr, denn der Soldat wollte nicht unbewaffnet losmarschieren, da er nun, wie er sagte, kein Zwieback-Bäcker mehr war, sondern ein Kavallerist.

Der Schreiner nahm eine kleine Tasche mit solchem Werkzeug mit, das ihm von Nutzen sein konnte, wenn er draußen irgendeine Arbeit bekommen sollte, zu seiner wie ihrer aller Unterhaltung. Das Geld, das sie besaßen, brachten sie alles in eine gemeinsame Kasse ein, und dann machten sie sich auf die Reise. Es scheint, dass der Wind an dem Morgen, an dem sie sich auf den Weg machten, aus Nordwest bei West wehte, wie der Seemann mit seinem Taschenkompass feststellte. So schlugen sie eine nordwestliche Richtung ein, oder wollten das zumindest.

Denn bald stellte sich ihnen eine Schwierigkeit entgegen; sie waren nämlich von dem London zu gelegenen Ende Wappings, nahe der Eremitage, aufgebrochen, und die Pest wütete zu jener Zeit vor allem am Nordende der Altstadt, z. B. in den Gemeinden Shoreditch und Cripplegate, sehr heftig, und sie hielten es für gefährlich, sich diesen Stadtteilen zu nähern; also wandten sie sich nach Osten, durch Ratcliff Highway bis nach Ratcliff Cross, sie ließen die Kirche von Stepney immer zur Linken, denn sie fürchteten, sonst von Ratcliff nach Mile End zu kommen, wodurch sie dicht am Friedhof hätten vorbeigehen müssen, auch weil der Wind, der wohl mehr von Westen her wehte, genau von der Seite der Stadt her wehte, wo die Pest am heftigsten war. So, meine ich, schlugen sie, Stepney liegen lassend, einen großen Bogen und stießen, auf Poplar und Bromley zugehend, gerade bei Bow auf die große Landstraße.

Hier würde sie die auf der Brücke von Bow aufgestellte Wache überprüft haben, aber sie vermieden dadurch, dass sie die Straße überquerten und in einen schmalen Weg einbogen, der vom diesseitigen Stadtrand von Bow nach Old Ford führt, jede Überprüfung und gingen weiter nach Old Ford. Überall waren die Wachtmeister auf dem Posten, nicht so sehr, scheint es, um die Leute am Durchreisen, sondern um sie am Bleiben in den Städten zu hindern, vor allem aber auch wegen eines kurz zuvor aufgetauchten Gerüchts, das durchaus hätte stimmen können; es hieß nämlich, dass die Armen Londons, durch das Fehlen von Arbeit und damit von Brot in Not und Bedrängnis geraten, zu den Waffen gegriffen und einen Aufstand gemacht hätten und dass sie in alle Ortschaften der Umgebung kommen würden, um sich gewaltsam Lebensmittel zu verschaffen. Das war wie gesagt nur ein Gerücht, und es war ein Glück, dass es nicht mehr war. Aber es war doch nicht so weit von der Wirklichkeit entfernt, wie man später geglaubt hat, denn einige Wochen später waren die Armen durch die erlittene Not in solcher Verzweiflung, dass man sie nur mit großer Mühe davor zurückhalten konnte, in die Felder und Städte hinauszurennen und dort alles kurz und klein zu schlagen; und, das habe ich schon erwähnt, nichts hat sie daran gehindert als die fürchterlich unter ihnen wütende Pest, sodass sie zu Tausenden begraben wurden, bevor sie zu Tausenden in Haufen aufs Land hinausziehen konnten; denn in der Gegend der Gemeinden St. Sepulchre, Clerkenwell, Cripplegate, Bishopsgate und Shoreditch, den Gebieten, in denen der Pöbel eine drohende Haltung einzunehmen begann, hauste die Seuche so fürchterlich, dass in diesen paar Gemeinden schon zu der Zeit, als die Pest noch gar nicht ihren Höhepunkt erreicht hatte, nicht weniger als 5361 Menschen in den ersten drei Augustwochen starben, zu einer Zeit also, in der die Gegend um Wapping, Ratcliff und Rotherhithe, wie schon beschrieben, kaum oder doch nur geringfügig befallen war; sodass, mit einem Wort, obgleich das kluge Regiment des Lord Mayors und der Friedensrichter, wie schon gesagt, zu verhindern mithalf, dass sich die Wut und Verzweiflung der Armen nicht in Zusammenrottungen und Aufruhr Luft machten, und dass, kurz gesagt, die Armen nicht die Reichen ausplünderten – ich wiederhole, obwohl sie viel bewirkten, bewirkten die Pestkarren doch mehr, denn wenn, wie gesagt, in nur fünf Gemeinden innerhalb von zwanzig Tagen mehr als fünftausend umkamen, muss man annehmen, dass während dieser ganzen Zeit die vielleicht dreifache Zahl von Menschen krank waren, denn einige genasen, und viele erkrankten Tag für Tag und starben erst nach einiger Zeit. Außerdem darf ich auch hier wieder sagen, dass ich immer der Meinung war, dass eine Zahl von 5000 in den Totenlisten in Wirklichkeit die fast doppelte Anzahl bedeutete, denn es gab keinen Grund, daran zu glauben, dass die uns gegebenen Aufstellungen stimmten oder dass bei dem herrschenden Durcheinander überhaupt die Möglichkeit vorhanden war, die Listen genau zu führen.

Aber zurück zu unsern Wanderern! In Old Ford wurden sie nur ausgefragt, und da sie eher vom Land als aus London zu kommen schienen, waren die Leute ihnen gegenüber nicht weiter zurückhaltend; sie unterhielten sich mit ihnen, ließen sie im Gasthaus einkehren, wo der Wachtmeister mit seinen Posten saß, gaben ihnen zu trinken und etwas zu essen, was sie sehr erfrischte und aufmunterte. Und hier kam ihnen der Gedanke, dass sie, wenn sie einmal überprüft werden sollten, sagen wollten, dass sie aus der Grafschaft Essex kämen, und London nicht zu erwähnen.

Um diesen kleinen Schwindel zu unterstützen, gewannen sie sich so weit die Gunst des Wachtmeisters von Old Ford, dass er ihnen eine Bescheinigung darüber ausstellte, dass sie von Essex kommend jenes Dorf passiert hätten, und dass sie nicht in London gewesen seien, was zwar falsch war, wenn man darunter verstand, was die Leute in der Grafschaft allgemein mit »London« bezeichneten, wörtlich genommen aber stimmte, denn Wapping und Ratcliff gehörten weder zur Altstadt noch zu den Freigebieten.

Diese Bescheinigung, an den nächsten Wachtmeister in Homerton, einem Teil der Gemeinde Hackney, gerichtet, war ihnen so nützlich, dass sie ihnen dort nicht nur freien Durchgang, sondern sogar ein vollgültiges Gesundheitszeugnis von einem Friedensrichter bescherte, der es ihnen, auf Verwendung des Wachtmeisters, ohne viel Umstände ausstellte; und so zogen sie durch die lang auseinandergezogene Ortschaft Hackney [die damals aus verschiedenen Weilern bestand] und weiter, bis sie oben auf dem Stamford Hill auf die große, nach Norden führende Landstraße stießen.

Um diese Zeit begannen sie müde zu werden, und so beschlossen sie, an der von Hackney kommenden Nebenstraße, kurz bevor sie in die besagte Landstraße einmündet, für die erste Nacht ihr Zelt aufzuschlagen und darin zu schlafen; das geschah dann auch wie geplant, wobei sie allerdings noch ein Weiteres taten: Sie entdeckten eine Scheune oder ein scheunenähnliches Gebäude, das sie erst gründlichst durchsuchten, um sicher zu gehen, dass sich niemand darin aufhielt, an welches sie das Zelt mit seiner Giebelseite stellten. Das machten sie sowohl, weil der Wind in jener Nacht sehr stark wehte und sie im Zeltbau noch unerfahren waren, als auch, weil sie an eine solche Unterkunft noch nicht gewöhnt waren.

Dann legten sie sich schlafen; aber der Schreiner, ein nachdenklicher und nüchterner Mann, dem es ein wenig unheimlich war, dass man sich in dieser ersten Nacht so ohne Weiteres niederlegte, konnte nicht schlafen und beschloss, nachdem er erfolglos einzuschlafen versucht hatte, hinauszugehen und mit dem Gewehr in der Hand Posten zu stehen und seine Gefährten zu bewachen. So ging er mit dem Gewehr in der Hand vor der Scheune auf und ab, diese stand nämlich auf dem Feld dicht an der Straße, wenn auch hinter der Hecke. Er war noch nicht lange auf seinem Posten, als er ein Geräusch von sich nähernden Menschen hörte, und zwar von einer großen Anzahl, und sie schienen ihm genau auf die Scheune zuzukommen. Er weckte seine Genossen nicht sofort, doch rief ihn einige Minuten später, nachdem das Geräusch immer lauter geworden war, der Bäcker an und fragte, was los sei, und war im Nu auch draußen. Der Segelmacher, wegen seines lahmen Beins am müdesten, blieb noch im Zelt liegen.

Wie sie erwartet hatten, hielten die Leute, die sie gehört hatten, direkt auf die Scheune zu, und so trat einer unsrer Wandrer ihnen, wie ein Soldat auf Posten, mit »Halt, wer da?« entgegen. Die Leute antworteten nicht sofort, doch einer von ihnen, zu einem hinter ihm Stehenden gewendet, sagt: »O, was für eine Enttäuschung. Da sind welche, die Scheune ist schon besetzt.«

Daraufhin hielten sie plötzlich an, als hätten sie das nicht erwartet; es handelte sich dem Anschein nach um zusammen etwa dreizehn Personen, darunter einige Frauen. Sie berieten, was sie nun machen sollten, und an ihrem Gespräch konnten unsre Wanderer rasch entnehmen, dass diese ebenso wie sie arme, unglückliche Menschen waren, die eine Bleibe und Sicherheit suchten; außerdem brauchten unsre Wanderer auch keine Angst davor zu haben, dass jene ihnen in unerwünschte Nähe kämen; denn jene hatten kaum die Worte »Halt, wer da?« vernommen, als sie auch schon die Frauen, anscheinend angsterfüllt, sagen hörten: »Geht nicht näher heran. Wer weiß, ob sie nicht die Pest haben.« Und als einer der Männer sagte: »Wir wollen nur mit ihnen sprechen«, antworteten die Frauen: »Nein, tut das auf keinen Fall. Wir sind bis jetzt dank der Güte Gottes durchgekommen; wir flehen euch an, lasst uns nicht jetzt uns noch in Gefahr begeben!«

Unsere Wanderer erkannten hieraus, dass es sich um anständige und verlässliche Leute handelte, die ebenso wie sie um ihr Leben flohen; und, dadurch von ihrer Angst befreit, sagte John zu dem Schreiner, seinem Gefährten: »Wir wollen ihnen auch die Angst nehmen, soweit wir können«, und so ruft er sie an und sagt zu ihnen: »Hört, ihr guten Leute! Wir haben euerm Gespräch entnommen, dass ihr vor dem gleichen schrecklichen Feind auf der Flucht seid wie wir. Habt keine Angst vor uns; wir sind unser nur drei arme Männer. Wenn ihr nicht schon angesteckt seid, von uns habt ihr nichts zu befürchten. Wir schlafen nicht in der Scheune, sondern in einem kleinen

Zelt hier draußen, und wir wollen euretwegen anderswohin gehen; wir können unser Zelt schnell überall aufschlagen.« Das führte zu einer Unterhaltung zwischen dem Schreiner, der Richard hieß, und einem Mann der andern Gruppe, der sich Ford nannte.

Ford: Könnt ihr uns auch versichern, dass ihr alle gesund seid?

Richard: Ja; uns liegt daran, euch davon zu überzeugen, denn wir möchten nicht, dass ihr unruhig werdet oder euch gefährdet glaubt; ihr seht ja, dass wir nicht möchten, dass ihr euch auch nur in die geringste Gefahr begebt, und deshalb sage ich euch, dass wir die Scheune nicht benutzt haben, und deshalb wollen wir auch anderswohin gehen, damit ihr sicher seid und wir auch.

Ford: Das ist sehr gütig und freundlich von euch; aber wenn wir beruhigt sein können, dass ihr gesund seid und ohne die Heimsuchung, warum solltet ihr dann unsertwegen weggehen, wo ihr euch nun in eurem Unterschlupf eingerichtet und euch vielleicht schon niedergelegt habt? Wenn ihr nichts dagegen habt, werden wir in die Scheune gehen, um eine Weile auszuruhen, und wir brauchen euch nicht zu stören.

Richard: Gut so; aber ihr seid mehr als wir. Ich hoffe, dass ihr uns versichert, dass auch ihr gesund seid, denn ihr könnt ebenso gut für uns eine Gefahr bedeuten wie wir für euch.

Ford: Preis sei dem Herrn dafür, dass manche entgehen, so wenige es seien; was uns noch zugeteilt wird, das wissen wir nicht. Doch bis jetzt sind wir bewahrt.

Richard: Aus welchem Stadtteil kommt ihr? Hatte sich die Pest schon bis in eure Wohngegend ausgebreitet?

Ford: O ja, ganz schlimm und schrecklich, sonst wären wir nicht geflohen; wir glauben aber, nur wenige der Zurückgebliebenen werden übrig und am Leben bleiben.

Richard: Aus welchem Stadtteil kommt ihr?

Ford: Die meisten von uns sind aus der Gemeinde Cripplegate, und nur wenige von Clerkenwell, aber von diesseits.

Richard: Wie kam es dann, dass ihr nicht früher weggegangen seid?

Ford: Wir sind schon eine Zeit weg und sind so gut es ging im diesseitigen Teil von Islington zusammengeblieben, wo wir in einem alten, unbewohnten Haus bleiben konnten und uns mit einigem eigenen Bettzeug und Hausrat behalfen, was wir mitgebracht hatten; aber die Pest hat dann auch Islington erreicht, und das Haus, das neben unserer armseligen Unterkunft lag, wurde befallen und geschlossen, und wir sind vor Angst auf und davon.

Richard: Und wohin geht ihr nun?

Ford: Wohin es uns bestimmt ist; wir wissen es nicht, aber der Herr wird die leiten, die aufschauen zu Ihm.

Sie setzten ihre Unterhaltung dann nicht weiter fort, sondern die Neuankömmlinge gingen dann alle zur Scheune, in der sie mit einiger Schwierigkeit unterkamen. Es befand sich in ihr zwar nur Heu, aber sie war ziemlich voll, und so richteten sie sich so gut es ging ein und begaben sich zur Ruhe; unsere Wanderer konnten dabei beobachten, dass vor dem Schlafengehen ein alter Mann, anscheinend der Vater von einer der Frauen, mit der ganzen Gruppe betete, und sie befahlen sich der Gnade und Führung der Vorsehung, bevor sie sich zum Schlaf niederlegten.

In jener Jahreszeit brach der Tag früh an, und da Richard, der Schreiner, in der ersten Nachthälfte Posten gestanden hatte, löste ihn nun John, der Soldat, ab und hielt bis zum Morgen Wache, wobei sie allmählich mehr voneinander erfuhren. Anscheinend hatten die andern, nachdem sie Islington verlassen hatten, nach Norden, auf Highgate zu, gehen wollen, waren aber in Holloway aufgehalten worden, und dort wollte man sie nicht weiterlassen, sie waren dann über Felder und Hügel ostwärts gezogen und beim Boarded River herausgekommen, und so stießen sie, wobei sie die Städte mieden und Hornsey links, Newington rechts liegen ließen, wie unsere Wanderer, jedoch von der anderen Seite her, beim Stamford Hill auf die große Landstraße. Und nun gedachten sie, über den Fluss und durch die Marschen das Waldgebiet von Epping zu erreichen, wo sie hofften, die Erlaubnis zum Bleiben zu bekommen. Anscheinend waren sie nicht arm, mindestens nicht so sehr, dass sie gehungert hätten, und sie hatten genug, um sich über mindestens zwei bis drei Monate, wenn auch in bescheidenem Maß, zu erhalten, und dann würde, wie sie sagten, das kalte Wetter hoffentlich der Seuche Einhalt gebieten oder sie würde mindestens ihre Heftigkeit ausgetobt haben und allmählich verschwinden, und sei es nur deshalb, weil keine Menschen mehr am Leben sein würden, die sie befallen könnte.

Das erinnerte unsere drei Reisenden sehr an ihr eigenes Schicksal, nur mit dem Unterschied, dass sie für die Reise wohl besser ausgerüstet waren und im Sinn hatten, sich weiter von der Stadt zu entfernen; denn die andern wollten im Umkreis einer Tagereise von London bleiben, sodass sie alle zwei oder drei Tage erfahren konnten, wie die Dinge dort ständen.

Jetzt aber fanden sich unsere Wanderer vor einem unerwarteten Hindernis, nämlich dem, dass sie wegen des Pferdes, das sie zum Schleppen ihres Gepäcks brauchten, auf der Straße bleiben mussten, während die Mitglieder der anderen Gruppe ganz nach Belieben querfeldein oder auf Straßen, auf

Pfaden und Wegen oder auch nicht gehen konnten; auch hatten sie keinen Anlass, durch Städte zu ziehen oder auch nur in deren Nähe zu kommen, wenn sie nicht für ihren Lebensunterhalt Benötigtes einkaufen mussten, und das bereitete ihnen allerdings große Schwierigkeiten; davon aber gehörigen Orts.

Unsere drei Wanderer dagegen mussten auf der Straße bleiben, wenn sie nicht Flurschaden anrichten und den Bauern großen Schaden durch das Niederbrechen von Zäunen und Gattern, um über eingezäunte Felder vorwärtszukommen, zufügen wollten, was sie wenn irgend möglich vermeiden wollten.

Unsere drei Wanderer aber hätten sich sehr gerne der andern Gruppe angeschlossen und ihr Schicksal mit deren verbunden; und nach einigem Überlegen gaben sie ihren ersten Plan, sich nach Norden zu wenden, auf und beschlossen, mit den andern nach Essex zu gehen; so schlugen sie am Morgen das Zelt ab, beluden ihr Pferd, und weiter ging's, alle zusammen.

Am Fluss gab es einige Schwierigkeiten beim Übersetzen mit der Fähre, denn der Fährmann hatte Angst vor ihnen; aber nach einigem aus sicherer Entfernung geführten Verhandeln erklärte sich der Fährmann bereit, sein Boot an einer vom gewöhnlichen Anlegeplatz abgelegenen Stelle zu ihrer Benützung liegen zu lassen; nachdem sie sich selbst hinübergerudert hätten, sollten sie das Boot liegen lassen, und er wollte es, wie er sagte, mit einem andern Boot wiederholen, was er jedoch anscheinend erst nach über acht Tagen tat.

Daraufhin gaben sie dem Fährmann im Voraus Geld, damit er ihnen einen Vorrat an Lebensmitteln und Getränken besorgte, die er für sie holte und im Boot liegen ließ, aber erst, wie gesagt, nachdem er das Geld im Voraus bekommen hatte. Aber nun waren unsere Wanderer in einer neuen Schwierigkeit, da sie nicht wussten, wie sie das Pferd hinüberbringen sollten, da das Boot klein und dafür nicht geeignet war, und so blieb ihnen schließlich keine andere Wahl, als das Gepäck abzuladen und das Pferd hinüberschwimmen zu lassen.

Vom Fluss aus zogen sie auf den Wald zu, aber als sie nach Walthamstow kamen, weigerten sich die Bewohner dieser Stadt, sie durchzulassen, wie das überall der Fall war. Die Wachtmeister und ihre Gehilfen ließen sie nicht herankommen und unterhandelten mit ihnen. Sie gaben die gleichen Auskünfte über sich wie bei früheren Gelegenheiten; aber diese schenkten ihren Angaben keinen Glauben und begründeten das damit, dass vor ihnen schon zwei oder drei Gruppen da gewesen seien, die das Gleiche behauptet, jedoch in den Städten, durch die sie gekommen seien, verschiedene Leute mit der

Seuche angesteckt hätten, sodass sie von den Bewohnern der Gegend so schlecht behandelt worden wären, was wohl gerechtfertigt war, sie hatten es verdient, dass bei Brentwood oder in dieser Gegend einige davon auf den Feldern zugrunde gegangen seien, ob an Pest oder aus Mangel und Entbehrung, wussten sie nicht zu sagen.

Das war wirklich als Grund dafür anzuerkennen, dass die Einwohner von Walthamstow sich sehr vorsichtig verhielten und entschlossen waren, niemanden zu bewirten, dessen Umstände sie nicht genau kannten. Aber es konnte kein Grund dafür sein, wie der Schreiner Richard und einer von der andern Gruppe bei ihrer Unterhandlung ausführten, dass sie die Straßen sperrten und den Leuten den Durchzug durch den Ort verweigerten, die doch nichts von ihnen wollten als die Straßen benutzen; sie könnten ja, wenn sie Angst vor ihnen hätten, sich in ihre Häuser zurückziehen und die Türen schließen; die Durchziehenden wollten nichts weiter, weder im Guten noch im Bösen, mit ihnen zu tun haben, sondern nur ihren Weg fortsetzen.

Die Wachtmeister und ihre Gehilfen, durch keinerlei Vernunftgründe zu überzeugen, blieben bei ihrer unnachgiebigen Haltung und wollten sich auf nichts einlassen: so gingen die beiden Männer, die das Gespräch geführt hatten, zu ihren Genossen zurück, um zu beraten, was zu tun sei. Das Ganze war recht misslich, und sie wussten eine ganze Weile nicht, was sie anfangen sollten; schließlich aber sagt John, der Soldat und Bäcker, nachdem er eine Weile nachgedacht hat: »Kommt, lasst mich weiterverhandeln.« Er war noch nicht hervorgetreten; so beauftragt er den Schreiner Richard, aus den Bäumen einige Äste herauszuschneiden und ihnen, so gut er konnte, die Form von Gewehren zu geben, und in kurzer Zeit hatte er fünf oder sechs schöne angefertigt, die man aus der Ferne nicht von Musketen unterscheiden konnte; und an der Stelle, wo sich beim Gewehr das Schloss befindet, ließ er sie Tücher und Lumpen, was sie gerade bei der Hand hatten, herumwickeln, wie es bei feuchtem Wetter die Soldaten machen, um das Gewehrschloss vor Rost zu schützen; den Rest färbten sie mit Lehm oder Schlamm ein, was gerade bei der Hand war; während dieser ganzen Zeit saßen alle andern nach seiner Anweisung in zwei oder drei Gruppen unter den Bäumen, wo sie in ziemlicher Entfernung voneinander Feuer anzündeten.

Während das geschah, rückte er mit zwei oder drei andern vor und schlug ihr Zelt am Weg auf, und zwar in Sichtweite der Straßensperre, die von den Stadtbewohnern errichtet worden war, dann stellte er einen Posten mit dem richtigen Gewehr dazu, dem einzigen, was sie hatten, und der marschierte mit geschultertem Gewehr auf und ab, sodass ihn die von der Stadt sehen konnten. Außerdem band er das Pferd daneben an ein Gatter in der Hecke, sammelte einige dürre Zweige und entzündete ein Feuer, jedoch hinter dem Zelt, sodass die Bewohner der Stadt zwar das Feuer und den Rauch sehen konnten, aber nicht, was sie dabei taten.

Nachdem die Kleinstädter ihnen eine ganze Weile besorgt zugesehen hatten, und nach allem, was sie sehen konnten, annehmen mussten, dass es sich um eine große Gruppe handelte, wurde ihnen unbehaglich darüber zumute, dass sie nicht weiterziehen, sondern bleiben würden, wo sie waren; und noch schlimmer, sie hatten Pferde und Waffen bei ihnen bemerkt, denn sie hatten bei dem Zelt ein Pferd und ein Gewehr gesehen, dazu auch noch Leute, die auf dem Feld an der Hecke neben dem Weg herumliefen, mit – wie sie glaubten – geschulterten Musketen; ich glaube, man kann sich sicherlich vorstellen, dass sie dieser Anblick aufstörte und fürchterlich erschreckte, und anscheinend gingen sie zu einem Friedensrichter, um zu erfragen, was sie machen könnten. Welchen Rat ihnen der Friedensrichter gab, ist mir nicht bekannt, aber gegen Abend riefen sie von der erwähnten Sperre her den Posten am Zelt an.

»Was wollt ihr?«, sagt John.*

»Wissen, was ihr vorhabt«, sagt der Wachtmeister.

»Wir vorhaben?«, sagt John. »Was schlagt ihr uns vor?«

Wachtmeister: Warum verschwindet ihr nicht? Wozu bleibt ihr hier?

John: Warum haltet ihr uns auf der Reichsstraße auf und maßt euch an, uns die Erlaubnis zu verweigern, unseres Weges zu ziehen?

Wachtmeister: Wir sind nicht verpflichtet, euch den Grund dafür zu nennen, wenn wir euch auch mitteilten, dass wir es wegen der Pest tun.

John: Wir haben euch gesagt, dass wir alle gesund und nicht von der Pest befallen sind, was euch mitzuteilen wir unsererseits nicht verpflichtet waren; trotzdem maßt ihr euch an, uns auf der Reichsstraße aufzuhalten.

Wachtmeister: Wir sind berechtigt, die Straße zu sperren, und wir haben es im Interesse unserer Sicherheit getan. Außerdem ist dies keine Reichsstraße, sondern ein nicht öffentlicher Weg. Ihr seht hier die Schranke, wenn wir jemanden die Straße benutzen lassen, muss er dafür Wegzoll bezahlen.

John: Wir sind ebenso wie ihr berechtigt, uns um unsere Sicherheit zu kümmern, und ihr seht, dass wir ums eigne Leben laufen, und es ist äußerst unchristlich und ungerecht, uns aufzuhalten.

* Anscheinend hielt sich John im Zelt auf und trat heraus, als er sie rufen hörte, und redete mit ihnen, das Gewehr schulternd, als ob er von einem Vorgesetzten hier auf Posten gestellt worden wäre.

Wachtmeister: Ihr könnt ja wieder dahin zurückgehen, wo ihr hergekommen seid, wir hindern euch nicht daran.

John: Nein, das tun wir nicht, denn hinter uns steht ein stärkerer Feind als ihr es seid, sonst wären wir nicht hierher gekommen.

Wachtmeister: Nun, dann könnt ihr ja irgendwo anders hingehen.

John: Nein, das kommt nicht in Frage. Ich denke, ihr seht, dass wir euch davonjagen können, und die Einwohner der Gemeinde dazu, und dann die Stadt passieren können, wie wir wollen; aber da ihr uns hier aufgehalten habt, sind wir's auch zufrieden. Ihr seht, dass wir hier unser Lager aufgeschlagen haben, und so werden wir hierbleiben. Wir hoffen, dass ihr uns mit Lebensmitteln versorgt.

Wachtmeister: Wir euch versorgen! Wie denkt ihr euch das?

John: Nun, ihr wollt uns doch nicht verhungern lassen, oder? Wenn ihr uns hier anhaltet, müsst ihr uns erhalten.

Wachtmeister: Unsere Versorgung wird euch schlecht genug bekommen.

John: Wenn ihr uns zu knapp haltet, werden wir uns zu bedienen wissen.

Wachtmeister: Ihr wollt damit doch wohl nicht sagen, dass ihr mit Gewalt requirieren wollt, oder?

John: Noch haben wir euch nicht mit Gewalt gedroht, warum wollt ihr uns wohl dazu zwingen? Ich bin ein alter Soldat und kann nicht hungern, und wenn ihr glaubt, dass wir wegen fehlender Lebensmittel umkehren, dann täuscht ihr euch.

Wachtmeister: Da ihr uns droht, werden wir Sorge zu tragen wissen, wie wir gegen euch ankommen. Ich habe Befehl, gegen euch die Grafschaft aufzubieten.

John: Ihr droht, nicht wir. Und da ihr auf Streit aus seid, könnt ihr uns nicht verargen, dass wir euch nicht Zeit lassen, euch vorzubereiten; wir werden in wenigen Minuten losmarschieren.*

Wachtmeister: Was wollt ihr eigentlich von uns?

John: Zuerst wollten wir von euch nichts weiter als die Erlaubnis, durch die Stadt zu ziehen; wir hätten keinem von euch etwas angetan, noch hätte jemand von euch irgendeinen Schaden oder Verlust durch uns erlitten. Wir sind keine Diebe, sondern arme, elende Menschen, die vor der fürchterlichen Pest in London, die jede Woche Tausende verschlingt, auf der Flucht sind. Wir verstehen nicht, wie ihr so herzlos sein könnt!

Wachtmeister: Wir müssen im Interesse unserer Selbsterhaltung so handeln.

* Das erschreckte den Wachtmeister und seine Begleiter so, dass sie sofort ihren Ton änderten.

John: Was! Und eure Herzen verschließt ihr vor einer solchen Not?

Wachtmeister: Nun, wenn ihr dort links über die Felder und hinter jenem Stadtteil herumgehen wollt, will ich mich dafür einsetzen, dass für euch Tore geöffnet werden.

John: Unsere Pferdeknechte* kommen auf jenem Weg mit unserem Gepäck nicht durch; auch führt er nicht auf die Straße, auf der wir weitergehen wollen, und überhaupt, warum solltet ihr uns zwingen können, die Straße zu verlassen? Außerdem habt ihr uns hier den ganzen Tag aufgehalten, und wir hatten nur an Lebensmitteln, was wir mitgeführt haben. Ich denke, ihr solltet uns etwas Lebensmittel zu unserer Unterstützung schicken.

Wachtmeister: Wenn ihr woanders hingeht, schicken wir euch etwas Verpflegung.

John: Wenn wir dem zustimmen, werden bald alle Ortschaften die Wege vor uns versperren.

Wachtmeister: Wenn wir euch alle mit Lebensmitteln versorgen, was schadet's? Ihr habt Zelte, wie ich sehe, und braucht also keine Unterkunft.

John: Gut, wie viel Lebensmittel wollt ihr uns schicken?

Wachtmeister: Wie viel Mann seid ihr?

John: Nun, wir wollen gar nicht so viel haben, dass es für uns alle reicht; wir sind in drei Gruppen. Wenn ihr uns für zwanzig Männer und vielleicht sechs oder sieben Frauen Brot schickt, für drei Tage reichend, und uns den Weg querfeldein zeigt, von dem ihr spracht, wollen wir eure Leute nicht in Angst vor uns versetzen; wir wollen euch zu Gefallen den Umweg auf uns nehmen, obwohl wir ebenso wenig pestkrank sind wie ihr.**

Wachtmeister: Und werdet ihr uns garantieren, dass eure andern Leute uns nicht erneut behelligen?

John: Bestimmt nicht, darauf könnt ihr euch verlassen.

Wachtmeister: Ihr müsst auch versprechen, dass keiner eurer Leute auch nur einen Schritt über den Punkt hinausgeht, an dem wir die Lebensmittel niederlegen.

John: Ich verspreche, dass es nicht geschehen wird.

Also brachten sie zwanzig Laib Brot und drei oder vier große Stücke gutes Rindfleisch und öffneten einige Tore zu ihrer Benützung; aber keiner von ihnen hatte so viel Mut, ihren Abzug zu beobachten, und da es Abend

* Sie hatten im Ganzen nur ein Pferd.

** Hier rief er einen seiner Männer und ließ ihn an Hauptmann Richard und dessen Männer den Befehl überbringen, er solle den unteren Weg an der Gemeindegrenze entlang marschieren und sich im Wald mit ihnen vereinigen; was eine Finte war, denn sie hatten weder einen Hauptmann Richard noch eine solche Kompanie.

war, hätten sie, selbst wenn sie hinausgeschaut hätten, doch nicht erkennen können, wie wenige es waren.

Das hatte John, der Soldat, durch sein Geschick fertiggebracht. Es verbreitete in der Grafschaft aber ein solches Entsetzen, dass sich, wären sie wirklich zwei- oder dreihundert gewesen, die ganze Grafschaft gegen sie erhoben hätte, und sie entweder gefangen genommen oder aufs Haupt geschlagen worden wären.

Das merkten sie bald selbst, denn zwei Tage später begegneten ihnen verschiedene Trupps, teils beritten, teils auch zu Fuß, die ausgezogen waren, um drei Kompanien mit Musketen bewaffnete Männer aufzuspüren, die, wie sie sagten, aus London ausgebrochen und von der Pest befallen seien, und nicht nur die Seuche weiterverbreiteten, sondern das Land auch ausplünderten.

Als sie nun die Folgen ihres Handelns sahen, wurde ihnen auch die Gefahr bewusst, in der sie schwebten, und so beschlossen sie, wieder auf den Rat des alten Soldaten hin, sich wieder zu trennen. John und seine zwei Gefährten mit dem Pferd taten, als ob sie den Weg nach Waltham einschlügen; die andern gingen in zwei Gruppen, etwas voneinander getrennt, auf Epping zu.

In der ersten Nacht lagerten sie alle im Wald, nicht zu weit voneinander, schlugen aber nicht ihr Zelt auf, das sie hätte verraten können. Stattdessen machte sich Richard mit Axt und Beil an die Arbeit und errichtete aus herabgeschlagenen Zweigen drei Zelte oder Hütten, worin sie, so gut es die Verhältnisse erlaubten, übernachteten.

Die Lebensmittel, die sie aus Walthamstow mitgebracht hatten, reichten ihnen vollauf für diesen Abend; und das Weitere, das überließen sie der Vorsehung. Sie waren mit der Leitung des alten Soldaten so gut gefahren, dass sie ihn nun gern zu ihrem Anführer wählten; seine ersten Anweisungen schienen ihnen sehr vernünftig. Er sagte zu ihnen, dass sie nun weit genug von London weg seien; dass sie, weil sie nicht sofort von der Umgebung für ihre Lebensmittelversorgung abhängig seien, sich möglichst zurückhalten wollten, damit sie nicht angesteckt würden, wie umgekehrt sie diese nicht anstecken wollten; dass sie mit dem wenigen Geld, das sie besäßen, so sparsam wie möglich umgehen müssten; da er nicht wolle, dass sie an Gewaltanwendung gegen die Bevölkerung dächten, müssten sie sich so weit als möglich gut mit dieser stellen. Sie stimmten alle diesen Anweisungen zu, und so ließen sie ihre drei Hütten stehen und wandten sich am nächsten Tag nach Epping. Auch der Hauptmann, wie sie ihn nun nannten, und seine zwei Gefährten gaben ihren Plan auf, nach Waltham zu gehen, und sie gingen alle zusammen weiter.

Als sie in die Nähe von Epping kamen, hielten sie an und suchten sich einen geeigneten Platz draußen im Wald, inmitten einer Gruppe buschiger Bäume, nördlich der Hauptstraße und nicht in ihrer nächsten Nähe, aber auch nicht zu weit von ihr entfernt. Hier schlugen sie ein kleines Lager auf, das aus drei zeltartigen großen Hütten bestand, aus Stangen gefertigt, die ihr Zimmermann mit einigen Helfern schlug, in einem Kreis in die Erde steckte und die dünnen Enden oben zusammenband, zuletzt die Wände noch mit Zweigen von Bäumen und Büschen verstärkte, sodass sie völlig wasserdicht und warm waren. Außerdem bauten sie noch eine kleine Hütte, in der die Frauen für sich schliefen, und einen Unterstand für das Pferd.

Zufällig war am nächsten oder übernächsten Tag in Epping Markt, worauf Hauptmann John mit einigen Männern hinging und Verpflegung, d. h. Brot und etwas Hammel- und Rindfleisch einkaufte; außerdem gingen noch zwei Frauen hin, von den andern getrennt, als ob sie nicht zu ihnen gehörten, und kauften noch mehr ein. John hatte das Pferd mitgenommen, um die Sachen ins Lager zu transportieren, und den Sack, in dem der Zimmermann sonst sein Werkzeug hatte, um sie darin zu verstauen. Der Zimmermann machte sich an die Arbeit und tischlerte ihnen Bänke und Hocker zum Sitzen, so gut das mit dem vorhandenen Holz eben ging, und eine Art Tisch für die Mahlzeiten.

Sie blieben zwei oder drei Tage unbemerkt, doch dann kamen eine Unmenge Leute aus der Stadt heraus, um sie anzugaffen, und die ganze Umgebung geriet ihretwegen in Aufregung. Anfangs schienen die Leute Angst davor zu haben, sich ihnen zu nähern; sie ihrerseits waren auch bestrebt, die Leute von sich fernzuhalten, denn es lief ein Gerücht um, dass die Pest in Waltham ausgebrochen sei und auch zwei oder drei Tage in Epping gewesen wäre; deshalb rief ihnen John zu, sie sollten nicht in ihre Nähe kommen, »denn«, sagt er, »wir sind hier lauter gesunde und von der Seuche freie Leute, und wir möchten weder, dass ihr die Pest bei uns einschleppt, noch zu der Behauptung Anlass geben, wir hätten sie bei euch eingeschleppt.«

Dann kamen die Gemeindebeamten an und verhandelten mit ihnen aus der Ferne und wollten wissen, wer sie seien und woher sie das Recht nähmen, hier ihr Lager aufzuschlagen. John antwortete ganz offen, dass sie arme, geschlagene Leute aus London seien, die rechtzeitig aus der Stadt geflohen seien, um ihr Leben zu retten, als sie erkannt hätten, in welches Elend sie die Ausbreitung der Pest in der Stadt stürzen würde; und da sie weder Verwandte noch Bekannte hätten, zu denen sie sich hätten begeben können, wären sie erst nach Islington gegangen, dann aber, als die Pest auch in diesem Stadtteil sich auszubreiten begonnen hätte, seien sie weitergeflohen; und da sie angenommen hätten, dass die Einwohner Eppings sie wohl nicht in die Stadt gelassen hätten, hätten sie sich ihre Hütten draußen im Wald gebaut und würden lieber das Ungemach einer solchen trostlosen Bleibe ertragen als irgend jemand denken oder befürchten lassen, dass ihm durch sie ein Leid zugefügt würde.

Zuerst fuhren die Leute von Epping sie barsch an und forderten sie auf weiterzuziehen; sie könnten nicht an diesem Ort bleiben; und wenn sie auch behaupteten, gesund und ohne die Seuche zu sein, könnten sie doch von der Pest angesteckt sein, ohne es zu wissen, und die ganze Umgebung anstecken, und deshalb könnten sie hier nicht geduldet werden.

Ruhig versuchte John eine ganze Weile, sie zu überzeugen und ihnen klarzumachen, dass sie, die Bewohner Eppings und der Umgebung, doch gerade von London lebten; dass sie ihre landwirtschaftlichen Erzeugnisse dorthin verkauften, wodurch ihre Höfe einen Gewinn abwürfen; und dass es sehr hartherzig von ihnen sei, den Einwohnern Londons und denen, die ihnen so viel Geld einbrächten, gegenüber so grausam zu handeln; und es würde ihnen gar nicht lieb sein, wenn man sich später daran erinnerte und erzählte, wie barbarisch, ungastlich und unfreundlich sie gegenüber Bürgern Londons waren, als diese angesichts des fürchterlichsten Feindes der Menschheit auf der Flucht gewesen waren; dass dies ausreichte, um den bloßen Namen eines Einwohners von Epping in der ganzen Stadt verhasst zu machen und den Pöbel dazu brächte, jeden auf offener Straße zu steinigen, wenn er auch nur zum Markt käme; dass gar nicht sicher sei, ob sie nicht noch selbst heimgesucht würden, wie es seines Wissens Waltham schon sei; dass er es für eine außerordentliche Hartherzigkeit hielte, wenn man ihnen, wenn sie, ohne befallen zu sein, aus Furcht vor der Pest flohen, nicht einmal die Möglichkeit ließe, auch nur auf freiem Feld zu lagern.

Die Leute aus Epping wiederholten, dass sie zwar sagten, sie seien gesund und frei von Ansteckung, dass sie dafür aber keine Beweise hätten; dass man Berichte habe von einem großen Haufen, der bei Walthamstow gelegen hätte, die ebenso wie sie behauptet hätten, gesund zu sein, und schließlich damit gedroht hätten, die Stadt auszuplündern und sich freien Weg zu erzwingen, ohne die Gemeindebeamten lange danach zu fragen; dass es fast zweihundert Mann gewesen seien und sie Waffen und Zelte wie aus den Niederlanden gekommene Soldaten mit sich geführt hätten; dass sie von der Stadt dadurch Lebensmittel erpresst hätten, dass sie gedroht hätten, sich in der Stadt einzuquartieren, und dabei hätten sie ihre Waisen gezeigt und wie

Soldaten geredet; einige von ihnen seien dann nach Romford und Brentwood gegangen, diese hätten die Gegend angesteckt und die Pest in diesen beiden großen Städten ausgebreitet, dass man nicht mehr wagen könne, dorthin wie gewohnt zum Markt zu gehen; dass sie wahrscheinlich zu diesem Haufen gehörten, und wenn es so wäre, verdienten sie, ins Gefängnis gesteckt und festgesetzt zu werden, bis sie den von ihnen angerichteten Schaden wieder gutgemacht und für die Angst und den Schrecken, in die sie das Land versetzt hätten, Buße geleistet hätten.

John antwortete, dass sie, was andre getan haben, nichts angehe; dass sie ihnen versichern könnten, dass sie alle einer Gruppe zugehörten; dass sie nie mehr gewesen seien, als sie hier sehen könnten [was ja, am Rande erwähnt, durchaus stimmte]; dass sie zwar in zwei getrennten Gruppen ausgezogen seien, sich aber unterwegs zusammengeschlossen hätten, da sie beide in der gleichen Lage seien; dass sie sich bereit erklärten, jede gewünschte Auskunft über sich zu geben und Name und Wohnung anzugeben, dass man sie für jede Verfehlung, derer sie sich vielleicht schuldig machten, zur Verantwortung ziehen könne; dass die Städter doch erkennen könnten, wie sie mit den einfachsten Lebensbedingungen zufrieden seien und nichts weiter wollten als ein von der Seuche freies Plätzchen im Wald zum Atmen; denn ein anderer Platz käme für sie nicht in Frage, und sie würden ihr Lager abbrechen, wenn sich dieser als verseucht erweisen sollte.

»Aber«, wandten die Städter ein, »wir haben schon die Versorgung einer Menge Armer auf den Schultern, und wir müssen aufpassen, dass es nicht noch mehr werden; wahrscheinlich könnt ihr uns nicht Gewähr dafür geben, dass ihr nicht unserer Gemeinde und ihren Einwohnern angelastet werdet, so wenig wie dafür, dass ihr uns nicht durch eine Ansteckung gefährdet.«

»Nun, seht«, sagt John, »was das Zur-Last-fallen betrifft, so hoffen wir, dass dies nicht eintritt. Wenn ihr uns in unserer derzeitigen Notlage mit Lebensmitteln aushelft, sind wir euch dafür sehr dankbar; und wie wir alle nicht von der Fürsorge lebten, solange wir zu Hause waren, so werden wir es als unsere Pflicht betrachten, euch alles zu bezahlen, falls es Gott gefällt, uns sicher zu unseren Familien und Häusern zurückzubringen und den Einwohnern Londons ihre Gesundheit wiederzugeben.

Und was unser Sterben hier angeht, so versprechen wir euch, dass, wenn einer von uns sterben sollte, wir Überlebenden ihn begraben werden und euch keinerlei Unkosten verursachen; wenn wir aber alle sterben sollten, dann würdet ihr freilich für den Letzten, der sich nicht selbst begraben könnte, Unkosten haben, die zu begleichen, dessen bin ich sicher, er bestimmt genug hinterlassen würde.

»Wenn ihr aber«, sagt John, »uns nicht ein mitleidiges Herz öffnen und uns unter keinen Umständen helfen wollt, werden wir uns nichts mit Gewalt verschaffen und niemanden bestehlen; wenn wir aber, wenn das wenige, was wir besitzen, verbraucht ist, zugrunde gehen – so geschehe Gottes Wille.«

John machte mit dieser verständigen und ruhigen Rede einen solchen Eindruck auf die Stadtbewohner, dass sie weggingen; und obgleich sie ihrem Bleiben nicht ausdrücklich zustimmten, unternahmen sie doch auch nichts gegen sie; und die armen Leute blieben weitere drei oder vier Tage ohne jede Belästigung. Inzwischen hatte sich eine lose Verbindung zu einem Lebensmittelgeschäft am Stadtrand angebahnt, zu dem sie aus der Entfernung hinüberriefen, was sie an Kleinigkeiten, die sie brauchten, gebracht wünschten und welche sie in einiger Entfernung niederlegen ließen, wofür sie auch immer sehr anständig bezahlten.

Während dieser Zeit kamen häufig die jüngeren Einwohner der Stadt ziemlich nahe an sie heran, pflegten dazustehen und ihnen zuzuschauen, manchmal auch sich mit ihnen aus einigem Abstand zu unterhalten; vor allem merkte man an, dass sich die armen Leute am Sabbat eingezogen verhielten, zusammen einen Gottesdienst abhielten, und man sie Psalmen singen hörte.

All dies und ein ruhiges, unaufdringliches Benehmen begann ihnen die gute Meinung der Umgebung einzutragen, und die Leute begannen sie zu bemitleiden und Gutes von ihnen zu erzählen; als Folge davon veranlasste ein sehr nasser und regnerischer Abend einen Gutsbesitzer, der in der Nähe wohnte, ihnen einen kleinen Karren mit zwölf Schütten oder Bündeln Stroh zu schicken, damit sie darauf liegen und außerdem ihre Hütten mit einem Strohdach versehen konnten, um sie trocken zu halten. Der Geistliche einer nahebei gelegenen Pfarre schickte ihnen, ohne von dem andern etwas zu wissen, auch einiges, nämlich etwa zwei Scheffel Weizen und einen halben Scheffel weißer Bohnen.

Sie empfingen diese Gaben natürlich mit großer Dankbarkeit, und vor allem das Stroh war für sie eine große Hilfe; denn obgleich der erfinderische Zimmermann ihnen Gestelle gebaut hatte, in denen sie wie in Trögen lagen, und die sie mit Laub und Ähnlichem, was sie finden konnten, gefüllt hatten, und er ihren ganzen Zeltstoff zu Bettdecken verschnitten hatte, lagen sie doch feucht und hart und ungesund, bis das Stroh eintraf, das ihnen wie ein Federbett vorkam, und das ihnen, wie John sagte, willkommener war als sonst ein Federbett.

Nachdem der Gutsbesitzer und der Geistliche damit den Anfang gemacht und ein Beispiel der Nächstenliebe unseren Wanderern gegenüber gegeben hatten, folgten ihnen darin rasch andere, und sie empfingen täglich von den Leuten die eine oder andre Wohltat, vor allem aber von den Gutsbesitzern, die in der Umgegend lebten. Manche schickten ihnen Stühle, Hocker, Tische und ähnliche Einrichtungsgegenstände, von denen sie mitteilten, dass sie ihnen fehlten; andre schickten ihnen Decken und Bettzeug, oder auch irdenes Geschirr und Küchengeräte, damit sie sich ordentlich ihr Essen bereiten konnten.

Von dieser erfreulichen Entwicklung ermutigt, baute ihnen der Zimmermann in wenigen Tagen ein großes, scheunenartiges Haus mit Sparrenwerk und einem richtigen Dach und einem Boden darunter, auf dem sie es warm hatten, denn das Wetter wurde Anfang September feucht und kalt. Dieses Haus aber, sehr ordentlich mit Stroh gedeckt und mit dicken Wänden und Dach, hielt die Kälte recht gut ab. Auch zog er an einer Giebelseite eine Lehmwand hoch mit einem Kamin darin, auf den ein andrer der Gesellschaft mit viel Mühe und Arbeit einen Schornstein setzte, damit der Rauch abziehen konnte.

Hier lebten sie gemütlich, wenn auch sehr bescheiden, bis Anfang September; dann aber mussten sie die böse Nachricht vernehmen – wobei unsicher blieb, ob sie stimmte –, dass die Pest, die schon sehr heftig auf der einen Seite in Waltham Abbey, und in Romford und Brentwood auf der andern Seite des Waldgebiets hauste, auch nach Epping, Woodford und den meisten anderen in diesem Gebiet gelegenen Ortschaften gekommen sei, und man erzählte, dass sie vor allem durch Händler und Leute, die öfter Lebensmittel nach London brachten, eingeschleppt worden sei.

Wenn das stimmt, so steht es in offensichtlichem Widerspruch zu dem, was später über ganz England hin berichtet wurde, was ich aber, wie schon gesagt, aus meiner Kenntnis der Dinge nicht bestätigen kann, dass nämlich die Leute, die Lebensmittel nach London auf den Markt brachten, niemals angesteckt worden seien oder die Seuche mit sich auf das Land hinausgeschleppt hätten, was beides, wie man mir bestätigt hat, nicht stimmt.

Es mag sein, dass sie über alles Erwarten, aber doch nicht so weit, dass man es als Wunder bezeichnen kann, bewahrt blieben; auch dass eine Unzahl von ihnen kam und ging, ohne angesteckt zu werden – und das war sehr wichtig für die Stärkung der Armen in London, die im Elend verkommen wären, wenn die Leute, welche die Märkte mit Lebensmitteln belieferten, nicht so oft wunderbarerweise bewahrt geblieben wären, zumindest mehr bewahrt, als man vernünftigerweise hätte erwarten können.

Aber nun überkam die kaum in das Haus Eingezogenen eine ernsthaftere Bedrängnis, denn die Orte in der Umgebung waren tatsächlich befallen, sodass sie anfingen, aus Angst vor Ansteckung keinen mehr zum Einkaufen des Notwendigen weggehen zu lassen, und das brachte sie in große Not, denn jetzt hatten sie fast nur noch das, womit die Gutsbesitzer der Umgegend sie versorgten. Dann aber geschah dies, was sie wieder Mut schöpfen ließ, dass weitere Gutsbesitzer, von denen sie bis dahin noch nichts bekommen hatten, von ihnen zu hören bekamen und sie auch unterstützten, der eine schickte ein großes Schwein, genauer, ein Mastschwein, ein andrer zwei Schafe, und ein dritter ließ ihnen ein Kalb zukommen. Sie hatten also genügend Fleisch, manchmal auch Käse und Milch und Ähnliches. Schwierigkeiten gab es vor allem bei Brot, denn wenn die Gutsbesitzer ihnen Getreide schickten, konnten sie es nirgends backen oder mahlen lassen. Deshalb mussten sie die ersten beiden Scheffel Weizen, die ihnen geschickt wurden, in geröstetem Zustand verzehren, wie es die alten Israeliten getan hatten, ohne ihn mahlen oder Brot daraus backen zu können.

Schließlich entdeckten sie die Möglichkeit, ihr Getreide zu einer Windmühle in der Nähe von Woodford zu bringen, wo sie es mahlen ließen, und dann baute der Zwieback-Bäcker einen Backofen, der so tief und trocken war, dass er darin Fladen einigermaßen gut backen konnte; auf diese Weise brachten sie es dahin, dass sie ohne jede Hilfe und Unterstützung der Städte leben konnten; und das war ihr Glück, denn bald danach war die Gegend völlig verseucht, und sie hörten, dass in den umliegenden Ortschaften etwa hundertzwanzig Menschen an der Pest gestorben seien, was sie in großen Schrecken versetzte.

Auf diese Nachricht hin kamen sie zu einer Beratung zusammen, und jetzt brauchten die Städter nicht mehr Angst zu haben, dass sie sich in ihrer Nähe niederließen; im Gegenteil, jetzt verließen manche Familien der ärmeren Bevölkerung ihre Häuser und bauten sich im Wald in derselben Weise Hütten wie sie. Aber es war festzustellen, dass manche der Leute, welche die Städte verlassen hatten, auch in ihren Hütten und Bretterbuden von der Krankheit befallen waren; die Ursache dafür ist klar und ist natürlich nicht darin zu suchen, dass sie die Städte verlassen hatten, sondern erstens, dass sie diese nicht rechtzeitig verlassen hatten; d. h. erst, als sie durch den unbedachten Umgang mit andern Leuten, ihren Nachbarn, angesteckt waren, oder [so wird man annehmen dürfen] Angesteckte unter sich hatten, und so die Pest, wohin sie auch gingen, mit sich führten. Oder zweitens, weil sie sich, nachdem sie aus den Städten gesund herausgekommen waren, so wenig vorsahen, dass sie wieder zurückgingen und sich unter die Angesteckten mischten.

Welcher der beiden Gründe auch zutreffen mag, unsere Wanderer begannen, nachdem ihnen allmählich zur Gewissheit geworden war, dass die Pest nicht nur in den Städten, sondern auch in den Zelten und Hütten im Wald, in ihrer unmittelbaren Nähe, hauste, nicht nur in Angst zu geraten, sondern auch an das Abbrechen des Lagers und ein Weiterziehen zu denken; denn ein Bleiben würde sie in unmittelbare Lebensgefahr gebracht haben.

Man kann sich gut vorstellen, dass es sie sehr bewegte, den Ort verlassen zu müssen, an dem sie so freundlich empfangen und mit so viel Menschlichkeit und Güte behandelt worden waren; aber die Notwendigkeit und die Gefährdung ihres Lebens, das zu retten sie so weit gekommen waren, wog schwerer, und sie sahen keine andre Rettung. John jedoch ließ sich etwas einfallen, das ihnen bei ihrem gegenwärtigen Missgeschick weiterhelfen konnte, nämlich als Erstes sich an den Gutsbesitzer, der ihr größter Wohltäter in ihrer Not war, zu wenden und ihn um seine Hilfe und seinen Rat anzuflehen.

Der gütige, hilfreiche Herr sprach ihnen zu, den Ort zu verlassen, da zu befürchten stand, dass sie durch das Wüten der Pest von jedem Rückzug abgeschnitten würden; wohin sie sich aber wenden sollten, dafür konnte er ihnen nur schwer einen Rat geben. Schließlich fragte ihn John, ob er, als Friedensrichter, ihnen ein Gesundheitszeugnis für andere Richter, mit denen sie eventuell zu tun haben würden, ausstellen wolle, sodass man sie, was mit ihnen auch sonst geschehen mochte, nicht mehr zurückweisen könnte, wo sie doch schon so lange London verlassen hatten. Das gewährte Seine Gnaden sofort und gab ihnen ordentliche Gesundheitszeugnisse, und von da an konnten sie sich überall, wo sie nur wollten, frei bewegen.

So hatten sie also eine vollgültige Gesundheitsbescheinigung, die aussagte, dass sie in einem Dorf der Grafschaft Essex so lange gewohnt hätten, man sie gehörig überprüft und untersucht habe und sie für mehr als vierzig Tage von der Außenwelt abgeschlossen gewesen seien, ohne dass man ein Anzeichen der Seuche hätte feststellen können; man könne sie deshalb sicherlich als gesunde Personen bezeichnen, und sie könnten überall unbedenklich aufgenommen werden; und schließlich, dass sie aus Angst vor der Pest weitergezogen seien, welche die betreffende Stadt befallen habe, und nicht, weil sie oder jemand, der zu ihnen gehöre, irgendein Anzeichen der Pest aufweise.

Mit dieser Bescheinigung zogen sie, wenn auch nur ungern, weiter; und da John nicht geneigt war, zu weit von zu Hause wegzugehen, wanderten sie auf die Marschen auf der Seite Walthams zu. Hier aber trafen sie auf einen Mann, der wohl eine Schleuse oder ein Wehr am Fluss bediente, das dort errichtet war, um für die Kähne, die den Fluss hinauf- oder hinunterfahren, das Wasser zu stauen; dieser nun versetzte sie in Angst und Schrecken mit bösen Geschichten über die Pest, die in allen Orten am Fluss und in dessen Nähe auf der

Seite von Middlesex wie Hertfordshire sich ausgebreitet habe, also in Waltham, Waltham Gross, Enfield, Ware und allen Orten an der Straße, sodass sie nicht in diese Richtung zu gehen wagten, obwohl der Mann sie wohl absichtlich getäuscht hatte, denn was er erzählte, stimmte gar nicht.

Genug, es erschreckte sie, und sie beschlossen, durch den Wald nach Romford und Brentwood zu gehen; aber sie hörten, dass dorthin viele Leute aus London geflohen seien, die in dem an Romford heranreichenden Wald, Hainault Forest genannt, hier und dort lagen, und, ohne Verpflegung und Unterkunft, nicht nur in den ungewöhnlichsten Umständen in Feldern und Wäldern lebten und, ohne Unterstützung, äußerste Not litten, sondern angeblich dazu noch durch dieses fürchterliche Elend so verzweifelt seien, dass sie in der Umgegend viele Gewalttaten verübten, raubten und plünderten, Vieh abschlachteten und anderes mehr; dass andere, die sich Hütten und Schlupflöcher an der Straße gebaut hätten, bettelten, und zwar mit solcher Unverschämtheit, dass es mehr einem Fordern gleichkam. Dadurch war die Gegend in großer Unruhe, und man war schon gezwungen gewesen, einige von ihnen festzunehmen.

Dies ließ sie einerseits befürchten, dass ihnen da sicherlich statt der Hilfsbereitschaft und Freundlichkeit, die sie an ihrem vorhergehenden Aufenthaltsort erfahren hatten, nur Abweisung und Hartherzigkeit entgegengebracht würde; andrerseits würden sie überall, wohin sie kämen, verhört werden und sich außerdem den Gewalttätigkeiten ihrer Leidensgenossen aussetzen.

Nach all diesen Erwägungen ging John, ihr Hauptmann, in ihrer aller Namen zu ihrem Freund und Wohltäter, der ihnen vorher beigestanden hatte, zurück, stellte ihm ihre Lage wahrheitsgetreu dar und bat ehrerbietig um seinen Rat; und er riet ihnen in seiner gütigen Art, wieder ihre alten Quartiere einzunehmen, oder wenn sie das nicht wollten, sich nur etwas weiter von der Straße zurückzuziehen, und gab ihnen einen für ihre Zwecke geeigneten Platz an; da sie aber zu dieser Jahreszeit, es ging auf Michaeli zu, lieber in einem festen Haus als in einer Hütte Unterschlupf finden wollten, entdeckten sie ein altes, verfallenes Haus, das früher einmal ein Sommerhaus oder Ähnliches gewesen war, aber jetzt so verfallen, dass es kaum zu bewohnen war; der Bauer, zu dessen Hof es gehörte, erlaubte ihnen, damit zu tun, was sie für richtig hielten.

Der einfallsreiche Schreiner und, nach seiner Anleitung, auch die andern machten sich an die Arbeit und hatten es in wenigen Tagen so weit wiederhergestellt, dass sie alle bei schlechtem Wetter darin Schutz fanden; es war auch ein alter Kamin und ein Backofen darin, die zwar beide in Trümmern lagen, von ihnen aber wieder gebrauchsfähig gemacht wurden; und durch das Errichten von Anbauten, Schuppen und Verschlägen an jeder Wand hatten sie das Haus bald so weit, dass es Platz für alle bot.

Es fehlten ihnen vor allem Bretter für Fensterläden, Fußböden, Türen und manches andre; aber da sie der genannte Herr begünstigte und dadurch die Umgegend nicht ihretwegen in Unruhe geriet, vor allem aber auch, weil man wusste, dass sie alle gesund und frei von der Seuche waren, half ihnen jeder mit dem, was er entbehren konnte.

Hier ließen sie sich endgültig nieder und beschlossen, keinesfalls mehr weiterzuziehen. Sie sahen deutlich, mit welch schreckerfüllter Erregung die Bewohner der Grafschaft jedem aus London Kommenden entgegentraten, und dass ihnen nur mit größten Schwierigkeiten irgendwo anders erlaubt würde sich aufzuhalten, dass sie mindestens nirgends so freundlich aufgenommen und unterstützt werden würden wie hier.

Sie gerieten nun aber, obwohl sie so viel Hilfe und Ermutigung von den adligen Gutsbesitzern und den Leuten der Umgegend erhielten, doch in schlimme Bedrängnis, denn im Oktober und November setzte kaltes Wetter ein, und sie waren solches Ungemach nicht gewöhnt; so litten sie unter Gliederreißen und andern Krankheiten, blieben jedoch stets von der Seuche verschont; deshalb kehrten sie Anfang Dezember in die Stadt zurück.

Ich berichte diese Geschichte vor allem deshalb so ausführlich, um darstellen zu können, wie es den vielen Leuten erging, die unmittelbar, nachdem die Pest in der Stadt abgeklungen war, wieder dort auftauchten; denn viele von denen, die es ermöglichen konnten und auf dem Land eine Zuflucht hatten, flohen, wie schon gesagt, dorthin. Als schließlich die Pest so fürchterliche Ausmaße angenommen hatte, wie von mir berichtet, flohen die gewöhnlichen Leute, die draußen keine Freunde hatten, in alle Gegenden des Landes, ob sie nun Geld für ihren Unterhalt hatten oder nicht. Am weitesten flohen durchweg diejenigen, welche Geld hatten, weil sie ihren Unterhalt bestreiten konnten; die Mittellosen aber duldeten, wie ich ausführte, großes Ungemach, und oft mussten sie notgedrungen ihren Hunger auf Kosten des Landes stillen. Das erregte im Land großen Unmut gegen sie, und manchmal setzte man sie fest, wenn man dann auch selbst kaum wusste, was mit ihnen anfangen, und sie nur sehr zögernd bestrafte; öfter jedoch jagte man sie von Ort zu Ort, bis sie schließlich nicht mehr anders konnten, als nach London zurückzukehren.

Ich habe, seit mir Johns und seines Bruders Geschichte bekannt geworden ist, herumgefragt und erfahren, dass sehr viele arme, unglückliche Menschen, so wie die obigen, auf jede nur denkbare Weise ins Land hinausgeflohen waren, und man manchem von ihnen Schuppen, Scheunen und

Nebengebäude zum Unterkommen überlassen hatte, wo ihnen die Umgebung viel Freundlichkeit entgegenbrachte, besonders dann, wenn sie sich, sei es auch noch so mangelhaft, ausweisen und vor allem, wenn sie nachweisen konnten, dass sie London beizeiten verlassen hatten. Andre aber, und das waren sehr viele, errichteten sich in Feldern und Wäldern kleine Hütten und Unterkünfte und lebten wie Einsiedler in Höhlen und Löchern oder was sie sonst fanden, und wo sie sicherlich schlimmste Not litten, so sehr, dass viele von ihnen, so groß auch die Gefahr sein mochte, nicht anders konnten, als nach London zurückzukehren; und so waren diese kleinen Unterkünfte oft leer, und die Landleute glaubten, dass ihre Bewohner an der Pest gestorben in ihnen lägen, und wagten sich aus Angst nicht an sie heran, oft für eine lange Zeit nicht; und es ist sicher anzunehmen, dass der eine oder andere dieser unglücklichen Flüchtlinge so einsam gestorben ist, manchmal deswegen, weil er ohne Hilfe blieb, wie man zum Beispiel in einer bestimmten Hütte einen Mann gestorben fand, und auf einem Feldgatter nahebei mit seinem Messer in ungleichmäßigen Buchstaben die folgenden Worte eingeschnitzt, aus denen man schließen kann, dass der andere durchkam, oder dass, nachdem der erste gestorben war, ihn der zweite so gut er konnte begraben hat:

O NoT!
BEIde bALD ToT,
O·WEh.

Ich habe schon dargestellt, was ich über die Lage der in der Schifffahrt tätigen Leute themseabwärts in Erfahrung brachte; wie die Schiffe vom Pool aus so weit ich sehen konnte auf Reede lagen, wie man es nennt, in Reihen hintereinander, Bug an Heck befestigt. Man erzählte mir, dass sie in dieser Weise bis nach Gravesend hinunter lagen, Einzelne noch viel weiter draußen, ja an jedem Platz und überall, wo sie vor Wind und Wetter geschützt ankern konnten; auch habe ich nie gehört, dass die Pest irgendjemanden an Bord dieser Schiffe befiel, mit Ausnahme solcher, die im Pool oder bis nach Deptford Reach hinauf lagen, obgleich die Leute häufig an Land gingen, um in Landstädten und Dörfern oder auf Bauernhöfen sich mit Lebensmitteln wie Geflügel, Schafen, Kälbern und so weiter einzudecken.

Ebenso machten es, wie ich erfuhr, die Fährleute auf dem Fluss oberhalb der Brücke; sie setzten alles ein, um wegzukommen und wandten sich, so weit sie nur konnten, flussaufwärts; und manche von ihnen hatten ihre ganze Familie mit auf dem Boot, das sie mit Hilfe von Sonnensegeln und Spriegeln, wie sie es nennen, überdachten und innen mit Stroh zum Liegen versahen; so lagen sie am Ufer entlang, so weit die Flussniederungen reichen, einige von ihnen errichteten auch mit ihren Segeln kleine Zelte und lagen tagsüber am Ufer in den Niederungen unter ihnen und zogen sich nachts auf ihre Boote zurück; und so waren, wie man mir gesagt hat, die beiden Ufer mit Booten und Menschen gesäumt, solange diese etwas zum Leben hatten oder in der Umgegend bekommen konnten; und die Landbevölkerung, Gutsbesitzer wie andere, war in der Tat in diesen wie in allen anderen Fällen durchaus bereit, sie zu unterstützen, jedoch unter keinen Umständen willens, sie in die Ortschaften oder Häuser zu lassen, und das kann man ihr nicht übel nehmen.

So kam mir der Fall eines unglücklichen Mitbürgers zu Ohren, den die Heimsuchung in fürchterlicher Weise getroffen hatte; es waren nämlich seine Frau und beiden Kinder gestorben, und nur er war mit zwei Dienstboten übrig geblieben, dazu einer älteren Frau, einer nahen Verwandten, welche die Dahinsiechenden, so gut sie es vermochte, gepflegt hatte. Dieser schmerzgebeugte Mann also geht zu einem in der Nähe der Stadt gelegenen, jedoch nicht mehr von den Sterblichkeitslisten erfassten Dorf, wo er ein leeres Haus entdeckt, den Besitzer ausfindig macht und das Haus kauft. Ein paar Tage später nahm er sich einen Wagen, belud ihn mit Sachen und fährt sie zu dem Haus hinaus; die Dorfbewohner wandten sich dagegen, dass er mit dem Wagen ankam, aber mit einiger Überredung und sanfter Gewalt brachten ihn die Männer, die den Wagen fuhren, durch das Dorf bis vor die Tür des Hauses. Hier wiederum stellte sich ihnen der Wachtmeister entgegen und wollte nichts ins Haus bringen lassen. Der Mann ließ die Sachen abladen und vor die Tür stellen und schickte den Wagen dann weg; woraufhin sie den Mann vor einen Friedensrichter schleppten, genauer, ihm befahlen, sich zu ihm zu begeben, was er auch tat. Der Richter gebot ihm, die Sachen mit dem Wagen wieder holen zu lassen, was er ablehnte; woraufhin der Richter dem Wachtmeister befahl, den Fuhrleuten nachzujagen und sie zurückzubringen und die Sachen wieder aufladen und wegbringen zu lassen, oder sie notfalls in den Block zu schließen, bis sie gehorchten; sollten sie diese nicht finden, und auch der Mann nicht einverstanden sein, dass man sie wegbringt, hätten sie zu veranlassen, dass die Sachen mit Haken von der Haustür auf die Straße gezerrt und dort verbrannt würden. Der arme gequälte Mann holte daraufhin seine Sachen wieder zurück, nicht ohne über sein hartes Schicksal schmerzlich zu klagen und zu jammern. Aber es gab keine andre Möglichkeit; um sich selbst zu erhalten, mussten die Leute zu solch strengen Maßnahmen greifen, zu denen sie sonst sich nicht veranlasst gefühlt hätten. Ob dieser arme Mann mit dem Leben davonkam oder gestorben ist, weiß ich nicht, aber es wurde erzählt, er sei zu jener Zeit schon von der Pest befallen gewesen; das mögen die Leute aber auch erzählt haben, um ihre Handlungsweise ihm gegenüber zu rechtfertigen; immerhin ist es nicht unwahrscheinlich, dass er oder seine Sachen oder auch beide eine Gefahr bedeuteten, wo doch seine ganze Familie erst vor so kurzer Zeit an der Pest gestorben war.

Ich weiß, man hat den Bewohnern der um London gelegenen Städte heftige Vorwürfe gemacht wegen ihrer Grausamkeit gegen die armen Leute, die in ihrer Not vor der Seuche flohen, und viele harte Maßnahmen sind ergriffen worden, wie man aus dem bisher Erzählten ersehen kann, aber ich muss auch sagen, dass sie, wo immer sich eine Gelegenheit zu Wohltätigkeit und Unterstützung ohne offensichtliche Gefährdung des eigenen Lebens bot, sehr bereitwillig den Leuten halfen und ihre Not linderten. Da aber natürlich jede Stadt so handelte, wie es zu ihrem eigenen Besten war, wurden die armen Leute, die in ihrer äußersten Not aus London geflohen waren, oft übel behandelt und wieder dorthin zurückgetrieben, und das führte zu nicht enden wollenden Anklagen und Verwünschungen gegen die Landstädte, an welchem Geschrei man sich schließlich allgemein beteiligte.

Und doch gab es trotz aller Vorsichtsmaßnahmen wohl kaum eine Stadt von irgendwelcher Bedeutung im Umkreis von zehn [ich würde eher sagen, zwanzig] Meilen von der Stadt, die nicht mehr oder weniger von der Seuche befallen war und einige Todesfälle aufzuweisen hatte. Von einigen habe ich die Zahlen, so wie sie aufgezeichnet wurden, erfahren, ich möchte sie anführen:

In Enfield	32	In Uxbridge	117
" Hornsey	58	" Hertford	90
" Newington	17	" Ware	160
" Tottenham	42	" Hoddesdon	30
" Edmonton	19	" Waltham Abbey	23
" Barnet und Hadleigh	43	" Epping	26
" St. Albans	121	" Deptford	623
" Watford	45	" Greenwich	231
" Eltham und Lusum	85	" Kingston	122
" Croydon	61	" Staines	82
" Brentwood	70	" Chertsey	18
" Romford	109	" Windsor	103
" Barking Abbot	200		
" Brentford	432	Cum aliis	

Ein weiterer Grund, den ich schon angedeutet habe, mag die Umgegend dazu geführt haben, so unerbittlich gegen die Städter, vor allem gegen die armen, vorzugehen, nämlich der, dass in den Angesteckten anscheinend ein Hang oder eine teuflische Neigung lebte, auch andre anzustecken.

Es hat unter unseren Ärzten große Auseinandersetzungen über die Ursachen dieser Erscheinung gegeben. Einige führten es darauf zurück, dass es in der Natur der Krankheit liege, und dass diese jeden, der von ihr befallen sei, in eine Art Raserei versetze und mit Hass auf das eigne Geschlecht erfülle, so als ob die Bösartigkeit der Krankheit nicht nur in ihrer Ansteckbarkeit läge, sondern in der Natur des Menschen selbst, der von ihr der böse Wille oder der böse Blick eingegeben wird, wie man es von einem tollwütigen Hund sagt, dass er, wenn er auch zuvor das sanfteste Geschöpf seiner Art gewesen ist, dann jeden anfällt und beißt, der ihm in die Nähe kommt, und zwar den ebenso, dem er zuvor völlig gehorcht hat, wie jeden andern.

Andre schoben es auf die Verderbtheit der menschlichen Natur, die nicht ertragen kann, dass es ihr schlechter ergehen soll als andern ihres Geschlechts, und die eine Art unwillkürliches Verlangen in sich trägt, dass alle Menschen ebenso unglücklich oder in ebenso schlimmer Lage sein sollen wie der Betreffende.

Wieder andre sagten, dass es nur eine Art aus der Verzweiflung geborene Verwirrung sei, in der sie weder wussten noch darum sich kümmerten, was sie taten, und deshalb nicht nur unbekümmert um Sicherheit und Gefahr ihrer nächsten Umgebung, sondern auch ihrer selbst waren. Und wenn freilich die Menschen erst einmal in einem Zustand sind, in dem sie sich selbst aufgeben und sich um die Sicherheit oder Gefährdung ihrer selbst nicht mehr kümmern, da ist es nicht sehr zu verwundern, dass ihnen die Sicherheit andrer Leute gleichgültig wird.

Ich aber habe mich dafür entschieden, der gewichtigen Auseinandersetzung eine ganz andere Wendung zu geben und sie durch die Behauptung zu beenden, dass ich die Tatsache selber für unbewiesen halte. Ich behaupte sogar, dass sich die Sache ganz anders verhielt, nämlich so, dass diese Klagen allgemein von den Bewohnern der umliegenden Dörfer gegen die Stadtbevölkerung aufgebracht wurden, um ihre viel beredeten Unbilligkeiten und Härten zu rechtfertigen oder mindestens zu entschuldigen; und so kann man sagen, dass jede Seite der andern mit ihren Klagen Unrecht getan hat; das heißt, wenn die Londoner, darauf drängend, in Notzeiten aufgenommen und untergebracht zu werden, mit der Pest am Leib, über die Hartherzigkeit und Ungerechtigkeit der Landbevölkerung klagen, die ihnen den Zutritt verweigerte und sie mit ihrer Habe und ihren Angehörigen wieder in die Stadt zurückzwang; und wenn die draußen, auf solche Weise von den Städtern bedrängt, die bei ihnen einfallen, ohne lange zu fragen, ob sie damit einverstanden sind, wie es ja wirklich war, darüber klagen, dass diese, wenn sie angesteckt waren, nicht nur keine Rücksicht auf andre walten ließen, sondern diese sogar willentlich ansteckten. Keines von beiden stimmte, mindestens nicht so, wie es dargestellt wurde.

Es war zwar etwas Wahres an den alarmierenden Nachrichten, die häufig auf dem Land umliefen: dass die Londoner entschlossen seien, mit Gewalt hinauszuziehen, nicht nur, um sich Lebensmittel zu holen, sondern auch, um zu rauben und zu plündern; oder dass sie ohne jede Kontrolle mit der Pest am Leib auf den Straßen herumliefen; dass man nicht Sorge dafür trage, die Häuser zu schließen und die Kranken davon zurückzuhalten, andre anzustecken; das alles ist aber, um den Londonern Gerechtigkeit widerfahren zu lassen, von den erwähnten und ähnlichen besonderen Fällen abgesehen, niemals geschehen. Ganz im Gegenteil, es wurde alles mit solcher Umsicht geregelt, und es herrschte in der Altstadt und den Vororten durch die Umsichtigkeit des Lord Mayors und der Ratsherren, und in den Außenbezirken der Friedensrichter und Kirchenvorsteher etc., eine solch mustergültige Ordnung, dass London ein Vorbild für alle Städte der Welt sein kann in Bezug auf ein gutes Regiment und eine mustergültige Ordnung, die überall, selbst in einer Zeit des schlimmsten Wütens der Pest und der äußersten Verwirrung und Not der Bürger, aufrechterhalten wurde. Aber darüber werde ich noch gesondert sprechen.

Eins, muss bemerkt werden, vor allem hat seinen Ursprung in der Weisheit unserer Stadtverwaltung, und muss zu ihrer Ehre erwähnt werden, nämlich die Behutsamkeit, mit der sie bei der großen, schwierigen Aufgabe des Schließens der Häuser vorging. Zwar ist es richtig, wie ich schon erwähnte, dass das Schließen der Häuser eine Quelle großer Unzufriedenheit war, man kann sogar sagen, die einzige Quelle der Unzufriedenheit der Bevölkerung damals; denn das Zusammensperren der Gesunden mit den Kranken in einem Haus wurde für sehr schrecklich gehalten, und die Klagen auf solche Weise eingesperrter Leute waren sehr groß. Man konnte sie sogar bis auf die Straße hören, und manchmal waren sie so, dass sie Ärger erregten, öfter aber noch Mitleid. Sie konnten einzig durch die Fenster mit ihren Freunden sprechen, wobei sie ein solch mitleiderregendes Jammern zu erheben pflegten, dass es oft denen, mit denen sie sprachen, sehr zu Herzen ging, aber auch solchen, die im Vorbeigehen von ihrem Schicksal vernahmen; und da diese Klagen oft den vor ihren Türen stehenden Wachmännern ungerechtfertigte Härte und manchmal sogar Frechheit vorwarfen, pflegten jene unverschämt genug zu antworten und wohl gar so weit zu gehen, die Leute, die von der Straße aus mit den besagten Familien sprachen, zu beschimpfen; deswegen, oder wegen ihres üblen Benehmens gegen die Familien, wurden an verschiedenen Stellen wohl sieben oder acht von ihnen getötet; ich weiß nicht, ob ich »ermordet« sagen soll oder nicht, denn ich kann in eine Untersuchung der Einzelheiten nicht eintreten. Zwar, die Wachmänner waren im Dienst, sie handelten als Wachen, zu denen sie kraft Gesetzes bestellt waren; und die Tötung eines Staatsbeamten bei der rechtmäßigen Ausübung seines Dienstes wird, nach juristischem Sprachgebrauch, immer »Mord« genannt. Da sie aber weder durch die Anweisungen der Stadtverwaltung noch durch die ihnen verliehene Amtsgewalt ermächtigt waren, den Leuten gegenüber, die unter ihrer Aufsicht standen oder sonst mit ihnen zu tun hatten, verletzend und ausfallend zu werden, kann man sagen, dass sie dies aus Eigenem taten und nicht kraft ihres Amtes; sie handelten dabei als Privat-, nicht als Amtspersonen; und daraus ergibt sich, dass, wenn ihnen durch ihr unstatthaftes Benehmen etwas angetan wurde, sich eine solche Tat nur gegen sie persönlich richtete; und das Volk verwünschte sie wahrhaftig so sehr aus ganzem Herzen, mochten sie das nun verdient haben oder nicht, dass sie niemand bedauerte, was auch mit ihnen geschah, und dass jeder zu sagen geneigt war, dass sie das verdient hätten, was es auch immer war. Ich erinnere mich auch nicht, dass je irgendjemand dafür bestraft wurde, mindestens nicht in nennenswertem Ausmaß, dass er einem solchen Wachmann etwas angetan hatte.

Welche Vielzahl von Plänen entwickelt wurde, um aus solchen geschlossenen Häusern herauszukommen und zu entfliehen, um die Wachmänner zu täuschen oder zu überwältigen, und dass die Leute auch entkamen, habe ich schon dargestellt und will darüber nun nichts mehr sagen. Aber es drängt mich zu sagen, dass die Stadtverwaltung sehr oft das Los solcher Familien linderte und erleichterte, und zwar vor allem dadurch, dass sie Kranke aus solchen Häusern wegbrachte oder erlaubte, sie zu entfernen, wenn diese damit einverstanden waren, ins Pestasyl oder ähnliche Orte gebracht zu werden, auch dadurch, dass sie gelegentlich den gesunden Mitgliedern einer so eingeschlossenen Familie gestattete, sich zu entfernen, wenn sie die Bestätigung beibringen konnten, dass sie gesund seien, und bereit waren, sich dort, wohin sie gehen wollten, so lange in Quarantäne zu begeben, wie es von ihnen verlangt wurde. Auch bemühten sich die Behörden außerordentlich, die armen Familien, die angesteckt waren, zu versorgen – das heißt, sie mit dem Notwendigen, Lebensmitteln wie Arzneien, zu versorgen –, und sie begnügten sich dabei nicht damit, den betreffenden Beamten die nötigen Anweisungen zu geben, sondern die Stadträte ritten auch persönlich zu solchen Häusern und ließen die Leute durch die Fenster fragen, ob sie auch ordentlich bedient würden; auch, ob sie irgendetwas dringend benötigten, und ob die Angestellten auch immer ihre Briefe überbracht und das von ihnen Gewünschte geholt hätten. Bejahten sie das, war alles in Ordnung; wenn sie sich aber darüber beschwerten, dass sie schlecht versorgt würden und die Angestellten nicht ihre Pflicht erfüllten oder sie nicht höflich behandelten, wurden sie, die Angestellten, im Allgemeinen entfernt und durch andre ersetzt.

Zwar mochten solche Beschwerden ungerechtfertigt sein, und wenn der Angestellte Beweise dafür vorbringen konnte, welche den Vertreter der Stadtverwaltung davon überzeugten, dass er im Recht war und die Leute ihn verleumdeten, blieb er auf seinem Posten, und die Leute wurden zurechtgewiesen. Mit diesen aber war nicht gut eine eingehendere Untersuchung durchzuführen, denn man konnte sie bei den gegebenen Verhältnissen nur mit Mühe von den Fenstern auf der Straße hören und ihre Fragen beantworten. Deshalb entschieden sich die Behörden meist zugunsten der Leute und entfernten den Wachmann, weil dies als das geringere Übel erschien und weniger böse Folgen zeitigte; sah man nämlich, dass der Wachmann zu Unrecht beschuldigt war, konnte man ihn leicht damit entschädigen, dass man ihm einen andern ähnlichen Posten gab; war aber der Familie Unrecht geschehen, so gab es keine Möglichkeit, es auszugleichen, und der angerichtete Schaden war nicht wieder gutzumachen, denn es ging um ihr Leben.

Solche Streitfälle zwischen den Wachmännern und den armen, eingeschlossenen Familien ereigneten sich in der verschiedensten Art und Weise sehr häufig, abgesehen von den schon erwähnten Fällen, wo eine Flucht versucht wurde. Manchmal waren die Wachmänner nicht da, manchmal betrunken und manchmal eingeschlafen, wenn die Leute sie brauchten, und diese entgingen nie einer schweren Strafe, wie sie es wahrhaftig verdient hatten.

Aber trotz allem, was in solchen Fällen getan wurde oder hätte getan werden können, führte das Schließen der Häuser, wodurch die Gesunden mit den Kranken zusammengesperrt wurden, zu außerordentlichen Unzuträglichkeiten, die man in einigen Fällen als tragisch bezeichnen muss, und die der Überlegung wert gewesen wären, hätte man nur die Zeit dafür gehabt. Aber es war durch Gesetz rechtens geworden, es hatte schließlich als wichtigsten Zweck das öffentliche Wohl im Auge, und all das Unrecht, das bei seiner Ausführung dem Einzelnen geschah, musste auf Kosten der allgemeinen Wohlfahrt ertragen werden.

Es ist bis zum heutigen Tag nicht entschieden, ob es, im Ganzen gesehen, irgend dazu beitrug, die Seuche einzudämmen, und ich kann in der Tat nicht sagen, dass es das tat, denn nichts hätte sich mit größerer Heftigkeit und Schnelle ausbreiten können als die Seuche, als sie auf dem Höhepunkt ihres Wütens war, und das, obwohl die befallenen Häuser so sorgfältig und wirksam wie möglich geschlossen waren. Sicher ist es so, dass, hätte man alle angesteckten Personen völlig eingeschlossen, kein Gesunder von ihnen hätte angesteckt werden können, weil sie nicht zueinander hätten kommen können. Aber es war ja so, ich will es hier nur andeuten, dass die Seuche unbemerkt von solchen weitergetragen wurde, die nicht sichtbar angesteckt waren und weder wussten, wen sie ansteckten, noch von wem sie selber angesteckt worden waren.

In Whitechapel wurde ein Haus wegen eines befallenen Dienstmädchens geschlossen, bei der nur Flecken und sonst keine Anzeichen sichtbar geworden waren, und die wieder gesundete; den Bewohnern aber wurde für vierzig Tage verboten, das Haus zu verlassen, auch nicht, um Luft zu schöpfen oder sich Bewegung zu verschaffen. Der Mangel an frischer Luft, Angst, Zorn, Verdruss und all die Ärgernisse, die aus solch ungerechter Behandlung erwachsen, warfen die Dame des Hauses mit Fieber nieder, und dann kamen Visitatoren, die behaupteten, sie sei von der Pest befallen, obgleich die Ärzte erklärten, dass es sich nicht um die Pest handle. Die Familie wurde auf den Bericht der Visitatoren oder Inspektoren hin erneut gezwungen, in Quarantäne zu gehen, obgleich die davor bestehende in wenigen Tagen abgelaufen gewesen wäre. Der Ärger und Kummer darüber bedrückte sie so, dazu erneut das Leben in räumlich begrenzten Verhältnissen und der Mangel an frischer Luft, dass die meisten Familienmitglieder dadurch erkrankten, der eine an diesem, der andre an jenem, die meisten an Skorbut, nur einer litt unter heftiger Kolik; bis nach verschiedentlichen Verlängerungen ihrer Quarantäne schließlich der eine oder andre von denen, die mit den Visitatoren kamen, um die Kranken zu untersuchen, in der Hoffnung, ihre Freigabe zu erreichen, die Seuche einschleppte und alle Hausbewohner ansteckte, wodurch alle oder doch die meisten starben – nicht durch die Pest, die sie zuvor im Haus gehabt hatten, sondern von der Ansteckung durch die Leute, die sich darum hätten bemühen sollen, sie vor ihr zu beschützen. Solches geschah recht häufig und war in der Tat eine der schlimmsten Folgen des Schließens der Häuser.

Mir wurde um diese Zeit eine kleine Unannehmlichkeit zuteil, die mich anfangs sehr bekümmerte und in Unruhe versetzte, obgleich sie, wie sich erwies, mir keinerlei Unglück brachte; ich wurde nämlich durch den Ratsherrn für Portsoken Ward zu einem der Inspektoren für die Häuser meines Wohnbezirks ernannt. Unsere Gemeinde war sehr groß und hatte nicht weniger als achtzehn Inspektoren, wie uns die Verordnung bezeichnete; die Bevölkerung nannte uns Visitatoren. Ich versuchte mit allen Mitteln, einer solchen Ernennung zu entgehen und brachte dem Vertreter des Ratsherrn viele Gründe dagegen vor; vor allem führte ich aus, dass ich grundsätzlich das Schließen der Häuser ablehnte, und es eine große Härte sei, mich zu verpflichten, an einer Sache mitzuwirken, die meiner Überzeugung widerspreche und von der ich fest glaubte, dass mit ihr nicht erreicht werde, was man damit beabsichtige; aber das einzige Zugeständnis, was mir zugebilligt wurde, war dies, dass ich, während man sonst vom Lord Mayor auf die Dauer von zwei Monaten mit diesem Amt betraut wurde, es nur drei Wochen innehaben sollte, unter der Bedingung freilich, dass ich einen geeigneten Hausbesitzer fände, der den Rest der Zeit für mich ableistete – das war, kurz gesagt, ein recht geringes Entgegenkommen, da es sehr schwierig war, jemanden, dem man es anvertrauen konnte, dazu zu bewegen, ein solches Amt zu übernehmen.

Das Schließen der Häuser hatte allerdings eine Auswirkung, deren Bedeutung ich mir bewusst bin, nämlich diese, dass es die Kranken festhielt, die sonst durch ihr Herumrennen auf den Straßen mit der Pest am Leib sehr lästig und gefährlich geworden wären, was sie, wenn sie erst im Fieberwahn waren, auch in schrecklichster Weise getan hätten, wie es am Anfang, bevor sie auf diese Weise daran gehindert wurden, wirklich geschehen war; ja, sie waren so uneingeschränkt in ihrer Bewegungsfreiheit gewesen, dass die Armen herumzugehen pflegten und mit der Erklärung, sie hätten die Pest, an den Haustüren Geld oder Lappen zum Verbinden ihrer Wunden oder auch beides erbettelten, wie es ihnen in ihrem Fieberzustand gerade einfiel.

Eine bedauernswerte, unglückliche Dame, Frau eines wohlhabenden Bürgers, wurde [wenn die Geschichte wahr ist] in oder nahe der Aldersgate Street von einer dieser Kreaturen ermordet. Er ging, zweifellos wie ein Verrückter, die Straße entlang und sang; die Leute sagten, er sei nur betrunken, er selbst aber, er habe die Pest, was auch anscheinend stimmte; und als er der betreffenden Dame begegnete, versuchte er sie zu küssen. Sie erschrak fürchterlich, denn er sah sehr ungepflegt aus, und lief davon; da aber die Straße fast menschenleer war, befand sich niemand in der Nähe, ihr zu helfen. Als sie merkte, dass er sie einholen würde, wandte sie sich um und versetzte ihm einen so heftigen Stoß, dass sie ihn, der recht schwach war, damit rücklings zu Boden warf. Zu ihrem Unglück aber konnte er sie, die dicht vor ihm stand, packen und zu sich herunterziehen, und da er als Erster wieder hochkam, überwältigte und küsste er sie; und, das Schlimmste, nachdem er sie geküsst hatte, sagte er ihr, er habe die Pest, und er sähe nicht, warum sie diese nicht auch wie er haben solle. Sie war zuvor schon zutiefst erschrocken, zumal sie auch noch schwanger war; als sie ihn nun aber sagen hörte, er habe die Pest, schrie sie auf und stürzte mit einer Ohnmacht oder einem Schlaganfall zu Boden, woran sie, wenn sie sich auch wieder ein wenig erholte, kurz darauf starb, und mir ist nicht bekannt geworden, ob an der Pest oder nicht.

Ein anderer Pestkranker ging zu dem Haus eines Mitbürgers, wo er gut bekannt war, und klopfte an die Tür; der Diener ließ ihn ein, und als er erfuhr, dass der Hausherr oben sei, stürmte er die Treppe hinauf in einen Raum, in dem die ganze Familie beim Abendessen saß. Sie erhoben sich zögernd und ein wenig erstaunt, da sie nicht wussten, was das zu bedeuten habe, er aber bat sie, doch sitzen zu bleiben, er sei nur gekommen, um sich zu verabschieden. Sie fragten ihn: »Aber Mr. …, wo fahrt ihr denn hin?« – »Fahren«, sagt er, »ich habe die Pest und werde morgen Abend sterben.« Es ist leicht zu glauben, wenn auch nicht zu beschreiben, dass sie das in große Bestürzung versetzte. Die Frauen und die Töchter, die noch kleine Mädchen waren, erschraken beinahe zu Tod und sprangen auf, die eine lief zu dieser, die andre zu jener Tür hinaus, die eine treppauf, die andre treppab, und nachdem sie wieder ein wenig zu sich gekommen waren, schlossen sie sich in ihre Kammern ein und schrien aus den Fenstern hinaus so laut um Hilfe, als hätten sie vor Schreck den Verstand verloren. Der Hausherr, ein wenig gefasster als sie, wenn auch sowohl erschrocken als empört, wollte Hand an ihn legen und ihn, voll Zorn, die Treppe hinunterwerfen, dann aber, als ihm der Zustand des Mannes und die Gefährlichkeit einer Berührung bewusst wurde, packte ihn der Schrecken und er stand unbeweglich, wie vor Staunen starr. Der bedauernswerte kranke Mann, bei dem die Krankheit den Kopf ebenso wie den Körper befallen hatte, stand die ganze Zeit still, als hätte es ihm die Sprache verschlagen. Schließlich wendet er sich um, und »So«, sagt er, mit einer kaum vorstellbaren scheinbaren Ruhe, »so ist das also mit euch? Ihr regt euch auf über mich? Nun, dann kann ich auch heim gehn und dort sterben.« Und damit geht er im nächsten Augenblick die Treppe hinunter. Der Diener, der ihn eingelassen hat, geht mit einer Kerze hinter ihm drein, wagte aber nicht, an ihm vorbeizugehen, um die Tür zu öffnen, sondern blieb auf der Treppe stehen, um zu sehen, was er tun würde. Der Mann ging weiter und machte die Tür auf, ging hinaus und schlug die Tür hinter sich zu. Erst nach einer ganzen Weile erholte sich die Familie von ihrem Schrecken, da sich aber keine bösen Folgen einstellten, konnten sie später mit großer Dankbarkeit [wie man sich denken kann] davon erzählen. Obgleich der Mann weg war, dauerte es doch eine Weile, ja, ich hörte, gar einige Tage, bis sie sich von der durchgestandenen Aufregung erholt hatten; auch gingen sie im Haus nur zögernd und ängstlich hin und her, bis sie in sämtlichen Räumen alle möglichen Sorten Räucherwerk abgebrannt und sie immer wieder mit Pech, Schießpulver und Schwefel, jeden für sich, ausgeräuchert hatten, wuschen ihre Kleidung usw. Ob der bedauernswerte Mann mit dem Leben davonkam oder nicht, weiß ich nicht mehr.

Es ist unbedingt sicher, dass, wären durch das Schließen der Häuser die Kranken nicht festgehalten worden, dauernd große Mengen von ihnen, in ihren Fieberanfällen von Sinnen und außer sich, auf den Straßen hin- und hergelaufen wären; selbst jetzt noch taten es viele, bedrohten alle, die ihnen über den Weg liefen, mit jeder Art von Gewalttätigkeit, und waren wie tollwütige Hunde, die herumirren und jeden beißen, der ihnen über den Weg läuft; auch steht es für mich außer Zweifel, dass, wenn eine dieser angesteckten, verseuchten Personen einen Mann oder eine Frau gebissen hätte, wären sie, die gebissenen Personen, sicherlich ebenso unvermeidlich erkrankt, als wären sie schon vorher erkrankt gewesen und hätten die Anzeichen der Pest am Leib gehabt.

Ich hörte von einem befallenen Mann, der im Hemd, von Schmerz und Todesangst durch die Beulen, von denen er drei am Leib hatte, überwältigt, aus dem Bett sprang, seine Schuhe anzog und sich den Rock griff, ihn anzuziehen; da aber die Pflegerin sich ihm entgegenstellte und den Rock entriss, warf er sie zu Boden, überrannte sie, rannte die Treppe hinunter auf die Straße, im Hemd auf die Themse zu, die Pflegerin hinter ihm drein, dem Wachmann zurufend, ihn aufzuhalten; aber der Wachmann, von dem Mann erschreckt und voll Angst, ihn zu berühren, ließ ihn laufen; worauf er zu den Stillyard-Treppen hinunterlief, sein Hemd wegschleuderte, sich in die Themse stürzte und, als guter Schwimmer, den Fluss glatt durchschwamm; und da die Flut gerade hereinkam, wie sie es nennen, also Weströmung herrschte, erreichte er das Ufer erst in der Nähe der Falcon-Treppen, wo er an Land stieg, niemanden da vorfand, da es Nacht war, und, nackt wie er war, eine gute Weile in den Straßen herumlief, bis er schließlich, es war inzwischen Hochwasser, wieder in den Fluss springt und nach Stillyard zurückschwimmt, an Land ging, wieder die Straßen hinauf zu seinem Haus rannte, an die Tür klopfend die Treppen hinaufstürzte und wieder ins Bett; und dieser grausige Ausflug soll ihn von der Pest geheilt haben, und zwar dadurch, dass durch die heftige Bewegung der Arme und Beine die Stellen, wo er die Beulen hatte, nämlich unter den Armen und an den Lenden, gespannt wurden, wodurch diese nach außen aufbrachen, und das kalte Wasser soll das Fieber in seinem Blut unterdrückt haben.

Es bleibt mir nur hinzuzufügen, dass ich dies so wenig wie manches andre als eine Tatsache aus meinem Erfahrungsbereich berichte, für dessen Wahrheitsgehalt ich mich verbürgen könnte, vor allem nicht für die Geschichte von dem durch ein so ausgefallenes Abenteuer geheilten Mann, die ich nicht für sehr wahrscheinlich halte, wie ich bekennen muss; aber sie mag als Bestätigung dafür dienen, dass damals die Kranken in ihrem Fieberwahn und Schwindel, wie wir es nennen, häufig die verzweifeltsten Dinge unternahmen, und wie viel öfter das geschehen wäre, wenn solche Leute nicht durch das Schließen der Häuser festgehalten worden wären; und das halte ich für das Beste, wenn nicht für das einzige Gute, was diese strenge Maßnahme erreichte.

Andrerseits gab es viel bitteres Klagen und Murren gegen die Maßnahme als solche. Es pflegte das Herz all derer zu zerreißen, die vorbeigingen und das jämmerliche Geschrei jener Kranken hörten, die, durch die heftigen Schmerzen oder das Fieber im Blut, den Verstand verloren hatten und entweder eingesperrt oder an Betten und Stühle gefesselt waren, damit sie sich nichts antaten, und die sich fürchterlich darüber beklagten, dass sie festgehalten wurden und nicht frei sterben durften, wie sie es nannten, was sie sonst hätten tun können.

Das Herumlaufen der Kranken auf den Straßen war sehr übel, und die Behörden taten ihr Äußerstes, es zu verhindern; da solche Ausbrüche im Allgemeinen nachts und immer völlig unerwartet unternommen wurden, konnten die Beamten nicht zur Stelle sein, sie zu verhindern; und selbst wenn welche am Tag entkamen, wollten die zuständigen Beamten mit ihnen nichts zu tun haben, denn da sie natürlich alle, wenn sie dieses Stadium erreicht hatten, todkrank waren, waren sie außerordentlich ansteckend, und es gab kaum Gefährlicheres, als sie zu berühren. Sie rannten dann eben weiter, ohne zu wissen, was sie taten, bis sie tot umfielen oder sich ausgetobt hatten, worauf sie hinfielen und vielleicht in einer halben oder einer Stunde starben; und, was zu erleben das tiefste Mitleid erregte, sie kamen durchwegs in dieser halben oder ganzen Stunde wieder völlig zu sich und schrien und jammerten ganz erbärmlich und herzzerreißend, sobald sie sich ihres verzweifelten Zustands bewusst wurden. Das geschah sehr häufig, bevor die

Anordnung über das Schließen der Häuser streng durchgeführt wurde, denn anfangs waren die Wachmänner nicht so streng und unbedingt wie später darauf bedacht, niemanden herauszulassen; das war, bevor man sie, d. h. einige von ihnen, hart bestrafte für ihre Nachlässigkeit, Pflichtvergessenheit und dafür, dass sie Leute durchschlüpfen ließen oder ihr Weggehen stillschweigend duldeten, ob sie nun krank waren oder gesund. Nachdem sie aber erkannt hatten, dass die zu ihrer Beaufsichtigung eingesetzten Beamten entschlossen waren, sie zur Erfüllung ihrer Pflicht anzuhalten und bei Nichterfüllung bestrafen zu lassen, nahmen sie ihre Aufgabe ernster und sorgten für eine strenge Abschließung der Leute; diese nahmen das so übel und ertrugen es mit solchem Widerwillen, dass man ihre Missfallensäußerungen kaum wiedergeben kann. Aber, das muss zugegeben werden, diese Maßnahme war unbedingt notwendig, nachdem man andre nicht rechtzeitig ergriffen hatte, für die es nun zu spät war.

Wäre nicht gerade diese Anordnung, die Kranken wie dargestellt abzusondern, bei uns durchgeführt worden, wäre London der schrecklichste Ort geworden, den die Welt je gesehen hat; es wären, ich kann mir's nicht anders vorstellen, ebenso viele Leute auf den Straßen wie zu Hause gestorben; denn wenn die Krankheit ihren Höhepunkt erreicht hatte, fielen sie meist in Wahnsinn und Tollheit, und in diesem Zustand konnte man sie nicht anders als mit Gewalt im Bett halten; und viele, die man nicht festgebunden hatte, warfen sich aus dem Fenster, sobald sie merkten, dass man sie nicht herauslassen wollte.

Es ist dem Fehlen jeglichen Umgangs der Leute miteinander in dieser Notzeit zuzuschreiben, dass einem Einzelnen unmöglich all die außergewöhnlichen Ereignisse bekannt wurden, die sich in verschiedenen Familien zutrugen; vor allem glaube ich, dass man bis zum heutigen Tag nicht weiß, wie viele Leute sich in ihrem Wahn in der Themse ertränkten und in dem Fluss, der aus der Niederung bei Hackney kommt und den man gewöhnlich als Ware River oder Hackney River bezeichnet. Wenn man nur die in Betracht zieht, die in den wöchentlichen Listen aufgeführt wurden, handelte es sich freilich nur um wenige; auch war an keinem der Ertrunkenen zu ersehen, ob es sich um einen Unfall handelte oder nicht. Aber ich glaube, ich könnte aus meinem eigenen Erfahrungs- und Beobachtungskreis mehr aufzählen, die sich in diesem Jahr tatsächlich ertränkten, als sämtliche Listen zusammen aufführen, denn die Leichen vieler, die als vermisst bekannt waren, hat man nie gefunden; und das Gleiche trifft für andre Arten des Selbstmords zu. Man weiß auch von einem Mann in oder in der Nähe der Whitecross Street, der im Bett verbrannte; die einen sagen, er habe es selbst angezündet, andre, die Wärterin, die ihn pflegte, habe es aus Bosheit getan; alle waren sich aber darüber einig, dass er die Pest hatte.

Zu den gnädigen Fügungen der Vorsehung muss gerechnet werden, woran ich damals oft dachte, dass während jenes Jahres in der Altstadt keine Brände, zumindest keine beträchtlichen, ausbrachen; denn diese hätten Fürchterliches angerichtet. Die Leute hätten es ohne zu löschen brennen lassen oder in großen Haufen und Scharen sich versammeln müssen, ungeachtet der Ansteckungsgefahr, ohne darauf zu achten, in welche Häuser sie gingen, welche Sachen sie anfassten, mit welchen Leuten sie zusammenkamen. Dieses ganze Jahr über geschah aber, abgesehen von dem Feuer in Cripplegate und einigen kleineren Bränden, die gleich gelöscht werden konnten, kein Unglück dieser Art. Man erzählte sich, dass in einem an der Swan Alley [die von der Goswell Street, etwa dort, wo die Old Street einmündet, in die St. John Street führt] gelegenen Haus eine Familie so fürchterlich von der Pest heimgesucht wurde, dass alle starben. Die Letzte von ihnen lag tot auf dem Fußboden, sie hatte sich, nimmt man an, zum Sterben vor das Feuer gelegt; das Feuer war anscheinend, es waren Holzscheite, herausgefallen, und hatte die Dielen und darunterliegenden Balken ergriffen und sich genau bis vor den Leichnam weitergefressen, diesen aber nicht ergriffen, obgleich die Tote kaum mehr als ein Hemd anhatte, und war dann von selbst ausgegangen, ohne das Haus zu vernichten, obwohl es nur ein leicht gebautes Holzhaus war. Wie weit das stimmt, will ich nicht entscheiden, aber die Stadt, die im nächsten Jahr so sehr unter der Feuersbrunst zu leiden haben sollte, blieb in diesem Jahr von solchem Unglück weitgehend verschont.

Wenn man die Wahnsinnsanfälle in Betracht zieht, welche die Menschen vor Schmerzen packten, und welche Verzweiflungstaten sie, wie ich erwähnte, in ihrem Irrsinn, wenn sie allein waren, unternahmen, muss es einem sehr seltsam vorkommen, dass nicht mehr Unglücksfälle solcher Art geschahen.

Ich bin oft gefragt worden und muss sagen, dass ich nie eine eindeutige Antwort darauf zu geben wusste, wie es möglich war, dass so viele angesteckte Menschen draußen auf den Straßen herumliefen, wo man doch gleichzeitig mit solcher Wachsamkeit befallene Häuser ausfindig machte und sie dann ausnahmslos schloss und unter Bewachung stellte, wie es doch geschah.

Ich gestehe, dass ich darauf keine Antwort weiß, es sei denn diese, dass es in einer solch großen Stadt mit so vielen Menschen wie dieser unmöglich ist, jedes befallene Haus sofort zu entdecken oder alle befallenen Häuser zu schließen; dadurch hatten die Leute die Möglichkeit, wo immer es ihnen gefiel, auf den Straßen herumzulaufen, wenn nicht bekannt war, dass sie zu dem oder jenem befallenen Haus gehörten.

Es ist eine Tatsache, dass, wie verschiedene Ärzte unserem Lord Mayor mitteilten, zu bestimmten Zeiten die Pest so heftig wütete und die Leute so schnell erkrankten und so rasch starben, dass es unmöglich und einfach zwecklos war, herumzugehen, um festzustellen, wer krank war und wer gesund, oder sie mit der Sorgfalt, die von der Sache her erforderlich war, einzuschließen, wo in ganzen Straßen fast jedes Haus und in vielen Stadtteilen in manchen Häusern alle Bewohner befallen waren; und, noch schlimmer, bis die Häuser als befallen bekannt waren, pflegten die meisten der befallenen Personen schon lange tot und die andern aus Angst vor dem Einschließen davongelaufen zu sein; sodass es kaum einen Zweck hatte, sie als befallene Häuser zu kennzeichnen und zu schließen, wo die Seuche schon gewütet und das Haus wieder verlassen hatte, bevor man überhaupt erfuhr, dass die Familie irgendwie betroffen war.

Das sollte eigentlich genügen, um jeden vernünftigen Menschen davon zu überzeugen, dass, da es nicht in der Macht der Behörden oder irgendeiner menschlichen Einrichtung oder Maßnahme stand, die Ausbreitung der Seuche zu verhindern, ein solches Schließen von Häusern den gewünschten Zweck völlig verfehlte. Es schien auf jeden Fall dem Wohl der Allgemeinheit nicht in solchem Maß zu dienen, dass es die schwere Last, die das Einschließen für die betreffenden Familien bedeutete, ausgeglichen oder in einem Verhältnis dazu gestanden hätte; und ich hatte, soweit ich von der Stadt dazu angestellt war, diese harte Maßnahme anzuordnen, häufig Gelegenheit festzustellen, dass diese unmöglich ihren Zweck erfüllen konnte. Wenn ich zum Beispiel, wie man es von mir als einem Visitator oder Inspektor forderte, über die näheren Umstände verschiedener befallener Familien Erkundigungen einzog, trafen wir selten auf ein Haus, bei dem die Pest offen ausgebrochen war, ohne dass einige Familienmitglieder geflohen und verschwunden waren. Die Behörden pflegten das zu beanstanden und den Inspektoren bei ihren Inspektionen und Untersuchungen Nachlässigkeit vorzuwerfen. Aber die Häuser waren doch, lange bevor man es erfuhr, befallen! Obwohl ich nun dieses gefährliche Amt erst die Hälfte der vorgesehenen Zeit, die zwei Monate betrug, innehatte, war es für mich doch schon lange genug, um mir darüber klar zu werden, dass es für uns nur eine einzige Möglichkeit gab, Kenntnis von den wirklichen Zuständen in den einzelnen Familien zu erlangen, nämlich durch

Befragungen an der Haustür oder bei Nachbarn. Die Pflicht, ihre Häuser betreten und untersuchen zu lassen, das hätte keine Obrigkeit den Einwohnern aufzuerlegen gewagt, noch wäre irgendein Bürger bereit gewesen, das zu tun, denn das würde uns der Ansteckung und sicherem Tod ausgesetzt und sowohl unsere Familien wie uns selbst zugrunde gerichtet haben; auch wäre kein Bürger von Ansehen, dessen kann man gewiss sein, in der Stadt geblieben, wenn er eine solche harte Verordnung auszuführen gehabt hätte.

Wir erkannten, dass wir uns auf keine andre Weise Gewissheit verschaffen konnten als durch Befragungen der Nachbarn oder der Familien selber, und da wir uns auf deren Auskünfte nicht voll verlassen konnten, blieb es notgedrungen bei den oben dargestellten unzuverlässigen Ergebnissen.

Zwar war jedes Familienoberhaupt durch Gesetz verpflichtet, dem für sein Wohngebiet zuständigen Inspektor innerhalb von zwei Stunden, nachdem er entdeckt hatte, dass sich in seinem Haus eine kranke Person, d. h. jemand mit den Anzeichen der Pest, befand, davon Mitteilung zu machen, aber sie fanden so viele Möglichkeiten, dies zu umgehen und ihre Nachlässigkeit zu entschuldigen, dass sie kaum je Mitteilung machten, bevor sie nicht alle Maßnahmen ergriffen hatten, jedem, der das im Sinn hatte, zur Flucht zu verhelfen, ob er krank oder gesund war; da dies nun einmal so war, lässt sich leicht einsehen, dass das Schließen der Häuser in keiner Weise eine ausreichende Maßnahme, der Ansteckung Einhalt zu gebieten, darstellte, weil, wie ich andernorts ausgeführt habe, viele von denen, die sich aus solchen befallenen Häusern entfernten, schon die Pest am Leib hatten, mochten sie sich auch für völlig gesund halten. Das waren dann zum Teil die Leute, die auf den Straßen herumliefen, bis sie tot umfielen; es war aber nicht so, dass sie plötzlich von der Seuche wie von einer Kugel, die mit einem Schlag tötet, getroffen wurden, nein, sie hatten die Seuche schon eine geraume Weile in sich herumgeschleppt; sie machte sich nur nicht, da sie unbemerkt an den inneren Organen fraß, bemerkbar, bevor sie nicht das Herz mit tödlichem Griff packte, sodass der Kranke in Minutenschnelle, wie an einer plötzlichen Ohnmacht oder einem Schlaganfall, starb.

Ich weiß, dass selbst einige unserer Ärzte eine Zeit lang glaubten, dass die Menschen, die auf diese Weise in den Straßen starben, erst in dem Augenblick, in dem sie umfielen, von der Seuche ergriffen würden, sodass sie wie von einem Schlag aus heiterem Himmel gerührt schienen, so wie Menschen von einem Blitzschlag getötet werden, sie hatten aber später Ursache, ihre Meinung darüber zu ändern; denn wenn man die Leichen dann untersuchte, fand man immer die Anzeichen an ihnen oder andere eindeutige Beweise, dass sie schon länger von der Krankheit befallen gewesen waren, als man sonst hätte erwarten können.

Dies war oft der Grund dafür, dass wir, die Inspektoren, erst dann, wie ich sagte, Kenntnis davon erlangen konnten, dass ein Haus von der Pest befallen war, wenn es zum Schließen zu spät war, gelegentlich sogar erst dann, wenn alle Zurückgelassenen schon tot waren. In der Petticoat Lane waren zwei Häuser zusammen befallen worden, und mehrere Personen waren erkrankt; der Ausbruch der Seuche war aber so gut verheimlicht worden, dass der Inspektor, ein Nachbar von mir, davon erst Kenntnis erhielt, als man ihn davon benachrichtigte, dass alle Bewohner gestorben seien und die Pestkarren vorbeikommen sollten, sie wegzuschaffen. Die beiden Familienoberhäupter hatten ihre Maßnahmen so aufeinander abgestimmt und sich so eingerichtet, dass sie meist, wenn sich der Inspektor in der Nachbarschaft aufhielt, zusammen erschienen und einer über den andern Auskunft gab, das heißt log; außerdem hatten sie wohl einige von der Nachbarschaft, die es vielleicht gar nicht besser wussten, dazu gebracht zu sagen, sie seien alle gesund, bis der Tod es unmöglich machte, das Geheimnis weiter zu wahren, und man die Pestkarren zur Nacht herbeirufen musste, wodurch es bekannt wurde. Als aber der Inspektor den Wachtmeister anwies, die Häuser zu schließen, waren in ihnen nur noch drei Leute, zwei in dem einen und einer im andern Haus, übrig, die im Sterben lagen, dazu in jedem Haus eine Pflegerin, die zugab, dass man vorher schon fünf Personen beerdigt habe, die Häuser schon seit neun oder zehn Tagen befallen seien, und was die andern Mitglieder der beiden zahlreichen Familien angehe, die seien verschwunden, die einen krank, die andern gesund, und von manchen habe man nicht gewusst, ob sie krank oder gesund gewesen seien.

Ähnlich erging es mit einem andern Haus in der gleichen Gasse; dort war die Familie eines Mannes angesteckt worden, und da er sich nicht einschließen lassen wollte, schloss er sich, als es sich nicht länger verheimlichen ließ, selbst ein, das heißt, er machte das große rote Kreuz mit den Worten »Gott, sei uns gnädig« auf die Haustür und täuschte auf diese Weise den Inspektor, der glaubte, dies sei von dem Wachtmeister auf Weisung des zweiten Inspektors geschehen, es waren nämlich für jeden Bezirk oder jedes Wohngebiet zwei Inspektoren eingesetzt. So konnte er sein Haus wieder, wie es in seinem Belieben stand, ungehindert verlassen und betreten, bis seine List schließlich entdeckt wurde, worauf er mit den gesunden Familienangehörigen und Dienstboten das Haus verließ und entkam, und auf diese Weise entging er der Einschließung überhaupt.

Das alles erschwerte es oder machte es gar unmöglich, wie ich schon sagte, durch das Schließen der Häuser die Ausbreitung einer Seuche zu verhindern; es wäre nur gegangen, wenn die Leute das Schließen ihrer Häuser nicht als Zumutung empfunden und es so willig hingenommen hätten, dass sie den Behörden pflichtgetreu und aufrichtig von ihrer Ansteckung Mitteilung gemacht hätten, sobald sie diese festgestellt hatten; aber da man das nicht von ihnen erwarten und den Inspektoren, wie erwähnt, nicht zumuten kann, in die Häuser hineinzugehen und sie zu untersuchen, muss das Schließen der Häuser nutzlos bleiben, und man wird kaum Häuser rechtzeitig schließen können, außer die der Armen, die keine Möglichkeit haben, es zu verheimlichen, und solchen, die sich durch den Schreck und die Verwirrung verraten, in die sie eine Ansteckung versetzt.

Es gelang mir, aus dem mir übertragenen Amt entlassen zu werden, sobald ich jemanden hatte, der statt meiner ernannt wurde, den ich mit etwas Geld dazu gebracht hatte, es anzunehmen; und so versah ich meinen Dienst statt der vorgesehenen zwei Monate nur drei Wochen, was auch schon reichte, wenn man bedenkt, dass es August war, wo die Seuche mit großer Heftigkeit in unserem Stadtteil zu wüten begann.

Bei der Ausübung dieses Amtes konnte ich mich nicht enthalten, meine Meinung über das Einschließen der Leute in den Häusern meinen Nachbarn gegenüber zu äußern; wir erkannten dabei ganz klar, dass gegen die harten Maßnahmen, an sich schon schmerzlich, vor allem dies einzuwenden war, dass sie ihren Zweck nicht erreichten, wie von mir ausgeführt, und die Angesteckten weiter Tag für Tag durch die Straßen liefen; und es war unsere einhellige Meinung, dass man in vieler Hinsicht vernünftiger verfahren wäre, hätte man die Gesunden von den Kranken entfernt, wenn ein bestimmtes Haus heimgesucht wurde, und in solchen Fällen nur diejenigen bei den Erkrankten gelassen, die zu bleiben verlangt und sich damit einverstanden erklärt hätten, mit diesen eingeschlossen zu werden.

Unsere Vorstellung, dass man die Gesunden von den Kranken entfernen sollte, bezog sich nur auf solche Häuser, die befallen waren, und das Festhalten der Kranken war keine Gefangenhaltung; die liegen bleiben mussten würden sich nicht beschweren, solange sie bei Sinnen waren und ihre Urteilskraft besaßen. Wenn sie dann vom Fieberwahn befallen und wirr wären, würden sie freilich über die Grausamkeit, so festgehalten zu werden, klagen; was aber die Entfernung der Gesunden betrifft, so hielten wir es um ihrer selbst willen für durchaus vernünftig und gerechtfertigt, dass man sie von den Kranken entfernte, und um der Sicherheit der andern Menschen willen, dass sie für eine Zeit abgesondert lebten, um feststellen zu können, dass sie gesund waren und nicht andre anstecken konnten; und wir hielten zwanzig oder dreißig Tage zu diesem Zweck für ausreichend.

Wenn man nun Häuser zu dem Zweck bereit gehabt hätte, die Gesunden darin ihre Halb-Quarantäne verbringen zu lassen, hätten diese sicherlich viel weniger Grund gehabt, sich unbillig behandelt zu fühlen, wie wenn sie in ihren eigenen Häusern mit Kranken zusammen festgehalten wurden.

Hier darf jedoch Folgendes nicht vergessen werden: Nachdem die Zahl der Begräbnisse so sehr angestiegen war, dass man nicht mehr die Totenglocke läuten noch trauern und weinen, noch wie zu früheren Zeiten für den andern Schwarz tragen konnte; ja, als man nicht einmal mehr Särge für die Gestorbenen machen konnte, da schien schließlich die Macht der Seuche so groß geworden, dass man endlich gar keine Häuser mehr schloss. Man ließ es damit genug sein, dass man alles in dieser Richtung versucht hatte, bis man es als nutzlos erkennen musste, und dass man der Wut, mit der sich die Pest ausbreitete, nicht widerstehen konnte; wie sich im folgenden Jahr die Feuersbrunst ausbreitete und mit solcher Gewalt um sich griff, dass die Bürger, verzweifelt, alle Bemühungen, sie zu löschen, aufgaben, so kam es im Pestjahr schließlich zu einem solchen Wüten, dass die Menschen nur noch dasaßen und sich anschauten und völlig der Verzweiflung anheimgegeben schienen; ganze Straßen schienen ausgestorben, und nicht nur geschlossen, sondern bar aller Einwohner; Türen standen offen, Fenster leerer Häuser klapperten im Wind, da niemand da war, sie zu schließen. Mit einem Wort, die Leute begannen, sich völlig ihrer Angst zu überlassen und zu glauben, dass alles Tun und Unternehmen umsonst sei, und nur noch eins zu erwarten, die völlige Vernichtung; und hier in der tiefsten Verzweiflung gefiel es Gott, Seine Hand anzuhalten und die Wut der Seuche so sehr zu mäßigen, dass es einfach unfasslich war, so wie ihr Anfang, damit zeigend, dass Seine Hand selbst es war, die über allen, wenn auch nicht ohne die Hilfe aller Werkzeuge wirkte, wie ich an gegebener Stelle ausführen werde.

Noch aber muss ich von der Pest sprechen, wie sie am schlimmsten war, in ihrem Wüten alles und jedes vernichtete, und von den Leuten in ihrer fürchterlichen Verwirrung, ja, wie ich schon sagte, Verzweiflung. Es ist kaum vorstellbar, zu welch unglaublichen Taten die Menschen während dieser schlimmsten Zeit durch ihre Leiden getrieben wurden, und das, meine ich, war ebenso erschütternd wie alles andre. Was könnte einen Mann, der voll seines Verstandes mächtig ist, mehr ergreifen, was könnte die Seele tiefer beeindrucken, als einen Mann, fast nackt, aus seinem Haus, vielleicht aus seinem Bett, auf die Straße laufen, aus der Harrow Alley, diesem belebten Kreuzungspunkt und Zentrum von Gassen, Höfen und Durchgängen in die Butcher Row in Whitechapel – also, was könnte erschütternder sein als zu sehen, wie dieser bedauernswerte Mann auf die offene Straße herauskommt, singend und tanzend mit tausend grotesken Gebärden weiterläuft, fünf oder sechs heulende Frauen und Kinder hinter ihm drein, die ihm nachrufen, doch um Gottes willen zurückzukommen, und die Passanten um Hilfe anflehen, ihn zurückzubringen, aber auch das vergebens, da niemand wagt, ihn festzuhalten oder ihm nahe zu kommen?

Das hat mich, der ich alles aus dem Fenster mit ansah, sehr bewegt und bekümmert; denn während der ganzen Zeit litt der arme, gequälte Mann, wie ich erkennen konnte, unter unvorstellbar fürchterlichen Schmerzen, denn er hatte, wie zu erfahren war, zwei Beulen, die man nicht zum Aufbrechen oder Eitern bringen konnte; deshalb legten ihm die Bader wohl scharfe Ätzmittel drauf, in der Hoffnung, sie dadurch zum Durchbrechen zu bringen, und diese Ätzmittel hatte er am Leib, und sie brannten sich ihm wie ein glühendes Eisen ins Fleisch. Ich weiß nicht, was aus diesem bedauernswerten Menschen geworden ist, aber ich nehme an, dass er weiter in dieser Weise herumlief, bis er umfiel und starb.

Kein Wunder, dass der bloße Anblick der Altstadt erschreckend war. Das gewohnte Menschengewühl in den Straßen, wie es sonst auch von unserem Stadtteil aus hinzuströmen pflegte, war verschwunden. Die Börse wurde zwar nicht geschlossen, aber niemand besuchte sie mehr. Die Feuer waren am Verlöschen; sie waren über einige Tage hinweg von einem heftigen und harten Regen fast ausgelöscht worden. Aber ein Weiteres kam dazu; einige der Ärzte bestanden darauf, dass sie für die Gesundheit der Bevölkerung nicht nur nutzlos, sondern sogar schädlich seien. Sie machten großes Aufhebens davon und wandten sich beim Lord Mayor dagegen. Dagegen stand aber, dass ihnen von Kollegen, ebenso berühmten, widersprochen wurde, die begründeten, warum die Feuer die Heftigkeit der Seuche milderten und mildern mussten. Ich kann die von beiden Seiten vorgetragenen Argumente nicht ganz wiedergeben; nur so viel erinnere ich, dass sie einander mit großen Spitzfindigkeiten begegneten. Einige befürworteten Feuer, sie mussten aber mit Holz und nicht mit Kohle geschürt werden, gar noch mit besonderen Holzsorten, vorzugsweise Kiefer, auch Zeder wegen der starken Verdunstung von Terpentin; andre waren für Kohle und gegen Holz, wegen des Schwefels und Erdpechs; und einige waren weder für das eine noch für das andre. Zu guter Letzt befahl der Lord Mayor keine weiteren Feuer mehr, vor allem freilich aus dem Grund, weil die Pest so mächtig war, dass sie deutlich sichtbar aller Mittel Hohn lachte und sich bei jeder Maßnahme, die ihr Einhalt gebieten und sie abschwächen sollte, eher zu verstärken statt zu vermindern schien; dieses tatenlose Zuschauen der Beamten entsprang jedoch eher der Einsicht in die Unmöglichkeit, irgendwelche Erfolg versprechenden Maßnahmen ergreifen zu können als dem fehlenden Willen, sich der Gefahr auszusetzen oder die Mühe und Last ihres Amtes auf sich zu nehmen; denn, man muss ihnen Gerechtigkeit widerfahren lassen, sie scheuten weder irgendeine Mühe noch schonten sie ihr eigenes Leben. Aber nichts half; die Pest wütete, und die Menschen waren nun bis zum Äußersten verängstigt und verschreckt, sodass sie, wie ich es ausdrücken möchte, sich aufgaben und sich, wie ich schon erwähnt habe, ihrer Verzweiflung überließen.

Aber man möge mir an diesem Ort zu bemerken gestatten, dass ich, wenn ich davon spreche, dass die Menschen sich der Verzweiflung überließen, damit nicht das meine, was man im religiösen Sprachgebrauch unter Verzweiflung versteht, ein Verzweifeln an ihrem ewigen Seelenheil, sondern ich meine die Verzweiflung darüber, dass sie der Pest nicht entgehen und die Seuche nicht überleben konnten, welche, wie sie sahen, so sehr wütete und von so unwiderstehlicher Macht war, dass tatsächlich nur sehr wenige, die von ihr während der schlimmsten Zeit, etwa im August und September, erfasst wurden, mit dem Leben davonkamen; und, was besonders auffällig ist, sie wirkte sich ganz anders aus als gewöhnlich im Juni, Juli und Anfang August, wo, wie ich schon bemerkte, viele erkrankten und dann viele Tage lagen, und erst starben, nachdem sich das Gift schon lange Zeit in ihrem Blut befunden hatte; nun aber starben im Gegensatz dazu die Leute, die in den beiden letzten Augustwochen und den ersten drei Septemberwochen befallen wurden, im Allgemeinen in längstens zwei oder drei Tagen, viele sogar am gleichen Tag, an dem sie befallen wurden; ob die Hundstage, oder, wie unsere Astrologen sich auszudrücken beliebten, der Einfluss des Hundssterns sich so bösartig auswirkte, oder ob all die, welche die Keime der Seuche schon in sich hatten, sie da gleichzeitig zur Reife brachten, weiß ich nicht; es war jedenfalls die Zeit, in der Berichte umgingen, dass in einer einzigen Nacht mehr als dreitausend Menschen gestorben seien; und diejenigen, die uns glauben machen wollen, sie hätten alles noch aufmerksamer verfolgt, behaupten, dass diese alle in einem Zeitraum von zwei Stunden gestorben seien, nämlich zwischen ein und drei Uhr morgens.

Unzählige Beispiele gibt es für dieses plötzliche Sterben von Menschen, das zu diesem Zeitpunkt häufiger als zuvor festzustellen war, und ich könnte einige aus meiner Nachbarschaft anführen. Eine Familie, die außerhalb der Bars, nicht weit von mir, wohnte, war am Montag anscheinend gesund, alle zehn zusammen. An jenem Abend erkrankten ein Dienstmädchen und ein Lehrjunge, die am nächsten Morgen tot waren, an dem der andre Lehrling und zwei Kinder befallen wurden, wovon einer am gleichen Abend starb, die andern beiden am Mittwoch. Kurz, am Samstagmittag waren der Hausherr, seine Frau, die vier Kinder und vier Bedienstete alle dahingegangen, und das Haus stand völlig unbewohnt, und nur eine ältere Frau, die nicht weit davon wohnte und nicht krank gewesen war, betrat es, um sich für den Bruder des Hausherrn der Sachen anzunehmen.

Viele Häuser blieben damals leer, nachdem man die Bewohner tot weggebracht hatte; da gab es sogar in einer Gasse, die weiter draußen auf derselben Seite jenseits der Bars bei dem Wegzeichen von Moses und Aaron abging, einige beieinanderliegende Häuser, in denen, wie man erzählte, nicht ein einziger Mensch am Leben geblieben war, und einige von den dort als Letzte Gestorbenen waren etwas zu lange liegen geblieben, bevor sie herausgebracht wurden, um begraben zu werden; der Grund dafür war nicht, wie einige, völlig unzutreffend, geschrieben haben, dass es nicht genug Lebende gab, die Toten zu begraben, sondern in dem Hinterhof oder Gässchen war die Sterblichkeit so groß, dass niemand übrig geblieben war, die Träger oder Küster davon zu benachrichtigen, dass sich dort Leichen befanden, die begraben werden mussten. Man hat behauptet, ich weiß nicht, wie weit es stimmt, dass einige dieser Leichname so sehr zerfallen und verfault gewesen seien, dass man sie nur unter Schwierigkeiten wegtragen konnte; und da die Karren nicht weiter als bis zur Alley Gate in der High Street herankommen konnten, war es umso schwieriger, sie wegzubringen; ich weiß aber nicht genau, wie viele Leichen damals liegen geblieben waren. Ich bin fest davon überzeugt, dass solches nicht die Regel war.

Ich habe ja erwähnt, wie die Menschen in einen Zustand verfielen, in dem sie am Leben verzweifelten und sich aufgaben, und das übte nun über drei oder vier Wochen eine seltsame Wirkung auf uns aus; wir wurden nämlich so kühn und wagemutig, dass wir die Angst voreinander verloren und nicht mehr zurückgezogen in unseren Häusern blieben, sondern überall hin herumgingen und miteinander Umgang zu pflegen begannen. So mochte der eine zum andern sagen: »Ich frage euch nicht, wie es um eure Gesundheit steht, und ich sage euch nicht, wie es um die meine steht; es ist sicher, dass wir alle dahingehen; was tut es also, ob einer krank ist oder gesund.« Und so liefen sie in ihrer Verzweiflung überall hin und zu jedem.

Wie es die Leute in Verbindung miteinander brachte, brachte es sie auch in erstaunlichem Maß dazu, sich in großen Mengen in den Kirchen zu versammeln. Sie fragten nicht mehr danach, in wessen Nähe sie saßen oder nicht, welche schädlichen Dünste sie einatmen mochten, oder in welcher gesundheitlichen Verfassung die anderen waren, sondern sie verhielten sich, als wären sie alle Tote, sie kamen in die Kirchen, ohne die geringste Vorsicht walten zu lassen, und sie drängten sich zusammen, als sei ihr Leben im Vergleich zu dem Zweck, zu dem sie zusammengekommen waren, ohne alle Bedeutung. Der Eifer, den sie durch ihr Kommen bewiesen, und der Ernst und die Ergriffenheit, die sie für das, was sie hörten, bewiesen, machten deutlich, wie wert alle Menschen den Gottesdienst halten würden, wenn sie immer, wenn sie an einem Gottesdienst teilnehmen, daran dächten, es könnte ihr letzter sein.

Es zeitigte auch andre ungewöhnliche Auswirkungen, ließ es doch bei den Menschen, die zur Kirche gingen, jede Art von Vorurteil und Bedenken gegen den Menschen, der auf der Kanzel stand, verschwinden. Es besteht kein Zweifel darüber, dass bei einem so allgemeinen und fürchterlichen Unheil wie andre Menschen auch viele Geistliche der Pfarrgemeinden weggerafft wurden; und andre brachten nicht genügend Mut auf, es zu ertragen, und waren, soweit sie eine Möglichkeit dazu gefunden hatten, aufs Land geflohen. Da dadurch verschiedene Pfarrkirchen völlig verlassen und verwaist waren, machten sich die Menschen kein Gewissen daraus, solche Sektierer, die man wenige Jahre zuvor kraft eines Parlamentsgesetzes, die sogenannte Act of Uniformity, ihres Lebensunterhalts beraubt hatte, zum Predigen in die Kirchen zu bitten; auch machte die Geistlichkeit in solchen Fällen keinerlei Schwierigkeiten, deren Mithilfe anzunehmen; so ließ man viele der Prediger, die man die mundtot gemachten nannte, den Mund wieder öffnen, und sie predigten öffentlich zum Volk.

Hier können wir bemerken, und ich hoffe, es ist nicht schlecht, davon Kenntnis zu nehmen, dass sich im Anblick des nahen Todes Menschen guten Willens rasch miteinander aussöhnten, und dass vor allem deshalb, weil es uns so gut geht und wir das alles weit von uns wegschieben, unsere Zwistigkeiten aufgebläht werden, böses Blut weiter zwischen uns herrscht, Vorurteile und die Verletzung der Gebote der Nächstenliebe und der Einheit der Christen immer weiter unter uns zu finden sind, wie es heute der Fall ist. Ein Pestjahr würde wieder all die Unterschiede zunichte machen; naher Umgang mit dem Tod oder mit Krankheiten, bei denen der Tod droht, würde die Galle von unserem Temperament abschöpfen, die Feindseligkeiten unter uns wegnehmen, und uns dahin führen, die Dinge mit andern Augen zu sehen als wir vorher sie anschauten. Wie die Menschen, die immer mit der Kirche von England verbunden geblieben waren, damit einverstanden waren, dass den Sektierern zu predigen erlaubt wurde, so waren die Sektierer, die mit ungewöhnlicher Voreingenommenheit sich von der Gemeinschaft der Kirche getrennt hatten, nun bereit, in ihre Gemeindekirchen zu gehen und an dem Gottesdienst teilzunehmen, den sie zuvor abgelehnt hatten; sobald aber der Schrecken der Seuche abnahm, lief alles wieder im weniger wünschenswerten, alten Fahrwasser und Geleise.

Ich erwähne dies nur als historische Tatsache. Es liegt mir nicht daran, in eine Auseinandersetzung darüber einzutreten, um eine oder beide Seiten zu einer der Nächstenliebe gemäßeren Nachgiebigkeit gegeneinander zu bewegen. Ich halte es für unwahrscheinlich, dass eine solche Auseinandersetzung gelegen oder erfolgreich sein würde; die Kluft scheint sich eher zu verbreitern, und neigt eher dazu, sich noch mehr zu verbreitern statt sich zu schließen, und wer bin ich, dass ich mich für fähig halten sollte, die eine oder andre Seite zu beeinflussen? Aber das möchte ich noch einmal wiederholen, dass der Tod unzweifelhaft uns alle aussöhnen wird; jenseits des Grabes werden wir alle wieder Brüder sein. Im Himmel, wohin wir, hoffe ich, aus allen Parteiungen und Bekenntnissen kommen werden, wird es weder Vorurteile noch Vorbehalte geben; dort werden wir einer Meinung und eines Sinnes sein. Warum wir's nicht zufrieden sind, Hand in Hand zu dem Ort zu gehen, wo sich Herz und Hand ohne Zögern vereinen werden, in völliger Harmonie und gegenseitiger Zuneigung – nun, warum wir das nicht hier tun können, darüber kann ich nichts sagen, und darüber werde ich auch weiter nichts sagen, als dass es beklagenswert bleibt.

Ich könnte nun lange bei dem Elend jener schrecklichen Zeit verweilen und könnte fortfahren, was jeden Tag vor unsern Augen geschah, die schreckenerregenden, unvorstellbaren Handlungen, welche die Kranken in ihrem Wahn ausführten, zu beschreiben; wie sich auf den Straßen nun immer häufiger fürchterliche Anblicke boten, und Familienangehörige einander zum Schrecken wurden. Aber nachdem ich erzählt habe, wie es oben geschehen ist, wie ein Mann, der, im Bett festgebunden, keine andre Möglichkeit sich zu befreien sah, das Bett, mit einer Kerze, die unglücklicherweise in seiner Nähe stand, in Brand steckte und sich selbst im Bett verbrannte; und wie ein andrer durch die unerträglichen Qualen, die er erlitt, nackt durch die Straßen tanzte und sang, ohne noch die eine Ekstase von der andern unterscheiden zu können; ich meine, nachdem ich all das erwähnt habe, was kann ich noch Weiteres hinzufügen? Was kann man sagen, um das Elend dieser Zeiten dem Leser eindringlicher vorzuführen oder ihm eine vollständigere Vorstellung eines vielgestaltigen Unheils zu geben?

Ich muss sagen, dass es eine schreckliche Zeit war, dass ich manchmal am Ende meiner Weisheit war und den Mut, den ich anfangs besaß, verloren hatte. Wie dieses Äußerste andre auf die Straße trieb, hielt es mich im Haus, und nach meinem Gang nach Blackwell und Greenwich, der, wie ich berichtete, eine Ausnahme bildete, blieb ich weitgehend im Haus, wie ich es zuvor schon etwa vierzehn Tage lang getan hatte. Ich habe schon gesagt, dass ich verschiedentlich bereute, dass ich gewagt hatte, in der Stadt zu bleiben, statt mit meinem Bruder und dessen Familie weggegangen zu sein, aber jetzt war es dafür zu spät. Nachdem ich nun eine gute Weile zurückgezogen im Haus geblieben war, ohne dass mich die Ungeduld hinausgelockt hätte, wurde ich, wie schon berichtet, zu einem widerlichen und gefahrvollen Amt berufen, das mich das Haus wieder zu verlassen zwang; weil aber die Pest, als das endete, noch immer auf ihrem Höhepunkt war, zog ich mich wieder zurück und blieb weitere zehn oder zwölf Tage völlig abgeschlossen, in welcher Zeit sich mancherlei grausige Schauspiele vor meinen Augen abspielten, die ich aus meinem Fenster in unserer eigenen Straße beobachten konnte, wie vor allem das mit dem armen, wahnsinnigen Mann aus der Harrow Alley, der in seiner Todespein tanzte und sang; und solche erlebte ich viele. Kaum je verging ein Tag oder eine Nacht, ohne dass sich das eine oder andre Furchtbare am Anfang jener Harrow Alley ereignete, in der eine Menge armer Leute wohnten, die meist in Metzgereien oder damit zusammenhängenden Betrieben arbeiteten.

Gelegentlich pflegten ganze Scharen und Haufen von Menschen aus dieser Gasse zu stürzen, in der Mehrzahl Frauen, die einen fürchterlichen Lärm machten, bestehend oder zusammengesetzt aus Gekreische, Heulen und gegenseitigem Zurufen, sodass man nicht verstehen konnte, was los war. Vom späten Abend an stand der Pestkarren fast immer an der Einmündung dieser Gasse, da er nicht gut hätte wenden können, wenn er hineingefahren wäre, und auch nur ein Stückchen hätte hineinkommen können. Da stand er, wie gesagt, um die Leichen aufzunehmen, und da der Friedhof nicht weit war, pflegte er rasch wieder zurück zu sein, wenn er beladen abgefahren war. Es ist unmöglich zu schildern, welch grausiges Geheule und Geschrei die armen Menschen zu machen pflegten, wenn sie die Leichen ihrer Kinder und Freunde zu dem Karren herausbrachten, und derer waren so viele, dass man hätte annehmen müssen, niemand sei übrig geblieben, oder es lebten in dieser Ecke so viele Leute, dass man eine kleine Stadt damit hätte bevölkern können. Manchmal hörte man sie »Mord« und manchmal »Feuer« rufen, aber man konnte leicht erkennen, dass es nur Wahnsinnsschreie waren, die Rufe kranker und verrückter Menschen.

Ich glaube, dass es damals überall so zuging, denn die Pest wütete sechs oder sieben Wochen lang noch schlimmer, als ich es bisher dargestellt habe, und erreichte schließlich einen solchen Grad, dass sie, in der allerschlimmsten Zeit, selbst jene mustergültige Ordnung der Behörden zunichte machte, über die ich so viel Löbliches zu sagen hatte, nämlich die Anordnung, dass sich auf den Straßen keine Leichen befinden und tagsüber keine Begräbnisse stattfinden dürften, denn es ging in dieser schlimmsten Zeit nicht anders, als sich mit deren zeitweiliger Undurchführbarkeit abzufinden.

Eine Sache kann ich hier nicht übergehen, die ich wahrhaftig für außergewöhnlich hielt und jedenfalls deutlich als die Hand der Göttlichen Gerechtigkeit erschien, nämlich, dass all die Astrologen, Wahrsager, Zauberer und die sogenannten weisen Männer usw.; all die Horoskopsteller, Traumdeuter und ähnliches Volk, weg und verschwunden waren; nicht einen konnte man mehr finden. Ich bin durchaus davon überzeugt, dass eine große Anzahl von ihnen in den Tagen der größten Not umgekommen ist, denn sie hatten wegen der Aussicht auf große Vermögen zu bleiben gewagt; und ihre Einnahmen waren auch wirklich eine gewisse Zeit durch die Verrücktheit und Torheit der Menschen außerordentlich hoch. Jetzt aber schwiegen sie; viele von ihnen gingen zur langen Ruhe ein, sie hatten nicht ihr eignes Schicksal voraussagen und ihr eignes Horoskop stellen können. Einige behaupten gar zu wissen, dass alle starben. Das wage ich nicht zu bestätigen; aber ich muss zugeben, dass ich niemals hörte, dass auch nur einer von ihnen wieder auftauchte, als die Pest vorüber war.

Aber zurück zu meinen Beobachtungen selber, die ich während dieses schlimmsten Teils der Heimsuchung machte. Ich bin nun, wie gesagt, beim September, dem fürchterlichsten dieser Art, den London nach meiner Überzeugung je sah; denn nach allen Berichten, die ich von vorhergehenden Seuchenzeiten in London sah, ist diesem nichts gleichzusetzen, wo nun nach den wöchentlichen Listen vom 22. August bis zum 26. September, im Ganzen fünf Wochen, die Gesamtzahl fast 40.000 betrug. Im Einzelnen zeigen die Listen folgende Zahlen:

22. August bis 29. August	7496
29. August bis 5. September	8252
5. September bis 12. September	7690
12. September bis 19. September	8297
19. September bis 26. September	6460
	38.195

Das war an sich schon eine ungeheure Zahl, wenn ich aber die Gründe dafür aufzählte, die mich annehmen lassen, dass diese Aufstellung unvollständig ist, und wie unvollständig sie ist, würde man ohne Zögern mit mir glauben, dass in all diesen Wochen jeweils mehr als zehntausend starben, Woche für Woche, und eine entsprechende Anzahl in den Wochen davor und danach. Die Verwirrung der Leute, zu jener Zeit vor allem in der Altstadt, war unbeschreiblich. Die Angst wurde schließlich so groß, dass die zum Wegschaffen der Toten bestimmten Leute der Mut verließ; ja, einige starben noch, obwohl sie die Pest schon gehabt hatten und wieder gesundet waren; und manch einer fiel tot um, wenn sie gerade einen Leichnam trugen, manchmal am Rand der Grube, wenn sie ihn gerade hineinwerfen wollten; und diese Bestürzung war in der Altstadt noch größer, weil man sich dort in der Hoffnung zu entkommen gewiegt und geglaubt hatte, die Bitternis des Todes sei an ihr vorübergegangen. Man erzählte sich, dass ein nach Shoreditch hinauffahrender Karren von den Fahrern stehen gelassen oder nur einem Mann zum Fahren überlassen worden sei, der dann auf dem Weg starb, und da die Pferde weitergingen, warfen sie den Karren um, und die Leichen blieben, grauenerregend, die einen hierhin, die andern dorthin geschleudert, liegen. Ein andrer Karren wurde angeblich in dem großen Massengrab in Finsbury aufgefunden, der Fahrer war tot oder hatte ihn stehen lassen und war davongegangen, und da die Pferde zu nahe an die Grube heranliefen, stürzte der Wagen hinein und zog die Pferde hinterdrein. Man vermutete, dass der Fahrer mit hineingeschleudert worden und dann der Karren auf ihn gefallen war, aus dem Grund, weil man zwischen den Leichen in der Grube seine Peitsche liegen sah, aber ich meine, dass man sich dessen nicht sicher sein kann.

In unserer Gemeinde Aldgate fand man, wie ich hörte, einige Male die mit Leichen beladenen Karren ohne den Glockenläuter, Fahrer oder sonst jemanden am Friedhofstor stehen; sie wussten weder hier noch sonst oft, welche Toten sie in ihren Karren hatten, denn diese wurden manchmal mit Seilen von Balkonen und Fenstern heruntergelassen, und manchmal brachten die Träger sie zu den Karren, manchmal sonst jemand; sie machten sich auch, wie sie selbst sagten, nicht die Mühe, irgendwelche Listen über deren Anzahl zu führen.

Die Umsichtigkeit der Behörden wurde nun auf die härteste Probe gestellt und kann, das muss deutlich gesagt werden, auch bei dieser Gelegenheit nicht genug anerkannt werden; was es sie auch immer für Mühe und Ausgaben kostete, in der Altstadt wie in den Vororten wurde zweierlei nie vernachlässigt:

1. Lebensmittel konnte man immer durchaus genügend haben, auch wurden die Preise so wenig erhöht, dass es gar nicht der Rede wert war.

2. Es lagen keine Leichen unbegraben und unbeerdigt herum; und selbst wenn man die Stadt von einem zum andern Ende durchwanderte, konnte man tagsüber weder Begräbnisse noch Anzeichen davon sehen, mit gelegentlichen Ausnahmen in den ersten drei Septemberwochen, wie von mir oben erwähnt.

Diesen letzten Punkt wird man kaum glauben, wenn man einige Berichte heranzieht, die seitdem von andern veröffentlicht worden sind, in denen diese behaupten, die Toten seien unbeerdigt herumgelegen, was ich für unbedingt falsch halte; zumindest, wenn es irgendwo so gewesen ist, kann das nur in den Häusern gewesen sein, aus denen die Lebenden vor den Toten davongelaufen waren, da sie Mittel und Wege zu entkommen gefunden hatten, wie schon dargestellt, und dadurch den Beamten keine Mitteilung zukam. All das fällt aber hierbei überhaupt nicht ins Gewicht; das weiß ich ganz genau, wo ich doch selbst ein wenig in dieser Richtung in meiner Gemeinde tätig gewesen bin, in der die Verheerung, auf die Zahl der Einwohner bezogen, nicht geringer war als irgendwo sonst; ich sage also, dass ich bestimmt weiß, dass keine Leiche unbeerdigt blieb, d. h. keine, von der die bestallten Beamten erfuhren; keine, weil keine Leute da gewesen wären, sie wegzuschaffen, oder keine Totengräber, sie unter die Erde zu bringen und zuzudecken; das mag für diese Streitfrage genügen; denn was an Toten in Häusern und Löchern liegen mochte, wie in der Moses- und Aaron-Alley, spricht nicht dagegen, da sie sicherlich, sobald man sie gefunden hatte, begraben wurden. Was den ersten Punkt, die Knappheit oder Teuerung der Lebensmittel betrifft, den ich schon erwähnt habe, und auch noch besprechen werde, so muss ich an diesem Ort doch bemerken:

1. Vor allem wurde der Brotpreis kaum erhöht; denn am Anfang des Jahres, genauer, in der ersten Märzhälfte, wog der Laib Weizenbrot für einen Penny zehneinhalb Unzen; und auf dem Höhepunkt der Seuche bekam man ihn mit neuneinhalb Unzen, und teurer wurde er nicht, während der ganzen Zeit nicht. Und etwa zu Anfang November wurde er wieder mit

zehneinhalb Unzen verkauft; und so etwas ist meines Wissens nie zuvor in einer Stadt, die unter einer solch fürchterlichen Heimsuchung litt, vorgekommen.

2. Auch bestand nie [was mich sehr wunderte] irgendein Mangel an Bäckern oder in Betrieb befindlichen Backöfen zur Versorgung der Bevölkerung mit Brot; dabei wurde doch von einigen Familien behauptet, dass ihre Dienstmädchen, wenn sie mit ihren Kuchen zu den Backhäusern gingen, um sie backen zu lassen, wie es damals Brauch war, gelegentlich mit der Krankheit, d. h. der Pest, zurückgekommen seien.

Während dieser ganzen schrecklichen Heimsuchung gab es, wie erwähnt, nur zwei offene Pestasyle, nämlich eins jenseits der Old Street in den Feldern, das andre in Westminster; und es bestand kein Zwang, jemanden dorthin zu bringen. Auch war es gar nicht nötig, in dieser Sache einen Zwang auszuüben, denn es gab Tausende armer, elender Menschen, die ohne Hilfe, Möglichkeiten und Vorräte von der Wohltätigkeit andrer abhängig waren und glücklich gewesen wären, wenn man sie dorthin geschafft und sie dort versorgt hätte, und es war meiner Meinung nach wirklich das Einzige, was bei den gesamten öffentlichen Maßnahmen für die Stadt zu beanstanden war, dass nämlich niemand in das Pestasyl eingeliefert werden durfte, für den nicht bezahlt wurde oder die Bezahlung gesichert war, was entweder bei der Aufnahme oder bei ihrer Entlassung, nachdem sie geheilt waren, geschehen musste, denn sehr viele wurden gesund entlassen; auch wurden für diese Anstalten sehr gute Ärzte bestallt, sodass sich viele Menschen dort gut erholten, worauf ich noch zurückkommen werde. Hauptsächlich wurden dorthin Bedienstete geschickt, die, wie von mir gesagt, bei Gängen, das Nötige für die Familien zu besorgen, in deren Diensten sie standen, von der Seuche befallen und, wenn sie krank zurückkehrten, entfernt wurden, um die andern Hausbewohner vor ihr zu bewahren; und man betreute sie dort während der ganzen Zeit der Heimsuchung so gut, dass vom Londoner Pestasyl insgesamt nur 156 und von dem in Westminster nur 159 zu Grabe getragen wurden.

Wenn ich mehr Pestasyle für nötig halte, meine ich damit durchaus nicht, dass man alle Kranken gewaltsam dorthin verbringen sollte. Hätte man keine Häuser geschlossen und die Kranken sehr rasch aus ihren Wohnungen in die Pestasyle geschafft, wie manche vorschlugen, wäre es, wie es mir damals schon schien, sicherlich noch viel schlimmer geworden als es war. Allein das Wegschaffen der Kranken hätte schon die Seuche verbreitet, umso mehr, als dieses Wegschaffen das Haus, in dem sich der Kranke befunden hatte, nicht wirklich von der Seuche befreien konnte, und die andern Familienmitglieder, die sich dann frei hätten bewegen dürfen, hätten sie sicherlich zu andern weitergetragen.

Auch würden die Maßnahmen, die man dann in den Familien durchwegs getroffen hätte, um die Krankheit geheim und die von ihr Betroffenen verborgen zu halten, sich so ausgewirkt haben, dass die Seuche manchmal ganze Familien ergriffen hätte, ehe irgendein Visitator oder Inspektor davon hätte erfahren können. Außerdem würde die ungeheure Zahl gleichzeitig Erkrankter das Fassungsvermögen städtischer Pestasyle ebenso wie die Möglichkeiten der städtischen Beauftragten, sie zu erfassen und fortzuschaffen, weit überstiegen haben.

Das wurde damals gründlich durchdacht, und ich habe oft darüber sprechen hören. Die Behörden hatten genug damit zu tun, die Leute dahin zu bringen, dass sie ihre Häuser schließen ließen, und diese wandten viele Mittel an, die Wachmänner zu überlisten um herauszukommen, wie ich bemerkt habe. Diese Schwierigkeit macht schon deutlich, dass es ihnen unmöglich gewesen wäre, den andern Weg einzuschlagen, denn sie hätten nie gewaltsam die Leute aus ihren Betten und Wohnungen wegschaffen können. Das zu versuchen, wäre eine ganze Armee von Beamten nötig gewesen statt denen unseres Lord Mayors; außerdem würden die Leute, von Mut und Verzweiflung gepackt, jeden umgebracht haben, der sich unterstanden hätte, sie, ihre Kinder oder Angehörigen fortzubringen, was ihnen auch dafür geschehen wäre; sie würden damit die Leute, die sowieso schon in kaum vorstellbarem Maß in der fürchterlichsten Verwirrung waren, ich sage, sie würden diese Leute völlig um den Verstand gebracht haben; die Behörden hielten es dagegen aus mancherlei Gründen für richtig, sie mit Milde und Verständnis zu behandeln statt mit Strenge und Härte, was das Herausschleppen der Kranken aus den Häusern oder die Verpflichtung, sie wegbringen zu lassen, gewesen wäre.

Das lässt mich wieder auf die Zeit zurückkommen, in der die Pest gerade begann, das heißt, als es deutlich wurde, dass sie sich über die ganze Stadt verbreiten würde, und als, wie schon gesagt, die wohlhabenderen Leute aufgestört wurden und begannen, eilig aus der Stadt zu verschwinden. Das Gedränge war, wie von mir gehörigen Orts vermerkt, wahrhaftig so groß, und der Kutschen, Pferde, Wagen und Karren waren so viele, welche die Leute wegfuhren und -schafften, dass es aussah, als würde die ganze Stadt davonlaufen; wären nun damals irgendwelche schreckenerregende Verordnungen erlassen worden, vor allem solche, die sich anmaßten, über die Menschen zu verfügen, statt sie über sich selbst verfügen zu lassen, hätte dies die Altstadt wie die Vororte in die äußerste Verwirrung gestürzt.

Aber die Behörden flößten der Bevölkerung klugerweise Mut ein, erließen sehr gute Verordnungen für die Bürger, hielten die Ordnung in den Straßen aufrecht und machten jeder Bevölkerungsgruppe alles so erträglich wie möglich.

Vor allem fassten und veröffentlichten der Lord Mayor, die Sheriffs, die Ratsversammlung und eine gewisse Anzahl der Mitglieder des Gemeinderats oder deren Vertreter den Beschluss, dass sie für ihre Person die Stadt nicht verlassen würden, sondern immer da wären, überall die Ordnung aufrechtzuerhalten und in jedem Fall für das Recht zu sorgen; auch für die Verteilung der wohltätigen Gaben an die Armen, und, mit einem Wort, soweit es nur in ihren Kräften stand, ihre Pflicht zu erfüllen und das Vertrauen nicht zu enttäuschen, das die Bürger in sie gesetzt hatten.

Im Verfolg dieser Verordnungen hielten der Lord Mayor, die Sheriffs usw. mehr oder weniger täglich Beratungen ab, um die zur Erhaltung der Ruhe und Ordnung für nötig erachteten Vorkehrungen zu treffen; und wenn sie sonst die Bürger mit aller denkbaren Milde und Nachsicht behandelten, wurde doch jede Art von rücksichtslosen Verbrechern, wie Diebe, Einbrecher, Leichenfledderer und solche, die Kranke bestahlen, gehörig bestraft, und gegen sie wurden vom Lord Mayor und der Ratsversammlung laufend verschiedene amtliche Bekanntmachungen veröffentlicht.

Auch wurde allen Wachtmeistern und Kirchenvorstehern bei Androhung schwerer Strafen eingeschärft, in der Stadt zu bleiben oder fähige und geeignete Hausbesitzer, welchen die stellvertretenden Stadträte oder die Mitglieder des Gemeinderats des betreffenden Stadtteils zustimmen sollten, als Vertreter zu stellen und für sie Bürgschaft zu leisten; sie hatten auch, falls ein solcher starb, dafür zu haften, dass ein andrer Wachtmeister seine Stelle übernahm.

All das festigte die Gemüter der Menschen außerordentlich, vor allem bei ihrem ersten Erschrecken, als sie durchwegs alle davon sprachen, dass sie fliehen wollten, sodass die Stadt in Gefahr gewesen wäre, mit Ausnahme der Armen, völlig von ihren Einwohnern verlassen, und das Land, von der Menge geplündert und verwüstet zu werden. Auch verfehlte die Obrigkeit nicht, so unerschrocken das Ihre zu tun, wie sie es versprochen hatte; denn unser Lord Mayor und die Sheriffs waren dauernd unterwegs, auf den Straßen und an den Orten der größten Gefahr, und wenn sie auch gerne vermieden, von einer zu großen Menschenmenge umdrängt zu werden, versagten sie doch in dringenden Fällen den Leuten nie den Zutritt bei sich und hörten sich geduldig all ihre Beschwerden und Klagen an. Unser Lord Mayor ließ zu diesem Zweck in seinem Saal eine niedrige Galerie errichten, wo er ein wenig von der Menge entfernt stand, wenn

Klagen vorgetragen wurden, und er dadurch mit möglichst großer Sicherheit erscheinen konnte.

Ebenso versahen die eigentlichen Beamten des Lord Mayors dauernd und regelmäßig ihren Dienst; und wenn einer von ihnen erkrankte oder sich ansteckte, wie es bei einigen geschah, wurden sofort andre eingesetzt, sie zu vertreten und an ihrer Stelle den Dienst zu versehen, bis man wusste, ob der andre gesunden oder sterben würde.

Gleicherweise verfuhren die Sheriffs und Ratsherrn in den Gebieten und Bezirken, die ihnen von Amts wegen unterstanden, und die Untergebenen oder Sergeanten waren ihrerseits angewiesen, von den zuständigen Ratsherren Befehle entgegenzunehmen, sodass für das Recht ausnahmslos ohne Unterbrechung Sorge getragen wurde. Weiterhin waren sie insbesondere darum bemüht, dass die Bestimmungen über die Freiheit der Märkte eingehalten wurden, und deswillen war an jedem Markttag der Lord Mayor oder einer der beiden Sheriffs zu Pferd unterwegs, damit die Bestimmungen eingehalten wurden, und um darauf zu schauen, dass die Landbewohner so weit nur möglich zum Kommen ermutigt wurden und sie ungehindert zum Markt und wieder heimgelangen konnten, und dass sie auf den Straßen nichts Widerwärtiges und Schreckerregendes zu sehen bekamen, das sie hätte ängstigen und vom Wiederkommen abhalten können. Weiter wurden die Bäcker besonderen Bestimmungen unterstellt, und der Obermeister der Bäckerzunft wurde mit seinen Beiräten dazu verpflichtet, für die Durchführung der sie betreffenden Bestimmungen der Verordnungen des Lord Mayors Sorge zu tragen, und auf die genaue Größe des Brotes, die jede Woche von unserm Lord Mayor festgesetzt wurde, zu achten, und weiter waren alle Bäcker verpflichtet, ihre Öfen dauernd in Betrieb zu halten, widrigenfalls sie mit der Entziehung der Rechte eines Freimanns der Stadt London bestraft würden.

Durch diese Maßnahmen gab es immer reichlich Brot zu den sonst üblichen Preisen, wie ich oben schon sagte; auch wurden immer Lebensmittel auf den Märkten angeboten, und zwar in solchen Mengen, dass ich oft erstaunt war und mich ob meiner Angst und Vorsicht beim Ausgehen schalt, wo doch die Landbevölkerung so mutig und unbekümmert zum Markt kam, als gäbe es in der Stadt so etwas wie eine Seuche oder eine Gefahr, von ihr angesteckt zu werden, gar nicht.

Es war in der Tat eine der bewundernswertesten Leistungen der besagten Behörden, dass die Straßen dauernd sauber und von allem, dessen Anblick hätte Schrecken erregen können, wie Leichen oder ähnlichem Ungehörigen oder Unangenehmen, frei gehalten wurden, außer wenn jemand plötzlich zusammenbrach oder auf der Straße starb, wie ich oben schon gesagt habe, und diese wurden, bis zur Nacht, gewöhnlich mit einem Tuch oder einer Decke zugedeckt oder auf den nächsten Friedhof geschafft. Alle notwendigen Arbeiten, die Schrecken verbreiteten und sowohl grausig wie gefährlich waren, wurden während der Nacht verrichtet; waren Pestkranke wegzuschaffen, Tote zu begraben oder verseuchte Kleidungsstücke zu verbrennen, geschah es während der Nacht; und so sind alle Leichen, die in die großen Gruben auf den verschiedenen Friedhöfen oder Begräbnisplätzen geworfen wurden, wie schon bemerkt, während der Nacht weggeschafft worden, und vor Tagesanbruch war alles zugedeckt und unsichtbar. So konnte man während des Tages von dem Unheil nicht das geringste Anzeichen sehen und hören, abgesehen von dem, was man aus der Leere der Straßen und dem gelegentlich aus den Fenstern dringenden erschütternden Schreien und Jammern der Leute und der Menge der geschlossenen Häuser und Geschäfte erfahren konnte.

Auch waren die Straßen in der Altstadt nicht so still und verlassen wie in den Vororten, von der einzigen Zeit abgesehen, in der, wie ich schon erwähnt habe, die Pest nach Osten vordrang und sich über die ganze Altstadt verbreitete. Es war in der Tat eine gnädige Fügung Gottes, dass die Pest, an einem Ende der Stadt beginnend, wie ausführlich dargestellt, schrittweise sich auf andre Stadtteile ausbreitete und erst dann auf uns zu, also nach Osten, kam, als sie im westlichen Teil der Stadt ihre Wut schon ausgetobt hatte; und wie sie ein Gebiet ergriff, erlosch sie im andern.

So begann sie, zum Beispiel, in St. Giles und auf der Seite von Westminster, und erreichte in diesem ganzen Gebiet, nämlich in St. Giles-in-the-Fields, St. Andrew Holborn, St. Clement Danes, St. Martin-in-the-Fields und Westminster, etwa Mitte Juli ihren Höhepunkt. Gegen Ende Juli ebbte sie in diesen Gemeinden ab; und auf ihrem Weg nach Osten wuchs sie nun außerordentlich in Cripplegate, St. Sepulchre, St. James, Clerkenwell, St. Bride und Aldersgate. Während sie in all diesen Gemeinden herrschte, war die Altstadt, jenseits des Flusses alle Gemeinden von Southwark, auch ganz Stepney, Whitechapel, Aldgate, Wapping und Ratcliff kaum ergriffen, sodass dort die Menschen ungehindert ihren Geschäften nachgingen, weiter ihre Berufe ausübten, die Läden offen hielten und in der ganzen Altstadt, den östlichen und südöstlichen Vororten und Southwark fast so miteinander verkehrten, als wäre die Pest nicht unter uns.

Selbst als die nördlichen und nordwestlichen Vorstädte, nämlich Cripplegate, Clerkenwell, Bishopsgate und Shoreditch, schon völlig verseucht waren, stand es in den andern Teilen noch recht gut. So wies die Liste vom 25. Juli bis 1. August zum Beispiel für alle Krankheiten folgende Zahlen auf:

St. Giles, Cripplegate	554
St. Sepulchre	250
Clerkenwell	103
Bishopsgate	116
Shoreditch	110
Stepney Parish	127
Aldgate	92
Whitechapel	104
Alle 97 Gemeinden innerhalb der Mauern	228
Alle Gemeinden in Southwark	205
Zusammen	1889

Es starben also, kurz gesagt, in jener Woche, in den zwei Gemeinden Cripplegate und St. Sepulchre achtundvierzig Menschen mehr als in der ganzen Altstadt, allen östlichen Vorstädten und allen Gemeinden in Southwark zusammen. Dies bewirkte, dass die Altstadt in ganz England und vor allem in den umliegenden Grafschaften und Landstädten, von denen wir in erster Linie mit Lebensmitteln versorgt wurden, weiterhin im Ruf stand, seuchenfrei zu sein, und dieser Ruf hielt länger an als die Seuchenfreiheit; denn wenn die Leute vom Land über Shoreditch und Bishopsgate oder über Old Street und Smithfield in die Stadt kamen, sahen sie die Straßen der Vororte leer und die Häuser und Läden geschlossen, und die wenigen Leute, die draußen waren, in der Straßenmitte gehen. Aber wenn sie in die Altstadt kamen, sah alles viel besser aus, die Märkte und Läden waren offen, und die Leute liefen wie sonst auch auf den Straßen herum, wenn auch nicht ganz so zahlreich; und so blieb es bis gegen Ende August, Anfang September.

Dann aber wurde alles ganz anders; die Krankheit flaute in den westlichen und nordwestlichen Gemeinden ab, und das Schwergewicht der Seuche verlagerte sich auf die Altstadt, die östlichen Vorstädte und nach Southwark hinüber, und zwar in fürchterlicher Art.

Nun begann die Altstadt wirklich traurig auszusehen, mit geschlossenen Läden und verlassenen Straßen. In der High Street freilich gingen die Leute, aus vielen Gründen gezwungen, immer noch hin und her; dort pflegten um den Mittag noch immer ziemlich viel Leute zu sein, doch am Morgen und Abend war in der Regel selbst da kaum jemand zu sehen, geschweige denn in Cornhill und Cheapside.

Diese meine Beobachtungen wurden reichlich durch die wöchentlichen Sterblichkeitslisten bestätigt, wofür man folgenden Auszug, der die von mir erwähnten Gemeinden umfasst und die von mir dargelegten Überlegungen völlig deutlich macht, nehmen möge.

Die wöchentliche Liste, die diese Verminderung der Begräbnisse im Westen und Norden der Stadt verdeutlicht, sieht so aus:

12. September bis 19. September	
St. Giles, Cripplegate	456
St. Giles-in-the-Fields	140
Clerkenwell	77
St. Sepulchre	214
St. Leonard, Shoreditch	183
Stepney Parish	716
Aldgate	623
Whitechapel	532
Alle 97 Gemeinden innerhalb der Mauern	1493
Alle 8 Gemeinden in Southwark	1636
Zusammen	6070

Das ist wahrhaftig eine seltsame Veränderung der Lage, und eine traurige dazu, und wäre es noch zwei Monate so weitergegangen, wären nur noch wenige Menschen am Leben gewesen. Aber dann fügte es Gott, wie ich sage, in Seiner Gnade so, dass es in dieser Lage im westlichen und nördlichen Teil, der anfangs so fürchterlich heimgesucht worden war, besser wurde, wie man sieht; und wie die Menschen bei uns hingingen, begannen sie dort wieder Hoffnung zu schöpfen; und in den nächsten ein oder zwei Wochen änderte sich die Lage noch mehr; d. h. noch mehr zur Ermutigung der Menschen im andern Teil der Stadt. Als Beispiel dafür:

19. September bis 26. September:	
St. Giles, Cripplegate	277
St. Giles-in-the-Fields	119
Clerkenwell	76
St. Sepulchre	193
St. Leonard, Shoreditch	146
Stepney Parish	616
Aldgate	496
Whitechapel	346
Alle 97 Gemeinden innerhalb der Mauern	1268
Alle 8 Gemeinden in Southwark	1390
Zusammen	4927

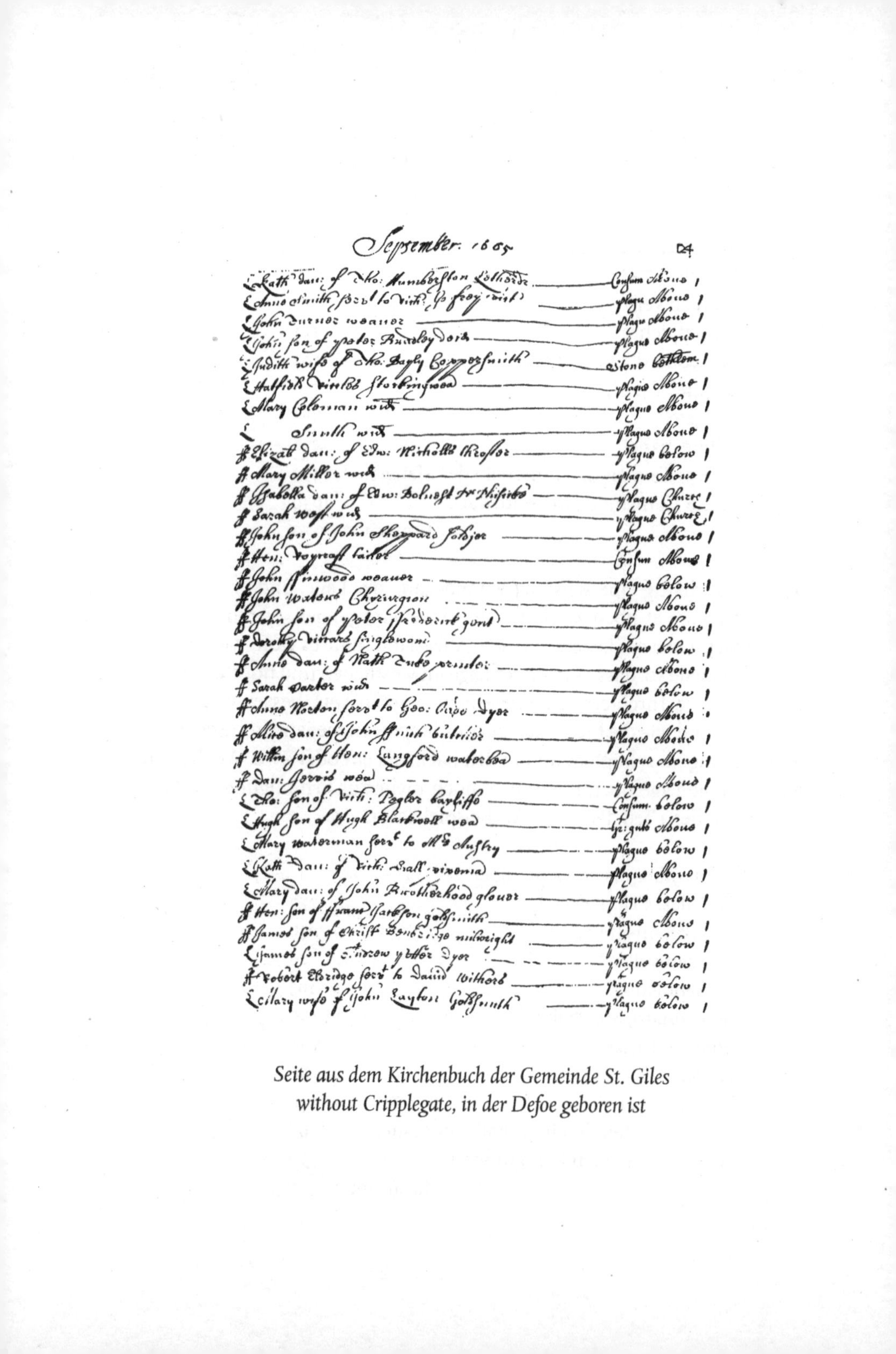

Seite aus dem Kirchenbuch der Gemeinde St. Giles without Cripplegate, in der Defoe geboren ist

26. September bis 3. Oktober:

St. Giles, Cripplegate	196
St. Giles-in-the-Fields	95
Clerkenwell	48
St. Sepulchre	137
St. Leonard, Shoreditch	128
Stepney Parish	674
Aldgate	372
Whitechapel	328
Alle 97 Gemeinden innerhalb der Mauern	1149
Alle 8 Gemeinden in Southwark	1201
Zusammen	4328

Und nun war das Elend der Altstadt und der besagten östlichen und südlichen Teile wahrhaftig vollständig; denn, wie man sieht, lag nun die Pest in ihrer ganzen Schwere auf jenen Teilen, d.h. auf der Altstadt, den acht Gemeinden jenseits des Flusses, mit den Gemeinden Aldgate, Whitechapel und Stepney; und zu dieser Zeit war es, dass die Listen jene ungeheuerlichen Zahlen erreichten, wie ich schon erwähnt und gesagt habe, dass acht- oder neun- und, wie ich glaube, zehn- oder zwölftausend Menschen in der Woche starben; denn es ist meine feste Überzeugung, dass man niemals auch nur zu entfernt richtigen Zahlen kommen konnte, aus Gründen, die ich schon gegeben habe.

Ja, einer der hervorragendsten Ärzte, der später auf lateinisch einen Bericht von jenen Zeiten und seinen Beobachtungen veröffentlicht hat, sagt, dass in einer Woche zwölftausend Menschen starben, und in einer Nacht gar einmal viertausend; ich erinnere mich freilich nicht, dass es eine solche Nacht, die so besonders unheilvoll war, dass in ihr eine solche Anzahl starb, gegeben hat. All dies jedoch bestätigt, was ich weiter oben über die Unzuverlässigkeit der Sterblichkeitslisten etc. gesagt habe, worüber später von mir noch mehr zu sagen sein wird.

Und hier möge man mir erlauben, wenn es vielleicht auch eine Wiederholung meiner Darstellung scheint, wieder in eine Beschreibung des jammervollen Zustands der Altstadt selbst und jenes Teils, in dem ich damals gerade wohnte, einzutreten. Die Altstadt und jene anderen Gebiete waren, trotz der großen Anzahl von Leuten, die aufs Land gezogen waren, voll von Menschen, und vielleicht noch voller, weil die Leute lange Zeit unerschüttert den Glauben hegten, dass die Pest weder in die Altstadt noch nach Southwark und schon gar nicht nach Wapping und Ratcliff kommen würde; ja, die Leute waren sich dessen so sicher, dass viele aus den Vorstädten im Westen und Norden zu ihrer Sicherheit in jene östlichen und südlichen Gebiete zogen und, wie ich fest glaube, die Pest mit sich dorthin verschleppten, sodass sie vielleicht dort früher auftrat als es sonst der Fall gewesen wäre.

Auch an diesem Ort sollte ich eine weitere Bemerkung zum Nutzen der Nachwelt nicht versäumen, nämlich über die Art, wie die Leute einander ansteckten; es waren nämlich nicht nur die Kranken, von denen die andern, die gesund waren, unmittelbar die Pest übertragen bekamen, sondern auch die Gesunden. Um mich deutlich zu machen: Unter Kranken verstehe ich solche, die als krank bekannt waren, sich hingelegt hatten und in Behandlung waren oder Schwellungen und Beulen zeigten usw.; vor diesen konnte sich jeder hüten; sie lagen entweder oder waren in einem Zustand, der sich nicht verbergen ließ.

Unter Gesunden verstehe ich solche, welche den Krankheitskeim aufgenommen hatten und in sich und in ihrem Blut trugen, an deren Aussehen jedoch ihr Zustand nicht zu erkennen war; ja, die sich dessen oft selbst nicht bewusst waren, was bei vielen von ihnen über einige Tage ging. Diese atmeten überall und auf jeden, der in ihre Nähe kam, den Tod aus; ja, selbst ihre Kleider enthielten den Keim, ihre Hände verseuchten, was sie berührten, vor allem, wenn sie warm und schwitzig waren, und meist neigten sie zum Schwitzen.

Es war nun unmöglich, diese Leute als angesteckt zu erkennen, noch wussten sie es, wie ich schon sagte, oft selber. Das waren dann die Leute, die oft auf den Straßen zusammenbrachen und ohnmächtig wurden; denn oftmals pflegten sie bis zuletzt auf der Straße herumzulaufen, bis sie plötzlich zu schwitzen begannen, ihnen schwindlig wurde, sie sich auf eine Türschwelle setzten und starben. Zwar versuchten sie gewöhnlich, wenn sie es an sich bemerkten, mit allen Kräften nach Hause zu kommen, oder es gelang ihnen auch einmal, ihr Haus zu erreichen und dort auf der Schwelle zu sterben; wieder andre pflegten herumzugehen, bis die Anzeichen selbst an ihrem Körper erschienen, und merkten es nicht, und eine oder zwei Stunden, nachdem sie nach Haus gekommen waren, zu sterben, obwohl sie sich gesund fühlten, solange sie draußen waren. Solche Leute waren die gefährlichen; vor solchen sollten die Gesunden Angst gehabt haben; aber andrerseits war es wieder unmöglich, sie zu erkennen.

Und das ist der Grund dafür, dass es unmöglich ist, während einer Heimsuchung die Ausbreitung der Pest selbst durch die größte menschenmögliche Wachsamkeit zu verhindern, weil es eben unmöglich ist, die Angesteckten von den Gesunden zu unterscheiden, und auch, weil die

Angesteckten ihren Zustand selbst nicht richtig erkennen können. Ich kannte einen Mann, der während der ganzen Pestzeit 1665 frei in London herumlief und ein Gegenmittel oder einen Trank bei sich hatte, um es einzunehmen, sobald er sich in Gefahr glaubte, und er hatte etwas, wodurch er die Gefahr erkannte und vor ihr gewarnt wurde, was mir weder davor noch je danach wieder begegnete. Wie weit man sich darauf verlassen kann, weiß ich nicht. Er hatte eine Wunde am Bein, und so oft er unter Leute kam, die nicht gesund waren, und die Ansteckung ihn zu ergreifen begann, konnte er das nach seiner Aussage durch ein Warnzeichen erkennen, nämlich dadurch, dass ihn die Wunde am Bein schmerzte und blass und weiß aussah; sobald ihn also einmal die Wunde am Bein zu schmerzen begann, war es Zeit für ihn wegzugehen oder sich dadurch zu schützen, dass er seinen Trank einnahm, den er zu diesem Zweck stets bei sich führte. Nun scheint es, dass ihn seine Wunde sehr oft zu schmerzen pflegte, wenn er mit Leuten zusammen war, die sich selbst für gesund hielten und auch einander schienen; aber er pflegte sofort aufzustehen und laut zu sagen: »Meine Freunde, da ist jemand im Zimmer, der die Pest hat«, und damit die Gesellschaft sofort zum Auseinandergehen zu veranlassen. So war er in der Tat allen ein getreuer Mahner, dass solche der Pest nicht entgehen können, die in einer verseuchten Stadt ungehemmt mit andern Leuten Umgang pflegen, und dass diese angesteckt sein können, ohne es zu wissen und sie ebenso andre anstecken können, ohne dass sie wissen, dass sie selbst es sind; und in einem solchen Fall die Gesunden abzuschließen oder die Kranken wegzuschaffen, wird nichts nützen, wenn man nicht zurückverfolgen kann, mit wem alles die Angesteckten zusammengekommen waren, sogar auch, bevor sie selbst von ihrer Krankheit gewusst hatten, um auch diese abzuschließen, und niemand weiß, wie weit man da zurückgehen muss und wo man aufhören kann; denn niemand weiß, wann, wo, oder wie sie angesteckt wurden und von wem.

Das halte ich für den Grund dafür, dass so viele Leute dazu kommen, von der verdorbenen oder verseuchten Luft zu sprechen, weshalb sie nicht auf ihren Umgang zu achten brauchten, wo die Krankheitskeime doch in der Luft waren. Ich habe sie deshalb seltsam bestürzt und überrascht gesehen. »Ich bin nie in die Nähe eines Kranken gekommen«, sagen sie erschüttert; »ich war nur mit nicht angesteckten, gesunden Leuten zusammen, und habe doch die Pest bekommen!« – »Mich kann nur der Himmel geschlagen haben«, sagt ein andrer, und verfällt ins Brüten. Und der Erste fährt mit dem Ausruf fort: »Ich bin nicht in die Nähe der Seuche oder einer verseuchten Person gekommen; sie ist bestimmt in der Luft. Wir atmen den Tod ein, wenn wir nur die Luft einziehen, und es ist also das Wirken Gottes; da gibt es kein Widerstehen.« Und dies machte die Menschen, die gegen die Gefahr abgestumpft waren, schließlich ihr gegenüber immer gleichgültiger, und sie verhielten sich zuletzt, als sie auf ihrem Höhepunkt war, unvorsichtiger als am Anfang. Nun pflegten sie, mit einer Art türkischem Fatalismus, zu sagen, wenn es Gott gefiele, sie zu schlagen, sei es eins, ob sie im Haus blieben oder hinausgingen; entgehen könnten sie ihr nicht, also liefen sie unbekümmert herum und gingen selbst in verseuchte Häuser und Gesellschaft; besuchten Kranke; kurz, schliefen mit ihren Frauen und Angehörigen, auch wenn sie angesteckt waren, in einem Bett. Und was konnte die Folge davon andres sein, wie es auch die Folge in der Türkei und solchen Ländern, wo man sich so verhält, ist, nämlich dass sie sich auch ansteckten und zu Hunderten und Tausenden starben.

Es liegt durchaus nicht in meiner Absicht, die Ehrfurcht vor dem Gericht Gottes und die Demut gegen Seinen Willen zu verringern, die uns bei solchen Geschehnissen immer vor der Seele stehen sollten. Zweifellos ist die Heimsuchung als solche für die Stadt, das Land oder Volk, die es trifft, ein Schlag des Himmels; ein Bote Seiner Rache und für das Volk, das Land oder die Stadt ein lauter Ruf, sich zu demütigen und Buße zu tun, entsprechend dem Propheten Jeremia, 18. Kapitel, Vers 7 und 8: »Plötzlich rede ich wider ein Volk und Königreich, dass ich es ausrotten, zerbrechen und verderben wolle. Wo sich's aber bekehrt von seiner Bosheit, dawider ich rede, so soll mich auch reuen das Unglück, das ich ihm gedachte zu tun.« Gerade um die Ehrfurcht vor Gott durch solche Geschehnisse tief in die Seelen der Menschen einzuprägen, nicht sie zu verringern, das ist es, weshalb ich jene Tatsachen aufgeschrieben habe.

Deshalb sage ich, dass ich von niemandem erwarte, dass er die Ursache all dessen unmittelbar auf die Hand Gottes, auf die Bestimmung und die Lenkung Seines Willens zurückführt; dagegen gab es freilich viele wunderbare Bewahrungen vor der Ansteckung und Errettungen Angesteckter, die in den einzelnen Umständen, die sie aufweisen, auf eine besondere und eindeutige Vorsehung hindeuten, und ich halte meine eigene Bewahrung für kaum weniger als ein Wunder und vermerke sie mit Dankbarkeit.

Wenn ich aber von der Pest als von einer Krankheit spreche, die natürliche Ursachen hat, müssen wir bei ihr betrachten, wie sie tatsächlich auf natürliche Weise verbreitet wurde; auch ist sie nicht weniger ein Gottesgericht, wenn man sie unter dem Gesichtswinkel irdischer Ursachen und Wirkungen betrachtet; denn wie die Göttliche Allmacht der Natur ihre Gesetze gegeben hat und sie nach diesen Gesetzen ihren Gang gehen lässt, so hält es diese gleiche

Allmacht für richtig, Sein Handeln an den Menschen, sei es der Gnade oder des Gerichts, nach den gewöhnlichen Gesetzmäßigkeiten natürlicher Ursachen sich vollziehen zu lassen, und es gefällt Ihm, im Allgemeinen mit Hilfe dieser Naturgesetze zu handeln, dabei Sich aber nichtsdestotrotz auch die Macht vorzubehalten, auf übernatürliche Weise zu handeln, wenn Er dazu Anlass sieht. Nun ist aber klar, dass im Fall einer Seuche es keinen besonderen ersichtlichen Anlass für ein übernatürliches Wirken gibt, sondern die gewöhnlichen Naturgesetzlichkeiten scheinen mächtig genug und all der Wirkungen fähig, die der Himmel gewöhnlich mit einer Seuche erzielen will. Von allen dem Gesetz von Ursache und Wirkung unterliegenden Mitteln ist die verborgene Übertragung der Seuche, nicht zu bemerken und nicht zu vermeiden, mehr als ausreichend, die Göttliche Rache in ihrer Grausamkeit auszuführen, ohne dass man des Übernatürlichen und Wunders bedarf.

Die Krankheit selbst war von solch scharf durchdringender Natur, und die Ansteckung wurde so unmerklich übertragen, dass uns selbst die sorgfältigsten Vorsichtsmaßnahmen nicht vor ihr bewahren konnten, wenn man sich in der Stadt aufhielt. Aber man muss mir die Ansicht gestatten – und ich habe so viele Beispiele noch frisch in der Erinnerung, die mich davon überzeugen, dass ich glaube, niemand kann ihrer Beweiskraft widerstehen –, man muss mir also die Ansicht gestatten, dass nicht ein einziger Mensch in unserm ganzen Land je von der Krankheit oder Seuche befallen worden ist, der sie nicht auf dem natürlichen Weg der Ansteckung durch jemanden, oder durch die Kleidung, Berührung oder Ausdünstung eines andern, der selbst angesteckt war, bekommen hat.

Das wird auch durch die Art bewiesen, wie sie überhaupt nach London kam, nämlich mit Waren, die aus Holland eingeführt, und dorthin aus der Levante gekommen waren, und wie sie zuerst in einem Haus in Long Acre ausbrach, wo man jene Waren hingebracht und dort ausgepackt hatte, und wie sie sich von jenem Haus auf andre Häuser durch den erwiesenen unbedachtsamen Umgang mit Erkrankten ausgebreitet hat; und wie die Gemeindebeamten, die mit den Leichen zu tun hatten, angesteckt wurden, und durch manches andre mehr. Dies sind bekannte und anerkannte Beweise für meine wichtigste, grundsätzliche Behauptung, dass sie von Mensch zu Mensch, von Haus zu Haus sich ausbreitete und übertragen wurde, und auf keine andre Weise. Im ersten Haus, das befallen wurde, starben vier Leute. Eine Nachbarin, die hörte, dass die Dame dieses Hauses erkrankt sei, besuchte diese und brachte die Krankheit in ihre eigne Familie zurück und starb mit allen Hausgenossen. Ein Geistlicher, den man gerufen hatte, mit dem als ersten Erkrankten in dem zweiten Haus zu beten, wurde angeblich sofort danach krank und starb mit weiteren Bewohnern seines Hauses. Jetzt begannen die Ärzte aufmerksam zu werden, die sich anfangs nicht hatten träumen lassen, dass es sich um eine Seuche handle. Die Ärzte aber, die man mit der Untersuchung der Leichen beauftragt hatte, versicherten den Leuten, dass es sich um nicht mehr und nicht weniger als die Pest handle, mit allen entsetzlichen Symptomen, und dass eine allgemeine Ansteckung drohe, da schon so viele Menschen mit den angesteckten Kranken in Berührung gekommen und, wie zu vermuten, von ihnen angesteckt worden seien, sodass man sie unmöglich noch begrenzen könne.

In diesem Punkt stimmt die Ansicht der Ärzte mit meinen späteren Beobachtungen überein, dass die Gefahr sich nämlich unbemerkt ausbreitete, denn die Kranken konnten zwar nur jemanden anstecken, der in ihre Nähe kam, aber es kann ein Einziger, der sich in Wirklichkeit die Ansteckung zugezogen hat, es aber nicht weiß und wie ein Gesunder nach draußen geht und herumläuft, die Pest auf tausend Menschen übertragen, und die wieder auf eine weitere Anzahl im gleichen Verhältnis, und weder der Ansteckende noch der Angesteckte mag davon wissen, bis er ihre Auswirkungen vielleicht einige Tage später bemerkt.

So bemerkten zum Beispiel während dieser Zeit der Heimsuchung viele Leute überhaupt nicht, dass sie angesteckt waren, bis sie, zu ihrer unbeschreiblichen Überraschung, die Anzeichen an ihrem Körper feststellten; und danach waren sie nur selten noch sechs Stunden am Leben, denn jene Flecken, die man Anzeichen nannte, waren in Wirklichkeit Flecken des Brands, oder abgestorbenes Fleisch, in kleinen Knoten von der Größe eines Silberpennys und so hart wie Schwielen oder Hornhaut; so konnte, wenn die Krankheit bis zu diesem Stadium fortgeschritten war, nur noch der sichere Tod folgen, und dabei hatten sie, wie gesagt, nichts davon gewusst, dass sie angesteckt waren, noch hatten sie sich auch nur im Geringsten unwohl gefühlt, bis sie jene tödlichen Male am Leib trugen. Jeder muss aber zugeben, dass sie schon vorher schwer vergiftet waren, und zwar schon über einige Zeit, sodass also ihr Atem, ihr Schweiß, selbst ihre Kleider schon viele Tage lang ansteckend gewesen waren.

Solche Fälle gab es in großer Vielfalt, davon könnten die Ärzte viel mehr als ich aufzählen; aber verschiedene kamen auch mir zu Ohren, und einige davon will ich berichten.

Ein gewisser Bürger, der bis zum Monat September, als sich das Schwergewicht der Seuche mehr als zuvor auf die Altstadt verlagerte, gesund und unversehrt geblieben war, zeigte sich sehr zuversichtlich und, meiner Meinung nach, ein wenig überheblich in seinen Redereien, wie wenig ihm die Gefahr anhaben könne, wie vorsichtig er immer gewesen, und wie er nie in die Nähe eines Angesteckten gekommen sei. Da sagt eines Tages ein andrer Bürger, ein Nachbar, zu ihm: »Seid davon nicht zu sehr überzeugt, Mr. …; es ist schwer zu sagen, wer krank ist und wer gesund, denn wir sehen in der einen Stunde manchen am Leben und dem Anschein nach gesund, und in der nächsten tot.« – »Das stimmt«, sagt der andre, denn es lag keine Vermessenheit in dem Glauben des Mannes, ungefährdet zu sein, er war nur lange Zeit verschont geblieben, und die Menschen vor allem in der Altstadt waren, wie gesagt, dadurch allzu leichtfertig geworden. »Das stimmt«, sagt er also, »ich halte mich nicht für ungefährdet, aber ich glaube nicht, dass ich mit irgendwem zusammen gewesen bin, der mich in Gefahr gebracht hätte.« – »Nein?«, sagt der Nachbar. »Wart ihr nicht vorgestern Abend in der Bull Head Tavern in der Gracechurch Street mit Mr. … zusammen?« – »Ja«, sagt der Erste, »da war ich; aber dort war niemand, den wir Grund gehabt hätten, für gefährlich zu halten.« Daraufhin sagte der Nachbar nichts mehr, denn er wollte ihn nicht erschrecken; das aber machte jenen nur neugierig, und da sein Nachbar zu zögern schien, wurde er umso ungeduldiger und in einer Art Zorn stößt er aus: »Na, er ist doch nicht tot, oder?« Worauf der Nachbar immer noch still blieb und nur seinen Blick zum Himmel wandte und etwas vor sich hin sagte; darauf erbleichte der Erste und sagte nur noch: »Dann bin ich auch ein toter Mann«, ging sofort nach Hause und schickte zum nächsten Apotheker, ihm ein Vorbeugungsmittel zu geben, denn er fühlte sich noch gesund; der Apotheker aber, als er ihm das Hemd geöffnet hatte, seufzte auf und sagte nur noch: »Wendet euch zu Gott«; und in wenigen Stunden war der Mann tot.

Nun möge jeder an einem solchen Fall beurteilen, ob Anordnungen der Behörden, sei es das Einschließen der Kranken oder ihre Entfernung, eine Seuche aufhalten können, die sich von einem zum andern weiterverbreitet, selbst wenn sie sich über viele Tage hinweg völlig wohlfühlen und nicht bemerken, dass sie von ihr befallen sind.

Hier mag die Frage angebracht sein, wie lange Zeit man glaubt, dass die Menschen den Keim der Krankheit mit sich herumtrugen, bevor sie sich auf so tödliche Weise offenbarte, und wie lang sie wohl dem Anschein nach gesund herumliefen und doch all diejenigen verseuchten, die ihnen nahe kamen. Ich glaube, die erfahrensten Ärzte können, so wenig wie ich es kann, diese Frage nicht schlechtweg beantworten; und manches mag der gewöhnliche Beobachter bemerken, was ihren Beobachtungen vielleicht entgeht. Die Meinung ausländischer Ärzte scheint zu sein, dass sie recht beträchtliche Zeit in den inneren Organen oder den Blutgefäßen ruhen kann. Warum sonst legten sie denen, die aus verdächtigen Orten in ihre Häfen kommen, eine Quarantäne auf? Vierzig Tage, sollte man meinen, ist eine längere Zeit, als die Natur mit einem solchen Feind kämpfen kann, ohne ihn zu besiegen oder ihm zu erliegen. Ich hielte es, nach meinen eignen Beobachtungen, nicht für möglich, dass man mehr als längstens fünfzehn oder sechzehn Tage so von der Seuche befallen sein kann, dass man andre ansteckt; und aus diesem Grund allein war man, wenn ein Haus in der Stadt geschlossen und jemand an der Pest gestorben war, dann aber in den folgenden sechzehn bis achtzehn Tagen niemand Weiteres aus der Familie erkrankte, nicht mehr so genau, dass man nicht ein Auge zudrückte, wenn sie unerlaubt hinausgingen; auch hatte man nach dieser Frist kaum mehr Angst vor ihnen, sondern man hielt sie eher für besonders geschützt, nachdem sie unversehrt geblieben waren, als der Feind in ihrem eigenen Haus herrschte; manchmal fanden wir aber auch heraus, dass sie viel länger verborgen geblieben war.

Aufgrund all dieser Beobachtungen muss ich sagen: Wenn auch die Vorsehung mich einen Weg geführt hat, der dem zu widersprechen scheint, ist es doch meine Überzeugung, und ich hinterlasse dies als Rezept, dass die beste Arznei gegen die Pest das Davonlaufen ist. Ich weiß, dass es Leute gibt, die sich dadurch Mut zusprechen, dass sie sagen, Gott sei es möglich, uns inmitten der Gefahr zu bewahren, und uns zu vernichten, wenn wir uns in Sicherheit glauben; dies ließ Tausende in der Stadt aushalten, deren Leichname dann in ganzen Wagenladungen in die großen Gruben geworfen wurden, und die, wären sie vor der Gefahr geflohen, meiner Meinung nach dem Unheil entgangen wären; zumindest ist es wahrscheinlich, dass sie entkommen wären.

Und würde dieser wichtigste Grundsatz von den Leuten bei zukünftigen Ereignissen dieser oder ähnlicher Art nur gehörig beachtet, so bin ich überzeugt, dass dieser sie zu Maßnahmen ganz andrer Art zur Sicherung der Bevölkerung führen würde, als sie 1665 oder, soweit mir bekannt geworden ist, in andern Ländern ergriffen worden sind. Kurz, sie würden versuchen, die Menschen in kleinere Gruppen aufzuteilen und rechtzeitig voneinander zu trennen, und nicht eine Seuche wie diese, die ja vor allem für eine Ansammlung von Menschengruppen gefährlich ist, auf eine Ansammlung von einer Million Menschen treffen zu lassen, wie es damals fast der Fall war und sicher der Fall wäre, wenn sie je wieder auftreten sollte.

Die Pest ist wie ein großes Feuer; dieses kann, wenn es einmal ausgebrochen ist, nur ein paar Häuser niederbrennen, wenn nur ein paar dort eng zusammengebaut sind; oder wenn es in einem allein stehenden oder sogenannten Einzelhaus ausbricht, kann es nur dieses Einzelhaus, in dem es ausgebrochen ist, niederbrennen. Bricht es dagegen in einer eng bebauten Ortschaft oder Stadt aus und hat erst einmal die Übermacht bekommen, wächst seine Wut, und es tobt über den ganzen Ort hinweg und verzehrt alles, was es erreichen kann.

Ich könnte viele Vorschläge machen, aufgrund deren die Verwaltung unserer Stadt sich des größten Teils der Gefahr bringenden Bevölkerung, die in ihr wohnt, entledigen könnte, falls sie je wieder [was Gott verhüten möge] von einem solchen Feind bedroht würde; ich meine damit solche wie die bettelnden, Hunger leidenden, sich abrackernden Armen, und von denen wieder vor allem diejenigen, welche im Fall einer Belagerung unnütze Esser genannt werden; würde man sich dieser klugerweise und zu ihrem eigenen Vorteil entledigen, und die wohlhabenden Einwohner würden mit ihren Bedienten und Kindern selbst gehen, so wäre die Altstadt mit den angrenzenden Gebieten so wirkungsvoll entleert, dass zusammen nicht mehr als der zehnte Teil der Bevölkerung übrig bliebe und der Seuche ausgesetzt wäre. Aber selbst wenn man annimmt, dass der fünfte Teil, also 250.000 Menschen, zurückbliebe und ihr ausgeliefert wäre, wären sie viel besser, da sie so viel Raum zur Verfügung hätten, sich gegen die Ansteckung zu schützen in der Lage und ihren Auswirkungen viel weniger ausgesetzt, als wenn die gleiche Anzahl Menschen eng zusammen in einer kleineren Stadt lebt, wie zum Beispiel Dublin oder Amsterdam.

Es stimmt zwar, dass Hunderte, ja Tausende Familien während dieser letzten Seuchenzeit flohen, aber schließlich flohen viele von ihnen zu spät und starben dann nicht nur auf der Flucht, sondern schleppten die Seuche in alle Teile des Landes, wohin sie sich wandten und steckten jene an, bei denen sie sich schutzsuchend aufhielten; das hob den Vorteil weitgehend auf und bewirkte die Ausbreitung der Pest, was eigentlich das beste Mittel zu ihrer Verhinderung wäre; und das ist ein weiterer Beweis dafür und bringt mich zu dem zurück, was ich vorhin nur angedeutet habe und jetzt ausführlicher behandeln muss, dafür nämlich, dass manch einer viele Tage noch anscheinend gesund herumlief, obwohl er das Gift der Krankheit schon im Innern trug und seine Lebensgeister schon so davon ergriffen waren, dass er unmöglich davonkommen konnte und während der ganzen betreffenden Zeit für die andern eine Gefahr bedeutete; ich sage, dies ist ein Beweis dafür, dass es sich so verhielt; denn diese Leute steckten selbst die Ortschaften an, durch die sie zogen und ebenso die Familien, bei denen sie sich aufhielten; und dadurch geschah es, dass fast alle größeren Städte Englands, die einen mehr, die andern weniger, von der Seuche befallen waren, und immer bekam man dort zu hören, dass sie von dem oder jenem Londoner eingeschleppt worden sei.

Ich darf nicht zu sagen unterlassen, dass ich von diesen Leuten, die so sehr gefährlich waren, annehme, dass sie von ihrem Gesundheitszustand absolut nichts wussten; denn wenn ihnen tatsächlich bekannt gewesen wäre, in welchem Zustand sie in Wirklichkeit waren, hätten sie eine Art willentlicher Mörder sein müssen, wenn sie dann noch unter gesunde Menschen hinausgegangen wären, und das würde dann die von mir schon erwähnte Vermutung, die mir falsch zu sein scheint, bestätigen, dass sich nämlich die Angesteckten durchaus nicht darum kümmerten, ob sie andre ansteckten, ja es sogar noch absichtlich taten; und ich glaube, dass gerade aus diesem Sachverhalt heraus eine solche Vermutung entstand, die nicht den Tatsachen entspricht, wie ich hoffe.

Ich gebe zu, dass kein Einzelfall ausreicht, eine allgemeine Behauptung zu beweisen, aber ich könnte einige Leute anführen, deren Fall ihren noch lebenden Nachbarn und Angehörigen bekannt ist, bei denen sich genau das Gegenteil zeigte. Ein Mann in meiner Nachbarschaft, Familienvater, war von der Pest befallen worden; er glaubte, sie von einem armen, bei ihm beschäftigten Arbeiter erhalten zu haben, den er in seinem Haus aufgesucht hatte, vielleicht um irgendeine Arbeit von ihm fertig machen zu lassen, und beim Verlassen des betreffenden Hauses empfand er schon unter der Tür ein gewisses Unbehagen, ohne dass er sich dessen voll bewusst wurde; am nächsten Tag aber offenbarte sie sich und er erkrankte sehr schwer, worauf er sich sofort in ein Nebengebäude im Hof bringen ließ, in dem sich über einer Werkstatt, der Mann war Kupferschmied, eine Kammer befand. Hier lag er, und hier starb er und wollte sich von niemandem aus der Nachbarschaft, sondern nur von einer fremden Wärterin pflegen lassen; und er wollte nicht leiden, dass sein Weib, seine Kinder oder Bediensteten zu ihm heraufkämen, damit sie nicht angesteckt würden, sondern ließ seinen Segen und seine Gebete für sie nur durch die Wärterin ausrichten, die sie ihnen aus der Ferne wiederholte, und all dies, um sie nicht anzustecken, was, wie er wusste, nicht geschehen konnte, wenn sie auf diese Weise von ihm ferngehalten wurden.

Hier muss ich auch bemerken, dass die Pest, wie, nach meiner Vermutung, alle Seuchen je nach der körperlichen Verfassung der Betroffenen sich verschieden auswirkte; manche wurden von ihr auf der Stelle niedergestreckt, und es stellten sich heftige Fieberanfälle, Erbrechen, unerträgliches Kopfweh und Rückenschmerzen ein, bis der Kranke vor Schmerzen raste und tobte; bei andern mit Schwellungen und Beulen im Nacken, an den Lenden oder in den Achselhöhlen, die, bis sie zum Aufbrechen gebracht werden konnten, unerträgliche Schmerzen und Qualen bereiteten; andere wieder wurden, wie ich schon dargestellt habe, unmerklich ergriffen, wobei das Fieber unbemerkt an ihren Lebensgeistern zehrte, und sie spürten kaum etwas davon, bis Ohnmachtsanfälle, Bewusstlosigkeit und ein schmerzloser Tod sie hinwegnahmen.

Ich verstehe von der ärztlichen Wissenschaft zu wenig, um genauer Ursachen und Krankheitsbilder dieser verschiedenen Auswirkungen ein und derselben Seuche und ihren unterschiedlichen Verlauf bei den einzelnen Kranken darzustellen; auch ist es hier nicht meine Aufgabe, die Beobachtungen, die ich mit eignen Augen machte, wiederzugeben, weil die Ärzte das selbst viel besser vollbracht haben als es mir möglich ist; auch deshalb, weil meine Meinung in dem und jenem von der ihren abweichen mag. Ich berichte nur, was ich von einzelnen Fällen weiß, gehört habe oder vermute und was sich in meinem Gesichtskreis zutrug, und nur, wie die Seuche in den von mir berichteten Fällen ein unterschiedliches Erscheinungsbild aufwies; dies mag aber doch hinzugefügt werden, dass die unter der erst erwähnten Form der Krankheit Leidenden, bei denen sie also offen zutage trat – also mit Fieberanfällen, Erbrechen, Kopfweh, Schmerzen und Geschwüren –, zwar im Hinblick auf die Schmerzen am schlimmsten dran waren, weil sie auf so grausige Weise starben, die Letzteren aber die schlimmste Form der Krankheit hatten; denn bei der Ersteren gesundete man oft wieder, vor allem, wenn die Geschwüre aufbrachen, die Letztere aber bedeutete den sicheren Tod; da gab es keine Hilfe, kein Mittel, das Ende war immer der Tod. Auch für ihre Mitmenschen war diese Form schlimmer, weil sie, wie erwähnt, unerkannt und unbemerkt von diesen und von den Befallenen selbst, den Tod auch jenen brachte, die mit ihnen Umgang hatten, denn das alles durchdringende Gift schlich sich in nicht zu beschreibender oder zu verstehender Weise in ihr Blut ein.

Dieses Anstecken und Angestecktwerden, das keine der betroffenen Personen bemerkte, wird an zwei Gruppen von Fällen deutlich, wie sie damals häufig auftraten; und es gibt kaum jemanden, der während der Seuchenzeit in London war, dem nicht einige Fälle beider Arten bekannt geworden sein müssen.

1. Väter und Mütter gingen herum, als wären sie gesund, und hielten sich auch selbst für gesund, bis sie unbewusst ihre Familien angesteckt und ins Verderben gestürzt hatten, was sie doch unmöglich getan hätten, wenn sie die leiseste Ahnung davon gehabt hätten, dass sie selbst angesteckt und Gefahr bringend waren. Auf diese Weise wurde eine Familie, deren Schicksal mir bekannt geworden ist, von dem Vater angesteckt; und die Seuche brach bei einigen Familienmitgliedern noch eher als bei ihm aus. Als er genauer

nachforschte, zeigte sich, dass er schon einige Zeit befallen gewesen war, und sobald er herausgefunden hatte, dass seine Familie von ihm selbst angesteckt worden war, verlor er den Verstand und würde selbst Hand an sich gelegt haben, wenn ihn nicht die ihn pflegten daran gehindert hätten, und starb in wenigen Tagen.

2. Die zweite besondere Art war die, dass viele Menschen, die nach ihrem eignen besten Wissen und tagelanger genauester Beobachtung ihres eignen Gesundheitszustands wohlauf waren und nur einen Rückgang ihres Appetits oder ein leichtes Übelsein im Magen, andre auch großen, ja sogar rasenden Appetit und nur ein leichtes Kopfweh bei sich verspürten, nach einem Arzt schickten, um zu erfahren, was ihnen fehlte, und der fand sie, zu ihrer großen Überraschung, an der Schwelle des Todes, mit den Anzeichen am Leib oder mit der Seuche in einem unheilbaren Stadium.

Es war eine tief bedrückende Vorstellung, dass ein Mensch, wie der eben erwähnte, vor diesem Zeitpunkt eine oder zwei Wochen lang ein wandelnder Zerstörer gewesen war; wie er die zugrunde gerichtet hatte, die zu retten er sein Leben eingesetzt hätte, wie sein Atem ihnen den Tod bedeutete, selbst im zärtlichen Kuss und der Umarmung seiner Kinder. So aber geschah es und ist es immer wieder geschehen, und ich könnte viele einzelne Fälle berichten, wo das geschehen ist. Wenn so der Schlag unvermerkt trifft, wenn so der Pfeil ungesehen fliegt, und man kann ihn nicht erkennen – wozu dienen dann all die Pläne für das Schließen der Häuser oder das Wegschaffen der Kranken? Diese Pläne können nur bei sichtbar Kranken und Angesteckten durchgeführt werden; und dabei gibt es gleichzeitig unter ihnen Tausende von Menschen, die gesund zu sein scheinen, aber den Tod zu allen tragen, denen sie nahe kommen.

Das erzeugte oft Ratlosigkeit bei unsern Ärzten, vor allem bei den Apothekern und Badern, die nicht wussten, wie sie die Kranken von den Gesunden unterscheiden sollten; sie gaben alle zu, dass es wirklich so war, dass also viele Menschen die Pest schon im Blut trugen und sie an ihren Lebensgeistern nagte, dass sie nur noch modernde Kadaver waren, deren Atem ansteckend und deren Schweiß giftig war, und die doch so gesund aussahen wie die andern, und es nicht einmal selbst wussten; also, alle gaben sie zu, dass dies eine unbestreitbare Tatsache war, aber sie wussten nichts zu ihrer Entdeckung vorzuschlagen.

Mein Freund Dr. Heath war der Meinung, dass man die Erkrankten an dem Geruch ihres Atems erkennen könne; wer würde aber schließlich, sagte er, wagen, zur Entdeckung der Krankheit an einem solchen Atem zu riechen? Müsste dieser doch, um sie zu erkennen, die Ausdünstung der Pest in sein eigenes Gehirn hinaufziehen, um den Geruch zu bestimmen! Ich hörte, dass andre der Meinung waren, man könne sie dadurch erkennen, dass der Betreffende auf ein Stück Glas hauchte, auf dem man, nachdem sich der Atem niedergeschlagen hatte, durch das Mikroskop schrecklich anzuschauende lebendige Wesen von seltsamer, ungeheuerlicher und fürchterlicher Gestalt, wie Drachen, Schlangen, Ottern und Teufel erkennen könne. Die Wahrheit dessen bezweifle ich aber sehr, auch hatten wir, wie ich mich erinnere, zu jener Zeit für einen solchen Versuch keine Mikroskope.

Auch war ein andrer gelehrter Mann der Meinung, dass der Atem eines solchen Menschen einen Vogel vergiften und auf der Stelle töten würde, und zwar nicht nur einen kleinen, sondern sogar einen Hahn oder eine Henne, und dass, wenn Letztere nicht sofort getötet würden, sie dadurch zumindest die sogenannte Darre bekämen; vor allem auch wären alle Eier schlecht, die sie vielleicht irgendwann noch legen würde. Das sind aber Meinungen, für deren Bestätigung mir jede Erfahrung fehlt, auch hörte ich von niemandem, der es erlebt hätte; so will ich das auf sich beruhen lassen, aber doch die Bemerkung hinzufügen, dass die Wahrscheinlichkeit sehr für sie spricht.

Manche haben vorgeschlagen, Verdächtige sollten kräftig auf warmes Wasser hauchen, wodurch sich darauf ungewöhnlicher Schaum bilden würde, oder auch auf andre Flüssigkeiten, vor allem solche von gallertartiger Beschaffenheit, auf denen sich Schaum bilden und halten kann.

Im Ganzen aber stellte ich fest, dass die Verseuchung von solcher Natur war, dass sie überhaupt nicht entdeckt und ihre Ausbreitung von einem zum andern durch keine menschliche Kunst verhindert werden konnte.

Hier ergibt sich nun in der Tat ein Problem, das ich bis zum heutigen Tag nicht ganz lösen konnte, und für das es, soweit ich sehe, nur eine Lösung gibt, und zwar handelt es sich um Folgendes: Der erste Todesfall ereignete sich etwa am 20. Dezember 1664, in der Gegend von Long Acre, wo der Betreffende, wie man allgemein sagte, von einem aus Holland eingeführten Ballen Seide von der Pest angesteckt worden war, den man in jenem Haus geöffnet hatte.

Dann aber hörte man nichts mehr davon, dass jemand an der Pest gestorben sei oder die Seuche dort hause, bis am 9. Februar, also etwa sieben Wochen später, ein Weiterer aus dem gleichen Haus begraben wurde. Dann wurde es still darum, und in der Öffentlichkeit war man für eine ganze Weile völlig beruhigt; denn in den wöchentlichen Listen wurden keine Pestfälle mehr angegeben, bis am 22. April zwei weitere Pesttote, zwar nicht aus dem gleichen Haus, aber doch aus der gleichen Straße, beerdigt wurden; und wenn ich mich recht erinnere, waren sie aus einem Haus, das dem ersten benachbart war. Es lagen also neun Wochen dazwischen, und dann geschah wieder zwei Wochen lang nichts, und dann brach sie in verschiedenen Straßen aus und verbreitete sich in alle Richtungen. Nun scheint sich folgende Frage zu ergeben: Wo blieben während der ganzen Zeit die Keime der Ansteckung? Woher kam es, dass sie so lange innehielt, und dass sie dann nicht weiter innehielt? Entweder verbreitete sich die Pest nicht unmittelbar durch die Übertragung von einem Menschen zum andern, oder aber, wenn es der Fall war, dann kann jemand von der Seuche viele Tage, ja Wochen, verpestet sein, ohne dass das zum Vorschein kommt, also nicht nur eine Quarantäne Tage, sondern eine Soissantäne, nicht nur vierzig Tage, sondern sechzig und mehr.

Wir hatten zwar, wie ich schon eingangs feststellte und wie sich viele von denen, die noch am Leben sind, erinnern, einen sehr kalten Winter und eine lange Frostperiode, die sich über drei Monate erstreckte, und dies könnte, sagen die Ärzte, die Seuche in Schach gehalten haben; dagegen müssen mir die Gelehrten aber einzuwenden erlauben, dass wenn die Krankheit ihrer Meinung nach sozusagen nur eingefroren war, sie doch, wie ein gefrorener Fluss, als es taute, wieder ihre ursprüngliche Gewalt und Kraft erlangt hätte; die längste Unterbrechung, von Februar bis April, fand aber statt, als der Frost zu Ende und das Wetter mild und warm war.

Es gibt aber eine andre Möglichkeit, diese ganz schwierige Frage zu lösen, die wohl meine eigne Erinnerung an die Tatsachen bieten kann; sie besteht darin, dass die Behauptung selbst, dass nämlich in diesen langen Zwischenzeiten, also vom 20. Dezember bis 9. Februar und dann wieder bis zum 22. April, niemand starb, anzuzweifeln ist. Dagegen sprechen als Einziges die wöchentlichen Listen, aber diese Listen sind, mindestens mir, nicht glaubwürdig genug, um damit eine solche Hypothese zu stützen oder eine Frage von solcher Wichtigkeit zu entscheiden; denn es war damals allgemeine Überzeugung, und ich glaube, aus sehr guten Gründen, dass von den Gemeindebeamten, den Beschauern und den Personen, die dazu bestimmt waren, die Verstorbenen und die Krankheit, an der sie gestorben waren, zu melden, eine Irreführung ausging; und da die Leute anfangs unbedingt zu vermeiden trachteten, dass die Nachbarn ihre Häuser für befallen hielten, sorgten sie durch Bestechung oder sonst wie dafür, dass die Todesursache anderen Krankheiten zugeschrieben wurde; ich weiß genau, dass man dies später vielerorts so machte, bin sogar versucht zu sagen, überall, wo die Seuche auftrat, wie man aus dem außerordentlichen Anwachsen der Zahlen von an anderen Krankheiten Verstorbenen in den wöchentlichen Sterblichkeitslisten aus der Pestzeit ersehen kann. So war es zum Beispiel in den Monaten Juli und August, als die Pest ihrem höchsten Gipfel zustrebte, nichts Ungewöhnliches, dass wöchentlich zwischen tausend und zwölfhundert, ja fast fünfzehnhundert als an andern Krankheiten gestorben aufgeführt wurden. Natürlich wuchs die Zahl der an andern Krankheiten Verstorbenen nicht in Wirklichkeit in solchem Maß an, sondern eine große Anzahl von Familien und Haushalten, die in Wirklichkeit befallen waren, hatten sich den Vorzug verschafft, dass man den Tod ihrer Angehörigen auf andre Krankheiten zurückführte, damit ihre Häuser nicht geschlossen wurden. Dazu folgendes Beispiel:

An andern Krankheiten als der Pest verstarben:

18. Juli bis 25. Juli	942
25. Juli bis 1. August	1004
1. August bis 8. August	1213
8. August bis 15. August	1439
15. August bis 22. August	1331
22. August bis 29. August	1394
29. August bis 5. September	1264
5. September bis 12. September	1056
12. September bis 19. September	1132
19. September bis 26. September	927

Nun bezweifelte damals niemand, dass der größte oder doch ein großer Teil von diesen an der Pest gestorben war; die Beamten aber, wie erwähnt, sich hatten dazu bringen lassen, andre Todesursachen anzugeben, und so weisen einige Krankheiten folgende Zahlen aus:

	1.–8. Aug.	8.–15. Aug.	15.–22. Aug.	22.–29. Aug.	29. Aug. –5. Sept.	5.–12. Sept.	12.–19. Sept.	19.–26. Sept.
Fieber	314	353	348	383	364	332	309	268
Fleckfieber	174	190	166	165	157	97	101	65
Nesselsucht	85	87	74	99	68	45	49	36
Mundfäule	90	115	111	133	138	128	121	112
	663	743	699	780	727	602	580	481

Es gab noch einige weitere Krankheiten, die im gleichen Verhältnis zunahmen, und zwar, wie leicht einzusehen ist, aus dem gleichen Grund, wie Altersschwäche, Schwindsucht, Erbrechen, Abszesse, Kolik usw., von denen viele zweifellos Pesterkrankungen waren; da es aber für die Familien von größter Bedeutung war, dass ihre Verseuchung, wenn es sich irgend vermeiden ließ, nicht bekannt wurde, unternahmen sie alles ihnen Mögliche, um eine solche Vermutung nicht aufkommen zu lassen und die Inspektoren und Beschauer dahin zu bringen, dass sie, wenn jemand von ihnen starb, seinen Tod auf eine andre Krankheit zurückführten.

Das ist, meiner Ansicht nach, der Grund für den langen Zeitraum, der, wie gesagt, zwischen dem Tod der ersten Leute, für die in der Liste als Todesursache die Pest angegeben war, und dem Zeitpunkt liegt, an dem sich die Seuche offen zu verbreiten begann und nicht mehr verheimlicht werden konnte.

Außerdem offenbaren die wöchentlichen Listen jener Zeit deutlich die Wahrheit auch selber; denn während die Pest nicht erwähnt wurde und, nachdem sie erwähnt worden war, kein Anwachsen zu bemerken war, weisen sie doch deutlich eine Erhöhung der Zahlen in solchen Krankheiten auf, deren Art ihr am ähnlichsten ist; so gab es zum Beispiel acht, zwölf oder siebzehn Fleckfieberfälle in einer Woche, in der keiner oder nur einige wenige Pestfälle angezeigt wurden; und vorher waren die üblichen Zahlen für jene Krankheit nur einer, drei oder vier! Außerdem nahm, wie ich schon festgestellt habe, die Zahl der Beerdigungen in jener und den angrenzenden Gemeinden von Woche zu Woche mehr zu, als in irgendeiner andern Gemeinde, obgleich darunter keine Pestfälle verzeichnet waren. All das beweist, dass die Ansteckung weitergegeben und die Seuche in Wirklichkeit ohne Unterbrechung weitergetragen wurde, wenn sie uns damals auch aufzuhören und auf überraschende Weise wieder aufzutauchen schien.

Es könnte auch sein, dass sich die Keime noch in andern Teilen jenes Warenpakets, in dem sie zuerst ins Land gekommen waren, befanden und dass dieses vielleicht nicht ausgepackt worden war, mindestens nicht vollständig, oder auch, dass sie in den Kleidern des ersten befallenen Mannes steckten; denn ich kann mir nicht vorstellen, dass jemand über ganze neun Wochen von der Seuche auf so verhängnisvolle und tödliche Weise ergriffen ist und in so gutem Gesundheitszustand bleiben kann, dass er es nicht einmal selber merkt, sollte es aber so sein, so spräche diese Tatsache umso mehr zugunsten dessen, was ich behaupte, dass sich nämlich die Ansteckung in anscheinend gesunden Menschen hält und von diesen auf andre, mit denen sie Umgang haben, übertragen wird, und weder der eine noch die anderen wissen es.

Gerade darüber war damals die Verwirrung sehr groß, und als die Menschen erst einmal davon überzeugt waren, dass man die Ansteckung auf diese unerwartete Weise von anscheinend gesunden Leuten bekam, begannen sie gegen jeden, der in ihre Nähe kam, äußerst zurückhaltend und misstrauisch zu werden. Einmal an einem Feiertag, ich weiß nicht mehr, ob es ein Sonntag war, bildete sich in einem voll besetzten Kirchenstuhl in der Aldgate Church eine Frau plötzlich ein, einen üblen Geruch zu bemerken. Auf der Stelle vermutete sie, in der Bank sei ein Pestkranker, flüstert ihre Beobachtung oder Befürchtung der Nächsten zu, erhebt sich und geht aus der Bank heraus. Das griff sofort auf die Nächste und alle andern über; und sie alle, und auch von den zwei oder drei benachbarten Bänken, standen auf und verließen die Kirche, und niemand wusste, was oder wer sie dazu gebracht hatte.

Auf der Stelle hatte jeder das eine oder andre Vorbeugungsmittel im Mund, von alten Weibern oder das des einen oder andern auch vom Arzt verschrieben, um eine Ansteckung durch den Atem anderer zu verhüten, sodass, wenn man eine halbwegs volle Kirche betrat, dort einem schon beim Eingang ein solches Gemisch von Gerüchen entgegenschlug, dass es stärker, wenn vielleicht auch nicht so gesund war, wie wenn man eine Apotheke oder Drogerie betreten hätte. Mit einem Wort, die ganze Kirche glich einer Riechflasche; in einer Ecke roch es nach lauter Parfüm; in der andern nach Aromen und Balsam, nach allen möglichen Kräutern und Pflanzen; in der nächsten nach Riechsalzen und Essenzen, womit sich eben der eine oder andre zu seinem Schutz versehen hatte. Ich beobachtete jedoch, dass die Kirchen und Versammlungshäuser, nachdem der Glaube oder besser noch die Überzeugung von den Menschen Besitz ergriffen hatte, dass die Seuche wie geschildert von anscheinend Gesunden übertragen wurde, viel spärlicher als früher besucht wurden. Aber dies muss man von den Bewohnern Londons sagen, dass während der ganzen Zeit der Seuche die Kirchen und Versammlungshäuser nie völlig geschlossen waren und die Menschen nie aufhörten, zu gemeinsamen Gottesdiensten zusammenzukommen, außer wenn in einer Gemeinde zu einer bestimmten Zeit die Pest besonders heftig wütete, und auch dann nur, solange das andauerte.

Es war in der Tat nichts erstaunlicher als den Mut zu beobachten, mit dem die Menschen selbst in jener Zeit zu den gemeinsamen Gottesdiensten gingen, in der sie Angst hatten, aus irgendeinem andern Grund das Haus zu verlassen; das war, genauer gesagt, vor der Zeit der Verzweiflung, die ich schon erwähnt habe. Dies ist ein Beweis für die außerordentliche Menge von Menschen, die sich zurzeit der Seuche trotz der großen Anzahl, die bei der ersten Schreckensnachricht aufs Land gezogen und später, als das außergewöhnliche Anwachsen der Seuche sie in immer größere Angst versetzte, in die Wälder geflohen waren, in der Altstadt aufhielten. Denn wenn man einmal sah, welche großen Menschenmengen sonntags in den Kirchen vor allem in den Teilen der Stadt, in denen die Pest abgeflaut war oder ihren Höhepunkt noch nicht erreicht hatte, erschienen, war man überrascht. Darüber werde ich aber gleich noch sprechen. Erst möchte ich noch mal zu dem Punkt zurückkehren, wie die Menschen sich anfangs ansteckten, als sie noch keine rechte Vorstellung von der Seuche selbst und der Art ihrer Übertragung hatten. Da hielten die Leute nur von solchen Abstand, die sichtlich krank waren, wenn also jemand eine Mütze auf dem Kopf oder Tücher um den Hals trug, wie es jene mit Geschwüren an diesen Stellen machten. So etwas erregte dann Angst; wenn man aber einen gut gekleideten Herrn sah, mit Spitzenkragen und Handschuhen in der Hand, dem Hut auf dem Kopf und sorgfältig gekämmtem Haar, dann hatte man vor ihm nicht die geringste Angst, und man kam lange Zeit, vor allem mit Nachbarn und Bekannten, ohne jede Scheu zusammen. Aber als die Ärzte uns davon überzeugten, dass die Gesunden, d. h. die anscheinend Gesunden, genauso gefährlich waren wie die Kranken, und dass diejenigen, die sich für völlig frei von der Ansteckung hielten, oftmals die größte Gefahr bedeuteten, und als allgemein bekannt wurde, dass man so angesteckt werden konnte, und aus welchem Grund – dann begannen sie freilich gegen jeden misstrauisch zu werden, und sehr viele Leute schlossen sich ein, sodass sie überhaupt nicht mehr nach draußen und mit andern in Berührung kamen und auch keinen mehr, der draußen mit irgendwelchen Unbekannten in Berührung gekommen war, das Haus betreten oder in ihre Nähe kommen ließen, mindestens nicht so nahe, dass sie sich in Reichweite seines Atems oder seiner Ausdünstung befanden; und wenn sie aus der Ferne mit Fremden sprechen mussten, pflegten sie stets im Mund und an den Kleidern Vorbeugungsmittel zu haben, um eine Ansteckung abzuhalten und zu verhindern.

Man muss zugeben, dass die Leute, sobald sie diese Vorsichtsmaßnahmen durchzuführen begannen, der Gefahr weniger ausgesetzt waren und die Krankheit solche Häuser nicht so heftig befiel wie zuvor die andern; und Tausende von Familien wurden dadurch gerettet, was man unter aller Anerkennung der Führung durch die Göttliche Vorsehung sagen kann.

Aber es war unmöglich, den Armen etwas in die Köpfe zu hämmern. Sie ließen sich weiter von den Launen des Augenblicks beherrschen, heulten und jammerten, wenn sie die Pest befiel, und waren verbrecherisch leichtsinnig, unbekümmert und unbelehrbar, wenn es ihnen gut ging. Wenn sie irgendeine Arbeit finden konnten, stürzten sie sich auf jede Art von Beschäftigung, auch wenn sie noch so gefährlich und ansteckend war; und wenn man sie darauf ansprach, pflegten sie zur Antwort zu geben: »Das muss ich Gott überlassen; wenn ich ergriffen werde, ist für mich gesorgt und alles hat ein Ende«, und Ähnliches. Oder: »Was soll ich denn andres machen? Ich kann doch nicht verhungern. Ob ich an der Pest oder hungers sterbe, ist doch gleich. Ich habe keine Arbeit, was kann ich also sonst tun? Entweder dies oder betteln gehen.« Ob es nun das Begraben der Toten, die Pflege der Kranken oder das Bewachen befallener Häuser war, lauter schrecklich gefährliche Tätigkeiten – fast immer sagten sie das Gleiche. Ihre Notlage war zwar eine durchaus begründete und berechtigte Entschuldigung, wie es keine bessere gab; aber sie redeten genauso, wenn eine solche Notlage nicht bestand. Dieses unbesonnene Verhalten der Armen war die Ursache dafür, dass die Pest mit größter Heftigkeit über sie kam, und dies, zusammen mit den fürchterlichen Umständen, in die sie durch eine Ansteckung gerieten, war der Grund dafür, dass sie so haufenweise starben; denn ich kann nicht sagen, dass ich beobachten konnte, dass sie, die von ihrer Hände Arbeit lebenden Armen, um einen Deut sparsamer waren als zuvor, als sie gesund waren und Geld verdienten, nein, sie waren jetzt ebenso verschwenderisch, ebenso ausschweifend und dachten ebenso wenig an morgen wie eh und je; sodass sie sich, sobald sie erkrankten, sofort in der schlimmsten Not befanden, wegen ihrer Mittellosigkeit sowohl wie wegen ihrer Krankheit, wegen fehlender Lebensmittel sowohl wie wegen fehlender Gesundheit.

Ich hatte oft Gelegenheit, dieses Elend der Armen mit eigenen Augen zu sehen, und manchmal auch die wohltätige Hilfe, die manche fromme Leute ihnen täglich zukommen ließen, indem sie diese mit Lebensmitteln, Arznei und allem, was sie als notwendig befanden, unterstützten und versorgten; und es ist wahrhaftig ein Akt der Gerechtigkeit der Haltung der Menschen jener Zeit gegenüber, hier festzuhalten, dass nicht nur große, ja außerordentlich große Summen Geldes aus Wohltätigkeit damals dem Lord Mayor und den Ratsherren zur Unterstützung und Versorgung der erkrankten Armen übergeben wurden, sondern auch eine Unzahl von Menschen jeden Tag persönlich große Summen Geldes zu ihrer Unterstützung verteilten und Leute herumschickten, um befallene Familien ausfindig zu machen, die in einer besonderen Notlage waren, denen sie dann halfen; ja, einige fromme Damen waren so von Eifer für ein solch gutes Werk ergriffen und vertrauten so sehr bei der Ausübung dieser großen Pflicht der Nächstenliebe auf den Schutz der Vorsehung, dass sie selbst herumgingen und an die Armen Almosen verteilten, und sogar arme Familien, obwohl diese krank und angesteckt waren, in deren Häusern besuchten, Pflegerinnen für die anstellten, die der Pflege bedurften, Apotheker und Bader bestellten, die einen, sie mit Arzneien und Pflaster und allem Notwendigen zu versorgen, die andern, Geschwüre und Beulen aufzuschneiden und zu verbinden, wo es nötig war; und brachten so den Armen Segen, für ihre leiblichen Bedürfnisse sowohl, wie in innigen Gebeten.

Ich möchte, im Gegensatz zu manchen andern, nicht zu behaupten wagen, dass es keinem dieser wohltätigen Menschen zustieß, selbst von der Seuche befallen zu werden; aber dies kann ich sagen, dass ich von keinem von ihnen weiß, dass ihm etwas zustieß; was ich zur Ermutigung andrer im Fall des Ausbruchs einer ähnlichen Seuche erwähne; und ohne Zweifel, wenn die, welche den Armen geben, dies dem Herrn leihen, und Er gibt es ihnen wieder, alle, die ihr Leben einsetzen, um den Armen zu geben und die Armen in solchem Elend zu trösten und unterstützen, dürfen bei ihrem Werk behütet zu werden hoffen.

Auch wurde diese Wohltätigkeit in so außerordentlich hervorstechendem Maß nicht nur von einigen wenigen geübt, sondern [ich kann diesen Punkt nicht so leicht verlassen] die Wohltätigkeit der Reichen, in der Altstadt und den Vororten sowohl wie vom Land her, war so groß, dass, kurz gesagt, dadurch eine Unzahl von Menschen, die sonst sicherlich durch Krankheit und Mangel zugrunde gegangen wären, unterstützt und erhalten werden konnten; und obgleich ich, und wohl auch sonst niemand, genaue Kenntnis darüber erlangen konnte, wie viel auf diese Weise gegeben wurde, glaube ich doch, dass [wie ich von jemandem hörte, der diese Dinge sorgfältig beobachtet hatte] nicht viele tausend, sondern viele hunderttausend Pfund zur Unterstützung der Armen dieser bedrängten und geplagten Stadt gegeben wurden; ja, jemand versicherte mir, dass er mehr als hunderttausend Pfund errechnen könne, die in einer Woche von den Kirchenvorstehern in den Sakristeien der Pfarrgemeinden, vom Lord Mayor und den Ratsherren in den verschiedenen Bezirken und Gebieten und auf besondere Anordnung des Hofes bzw. der Friedensrichter in deren Amtsbereichen verteilt wurden, und zwar zusätzlich und über die wohltätigen Gaben hinaus, welche fromme Menschen in der von mir beschriebenen Weise verteilten; und das ging so über viele Wochen hinweg.

Ich gebe zu, dies ist eine sehr hohe Summe; wenn es aber stimmt, dass allein in der Gemeinde Cripplegate in einer Woche zur Unterstützung der Armen 17.800 Pfund verteilt wurden, wie ich hörte und durchaus für wahr halte, klingt die andre Summe wohl nicht unwahrscheinlich.

Es ist zweifellos zu den vielen unfassbar guten Fügungen, welche dieser großen Stadt zuteil wurden, zu rechnen, und von denen noch viele andre des Berichtens wert wären – dies also ist, meine ich, eine besonders bemerkenswerte, dass es Gott gefiel, die Herzen der Menschen in allen Teilen des Königreichs dazu zu bewegen, so freudig zur Unterstützung und Unterhaltung der Armen Londons zu geben, wovon die guten Auswirkungen in vieler Hinsicht zu spüren waren, vor allem darin, dass dadurch das Leben so vieler Tausender gerettet, ihre Gesundheit wiederhergestellt und Tausende von Familien vor dem Untergang und Verhungern bewahrt wurden.

Und nun, da ich von der gnädigen Fügung der Vorsehung während dieser Notzeit spreche, muss ich es unbedingt erneut erwähnen, obgleich ich davon schon einige Male in andern Zusammenhängen gesprochen habe, nämlich das Fortschreiten der Seuche; wie sie an einem Ende der Stadt begann und dann allmählich und langsam von einem Stadtteil zum andern fortschritt, einer dunklen Wolke gleich, die über unsern Köpfen hinwegzieht und, während sie auf der einen Seite sich zusammenballt und den Himmel bedeckt, es auf der andern Seite wieder aufklart; so auch verschwand die Pest, wie sie sich in ihrem Wüten allmählich von West nach Ost weiterbewegte, in ihrem Fortschreiten nach Osten langsam im Westen, wodurch die Stadtteile, die von ihr nicht ergriffen waren oder bewahrt blieben, oder wo sie ihre Wut schon ausgetobt hatte, sozusagen geschont wurden, um den andern zu helfen und beizustehen; hätte sich die Seuche dagegen auf einmal über die ganze Altstadt und die Vorstädte ausgebreitet und überall gleich gewütet, wie es seitdem an manchen Orten auf dem Kontinent geschehen ist, so wäre unbedingt die ganze Einwohnerschaft zugrunde gerichtet worden, und es wären jeden Tag zwanzigtausend von ihnen gestorben, wie man es von Neapel erzählt; auch hätten die Leute einander nicht helfen und beistehen können.

Denn man darf nicht vergessen, dass dort, wo die Pest mit aller Macht tobte, die Leute unbeschreiblich hilflos und vor Schreck wie gelähmt waren. Solange sie jedoch auch nur noch ein wenig von ihnen entfernt und wenn sie dann kaum wieder verschwunden war, da waren sie ganz andre Menschen; und ich muss leider zugeben, dass jene allgemeine Charaktereigenschaft des Menschen während jener Zeit unter uns allzu sehr zu finden war, welche die Rettung vergisst, sobald die Gefahr vorüber ist. Darauf werde ich aber noch einmal zu sprechen kommen.

Es darf nicht vergessen werden, hier einiges über die Lage des Handels während dieser Zeit des allgemeinen Unheils zu erwähnen, und zwar sowohl über den Außen- wie über den Binnenhandel.

Was den Außenhandel betrifft, so braucht darüber nicht viel gesagt zu werden. Die Handel treibenden Völker Europas hatten alle Angst vor uns; kein Hafen in Frankreich, Holland, Spanien oder Italien wollte unsere Schiffe hereinlassen oder mit uns Geschäfte treiben; unsere Beziehungen zu den Holländern waren zwar schlecht und wir standen in einem erbitterten Krieg mit ihnen, aber wenn wir nur schlecht für einen Kampf nach außen gerüstet waren, wer hatte zusätzlich mit solch fürchterlichen Feinden im eignen Land zu kämpfen?

Unsere Kaufleute waren dementsprechend zu völliger Untätigkeit verurteilt; ihre Schiffe konnten nirgendwohin auslaufen, d. h. nirgendwohin über See; ihre Waren und Güter, d. h. die von uns hergestellten, wollte draußen niemand anrühren. Sie hatten vor unsern Gütern ebenso viel Angst wie vor unseren Leuten; und sie hatten allen Grund dazu, denn unsere Wollwaren sind ebenso gute Krankheitsträger wie der menschliche Körper, und wenn sie von angesteckten Personen verpackt wurden, nahmen sie die Krankheitskeime an und waren dann ebenso gefährlich, wenn man sie berührte, wie wenn man einen angesteckten Menschen berührte; und deshalb ließ man, wenn irgendein englisches Schiff in einem fremden Hafen ankam und es Güter an Land brachte, die Ballen an zu diesem Zweck bestimmten Orten öffnen und räuchern. Aber von London wollte man kein Schiff in den Hafen einlaufen lassen, geschweige denn Güter löschen, ganz gleich, welche Bedingungen man dafür einzugehen bereit war; mit solcher Strenge verfuhr man vor allem in Spanien und Italien. In der Türkei und auf den Inseln des sogenannten Archipelagos, den türkischen sowohl wie den venezianischen, war man nicht ganz so streng. In ersterem Land gab es überhaupt keine Behinderung; und vier Schiffe, die damals auf der Themse für Italien, genauer für Livorno und Neapel, Ladung aufgenommen hatten und denen dort die Andienung, wie sie es nennen, verweigert wurde, fuhren nach der Türkei weiter, wo ihnen ohne Weiteres und ohne jede Schwierigkeit erlaubt wurde, ihre Ladung zu löschen, wobei sich nur herausstellte, dass ein Teil der Ladung für einen Verkauf dort in diesem Land nicht geeignet war und dass für einen andern, der für Kaufleute in Livorno bestimmt war, die Kapitäne weder Recht noch Auftrag hatten, darüber zu verfügen; woraus sich für die Kaufleute große Unannehmlichkeiten ergaben. Aber das war nur, was nach Lage der Dinge notwendigerweise zu erwarten war, und die Kaufleute aus Livorno und Neapel, die man darüber benachrichtigt hatte, schickten ihrerseits Schiffe aus ihren Häfen, um die für dort bestimmten Waren zu übernehmen und diejenigen, welche sich für die Märkte in Smyrna und Iskenderun als ungeeignet erwiesen, zurückzubefördern.

In Spanien und Portugal waren die Schwierigkeiten noch größer, denn dort wollte man unsere Schiffe, insbesondere solche aus London, unter keinen Umständen im Hafen leiden, geschweige denn Ware löschen lassen. Es gab da einen Bericht, wonach die Spanier, nachdem eins unserer Schiffe heimlich seine Ladung, worunter einige Ballen englisches Tuch, Baumwolle, wollenes Zeug und Ähnliches war, an Land gebracht hatte, all diese Waren zu verbrennen befahlen und die Männer, die mit dem Ausladen zu tun gehabt hatten, mit dem Tod bestraften. Ich glaube, dass daran etwas Wahres ist, wenn ich es auch nicht mit Bestimmtheit behaupten will; jedenfalls ist es durchaus nicht unwahrscheinlich, wo doch die Gefahr tatsächlich sehr groß war, da die Seuche in London so heftig wütete.

Ich hörte auch, dass die Pest von einigen unserer Schiffe in jene Länder eingeschleppt wurde, vor allem in den Hafen von Faro, im Königreich Algarve, das dem König von Portugal gehört, und dass dort verschiedene Menschen an ihr starben, worüber man aber nichts Genaueres erfuhr.

Andrerseits ist es, wenn sich auch die Spanier und Portugiesen gegen uns so abweisend verhielten, ganz zweifellos so, dass die Pest, wie schon gesagt, sich weitgehend am jenseitigen Ende der Stadt, auf Westminster zu, hielt und der Teil, in dem die Kaufleute ihr Quartier hatten, also die Altstadt und das Hafengebiet, bis mindestens Anfang Juli völlig seuchenfrei war und die Schiffe auf dem Fluss bis Anfang August; denn bis zum 1. Juli waren in der ganzen Altstadt erst sieben und innerhalb der Freigebiete nur sechzig gestorben, nur einer in den Gemeinden Stepney, Aldgate und Whitechapel zusammen, und nur zwei in den acht Gemeinden in Southwark. Aber für das Ausland war das alles eins, und so war die schlimme Nachricht durch die ganze Welt gegangen, die Stadt London sei von der Pest befallen, und niemand fragte viel danach, auf welche Weise sich die Seuche ausbreitete oder in welchem Stadtteil sie zuerst ausgebrochen war, oder welchen sie nun erreicht hatte.

Außerdem wuchs sie, nachdem sie einmal sich auszubreiten begonnen hatte, so schnell an, und die Listen kletterten plötzlich so sehr in die Höhe, dass es zwecklos gewesen wäre, deren Aussage zu bemänteln oder sich darum zu bemühen, die Menschen im Ausland glauben zu machen, es sei weniger schlimm als es in Wirklichkeit war; die Tatsachen, welche die wöchentlichen Listen offenbarten, waren genug; und dass in der Woche zwischen zwei- und drei- oder viertausend starben, war genug, um den ganzen Handel treibenden Teil der Welt aufzustören, und da die anschließende Zeit auch in der Altstadt selbst so fürchterlich war, war schließlich die ganze Welt vor uns auf der Hut.

Auch kann der Leser sicher sein, dass die Berichte darüber auf ihrem Weg nichts verkleinerten. Die Pest selbst war schlimm und die Not der Menschen groß genug, wie der Leser meiner Erzählung entnehmen kann. Das Gerücht darüber aber war unendlich viel größer, und man braucht sich nicht darüber zu wundern, dass unsere Freunde im Ausland sagten, wie z.B. die Geschäftsfreunde meines Bruders dort, nämlich in Portugal und Italien, wohin er hauptsächlich Beziehungen hatte, hörten, in London stürben jede Woche zwanzigtausend Menschen; die Toten lägen in Haufen unbegraben herum; es gebe nicht genug Lebende, die Toten zu begraben, noch genug Gesunde, sich um die Kranken zu kümmern; das ganze Königreich sei gleichmäßig befallen, es handle sich also um ein so allgemeines Unheil, wie man es noch nie von jenen Teilen der Welt gehört habe; und sie konnten uns kaum glauben, als wir ihnen berichteten, wie sich die Dinge in Wirklichkeit verhielten und dass nicht mehr als ein Zehntel der Einwohner gestorben sei; dass fünfhunderttausend Menschen davongekommen seien, die während der ganzen Zeit in der Stadt gelebt hätten; dass nun die Leute wieder die Straßen zu bevölkern und solche, die geflohen waren, zurückzukehren begännen; auch dass es an dem gewohnten Gedränge der Menschen auf den Straßen nicht fehle, wenn auch jede Familie vielleicht einen Verwandten oder Nachbarn vermisse, usw. Also, sie konnten all das nicht glauben; und wenn man heute in Neapel oder in andern Städten der italienischen Küste danach fragte, würde man dort hören, dass vor vielen, vielen Jahren einmal eine fürchterliche Seuche in London gewesen sei, bei der jede Woche [siehe oben] zwanzigtausend Menschen gestorben seien usw., genau wie uns in London berichtet worden ist, dass im Jahr 1656 in der Stadt Neapel eine Pestepidemie gewesen sei, bei der am Tag zwanzigtausend Menschen gestorben seien, was, wofür ich voll zufriedenstellende Beweise habe, barer Unsinn ist.

Aber diese maßlos übertriebenen Berichte erwiesen sich, ganz abgesehen davon, dass sie als solche unbillig und verleumderisch waren, für unseren Handel als sehr schädlich, denn erst nach einer ganzen Weile, als die Pest schon lange völlig vorüber war, konnte sich unser Handel in jenen Teilen der Welt wieder erholen; und die Flamen und Holländer, vor allem die Letzteren, nützten das außerordentlich aus, da sie den ganzen Markt für sich allein hatten; sie kauften sogar in verschiedenen Gegenden Englands, die pestfrei waren, unsere Erzeugnisse auf, schafften sie von dort nach Holland und Flandern und verschifften sie von da nach Spanien und Italien, als seien sie bei ihnen selbst hergestellt worden.

Sie wurden aber manchmal ertappt und bestraft, d.h. ihre Waren wurden, ebenso wie ihre Schiffe, beschlagnahmt; denn wenn es stimmt, dass unsere Erzeugnisse ebenso verseucht waren wie unsere Menschen und es gefährlich war, diese zu berühren, zu öffnen oder ihrer Ausdünstung ausgesetzt zu sein, dann nahmen jene die Gefahr auf sich, durch einen solchen

Die lang verlangte Engl. Ost Indische Schiffe / derer fünff fast vor verlohren geachtet wurden / waren nunmehr alle acht innen / welche zimliche Negotien hätten machen können / wann von der grausamen Pest aller Handel und Wandel nicht wäre verhindert worden / dann es nahm die abscheuliche Seuche also mächtig in und umb Londen überhand / daß auch die Börsche geschlossen wurde. Die Grossen hatten sich meistentheils tieff ins Land retteriret / und war der Königlicher Hoff nunmehr zu Salisburry. Kleinere folgten nach / und scheueten die Bluts-Freunde einander. Im Anfang dieses Monats waren bereits 76. Parochien inficiret, und vermehrte sich die Todten-Zahl fast Wöchentlich um 1000. Die Lista der Todten vom 8. biß 15. Augusti war 5318. Personen.

Meldungen über die Londoner Pest, veröffentlicht August 1665 im »Nordischen Mercurius«, einer Hamburger Zeitung, die – wie andere deutsche Blätter – fortlaufend und recht genau über die Entwicklung der Seuche berichtete. Defoes Annahme (s. S. 765), es habe damals noch keine gedruckten Zeitungen gegeben, ist ein Irrtum.

Schleichhandel nicht nur die Seuche in ihr eigenes Land einzuschleppen, sondern auch die Länder anzustecken, in die sie solche Waren verkauften; und das ist doch ein Handel, an dem sich, wenn man in Betracht zieht, wie viele Menschen als Folge einer solchen Handlungsweise das Leben verlieren konnten, kein Mensch mit Gewissen hätte beteiligen können.

Ich will nicht behaupten, dass durch diese Leute irgendein Schaden, ein Schaden dieser Art, angerichtet wurde. Aber ich glaube nicht, dass ich eine solche Einschränkung auch im Fall unsres eigenen Landes machen kann; denn entweder durch die Bewohner Londons oder durch ihren Handel, der es notwendig machte, dass sie in allen Grafschaften und in allen erwähnenswerten Städten mit allen möglichen Leuten zusammenkamen, auf diese Weise, meine ich, wurde die Pest früher oder später über das ganze Königreich verbreitet, in London so gut wie in allen Städten und großen Ortschaften, vor allem in Orten, die mit ihren Erzeugnissen Handel trieben, und in den Seehäfen; sodass, früher oder später, alle erwähnenswerten Orte in England mehr oder weniger heimgesucht wurden, dazu auch einige Orte, wenn auch nicht so viele, im Königreich Irland. Wie es mit der Bevölkerung Schottlands stand, hatte ich zu erfahren keine Gelegenheit.

Es soll auch festgestellt werden, dass während des Weiterwütens der Pest in London die sogenannten Außenhäfen sich eines sehr regen Handels vor allem mit den in ihrer Nähe gelegenen Ländern und unsern Kolonien erfreuten. So verschifften z. B. die Orte Colchester, Yarmouth und Hull, an der Ostküste Englands, die Erzeugnisse der umliegenden Grafschaften nach Holland und Hamburg, noch einige Monate, nachdem der Handel mit London sozusagen schon zum völligen Stillstand gekommen war; ebenso nahmen die Städte Bristol und Exeter, wie auch der Hafen Plymouth, ihren Vorteil wahr, indem sie mit Spanien, den Kanarischen Inseln, Guinea, den Westindischen Inseln und vor allem Irland Handel trieben; als sich aber die Pest, nachdem sie in London in den Monaten August und September in solchem Ausmaß gehaust hatte, nach allen Richtungen ausbreitete, wurden, früher oder später, auch alle oder doch die meisten jener Städte und Ortschaften angesteckt, und dann verfiel der Handel sozusagen einem allgemeinen Embargo und kam völlig zum Erliegen, wie ich später erwähnen werde, wenn ich von unserem Binnenhandel spreche.

Eines jedoch muss erwähnt werden, nämlich die Schiffe, die von draußen hereinkamen; das waren, wessen der Leser versichert sein kann, nicht wenige, einige von ihnen waren schon eine beträchtliche Zeit draußen in allen Teilen der Welt gewesen, und viele hatten, als sie ausliefen, noch nichts von einer Seuche hören können, zumindest nicht von einer so schrecklichen; diese segelten ohne Zaudern den Fluss herauf und übergaben, wie es ihr Auftrag erforderte, ihre Ladung, abgesehen nur von den zwei Monaten August und September, als, da das Schwergewicht der Seuche, wie man sagen kann, ganz unterhalb der Brücke lag, sich eine Weile niemand in Geschäften zu zeigen wagte. Aber da dieses nur ein paar Wochen dauerte, gingen die heimkehrenden Schiffe, vor allem solche, deren Ladung nicht verderblich war, eine Zeit lang vor Anker, kurz unterhalb des Pool* oder der Brackwassergrenze oder sogar hinunter bis zur Mündung des Medway, den einige von ihnen hinauffuhren, und weitere lagen am Nore und im Hope, unterhalb von Gravesend. So konnte in der zweiten Oktoberhälfte eine riesige Flotte heimkehrender Schiffe den Fluss heraufkommen, wie man solches seit vielen Jahren nicht mehr erlebt hatte.

Zwei Handelszweige trieben während der ganzen Zeit der Pest auf dem Wasserweg weiter ihre Geschäfte, und zwar fast oder ganz ohne Unterbrechung, was für die armen, geplagten Bewohner der Stadt eine große Hilfe und Stärkung bedeutete, und zwar war das der Küstenhandel mit Getreide und der Handel mit Kohle aus Newcastle.

Der Erstere wurde vor allem von kleinen Schiffen betrieben, die aus dem Hafen Hull und andern Orten am Humber große Mengen Getreide aus Yorkshire und Lincolnshire herbeischafften. Weiter wurde Getreide aus Lynn in Norfolk, aus Wells, Burnham und Yarmouth, alle in der gleichen Grafschaft gelegen, gehandelt; ein dritter Zustrom kam vom Medway, dazu von Milton, Feversham, Margate, Sandwich und all den andern kleinen Orten und Häfen, welche an der Küste von Kent und Essex liegen.

Des Weiteren gab es mit der Küste von Suffolk regen Handel in Getreide, Butter und Käse; diese Schiffe hielten einen regelmäßigen Frachtverkehr aufrecht und kamen ohne Unterbrechung bis zu dem Markt herauf, der auch heute noch unter dem Namen Bear Key bekannt ist, von wo aus sie die Stadt reichlich mit Getreide versorgten, als der Handel auf dem Landweg allmählich abbrach und die Bewohner vieler Ortschaften auf dem Land nicht mehr willens waren, in die Stadt zu kommen.

Auch dies war weitgehend der Klugheit und geschickten Handhabung unseres Lord Mayors zu verdanken, der alle Sorgfalt darauf verwandte, die Kapitäne und Mannschaften vor der Gefahr zu schützen, wenn sie den Fluss heraufkamen, und dafür sorgte, dass ihnen jederzeit das Getreide abgenom-

* Jener Teil des Flusses, in dem die Schiffe festmachen, wenn sie zurückkommen, wird Pool genannt, und dieser umfasst den ganzen Fluss, mit beiden Ufern, vom Tower bis Cuckold's Point und Limehouse.

men wurde, wenn sie keine Käufer fanden [was jedoch selten der Fall war], und dass die Kommissionäre die mit Getreide beladenen Schiffe unverzüglich löschen ließen und abfertigten, sodass die Besatzungen kaum genötigt waren, die Schiffe zu verlassen, zumal das Geld immer zu ihnen an Bord gebracht und in einen Eimer mit Essig gesteckt wurde, bevor man es übergab.

Zum Zweiten wurde der Handel mit Kohle aus Newcastle am Tyne aufrechterhalten, ohne den die Stadt in große Bedrängnis geraten wäre; denn damals wurden nicht nur auf den Straßen, sondern auch in Privathäusern und Wohnungen große Mengen Kohle verbrannt, sogar den ganzen Sommer hindurch, und selbst bei heißestem Wetter, und zwar auf Anraten der Ärzte. Freilich waren einige dagegen und bestanden darauf, dass durch das Warmhalten der Häuser und Zimmer nur die Krankheit begünstigt werde, da diese schon eine Gärung und Hitze im Blut sei; dass sie sich doch bekanntlich bei heißem Wetter ausbreite und zunehme und bei kaltem abflaue; und alle ansteckenden Krankheiten, erklärten sie, verschlimmerten sich bei Hitze aus dem Grund, weil sie bei heißem Wetter genährt und gestärkt und bei Hitze sozusagen begünstigt würden.

Andre sagten, sie gäben zu, dass natürliche Hitze die Ansteckungsgefahr vergrößern könne, da schwüles, heißes Wetter die Luft mit Ungeziefer fülle und schädliches Getier in unzähligen Mengen und Arten nähre, das in unsern Nahrungsmitteln, in den Pflanzen und selbst in unserem Körper niste, und schon durch dessen Ausdünstung könne die Seuche gefördert werden; dass weiter heiße Luft, oder heißes Wetter, wie wir gewöhnlich sagen, den Körper erschlaffe und schwäche, die Lebensgeister erschöpfe, die Poren öffne und uns gegen eine Ansteckung und schlechte Einflüsse anfälliger mache, kämen diese nun von schädlichen Pestdünsten oder von sonst etwas in der Luft; dass aber die Hitze eines Feuers, vor allem eines im Haus oder in unserer Nähe unterhaltenen Kohlenfeuers eine ganz andre Wirkung habe, da es sich um eine andre Art von Hitze handle, und zwar um eine rasche und heftige, die all jene schädlichen Dünste, welche die andre Art Hitze eher ausströme und erhalte statt sie auseinanderzutreiben und zu verbrennen, nicht nähre, sondern verzehre und zerstreue. Außerdem, behauptete man, würden die schwefligen und salpetrigen Bestandteile, die man oft in der Kohle finde, zusammen mit jener teerigen Substanz, welche verbrennt, alle die Luft säubern und reinigen helfen und sie gesund und zum Einatmen ungefährlich machen, nachdem ihre schädlichen Bestandteile, wie dargestellt, vertrieben und verbrannt seien.

Letztere Anschauung herrschte damals vor, und zwar, wie ich zu glauben bekenne, mit gutem Grund, was auch durch die Erfahrung der Einwohner bestätigt wurde, denn viele Häuser, in deren Zimmern dauernd Feuer unterhalten wurden, sind überhaupt nie befallen worden; und ich muss meine Erfahrung hinzufügen, die mir zeigte, dass die Unterhaltung kräftiger Feuer unsere Räume angenehm und gesund machte und ebenso, wie ich fest glaube, auch unsere ganze Hausgemeinschaft, wie es ohne diese nicht gewesen wäre.

Aber ich wende mich wieder dem Handel mit Kohle zu. Nur unter großen Schwierigkeiten wurde dieser Handel aufrechterhalten, besonders deswegen, weil die holländischen Kaperschiffe – wir standen damals mit Holland in einem offenen Krieg – anfangs zahlreiche unserer Kohlenschiffe wegnahmen, weshalb die andern vorsichtig wurden und warteten, bis ein Konvoi zur Fahrt zusammen war. Nach einiger Zeit bekamen aber entweder die Kaperschiffe selbst Angst, sie wegzunehmen, oder ihr Auftraggeber, die Regierung der Niederlande, bekam Angst deswegen, sodass sie es ihnen verbot, damit die Pest nicht auf sie übergriffe, wodurch unsere ungehinderter fahren konnten.

Zur Sicherheit dieser Händler aus dem Norden bekamen die Kohlenschiffe von unserem Lord Mayor die Anweisung, nur in einer bestimmten Höchstzahl gleichzeitig bis zum Pool heraufzukommen, und ließ Leichter und andre Kähne, wie sie die Holzhändler, d. h. Kohlenhändler und Besitzer von Löschplätzen, unterhielten, flussab fahren, und zwar bis Deptford, Greenwich und manche noch weiter, um dort die Kohle zu übernehmen.

Andre Schiffe entluden große Mengen Kohle an bestimmten Plätzen, wo sie anlegen konnten, wie in Greenwich, Blackwell und andern Stellen, wo sie in riesigen Haufen wie zum Verkauf lag, doch wurde sie von dort weggeholt, wenn die Schiffe, die sie herangeschafft hatten, wieder ausgelaufen waren, sodass die Seeleute zu den Flussschiffern keinerlei Verbindung hatten, nicht einmal ihnen nahe kamen.

Aber all diese Vorsichtsmaßnahmen konnten nicht wirksam verhindern, dass die Seuche auf die Kohlenleute, d. h. auf die Schiffe übergriff, wodurch sehr viele Seeleute an ihr starben; und, was noch schlimmer war, sie verschleppten sie nach Ipswich und Yarmouth, nach Newcastle am Tyne und andre Orte an der Küste, wo sie, vor allem in Newcastle und Sunderland, eine große Anzahl Menschen hinwegraffte.

Durch die erwähnte Unterhaltung so vieler Feuer wurde natürlich eine ungewöhnliche Menge Kohle verbraucht; und als ein- oder zweimal die Schiffe nicht heraufkommen konnten, ich erinnere mich nicht, ob durch widriges Wetter oder durch den Feind aufgehalten, stieg der Kohlenpreis außerordentlich an, bis zu 4 Pfund der Kessel; aber als die Schiffe hereinkamen, sank er bald wieder, und da sie später in ihrer Fahrt weniger gehindert waren, blieb der Preis während des ganzen weiteren Jahrs recht annehmbar.

Die Feuer, die wegen der Seuche öffentlich unterhalten wurden, hätten die Stadt nach meiner Rechnung mindestens etwa 200 Kessel Kohle die Woche gekostet, wenn man es fortgeführt hätte, eine recht große Menge fürwahr; aber da man sie für notwendig hielt, wurde dabei nicht gespart. Da jedoch einige Ärzte mit großem Geschrei dagegen angingen, ließ man sie höchstens vier oder fünf Tage brennen. Die Feuer waren folgendermaßen angeordnet:

Eins beim Custom House, eins bei Billingsgate, eins bei Queenhithe und eins bei Three Cranes; eins in Blackfriars und eins beim Tor von Bridewell; eins an der Ecke Leadenhall Street/ Gracechurch; eins beim Nord- und eins beim Südtor der Royal Exchange; eins bei der Guild Hall und eins beim Tor der Blackwell Hall; eins bei der Tür des Lord Mayors in St. Helen's, eins am Westeingang von St. Paul's und eins beim Eingang der Bow Church. Ich weiß nicht mehr, ob bei den Stadttoren welche waren, aber beim Kopf der Brücke, gerade bei der St. Magnus Church, war eines.

Mir ist bekannt, dass einige Leute später über diese Praxis geschimpft und gesagt haben, dass durch diese Feuer nur umso mehr Menschen gestorben seien; aber ich bin davon überzeugt, dass diejenigen, welche solches behaupten, keine Tatsachen als Beweise vorbringen werden, und ich kann das auch unter gar keinen Umständen glauben.

Es bleibt noch, einen Überblick über die Lage des Binnenhandels in England während dieser schlimmen Zeit zu geben, vor allem, soweit er mit dem Handel und Gewerbe in der Stadt selbst zusammenhängt. Beim ersten Ausbrechen der Pest bemächtigte sich der Leute, wie man sich leicht denken kann, eine fürchterliche Angst, was zu einem völligen Erliegen des Handels führte, ausgenommen den Handel mit Nahrungsmitteln und anderm Lebensnotwendigen; aber auch darin ging er zurück, da eine riesige Anzahl Menschen geflohen und danach eine große Anzahl krank waren, dazu noch die Anzahl der Gestorbenen, sodass also höchstens zwei Drittel, vielleicht auch nur die Hälfte dessen an Lebensmitteln verbraucht wurde wie zu andern Zeiten.

Es gefiel Gott, ein an Getreide und Obst sehr reiches Jahr zu schicken, nicht aber an Heu und Gras, wodurch, wegen der reichen Getreideernte, das Brot billig war. Fleisch war, wegen der Grasknappheit, billig; aber Butter und Käse waren, aus dem gleichen Grund, teuer, und Heu wurde auf dem Markt gleich hinter Whitechapel Bars zu vier Pfund das Fuder verkauft. Aber das berührte die Armen nicht. Es gab eine Überfülle von Obst aller Art, wie Äpfel, Birnen, Pflaumen, Kirschen, Trauben, und sie waren noch billiger, da es wenig Käufer gab; aber dies verführte die Armen dazu, es im Übermaß zu essen, und das bewirkte bei ihnen Durchfall, Bauchschmerzen, Ausschläge usw., was sie oft der Pest anheimfallen ließ.

Nun aber zum Handel. Da zum Ersten der Handel mit dem Ausland aufgehört hatte oder zumindest nur sehr unregelmäßig und unter Schwierigkeiten zu betreiben war, wurde natürlich die Erzeugung all der Güter eingestellt, die sonst für die Ausfuhr bestimmt waren; und obgleich gelegentlich ausländische Kaufleute dringend Waren anforderten, wurde doch wenig verschickt, da der Handelsverkehr durchwegs so gesperrt war, dass keinem englischen Schiff, wie ich schon sagte, die Zufahrt in ihre Häfen gestattet wurde.

Dies brachte die Erzeugung für die Ausfuhr in den meisten Teilen Englands, mit Ausnahme einiger Außenhäfen, zum Erliegen; aber auch bei ihnen hörte sie bald auf, denn auch bei ihnen brach der Reihe nach die Pest aus. Aber wenn man dies auch schon in ganz England zu spüren bekam, so hörte dazu auch, was noch schlimmer war, sofort aller Handelsverkehr mit Gütern für den inländischen Verbrauch auf, vor allem solcher, die sonst durch Londoner Kaufleute vermittelt wurden, wodurch das Geschäftsleben in der Stadt zum Erliegen kam.

Alle Gewerbetreibenden, Geschäftsleute wie Handwerker, waren in der Stadt usw. ohne Arbeit, wie ich schon gesagt habe, und das führte dazu, dass unzählige Gesellen und Arbeiter aller Art entlassen und weggeschickt wurden, da doch in den Betrieben nur noch das hergestellt wurde, was man als unbedingt notwendig bezeichnen konnte.

Dadurch verlor eine Menge alleinstehender Personen in London ihren Lebensunterhalt, genauso wie solche Familien, deren Versorgung von der Arbeit des Familienvaters abhing; dies aber stürzte sie in die bitterste Not; und ich muss sagen, dass es zur Ehre der Stadt London gereicht, und über Jahrhunderte hinweg, solange man davon erzählt, zu ihrer Ehre gereichen wird, dass ihre Bewohner die Bedürfnisse so vieler Tausender mit wohltätigen Gaben zu stillen vermochten, und wenn diese später erkrankten und ins Unglück gerieten, kann doch mit Bestimmtheit gesagt werden, dass niemand hungers starb, zumindest soweit die Behörden Kenntnis davon erhielten.

Der Stillstand unseres Handels in gewerblichen Gütern mit dem Land würde die Leute dort in noch viel größere Schwierigkeiten gestürzt haben, wenn nicht die Handwerksmeister, Tuchweber und andre, bis zur Erschöpfung all ihrer Materialvorräte und Möglichkeiten weiter produziert hätten, um den Armen ihre Arbeit zu erhalten, in der Annahme, sie würden sofort nach dem Aufhören der Seuche eine Nachfrage zu verzeichnen haben, welche den Geschäftsrückgang der Seuchenzeit ausgliche. Da dies aber nur die wohlhabenden Meister machen konnten, viele von ihnen jedoch wenig bemittelt und dazu nicht in der Lage waren, litten die Güter herstellenden Gewerbe im Land schwer, und in ganz England wurden die Armen allein durch das Unglück der Stadt London in Bedrängnis gebracht.

Freilich gab ihnen im nächsten Jahr ein andres Unglück der Stadt vollen Ausgleich dafür; es brachte also ein Unglück dem Land Armut und Not, das andre, in seiner Art ebenso schrecklich, aber Reichtum und einen Ausgleich dafür; denn eine unvorstellbare Menge von Haushaltswaren, Kleidungsstücken und anderm, dazu ganze Lagerhäuser voll von Waren und Erzeugnissen, wie sie aus allen Teilen Englands kommen, wurden durch den Brand Londons in dem auf die schreckliche Heimsuchung folgenden Jahr vernichtet. Es ist unglaublich, wie das die Gewerbe des ganzen Königreiches, den Bedarf zu decken und das Verlorene zu ersetzen, belebte; sodass, kurz gesagt, jeder im Land, der schaffen konnte, beschäftigt war, und sie reichten über mehrere Jahre kaum aus, den Markt zu versorgen und die Nachfrage zu decken. Dazu waren alle ausländischen Märkte durch die von der Pest verursachte Unterbrechung von unsern Waren entblößt, bis der ungehinderte Handelsverkehr wieder erlaubt wurde; und als der anfallende gewaltige Bedarf im Inland hinzukam, gingen alle Erzeugnisse rasch weg; dadurch gab es in den ersten sieben Jahren nach der Pest und dem Brand von London in ganz England einen nie zuvor erlebten geschäftlichen Aufschwung.

Es bleibt mir nur noch einiges von der guten Seite dieses schrecklichen Gerichts zu sagen. In der letzten Septemberwoche, als sich die Seuche ihrer Krise näherte, begann sich ihre Wut zu mildern. Ich erinnere mich, dass mir mein Freund Dr. Heath bei einem Besuch in der Woche davor sagte, dass er überzeugt sei, dass sich ihre Heftigkeit in einigen Tagen mildern würde; als ich aber die Liste jener Woche sah, die 8297 an allen Krankheiten Verstorbene auswies, die höchste Zahl des ganzen Jahres, hielt ich ihm diese vor und fragte ihn, wie er zu einem solchen Urteil komme. Seine Antwort war jedoch nicht so weit hergeholt, wie ich erwartet hatte. »Schaut her«, sagt er, »nach der Zahl der zurzeit Erkrankten und Angesteckten hätten in der letzten Woche zwanzig- statt der achttausend sterben müssen, wenn die Seuche noch so hartnäckig und tödlich gewesen wäre wie noch vor zwei Wochen; denn damals führte sie meist in zwei oder drei Tagen zum Tod, jetzt erst nach mindestens acht oder zehn; und damals gesundete nicht mehr als einer unter fünfen, während ich jetzt beobachte, dass es von fünfen nicht mehr als zwei ereilt. Und, glaubt mir das, die nächste Liste wird niedriger sein, und ihr werdet mehr Leute als sonst wieder gesund werden sehen; denn obgleich allerorts jetzt eine große Anzahl befallen ist und jeden Tag ebenso viele erkranken, werden doch nicht so viele wie bisher sterben, denn die Bösartigkeit der Krankheit hat nachgelassen«; und er fügte hinzu, dass er nun zu hoffen, ja noch mehr als zu hoffen beginne, dass die Krankheit ihren Höhepunkt überschritten habe und zurückgehe; und so war es auch, denn in der nächsten Woche, also der letzten Septemberwoche, zeigte die Liste fast zweitausend weniger an.

Freilich war die Zahl der Pesttoten immer noch erschreckend hoch, die nächste Liste wies nicht weniger als 6460 aus, und die übernächste 5720, trotzdem war die Feststellung meines Freundes richtig, und es zeigte sich, dass die Menschen rascher und zahlreicher als zuvor genasen; und wenn es nicht so gewesen wäre, was würde aus der Stadt London geworden sein? Denn zu diesem Zeitpunkt waren, nach den Angaben meines Freundes, nicht weniger als 60.000 Menschen befallen, wovon, wie gesagt, 20.477 starben und fast 40.000 genasen; nach dem früheren Verhältnis dagegen wären 50.000 oder mehr gestorben, und dazu wären weiter 50.000 erkrankt, denn jetzt begann, mit einem Wort, die große Mehrzahl der Bevölkerung zu erkranken, und es schien, als würde niemand davonkommen.

Aber die Richtigkeit der Bemerkung meines Freundes erwies sich einige Wochen später noch deutlicher, denn der Rückgang hielt an, und in der zweiten Oktoberwoche waren es 1843 weniger, sodass die Zahl der Pesttoten nur noch 2665 betrug; in der darauffolgenden Woche ging sie wieder um 1413 zurück, obwohl sichtbarlich eine Unzahl Menschen krank war, ja, eine Unzahl mehr als früher, und eine Unzahl erkrankte jeden Tag neu, aber, wie gesagt, die Bösartigkeit der Krankheit ließ nach.

Unsere Bevölkerung ist von so heftig reagierender Gemütsart [ob das überall in der Welt so ist, habe ich hier nicht weiter zu untersuchen], bei uns erlebte ich es jedenfalls deutlich, dass beim Ausbruch der Pest im ersten Schrecken keiner mehr etwas vom andern wissen wollte und dessen Haus mied und man in unfassbarer und meiner Meinung nach übertriebener Angst aus der Stadt floh; und jetzt, wo man allgemein merkte, dass die Krankheit nicht mehr so ansteckend war wie zuvor, und wenn man angesteckt wurde, sie nicht mehr so tödlich war, und da man sah, wie täglich Menschen, die von der Seuche befallen waren, wieder genasen, wurde man jetzt sofort tollkühn und verhielt sich und der Krankheit gegenüber völlig unbekümmert, dass man die Pest nicht mehr ernster als ein gewöhnliches Fieber nahm, oder war gar noch sorgloser. Man kam nicht nur dreist mit

Leuten zusammen, die Beulen und Furunkel am Leib hatten, welche eiterten und also ansteckend waren, man aß und trank auch mit ihnen, ja, besuchte sie in ihren Häusern und ging gar, wie ich hörte, in die Zimmer, wo sie krank lagen.

Das konnte ich nicht für vernünftig halten. Mein Freund Dr. Heath meinte, und die Erfahrung bestätigte es, dass die Seuche so ansteckend wie je sei und noch ebenso viele an ihr erkrankten, nur mit dem Unterschied, dass viele von denen, die befallen wurden, nicht an ihr starben; aber schließlich starben, meiner Meinung nach, immer noch genug an ihr, und auch im günstigsten Fall war die Krankheit als solche noch fürchterlich genug, mit den großen Schmerzen, welche die offenen Stellen und Geschwüre verursachten, dazu bestand selbst bei der jetzigen Form der Krankheit noch Todesgefahr, wenn sie auch geringer geworden war; das alles, zusammen mit der außerordentlichen Langwierigkeit der Heilung, der Widerlichkeit der Krankheit und manchen andern Gründen, hätte ausreichen sollen, jedermann von dem gefährlichen Umgang mit Kranken abzuhalten und fast ebenso viel Angst vor der Ansteckung einzujagen wie zuvor.

Und dann gab's noch etwas, das einen die bloße Ansteckung durch die Seuche fürchten ließ, und zwar das schreckliche Brennen der Ätzmittel, welche die Bader auf die Geschwüre legten, um sie zum Aufbrechen und Eitern zu bringen, ohne welches die Lebensgefahr, selbst noch zuletzt, sehr groß war. Des Weiteren schmerzten die Geschwüre unerträglich und bereiteten den Kranken, wenn es sie auch nicht mehr wie anfangs zum Wahnsinn und Verrücktwerden trieb, wofür ich früher einige Beispiele gegeben habe, doch unsägliche Qualen; und diejenigen, die das ertragen mussten, beklagten sich, obwohl sie mit dem Leben davongekommen waren, bitter über die, welche ihnen erzählt hatten, dass die Gefahr vorüber sei, und bereuten zutiefst, dass sie gewagt hatten, sich vorschnell und unbesonnen in deren Reichweite zu begeben.

Auch waren dies nicht die einzigen Folgen des unvorsichtigen Verhaltens der Leute, denn viele, die so alle Vorsicht aufgegeben hatten, erlitten noch Schlimmeres, und wenn auch viele davonkamen, starben auch viele; zumindest bewirkte es das allgemeine Unheil, dass die Zahl der Begräbnisse langsamer abnahm, als es sonst der Fall gewesen wäre. Denn als sich die Nachricht wie ein Blitz durch die Stadt verbreitete und vom Denken der Leute Besitz ergriff, schon als der erste große Rückgang in den Listen erschien, da mussten wir feststellen, dass die nächsten zwei Listen keine entsprechende Abnahme mehr zeigten; den Grund dafür sehe ich darin, dass sich die Menschen so unbedacht in Gefahr begaben, all ihre früheren Vorsichtsmaßnahmen, alle Sorgfalt und alle zuvor geübte Zurückhaltung aufgaben, da sie sich darauf verließen, dass die Krankheit sie schon nicht erreichen werde, und wenn, sie dann schon nicht sterben würden.

Die Ärzte gingen mit aller Kraft gegen diese unbesonnene Haltung der Leute an und ließen Verhaltungsmaßregeln drucken und über die ganze Altstadt und die Vorstädte verbreiten, in denen sie die Leute anwiesen, ihre Zurückhaltung nicht aufzugeben, sondern weiter im täglichen Umgang, wenn auch die Seuche nachließ, äußerste Vorsicht walten zu lassen, sonst drohe die Gefahr eines Rückfalls für die ganze Stadt, und sie legten ihnen dar, dass solch ein Rückfall tödlicher und gefährlicher werden könne, als es die ganze bisherige Heimsuchung gewesen war; und sie versuchten ihnen dies mit vielen Begründungen und Tatsachen klarzumachen und zu beweisen, welche hier wiederzugeben zu lang sind.

Aber es war alles umsonst; diese verwegenen Geschöpfe waren so von der ersten Freude erfüllt und vom Glück überwältigt, dass sie nun ein erhebliches Zurückgehen der Zahlen in den wöchentlichen Listen feststellten, dass sie für irgendwelche neuen Ängste völlig unzugänglich waren und wollten nur noch hören, dass die bittere Todesnot vorüber sei; und was man ihnen andres sagte, war in den Wind geredet; im Gegenteil, sie machten die Läden wieder auf, liefen auf den Straßen herum, gingen ihren Geschäften nach und unterhielten sich mit jedem, der ihnen zu einer Unterhaltung über den Weg lief, ob sie dazu Anlass hatten oder nicht, fragten weder nach dessen Gesundheit, noch hatten sie das Gefühl, ihnen könne von ihm Gefahr drohen, obwohl sie wussten, dass er nicht gesund war.

Dieses unkluge und unbedachte Verhalten kostete viele das Leben, die sich so vorsichtig und fürsorglich eingeschlossen und sozusagen von der Menschheit zurückgezogen hatten und auf diese Weise, durch Gottes Vorsehung, während des schlimmsten Wütens der Seuche bewahrt geblieben waren.

Dieses unbedachte und törichte Verhalten der Leute ging so weit, dass sich schließlich die Geistlichkeit darum kümmerte und ihnen die Torheit und Gefährlichkeit solchen Verhaltens darlegte; das besserte es ein wenig, und sie benahmen sich wieder vorsichtiger. Aber eine andre Auswirkung dieser Haltung konnten sie nicht verhindern; denn als das erste Gerücht, vom Abflauen der Pest nämlich, sich nicht nur in der Stadt, sondern auch über das Land verbreitete, wirkte es sich dort ähnlich aus, wo die Leute es so satt hatten, so lange von London fort zu sein, und so begierig waren, wieder zurückzukehren, dass sie ohne Furcht und ohne Überlegung in die Stadt strömten und sich auf den Straßen aufhielten, als sei alle Gefahr vorüber. Das war wirklich erstaunlich zu sehen, denn obwohl immer noch jede Woche tausend bis achtzehnhundert Menschen starben, strömten die Leute doch in die Stadt, als sei alles in Ordnung.

Die Folge davon war, dass die Listen gleich in der allerersten Novemberwoche wieder vierhundert Tote mehr auswiesen; und wenn man den Ärzten Glauben schenken kann, erkrankten in jener Woche mehr als dreitausend, von denen die meisten Rückkehrer waren.

Ein gewisser John Cock, Barbier in der Gemeinde St. Martin's-le-Grand, war dafür, d. h. für die übereilte Rückkehr der Leute, als die Pest abflaute, ein hervorstechendes Beispiel. Dieser John Cock hatte die Stadt mit seiner ganzen Familie verlassen, hatte sein Haus abgeschlossen und war, wie viele andre auch, aufs Land gezogen; und als er feststellte, dass die Pest im November so weit zurückgegangen war, dass in der Woche an allen Krankheiten nur noch 905 Menschen starben, wagte er sich wieder nach Hause. Seine Familie bestand aus zehn Personen, nämlich aus ihm selbst, seiner Frau, fünf Kindern, zwei Lehrlingen und einem Dienstmädchen. Er war noch kaum eine Woche in sein Haus zurückgekehrt und hatte sein Geschäft wieder eröffnet und seine Tätigkeit wieder aufgenommen, als in seiner Familie die Seuche ausbrach und binnen fünf Tagen alle mit einer Ausnahme gestorben waren, also er, seine Frau, die fünf Kinder und die beiden Lehrlinge; nur das Dienstmädchen blieb am Leben.

Aber bei den andern war die Gnade Gottes größer als man mit Grund erwarten durfte; denn die Seuche hatte, wie gesagt, ihre Bösartigkeit verloren, ihr Gift hatte sich erschöpft; außerdem stellte sich rasch winterliches Wetter mit einigen strengen Frösten ein, und die Luft war klar und kalt; und da es immer kälter wurde, genasen die meisten Erkrankten wieder, und die Gesundheit begann der Stadt zurückzukehren. Zwar kehrte die Seuche selbst im Monat Dezember noch einige Male zurück, und die Zahlen erhöhten sich um fast hundert; aber sie verschwand wieder, und so begann bald alles wieder seinen alten Gang zu gehen. Und wunderbar war es zu sehen, wie bevölkert plötzlich die Altstadt wieder war, sodass ein Fremder nicht bemerken konnte, wie viele fehlten. Auch an den Wohnungen konnte man nicht bemerken, dass jemand von ihren Bewohnern fehlte, denn man sah nur wenige oder gar keine leeren Häuser, und wenn es welche gab, so waren Mieter genug für sie vorhanden.

Wie gern würde ich sagen, dass, wie die Stadt ein neues Gesicht zeigte, auch das Verhalten der Menschen eine Erneuerung zeigte. Ich zweifle nicht daran, dass es viele gab, die sich ihrer Rettung voll bewusst blieben und der mächtigen Hand, die sie in so gefährlicher Zeit bewahrt hatte, von Herzen dankbar; es wäre sehr ungerecht, von einer so volkreichen Stadt, in der die

Menschen solche Frömmigkeit zeigten, wie es doch wirklich während der Zeit der Heimsuchung der Fall war, andres anzunehmen; aber es kann nicht verschwiegen werden, dass – abgesehen von der Frömmigkeit, die man in einzelnen Familien erlebte und auf einzelnen Gesichtern sah – die Menschen sich im Allgemeinen ebenso verhielten wie vorher und kaum eine Änderung festzustellen war.

Manche sagten sogar, es sei noch schlimmer geworden; dass der sittliche Verfall der Menschen genau in jener Zeit einsetzte; dass sie, abgestumpft durch die Gefahr, in der sie sich befunden hatten, wie Seeleute nach überstandenem Sturm, in ihrer Lasterhaftigkeit und Sittenlosigkeit noch verdorbener und stumpfsinniger, noch unverschämter und abgebrühter geworden seien; so weit möchte ich freilich nicht gehen. Man würde eine recht lange Geschichte erzählen müssen, wenn man im Einzelnen die ganze Entwicklung darstellen wollte, bis alles in der Stadt wieder seinen alten Gang ging und wieder alles im gewohnten Fahrwasser lief.

Inzwischen waren einige Gebiete Englands so heftig befallen wie zuvor London; jetzt wurden die Städte Norwich, Peterborough, Lincoln, Colchester und weitere Orte heimgesucht; und die Londoner Behörden begannen Vorschriften zu erlassen, wie wir uns im Umgang mit jenen Städten verhalten sollten. Natürlich konnten wir uns nicht einbilden, wir könnten deren Einwohnern verbieten, nach London zu kommen, da es unmöglich war, sie unter den andern herauszukennen, weshalb der Lord Mayor und der Stadtrat diese Vorschriften nach vielen Beratungen zurücknehmen mussten. Das Einzige, was sie tun konnten, war, die Bevölkerung darauf aufmerksam zu machen und sie davor zu warnen, Leute, von denen sie wussten, dass sie von solchen befallenen Orten kamen, nicht in ihre Häuser aufzunehmen und ihren Umgang zu meiden.

Aber sie hätten ebenso gut in die Luft reden können, denn die Bevölkerung Londons hielt sich jetzt für so seuchenfrei, dass sie von keiner Ermahnung mehr zu erreichen war; sie schienen sich darauf zu verlassen, dass die Luft wieder gesund sei, und dass sie wie ein Mann sei, der nicht mehr angesteckt werden kann, wenn er einmal die Pocken gehabt hat. Dies belebte den Gedanken wieder, dass sich die ansteckenden Keime nur in der Luft befänden und dass es so etwas wie eine Übertragung von Kranken auf Gesunde nicht gebe; und dieser Unsinn setzte sich unter den Leuten so fest, dass sie alle, Kranke und Gesunde, unterschiedslos durcheinanderliefen. Nicht einmal die Mohammedaner, die, voreingenommen durch den Glauben an die Vorherbestimmung, nichts von einer Ansteckung wodurch auch immer halten, könnten sich unvorsichtiger benehmen als damals die Londoner;

wer ganz gesund war und aus der gesunden Luft, wie man zu sagen pflegt, in die Stadt kam, machte sich nichts daraus, in die Häuser und Zimmer von Kranken zu gehen, die noch nicht wieder gesund waren, ja, sie legten sich sogar mit ihnen in ein Bett.

Manche mussten tatsächlich ihren unüberlegten Leichtsinn mit dem Leben bezahlen; eine unendliche Anzahl erkrankte, und die Ärzte hatten mehr als je zu tun, nur mit dem einen Unterschied, dass eine größere Anzahl ihrer Patienten genas; das heißt, im Allgemeinen genasen sie, aber sicherlich steckten sich jetzt, wo nur noch tausend oder zwölfhundert Menschen in der Woche starben, mehr Leute an und erkrankten als damals, wo in der Woche fünf- oder sechstausend starben, so völlig gleichgültig waren nun die Leute in Hinsicht auf die so wichtige und einschneidende Frage nach Gesundheit oder Krankheit, und so wenig waren sie in der Lage, den Rat derer anzunehmen und zu befolgen, die es gut mit ihnen meinten.

Als die Leute nun also im Großen und Ganzen zurückgekehrt waren, war es für sie unheimlich zu erleben, dass sie bei Nachforschungen über ihre Freunde oft nicht einmal mehr eine Erinnerung an sie fanden, so restlos waren manche Familien hinweggerafft worden; auch war niemand mehr da, der einen Anspruch besaß oder erhob auf das wenige, das sie hinterlassen hatten; denn in solchen Fällen war oft alles, was man finden konnte, veruntreut oder gestohlen worden und das eine hierhin, das andre dorthin verschwunden.

Man sagte, dass solches herrenlose Gut an den König als Universalerben fiel, welcher es, wie, meiner Meinung nach zum Teil mit Recht, behauptet wurde, als Gottesgut dem Lord Mayor und dem Stadtrat von London überließ, zum Nutzen der Armen, deren es sehr viele gab. Denn es ist eine Tatsache, dass, wenn es auch Anlässe zum Helfen und in Not Geratene während des Wütens der Pest viel mehr gegeben hatte als jetzt, wo alles vorbei war, so war die Not der Armen jetzt doch sehr viel größer als zuvor, weil all die Schleusen der allgemeinen Wohltätigkeit sich nun schlossen. Die Menschen sahen nun keinen wichtigen Anlass mehr und hörten zu geben auf; dabei griffen einem immer noch einzelne Fälle ans Herz, und das Elend der Armen blieb wahrhaftig groß genug.

Obgleich die Stadt weitgehend wieder gesund war, blieb doch der Außenhandel lahmgelegt, und lange Zeit erlaubte man im Ausland unsern Schiffen nicht, die dortigen Häfen anzulaufen. Was die Holländer angeht, so hatten die Streitigkeiten zwischen unserm Hof und ihnen im Jahr davor zum Kriegsausbruch geführt, sodass unser Handel mit ihnen völlig unterbrochen war; aber auch Spanien und Portugal, Italien und die Berberei, ebenso wie Hamburg und die Ostseehäfen, sie wollten alle lange Zeit mit uns nichts zu tun haben und über viele Monate hin den Handel mit uns nicht wieder aufnehmen.

Da die Seuche, wie dargestellt, solche Unmengen Menschen hinwegfegte, sahen sich viele oder alle Außengemeinden gezwungen, neue Begräbnisplätze anzulegen, wovon ich jenen in Bunhill Fields schon erwähnte; einige von ihnen blieben erhalten und werden bis zum heutigen Tag benutzt. Andre wieder wurden aufgelassen, und wenn sie dann, was ich nicht ohne einen Vorwurf erwähnen kann, anders genutzt oder bebaut wurden, störte man die Toten in ihrer Ruhe, schändete sie und grub sie wieder aus, manche gar, bevor das Fleisch von den Knochen abgefallen war, und schaffte sie wie Unrat oder Abfall anderswohin. Einige, von denen ich Näheres weiß, sind:

1. Ein Stück Land jenseits der Goswell Street, in der Nähe von Mount Mill, einem Rest der alten Befestigungsanlagen der Altstadt, wo man zahlreiche Leichen miteinander begrub, die sowohl aus Aldersgate und Clerkenwell als auch sogar aus der Altstadt kamen. Dieses Grundstück wurde, soviel ich weiß, später als Kräutergarten benutzt und schließlich bebaut.

2. Ein Stück Land direkt auf der andern Seite von dem damals so bezeichneten Black Ditch, am Ende der Holloway Lane, in der Gemeinde Shoreditch. Es wurde später als Hof einer Schweinemästerei und für andre gemeine Zwecke benutzt, dient jedoch durchaus nicht mehr als Begräbnisplatz.

3. Das obere Ende der Hand Alley, an der Bishopsgate Street, was damals freies Feld war und vor allem von der Gemeinde Bishopsgate benutzt wurde, obgleich auch viele Karren aus der Altstadt ihre Toten dorthin brachten, vor allem aus der Gemeinde St. All-hallows on the Wall. Diesen Platz kann ich nur mit tiefem Schmerz erwähnen. Etwa zwei oder drei Jahre nach dem Ende der Pest kam das Grundstück, wie ich mich erinnere, in den Besitz von Sir Robert Clayton. Man erzählte, ich weiß freilich nicht, ob das stimmt, dass es mangels Erben an den König gefallen war, da alle, die darauf Anspruch hätten erheben können, von der Pest hinweggerafft worden waren, und Sir Robert Clayton habe es von König Karl II. zum Geschenk erhalten. Aber wie es auch dazu gekommen sein mag, sicher ist, dass das Gelände in seinem Auftrag zur Bebauung verpachtet oder bebaut worden ist. Das erste darauf errichtete Gebäude war ein großes, schönes Haus, das noch steht und auf die Hand Alley genannte Straße schaut, die, obwohl ihrem Namen nach eine Gasse, doch so breit wie eine Straße ist. Die nordwärts an dieses Haus sich reihenden Häuser sind genau auf dem Platz erbaut, wo man die armen Leute beerdigt hatte, und als man die Erde für die Fundamente aus-

hob, grub man die Leichen aus, von denen manche noch so gut erhalten waren, dass man die Schädel der Frauen an den langen Haaren erkennen konnte, und bei andern war das Fleisch noch nicht völlig verwest; so kam es zu lauter Empörung der Bevölkerung, und mancher befürchtete, dass dadurch die Gefahr einer Wiederkehr der Seuche heraufbeschworen werden könnte; woraufhin man die Knochen und die Leichen, sobald man auf sie stieß, zu einer andern Stelle des gleichen Grundstücks schaffte und alle in eine dafür ausgehobene tiefe Grube warf, und diese Stelle kann man noch daran erkennen, dass sie nicht bebaut ist, sondern den Zugang zu einem andern Haus am oberen Ende der Rose Alley bildet, genau gegenüber dem Eingang eines Versammlungshauses, das dort vor vielen Jahren errichtet worden ist, und diese Stelle, ein kleines Viereck, ist von dem Zugang durch eine Einzäunung abgetrennt. Dort liegen die Gebeine und Überreste von fast zweitausend Toten, die in jenem einen Jahr von den Pestkarren zu Grab gebracht wurden.

4. Außerdem gab es noch einen Platz in Moorfields, dort wo man auf die Straße kommt, die jetzt Old Bethlem heißt, der sehr vergrößert, doch damals nicht ganz gebraucht wurde.

(N. B. Der Verfasser dieses Berichts liegt dort begraben, auf seinen eignen Wunsch, da dort einige Jahre vor ihm seine Schwester begraben worden war.)

5. Die Gemeinde Stepney, die sich vom Osten Londons nach Norden, genau bis zum Rand des Friedhofs von Shoreditch erstreckt, ließ ein Stück Land nahe dem besagten Friedhof in Besitz nehmen, um dort ihre Toten zu begraben, und es blieb aus diesem Grund unbebaut und ist inzwischen, vermute ich, jenem Friedhof einverleibt worden. Und sie hatten auch zwei weitere Begräbnisplätze in Spitalfields, der eine, wo inzwischen zur Entlastung dieser großen Gemeinde eine Kapelle oder ein Bethaus gebaut worden ist, ein zweiter an der Petticoat Lane.

Nicht weniger als fünf weitere Plätze wurden damals von der Gemeinde Stepney in Gebrauch genommen, einer, wo jetzt die Kirche der Gemeinde St. Paul, Shadwell, steht, ein zweiter, wo jetzt die Kirche der Gemeinde St. John in Wapping steht, beide wurden damals nicht als Gemeinden bezeichnet, sondern gehörten zur Gemeinde Stepney.

Ich könnte viele weitere nennen, aber wegen des Umstands, dass diese zu meiner genaueren Kenntnis gelangten, schien es mir nützlich zu sein, diese aufzuzeichnen. Im Ganzen kann gesagt werden, dass man in dieser Notzeit gezwungen war, in den meisten Außengemeinden neue Begräbnisplätze anzulegen, um die übergroße Zahl von Menschen, die in einem so kurzen Zeitraum starben, begraben zu können; warum man aber nicht dafür Sorge trug, dass diese Plätze weltlichem Gebrauch entzogen blieben, sodass die Toten ruhen konnten, darüber kann ich keine Rechenschaft geben, muss aber gestehen, dass ich es für unrecht halte; wem man dafür die Schuld geben könnte, weiß ich nicht.

Ich sollte auch erwähnen, dass sich zu jener Zeit auch die Quäker einen Begräbnisplatz zu ihrem Gebrauch zuweisen ließen, den sie heute noch benutzen; sie hatten auch einen eignen Pestkarren, der die Toten aus ihren Häusern holte; und der berühmte Solomon Eagle, der, wie von mir erwähnt, die Pest als Gottesgericht verkündet hatte und nackt durch die Straßen gelaufen war, um den Leuten zu sagen, dass sie über sie gekommen wäre, sie für ihre Sünden zu strafen, sah gleich darauf sein Weib an der Pest sterben, und sie wurde als eine der Ersten auf dem Pestkarren der Quäker zu deren neuem Begräbnisplatz gebracht.

Ich hätte diesen Bericht mit noch viel mehr bemerkenswerten Ereignissen anfüllen können, die sich während der Pestzeit zutrugen, und vor allem auch mit den Beziehungen zwischen dem Lord Mayor und dem Hof, der sich damals in Oxford aufhielt, und welche Richtlinien jener für seine Amtsführung in solch schwierigen Umständen von Zeit zu Zeit von der Regierung erhielt. Aber der Hof kümmerte sich in Wirklichkeit so wenig darum, und das wenige, was er unternahm, war so unbedeutend, dass ich es kaum für sinnvoll halte, hier irgendetwas davon zu erwähnen, mit Ausnahme der Anordnung eines monatlichen Fasttags für die Stadt und der Zusendung von Geldspenden zur Unterstützung der Armen durch den König, was ich beides schon erwähnt habe.

Großer Unmut entlud sich gegen die Ärzte, die während der Seuche ihre Patienten im Stich ließen, und als sie nun wieder in die Stadt zurückkehrten, wollte niemand ihre Dienste in Anspruch nehmen. Man nannte sie Deserteure, und oft waren Plakate an ihre Türen geschlagen mit der Aufschrift »Doktor zu vergeben«, sodass verschiedene dieser Ärzte es vorzogen, eine Zeit lang untätig herumzusitzen und abzuwarten oder zumindest zu verziehen und ihren Wohnsitz anderswo und in neuer Umgebung aufzuschlagen. Gleicherweise geschah es den Geistlichen, die von der Bevölkerung geschmäht wurden, indem man Verse und beleidigende Äußerungen auf sie schrieb und an die Kirchentüren Zettel »Kanzel zu vergeben« oder auch »zu verkaufen«, was noch schlimmer war, heftete.

Es war für uns nicht das kleinste Unheil, dass mit der Seuche, als diese verschwand, nicht auch der Geist des Haders und Zankes, der Verleumdungen und Vorwürfe verschwand, der zuvor der wirkliche Unruhestifter im Land gewesen war. Man hielt ihn für einen Überrest der alten Feindseligkeiten, die uns kurz zuvor alle in Blutvergießen und Chaos gestürzt hatten. Aber wie das kurz zuvor erlassene Amnestiegesetz den Streit als solchen beigelegt hatte, so hatte die Regierung jeder Familie und jedem Einzelnen im ganzen Land allgemeinen Frieden anempfohlen.

Aber er konnte nicht erhalten werden, und selbst nicht nach dem Aufhören der Pest in London, wo jeder, der den Zustand, in dem sich die Menschen befunden hatten, erlebt hatte, und wie liebevoll sie zu jener Zeit miteinander umgingen und sich versprachen, zukünftig mehr Nächstenliebe zu üben und sich nicht mehr mit Vorwürfen zu überhäufen; also, jeder, der sie damals erlebt hatte, musste annehmen, sie würden sich endlich in einem andern Geist begegnen. Aber, noch einmal, er konnte nicht erhalten werden. Der Zank währte weiter; die Anglikanische Kirche und die Presbyterianer blieben unversöhnlich. Sobald die Pest verschwunden war, zogen sich die von der Kirche abweichenden, amtsenthobenen Geistlichen, welche die von ihren Inhabern verlassenen Kanzeln versorgt hatten, zurück; sie konnten nichts andres erwarten, als dass diese auf der Stelle über sie herfielen und ihnen mit ihren Strafgesetzen das Leben erschwerten, dass sie sich ihre Predigten gefallen ließen, solange sie krank waren, und sie verfolgten, sobald sie wieder gesund waren; das hielten selbst wir, die wir der Kirche angehörten, für sehr hart, und wir konnten das keinesfalls bejahen.

Aber es ging von der Regierung aus, und wir konnten nur sagen, dass wir nichts damit zu tun hätten und nicht dafür verantwortlich sein könnten.

Andrerseits konnten wir aber auch keinesfalls bejahen, dass die Dissenter den Geistlichen der Kirche vorwarfen, dass sie weggelaufen seien und ihr Amt im Stich gelassen und die Menschen in der Gefahr und als sie am meisten des Trostes bedurften, allein gelassen hätten und Ähnliches, denn nicht alle Menschen haben gleiche Glaubensstärke und gleichen Mut, und die Schrift gebietet uns, mit größter Nachsicht und im Geist der Nächstenliebe zu urteilen.

Die Pest ist ein schrecklicher Feind, und ihre Waffe ist der Schrecken, dem zu widerstehen nicht jedermann genügend gewappnet oder ihrem Überfall standzuhalten gerüstet ist. Es ist nicht zu bestreiten, dass viele Geistliche, denen es ihre Umstände erlaubten, zur Rettung ihres Lebens das Weite suchten und flohen; zweifellos aber blieben auch sehr viele von ihnen, und viele von ihnen fielen dem Unheil, in Ausübung ihrer Pflicht, zum Opfer.

Es stimmt, dass einige der von der Kirche abgefallenen und ausgestoßenen Geistlichen blieben, und deren Mut ist zu loben und hoch anzuerkennen, doch waren dies nicht übermäßig viele; man kann nicht behaupten, dass sie alle geblieben seien und sich keiner aufs Land begeben habe, so wenig wie man von den Geistlichen der Kirche sagen kann, dass sie alle weggegangen seien. Auch gingen viele von diesen nicht weg, ohne zuvor einen Verweser oder sonst jemanden zu ihrer Stellvertretung eingesetzt zu haben, damit diese die anfallenden Amtspflichten erfüllten und die Kranken, soweit dies möglich war, besuchten; so hätte man, im Ganzen, auf beiden Seiten aus christlicher Nächstenliebe heraus Nachsicht üben sollen, und wir sollten bedenken, dass eine Zeit wie das Jahr 1665 einzig in der Geschichte dasteht, und dass es nicht der standhafteste Mut ist, der in solcher Lage die Menschen aufrechterhält. Ich hätte das nicht gesagt, sondern viel lieber den Mut und frommen Eifer all derjenigen auf beiden Seiten aufgezeichnet, die im Dienst für die unglücklichen Armen das Leben einsetzten, statt ins Gedächtnis zurückzurufen, dass auf beiden Seiten mancher seine Pflicht vernachlässigte. Das Gegenteil aber ist notwendig geworden wegen des bei uns herrschenden Mangels an Zurückhaltung, wo manche der Gebliebenen nicht nur dessen sich allzu sehr brüsteten, sondern auch die Geflohenen verunglimpften, sie als Feiglinge brandmarkten, die ihre Herde verlassen und als Mietlinge gehandelt hätten und dergleichen mehr. Ich stelle es dem Wohlwollen aller guten Menschen anheim, auf die Schrecken jener Zeit zurückzuschauen und geziemend darüber nachzudenken, und jeder, der das tut, wird herausfinden, dass es nicht eine gewöhnliche Stärke ist, sie zu ertragen. Es war nicht, wie wenn man an der Spitze eines Heeres erscheint oder im Feld einem Reiterangriff gegenübersteht, sondern man stand gegen den Tod, auf seinem fahlen Pferd, selbst; bleiben bedeutete wahrhaftig sterben, und man konnte nichts weniger erwarten, vor allem, wie die Dinge in der zweiten Augusthälfte und Anfang September standen und was man zu diesem Zeitpunkt vernünftigerweise erwarten musste; denn niemand erwartete, und ich wage zu sagen, glaubte, dass die Seuche eine so plötzliche Wendung nehmen würde, wie sie es dann tat, und so plötzlich um zweitausend in der Woche fallen, wo doch eine so außerordentliche Zahl von Menschen zu diesem Zeitpunkt erkrankt war, wie man wusste; und damals schließlich verschwanden noch viele, welche bis dahin die meiste Zeit geblieben waren.

Außerdem, wenn Gott manchen mehr Stärke gab als andern, geschah das, damit sie sich ihrer Kraft, den Schlag auszuhalten, rühmten und diejenigen tadelten, welchen nicht die gleiche Gabe und Stärkung zuteil wurde, oder hätten sie nicht lieber demütig und dankbar dafür sein sollen, wenn sie ihren Mitbrüdern von größerem Nutzen sein durften als andre?

Ich meine, es sollte zur Ehre solcher Männer, sei es Geistlicher oder Ärzte, Bader, Apotheker, Richter und Beamter jeglicher Art, wie auch aller nützlichen Menschen, überliefert werden, wie sie alle in Ausübung ihrer Pflicht das Leben einsetzten, was zweifellos alle, die blieben, bis zum Äußersten taten, und viele von all diesen setzten nicht nur das Leben ein, sie verloren es bei jenem traurigen Ereignis.

Ich stellte einst von all jenen ein Verzeichnis auf, d. h. von all jenen, die in Ausübung ihres Berufes oder ihrer Tätigkeit sozusagen als Opfer der Pflicht starben; aber es erwies sich als unmöglich für einen Privatmann, zu genauen Ergebnissen im Einzelnen zu gelangen. Ich erinnere nur noch, dass sechzehn Geistliche, zwei Ratsherrn, fünf Ärzte und dreizehn Bader in der Altstadt und den Freigebieten vor Anfang September starben. Aber weil da, wie schon gesagt, die Pest einen äußersten Höhepunkt erreichte, ist ein vollständiges Verzeichnis nicht möglich. Was untergeordnete Leute betrifft, so starben, wie ich glaube, in den beiden Gemeinden Stepney und Whitechapel sechsundvierzig Wachtmeister und Unterwachtmeister; aber ich konnte mein Verzeichnis nicht weiterführen, denn als im September die Seuche mit all ihrer Wut über uns kam, nahm sie uns jede Übersicht. Die Menschen starben dann ungezählt und zahllos. Man mochte zwar eine wöchentliche Liste aufstellen und sieben- oder achttausend oder was einem einfiel draufschreiben; sicher ist nur, dass sie haufenweise starben und haufenweise, und das heißt: ungezählt, begraben wurden. Und wenn ich manchen glauben darf, die mehr herumkamen und mit diesen Dingen mehr vertraut waren als ich – obgleich ich, der ich ja nur wenig zu tun hatte, auch selbst genug erfuhr –, wenn ich jenen also glauben darf, dann wurden in jenen ersten drei Septemberwochen nicht viel weniger als zwanzigtausend Menschen je Woche begraben. Obgleich sie beteuern, dass dies stimmt, ziehe ich doch vor, mich an die amtlichen Angaben zu halten; sieben- oder achttausend Tote reichen auch aus, um alles, was ich über die Schrecknisse jener Zeit berichtet habe, glaubhaft erscheinen zu lassen; und es befriedigt mich, den Schreiber, wie auch den Leser, mehr, wenn ich sagen kann, es ist alles ohne Übertreibung und eher zu mild als zu grell dargestellt.

Aus all diesen Gründen also konnte ich den Wunsch hegen, dass sich unsere Haltung, als wir wiederhergestellt waren, in Erinnerung an das ausgestandene Unheil, mehr durch Güte und Liebe auszeichnen würde und nicht so sehr durch Stolz auf unsere Kühnheit, geblieben zu sein, als ob jeder, der vor Gottes Hand flieht, ein Feigling wäre und nicht mancher, der bleibt, nur aus Unwissenheit tapfer ist oder weil er die Hand seines Schöpfers missachtet, was sündhafte Verzweiflung ist und nicht echte Tapferkeit.

Ich fühle mich festzuhalten verpflichtet, dass die Beamten, wie Wachtmeister, Unterwachtmeister, Angestellte des Lord Mayors und der Sheriffs,

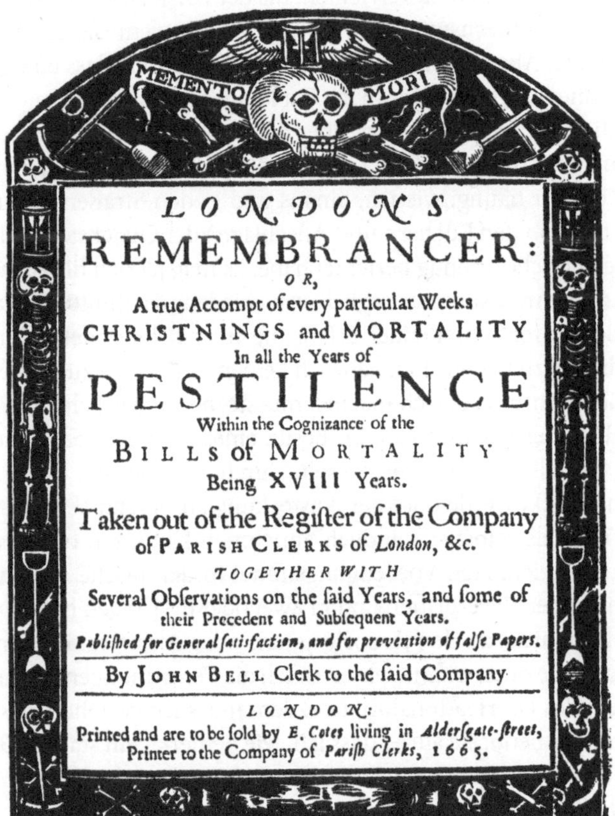

LONDONS

REMEMBRANCER:

OR,

A true Accompt of every particular Weeks

CHRISTNINGS and MORTALITY

In all the Years of

PESTILENCE

Within the Cognizance of the

BILLS of MORTALITY

Being XVIII Years.

Taken out of the Regiſter of the Company

of PARISH CLERKS of *London*, &c.

TOGETHER WITH

Several Obſervations on the ſaid Years, and ſome of their Precedent and Subſequent Years.

Publiſhed for General ſatisfaction, and for prevention of falſe Papers.

By JOHN BELL Clerk to the ſaid Company

LONDON:

Printed and are to be ſold by *E. Cotes* living in *Alderſgate-ſtreet*, Printer to the Company of *Pariſh Clerks*, 1665.

Titelseite der von der Gilde der Gemeindeschreiber zum Beweis für die Richtigkeit ihrer Aufstellungen als Buch herausgegebenen Sterblichkeitslisten ebenso auch Gemeindebeamte, deren Aufgabe es war, sich der Armen anzunehmen, ihre Pflichten im Allgemeinen mit ebenso großem, vielleicht mit noch größerem Mut erfüllten wie nur irgendwer, denn ihre Arbeit war vor allem unter den Armen zu verrichten, die der Ansteckung mehr ausgesetzt und in der bejammernswertesten Notlage waren, wenn sie die Ansteckung ergriffen hatte. Aber es muss auch hinzugefügt werden, dass eine große Anzahl von ihnen starb; das war in der Tat kaum anders möglich.

Ich habe hier noch kein Wort über die Arzneien oder Heilmittel gesagt, die wir in dieser fürchterlichen Lage gewöhnlich benutzten – ich meine damit uns, die wir häufig, wie ich, hinaus und in den Straßen herumgingen; von ihnen war in den Büchern und Anschlägen der Quacksalber viel die Rede, wovon ich schon genug berichtet habe. Es mag jedoch hinzugefügt werden, dass die Ärztekammer täglich verschiedene Heilmittel bekannt gab, welche sie mit fortschreitender Erfahrung für gut befunden hatte, und da diese gedruckt zu haben sind, habe ich keinen Grund, sie zu wiederholen.

Eine Beobachtung, die ich machen musste, betraf das Schicksal eines der Quacksalber, der bekannt gab, im Besitz eines ganz ausgezeichneten Vorbeugungsmittels gegen die Pest zu sein, durch das jeder, der es mit sich führe, nie angesteckt werde oder der Ansteckung ausgesetzt sei. Dieser Mann, der, wie man als selbstverständlich annehmen kann, nie ohne etwas von diesem ausgezeichneten Vorbeugungsmittel in der Tasche ausging, wurde doch von der Seuche ergriffen und in zwei oder drei Tagen hinweggerafft.

Ich gehöre nicht zu den Arzneigegnern oder Arzneiverächtern; im Gegenteil, ich habe oft erwähnt, wie ernst ich die Verordnungen meines besonderen Freundes Dr. Heath nahm; trotzdem muss ich gestehen, dass ich wenig oder nichts benutzte außer dass ich, wie bemerkt, ein starkes Duftmittel für den Fall bereit hielt, dass ich auf irgendetwas mit schädlichen Ausdünstungen stieß oder einem Begräbnisplatz oder Toten zu nahe kam.

Noch tat ich, was manche, wie ich weiß, taten, nämlich, mich durch Tränke und Wein und Ähnliches anzuregen und aufzupeitschen, welche Mittel nach meiner Beobachtung ein gelehrter Arzt in solchem Ausmaß gebrauchte, dass er davon nicht mehr lassen konnte, als die Ansteckung abgeklungen war, und so für sein weiteres Leben ein Trunkenbold wurde.

Ich erinnere mich, dass mein Freund, der Doktor, zu sagen pflegte, es gebe eine gewisse Anzahl von Arzneien und Heilmitteln, die zweifellos alle gut und nützlich im Fall einer Ansteckung seien, woraus bzw. womit die Ärzte eine unendliche Vielfalt von Medizinen herstellen könnten, so wie die Glockenspieler mehrere hundert Musikstücke durch die wechselnde Ordnung der Töne von nur sechs Glocken hervorbringen können, und dass diese Heilmittel tatsächlich alle sehr gut seien; »deshalb«, sagt er, »wundert es mich nicht, dass eine so große Menge von Arzneien in der gegenwärtigen Notzeit angeboten wird, und fast jeder Arzt verordnet oder stellt etwas andres her, wie Wissen oder Erfahrung es ihm eingeben; aber«, sagt mein Freund, »wenn man alle Heilmittel der Londoner Ärzte untersuchen ließe, würde sich herausstellen, dass sie alle aus den gleichen Bestandteilen zusammengesetzt sind und nur leichte Abwandlungen, wie es die Fantasie dem betreffenden Doktor eingegeben hat, aufweisen; sodass«, sagt er, »jeder, der ein wenig seine eigene Körperverfassung und Lebensweise sowie die Umstände seiner Erkrankung in Betracht zieht, sich seine eigne Medizin aus den üblichen Arznei- und Heilmitteln zusammenstellen kann. Nur dass die einen«, sagt er, »dies und die andern jenes als wichtigstes empfehlen. Manche«, sagt er, »halten pill. ruff., die als Antipestpille schlechthin bezeichnet wird, für das beste Heilmittel, das überhaupt hergestellt werden kann; andre glauben, dass Venetianischer Sirup allein gegen die Pest ausreicht; und ich«, sagt er, »stimme beiden zu, nämlich insofern, als Letzteres gut vorher zur Verhütung zu nehmen ist, und das Erstere, wenn man befallen ist, sie zu vertreiben.« Dieser Ansicht entsprechend nahm ich verschiedene Male Venetianischen Sirup, mit einer kräftigen Schwitzkur hinterdrein, und fühlte mich gegen Ansteckung so gewappnet, wie nur irgendeiner durch die Kraft einer Arznei gewappnet sein kann.

Was Quacksalber und Scharlatane betrifft, von denen die Stadt nur so wimmelte, so hörte ich auf keinen von ihnen, und es ist mir seitdem, mit leichter Verwunderung, immer wieder aufgefallen, dass ich in den zwei auf die Pest folgenden Jahren kaum einen von ihnen in der Stadt sah oder von einem hörte. Manche meinten, sie seien alle bis auf den letzten Mann während der Pest hinweggerafft worden, und meinten es als ein besonderes Zeichen der göttlichen Rache gegen sie betrachten zu müssen, dafür, dass sie die armen Menschen in den Abgrund der Vernichtung geführt hätten, nur um des bisschen Geldes willen, das sie von ihnen errafften; so weit kann ich selber aber nicht gehen. Sicher ist, dass eine Unzahl von ihnen starb; von vielen gelangte es zu meiner eignen Kenntnis; dass aber alle von ihnen hinweggerafft wurden, stelle ich sehr in Frage. Ich glaube eher, dass sie aufs Land hinausflohen und ihre Praktiken an den Leuten dort versuchten, die in Angst vor der Seuche lebten, bevor sie noch zu ihnen kam.

Das eine jedoch ist sicher, dass eine lange Zeit sich nicht ein Einziger von ihnen in London oder dessen Umgebung sehen ließ. Es gab freilich verschiedene Ärzte, welche auf Anschlägen ihre verschiedenen Heilmittel empfahlen, mit denen man nach dem Ende der Pest den Körper entschlacken sollte, wie sie es nennen, was, wie sie sagten, solchen Leuten vonnöten sei, die heimgesucht und wiederhergestellt worden waren; wohingegen ich, wie ich gestehen muss, glaube, dass es damals die Ansicht der hervorragendsten Ärzte war, dass die Pest selbst eine ausreichende Reinigung bewirkte und dass diejenigen, welche die Seuche überstanden, keine Arzneien benötigten, um den Körper von irgend sonst was zu entschlacken, da die eiternden Wunden, Beulen usw., welche auf Anweisung der Ärzte geöffnet und am Eitern gehalten worden waren, diesen genügend entschlackt hätten; und dass alle andern Krankheiten und Krankheitsursachen auf diese Weise gründlich entfernt worden seien; und da dies die Ärzte allerorts als ihre Ansicht äußerten, konnten die Quacksalber kaum Geschäfte machen.

Es gab freilich nach dem Abklingen der Pest noch mancherlei kleine Beunruhigungen, von welchen ich nicht weiß, ob sie, wie manche glaubten, erzeugt wurden, um die Menschen zu erschrecken und durcheinanderzubringen, jedenfalls erzählte man uns verschiedentlich, dass die Pest dann und dann zurückkehren werde; und der berühmte Solomon Eagle, der von mir schon erwähnte nackt herumlaufende Quäker, prophezeite Tag für Tag neue Übel; und andre erzählten uns, dass London noch nicht genügend gezüchtigt sei und uns noch schlimmere und ernstere Schläge bevorständen. Hätten sie hier innegehalten oder Einzelheiten angegeben und uns gesagt, dass die Stadt im nächsten Jahr durch Feuer vernichtet würde, dann, als wir es wirklich geschehen sahen, hätte man uns nicht vorwerfen können, wir zollten ihrem prophetischen Geist nicht eine mehr als gewöhnliche Achtung; zumindest hätten wir über sie gestaunt und ernsthafter nach den Hintergründen, und woher sie ihr Vorwissen hatten, gefragt. Aber da sie uns im Allgemeinen nur von einem Rückfall in die Pest sprachen, kümmern wir uns seitdem nicht mehr um sie; doch wurden wir durch dieses immer wiederkehrende Geschrei in einer Art ständiger Sorge gehalten; und wenn jemand plötzlich starb oder sich zu irgendeiner Zeit die Fleckfieberfälle mehrten, gerieten wir sofort in Aufregung; noch mehr aber, wenn sich die Zahl der Pestfälle erhöhte, denn bis zum Ende des Jahres gab es dauernd zwei- bis dreihundert Pesttote. Bei jedem dieser Vorfälle also gerieten wir von Neuem in Aufregung.

Wer noch die Altstadt Londons vor dem Brand kennt, erinnert sich sicher, dass es damals den heute als Margate Market bekannten Platz noch nicht gab, sondern dass in der Mitte der heute Blowbladder Street genannten Straße, die ihren Namen von den Metzgern hat, die dort Hammel zu schlachten und zu zerlegen pflegten [und die, scheint es, das Fleisch mit einem Rohr aufzublasen pflegten, damit es dicker und fetter aussah, als es in Wirklichkeit war, und deswegen dort vom Lord Mayor bestraft wurden]; also, vom Ende der Straße bis Newgate standen zwei lange Reihen Buden für den Fleischverkauf.

In diesen Buden nun fielen zwei Personen tot um, als sie Fleisch kauften, und das ließ das Gerücht aufkommen, das Fleisch sei alles verseucht, welche Vermutung sich freilich, wenn sie auch die Leute erschrecken mochte und das Geschäft für zwei oder drei Tage verdarb, hinterher eindeutig als falsch herausstellte. Aber niemand kann dafür, wenn er von Furcht besessen ist, wenn sie seinen Geist erst ergriffen hat.

Es gefiel Gott jedoch, das Winterwetter anhalten zu lassen und dadurch die Gesundheit in der Stadt wieder so weit herzustellen, dass wir dann im Februar die Seuche als völlig erloschen betrachteten, und dann konnte uns nicht so leicht wieder etwas Furcht einjagen.

Schließlich blieb bei den Gelehrten noch die Frage offen, was die Leute anfangs etwas verwirrte, nämlich diese, auf welche Weise man die Häuser und die Sachen darin, in denen die Pest gewesen war, entseuchen, und wie man diejenigen, welche während der Pestzeit leer gestanden hatten, wieder bewohnbar machen könne. Von den Ärzten wurde eine Unmenge von Duftstoffen und Mitteln verschrieben, vom einen diese, vom andern jene, und die Leute, welche auf sie hörten, machten dafür große und meiner Meinung nach wirklich unnötige Ausgaben; und die ärmeren, die nur Tag und Nacht die Fenster offen stehen ließen und Schwefel, Pech und Schießpulver und Ähnliches in den Zimmern abbrannten, erreichten genau den gleichen Zweck; ja, die Leute, die, wie oben geschildert, überstürzt und ohne der Gefahr zu achten, zurückgeeilt waren, sahen in ihren Häusern und Einrichtungsgegenständen kaum eine Gefahr und unternahmen nur wenig oder gar nichts.

Die Klugen und Einsichtigen jedoch ergriffen im Allgemeinen irgendwelche Maßnahmen, ihre Häuser auszuräuchern und zu entseuchen, und brannten Räucherwerk, Weihrauch, Harz, Terpentin und Schwefel in den abgedichteten Räumen ab, und ließen dann alles mit der Luft durch eine Pulverexplosion hinauswehen; andre sorgten für große Feuer, die über mehrere Tage und Nächte hindurch brannten, wobei einige ihre Häuser in Brand setzten und sie dadurch, dass sie bis zum Grund niederbrannten, gar wirksam entseuchten; das geschah mit einem in Ratcliff, einem in Holborn und einem in Westminster, während bei zwei oder drei andern, die auch in Brand gesteckt wurden, das Feuer glücklicherweise gelöscht werden konnte, bevor es so mächtig war, dass die Häuser niederbrannten; und der Knecht eines Bürgers, ich glaube, es war in der Thames Street, schaffte so viel Schießpulver in das Haus seines Herrn, um es von der Seuche zu reinigen, und ging so ungeschickt damit um, dass er einen Teil des Hausdachs in die

Luft sprengte. Aber noch war die Zeit nicht ganz gekommen, wo die Stadt durch Feuer gereinigt werden sollte, war aber auch nicht mehr weit entfernt; denn binnen weiterer neun Monate sah ich alles in Schutt und Asche liegen; und dann erst, wie manche unserer Neunmalklugen behaupten, wurden die Keime der Pest völlig vernichtet, und nicht früher; eine Behauptung, zu albern, um hier näher darauf einzugehen, denn, wären die Keime der Pest in den Häusern geblieben und nicht anders als durch Feuer zu vernichten gewesen, wieso sind sie dann nicht inzwischen wirksam geworden, wenn man all die Häuser in den Vorstädten und Freigebieten bedenkt, all die Häuser in den großen Gemeinden Stepney, Whitechapel, Aldgate, Bishopsgate, Shoreditch, Cripplegate und St. Giles, die nicht vom Feuer ergriffen wurden und wo die Pest mit größter Heftigkeit gewütet hatte, und diese immer noch stehen wie zuvor?

Um mich damit aber nicht länger aufzuhalten, so viel ist sicher, dass diejenigen, welche mehr als gewöhnlich auf ihre Gesundheit bedacht waren, sich besondere Anweisungen für das, wie sie es nannten, Würzen ihrer Häuser geben ließen, und dafür wurde eine Unmenge kostbarer Sachen verbraucht, die schließlich nicht nur, wie beabsichtigt, ihre Häuser würzten, sondern auch die Luft mit angenehmen und gesunden Wohlgerüchen füllten, an denen andre ebenso teilnehmen konnten wie die, welche die Kosten dafür trugen.

Wenn freilich, wie schon gesagt, die Armen recht überstürzt in die Stadt zurückkehrten, muss ich doch sagen, dass es die Reichen damit nicht so eilig hatten; die Geschäftsleute allerdings kamen herein, aber viele von ihnen holten ihre Familien erst zurück, als der Frühling anbrach und sie verlässlichen Grund zu der Annahme hatten, die Pest werde nicht wiederkehren.

Der Hof freilich kam bald nach Weihnachten zurück, aber die Adligen aller Grade, wenn sie nicht in der Verwaltung tätig und davon abhängig waren, kamen nicht so schnell.

Es wäre hier noch zu vermerken, dass trotz des Wütens der Pest in London und andern Städten diese auffallenderweise nicht auf die Kriegsflotte übergriff; und doch musste man eigenartigerweise eine Zeit lang auf dem Fluss und selbst auf den Straßen Matrosen für die Bemannung der Flotte pressen. Freilich war das am Anfang des Jahres, als die Pest noch kaum begonnen und überhaupt noch nicht den Teil der Stadt erreicht hatte, wo sie gewöhnlich Matrosen pressen; und obgleich die Bevölkerung damals einem Krieg mit den Holländern durchaus ablehnend gegenüberstand und die Matrosen nur recht zögernd sich anheuern ließen und viele klagten, sie seien mit Gewalt angeworben worden, erwies sich das für manche von ihnen in diesem Fall doch als eine

Glück bringende Gewaltmaßnahme, denn sie wären sonst vielleicht bei dem allgemeinen Unheil mit zugrunde gegangen, und konnten stattdessen jetzt, nachdem ihre Dienstzeit mit dem Sommer vorüber war – wenn sie auch Grund hatten, das traurige Schicksal ihrer Angehörigen zu beklagen, von denen mancher bei ihrer Rückkehr im Grab lag –, dankbar sein, dass sie, wenn auch sehr gegen ihren Willen, aus seinem Bereich gebracht worden waren. Wir standen allerdings in jenem Jahr mit den Holländern in einem heftigen Kampf, und es fand eine große Seeschlacht statt, in der die Holländer zwar geschlagen wurden, wir aber sehr viele Männer und einige Schiffe verloren. Aber, wie gesagt, die Pest kam nicht auf die Schiffe, und als diese zurückkehrten und im Fluss festmachten, begann ihre Heftigkeit abzuflauen.

Es wäre mir eine Freude, wenn ich den Bericht über dieses traurige Jahr wahrheitsgetreu mit einigen besonderen Beispielen beschließen könnte; ich meine Beispielen von Dankbarkeit gegen Gott, unsern Erhalter, dass Er uns von diesem fürchterlichen Unheil erlöst hat. Ohne Zweifel riefen die Umstände unserer Erlösung wie der schreckliche Feind, von dem wir erlöst wurden, unser ganzes Land dazu auf. Die Umstände unserer Erlösung waren wahrhaftig sehr bemerkenswert, wie ich es zum Teil schon dargestellt habe, vor allem auch die schreckliche Lage, in der wir uns alle befanden, als wir, zur Überraschung der ganzen Stadt, voll Freude auf ein Ende der Seuche hoffen durften.

Niemand als die Hand Gottes selbst, niemand als der Allmächtige konnte das vollbracht haben. Die Krankheit widerstand jeder Arznei; in jedem Winkel wütete der Tod; und wäre es so weitergegangen, ein paar weitere Wochen hätten die Stadt von allen und jedem lebendigen Wesen entblößt. Überall begannen die Menschen zu verzweifeln; alle Herzen verzagten; die Menschen fielen in ihrer Seelenqual der Verzweiflung anheim, und die Schrecken des Todes standen in ihren Gesichtern und Mienen.

Genau zu diesem Zeitpunkt, als wir wahrhaftig sagen konnten: »Eitel ist Menschenhilfe«, genau zu diesem Zeitpunkt gefiel es Gott, als eine höchst willkommene Überraschung, die Wut der Pest ganz ohne Zutun abflauen zu lassen; und da sich ihre Bösartigkeit abschwächte, wie ich schon sagte, starben weniger, obgleich Unzählige krank waren, und schon die nächste wöchentliche Liste wies einen Rückgang von 1843 Todesfällen auf, wahrhaftig eine riesige Zahl!

Es ist unmöglich zu beschreiben, welche Veränderung selbst in den Mienen der Menschen sich an jenem Donnerstagmorgen zeigte, als die wöchentliche Liste erschien; in ihrem Gesichtsausdruck hätte man eine kaum sich hervorwagende Überraschung und ein freudiges Lächeln erkennen können. Sie gaben sich auf den Straßen die Hand, die zuvor miteinander kaum auf der gleichen Straßenseite gegangen wären. Wo die Straßen nicht zu breit waren, öffneten sie überall die Fenster und riefen sich von Haus zu Haus zu und fragten, wie es gehe, und ob der andre schon die gute Nachricht gehört habe, dass die Pest zurückgegangen sei. Manche antworteten, wenn sie von einer guten Nachricht hörten, »Was für eine gute Nachricht?«, und wenn sie zur Antwort bekamen, die Pest sei zurückgegangen und die Listen zeigten fast zweitausend Tote weniger an, dann riefen sie wohl aus: »Gott sei gelobt!«, und weinten laut vor Freude und sagten, davon hätten sie noch nicht gehört; und so groß war die Freude der Menschen, dass es wie eine Auferstehung aus dem Grab war. Ich könnte fast ebenso viele ausgefallene Dinge erzählen, die sie im Überschwang der Freude taten wie zuvor des Grams; aber das würde die Bedeutung des Geschehens verringern.

Ich muss gestehen, dass ich selber sehr niedergeschlagen war, kurz bevor dies eintrat; denn die Zahl der Erkrankten war in den ein, zwei Wochen davor so hoch neben denen, die starben, und überall war ein solches Jammern, dass man von jedem, der auch nur die geringste Hoffnung auf ein Entkommen hegte, annehmen musste, er tue dies wider eignes besseres Wissen; und da es mit Ausnahme des meinigen kaum ein Haus in der Nachbarschaft gab, das nicht angesteckt war, wäre es nicht mehr lange so weitergegangen, und niemand in der Nachbarschaft wäre mehr da gewesen, der noch hätte angesteckt werden können. Es ist wahrhaftig kaum glaublich, was die letzten drei Wochen noch für Verwüstung angerichtet haben, denn wenn ich der betreffenden Persönlichkeit, deren Berechnungen ich immer sehr gut gegründet fand, glauben darf, waren in den drei Wochen, von denen ich spreche, nicht weniger als dreißigtausend Menschen gestorben und fast hunderttausend erkrankt; denn die Zahl der Erkrankten war erstaunlich, ja erschütternd, und diejenigen, die ihr Mut seither aufrecht erhalten hatte, brachen darunter zusammen.

Inmitten ihrer Not, als die Lage der Stadt London wahrhaftig verzweifelt war, gerade da gefiel es Gott, sozusagen mit Seiner Eigenen Hand, den Feind zu entwaffnen; dem Stachel wurde das Gift genommen. Es war ein Wunder; sogar die Ärzte selber waren davon überrascht. Wo sie auch ihre Besuche machten, überall fanden sie es den Patienten besser gehend; entweder sie hatten einen erleichternden Schweißausbruch gehabt oder die Geschwüre waren aufgebrochen, oder die Beulen gingen zurück und die Entzündungen drum herum änderten die Farbe, oder das Fieber war verschwunden, oder das Kopfweh hatte nachgelassen, oder ein andres gutes Anzeichen war festzustellen; so war in wenigen Tagen jeder auf dem Weg der Gesundung, ganze Familien, die angesteckt daniederlagen und den Geistlichen bei sich hatten, mit ihnen zu beten, da sie stündlich den Tod erwarteten, kehrten zum Leben zurück und gesundeten, und nicht ein Einziger von ihnen starb.

Und dies geschah nicht, weil man etwa eine neue Medizin entdeckt oder ein neues Heilverfahren gefunden hätte, oder weil die Ärzte und Bader bei der angewandten Behandlungsweise Erfahrungen gesammelt hätten; nein, es war offensichtlich Seine verborgene, unsichtbare Hand, welche erst die Krankheit als Strafgericht über uns verhängt hatte; und sollen die Gottesleugner der ganzen Welt mein Reden nennen, was sie mögen, es ist keine Schwärmerei; die ganze Welt gab das damals zu. Die Krankheit war geschwächt, ihre Bösartigkeit verbraucht; und woher es auch gekommen sein mag, und welche natürlichen Ursachen die Gelehrten auch als Erklärung zu finden suchen, und mögen sie sich bemühen, so sehr sie wollen, die Schuld zu verringern, in der sie bei ihrem Schöpfer stehen, jene Ärzte, die am allerwenigsten von allem Religiösen wissen wollten, mussten notgedrungen anerkennen, dass alles ein Wunder war, dass es außer der natürlichen Ordnung lag und man keine Erklärung dafür geben konnte.

Sagte ich nun, dass dies eine sichtbare Aufforderung zur Dankbarkeit an uns alle sei, an uns vor allem, die wir unter dem Schrecken des Anwachsens der Seuche standen, möchten das manche vielleicht nun, da man es nicht mehr empfindet, für ein leeres, scheinheiliges Gerede über religiöse Angelegenheiten halten, glauben, ich hielte Predigten, statt Geschichte zu schreiben, machte mich zum Lehrer, statt Beobachtungen von Tatsachen mitzuteilen; und das hält mich doch davon zurück, darin fortzufahren, wie ich es sonst gern getan hätte. Wenn aber zehn Aussätzige geheilt wurden und nur einer kehrte zurück, um zu danken, dann möchte ich dieser eine sein und meinerseits mich als dankbar erweisen.

Freilich will ich nicht leugnen, dass es unzählig viele Menschen gab, die damals tiefe Dankbarkeit empfanden, wie es schien; denn der Mund war ihnen verschlossen, selbst denen, deren Herzen nicht so gar lange davon erfüllt waren. Aber es war damals ein so starker Eindruck, dass niemand, auch der Schlechteste nicht, sich ihm entziehen konnte.

Es war ganz alltäglich, auf der Straße Menschen zu begegnen, die einem unbekannt waren und von denen man nicht das Geringste wusste, und sie gaben einem gegenüber ihrer Verwunderung Ausdruck. Als ich eines Tages durch Aldgate ging, wo eine große Zahl Leute hin- und herging, kommt ein Mann aus der Minories heraus, schaut ein wenig die Straße hinauf und hinunter und wirft die Arme in die Luft: »Mein Gott, wie hat sich das verändert! Nein, letzte Woche ging ich hier entlang, und da war kaum jemand zu sehen!« Einen andern hörte ich hinzufügen: »Es ist ein Wunder; es ist alles wie im Traum.« – »Gelobt sei Gott«, sagt ein Dritter, »lasst uns Ihm danken, denn es ist alles Sein Werk, alles Menschen-Tun und -Können war am Ende.« All diese waren einander unbekannt. Aber ein solches Anreden auf den Straßen wie dieses kam jeden Tag häufig vor; und trotz ihres losen Benehmens gingen selbst die gewöhnlichsten Leute auf den Straßen herum und sagten Gott Dank für ihre Erlösung.

Nun also, wie ich schon sagte, hatten die Menschen alle Furcht von sich geworfen, allzu schnell freilich; ja, wir hatten nun keine Angst mehr, einem Mann mit einer weißen Mütze auf dem Kopf oder einem Stück Tuch um den Hals gelegt oder hinkend wegen der offenen Stellen an den Lenden zu begegnen, was uns – kaum eine Woche zuvor – in äußersten Schrecken versetzt hatte. Aber jetzt war die Straße voll von ihnen, und diese armen, genesenden Geschöpfe, das muss zu ihren Gunsten gesagt werden, schienen sehr dankbar für ihre unerwartete Rettung; und ich würde ihnen sehr Unrecht tun, wenn ich nicht zugäbe, dass ich glaube, viele von ihnen waren recht dankbar. Aber ich muss bekennen, dass es nur allzu gerechtfertigt ist, über die Menschen im Allgemeinen zu sagen, was von den Kindern Israel gesagt wurde, nachdem sie nach ihrer Errettung vor den Heerscharen des Pharao das Rote Meer durchquert hatten und zurückschauten und sahen, wie die Ägypter vom Wasser verschlungen wurden, nämlich dies, dass sie Ihm wohl Loblieder sangen, doch bald Seine Werke vergessen hatten.

Ich kann hierüber nicht fortfahren. Man würde mich für tadelsüchtig und vielleicht ungerecht halten, würde ich an die unangenehme Aufgabe herangehen, Überlegungen anzustellen über unsere, was immer der Grund dafür sein mag, Undankbarkeit und die Wiederkehr von jeglicher Art von Verderbnis, deren Zeuge ich so sehr wurde. Ich werde deshalb den Bericht über dieses unheilvolle Jahr mit einer von mir gemachten, holprigen, aber von Herzen kommenden Strophe beenden, die ich im gleichen Jahr, als meine anspruchslosen Aufzeichnungen geschrieben wurden, an deren Ende setzte:

In London war die böse Pest
Im fünfundsechziger Jahr;
Die fegte hunderttausend Seel'n
hinweg; doch ich noch da!

H. F.